Das große Buch

Windows 7

Wolfram Gieseke

DATA BECKER

Copyright © by DATA BECKER GmbH & Co. KG
Merowingerstr. 30
40223 Düsseldorf

Produktmanagement und Lektorat Peter Meisner

Umschlaggestaltung Inhouse-Agentur DATA BECKER

Textverarbeitung und Gestaltung Andreas Quednau (www.aquednau.de)

Produktionsleitung Claudia Lötschert

Druck Media-Print, Paderborn

E-Mail buch@databecker.de

ISBN 978-3-8158-3031-4

Inhalt

Teil I
Desktop – Windows 7 auf der Oberfläche

Teil II
Dateien und Dokumente organisieren, suchen und sichern

Teil III
Multimedia – digitale Medien erstellen und genießen

Teil V
Netzwerk und Internet

Teil VI
Hardware & Software: installieren, nutzen und Probleme lösen

34. Hardwareprobleme schnell und zuverlässig lösen

Teil VII
Windows 7 installieren und Performance steigern

Teil VIII
Notebook, Netbook und Smartphone – Windows 7 mobil unterwegs

Desktop – Windows 7 auf der Oberfläche

1. Schnellübersicht: die neuen Windows 7-Top-Features
2. Neue Aero-Funktionen für mehr Effizienz und Komfort
3. Anwendungen und Dokumente per Startmenü sofort finden
4. Mit Schnellstartsymbolen und Sprunglisten kürzere Wege in der Taskleiste
5. Umfang und Inhalt des Infobereichs nach Wunsch steuern
6. Den Desktop mit Designs individuell gestalten
7. Mit Minianwendungen wichtige Informationen direkt auf dem Desktop
8. Bordmittel: kleine Anwendungen und Tools im Lieferumfang
9. Windows zum Anfassen: Windows 7 per Touchscreen bedienen

1. Schnellübersicht: die neuen Windows 7-Top-Features

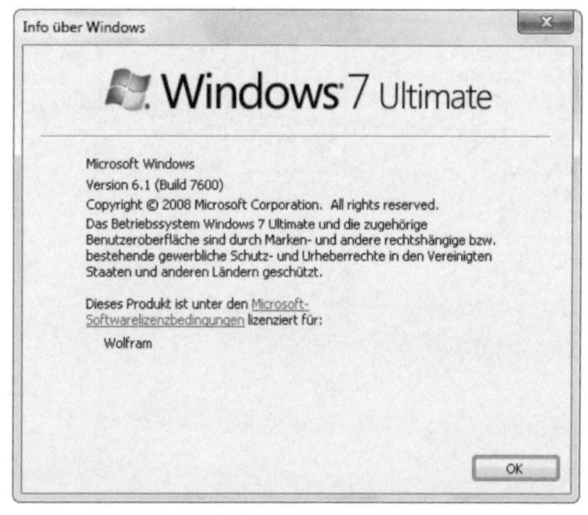

Windows 7 macht nicht nur viele Dinge besser als sein Vorgänger Vista. Es bringt auch eine ganze Menge neuer Funktionen mit, die wir in diesem Buch selbstverständlich ausführlich vorstellen. Zum schnellen Einstieg möchten wir Ihnen eine kompakte Übersicht darüber geben, welche Neuheiten Sie wirklich von Windows 7 erwarten können. Außerdem finden Sie am Ende dieses Kapitels eine genaue Übersicht über die verschiedenen Windows 7-Editionen. Sie schlüsselt auf, welche Funktionen in welcher Edition zur Verfügung stehen.

INFO

Aktuelle Informationen zu diesem Buch

Unter *www.gieseke-buch.de* finden Sie u. a. aktuelle Informationen und Tipps zu Windows 7 sowie Ergänzungen, Aktualisierungen und – falls notwendig – auch Korrekturen zu diesem Buch. Außerdem können Sie dort gern Fragen, Kritik und Anregungen loswerden.

1.1 Desktop und grundlegende Bedienung

Der Desktop ist immer das Aushängeschild eines Betriebssystems. Mit der Aero-Optik hat Microsoft schon Vista mächtig aufgepeppt. Für Windows 7 wurden diese Funktionen weiter ausgebaut und verbessert. Aber auch Startmenü, Taskleiste und Infobereich haben mehr als nur einen neuen Anstrich bekommen.

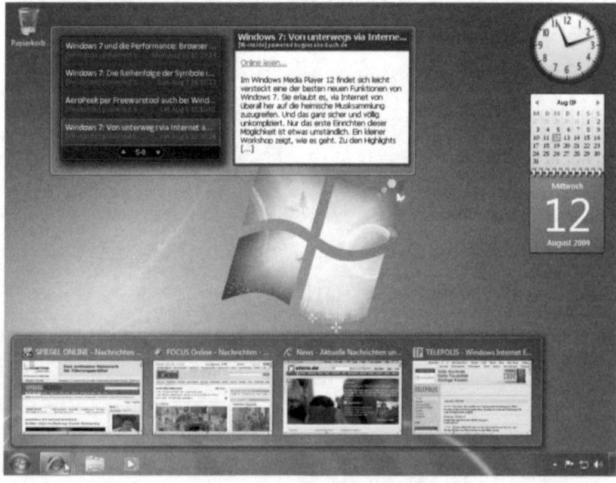

Überall wurden bestehende Feature verbessert sowie neue Funktionen und Hilfen hinzugefügt, sodass sich mit Windows 7 viele Wege abkürzen lassen.

Aero Peek für schnellen Überblick

Die neue Taskleiste enthält ganz versteckt am rechten Rand eine winzige Fläche, mit der sich alle momentan geöffneten Fenster auf einen Schlag transparent machen lassen. So wird der Desktop sichtbar, was insbesondere die darauf abgelegten Minianwendungen (Gadgets) sichtbar macht. Bewegen Sie den Mauszeiger wieder von dort weg, werden die Anwendungsfenster sofort wiederhergestellt. Selbstverständlich können Sie aber auch nach wie vor alle Fenster klassisch minimieren (siehe S. 53).

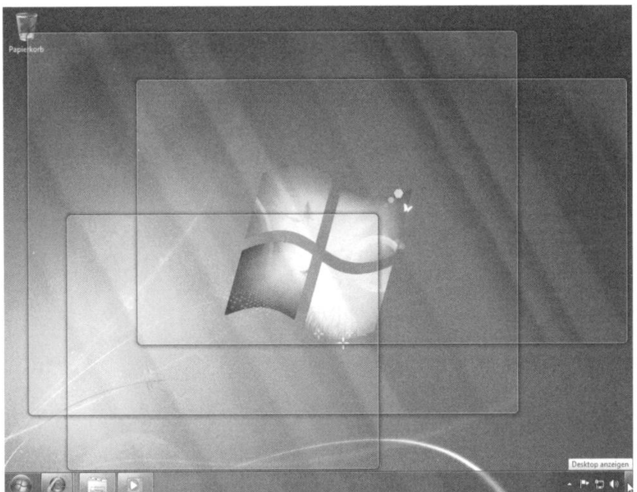

Interaktive Echtzeitvorschau in der Taskleiste

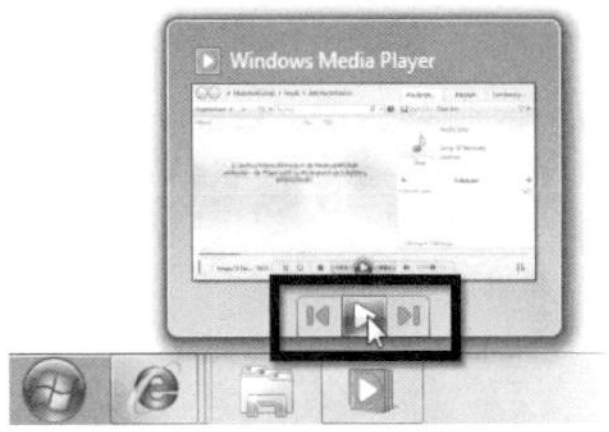

Bereits Windows Vista führte eine Mini-Echtzeitvorschau in der Taskleiste ein. Windows 7 verbessert diese weiter und berücksichtigt auch Anwendungen mit mehreren Fenstern bzw. Registerkarten wie den Internet Explorer. Außerdem wird die Echtzeitvorschau interaktiv. Minimierte Anwendungen können direkt in der Taskleiste geschlossen werden, ohne sie erst wieder auf den Bildschirm zurückholen zu müssen. Bei speziellen Programmen wie etwa beim Media Player können die Grundfunktionen auch direkt in der Taskleiste bedient werden, sodass das Programm selbst ständig im Hintergrund bleiben kann (siehe S. 58).

Mit Aero Snap Fenster hin und her „schubsen“

Windows 7 ist komplett per Touchscreen bedienbar, wenn Ihr PC über einen solchen verfügt. Von den dafür entwickelten Funktionen können aber auch Mausbenutzer profitieren. Mit Aero Snap z. B. lassen sich Fenster mit einer simplen Mausbewegung maximieren und wiederherstellen oder auf die linke oder rechte Bildschirmhälfte verteilen (siehe S. 62).

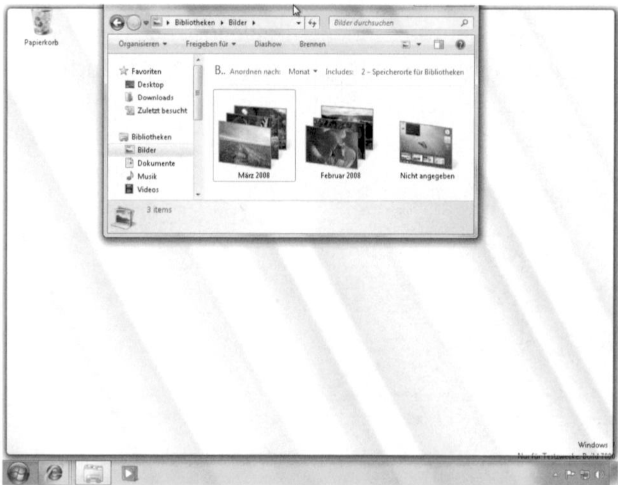

Gadgets einfach direkt auf dem Desktop platzieren

Der mit Windows Vista eingeführte Seitenbereich für Minianwendungen ist bei Windows 7 schon wieder Geschichte. Dies gilt allerdings nicht für die Gadgets selbst. Diese werden nun einfach beliebig auf dem Desktop platziert. Das macht den Umgang damit letztlich einfach und angenehmer (siehe S. 122).

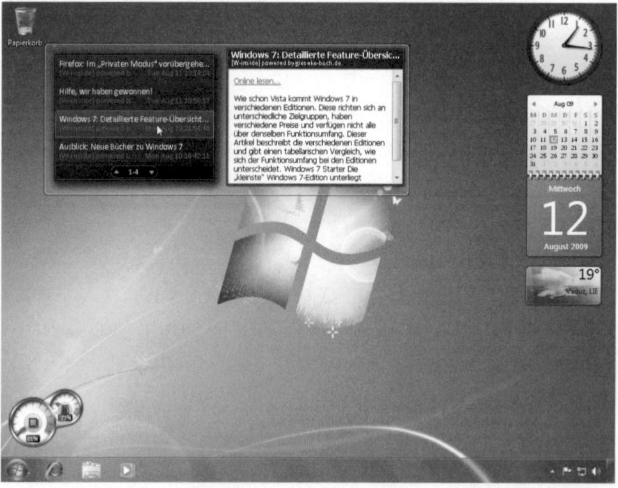

Den Desktop mit Designs attraktiv gestalten

Für die Gestaltung der Oberfläche führt Windows 7 Designs ein. Ein solches Thema versammelt alle Einstellungen vom Hintergrundbild über Farben und Bildschirmschoner bis hin zu Systemklängen. Neben den mitgelieferten, vorgefertigten Designs lassen sich auch beliebig eigene Designs erstellen. Diese können dann auch mit anderen Benutzern und Windows 7-PCs geteilt werden. Ein reger Designaustausch ist also zu erwarten (siehe S. 106).

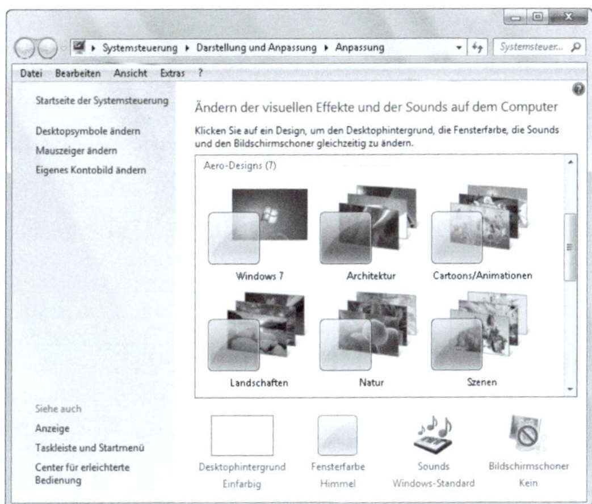

Direktzugriff: Schnellstartsymbole in der Taskleiste

Die altbekannte Schnellstartleiste hat ausgedient. Stattdessen können nun beliebige Symbole für Anwendungen und Dokumente direkt dauerhaft in der Taskleiste platziert werden. So sind wichtige bzw. viel genutzte Programme jederzeit ohne Umwege über das Startmenü direkt zugänglich. Von Symbolen für laufende Programme unterscheiden sich diese Schnellstartsymbole erst auf den zweiten Blick, aber nach kurzer Eingewöhnungsphase weiß man die kurzen Wege zu schätzen (siehe S. 87).

Infobereich aufgeräumt und übersichtlich

Der Infobereich wird von vielen Anwendungen gern mit einem eigenen Symbol versehen, egal wie sinnvoll dies sein mag. Auch mehr oder weniger wichtige Meldungen werden auf diesem Weg gern dem Benutzer zugestellt. Bei Windows 7 erhalten Sie die Kontrolle über den Infobereich zurück. Hier können Sie für jede Anwendung einstellen, ob ein Symbol gewünscht ist und ob überhaupt Meldungen im Infobereich angezeigt werden sollen (siehe S. 100).

Mit Sprunglisten wichtige Funktionen sofort erreichen

Sprunglisten ersetzen bei entsprechend vorbereiteten Anwendungen das Kontextmenü für Symbole in der Taskleiste. Sie stellen wichtige, häufig genutzte Funktionen direkt bereit. Außerdem können sie sich dynamisch an die Vorlieben und Arbeitsweisen des Benutzers anpassen.

So enthält die Sprungliste für den Internet Explorer etwa die zuletzt am meisten abgerufenen Webseiten, die sich so jederzeit schnell wieder aufrufen lassen. Generell bieten Sprunglisten die Möglichkeit, wesentliche Funktionen einer ggf. auch minimierten Anwendung direkt abrufen zu können, ohne diese zuvor erst wieder in den Vordergrund holen zu müssen (siehe S. 91 ff.).

1.2 Windows-Explorer und Dateimanagement

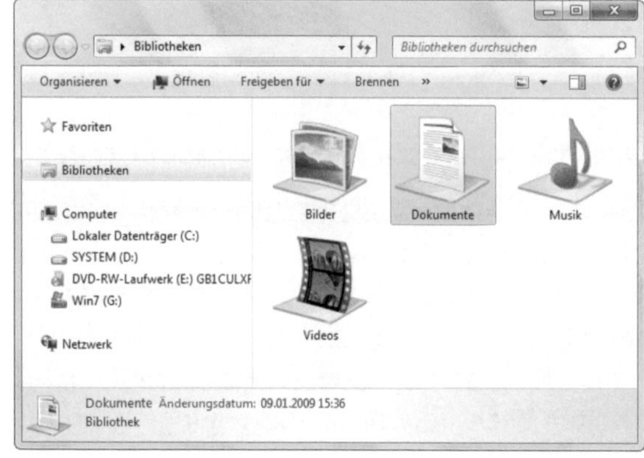

Der Windows-Explorer hat eine wichtige Bedeutung als zentrales Werkzeug für das Dateimanagement unter Windows. Dementsprechend bietet auch Windows 7 wieder Verbesserungen und neue Funktionen für dieses Programm, die den Umgang mit Dokumenten, Dateien und Ordnern noch einfacher und komfortabler machen sollen. Insbesondere die neue Navigationsleiste mit ihrer Möglichkeit, viel genutzte Ordner ähnlich wie Webseiten als Favoriten zu speichern, ist hervorzuheben. Beim Dateimanagement insgesamt zeigen die neu eingeführten Bibliotheken einen vielversprechenden Ansatz, an verschiedenen Stellen verteilte Daten zu zentralen Sammlungen zusammenzufassen (siehe S. 229).

Oft genutzte Ordner als Favoriten speichern

Bei Webseiten ist es schon lange selbstverständlich: Besucht man eine Webseite häufig oder sogar regelmäßig, legt man sich im Browser einfach ein Lesezeichen dafür an, z. B. einen Favoriten im Internet Explorer.

Diese Technik führt der Windows-Explorer nun auch für Ordner ein. Wenn Sie ein Verzeichnis regelmäßig verwenden, das womöglich noch irgendwo tief verschachtelt auf einem Laufwerk liegt, können Sie nun einfach in der Navigationsleiste einen Favoriten dafür speichern. Mit ihm können Sie diesen Ordner jederzeit mit einem Mausklick öffnen (siehe S. 174).

Die neue Navigationsleiste für schnelle Dateizugriffe

Die neu gestaltete Navigationsleiste im Windows-Explorer erlaubt den schnellen und direkten Zugriff auf alle Dokumente und Daten. Neben allen lokalen Laufwerken gelingt von hier aus auch der Zugang zu Netzwerken und den neuartigen Bibliotheken. Auch die neu eingeführten Favoriten sind in der Navigationsleiste beheimatet (siehe S. 172).

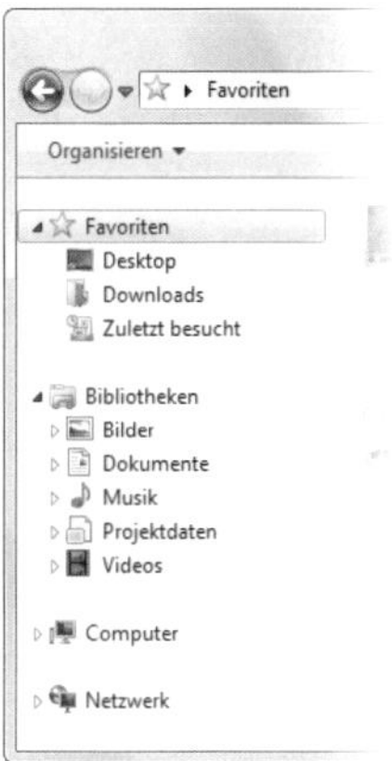

Eine neue dynamische, inhaltsbasierte Ordneransicht

Eine auf den ersten Blick eher unscheinbare Neuerung ist eine zusätzliche Ordneransicht für den Windows-Explorer. Die hat es aber in sich, denn es handelt sich hierbei um eine dynamische Ansicht, die sich jeweils an die angezeigten Dateien anpasst. Abhängig vom Dateityp wählt sie immer die interessantesten Details aus, um diese kompakt darzustellen, aber eben doch möglichst viele Informationen zu liefern. So werden bei Dokumenten Autor und Tags verraten, bei Musikstücken Album und Interpret und bei Bildern die Größe und Qualität (siehe S. 180).

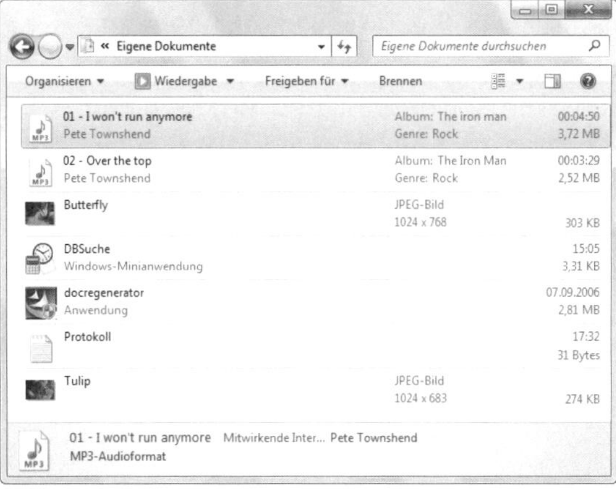

Flexibel und interaktiv: die verbesserte Dateivorschau im Explorer

Eine Dateivorschau von gängigen Dateiarten direkt im Windows-Explorer gab es schon bei Windows Vista, wenn auch etwas umständlich. Bei Windows 7 können Sie diese Vorschaufunktion in der Symbolleiste jederzeit nach Bedarf ein- und ausschalten. Außerdem enthält die Vorschau nun zusätzliche interaktive Elemente. So können Videos und Musikclips direkt in der Vorschau angespielt werden. Für eine dauerhafte komfortable Wiedergabe können Sie dabei jederzeit auf den Windows Media Player umschalten (siehe S. 186).

Den Datenbestand in Bibliotheken intelligent organisieren

Nach den virtuellen Ordnern von Windows Vista führt Microsoft mit Windows 7 ein weiteres neues Konzept für das Dateimanagement ein: In Bibliotheken können verschiedene Ordner zu einer zentralen Datenquelle zusammengefasst werden. An sich nicht gerade revolutionär, aber der Windows-Explorer kann solche Bibliotheken als einen einzigen Ordner darstellen, mit allen Möglichkeiten zum Sortieren, Filtern, Gruppieren und Durchsuchen von Dateien. So lassen sich verschiedene oder verteilte Arten von Daten bequem erfassen und bearbeiten (siehe S. 229).

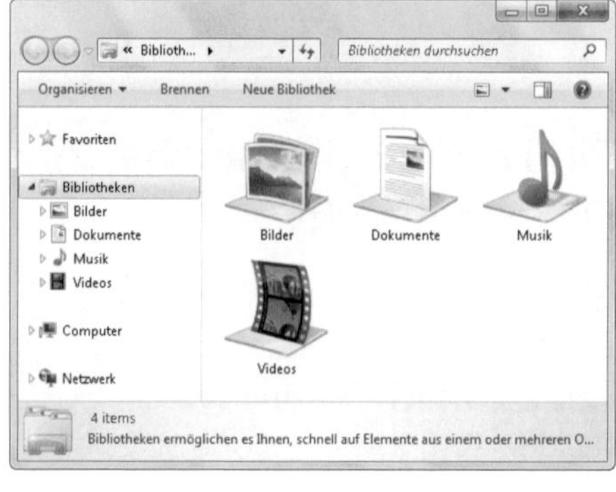

1.3 Optimierte Sicherheitsfunktionen

Sicherheit ist auch bei Windows 7 ein wichtiges Thema. Dazu wurden die mit Vista eingeführten Sicherheitskonzepte weiter ausgebaut und durch neue zusätzliche Funktionen ergänzt. Vor allem aber wurde an der Benutzerfreundlichkeit dieser Funktionen gearbeitet. Dabei ließen sich die Entwickler von dem Grundsatz

„so viel Informationen wie nötig, aber gleichzeitig so wenig wie möglich" leiten. Windows 7 ist deshalb wesentlich weniger nervig und belästigt den Benutzer nicht wegen jeder Kleinigkeit mit einem Hinweis oder einer Bitte um Bestätigung.

Die Benutzerkontensteuerung gezähmt und endlich benutzbar

Die Benutzerkontensteuerung gehört zu den umstrittensten Funktionen von Windows Vista. Sie brachte unbestreitbar ein Mehr an Sicherheit, nervt aber bis heute viele Benutzer mit ihren Hinweisen und Rückfragen selbst bei simpelsten Aktionen. Bei Windows 7 lässt sich nun festlegen, in welchen Situationen die Benutzerkontensteuerung sich an den Benutzer wenden darf und welche vollautomatisch behandelt werden sollen. Das reduziert die Interaktion auf ein angenehmes Maß, ohne die Sicherheit zu beeinträchtigen (siehe S. 427).

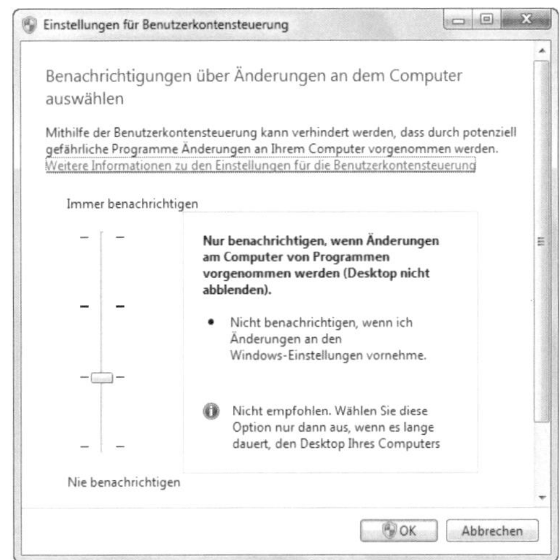

Neues Sicherheitssymbol im Infobereich für schnellen Status-Check

Zu den Maßnahmen, Sicherheit transparenter und gleichzeitig weniger aufdringlich zu gestalten, gehört auch das neue Sicherheitssymbol im Infobereich. Es verrät mit einem Blick den aktuellen Sicherheitsstatus und weist dezent auf vorliegende Probleme hin. Im Bedarfsfall können weiterführende Informationen, aber auch konkrete Vorschläge zur Problembehebung schnell abgerufen werden (siehe S. 382).

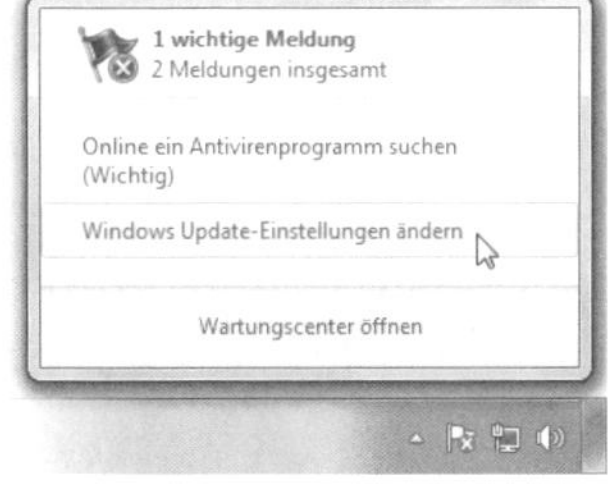

Das Wartungscenter löst das Sicherheitscenter ab

Auch das Wartungscenter hat sich als Nachfolger des Sicherheitscenters dem Grundsatz „weniger ist mehr" verschrieben. Es ist übersichtlicher und erlaubt eine schnelle Orientierung. Liegt ein konkretes Problem vor, wird dieses – und nur dieses – deutlich angezeigt. Abkürzungen zu den einschlägigen Einstellungen und sonstige Hilfestellungen zur Problemlösung gibt es meist noch dazu (siehe S. 674 f.).

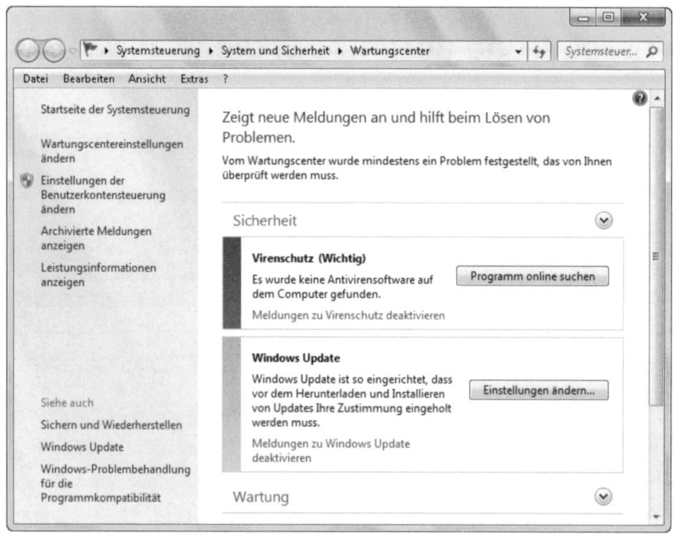

BitLocker nun auch für USB-Sticks und Speicherkarten

Schon bei Windows Vista ließen sich mit BitLocker Festplattenlaufwerke verschlüsseln, um vertrauliche Daten nicht nur auf Notebooks für den Fall eines versehentlichen Verlustes oder Diebstahls zu schützen. Windows 7 weitet diese Technologie mit Bit-Locker To Go auf mobile Wechselspeichermedien wie USB-Sticks und Speicherkarten aus. Diese können nun ebenfalls mit Bordmitteln zuverlässig verschlüsselt werden (siehe S. 456 f.).

1.4 Im Netzwerk und Internet online

Netzwerk und Internet sich mittlerweile nicht mehr wegzudenken. Auch Windows 7 bringt dazu alle nötigen Voraussetzungen sowie einige spannende neue Programme und Funktionen mit. Allen voran gehört der Internet Explorer 8 zum Lieferumfang, der viele lohnenswerte neue Funktionen mitbringt.

Mithilfe der Heimnetzgruppe hat Windows 7 das Einrichten einfacher lokaler Netzwerke enorm vereinfacht. Mit zwei Mausklicks und einem Kennwort lassen sich nun Dokumente, Medien und Drucker ganz einfach freigeben. Darüber hinaus wurden der Umgang mit drahtlosen WLANs und das flexible Wechseln zwischen verschiedenen Netzwerken weiter vereinfacht.

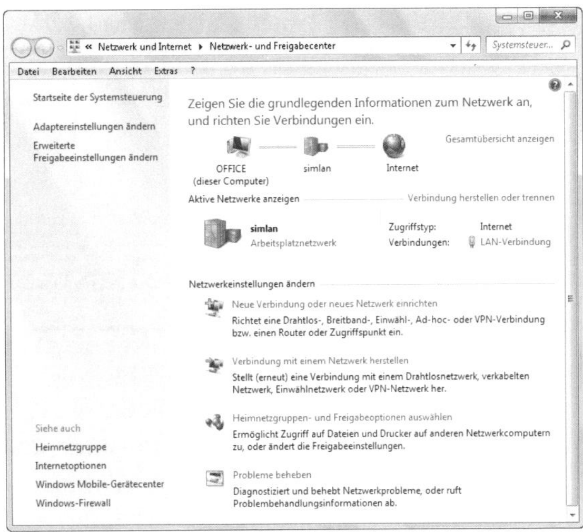

Internet Explorer 9 – die neue Browsergeneration

Mit dem Internet Explorer 9 legt Microsoft Windows 7 die neuste Version seines Webbrowsers bei. Diese bringt einige interessante neue Funktionen mit. So können Informationen in Webseiten mit Schnellinfos einfach und direkt weitergenutzt werden. Web-Slices erlauben es, wesentliche Onlinedaten kompakt im Blick zu behalten. Mit dem InPrivate-Modus können Sie sämtliche Spuren von Surfvisiten online und lokal verwischen. Der leistungsfähigere SmartScreen-Filter löst den Phishingfilter ab, und die Adressleiste wurde in ihrer Funktionalität erheblich erweitert, sodass sie nun als komfortables Sprungbrett für das Surfvergnügen genutzt werden kann.

Die Adressleiste zur Startbasis für Surfsitzungen aufgebohrt

Bislang diente die Adressleiste des Internet Explorer hauptsächlich dem Eintippen von Adressen. Ab Version 8 aber wird sie erheblich aufgewertet. Sie begleitet nun die Eingaben des Benutzers dynamisch und gleicht sie mit Favoriten, Verlauf und protokollierten Daten ab.

So versucht sie, die Absichten des Benutzers vorauszuahnen. Oft reichen schon wenige Zeichen, bis die Adressleiste die richtige Webseite zielsicher vorschlägt (siehe S. 505).

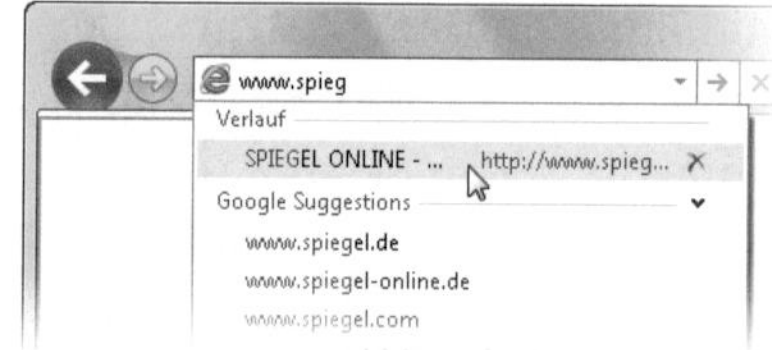

Mit WebSlices wichtige aktuelle Daten jederzeit im Blick

Mit WebSlices lassen sich wesentliche Informationen als kleine Häppchen übersichtlich abrufen. Wozu gleich eine komplette Webseite anzeigen, wenn man nur die aktuelle Wettervorhersage für den eigenen Wohnort wissen will. Dank WebSlice kann diese direkt in der Favoritenleiste angezeigt werden – selbstverständlich stets auf dem aktuellsten Stand (siehe S. 536).

Durch Schnellinfos Informationen noch effektiver nutzen

Mit Schnellinfos lassen sich Informationen aus Webseiten schnell und effektiv weiternutzen. Einfach markieren und im Schnellinfomenü die passende Funktion aufrufen. Ein Beispiel: Per Schnellinfo können Sie zu einer auf einer Webseite gefundenen Adresse blitzschnell eine Kartenansicht oder auch eine fertig geplante Route erhalten. Oder Sie lassen sich zu einem Produkt in null Komma nichts den günstigsten Preis heraussuchen (siehe S. 529).

Im InPrivate-Modus delikate Adressen inkognito besuchen

Nicht jede Surfsitzung würde man unbedingt mit anderen Menschen teilen wollen. Manchmal will man ja z. B. dem oder der Liebsten eine Überraschung machen. Oder es geht um sehr private, persönliche Dinge oder auch einfach mal um ein nicht ganz jugendfreies Ver-

gnügen. Aber auch wenn man mal an einem fremden PC sitzt, will man Benutzernamen und Kennwörter nicht gern in fremden Händen wissen. In solchen Fällen seine Spuren zu verbergen, das war bislang nicht immer ganz leicht, aber auf alle Fälle mühsam. Solange Sie die InPrivate-Funktion des Internet Explorer aktiviert haben, fallen solche Spuren gar nicht erst an (siehe S. 493).

Mit dem SmartScreen-Filter Onlinebetrügereien vermeiden

Schon der Internet Explorer 7 brachte mit dem Phishingfilter einen leistungsfähigen Schutz vor betrügerischen Webseiten mit. Diese Technologie wurde für den Internet Explorer 8 weiterentwickelt und findet sich dort als SmartScreen-Filter wieder.

Dabei wurde sowohl die Geschwindigkeit als auch die Zuverlässigkeit verbessert. Heuristische Erkennung sorgt ähnlich wie bei Antivirenprogrammen dafür, dass verdächtige Webseiten aufgrund ihrer Gestaltung auch erkannt werden, ohne dass sie schon ausdrücklich als Phishingwebseiten identifiziert wurden. Außerdem beschränkt sich der SmartScreen-Filter nicht nur auf Phishingwebsites, sondern nimmt auch Webseiten ins Visier, die schädliche Software unters Volk bringen wollen (siehe S. 498).

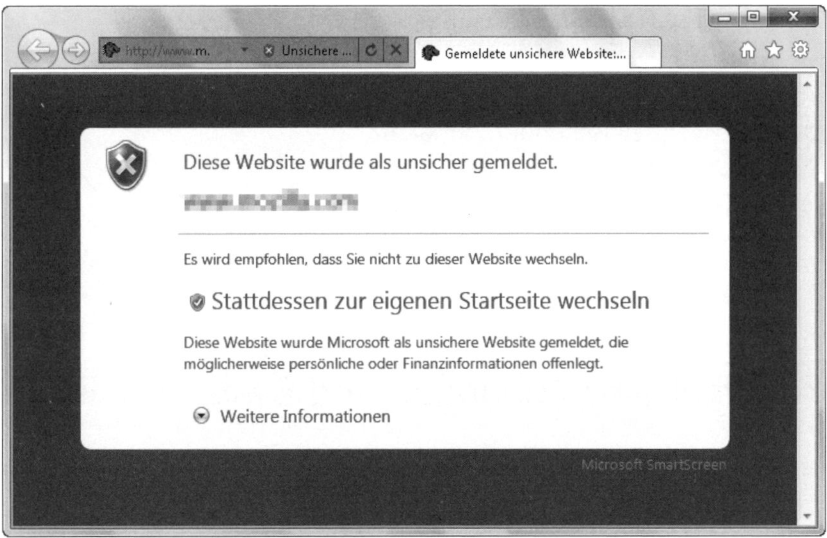

TIPP

Internet Explorer 8

Sollten Sie noch den Internet Explorer 8 verwenden, finden Sie Informationen zur optimalen Nutzung als Download zum Buch (*www.databecker.de/buch-dl*).

Heimnetzgruppen in Sekunden vernetzen

Netzwerke sind auch im privaten Bereich heute schon fast alltäglich. Allerdings war das Einrichten eines Netzwerks mit Dateifreigaben und geteilten Ressourcen bislang eine Aufgabe, vor der Laien zurückschreckten. Bei Windows 7 lässt sich ein ganz einfaches Heimnetzwerk allerdings mit wenigen Mausklicks und einem Kennwort einrichten. Gibt man dieses auf anderen PCs ein, schließen diese sich automatisch diesem Netzwerk an (siehe S. 464).

Endlich schnell und unkompliziert zwischen Netzwerken wechseln

Bei den immer beliebter werdenden Notebooks und Netbooks arbeitet man oft mit wechselnden Netzwerkverbindungen: eine zu Hause, eine in der Firma und unterwegs zwischendurch mal an den Hotspot im Internetcafé. Mit Windows 7 können Sie Ihre Netzwerkverbindungen direkt aus der Taskleiste verwalten und wechseln (siehe S. 491).

1.5 Bordmittel: Anwendungen und Systemtools

Sie dürfen bei Windows nie fehlen: Systemprogramme und Hilfstools, kleine und große Helfer bis hin zu ausgewachsenen Anwendungen. Die schlechte Nachricht: Erst einmal fehlt bei Windows 7 eine Menge Programme. Windows Mail, Fotogalerie, Kalender, Movie Maker und Messenger: Alle wurden ausgemustert, lassen sich aber von Windows Live kostenlos nachrüsten. Und es gibt auch eine ganze Reihe von Programmen, die neu oder verbessert dazugekommen sind.

Windows Media Center

Das Windows Media Center – in einigen Editionen von Windows XP und Vista schon dabei – wurde weiterentwickelt. Die Benutzeroberfläche wurde verbessert und für Touchscreens tauglich gemacht. Es arbeitet mit den neuen Heimnetzgruppen beim Teilen von Mediendateien zusammen und beherrscht nun zusätzliche TV-Formate und -Standards (siehe S. 336).

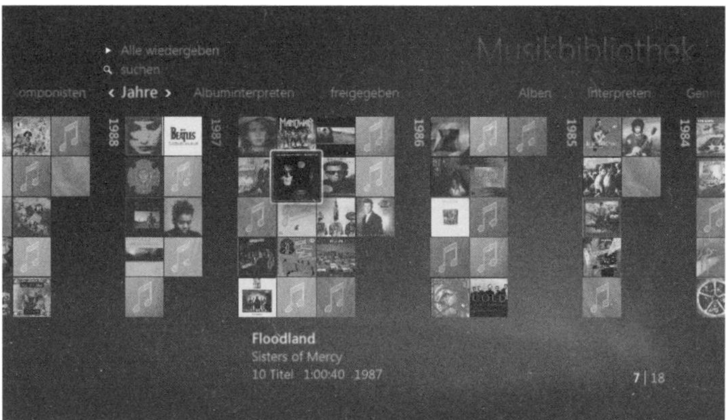

Windows Media Player 12

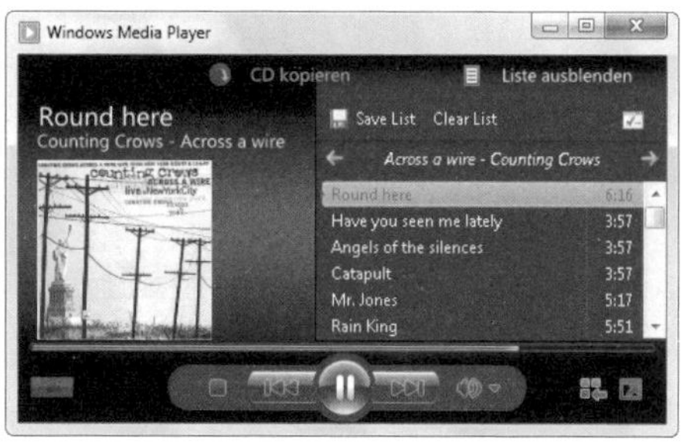

Fast schon traditionell ist bei einem neuen Windows auch ein neuer Windows Media Player dabei. Die Version 12 ist optisch nur dezent überarbeitet, bringt aber eine weitaus breitere Unterstützung von Formaten mit. Vorbei ist die Zeit, in der man ständig irgendwelche Codecs suchen und selbst installieren musste. Auch das Streaming von Medien ins Netzwerk wurde weiter verbessert (siehe S. 302).

Ribbon-UI jetzt auch für Windows-Tools

Mit Office 2007 führte Microsoft ein neues Benutzerkonzept ein: Die sogenannten Ribbons lösen Symbolleiste und Menüs ab und sollen dem Benutzer dynamisch und kontextsensitiv immer die gerade benötigten Funktionen und Einstellungen zur Verfügung stellen. Mit Windows 7 halten diese Ribbons nun auch Einzug in das Windows-Zubehör. Erste Anwendungen wie Paint und WordPad sind damit ausgestattet (siehe S. 132).

Virtuelle Klebezettel im Bildschirm statt echter davor

Windows Vista brachte gelbe Zettel als Gadget-Minianwendung für den Desktop mit. Bei Windows 7 sind diese Notizen nun eine eigenständige Anwendung. Sie erlaubt es, beliebig viele Merkzettel auf dem Bildschirm zu platzieren, um wichtige Informationen schnell zu notieren, oder als Merkhilfe für Termine und Aufgaben (siehe S. 138).

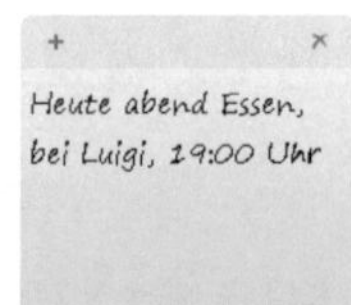

Endlich ein neuer Taschenrechner für Windows

Oft unterschätzt, aber immer griffbereit, manchmal sehr hilfreich und letztlich recht leistungsfähig: Der Taschenrechner ist bei Windows schon seit einigen Versionen praktisch unverändert dabei. Für Windows 7 wurde ihm endlich mal eine Generalüberholung spendiert (siehe S. 144).

PDF-Alternative: XPS-Dokumente komfortabel und schnell betrachten

Für das mit Vista eingeführte XPS-Format als Alternative zu PDFs fehlte bislang noch ein leistungsfähiges, gut zu bedienendes Betrachterprogramm. Mit Windows 7 liefert Microsoft dies nun nach (siehe S. 139).

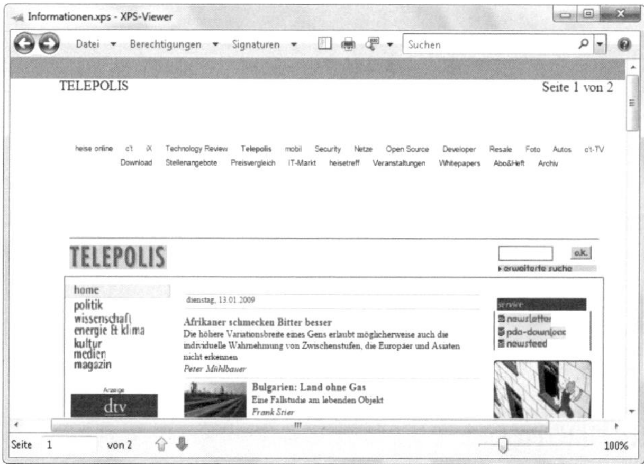

1.6 Geräte und Drucker – endlich eine zentrale Anlaufstelle für Erweiterungshardware

Unter *Geräte und Drucker* fasst Windows 7 alle an den PC angeschlossenen Geräte zusammen: angefangen von der Maus über Monitor und Drucker bis hin zu USB-Stick und Digitalkamera. Hier finden Sie jeweils alle wichtigen Funktionen und Einstellungen für die angeschlossenen Geräte, die bislang teilweise weit über die verschiedenen Systemeinstellungen verteilt waren.

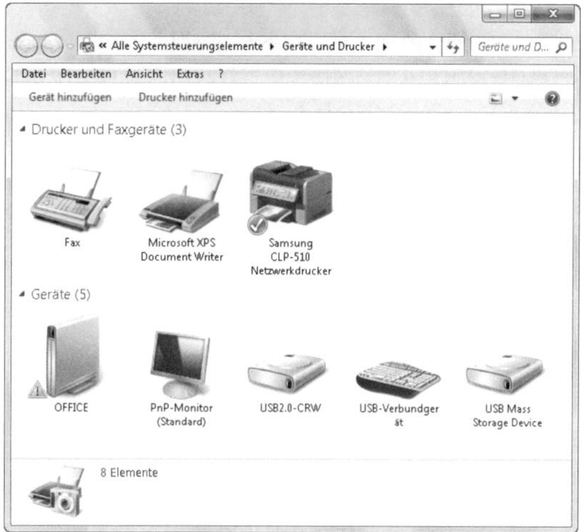

Schnelle Hilfe durch die automatische Problembehandlung

Windows 7 kann weitaus besser als seine Vorgänger bestehende Probleme erkennen und beheben oder zumindest konkrete Hinweise und Hilfestellungen dazu geben. Hierzu gibt es nun das eigene Modul Problembehandlung in der Systemsteuerung. Aber auch an vielen anderen Stellen wie z. B. bei Fehlermeldungen finden Sie Diagnose-Schaltflächen oder ähnliche Verweise, über die Sie die entsprechenden Funktionen direkt aufrufen können (siehe S. 723).

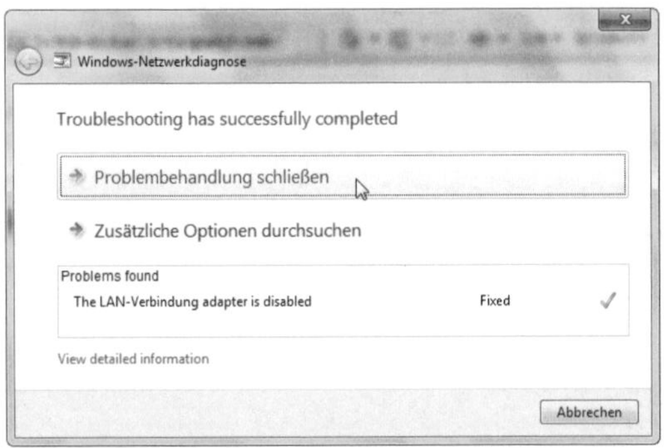

Problemlösungsaufzeichnung

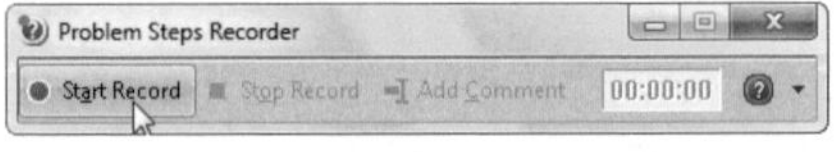

Abhilfe im Kampf mit teuren Support-Hotlines verspricht die Problemlösungsaufzeichnung. Sie kann problematische Abläufe am Bildschirm aufzeichnen. Dazu erstellt sie von allen Schritten automatisch Bildschirmfotos, die Sie zusätzlich mit Anmerkungen versehen können. Daraus erstellt das Programm schließlich ein Dokument, das alle diese Informationen sowie weitere zusätzliche Angaben zur Systemkonfiguration enthält. Diese Dokumentation sollte jedem Support-Mitarbeiter Ihr Problem absolut klarmachen und alle erforderlichen Daten liefern (siehe S. 726).

Startprobleme noch direkter angehen

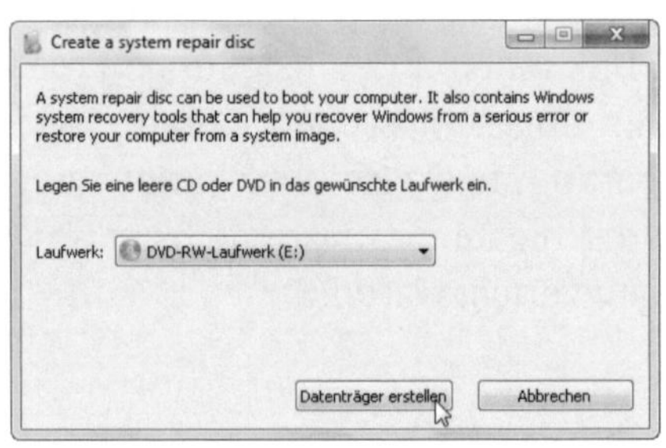

Die bereits von Vista bekannten Starthilfe-Funktionen wurden bei Windows 7 weiter verbessert. So lassen sich die Systemwiederherstellungsoptionen nun jederzeit von der Festplatte aktivieren, ohne umständlich von der Installations-DVD booten zu müssen. Als Vorsorge für besonders schwierige Fälle bietet Windows 7 nun aber auch die Option, eine spezielle Starthilfe-DVD zu erstellen, die alle notwendigen Daten für das Troubleshooting enthält (siehe S. 728).

Mit dem neuen Easy Transfer noch komfortabler Benutzerdaten zum neuen Windows übernehmen

Auch Easy Transfer bekam für Windows 7 eine Komplettrenovierung spendiert. Mit diesem Tool können Sie nun noch einfacher komplette Benutzerkonten mit allen Daten und Einstellungen vom alten Windows zum neuen oder einfach von einem PC zum anderen transferieren.

Das Schöne daran ist: Das neue Easy Transfer läuft wie gewohnt nicht nur unter Windows 7, sondern lässt sich auch auf älteren Windows-Versionen einsetzen, um dort die erforderlichen Daten einzusammeln (siehe S. 685 ff.).

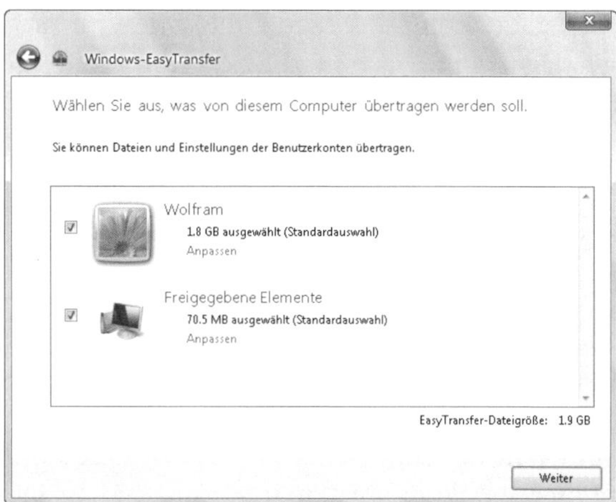

1.7 Feature-Übersicht: das bieten die Windows 7-Editionen

Wie schon Vista kommt Windows 7 in verschiedenen Editionen daher. Diese richten sich an unterschiedliche Zielgruppen, haben verschiedene Preise und verfügen nicht alle über denselben Funktionsumfang. In diesem Buch beschreiben wir alle Windows 7-Features, also auch solche, die nur den „höheren“ Editionen vorbehalten sind. Mit dieser Übersicht können Sie sich jeweils orientieren, welche Funktionen in Ihrer gewählten Edition vorhanden sind. Die Editionen von unten (die meisten fehlenden Features) nach oben (alle Features enthalten) sind:

- **Windows 7 Starter**
  Die „kleinste“ Windows 7-Edition unterliegt bestimmten Hardwarebeschränkungen. Sie wird nur in Verbindung mit Hardware vorinstalliert angeboten. Und diese Hardware darf nicht allzu leistungsfähig sein. Deshalb dürfte sich die Starter-Edition vor allem auf Netbooks und ähnlichen Geräten wiederfinden.

- **Windows 7 Home Basic**
  Wie bei der gleichnamigen Vista-Edition handelt es sich auch bei Windows 7 Home Basic um eine abgespeckte Version für Privatanwender. Allerdings wird

sie diesmal nur in ausgewählten Märkten in Südamerika, Afrika und Asien vertrieben werden. Es ist also sozusagen ein „Arme-Leute-Windows", das in Europa offiziell gar nicht erhältlich sein dürfte.

- **Windows 7 Home Premium**
  Diese Edition ist die Version, die Microsoft für den durchschnittlichen Nutzer vorgesehen hat. Sie enthält alle wesentlichen Features und ist gerade im Multimediabereich vollständig. Es fehlen lediglich einige Funktionen für professionelle Anwender und Firmen. Die Home Premium-Edition dürfte die mit Abstand am meisten verwendete werden.
- **Windows 7 Professional**
  Diese Edition bietet im Vergleich zur Home Premium einige zusätzliche Feature für den professionellen Einsatz, insbesondere in Netzwerken sowie beim mobilen Einsatz auf Notebooks.
- **Windows 7 Ultimate**
  Wie der Name schon sagt, beinhaltet diese Edition alle Features, die für Windows 7 verfügbar sind. Sie richtet sich an Anwender, die einfach alles haben wollen und auch bereit sind, dafür den deutlich höheren Preis zu bezahlen. Allerdings dürfte der Marktanteil dieser Edition auf Dauer eher gering ausfallen.
- **Windows 7 Enterprise**
  Die Enterprise-Edition ist im Funktionsumfang identisch mit Ultimate. Sie unterscheidet sich in der Vermarktung. Während Ultimate sich an Privatkunden richtet, soll die Enterprise-Edition an Firmenkunden verkauft werden. Sie ist deshalb nur über spezielle Volumenlizenzen erhältlich.

INFO

Die Editionen bauen aufeinander auf

Auch wenn es im Vergleich zu Vista nicht gerade weniger Editionen geworden sind, lassen sich die Windows 7-Editionen doch etwas leichter überschauen. Der Grund: Die Editionen bauen aufeinander auf, sodass eine „höhere" Edition grundsätzlich alle Features einer „niedrigeren" Edition beinhaltet. Außerdem sind die Ultimate- und Enterprise-Editionen bei Windows 7 praktisch identisch. Sie unterscheiden sich nur durch die Zielgruppen.

Benutzeroberfläche

	Home Basic	Starter	Home Premium	Prof.	Ultimate/ Enterprise
Desktop: Basisdesign		+	+	+	+
Desktop: Standarddesign	+		+	+	+
Desktop: Aero-Design			+	+	+
Aero Peek			+	+	+
Aero Snap	+	+	+	+	+
Aero Shake			+	+	+
Aero-Hintergrund			+	+	+
Fensterwechsel: Windows Flip	+	+	+	+	+
Fensterwechsel: Windows Flip 3D			+	+	+
Echtzeitvorschau in Taskleiste	+		+	+	+
Echtzeitvorschau im Explorer			+	+	+
Sprunglisten	+	+	+	+	+
Windows-Dateisuche	+	+	+	+	+

Sicherheitsfunktionen

	Home Basic	Starter	Home Premium	Prof.	Ultimate/ Enterprise
Benutzerkontensteuerung anpassbar	+	+	+	+	+
Wartungscenter	+	+	+	+	+
Windows Defender	+	+	+	+	+
Windows-Firewall	+	+	+	+	+
Internet Explorer 8: geschützter Modus und DEP	+	+	+	+	+
Windows Update	+	+	+	+	+
Schneller Benutzerwechsel	+		+	+	+
Jugendschutz	+	+	+	+	+

Performancefunktionen

	Home Basic	Starter	Home Premium	Prof.	Ultimate/ Enterprise
Windows ReadyDrive	+	+	+	+	+
Windows ReadyBoost	+	+	+	+	+
SuperFetch	+	+	+	+	+

	Home Basic	Starter	Home Premium	Prof.	Ultimate/ Enterprise
64-Bit-Unterstützung			+	+	+
Anzahl der physikalischen Prozessoren	1	1	2	2	2
Anzahl der unterstützten Prozessorkerne	endlos	endlos	endlos	endlos	endlos
Maximaler Speicherausbau (32 Bit)	4 GByte	4 GByte	4 GByte	4 GByte	4 GByte
Maximaler Speicherausbau (64 Bit)	-/-	-/-	16 GByte	192 GByte	192 GByte

Zuverlässigkeitsfunktionen

	Home Basic	Starter	Home Premium	Prof.	Ultimate/ Enterprise
Windows Backup	+	+	+	+	+
Komplette Systemsicherung	+	+	+	+	+
Backup ins Netzwerk				+	+
Dateiverschlüsselung per EFS				+	+
BitLocker: Festplattenverschlüsselung					+
BitLocker: Wechselspeichermedien					+
Automatisches Defragmentieren	+	+	+	+	+
Vorherige Versionen von Dateien	+	+	+	+	+
Virtuelle Laufwerke (VHDs) erstellen und verwenden	+	+	+	+	+

Mitgelieferte Anwendungen

	Home Basic	Starter	Home Premium	Prof.	Ultimate/ Enterprise
Internet Explorer 8	+	+	+	+	+
Windows Gadgets	+	+	+	+	+
Windows-Basisspiele (FreeCell, Hearts, Minesweeper, Purble Palace, Solitaire, Spider Solitaire)	+	+	+	+	+
Windows-Premiumspiele (Internet Backgammon, Internet Checkers, Internet Spades, Mahjong Titans)			+	+	+
Taschenrechner	+	+	+	+	+
Paint	+	+	+	+	+
Snipping-Tool			+	+	+
Notizen			+	+	+

	Home Basic	Starter	Home Premium	Prof.	Ultimate/ Enterprise
Windows Journal (handschriftliche Notizen)			+	+	+
Windows-Fax und -Scan	+	+	+	+	+
Windows Powershell	+	+	+	+	+
WordPad-Texteditor	+	+	+	+	+

Multimedia

	Home Basic	Starter	Home Premium	Prof.	Ultimate/ Enterprise
Windows-Fotoanzeige	+	+	+	+	+
Foto-Diashow	+	+	+	+	+
Windows Media Player 12 mit Play To	+	+	+	+	+
Windows Media Player: Zugriff via Internet			+	+	+
MPEG-2 dekodieren			+	+	+
Dolby-Digital-Unterstützung			+	+	+
AAC und H.264 dekodieren	+	+	+	+	+
DVD-Wiedergabe			+	+	+
MPEG-2-Plug-in zur DVD-Wiedergabe kann installiert werden	+	+	–/–	–/–	–/–
Windows Media Center			+	+	+
Anzahl der unterstützten TV-Empfänger	–/–	–/–	4	4	4
Windows DVD Maker			+	+	+
Device Stage	+	+	+	+	+
Synchronisierungscenter	+	+	+	+	+

Netzwerkfunktionen

	Home Basic	Starter	Home Premium	Prof.	Ultimate/ Enterprise
gleichzeitige SMB-Verbindungen	20	20	20	20	20
Netzwerk- und Freigabecenter	+	+	+	+	+
Heimnetzgruppe	beitreten	beitreten	+	+	+
Verbesserte Energieoptionen	+	+	+	+	+
Mit einem Netzwerkprojektor verbinden	+	+	+	+	+
Remote Desktop: Client	+	+	+	+	+
Remote Desktop: Host				+	+

	Home Basic	Starter	Home Premium	Prof.	Ultimate/ Enterprise
IIS-Webserver			+	+	+
RSS-Unterstützung	+	+	+	+	+
Internetverbindungsfreigabe	+		+	+	+
Netzwerküberbrückung	+		+	+	+
Offlinedateien				+	+

Mobilitätsfunktionen

	Home Basic	Starter	Home Premium	Prof.	Ultimate/ Enterprise
Windows-Mobilitätscenter	+ (kein Präsentationsmodus)		+ (kein Präsentationsmodus)	+	+
Windows SideShow			+	+	+
Synchronisierungscenter	+	+	+	+	+
Tablet-PC-Funktionen			+	+	+
Multi-Touch-Unterstützung			+	+	+

Funktionen für den Einsatz in Firmen

	Home Basic	Starter	Home Premium	Prof.	Ultimate/ Enterprise
Domänen beitreten				+	+
Unterstützung für XP-Modus				+	+
AppLocker					+
Von virtuellen Laufwerken (VHDs) booten					+
Verteiltes Zwischenspeichern von Daten per BranchCaching					+
DirectAccess					+
Unternehmensweite Dateisuche					+
Installation anderer Sprachversionen (MUI-Pakete)					+
Ortsbezogenes Drucken				+	+
Subsystem für UNIX-basierte Anwendungen					+

2. Neue Aero-Funktionen für mehr Effizienz und Komfort

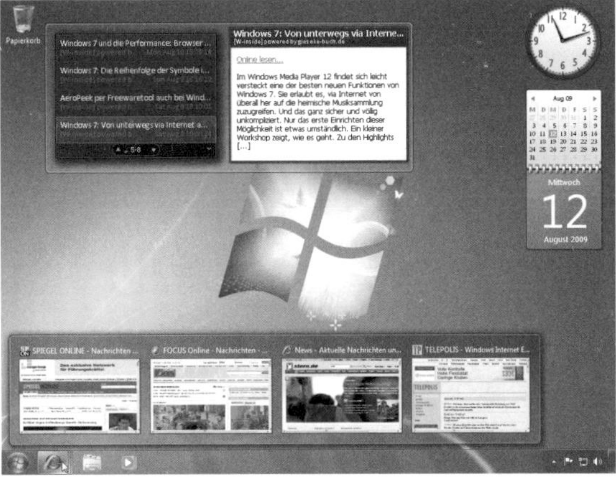

Der Desktop ist das Aushängeschild jedes Betriebssystems. Wo Vista im Vergleich zu seinen Vorgängern schon wesentlich zeitgemäßer und attraktiver wirkte, geht Windows 7 noch einen Schritt weiter. Dreidimensionalität und Transparenz lassen das neue Windows noch moderner wirken. Die Neuerungen bleiben dabei aber nicht optische Spielereien, sondern bieten echten Mehrwert. So sind Informationen als Gadgets auf dem Desktop eigentlich erst sinnvoll, wenn man den sonstigen Desktopinhalt – also Dokumente und Programmfenster – jederzeit schnell aus- und wieder einblenden kann, wie das die neue Taskleiste ermöglicht. Auch die sehr praktische Minivorschau beim Wechseln von Anwendungen wurde weiter verbessert. Für die Windows-Bedienung per Touchscreen wurden außerdem zusätzliche Funktionen für den Umgang mit Fenstern eingebaut, von denen auch jeder Mausbenutzer profitieren kann.

2.1 Mit Aero Peek schneller Überblick über den Desktop

Eines der auffälligsten neuen Elemente auf dem Windows 7-Desktop ist die neu gestaltete Taskleiste am unteren Bildschirmrand. Sie gehört zu den Dingen, die funktional am meisten verändert worden sind, worauf wir im Anschluss noch ausführlicher eingehen. Zunächst einmal möchten wir Ihre Aufmerksamkeit auf die kleine unscheinbare Fläche am ganz rechten Rand dieser Leiste lenken, also noch rechts vom Infobereich.

1 Um deren Nutzen nachvollziehen zu können, ist es notwendig, mindestens ein, am besten aber mehrere Fenster auf dem Desktop zu öffnen, also z. B.

den Internet Explorer, den Windows-Explorer oder beliebige andere Programme oder Dokumente.

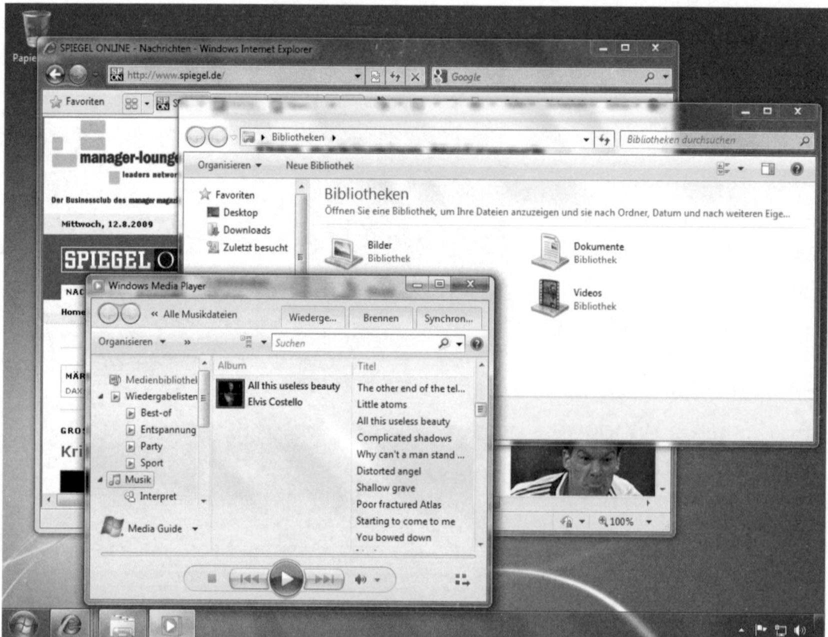

2 Bewegen Sie nun den Mauszeiger auf eben dieses kleine Feld ganz unten rechts und lassen Sie ihn dort einfach kurz verharren.

TIPP

Den Desktop per Tastatur hervorzaubern

Wer nicht gleich zur Maus greifen will oder wem die winzige Fläche in der Taskleiste zu klein ist, der kann einfach zur richtigen Tastenkombination greifen: Win+Leertaste lautet sie in diesem Fall. Beim Loslassen kommen die Fenster dann sofort zurück.

3 Nach knapp einer Sekunde Wartezeit blendet Windows die Fenster aus bzw. macht ihren Inhalt völlig transparent. Sie sehen davon nur noch die Fensterrahmen, die sich bei mehreren geöffneten Fenstern auch kreuzen und überlappen können.

4 Stattdessen ist der Desktophintergrund zu sehen, sowie insbesondere Gadgets, sofern Sie welche eingerichtet haben. Dies dürfte auch die wesentliche Motivation für diese neue Funktion sein. So können Sie mit einer kurzen Mausbewegung sofort einen Blick auf Ihre Gadgets und die darin enthaltenen Informationen werfen.

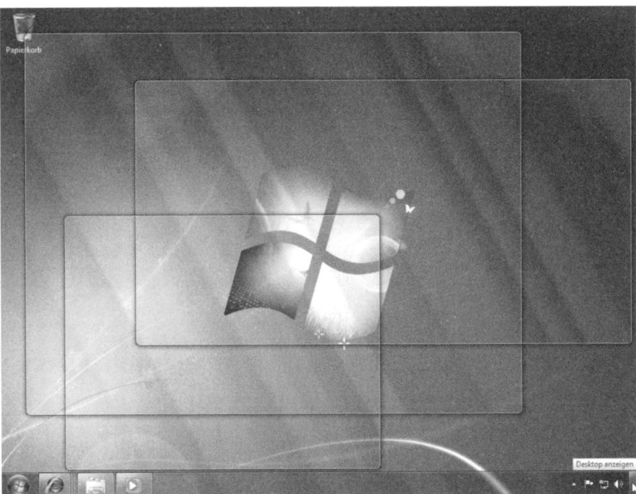

5 Wenn Sie die Maus anschließend wieder von dem Feld wegbewegen, wird der Desktop sofort wieder wie zuvor hergestellt.

TIPP

Alle Fenster wirklich ausblenden

Wenn Sie wie vorangehend beschrieben verfahren, werden die offenen Fenster nicht ausgeblendet oder minimiert. Es wird einfach nur vorübergehend der Inhalt entfernt, die Programme laufen aber weiter und sind anschließend auch gleich wieder da. Sie können aber auch alle gerade geöffneten Fenster minimieren und den Desktophintergrund dauerhaft anzeigen. Dazu lassen Sie die Maus nicht einfach nur auf dem kleinen Feld schweben, sondern klicken einfach darauf. Das hat dieselbe Wirkung wie der (immer noch vorhandene) Befehl *Desktop anzeigen* im Kontextmenü der Taskleiste bzw. die Tastenkombination [Win]+[D]. Ein erneuter Klick auf das Feld stellt den alten Zustand wieder her. Die Fenster werden dann also wieder so auf dem Desktop angezeigt wie zu dem Zeitpunkt, als Sie alles ausgeblendet hatten.

Das versehentliche Ausblenden der Fenster vermeiden

Die neue Funktion zum Hervorholen des Desktops dürfte bei den meisten Benutzern gut ankommen und kaum Probleme bereiten. Wenn Sie aber z. B. beim Benutzen des Infobereichs gern mal nach rechts ausrutschen und von dem dadurch verursachten Ausblenden der Fenster genervt sind, können Sie dieses Verhalten auch deaktivieren.

1 Klicken Sie mit der rechten Maustaste auf einen freien Bereich der Taskleiste und wählen Sie im Kontextmenü ganz unten den Punkt *Eigenschaften*.

2 Damit öffnen Sie die Einstellungen für die Taskleiste. Sie enthalten ganz unten den Bereich *Desktopvorschau mit Aero Peek*.

3 Entfernen Sie hier das Häkchen bei *Aero Peek für die Desktopvorschau verwenden* und klicken Sie dann unten auf *OK*.

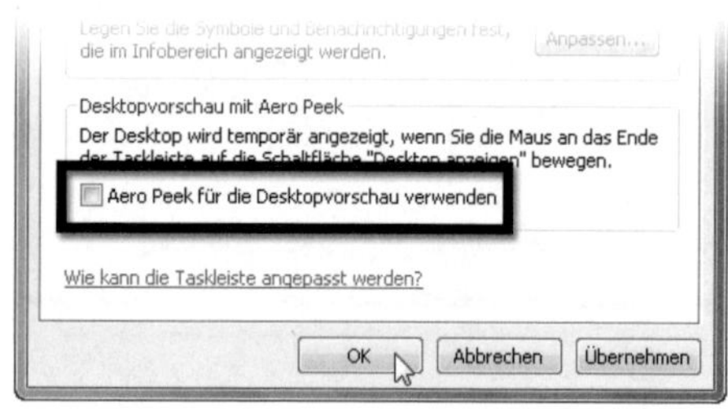

Ab sofort verzichtet Windows auf den beschriebenen Transparenzeffekt. Sie können die Fläche in der Taskleiste allerdings immer noch dafür nutzen, mit einem Mausklick alle angezeigten Fenster zu minimieren und später nach Bedarf erneut herzustellen.

2.2 Mit Aero Shake ganz schnell den Bildschirm aufräumen

Aero bietet eine weitere praktische Funktion für schnelle Ordnung und Übersicht auf dem Desktop: Um sich ganz auf ein bestimmtes Fenster konzentrieren zu können, lassen sich alle anderen momentan geöffneten Anwendungen einfach „abschütteln". Wenn Sie den Fenstertitel einer Anwendung mit der linken Maustaste erfassen und dann bei gehaltener Taste schnell hin und her bewegen („Schütteln" bzw. englisch „Shake"), dann minimiert Windows automatisch alle anderen Fenster, sodass nur noch diese eine Anwendung auf dem Desktop zu sehen ist.

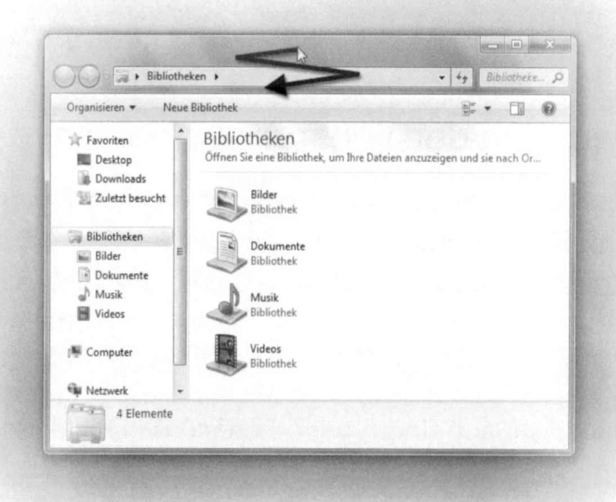

Wiederholen Sie den Vorgang, werden die anderen Fenster wiederhergestellt. Das Schütteln geht am besten mit einer richtigen Maus. Benutzer von Touchpad & Co. werden ein paar Versuche benötigen. Falls es nicht klappt, lässt sich der Effekt auch ohne Schütteln erreichen, und zwar mit Win+Pos1.

Schnelle Tastenkombinationen mit der Windows-Taste

Tastenkombination	Funktion
Win	Öffnen oder Schließen des Startmenüs
Win+→	Aktuelles Fenster an den rechten Rand schnappen lassen
Win+←	Aktuelles Fenster an den linken Rand schnappen lassen
Win+↑	Aktuelles Fenster maximieren (auf Vollbild)
Win+↓	Aktuelles Fenster wiederherstellen bzw. minimieren
Win+Umschalt+↑	Aktuelles Fenster auf maximale Höhe vergrößern
Win+Umschalt+↓	Höhe des aktuellen Fensters wiederherstellen
Win+Pos1	Alle bis auf das aktuelle Fenster minimieren
Win+Leertaste	Desktopvorschau, nur den Rand der Fenster anzeigen
Win+1–9	Die Anwendung starten, die mit dem entsprechenden Symbol (von links gezählt) in der Startleiste verbunden ist
Umschalt+Win+1–9	Öffnet anstelle eines bereits vorhandenen Fensters des entsprechenden Symbols eine neue Instanz
Alt+Win+1–9	Öffnet die Sprungliste des entsprechenden Symbols in der Startleiste
Win+Pos1	Alle Fenster in den Hintergrund minimieren
Win+Untbr	Anzeigen des Dialogfelds Systemeigenschaften
Win+Tab	Umschalten zwischen Anwendungen per Flip 3D
Win+D	Anzeigen des Desktops
Win+M	Minimieren aller Fenster
Win+Umschalt+M	Wiederherstellen minimierter Fenster auf dem Desktop
Win+E	Öffnen des Computers
Win+F	Suchen nach einer Datei oder einem Ordner
Strg+Win+F	Suchen nach Computern in einem Netzwerk
Win+L	Sperren des Computers in einem Netzwerk bzw. Wechsel des Benutzers bei einem PC ohne Netzwerk
Win+G	Zwischen Gadgets umschalten
Win+P	Den Präsentationsmodus des PCs steuern
Win+R	Öffnen des Dialogfelds Ausführen
Win+T	Umschalten zwischen Programmen auf der Taskleiste
Win+U	Öffnen des Centers für die erleichterte Bedienung
Win+X	Öffnen des Windows-Mobilitätscenters

2.3 Per Echtzeitvorschau und Taskleiste schnell und gezielt Fenster wechseln

Der Aero-Desktop von Windows Vista brachte bereits eine wesentliche Neuerung beim Wechsel zwischen Anwendungen: Die Programme wurden nicht mehr durch ein nichtssagendes Symbol repräsentiert, sondern durch eine Minivorschau des tatsächlichen Fensterinhalts. Das macht das Auswählen einfacher und schneller, insbesondere wenn es um mehrere Fenster ein und derselben Anwendung geht, wie z. B. bei mehreren geöffneten Webseiten im Internet Explorer. Windows 7 setzt diese Entwicklung konsequent fort. Die Minivorschauen sind noch aussagekräftiger geworden und es gibt nun sogar eine Vorschau in voller Fenstergröße. Insbesondere Anwendungen mit mehreren Fenstern bzw. Registerkarten lassen sich noch komfortabler wechseln. Und Sie können nicht mehr benötigte Fenster nun direkt aus der Minivorschau schließen, ohne sie dazu erst wiederherstellen zu müssen.

INFO

Klassisches Umschalten per Alt+Tab

Am klassischen Fensterwechsel per Tastatur mit Alt+Tab hat sich im Vergleich zu Vista nichts geändert. Wer bisher Windows XP treu geblieben ist, wird aber auch hier schon Neues finden. Aero ermöglicht es, die derzeit geöffneten Fenster nicht wie bei XP einfach nur mit einem generischen Symbol für die jeweilige Anwendung darzustellen. Stattdessen sehen Sie jedes Fenster als Minivorschau des realen, aktuellen Fensterinhalts vor sich.

1 Um zwischen geöffneten Fenstern via Taskleiste hin und her zu wechseln, bewegen Sie wie gewohnt den Mauszeiger auf das Symbol eines Fensters in der Taskleiste.

2 Wenn Sie den Mauszeiger dort kurz verharren lassen, blendet Windows die Minivorschau für dieses Fenster direkt oberhalb ein.

3 Bewegen Sie den Mauszeiger nun auf eines der benachbarten Symbole in der Taskleiste, folgt die Minivorschau Ihnen dorthin und schaltet direkt zu dem entsprechenden Fenster um.

4 Wenn Sie mit dem Mauszeiger nach oben auf die Minivorschau fahren, wird zusätzlich das reale Fenster in seiner vollen Größe und Position auf dem Desktop eingeblendet. Sind sich Fenster so ähnlich, dass sie sich in der Minivorschau nicht eindeutig unterscheiden lassen, ist das eine gute Hilfe. Das Fenster ist damit aber noch nicht wieder endgültig in den Vordergrund geholt. Sowie Sie den Mauszeiger von der Minivorschau wegbewegen, verschwindet es wieder.

5 Um ein Fenster endgültig auszuwählen und in den Vordergrund zu holen, klicken Sie einfach mit der linken Maustaste auf das Symbol in der Taskleiste oder auch auf die Minivorschau.

Flip 3D – der 3-D-Taskwechsler

Für Freunde des dreidimensionalen Augenschmauses bietet Windows 7 wie auch schon Vista noch eine weitere Alternative, zwischen den Anwendungen hin und her zu wechseln. Diese sieht etwas spektakulärer aus und zeigt ebenfalls nicht nur eine kleine Vorschau, sondern schon eine wesentlich größere und deutliche Darstellung des Fensterinhalts, während Sie durch die verschiedenen Fenster wandern und die gewünschte Anwendung aussuchen.

1 Drücken Sie [Win]+[Tab], um diese Version des Taskumschalters auf den Bildschirm zu holen.

2 Windows bringt dann alle aktiven Fenster als dreidimensionalen Stapel auf den Bildschirm, der frei auf der Oberfläche schwebt.

3 Um die Fenster des Stapels zu durchlaufen, verwenden Sie das Scrollrad Ihrer Maus oder die Pfeiltasten. Der Stapel wird dann jeweils weitergedreht, sodass das nächste Fenster in den Vordergrund gelangt.

4 Wird das Fenster im Vordergrund angezeigt, mit dem Sie weiterarbeiten wollen, klicken Sie einfach mit der linken Maustaste oder drücken [Enter].

5 Windows beendet dann den Taskwechsler und bringt die gewählte Anwendung regulär auf den Bildschirm.

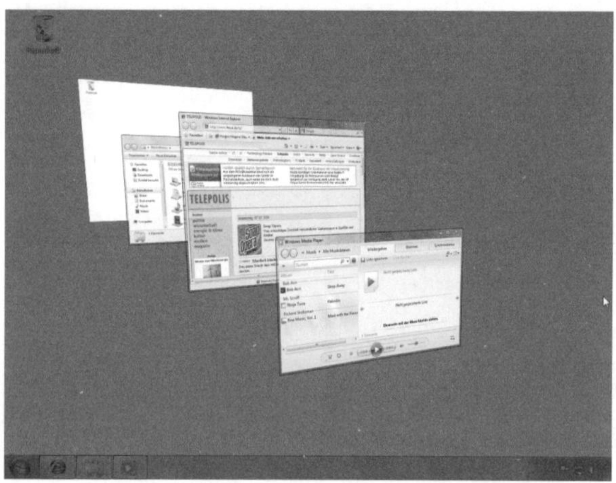

Besonderheiten bei Anwendungen mit mehreren Fenstern/Tabs

Einen Sonderfall stellen Anwendungen dar, die mehrere Dokumente bzw. Fenster beinhalten. Ein Beispiel dafür ist etwa der Internet Explorer mit seinen Registern für mehrere Webseiten. Aber auch Office-Anwendungen erlauben es, mehrere Dokumente gleichzeitig zu öffnen. Bislang wurden solche Multifenster-Programme beim Umschalten zwischen Fenstern eher stiefmütterlich behandelt. So gibt es teilweise nur ein Symbol für jede Anwendung (z. B. Internet Explorer) und teilweise ein eigenes Symbol für jedes einzelne Dokument (z. B. Word). Die neue Taskleiste berücksichtigt nun auch Anwendungen mit mehreren geöffneten Registern.

1 Wenn Sie den Mauszeiger in der Taskleiste auf das Symbol einer Anwendung mit mehreren Dokumenten bzw. Registern bewegen und dort verharren lassen, wird eine Miniansicht für jedes der Dokumente angezeigt.

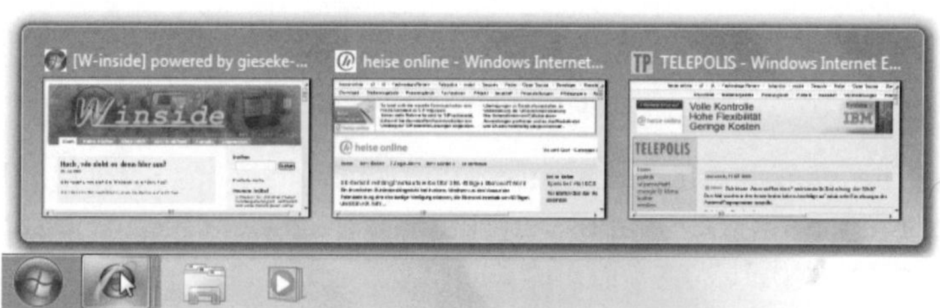

2 Bewegen Sie den Mauszeiger dann weiter auf eine der Minivorschauen, wird dieses Fenster als Realvorschau in voller Größe auf dem Desktop angezeigt.

3 Lassen Sie den Mauszeiger nun zu den anderen Minivorschauen weiterwandern, wird jeweils deren Inhalt in der Realvorschau angezeigt. So können Sie sich das gewünschte Dokument zielgenau aussuchen.

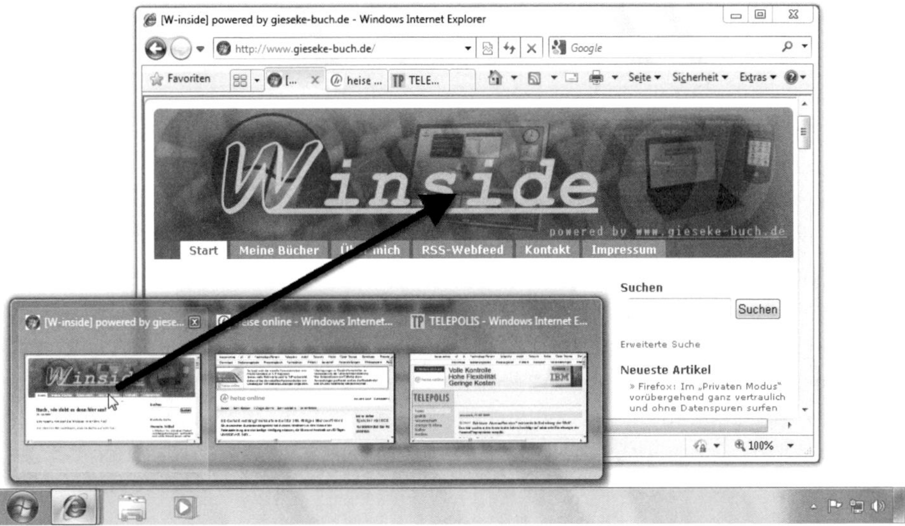

INFO

Zu viele Dokumente in der Minivorschau?

Bei zu vielen Dokumenten auf einmal geht der Platz für die Minivorschau irgendwann aus. Zunächst macht Windows die einzelnen Vorschauen mit wachsender Zahl einfach kleiner, bis es wieder passt. Ist diese Grenze erreicht, wird das Vorschaubild weggelassen und einfach nur ähnlich wie bei früheren Windows-Versionen eine Liste der Titel präsentiert.

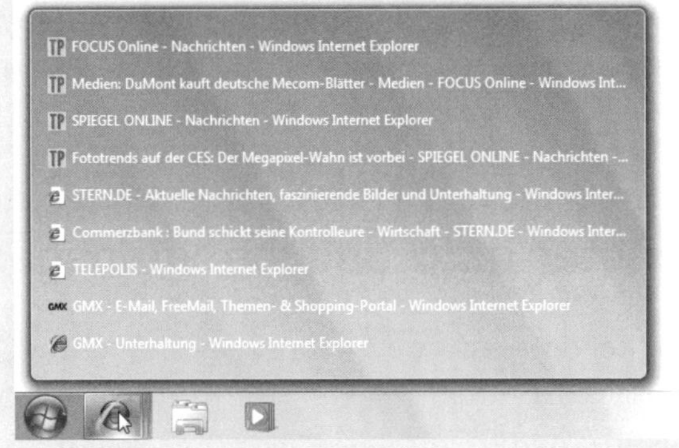

Anwendungen direkt über die Taskleiste steuern

Eine weitere Neuerung bei den Minivorschauen ist die Möglichkeit, durch sie Anwendungen direkt über die Taskleiste zu steuern, auch wenn die Fenster gerade unsichtbar minimiert sind. Dazu sind in die Minivorschau einfache Steuerelemente integriert. Was genau möglich ist, hängt von der Anwendung ab.

- Wenn Sie den Mauszeiger auf eine Minivorschau bewegen, wird oben rechts ein kleines Schließen-Symbol eingeblendet. Hiermit können Sie die Anwendung, mit der diese Minivorschau verbunden ist, beenden. Der Effekt ist derselbe, wie wenn Sie in der Anwendung [Alt]+[F4] drücken bzw. die dafür vorgesehene Methode zum Beenden verwenden. Eventuell noch geöffnete Dateien werden hierbei gespeichert, sodass kein Datenverlust zu befürchten ist. Handelt es sich um eine Anwendung mit mehreren Dokumenten (z. B. Registerkarten im Internet Explorer), schließen Sie jeweils nur das in der Minivorschau angezeigte Dokument. Die Anwendung selbst läuft weiter, bis Sie das letzte noch offene Dokument schließen. Dieses Steuerelement wird von Windows selbst eingefügt und steht bei allen Minivorschauen zur Verfügung.

- Einzelne Anwendungen können darüber hinaus weitere Steuerelemente in der Minivorschau platzieren. Dafür müssen sie aber speziell vorgesehen sein. Ein Beispiel ist der Windows Media Player. Hier finden Sie unterhalb der Minivorschau eine kleine Steuerleiste, mit der Sie die Wiedergabe anhalten und fortsetzen sowie in einer Wiedergabeliste zum nächsten oder vorherigen Stück wechseln können. So lassen sich Basisfunktionen des Windows Media Player bedienen, selbst wenn das Player-Fenster gerade minimiert ist.

2.4 Mit Aero Snap Fenster ganz bequem managen

Windows 7 lässt sich – die entsprechende Hardware in Form eines berührungsempfindlichen Touchscreens vorausgesetzt – mit den Fingern bedienen. Bis die Mehrheit der Benutzer in diesen Genuss kommt, wird es noch etwas dauern und die Preise für entsprechende Bildschirme werden noch deutlich sinken müssen.

Aber auch so können Sie schon heute von dieser neuen Technologie profitieren. Die Snap-Funktion etwa, die zum Steuern von Anwendungsfenstern per Fingerspitzen entwickelt wurde, lässt sich auch per Maus benutzen. Sie erlaubt es, Fenster mit der Maus zu ergreifen und mit einer schnellen Bewegung zwischen normalem und Vollbildmodus zu wechseln bzw. Fenster ganz einfach über die rechte oder linke Hälfte des Bildschirms zu legen.

1 Um dies zu probieren, klicken Sie einfach mit der linken Maustaste auf die Titelleiste eines normalen Fensters und halten die Taste gedrückt.

2 Bewegen Sie den Mauszeiger dann mitsamt dem Fenster an den oberen Bildschirmrand.

3 Haben Sie den oberen Bildschirmrand erreicht, zeigt Windows plötzlich eine transparente Fläche über den gesamten Desktop an. Diese soll die neue Position und Größe des Fensters anzeigen, wenn Sie die Maustaste an dieser Stelle loslassen würden. Die Fläche über den gesamten Desktop bedeutet in diesem Fall, dass das Fenster maximiert im Vollbildmodus dargestellt würde.

4 Wenn Sie einen Wechsel zu dieser Darstellung wünschen, lassen Sie den Mauszeiger einfach los. Windows maximiert das gewählte Fenster dann automatisch auf die komplette Desktopfläche.

5 Wollen Sie den Vorgang umkehren, also von der Vollbild- in die normale Darstellung wechseln, ergreifen Sie wiederum die Titelleiste des maximierten Fensters und ziehen diese vom oberen Bildschirmrand weg.

6 Das Fenster erhält dann wieder seine vorherige Größe und Sie können es an eine beliebige Stelle des Desktops ziehen und loslassen, um es dort zu platzieren.

Fenster nebeneinander anordnen

Anwendungen z. B. aus dem Office-Bereich bieten schon lange die Möglichkeit, mehrere Dokumente gleichzeitig darzustellen und sie dabei so anzuordnen, dass sie gleichzeitig nebeneinander auf dem Bildschirm zu sehen sind. Für Anwendungsfenster von Windows ist dies prinzipiell auch möglich, allerdings müssen die Fenster hierzu jedes Mal mühsam per Hand platziert und mit der richtigen Größe versehen werden. Dank Aero Snap besteht nun aber die Möglichkeit, Fenster mit einer einfachen Mausbewegung auf der linken oder rechten Bildschirmhälfte anzuordnen und so z. B. zwei Fenster nebeneinander betrachten und benutzen zu können.

1 Ergreifen Sie wie vorangehend beschrieben die Titelleiste des fraglichen Fensters mit der linken Maustaste.

2 Ziehen Sie dann den Mauszeiger mitsamt dem Fenster an den linken oder rechten Bildschirmrand.

3 Haben Sie einen dieser beiden Ränder erreicht, schlägt Ihnen Windows mit der beschriebenen transparenten Fläche vor, das Fenster so anzuordnen, dass es genau diese Hälfte des Bildschirms bedeckt.

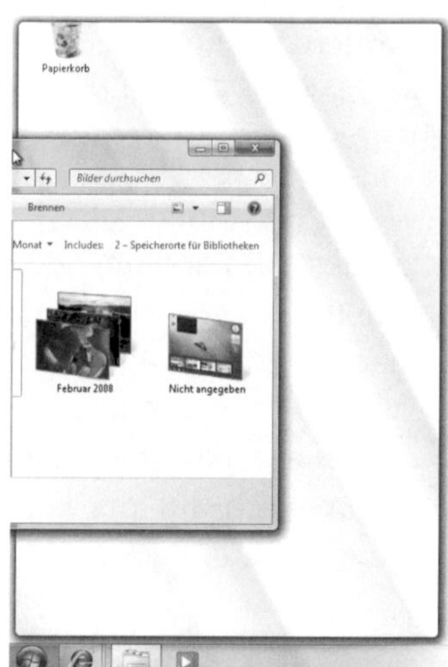

4 Lassen Sie die Maustaste los, um das Fenster so zu platzieren.

5 Auf dieselbe Weise können Sie parallel dazu ein anderes Fenster auf der gegenüberliegenden Bildschirmseite anordnen, um beide vollständig nebeneinander sehen zu können.

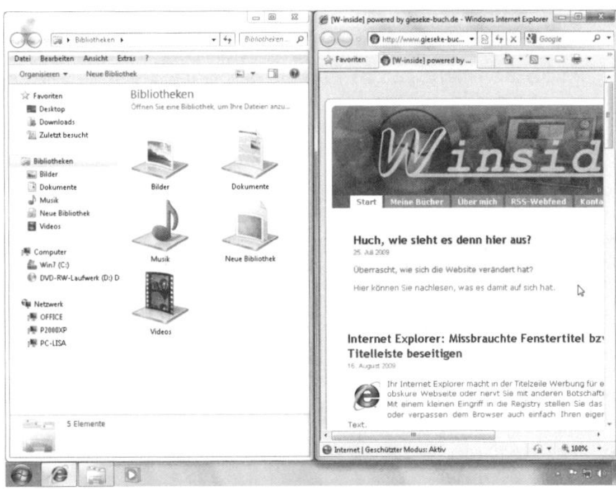

Auch bei dieser Variante können Sie den Fenstern später ganz einfach ihre alte Größe zurückgeben. Ergreifen Sie dazu erneut die Titelleisten und ziehen Sie die Fenster von der jeweiligen Bildschirmseite weg zur Mitte hin. Die Fenster erhalten die Ursprungsgröße zurück und können dann beliebig platziert werden.

INFO

Fenster klassisch steuern

Die neuen Methoden zum Verwalten von Fenstern sind nur als Ergänzungen zu den bereits bekannten zu verstehen. Die Schaltflächen oben rechts an jedem Fenster sind immer noch vorhanden, ebenso das Fenstermenü oben links. Auch die gängigen Tastenkürzel zum Minimieren und Wiederherstellen funktionieren nach wie vor genauso.

SPEZIAL Passen Sie den Windows-Desktop an Ihre Arbeitsweise an

Das Erscheinungsbild und Verhalten des Windows 7-Desktop lässt sich über eine Vielzahl von Optionen steuern. Diese finden sich in der Systemsteuerung, die im Vergleich zu früheren Windows-Versionen noch aufgabenorientierter gestaltet ist. Sie besteht nun aus einer thematisch strukturierten Sammlung von Bereichen und konkreten Aufgaben. Das erleichtert weniger erfahrenen Benutzern den Zugang zu den vielfältigen Systemeinstellungen. Sie können nun nach einer konkreten Lösung für ein Problem suchen und müssen nicht mehr wissen, welche Einstellungen sich hinter welchem Symbol verbergen.

HINWEIS

Volle Kontrolle: Holen Sie sich den Windows Task-Manager zurück

Als Benutzer von Windows XP oder früherer Windows-Versionen ist einem die Tastenkombination Strg+Alt+Entf schon in Fleisch und Blut übergegangen. Wann immer es nötig war, ließ sich damit der Task-Manager auf den Bildschirm rufen, um z. B. störrische Anwendungen aus dem Speicher zu entfernen. Bei Windows 7 ist es nicht mehr ganz so einfach, da Sie mit dieser Tastenkombination zunächst auf der Abmeldeseite landen, auf der Sie *Task-Manager starten* als eine von mehreren Möglichkeiten auswählen können. Die einfache Lösung lautet Strg+Umschalt+Esc. Diese Kombination (die übrigens auch bei Windows XP schon funktionierte) holt den Task-Manager wieder direkt auf den Bildschirm.

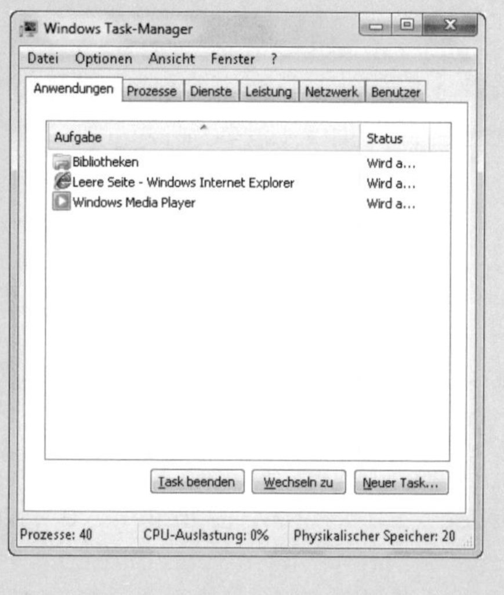

So finden Sie sich in der Systemsteuerung zurecht

Die Windows-Systemsteuerung hilft insbesondere weniger erfahrenen Benutzern mit ausführlicheren Beschreibungen und einem aufgabenorientierten Ansatz. So lassen sich wichtige bzw. regelmäßig genutzte Aufgaben und Einstellungen auch ohne detaillierte Kenntnisse der vielfältigen Module der Systemsteuerung nutzen. Erfahrene Benutzer, die genau wissen, was sie wollen und wo sie die entsprechenden Einstellungen finden, finden das Herumklicken bis zum richtigen Menü vielleicht etwas umständlich. Sie können aber auch jederzeit zur klassischen Ansicht der Systemsteuerung wechseln, in der sich die einzelnen Module direkt finden und öffnen lassen.

Orientierung in der neuen Systemsteuerung

Die Systemsteuerung ist nach wie vor über das Startmenü zugänglich, und auch nur von dort aus. Sollte der Eintrag dafür im Startmenü fehlen, beachten Sie den nächsten Abschnitt.

1 Öffnen Sie das Startmenü und klicken Sie in der rechten Hälfte auf *Systemsteuerung*.

2 Windows öffnet daraufhin die Startseite der Systemsteuerung. Sie besteht aus den verschiedenen Funktionsbereichen, in die die Einstellungen unterteilt wurden. Der Name jedes Bereichs dient als Link, um diesen zu öffnen. Außerdem finden Sie bei den meisten Themen noch zwei oder drei kleinere Links, die direkt zu typischen Aufgaben aus dem jeweiligen Bereich führen.

Die neue Systemsteuerung hat schon auf der Startseite eine aufgabenorientierte Struktur.

3 Wenn Sie einen der Funktionsbereiche anklicken, wird dessen Inhalt in der Systemsteuerung angezeigt. Er enthält in der Regel Links direkt zu den verschiedenen Dialogen und Menüs für die Einstellungen. Dabei gibt es meist wiederum einen Hauptlink, der Sie zu dem entsprechenden Programm oder Menü führt. Dazu werden weitere Direktlinks angezeigt, die innerhalb der Programme gleich zu bestimmten Einstellungen oder Aktionen springen.

4 In der linken Spalte finden Sie eine Liste der Hauptkategorien der Systemsteuerung, in die Sie auf diese Weise ohne den Umweg zurück über die Startseite direkt wechseln können.

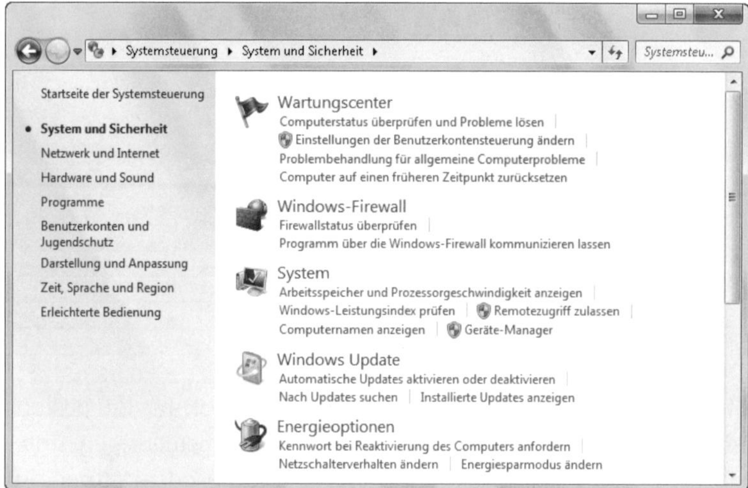

5 Wenn Sie einen der Links zu konkreten Einstellungen anklicken, hängt der weitere Ablauf von der Art der Einstellung ab. Kann diese in einem Explorer-Fenster dargestellt werden, wird das Systemsteuerungsfenster dafür verwendet. In diesem Fall können Sie nach der Einstellungsänderung ggf. mit dem Zurück-Symbol oben links in die eigentliche Systemsteuerung zurückkehren. Für externe Programme und Dialoge wird hingegen ein neues Fenster geöffnet und die Systemsteuerung bleibt im Hintergrund erhalten.

TIPP

Einzelne Module der Systemsteuerung direkt aufrufen

Für Benutzer, die sich schon ein wenig auskennen, bietet das Eingabefeld im Startmenü eine schnelle Möglichkeit, einzelne Module der Systemsteuerung direkt aufzurufen. Geben Sie hierzu in diesem Feld einfach einen eindeutigen Teil des Namens dieses Moduls an. Damit ist der Titel gemeint, der in der Kopfzeile des jeweiligen Fensters steht. Um z. B. die **Ene**rgieoptionen aufzurufen, brauchen Sie nur *ene* einzugeben. Oder Sie tippen *frei* für das Netzwerk- und **Frei**gabecenter. Wenn oben unter *Programme* das passende Modul angezeigt wird, haben Sie genug getippt und rufen diese Einstellungen einfach mit [Enter] auf.

Im Startmenü direkt die einzelnen Module der Systemsteuerung aufrufen

Die Systemsteuerung ist mit ihrem aufgabenorientierten Ansatz gerade für Windows-Neulinge eine gute Sache. Erfahrene Benutzer, die wissen, welche Einstellungen sich wo verstecken, bevorzugen die klassische Ansicht, die den direkten Zugriff auf die einzelnen Module ermöglicht. Noch schneller aber geht es, wenn Sie die einzelnen Module der Systemsteuerung direkt im Startmenü verankern.

So gelangen Sie mit zwei Mausklicks zu fast jeder Systemeinstellung und -funktion.

1 Klicken Sie mit der rechten Maustaste auf einen freien Bereich der Startleiste und wählen Sie im Kontextmenü *Eigenschaften*.

2 Wechseln Sie im anschließenden Menü in die Rubrik *Startmenü* und klicken Sie dort oben rechts auf *Anpassen*.

3 Lokalisieren Sie in der (alphabetisch sortierten) Liste den Eintrag *Systemsteuerung* und wählen Sie hier die Option *Als Menü anzeigen*.

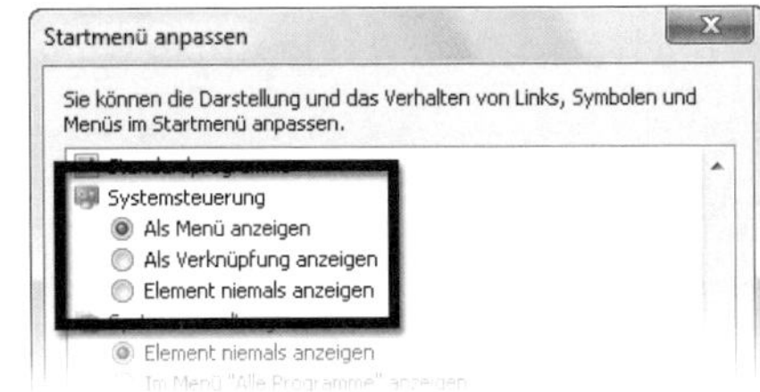

4 Klicken Sie schließlich zweimal auf die jeweilige *OK*-Schaltfläche.

Wenn Sie nun das Startmenü öffnen und den Mauszeiger auf *Systemsteuerung* bewegen, wird automatisch ein Menü mit den einzelnen Modulen der Systemsteuerung (wie in der klassischen Ansicht) angezeigt. Sie brauchen nur noch das gewünschte Modul anzuklicken und gelangen direkt dorthin.

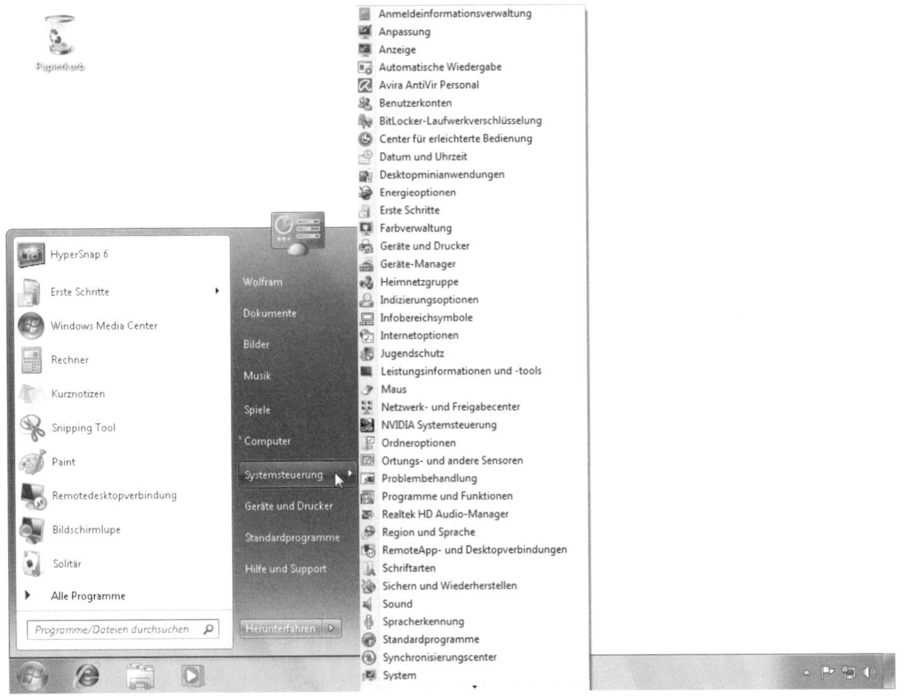

So finden Sie schnell die Einstellungen für den Windows-Desktop

Bei den Optionen für die verschiedenen Elemente des Windows-Desktops wie Hintergrund, Bildschirmschoner oder Farbschema wurde die prinzipielle Aufteilung der Eigenschaften beibehalten. Allerdings gibt es eine gemeinsame Startseite für alle diese Einstellungen und in den meisten Fällen ganz neue Menüs. Die Seite mit den Desktopeinstellungen öffnen Sie, indem Sie in der Systemsteuerung den Bereich *Darstellung und Anpassung* wählen.

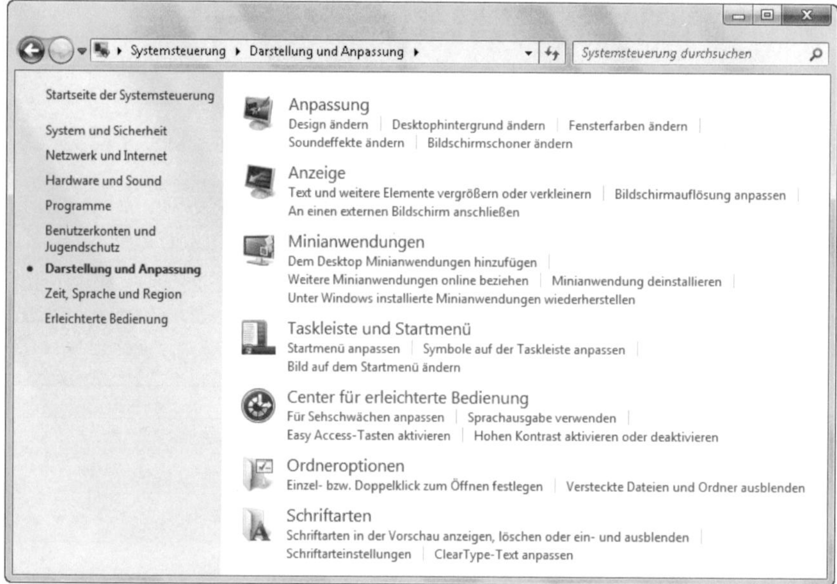

Die Desktopeinstellungen sind nun in einem eigenen Menü zusammengefasst.

Bildschirmauflösung und Grafikhardware konfigurieren

Die Optionen zur Grafikhardware und zu den hardwarenahen Einstellungen wie z. B. Bildschirmauflösung und Farbtiefe finden Sie nach wie vor im Systemsteuerungsmodul Anzeige.

1 Wählen Sie auf der Startseite der Systemsteuerung unter *Darstellung und Anpassung* den Unterpunkt *Anzeige/Bildschirmauflösung anpassen*.

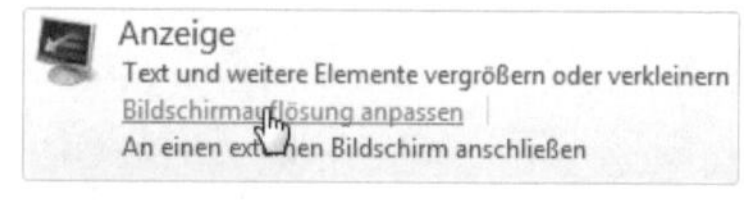

2 Damit öffnen Sie die Anzeigeeinstellungen, die Sie in ganz ähnlicher Form schon von früheren Windows-Versionen kennen. Hier wählen Sie Ihre bevorzugte Auflösung.

Außerdem können Sie hier ein Setup mit mehreren Monitoren durchführen, über die der Windows-Bildschirm verteilt wird. Mit *Erweiterte Einstellungen* öffnen Sie außerdem die Optionen für Grafikkarte, Monitor und Farbverwaltung.

3 Um etwa den Monitor auf eine ergonomische Bildwiederholfrequenz einzustellen, klicken Sie auf *Erweiterte Einstellungen* und wechseln dort auf die Registerkarte *Monitor*.

4 Kontrollieren Sie hier, ob Windows den angeschlossenen Bildschirm korrekt erkannt hat. Stellen Sie dann im Bereich *Monitoreinstellungen* die gewünschte Bildschirmaktualisierungsrate ein. Für klassische Monitore sollte sie bei mindestens 70 Hertz liegen. Für LCD-Displays genügt meist eine Frequenz von 60 Hertz. Lesen Sie die benötigte Rate im Zweifelsfall im Handbuch Ihres Bildschirms nach.

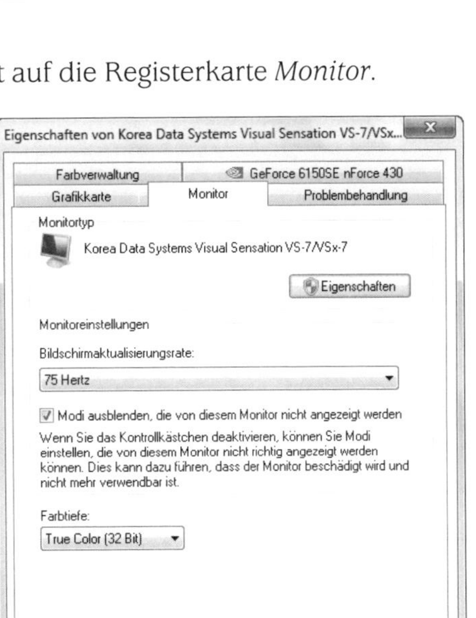

Per Desktop-Tuning nutzlose Effekte zugunsten der Performance reduzieren

Die neuen dreidimensionalen Effekte von Windows 7 haben ihren Preis, vor allem was die Hardwareanforderungen angeht. Einige funktionieren ohnehin nur mit einer DirectX-9-fähigen Grafikkarte. Andere lassen sich auch mit älterer Hardware realisieren, belasten dabei aber die Gesamtperformance des PCs spürbar. Prinzipiell verfügt Windows 7 über eine automatische Skalierungsfunktion, die die Fähigkeiten der vorhandenen PC-Hardware analysiert und den eigenen

Leistungsumfang darauf abstimmt. So soll gewährleistet werden, dass jederzeit die maximal möglichen Effekte verwendet werden, ohne dass der Arbeitsfluss darunter leidet. Sie können aber auch selbst nachhelfen und die Funktion der Windows-Oberfläche ggf. reduzieren, wenn Ihnen Performance und flottes Arbeiten wichtiger sind als der 3-D-Augenschmaus.

Mit dem Basisdesign mehr Leistung statt Augenschmaus

Wer es optisch spartanisch mag bzw. auf rechenintensiven Firlefanz ganz verzichten will, der kann auch bei Windows 7 auf die klassische Windows-Oberfläche zurückkehren, die ohne solche Effekte auskommt.

1 Öffnen Sie in der Systemsteuerung das Modul Anpassung.

2 Hier finden Sie in der Designübersicht die Rubrik *Basisdesigns und Designs mit hohem Kontrast*. Sie enthält die Einstellungen *Windows 7-Basis* und *Windows - klassisch*. Beide verzichten auf Transparenzeffekte und ähnlich aufwendige Spielereien.

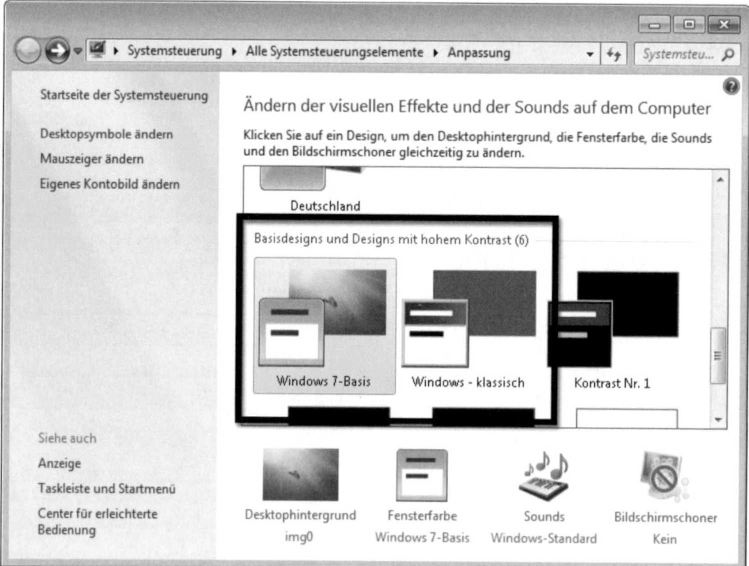

3 Wenn Sie eines dieser Designs auswählen, wird es von Windows unmittelbar geladen und aktiviert, sodass Sie die Änderungen direkt testen können.

4 Sind Sie mit dem gewählten Design zufrieden, können Sie den Dialog einfach schließen. Andernfalls wählen Sie wieder ganz oben das zuvor verwendete Design aus.

Aufwendige Effekte reduzieren

Wenn Sie nicht gleich ganz auf die neue Oberfläche verzichten wollen, können Sie auch einzelne Effekte reduzieren, wenn diese z. B. nur schwerfällig ablaufen oder wenn die Performance des PCs insgesamt nicht zufriedenstellend ist. Einer dieser Kandidaten ist die Textkantenglättung, die häufig ohnehin eher zu einer verwaschenen Textdarstellung führt.

1 Öffnen Sie in der Systemsteuerung das Modul Anpassung und rufen Sie darin rechts unten bei *Siehe auch* die Funktion *Anzeige* auf.

2 Klicken Sie in diesem Menü rechts auf den Link *ClearType-Text anpassen*.

3 Im anschließenden Assistenten schalten Sie im ersten Schritt die Option *ClearType aktivieren* aus.

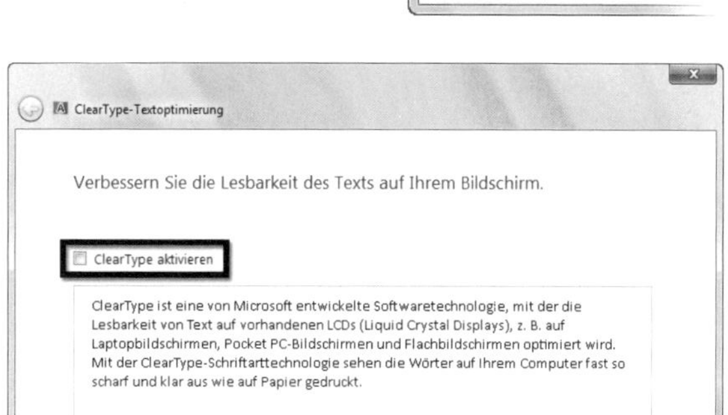

4 Um auch ohne ClearType eine möglichst optimale Textdarstellung auf Ihrem Bildschirm zu erhalten, wählen Sie in den folgenden Schritten jeweils die Darstellungsvariante, die für Sie am besten lesbar ist. So ermittelt Windows automatisch die für Ihr Display optimale Textanzeige.

Die Systemperformance optimieren

Eine andere Möglichkeit, auf älteren PCs auch eine akzeptable Performance zu erzielen, ist das Optimieren der Systemleistung. Windows 7 bietet wie auch schon seine Vorgänger eine ganze Reihe von Funktionen, die Sie ggf. reduzieren oder deaktivieren können, um so mehr Rechenpower für Anwendungen freizugeben.

1 Öffnen Sie in der Systemsteuerung den Bereich *System und Sicherheit* und wählen Sie darin das Modul System aus.

2 Klicken Sie hier links oben im Aufgabenbereich auf *Erweiterte Systemeinstellungen*. Bestätigen Sie ggf. die Ausführung des Programms.

3 Im anschließenden Menü klicken Sie in der Rubrik *Erweitert* oben im Bereich *Leistung* auf die Schaltfläche *Einstellungen*.

4 Damit öffnen Sie ein weiteres Menü, in dem Sie auf der Registerkarte *Visuelle Effekte* im oberen Bereich z. B. pauschal die Option *Für optimale Leistung anpassen* auswählen können. Windows deaktiviert dann sämtliche in der Liste darunter aufgeführten Darstellungseffekte.

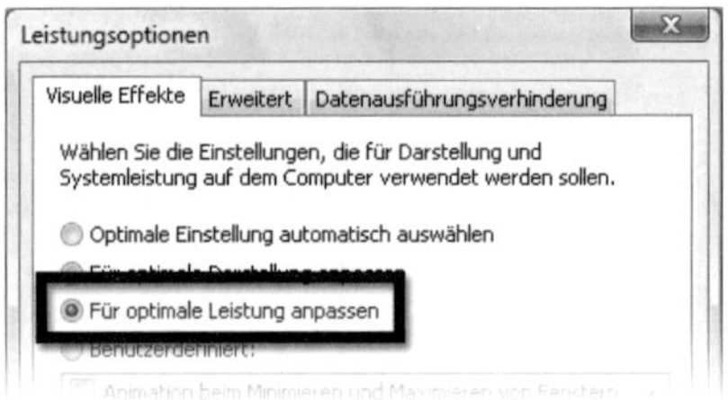

5 Wenn Sie nicht ganz so radikal vorgehen möchten, können Sie alternativ auch die Liste der Optionen durchgehen und einzelne Funktionen gezielt deaktivieren. Die Namen der einzelnen Einstellungen sind meist selbsterklärend. Auch hier empfiehlt sich ggf. ein wenig Experimentieren, welche Optionen eine spürbare Leistungsverbesserung bringen.

6 Übernehmen Sie die veränderten Einstellungen durch zweimaliges Klicken auf *OK*.

2.5 Keine 3-D-Effekte? – Schnelle Problemlösungen

Da hat man endlich die Windows-Installation hinter sich gebracht, das System startet zum ersten Mal richtig und dann das: Die neue Oberfläche ist zwar zu sehen, aber vom Transparenzeffekt und vom anderen Augenschmaus keine Spur! Für solche Fälle finden Sie auf den folgenden Seiten einige Tipps, wie auch auf Ihrem PC Windows 7 und die Aero-Oberfläche in vollem Glanz erstrahlen. Am besten gehen Sie sie im Ernstfall der Reihe nach durch, um das Problem einzugrenzen und zu beheben.

Kann die Grafikkarte DirectX 9?

Die erste und wichtigste Frage lautet: Beherrscht Ihre Grafikkarte DirectX-9-Funktionen? Die fortgeschrittenen Aero-Effekte wie transparente Fensterrahmen und andere Highlights basieren darauf, dass die eingebaute Grafikkarte Windows den größten Teil der Arbeit zum Berechnen dieser Effekte abnimmt. Müsste das Betriebssystem das alles selbst berechnen, würde das Arbeiten eine recht zähe Angelegenheit werden. Deshalb schaltet Windows diese Effekte automatisch aus, wenn die vorhandene Grafikkarte sie nicht selbstständig berechnen kann.

Der Umkehrschluss, dass Ihre Grafikkarte die Effekte nicht anzeigen kann, nur weil Windows sie ausgeschaltet hat, ist aber nicht zwangsläufig richtig. Stellen Sie deshalb also in den Unterlagen zu Ihrer Grafikkarte zunächst fest, ob dieses Modell über DirectX-9-Funktionen verfügt. Entscheidend dafür ist der Chipsatz der Grafikkarte. Generell lässt sich sagen, dass Modelle mit ATI-Prozessor ab den Modellen 9500/9700 und solche mit nVidia-Prozessor ab der GeForce-6-Reihe geeignet sind. Die Grafikkarte sollte mindestens über 64 MByte eigenen Speicher verfügen, bei höheren Bildauflösungen besser 128 MByte.

HINWEIS

Eine neue Grafikkarte für Windows 7?

Wenn Ihrem PC die passende Grafikkarte fehlt, stellt sich die naheliegende Frage, ob sich nicht eine Aufrüstung lohnt. Das hängt in erster Linie von Ihrem Geldbeutel ab. Prinzipiell funktioniert Windows 7 auch ohne die fortgeschrittenen Aero-Effekte genauso gut. Mit Effekten sieht es eben nur noch ein bisschen besser aus. Eine Aufrüstung muss aber auch gar nicht teuer sein. Sie benötigen ja nicht unbedingt ein aktuelles Modell, sondern können sich z. B. auch mit einer älteren GeForce-6- oder ATI-9700-Karte zufriedengeben. Die bekommt man z. B. in einschlägigen Onlineauktionshäusern schon recht günstig.

Eines sollten Sie bei der Anschaffung einer Grafikkarte unbedingt beachten: Wenn Ihr PC noch einen AGP-Steckplatz für die Grafikkarte hat, müssen Sie auch ein entsprechendes AGP-Modell beschaffen. Wenn Sie dann einen neuen PC anschaffen, wird der fast sicher die aktuelle PCI-Express-Schnittstelle verwenden. Dann können Sie die AGP-Grafikkarte darin nicht nutzen, sondern brauchen eine PCI-Express-Grafikkarte. Deshalb lohnt sich die Anschaffung einer – teuren – AGP-Grafikkarte kaum. Also entweder nur eine günstige (z. B. gebrauchte) AGP-Karte kaufen oder gleich einen neuen PC mit PCI-Express.

Sind die richtigen Treiber installiert?

Wenn Ihr PC über eine DirectX-9-Grafikkarte verfügt und trotzdem keine Aero-Effekte sichtbar sind, sollten Sie die Treiber überprüfen. Wie alle Hardwarekomponenten muss auch die Grafikkarte mit einem speziellen Treiber angesprochen werden. Damit die Aero-Effekte funktionieren, muss es sich um einen speziell für Windows 7 präparierten Treiber handeln. Für gängige Grafikkarten sollte Windows den eigentlich mitbringen und automatisch installieren. Eventuell hat aber die Erkennung der Grafikkarte nicht geklappt oder es gibt Probleme mit dem

Chipsatz des Motherboards. In diesem Fall sollten Sie überprüfen, ob die Grafikkarte korrekt erkannt wurde und ob geeignete Treiber installiert sind.

1 Öffnen Sie in der Systemsteuerung den Bereich *System und Sicherheit* und wählen Sie darin das Modul System aus.

2 Klicken Sie hier links oben im Aufgabenbereich auf *Geräte-Manager*. Bestätigen Sie ggf. die Ausführung des Programms.

3 Wählen Sie im anschließenden Dialog die Kategorie *Grafikkarte* aus und öffnen Sie diese mit einem Doppelklick.

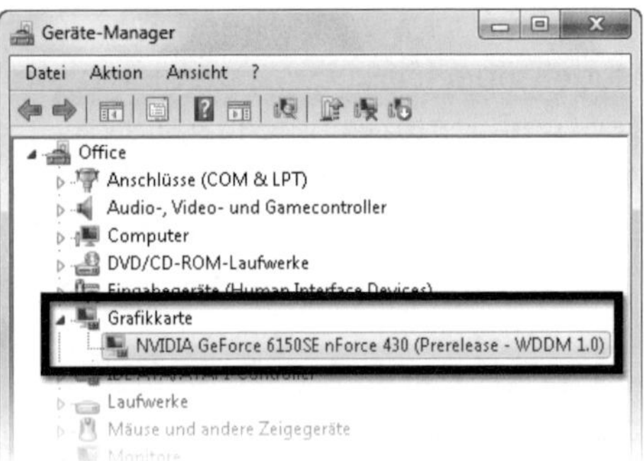

4 Sie sehen nun den Namen der vorhandenen Grafikkarte. Überprüfen Sie, ob es sich dabei um die richtige Bezeichnung für Ihre Grafikkarte handelt.

5 Hat der Eintrag außerdem die Erweiterung *WDDM*, handelt es sich um einen speziell für Windows erstellten Treiber, der dem **W**indows **D**isplay **D**river **M**odel entspricht. Diese Bezeichnung ist allerdings nur ein Bonus. Ihr Fehlen bedeutet nicht zwangsläufig, dass der Treiber nicht geeignet ist. Die konkrete Benennung der Treiber bleibt den Grafikkarten-Herstellern überlassen.

TIPP

Passenden Treiber finden

Sowohl eine falsch erkannte Grafikkarte als auch ein ungeeigneter Treiber lassen sich durch ein Treiberupdate beheben. Dazu müssen Sie allerdings zunächst einen passenden Treiber haben. Für ATI- und GeForce-Karten haben die Hersteller des Grafikprozessors bereits entsprechende Treiber veröffentlicht. Die sind auf den jeweiligen Homepages (*www.amd.com* bzw. *www.nvidia.com*) und auch auf zahlreichen anderen Download-Websites erhältlich. Außerdem sollten Sie auch auf der Homepage des Herstellers Ihrer Grafikkarte nachsehen, ob der inzwischen vielleicht ein speziell auf Ihre Karte angepasstes Treiberupdate bereitstellt.

Aero ein- und ausschalten

Wenn keine Aero-Effekte auf Ihrem Bildschirm angezeigt werden, obwohl alle Treiber und Dienste richtig laufen, kann es auch eine ganz einfache Ursache geben: Die Effekte sind deaktiviert. Das kann man z. B. machen, wenn man vorübergehend mal die maximale PC-Performance beanspruchen möchte. Um Aero ein- bzw. auszuschalten, öffnen Sie eine Eingabeaufforderung als Administrator und geben dort den Befehl *net stop uxsms* zum Beenden bzw. *net start uxsms* zum erneuten Starten ein.

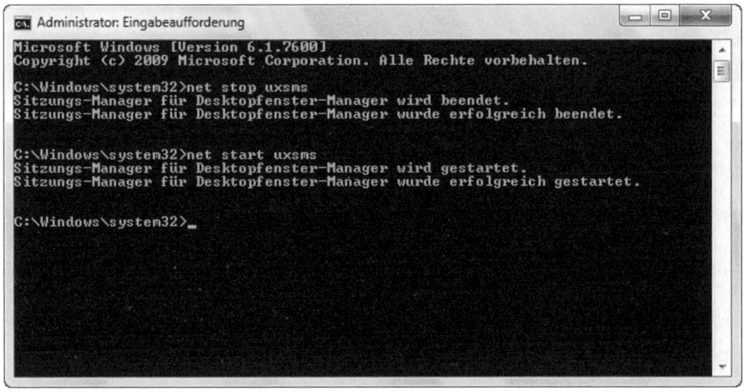

```
Administrator: Eingabeaufforderung
Microsoft Windows [Version 6.1.7600]
Copyright (c) 2009 Microsoft Corporation. Alle Rechte vorbehalten.

C:\Windows\system32>net stop uxsms
Sitzungs-Manager für Desktopfenster-Manager wird beendet.
Sitzungs-Manager für Desktopfenster-Manager wurde erfolgreich beendet.

C:\Windows\system32>net start uxsms
Sitzungs-Manager für Desktopfenster-Manager wird gestartet.
Sitzungs-Manager für Desktopfenster-Manager wurde erfolgreich gestartet.

C:\Windows\system32>_
```

TIPP

Nach Reaktivieren des Windows-Managers immer noch keine Aero-Effekte?

Wenn der Windows-Manager erfolgreich reaktiviert wurde, Sie aber trotzdem noch keine Effekte sehen, hilft eventuell folgender kleiner Trick: Öffnen Sie den Task-Manager, wechseln Sie in die Rubrik *Prozesse* und wählen Sie dort den Prozess *dwm.exe* zum Prozess-Beenden aus. Dieses zentrale Programm für die Benutzeroberfläche wird von Windows automatisch sofort neu gestartet und aktiviert dabei ggf. die zusätzlichen Effekte.

Die volle Aero-Optik auch auf älteren PCs erzwingen

Offiziell besteht Windows 7 für Aero auf einer Mindestausstattung insbesondere der Grafikkarte. Ist diese nicht vorhanden, wird Aero automatisch deaktiviert. Das heißt aber nicht, dass Ihre Grafikkarte mit Aero tatsächlich überfordert wäre. Auch viele ältere Modelle können Aero auf den Bildschirm bringen, wenn auch vielleicht mit Abstrichen in Bezug auf die Performance. Diese lassen sich aber mit den vorgestellten Maßnahmen zur Leistungsoptimierung ggf. minimieren. Das aber hilft wenig, wenn Windows gar nicht erst anbietet, Aero zu aktivieren. Mit einem kleinen Registry-Kniff können Sie dabei nachhelfen und testen, ob Aero nicht doch auf Ihrem PC läuft.

1 Starten Sie den Registry-Editor und navigieren Sie zum Schlüssel *HKEY_CURRENT_USER\Software\Microsoft\Windows\DWM*.

2 Erstellen Sie hier im rechten Fenster jeweils mit *Bearbeiten/Neu/DWORD-Wert (32-Bit)* mehrere neue Einträge mit den folgenden Namen:

- *DebugDumpTree*

- *DebugMessages*
- *DebugMouse*
- *DebugZOrder*
- *EnableMachineCheck*
- *ForceSoftwareD3D*
- *Metal*
- *UseAlternateButtons*

Diese Werte brauchen Sie einfach nur zu erstellen und zu benennen. Spezielle Werte müssen Sie ihnen nicht ausdrücklich zuweisen.

3 Erstellen Sie nun noch auf die gleiche Weise einen Wert namens *Glass*.

4 Doppelklicken Sie anschließend auf diesen Eintrag und geben Sie im anschließenden Dialog den Wert *1* an.

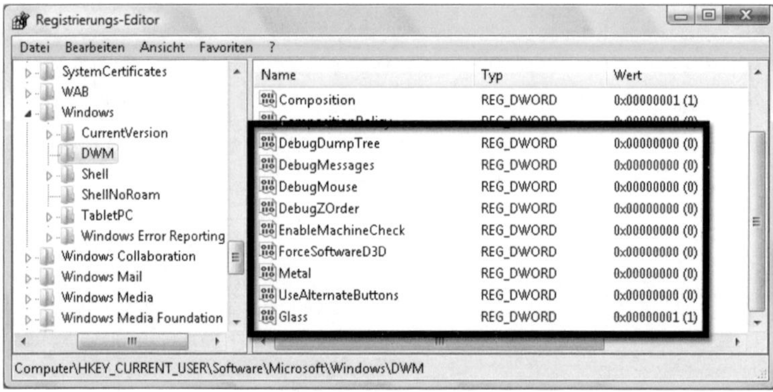

5 Starten Sie dann den Rechner neu und testen Sie, ob Aero nun läuft. Sollte Ihre Grafikhardware Aero überhaupt nicht auf den Bildschirm bringen können und es dadurch zu Problemen kommen, starten Sie Windows ggf. im abgesicherten Modus neu und machen die Änderungen in der Registry so rückgängig.

3. Anwendungen und Dokumente per Startmenü sofort finden

Das Startmenü als zentrales Werkzeug zum Starten von Anwendungen und Öffnen von Dokumenten hatte mit Windows Vista schon eine umfassende Neugestaltung erfahren. Deshalb halten sich die Änderungen jetzt auf den ersten Blick in Grenzen. Trotzdem wurde auch hier sinnvoll und praktisch nachgebessert.

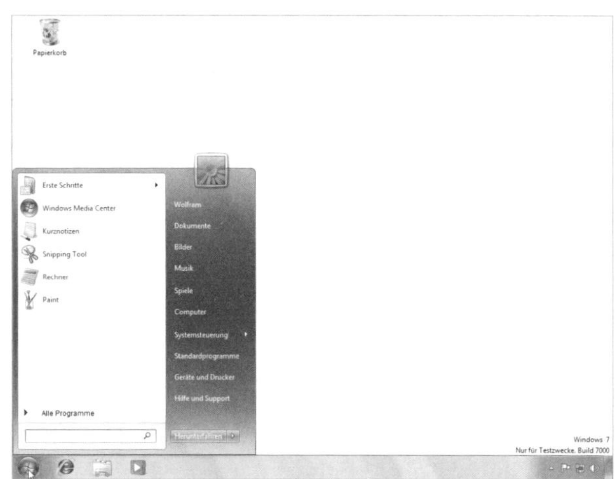

3.1 Anwendungen im Startmenü finden und ausführen

Wenn Sie bereits mit Windows Vista gearbeitet haben, dürfte das Startmenü von Windows 7 zunächst keine Schwierigkeiten bereiten, denn das Grundprinzip ist das gleiche geblieben: Die Programmgruppen und Untermenüs werden nun nicht mehr immer weiter ausgeklappt, bis ggf. der ganze Bildschirm damit zugepflastert ist. Stattdessen wird der Inhalt von Programmgruppen innerhalb des Startmenüs angezeigt. Wer bislang noch mit Windows XP arbeitet, findet dieses Konzept zunächst vermutlich etwas ungewohnt. Deshalb demonstriert das folgende Beispiel die aktuelle Vorgehensweise. Dabei wird die Bildschirmlupe – ein Werkzeug zum Vergrößern eines Ausschnitts des Bildschirms z. B. für Menschen mit Sehschwäche – per Startmenü aufgerufen. Prinzipiell könnten wir auch jedes andere Programm nehmen, aber dieses eignet sich besonders gut, da es recht tief im Startmenü verschachtelt ist.

1 Öffnen Sie das Startmenü mit einem Klick auf das Windows-Symbol unten links.

2 Im Startmenü finden Sie nun wie bisher auch auf der linken Seite die regelmäßig aufgerufenen Anwendungen und rechts Einträge für die wichtigsten Ordner und Funktionen.

3 Klicken Sie links unten auf den Eintrag *Alle Programme*, der Ihnen Zugang zu den Programmgruppen der installierten Anwendungen und Systemprogramme verschafft.

4 Damit öffnen Sie die oberste Ebene des Startmenüs. Diese wird anstelle des bisherigen Inhalts in die linke Hälfte des Startmenüs eingeblendet. Hier finden Sie nun in der Regel sowohl Einträge für konkrete Anwendungen als auch Ordner weiterer Programmgruppen. Letztere erkennen Sie am gelben Ordnersymbol.

5 Um die Bildschirmlupe zu öffnen, klicken Sie auf den Eintrag der Programmgruppe *Zubehör*.

6 Mit der Schaltfläche *Zurück* ganz unten im Startmenü verlassen Sie jeweils mit einem einzigen Mausklick die Programmgruppen und kehren wieder zur normalen Programmübersicht im Startmenü zurück.

7 Wenn Sie in der Liste eine Programmgruppe anklicken, wird sie ähnlich wie in der Ordnerleiste des Windows-Explorer ausgeklappt. Da die Liste von Ordnern und Programmen spätestens jetzt zu umfangreich ist, passt der Inhalt nicht mehr komplett in das Startmenü hinein. In diesem Fall wird am rechten Rand der Liste automatisch eine Bildlaufleiste eingeblendet, mit der Sie sich durch die Einträge hangeln können.

8 Um eine Programmgruppe wieder zu schließen, klicken Sie ebenfalls ähnlich wie beim Windows-Explorer erneut auf deren Eintrag. Sie wird dann wieder eingeklappt.

9 Die *Zubehör*-Programmgruppe besteht ihrerseits aus einer Reihe von Windows-Programmen und weiteren Untergruppen. Klicken Sie hier ganz oben auf die Untergruppe *Erleichterte Bedienung*.

10 Wenn diese Untergruppe ausgeklappt ist, finden Sie ganz oben den Eintrag und das Symbol für die Bildschirmlupe, die Sie nun mit einem einfachen Linksklick aufrufen können.

Wenn Sie dasselbe Programm beim nächsten Mal wieder aufrufen möchten, können Sie oft eine Abkürzung nehmen, da Windows die zuletzt bzw. sehr häufig genutzten Programme direkt in die Übersicht des Startmenüs aufnimmt. Da die Liste länger geworden ist und mehr Platz für Einträge bietet, ist die Verweildauer gestiegen. Allerdings bleibt das Programm nur so lange dort, bis es in der Liste durch andere Anwendungen ganz nach unten verdrängt wurde.

TIPP

Anwendungen mit höheren Rechten ausführen

Das neue Sicherheitskonzept von Windows lässt Anwendungen nur mit eingeschränkten Rechten arbeiten, selbst wenn Sie als Superuser angemeldet sind. Das ist sicher, kann in manchen Situationen aber auch nervig sein. Bei Windows XP gab es die Möglichkeit, eine Anwendung mit einem anderen Benutzerkonto zu starten, also z. B. mit dem des Administrators.

Da diese Situation bei Windows aufgrund der restriktiveren Sicherheitsbestimmungen wohl häufiger vorkommen wird, hat Microsoft diesen Weg vereinfacht: Als Superuser brauchen Sie – auch im Startmenü – nur mit der rechten Maustaste auf den Eintrag einer Anwendung zu klicken und dort den Befehl *Als Administrator ausführen* zu wählen. Dann startet das Programm ohne weitere Umstände mit den Benutzerrechten eines Administrators. Standardbenutzer ohne Administratorrechte müssen an dieser Stelle hingegen das Administratorpasswort eingeben, um die Anwendung in diesem Kontext laufen zu lassen.

Machen Sie die wichtigsten Programme immer gleich oben im Startmenü verfügbar

Das Startmenü passt sich dynamisch an Ihre Gewohnheiten an. Es merkt sich, wie häufig Sie eine Anwendung aufrufen, und blendet im linken unteren Teil des Menüs jeweils die Symbole der Anwendungen ein, die Sie in letzter Zeit am häufigsten benutzt haben. Allerdings funktioniert das nicht immer so wie gewünscht. Wenn Sie ein Programm zwar regelmäßig, aber eben nicht täglich nutzen, rutscht es schnell aus der Liste raus. Sie können aber nachhelfen und dafür sorgen, dass wichtige Anwendungen oder Programme, die sonst nur in verschachtelten Untermenüs zu erreichen wären, immer ganz oben im Startmenü stehen.

Wenn Sie ein solches Programm lokalisiert haben – egal ob im Startmenü oder mit dem Windows-Explorer in seinem Programmordner –, klicken Sie mit der rechten Maustaste auf sein Symbol und wählen im Kontextmenü *An Startmenü anheften*.

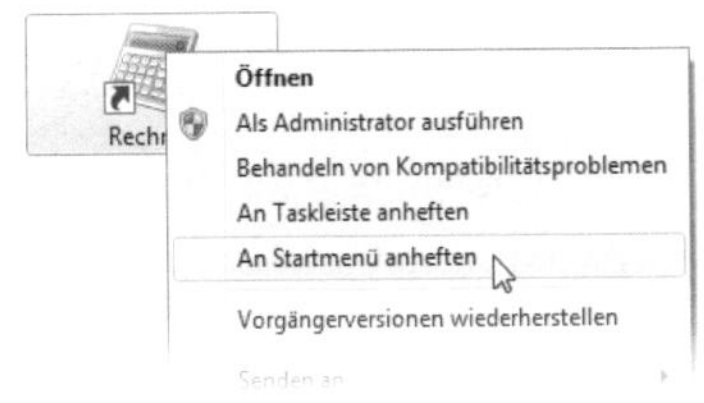

Wenn Sie nun das Startmenü öffnen, finden Sie diese Anwendung ganz oben unmittelbar unter den Einträgen für Webbrowser und E-Mail-Programm. Es bleibt dort so lange, bis Sie es via Kontextmenü mit *Vom Startmenü lösen* wieder entfernen. Sie können so beliebig viele Anwendungen fest im Startmenü verankern. Allerdings geht der Platz dafür auf Kosten der dynamischen Liste mit den meistgenutzten Programmen.

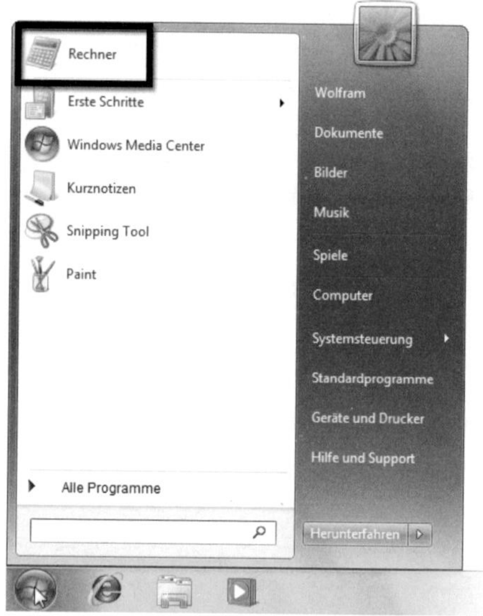

3.2 Anwendungen und Dokumente per Tastatureingabe aufrufen

Das Startmenü stellt noch eine weitere Möglichkeit bereit, Anwendungen aufzurufen. Sie bietet sich vor allem dann an, wenn ein Programm irgendwo tief in den Programmgruppen verschachtelt ist und Sie seine Bezeichnung genau kennen. Dann können Sie diesen Namen direkt im Suchfeld des Startmenüs eingeben. Mit jedem eingetippten Buchstaben reduziert Windows automatisch die dementsprechend infrage kommenden Programme. Meist können Sie das Programm dann schon nach wenigen Buchstaben mit der Maus direkt auswählen. Bleibt nur ein Programm zur Auswahl übrig, können Sie es auch ganz ohne Maus direkt mit [Enter] starten. Wir zeigen die Vorgehensweise am Beispiel der Bildschirmlupe.

TIPP

Dokumente suchen

Die beschriebene Suche berücksichtigt sämtliche Einträge des Startmenüs. Dazu zählen also nicht nur die Programme und Programmgruppen auf der linken Seite, sondern auch Einträge auf der rechten Seite, z. B. in Menüs wie *Zuletzt verwendet*. Deshalb können Sie auf die beschriebene Weise auch nach Dokumenten suchen, die Sie in letzter Zeit bearbeitet haben und die deshalb in dieser Liste aufgeführt werden. In diesem Fall wird automatisch die passende Anwendung gestartet und das ausgewählte Menü darin geöffnet.

1. Öffnen Sie das Startmenü. Wenn Sie komplett ohne Maus auskommen wollen, geht das auch mit Strg+Esc.

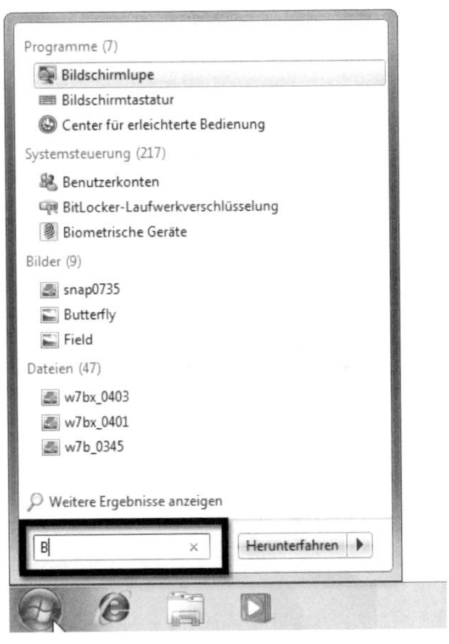

2. Nach dem Öffnen des Startmenüs befindet sich die Einfügemarke automatisch im Suchfeld. Sie können also direkt lostippen.
3. Tippen Sie den ersten Buchstaben des Programmnamens (oder auch des Dokuments) ein.
4. In der linken Hälfte des Startmenüs sehen Sie daraufhin eine Liste aller Startmenü-Einträge, die diesen Buchstaben enthalten. Die Liste unterteilt sich automatisch in verschiedene Rubriken, wie z. B. *Programme* und *Favoriten und Verlauf* oder *Dateien*. Im Unterschied zu Windows Vista nutzt Windows 7 sinnvollerweise das gesamte Startmenü zum Anzeigen der Suchergebnisse. Dadurch sind diese wesentlich übersichtlicher und besser lesbar.
5. Oben in der Liste ist der erste passende Eintrag aus der Programmliste automatisch ausgewählt. Somit reicht ein Druck auf Enter, um dieses Programm zu starten, falls es schon das richtige ist.

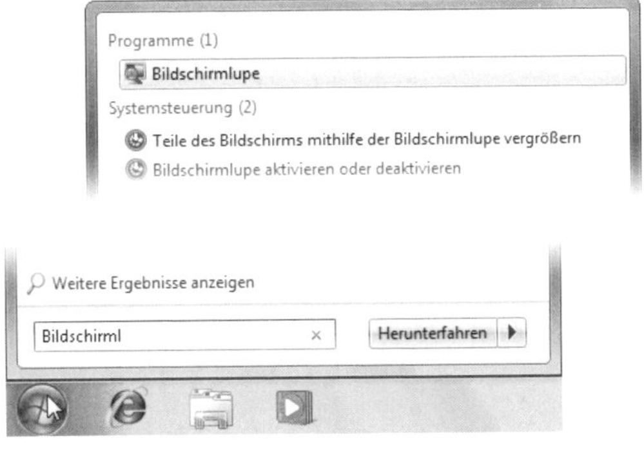

6. Oft engt ein Buchstabe die Auswahl schon so weit ein, dass das gesuchte Programm oben in der Liste steht und direkt ausgewählt werden kann. Sie können aber auch einfach weitere Buchstaben eintippen, um die Auswahl weiter einzuschränken, bis das gewünschte Programm als Schaltfläche direkt über dem Suchfeld angezeigt wird.
7. Nun genügt ein Druck auf Enter, um dieses Programm zu starten.

TIPP

Anwendungen per Tastatur als Administrator starten

Üblicherweise werden die im Suchfeld ausgewählten Programme mit normalen Standardrechten ausgeführt. Wenn ein Programm aber erhöhte Rechte benötigt, kann es zu Problemen kommen. Trotzdem können Sie auch solche Anwendungen auf diese schnelle Weise aufrufen: Drücken Sie statt [Enter] die Tastenkombination [Strg]+[Umschalt]+[Enter]. Dann wird das Programm mit Administratorrechten ausgeführt, was Sie ggf. im üblichen Zusatzdialog bestätigen müssen.

3.3 Passen Sie das Startmenü an Ihre Vorlieben an

Das Startmenü lässt sich wie auch schon bei den Vorgängerversionen in vielerlei Hinsicht an die persönlichen Vorlieben und Gewohnheiten anpassen. Durch die neue Gestaltung sind einige Optionen hinzugekommen, mit denen sich die neuen Funktionen steuern lassen.

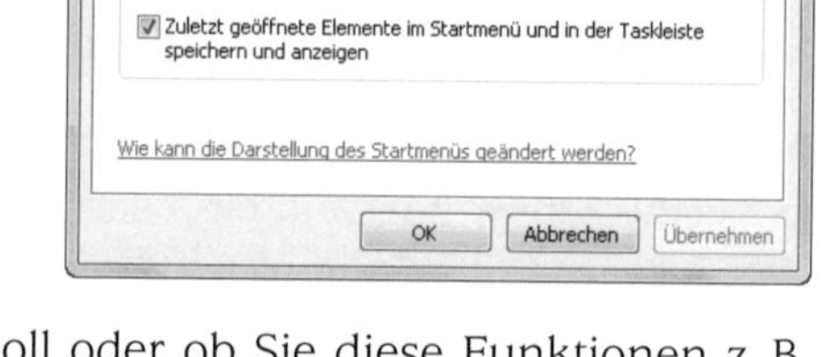

1 Klicken Sie mit der rechten Maustaste auf eine freie Stelle des Startmenüs oder der Startleiste und wählen Sie im Kontextmenü den Befehl *Eigenschaften*.

2 Öffnen Sie im Eigenschaften-Menü die Registerkarte *Startmenü*.

3 Mit den beiden Optionen im Bereich *Datenschutz* bestimmen Sie, ob das Startmenü die Liste der verwendeten Dateien bzw. Programme verwenden soll oder ob Sie diese Funktionen z. B. im Hinblick auf Ihre Privatsphäre lieber deaktivieren möchten.

4 Mit einem Klick auf *Anpassen* können Sie noch genauere Details einstellen. Dazu erhalten Sie eine Liste mit Optionen. Diese ist im Prinzip schon von Windows XP und Vista bekannt. Erwähnenswerte Neuerungen bei Windows 7 sind:

- ***Geräte und Drucker*** – Hiermit können Sie eine Abkürzung zur neuen Hardwareverwaltung in das Startmenü einfügen.
- ***Kontextmenüs sowie Ziehen und Ablegen aktivieren*** – Hiermit steuern Sie das Verschieben von Startmenüeinträgen durch Ziehen mit der Maus. Solche Aktionen können z. B. bei Touchscreens schon mal versehentlich

ausgelöst werden, weshalb sich diese Funktion hier bei Bedarf deaktivieren lässt.

- ***TV-Aufzeichnungen*** – Hiermit richten Sie sich eine Abkürzung zu den neusten TV-Aufzeichnungen ein. Dies ist nur sinnvoll, wenn Sie das Media Center und dessen TV-Funktionen benutzen. Deshalb ist diese Option standardmäßig deaktiviert.

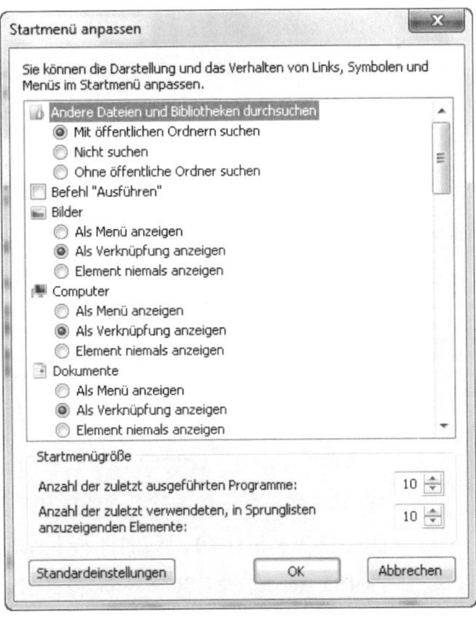

Den Aus-Knopf im Startmenü ganz einfach individuell anpassen

Schon seit Windows Vista lässt sich die Schaltfläche unten rechts im Startmenü individuell anpassen. Allerdings brachte sie zwei Nachteile mit sich: Sie war zum einen standardmäßig nicht mit „Ausschalten", sondern mit dem Wechsel in den Energiesparmodus belegt. Zum anderen ließ sich die Funktion dieser Schaltfläche nur relativ umständlich in den Energiesparplänen verändern. Daraus ergab sich auch die Folge, dass alle Energiesparpläne einzeln angepasst werden mussten, wenn man das Verhalten der Schaltfläche konsistent verändern wollte. Bei Windows 7 ist diese Einstellung einfacher zu erreichen und vor allem nicht mehr an die Energiesparpläne geknüpft. Sie können die Funktion also ein einer Stelle zentral und einheitlich ganz nach Ihren Bedürfnissen auswählen.

1. Klicken Sie mit der rechten Maustaste auf eine freie Stelle der Taskleiste und wählen Sie im Kontextmenü ganz unten den Eintrag *Eigenschaften*.
2. Wechseln Sie in den Einstellungen zur Registerkarte *Startmenü*.
3. Hier finden Sie fast ganz oben die Option *Netzschalteraktion*, mit der Sie einstellen, was beim Klick auf diese Schaltfläche im Startmenü genau passiert:
   - ***Benutzer wechseln*** – blendet den Anmeldebildschirm ein, ohne Sie abzumelden. Auf diese Weise können mehrere Benutzer gleichzeitig angemeldet sein und Programme ausführen.
   - ***Abmelden*** – meldet den derzeitigen Benutzer ab und kehrt zum Anmeldebildschirm zurück. Der PC wird dabei nicht abgeschaltet oder neu gestartet.

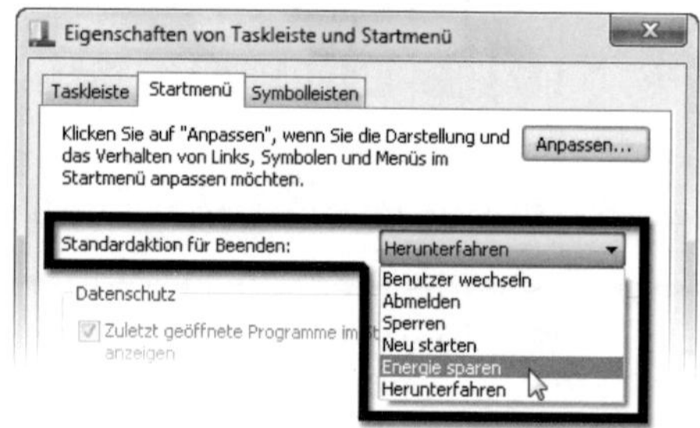

- ***Sperren*** – Sie bleiben angemeldet, aber der PC wird für den Zugriff durch andere gesperrt. Erst nach dem Eingeben Ihres Kennworts wird der Zugang wieder freigegeben. Ihre Programme laufen währenddessen weiter.
- ***Neu starten*** – Sie werden abgemeldet und der PC wird neu gestartet.
- ***Energie sparen*** – versetzt den PC in den Stand-by-Modus, bei dem er mit minimalem Stromverbrauch weiterläuft und bei Bedarf jederzeit innerhalb weniger Sekunden wieder genutzt werden kann. Die gestarteten Programme laufen während des Stand-by nicht weiter, werden aber anschließend automatisch fortgesetzt.
- ***Ruhezustand*** – Ein Abbild des Arbeitsspeichers wird auf der Festplatte gespeichert und der PC dann abgeschaltet. Beim nächsten Einschalten stellt Windows den exakten Zustand vor dem Abschalten anhand des Speicherabbilds wieder her.
- ***Herunterfahren*** – Der Benutzer wird abgemeldet und der PC abgeschaltet. Dies ist bei Windows 7 die Standardbelegung für die Schaltfläche und dürfte auch für viele Benutzer am praktischsten sein.

4 Übernehmen Sie die Einstellung mit *OK*. Beachten Sie einen Unterschied zu früheren Windows-Versionen: Die gewählte Aktion nach dem Anklicken der Schaltfläche wird unmittelbar und ohne Sicherheitsrückfrage ausgeführt. Achten Sie also z. B. beim Verwenden der Herunterfahren-Funktion darauf, dass Sie eventuell noch geöffnete Dateien zuvor ggf. manuell speichern.

4. Mit Schnellstartsymbolen und Sprunglisten kürzere Wege in der Taskleiste

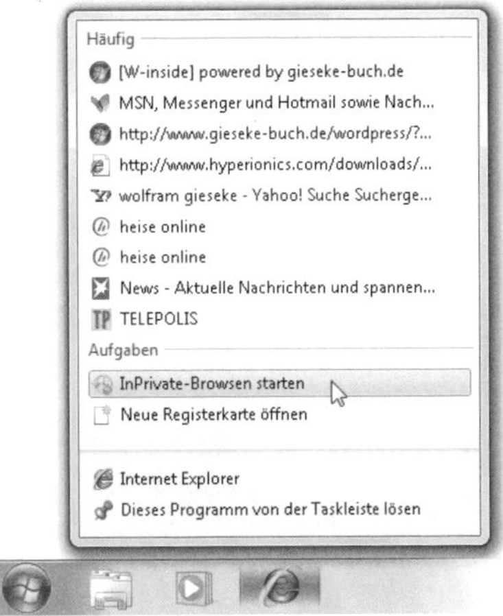

Im vorangegangenen Kapitel sind wir bereits auf die visuellen Änderungen an der Taskleiste eingegangen, also allgemein auf den neuen, transparenten Look und die Minivorschau von Fensterinhalten in Echtzeit. Aber auch funktionell hat sich bei der Taskleiste einiges getan. So gibt es anstelle der Schnellstartleiste jetzt einfach nur noch Schnellstartsymbole. Dadurch können Sie in der Taskleiste ein Symbol für jede beliebige Anwendung oder auch für Dokumente verankern, die so jederzeit direkt zugänglich sind. Speziell dafür vorbereitete Anwendungen bieten über ein solches Symbol in der Taskleiste eine Sprungliste mit den wichtigsten oder regelmäßig genutzten Funktionen dieses Programms an. So bieten sich Abkürzungen zu regelmäßig durchgeführten Aufgaben oder Lieblingsinhalten.

4.1 Statt Schnellstartleiste: Symbole dauerhaft in der Taskleiste platzieren

Üblicherweise werden in der Taskleiste Symbole für jedes geöffnete Fenster angezeigt. Solange noch keine Anwendung geöffnet ist, bleibt die Taskleiste deshalb leer. Schon bei Windows XP und Vista gab es allerdings die Schnellstartleiste, die standardmäßig in die Taskleiste integriert war. Sie enthielt Symbole für das Starten von wichtigen und regelmäßig genutzten Anwendungen. Windows 7 verzichtet allerdings auf diese Schnellstartleiste und platziert solche Symbole stattdessen direkt in der Taskleiste. Deshalb enthält die Taskleiste auch schon von Anfang an Symbole für den Internet Explorer, den Windows-Explorer sowie den Windows Media Player.

Wie bei der Schnellstartleiste können Sie mit einem einfachen Klick auf das entsprechende Symbol direkt die jeweilige Anwendung starten. Damit die Taskleiste trotzdem noch ihre Aufgabe als Übersicht und Steuerung der geöffneten Fenster wahrnehmen kann, gibt es eine wichtige Unterscheidung: Symbole für den Schnellstart von Anwendungen werden eben nur als Symbole dargestellt, die Schaltflächen von geöffneten Fenstern hingegen werden mit einem Rahmen umgeben. Dies gilt auch, wenn eine als Schnellstartsymbol verankerte Anwendung geöffnet wird. Ihr Symbol in der Taskleiste erhält in diesem Moment ebenfalls einen Rahmen. Die folgende Abbildung verdeutlicht die Unterschiede:

- Internet Explorer, Windows-Explorer und Windows Media Player sind standardmäßig als Schnellstartsymbole in der Taskleiste verankert.
- Der Windows-Explorer wurde aber bereits gestartet, deshalb unterscheidet sich sein Symbol nun.
- Zusätzlich wurden zwei weitere Programme gestartet, deren Symbole rechts neben den Schnellstartsymbolen zu sehen sind.

Beliebige Programme an die Taskleiste heften

Standardmäßig hat Microsoft drei der wichtigsten Anwendungen in der Taskleiste verankert. Sie können aber letztlich selbst entscheiden, welche Symbole dort permanent angezeigt werden sollen. Denn ähnlich wie in der ursprünglichen Schnellstartleiste oder oben links im Startmenü können Sie beliebige Anwendungen als Symbol in der Taskleiste verankern.

1. Verwenden Sie das Startmenü, um zu einem beliebigen Programm Ihrer Wahl zu navigieren, so als ob Sie dieses Programm ausführen wollten.
2. Anstatt das Programm zu starten, klicken Sie dann aber mit der rechten Maustaste auf seinen Eintrag, um das Kontextmenü zu öffnen.
3. Wählen Sie im Kontextmenü den Befehl *An Taskleiste anheften*.
4. Schließen Sie dann das Startmenü mit einem Klick auf das Windows-Symbol in der Taskleiste oder auf einen freien Bereich des Desktops.

Windows fügt dann das Symbol der eben gewählten Anwendung in die Taskleiste ein. Standardmäßig wird es links neben den bereits vorhandenen Symbolen angehängt. Sie können Sie Reihenfolge dieser Symbole aber beliebig verändern, wie der nächste Abschnitt zeigt.

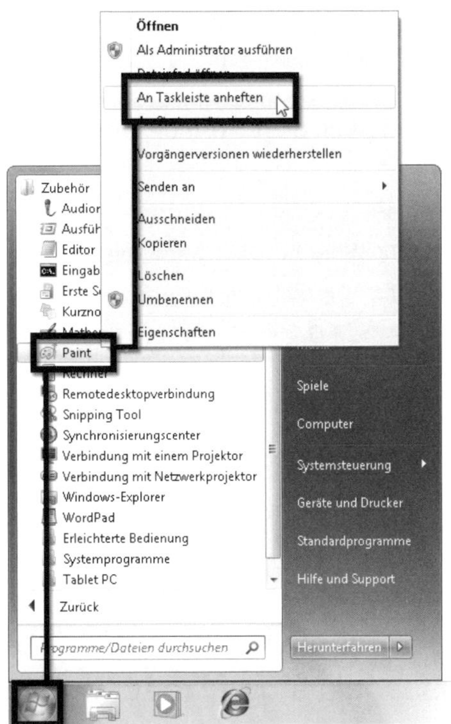

Die Reihenfolge der Symbole individuell gestalten

Üblicherweise ordnet Windows die Symbole in der Taskleiste automatisch an, und zwar so wie die Fenster, die sie repräsentieren, geöffnet werden. Bei den Schnellstartsymbolen in der Taskleiste von Windows 7 allerdings können Sie die Reihenfolge individuell beeinflussen und Ihren Vorlieben anpassen. So können Sie z. B. die Symbole in ihrer Wichtigkeit oder häufigen Nutzung von links nach rechts anordnen. So wären die meistgenutzten Programme ganz links zu finden. Das Verändern der Positionen erfolgt dabei in der von Windows gewohnten Drag & Drop-Manier:

1 „Ergreifen“ Sie zunächst das Symbol, dessen Position in der Taskleiste Sie verändern möchten. Klicken Sie dazu mit der linken Maustaste darauf, halten Sie diese Taste aber vorläufig gedrückt.

2 Ziehen Sie nun den Mauszeiger mit dem Symbol nach links oder rechts zur gewünschten Position. Die benachbarten Symbole machen dabei ggf. automatisch Platz und rutschen links oder rechts neben das ausgewählte Symbol.

3 Befindet sich das Symbol an der gewünschten Position, lassen Sie die Maustaste einfach los. Windows ordnet das Symbol dann an dieser Stelle der Taskleiste an und merkt sich diese Position.

INFO

Die Symbole für geöffnete Fenster verschieben

Die vorangehende Anleitung bezieht sich auf das Umpositionieren von Schnellstartsymbolen. Auf die gleiche Weise können Sie auch die Symbole von geöffneten Fenstern in der Taskleiste verschieben. Allerdings merkt sich die Taskleiste die neue Position nur, solange das Fenster geöffnet bleibt. Wenn Sie das entsprechende Programm beenden und später wieder neu starten, wird dessen Symbol wieder standardmäßig ganz rechts an die Symbole in der Taskleiste angefügt. Ausnahmen hierfür sind die Symbole von Anwendungen, die ohnehin als Schnellstartsymbol in der Taskleiste stehen. Hier merkt sich Windows auch Positionsveränderungen, während die Anwendungen geöffnet sind.

Die Symbole in der Taskleiste durch Titel aussagekräftiger machen

Die Taskleiste zeigt standardmäßig nur noch Symbole für die verschiedenen Anwendungen an. Erst dann, wenn Sie mit dem Mauszeiger eine Minivorschau hervorrufen, erfahren Sie den Titel der Anwendung bzw. des Dokuments. Sie können aber auch die Titel direkt in der Taskleiste selbst anzeigen lassen, was allerdings den dort verfügbaren Platz erheblich verringert:

1 Klicken Sie mit der rechten Maustaste auf einen freien Bereich der Taskleiste und wählen Sie im Kontextmenü ganz unten den Punkt *Eigenschaften*.

2 Damit öffnen Sie die Einstellungen für die Taskleiste. Die enthält ganz oben den Bereich *Taskleistendarstellung*.

3 Ändern Sie hier die unterste Einstellung *Position der Taskleiste auf dem Bildschirm* auf *Gruppieren, wenn die Taskleiste voll ist*. Klicken Sie dann unten auf *OK*.

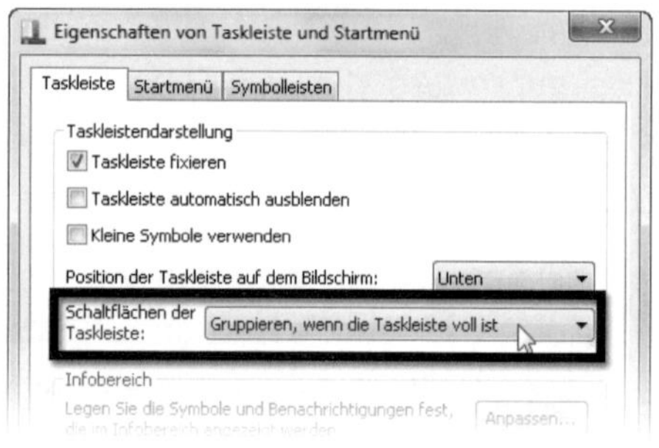

Mit dieser Einstellung wird in der Taskleiste jedes Symbol mit einer Beschriftung angezeigt, der Sie z. B. das gerade geöffnete Dokument, den aktuellen Ordner oder das abgespielte Musikstück entnehmen können. Die Beschriftung wird allerdings nur bei gestarteten Anwendungen eingeblendet. Auch die permanent vorhandenen Schnellstartsymbole erhalten erst dann eine Beschriftung, wenn sie aktiviert werden.

Überflüssige Symbole aus der Taskleiste entfernen

So wie Sie beliebige Anwendungen als Schnellstartsymbole in die Taskleiste einfügen können, lassen sich auch vorhandene Symbole wieder von dort verbannen. Sei es nun, weil Sie mit den standardmäßig vorhandenen Symbolen dort nichts anfangen können oder weil Sie ein voreilig angeheftetes Symbol lieber wieder entfernen wollen.

1 Klicken Sie mit der rechten Maustaste auf das Symbol in der Taskleiste, das Sie entfernen möchten.

2 Damit öffnen Sie das Kontextmenü für diesen Eintrag, der sich optisch etwas von den sonst üblichen Kontextmenüs unterscheidet. Das liegt daran, dass es sich hierbei um die Sprungliste für dieses Programm handelt. Das braucht Sie aber in diesem Fall nicht weiter zu stören. Was es mit Sprunglisten auf sich hat, erklärt der nachfolgende Abschnitt ausführlicher.

3 Wählen Sie in diesem Menü einfach ganz unten den Befehl *Dieses Programm von der Taskleiste lösen*.

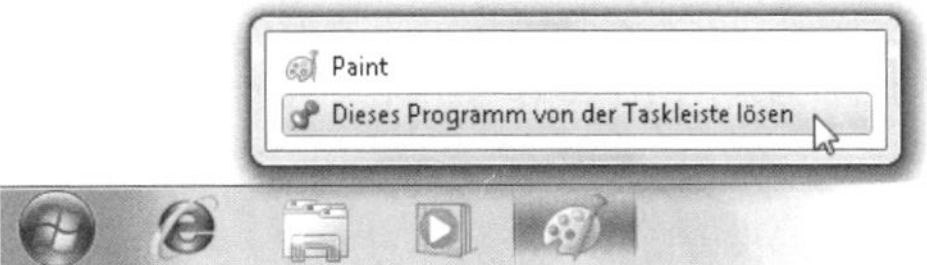

4 Windows entfernt dann dieses Symbol ohne weitere Rückfragen und Kommentare aus der Taskleiste. Dies bezieht sich selbstverständlich nur auf das hier angezeigte Symbol. Die Anwendung selbst wird dadurch nicht deinstalliert und ist weiter z. B. über das Startmenü zugänglich.

4.2 Per Sprungliste oft genutzte Programmfunktionen direkt aufrufen

Eine weitere völlig neue Funktion der Taskleiste sind die Sprunglisten, die mit den Schnellstartsymbolen (siehe vorangehenden Abschnitt) verbunden sind. Dabei handelt es sich um eine Art erweitertes Kontextmenü für diese Symbole. Es enthält eine Liste von besonders wichtigen oder häufig genutzten Funktionen der

Anwendung, die mit diesem Symbol verknüpft ist. Der Inhalt ist dabei bei jeder Anwendung anders und hängt unter anderem auch davon ab, ob dieses Programm speziell für Sprunglisten optimiert ist. Vorläufig ist dies insbesondere bei einigen der Anwendungen der Fall, die zum Lieferumfang von Windows 7 gehören. Aber nach und nach werden wohl immer mehr Programme diese Funktion unterstützen. So können Sie wesentliche Funktionen direkt aus der Taskleiste aufrufen, ohne das entsprechende Programm zuvor erst starten zu müssen.

Um die Sprungliste eines Programms zu nutzen, klicken Sie einfach mit der rechten Maustaste auf das dazugehörende Symbol in der Taskleiste. Anstelle eines Kontextmenüs öffnet sich dann die Sprungliste. Sie kann verschiedene Kategorien enthalten:

- **Häufig** – Diese Rubrik enthält zuletzt/regelmäßig mit dieser Anwendung genutzte Daten, Dokumente oder Orte. Was das genau ist, hängt von der Art der Anwendung ab.
- **Aufgaben** – Dieser Abschnitt enthält typische Aufgaben, die häufig mit dem Start der Anwendung verbunden sind.
  - Im unteren Bereich finden Sie jeweils die Anwendung selbst. Wollen Sie also einfach nur das Programm starten, sind Sie hier richtig. Die Wirkung ist dieselbe, wie wenn Sie direkt mit der linken Maustaste auf das Schnellstartsymbol geklickt hätten.
  - Außerdem finden Sie hier den Befehl *Dieses Programm von der Taskleiste lösen*, mit dem Sie dieses Symbol aus der Taskleiste entfernen können.
  - Ist die Anwendung aktiv, wird ganz unten in der Sprungliste der Befehl *Fenster schließen* angezeigt, mit dem Sie das Programm direkt beenden können.

Die Sprungliste des Internet Explorer

Der Internet Explorer zeigt in seiner Sprungliste in erster Linie die Rubrik *Frequent*. Sie erlaubt den direkten Zugriff auf die regelmäßig besuchten Webseiten. Ihr Inhalt entspricht dem des Internet Explorer-Verlaufs in der Darstellung *Nach der Anzahl der Zugriffe anzeigen*, zeigt also in etwa die zuletzt meistbesuchten Webseiten an.

Dieser Inhalt ist selbstverständlich dynamisch, wird also ständig aktualisiert. Ein Klick auf einen der Einträge startet den Internet Explorer und öffnet diese Webseite. Darunter finden sich noch die Standardfunktionen zum Starten des Internet Explorer und zum Ablösen des Symbols von der Taskleiste.

TIPP

Sprungliste als Abkürzung

Auch während der Internet Explorer läuft, können Sie seine Sprungliste auf die beschriebene Weise nutzen. Sie ist eine gute Abkürzung, da der Zugriff auf den Verlauf im Internet Explorer selbst deutlich umständlicher sein kann.

Die Sprungliste des Windows-Explorer

Die Sprungliste des Windows-Explorer enthält in der Rubrik *Häufig* die zuletzt am meisten geöffneten Ordner bzw. Bibliotheken. Auch diese sind wie beim Internet Explorer dynamisch und werden ständig aktualisiert. Wenn Sie einen der Einträge anklicken, startet der Windows-Explorer und zeigt den Inhalt dieses Ordners an.

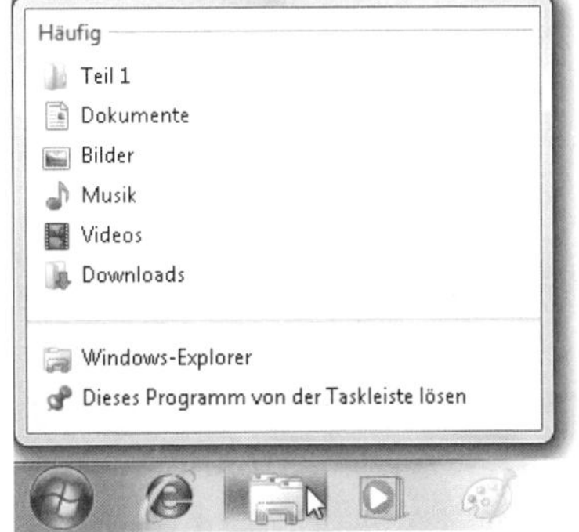

Die Sprungliste des Windows Media Player

Der Windows Media Player enthält ebenfalls die Rubrik *Häufig* in seiner Sprungliste. Er zeigt hier die Alben bzw. Wiedergabelisten an, die Sie zuletzt bzw. häufig gehört haben. Ein Klick auf einen der Einträge startet den Windows Media Player und spielt diese Wiedergabeliste ab.

In der Rubrik *Aufgaben* finden Sie außerdem typische Aufgaben, die direkt beim Start des Windows Media Player erledigt werden sollen. So können Sie mit *Vorherige Liste fortsetzen* die beim letzten Beenden des Windows Media Player gerade aktive Wiedergabeliste fortsetzen. Mit *Gesamte Musik wiedergeben* bekommen Sie mit einem Mausklick reichlich Musik auf die Ohren. Der Windows Media Player spielt automatisch dann Ihre gesamte Musikbibliothek ab.

Sprunglisten bei weiteren Anwendungen

Sprunglisten funktionieren im Prinzip mit beliebigen Anwendungen. Sie können also jedes Programm wie in diesem Kapitel beschrieben als Symbol in der Taskleiste platzieren und dann per rechter Maustaste eine Sprungliste dafür abrufen. Oft wird die Liste allerdings recht kurz ausfallen und nur zwei bis drei Punkte umfassen:

- Symbol und Name des Programms, um die Anwendung starten zu können
- *Dieses Programm von der Taskleiste lösen* zum Entfernen des Symbols aus der Taskleiste

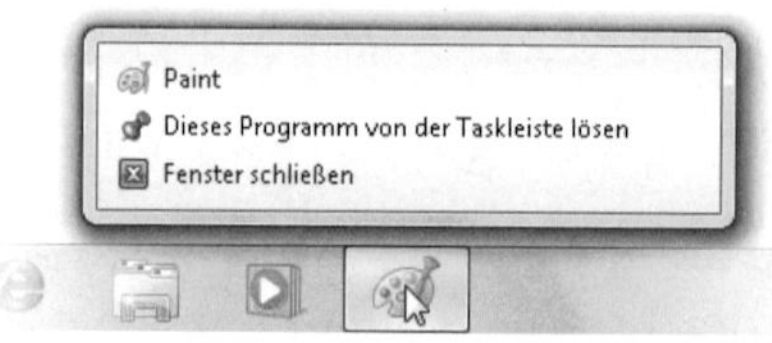

- Wenn die Anwendung gestartet ist, wird zusätzlich *Fenster schließen* zum Beenden angezeigt.

Weitere Sprunglisten-Funktionen sind nur verfügbar, wenn die Anwendung wie z. B. Internet Explorer, Windows-Explorer und Windows Media Player speziell für dieses Feature vorbereitet wurde. Mit zunehmender Verbreitung von Windows 7 wird dies wohl auf immer mehr Programme und Tools zutreffen, da die erforderlichen Änderungen am Programm nicht allzu aufwendig sind. Probieren Sie es also im Zweifelsfall bei weiteren Anwendungen einfach aus.

Dynamische Inhalte von Sprunglisten kontrollieren

Sprunglisten mit dynamischen Inhalten, wie z. B. den regelmäßig besuchten Webseiten beim Internet Explorer, verändern sich im Laufe der Zeit automatisch. Meist kein Problem, da sie sich damit den Gewohnheiten des Benutzers anpassen. Manchmal arbeitet dieser Mechanismus aber auch gegen die Interessen des Benutzers, etwa wenn eine Webseite, die immer mal wieder gern aufgerufen wird, von anderen Webadressen aus der Sprungliste verdrängt wird. In solchen Fällen können Sie aber eingreifen und bestimmte wichtige Einträge fest in der Sprungliste verankern.

1 Klicken Sie mit der rechten Maustaste auf das entsprechende Symbol, um die Sprungliste zu öffnen.

2 Bewegen Sie den Mauszeiger dann auf den Eintrag, den Sie dauerhaft verankern möchten.

3 Der Eintrag verwandelt sich dann in eine Schaltfläche mit einem Pinnnadel-Symbol am rechten Ende. Klicken Sie auf diese Pinnnadel, um den Eintrag in der Sprungliste zu verankern.

4 In der Sprungliste wird dadurch eine weitere Rubrik namens *Angeheftet* angelegt, die alle auf diese Weise verankerten Einträge enthält.

Sollten Sie die Verankerung später wieder lösen wollen, wiederholen Sie die beschriebenen Schritte einfach.

Datenschutz: Bedenken wegen Adressen und Informationen in der Taskleiste?

Die Rubrik *Häufig* der Sprunglisten enthält Informationen über besuchte Webseiten, benutzte Ordner und verwendete Dokumente, Medienclips etc. Dies kann unter Umständen problematisch sein, wenn Sie sich den PC mit anderen Benutzern teilen, die nicht unbedingt alles wissen müssen, was Sie damit gemacht haben. Zum einen ist es in solchen Fällen sinnvoll, die Funktionen der verschiedenen Anwendungen zu nutzen, damit solche Informationen gar nicht erst gesammelt werden, also z. B. beim Internet Explorer den Verlauf zu löschen oder entsprechende Webseiten nur im Privat-Surf-Modus zu besuchen. Auch die Taskleiste lässt sich aber so einstellen, dass solche Verlaufsinformationen nicht mehr angezeigt werden. Die Sprunglisten verlieren dadurch aber einen großen Teil ihres Potenzials.

1 Klicken Sie mit der rechten Maustaste auf einen freien Bereich der Taskleiste und wählen Sie im Kontextmenü den Befehl *Eigenschaften*.

2 Wechseln Sie in den Einstellungen für Taskleiste und Startmenü in die Registerkarte *Startmenü*.

3 Entfernen Sie hier im Bereich *Datenschutz* das Häkchen bei der unteren Option *Zuletzt geöffnete Elemente im Startmenü und in der Taskleiste speichern und anzeigen*.

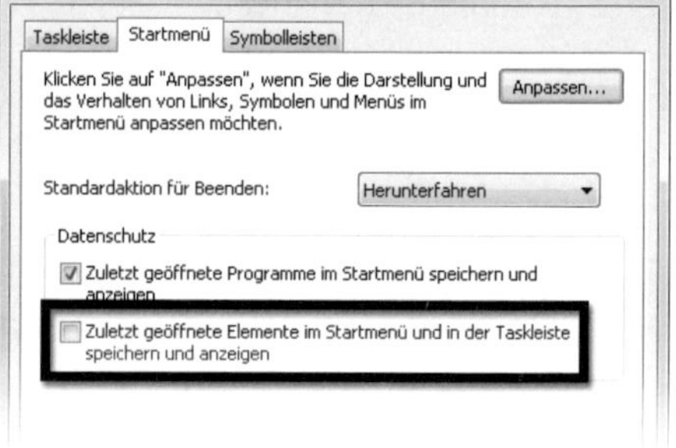

4 Klicken Sie dann unten auf *OK*.

Dadurch entfernen Sie die Rubrik *Häufig* aus allen Sprunglisten.

TIPP

Einzelne dynamische Einträge aus Sprunglisten entfernen

Wenn es nur um einzelne Einträge in einer Sprungliste geht, die Ihnen ungeeignet oder überflüssig erscheinen, können Sie diese auch direkt entfernen. Öffnen Sie dazu die entsprechende Sprungliste und klicken Sie den fraglichen Eintrag mit der rechten Maustaste an. Im Kontextmenü finden Sie dann den Befehl *Aus Liste entfernen*, der den Eintrag aus der Sprungliste entfernt.

SPEZIAL XP-Umsteiger: die vertraute Taskleiste von Windows XP

Die Neuerungen bei der Taskleiste scheinen insgesamt sehr gelungen und dürften bei den meisten Benutzern gut ankommen. Vielleicht gefallen Ihnen aber bestimmte Aspekte nicht oder Sie möchten insgesamt doch lieber bei der von Vista oder Windows XP gewohnten Taskleiste bleiben? Ganz zurückdrehen lässt sich das Rad nicht, aber Sie können doch an verschiedenen Rädchen drehen, um das Aussehen und Verhalten weitestgehend den früheren Versionen anzupassen.

Die Einstellungen hierfür finden Sie in den Eigenschaften von Startmenü und Taskleiste. Klicken Sie auf eine freie Stelle der Taskleiste und wählen Sie im Kontextmenü ganz unten den Befehl *Eigenschaften*, um diese zu öffnen.

Die Registerkarte *Taskleiste* enthält im Bereich *Taskleistendarstellung* die relevanten Einstellungen für das Anpassen der Taskleiste.

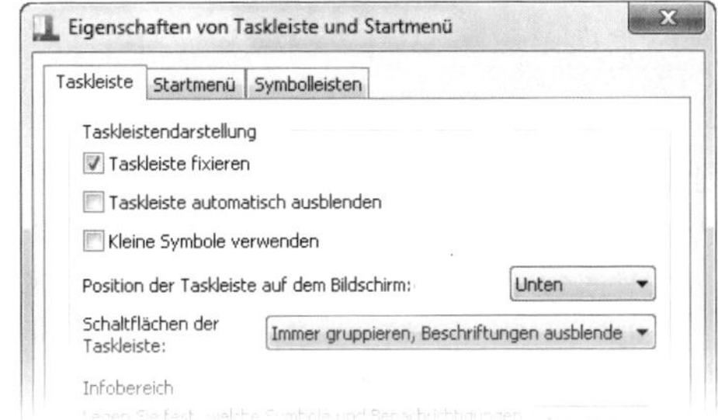

Die Schnellstartsymbole verbannen

Eine Schnellstartleiste enthielt auch die Taskleiste bei Windows XP und Windows Vista. Allerdings ließ die sich ganz nach Wunsch ausblenden, wenn diese Funktion nicht genutzt werden sollte. Ganz so einfach ist es nun nicht mehr, aber wenn Sie die Schnellstartsymbole nicht verwenden wollen, können Sie sie einfach einzeln entfernen. Die Vorgehensweise dazu ist auf S. 91 beschrieben. Allerdings können Sie dann die Sprunglisten nur nutzen, wenn die entsprechenden Anwendungen bereits gestartet sind und ihre Symbole deshalb in der Taskleiste angezeigt werden.

Die Taskleiste ganz ohne Schnellstartsymbole.

Die Taskleiste kleiner machen

Die Taskleiste ist größer als bei den Windows-Vorgängern. Bei denen konnte sie zwar auch größer gemacht werden, aber in der Regel war das nicht nötig. Auch jetzt können Sie die Größe der Taskleiste verändern, wenn Sie mit der rechten Maustaste im Kontextmenü den Punkt *Taskleiste fixieren* deaktivieren. Dann lässt sich der obere Rand der Taskleiste beliebig nach oben ziehen. Kleiner lässt sich die Taskleiste so aber nicht mehr machen, da sie standardmäßig schon so klein wie möglich ist. Allerdings gibt es noch eine weitere Einstellung, die für eine schmalere Taskleiste sorgen kann: Setzen Sie im Einstellungsmenü ein Häkchen bei der Option *Kleine Symbole verwenden*. Wenn Sie diese Einstellung mit *OK* übernehmen, bekommt die Taskleiste etwa die Standardhöhe wie bei Windows XP und Windows Vista.

Dank kleiner Symbole kann die Taskleiste auf ein Minimum geschrumpft werden.

Das automatische Gruppieren von Elementen verhindern

Ein wesentlicher Unterschied zu den Taskleisten früherer Windows-Versionen besteht im automatischen Gruppieren von Symbolen. So werden verschiedene Registerkarten oder auch getrennte Instanzen des Internet Explorer mit einem Symbol in der Taskleiste angezeigt. Eigentlich ist das eine der Stärken der neuen Taskleiste, aber wenn Ihnen das nicht gefällt, können Sie das Verhalten mit der Einstellung *Schaltflächen der Taskleiste* ändern.

Mit *Gruppieren, wenn die Taskleiste voll ist* erreichen Sie ein Verhalten wie bei Windows XP und Vista: Normalerweise wird nicht gruppiert. Wenn der Platz in der Taskleiste wegen vieler Fenster zur Neige geht, beginnt Windows aber automatisch mit dem Gruppieren. Wenn Sie auf das Gruppieren ganz verzichten wollen, wählen Sie *Nie gruppieren*. Mit diesen Einstellungen werden allerdings zwangsläufig auch wieder Beschriftungen zu den Symbolen in der Taskleiste eingeführt, was Platz kostet (siehe hierzu auch den nachfolgenden Abschnitt).

Die Symbole beschriften

Die neue Taskleiste verzichtet standardmäßig auf Beschriftungen. Da durch das automatische Gruppieren pro Anwendung ohnehin nur ein Symbol angezeigt wird, ist das Unterscheiden der Symbole nicht schwierig und die anschaulichen Minivorschauen tun das Übrige dazu. Wenn Ihnen eine eindeutige Beschriftung in der Taskleiste lieber ist, können Sie dies aber über die vorangehend bereits erwähnte Einstellung *Schaltflächen für Taskleiste* erreichen. Sie ist mit dem Beschriften eng verbunden. Wann immer Sie das Gruppieren deaktivieren, also die Einstellung *Gruppieren, wenn die Taskleiste voll ist* bzw. *Nie gruppieren* wählen, werden automatisch Titel zu den Symbolen angezeigt, um verschiedene Dokumente in derselben Anwendung unterscheiden zu können.

Ohne automatisches Gruppieren der Symbole gibt es automatisch auch wieder Beschriftungen.

Die Taskleiste automatisch ausblenden

Frühere Windows-Versionen boten die Option, die Taskleiste automatisch auszublenden, wenn sie nicht benötigt wird. Den Anwendungsfenstern steht dann im maximierten Zustand noch etwas mehr Platz auf dem Bildschirm zur Verfügung. Bei Bedarf ließ sich die Taskleiste einfach wieder einblenden, indem der Mauszeiger an den entsprechenden Bildschirmrand bewegt wurde. Dieses Verhalten kann auch die neue Taskleiste an den Tag legen. Setzen Sie dazu in den Taskleisten-Eigenschaften ein Häkchen bei der Option *Taskleiste automatisch ausblen-*

den. Die Taskleiste ist dann standardmäßig ausgeblendet bzw. nur durch einen schmalen Streifen am Bildschirmrand angedeutet. Bewegen Sie den Mauszeiger ganz an diesen Rand des Bildschirms, wird die Taskleiste vorübergehend wieder eingeblendet und kann in vollem Umfang genutzt werden. Bewegen Sie den Mauszeiger dann wieder von den Elementen der Taskleiste weg, verschwindet sie nach kurzer Verzögerung wieder.

Beim automatischen Ausblenden bleibt nur ein schmaler grauer Streifen von der Taskleiste übrig.

Die Position der Taskleiste auf dem Desktop verändern

Standardmäßig befindet sich die Taskleiste am unteren Bildschirmrand, was wohl auch die meisten Benutzer so beibehalten. Wie frühere Windows-Versionen erlaubt auch Windows 7 das Anordnen der Taskleiste an einer beliebigen Bildschirmseite. Dazu lässt sich die Leiste einfach per Drag & Drop erfassen und an die gewünschte Position ziehen. Außerdem können Sie die Position der Taskleiste nun auch ganz ohne Mausakrobatik per Menüeinstellung verändern. Wählen Sie hierzu in den Taskleisten-Eigenschaften bei der Einstellung *Position der Taskleiste auf dem Bildschirm* die gewünschte Bildschirmseite. Die Standardeinstellung ist *Unten*. Die anderen Varianten sind gewöhnungsbedürftig, insbesondere weil dadurch auch das Startmenü etwas anders benutzt werden muss. Aber für den einen oder anderen mag das Vorteile haben.

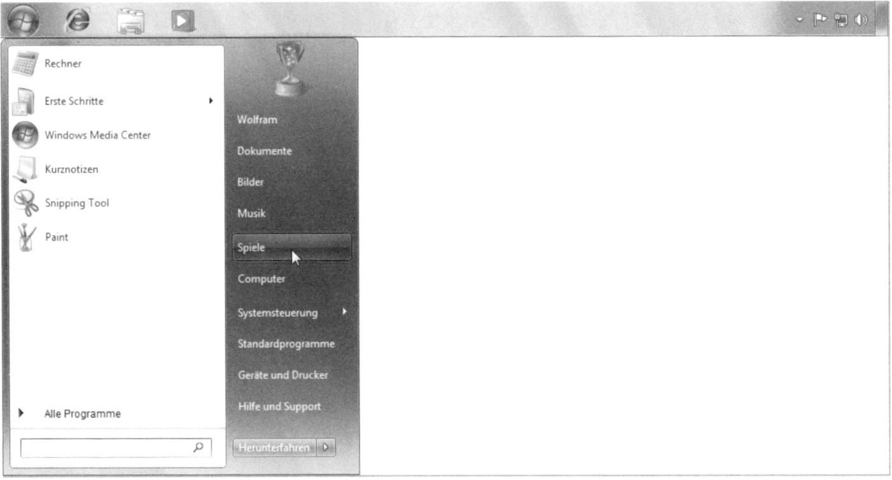

5. Umfang und Inhalt des Infobereichs nach Wunsch steuern

Der mit Windows XP eingeführte Infobereich rechts unten in der Taskleiste war und ist sowohl bei Benutzern als auch bei Softwareanbietern recht beliebt. Deshalb wurde er in Windows 7 auch kaum verändert übernommen. Allerdings hat er auch seine Tücken und Unzulänglichkeiten. So platziert mittlerweile fast jede Anwendung ihr Symbol in den Infobereich und setzt auf diesem Weg auch Meldungen und Hinweise ab, die nicht immer gewünscht sind. Deshalb hat Microsoft für Windows 7 auch hier nachgebessert und dem Benutzer die Kontrolle über den Infobereich wiedergegeben. Nun lässt sich im Detail steuern, welche Symbole und Meldungen angezeigt werden sollen und welche Windows automatisch unterdrückt. Damit gingen außerdem auch optische Anpassungen einher.

Auf den ersten Blick fallen die veränderten Symbole für Netzwerk, Audio sowie Energie (bei Notebooks & Co.) auf. Außerdem ist ein Symbol für das Wartungscenter hinzugekommen. Es weist Sie auf sicherheitsrelevante Probleme und Aufgaben hin (siehe Kapitel 21).

TIPP

Wenn sich der neue Infobereich nicht mehr schließt

In einigen Vorabversionen von Windows 7 zeigte der Zusatzbereich für die ausgeblendeten Infosymbole die Eigenheit, nicht automatisch wieder zu verschwinden, wenn etwa doch keine Funktion eines der Symbole gewählt wurde. In diesem Fall reicht es, z. B. einmal mit der linken Maustaste auf einen freien Bereich der Taskleiste zu klicken, um den Bereich auszublenden.

Statt des ehemals waagerechten Pfeilsymbols zum „Ausklappen" des Infobereichs für die ausgeblendeten Symbole finden Sie nun einen Pfeil nach oben vor. Ein Klick darauf blendet oberhalb einen separaten Bereich ein, der die Symbole enthält, die aus dem Infobereich verbannt wurden. Sie können hier wie gewohnt links, rechts oder doppelt angeklickt werden, um die damit verbundenen Funktionen abzurufen. Mit einem Klick auf *Anpassen* können Sie die Einstellungen für den neuen Infobereich öffnen.

5.1 Die Systemsymbole im Infobereich individuell auswählen

Wie gehabt finden sich im Infobereich standardmäßig einige Symbole des Betriebssystems selbst. Die sind nicht unter allen Umständen hilfreich. Wer etwa die Lautstärke bequem via Tastatur regeln kann, der braucht dafür kein Symbol im Infobereich. Und das Netzwerksymbol ist auch nur dann von Interesse, wenn dessen Status oder Einstellungen regelmäßig benötigt werden. Deshalb können Sie auch bei Windows 7 genau einstellen, welche der Systemsymbole angezeigt werden sollen. Die Vorgehensweise dafür hat sich allerdings etwas verändert.

Infobereichsymbole

1 Klicken Sie mit der rechten Maustaste auf die kleine Pfeilschaltfläche zum Anzeigen der ausgeblendeten Symbole. Wählen Sie im Kontextmenü ganz unten den Befehl *Eigenschaften*. Alternativ finden Sie in der Systemsteuerung das Modul Infobereichsymbole und können dort mit *Standardsymbole aktivieren oder deaktivieren* das beschriebene Menü erreichen.

2 Damit öffnen Sie ein Menü, in dem die verschiedenen Symbole/Informationen aufgeführt sind, die Windows in den Infobereich einblenden kann.

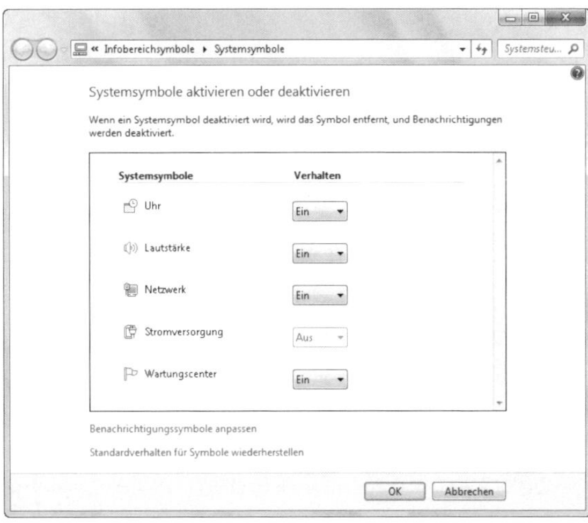

3 Für jedes der Symbole können Sie in einem kleinen Auswahlfeld die Einstellung *Ein* oder *Aus* wählen. Der Eintrag *Stromversorgung* lässt sich allerdings nur bei mobilen PCs mit vorhandenem Akku einschalten. Ansonsten ist er unveränderlich deaktiviert.

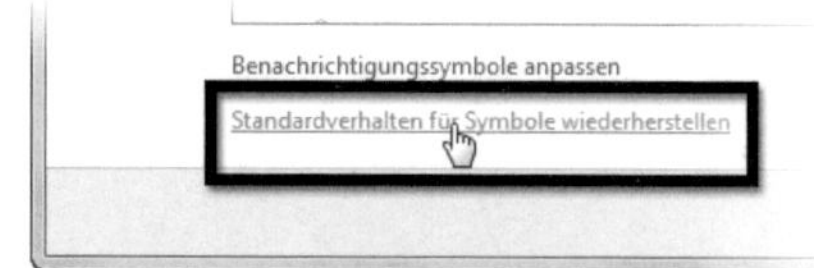

4 Mit dem Link *Standardverhalten für Symbole wiederherstellen* unterhalb der Liste setzen Sie die Einstellungen für die Systemsymbole auf den Ursprungszustand zurück. Dies wirkt sich aber nur auf die Systemsymbole aus, nicht auf die Infobereichsymbole anderer Anwendungen.

TIPP

Das Verhalten der Systemsymbole im Detail steuern

Mit der hier vorgestellten Option können Sie die Systemsymbole einfach nur pauschal ein- und ausblenden. Genau wie bei allen anderen Symbolen lässt sich aber auch für diese Elemente detailliert festlegen, ob z. B. Meldungen dieser Symbole auf dem Bildschirm angezeigt werden sollen etc. Die Einstellungen hierfür sind identisch mit denen für „gewöhnliche" Infobereichsymbole (siehe S. 103).

Zusätzliche Zeitzonen im Infobereich anzeigen

Wenn Sie z. B. Kontakt zu Bekannten und Kollegen in der ganzen Welt halten wollen, ist es hilfreich, zu wissen, wie spät es bei denen gerade ist. Oder Sie handeln an internationalen Märkten und müssen stets den Überblick darüber behalten, welcher Handelsplatz wann geöffnet ist. Bei Windows können Sie zu Ihrer eigenen Uhrzeit zwei weitere beliebige Zeitzonen einblenden und sind so immer mit einem Blick im Bilde.

1 Klicken Sie dazu mit der rechten Maustaste auf die Uhrzeit unten rechts im Infobereich und wählen Sie im Kontextmenü *Datum/Uhrzeit ändern*.

2 Wechseln Sie im anschließenden Menü zur Registerkarte *Zusätzliche Uhren*. Aktivieren Sie hier die Option *Diese Uhr anzeigen* und wählen Sie die gewünschte Zeitzone aus. Bei *Anzeigename eingeben* können Sie außerdem eine eigene Bezeichnung für diese Zeit festlegen.

3 Für eine dritte Uhrzeit wiederholen Sie diese Einstellungen im unteren Bereich mit einer weiteren Zeitzone.

Bei der Uhrzeit im Infobereich ändert sich dadurch auf den ersten Blick nichts. Wenn Sie allerdings den Mauszeiger über der (lokalen) Uhrzeit verharren lassen, blendet Windows eine kleine Übersicht mit allen Zeitzonen ein. Noch deutlicher bekommen Sie es mit einem einfachen Klick auf die Uhrzeit. Dann öffnet Windows ein Fenster, in dem Sie neben dem aktuellen Datum und der lokalen Uhrzeit auch die zusätzlichen Zeitzonen optisch ansprechend ablesen können. Ein weiterer Mausklick an einer beliebigen Stelle blendet diese Anzeige wieder aus.

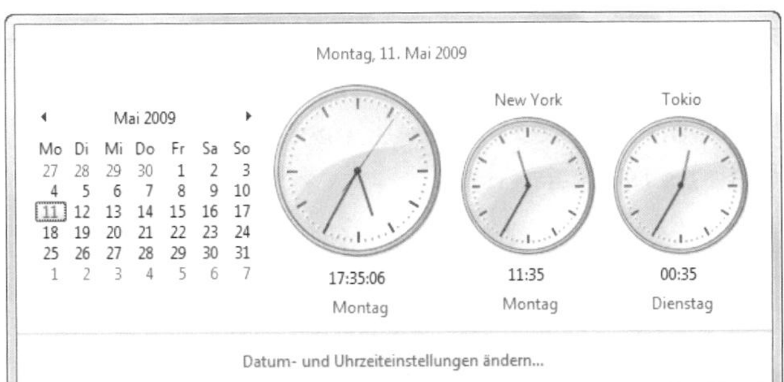

Für globale Aktivitäten: Windows kann Ihnen drei Uhrzeiten gleichzeitig anzeigen.

TIPP

Mehrere Uhrzeiten direkt auf dem Bildschirm

Wollen Sie die Uhrzeiten verschiedener Orte die ganze Zeit im Blickfeld haben, sollten Sie das Uhr-Gadget des Windows-Desktop (siehe S. 122) verwenden. Das Gadget zeigt zwar immer nur eine Uhrzeit an, aber Sie können beliebig viele Uhr-Gadgets einblenden und jedes mit einer anderen Zeitzone und Bezeichnung versehen. Diese Uhren können Sie beliebig auf dem Bildschirm platzieren und auch so einstellen, dass sie im Vordergrund stets alle anderen Fenster überlagern.

5.2 Symbole und Meldungen von Anwendungen ganz nach Bedarf dosieren

Grundlegend neu gestaltet hat Microsoft den Umgang mit Symbolen, die durch die Software anderer Anbieter im Infobereich platziert werden. Diese recht praktische Möglichkeit wurde von vielen Produkten genutzt, selbst wenn es nicht immer notwendig und sinnvoll war. Teilweise ließen sich diese Symbole nicht mal deaktivieren, sodass der Infobereich immer voller und breiter wurde. Zwar boten auch Windows XP und Vista schon die Möglichkeit, ungenutzte Symbole auszublenden. Windows 7 geht aber noch weiter und gibt dem Benutzer die Kontrolle über den Infobereich zurück. So lässt sich nun ganz genau einstellen, welche Symbole und Meldungen hier angezeigt werden und welche Windows automatisch unterdrücken soll.

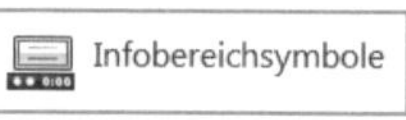

1 Klicken Sie mit der rechten Maustaste auf einen freien Teil des Infobereichs und wählen Sie im Kontextmenü den Befehl *Benachrichtigungssymbole anpassen*. Alternativ finden Sie in der Systemsteuerung das Modul Infobereichsymbole.

2 Damit öffnen Sie eine Liste der vorhandenen Symbole für den Infobereich. Hierin finden Sie sowohl die Systemsymbole wie etwa *Netzwerk* und *Lautstärke* als auch Symbole, die von anderen Anwendungen hinzugefügt wurden. Der Inhalt der Liste verändert sich also dynamisch, wenn Sie Anwendungen installieren bzw. deinstallieren.

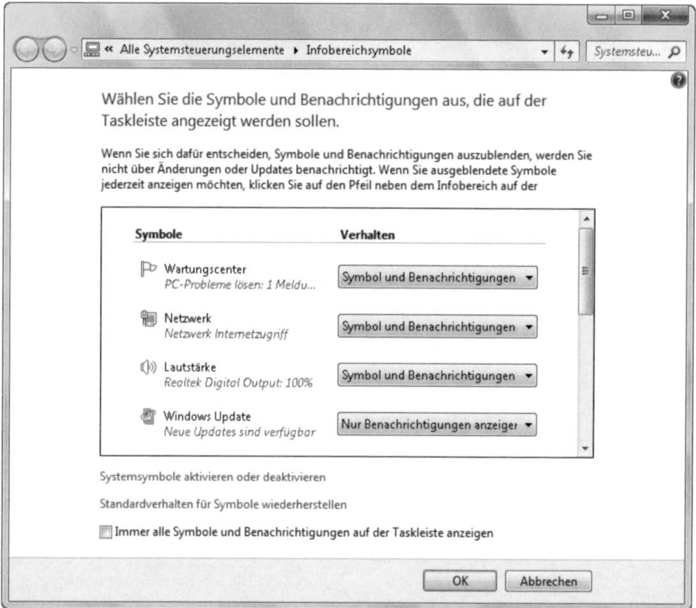

3 Zu jedem Symbol finden Sie ein Auswahlmenü vor, das Ihnen verschiedene Optionen für das Behandeln des jeweiligen Symbols zur Verfügung stellt:

- ***Symbol und Benachrichtigungen anzeigen*** – Das Symbol wird permanent im Infobereich angezeigt und Meldungen durch dieses Symbol werden auf dem Desktop angezeigt. Diese Einstellung eignet sich, wenn das Symbol wichtige Statusinformationen bereitstellt und/oder regelmäßig genutzt wird. Außerdem entgehen Ihnen so keine Meldungen.

- ***Symbol und Benachrichtigungen ausblenden*** – Das Symbol wird nicht im Infobereich angezeigt und kann nur im erweiterten Infobereich (nach einem Klick auf das Pfeilsymbol) abgerufen werden. Meldungen durch dieses Symbol werden von Windows automatisch unterdrückt. Diese Option sollten Sie für Symbole wählen, die im Grunde genommen überflüssig sind, aber z. B. in der dazugehörenden Anwendung nicht deaktiviert werden können. Das Symbol wird so komplett verborgen und stört nicht weiter.
- ***Nur Benachrichtigungen anzeigen*** – Auch bei dieser Variante wird das Symbol nicht im Infobereich angezeigt, sondern ist nur im erweiterten Infobereich verfügbar. Allerdings werden Meldungen durch dieses Symbol auf dem Desktop angezeigt. Sie eignet sich also für Fälle, in denen das Symbol selbst keine besondere Funktion hat, die damit verbundenen Meldungen aber wichtig sein können. Dieses ist die Standardeinstellung für neu hinzugekommene Symbole im Infobereich.

TIPP

Grundsätzlich alle Symbole und Meldungen anzeigen

Falls Ihnen das Einstellen der vielen Symbole zu mühsam ist und Sie im Zweifelsfall lieber zu viel als zu wenig Informationen und Funktionen im Infobereich haben, ist die Option *Immer alle Symbole und Benachrichtigungen auf der Taskleiste anzeigen* ganz unten das Richtige für Sie. Sie überstimmt alle oben vorgenommenen Einstellungen und zeigt grundsätzlich alle vorhandenen Symbole und Meldungen an.

6. Den Desktop mit Designs individuell gestalten

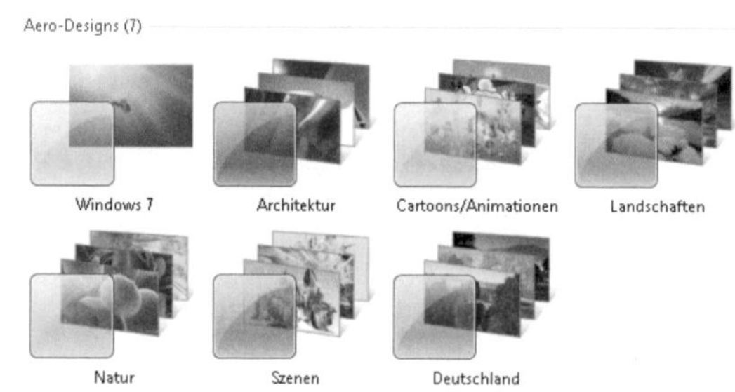

Schon Windows XP kennt Designs, mit denen sich der Desktop in verschiedenen Stilen einrichten lässt. Windows 7 greift dieses Konzept auf und erweitert es. Seine Desktopdesigns bestimmen aber nicht nur die visuelle Ausgestaltung des Desktops. Sie umfassen auch Elemente wie Hintergrundbilder, Systemklänge und Bildschirmschoner. Alle diese Einstellungen können mit dem Wechsel zu einem anderen Design verändert werden. Selbstverständlich können Sie neben den vorgefertigten Stilen auch eigene Zusammenstellungen bilden und speichern.

6.1 Den Desktop mit einem Design nach Wahl verschönern

Windows 7 bringt bereits eine Reihe von fertigen Designs mit, die sich zumeist einem bestimmten Thema widmen. So können Sie Ihren PC mit Cartoon-Designs knallig bunt, mit Naturdesigns organisch oder mit Landschaften idyllisch gestalten. Als Besonderheit hat Microsoft für Windows 7 außerdem erstmalig „nationale“ Designs erstellt. Abhängig vom bei der Installation gewählten Land können Sie den Desktop mit für diese Region typischen Bildern verzieren.

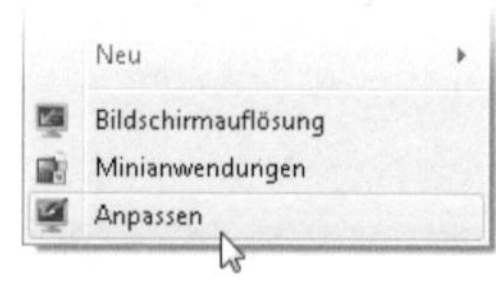

1 In die Einstellungen für die Desktopdesigns gelangen Sie am schnellsten, wenn Sie mit der rechten Maustaste auf einen freien Bereich des Desktops klicken und im Kontextmenü *Anpassen* wählen. Alternativ finden Sie in der Systemsteuerung das Modul Anpassung.

2 In diesem Menü steht Ihnen bereits eine Reihe von vorgefertigten Designs zur Auswahl. Neben den visuell besonders ansprechenden Aero-Designs finden Sie im Bereich *Basisdesigns und Designs mit hohem Kontrast* auch solche, die den Desktop möglichst kontrastreich gestalten, etwa für ungünstige Lichtverhältnisse oder Benutzer mit visuellen Einschränkungen.

3 In dem Moment, in dem Sie eines der Designs einfach mit der linken Maustaste auswählen, schaltet Windows automatisch darauf um. Um es beizubehalten, brauchen Sie das Menü anschließend nur noch zu schließen.

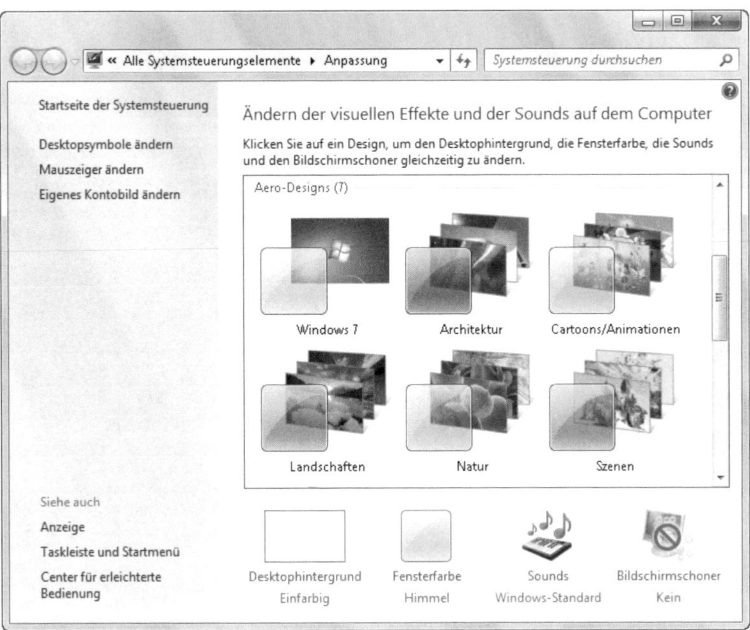

TIPP

Zurück zum vorherigen Design?

Der sofortige Wechsel ist praktisch zum Ausprobieren der verschiedenen Designs, hat aber einen Nachteil: Wenn Sie zum Schluss doch wieder zum ursprünglich eingestellten Design zurückkehren, gibt es keine *Abbrechen*-Schaltfläche. Das lässt sich aber einfach umgehen: Wenn Sie zuvor ein anderes der vorgefertigten Designs genutzt haben, können Sie dieses einfach per Mausklick wieder aktivieren. Hatten Sie zuvor ein modifiziertes Design, z. B. das Aero-Standarddesign mit einem eigenen Hintergrundbild, finden Sie dieses in der Liste ganz oben in der Kategorie *Eigene Designs* unter dem Eintrag *Nicht gespeichertes Design*. Hier werden auch die Designs abgelegt, die Sie ausdrücklich für die spätere Verwendung speichern (siehe S. 116).

Weitere Designs online finden und installieren

Zusätzlich zu den mitgelieferten Designs bietet Microsoft via Internet weitere Designs an, die Sie kostenlos herunterladen, installieren und nutzen können. Auch andere Anbieter werden ggf. komplette Designs veröffentlichen, die auf die gleiche Weise heruntergeladen und integriert werden können.

1 In der Designverwaltung finden Sie ganz oben in der Designliste die Kategorie *Eigene Designs*. Klicken Sie dort unten rechts auf den Link *Weitere Designs online beziehen*.

2 Damit öffnen Sie eine Website, die eine Übersicht über die zusätzlich erhältlichen Designs von Microsoft enthält. Um eines der Designs herunterzuladen und zu installieren, klicken Sie es einfach mit der Maus an.

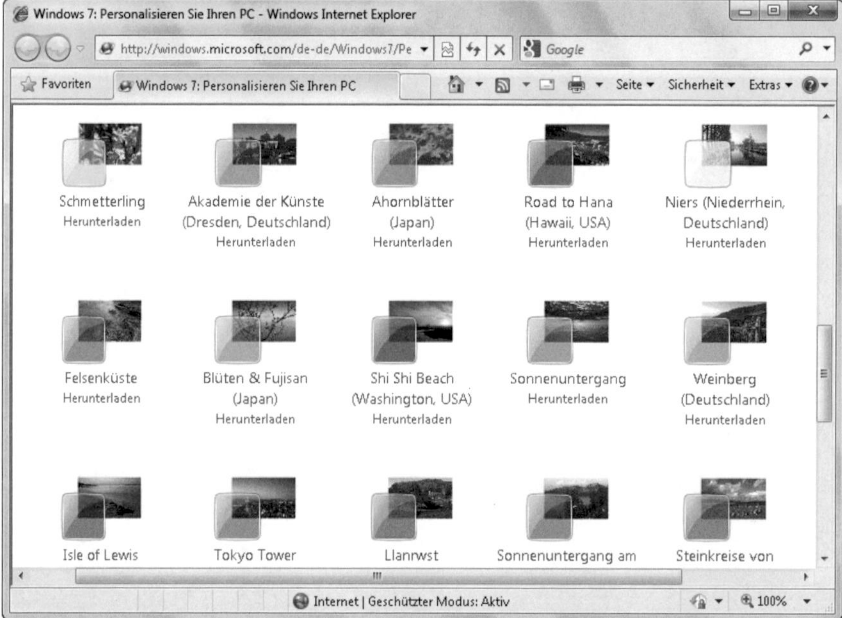

3 Wählen Sie dann im *Dateidownload*-Dialog die Funktion *Öffnen*, um das Design nach dem Herunterladen direkt zu installieren.

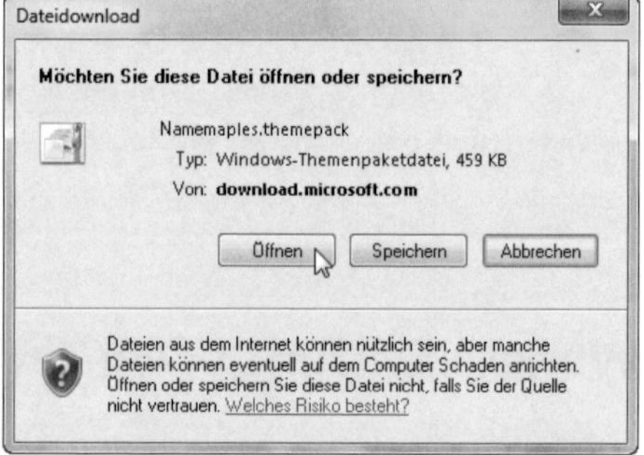

TIPP

Wichtig: Designs nur aus vertrauenswürdigen Quellen!

Achten Sie beim Herunterladen von Designs darauf, diese nur aus vertrauenswürdigen Quellen zu beziehen. Wenn Sie Designs z. B. direkt von der Microsoft-Website herunterladen, ist die Gefahr sehr gering und Sie können die Dateien direkt öffnen. Bei Designpaketen aus anderen Quellen sollten Sie die Dateien besser zunächst auf Ihrem PC speichern und mit einem aktuellen Virenscanner auf eventuelle Schädlinge prüfen. Ist alles sauber, starten Sie die heruntergeladene Datei einfach mit einem Doppelklick, um das Design zu installieren. Ist das Design eingerichtet, können Sie die heruntergeladene Datei dann direkt wieder löschen, sie wird anschließend nicht mehr benötigt.

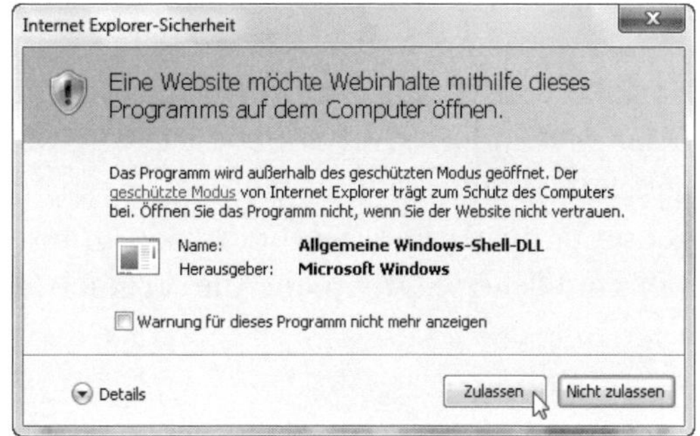

4 Bestätigen Sie dann die Sicherheitsrückfrage des Systems und lassen Sie das Ausführen der Datei zu, um das Design einzurichten.

5 Das Design wird dann installiert und auch automatisch sofort ausgewählt. In der Designliste wird es ab sofort in der Rubrik *Eigene Designs* aufgeführt, in der Sie es auch später jederzeit erneut auswählen können.

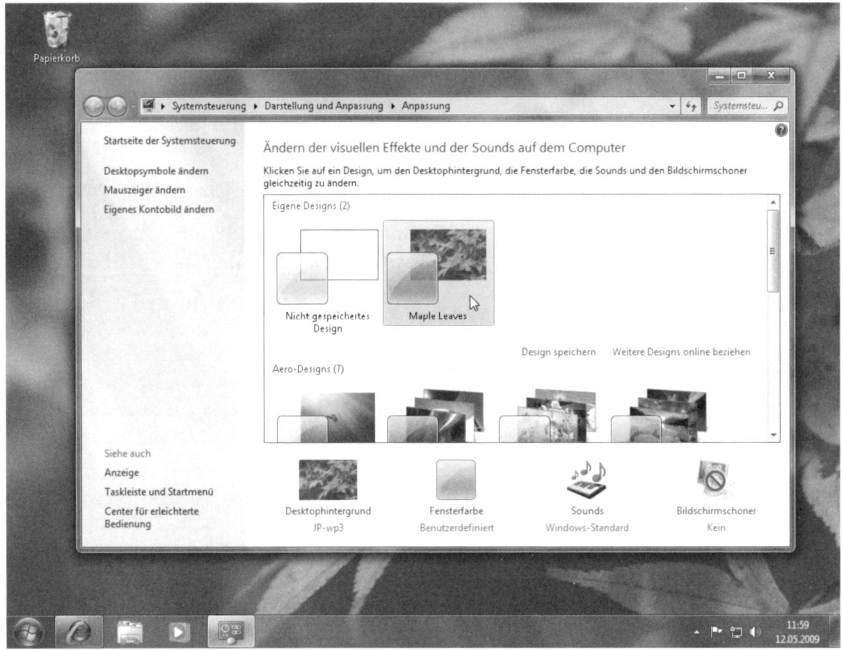

Nachträglich installierte Designs können Sie ebenso wie selbst erstellte Designs später wieder löschen, um Platz auf der Festplatte und in der Designübersicht zu schaffen. Beim Löschen von aus dem Internet heruntergeladenen Designs werden dabei automatisch auch alle dazugehörigen Dateien wie z. B. Hintergrundbilder mit entfernt. Bei selbst erstellten Designs wird hingegen nur das Design als solches entfernt. Bilder und andere Bestandteile bleiben auf dem PC erhalten. Wie Sie Designs löschen, ist auf S. 117 beschrieben.

6.2 Hintergrund, Fensterfarben, Bildschirmschoner & Co. individuell gestalten

Anstelle von vorgefertigten Designs können Sie auch komplett eigene erstellen. Oder Sie ändern vorhandene Designs ab, sodass sie Ihnen hundertprozentig gefallen. Hierzu können Sie die verschiedenen Elemente, die zu einem Design gehören, bearbeiten. Sie finden sie unterhalb der Designauswahl, wo Sie sie jeweils anklicken können, um die dazugehörenden Einstellungen zu öffnen.

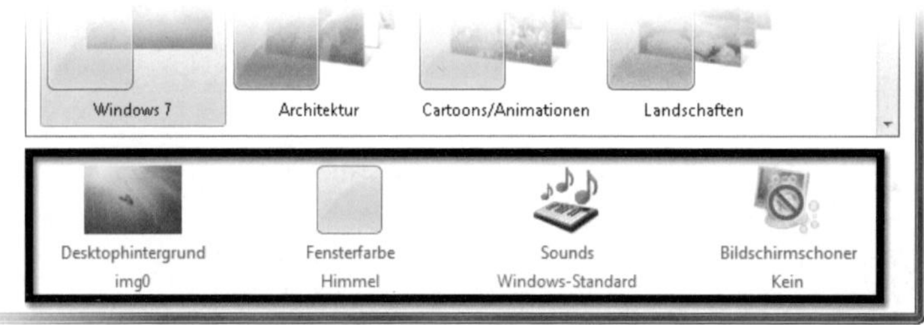

Den Bildschirmhintergrund verändern

Dass sich der Windows-Hintergrund mit Bildern, Farben oder Mustern beliebig gestalten lässt, ist nichts Neues. Allerdings hat Microsoft für Windows 7 wie auch bei den anderen Desktopelementen die Dialoge dafür überarbeitet und bei dieser Gelegenheit auch neue Funktionen hinzugefügt.

TIPP

Kein Hintergrund

Wollen Sie einfach nur eine einfarbige Fläche als Hintergrund, hat Microsoft es ganz leicht gemacht: Klicken Sie einfach bei *Bildpfad* auf *Einfarbig* und wählen Sie dann unten Weiß oder auch eine andere Hintergrundfarbe aus.

1 Hier können Sie mit dem Auswahlfeld *Bildpfad* zunächst den Ordner vorgeben, dessen Bilder Windows Ihnen zur Auswahl anzeigen soll. Neben dem Windows-Systemordner können Sie so z. B. auch Ihre eigene Bildbibliothek anzeigen lassen.

2 Die im gewählten Ordner enthaltenen Bilder werden im großen Auswahlfeld darunter als Minivorschauen angezeigt. Um eines der Bilder auszuwählen, klicken Sie einfach darauf. Diese Maßnahme wirkt sich unmittelbar auf den Desktop aus.

3 Wenn Sie ein ganz bestimmtes Bild verwenden wollen, das in keinem der angebotenen Ordner gespeichert ist, klicken Sie oben auf die *Durchsuchen*-Schaltfläche. Im anschließenden Dialog wählen Sie dann Ordner und Datei des Bildes aus. Es wird dann mit in das große Auswahlfeld aufgenommen und kann dort per Mausklick gewählt werden.

4 Links unterhalb des Auswahlfeldes finden Sie die Optionen zum Anordnen des Bildes. Diese sind vor allem dann wichtig, wenn das Bild nicht der Größe der Desktopauflösung entspricht. Dann können Sie es mit diesen Optionen an die Desktopauflösung anpassen, mit einem Kacheleffekt mehrfach nebeneinander auf dem Bildschirm anzeigen oder in der Mitte des Bildschirms zentrieren lassen. Auch hier wirkt sich das Auswählen einer Option unmittelbar auf die Desktopdarstellung aus, sodass Sie die Wirkung direkt überprüfen können.

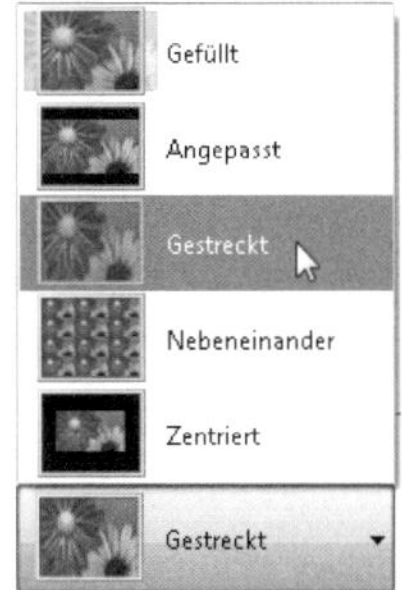

5 Wollen Sie auf ein Bild verzichten oder wenn das gewählte Bild den Hintergrund nicht komplett abdeckt, zeigt Windows automatisch ganz unten den Link *Hintergrundfarbe ändern* an. Mit einem Klick darauf öffnen Sie den Farbwahldialog, in dem Sie eine der Grundfarben anklicken oder sich eine ganz individuelle Farbmischung frei zusammenstellen.

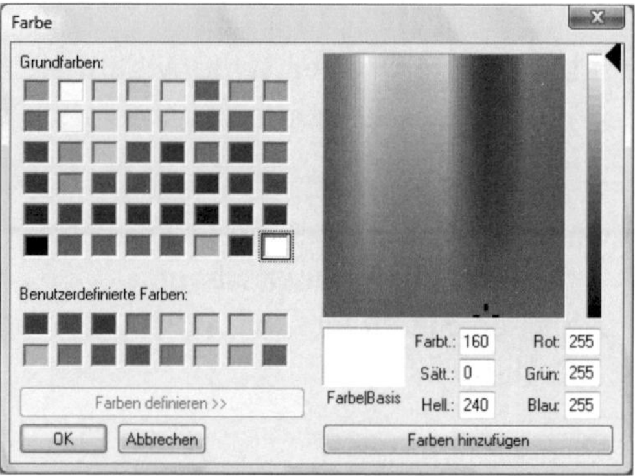

6 Wichtig: Um die vorgenommenen Änderungen dauerhaft zu übernehmen (auch wenn sie während des Einstellens bereits auf dem Desktop angezeigt werden), müssen Sie diesen Dialog abschließend mit einem Klick auf die Schaltfläche *Änderungen speichern* verlassen. Klicken Sie auf *Abbrechen* oder schließen Sie das Fenster einfach, kehrt Windows zu den vorherigen Desktopeinstellungen zurück.

Den Bildschirmhintergrund als Diashow gestalten

Zu den ganz neuen Desktop-Features von Windows 7 zählt die Möglichkeit, für den Bildschirmhintergrund nicht einfach nur ein festes Bild zu wählen, sondern eine ganze Auswahl an Bildern festzulegen, die dann wie bei einer Diashow regelmäßig gewechselt werden.

Diese Diashow können Sie so einstellen, dass sich der Desktophintergrund automatisch alle paar Sekunden verändert, oder aber auch so, dass Sie einfach nur jeden Tag zufällig ein anderes Hintergrundbild zu sehen bekommen.

1 Um den Desktophintergrund als Diashow zu gestalten, gehen Sie im Prinzip genauso wie bei der Auswahl eines einzelnen Bildes vor, allerdings wählen Sie eben nicht nur ein Bild aus.

2 Allerdings wählen Sie die Bilder nicht durch direktes Anklicken aus, sondern bewegen zunächst nur den Mauszeiger auf ein gewünschtes Bild. Bei diesem wird dann oben links ein kleines Kästchen angezeigt.

3 Versehen Sie dieses Kästchen per Mausklick mit einem Häkchen. Damit ist dieses Bild ausgewählt. Diesen Vorgang können Sie nun für beliebig viele weitere Bilder wiederholen.

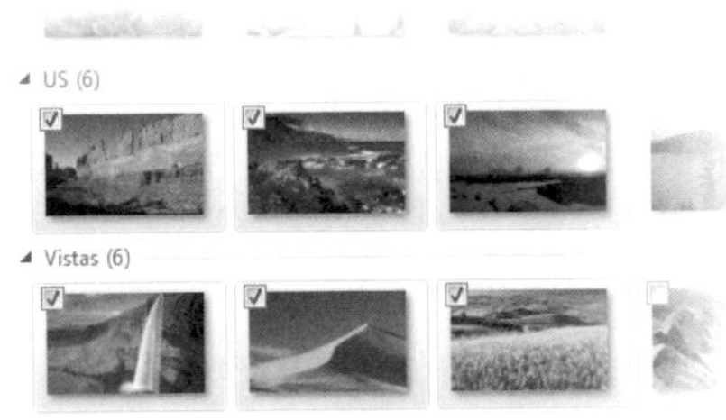

4 Sobald Sie auf die beschriebene Art und Weise mehr als ein Bild ausgewählt haben, wird unterhalb der Bilderauswahl die Einstellung *Bild ändern alle* aktiviert. Hier können Sie ein Intervall für den automatischen Bilderwechsel zwischen zehn Sekunden und einmal pro Tag angeben.

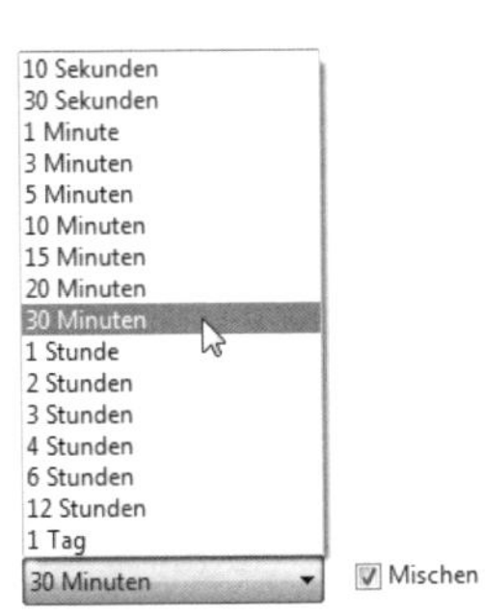

5 Die Option *Mischen* sorgt dafür, dass die ausgewählten Bilder zufällig gewechselt werden. Andernfalls hält sich Windows an die sich aus der Auswahl ergebende Reihenfolge.

Die Fensterrahmen und -farben individuell anpassen

Ähnlich wie bei den Vorgängerversionen lässt sich auch bei Windows 7 die Oberfläche über vielfältige Einstellungen anpassen. Speziell für die neuen Aero-Effekte gibt es dabei die Möglichkeit, die Grundfarbe der Rahmen individuell zu gestalten sowie den Transparenzeffekt auf Wunsch zu deaktivieren.

Fensterfarbe

1 In diesem Menü können Sie eine von mehreren vorgefertigten Farben für die Aero-Rahmengestaltung auswählen. Die jeweilige Wirkung erkennen Sie direkt am Rahmen des Einstellungsfensters selbst.

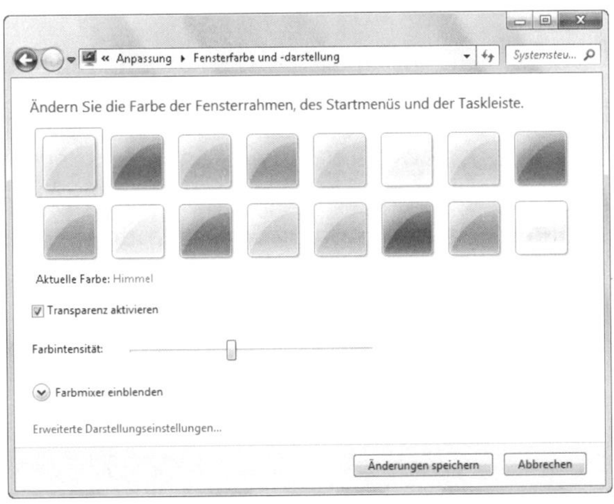

2 Mit der Option *Transparenz aktivieren* schalten Sie den Transparenzeffekt für alle Fensterrahmen aus.

TIPP

Intensität erhöhen

Für das Auswählen einer neuen Rahmenfarbe sollten Sie die Farbintensität zumindest vorübergehend erhöhen. Die Veränderung ist bei der standardmäßig voreingestellten Intensität sonst nur schwer wahrzunehmen.

3 Der Schieberegler *Farbintensität* steuert, wie stark die gewählte Farbe in die Fensterrahmen eingemischt wird. Beachten Sie dabei, dass der Transparenzeffekt mit zunehmender Farbintensität immer weniger wird.

4 Sollte von den vorgefertigten Farben keine Ihren Vorstellungen entsprechen, können Sie sich auch einen ganz individuellen Farbton zusammenstellen. Klicken Sie dazu auf *Farbmixer einblenden*.

5 Hier können Sie in der oberen Skala den gewünschten Farbton (*Farbton*) auswählen. Mit den unteren Schiebereglern *Sättigung* und *Helligkeit* optimieren Sie den Farbton.

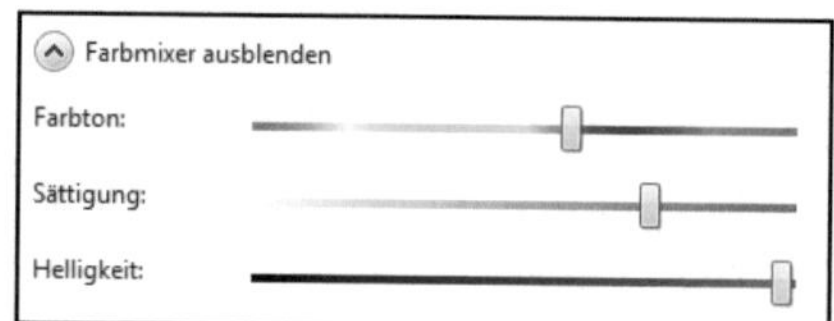

6 Änderungen an den verschiedenen Einstellungen wirken sich zwar unmittelbar auf die Fenster auf dem Bildschirm aus, werden aber trotzdem nicht automatisch übernommen.

Erst wenn Sie unten auf *Änderungen speichern* klicken, ändert Windows seine Einstellungen dauerhaft. Wollen Sie doch lieber alles beim Alten belassen, können Sie die gewählten Einstellungen mit *Abbrechen* verwerfen.

Die Systemklänge individuell anpassen

Sounds

Hinter *Sounds* verbirgt sich eine Abkürzung zu den Einstellungen für die Windows-Systemklänge. Hier können Sie steuern, mit welchem Klang Windows z. B. Sicherheitshinweise oder Fehlermeldungen unterlegen soll oder wie sich Systemstart bzw. -ende sowie neu eingegangene E-Mails anhören sollen. Da sich in diesem Bereich schon seit mehreren Windows-Versionen weder optisch noch funktional Nennenswertes verändert hat, soll dieses Thema hier nicht vertieft werden.

Den Lieblingsbildschirmschoner auswählen und konfigurieren

Auch Bildschirmschoner sind bei Windows nichts wirklich Neues. Da auch diese zu den Elementen der Desktopgestaltung gehören, hat Microsoft aber auch hier den Weg zur Konfiguration verändert.

1 Der Dialog zur Anpassung des Bildschirmschoners dürfte Ihnen im Prinzip bereits von der Windows-Vorgängerversion vertraut sein, denn inhaltlich hat sich nicht viel geändert.

2 Wichtig ist nach wie vor die Option *Anmeldeseite bei Reaktivierung*. Hiermit steuern Sie, ob beim Beenden des Bildschirmschoners per Mausklick oder Tastendruck erneut das Benutzerkennwort eingegeben werden muss.

Ihre persönliche Diashow als Bildschirmschoner

Wenn Sie eigene Bilder z. B. vom letzten Urlaub in der Fotogalerie gespeichert haben, können Sie eine Diashow davon als spektakulären Bildschirmschoner einsetzen. Dann wird der Monitor Ihres PCs in Ruhepausen nicht mit irgendwelchem grafischen Schnickschnack verziert, sondern stattdessen können Sie in Erinnerungen schwelgen oder Ihre Kollegen neidisch machen. Der besondere Vorteil von Windows 7 z. B. im Vergleich mit Windows XP: Ihnen stehen dieselben optischen Effekte wie bei jeder Diashow zur Auswahl.

1 Öffnen Sie die Einstellungen für den Bildschirmschoner und wählen Sie im Bereich *Bildschirmschoner* die Einstellung *Fotos*.

2 In der Standardeinstellung zeigt der Bildschirmschoner nun alle Bilder an, die sich in Ihrem Ordner *Eigene Bilder* und dessen Unterverzeichnissen befinden. Dazu wählt er jeweils ein zufälliges Diashow-Design.

3 Wollen Sie speziellere Vorgaben machen, klicken Sie auf *Einstellungen*.

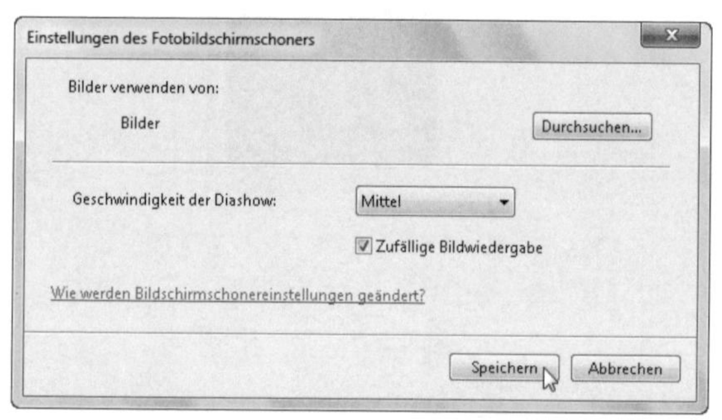

4 Wählen Sie zunächst oben in den Einstellungen, welche Bilder verwendet werden sollen. Hierzu können Sie mit *Durchsuchen* einen beliebigen Ordner angeben.

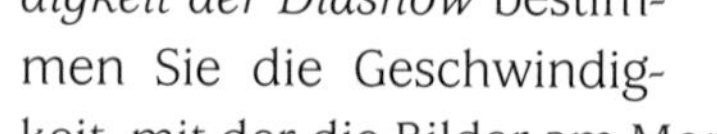
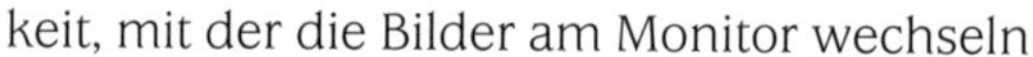

5 Mit der Einstellung *Geschwindigkeit der Diashow* bestimmen Sie die Geschwindigkeit, mit der die Bilder am Monitor wechseln.

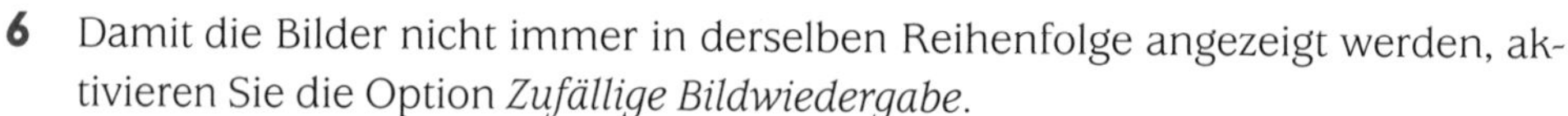

6 Damit die Bilder nicht immer in derselben Reihenfolge angezeigt werden, aktivieren Sie die Option *Zufällige Bildwiedergabe*.

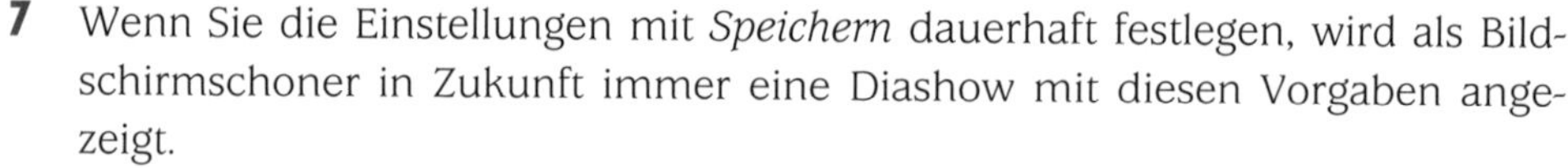

7 Wenn Sie die Einstellungen mit *Speichern* dauerhaft festlegen, wird als Bildschirmschoner in Zukunft immer eine Diashow mit diesen Vorgaben angezeigt.

6.3 Eigene Designs zusammenstellen und mit anderen PCs tauschen

Wenn Sie eines der vorgefertigten Designs durch eigene Einstellungen verändern, haben Sie im Grunde genommen schon ein eigenes Design erschaffen. Es wird in der Rubrik *Eigene Designs* als *Nicht gespeichertes Design* aufgeführt. Allerdings bleibt es so nur bis zur nächsten Änderung bestehen. Um es dauerhaft zu bewahren, können Sie es aber speichern.

1 Um ein Design dauerhaft zu speichern, nehmen Sie alle Einstellungen für diesen Desktopstil vor. Stellen Sie den gesamten Desktop also so ein, wie es diesem Design entsprechen soll.

2 Klicken dann auf den Link *Design speichern*, den Sie unten in der Kategorie *Eigene Designs* finden.

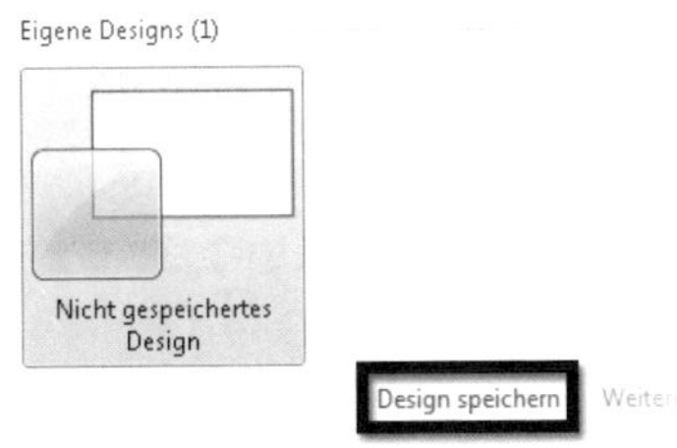

3 Geben Sie im anschließenden Dialog einen Namen für das Design an und klicken Sie auf *Speichern*.

4 Windows speichert dann alle Einstellungen für dieses Design in einer Datei. Dadurch bleibt das Design erhalten, auch wenn Sie anschließend wieder Änderungen vornehmen.

5 Wollen Sie ein selbst erstelltes Design später wieder löschen, wählen Sie es in der Auswahl zunächst ab bzw. aktivieren ein anderes Design. Klicken Sie dann mit der rechten Maustaste auf das Symbol in der Auswahl und wählen Sie im Kontextmenü den einzigen Punkt *Design löschen*.

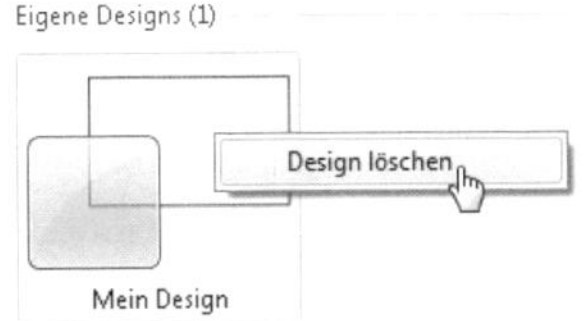

Designs zwischen verschiedenen PCs austauschen

Einer der Vorteile bei den gespeicherten Desktopdesigns: Es handelt sich dabei um einfache Dateien, die in Ihrem persönlichen Dokumentenordner gespeichert werden. Von dort können Sie sie beliebig z. B. per E-Mail verschicken oder mittels USB-Stick auf andere PCs übertragen. Platzieren Sie sie dort wieder im entsprechenden Ordner, werden die Designs in der Übersicht angezeigt und können so auch auf anderen PCs aktiviert werden. Anstatt alle Einstellungen immer wieder mühsam per Hand vornehmen zu müssen, können Sie so mithilfe dieser kleinen Datei jeden PC Ihren Vorlieben anpassen. Enthält ein Design allerdings spezielle Elemente wie z. B. eigene Hintergrundbilder oder Klänge, die nicht aus dem Standardlieferumfang von Windows 7 stammen, müssen Sie ein kleines Paket schnüren, das alle zu einem Design dazugehörenden Elemente umfasst.

1 Wählen Sie das Design, das Sie als Paket auf einen anderen PC exportieren möchten, aus, sodass es für Ihren PC aktiviert ist.

2 Klicken Sie mit der rechten Maustaste darauf und wählen Sie im so geöffneten Kontextmenü den Befehl *Design für die Freigabe speichern*. Wichtig: Dies ist nur bei Designs in der Kategorie *Eigene Designs* möglich.

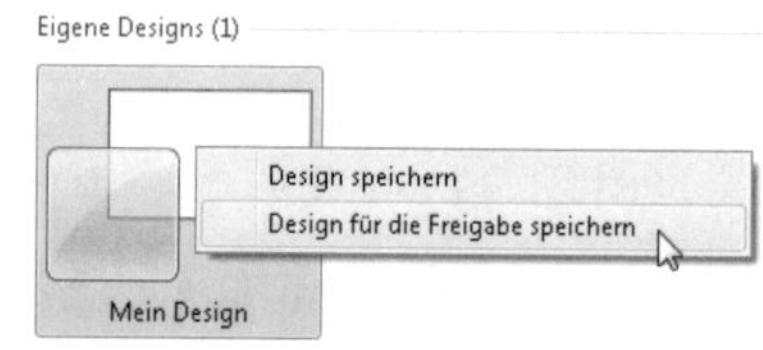

3 Wählen Sie dann einen Ordner aus und geben Sie einen Dateinamen an, unter dem das Designpaket gespeichert werden soll.

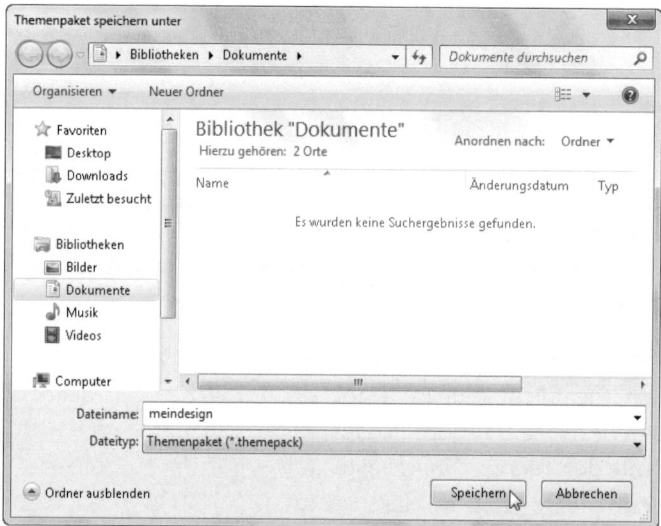

4 Windows erstellt dann aus dem Design selbst und den dazugehörenden Dateien (Bilder, Klänge etc.) ein Designpaket und speichert alles in einer Datei.

Diese Datei können Sie auf beliebige Weise auf andere PCs mit Windows 7 übertragen. Führen Sie die Datei dort aus, wird das „verpackte" Design auf diesem PC installiert und automatisch aktiviert.

SPEZIAL XP-Umsteiger: So bedient sich Windows 7 (fast) wie Windows XP

Wer von Windows XP direkt auf Windows 7 umsteigt, für den ändert sich optisch und funktional eine Menge. Falls Sie mit Ihrem neuen Windows noch etwas „fremdeln", hilft es vielleicht, die Bedienoberfläche oder zumindest Teile davon in vertrauter XP-Optik ansehen und nutzen zu können. Hierzu lassen sich wesentliche Bereiche des Desktops in Retrooptik gestalten, ohne auf neue Funktionalitäten von Windows 7 verzichten zu müssen.

Zurück zum einfachen und klassischen Windows-Desktop

Für alle, die auf aufwendige visuelle Effekte lieber verzichten und es ganz einfach und spartanisch mögen, bringt Windows 7 ein spezielles Retrodesign mit. Es stellt einen klassischen Windows-Desktop allerdings noch in Prä-XP-Optik dar. Das schont nicht nur die Augen, sondern auch die Ressourcen. Allerdings macht sich dieser Effekt nur auf PCs deutlich bemerkbar, die ohnehin etwas schwachbrüstig ausgestattet sind.

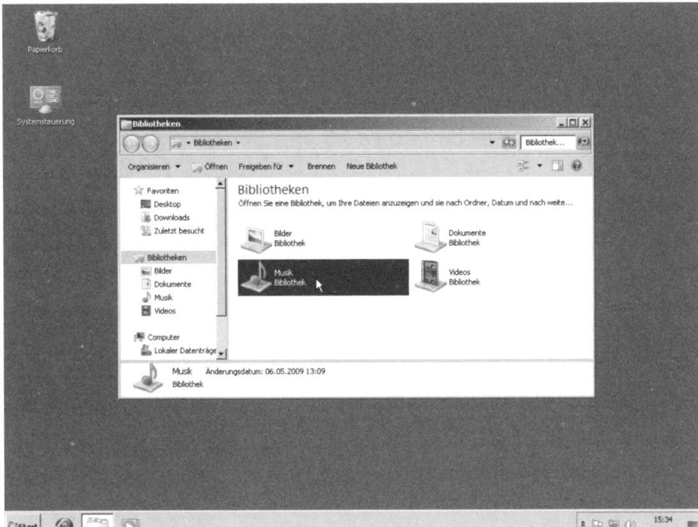

Oldie-Feeling: Windows wie vor zehn Jahren – aber mit modernster Technik unter der Haube.

1. Öffnen Sie in der Systemsteuerung das Modul Anpassung.
2. Hier finden Sie in der Design-Übersicht die Rubrik *Basisdesigns und Designs mit hohem Kontrast*. Klicken Sie hier auf die Einstellung *Windows – klassisch*.

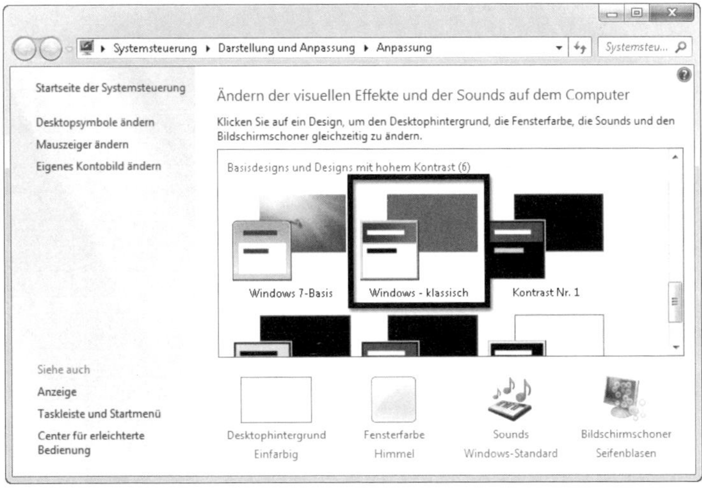

3 Windows schaltet dann unmittelbar auf diese Retrooptik um, sodass Sie sich einen Eindruck davon verschaffen können.

4 Sind Sie mit dem gewählten Design zufrieden, können Sie den Dialog einfach schließen. Andernfalls wählen Sie wieder ganz oben das zuvor verwendete Design aus.

Die Systemsteuerung fast wie zu XP-Zeiten nutzen

Auch bei der Systemsteuerung hat sich Grundlegendes geändert. Während diese bei Windows XP noch aus einer losen Sammlung von Modulen bestand, basiert sie seit Vista auf einem aufgabenorientierten Ansatz. Wer sein System recht gut kennt und weiß, welche Optionen sich in welchem Modul verbergen, wird durch die neue Gestaltung aber benachteiligt: Hier muss man häufig genau hinschauen oder suchen, um den Weg zu der gewünschten Einstellung zu finden. Aber auch hier lässt sich das Rad zurückdrehen und das vertraute Erscheinungsbild weitestgehend zurückholen:

1 Öffnen Sie die Systemsteuerung über das Startmenü.

2 Hier finden Sie oben rechts die Einstellung *Anzeigen nach*. Sie steht standardmäßig auf *Kategorie*, was für die aufgabenbasierte Darstellung sorgt.

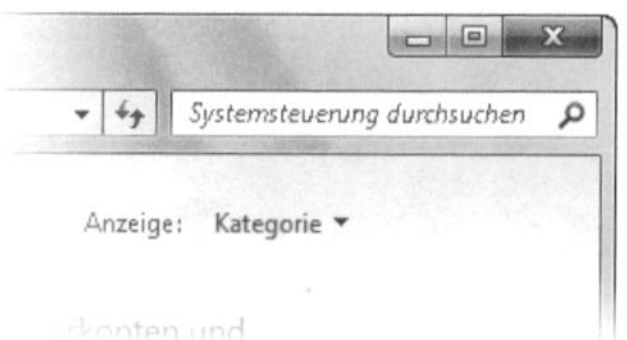

3 Wählen Sie hier die Einstellung *Große Symbole*, erhalten Sie stattdessen eine Übersicht über die Systemsteuerungsmodule, die der Darstellung bei Windows XP schon recht nahekommt.

4 Allerdings ist die Systemsteuerung inzwischen recht umfangreich geworden und wird ggf. noch durch Einträge von Zusatzsoftware wie Grafikkartentreibern oder Antivirenprogrammen erweitert. So könnte es langsam schwierig werden, alles übersichtlich auf den Bildschirm zu bekommen. Für solche Fälle ist die Einstellung *Kleine Symbole* noch besser.

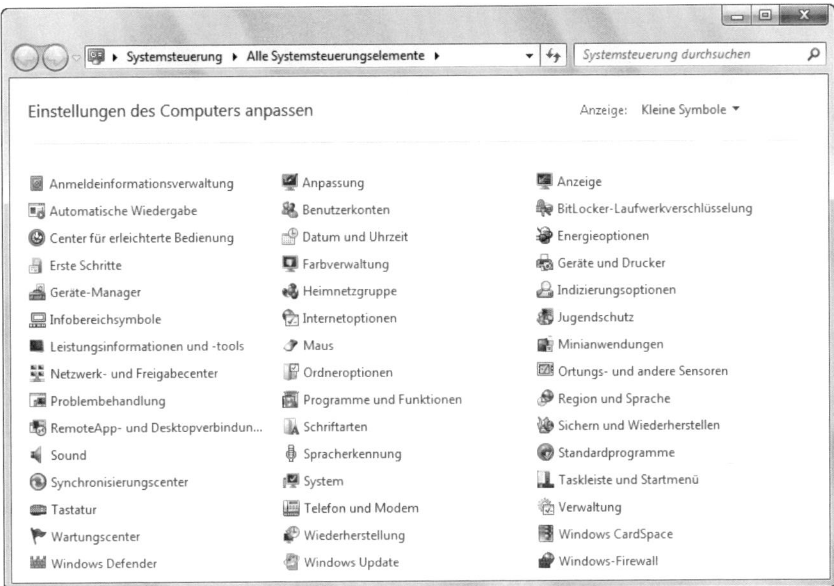

HINWEIS

Startmenü und Taskleiste à la Windows XP

Gerade bei der Taskleiste und dem dazugehörenden Startmenü hat sich bei Windows 7 im Vergleich zu Windows XP einiges verändert. Wie Sie das Rad zumindest zum großen Teil zurückdrehen und alles (fast) wie bei Windows XP aussehen lassen können, ist auf S. 96 ausführlich beschrieben.

7. Mit Minianwendungen wichtige Informationen direkt auf dem Desktop

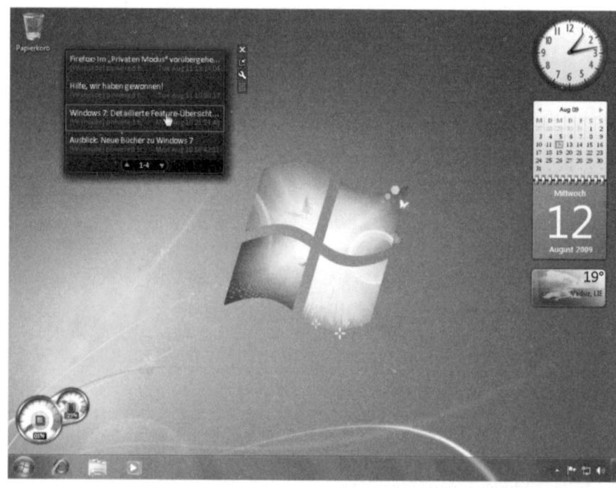

Mit Windows Vista hat Microsoft die auch als Gadgets bezeichneten Minianwendungen auf dem Desktop eingeführt. Sie erlauben es, verschiedenste Informationen wie Nachrichten, E-Mails, Börsenkurse, Wetter oder einfach die Uhrzeit optisch schick verpackt als Element direkt auf dem Desktop zu platzieren. Bei Vista diente dazu der Seitenbereich, der diese Gadgets aufnahm. Allerdings konnten Gadgets auch schon vom Seitenbereich losgelöst und beliebig auf dem Desktop platziert werden. Windows 7 geht hier noch einen Schritt weiter und verzichtet komplett auf den Seitenbereich. Stattdessen lassen sich alle Minianwendungen nun einfach direkt auf dem Desktop platzieren.

7.1 Gadgets beliebig auf dem Desktop platzieren

Nachdem der Seitenbereich entfallen ist, gibt es nun kein zentrales Programm mehr, das die Gadgets anzeigt und dafür extra gesteuert werden müsste. Stattdessen fügen Sie gewünschte Gadgets einfach direkt in den Desktop ein.

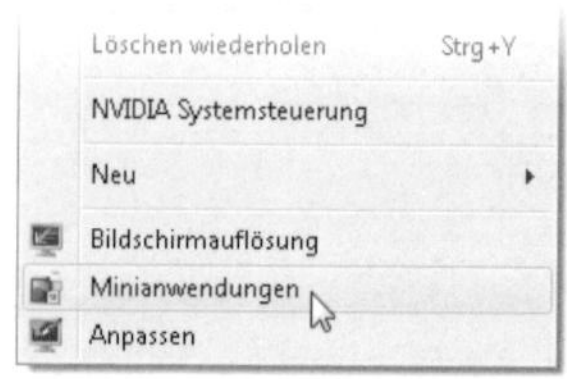

1 Klicken Sie dazu mit der rechten Maustaste auf einen freie Stelle des Desktops, um das Kontextmenü zu öffnen.

2 Wählen Sie in diesem Menü unten den Punkt *Minianwendungen* aus. Alternativ finden Sie auch in der Systemsteuerung den Punkt *Desktopminianwendungen*, mit dem Sie dieselbe Wirkung erreichen.

3 Damit öffnen Sie die Verwaltung für die Minianwendungen, wie sie schon von Windows Vista bekannt ist. Um eines der Gadgets auf den Desktop zu übernehmen, können Sie das entsprechende Symbol einfach doppelt anklicken.

4 Oder aber Sie ergreifen das Symbol mit der linken Maustaste und ziehen es per Drag & Drop direkt an die gewünschte Stelle auf dem Bildschirm.

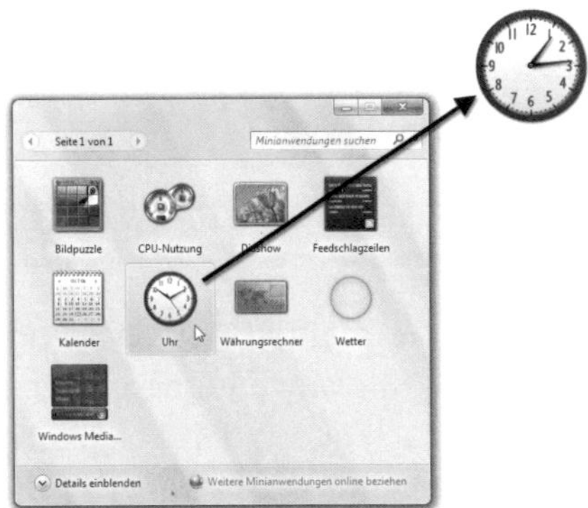

5 Einmal auf dem Desktop platzierte Minianwendungen können jederzeit per Maus an eine andere Position geschoben werden. Ansonsten bleiben sie an der gewählten Position auf dem Desktop „kleben".

6 Haben Sie die gewünschten Gadgets auf dem Desktop eingefügt, schließen Sie das Verwaltungsfenster einfach wieder.

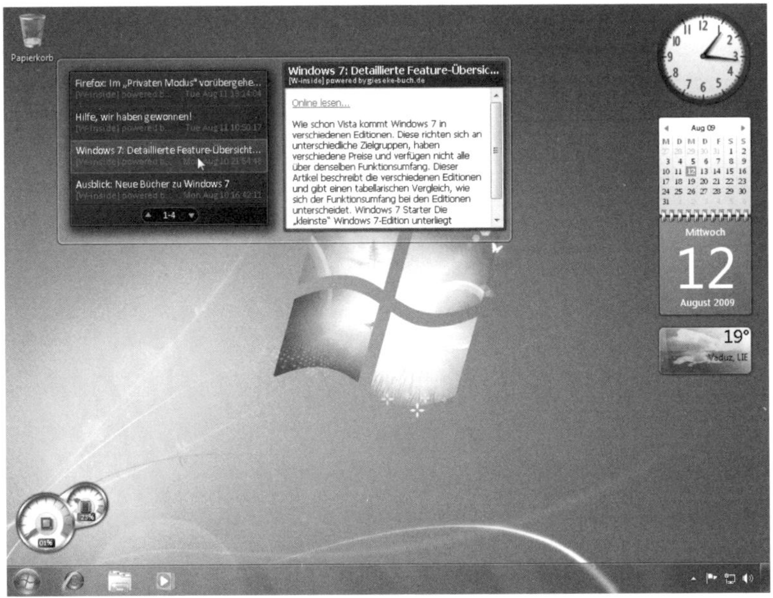

Minianwendungen werden bei Windows 7 grundsätzlich beliebig auf dem Desktop verteilt.

Minianwendungen in den Vordergrund holen

Die Desktop-Gadgets befinden sich grundsätzlich im Hintergrund und werden ggf. von Anwendungsfenstern überdeckt. Für einen schnellen Blick darauf bietet Windows aber nun extra die Aero Peek-Funktion (siehe S. 53). Wollen Sie eine

Minianwendung wie z. B. die Uhr ständig im Blick haben, können Sie sie auch in den Vordergrund holen. Sie überlagert dann Anwendungsfenster und ist immer auf dem Bildschirm zu sehen.

1 Klicken Sie dazu mit der rechten Maustaste auf das betreffende Gadget, um das Kontextmenü zu öffnen.

2 Wählen Sie im Menü den Befehl *Immer im Vordergrund.*

3 Im Untermenü *Undurchsichtigkeit* können Sie die Minianwendung gleichzeitig transparent machen. Mit der Einstellung *60%* etwa ist die Uhr noch gut zu sehen, aber auch eventuelle wichtige Informationen in den überlagerten Fenstern scheinen noch durch.

Windows zeigt eine so eingestellte Minianwendung dann immer an. Die Fenster von Anwendungen werden dadurch überlagert, wodurch auch mal wichtige Informationen versteckt sein können. Dies lässt sich aber mit der erwähnten Transparenzeinstellung weitestgehend vermeiden.

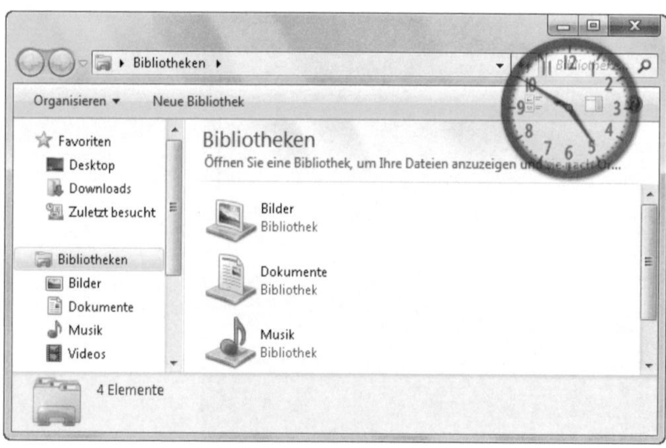

Die Uhr ist als transparente Minianwendung ständig auf dem Bildschirm zu sehen.

7.2 Die besten Minianwendungen für Ihren Desktop

Windows bringt von Hause aus schon ein paar schöne und praktische Gadgets mit, mit denen Sie Ihren Desktop gestalten können. Im Folgenden stellen wir Ihnen die Besten kurz vor und zeigen, wie Sie sie gewinnbringend einsetzen können.

Webfeeds in der Seitenleiste

Zu den praktischsten Möglichkeiten der Seitenleiste gehören die Feedschlagzeilen. Dabei handelt es sich um ein einfaches Element, das die aktuellen Themen eines RSS-Webfeeds in der Seitenleiste anzeigt. Mit einem Klick auf eine Zeile starten Sie den Webbrowser und lassen sich die vollständige Meldung anzeigen.

1 Um einen Webfeed in die Seitenleiste zu bringen, fügen Sie wie beschrieben ein Feedschlagzeilen-Gadget ein. Sie können auch mehrere Viewer für verschiedene Feeds parallel verwenden.

2 Wird das Gadget in der Sidebar angezeigt, klicken Sie mit der rechten Maustaste darauf und wählen im Kontextmenü den Befehl *Optionen*.

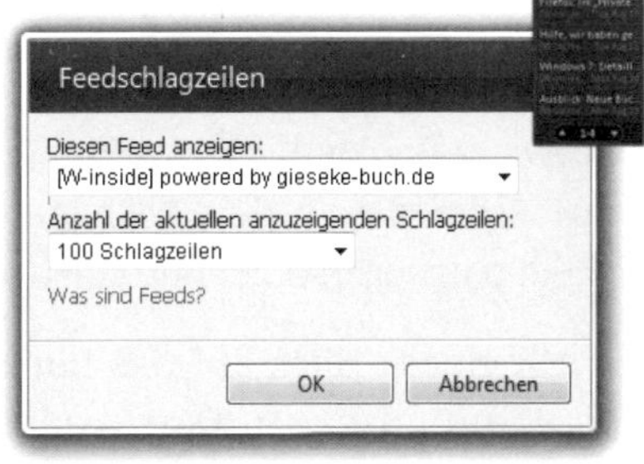

3 Damit öffnen Sie einen Auswahldialog, in dem Sie den Webfeed festlegen, der in diesem Gadget angezeigt werden soll.

4 Standardmäßig werden die Überschriften aller abonnierten Feeds angezeigt, die aber regelmäßig wechseln. Im Auswahlfeld *Diesen Feed anzeigen* können Sie aber auch eine bestimmte der abonnierten Nachrichtenquellen auswählen, sodass in der Minianwendung nur deren Themen angezeigt werden.

5 Mit *Anzahl der aktuellen anzuzeigenden Schlagzeilen* können Sie vorgeben, wie viele Themen das Gadget im Wechsel anzeigen soll. Eine Begrenzung ist vor allem sinnvoll, wenn Sie alle Feeds anzeigen lassen oder der gewählte Feed ein sehr hohes Nachrichtenaufkommen hat.

6 Im Gadget werden jeweils die Überschriften der aktuellen Beiträge – soweit der Platz reicht – angezeigt, zusätzlich der Name der Nachrichtenquelle und das Datum der Veröffentlichung.

7 Wenn eine der Meldungen Sie neugierig gemacht hat, klicken Sie direkt auf die Schlagzeile. Das Gadget zeigt dann den ausführlichen Titel sowie ggf. eine kurze Zusammenfassung der Meldung. Kürzere Meldungen, die komplett im RSS-Webfeed verbreitet werden, können Sie auch ganz lesen.

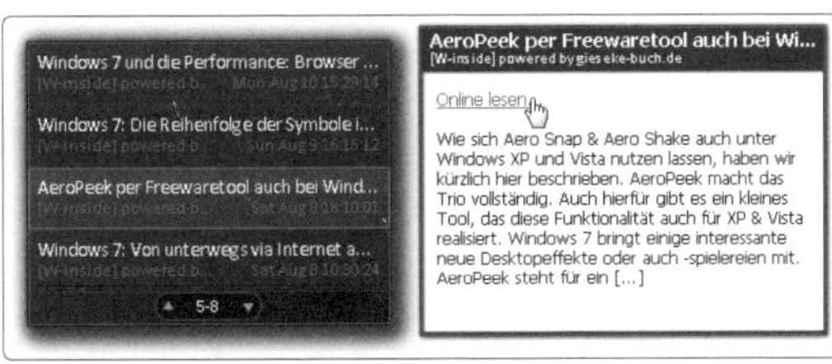

8 Wollen Sie eine ausführliche Meldung vollständig lesen, klicken Sie oben auf die Überschrift. Die Minianwendung startet dann den Webbrowser und zeigt die Meldung darin an.

Urlaubsbilder als Minidiashow auf dem Desktop

Mit dem Gadget Diashow können Sie einen bestimmten Bilderordner als Diashow in der Sidebar anzeigen lassen. Die Bilder werden dort verkleinert und unauffällig dargestellt. Sollte eines Ihre Aufmerksamkeit erregen, können Sie es aber jederzeit per Mausklick vergrößert anzeigen lassen.

1 Nachdem Sie das Diashow-Gadget in den Desktop eingefügt haben, stellt es standardmäßig den Inhalt des Ordners *Beispielbilder* als Diashow dar.

2 Der Wechsel zwischen den Bildern erfolgt automatisch. Wenn Sie den Mauszeiger auf das Gadget bewegen, wird allerdings eine kleine Navigationsleiste eingeblendet, mit der Sie pausieren oder Bilder manuell wechseln können.

3 Mit einem Klick auf das Lupensymbol lassen Sie das Bild groß auf dem Bildschirm anzeigen. Dazu verwendet das Gadget den Fotogalerie-Viewer (siehe Kapitel 16).

4 Um den Pfad und einige andere Einstellungen für das Gadget zu ändern, klicken Sie mit der rechten Maustaste darauf und wählen im Kontextmenü den Punkt *Optionen*.

5 Im anschließenden Dialog können Sie einen alternativen Ordner angeben, dessen Bilder die Diashow anzeigen soll. Mit der Option *Unterordner miteinbeziehen* können Sie auch leicht Ihre gesamte Bildersammlung als Ausgangsmaterial verwenden.

6 Mit *Jedes Bild anzeigen* steuern Sie die Anzeigelänge der einzelnen Bilder.

7 Für den Übergang zwischen zwei Bildern können Sie einen von verschiedenen Effekten wählen.

8 Mit *Zufällige Wiedergabe* bestimmt ein Zufallsgenerator die Abspielreihenfolge aller Bilder.

Die Auslastung von Prozessor und Arbeitsspeicher überwachen

Die Minianwendung CPU-Nutzung ist hilfreich, um zu überwachen, wie stark Prozessor und Hauptspeicher in Anspruch genommen werden. Dazu zeigt sie zwei Skalen ähnlich einem Motorrad-Cockpit an. Die größere zeigt die Auslastung des Prozessors an, die kleinere oben rechts die Belegung des Arbeitsspeichers.

Besondere Einstellungen gibt es für diese einfache Anwendung nicht. Sie soll nur dabei helfen, den Status des PCs im Auge zu behalten, um z. B. zu testen, ob bestimmte Anwendungen den Rechner an die Grenzen seiner Leistungsfähigkeit bringen.

Die Wettervorhersage immer aktuell aus der Windows-Sidebar

Mit der Minianwendung Wetter können Sie sich stets aktuelle Wetterdaten auf Ihren Windows-Desktop holen. Das Gadget holt sich dafür in regelmäßigen Abständen die aktuellen Wetterdaten für einen eingestellten Ort aus dem Internet und passt sein Aussehen entsprechend an, symbolisiert mit seinem Hintergrundbild also Sonne, Wolken oder Regen. Außerdem zeigt es die aktuelle Temperatur vor Ort an. In den Einstellungen können Sie den Ort wählen, dessen Wetter angezeigt werden soll.

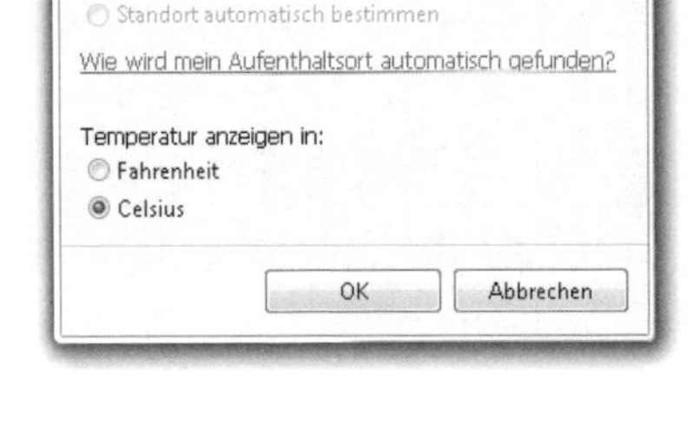

1. Klicken Sie mit der rechten Maustaste mitten auf die Minianwendung und wählen Sie im Kontextmenü *Optionen*.
2. Geben Sie im Feld *Aktuellen Ort auswählen* den Namen der Stadt an, deren Wetter Sie anzeigen lassen wollen.
3. Sollte der Ortsname nicht eindeutig sein, zeigt das Menü eine Auswahlliste der infrage kommenden Orte an, aus der Sie den passenden auswählen können.
4. Schließlich können Sie noch einstellen, ob Sie die Temperatur in Celsius oder Fahrenheit angezeigt haben möchten.

TIPP

Ausführliches Wetter mit Drei-Tage-Vorhersage

Das kleine Wetter-Gadget in der Windows-Sidebar verrät nicht wirklich viel. Interessanter wird es, wenn Sie die Minianwendung mit der mittleren Schaltfläche der kleinen Symbolleiste vergrößern. Dann genehmigt sie sich mehr Platz, den sie aber auch sinnvoll nutzt. Sie gibt dann nicht nur ausführlichere Angaben zur aktuellen Wetterlage vor Ort preis, sondern macht auch eine Vorhersage für das Wetter der nächsten drei Tage.

Schnell Zugriff auf das Media Center per Minianwendung

Das Media Center-Gadget erlaubt Ihnen einen schnell Zugriff auf das Windows Media Center. So können Sie mit einem Mausklick auf Musik und Bilder zugreifen. Vor allem aber informiert Sie die Minianwendung über Fernsehsendungen und Internet-TV-Streams, die Sie interessieren könnten. So können Sie das Media Center bequem vom Desktop aus steuern, ohne immer gleich die etwas behäbige Oberfläche dieser Anwendung starten zu müssen.

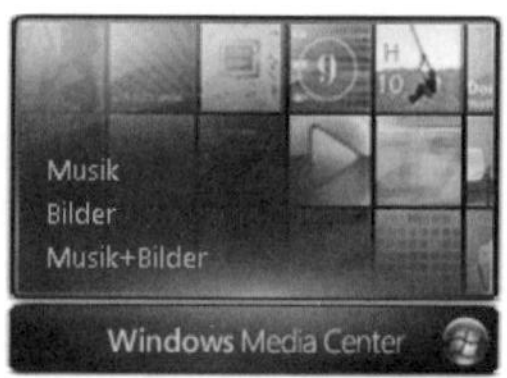

7.3 Hier finden Sie passende Gadgets für jeden Zweck

Windows bringt zwar schon einige sehr schöne und praktische Minianwendungen mit, aber die Anzahl ist doch recht überschaubar. Allerdings sind Sie nicht auf diese Gadgets beschränkt, denn im Prinzip lassen sich beliebige Anwendungen für diesen Zweck erstellen. Microsoft selbst stellt ein Onlineverzeichnis von weiteren Minianwendungen bereit. Hier können Sie mithilfe von Kategorien und Bewertungen hilfreiche Gadgets heraussuchen und einfach installieren. Es gibt aber auch weitere interessante Quellen im Netz, z. B. *www.sidebar-gadget.de*.

1 Klicken Sie mit der rechten Maustaste auf einen freien Bereich des Desktops und wählen Sie im Kontextmenü den Befehl *Minianwendungen*.

2 Klicken Sie in der Gadget-Übersicht ganz rechts auf den Link *Weitere Minianwendungen online beziehen*.

3 Damit öffnen Sie im Internet Explorer die Onlinegalerie für Gadgets. Hier können Sie in verschiedenen Kategorien nach passenden Minianwendungen suchen. Die Bewertung der Angebote durch andere Benutzer ist eine gute Hilfe, lohnenswerte Gadgets herauszufiltern. Zu jedem Gadget finden Sie u. a. eine kurze Beschreibung und eine Abbildung.

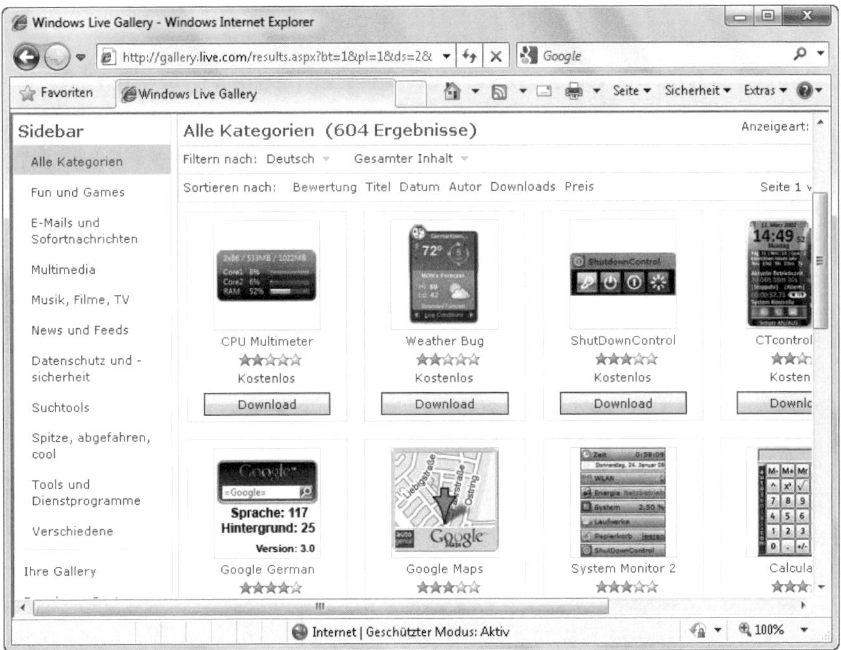

4 Wenn Sie eines der aufgeführten Gadgets installieren wollen, klicken Sie in seiner Beschreibung auf die *Download*-Schaltfläche.

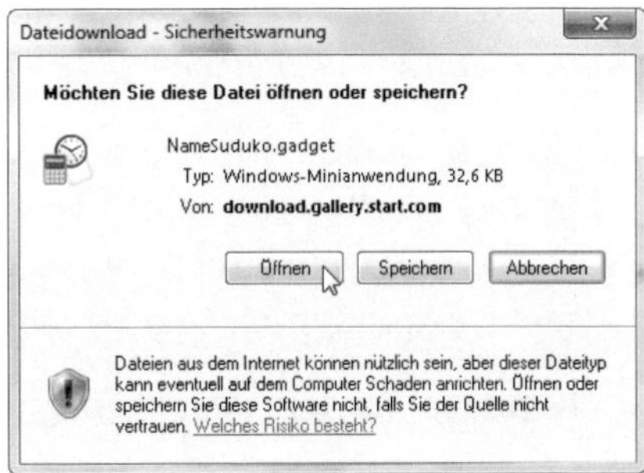

5 Klicken Sie im anschließenden Dialog auf *Öffnen*, um den Gadget-Installer direkt auszuführen. Der Code des Gadgets wird dann heruntergeladen.

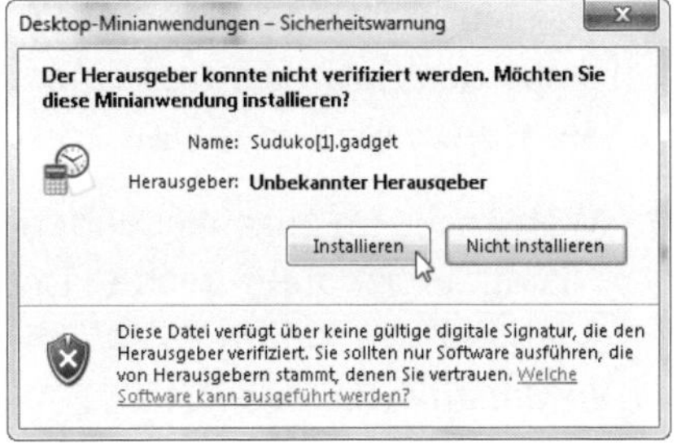

6 Vor der eigentlichen Installation der Minianwendung fragt die Windows-Sidebar noch einmal nach. Immerhin handelt es sich um das Installieren von Programmcode, der anschließend wie ein lokal installiertes Programm ausgeführt wird. Prinzipiell könnten auf diesem Weg also auch Schadprogramme

in den PC eingeschleust werden. Sie sollten also nur bei Gadgets von vertrauenswürdigen Herausgebern auf *Installieren* klicken.

7 Anschließend finden Sie die neue Minianwendung direkt auf dem Desktop vor. Mit einem Rechtsklick darauf finden Sie heraus, welche Möglichkeiten sie bietet. Dort können Sie auch die Optionen öffnen, um das Gadget anzupassen.

Minianwendungen aus dem Netz manuell installieren

Nicht nur die Microsoft-Galerie kann als Quelle von Gadgets dienen. Solche Minianwendungen sind gar nicht so schwer zu erstellen und auch andere Anbieter bieten eigene Gadgets an. Wenn diese mit einem eigenen Setup-Assistenten kommen, dürfte die Installation keine Probleme bereiten. Andernfalls, wenn das Gadget z. B. per ZIP-Archiv zum Download angeboten wird, müssen Sie selbst dafür sorgen, dass die notwendigen Dateien an der richtigen Stelle landen.

1 Entpacken Sie das Archiv, in dem das Gadget gespeichert ist. Es muss einen Ordner enthalten, dessen Name sich aus dem Namen des Gadgets und der Endung *.gadget* zusammensetzt.

2 Sollte Ihr Windows-Explorer nicht bereits so konfiguriert sein, öffnen Sie die Ordneroptionen und wählen auf der Registerkarte *Ansicht* bei *Versteckte Dateien und Ordner* die Option *Ausgeblendete Dateien, Ordner und Laufwerke anzeigen*.

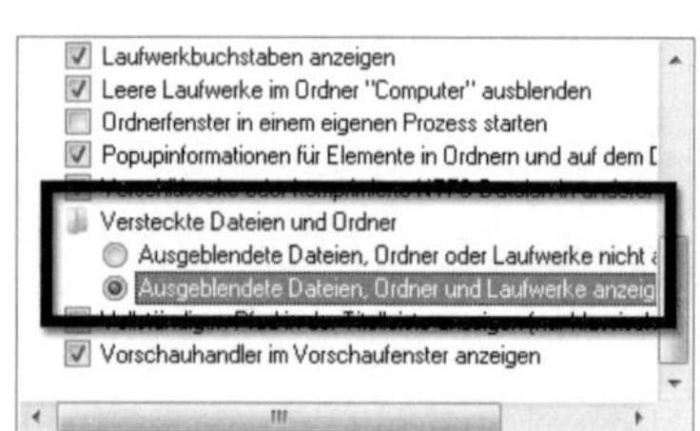

3 Nun können Sie im Windows-Explorer den Ordner *C:\Benutzer\<Ihr Benutzername>\AppData\Local\Microsoft\Windows Sidebar\Gadgets* öffnen. Sollte Windows nicht auf dem C:-Laufwerk installiert sein, verwenden Sie den entsprechenden Laufwerkbuchstaben.

4 Kopieren Sie den *.gadget*-Ordner in dieses Verzeichnis.

5 Klicken Sie nun mit der rechten Maustaste auf eine freie Stelle des Desktops und rufen Sie *Minianwendungen* auf.

6 Wählen Sie im anschließenden Dialog ganz oben rechts im Suchfeld ggf. *Zuletzt installierte Minianwendungen*.

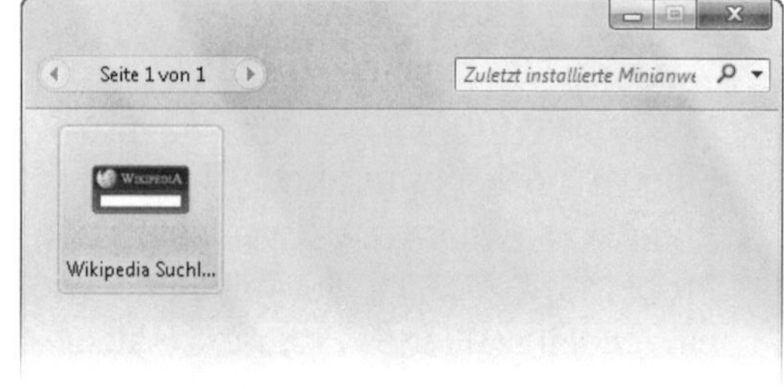

7 Nun sollte das neu installierte Gadget in der Liste angezeigt werden, sodass Sie es auswählen und hinzufügen können.

TIPP

Troubleshooting: Neue Gadgets werden nicht angezeigt?

Wird ein neu installiertes Gadget nicht in der Liste angezeigt, obwohl Sie alles genau richtig gemacht haben, kann das an Sprachschwierigkeiten liegen. Öffnen Sie den Ordner des Gadgets unter *\AppData\Local\Microsoft\Windows Sidebar\Gadgets* (siehe oben) und kontrollieren Sie, ob darin ein Ordner namens *en-US* oder ähnlich enthalten ist. Benennen Sie diesen in *de-DE* um. Das Gadget lernt dadurch zwar nicht Deutsch, sollte anschließend (ggf. nach einem Neustart der Sidebar) aber endlich in der Liste der Minianwendungen auftauchen.

8. Bordmittel: kleine Anwendungen und Tools im Lieferumfang

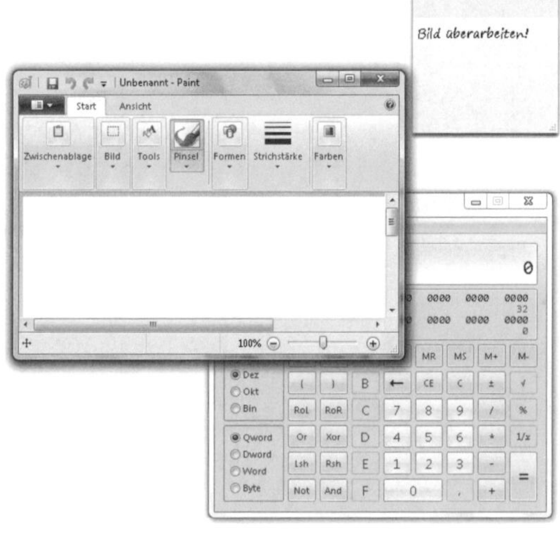

Traditionell gehört zu jedem Windows-Betriebssystem neben dem eigentlichen Systemkern eine recht umfangreiche Sammlung von Anwendungen, Tools, Systemprogrammen etc. Auch Windows 7 macht da keine Ausnahme. Allerdings dürfte es eines der wenigen Produkte sein, das den Umfang im Vergleich zu seinen Vorgängern deutlich reduziert. Microsoft hat sich nämlich dazu entschlossen, durchaus beliebte Programme wie die Fotogalerie, den Movie Maker, Windows Mail und andere nicht mehr mit Windows auszuliefern. Sie sind deshalb aber nicht weg, sondern können nach Bedarf via Internet nachgerüstet werden. Als Ausgleich dafür gibt es aber auch bei Windows 7 wieder neue oder verbesserte Tools und Funktionen.

8.1 Ribbon-Oberfläche: Office-Flair jetzt auch bei Paint, WordPad & Co.

Mit Office 2007 führte Microsoft ein neues Bedienkonzept ein. Anstelle der klassischen Symbolleisten und Menüs trat bei Word, Excel & Co. die sogenannte Ribbon-UI, auf Deutsch auch etwas sperrig als Multifunktionsleiste bezeichnet. Hierbei handelt es sich um eine kontextsensitive Benutzeroberfläche. Sie erkennt jeweils automatisch, woran der Benutzer gerade arbeitet, und bietet ihm die dazu passenden Funktionen und Einstellungen an. Gleichzeitig passt sich die Multifunktionsleiste immer dem verfügbaren Platz an, indem sie Elemente automatisch ein- oder ausklappt, wenn Sie z. B. das Fenster verkleinern oder maximieren. Bei Windows 7 können Sie die Ribbon-Oberfläche beim Malprogramm Paint und beim Textbearbeitungsprogramm WordPad kennenlernen.

TIPP

Hintergrund: Wozu die Multifunktionsleiste?

Microsoft hat gerade im Zusammenhang mit den Office-Anwendungen festgestellt, dass Benutzer immer wieder das Hinzufügen neuer Funktionen nachgefragt haben, die es tatsächlich in den vorhandenen Versionen bereits gab. Sie waren eben nur so tief in Untermenüs und Dialogen versteckt, dass sie dort einfach nicht gefunden bzw. wahrgenommen wurden. Andererseits kann man bei der Funktionsfülle von Office-Anwendungen nun mal nicht alle Funktionen direkt in der Symbolleiste oder auch nur in der obersten Ebene der Menüs präsentieren. Deshalb wollte man mit den Ribbons eine Oberfläche schaffen, die einerseits weniger überladen wirkt, andererseits aber immer die gerade benötigten Funktionen auf kurzen Wegen bereitstellt. Dieses Vorhaben ist mit der Multifunktionsleiste im Großen und Ganzen durchaus gelungen. Aber wer viele Jahre mit der klassischen Bedienung gearbeitet hat, wird sich an die scheinbare Bevormundung durch die Ribbons erst gewöhnen müssen. Die überschaubaren Windows-Anwendungen wie Paint oder Write sind dafür übrigens keine schlechte Wahl.

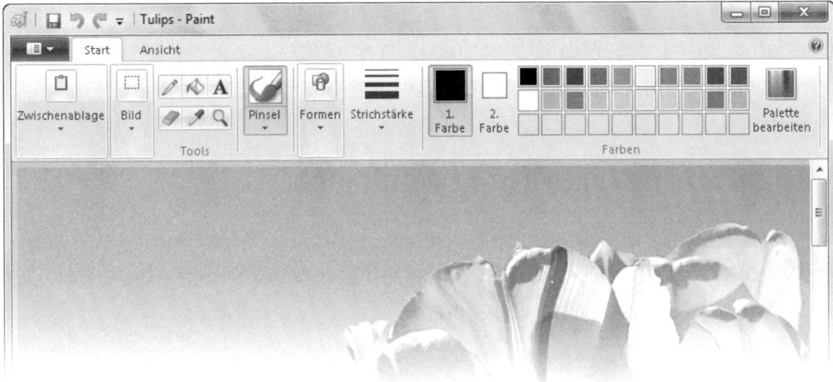

An das Bedienkonzept der Multifunktionsleiste muss man sich erst mal gewöhnen.

Basisfunktionen im Schnellzugriff in der Titelleiste

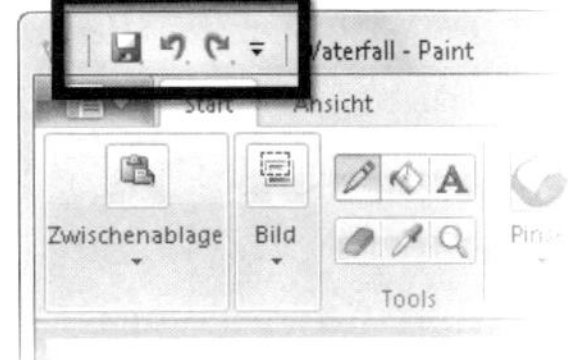

Nicht direkt zur Multifunktionsleiste gehören die Schnellzugriff-Symbole in der Titelleiste des Anwendungsfensters. Sie erlauben es, wichtige Funktionen wie das Speichern des Dokuments oder das Rückgängigmachen von Arbeitsschritten jederzeit mit nur einem Mausklick auszuführen. Standardmäßig finden Sie hier drei Symbole für das Speichern des aktuellen Dokuments, für das Rückgängigmachen eines Arbeitsschritts sowie für das Wiederherstellen eines Arbeitsschritts, wenn er zuvor rückgängig gemacht wurde. Zusätzlich können Sie weitere Schaltfläche hinzufügen, wenn Sie diese benötigen:

1 Klicken Sie neben den vorhandenen Symbolen auf das kleine Pfeilsymbol.

2 Damit klappen Sie ein Menü auf, in dem Sie weitere Symbole für verschiedene Funktionen vorfinden. Auch die bereits vorhandenen Symbole sind hier aufgeführt und können ggf. ausgeblendet werden. Klicken Sie einfach auf einen der Einträge, um das Häkchen davor zu setzen bzw. zu entfernen.

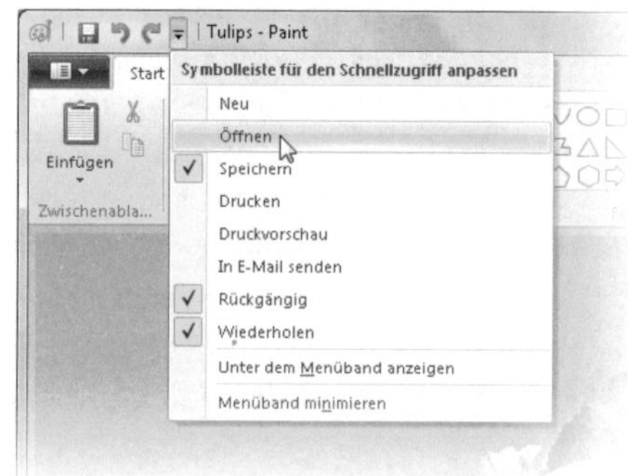

3 Mit einem Klick wird das Menü automatisch wieder ausgeblendet. Sie können es aber beliebig oft für weitere Änderungen öffnen.

Kurze Wege mit der Multifunktionsleiste

Die Multifunktionsleiste befindet sich am oberen Rand des Anwendungsfensters, und zwar dort, wo sich früher Menü- und Symbolleisten befanden, die durch die Ribbons ersetzt werden. Sie besteht aus verschiedenen Elementen.

Das Programm-Menü

Ganz oben links finden Sie ein Symbol für das Programm-Menü. Dieses ist sozusagen ein Nachklang der guten alten Menüleiste. Manche Funktionen lassen sich einfach nicht sinnvoll in die Menüs der Multifunktionsleiste integrieren, nicht zuletzt deshalb, weil sie prinzipiell jederzeit gebraucht werden könnten.

Hierzu zählen z. B. die Funktionen zum Öffnen, Speichern und Neuanlegen von Dokumenten, zum Drucken oder für allgemeine Einstellungen und Hilfe. Diese erreichen Sie hier bei Bedarf jederzeit mit zwei Mausklicks. Bei einigen Funktionen wird ggf. rechts ein Untermenü geöffnet, in dem weitere Optionen zur dieser Funktion zur Auswahl stehen.

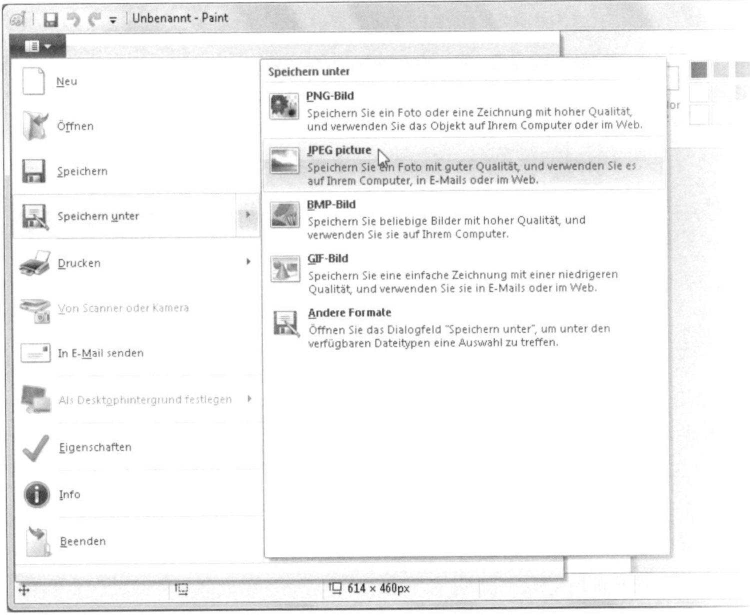

Die Menürubriken

Die Multifunktionsleiste selbst besteht in der Regel aus mehreren Rubriken. Diese können Sie über die Register oben anwählen. Bei den beiden Windows 7-Anwendungen finden Sie zwei Rubriken:

- ***Start*** enthält die eigentlichen Funktionen zum Bearbeiten der Dokumente. Normalerweise sollte deshalb diese Rubrik geöffnet sein, wenn Sie mit der Anwendung arbeiten.

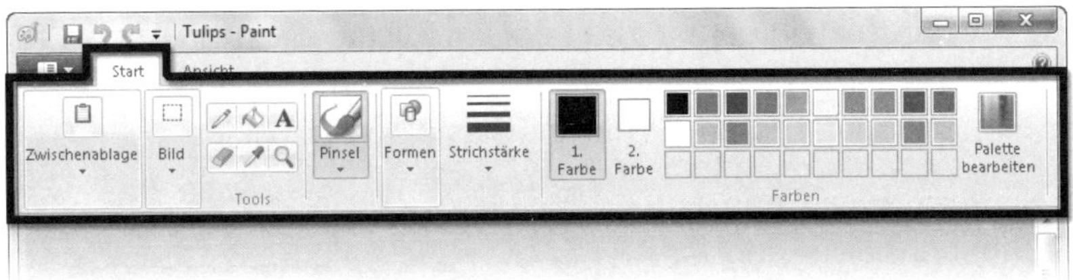

- ***Ansicht*** umfasst verschiedene Einstellungen für die Darstellung des Dokuments, also z. B. Zoomfunktionen, Hilfsfunktionen wie Lineale oder Hilfslinien, Einstellungen für Maßeinheiten oder z. B. eine Schaltfläche für das Umschalten in den Vollbildmodus.

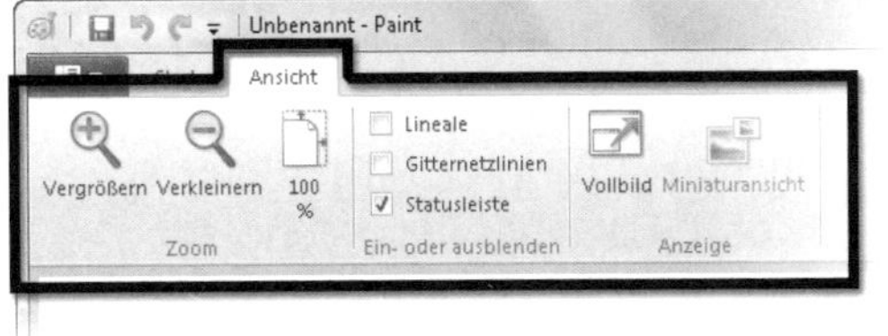

In der Regel sollten Sie die ganz linke Rubrik geöffnet haben, wenn Sie mit der Anwendung arbeiten. Hier werden die Funktionen angezeigt, die für die typischen Aufgaben dieses Programms am wichtigsten sind. In die weiteren Rubriken brauchen Sie in der Regel immer nur kurz hineinzuwechseln, etwa um die Ansicht des Dokuments zu verändern oder (z. B. bei den Office-Anwendungen) spezifische Aufgaben wie das Einfügen von Objekten, das Durchführen einer Rechtschreibprüfung, das Hinzufügen von Referenzen oder den Seriendruck zu erledigen.

Die kontextsensitiven Menüelemente

Auf den ersten Blick fällt es eventuell nicht auf: Die Menüs in der Multifunktionsleiste sind nicht statisch, sondern passen sich dynamisch jeder Aufgabe an. Das bedeutet nun nicht, dass sich ständig etwas verändert. Aber in bestimmten Situationen wird die Multifunktionsleiste automatisch aktiv und blendet bestimmte Menüelemente aus, während andere an deren Stelle angezeigt werden. Ein einfach nachzuvollziehendes Beispiel:

1. Öffnen Sie in Paint ein beliebiges Bild oder legen Sie mit der Funktion *Neu* im Programm-Menü ein neues, leeres Bild an.
2. Die Multifunktionsleiste zeigt in der Rubrik *Start* nun unter anderem das Menü *Tools* an. Es enthält verschiedene Werkzeuge zum Gestalten von Bildelementen.

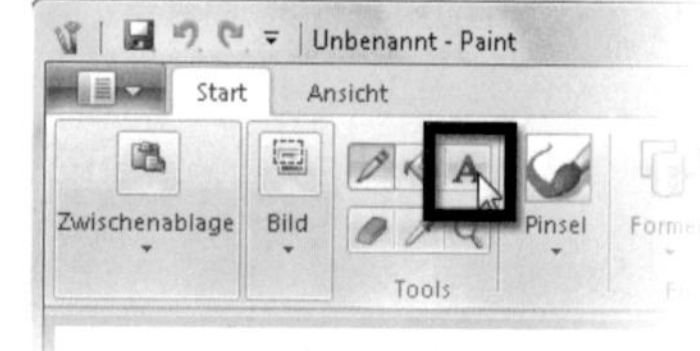

3. Klicken Sie hier rechts oben auf das Text-Symbol, um ein Textelement einzufügen.
4. Fügen Sie nun ein Textelement in das Bild ein. Klicken Sie dazu mit der linken Maustaste an eine beliebige Stelle und ziehen Sie mit weiterhin gedrückter Taste ein Kästchen auf. Lassen Sie die Maustaste noch nicht los.
5. Richten Sie Ihre Augen nun auf die Multifunktionsleiste und lassen Sie dann den Mauszeiger los. Sie können nun beobachten, wie sich die Multifunktionsleiste blitzschnell an die Aufgabe, Text einzugeben und zu formatieren, anpasst. Dazu wird ein Menü zur Auswahl der Schriftart sowie eines zum Gestalten des Texthintergrunds eingeblendet. Andere Menüelemente machen dafür Platz bzw. werden an die Seite geschoben.

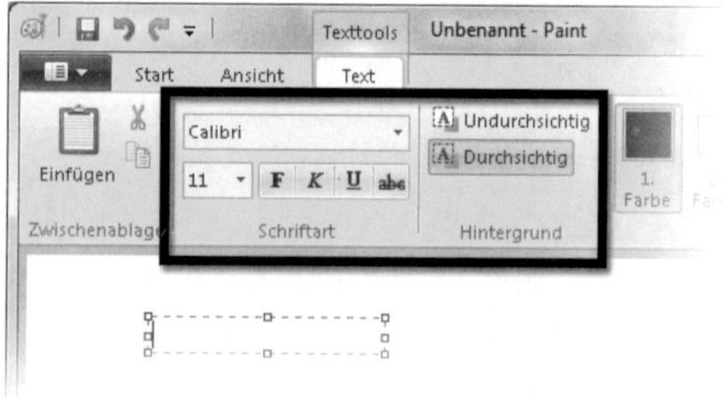

6 Wenn Sie das Textelement anschließend verlassen (z. B. mit [Esc]), wird die normale Konfiguration der Multifunktionsleiste automatisch wiederhergestellt.

Mehr Arbeitsfläche durch Minimieren der Multifunktionsleiste

Die Multifunktionsleiste ist eine feine Sache, aber sie benötigt auch einiges an Platz auf dem Bildschirm. Bei Aufgaben wie etwa Textbearbeitung benötigt man die Funktion allerdings nicht ständig. Da bietet es sich an, die Leiste standardmäßig auszublenden. Bei Bedarf lässt sie sich dann jederzeit schnell hervorholen.

1 Klicken Sie mit der rechten Maustaste irgendwo auf die Multifunktionsleiste.

2 Wählen Sie im so geöffneten Kontextmenü den Befehl *Menüband minimieren*.

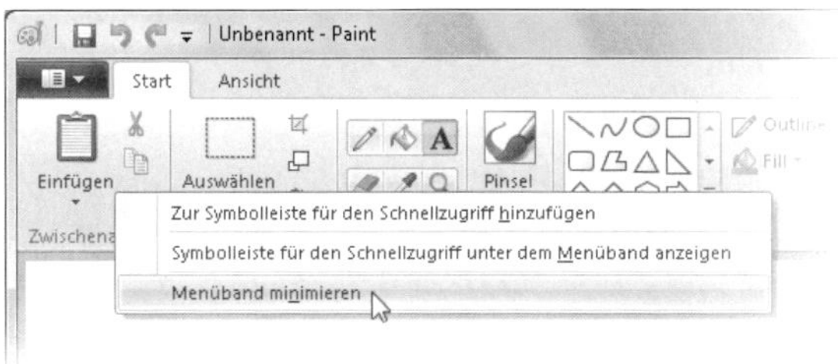

3 Damit verbannen Sie die Ribbons zunächst vom Bildschirm. An deren Stelle finden Sie so etwas Ähnliches wie die klassische Menüleiste vor. Als Einträge enthält sie die Rubriken der Multifunktionsleiste.

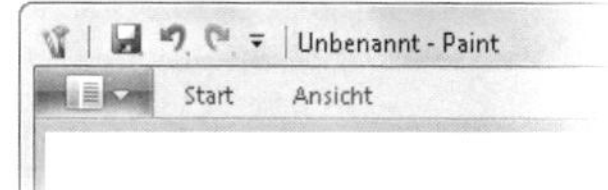

4 Um die Menüs der Multifunktionsleiste zu nutzen, klicken Sie auf den entsprechenden „Menüpunkt“. Dann wird diese Rubrik der Multifunktionsleiste vorübergehend eingeblendet.

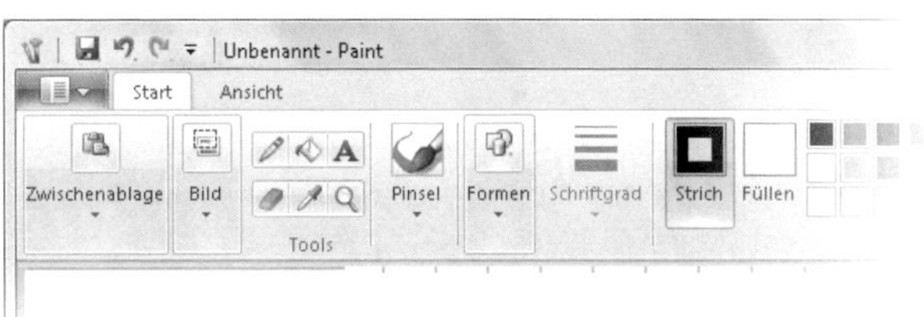

5 Haben Sie eine Funktion ausgewählt, wird die Leiste automatisch wieder ausgeblendet.

8.2 Mit Kurznotizen nie mehr wichtige Termine und Infos verpassen

Bereits bei Windows Vista war eine Minianwendung namens Notizen enthalten. Damit ließen sich beliebig kleine Notizzettel auf den Desktop platzieren, auf denen sich mal schnell eine Telefonnummer oder eine wichtige Aufgabe notieren ließ, die keinesfalls vergessen werden sollte. Bei Windows 7 ist aus diesem praktischen Gadget eine eigene Anwendung geworden. Wann immer Ihnen etwas einfällt oder wenn Ihnen ein Gesprächspartner eine wichtige Information mitteilt, können Sie mit zwei Mausklicks einen virtuellen Merkzettel anlegen und die Daten darin notieren.

HINWEIS

Notizen für mal eben auf die Schnelle

Die Kurznotizen von Windows 7 sind keine ernsthafte Lösung zur Aufgabenplanung. Sie bleiben nur bestehen, solange Sie die Notizzettel auf dem Bildschirm lassen. Beim Beenden von Windows sind die Inhalte spätestens verloren. Sie eignen sich also wirklich nur für eine kurze Notiz zwischendurch, während eines Gesprächs oder wenn es aus anderen Gründen mal eben schnell gehen muss. Sie können die Inhalte aber später per Zwischenablage in eine andere Anwendung, z. B. Adressbuch oder Terminkalender, übertragen. Für das dauerhafte Vormerken von Aufgaben, Terminen etc. können Sie auf den Windows-Kalender zurückgreifen. Der ist zwar nicht mehr im Lieferumfang inbegriffen, lässt sich aber mit den Windows Live Essentials jederzeit kostenlos nachrüsten (siehe S. 147).

1 Öffnen Sie bei Bedarf mit *Start/Kurznotizen* einen Notizzettel. Alternativ können Sie ein Symbol für diese Anwendung auch an die Taskleiste anheften, um sie jederzeit mit einem Mausklick erreichen zu können.

2 Windows öffnet dann einen leeren Notizzettel auf dem Desktop.

3 Tippen Sie nun einfach die gewünschte Information ein. Sollte der Platz nicht ausreichen, wächst der Notizzettel automatisch nach unten weiter. Sie können ihn aber auch wie jedes Fenster beliebig vergrößern oder verkleinern.

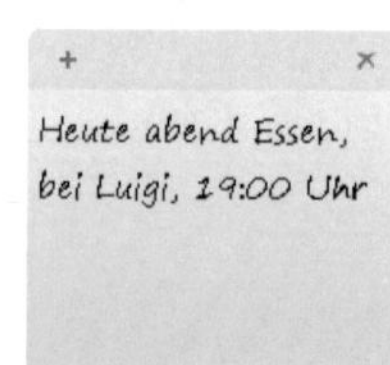

4 Anschließend können Sie den Notizzettel an einer beliebigen Stelle des Desktops platzieren.

5 Wechseln Sie dann einfach wieder zu einem anderen Fenster und arbeiten Sie weiter. Der Notizzettel bleibt an Ort und Stelle.

Auf diese Weise können Sie beliebig weitere Notizzettel anlegen. Wenn Sie das Programm erneut aufrufen, wird jeweils eine neue, leere Notiz erstellt. Sie können in einem vorhandenen Notizzettel oben links auf das Plussymbol klicken, um einen weiteren Zettel anzulegen. Die Zettel können beliebig über-, unter-, neben- oder aufeinander platziert werden.

Ein Minimieren der Fenster ist nicht vorgesehen und würde der Idee dieser Anwendung auch widersprechen. Sie bleiben aber unauffällig im Hintergrund, wenn Sie mit anderen Programmen arbeiten. In der Taskleiste und im Taskwechsler finden Sie stets nur ein Symbol, auch wenn mehrere Notizzettel geöffnet sind. Wechseln Sie dorthin, werden allerdings immer alle Notizen zugleich in den Vordergrund geholt.

Notizzettel in allen Farben

Standardmäßig sind die Notizzettel grün eingefärbt. Wenn Sie mit dieser Funktion intensiv arbeiten und oftmals mehrere Notizen zugleich auf dem Bildschirm haben, kann es sinnvoll sein, diese thematisch oder auch nach Priorität zu unterscheiden. Dazu können Sie den vorhandenen Zetteln unterschiedliche Farben zuweisen. Klicken Sie mit der rechten Maustaste auf die fragliche Notiz. Neben den üblichen Funktionen zum Markieren, Kopieren und Einfügen von Inhalt finden Sie hier auch eine Auswahl verschiedener Farbtöne, von denen Sie jeweils der ausgewählten Notiz einen zuweisen können.

8.3 Ein leistungsfähiger Betrachter für XPS-Dokumente

Schon Windows Vista brachte das neue Dokumentformat XPS von Microsoft mit. Mittels eines standardmäßig installierten Druckertreibers lassen sich aus beliebigen Anwendungen mittels der Druckfunktion XPS-Dokumente erstellen. Allerdings fehlte Vista ein ernst zu nehmender Betrachter für XPS-Dateien. Dafür musste der Internet Explorer herhalten, der behelfsmäßig mit Funktionen zum Steuern der Anzeige und zum Suchen nach Inhalten ausgerüstet wurde. Windows 7 bringt nun einen echten, eigenständigen XPS-Betrachter mit, der vergleichbaren Produkten wie etwa dem Adobe Reader kaum nachsteht.

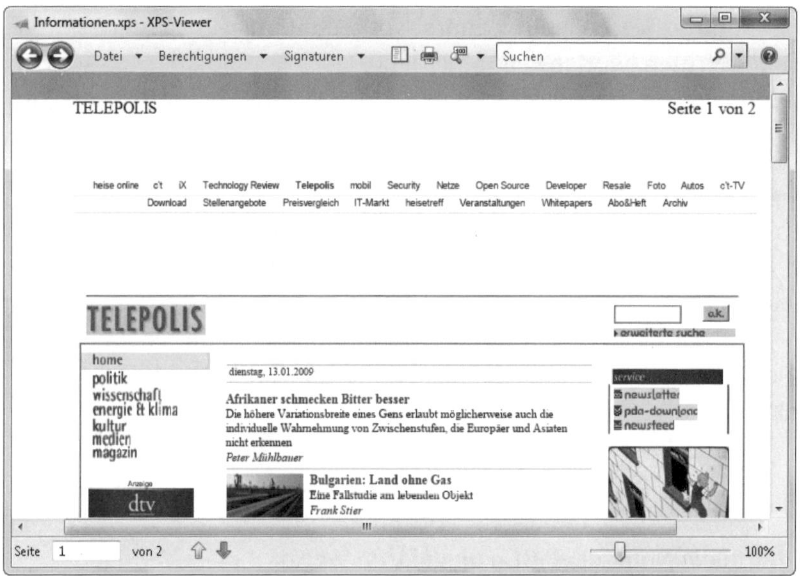

Der XPS-Viewer startet automatisch, wenn Sie eine XPS-Datei z. B. per Doppelklick aufrufen. Alternativ finden Sie ihn unter *Start/Alle Programme/XPS-Viewer*. Die Anwendung ist vergleichsweise übersichtlich. Neben dem eigentlichen Inhalt der Dokuments finden Sie alle Steuerelemente in den Kopf- und Fußzeilen des Fensters:

- Mit den Vor- und Zurücktasten können Sie wie im Webbrowser jeweils zur vorherigen Position zurückgehen bzw. anschließend wieder in die andere Richtung. Zum Blättern zwischen den Seiten eines Dokuments taugt das nur bedingt, dafür finden Sie unten die geeigneten Steuerelemente. Aber wenn Sie sich anhand von Verknüpfungen durch ein Dokument bewegen oder die Suchfunktion nutzen, kann das sehr hilfreich sein.

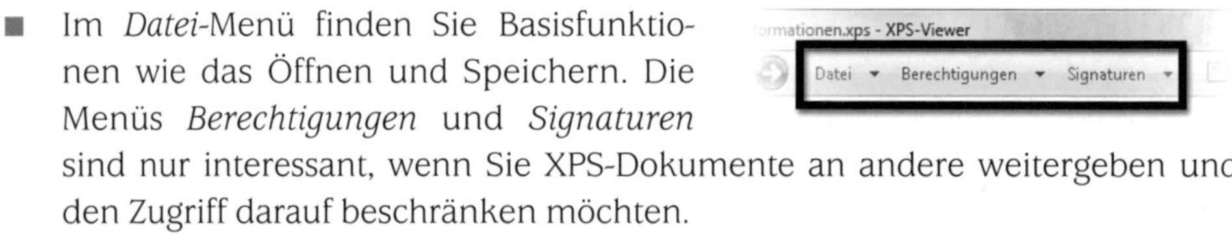

- Im *Datei*-Menü finden Sie Basisfunktionen wie das Öffnen und Speichern. Die Menüs *Berechtigungen* und *Signaturen* sind nur interessant, wenn Sie XPS-Dokumente an andere weitergeben und den Zugriff darauf beschränken möchten.
- Mit dem Gliederungsbereich-Symbol können Sie sich eine Gliederung des Dokuments am linken Fensterrand anzeigen lassen. Diese steht aber nur bei Dokumenten zur Verfügung, die ausdrücklich damit versehen wurden. Diese Leiste wird aber auch zur Darstellung der Suchergebnisse verwendet.

- Das Drucken-Symbol öffnet den bekannten Windows-Druckdialog.

- Mit dem Ansichtssteuerelement legen Sie fest, wie das Dokument angezeigt werden soll. Ein direkter Klick darauf schaltet wie im Windows-Explorer durch die verschiedenen Varianten. Mit dem kleinen Pfeil rechts öffnen Sie ein Menü, in dem Sie eine der Optionen direkt auswählen können.

- Im *Suchen*-Feld können Sie das Dokument nach einem Begriff durchsuchen lassen.

- Unten links in der Fußzeile werden die aktuelle und die Gesamtseitenzahl angezeigt. Die beiden Pfeilsymbole können Sie zum Umblättern verwenden. Alternativ erledigt dies auch die Tastenkombination Strg+↑ bzw. Strg+↓.

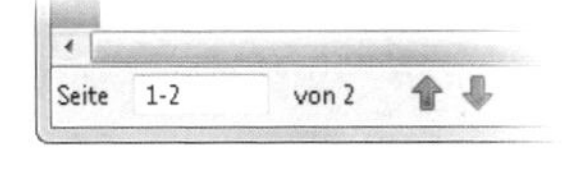

- Mit dem Zoom-Schieberegler unten rechts können Sie die Anzeige stufenlos vergrößern und verkleinern. Dieses Element korrespondiert mit der Anzeige-Einstellung oben. Wenn Sie dort *Miniaturansichten* gewählt haben, ist es allerdings deaktiviert.

INFO

XPS – Konkurrenz zu Adobes PDF-Format?

XPS ist eine Entwicklung aus dem Hause Microsoft und stellt einen direkten Konkurrenten – nein, Mitbewerber! – des etablierten PDF-Formats von Adobe dar. Funktionell sind beide allerdings nur bedingt vergleichbar. XPS bietet deutlich weniger Elemente und Funktionen. So lässt sich ein XPS-Dokument problemlos in eine PDF-Datei umwandeln, umgekehrt ist dies aber nicht ohne Weiteres möglich. Auch ist XPS längst nicht so universell einsetzbar wie PDF, sondern orientiert sich mit seinem Funktionsumfang eher an klassischen Office-Dokumenten. Für den Zweck der Archivierung von Dokumenten ist es aber in etwa genauso geeignet wie PDF und hat den Vorteil, dass die benötigte Software zum Erstellen und Betrachten in Windows enthalten ist. Ein PDF-Betrachter hingegen muss erst zusätzlich heruntergeladen und installiert werden. Anwendungen zum Erstellen und Bearbeiten von PDFs sind in der Regel sogar kostenpflichtig.

Wichtige Informationen in XPS-Dokumenten schnell finden

Der XPS-Betrachter bietet auch eine Suchfunktion an, mit der Sie insbesondere in umfangreichen Dokumenten schnell an die entscheidenden Stellen gelangen.

1 Öffnen Sie das XPS-Dokument und den XPS-Viewer.

2 Platzieren Sie die Einfügemarke dann oben rechts im *Suchen*-Feld und tippen Sie hier Ihren Suchbegriff ein.

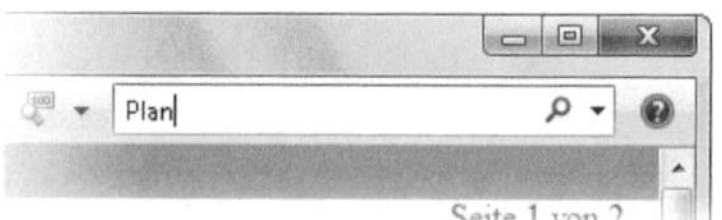

3 Für eine einfache Suche nach einem Wort drücken Sie dann einfach Enter.

4 Für komplexere Suchanfragen stehen Ihnen im Suchmenü zusätzliche Optionen zur Verfügung, etwa das Suchen nur nach vollständigen Wörtern oder das Beachten von Groß-/Kleinschreibung bei der Suche. Klicken Sie auf das kleine Pfeilsymbol ganz rechts im Suchfeld, um dieses Menü zu öffnen.

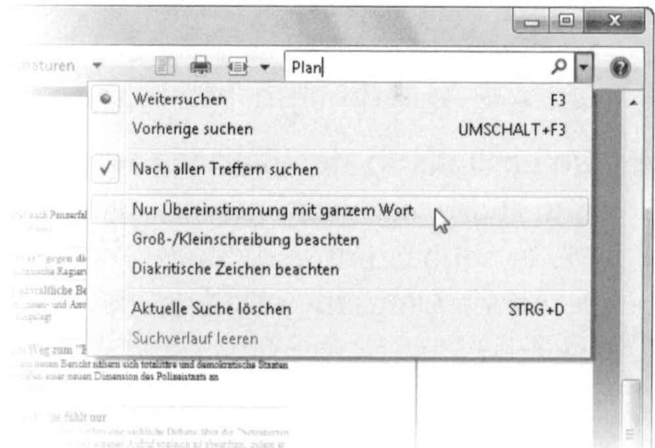

5 Der XPS-Viewer springt dann im Dokument automatisch zur ersten Fundstelle und hebt diese farblich hervor. Gleichzeitig blendet er links eine Liste mit allen Fundstellen innerhalb des aktuellen Dokuments ein. So können Sie diese Positionen nacheinander ansteuern, um die gesuchten Informationen zu finden.

Wichtige Dokumente zuverlässig als XPS-Dateien archivieren

Was man auf Papier hat, das kann man getrost nach Hause tragen. Dieses Sprichwort umschreibt den Umstand, dass es manchmal sicher ist, etwas schwarz auf weiß zu haben. Das gilt gerade auch für das Internet. Ein Ausdruck einer Bestellung oder einer Buchungsbestätigung kann im Zweifels- und Streitfall Gold wert sein. Neben dem Ausdrucken auf Papier gibt es noch andere Möglichkeiten, wichtige Dokumente zu sichern, sodass sie unverändert erhalten bleiben und ggf. auch noch Beweiskraft haben. Eine Webseite etwa direkt als HTML-Datei zu speichern ist dabei keine Lösung, da sich solche Dateien beliebig manipulieren lassen und somit keinen Dokumentationscharakter haben. Windows bietet allerdings mit dem XPS-Format eine Alternative, die es Ihnen erlaubt, Webseiten per Druckfunktion als XPS-Dokumente abzuspeichern. Das ist fast wie eine Ausdruck auf Papier, allerdings liegen die Dokumente in elektronischer Form vor und können so einfacher archiviert, verteilt und bei Bedarf immer noch auf Papier ausgedruckt werden.

1 Öffnen Sie die Webseite, sodass sie genau mit den gewünschten Informationen angezeigt wird.

2 Wählen Sie dann im Druckmenü *Drucken* oder nutzen Sie die Tastenkombination [Strg]+[P].

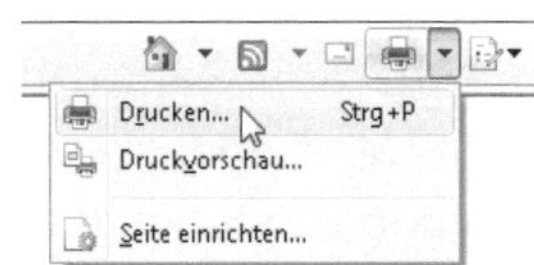

3 Stellen Sie im anschließenden Menü oben bei *Drucker auswählen* den *Microsoft XPS Document Writer* ein. Das ist ein Druckertreiber, der anstelle eines tatsächlichen Ausdrucks auf Papier elektronische XPS-Dokumente für Sie erstellt.

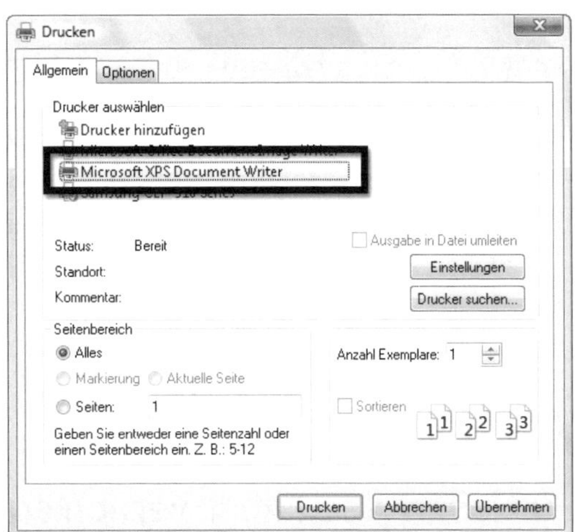

4 Die weiteren Druckeinstellungen wie den Seitenbereich oder die Sortierung können Sie wie gewohnt vornehmen. Klicken Sie dann unten auf *Drucken*, um den Vorgang abzuschließen.

5 Nun brauchen Sie nur noch im anschließenden Dateiauswahldialog einen Speicherordner und einen Dateinamen anzugeben, in dem das XPS-Dokument gespeichert werden soll.

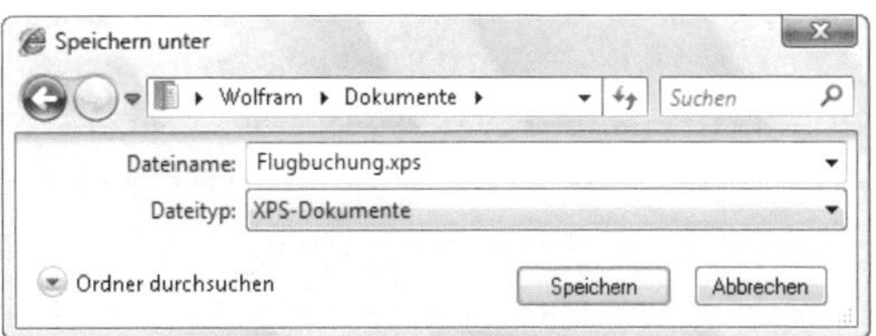

6 Anschließend finden Sie an der angegebenen Stelle ein XPS-Dokument vor. Dieses können Sie unter Windows jederzeit per Doppelklick anzeigen. Sie können es auch an andere Windows-Nutzer z. B. per E-Mail verschicken. Sollten Sie doch mal eine Papierversion des Dokuments benötigen, lässt es sich jederzeit ganz normal ausdrucken.

8.4 Der neue Taschenrechner kann auch mehr

Der Windows-Taschenrechner ist schon seit vielen Jahren ein treuer Begleiter von Windows, der sich in den Jahren kaum verändert hat. Deshalb sind die Neuerungen von Windows 7 in diesem Bereich mit einem zwinkernden Auge fast schon als revolutionär zu bezeichnen. Vielleicht gehören Sie aber auch zu denen, die den Windows-Taschenrechner nie benutzen und ihn deshalb vielleicht etwas unterschätzen? Dann gibt es nun einige Gründe mehr, sich doch mal damit zu beschäftigen. Spätestens seine neuen Umrechnungsfunktionen, mit denen sich verschiedenste Einheiten ganz flott hin und her rechnen lassen, könnten sich einmal als nützlich erweisen.

Starten Sie den Taschenrechner mit *Start/Alle Programme/Zubehör/Rechner*. Alternativ geben Sie im Suchfeld des Startmenüs einfach *Rechner* ein. Der Taschenrechner präsentiert sich zunächst optisch etwas modernisiert, sonst aber kaum verändert. Die neuen Funktionen halten sich dezent zurück, brauchen bei Bedarf aber nur hervorgeholt zu werden.

Für jeden was dabei: verschiedene Rechnermodi

Schon bei früheren Windows-Versionen kannte der Taschenrechner neben dem Basismodus eine erweiterte, wissenschaftliche Betriebsart. Diese lässt sich auch weiterhin über *Ansicht/Wissenschaftlich* aktivieren. Die Oberfläche des Rechners vergrößert sich dann und wird um zahlreiche Tasten für verschiedene mathematische Funktionen ergänzt.

Neu hinzugekommen sind aber weitere Modi, die Sie ebenfalls im *Ansicht*-Menü auswählen können. Der Programmierer-Modus ist insbesondere für Softwareentwickler gedacht. Er erleichtert den fließenden Umgang mit dezimalen, hexadezimalen, oktogonalen und binären Zahlen. Außerdem stellt er spezielle Funktionen für solche Zahlen wie das Verknüpfen und Rotieren bereit.

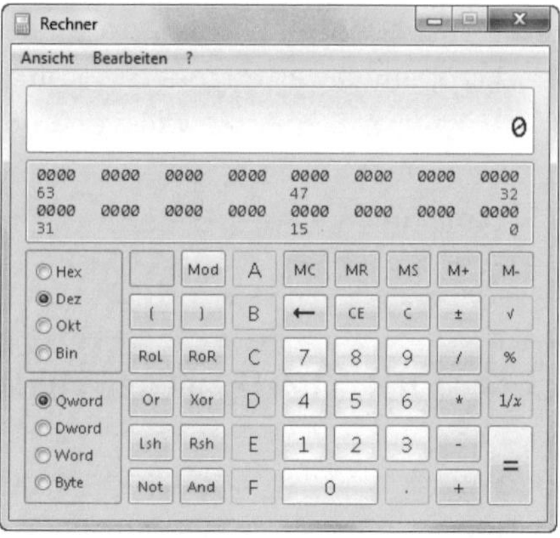

Der Statistik-Modus ist nicht nur für Statistiker interessant. Er ermöglicht es, anstelle von Rechenoperationen Zahlenreihen einzugeben (jeweils eine Zahl, gefolgt von der *Add*-Taste). Auf diese Zahlenreihen können dann statistische Funktionen angewendet werden, wie z. B. das Ermitteln des Durchschnitts oder der Quersumme dieser Zahlen. In diesem Modus finden Sie im *Bearbeiten*-Menü das Untermenü *Dataset*, mit dem Sie die Zahlenreihe kopieren, bearbeiten oder löschen können.

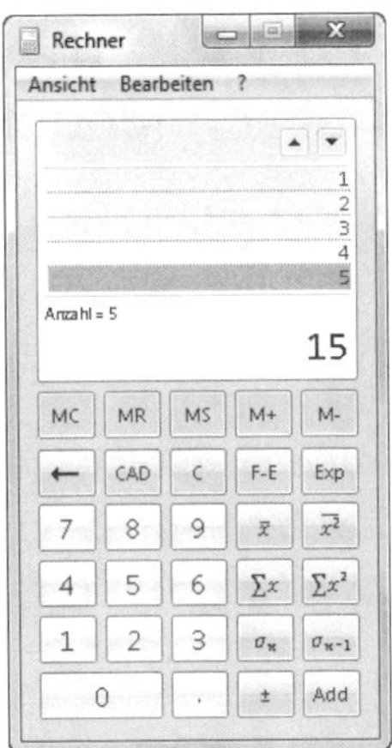

Meilen in Kilometer, Kilowatt in PS – Einheiten ruck, zuck umrechnen

Neben den neuen Betriebsmodi hat der Windows-Rechner aber noch ein paar andere Tricks dazugelernt. So kann er Ihnen nun dabei helfen, eine Vielzahl von Einheiten umzurechnen.

1 Wählen Sie dazu in einem beliebigen Modus *Ansicht/Einheitenumrechnung*. Damit blenden Sie im Rechnerfenster rechts einen zusätzlichen Bereich mit dem Umrechnungsdialog ein.

2 Wählen Sie hier oben zunächst den Bereich, aus dem die umzurechnenden Einheiten stammen, also z. B. *Länge* (für Entfernungen), *Energie* (für Leistungseinheiten) oder *Temperatur*.

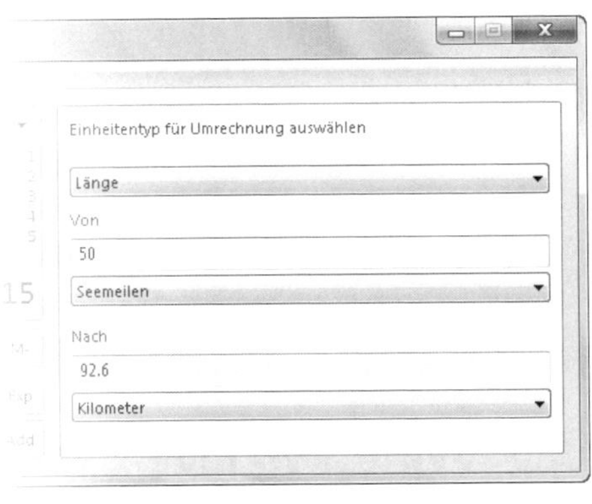

3 Geben Sie dann bei *Von* den bekannten Ausgangswert ein und wählen Sie seine Einheit.

4 Darunter wählen Sie die Einheit aus, in die Sie den Ausgangswert umrechnen möchten.

5 Dabei aktualisiert der Rechner automatisch das Feld *Nach* mit dem berechneten Wert.

Der neue Taschenrechner macht taggenaue Abrechnungen ganz einfach

Manchmal ist es notwendig, genau zu wissen, wie viel Tage ein bestimmter Zeitraum hat, z. B. für Angebote, Abrechnungen oder Steuern. Ist der Zeitraum überschaubar, macht man das schneller im Kopf, aber bei längeren Abschnitten kann das schon mal schwierig werden. Anstatt nun einen Kalender hervorzuholen und mit dem Zählen anzufangen, können Sie den Windows-Taschenrechner befragen. Der verrät Ihnen genau, wie viele Tage oder ggf. auch Wochen, Monate und Jahre zwischen zwei Terminen liegen.

1. Wählen Sie dazu in einem beliebigen Modus *Ansicht/Datumsberechnung*. Damit blenden Sie im Rechnerfenster rechts einen zusätzlichen Bereich mit dem Datumsdialog ein.
2. Wählen Sie oben zunächst die Aufgabe aus. Der Rechner kann die Differenz zwischen zwei vorgegebenen Terminen ermitteln oder bei einem Datum eine bestimmte Anzahl von Tag addieren oder abziehen und so ein neues Datum ermitteln. Abhängig von der hier getroffenen Wahl passt sich die Eingabemaske an.
3. Um die Differenz zwischen zwei Terminen zu ermitteln, wählen Sie diese in den beiden Feldern aus.
4. Klicken Sie dann unten auf *Berechnen*.
5. Der Rechner gibt Ihnen dann den Unterschied in Jahren, Monaten etc. sowie in Tagen insgesamt aus.

8.5 Windows Live Essentials: weitere Anwendungen gratis nachrüsten

Haben Sie nach der Installation von Windows 7 schon nach einigen persönlichen Vista-Lieblingen geschaut? Wenn Programme wie die Fotogalerie, Windows Mail, der Kalender oder der Windows Movie Maker darunter waren, haben Sie eine Enttäuschung erlebt. Diese Programme gehören nicht mehr zum Lieferumfang von Windows 7. Kein Grund zur Trauer: Sie können die meisten dieser Programme auch in Zukunft nutzen. Sie müssen sie dazu nur einmalig herunterladen und installieren.

INFO

Warum auf einmal separate Downloads?

Diese Änderung der Geschäftspolitik ist keine willkürliche Gemeinheit von Microsoft, sondern hat einen guten Grund. Microsoft möchte diese Programme häufiger aktualisieren und verbessern, nicht nur alle drei Jahre mit einer neuen Windows-Version. Außerdem sollen von den neuen Versionen auch die Benutzer älterer Windows-Versionen wie XP und Vista profitieren. Deshalb hat Microsoft diese Anwendungen in die Windows Live Essentials ausgelagert. Diese können von allen kostenlos heruntergeladen und genutzt werden.

Windows Live Essentials in Windows 7 nachrüsten

Um die Programme des Windows Live Essentials-Pakets nutzen zu können, brauchen Sie diese nur einmalig herunterzuladen und zu installieren. Und dazu lädt Windows 7 Sie mehr oder weniger direkt ein:

1 Öffnen Sie mit *Start/Erste Schritte* das Willkommensprogramm von Windows 7.

2 Doppelklicken Sie hier im unteren Bereich auf das Symbol *Windows Live Essentials online erwerben*.

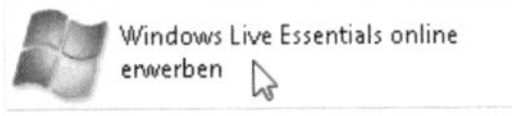

3 Wählen Sie hier ggf. die richtige Sprache aus und klicken Sie auf *Download*.

4 Klicken Sie im anschließenden Dialog auf die *Ausführen*-Schaltfläche. Windows 7 lädt nun das Setup-Programm für die Windows Live Essentials herunter.

5 Wenn die Benutzerkontensteuerung nachfragt, ob Änderungen durch das Programm zulässig sind, bestätigen Sie dies ggf.

6 Damit startet der Setup-Assistent und untersucht zunächst kurz Ihren PC, um festzustellen, welche Komponenten dort ggf. bereits vorhanden sind. Dann präsentiert er Ihnen die Anwendungen, die im Windows Live Essential-Paket

enthalten sind. Wenn Sie bestimmte Dinge ohnehin nicht nutzen wollen, sollten Sie diese abwählen. Das spart Transfervolumen und Zeit und auch Speicherplatz und Performance auf Ihrem PC. Im Übrigen können Sie weitere Komponenten jederzeit nachträglich installieren, indem Sie diese Schritte wiederholen.

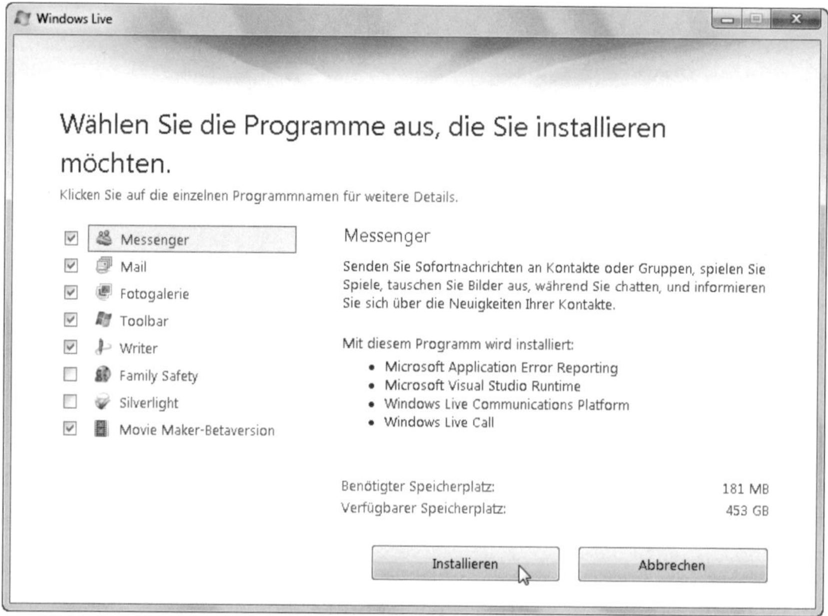

7 Haben Sie Ihre Auswahl getroffen, klicken Sie unten auf *Installieren*. Der Setup-Assistent lädt dann die benötigten Daten herunter und installiert sie. Dies dauert auch bei einer schnellen DSL-Verbindung ein wenig. Sie brauchen aber nicht die ganze Zeit vorm Bildschirm zu warten.

8 Nach Abschluss des Downloads können Sie noch einige Optionen wählen. Hier geht es unter anderem darum, Windows Live als Standardsuchmaschine einzusetzen. Nichts, was sich nicht rückgängig machen ließe, aber trotzdem ärgerlich, wenn Sie lieber einen anderen Suchdienst nutzen. Prüfen Sie die Optionen also genau, bevor Sie unten auf *Weiter* klicken.

9 Schließlich schlägt Ihnen der Assistent vor, Sie bei Windows Live anzumelden, „um die Vorteile Ihrer neuen Programme zu nutzen". Tatsächlich ist auch dies nur eine Option, der Sie nicht folgen müssen. Eventuell haben Sie sogar schon eine Windows Live-ID als Hotmail-, Messenger- oder Xbox Live-Nutzer. Sie können den Assistenten also auch einfach mit *Schließen* beenden.

Bleiben Sie dank Live Messenger in Kontakt mit Freunden und Kollegen

Nach erfolgreicher Installation ist eine Komponente der Windows Live Essentials unübersehbar (falls Sie sie nicht während der Installation abgewählt haben): der Windows Live Messenger. Mit diesem Programm können Sie mit anderen Benutzern via Internet Nachrichten und Dateien austauschen sowie in einen direkten Kontakt per Sofortnachrichten (auch unter dem Stichwort Chat bekannt) treten. Wenn Sie schon mit früheren Versionen des Messenger gearbeitet haben, ist das ein alter Hut. Wesentliche Neuerungen sind nicht zu verzeichnen. Wer kein Fan des Messengers ist, den stört eventuell die aufdringliche Art dieses Programms. Es startet nun nämlich bei jeder Windows-Anmeldung automatisch.

Die Autostart-Unart des Live Messenger verhindern

Wenn Sie den Live Messenger nicht oder nur gelegentlich nutzen möchten, ist die Autostart-Funktion sicherlich lästig. So schalten Sie sie ab:

1. Klicken Sie oben rechts im Messenger-Fenster auf das kleine ?-Symbol und wählen Sie dann ganz unten die Funktion *Menüleiste anzeigen*.
2. Damit blenden Sie im Programmfenster eine Menüleiste ein, in der Sie anschließend *Extras/ Optionen* wählen.
3. In den Einstellungen wechseln Sie links in die Kategorie *Anmelden*.

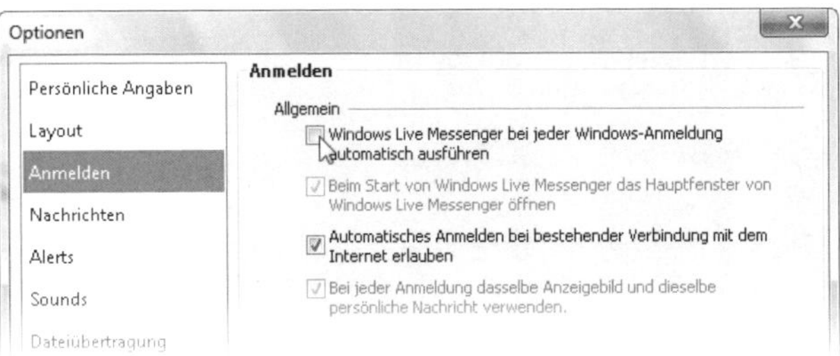

4. Nun entfernen Sie rechts das Häkchen ganz oben bei *Windows Live Messenger bei jeder Windows-Anmeldung automatisch ausführen*.
5. Übernehmen Sie die Einstellung dann mit *OK* ganz unten.

6 Zurück im Messenger-Fenster klicken Sie nun mit der rechten Maustaste in der Taskleiste auf das Messenger-Symbol und wählen in der so geöffneten Sprungliste *Fenster schließen*.

Damit ist der Live Messenger vom Bildschirm verbannt und belästigt Sie auch nicht wieder. Selbstverständlich können Sie ihn über das Startmenü jederzeit manuell aufrufen. Und sollten Sie den Messenger später doch regelmäßig nutzen wollen, machen Sie die Einstellung einfach rückgängig.

Live Fotogalerie – keine große Umstellung für alte Vista-Hasen

Zu den bemerkenswerten neuen Anwendungen bei Windows Vista gehörte die Windows-Fotogalerie. Sicherlich werden Profifotografen sie nicht gerade einsetzen, aber für den Hausgebrauch ist sie insbesondere durch die gute Integration in Windows sehr nützlich. Nicht wenige Benutzer dürften ihren Wegfall deshalb bedauern. Dazu besteht aber kein Grund, denn auch die Windows-Fotogalerie kommt als Windows Live Fotogalerie zurück. Und wenn Sie die mal ausprobieren, werden Sie feststellen, dass sie praktisch genauso wie die Vista-Fotogalerie aussieht und funktioniert.

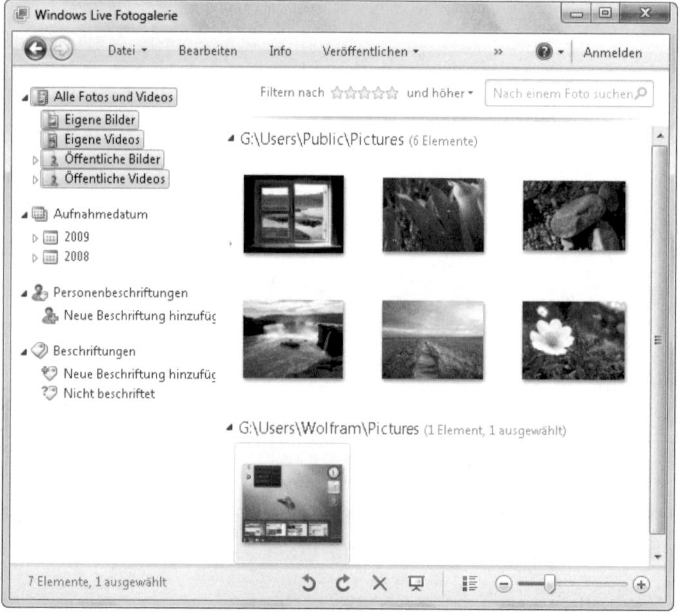

1 Um die Windows Live Fotogalerie zu starten, wählen Sie *Start/Alle Programme/Windows Live/Windows Live Fotogalerie*. Sie können die Anwendung auch über das Kontextmenü einer Bilddatei via *Öffnen mit/Windows Live Fotogalerie* aufrufen. Haben Sie erst mal dieses Programm als Standardanwendung für die gängigen Bildformate festgelegt (siehe im Folgenden), reicht dazu der Doppelklick auf ein Bild.

2 Wenn Sie mit der Vista-Fotogalerie vertraut sind, sollten Sie sich sofort heimisch fühlen, denn die wesentlichen Elemente und Funktionen sind genau gleich geblieben. Lediglich in Details hat es Neuerungen gegeben. Insbesondere ist nun das Teilen von Bildern mit anderen Benutzern via Internet möglich.

3 Wenn Sie in der Fotogalerie zum ersten Mal ein Bild anklicken, wird ein Dialog eingeblendet, mit dem Sie für die gängigsten Bildformate die Fotogalerie als Standardanwendung festlegen können. Klicken Sie hierzu einfach auf *Ja*.

Ab jetzt hat die Fotogalerie wieder ziemlich genau denselben Status und Funktionsumfang wie bei Windows Vista. Wie Sie die Windows Live Fotogalerie nutzen können, um Ihre digitalen Bilder erfassen und sammeln zu können, ist in Kapitel 16 ausführlicher beschrieben.

Windows Live Mail

Ein Mailprogramm zum kostenlosen Nachrüsten, wozu das denn? Ganz einfach: Windows 7 bringt kein eigenes E-Mail-Programm mehr mit. Die Zeiten von Outlook Express bzw. Windows Mail sind vorbei. Aber auch hier schaffen die Windows Live Essentials Abhilfe in Form von Windows Live Mail. Und das Schöne daran: Wer schon mit Outlook Express oder Windows Mail gearbeitet hat, wird sich auch mit Live Mail schnell zurechtfinden. Kapitel 31 widmet sich dem Thema Windows Live Mail ausführlicher. Hier deshalb nur ein kurzer Schnelleinstieg, um mit dem Programm möglichst rasch Mails abrufen und arbeiten zu können.

1 Starten Sie das Programm mit *Start/Alle Programme/Windows Live/Windows Live Mail*.

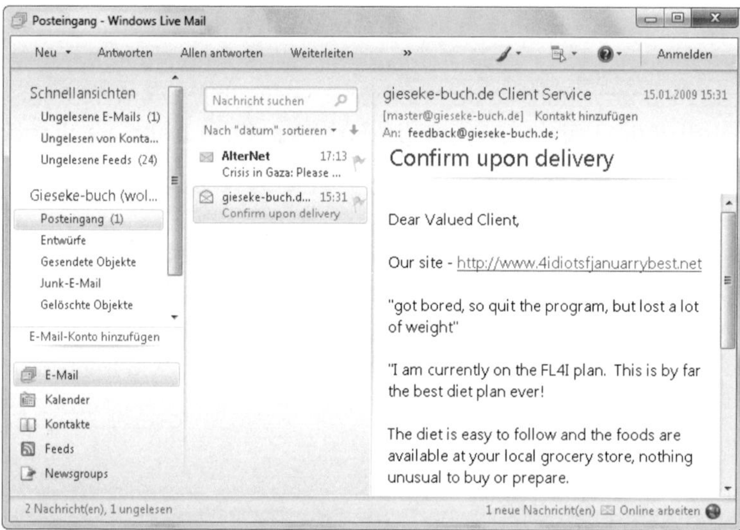

2 Auf den ersten Blick sieht es eventuell ungewohnt aus. Dies liegt daran, dass nun ein anderes Bildschirmlayout voreingestellt ist.

3 Mit [Alt] und dann *Ansicht/Layout* öffnen Sie das hierfür zuständige Menü.

4 Wählen Sie hier ganz oben für *Lesebereich (E-Mail)* die Option *Unten in der Nachrichtenliste* aus.

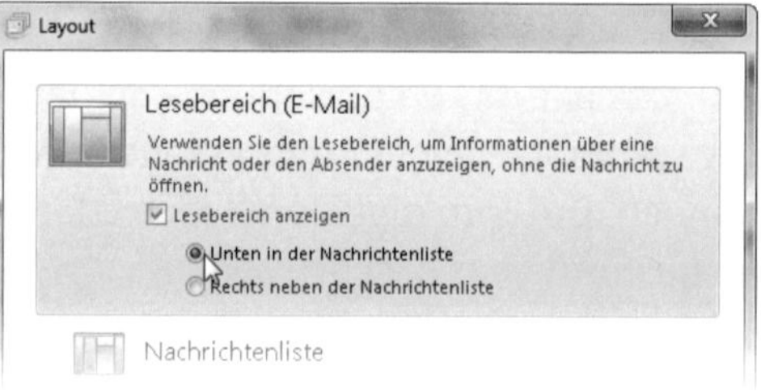

5 Damit präsentiert sich Live Mail auch in der von Outlook Express und Windows Mail bekannten Form.

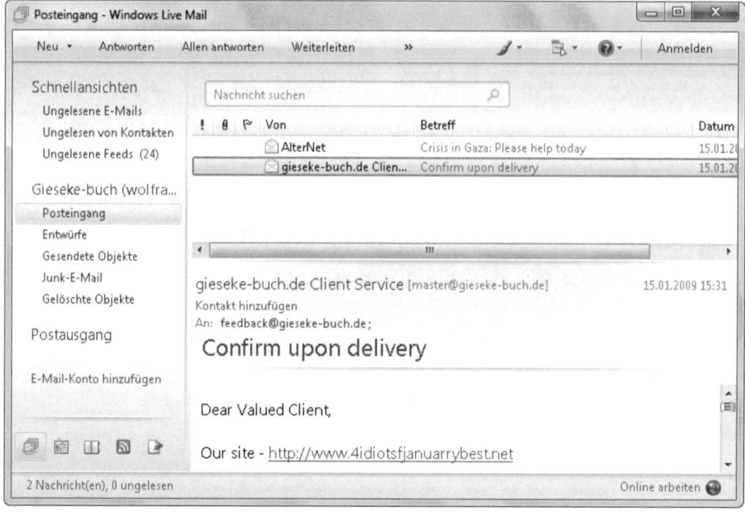

Mit dem Windows Live Movie Maker eigene Filme zaubern

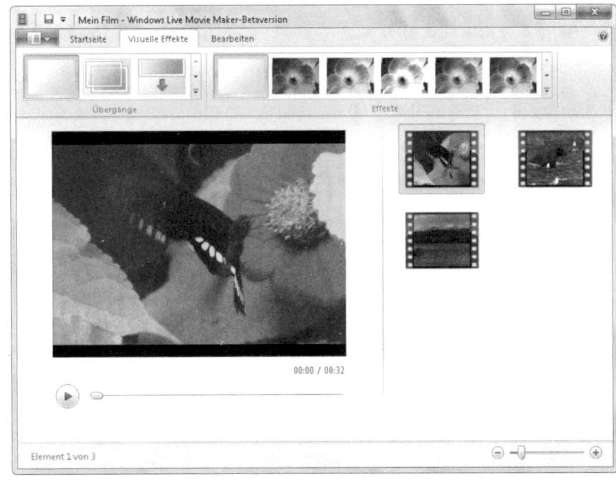

Ebenfalls ein guter Bekannter von Windows XP und einigen Vista-Editionen ist der Windows Movie Maker. Eine Anwendung, mit der sich aus Videos, Bildern und Musik recht einfach eigene Filme zusammenstellen lassen. Auch hier gibt es eine Entsprechung bei den Windows Live Essentials mit dem Windows Live Movie Maker. Prinzipiell handelt es sich auch hier um das gleiche Programm. Allerdings hat Microsoft die Benutzeroberfläche ähnlich wie bei Paint und WordPad in die von Office 2007 als Ribbon-UI (siehe S. 132) bekannte Multifunktionsleiste umgestellt. Genauer gesagt sind die Entwickler (Stand Sommer 2009) noch dabei, weshalb die Windows Live Essentials nur eine Betaversion davon beinhalten. Sie hat noch nicht wieder den vollen Funktionsumfang des Windows Movie Maker, aber wer möchte, kann sich anhand der Vorversion schon mal mit der neuen Bedienung vertraut machen.

Weitere Anwendungen aus dem Windows Live Essentials-Paket

Neben den beschriebenen und von Windows Vista oder früher bekannten Anwendungen enthalten die Windows Live Essentials noch einige weitere Programme, die wir hier nur kurz vorstellen wollen:

- Windows Live Family Safety-Filter – Hierbei handelt es sich um ein Jugendschutzprogramm, das den Zugriff von Kindern und Jugendlichen auf das Web überwachen und einschränken kann. Dazu können Sie festlegen, welche Art von Inhalten Sie für geeignet halten, und Sie können sich Reports über die Onlineaktivitäten Ihrer Sprösslinge zukommen lassen.
- Windows Live Writer – Das ist kein Ersatz für den Windows-Editor oder WordPad (die sind beide noch dabei), sondern ein Programm zum Erstellen von Onlineblogs. Sie können hiermit Ihre Beiträge komfortabel erstellen und gleich veröffentlichen. Die Anwendung unterstützt gängige Blog-Server wie Windows Live, Wordpress, Blogger, Live Journal, SharePoint u. a. m. Sie können auch Ihr eigenes Blog bei Windows Live erstellen.

9. Windows zum Anfassen: Windows 7 per Touchscreen bedienen

Zu den durchaus als revolutionär zu bezeichnenden Neuerungen bei Windows 7 gehört die Bedienung per Finger bzw. Stylus (spezieller Stift) mittels eines berührungsempfindlichen Displays. Zwar haben auch frühere Windows-Versionen prinzipiell die Touch-Bedienung unterstützt, allerdings eher halbherzig. Dies führte dazu, dass jeder Hersteller entsprechender Geräte eigene ergänzende Software entwickeln musste. Dadurch wurde diese Technologie teurer und uneinheitlich. Windows 7 stellt den Herstellern nun eine einheitliche und komfortable Software bereit, die alle Arten von Bedienung – Stylus, Einfinger und Multi-Touch – unterstützt. Das wird bei dieser Art von Geräten aller Voraussicht nach zu einem Boom führen, wodurch diese komfortable Art der Bedienung in wenigen Jahren schon ganz alltäglich und selbstverständlich sein dürfte.

Voraussetzung für die Windows-Bedienung per Finger ist ein entsprechendes Gerät mit einem Touchscreen, das man auch als Tablet-PC bezeichnet. Dabei gibt es verschiedene Varianten:

- Notebooks mit Touchscreen, bei denen der Bildschirm gedreht und über die Tastatur geklappt werden kann, sodass ein kompaktes Tablet entsteht, das nur über den Bildschirm bedient werden kann.
- Reine Tablet-PCs, bei denen das Gehäuse den Bildschirm und alle Komponenten des PCs beherbergt und die von Haus aus ohne Tastatur und Maus auskommen.
- Auch bei den beliebten Netbooks kommen Touchscreens als zusätzliches Extra in Mode. Hier wird einfach statt des „normalen" Bildschirms ein Touchscreen eingebaut, sodass der Benutzer Windows zusätzlich zu Tastatur und Maus/Touchpad auch via Touchscreen bedienen kann.
- Als Sonderfall lassen sich auch mit Grafiktabletts die Touch-Funktionen von Windows aktivieren und nutzen. Der Komfortgewinn ist dabei aber beschränkt, da die Bedienung eben nicht auf dem Bildschirm, sondern auf einem separaten Gerät erfolgt.

Wenn die entsprechende Hardware vorhanden ist, aktiviert Windows 7 seine Touch-Funktionen automatisch. Allerdings entscheidet darüber nicht immer nur die Hardware, sondern auch die installierte Treibersoftware. Ob Ihr PC touchfähig ist, können Sie leicht feststellen: Öffnen Sie in der Systemsteuerung das Modul *System*. Hier finden Sie unter *Stift- und Fingereingabe* die Angabe, ob und welche der Touch-Funktionen Ihr PC nutzen kann.

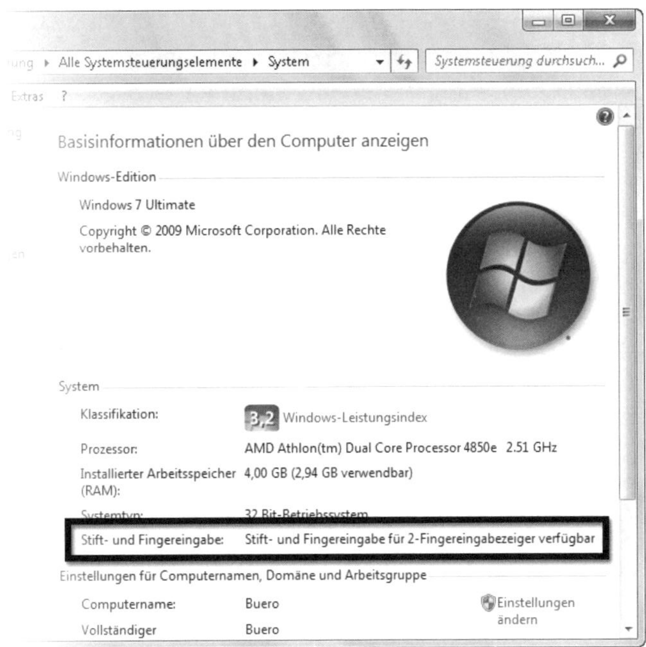

9.1 Unterschiede beim Windows-Desktop durch Touch-Funktionen

Wenn Windows 7 passende Hardware erkennt und die Touchscreen-Funktionen aktiviert, optimiert sich der Windows-Desktop automatisch für die Fingerbedienung. Das umfasst verschiedene Aspekte:

- Die Schaltfläche unten rechts im Infobereich für *Desktop anzeigen* wird doppelt so groß dargestellt, damit sie auch mit einem Finger gut zu treffen ist.
- Die Abstände zwischen den einzelnen Zeilen im Startmenü und auch in den Sprunglisten werden vergrößert. Auch dies soll dabei helfen, diese Elemente mit einem Finger besser auswählen zu können.

- Für das Verschieben von Fenstern sowie für die Snap-Funktionen werden größere Toleranzen aktiviert. Die Titelleiste eines Fensters muss nun nicht mehr pixelgenau getroffen werden und für die Snap-Funktion reicht es aus, den Finger in die Nähe des entsprechenden Bildschirmrandes zu bewegen, um das Fenster dorthin schnappen zu lassen.

All diese Änderungen dienen dem Zweck, die Bedienung insbesondere per Finger möglichst reibungslos und angenehm zu machen, damit dadurch ein wirklicher Komfortgewinn gegeben ist. Der so optimierte Desktop lässt sich gleichzeitig aber auch wie gewohnt per Maus bedienen. Einige Elemente nehmen jetzt eben nur etwas mehr Platz als vorher ein.

Den Bildschirm für die Fingerbedienung optimieren

Wie gut sich Windows per Finger bedienen lässt, hängt nicht zuletzt von der Größe des Touchscreens ab. Je kleiner die Bildschirmdiagonale, desto kleiner die Desktopelemente und desto genauer muss man treffen. Wenn Ihr Bildschirm zu klein ist, um Elemente zuverlässig zu treffen, gibt es aber einen relativ einfachen Trick: Machen Sie die Elemente einfach etwas größer:

1 Öffnen Sie in der Systemsteuerung das Modul *Anzeige*.

2 Wählen Sie hier bei *Die Lesbarkeit auf dem Bildschirm erleichtern* die Option *Mittel - 125 %* (die Standardeinstellung ist 100 %). So wird die Textgröße und dadurch auch die Größe vieler Bildschirmelemente um 25 % vergrößert.

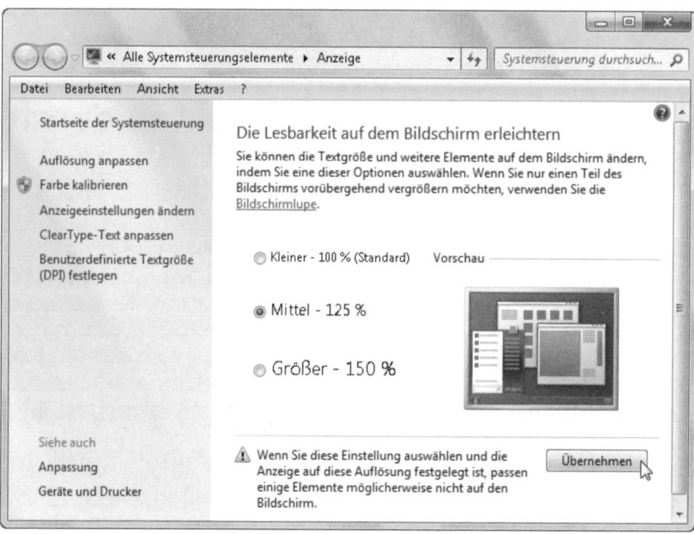

3 Aktivieren Sie die geänderte Einstellung mit der Schaltfläche *Übernehmen* und probieren Sie es direkt aus. Sollte es noch nicht ausreichen, können Sie auch

auf *Größer - 150 %* gehen. Allerdings werden dann vermehrt unangenehme „Nebenwirkungen" sichtbar, etwa, dass bestimmte Elemente nicht mehr komplett angezeigt werden können, etc.

Die Änderung der Darstellungsgröße wirkt sich auf alle Anwendungen aus, die sich an die Windows-Standards halten. Das gilt (größtenteils) für Windows und seine Programme selbst, bei Software anderer Anbieter ist es allerdings ein Glücksspiel, ob und wie sich diese Option auswirkt. Aber einen Versuch ist es allemal wert.

9.2 Den Touchscreen kalibrieren und einrichten

Zumindest bei der Erstbenutzung ist bei vielen Touchscreens eine Kalibrierung erforderlich. Diese dient der Abstimmung von Hardware, Software und Anwender, sodass sich alles aufeinander einstellen kann. Teilweise wird die Kalibrierung bei der Installation bzw. beim ersten Start nach der Installation automatisch gestartet. Ansonsten können Sie sie selbst jederzeit initiieren, etwa, wenn sich der Bildschirm nicht (mehr) genau benutzen lässt oder nur zögerlich auf Eingaben reagiert.

1 Öffnen Sie in der Systemsteuerung das Modul *Tablet PC*. Dieses Modul wird nur angezeigt, wenn Ihr PC über die entsprechende Hardware verfügt.

2 Klicken Sie hier auf die Schaltfläche *Kalibrieren*.

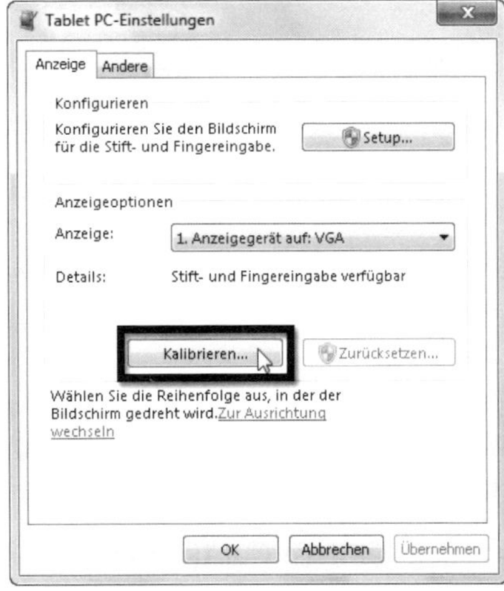

3 Wenn Ihr PC sowohl für die *Stifteingabe* als auch für die *Fingereingabe* geeignet ist, können Sie anschließend wählen, welche dieser Eingabemöglichkeiten Sie kalibrieren möchten.

Um beides zu kalibrieren, wiederholen Sie den gesamten Ablauf einfach für die zweite Methode noch einmal.

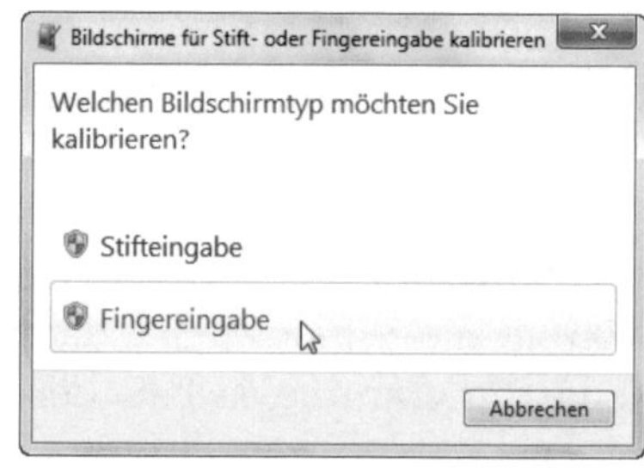

4 Tippen Sie nun mit dem Stift bzw. dem Finger jeweils genau in das auf dem Bildschirm angezeigte Fadenkreuz. Die Anzahl der nacheinander erscheinenden Fadenkreuze hängt von der verwendeten Touch-Technologie ab. Es können bis zu 16 Kreuze angezeigt werden und eventuell wiederholen sich die Positionen auch. Spielen Sie einfach mit, bis Windows genug Informationen gesammelt hat. Anschließend speichern Sie die erfassten Daten.

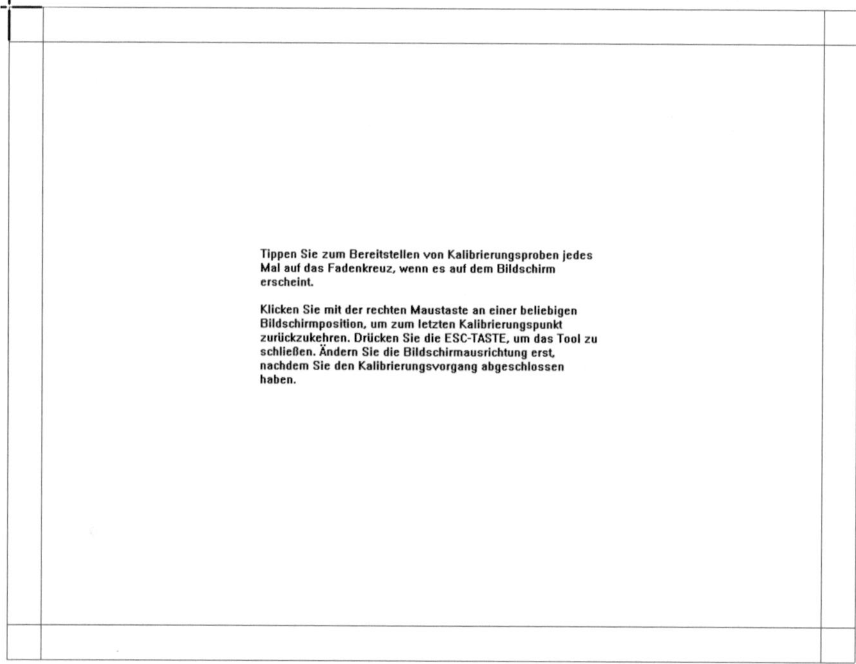

Ist die Kalibrierung einmal durchgeführt, muss sie für dieselbe Hardware in der Regel nicht wiederholt werden. Ausnahmen sind aber wie immer die Regel. Wiederholen Sie die Kalibrierung, wenn:

- Sie bei dem Gerät einen Hardwarereset durchführen bzw. den Akku entnehmen mussten (weniger bei klassischen PCs als bei Mobilgeräten),
- neue Treiber für die Touchscreen-Hardware installiert wurden, ggf. auch nach dem Installieren neuer Grafiktreiber, oder
- wenn sich das Display nicht mehr einwandfrei benutzen lässt.

Wenn Sie ein Gerät verwenden, das in verschiedenen Ausrichtungen verwendet werden kann (Querformat, Hochformat), sollten Sie die Kalibrierung ggf. einmal in jeder Orientierung durchführen.

Die Orientierung des Touchscreens anpassen

In den Tablet-PC-Einstellungen können Sie auch die Orientierung Ihres Gerätes beeinflussen. Viele Touchscreen-PCs lassen sich sowohl im klassischen Quer- als auch im Längsformat nutzen. Manche Geräte unterstützen jeweils das Umkehren des Bildschirminhalts, um sich möglichst flexibel von allen Seiten nutzen zu lassen. Manche Tablet-PCs erkennen mithilfe eines Lagesensors, wo gerade „oben" ist, und passen die Orientierung automatisch an. Andere verfügen über einen speziellen Schalter, mit dem Sie zwischen den verschiedenen Orientierungen hin und her wechseln können. In den Einstellungen können Sie festlegen, zwischen welchen Varianten dabei umgeschaltet werden soll.

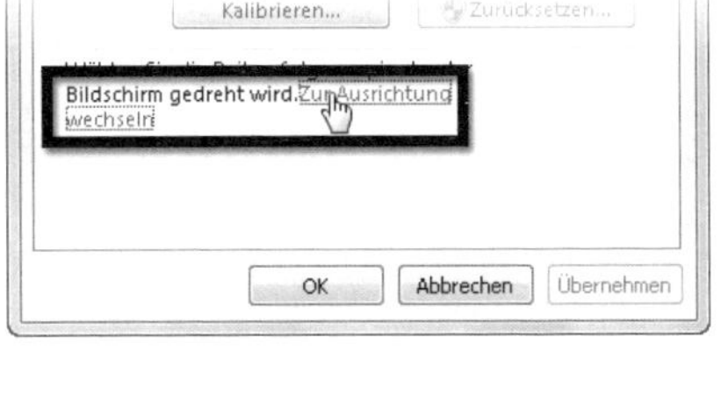

1 Öffnen Sie in der Systemsteuerung das Modul *Tablet PC*.

2 Klicken Sie hier unten auf den Link *Zur Ausrichtung wechseln*.

3 Im dadurch geöffneten Menü finden Sie vier Auswahlfelder für die vier Wechselpositionen. Standardmäßig befindet sich der PC „normal" im klassischen Querformat. Wenn Sie einmal auf den Umschaltknopf drücken, wechselt er in das Hochformat, beim nächsten Mal in das umgekehrte Querformat, dann in das umgekehrte Hochformat, dann wieder in das normale Querformat etc.

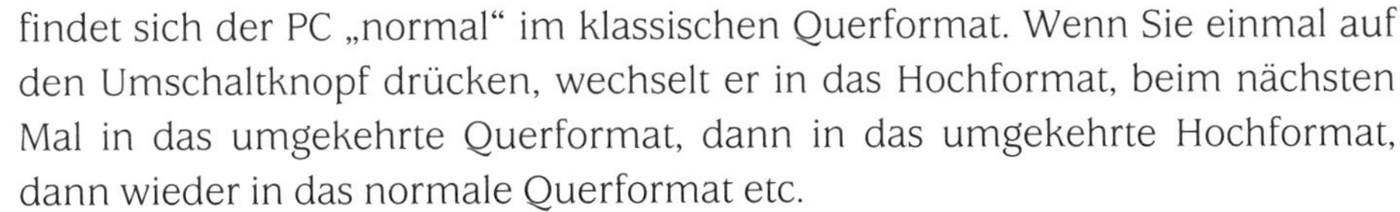

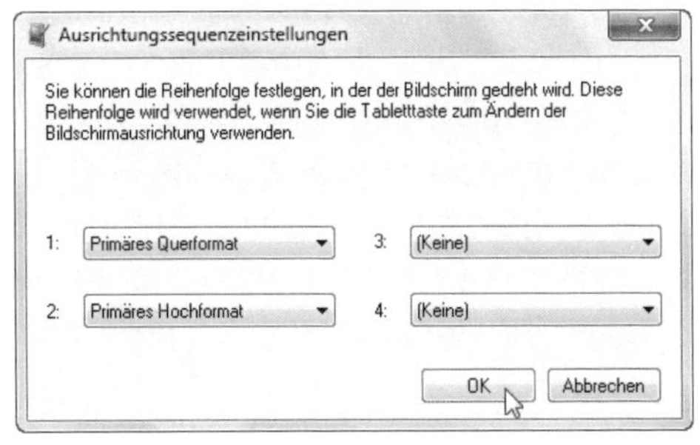

4 Wenn Sie bei Ihrem Gerät z. B. nur das normale Querformat und ein Hochformat nutzen, wählen Sie bei *3:* und *4:* einfach *(Keine)*. Dann wechselt die Hardwaretaste immer direkt zwischen den beiden benötigten Orientierungen hin und her.

5 Übernehmen Sie die neue Einstellung mit zweimaligem Anklicken von *OK*.

Touchscreen für Linkshänder

Linkshänder sind in einer Welt, die von Rechtshändern beherrscht wird, immer ein wenig im Nachteil. Bei Windows 7 äußert sich das dahin gehend, dass Bildschirmelemente, Menüs und Hinweistexte oft von der Hand verdeckt werden, da diese – an Rechtshändern orientiert – meist nach links ausgeklappt werden. Aber zum Glück können Sie dieses Verhalten ändern und an Ihre Bedürfnisse anpassen.

1 Öffnen Sie in der Systemsteuerung das Modul *Tablet PC*.

2 Wechseln Sie hier in die Rubrik *Andere*.

3 Wählen Sie dort oben im Bereich *Händigkeit* die Option, die Ihrem Naturell entspricht, und klicken Sie dann zweimal auf *OK*.

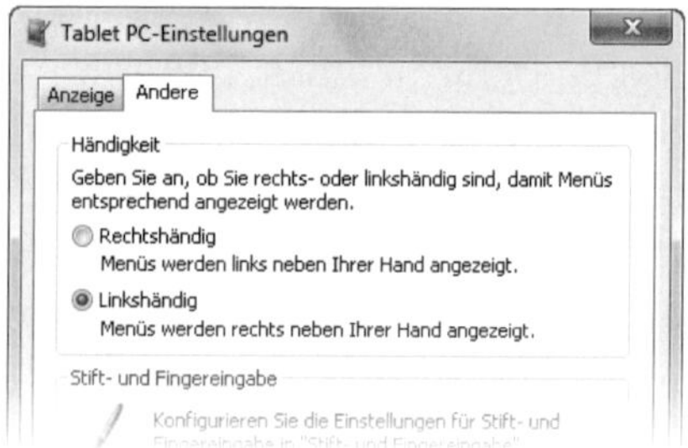

9.3 Den Windows-Desktop per Touch komfortabel nutzen

Die Bedienung des Windows-Desktop und beliebiger Anwendungen funktioniert recht intuitiv. Wenn Sie schon Erfahrung mit Touchscreens haben, finden Sie sich schnell zurecht. Ein paar Tricks und Möglichkeiten offenbaren sich aber vielleicht nicht auf den ersten Blick:

- Um ein Objekt auszuwählen oder zu aktivieren, würden Sie normalerweise den Mauszeiger darauf positionieren und dann mit der linken Maustaste einmal oder ggf. zweimal (also doppelt) klicken. Bei der Finger- oder Stiftbedienung tippen Sie dieses Objekt einfach mit dem Finger (bzw. Stift) direkt an: einfach, um etwas auszuwählen oder zu aktivieren, doppelt, um z. B. eine Anwendung zu starten. Windows 7 hilft mit einer kleinen Animation eines sich an der Berührungsstelle ausbreitenden Kreises nach. So sind Sie sicher, dass Ihre Eingabe auch „angekommen" ist.
- Um einen Rechtsklick auszuführen, tippen Sie nicht kurz, sondern lassen den Finger/Stift kurz auf dem Objekt verweilen, bis Windows einen soliden Kreis an dieser Stelle einzeichnet. Wenn Sie den Stift oder Finger entfernen, wird das Kontextmenü für das darunterliegende Objekt angezeigt. Hier können Sie wiederum mit einem einfachen Tippen einen Befehl auswählen.

- Wenn Ihr Gerät Multi-Touch beherrscht, also mehrere Berührungen gleichzeitig auswerten kann, gibt es für den Rechtsklick eine intuitive und flotte Alternative: Tippen Sie z. B. mit dem Zeigefinger das gewünschte Objekt an und halten Sie diesen Finger darauf. Tippen Sie nun mit dem Mittelfinger einmal kurz rechts neben den anderen Finger. Schon öffnet sich das Kontextmenü.
- Um mehrere Objekte zu markieren, ziehen Sie einfach mit dem Finger oder Stift darüber. Für eine Gruppe von Dokumenten etwa setzen Sie den Finger links oberhalb davon an und ziehen ihn dann schräg nach rechts unten. Windows markiert dabei in Echtzeit den Bereich, den Ihre Markierung jeweils umfasst (genau wie beim Markieren mit der Maus). Wenn Sie den Finger vom Bildschirm nehmen, werden alle Objekte innerhalb dieser Markierung ausgewählt.
- Um Objekte zu bewegen, bedarf es ein klein wenig Übung. Hierbei kommt ein „halber Doppeltipp" zum Einsatz: Tippen Sie das Objekt (z. B. die Titelleiste eines Fensters) einmal kurz an und dann sofort noch einmal, wobei Sie die Berührung beim zweiten Mal beibehalten. Nun haben Sie das Objekt „erfasst" und können es mit einer gleitenden Bewegung auf dem Bildschirm beliebig verschieben. Wenn Sie den Finger oder Stift von der Bildschirmoberfläche lösen, bleibt das Objekt an der gewählten Stelle haften.

TIPP

Sofortlösung: Sprungliste per Finger bedienen

Für die Sprunglisten, die Sie bei den Anwendungssymbolen in der Taskleiste verwenden können, gibt es für Touchscreen-Benutzer eine besondere Variante, die das etwas umständliche Verwenden der (virtuellen) rechten Maustaste erspart: Platzieren Sie den Finger auf einem der Symbole und bewegen Sie ihn dann flott nach oben, etwa so, als ob Sie etwas wegschnipsen wollten.

Dadurch wird die Sprungliste für dieses Symbol geöffnet und Sie können eine der Funktionen wie gewohnt durch einfaches Antippen abrufen.

Komfortfunktionen mit Touch-Gesten

Die zuvor beschriebenen Bewegungen und Optionen ermöglichen die Basisbedienung und stellen den kleinsten gemeinsamen Nenner dar, den eigentlich alle Touchscreen-Geräte beherrschen. Richtig komfortabel wird es aber erst durch das Benutzen von Gesten, also bestimmten Bewegungen auf dem Touchscreen. Sie ermöglichen es, bei gängigen Funktionen wie etwa dem Blättern oder Zoomen auf das zielgenaue Benutzen von Bildschirmelementen zu verzichten. Windows 7 selbst realisiert einen Teil dieser Gesten. Allerdings hängt die Verfügbarkeit und Umsetzung immer von den Möglichkeiten der vorhandenen Hardware ab. So sind z. B. einige der fortgeschritteneren Gesten nur bei Geräten mit Multi-Touch-Unterstützung verfügbar. Aber probieren Sie es einfach aus:

- Um ein angezeigtes Dokument zu verschieben, können Sie dank Touchscreen in der Regel auf die Bildlaufleisten verzichten. Platzieren Sie einfach einen oder zwei (bei Multi-Touch-Geräten) Finger auf dem Bildschirm und bewegen Sie sie in die Richtung, in die sich das Dokument bewegen soll. Stellen Sie sich dabei vor, Sie würden tatsächlich auf ein Stück Papier tippen und dieses dann mit Ihrem Finger bewegen, so gewöhnt man sich am schnellsten daran. Diese Funktion steht in der Regel in allen Anwendungen und Fenstern zur Verfügung, die an den Rändern die klassischen Bildlaufleisten anzeigen.
- Die Geschwindigkeit beim Bildlauf bestimmen Sie durch die Kraft und Schnelligkeit Ihrer Fingerbewegung. Bewegen Sie den Finger langsam, verändert sich der Bildausschnitt Zeile für Zeile. Huschen Sie hingegen flott über den Bildschirm, rutscht das Dokument schneller und weiter an seine neue Position. Auch hierbei gewöhnt man sich am besten daran, indem man ausgiebig mit dieser Funktion herumspielt.
- Im Gegensatz zum Bildlauf dient das Blättern dem Wechseln ganzer Seiten – entweder innerhalb eines längeren Dokuments oder aber auch beim Vor und Zurück von Webseiten. Hierzu streichen Sie zügig und kurz in der gewünschten Richtung über den Bildschirm. Mit einer solchen Bewegung etwa von rechts nach links blättern Sie in einem Dokument zur nächsten Seite.
- Bei Multi-Touch-Geräten lässt sich auch das Zoomen von Bildschirminhalten per Fingergeste durchführen. Setzen Sie Daumen und Zeigefinger gleichzeitig auf den Touchscreen. Wenn Sie nun die beiden Finger zusammenführen, verkleinern Sie den Zoomfaktor, bewegen Sie die Finger hingegen auseinander, wird der sichtbare Ausschnitt vergrößert. Diese Funktion lässt sich auch in vielen Bildbearbeitungsprogrammen zum Verkleinern/Vergrößern von Bildern nutzen. Sie funktioniert eigentlich überall da, wo Sie auch das Mausrad verwenden könnten, um den Zoomfaktor zu steuern.
- Speziell für das Betrachten von Bildern eignet sich auch die Geste zum Rotieren. Setzen Sie dazu wiederum Daumen und Zeigefinger auf den Touchscreen. Bewegen Sie dann den Zeigefinger in einer kreisenden Bewegung um den Daumen herum. Alternativ lassen Sie mit einer drehenden Handbewegung beide Finger umeinander kreisen. Das aktuell angezeigte Objekt vollzieht die so angedeutete Drehbewegung nach. Diese Geste lässt sich nur auf Multi-Touch-Geräten verwenden und funktioniert auch nur in Anwendungen, die ein solches Rotieren unterstützen. Der Windows-Bildbetrachter sowie die Windows Live Fotogalerie gehören dazu.

9.4 Texte per Stift eingeben oder mit der virtuellen Tastatur tippen

Das Bedienen des Desktops geht per Finger oder Stift recht flott von der Hand, aber was ist mit Texten. Für die Textverarbeitung im klassischen Sinn empfiehlt es sich auf alle Fälle, doch lieber die Tastatur zu verwenden. Aber überschaubare Texte wie z. B. eine kurze E-Mail oder eine Webadresse lassen sich auch per Touchscreen eingeben. Windows 7 bietet dazu einen speziellen Eingabebereich an. Darin können Sie benötigte Texte mit einem Stift einfach schreiben und mittels Handschriftenerkennung in Anwendungen einfügen. Bei der Fingerbedienung empfiehlt sich als Alternative eine virtuelle Tastatur, die im Bildschirm eingeblendet wird.

TIPP

Sofortlösung: umfangreiche Texte am Tablet-PC eintippen

Sie benutzen einen Tablet-PC nur mit Touchscreen und ganz ohne eingebaute Tastatur und möchten damit längere Texte eingeben? Kein Problem, denn dass ein Tablet-PC nicht über eine Tastatur verfügt, heißt nicht, dass er damit nicht umgehen könnte. Benutzen Sie einfach einen der vorhandenen USB-Anschlüsse, um eine ganz normale USB-Tastatur anzuschließen. Diese wird von Windows von Haus aus als Eingabegerät erkannt und schon können Sie munter drauflostippen. Dabei können Sie beliebig zwischen Tastatur und Touchscreen hin und her wechseln. Auch eine reguläre Maus können Sie auf diese Weise anschließen und den Tablet-PC so z. B. am Schreibtisch ganz regulär benutzen, wenn Ihnen das lieber ist.

Texte per Handschrift eingeben

Wenn Ihr PC über einen Touchscreen verfügt, wird automatisch auch der Tablet-PC-Eingabebereich aktiviert. Der versteckt sich standardmäßig, kann aber bei Bedarf jederzeit aktiviert werden.

1 Der Eingabebereich versteckt sich standardmäßig am linken Bildschirmrand. Sowie Sie mit Stift oder Finger den Touchscreen berühren, wird dort ein kleines Stück von seinem Rand angezeigt.

2 Bewegen Sie den Stift darauf, wird die Fläche etwas vergrößert. Nun können Sie den Bereich durch einfaches Antippen mittig auf den Bildschirm holen.

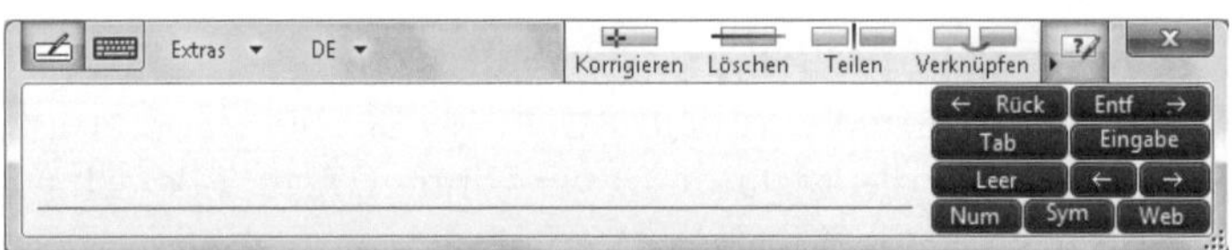

3 Hier können Sie nun mit einem Stift den gewünschten Text einfach in Handschrift eintragen. Schreiben Sie dabei genauso, wie Sie auch Notizen auf einem Papierzettel eintragen würden. Nur sollten Sie sich bemühen, einigermaßen sauber und lesbar zu schreiben, um der Handschriftenerkennung die Arbeit so einfach wie möglich zu machen. Dann brauchen Sie weniger zu korrigieren und es geht flotter von der Hand.

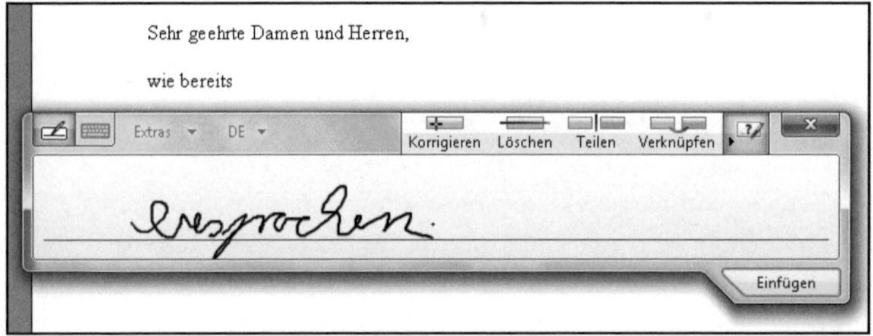

4 Wenn Sie einen Augenblick innehalten, wird der geschriebene Text analysiert und – idealerweise – richtig erkannt. Mit *Einfügen* können Sie ihn dann gleich in das aktuelle Fenster einfügen lassen.

5 Die Tasten auf der rechten Seite des Eingabefeldes stellen Ihnen einige grundlegende Funktionen wie Leerzeichen, Eingabe (bzw. neue Zeile bei Textverarbeitung) oder das Löschen von Zeichen zur Verfügung. Mit den Tasten [Num], [Sym] sowie [Web] können Sie jeweils weitere Schaltflächen für das Eingeben von Zahlen und Sonderzeichen sowie Webadressen einblenden.

TIPP

Sofortlösung: den Schreibbereich vergrößern

Der Schreibbereich erscheint auf den ersten Blick recht klein, aber darum brauchen Sie sich keine Gedanken zu machen. Während des Schreibens wird er ggf. erweitert, erst in die Breite, dann werden auch weitere Zeilen hinzugefügt. Und wenn Sie zwischendurch auf *Einfügen* tippen, wird der vorhandene Text in das aktuelle Fenster eingefügt und der Eingabebereich geleert.

Fehleingaben korrigieren

In der Titelleiste des Eingabebereichs stehen Ihnen rechts Hilfestellungen für die wichtigsten Funktionen zum Korrigieren von fehlerhaft erkanntem Text zur Verfügung. Ein Klick darauf zeigt jeweils eine Animation, wie Sie das gewünschte Ergebnis erreichen. Ein solches Video sagt zwar meist mehr als tausend Worte, aber trotzdem werden die vier Korrekturfunktionen hier noch mal kurz erläutert:

- ***Korrigieren:*** Um einen falsch erkannten Buchstaben zu berichtigen, tippen Sie das Wort einfach kurz an. Dann wird es in seine einzelnen Buchstaben zerlegt. Nun können Sie die fehlerhafte(n) Stelle(n) einfach überschreiben. Auch die anderen Korrekturmöglichkeiten können Sie in diesem Modus anwenden, um z. B. einzelne Buchstaben zu löschen oder unpassende Lücken zu schließen (siehe die folgenden Punkte).

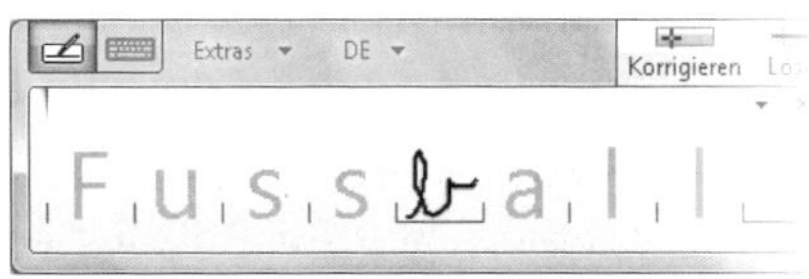

- ***Löschen:*** Um ein Wort zu löschen, etwa weil es falsch erkannt wurde und Sie es lieber komplett neu schreiben möchten, ziehen Sie einfach mit dem Stift eine gerade Linie von rechts nach links darüber, als ob Sie den Text durchstreichen möchten. Wichtig ist dabei aber die korrekte Richtung des Strichs: von links nach rechts wird er benutzt, um Platz zum Einfügen von Text zu schaffen.

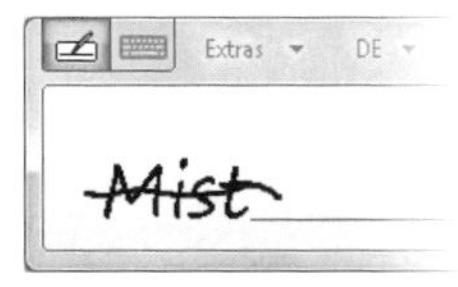

- ***Teilen:*** Wenn die Handschriftenerkennung eine Trennung zwischen zwei Wörtern nicht erkannt hat, fügen Sie diese ein, indem Sie an dieser Stelle einen senkrechten Strich zwischen die unzulässig zusammengeschriebenen Buchstaben zeichnen.

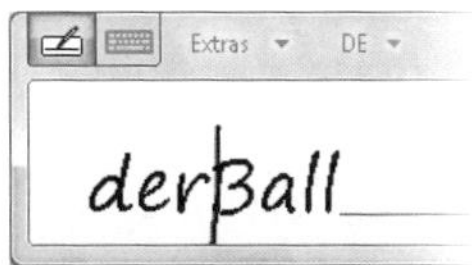

- ***Verknüpfen:*** Sollte die Handschriftenerkennung mal zwei Wörter aus einem gemacht haben, können Sie diese schnell wieder zusammenfügen. Verbinden Sie die beiden Buchstaben dazu mit einer geschwungenen Linie. Die Groß-/Kleinschreibung wird dabei automatisch angepasst.

Spezielle Eingabemasken für Webadressen & Co.

Wenn Sie sich ein wenig mit dem Eingabebereich beschäftigen, werden Sie schnell merken, dass er clevere Hilfestellungen für spezielle Einsatzbereiche enthält.

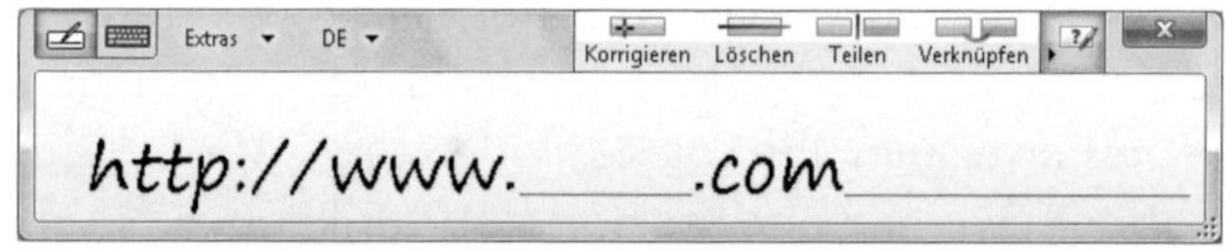

So erkennt er automatisch, wo der Text eingefügt werden soll, und passt sich ggf. automatisch an. Platzieren Sie die Einfügemarke etwa im Adressfeld des Internet Explorer, dann bekommen Sie im Eingabebereich eine vorgefertigte Maske, bei der etwa *www* und *.com* schon eingetragen sind. Sie brauchen dann nur noch die fehlenden Angaben zu ergänzen. Dabei wird sogar die Vorhersagefunktion des Adressfeldes verwendet und oben werden jeweils die Adressen aus dem Verlauf eingeblendet, die zu den bisherigen Eingaben passen. So können Sie jede Adresse möglichst schnell ansteuern.

Zeichen für Zeichen statt Handschrift

Eventuell kommen Sie mit der Handschrifteneingabe nicht zurecht – oder aber die Handschriftenerkennung nicht mit Ihrer Handschrift. In solchen Fällen können Sie alternativ zum Schreiben in ganzen Wörtern auf die Eingabe Zeichen für Zeichen umschalten. Dann „buchstabieren" Sie die gewünschten Texte, was mit ein wenig Übung eigentlich immer klappt. Allerdings funktioniert das Eingeben so wesentlich mühsamer und langsamer, sodass sich diese Variante eigentlich nur für die eine oder andere Webadresse oder vielleicht mal ein Passwort für eine zugangsbeschränkte Website eignet.

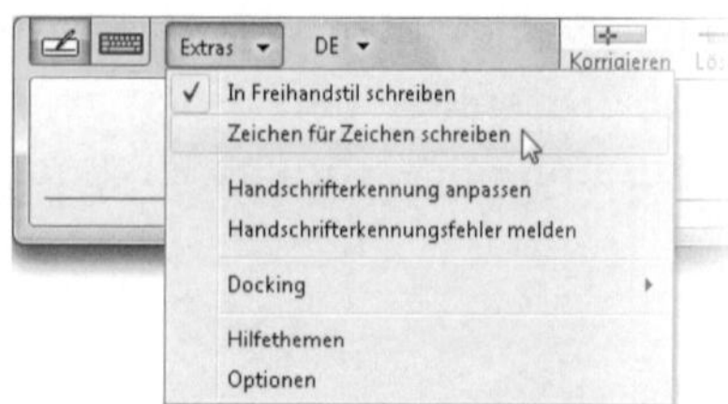

1 Um auf die zeichenweise Erkennung umzuschalten, wählen Sie im Eingabebereich die Menüfunktion *Extras/Zeichen für Zeichen schreiben*.

2 Der Eingabebereich wird dann mit einer Schablone versehen, die anzeigt, wo Sie die einzelnen Buchstaben eintragen, aus denen ein Wort zusammengesetzt werden soll. Dieses Zusammensetzen übernimmt die Handschriftenerkennung dann automatisch. Ansonsten bestehen die gleichen Möglichkeiten zum Eingreifen wie vorangehend beschrieben.

Mit der virtuellen Tastatur tippen

Alternativ zur handschriftlichen Stifteingabe und insbesondere zur Eingabe von Texten per Finger bietet der Eingabebereich eine virtuelle Tastatur. Diese zaubert ein Tastenfeld auf den Bildschirm, mit dem Sie den gewünschten Text einfach durch Antippen der entsprechenden Felder eintippen und dann in die Anwendung Ihrer Wahl einfügen.

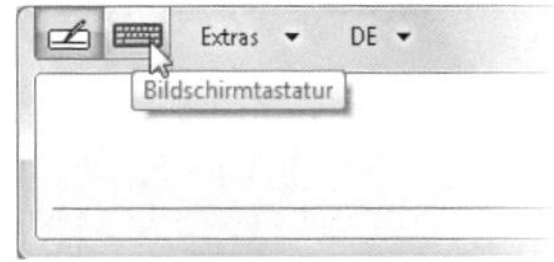

1 Um zur virtuellen Tastatur zu wechseln, tippen Sie oben links im Eingabebereich das Tastatursymbol an. Das brauchen Sie nicht jedes Mal zu machen. Einmal umgestellt, merkt sich der Eingabebereich, welchen Modus Sie gerade verwenden möchten.

2 Der Eingabebereich verwandelt sich dann in eine kompakte Tastatur, die vom Layout her an eine Notebook-Tastatur erinnert.

3 Mit *Extras/Erweiterte Tastatur anzeigen* können Sie zu einer größeren Version der Tastatur wechseln, die dann noch weitere Tasten zum Steuern der Einfügemarke bereithält.

4 Auf dieser Tastatur können Sie nun einfach wie bei einer realen Tastatur nach Herzenslust drauflostippen. Wichtig ist nur, dass währenddessen ein Anwendungsfenster mit Eingabemöglichkeiten ausgewählt ist. Dann werden die eingetippten Buchstaben direkt dorthin übertragen.

> **TIPP**
>
> **Sofortlösung: die Tastatur vergrößern**
>
> Wenn Ihnen die Tastatur bzw. die Tasten zu klein sind, vergrößern Sie die Tastatur einfach. Dazu können Sie die rechte untere Ecke des Eingabebereichs „anfassen" und dann nach rechts und unten ziehen. Die einzelnen Tasten wachsen entsprechend der Fenstergröße mit.

Sonderfunktionen für spezielle Eingabefelder

Ähnlich wie beim Handschriftmodus gibt es auch bei der virtuellen Tastatur eine Sonderbehandlung für das Eingeben von Webseiten. Wenn die Einfügemarke z. B. im Adressfeld des Internet Explorer platziert ist und Sie den Eingabebereich aktivieren, erhält die Tastatur zusätzliche Tasten für *.de* und *.com* (links neben der [Leertaste]). Außerdem macht auch die virtuelle Tastatur beim Eintippen ständig Vorschläge aus den Verlaufsdaten, sodass Sie bei bekannten Webadressen so wenig wie möglich zu tippen brauchen.

Teil II

Dateien und Dokumente organisieren, suchen und sichern

10. Mit dem Windows-Explorer Dateien schnell und komfortabel organisieren

Der Windows-Explorer ist auch bei Windows 7 das zentrale Werkzeug für das Dateimanagement. Erneut hat Microsoft dieses wichtige Programm deshalb überarbeitet und mit neuen Funktionen versehen. Aber auch das Dokumentenmanagement insgesamt wurde verbessert. Hervorzuheben sind hierbei insbesondere die neuartigen Bibliotheken, mit denen sich Datensammlungen erstellen lassen, die aus verschiedenen Orten zusammengesetzt sind.

Auch die mit Vista eingeführte neue Dateisuche sowie das Sichern und Wiederherstellen von Dokumenten wurde nochmals flexibler und leistungsfähiger gemacht.

TIPP

Vermissen Sie die Aufwärts-Schaltfläche?

Vielleicht haben Sie schon bemerkt, dass dem Windows-Explorer eine Schaltfläche fehlt, an die sich viele bei Windows XP gewöhnt hatten: Die *Aufwärts*-Schaltfläche, mit der Sie jeweils ins übergeordnete Verzeichnis gelangen (also von *Eigene Dateien\Dokumente* in *Eigene Dateien*) wurde schon mit Windows Vista abgeschafft. Stattdessen lässt sich das übergeordnete Verzeichnis jetzt jederzeit im Adressfeld anklicken.

Es geht aber noch schneller und direkter: Anstelle der nicht mehr vorhandenen Schaltfläche können Sie einfach das Tastenkürzel Alt+↑ drücken, um in den nächsthöheren Ordner zu wechseln.

10.1 Mit der dynamischen Symbolleiste immer das Wesentliche im Blick

Windows Vista hatte bereits eine dynamische Symbolleiste eingeführt. Diese passt sich ständig dem oder den im Windows-Explorer ausgewählten Objekten an. Allerdings war die Symbolleiste bei Vista etwas überfrachtet, sodass sie häufig voll und unübersichtlich war. Für Windows 7 haben die Entwickler deshalb etwas abgespeckt. Zu diesem Zweck wurden unter anderem die immer vorhandenen Symbole verkleinert:

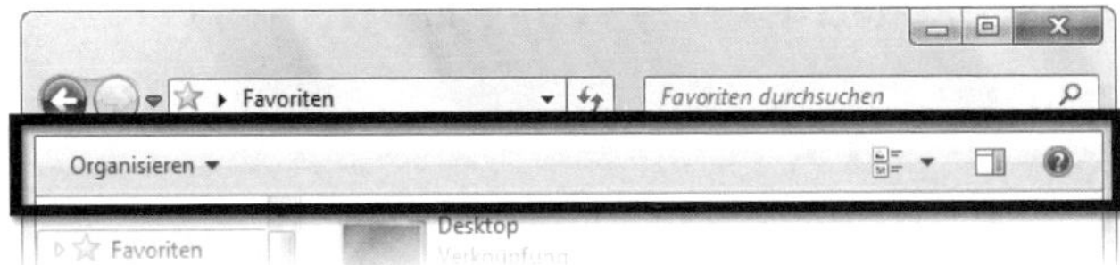

- Ganz links finden Sie wie gewohnt die *Organisieren*-Schaltfläche, die Ihnen Zugang zu allen Einstellungen und Funktionen des Windows-Explorer erlaubt.
- Auf der rechten Seite finden Sie zunächst das nun stark abgespeckte Symbol für die bevorzugte Art der Dateiansicht.
- Daneben ist ein Symbol für die Dateivorschau hinzugekommen, damit Sie diese jederzeit bei Bedarf ein- und wieder ausblenden können.
- Ganz rechts findet sich wie gehabt ein Fragezeichensymbol für Hilfe zum Umgang mit Dateien und Ordnern.

Diese Elemente sind immer in der Symbolleiste zu sehen und lassen sich auch – genau wie die Symbolleiste selbst – nicht ausblenden. Daneben gibt es die dynamischen Symbole bzw. Schaltflächen. Diese wurden optimiert, sodass ihre Anzahl insgesamt überschaubarer bleibt. Am Grundprinzip hat sich allerdings nichts geändert. Der Windows-Explorer analysiert immer, was für Objekte Sie gerade ausgewählt haben, und blendet dazu passend sinnvolle Funktionen in der Symbolleiste ein. Wählen Sie eine Bilddatei aus, fügt der Windows-Explorer z. B. Schaltflächen für Vorschau und Diaschau sowie für das Drucken und Brennen der Bilder ein.

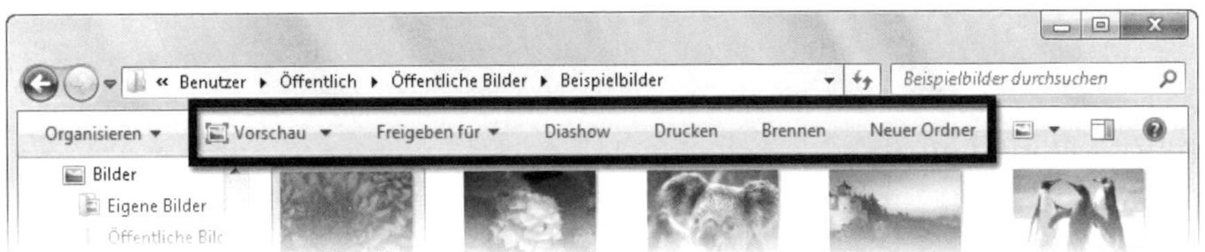

INFO

Neue Ordner jederzeit schnell anlegen

In fast allen Verzeichnissen finden Sie in der Symbolleiste nun eine Schaltfläche *Neuer Ordner*, mit der Sie jederzeit einen neuen leeren Ordner anlegen können. Dies hat Microsoft auf ausdrücklichen Wunsch vieler Windows-Benutzer so angelegt. Selbstverständlich können Sie aber auch nach wie vor das Kontextmenü verwenden und dort jederzeit die Funktion *Neu/Ordner* anwählen.

10.2 Die neue Navigationsleiste für schnellen Zugriff auf alle Dateien

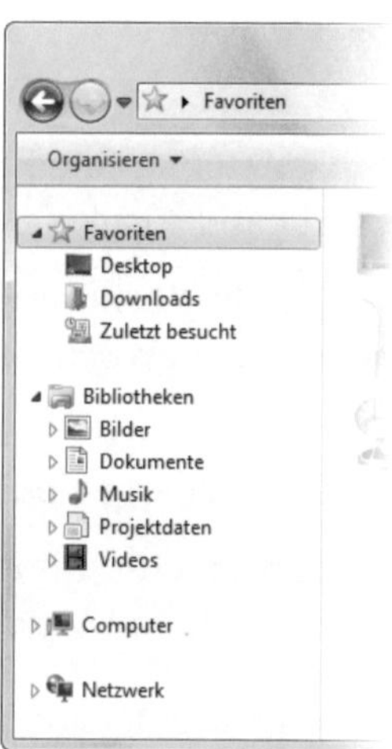

Der Navigationsbereich gehört zu den Teilen des Windows-Explorer, an dem von Windows zu Windows traditionell am meisten gebastelt wird. Kein Wunder, er ist ja auch eines der zentralen Werkzeuge für das Dateimanagement. Auch Windows 7 macht da keine Ausnahme. Leider hat Microsoft dabei schon wieder einen Teil der Neuerungen von Vista zurückgenommen, was eine erneute Umstellung für die Benutzer bedeutet. Unterm Strich wird der Navigationsbereich aber erheblich aufgewertet, sodass es lohnenswert ist, sich ein wenig in die neuen Funktionen einzuarbeiten. Grundsätzlich enthält der Navigationsbereich nun permanent vier Kategorien, die ggf. durch weitere optionale ergänzt werden.

- ***Favoriten*** – Die Bezeichnung *Favoriten* dürfte Ihnen nicht von ungefähr aus dem Internet Explorer vertraut sein. Ähnlich wie Sie dort die Adressen von gern besuchten Webseiten speichern können, kann sich der Windows-Explorer die Position von bestimmten Ordnern merken, die Sie hier jederzeit schnell abrufen können.

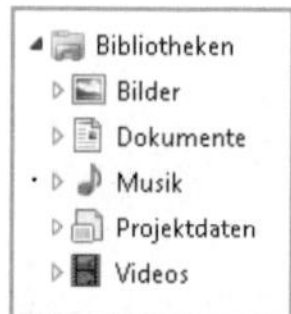

- ***Bibliotheken*** – In einer Bibliothek können Sie mehrere Ordner zu einer Datensammlung zusammenfassen (siehe S. 229). Standardmäßig finden Sie in diesem Teil der Navigationsleiste alle vorhandenen Bibliotheken – sowohl die vorgefertigten Standardbibliotheken als auch selbst erstellte.

- ***Computer*** – Unter diesem Stichwort haben Sie Zugriff auf das gesamte lokale Dateisystem einschließlich CD/DVD-Laufwerken, angeschlossenen USB-Sticks etc. Dieser Bereich entspricht in etwa der *Ordner*-Explorer-Leiste von Windows XP bzw. dem *Ordner*-Bereich in der Navigationsleiste von Windows Vista.

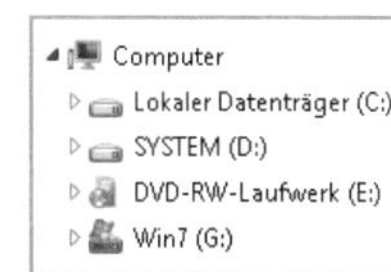

- ***Heimnetzgruppe*** – Ist Ihr lokales Netzwerk als Heimnetzwerk konfiguriert, finden Sie außerdem einen Eintrag für die Heimnetzgruppe in der Navigationsleiste. Hier können Sie auf die in dieser Gruppe freigegebenen Daten zugreifen bzw. überhaupt erst eine solche erstellen, wenn Sie dies möchten.
- ***Netzwerk*** – Hierunter finden Sie die für Sie erreichbaren freigegebenen Rechner und Ressourcen im lokalen Netzwerk. Bislang war das Netzwerk als Teil des Arbeitsplatzes zugänglich, aber bei Windows 7 ist es als eigener Bereich ausgegliedert.

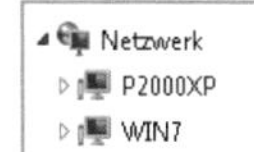

HINWEIS

Wechselmedien im Arbeitsplatz

Falls Ihnen Laufwerke im Arbeitsplatz fehlen: Wechselmedien wie CDs, DVDs, USB-Sticks und Speicherkarten werden bei Windows 7 standardmäßig nun nur noch dann angezeigt, wenn sie tatsächlich mit dem PC verbunden sind. Ihr DVD-Laufwerk taucht also erst in der Liste auf, wenn eine DVD eingelegt ist. Entsprechend läuft es auch mit USB-Speicher-Sticks oder Card-Readern für Speicherkarten. Wenn Ihnen das frühere Verhalten lieber ist, bei dem z. B. auch ein leeres DVD-Laufwerk im Windows-Explorer angezeigt wird, können Sie dies über die Einstellung *Leere Laufwerke im Ordner „Computer" ausblenden* in den Ordneroptionen ändern.

So arbeitet der Navigationsbereich immer fleißig mit

Wenn Sie bei früheren Windows-Versionen regelmäßig mit der Ordner-Explorer-Leiste gearbeitet haben, sind Sie es gewohnt, dass diese Ihnen ständig durch das Dateisystem folgt. Wenn Sie also z. B. rechts in einen anderen Ordner oder Unterordner wechseln, dann aktualisiert sich die Leiste links automatisch, sodass der neue Ordner angezeigt und ausgewählt wird. Dieses Verhalten zeigt die Navigationsleiste von Windows 7 standardmäßig nicht. Durch eine Einstellung lässt es sich aber reaktivieren. Klicken Sie hierzu mit der rechten Maustaste auf einen freien Bereich der Navigationsleiste und wählen Sie im Kontextmenü den Befehl *Auf aktuellen Ordner erweitern*.

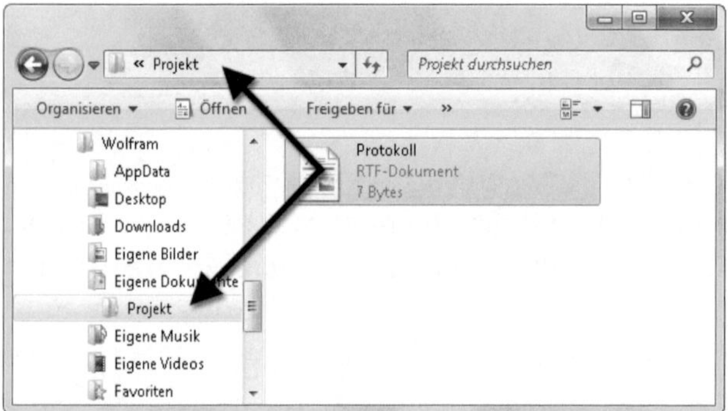

Ab sofort aktualisiert der Windows-Explorer die Navigationsleiste ständig, sodass immer der rechts geöffnete Ordner auch links in der Ordnerstruktur angezeigt und markiert wird. Diese Einstellung bleibt auch beim Beenden und Neustarten des Windows-Explorer oder von Windows insgesamt erhalten. Sie können dieses Verhalten nur deaktivieren, indem Sie die oben beschriebene Einstellung wiederholen und so das Häkchen an dieser Option wieder entfernen.

Häufig genutzte Ordner als Favoriten schnell wiederfinden

Bei Windows XP teilte sich der Windows-Explorer die Favoritenverwaltung mit dem Internet Explorer. Es ließen sich also für Ordner Favoriten genau wie für Webseiten anlegen. Das war akzeptabel, aber keine wirklich überzeugende Lösung. Bei Windows Vista verzichtete der Windows-Explorer ganz auf Favoriten. Hier gab es nur Umwege wie Dateisuche oder virtuelle Ordner, um häufig genutzte Ordner schnell und direkt zu erreichen. Windows 7 bringt nun eigene Favoriten für den Windows-Explorer mit. Standardmäßig umfasst die Liste den Desktop, den Download-Ordner und die Liste der kürzlich genutzten Dateien. Sie können aber für beliebige Ordner Favoriten einrichten.

1 Die Favoriten des Windows-Explorer finden Sie in der Navigationsleiste ganz oben. Wird nur die Kategorie *Favoriten* ohne Inhalt angezeigt, klicken Sie auf das kleine Pfeilsymbol ganz links, um den Inhalt auszuklappen. Alternativ können Sie auch einen Doppelklick auf den Schriftzug ausführen.

2 Von Hause aus gehören zu den Favoriten die Einträge *Desktop*, *Downloads* und *Zuletzt besucht*. Um einen dieser Ordner aufzurufen, klicken Sie einfach auf den entsprechenden Eintrag.

3 Der Windows-Explorer öffnet dann rechts im Hauptbereich eben diesen Ordner und zeigt seinen Inhalt an.

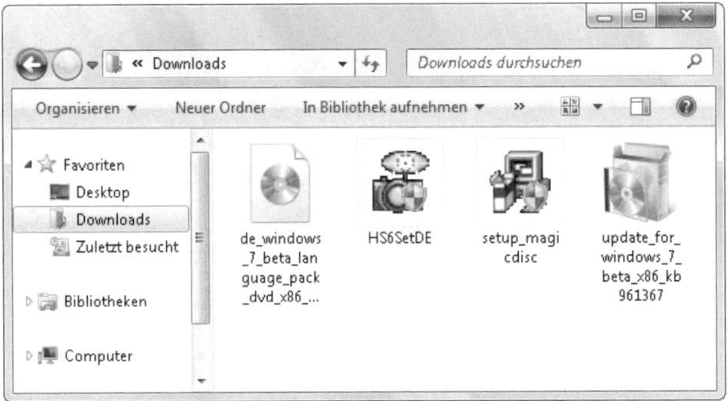

Eigene Ordner als Favoriten schnell zugänglich machen

Wirklich sinnvoll werden die Favoriten im Windows-Explorer erst, wenn Sie selbst Ordner als Favoriten festlegen. So können Sie häufig genutzte Ordner oder besonders tief verschachtelte Verzeichnisse jederzeit mit ein bis zwei Mausklicks erreichen.

1 Starten Sie den Windows-Explorer und öffnen Sie darin den Ordner, den Sie den Favoriten hinzufügen möchten. Der Windows-Explorer sollte also genau das anzeigen, was Sie sehen möchten, wenn Sie diesen Favoriten abrufen.

2 Klicken Sie dann mit der rechten Maustaste links in der Navigationsleiste auf *Favoriten*.

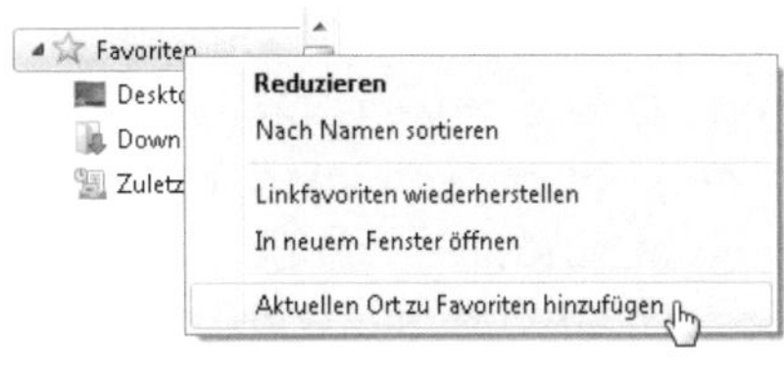

3 Wählen Sie im Kontextmenü ganz unten den Befehl *Aktuellen Ort zu Favoriten hinzufügen*.

4 Der Windows-Explorer fügt den Favoriten daraufhin einen neuen Eintrag hinzu, der den Namen des ausgewählten Ordners trägt. Genau wie bei den Standardfavoriten können Sie diesen Ordner nun jederzeit öffnen, indem Sie einfach auf den Favoriteneintrag klicken.

Favoriten umbenennen und entfernen

Favoriten haben genau wie die Ordner selbst ein Kontextmenü, über das Sie die wichtigsten Funktionen abrufen können. Teilweise wirken diese sich auf den durch den Favoriten bezeichneten Ordner selbst aus, teilweise nur auf den Favoriten. Letzteres gilt insbesondere für das Löschen und Umbenennen. Mit ersterer Funktion können Sie also den Eintrag aus der Favoritenliste entfernen. Der Ordner selbst bleibt davon unberührt.

Mit *Umbenennen* verändern Sie den Namen des Favoriten in der Liste, wenn Sie mit der automatisch vergebenen Bezeichnung nicht zufrieden sind oder z. B. mehrere gleich oder ähnlich benannte Ordner als Favoriten genutzt werden sollen. Auch hier wirkt sich die Änderung nur auf den Favoriteneintrag aus. Der eigentliche Ordner behält seinen Namen bei.

Navigationsbereich im Retrolook: zurück zur vertrauten Ordnerstruktur

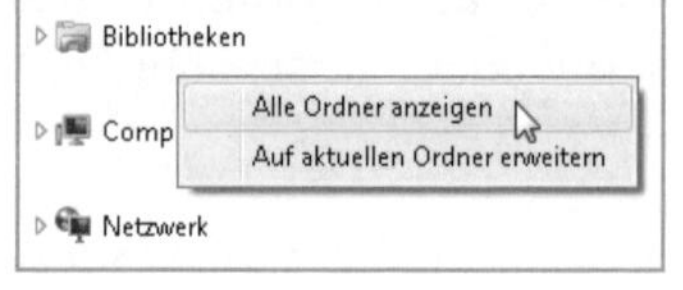

Wenn Sie mit den neuen Kategorien in der Navigationsleiste nicht so recht warm werden wollen und lieber wieder zur vollständigen Ordnerstruktur wie bei Windows XP und Vista zurückkehren möchten, lässt sich das (zum größten Teil) machen. Klicken Sie hierzu mit der rechten Maustaste auf einen freien Bereich der Navigationsleiste und wählen Sie im Kontextmenü den Befehl *Alle Ordner anzeigen*. Der Windows-Explorer verzichtet dann auf die verschiedenen Kategorien in der Navigationsleiste und stellt stattdessen wie bei früheren Windows-Versionen ausgehend vom Desktop alles in einer komplexen Struktur dar. Hier sind nun auch die neuen Bibliotheken integriert. Lediglich die neuen Favoriten des Windows-Explorer verbleiben als separate Kategorie ganz oben in der Navigationsleiste, was aber wohl auch sinnvoll ist.

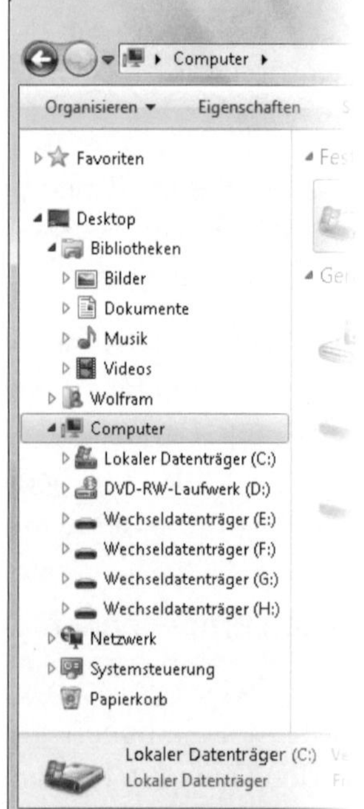

Bei Bedarf kann die klassische Ordneranzeige in der Navigationsleiste reaktiviert werden.

Die nützlichsten Tastenkombinationen für den Windows-Explorer

Tastenkombination	Funktion
Ende	Anzeigen des unteren Bereichs des aktiven Fensters
Pos1	Anzeigen des oberen Bereichs des aktiven Fensters
* auf der Zehnertastatur	Anzeigen aller Unterordner des ausgewählten Ordners (im Navigationsbereich)
+ auf der Zehnertastatur	Anzeigen des Inhalts des ausgewählten Ordners (im Navigationsbereich)
- auf der Zehnertastatur	Reduzieren des markierten Ordners (im Navigationsbereich)
←	Reduzieren der aktuellen Auswahl, falls erweitert, oder Auswählen des übergeordneten Ordners
Alt+←	Anzeigen des vorherigen Ordners
→	Anzeigen der aktuellen Auswahl, falls reduziert, oder Auswählen des ersten Unterordners
Alt+→	Anzeigen des nächsten Ordners
Alt+S	Auswählen der Adressleiste
Alt+P	Aktivieren/Deaktivieren der Dateivorschau
F4	Anzeigen der Liste auf der Adressleiste im Windows-Explorer
F11	Wechsel zwischen Maximieren und Wiederherstellen des Fensters
Strg+N	Ein neues Fenster mit dem aktuell angezeigten Ordner öffnen
Strg+Umschalt+N	Einen neuen Ordner anlegen
Alt+↑	Anzeigen des Ordners auf der nächsthöheren Ebene im Windows-Explorer
Strg+D	Wechsel in die Suchleiste
Strg+Mausrad	Stufenloser Wechsel der Dateiansicht

10.3 Mit der Adressleiste jeden Ordner direkt ansteuern

Eine der innovativsten Vista-Neuerungen beim Explorer wurde glücklicherweise auch in Windows 7 beibehalten: Die interaktive Adressleiste wirkt auf den ersten Blick unscheinbar, es lohnt sich aber, sich mit ihrer Arbeitsweise vertraut zu machen. Haben Sie das Funktionsprinzip erst einmal verinnerlicht, ermöglicht die Adressleiste wesentlich schnelleres Navigieren durch die Datenbestände auf den Laufwerken.

1 Die Adressleiste enthält jeweils den kompletten Pfad beginnend beim Desktop bis hinunter zum Ordner, dessen Inhalt gerade unten im Windows-Explorer angezeigt wird. Die einzelnen Ordner des Pfades sind allerdings nicht wie üblich durch Schrägstriche getrennt, sondern es findet sich jeweils ein Pfeilsymbol dazwischen.

2 Um zu einem beliebigen der übergeordneten Verzeichnisse im Pfad zu gelangen, brauchen Sie nur auf den entsprechenden Namen zu klicken. Dieser ist zugleich eine Schaltfläche, mit der Sie den Inhalt dieses Ordners im Windows-Explorer anzeigen.

3 Sie können aber auch auf jeder Ebene des Pfades direkt ein alternatives Unterverzeichnis wählen. Klicken Sie dazu rechts neben dem Ordnernamen auf das Pfeilsymbol. Dieses ist ebenfalls eine kleine Schaltfläche, die ein Untermenü anzeigt. Darin können Sie alle in diesem Ordner enthaltenen Verzeichnisse direkt auswählen.

4 Das ganz linke Pfeilsymbol, das scheinbar zu keinem Ordner gehört, steht für die oberste Ebene, also den Ausgangspunkt des Pfades. Das ist in der Regel der Desktop.

5 Um einen Pfad manuell einzugeben, können Sie kurzfristig zur alten Darstellungs- und Funktionsweise wechseln. Klicken Sie dazu einfach mit der Maus auf eine freie Stelle in der Adressleiste. Der Pfad wird dann wieder auf die klassische Weise angezeigt und kann direkt per Maus und Tastatur bearbeitet werden.

6 Ähnlich wie auch beim neuen Internet Explorer erreichen Sie eine Aktualisierung der Darstellung im Windows-Explorer mit der kleinen Schaltfläche ganz rechts in der Adressleiste. Alternativ können Sie aber auch nach wie vor im Menü *Ansicht/Aktualisieren* wählen oder einfach F5 drücken.

Jederzeit auf schnellstem Weg zu den eigenen Dateien

Die neue Adressleiste macht die Wege im Windows-Explorer deutlich kürzer. Ein einfaches Beispiel: Ihre eigenen Dateien erreichen Sie nun in fast jeder Situation mit nur zwei Mausklicks.

1 Klicken Sie auf das ganz linke kleine Pfeilsymbol, das rechts vom ersten Ordner steht. Damit öffnen Sie ein Untermenü, das die Ordner des Desktops enthält. Damit ist in diesem Fall der oberste Ordner des Dateisystems im Windows-Explorer gemeint, der nicht völlig mit dem Windows-Desktop übereinstimmt.

2 Klicken Sie im Untermenü auf den Eintrag Ihres Benutzernamens.

3 Der Windows-Explorer zeigt dann Ihren persönlichen Ordner an, von dem aus Sie direkt auf dessen physikalische Unterverzeichnisse wie *Dokumente*, *Bilder* oder *Downloads*, aber z. B. auch auf Ihre gespeicherten Suchvorgänge zugreifen können.

10.4 Die optimale Ordneransicht für jeden Zweck stufenlos einstellen

Schon immer kannte der Windows-Explorer verschiedene Darstellungsweisen für die Inhalte von Ordnern. Die Verzeichnisse konnten als einfache Liste, als Symbole, Kacheln oder Miniaturansicht oder aber auch mit allen Details angezeigt werden. Mit Windows Vista hatte Microsoft dieses Konzept eindrucksvoll erweitert. Die verschiedenen Ansichten stehen nach wie vor zur Verfügung, sie sind nun aber nur noch vordefinierte Positionen auf einer Skala, mit der Sie die Ansicht des Windows-Explorer stufenlos verändern können. Das wurde auch bei Windows 7 so beibehalten, die Ansichtsvarianten für Ordner wurden dabei aber noch weiter ergänzt.

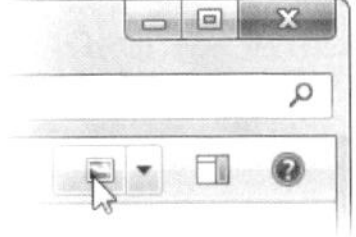

1 Um die Ansicht des Ordnerinhalts zu verändern, klicken Sie auf das neu gestaltete Ansichten-Symbol in der Symbolleiste. Damit wechseln Sie zwischen den fünf Ansichtsmöglichkeiten *Details*, *Kacheln* und *Große Symbole*, *Liste* und *Inhalt* hin und her.

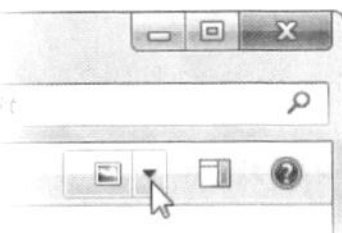

2 Wenn Sie stattdessen auf die kleine Pfeilsschaltfläche rechts daneben klicken, öffnen Sie ein Untermenü, in dem Sie die gewünschte Ansicht genau einstellen können.

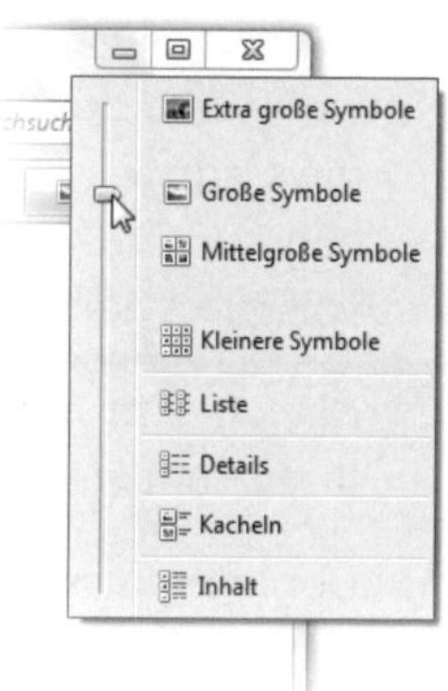

3 Die acht Einträge stehen wieder für vordefinierte Ansichtsarten, die Sie hier direkt anwählen können.

4 Mit dem Schieberegler können Sie auch beliebige Abstufungen zwischen den Stufen wählen. Ergreifen Sie dazu den Schieber mit der linken Maustaste.

5 Wenn Sie nun die Maus nach oben oder nach unten bewegen, verändert sich die Anzeige des Ordnerinhalts im Windows-Explorer in Echtzeit mit, sodass Sie die Auswirkungen sofort sehen können.

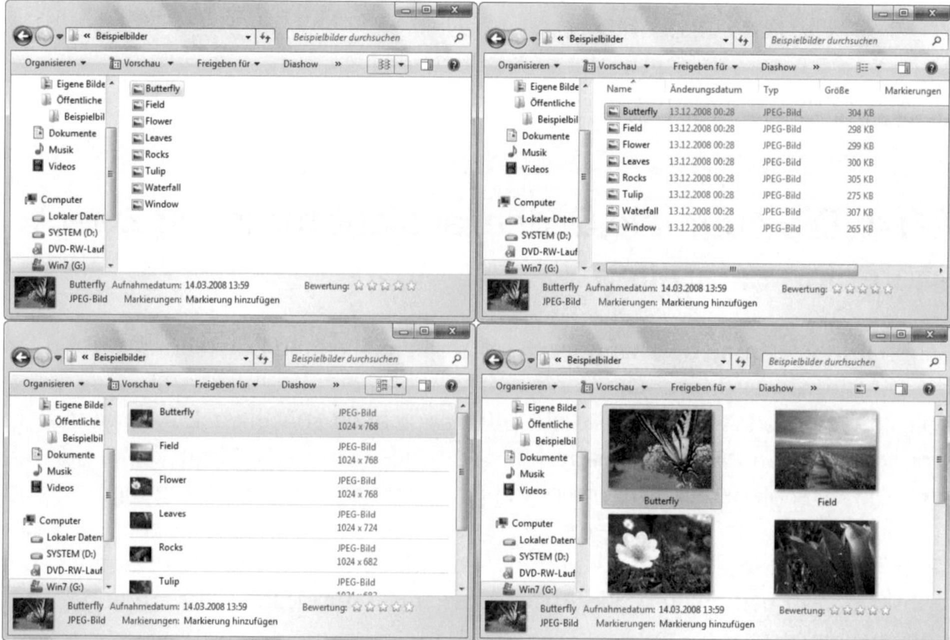

Die neue Inhalt-Ansicht für noch schnelleren Durchblick

Vielleicht ist es Ihnen schon aufgefallen, im Vergleich zu Vista bringt Windows 7 noch eine weitere Ordneransicht mit. Im Auswahlmenü finden Sie diese ganz unten mit der Bezeichnung *Inhalt*. Sie stellt ungefähr eine Mischung aus der Detailansicht und den Kacheln dar.

Jedes Objekt – Datei oder Ordner – bekommt eine eigene Zeile in der Ansicht. Diese enthält eine Symbol bzw. bei Bildern und Videos eine Miniaturvorschau. Außerdem werden weitere Informationen wie Größe und Datum verraten. Welche Angaben der Windows-Explorer bei dieser Ansicht genau macht, hängt vom jeweiligen Dateityp ab. So werden Bilder anders dargestellt als Textdokumente und diese wiederum anders als Musikstücke.

Diese inhaltsbasierte Ansicht ist anschaulicher und übersichtlicher als z. B. die Detailansicht, verrät aber zugleich mehr über die Datei als die Ansicht *Kacheln*. Insbesondere aber das dynamische Anpassen des Inhalts an den jeweiligen Dateityp macht sie zu einer interessanten Alternative.

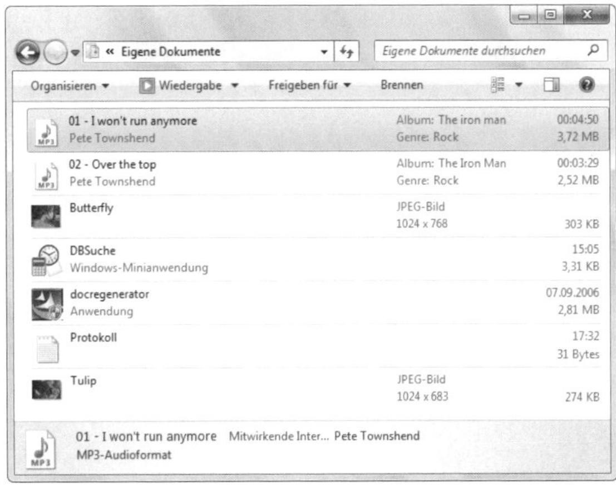

10.5 Umfangreiche Dateiinfos im Detailbereich anzeigen

Windows 7 behält die mit Vista eingeführten erweiterten Dateieigenschaften bei. Sie erlauben es, zu jeder Datei zusätzliche Informationen anzugeben. Dadurch sind diese Angaben schnell zugänglich und können z. B. sehr gut für flotte Dateisuchen verwendet werden, aber auch zum Sortieren, Filtern und Gruppieren von umfangreicheren Dateisammlungen. In diesen neuen Metainformationen können Daten wie z. B. der Urheber einer Datei, das Projekt, zu dem sie gehört, Kommentare und Schlüsselwörter zum Inhalt oder auch eine Bewertung (z. B. für Musikstücke oder Videos) hinterlegt werden. Da die Suche anhand dieser Daten möglich ist, lassen sich umgekehrt auch ganz schnell alle Dateien von einem bestimmten Urheber oder alle Dokumente eines bestimmten Projekts zusammenstellen. Das zentrale Element für diese Zusatzinformationen ist der Detailbereich des Windows-Explorer.

Den Detailbereich nur bei Bedarf einblenden

Der Detailbereich gehört zu den neuen optischen Elementen des Windows-Explorer und wird standardmäßig immer angezeigt. Er kann ganz nach Bedarf ausgeblendet werden. Wenn Sie mit den Zusatzinformationen zu Dateien arbeiten wollen, sollten Sie aber nicht auf diese Leiste verzichten. Falls sie im Windows-Explorer nicht angezeigt wird, bringen Sie sie wie folgt zum Vorschein:

1 Klicken Sie in der neuen Symbolleiste auf die *Organisieren*-Schaltfläche und öffnen Sie das *Layout*-Untermenü.

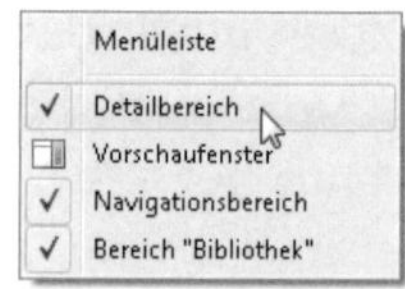

2 Wählen Sie im Untermenü den Befehl *Detailbereich*. Damit blenden Sie den Detailbereich am unteren Rand des Explorer ein.

3 Wollen Sie den Detailbereich später wieder verschwinden lassen, wiederholen Sie die Schritte und entfernen diesmal das Häkchen bei *Detailbereich*.

Der neue Detailbereich gibt auf einen Blick umfangreiche Detailinformationen zu einer Datei.

Im Detailbereich finden Sie zur jeweils ausgewählten Datei bzw. zum markierten Ordner verschiedene Detailinformationen. Welche genau angezeigt werden, hängt vom gewählten Objekt ab. Bei Ordnern etwa zeigt der Detailbereich lediglich den Namen und das Datum der letzten Änderung an. Bei Dateien hingegen werden die Informationen abhängig vom Datei- bzw. Dokumenttyp angezeigt. So finden Sie z. B. bei Bildern andere Informationen vor als bei Textdateien oder Office-Dokumenten. Wenn Sie mehrere Dateien oder Ordner auswählen, zeigt der Detailbereich die Anzahl der markierten Objekte an.

Mehr Infos, mehr Platz: die optimale Größe des Detailbereichs

Die Größe des Detailbereichs lässt sich in mehreren Stufen einstellen. Da abhängig vom Typ der gewählten Datei die Angaben im Detailbereich sehr umfangreich sein können, wird es unter Umständen etwas voll. Dann kann es passieren, dass Sie nicht alle Informationen sehen, wenn Sie das Windows-Explorer-Fenster nicht sehr breit machen bzw. maximiert anzeigen. Wenn Sie den Detailbereich hingegen vergrößern, wird er in der Höhe verlängert und alle Angaben passen in zwei Spalten, die auch in einem kleineren Explorer-Fenster immer gut sichtbar sind.

1 Klicken Sie mit der rechten Maustaste auf eine freie Stelle im Detailbereich.

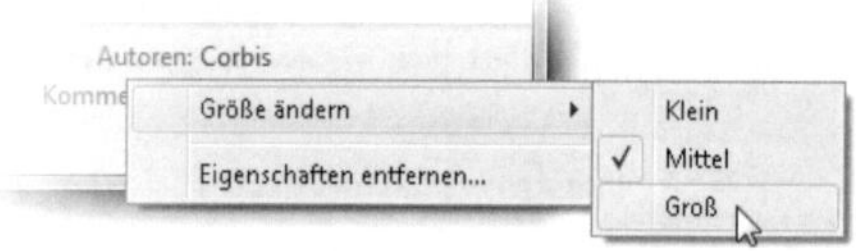

2 Wählen Sie im Kontextmenü des Vorschaubereichs den Eintrag *Größe ändern*, um das Untermenü mit den Größeneinstellungen zu öffnen.

3 Wählen Sie eine der drei Größenstufen *Klein*, *Mittel* oder *Groß*.

TIPP

Die Größe des Detailbereichs beliebig wählen

Neben den drei Voreinstellungen für die Größe des Detailbereichs können Sie die Anzeige auch ganz flexibel beliebig anpassen. Bewegen Sie dazu den Mauszeiger auf die Grenze zwischen Dateiliste und Detailbereich, bis er sich in ein Doppelpfeilsymbol verwandelt. Nun können Sie die Trennlinie mit gedrückter linker Maustaste ergreifen und nach oben oder nach unten an die gewünschte Stelle ziehen. Der Detailbereich wächst bzw. schrumpft dabei automatisch mit.

Wie Sie selbst zusätzliche Informationen zu Dateien anlegen und diese z. B. vor der Weitergabe von Dateien an andere ggf. auch wieder entfernen können, lesen Sie ab S. 212.

10.6 Dokumentinhalte direkt im Explorer sehen und bearbeiten

Bereits mit Windows Vista wurde die Möglichkeit eingeführt, bei Dokumenten in bekannten Formaten eine einfache Dateivorschau direkt im Windows-Explorer zu betrachten. So muss z. B. bei der Suche nach einem bestimmten Dokument nicht gleich jede Datei umständlich in der eigentlichen Anwendung geöffnet und betrachtet werden. Stattdessen können Sie sich direkt im Windows-Explorer mit einem kurzen Blick davon überzeugen, ob Sie die richtige Datei gefunden haben. Allerdings war die Umsetzung etwas umständlich, da sich die Vorschau nur über die *Organisieren*-Schaltfläche und ein verschachteltes Menü ein- und ausschalten ließ. Bei Windows 7 finden Sie hierfür nun eine komfortable Schaltfläche in der Symbolleiste. So können Sie bei Bedarf jederzeit eine Vorschau abrufen, sparen ansonsten aber die Zeit und den Platz, den die Vorschau benötigt hätte.

TIPP

Welche Dateitypen werden im Vorschaubereich dargestellt?

Damit der Inhalt eines Dateityps im Vorschaubereich des Explorer angezeigt werden kann, muss Windows entsprechende Informationen über diese Art von Dokument haben. Dies fällt in den Aufgabenbereich der Software, mit der dieser Dateityp bearbeitet wird.

Standardmäßig bringt Windows die Unterstützung für einige grundlegende Dateitypen wie einfache Textdateien und verschiedene Bildformate mit. Installieren Sie z. B. Anwendungen aus dem Microsoft Office-Paket, richten diese auch die Unterstützung für den Vorschaubereich des Windows-Explorer ein. Microsoft ist mit seinen Produkten dabei naheliegenderweise vorbildlich. Bei anderer Software liegt es beim jeweiligen Hersteller, ob sich der Vorschaubereich auf das reine Anzeigen des Inhalts beschränkt oder zusätzliche Funktionen bietet.

1 Um den Vorschaubereich zu aktivieren, klicken Sie in der Symbolleiste fast ganz rechts auf das *Vorschau*-Symbol. Alternativ finden Sie diese Funktion mit der *Organisieren*-Schaltfläche und im dortigen *Layout*-Untermenü beim Punkt *Vorschaufenster*.

2 Der Windows-Explorer blendet daraufhin am rechten Fensterrand einen zusätzlichen Bereich ein. Dessen Inhalt hängt davon ab, was links im Inhaltsbereich des Ordners ausgewählt wurde.

3 Wenn Sie links Ordner oder Dateien auswählen, deren Inhalt nicht im Vorschaubereich angezeigt werden kann, zeigt der Windows-Explorer dort nur die Meldung *Es ist keine Vorschau verfügbar* an.

4 Wählen Sie links eine Datei aus, für die der Windows-Explorer eine Vorschau darstellen kann, wird sie rechts im Vorschaubereich angezeigt. Hier können Sie den Inhalt betrachten und begrenzt bearbeiten.

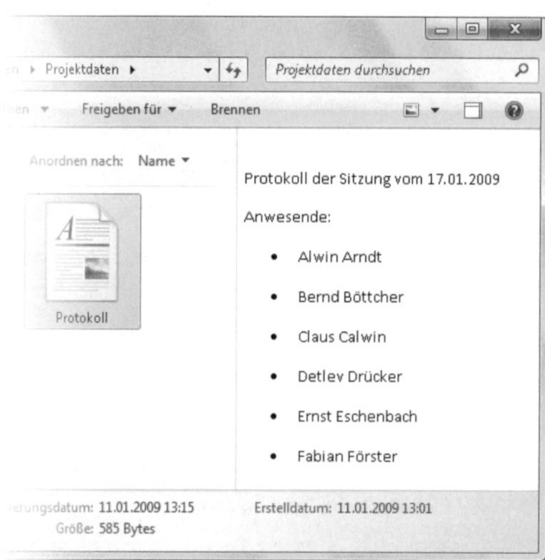

5 Falls Sie im Windows-Explorer mehrere Dateien und/oder Ordner gleichzeitig auswählen, wird im Vorschaubereich stets der Inhalt der Datei angezeigt, die Sie zuletzt angeklickt haben.

TIPP

Nur Dateisymbol statt Inhaltsvorschau?

Falls der Vorschaubereich auch bei Standardformaten wie einfachen Textdateien (*.txt*) nur ein Symbol anstelle des Inhalts anzeigt, überprüfen Sie die Einstellungen des Windows-Explorer: Unter *Extras/Ordneroptionen* finden Sie in der Rubrik *Ansicht* ganz unten die Option *Vorschauhandler im Vorschaufenster anzeigen.* Diese muss eingeschaltet sein, damit die Inhaltsvorschau funktioniert.

Inhalte direkt aus dem Vorschaubereich übernehmen

Je nach Art der ausgewählten Datei zeigt der Vorschaubereich nicht nur den Inhalt des Dokuments an, sondern gewährt auch Bearbeitungsmöglichkeiten. Darunter sind allerdings nur solche Funktionen zu verstehen, die den Inhalt der Datei nicht verändern. Der Vorschaubereich ist kein Editor und verfügt z. B. auch nicht über eine Schaltfläche zum Speichern veränderter Dateien. Aber auch solche passiven Bearbeitungsfunktionen können hilfreich sein. So können Sie z. B. Inhalte aus einem Office-Dokument direkt aus dem Vorschaubereich in die Zwischenablage kopieren und so in ein anderes Programm bzw. Dokument übernehmen, ohne dazu erst umständlich die entsprechende Office-Anwendung zu starten und die fragliche Datei darin zu öffnen.

1 Markieren Sie bei aktiviertem Vorschaubereich im Windows-Explorer die Datei, aus der Sie etwas übernehmen wollen. Der Explorer zeigt deren Inhalt dann im Vorschaufenster an.

2 Markieren Sie im Vorschaubereich den Teil des Dokuments, den Sie kopieren möchten. Sie können dazu die Maus verwenden, und zwar so, als ob Sie den Text direkt in der dazugehörenden Office-Anwendung markieren würden.

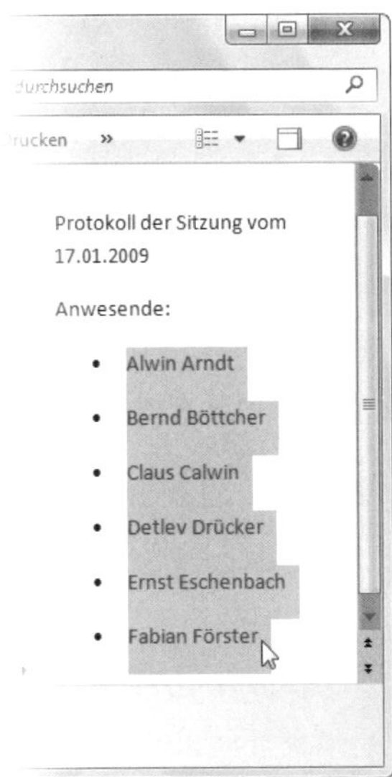

3 Wollen Sie den kompletten Inhalt der Datei auswählen, geht dies ebenfalls wie gewohnt mit dem Tastenkürzel [Strg]+[A]. Oder aber Sie klicken mit der rechten Maustaste auf den Vorschaubereich und wählen im Kontextmenü den Befehl *Alles markieren*.

4 Haben Sie den gewünschten Dokumentinhalt ausgewählt, klicken Sie mit der rechten Maustaste auf die Auswahl im Vorschaubereich und wählen im Kontextmenü den Befehl *Kopieren*. Damit übernehmen Sie den markierten Inhalt in die Zwischenablage. Von dort aus können Sie ihn beliebig in eine andere Anwendung einfügen.

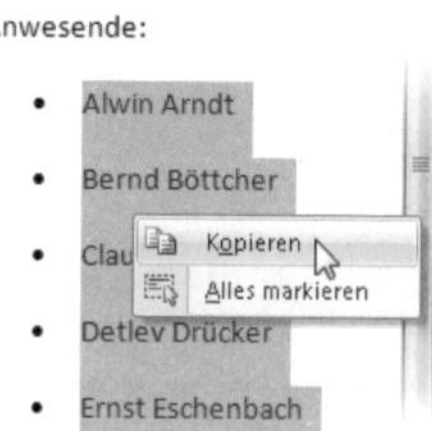

Welche Funktionen im Vorschaubereich genau vorhanden sind, ist bei den verschiedenen Dateitypen unterschiedlich und hängt davon ab, was der Hersteller der dazugehörenden Software vorgesehen hat. Es lohnt sich auf alle Fälle, bei jeder Dokumentart mal mit der rechten Maustaste in den Vorschaubereich zu klicken. Das Kontextmenü enthält jeweils Einträge für die verfügbaren Funktionen.

Mit dem Vorschaubereich die Mediensammlung durchforsten

Für Windows 7 wurde der Vorschaubereich insbesondere im Hinblick auf Multimediadateien weiter verbessert. So können Sie nun Videos und Musik direkt im Vorschaubereich abspielen. Sehr praktisch, um mal eben in ein Musikstück reinzuhören oder in einen Videoclip reinzuschauen. Wenn es gefällt, setzen Sie die Wiedergabe mit einem Mausklick nahtlos im Windows Media Player fort. Oder Sie nehmen einfach den nächsten Titel ins Visier.

1 Wenn Sie im Windows-Explorer ein Musikstück z. B. im MP3-Format auswählen, sehen Sie rechts im Vorschaubereich ein kleines Steuerelement. Außerdem versucht Windows, das passende Coverbild zu dieser Musik darzustellen.

2 Um die Wiedergabe zu starten, klicken Sie einfach mit der Maustaste auf das Wiedergabe-Symbol. Mit der Stopp-Taste rechts daneben können Sie wieder anhalten.

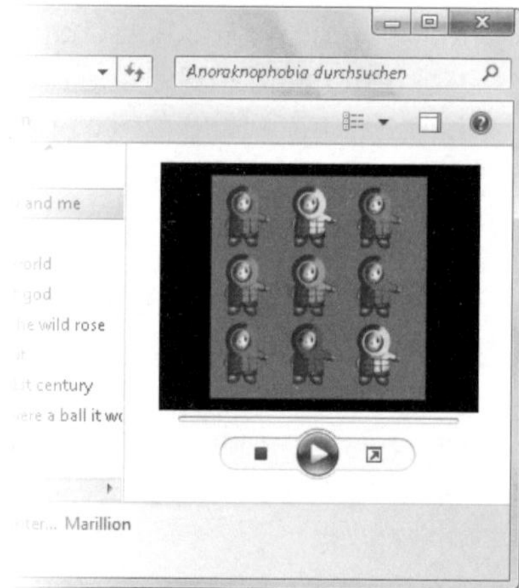

3 Wollen Sie die Wiedergabe im Windows Media Player fortsetzen, klicken Sie auf das kleine Pfeilsymbol ganz rechts. Der Media Player übernimmt die Wiedergabe dann genau an der aktuellen Position.

Die Vorschau von Videoclips und Filmen funktioniert ganz genauso. Die Wiedergabe des Videos erfolgt dabei direkt im Vorschaubereich und passt sich automatisch dem dort verfügbaren Platz an. Wollen Sie statt der kleinen Vorschau eine bildschirmfüllende Darstellung, doppelklicken Sie auf das Video im Vorschaubereich. Ein weiterer Doppelklick stellt den Ausgangszustand wieder her. Auch hier können Sie aber jederzeit die Darstellung an den Windows Media Player abgeben, um z. B. etwas mehr Komfort bei der Wiedergabe zu haben.

10.7 Dateien einfacher und komfortabler auswählen

Wem das Auswählen mehrerer Dateien wegen der erforderlichen Maus- und/oder Tastaturakrobatik immer schon etwas zu umständlich war, der wird sich über eine kleine, aber feine Neuerung freuen: Im Windows-Explorer können Sie Dateien und Ordner auch bequem per Kontrollkästchen markieren. Setzen Sie einfach ein Häkchen bei allen Dateien, die Sie z. B. löschen oder kopieren wollen.

Kontrollkästchen im Windows-Explorer aktivieren

Damit Sie die Kontrollkästchen zum Markieren von Dateien verwenden können, muss diese Funktion einmalig aktiviert werden:

1 Öffnen Sie unter *Organisieren* die Ordner- und Suchoptionen für die Windows-Einstellungen für Ordner.

2 Wechseln Sie dort auf die Registerkarte *Ansicht*.

3 Suchen Sie hier in der Liste der Einstellungen etwa in der Mitte die Option *Kontrollkästchen zur Auswahl von Elementen verwenden* und schalten Sie diese ein. Aktivieren Sie die geänderte Einstellung mit *OK*.

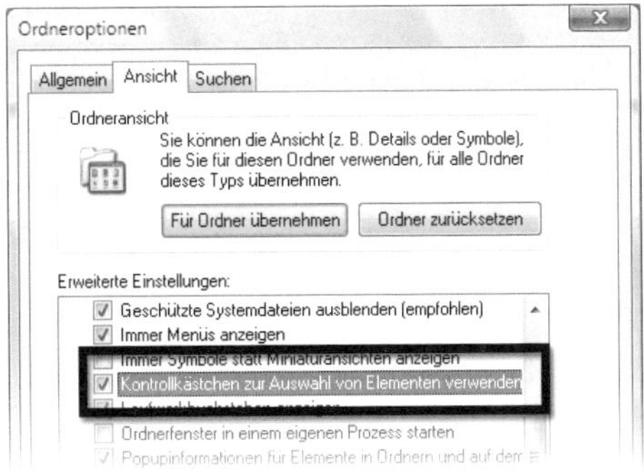

Dateien per Häkchen auswählen

Haben Sie die Kontrollkästchen im Windows-Explorer aktiviert, können Sie diese Methode jederzeit bei Bedarf anwenden. Sie existiert parallel zu den bereits vorhandenen Möglichkeiten, sodass Sie immer die Vorgehensweise wählen können, die Ihnen gerade am besten in den Kram passt. Um Dateien per Kontrollkästchen auszuwählen, gehen Sie so vor:

1 Bewegen Sie den Mauszeiger auf eine Datei oder einen Ordner.

2 Der Eintrag bzw. das Symbol der Datei wird wie üblich farblich unterlegt. Zusätzlich wird nun aber ein Kästchen angezeigt. Je nach der gewählten Ansichtseinstellung befindet dieses sich links bzw. rechts oben neben der Datei.

3 Klicken Sie nun auf das Dateisymbol bzw. auf den Bereich der farblichen Markierung.

4 Dadurch setzen Sie einen Haken in das Kästchen und diese Datei bzw. dieser Ordner gehört nun zur aktuellen Auswahl.

5 Auf diese Weise können Sie nun weitere Dateien oder Ordner „ankreuzen“, um die Auswahl zu erweitern. Allerdings müssen Sie dabei darauf achten, bei weiteren Dateien nicht irgendwo, sondern genau auf das Kästchen zu klicken. Nur dann bleibt die bisherige Auswahl erhalten und die neue Datei wird hinzugefügt. Ebenso können Sie mit einem Klick auf ein vorhandenes Häkchen dieses wieder entfernen, um die entsprechende Datei aus der Auswahl herauszunehmen.

Die per Häkchen erstellte Auswahl bleibt so lange erhalten, bis Sie auf das Symbol einer anderen Datei (und nicht deren Kontrollkästchen!) oder auf einen leeren Bereich des Ordners klicken. Dann wird die gesamte Auswahl aufgehoben.

TIPP

Den gesamten Ordner auf einmal aus- oder abwählen

Wenn Sie die Kontrollkästchen im Windows-Explorer aktivieren und die Detailansicht verwenden, wird automatisch ein Kontrollkästchen oben links im Bereich mit dem Ordnerinhalt angezeigt. Dieses steuert den Auswahlstatus aller Dateien und Unterverzeichnisse des aktuell geöffneten Ordners. Mit einem Klick darauf setzen Sie ein Häkchen und wählen damit gleichzeitig auch alle Elemente des Ordners aus. Ein weiterer Klick entfernt das Häkchen und hebt damit die Auswahl auf. So können Sie alle Dateien und Ordner in einem Schritt auswählen.

SPEZIAL Das Layout des Windows-Explorer an die eigenen Gewohnheiten anpassen

Die wesentlichen Elemente des Windows-Explorer lassen sich nach Bedarf ein- und ausblenden. So können Sie genau die Funktionen anzeigen, die Sie nutzen wollen. Alle anderen werden entfernt und deren Platz auf dem Bildschirm bleibt für Wichtigeres frei. Zentrales Werkzeug hierfür ist das *Layout*-Untermenü, das Sie im *Organisieren*-Menü ganz links in der Symbolleiste vorfinden. Hier können Sie die verschiedenen Elemente beliebig ein- und ausschalten.

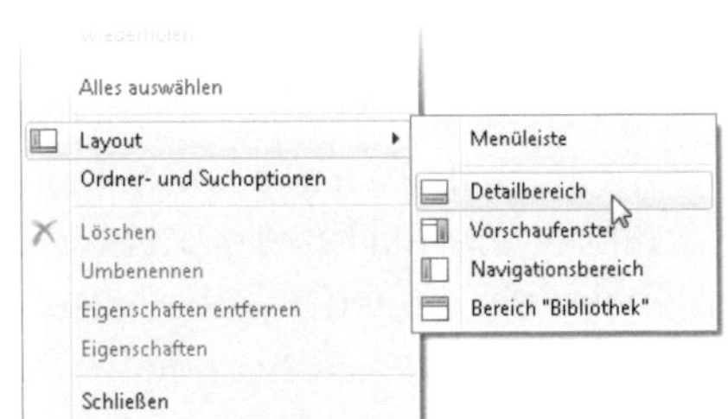

- Mit der Funktion *Menüleiste* steuern Sie (wie weiter vorn in diesem Kapitel bereits beschrieben), ob die klassischen Menü- und Symbolleisten im Windows-Explorer angezeigt werden sollen.
- Mit *Detailbereich* aktivieren bzw. deaktivieren Sie den Detailbereich am unteren Rand des Explorer-Fensters.
- Der Eintrag *Vorschaufenster* steuert den Vorschaubereich, der den Inhalt verschiedener Dateiarten am rechten Rand des Explorer-Fensters direkt anzeigen kann.
- *Navigationsbereich* blendet die Navigationsleiste am linken Rand des Explorer ein oder aus, in der die wichtigsten Verzeichnisse und virtuellen Ordner angezeigt werden.
- Mit *Bereich "Bibliothek"* legen Sie fest, ob oberhalb des eigentlichen Ordnerinhalts die Bibliothekszeile angezeigt wird, die Ihnen z. B. verrät, wie viele Ordner zu einer Bibliothek gehören.

XP-Umsteiger: zurück zum alten Explorer-Erscheinungsbild

Falls Sie von der neuen Optik des Windows-Explorer nicht begeistert sind und lieber bei Ihrer gewohnten Arbeitsweise bleiben möchten, kommt Ihnen die Flexibilität der neuen Oberfläche zugute: Da die alten Elemente alle noch vorhanden sind und die neuen ggf. deaktiviert werden können, lässt sich der „alte“ Windows-Explorer weitestgehend wiederherstellen.

1 Blenden Sie zunächst die klassische Menüleiste ein, falls sie nicht bereits dauerhaft angezeigt wird: Klicken Sie dazu auf die *Organisieren*-Schaltfläche der neuen Symbolleiste und wählen Sie *Layout/Menüleiste*.

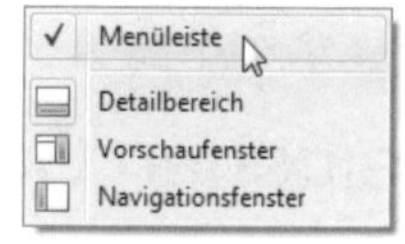

2 Rufen Sie dann in der Menüleiste die Funktion *Extras/Ordneroptionen* auf.

3 Aktivieren Sie im anschließenden Menü auf der Registerkarte *Allgemein* im Bereich *Navigationsbereich* die Optionen *Alle Ordner anzeigen* sowie *Automatisch auf aktuellen Ordner erweitern*.

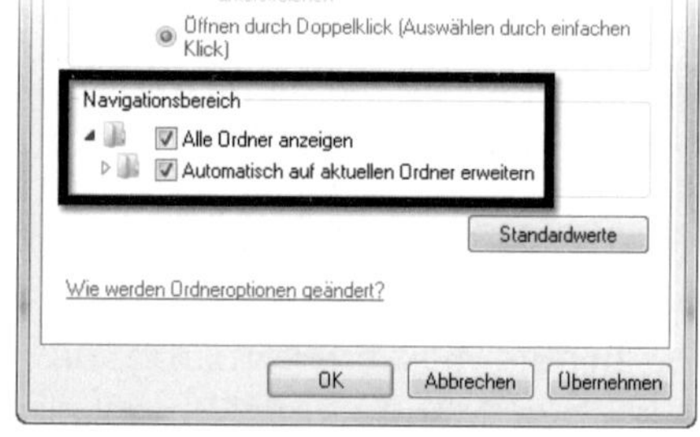

4 Übernehmen Sie die Einstellung mit *OK*. Nun haben Sie im Windows-Explorer die klassische Menüleiste anstelle der neuen Symbolleiste. Um nun noch die klassische Statusleiste zurückzubringen, verwenden Sie die Menüfunktion *Ansicht/Statusleiste*.

Nun sieht der Windows-Explorer der früheren Version schon wieder recht ähnlich. Lediglich die neue Symbolleiste lässt sich nicht entfernen und durch die alte ersetzen.

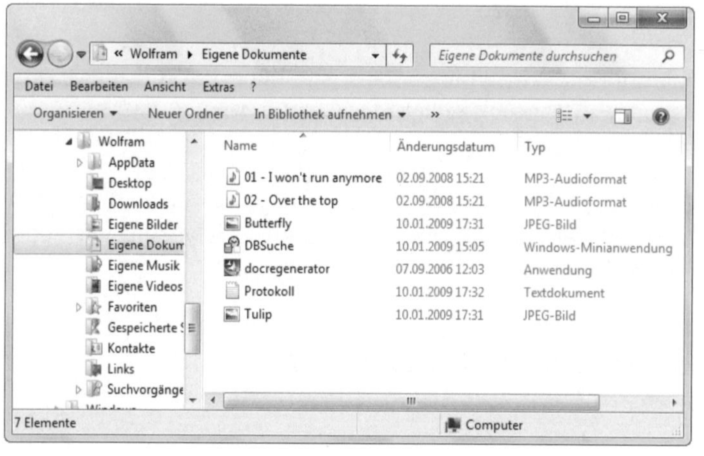

Mit wenigen Handgriffen ist die Funktionalität des alten Windows-Explorer fast wiederhergestellt.

Die Menüleiste bei Bedarf kurzfristig einblenden

Wenn Sie von der Menüleiste nur hin und wieder Gebrauch machen, dürfte es am besten sein, sie im Allgemeinen wegzulassen und nur bei Bedarf einzublenden. Das geht denkbar einfach:

1 Drücken Sie [Alt]. Der Windows-Explorer blendet dann die klassische Menüleiste an der gewohnten Stelle ein.

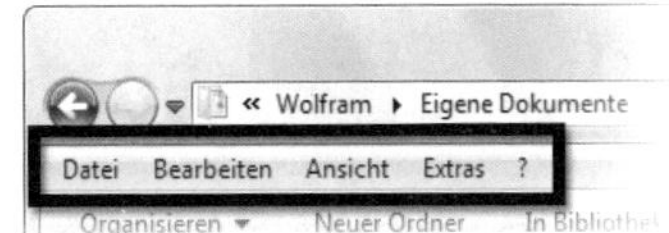

2 Sie können nun das Menü und darin die gewünschte Funktion auswählen. Auch Untermenüs funktionieren wie gewohnt.

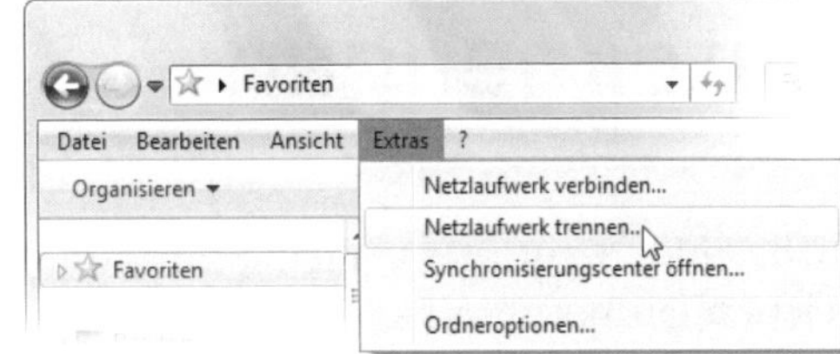

3 Wenn Sie einen Menübefehl per Mausklick anwählen, führt der Windows-Explorer diese Funktion aus und blendet gleichzeitig die Menüleiste automatisch wieder aus.

11. Effektives Dokumentenmanagement auch bei großen Dateimengen

Insbesondere für den Umgang mit umfangreichen Ordnern und allgemein großen Dateisammlungen bringt Windows eine Vielzahl von praktischen Funktionen und Hilfen mit. Das beginnt mit dem Stapeln und Filtern von Dateien, dessen praktischer Nutzen weit über das bislang bekannte Sortieren und Gruppieren hinausgeht. In Verbindung mit der Suchfunktion lassen sich virtuelle Ordner erstellen, die zwar nur vorübergehend Dateien mit einem bestimmten Kriterium enthalten, sich aber wie normale Ordner bearbeiten lassen. Und schließlich können Sie dank Windows 7 Dokumente mit einer Vielzahl von zusätzlichen Eigenschaften versehen, die ein schnelles und flexibles Dokumentenmanagement ermöglichen. All dies bietet Ihnen also ein echtes Dokumentenmanagement, mit dem Sie Dokumente nicht nur jederzeit wiederfinden, sondern auch z. B. projekt- oder inhaltsbezogen sammeln können, um sie für eine Sicherung oder Präsentation zusammenzustellen.

11.1 Dateien für schnellen Zugriff sortieren und automatisch gruppieren

Schon bei früheren Windows-Versionen konnte der Explorer Dateien nicht nur als eine Liste anzeigen, sondern stellte Funktionen zum Sortieren und Gruppieren der Dateien zur Verfügung. So lassen sich Dateien z. B. nach Erstellungsdatum sortieren oder anhand ihrer Größe oder ihres Typs gruppieren. Diese Funktionen sind beim Windows 7-Explorer selbstverständlich weiterhin vorhanden. Tatsächlich wurden sie aber noch weiter ausgebaut und sind nun komfortabler und flexibler als jemals zuvor.

Dateien nach verschiedenen Kriterien sortieren

Um Dateien anhand ihrer verschiedenen Eigenschaften zu organisieren, empfiehlt sich die detaillierte Ansicht (*Ansicht/Details*). Dann werden die Dateien in einer Tabelle mit ihren Eigenschaften aufgeführt. Die Spaltenüberschriften erlauben ein schnelles Sortieren der Dateien und stellen die weiteren Funktionen zum Gruppieren, Filtern und Stapeln bereit.

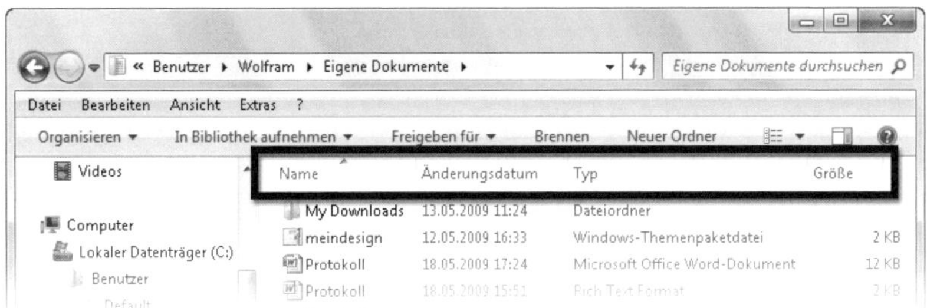

1 Mit einem Mausklick auf einen der Spaltentitel sortieren Sie den gesamten Inhalt des aktuell angezeigten Ordners anhand dieser Eigenschaft. Klicken Sie auf *Name*, werden die Dateien also alphabetisch sortiert, klicken Sie z. B. auf *Änderungsdatum*, sortiert der Windows-Explorer die angezeigten Dateien nach dem Termin der letzten Bearbeitung.

2 Ein erneuter Klick auf denselben Spaltentitel kehrt die Sortierung um. Ein zweiter Klick auf *Name* würde die Dateien also statt von A nach Z von Z nach A umsortieren etc.

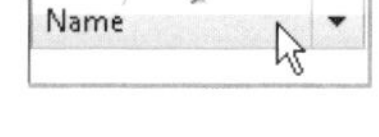

3 Die Spalte, nach der die Dateianzeige aktuell sortiert ist, wird farblich hervorgehoben. Die Reihenfolge der Sortierung erkennen Sie an dem kleinen Pfeil oben in der Mitte des Spaltentitels, der entweder nach oben (aufsteigend) oder nach unten (absteigend) weist.

Die Anzeige von Dateieigenschaften im Explorer individuell anpassen

Zum Sortieren stehen Ihnen alle Dateieigenschaften zur Verfügung, die Windows Dateien zuordnen kann. Und das sind bei Windows 7 einige mehr als bei früheren Versionen. Allerdings zeigt der Windows-Explorer standardmäßig nur eine kleine Auswahl davon an. Für alle würde der Platz auch gar nicht reichen. Sie können sich aber genau die Dateieigenschaften, die Sie gerade benötigen, auf den Bildschirm und in den Windows-Explorer holen.

1 Klicken Sie dazu mit der rechten Maustaste auf einen beliebigen Spaltentitel (z. B. ganz links *Name*).

2 Im Kontextmenü zeigt der Windows-Explorer daraufhin einige gebräuchliche Dateieigenschaften wie *Typ*, *Größe* und *Titel* an. Ein Häkchen links neben einem Eintrag zeigt an, dass er gerade aktiv ist und im Explorer angezeigt wird. Auf diese Weise können Sie die Verwendung dieser Eigenschaften auch steuern, indem Sie bei den gewünschten Spalten ein Häkchen setzen und es bei den unerwünschten ggf. entfernen.

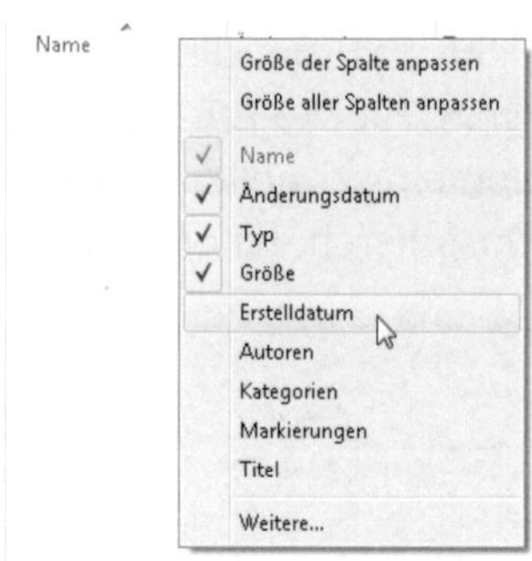

3 Ganz unten im Kontextmenü finden Sie den Eintrag *Weitere*, hinter dem sich die eigentliche Vielfalt der Dateieigenschaften versteckt.

4 Damit öffnen Sie ein Menü, in dem alle dem System bekannten Arten von Dateieigenschaften verzeichnet sind. Die Liste ist sehr umfangreich und leider völlig ungeordnet. Es lohnt sich aber, sie sich einmal komplett anzusehen, denn gerade für Mediendateien wie Musik, Bilder und Videos gibt es zahlreiche Detaileigenschaften, die je nach Einsatzgebiet sehr hilfreich sein können.

5 Um eine der Eigenschaften als Spalte im Windows-Explorer einzufügen, setzen Sie ein Häkchen in das Kästchen links davon. Alternativ können Sie auch eine Eigenschaft auswählen und ihren Status mit *Anzeigen* bzw. *Ausblenden* verändern. Sie sollten allerdings nicht zu viele Spalten hinzufügen, ohne auch einige der bisherigen zu entfernen. Wenn die Spalten insgesamt die Bildschirmbreite überschreiten, kann immer nur ein Teil davon dargestellt werden, was auch nicht gerade hilfreich ist.

6 Auch die Reihenfolge der Spalten von links nach rechts können Sie hier beeinflussen. Sie entspricht der Anordnung der Eigenschaften in der Liste. Mit den Schaltflächen *Nach oben* und *Nach unten* verändern Sie die Position einer Eigenschaft sowohl in dieser Liste als auch in der Anordnung der Spalten im Explorer-Fenster.

Die Spaltenbreite in der Detailansicht automatisch optimieren

Die Detailansicht gehört schon seit Langem zum Windows-Explorer und ist für nicht wenige Benutzer die meistgenutzte Ansicht, da sie nun mal die meisten Informationen sowie Funktionen zum Sortieren, Gruppieren, Stapeln etc. bietet. Schön, dass Microsoft sich auch hier etwas hat einfallen lassen, um ein Manko abzustellen, dass so alt wie die Detailansicht selbst ist: Die Breite der Spalten passt eigentlich nie so recht und manchmal ist (bzw. war) es sehr mühsam, alle gewünschten Informationen auf den Bildschirm zu bekommen. Das geht nun deutlich einfacher:

Klicken Sie mit der rechten Maustaste auf eine Detailspalte. Im Kontextmenü finden Sie nun neben den Detailkategorien ganz oben zwei neue Befehle:

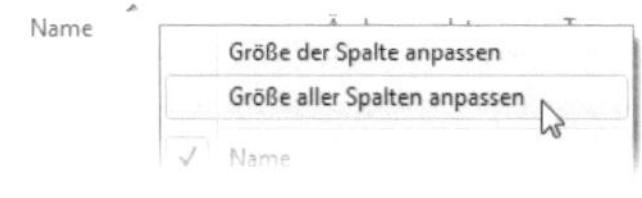

- ***Größe der Spalte anpassen*** – Hiermit passen Sie die Größe der angeklickten Spalte an ihren Inhalt an. Die Spalte wird dabei genauso breit gemacht, dass der längste Inhalt gerade noch angezeigt werden kann.
- ***Größe aller Spalten anpassen*** – Diese Variante macht genau dasselbe, nur auf einmal für alle Spalten, die gerade angezeigt werden.

Auf diese Weise können Sie alle Spalten in der Detailansicht jederzeit mit zwei Mausklicks optimal einstellen: so breit wie nötig – so schmal wie möglich.

Dateien und Ordner durch Gruppieren zusammenfassen

Eine andere Möglichkeit, Ordnung und System in längere Dateilisten zu bekommen, ist das Gruppieren von Einträgen. Es ähnelt im Prinzip dem Sortieren, da auch hierbei eine bestimmte Dateieigenschaft wie z. B. der Typ oder das Datum als Kriterium verwendet wird. Allerdings erstellt der Windows-Explorer hierbei nicht einfach eine lange Liste, sondern unterteilt die gewählte Dateieigenschaft in verschiedene Bereiche und ordnet die Dateien jeweils einem der Bereiche zu. So entsteht eine übersichtlichere Unterteilung der Dateien, die z. B. das Präsentieren, aber auch das weitere Auswählen und Bearbeiten der Dokumente ermöglicht.

1 Um einen Ordner gruppiert darzustellen, klicken Sie mit der rechten Maustaste auf eine freie Stelle in der Dateiliste und wählen im Kontextmenü den Punkt *Gruppieren nach*.

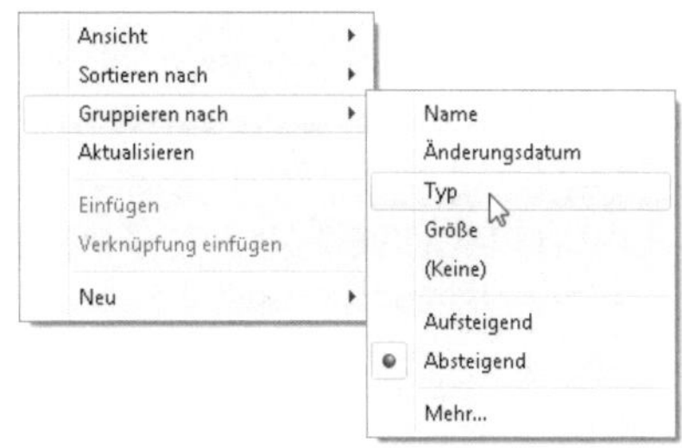

2 Im Untermenü können Sie dann die Dateieigenschaft auswählen, anhand derer Sie die Dokumente gruppieren möchten. Standardmäßig stehen hier die Eigenschaften zur Auswahl, die auch als Spalten in der Detailansicht angezeigt werden. Der Windows-Explorer unterteilt die gewählte Dateieigenschaft dann in mehrere Gruppen und ordnet jede Datei einer dieser Gruppen zu.

3 Sollte die gewünschte Eigenschaft nicht zur Auswahl stehen, können Sie sie hinzufügen, indem Sie im Untermenü ganz unten auf *Mehr* klicken (siehe hierzu auch S. 193).

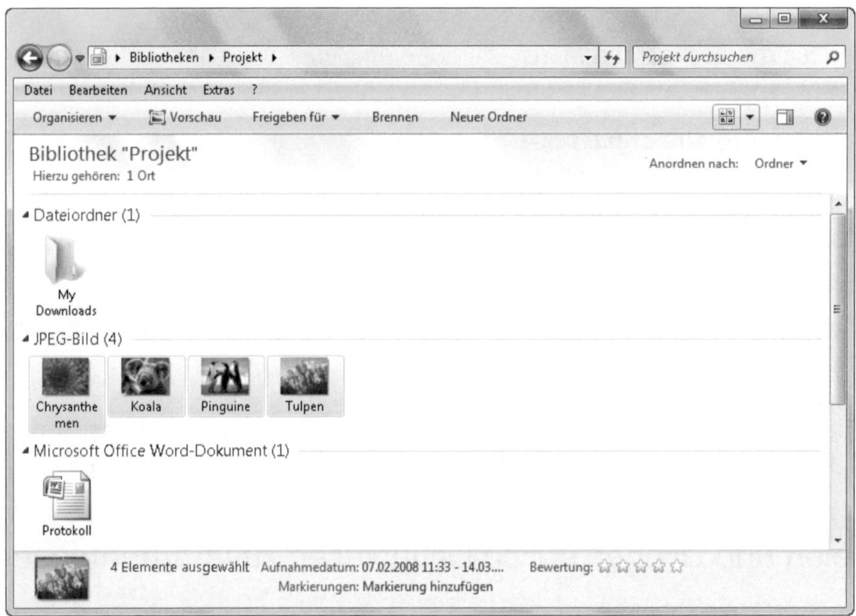

TIPP

Das automatische Gruppieren von Dateieigenschaften

Die Unterteilung einer Dateieigenschaft erledigt der Windows-Explorer ganz automatisch. Bei manchen Dateieigenschaften bieten sich Gruppen an. So wird z. B. die Eigenschaft *Typ* in die verschiedenen Dateitypen gruppiert, die im Ordner vorhanden sind. Gruppieren Sie einen Ordner nach Namen, verwendet der Explorer z. B. die Gruppen *A–H*, *I–P* sowie *Q–Z*. Sehr praktisch kann das Gruppieren anhand eines Datums sein. Hierbei legt der Windows-Explorer abhängig von den vorhandenen Dateien (und deren Datumsangaben) Gruppen wie *Anfang des Jahres*, *Letzte Woche*, *Heute* oder – wenn ein Zugriffsdatum wirklich lange her ist – *Vor langer Zeit* an. So lassen sich Dokumente sehr gut in Bezug auf ihre Aktualität oder z. B., wenn es um das Sichern von Dateien geht, unterscheiden.

11.2 Umfangreiche Ordner durch Filtern schnell durchschauen

Das Sortieren und Gruppieren von Dateien war schon von früheren Windows-Versionen bekannt und wurde nun weiter verbessert. Es gibt jetzt ein weiteres Werkzeug, mit dem Sie noch flexibler und effektiver arbeiten können: Das Filtern von Dateien erlaubt es Ihnen, virtuelle Ordner zu erzeugen, die nur Dateien enthalten, die bestimmte Eigenschaften wie Name, Typ, Erstellungsdatum oder Urheber gemeinsam haben. Solche Filter können beliebig mit sich selbst und den anderen Funktionen zum Dateimanagement kombiniert werden, sodass sich selbst spezielle Anforderungen – wie etwa „alle Bilddateien von Benutzer X, die in den letzten vier Wochen gespeichert wurden und mindestens y mal z Bildpunkte groß sind" – damit verwirklichen lassen.

Durch Filter auch in umfangreichen Ordnern schnell fündig werden

Filter erlauben es, den Inhalt eines Ordners nur teilweise darzustellen und sich so auf die wesentlichen Dateien und Dokumente zu konzentrieren. Dazu ist es möglich, die Anzeige aufgrund bestimmter Dateieigenschaften einzuschränken. So können Sie sich z. B. in einem Ordner nur die enthaltenen Unterverzeichnisse oder nur Dateien eines bestimmten Typs oder Autors anzeigen lassen. Diese Filter lassen sich auch kombinieren, sodass der Windows-Explorer Ihnen z. B. nur die Textdokumente des heutigen Tages anzeigt. Gerade bei umfangreicheren Ordnern hilft diese Funktion dabei, die gesuchten Dateien so schnell wie möglich zu lokalisieren, selbst wenn Sie z. B. den genauen Dateinamen gerade nicht parat haben.

1 Öffnen Sie den Ordner, dessen Dateianzeige Sie durch einen Filter einschränken wollen.

2 Wählen Sie die Dateieigenschaft aus, auf der der Anzeigefilter basieren soll, und klicken Sie in deren Spaltentitel auf die Pfeilschaltfläche ganz rechts.

3 Im Menü finden Sie hier die verschiedenen Werte, die diese Eigenschaft bei den Dateien im Ordner annimmt. Diese Einträge entsprechen den beim Gruppieren verwendeten Rubriken.

4 Wählen Sie die Eigenschaft aus, zu der die Dateien angezeigt werden sollen. Um z. B. die Dateiliste im Windows-Explorer auf die Unterverzeichnisse von Bildern zu beschränken, benutzen Sie das Menü in der

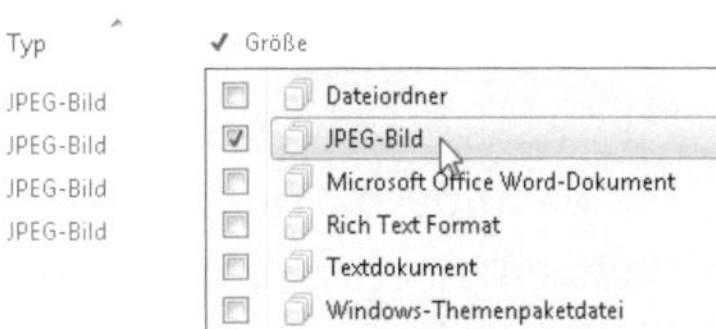

Spalte *Typ* und wählen *JPEG-Bild* aus. Wollen Sie nur Dateien eines bestimmten Benutzers (z. B. Ihre eigenen) sehen, öffnen Sie das Menü in der Spalte *Autoren* und wählen einen entsprechenden Benutzernamen aus.

5 Der Windows-Explorer blendet dann alle Dateien aus, die nicht dieser Vorgabe entsprechen, also z. B. alle Einträge, die kein Ordner sind, bzw. alle Dateien, die nicht von dem ausgewählten Benutzer stammen. Diese Dateien werden selbstverständlich nicht gelöscht oder verschwinden anderweitig aus dem Ordner. Sie werden einfach nur vorübergehend nicht angezeigt.

TIPP

Mehrere Anzeigefilter kombinieren

Sie sind im Windows-Explorer nicht auf einen Anzeigefilter beschränkt, sondern können mehrere miteinander kombinieren. So können Sie z. B. sowohl Dateiordner als auch ZIP-komprimierte Ordner als Filter für den Dateityp verwenden. Der Explorer zeigt dann nur Dateien beider Typen an und blendet alle anderen aus. Ebenso können Sie aber auch Filter für verschiedene Dateieigenschaften miteinander verbinden. Wenn Sie z. B. bei *Autoren* einen bestimmten Benutzer wählen und dann bei *Dateityp Textdokument* oder *Word-Dokument*, zeigt Ihnen der Windows-Explorer nur noch die Textdokumente dieses einen Benutzers an.

Dateien anhand des Bearbeitungsdatums anzeigen

Besonders interessant ist der Anzeigefilter für Dateien in Verbindung mit den Datumseigenschaften von Dateien, wie z. B. *Erstelldatum*, *Änderungsdatum* oder *Letzter Zugriff*. Der Windows-Explorer bietet hier flexible Möglichkeiten zur Auswahl des Filters, da er sich in diesem Fall nicht auf Kategorien wie beim Gruppieren bzw. Stapeln beschränkt. Stattdessen können Sie ganz flexibel Tag, Woche, Monat, Jahr oder einen beliebigen Zeitraum dazwischen auswählen und sich die Dateien anzeigen lassen, die zu diesem Zeitpunkt neu erstellt oder bearbeitet wurden. Dadurch eröffnen sich ganz neue Möglichkeiten, wenn es z. B. darum geht, in einem umfangreichen Archiv Dokumente wiederzufinden.

1 Klicken Sie auf die Pfeilschaltfläche der Spalte mit dem Datum, das Sie als Grundlage für den Anzeigefilter verwenden wollen. Hierfür bietet sich z. B. *Änderungsdatum* an, da diese Spalte meist standardmäßig angezeigt wird und sowohl neue als auch bearbeitete Dateien berücksichtigt.

2 Im Spaltenmenü sehen Sie hier ein Element zur Datumsauswahl, in dem der aktuelle Monat ausgewählt und das heutige Datum blau markiert ist. Um einen anderen Tag oder Zeitraum auszuwählen, haben Sie verschiedene Möglichkeiten:

- Um einen bestimmten Tag auszuwählen, stellen Sie zunächst oben den Monat ein. Soll er zu einem früheren Jahr gehören, klicken Sie zunächst auf den Monat selbst, um aus der Monatsauswahl eine Jahresauswahl zu machen. Stellen Sie dann das Jahr ein, wählen Sie den gewünschten Monat und klicken Sie schließlich auf den Tag. Der Windows-Explorer zeigt dann nur noch Dateien an, die an diesem Tag erstellt bzw. verändert wurden.

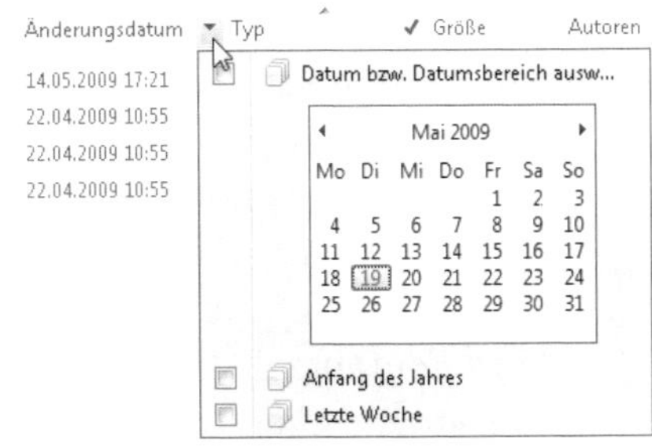

- Um alle Dateien eines bestimmten Monats anzuzeigen, wechseln Sie ebenfalls zunächst in die Jahresansicht und wählen dann den gewünschten Monat aus.

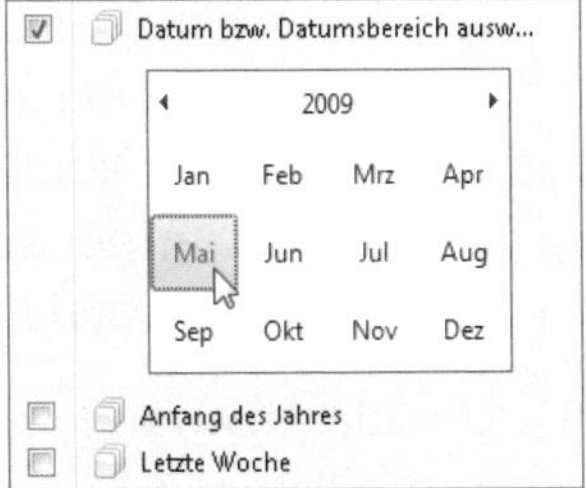

- Für alle Dateien eines bestimmten Jahres klicken Sie zunächst auf den angezeigten Monat, dann auf das an dieser Stelle angezeigte Jahr. So gelangen Sie zur Jahresauswahl und können dort das Jahr einstellen, für das Sie die Dateien anzeigen wollen.

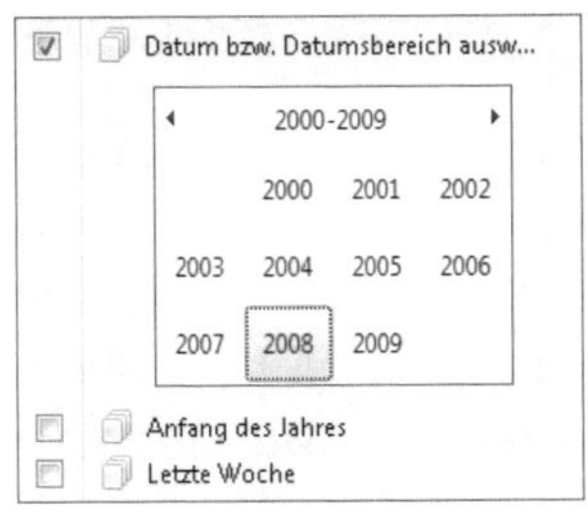

- Um alle Dateien einer bestimmten Woche anzeigen zu lassen, wechseln Sie wie oben beschrieben zunächst in den entsprechenden Monat. Klicken Sie dann mit der linken Maustaste auf den ersten Tag der gewünschten Woche. Anschließend klicken Sie mit gedrückter Umschalt-Taste auf den letzten Tag dieser Woche. Damit markieren Sie alle Tage dieser Woche für die Anzeige. Alternativ können Sie auch den Mauszeiger mit gedrückter linker Maustaste über einen Datumsbereich ziehen und diesen so auswählen.

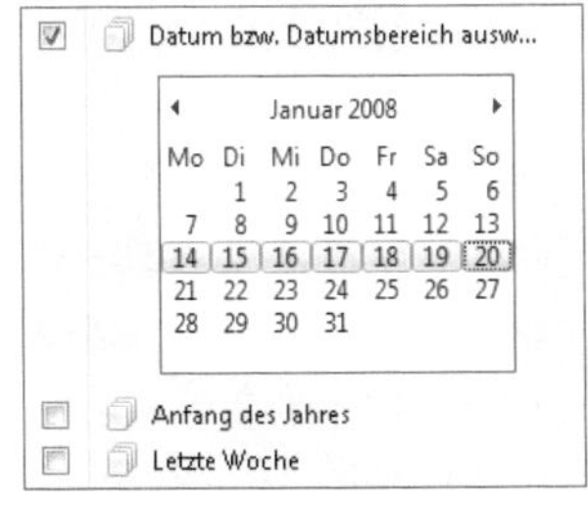

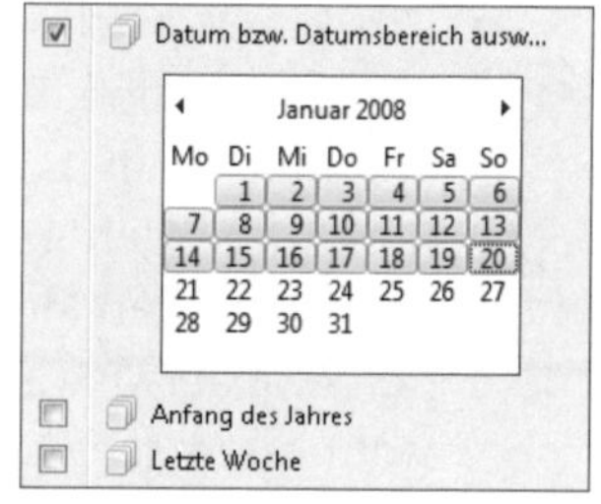

- Auf die oben beschriebene Weise können Sie auch beliebige Zeiträume auswählen. Setzen Sie zunächst eine Markierung auf den ersten Tag oder den ersten Monat oder das erste Jahr des Zeitraums und anschließend bei gedrückter [Umschalt]-Taste eine zweite auf das Ende des Zeitraums. Damit wählen Sie immer den gesamten Zeitraum zwischen diesen beiden Terminen aus. Eine solche Markierung kann sich über mehrere Tage, Wochen, Monate oder Jahre erstrecken.

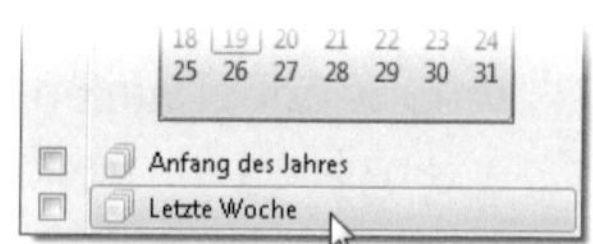

3 Alternativ stehen Ihnen auch die vom Gruppieren bzw. bekannten festen Rubriken für Datumseigenschaften zur Verfügung. Sie finden sie unterhalb der Datumsauswahl als einfache Einträge. Welche genau angezeigt werden, hängt vom Alter der Dateien im aktuellen Ordner ab.

4 Um die Auswahl abzuschließen, klicken Sie jeweils einfach neben dem Menü in das Explorer-Fenster. Das Menü wird dann geschlossen und der Windows-Explorer zeigt die gefilterte Dateiliste an.

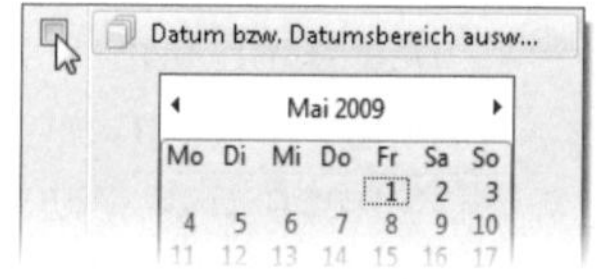

Um einen Anzeigefilter aufzuheben, den Sie zuvor über die freie Datumswahl festgelegt haben, öffnen Sie das Menü für diesen Filter erneut und entfernen das Häkchen links oben neben *Datum bzw. Datumsbereich auswählen*. Anschließend haben Sie keinerlei Anzeigefilter für diese Anzeigeeigenschaft und der Windows-Explorer sollte wieder alle Dateien anzeigen (sofern nicht noch andere Filter im Spiel sind).

Filter deaktivieren

Beim Verwenden von Anzeigefiltern besteht die Gefahr, das Vorhandensein eines Filters zu vergessen. So kann es passieren, dass Sie eine Datei suchen, die Sie partout nicht finden können, obwohl Sie sich sicher sind, dass sie da sein muss. Grund dafür kann ein Anzeigefilter sein, den Sie irgendwann zuvor aktiviert haben. Deshalb ist etwas Umsicht angesagt, wenn Sie diese Funktion einsetzen. Der Windows-Explorer kommt Ihnen entgegen, indem er Ansichtsfilter nur so lange aktiv lässt, wie Sie den aktuellen Ordner nicht verlassen. Wechseln Sie einmal in ein Unterverzeichnis oder einen ganz anderen Ordner, wird der Filter sofort deaktiviert, selbst wenn Sie anschließend sofort zu diesem Ordner zurückkehren.

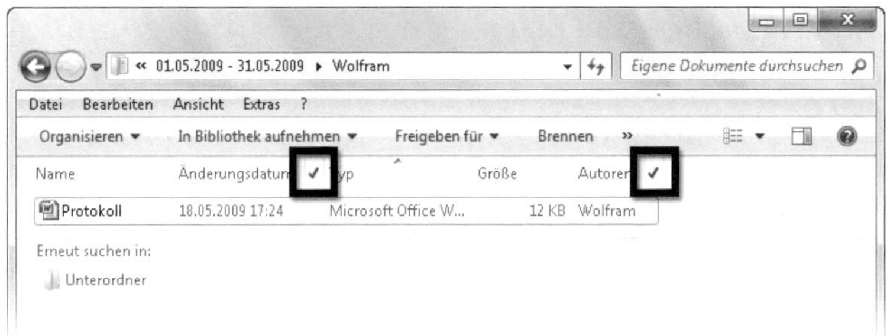

Außerdem können Sie in der Zeile mit den Spaltentiteln auf einen Blick erkennen, ob Filter aktiv sind. Ganz am rechten Rand der betroffenen Spalte finden Sie dann ein Häkchen anstelle der sonst üblichen Pfeilschaltfläche. Es dient ebenso als Schaltfläche, signalisiert aber auch die Aktivität von Filtern. Haben Sie mehrere Dateieigenschaften als Filter kombiniert, wird in jeder dieser Spalten ein Häkchen angezeigt. Um Anzeigefilter wieder zu entfernen, gibt es verschiedene Möglichkeiten:

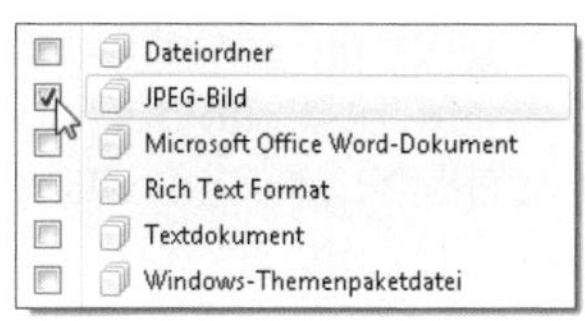

- Um einen einzelnen Anzeigefilter zu entfernen, gehen Sie genauso vor wie beim Auswählen des Filters. Rufen Sie das entsprechende Spaltenmenü auf und entfernen Sie diesmal das Häkchen des Eintrags. Diese Vorgehensweise wirkt sich immer nur auf diesen einen Anzeigefilter aus. Eventuelle weitere, die mit diesem kombiniert waren, bleiben zunächst unberührt.
- Der Windows-Explorer verwendet für das Erstellen der gefilterten Anzeige den Windows-Suchindex und einen dynamisch erzeugten virtuellen Ordner. Das erkennen Sie mit einem Blick auf das Adressfeld des Explorer: Hier steht nicht der eigentliche Ordner ganz rechts, sondern die herausgefilterte Dateieigenschaft. Wenn Sie mehrere Filterkriterien kombinieren, finden Sie im Adressfeld gleich mehrere virtuelle Unterordner des aktuellen Verzeichnisses.

  Um den jeweils zuletzt gewählten Filter zu deaktivieren, klicken Sie einfach ganz links oben auf die *Zurück*-Schaltfläche des Windows-Explorer. Damit verlassen Sie diesen virtuellen Unterordner und kehren zum nächsthöheren Ordner ohne diesen Filter zurück. Mehrere kombinierte Anzeigefilter deaktivieren Sie durch wiederholtes Klicken auf *Zurück*. Sie können die Filter auf diese Weise aber nur in der umgekehrten Reihenfolge des Aktivierens ausschalten. Um alle Anzeigefilter auf einmal zu deaktivieren, klicken Sie im Adressfeld direkt auf den ganz rechten realen Ordner, der immer dem ursprünglichen Ordner entspricht, in dem Sie die Anzeigefilter aktiviert hatten.
- Falls Ihnen das alles zu kompliziert ist: Rufen Sie das aktuelle Verzeichnis einfach erneut im Windows-Explorer auf (z. B. über das Adressfeld). Der Win-

dows-Explorer ist nicht nachtragend und stellt den Ordner dann ganz frisch und vollständig ohne Anzeigefilter dar.

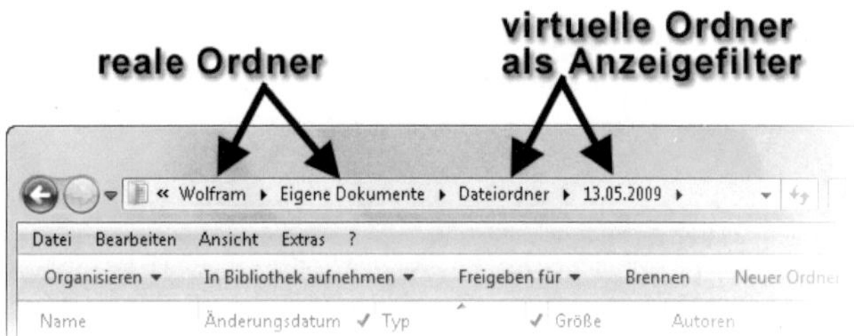

„Dokumente" ist das aktuelle Verzeichnis – die Unterordner sind virtuelle Ordner als Anzeigefilter.

11.3 Dokumente zu Themen, Projekten, Kunden etc. zuordnen

Windows kennt über 200 verschiedene Dateieigenschaften, die jeweils abhängig vom Typ eines Dokuments zum Einsatz kommen. Dabei gibt es sehr spezielle Informationen, die nur bei ganz bestimmten Dateitypen vergeben werden, wie z. B. bei Digitalfotos detaillierte Angaben zu den verwendeten Aufnahmeeinstellungen wie Objektiv, Blende und Verschlusszeit. Es gibt aber auch einige allgemeine Dateieigenschaften, die bei fast allen Dateitypen eingesetzt werden können. Dazu zählen Informationen wie der Autor bzw. Urheber der Datei, die Zugehörigkeit zu einer bestimmten Kategorie von Dokumenten oder Kommentare. Um mit diesen Dateieigenschaften zu arbeiten, gibt es im Windows-Explorer verschiedene Elemente:

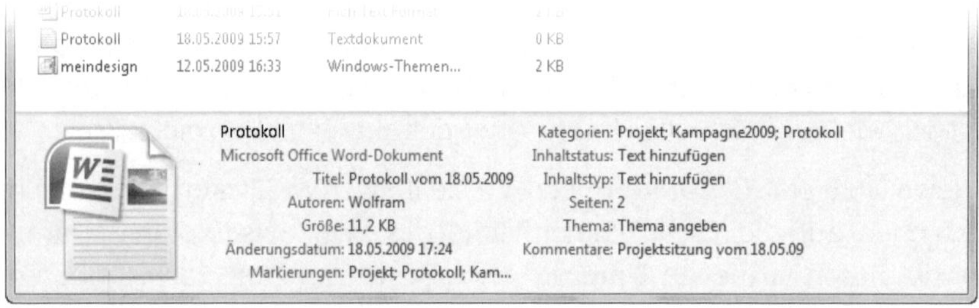

- Im Detailbereich am unteren Rand des Fensters stellt der Windows-Explorer dynamisch jeweils die wichtigsten Informationen zur gerade ausgewählten Datei zusammen. Welche das genau sind, hängt von der Art der Datei ab. Hier können Sie die Angaben nicht nur ablesen, sondern zumindest teilweise auch bearbeiten. Wie Sie den Detailbereich ein- und ausblenden sowie seine Größe optimieren können, ist auf S. 181 beschrieben.

- Der Detailbereich beschränkt sich jeweils nur auf die wesentlichen Angaben. Alle Detailinformationen zu einer Datei finden Sie in den Dateieigenschaften. Hier können Sie grundsätzlich alle Infos zur Datei ablesen und – soweit möglich – auch bearbeiten.

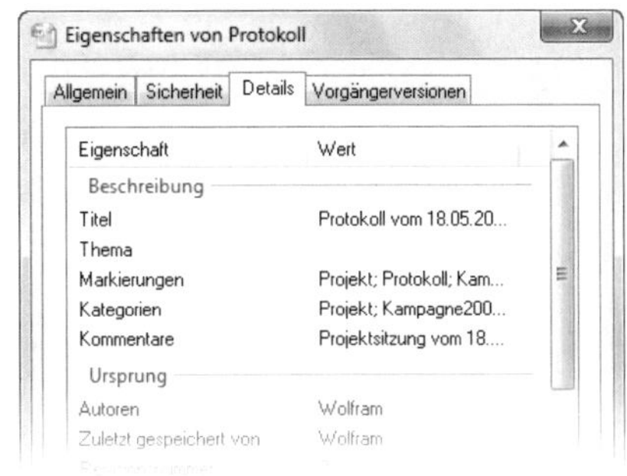

- Nur betrachten, nicht aber verändern können Sie die Dateieigenschaften in der Detailansicht des Windows-Explorer. Welche Informationen hier angezeigt werden, hängt vom Typ des Ordners ab. Sie können die dargestellten Spalten aber auch selbst beeinflussen (siehe S. 193). Der besondere Vorteil der Detailspalten: Hiermit können Sie die Darstellung der Dateien anhand beliebiger Eigenschaften sortieren, gruppieren und filtern.

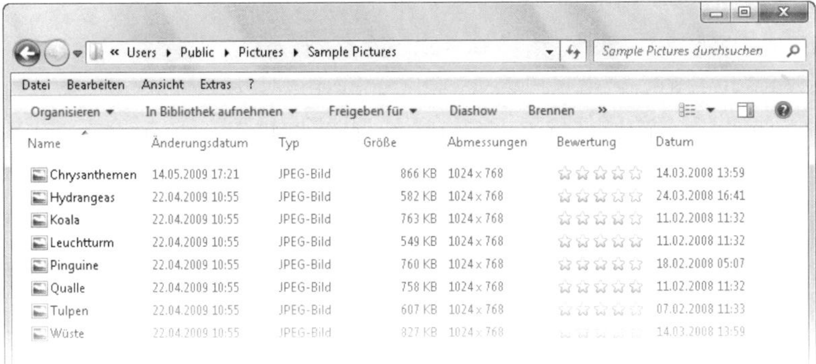

Dateiinfos direkt im Detailbereich bearbeiten

Der Detailbereich des Windows-Explorer stellt die direkteste Möglichkeit dar, die wichtigsten Dateieigenschaften einzusehen und auch zu bearbeiten. Einige Angaben wie z. B. die eines oder mehrerer Autoren sind aber bei fast allen Arten von Dateien möglich, wobei die Bezeichnung „Autor" hier im weitesten Sinne als Urheber des Dokuments zu verstehen ist.

TIPP

Größeres Detailfenster – mehr Dateiinfos

Je größer der Detailbereich im Windows-Explorer ist, desto mehr Dateiinformationen können Sie sehen und bearbeiten. Es empfiehlt sich deshalb, für umfangreiches Hantieren mit den Dateieigenschaften den Detailbereich auf maximale Größe zu stellen und auch das Explorer-Fenster möglichst groß zu wählen.

1 Klicken Sie im Detailbereich direkt rechts neben dem Eintrag *Autoren* auf den dort angegebenen Autor bzw. – falls noch kein Autor angegeben wurde – auf den Text *Autor hinzufügen*.

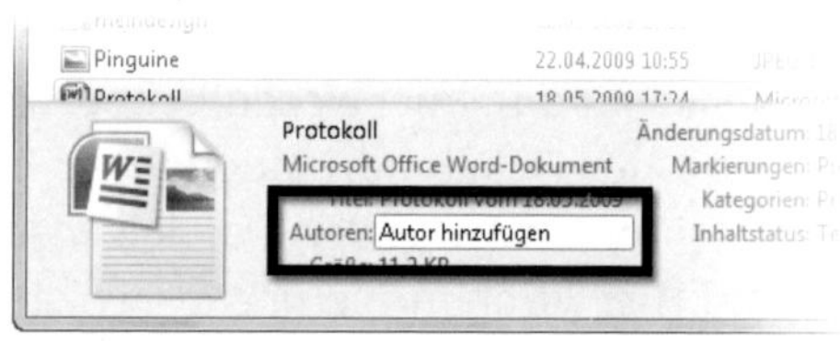

2 Die Angabe verwandelt sich dann in ein Eingabefeld, in das Sie den neuen Namen eintippen können.

Titel: Protokoll vom 18.05.2009
Autoren: Tobias;
Größe: 11,2 KB

3 Hinter den eingetippten Text wird automatisch ein Semikolon gesetzt. Dieses dient der Trennung von verschiedenen Namen, wenn Sie einer Datei z. B. mehrere Autoren zuweisen wollen. Für den zweiten Autor setzen Sie die Einfügemarke hinter das Semikolon und tippen dort weiter. Auch der zweite Name wird automatisch mit einem Semikolon versehen etc., sodass Sie prinzipiell beliebig viele Namen eingeben können.

Titel: Protokoll vom 18.05.2009
Autoren: Tobias; Lisa;
Größe: 11,2 KB

4 Um die Eingabe abzuschließen, drücken Sie nach dem (letzten) Namen einfach [Enter]. Das letzte Semikolon kann dabei ruhig stehen bleiben, da es ggf. automatisch entfernt wird. Alternativ können Sie auch rechts unten auf die *Speichern*-Schaltfläche klicken.

Titel: Protokoll vom 18.05.2009
Autoren: Tobias; Lisa
Größe: 11,2 KB

Auf die gleiche Weise können Sie auch Angaben zu allen anderen Dateieigenschaften machen, die im Dialog angezeigt werden.

TIPP

Die Eigenschaften mehrerer Dateien gleichzeitig ändern

Sie können im Detailbereich nicht nur die Eigenschaften für eine Datei bearbeiten. Wenn Sie oben mehrere Dateien auswählen, werden die Eigenschaften aller im Detailbereich unten angezeigt – soweit das möglich ist. Handelt es sich um Dateien desselben Typs, also z. B. nur Bilder, sehen Sie exakt die gleichen Eigenschaften wie bei nur einem Bild, aber eben aus allen Bildern kombiniert. Bei Autoren sind also die Urheber aller markierten Bilder angegeben. Bei Eigenschaften, bei denen jeweils nur ein Wert möglich ist (z. B. Titel oder Kommentar) wird *(mehrfache Werte)* angezeigt, wenn die verschiedenen Dateien sich in dieser Eigenschaft unterscheiden. Sie können diese Werte wie auch bei einer einzelnen Datei verändern. Allerdings wirkt sich die Änderung dann eben auf alle Dateien gleichzeitig aus. Zu beachten ist insbesondere, dass die *(mehrfache Werte)*-Eigenschaften bei allen Dateien komplett durch die neu eingegebenen Angaben ersetzt werden.

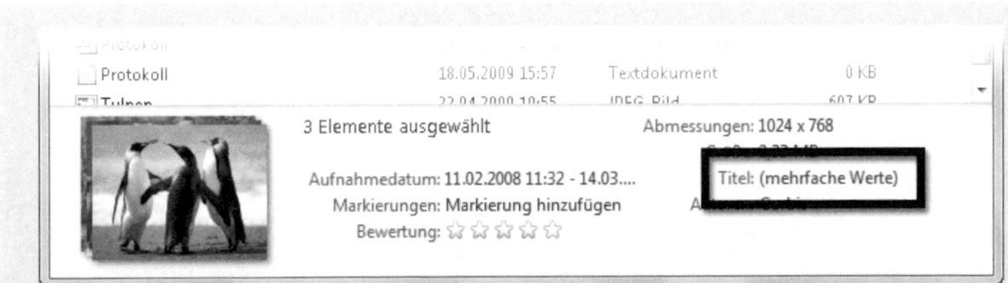

Etwas komplizierter wird es, wenn Sie mehrere Dokumente verschiedenen Dateityps gleichzeitig markieren. Dann zeigt der Detailbereich nur die Dateieigenschaften an, die beide Dateiarten gemeinsam haben, und auch nur diese lassen sich für alle markierten Dateien auf einmal verändern.

Zusätzliche Detailinformationen in den Dateieigenschaften bearbeiten

Da im Detailbereich nur die wesentlichen Eigenschaften einer Datei angezeigt und bearbeitet werden können, müssen Sie für speziellere Eigenschaften in die Dateieigenschaften wechseln. Hier werden definitiv alle Detailangaben zur Datei angezeigt und lassen sich dort auch – soweit möglich – bearbeiten. Auch hier können Sie zuvor mehrere Dateien markieren, um die Informationen für mehrere Dokumente einheitlich anzupassen.

1. Klicken Sie mit der rechten Maustaste auf die Datei, deren Eigenschaften Sie bearbeiten wollen, und wählen Sie im Kontextmenü ganz unten den Befehl *Eigenschaften*.
2. Wechseln Sie hier auf die Registerkarte *Details*.
3. Damit öffnen Sie den Dialog *Details*, in dem Sie alle Eigenschaften ablesen und bearbeiten können.
4. Das Auswählen und Editieren der einzelnen Angaben erfolgt ganz genauso wie im Detailbereich des Windows-Explorer.
5. Handelt es sich dabei um eine editierbare Eigenschaft, wird ein Textfeld eingeblendet, in dem Sie die Bearbeitung vornehmen können. Um von einem Wert zu einem anderen zu wechseln, platzieren Sie den Mauszeiger im neuen Bearbeitungsfeld.

6 Haben Sie alle Änderungen abgeschlossen, übernehmen Sie sie mit *OK* und schließen damit gleichzeitig den Dialog.

TIPP

Manche Angaben sind nicht editierbar
Nicht alle Angaben zu einer Datei lassen sich zum Bearbeiten auswählen. Manche Informationen werden automatisch vom Betriebssystem oder einer Anwendung eingetragen und es wäre wenig sinnvoll, sie zu ändern. Dies gilt z. B. für die Angabe, von wem und mit welchem Programm eine Datei zuletzt gespeichert wurde. Ebenso werden alle Datumsangaben automatisch eingetragen und können vom Benutzer nicht verändert werden. Auch statistische Angaben zu einem Dokument wie z. B. Seitenumfang und Wörterzahl bei einem Word-Text werden automatisch ermittelt und sind nicht veränderbar (außer in der Datei selbst).

Alle Dateien eines Projekts mit einem Schlüsselwort markieren

Die erweiterten Eigenschaften bieten sich an, um logische Zusammenhänge zwischen Dateien herzustellen. So können Sie z. B. alle Dateien, die zu einem bestimmten Projekt gehören, mit einem entsprechenden Schlüsselbegriff versehen. Alle diese Dokumente können Sie dann sehr schnell ausfindig machen, egal in welchen Ordnern die Dateien gespeichert sind und um was für Dokumentarten es sich handelt. Sie erhalten eine Liste mit allen Dateien des Projekts, die Sie z. B. für Sicherungszwecke oder zur Übergabe der Daten an Kollegen oder Kunden verwenden können.

1 Markieren Sie alle Dateien, die zu dem Projekt gehören, im Windows-Explorer. Befinden sich die Dateien in verschiedenen Ordnern, wiederholen Sie diese Schritte für jeden Speicherort. Beachten Sie dabei, dass Sie nur Dateien markieren, keine Ordner. Vielleicht hilft Ihnen auch die Suchfunktion (siehe S. 207), eine Liste aller gewünschten Dateien in einem virtuellen Ergebnisordner zusammenzustellen.

2 Klicken Sie dann unten im Detailbereich auf *Markierung hinzufügen*.

Änderungsdatum: 22.04.2009 10:55 - 19.05.2009 15:37
Markierungen: Markierung hinzufügen
Thema: (mehrfache Werte)

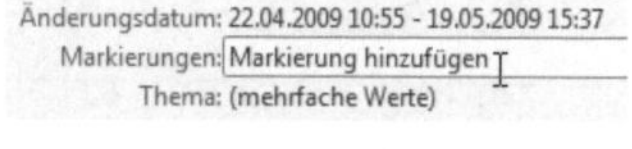

3 Geben Sie hier eine eindeutige Bezeichnung ein, z. B. den Namen des Projekts, und übernehmen Sie die geänderten Eigenschaften mit Enter oder einem Klick unten rechts auf *Speichern*.

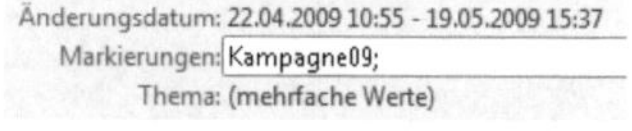

Änderungsdatum: 22.04.2009 10:55 - 19.05.2009 15:37
Markierungen: Kampagne09;
Thema: (mehrfache Werte)

4 Das neue Schlüsselwort wird bei allen dazugehörenden Dateien sofort unten in der Titelleiste des Windows-Explorer angezeigt.

Änderungsdatum: 19.05.2009 15:47
Markierungen: Kampagne09
Thema: (mehrfache Werte)

Wie Sie alle einem Projekt zugeordnete Dateien mittels einer Dateisuche ruck, zuck finden, beschreiben wir im Folgenden.

TIPP

Eine Datei in mehreren Projekten

Selbstverständlich können einzelne Dateien auch zu verschiedenen Projekten gleichzeitig gehören. Tragen Sie dazu einfach mehrere Stichwörter als Markierungen ein. Diese müssen jeweils durch ein Semikolon getrennt werden, aber dafür sorgt das Eingabefeld automatisch.

Alle Dokumente eines Autors/Benutzers finden

Die erweiterten Dateieigenschaften sollen im Windows-Explorer nicht nur nett aussehen, sondern beim Organisieren Ihrer Datenbestände helfen. Das wird dadurch gewährleistet, dass alle Dateiinformationen bei der neuen Dateisuche berücksichtigt werden können. Sie können also Dateien allein anhand der vorhandenen Zusatzinformationen auf der Festplatte finden und so z. B. alle Dateien zu einem bestimmten Projekt oder mit einem bestimmten Schlüsselwort ausfindig machen. Die neue Dateisuche von Windows stellen wir in Kapitel 12 ganz ausführlich vor und gehen dabei auch auf die Suche anhand der erweiterten Eigenschaften ausführlicher ein. An dieser Stelle deshalb als Vorgeschmack ein kleines Beispiel, das zeigt, wie Sie alle Dateien eines bestimmten Autors ganz schnell zusammensuchen können.

1 Geben Sie im Startmenü unten links im Suchfeld den Autorennamen so an, wie er in den Dateieigenschaften vermerkt ist. Im Startmenü werden dann oben direkt Dateien angezeigt, auf die diese Eigenschaft zutrifft. Allerdings ist dieses Ergebnis etwas mit Vorsicht zu genießen. Da Windows nicht ahnen kann, was Sie genau suchen, zeigt es hier alle Dateien an, in deren Eigenschaften oder Inhalt der angegebene Text enthalten ist.

2 Ist die Liste der gefundenen Dateien zu lang und unübersichtlich für das Startmenü, drücken Sie einfach [Enter]. Dann erhalten Sie das Suchergebnis in einem übersichtlichen Explorer-Fenster.

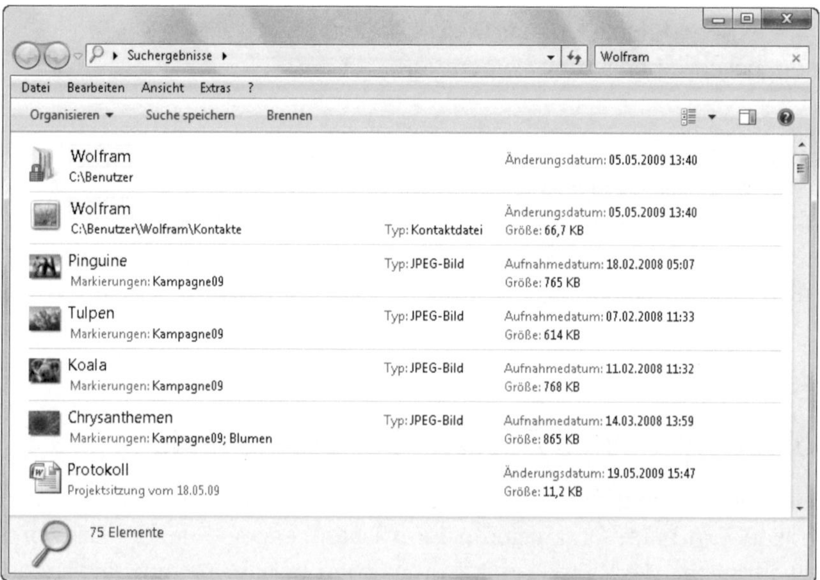

3 Um wirklich nur die Dokumente zu finden, deren Autor den angegebenen Namen hat, wechseln Sie ggf. mit *Ansicht/Details* in die Detailansicht. Stellen Sie sicher, dass hier die Spalte *Autoren* angezeigt wird. Ist das nicht der Fall, können Sie dies wie auf S. 193 beschrieben anpassen.

4 Klicken Sie dann auf den kleinen Pfeil rechts in der Spaltenüberschrift *Autoren* und wählen Sie im so geöffneten Menü den Namen des gesuchten Autors aus. Sollte er nicht aufgeführt sein, bedeutet dies, dass es in der Auswahl kein Dokument von diesem Autor gibt.

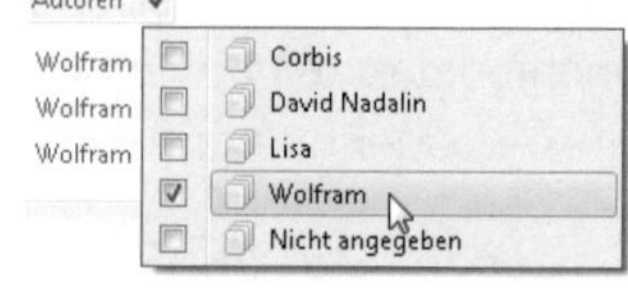

5 Der Windows-Explorer filtert dann die angezeigten Dateien und zeigt nur noch die an, die vom gesuchten Autor stammen. Dabei werden sowohl Dokumente berücksichtigt, die allein von ihm verfasst wurden, als auch solche, an denen er als Mitautor beteiligt war. Entscheidend ist, dass sein Name in der Dateieigenschaft *Autoren* enthalten ist.

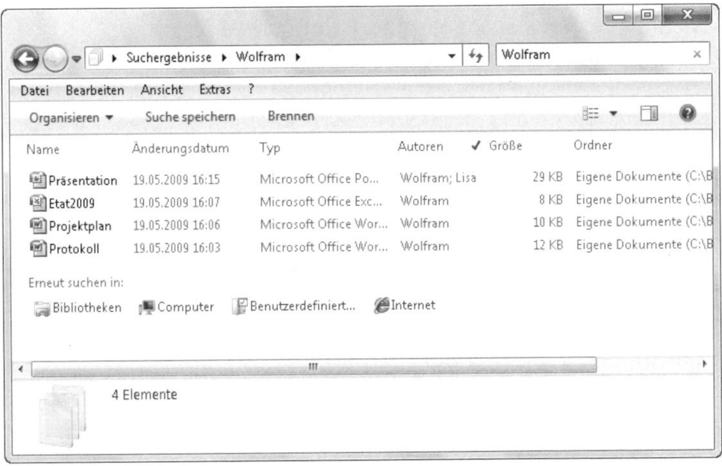

11.4 Die Qualität von Mediendateien per Sterne-Ranking bewerten

Eine sehr praktische und anschauliche Zusatzinformation ist das Bewerten, bei dem Sie Mediendateien mit einer Anzahl von Sternen zwischen null und fünf versehen können. So können Sie z. B. Musikstücke mit Sternchen bewerten und Ihren Lieblingsstücken jeweils volle fünf Sterne geben. Da Sie die Bewertung genau wie alle anderen erweiterten Eigenschaften auch für die Dateisuche verwenden können, können Sie so ganz einfach und schnell eine Liste mit Ihren Lieblingssongs zusammenstellen und abspielen lassen. Auch an anderen Stellen greift Windows auf solche Bewertungen zurück, beispielsweise zum Sortieren und Auswählen von Mediendateien im Windows Media Player.

1 Die Sterne-Bewertung steht bei allen Arten von Dateien zur Verfügung. Sie erkennen sie an der Bezeichnung *Bewertung* und den fünf Sternen im Vorschaubereich bzw. im *Eigenschaften*-Dialog.

2 Standardmäßig haben alle Dateien keine Sterne, also keine Bewertung. Um einer Datei eine Bewertung zuzuweisen, bewegen Sie den Mauszeiger auf die Sterne, die dann farblich hervorgehoben werden.

3 Ziehen Sie den Mauszeiger dann auf den Stern entsprechend der Anzahl der Sterne, die Sie für diese Datei vergeben möchten. Die Sterne unterhalb und links vom Mauszeiger werden dadurch markiert. Klicken Sie also z. B. auf den dritten Stern, wenn Sie insgesamt drei Sterne zuordnen wollen.

4 Wichtig: Haben Sie die Bewertung anhand der Sternchen vorgenommen, klicken Sie unten rechts auf *Speichern*. Das Ranking wird dann gespeichert und die entsprechende Anzahl von Sternen dauerhaft farblich hervorgehoben.

Finden Sie alle Musikstücke mit Fünf-Sterne-Bewertung

Die vergebene Bewertung kann beim Suchen, Sortieren und Filtern von Dateien helfen, wenn Sie beispielsweise angeben, dass nur Dateien mit einer Bewertung von fünf Sternen gefunden werden sollen. Sie können sie aber auch als Sortierkriterium bei umfangreicheren Dateilisten verwenden, um z. B. die Dateien mit der besten Bewertung ganz oben in der Liste anzuzeigen.

1 Öffnen Sie das Startmenü und tippen Sie im Suchfeld z. B. *.mp3* ein, um zunächst alle Ihre Musikdateien zu erfassen.

2 Drücken Sie dann [Enter], um das Suchergebnis übersichtlicher in einem eigenen Explorer-Fenster darzustellen.

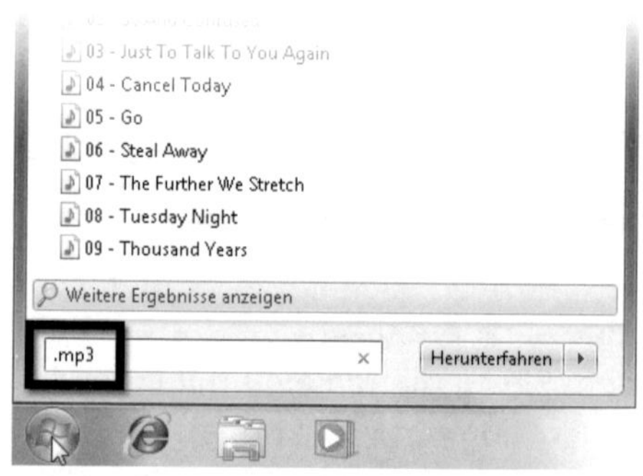

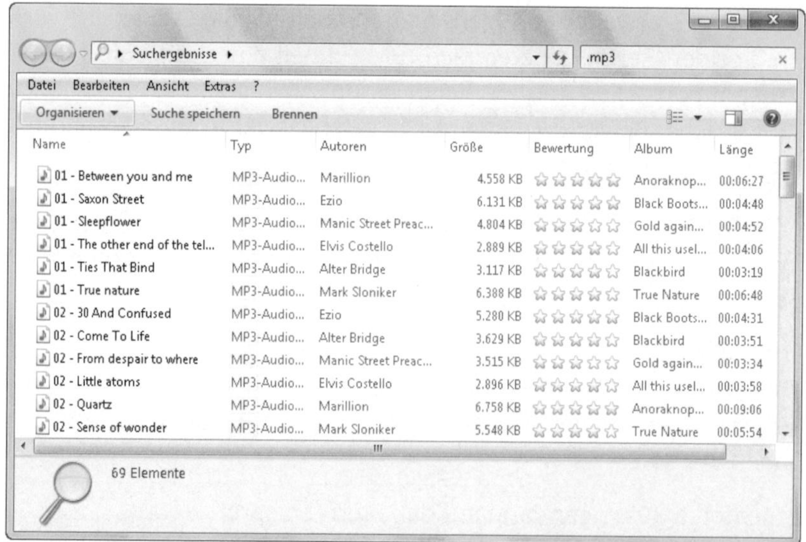

3 Stellen Sie sicher, dass in der Detailansicht die Spalte *Bewertung* angezeigt wird. Andernfalls passen Sie die Eigenschaftsspalten entsprechend an (siehe S. 193).

4 Nun können Sie die Sortier- und Filterfunktionen des Windows-Explorer nutzen, um die besonders gut bewerteten Stücke zu ermitteln. Wenn Sie z. B. zweimal hintereinander (nicht doppelt) auf die Spaltenüberschrift *Bewertung* klicken, werden die Dateien so sortiert, dass die am besten bewerteten ganz oben stehen.

5 Oder aber, wenn Sie z. B. nur die Musikstücke mit fünf Sternen als Liste haben möchten, nutzen Sie die Filterfunktion: Klicken Sie dazu auf das kleine Pfeilsymbol rechts neben *Bewertung* und wählen Sie im Untermenü die gewünschte Bewertung aus. Der Windows-Explorer blendet dann alle Musikclips mit weniger als fünf Sternen aus. Übrig bleibt eine Liste mit den am besten bewerteten Musikstücken Ihrer Sammlung, die Sie auswählen und vom Windows Media Player abspielen lassen können.

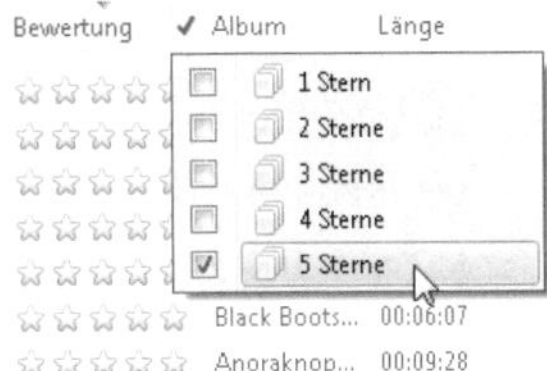

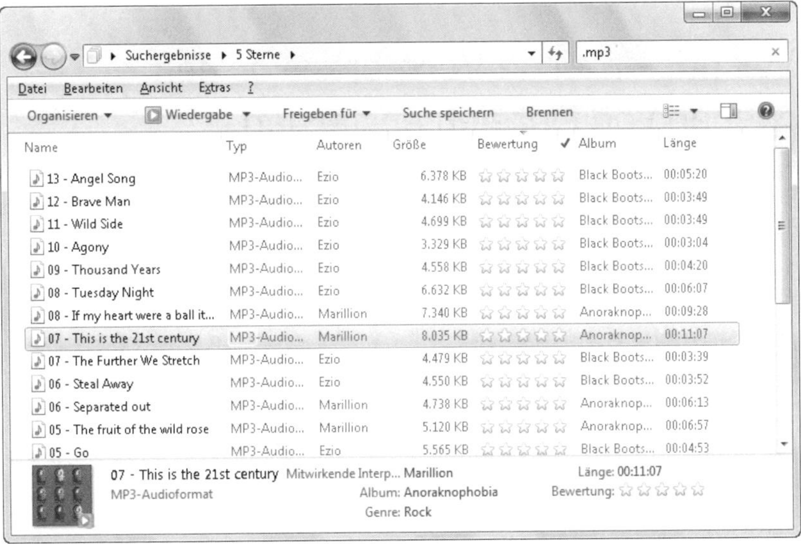

Dieser Abschnitt verwendet einige Funktionen der Windows-Dateisuche, die ab S. 207 ausführlicher vorgestellt werden. Falls nicht alle Musikstücke angezeigt werden, die Sie erwarten, liegt dies an den Einstellungen für den Suchindex, die auf S. 225 genauer erklärt werden.

Metainformationen von Bild- und Musikdateien nutzen

Die auf den vorangehenden Seiten vorgestellten erweiterten Dateieigenschaften stehen bei allen oder zumindest vielen Arten von Dateien im Vorschaubereich zur Verfügung. Darüber hinaus gibt es aber noch eine Vielzahl von speziellen Dateieigenschaften, die nur bei bestimmten Dateitypen wie z. B. Bild- oder Musikdateien verwendet werden. Sie werden im Vorschaubereich nur dann angezeigt, wenn eine entsprechende Datei ausgewählt wurde:

- Bei Musikdateien werden zusätzliche Angaben wie zum Künstler, zum Albumtitel, zum Veröffentlichungsjahr, zur Spieldauer, zur Qualität und zum Kopierschutz gemacht. Außerdem können Sie z. B. das Genre festlegen.
- Bei Videoclips erfahren Sie im Detailbereich, mit welchem Codec und mit welcher Bitrate der Clip erstellt wurde. Außerdem können Sie die Qualität schon anhand der Frame- und Datenrate beurteilen, ohne sich das Video dazu überhaupt anschauen zu müssen.
- Bei Bilddateien werden zusätzliche Angaben z. B. zum Bildformat, zur Größe des Bildes, zur Bittiefe und – soweit bekannt – zur Kamera gemacht, mit der die Aufnahme erstellt wurde.

11.5 Wichtig: interne Vermerke vor dem Weitergeben von Dateien entfernen

Das Speichern von zusätzlichen Informationen in Dokumenten ist eine praktische Organisationshilfe, hat aber auch seine Nachteile. Bei Office-Dokumenten – bei denen solche erweiterten Informationen schon länger gespeichert werden können – ist es schon mehrfach zu peinlichen Vorfällen gekommen, weil bei der Weitergabe von Dokumenten vertrauliche Informationen nicht entfernt wurden. So kann es z. B. passieren, dass ein Kunde zusammen mit den bestellten Dokumenten gleich noch Kommentare und Einschätzungen der Mitarbeiter zu lesen bekommt, z. B. was seine Person angeht, oder auch andere Firmeninterna. Bevor Sie Dokumente und sonstige Dateien für andere Personen bereitstellen, sollten Sie deshalb sicherstellen, dass keine erweiterten Informationen mehr darin sind, die andere Personen nicht lesen sollten.

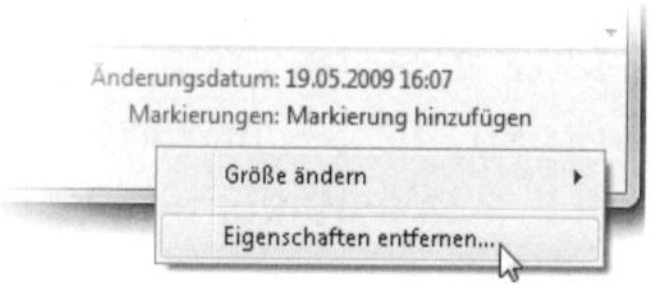

1 Wählen Sie die Datei(en) aus und öffnen Sie im Detailbereich des Windows-Explorer mit der rechten Maustaste das Kontextmenü. Wählen Sie hier den Befehl *Eigenschaften entfernen*. Alternativ finden Sie in der Rubrik *Details* der Dateieigenschaften die Schaltfläche *Eigenschaften und persönliche Informationen entfernen*.

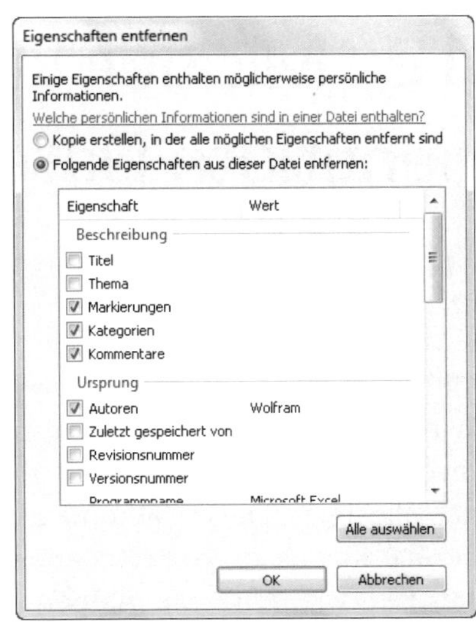

2 Windows öffnet dann wiederum ein Fenster mit den erweiterten Eigenschaften. Hier finden Sie aber vor jedem Eintrag ein Häkchen. Damit können Sie wählen, ob diese Information gelöscht werden soll (Häkchen) oder nicht (kein Häkchen).

3 Wollen Sie einfach alle erweiterten Informationen aus der Datei entfernen, können Sie unten mit der Schaltfläche *Alle auswählen* bei allen Einträgen Häkchen setzen.

4 Mit der Option *Folgende Eigenschaften aus dieser Datei entfernen* lassen Sie die Angaben direkt aus der ausgewählten Datei entfernen.

5 Wollen Sie hingegen eine neue Version der Datei ohne Zusatzinformationen erstellen, wählen Sie *Kopie erstellen, in der alle möglichen Eigenschaften entfernt sind*. Die Löschfunktion belässt dann die Informationen in der Ausgangsdatei und erstellt stattdessen eine Kopie des Dokuments ohne die ausgewählten Angaben. Diese neue Datei wird unter demselben Namen mit dem Zusatz *Kopie* abgelegt und kann bedenkenlos an andere weitergegeben werden.

6 Klicken Sie dann ganz unten auf *OK*, um die ausgewählten Daten zu entfernen.

TIPP

Erweiterte Angaben aus vielen Dateien auf einmal entfernen

Beim Bereitstellen von Dateien geht es oft nicht nur um ein Dokument, sondern gleich um mehrere oder auch einen ganzen Ordner. In solchen Fällen müssen Sie nicht alle Dokumente mühsam einzeln säubern. Markieren Sie einfach im Windows-Explorer alle betroffenen Dateien und lassen Sie diese wie beschrieben bereinigen. Der Vorgang läuft genauso ab, nur dass die gewählten Angaben eben aus allen ausgewählten Dateien auf einmal entfernt bzw. entsprechende Kopien erstellt werden.

12. Mit der Windows-Suche benötigte Daten stets schnell finden

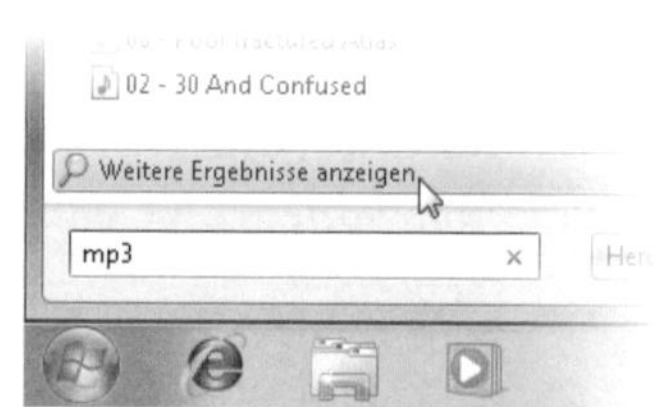

Mit Windows Vista wurde die Dateisuche von Windows nicht nur verbessert, sondern fast schon revolutioniert. Sie basiert auf einem Suchindex, der alle Ihre Dateien automatisch erfasst. Dabei berücksichtigt er neben naheliegenden Eigenschaften wie dem Dateinamen auch die zahlreichen Dateiinfos und bei textbasierten Dokumenten sogar den Inhalt. Dadurch werden komplexe Suchanfragen mit flexiblen Filtern bis hin zu Volltextsuchen möglich, die in der Regel innerhalb weniger Sekunden beantwortet werden. Der Suchindex wird automatisch im Hintergrund erstellt und aktualisiert. Windows 7 bringt hier noch mal Optimierungen und Erweiterungen mit, die das Suchen nach bestimmten Dateien noch schneller, flexibler und erfolgreicher machen.

12.1 Mit dem Suchfeld im Explorer Ordner und Dateien suchen und filtern

Zu den innovativsten Ideen der Suchleiste im Windows-Explorer gehört die Möglichkeit, die im aktuellen Ordner angezeigten Dateien und Verzeichnisse zu filtern. Das ist vor allem dann hilfreich, wenn ein Ordner oder eine Dateiliste sehr umfangreich ist. Dann stehen Ihnen zwar die Sortiermöglichkeiten z. B. nach Dateiname, -typ oder -größe zur Verfügung.

Mit dem Filter können Sie die Anzeige aber auch anhand des Dateinamens auf bestimmte Einträge beschränken. Dies klappt übrigens nicht nur innerhalb von einzelnen Ordnern: Wann immer der Windows-Explorer eine Liste mit Dateien und/oder Ordnern darstellt, können Sie diese Filterfunktion verwenden, um die Anzeige weiter einzuschränken. Das gilt also z. B. auch, wenn im Explorer-Fenster die Ergebnisse einer Dateisuche angezeigt werden.

TIPP

Die Grenzen der Schnellsuche

Eines darf man bei der hier beschriebenen Schnellsuche nicht vergessen: Sie bezieht sich jeweils nur auf den aktuell angezeigten Ordner und soll dabei helfen, darin möglichst schnell zur gesuchten Datei zu gelangen. Sie darf nicht mit der eigentlichen Dateisuche verwechselt werden, die Dateien unabhängig vom Ordner findet, in dem sie gespeichert sind. Für eine solche Suche reicht es nicht, den Namen der Datei einfach einzutippen, sondern Sie müssen die Suche abschließend mit [Enter] oder einem Klick auf die Suchschaltfläche starten. Damit machen Sie aus einer ergebnislosen Schnellsuche im aktuellen Ordner eine Dateisuche im gesamten System.

1 Um z. B. eine bestimmte namentlich bekannte Datei auch in einem umfangreichen Ordner schnell zu finden, tippen Sie einfach den Namen der Datei in das Suchfeld ein.

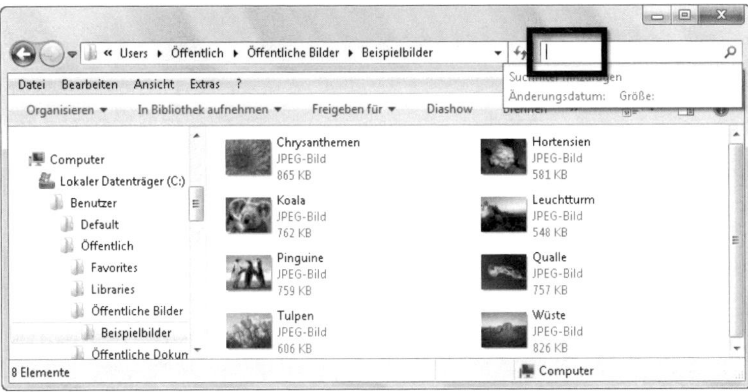

2 Sowie Sie die ersten Buchstaben eintippen, entfernt der Windows-Explorer automatisch alle Einträge aus der Liste, die diesen Buchstaben nicht enthalten. Bei den verbliebenen Einträgen wird jeweils der Teil des Namens farblich hervorgehoben, der dem eingetippten Text entspricht.

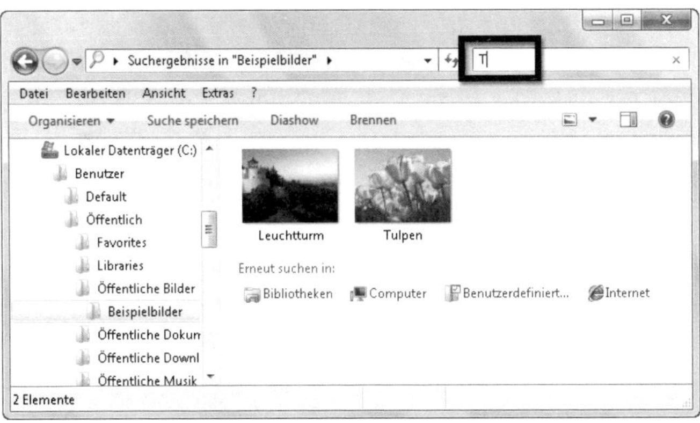

3 Beim nächsten Zeichen werden von den verbliebenen Einträgen wiederum diejenigen entfernt, die dieses Zeichen nicht im Namen enthalten.

4 Dies können Sie beliebig fortsetzen, bis die Dateiliste hinreichend gefiltert ist. Am Ende haben Sie jeweils eine Liste, die nur solche Dateien und Ordner umfasst, deren Name mit den im Suchfeld eingetippten Buchstaben beginnt. Haben Sie den kompletten Dateinamen eingetippt, wird nur noch diese Datei im Explorer angezeigt.

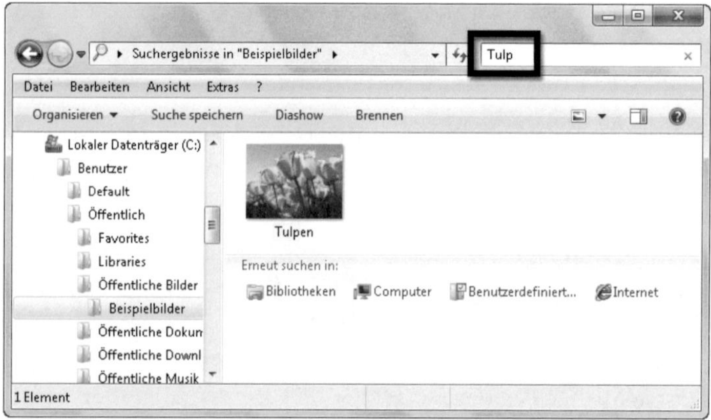

Wichtig: Um den Filter aufzuheben und alle Einträge der Dateiliste wieder anzuzeigen, entfernen Sie die Zeichen aus dem Suchfeld bzw. ersetzen sie durch ein Leerzeichen. Alternativ klicken Sie auf die Schaltfläche mit dem *x*-Symbol, die Sie rechts neben dem eingetippten Text finden.

Dateien anhand ihres Inhalts schnell wiederfinden

Die vorangehend beschriebene Methode hilft nur, wenn Sie den Namen einer Datei zumindest teilweise kennen. Der Suchindex von Windows erlaubt Ihnen aber noch mehr. Er kennt von Dateien nicht nur den Namen, sondern – zumindest bei Text- bzw. Office-Dokumenten – auch den Inhalt. Sie können also eine Datei im aktuellen Ordner lokalisieren, indem Sie im Suchfeld einen eindeutigen Begriff aus dem Inhalt des Dokuments eintippen, z. B. einen Namen oder ein anderes Wort, von dem Sie genau wissen, dass es in der gesuchten Datei vorkommt.

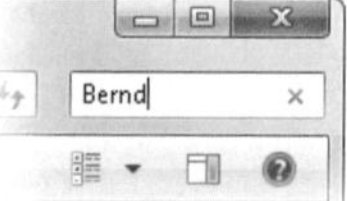

1 Wechseln Sie dazu im Windows-Explorer in den Ordner, in dem sich das gesuchte Dokument befinden sollte.

2 Tippen Sie dann im Suchfeld einen Begriff ein, der im gesuchten Dokument enthalten ist. Wählen Sie dazu einen

eindeutigen Begriff, der möglichst nur in diesem oder höchstens in wenigen anderen Dateien vorkommt.

3 Genau wie beim Dateinamen müssen Sie den Begriff nicht unbedingt ganz ausschreiben. Schon ab dem ersten Buchstaben schränkt die Windows-Suche die angezeigte Dateiliste auf die Dateien ein, die diesen Buchstaben enthalten (was bei nur einem Buchstaben aber meist noch relativ viele sind). Mit jedem weiteren Zeichen wird die Anzeige weiter eingeschränkt, sodass meistens einige Buchstaben ausreichen, um die Dateiliste hinreichend zu verkürzen.

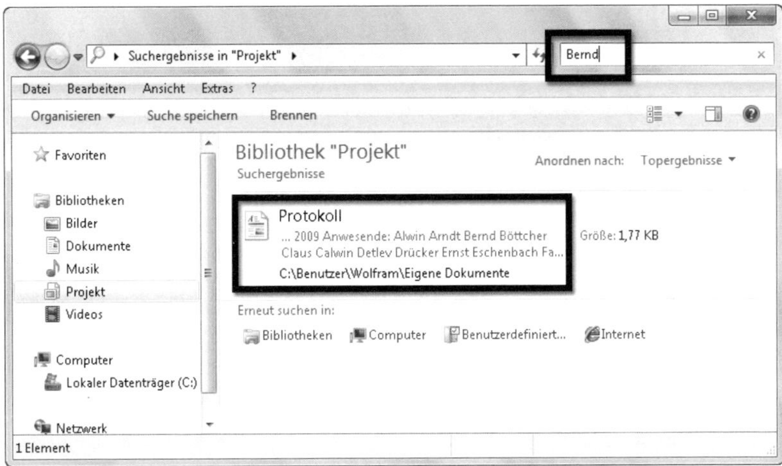

4 Ist die Dateiansicht *Inhalt* aktiviert, zeigt der Windows-Explorer den relevanten Inhalt der Datei, der den Suchbegriff enthält, direkt an.

TIPP

Volltextsuche und Vorschaubereich kombinieren

Die Volltextsuche, kombiniert mit dem Vorschaubereich, macht Dateinamen quasi überflüssig. Durch ein geschickt gewähltes Schlüsselwort lassen Sie sich alle infrage kommenden Dateien im Windows-Explorer auflisten. Ist der Vorschaubereich aktiviert, können Sie anschließend einen kurzen Blick in alle diese Dateien werfen, um die gewünschte schnell zu ermitteln. So können Sie ein Dokument komplett anhand des Inhalts wiederfinden, selbst wenn Sie nicht die geringste Ahnung haben, unter welchem Namen Sie die Datei noch gleich abgelegt hatten.

Durch zusätzliche Kriterien noch genauer filtern

Ganz neu in Windows 7 ist die Möglichkeit, im Suchfeld nicht nur einen Suchbegriff für den Dateinamen oder den Inhalt anzugeben. Sie können alternativ oder zusätzlich auch Kriterien wie Dateigröße, Änderungsdatum, Autor oder Dateityp angeben. Prinzipiell war das auch schon bei Vista möglich, aber dazu musste die genaue Syntax beachtet und alles eingetippt werden. Bei Windows 7 können Sie solche zusätzlichen Eigenschaften bequem zusammenklicken.

1 Wenn Sie die Einfügemarke im Suchfeld platzieren, wird direkt darunter ein kleines Menü eingeblendet. Darin sind verschiedene Dateieigenschaften angezeigt. Welche das genau sind, hängt vom Inhalt des Ordners ab. Befinden sich darin z. B. Musikstücke, können Sie Kriterien wie Album und Interpret anwählen. Enthält der Ordner hingegen Dokumente, lassen sich Name, Autor und Dateityp wählen.

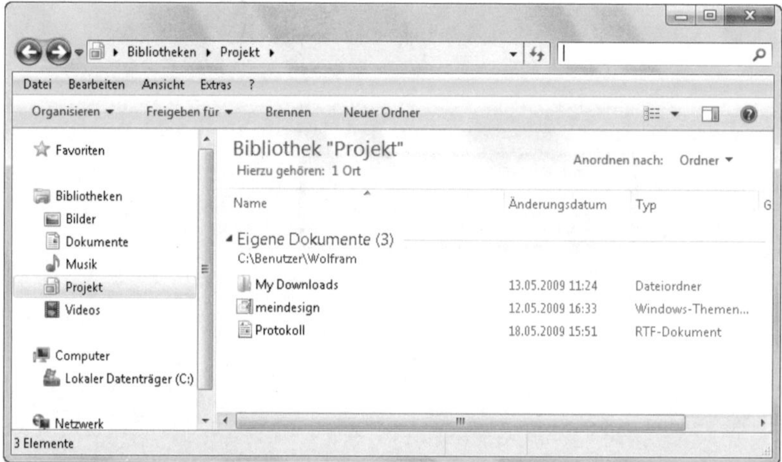

2 Um ein solches Filterkriterium zu verwenden, klicken Sie einfach darauf. Der Windows-Explorer zeigt dann ein Menü an, das alle im aktuellen Ordner hierfür infrage kommenden Daten zur Auswahl anbietet. Wollen Sie z. B. den Autor einschränken, zeigt er also die Autoren aller Dokumente im aktuellen Ordner an. Wählen Sie die Eigenschaft für das Kriterium aus, die die zu findenden Dateien erfüllen sollen.

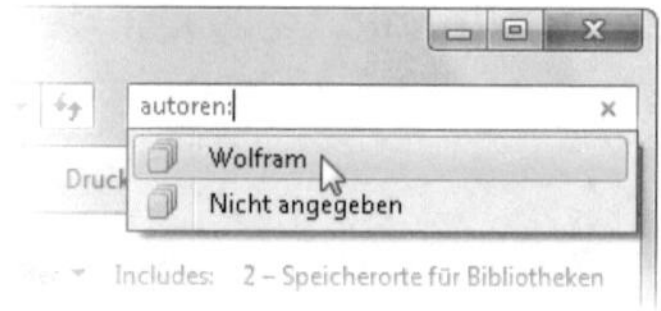

3 Anschließend zeigt der Windows-Explorer im Suchfeld das so formulierte Filterkriterium an. Damit Sie solche Kriterien von manuell eingegebenen Suchbegriffen unterscheiden können, unterscheiden sie sich farblich.

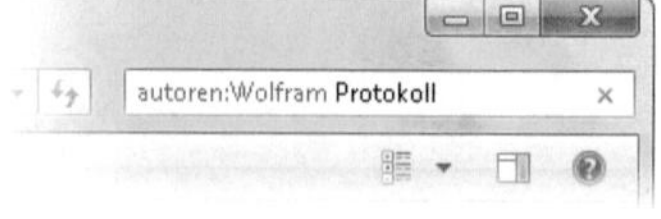

4 Das so definierte Suchkriterium können Sie mit einem klassischen Suchbegriff kombinieren. Sie können aber auch weitere Kriterien hinzufügen. Jedes Kriterium schränkt die im Explorer angezeigte Dateiliste ggf. unmittelbar ein.

TIPP

Suchkriterien selbst formulieren

Das Suchfeld des Windows-Explorer bietet Ihnen immer nur einige wenige zur aktuellen Dateiauswahl passende Kriterien an. Sie können aber jederzeit alle beliebigen Dateieigenschafen als Such- bzw. Filterkriterium verwenden. Dazu müssen Sie allerdings die genaue Schreibweise der Dateieigenschaft sowie des gewünschten Wertes kennen. Dabei handelt es sich letztlich immer um ein Paar der Form *<Kriterium>=<Eigenschaft>*. Mit ein wenig Übung lassen sich die wichtigsten Kriterien merken und gewinnbringend einsetzen.

12.2 Dateien anhand von Name oder Eigenschaften auf der Festplatte wiederfinden

Das Eingabefeld im Startmenü von Windows 7 ist direkt mit der Windows-Dateisuche verknüpft. So können Sie jede beliebige Datei auf Ihrem PC direkt aus dem Startmenü aufrufen. Sie brauchen dafür nur den Namen der Datei oder einen eindeutigen Teil ihres Inhalts zu kennen.

1 Öffnen Sie das Startmenü mit einem Klick auf das Startsymbol in der Taskleiste. Alternativ können Sie auch [Win] drücken.

2 Das Eingabefeld im Startmenü erhält automatisch den Fokus, sodass Sie hier direkt lostippen können.

3 Tippen Sie den Namen der Datei ein. Alternativ können Sie auch einen Begriff verwenden, der in einer Textdatei enthalten ist oder der in den erweiterten Dateieigenschaften vermerkt ist (z. B. einen Autorennamen oder eine Kategorie).

4 Oben im Startmenü werden jeweils die Dateien angezeigt, auf die der unten eingetippte Suchbegriff zutrifft. Je mehr Sie tippen, desto kürzer und eindeutiger wird die Liste.

5 Ist die gesuchte Datei dabei, wählen Sie sie per Mausklick aus oder benutzen die Pfeiltasten und [Enter] dafür.

6 Sind die Suchergebnisse noch zu umfangreich, klicken Sie oberhalb des Eingabefeldes auf *Weitere Ergebnisse anzeigen*. Dann werden die vollständigen Suchergebnisse in einem Windows-Explorer-Fenster angezeigt, in dem Sie sie mit Sortieren und Filtern noch weiter analysieren können.

INFO

Mehr als ein Suchergebnis pro Datei?

Wundern Sie sich nicht, wenn eine gefundene Datei gleich mehrmals in der Ergebnisliste aufgeführt wird. Das tritt immer dann auf, wenn Dokumente zu Bibliotheken gehören. Dann zeigt die Suche neben der eigentlichen Datei zusätzlich einen Treffer für jede Bibliothek, in der das Dokument enthalten ist. Letztlich ist es aber immer dieselbe Datei.

Aufbereiten der Suchergebnisse durch Sortieren und Filtern

Die einfache Suche per Dateiname ist schon recht hilfreich, insbesondere wenn man den Namen der gesuchten Datei oder zumindest einen Teil davon kennt. Wenn es aber darum geht, Dateien anhand erweiterter Eigenschaften ausfindig zu machen und insbesondere Sammlungen von zusammengehörenden Dateien zu erstellen, kommen die Filter ins Spiel. Sie ergänzen die Suche um weitere Kriterien, die praktisch alle Aspekte und Eigenschaften von Dateien erfassen können. Da Sie zu einer Suche beliebig viele Filter hinzufügen dürfen, können Sie damit sehr spezielle und präzise Ergebnisse erreichen.

Alle Musikstücke eines Genres zusammenstellen

Eine wichtige Eigenschaft, die Sie im Suchformular für Musikdateien vielleicht vermissen, ist die Einteilung nach Genres. Gerade bei vielseitigen Musiksammlungen kann diese Angabe sehr praktisch sein, wenn man sich z. B. eine Playlist passend zur momentanen Stimmung zusammenstellen will. Auch ohne spezielles Suchfeld für das Genre kommen Sie mit dem Suchfenster schnell zu einer dementsprechenden Liste:

1 Öffnen Sie das Suchfenster des Windows-Explorer mit *Start/Suchen*.

2 Tippen Sie im Eingabefeld z. B. *mp3* ein, wenn Sie Ihre Musiksammlung im MP3-Format gespeichert haben. Klicken Sie dann darüber auf *Weitere Ergebnisse anzeigen*. Der Windows-Explorer zeigt daraufhin in der Dateiliste alle Musikstücke an, die im Suchindex verzeichnet sind.

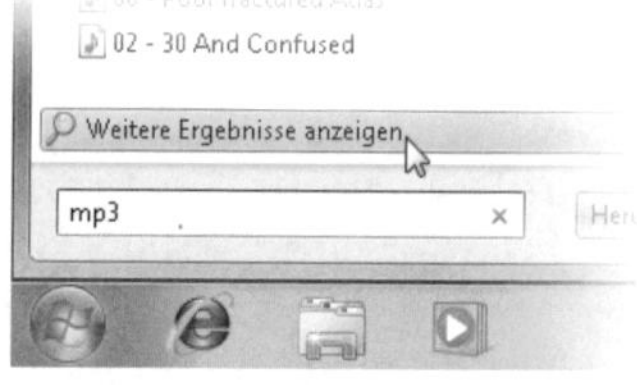

3 In der Ergebnisliste finden Sie in der Detailansicht unter anderem eine Spalte *Genre*. Bewegen Sie den Mauszeiger auf die Spaltenüberschrift und klicken Sie dann auf die Pfeilschaltfläche rechts daneben.

4 Im damit geöffneten Untermenü sehen Sie in der Mitte eine Übersicht über alle in der Ergebnisliste enthaltenen Genres. Um eines davon auszuwählen, klicken Sie einfach darauf. Dadurch setzen Sie vor dem Eintrag ein Häkchen. Wollen Sie mehr als ein Genre in der Auswahl behalten, wiederholen Sie diesen Schritt für alle gewünschten Einträge.

5 Der Windows-Explorer filtert die Anzeige der Dateien gemäß den gewählten Genre-Einträgen und zeigt nur solche Dateien an, deren Genre-Eigenschaft einer der markierten Vorgaben entspricht.

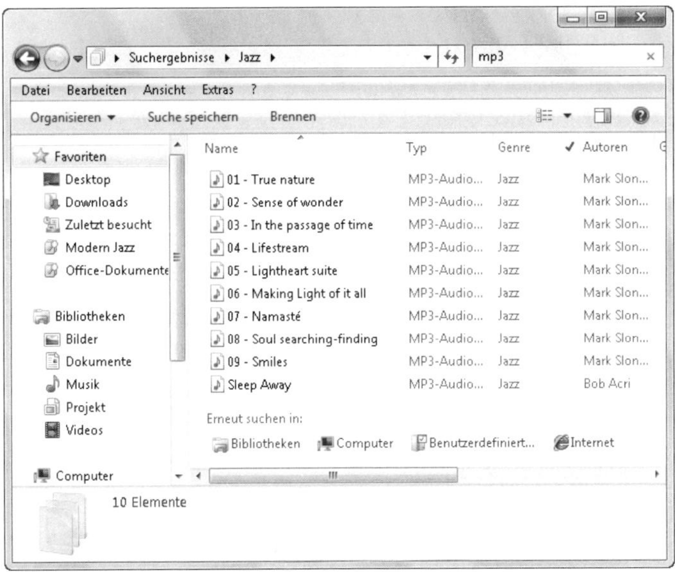

TIPP

Mehrere Dateieigenschaften miteinander verknüpfen

Für komplexe Suchen wie etwa „alle Bilder, die letzten Monat neu hinzugekommen sind, von Benutzer XYZ erstellt oder bearbeitet wurden und Abmessungen von 1.024 x 768 Bildpunkten haben" müssen mehrere Dateieigenschaften miteinander verknüpft werden. Hierzu können Sie verschiedene Filter hintereinander benutzen. Suchen Sie z. B. erst alle Bilddateien, filtern Sie dann alle Dateien heraus, die im letzten Monat bearbeitet wurden, filtern Sie daraus dann alle Bilder, bei denen Benutzer XYZ als Autor angegeben ist, und filtern Sie daraus schließlich die Abmessung 1.024 x 768. Solche Kombinationen sind beliebig umfangreich und komplex möglich. Es gibt nur eine Einschränkung: Sie können nicht zwei verschiedene Eigenschaften mit einem logischen ODER verknüpfen. Die Suche „alle Musikstücke, die zum Genre Klassik gehören ODER deren Aufnahmedatum vor 1920 liegt" ist auf diese Weise nicht möglich.

Jedes Dokument per Volltextsuche zielsicher ermitteln

Die Windows-Dateisuche indiziert nicht nur Name und Dateieigenschaften, sondern zumindest bei textbasierten Dokumenten auch den Inhalt. Dazu gehören einfache Textdateien ebenso wie Dokumente aus dem Office-Paket wie Word, Excel oder PowerPoint. Deren Inhalt wird automatisch indiziert, wenn Sie solche Dateien speichern. Dadurch geht das Suchen nach Inhalten genauso schnell wie eine Suche anhand von allgemeinen oder erweiterten Dateieigenschaften.

1 Tippen Sie im Eingabefeld des Startmenüs den Begriff ein, den Sie für die Volltextsuche verwenden wollen. Mit jedem Zeichen schränkt Windows die Liste der angezeigten Dateien weiter ein.

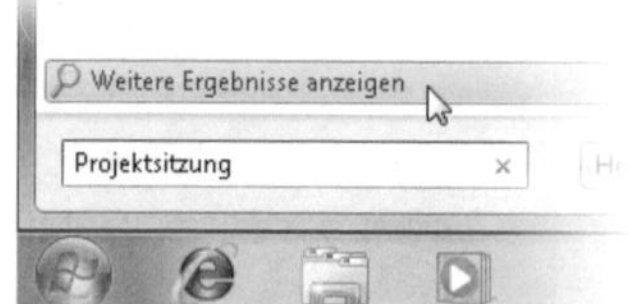

2 Sollte das Ergebnis noch nicht eindeutig genug sein, können Sie mit *Weitere Ergebnisse anzeigen* die Ergebnisliste im Windows-Explorer öffnen und hier weitere Suchvorgaben machen, z. B. in Bezug auf Art oder Änderungsdatum der gesuchten Datei. Alle diese Erweiterungen der Suche beziehen sich immer nur auf die Dateien, die zuvor mit der Volltextsuche ermittelt wurden.

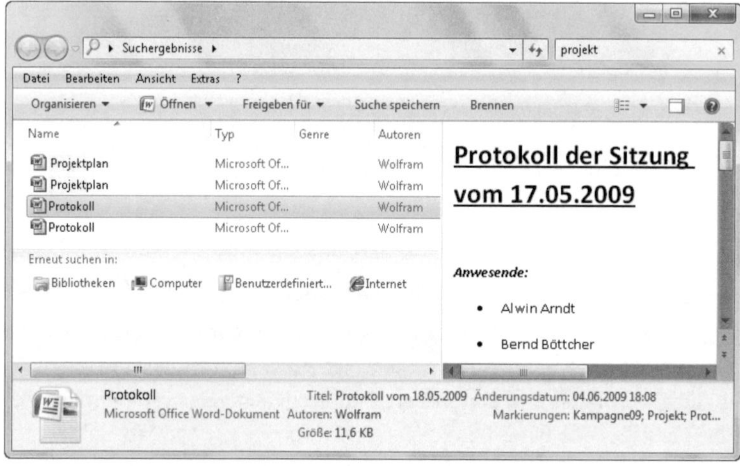

3 Die letztlich gefundenen Dokumente müssen Sie leider nach wie vor einzeln öffnen und mit der jeweiligen Suchfunktion der Anwendung die eigentliche

Fundstelle im Dokument ermitteln. Eine gute Hilfe hierbei kann allerdings das Vorschaufenster sein.

Die optimalen Sucheinstellungen für flotte Volltextsuchen

Für die Volltextsuche erfasst der Windows-Suchindex neben den Dateinamen auch den Inhalt von textbasierten Dateien. Das ist zeit- und speicheraufwendig. Deshalb lässt sich die Volltextsuche an das individuelle Nutzerverhalten anpassen. Sie können die Suchfunktion so konfigurieren, dass sie selbst bei Dateien außerhalb des Suchindex eine Volltextsuche durchführt, was zwar zeitaufwendig ist, aber garantiert auch alles findet.

1. Um die Optionen für die Volltextsuche zu steuern, öffnen Sie im Windows-Explorer mit *Organisieren/Ordner- und Suchoptionen* die Ordnereinstellungen.
2. Wechseln Sie hier auf die Registerkarte *Suchen*.
3. Hier finden Sie die für die Volltextsuche relevanten Einstellungen ganz oben im Bereich *Was möchten Sie suchen*:

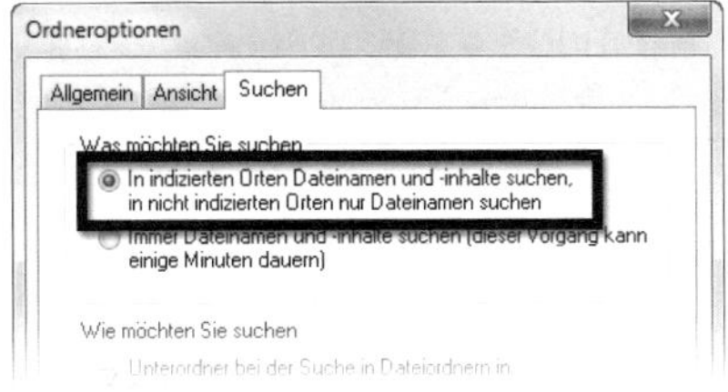

   - Mit der Standardoption *In indizierten Orten Dateinamen und -inhalte suchen, in nicht indizierten Orten nur Dateinamen suchen* haben Sie einen guten Kompromiss aus Effizienz und Aufwand. Der Suchindex berücksichtigt den Inhalt von Dokumenten. Solange die Suche innerhalb des Index bleibt, wird automatisch immer auch eine Volltextsuche durchgeführt. Bei Suchen außerhalb des Index werden nur Dateinamen gesucht, was immer noch relativ schnell geht.
   - Wenn Sie es ganz genau wissen wollen, fahren Sie mit der Option *Immer Dateinamen und -inhalte suchen* am besten. Damit führt die Dateisuche grundsätzlich auch eine Volltextsuche aus. Wenn Sie als Suchbereich ein ganzes Laufwerk oder gar den kompletten Computer vorgegeben haben, kann das aber sehr lange dauern. Innerhalb des Suchindex geht es jedoch genauso schnell wie sonst auch.

TIPP

Volltextsuche findet nur ganze Wörter?

Falls die Volltextsuche nur ganze Wörter findet und dementsprechend auch erst dann Ergebnisse anzeigt, wenn Sie den Suchbegriff komplett eingetippt haben, überprüfen Sie die Suchoptionen. Im Bereich *Wie möchten Sie suchen* sollte die Option *Teiltreffer finden* eingeschaltet sein. Dann reicht es auch, die ersten Buchstaben eines Begriffs einzugeben, um die Dateien mit diesem Wort zu finden.

12.3 Oft gesuchte Dokumente in virtuellen Ordnern jederzeit verfügbar machen

Virtuelle Ordner sind im Gegensatz zu realen, physisch auf der Festplatte vorhandenen Verzeichnissen dynamisch erstellte Dateilisten, die im Windows-Explorer ganz genauso wie herkömmliche Ordner angezeigt und bearbeitet werden können. Der Explorer verwendet solche virtuellen Ordner, um die Ergebnisse von Suchen darzustellen. Da es sich dabei eben nicht einfach nur um eine Auflistung von Dateien handelt, sondern um einen vollwertigen – wenn auch temporären – Ordner, können Sie die Ergebnisse beliebig weiter filtern, stapeln, gruppieren etc. Der besondere Clou an solchen Suchen ist aber noch ein anderer: Sie können jede einmal formulierte Suche als virtuellen Ordner speichern und später dann jederzeit mit einem Mausklick wiederholen und damit den Inhalt des virtuellen Ordners anzeigen. Dabei handelt es sich selbstverständlich jeweils um die aktuellen Ergebnisse der Suche.

1 Führen Sie zunächst die gewünschte Suche durch. Hierzu können Sie einfach einen Suchbegriff im Startmenü eingeben und dann auf *Weitere Ergebnisse anzeigen* klicken. Wichtig: Die angezeigten Ergebnisse können Sie noch weiter filtern, um z. B. nur Dokumente aus einem bestimmten Zeitraum anzuzeigen, nur Musikstücke von einem bestimmten Interpreten oder eines speziellen Genres etc. Sorgen Sie einfach dafür, dass Sie im Windows-Explorer genau die Dateien sehen, die als Ergebnis der Suche angezeigt werden sollen.

2 Klicken Sie dann in der Symbolleiste auf die Schaltfläche *Suche speichern*.

3 Windows schlägt automatisch einen Namen für die Suche vor. Sie können diesen aber beliebig abändern. Legen Sie die Suche am besten im Standardordner *Gespeicherte Suche* ab.

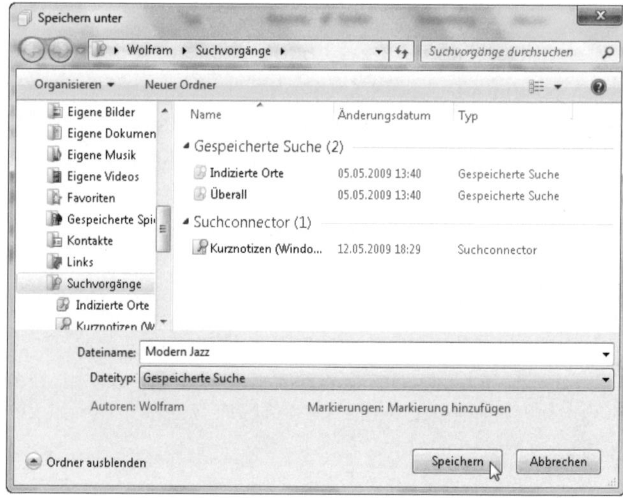

4 Für derart gespeicherte Suchen wird automatisch eine Verknüpfung im Navigationsbereich unter *Favoriten* eingefügt.

An dieser Stelle können Sie den virtuellen Ordner später jederzeit abrufen und öffnen. Klicken Sie dazu einfach auf seinen Eintrag. Das Anzeigen des Inhalts kann abhängig vom gewählten Suchumfang kurz dauern, was durch die grafische Fortschrittsanzeige im Adressfeld symbolisiert wird.

12.4 Die schnelle Windows-Dateisuche auf zusätzliche Laufwerke ausdehnen

Die Leistungsfähigkeit und Geschwindigkeit der Windows-Dateisuche basiert auf einem Indizierungsdienst. Dieser erfasst automatisch und unauffällig im Hintergrund regelmäßig die Dateien und Dokumente. Dazu nutzt er z. B. Zeiten, in denen der PC nicht anderweitig ausgelastet ist. Auf diesen Index greift die Suchfunktion bei Anfragen zurück. Da die Dateien dann nicht alle einzeln abgefragt werden müssen, sondern alle relevanten Informationen im Index sofort zugänglich sind, können Suchen dadurch erheblich beschleunigt werden. Das automatische Indizieren verbraucht allerdings auch Ressourcen. Deshalb können Sie den Dienst mit einigen Optionen steuern und so z. B. festlegen, welche Arten von Dateien er wie ausführlich indizieren soll und welche Ordner berücksichtigt werden sollen.

Weitere Ordner in die Überwachung durch den Index aufnehmen

Standardmäßig überwacht der Suchindex für jeden Benutzer dessen eigene Dateien, Offlinedateien sowie Einträge in seinem Startmenü. Solange Sie neue Dateien und Ordner konsequent innerhalb von *Eigene Dateien* anlegen, reicht das völlig aus und alle Ihre Dokumente werden automatisch vom Index erfasst. Sie können aber auch Ordner aus anderen Bereichen vom Index berücksichtigen lassen.

1 Um die Optionen für den Indexdienst zu bestimmen, öffnen Sie in der Systemsteuerung das Modul *Indizierungsoptionen*.

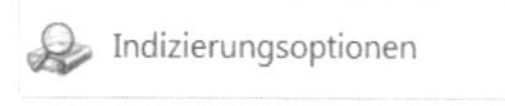

2 Hier finden Sie ganz oben Angaben zum Status des Indexdienstes und zur Anzahl der derzeit indizierten Dateien.

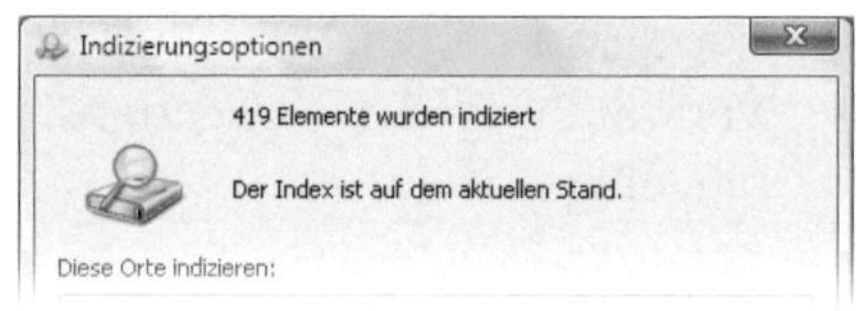

3 Im Bereich *Diese Orte indizieren* können Sie sehen und festlegen, welche Bereiche der Indexdienst berücksichtigt. Wenn Sie z. B. keine Offlinedateien verwenden, können Sie diese Funktion deaktivieren, um das Indizieren zu beschleunigen.

4 Mit einem Mausklick auf die *Ändern*-Schaltfläche können Sie die Suchbereiche verändern. Klicken Sie sich dazu im anschließenden Dialog zu den Ordnern durch, die vom Indexdienst berücksichtigt werden sollen, und setzen Sie dort ein Häkchen. Der entsprechende Ordner wird dann mit in die Liste aufgenommen. Die Indizierung erfolgt dann sowohl für die Dateien im Ordner selbst als auch für den Inhalt sämtlicher Unterordner und deren Ordner.

TIPP

Mit dem Umfang des Suchindex nicht übertreiben!

Der schnelle Suchindex legt vielleicht die Idee nahe, einfach den gesamten Computer zu überwachen, also sämtliche vorhandenen Festplattenlaufwerke in den Index aufzunehmen. Das ist aber keine gute Idee, denn die Geschwindigkeit des Suchindex hängt von seinem Umfang ab. Je mehr Ordner Sie in die Überwachung aufnehmen, desto länger werden die Antworten beim Suchen dauern. Es empfiehlt sich also, wirklich nur solche Ordner in den Index aufzunehmen, die eigene Dateien enthalten. Fragen Sie sich einfach, wie groß die Wahrscheinlichkeit ist, dass Sie in einem bestimmten Ordner jemals nach einer Datei suchen werden. Keinesfalls sollten Ordner wie *Programme* oder *Windows* überwacht werden. Auch der Platzbedarf des Index steigt mit dem Umfang, ebenso der Aufwand zum Aktualisieren der Indexeinträge.

Welche Arten von Dateien sollen indiziert werden?

Neben den Ordnern können Sie auch bestimmen, welche Arten von Dateien der Indexdienst berücksichtigen soll. So können Sie die Suchfunktion schlank und schnell halten, indem Sie sich auf die Dokumenttypen beschränken, mit denen Sie üblicherweise arbeiten.

1 Klicken Sie in den Einstellungen für den Suchindex unten auf die *Erweitert*-Schaltfläche.

2 Im anschließenden Dialog können Sie zunächst festlegen, ob Sie auch verschlüsselte Dateien indizieren lassen möchten, was den Aufwand zum Erstellen des Index allerdings erheblich erhöht. Diese Option ist auch nur sinnvoll, wenn Sie überhaupt mit verschlüsselten Dateien arbeiten.

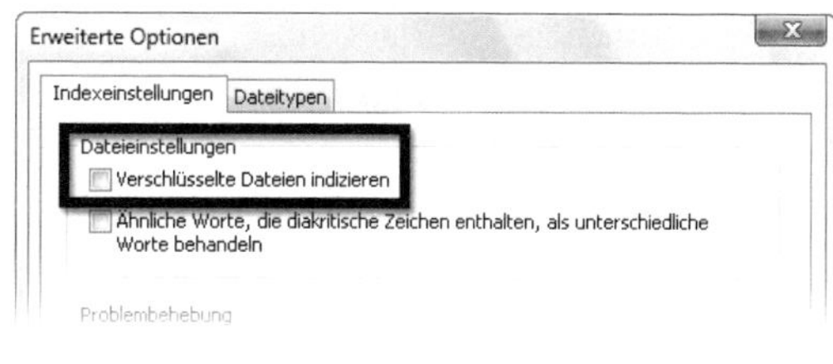

3 Wechseln Sie dann auf die Registerkarte *Dateitypen*. Hier finden Sie eine Liste der registrierten Dateitypen.

4 Per Häkchen legen Sie jeweils fest, ob die Dateien eines bestimmten Typs überhaupt indiziert werden sollen.

5 Mit den Optionen darunter steuern Sie, ob bei entsprechenden Dokumenten nur Namen und Dateieigenschaften erfasst werden sollen oder ob auch der Dokumentinhalt für die Volltextsuche erfasst und gespeichert werden soll.

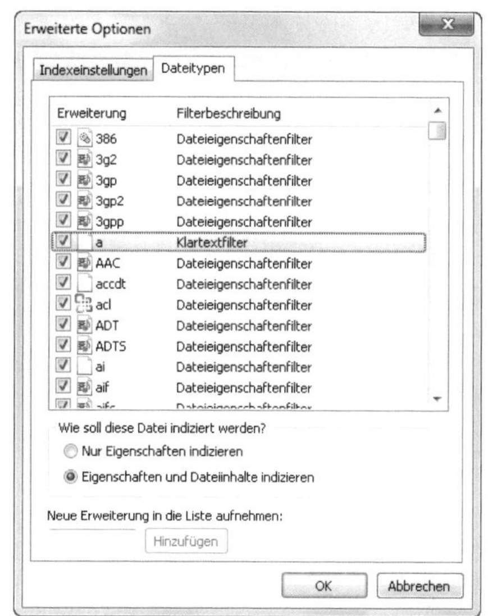

Den Index bei Bedarf manuell erneuern

Der Indexdienst läuft üblicherweise vollautomatisch im Hintergrund und sucht sich selbst regelmäßig passende Gelegenheiten, um den Index auf dem aktuellen Stand zu halten. Falls Sie darauf nicht warten wollen, können Sie aber auch manuell eine neue Bestandsaufnahme in die Wege leiten. Das lohnt sich z. B., wenn Sie umfangreiche Änderungen am Dateibestand vorgenommen haben und diese beim Suchen sofort berücksichtigt werden sollen.

1 Öffnen Sie wiederum in der Systemsteuerung das Modul Indizierungsoptionen und klicken Sie dort auf die *Erweitert*-Schaltfläche.

2 Im anschließenden Dialog finden Sie im Bereich *Problembehandlung* die Schaltfläche *Neu erstellen*.

3 Bestätigen Sie anschließend den Sicherheitshinweis mit einem Klick auf *OK*.

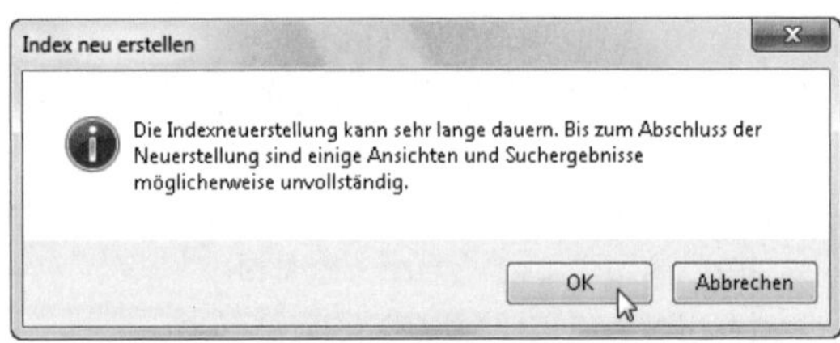

4 Der Index wird nun gelöscht und anschließend komplett neu aufgebaut. Den Fortschritt können Sie in den Indizierungsoptionen verfolgen.

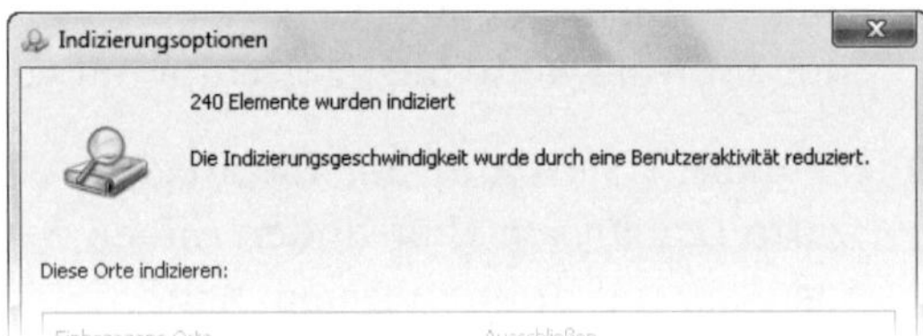

5 Sie können den Dialog jetzt bereits schließen und parallel anderweitig mit dem PC weiterarbeiten. Beachten Sie aber, dass Suchanfragen und die Anzeige von erweiterten Dateieigenschaften nur eingeschränkt funktionieren, solange der Index nicht vollständig erneuert ist. Dieser Vorgang dauert mindestens einige Minuten, bei sehr vielen Dateien unter Umständen auch deutlich länger. Ist er beendet, sehen Sie in den Indizierungsoptionen die Meldung *Die Indizierung wurde abgeschlossen*.

13. Verteilte Daten mit Bibliotheken intelligent organisieren

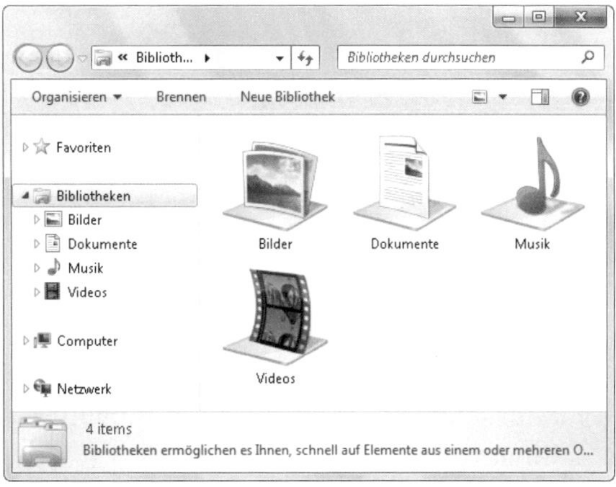

Mit Windows Vista hatte Microsoft bereits ein grundlegend neues Konzept zur Dateiorganisation eingeführt, nämlich virtuelle Ordner, das auch in Windows 7 beibehalten wurde. Allerdings kommt nun noch eine weitere praktische Möglichkeit dazu: In Bibliotheken können verschiedene Ordner zu einer Datensammlung zusammengefasst werden. Eine Bibliothek enthält dann alle Dateien aus den Ordnern, die zu ihr gehören. So können Sie Dokumente, die z. B. thematisch zusammengehören, aber über verschiedene Ordner verteilt sind, zentral zusammenfassen und so jederzeit schnell darauf zugreifen.

13.1 Die vorhandenen Standardbibliotheken sinnvoll nutzen

Windows 7 bringt von Hause aus bereits einige Bibliotheken mit. Dies sind *Dokumente*, *Musik*, *Bilder* und *Videos*, die jeweils den entsprechenden Inhalten zugeordnet sind. Inhaltlich umfassen sie standardmäßig jeweils zwei Ordner:

- den entsprechenden Ordner innerhalb der persönlichen Dateien (z. B. *Eigene Bilder*) sowie
- den entsprechenden öffentlichen Ordner (z. B. *Öffentliche Bilder*).

Für den Zugriff auf diese Bibliotheken gibt es verschiedene Möglichkeiten:

- Klicken Sie in der Taskleiste auf das Symbol des Windows-Explorer. So gestartet, öffnet er standardmäßig das Verzeichnis Ihrer Bibliotheken.

- In der Navigationsleiste haben die Bibliotheken einen eigenen Eintrag. Hier können Sie das Bibliotheksverzeichnis aufrufen, Sie können aber auch die einzelnen Bibliotheken direkt anwählen.

- Die Einträge im Startmenü für Dokumente, Bilder, Musik und Videos führen Sie nicht wie bei früheren Windows-Versionen in die entsprechenden Ordner in Ihrem persönlichen Bereich. Stattdessen wechseln Sie damit in die gleichnamigen Bibliotheken. Die *Video*-Bibliothek wird standardmäßig nicht angezeigt, das können Sie aber in den Einstellungen zum Startmenü jederzeit ändern.

- Tippen Sie im Eingabefeld den Namen einer Bibliothek ein bzw. einen ausreichenden Teil davon, bis diese Bibliothek ganz oben in der Auswahlliste angezeigt wird. Drücken Sie dann einfach [Enter], um diese Bibliothek zu öffnen.

13.2 So ziehen Sie optimalen Nutzen aus der Arbeit mit Bibliotheken

Der Inhalt einer Bibliothek setzt sich aus verschiedenen Verzeichnissen zusammen. Trotzdem können Sie damit fast wie mit einem herkömmlichen Ordner arbeiten. Einige Unterschiede gibt es aber doch.

1 Ein deutlich sichtbarer Unterschied ist eine zusätzliche Kopfzeile, die im Windows-Explorer rechts über dem Inhalt der Bibliothek eingeblendet wird. Sie enthält den Namen der Bibliothek und zwei wichtige Einstellungen.

2 Mit *Anordnen nach* können Sie die Darstellung des Bibliotheksinhalts steuern. Sie steht standardmäßig auf *Ordner*. Dadurch wird die Bibliothek in ihrer Ordnerstruktur angezeigt. Sie sehen also zunächst die einzelnen Teilordner, die Sie ausklappen können, um deren Inhalt zu betrachten. Alternativ können Sie andere Kriterien zur Strukturierung verwenden, wie z. B. Autor, Datum oder Dokumenttyp. Die Standardbibliotheken bieten abhängig von ihrem Inhalt verschiedene Kriterien an.

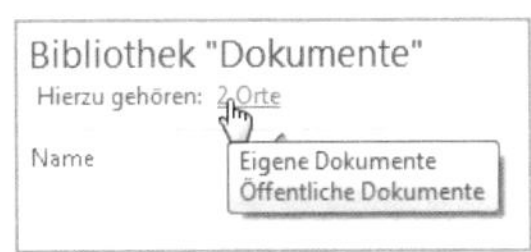

3 Bei *Hierzu gehören* können Sie erfahren, wie sich die Bibliothek zusammensetzt. Lassen Sie den Mauszeiger über der Angabe oder Ordneranzahl ruhen, wird Ihnen sogar angezeigt, welche Ordner Teil dieser Bibliothek sind. Die Angabe ist zugleich eine Verknüpfung, über die Sie Zugang zur Verwaltung dieser Bibliothek haben.

4 In diesem Menü sehen Sie genau, welche Ordner derzeit zur Bibliothek gehören. Hier können Sie einzelne Ordner hinzufügen und entfernen. Allerdings gibt es für das Hinzufügen auch eine schnellere und direktere Möglichkeit, die im Folgenden noch gezeigt wird.

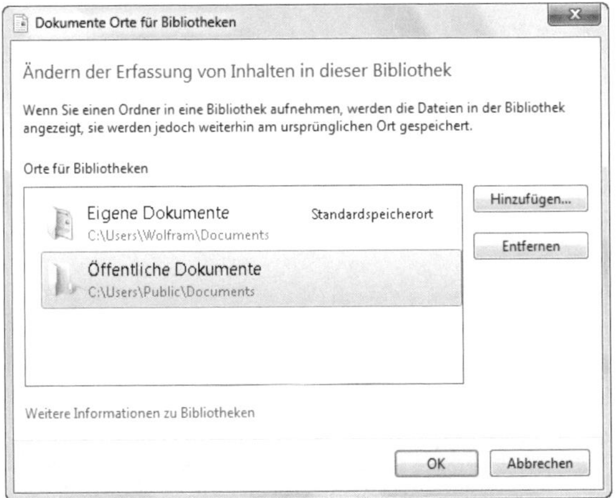

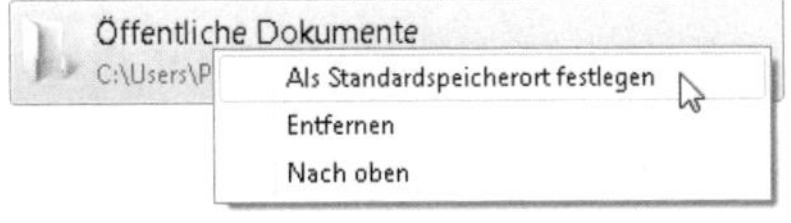

5 Wichtig: Wenn Sie einen der Einträge mit der rechten Maustaste anklicken, finden Sie im Kontextmenü noch weitere Funktionen. So können Sie z. B. die Reihenfolge der Ordner in der Bibliothek anpassen (wichtige ganz nach oben, selten genutzte eher nach unten). Und Sie können hier wählen, welchen der Ordner Sie als Standardspeicher festlegen möchten.

INFO

Der Standardspeicherort einer Bibliothek

Bibliotheken funktionieren im Prinzip genauso wie Ordner. Das heißt, Sie können in einer Bibliothek auch Dokumente speichern bzw. neue Dateien anlegen. Da eine Bibliothek aber eine Zusammenstellung mehrerer Ordner ist, stellt sich dabei die Frage, wo solche neuen Dateien nun gespeichert werden sollen. Eine Kopie der Datei in jedem der Ordner wäre ja wenig sinnvoll. Deshalb kann für jede Bibliothek ein Standardspeicherort voreingestellt werden. Alle Dateien, die in dieser Bibliothek gespeichert werden, landen dann in diesem Ordner. Dies gilt selbstverständlich nicht, wenn Sie innerhalb der Bibliothek einen der enthaltenen Ordner auswählen und die Datei ausdrücklich darin speichern.

Von der Bibliothek zu konkreten Ordnern und Dateien

Innerhalb einer Bibliothek können Sie mit den Dateien und Ordnern ganz wie gewohnt arbeiten, also Dokumente öffnen und speichern, kopieren, umbenennen etc. Die Änderungen, die sich dadurch ergeben, wirken sich auch immer auf die tatsächlichen Dateien und Ordner aus. Wenn Ihnen die Bibliothek allerdings zu unübersichtlich sein sollte oder eine andere Notwendigkeit besteht, sie zu verlassen, können Sie jederzeit in einen konkreten Ordner wechseln.

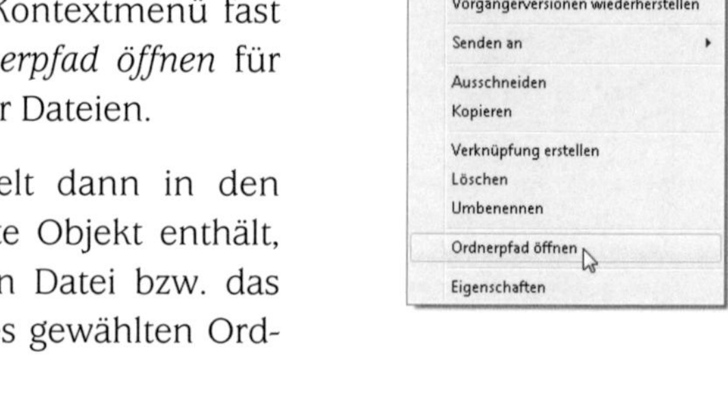

1. Klicken Sie den Ordner oder die Datei mit der rechten Maustaste an.
2. Wählen Sie im so geöffneten Kontextmenü fast ganz unten die Funktion *Ordnerpfad öffnen* für Ordner bzw. *Dateipfad öffnen* für Dateien.
3. Der Windows-Explorer wechselt dann in den Ordner, der das zuvor gewählte Objekt enthält, also den Ordner der gewählten Datei bzw. das übergeordnete Verzeichnis eines gewählten Ordners.

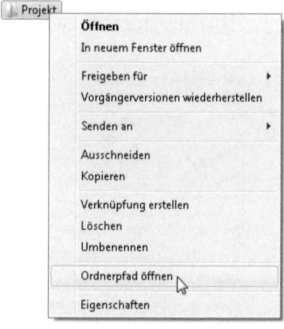

Dieses wird angezeigt und das gewählte Objekt darin direkt markiert, sodass Sie es auch in umfangreichen Verzeichnissen schnell finden können.

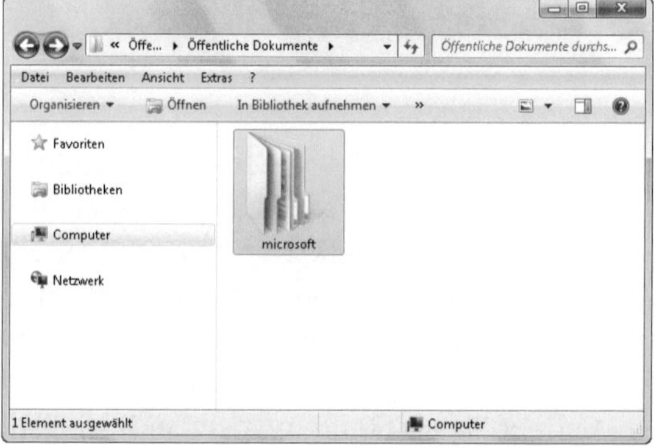

Fügen Sie einer Bibliothek weitere Ordner hinzu

Wie bereits erwähnt wurde, können Sie in den Einstellungen einer Bibliothek weitere Ordner hinzufügen. Dies geht aber auch auf einem direkteren, schnelleren Weg:

1 Wählen Sie den Ordner, den Sie einer Bibliothek hinzufügen möchten, im Windows-Explorer aus.

2 Klicken Sie dann mit der rechten Maustaste darauf.

3 Wählen Sie im Kontextmenü den Befehl *In Bibliothek aufnehmen*. Alternativ finden Sie diesen Befehl auch in der Symbolleiste des Windows-Explorer, wenn Sie einen Ordner auswählen.

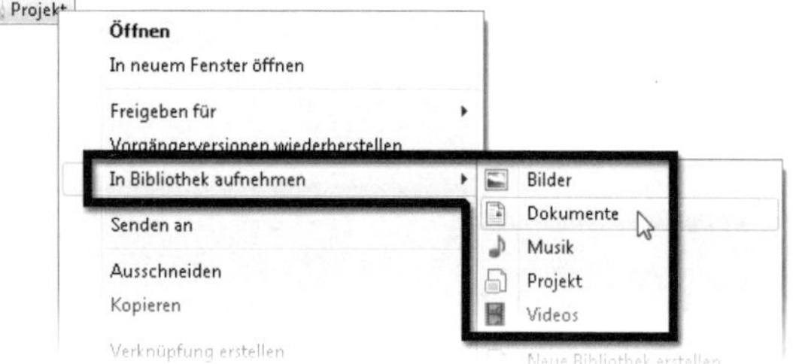

4 Im dazugehörenden Untermenü finden Sie eine Liste aller vorhandenen Bibliotheken. Wählen Sie einfach diejenige aus, zu der dieser Ordner hinzugefügt werden soll.

5 Der Ordner wird ab sofort Teil dieser Bibliothek. In den Einstellungen der Bibliothek können Sie anschließend noch die Position des Ordners regeln sowie ihn ggf. zum standardmäßigen Speicherort für Dokumente in dieser Bibliothek machen.

SPEZIAL Mit Bibliotheken eigene Datensammlungen zusammenstellen

Neben den vorgefertigten Standardbibliotheken für Dokumente und Medien liegt der besondere Nutzen dieser Funktionen darin, dass Sie sich beliebig eigene Bibliotheken erstellen können. Auf diese Weise können Sie einfach Dateien, die an verschiedenen Stellen gespeichert sind, zentral zusammenfassen. Das erleichtert den Zugang zu verschiedenartigen Daten, die gemeinsam zu einem Thema oder Projekt gehören. Dies erlaubt es aber z. B. auch, sehr einfach und flexibel Dateien für andere Benutzer bereitzustellen. Denn Bibliotheken lassen sich genau wie Ordner im Netzwerk freigeben (siehe Kapitel 32).

1 Öffnen Sie auf einer der vorangehend beschriebenen Weisen die Übersicht über die vorhandenen Bibliotheken im Windows-Explorer.

2 Klicken Sie dann oben in der Symbolleiste auf die Schaltfläche *Neue Bibliothek*.

3 Damit erstellen Sie eine neue Bibliothek, die zunächst provisorisch ebendiese Bezeichnung erhält.

4 Tippen Sie einfach eine passende Bezeichnung ein und drücken Sie Enter.

5 Damit ist Ihre neue Bibliothek fertig und einsatzbereit. Sie wird ab sofort in den Auswahlmenüs aufgeführt, sodass Sie beliebig Ordner in diese Bibliothek aufnehmen können.

TIPP

Bibliotheken nicht in der Navigationsleiste anzeigen

Standardmäßig zeigt Windows alle Bibliotheken in der Navigationsleiste an, sodass Sie sie von dort bequem öffnen können. Wenn Ihnen das bei einer Bibliothek nicht recht ist oder wenn eine Bibliothek nur zu Verwaltungszwecken z. B. für Netzwerkfreigaben existiert, können Sie vermeiden, dass sie in der Navigationsleiste angezeigt wird. Klicken Sie dazu mit der rechten Maustaste auf das Symbol der Bibliothek und wählen Sie im Kontextmenü den Befehl *Nicht im Navigationsbereich anzeigen*.

Die Darstellung der Bibliothek für den Inhalt optimieren

Windows kann Bibliotheken genau wie Ordner auf verschiedene Arten darstellen. Diese eignen sich jeweils für bestimmte Inhalte wie etwa Bilder oder Musik. Diese Einstellung wirkt sich darauf aus, wie der Inhalt angezeigt wird und welche Kriterien z. B. zum Arrangieren des Inhalts zur Verfügung stehen. Damit auch Ihre eigenen Bibliotheken perfekt dargestellt werden, können Sie angeben, welche Art von Inhalt sie überwiegend haben werden.

1 Klicken Sie mit der rechten Maustaste auf das Symbol einer Bibliothek und wählen Sie im Kontextmenü ganz unten *Eigenschaften*.

2 Dadurch öffnen Sie die Eigenschaften dieser Bibliothek, in denen Sie z. B. die enthaltenen Ordner verwalten und andere Einstellungen vornehmen können. Für die meisten dieser Funktionen gibt es aber wie beschrieben kürzere und einfachere Wege.

3 Im Bereich *Diese Bibliothek optimieren für* finden Sie ein Auswahlfeld mit den verschiedenen Inhaltsarten. Wählen Sie hier die Variante aus, die zum typischen Inhalt Ihrer Bibliothek am ehesten passt.

4 Ist der Inhalt bunt gemischt und passt einfach nicht in eine der vorhandenen Kategorien, wählen Sie *Allgemeine Elemente* für eine neutrale Anzeige der Bibliotheksinhalte.

5 Übernehmen Sie die gewählte Einstellung mit *OK*.

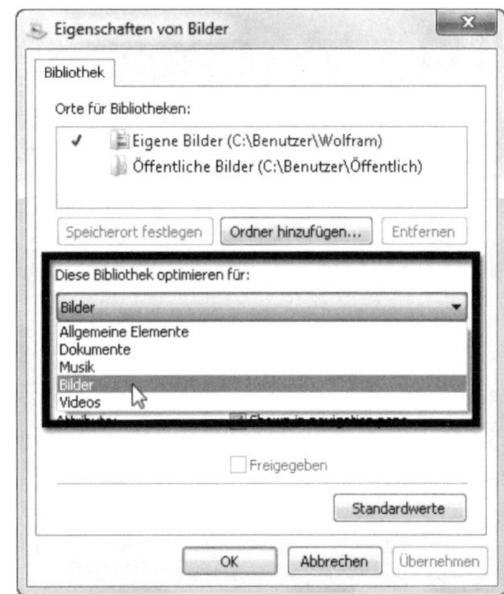

14. Wichtige Dokumente systematisch sichern und wiederherstellen

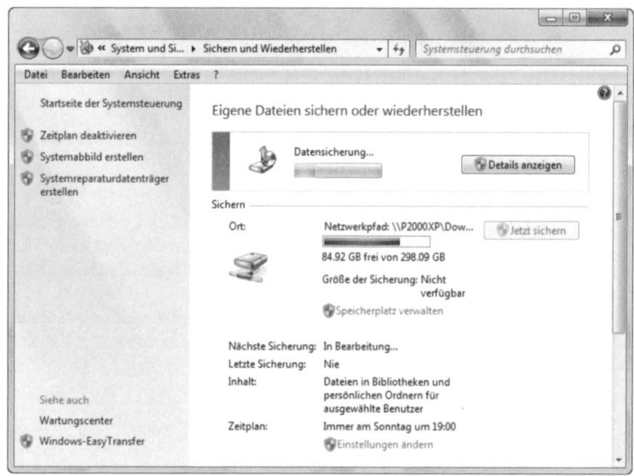

Solange alles glattgeht, macht man sich über Sicherungsstrategien meist keine großen Gedanken. Allerdings ist ein Datenverlust leider jederzeit möglich. Ein Hardwaredefekt beschädigt die Festplatte, ein Blitzschlag oder eine Überspannung im Stromnetz zerstören den kompletten PC oder aber er verschwindet durch einen simplen Diebstahl. Betriebssystem und Anwendungen lassen sich neu installieren. Was aber ist mit persönlichen Dokumenten, den Steuerunterlagen oder der digitalen Bildersammlung der letzten Jahre? Solche Informationen sind unter Umständen unwiederbringlich verloren. Dieses Risiko können Sie vermeiden, denn Windows 7 bringt schon von Hause aus Bordmittel mit, mit denen Sie wichtige Daten sichern können. Diese Sicherungskopien lassen sich im Falle eines Falles schnell wieder einspielen, sodass Sie nicht nur keine Daten, sondern auch nur wenig Zeit verlieren.

14.1 Bei Verlusten oder Fehlern frühere Versionen eines Dokuments wiederherstellen

Für Dokumente und Dateien des Anwenders bringt Windows 7 einen eingebauten Schutzmechanismus mit, der regelmäßig automatisch Sicherungskopien von bearbeiteten Dokumenten erstellt. Sollten Sie einmal versehentlich Änderungen in einem Dokument vorgenommen haben, mit einer Bearbeitung im Nachhinein doch nicht mehr so glücklich sein oder ein Dokument unter Umgehung des Papierkorbs ganz gelöscht haben, können Sie dank dieses Schutzmechanismus auf eine frühere Version der Datei zurückgreifen und diese wiederherstellen.

INFO

Woher kommen die vorherigen Versionen?

Die vorherigen Dateien speisen sich aus zwei Quellen: Zum einen kann eine frühere Version aus einem Dateibackup stammen, das der Sicherungs-Assistent angelegt hat. Zum anderen sichert Windows bei jedem Erstellen eines Wiederherstellungspunkts für die Systemwiederherstellung auch Schattenkopien der Benutzerdateien. Dabei wird eine Version jeder Datei gesichert, deren Inhalt sich seit dem letzten Wiederherstellungspunkt verändert hat. Auf diese Weise stehen Ihnen also ggf. sogar mehrere vorherige Versionen aus verschiedenen Wiederherstellungspunkten und Sicherungen zur Verfügung.

Eine Vorgängerversion eines Dokuments wiederherstellen

Auf die gespeicherten vorherigen Versionen können Sie jederzeit zurückgreifen, wenn Sie eine Änderung an einem Dokument rückgängig machen wollen. Sind frühere Versionen vorhanden, zeigt Windows Ihnen an, welche das sind bzw. zu welchem Zeitpunkt sie gesichert wurde. Sie können dann entscheiden, welche der Versionen Sie zurückholen wollen. Sie müssen dabei auch nicht unbedingt die aktuelle Version der Datei mit der alten überschreiben. Schattenkopien einer Datei lassen sich auch an eine andere Stelle oder unter einem anderen Namen wiederherstellen.

1 Lokalisieren Sie mit dem Windows-Explorer die Datei, von der Sie eine frühere Version wiederherstellen wollen.

2 Klicken Sie mit der rechten Maustaste auf das Dateisymbol, um das Kontextmenü zu öffnen.

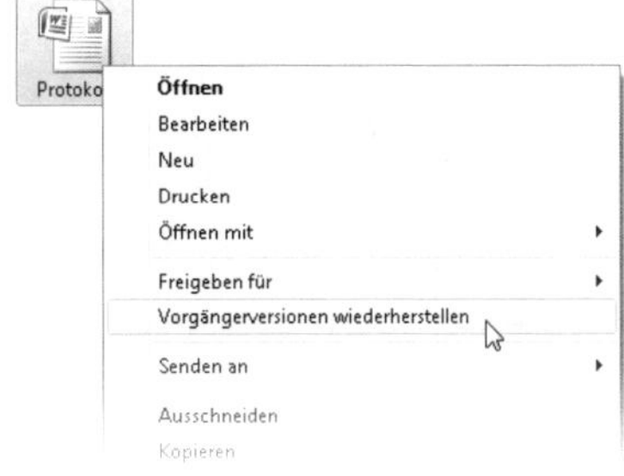

3 Wählen Sie hier den Befehl *Vorgängerversionen wiederherstellen*.

4 Dies führt Sie zur Registerkarte *Vorgängerversionen* der Eigenschaften dieser Datei. Hier sehen Sie unter *Dateiversionen* eine Liste der vorhandenen früheren Versionen:

- ***Name*** ist in der Regel bei allen Versionen gleich.
- ***Änderungsdatum*** ist ganz wichtig, da es Ihnen verrät, welche Version der Datei diese Sicherung enthält. Das Datum gibt wohlgemerkt nicht den Zeitpunkt der Sicherung an, sondern den der letzten Änderung an der Datei vor der Sicherung. Daraus können Sie also direkt ableiten, welche Fassung des Dokuments Sie jeweils vor sich haben.

- Beachten Sie auch den Eintrag unter ***Ort***. Er gibt an, aus welcher Quelle die vorherigen Versionen stammen. *Schattenkopie* bezeichnet Versionen, die im Rahmen eines Wiederherstellungspunkts gesichert wurden. *Wiederherstellungspunkt* hingegen bezieht sich auf ein manuell oder nach Zeitplan erstelltes Backup des Sicherungs-Assistenten. Daraus ergeben sich Unterschiede bei den Möglichkeiten, die Versionen wiederherzustellen.

5 Wollen Sie sich davon vergewissern, welchen Inhalt eine Version einer Datei genau hat, können Sie die Version in der dazugehörigen Anwendung *Öffnen* und betrachten.

6 Mit einem Klick auf die Schaltfläche *Wiederherstellen* unten rechts ersetzen Sie die aktuelle Fassung des Dokuments durch die ausgewählte vorherige Version. Bestätigen Sie dazu die Sicherheitsrückfrage des Systems mit *Wiederherstellen*.

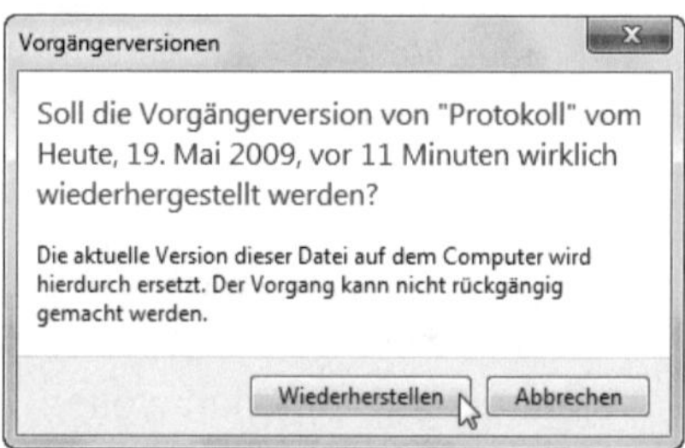

7 Wollen Sie eine frühere Version eines Dokuments wiederherstellen, gleichzeitig aber die aktuelle Fassung aufbewahren, kommt das direkte Wiederherstellen nicht infrage. Klicken Sie in diesem Fall stattdessen auf *Kopieren*. Wählen Sie dann anschließend einen Ordner, in dem die Kopie der Datei erstellt werden soll.

TIPP

Kopie im selben Ordner anlegen

Sie können die Kopie mit der vorherigen Version auch im selben Ordner wie die aktuelle Fassung speichern. Wählen Sie dazu im Kopieren-Dialog denselben Ordner aus. Windows bemerkt, dass bereits eine solche Datei im Ordner vorhanden ist, und fragt nach. Wählen Sie dabei die Option *Kopieren, aber beide Dateien behalten*. Die aktuelle Fassung bleibt dann unangetastet und die vorherige wird in einer Datei mit der Namensergänzung *(1)* abgelegt.

Keine vorherigen Versionen verfügbar?

Wenn Sie auf der Registerkarte *Vorgängerversionen* einer Datei bzw. eines Ordners nur die Meldung *Es sind keine vorherigen Versionen vorhanden* vorfinden, können Sie von dieser Datei keine frühere Fassung herstellen. Dafür kann es eine Reihe von Gründen geben:

- Es gibt keine frühere Fassung, weil diese Datei seit ihrer ursprünglichen Erstellung noch nie verändert bzw. Änderungen daran nicht gespeichert wurden.
- Wird die Datei nicht vom Sicherungs-Assistenten (siehe S. 242) berücksichtigt, können aus dieser Quelle keine vorherigen Versionen kommen.
- Schattenkopien können fehlen, wenn die letzte Änderung an der Datei sehr lange zurückliegt und Wiederherstellungspunkte aus dieser Zeit nicht mehr vorhanden sind, weil sie mangels Speicherplatzes automatisch gelöscht wurden.
- Wenn es sich beim Dokument um eine Offlinedatei handelt, liegen ebenfalls keine vorherigen Versionen vor, da von Offlinedateien grundsätzlich keine Schattenkopien angelegt werden.
- Wenn Ihr Computer Teil eines größeren Firmennetzwerks ist, hat der Netzwerkadministrator die Funktion der Schattenkopien eventuell mittels Gruppenrichtlinien deaktiviert.
- Schattenkopien werden nur bei Laufwerken angelegt, die vom Computerschutz überwacht werden. Befindet sich die Datei auf einem anderen Laufwerk, sind ebenfalls keine vorherigen Versionen zu erwarten. Sie können aber weitere Laufwerke in den Computerschutz aufnehmen, sodass auch für die Dateien dort Schattenkopien angelegt werden (siehe S. 241).

Auch gelöschte bzw. umbenannte Dateien und Ordner wiederherstellen

Die vorangehend beschriebene Methode funktioniert, wenn es darum geht, von einer aktuellen Datei eine frühere Version zurückzuholen. Was aber, wenn es gar keine Datei mehr gibt? Wenn Sie ein Dokument z. B. unter Umgehung des Papierkorbs direkt gelöscht haben oder der Papierkorb zwischenzeitlich ausgeleert wurde? Oder wenn das Dokument in der Zwischenzeit anders benannt wurde? Dann können Sie nicht einfach über das Kontextmenü eine vorherige Version abrufen. Auch in solchen Fällen lässt sich eine frühere Version wiederherstellen. Ausgangspunkt ist dabei der Ordner, in dem sich die Datei befunden hatte.

1 Lokalisieren Sie den Ordner, aus dem das Dokument gelöscht wurde.

2 Rufen Sie für diesen Ordner im Kontextmenü die Funktion *Vorgängerversionen wiederherstellen* auf.

3 Sie gelangen dann zur Registerkarte *Vorgängerversionen* der Ordnereigenschaften, auf der unten alle früheren Versionen des Ordnerinhalts aufgelistet sind. Als nähere Angaben erhalten Sie jeweils das Änderungsdatum, also den Zeitpunkt, an dem sich zuletzt etwas im Ordner verändert hat.

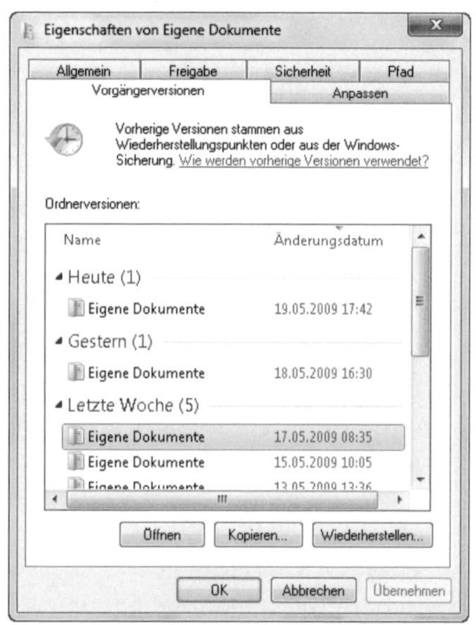

4 Wählen Sie eine vorherige Version des Ordners aus, in der die gesuchte Datei noch vorhanden war. *Öffnen* Sie den entsprechenden Eintrag in der Liste mit einem Doppelklick darauf.

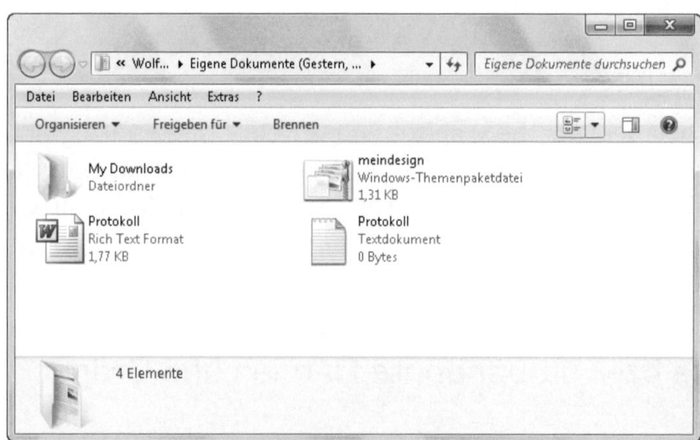

5 Sie sehen dann den Inhalt des Ordners zu diesem Zeitpunkt. Darunter sollte auch die gesuchte Datei aufgeführt werden. Auf diese können Sie nun ganz beliebig zugreifen. Sie können sie also z. B. kopieren und anschließend wieder in den „richtigen“ Ordner einfügen.

Vorgängerversionen automatisch auf allen Laufwerken erstellen

Standardmäßig überwacht der Computerschutz nur das Laufwerk, auf dem Windows selbst installiert ist, also die Systempartition. Das ist auch sinnvoll, da ja nur dort Systemdateien zu schützen sind. Da der Computerschutz aber auch für die Schattenkopien der Benutzerdateien zuständig ist, werden eben nur bei solchen Dokumenten Schattenkopien erstellt, die sich auf der Windows-Partition befinden. Normalerweise ist das kein Problem, wenn Sie Ihre Dateien nur in den vorgegebenen persönlichen Ordner ablegen. Wenn Sie aber auch auf anderen Laufwerken arbeiten bzw. von den dort gespeicherten Dokumenten Schattenkopien haben möchten, müssen Sie den Computerschutz auf diese Laufwerke ausdehnen.

1 Öffnen Sie in der Systemsteuerung die Kategorie *System und Wartung* und dort das Modul *System*.

2 Klicken Sie hier in der Navigationsleiste am linken Fensterrand auf *Computerschutz*.

3 Im anschließenden Dialog finden Sie unten den Bereich *Automatische Wiederherstellungspunkte*. Darin sehen Sie eine Liste aller Laufwerke Ihres PCs. Hier können Sie ggf. weitere Laufwerke festlegen, für die vorherige Versionen von Dateien erstellt werden sollen.

4 Klicken Sie dann rechts unten auf *OK*.

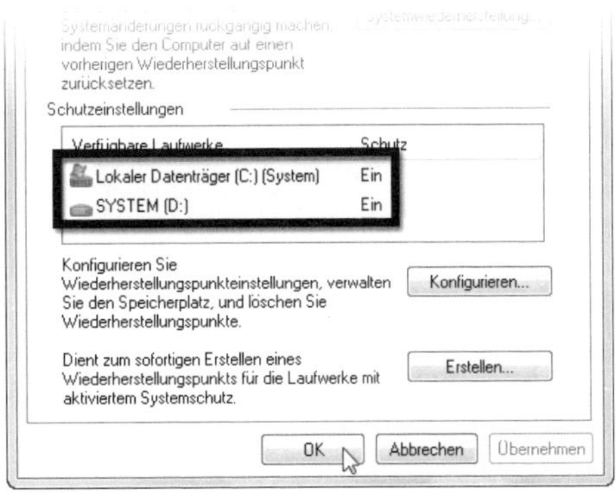

5 Am besten legen Sie dann sofort einen Wiederherstellungspunkt an. So erhalten Sie quasi sofort eine Schattenkopie aller Dateien auf dem neu hinzugefügten Laufwerk. Klicken Sie dazu auf die *Erstellen*-Schaltfläche.

SPEZIAL Wichtige Dateien und Ordner automatisch per Backup sichern

Die Vorgängerversionen von Dokumenten sind zwar hilfreich, aber nur bedingt zuverlässig, da der Benutzer keine Kontrolle darüber hat, wann eine Sicherung angelegt und wie lange sie aufbewahrt wird. Für eine robuste Datensicherung über einen längeren Zeitraum ist das nicht ausreichend. Außerdem werden diese Schattenkopien auf demselben Speichermedium wie die Dateien selbst gespeichert, sodass sie bei einem Hardwaredefekt oder -verlust ebenfalls betroffen sind. Sinnvoller ist eine gezielte Sicherung von Dateien, die am besten in regelmäßigen Abständen automatisch auf ein sicheres Medium erfolgt. Windows 7 bringt für diese Zwecke einen eigenen Sicherungs-Assistenten mit. Mit diesem können Sie den Umfang der Datenbackups festlegen und eigene Sicherungen manuell erstellen. Außerdem kann der Assistent einen einmal definierten Sicherungsauftrag nach einem festgelegten Zeitplan immer wieder durchführen, sodass Sie stets über eine aktuelle Sicherung Ihrer Dokumente verfügen.

INFO

Wohin mit den Sicherungsdaten?

Der Sicherungs-Assistent von Windows unterstützt verschiedene Sicherungsmedien. Welche geeignet sind, hängt von der Ausstattung Ihres PCs sowie vom Umfang der zu sichernden Dateien ab:

- **Interne Festplatten**: Eine zweite in den PC eingebaute Festplatte eignet sich durchaus für Backups. Ist eine solche Festplatte ohnehin vorhanden, ist dies eine einfache und schnelle Lösung. Wichtig ist allerdings, dass es sich wirklich um eine zweite physikalische Festplatte handelt und nicht nur um eine zusätzliche Partition auf derselben Festplatte wie Betriebssystem und Dateien. Nur so bietet die Sicherung Schutz bei Hardwaredefekten. Einschränkend muss außerdem gesagt werden, dass diese Lösung bei massiven Beschädigungen z. B. durch Überspannung bzw. Blitzschlag nicht optimal ist, da die zweite Festplatte dabei ebenfalls beschädigt werden kann.
- **Externe (USB-)Festplatten**: Eine sehr gute und praktische Lösung sind externe Festplatten, die per USB an den PC angeschlossen werden. Hierbei sollte allerdings unbedingt das schnellere USB 2.0 zum Einsatz kommen. Optimalerweise wird die USB-Festplatte nur für das Sichern der Daten angeschlossen und sonst an einem sicheren Ort verwahrt. Bei Sicherungen per Zeitplan ist dies aber eher unpraktisch.
- **Beschreibbare Datenträger**: Ist ein Brenner am PC vorhanden, können die Sicherungen auf CDs oder DVDs gebrannt werden. Dies dauert vergleichsweise lange und verursacht auf Dauer Kosten für die Rohlinge, auch wenn RW-Medien mehrfach verwendet werden können.
- **Netzwerklaufwerke**: Ist der PC mit anderen Rechnern vernetzt, kann die Sicherung auch auf einem Netzlaufwerk erfolgen. Dies bietet sich insbesondere an, wenn es im Netzwerk einen zentralen Fileserver gibt, der seinerseits über Backupfunktionen verfügt. Die Sicherung ins Netzwerk ist schnell und zuverlässig. Allerdings gilt auch hier, dass im Fall einer massiven Beschädigung z. B. bei einem Brand im Zweifelsfall auch der Rechner beschädigt wird, auf dem sich die Sicherungsdateien befinden.

Regelmäßige automatische Sicherungen konfigurieren

Nach der Installation von Windows ist der Sicherungs-Assistent zunächst inaktiv. Um das zu ändern, müssen Sie ihm einmalig einen Sicherungsauftrag erteilen. Dieser Auftrag kann dann gleich mit einem regelmäßigen Zeitplan versehen werden, damit der Assistent ihn ab sofort automatisch in bestimmten Abständen durchführt.

1 Wählen Sie in der Systemsteuerung unter *System und Sicherheit* die Aufgabe *Sicherung des Computers erstellen*.

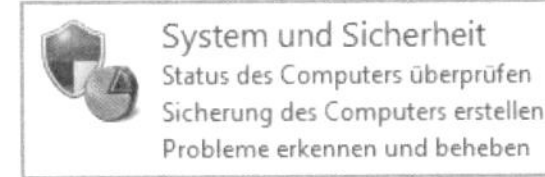

2 Dadurch gelangen Sie in die Sichern-und-Wiederherstellen-Zentrale von Windows. Hier sind alle Funktionen zum Sichern und Wiederherstellen von Dateien und vom System versammelt. Außerdem finden Sie hier auch Abkürzungen zu den Funktionen der Systemwiederherstellung.

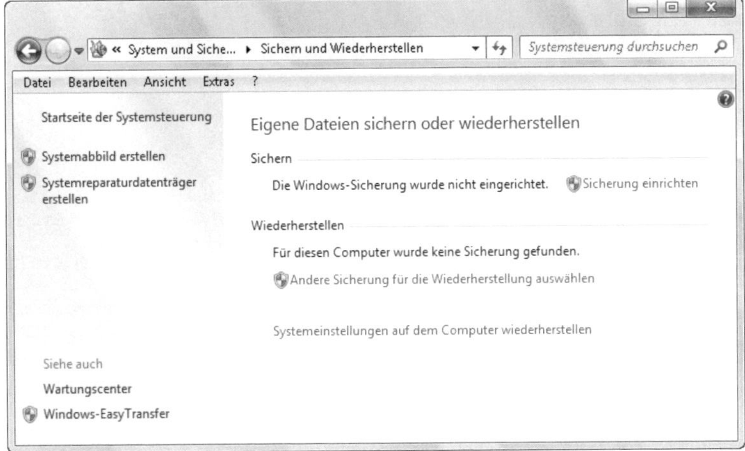

3 Wenn der Sicherungs-Assistent noch nie eingesetzt wurde, klicken Sie rechts auf den Link *Sicherung einrichten*. Andernfalls ist bereits ein Sicherungsauftrag definiert, den Sie mit *Einstellungen ändern* anpassen können.

4 Der Assistent untersucht dann zunächst, welche Sicherungsgeräte zur Auswahl stehen. Schließen Sie also externe Sicherungsmedien wie z. B. USB-Festplatten am besten schon vorher an. Da ein Backup auf die Systemfestplatte nicht sinnvoll wäre, steht diese nicht zur Verfügung. Weitere Festplatten sowie DVD-Brenner werden aber aufgeführt, ebenso wie USB-Massenspeichergeräte ab einer Kapazität von mindestens 1 GByte. Wählen Sie das Laufwerk aus, auf dem Sie sichern möchten.

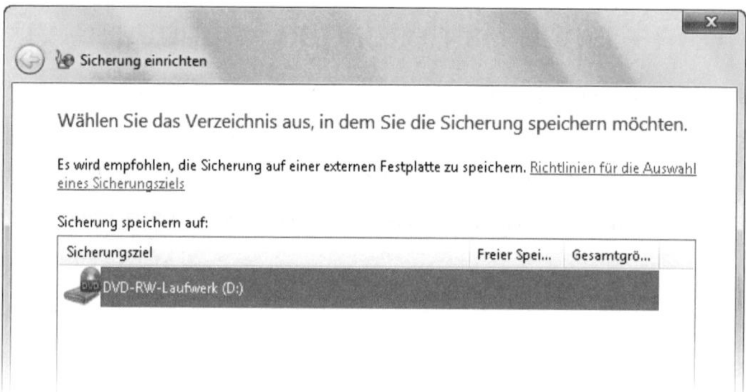

5 Wollen Sie das Backup über ein Netzwerk auf einen Fileserver oder einen anderen PC ausführen, klicken Sie unten auf *In einem Netzwerk speichern* und wählen *Auf dem Netzwerk*. Geben Sie im folgenden Schritt den Netzwerkpfad zu dem gewünschten Speicherort sowie die für diesen Netzwerkzugriff erforderlichen Benutzerdaten an. Dieses Laufwerk wird dann mit in die Laufwerkauswahl für den Speicherort aufgenommen.

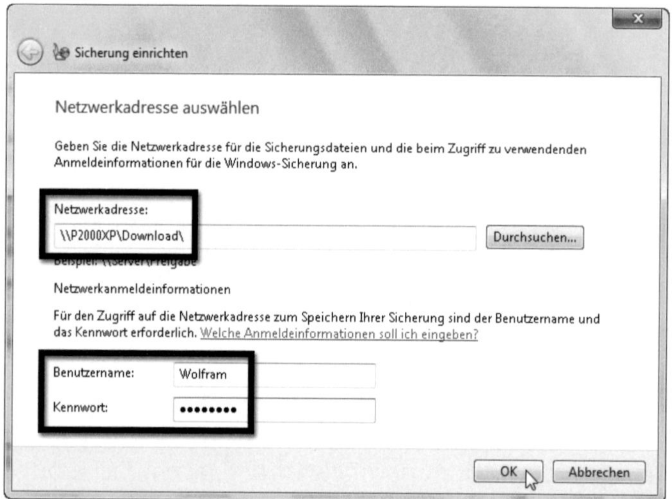

6 Als Nächstes können Sie wählen, welche Daten gesichert werden sollen:

- Mit *Auswahl durch Windows* überlassen Sie die genaue Zusammenstellung dem Betriebssystem. Wenn Sie für das Speichern von Daten ohnehin die von Windows vorgegebenen Strukturen wie Standardordner (*Eigene Dokumente*, *Eigene Bilder* etc.) bzw. Bibliotheken verwenden, ist das die richtige Wahl. Solche Dateien und Ordner werden dann automatisch berücksichtigt.
- Verwenden Sie eigene Ordnerstrukturen oder auch mehrere Laufwerke für Ihre Daten, sollten Sie hingegen auf die Option *Auswahl durch Benutzer* zu-

rückgreifen. Dann können Sie im nachfolgenden Schritt genau angeben, welche Ordner gesichert werden sollen.

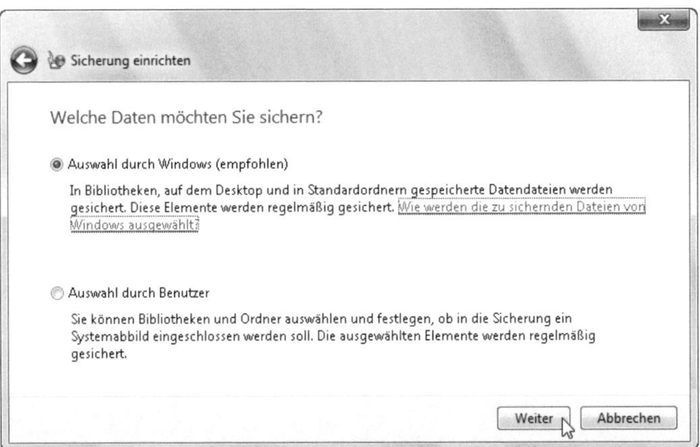

7 Haben Sie sich für eine individuelle Auswahl entschieden, legen Sie nun fest, welche Ordner genau dazugehören sollen. Ihre Standardordner und -bibliotheken sind standardmäßig bereits erfasst, können aber abgewählt werden. Stellen Sie ganz unten außerdem ein, ob auch jedes Mal ein Systemabbild gesichert werden soll. Dies können Sie z. B. auch nur bei Bedarf nach größeren Änderungen manuell erstellen und so die automatischen Sicherungen schlanker und schneller halten.

8 Der Sicherungs-Assistent präsentiert Ihnen dann eine Zusammenfassung der gewählten Einstellungen. Kontrollieren Sie hier Ihre Auswahl. Außerdem können Sie mit einem Klick auf *Zeitplan ändern* festlegen, wann und wie häufig die automatische Sicherung ausgeführt werden soll.

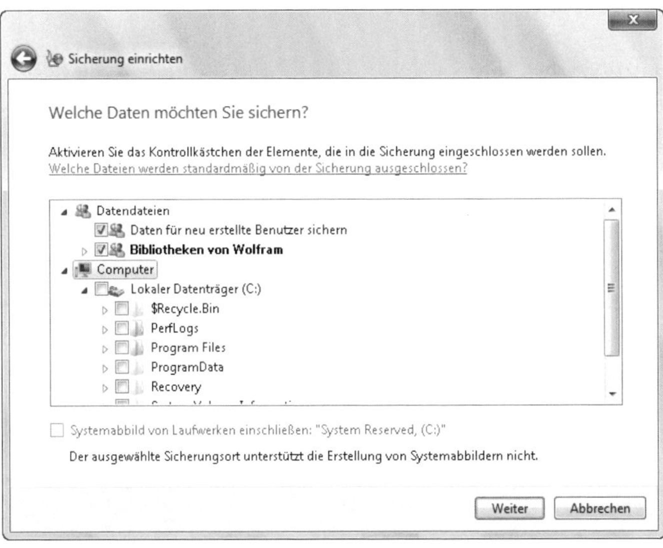

9 Wählen Sie im Zeitplan die Häufigkeit aus, mit der die Sicherung durchgeführt werden soll. Wählen Sie dann ggf. den Tag der Sicherung aus und geben Sie schließlich die Uhrzeit an.

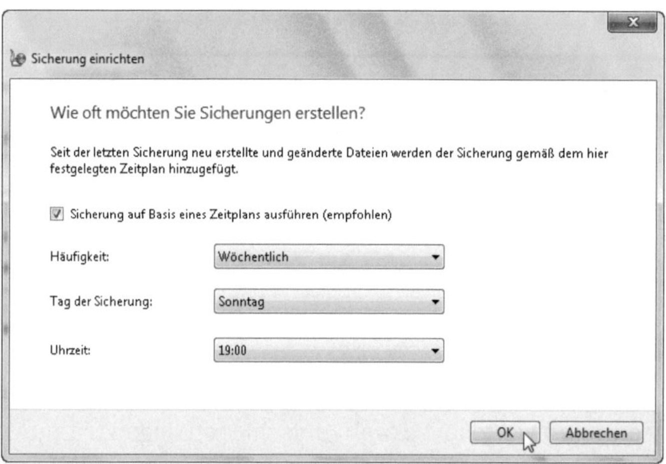

INFO

Muss der PC zur Sicherung angeschaltet sein?

Es bietet sich an, einen Zeitpunkt für die Sicherung zu wählen, zu dem Ihr Rechner üblicherweise angeschaltet ist. Das ist auch kein Problem, da die Sicherung im Hintergrund erfolgt und Sie währenddessen ungestört weiterarbeiten können. Außer erhöhter Festplattenaktivität werden Sie davon kaum etwas bemerken. Aber auch wenn der PC zum fraglichen Termin mal ausgeschaltet sein sollte, macht das nichts. Der Assistent bemerkt beim nächsten Start automatisch, dass er eine Sicherung verpasst hat, und holt diese dann nach. Auch das geschieht wiederum unauffällig im Hintergrund.

10 Klicken Sie dann unten auf die Schaltfläche *Einstellungen speichern und Sicherung ausführen*. Der Assistent legt dann sofort eine erste Komplettsicherung an. Sie können währenddessen aber schon weiterarbeiten.

INFO

Wie viel Platz benötigen die Sicherungsdateien?

Der Speicherplatzbedarf der Sicherungsdaten hängt vom Umfang der zu sichernden Dateien und von der Regelmäßigkeit der Änderungen ab. Der Assistent erstellt bei einem neuen Sicherungsauftrag jeweils zuerst eine Komplettsicherung. Bei den weiteren Sicherungen per Zeitplan handelt es sich um Deltasicherungen, bei denen nur die Dateien berücksichtigt werden, die seit der letzten Sicherung verändert wurden. Dadurch laufen die weiteren Sicherungen schneller ab und der Speicherplatzbedarf reduziert sich erheblich.

Den Platzbedarf der Sicherungen können Sie leicht im Auge behalten: Auf dem Datenträger, den Sie für die Sicherungsdaten ausgewählt hatten, finden Sie einen Ordner mit dem Netzwerknamen Ihres PCs. Wenn Sie mit der rechten Maustaste darauf klicken und im Kontextmenü *Eigenschaften* abrufen, finden Sie dort unter *Größe* die Menge des Speicherplatzes, den dieser Ordner derzeit belegt.

Nach Datenverlusten Dateien aus Sicherungen zurückspielen

Wenn Sie regelmäßige Sicherungen durch den Assistenten durchführen lassen, stehen Sie im Fall eines Datenverlusts gut da. Nun können Sie auf die gesicherten Daten zurückgreifen und fehlende, beschädigte oder versehentlich veränderte Dateien einfach wiederherstellen.

1 Wählen Sie wiederum in der Systemsteuerung unter *System und Sicherheit* die Aufgabe *Sicherung und Wiederherstellen*.

2 Klicken Sie hier im Bereich *Wiederherstellen* auf die Schaltfläche *Eigene Dateien wiederherstellen*.

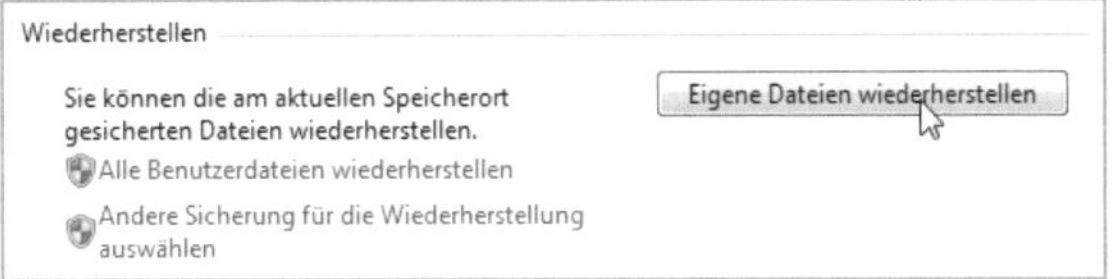

3 Der so gestartete Assistent bietet Ihnen standardmäßig die zuletzt erstellte Sicherung für das Wiederherstellen an. Ist der Missgriff gerade eben erst passiert, finden Sie hier vermutlich die entsprechende Datei. Ist die gesuchte Datei älteren Datums, können Sie mit einem Klick auf den Link *Anderes Datum auswählen* eine frühere Sicherung anwählen.

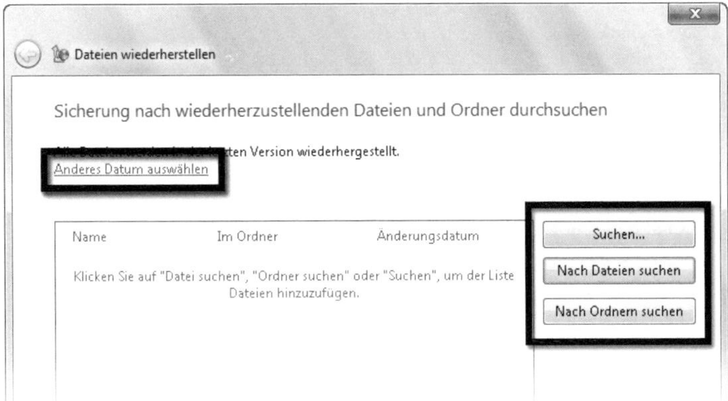

4 Ist die richtige Sicherung eingestellt, geht es daran, die Dateien und/oder Ordner auszuwählen, die Sie wiederherstellen wollen. Klicken Sie für Dateien

rechts auf die Schaltfläche *Nach Dateien suchen*. Anschließend können Sie durch die gesicherten Daten hin zu der Stelle navigieren, an der die gewünschte Datei gespeichert war. Im Auswahlfenster sehen Sie jeweils das Datum der letzten Änderung der gesicherten Datei als Auswahlhilfe. Wählen Sie die Datei oder auch mehrere Dateien aus und übernehmen Sie sie mit *Dateien hinzufügen* in die Liste der wiederherzustellenden Dateien.

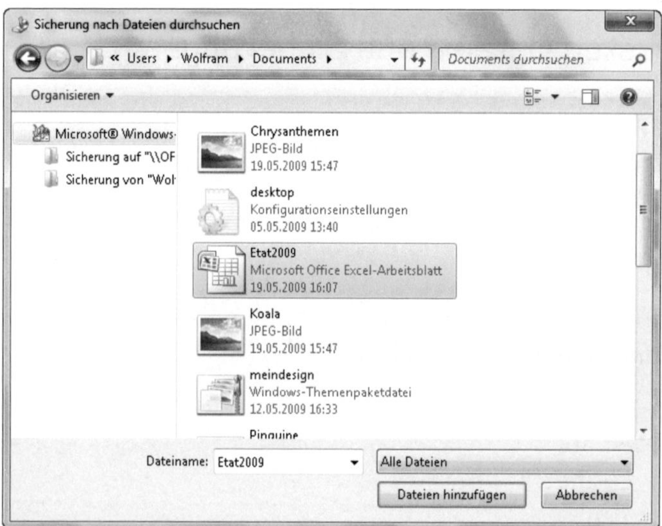

5 Wenn Sie ganze Ordner wiederherstellen wollen, verwenden Sie stattdessen die Schaltfläche *Nach Ordnern suchen* und verfahren dann analog.

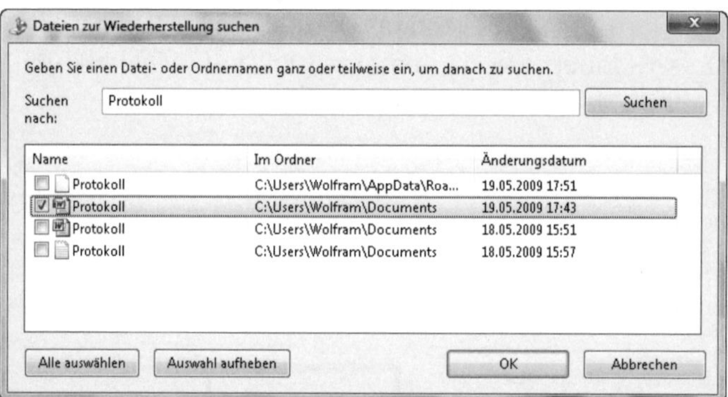

TIPP

Dateien und Ordner in der Sicherung suchen

Wenn Sie den Namen eines gesuchten Dokuments oder zumindest einen Teil davon kennen, den genauen Speicherort aber nicht mehr rekonstruieren können, ist die Suchfunktion ein praktischer Helfer.

Mit einem Klick auf die *Suchen*-Schaltfläche rechts öffnen Sie eine lange Liste aller in der gewählten Sicherung enthaltenen Dateien und Ordner. Oben können Sie nun den Namen der gesuchten Datei eintippen. Dabei reicht notfalls auch ein beliebiger Teil des Namens aus. Wenn Sie dann [Enter] drücken oder rechts auf *Suchen* klicken, wird die Liste auf die Einträge reduziert, die zu diesem Suchtext passen. Um Dateien oder Ordner aus der Liste auszuwählen, setzen Sie an ihrem Eintrag ein Häkchen. Klicken Sie dann unten auf *Hinzufügen*, um die markierten Elemente in die Wiederherstellungsliste aufzunehmen.

6 Mit den beschriebenen Mitteln können Sie die Dateien und Ordner auswählen, die Sie wiederherstellen wollen. Sie werden alle in der Wiederherstellungsliste verzeichnet. Ist die Auswahl komplett, klicken Sie unten auf *Weiter*.

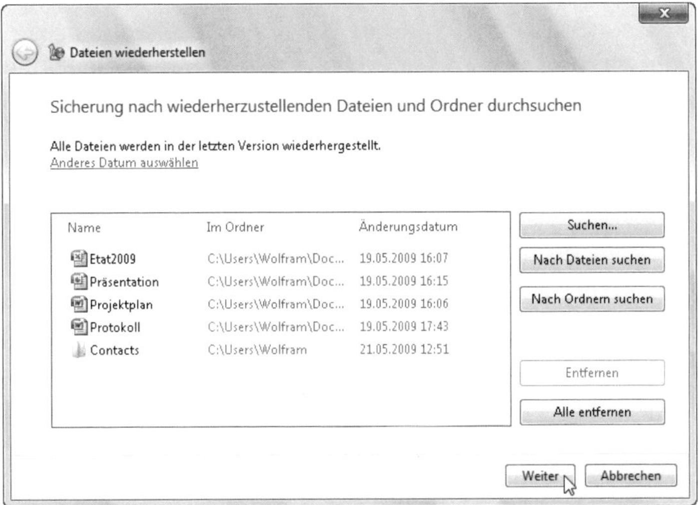

7 Nun können Sie noch die Wiederherstellungsoptionen konfigurieren. Normalerweise dürfte es reichen, wenn die Daten am Ursprungsort wiederhergestellt werden. Die Dateien und Ordner werden also genau dahin geschrieben, von wo der Sicherungs-Assistent sie erfasst hatte. Eine eventuell noch vorhandene neuere Version wird dabei überschrieben.

8 Wollen Sie neuere Dateiversionen durch das Wiederherstellen nicht beeinträchtigen, können Sie sie an einem anderen Ort wiederherstellen lassen. Wählen Sie dazu die Option *An folgendem Ort* und geben Sie einen beliebigen Ordner dafür an. Mit der Option *Dateien in den ursprünglichen Unterordnern wiederherstellen* bewahren Sie die Verzeichnisstruktur der wiederhergestellten Dateien. Der oben festgelegte Ordner fungiert dann als Stammverzeichnis, von dem aus die relevanten Ordner wiederhergestellt werden.

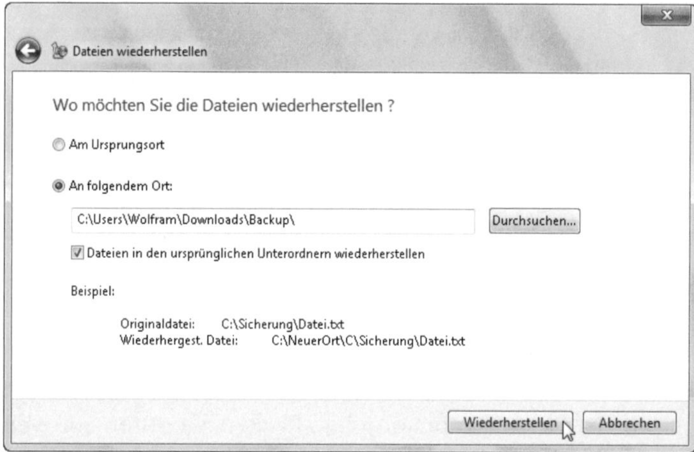

Stammen die gesicherten Dateien von verschiedenen Laufwerken, können Sie mit *Unterordner für den Laufwerksbuchstaben erstellen* sogar die Laufwerkstruktur unterhalb des Wiederherstellungsordners restaurieren. So lassen sich auch größere Mengen an wiederhergestellten Dateien gut strukturieren.

9 Klicken Sie dann unten auf die Schaltfläche *Wiederherstellen*.

10 Warten Sie kurz, bis die ausgewählten Dateien wiederhergestellt sind. Sie erhalten dann die Meldung *Die Dateien wurden erfolgreich wiederhergestellt*.

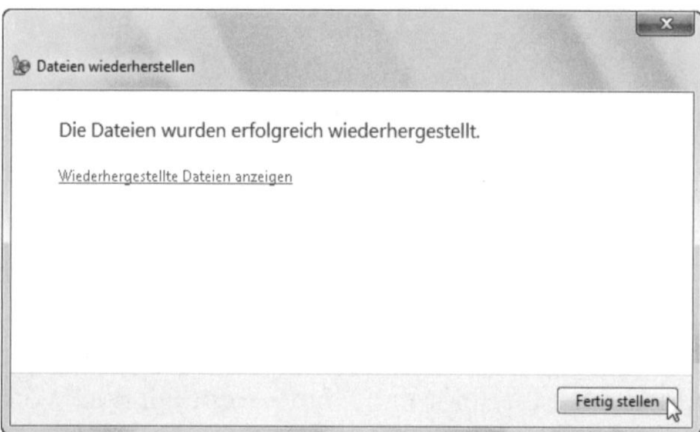

14.2 Mit einem Systemabbild das gesamte System für den Notfall sichern

Windows 7 bietet neben dem Sichern von Dateien zusätzlich ein Systemabbild des gesamten PCs an. Dabei werden sowohl das Windows-Betriebssystem als auch die installierten Anwendungen sowie Ihre persönlichen Dokumente berücksichtigt. Kurzum, es wird ein komplettes Abbild der Festplatte(n) gesichert. Dieses erlaubt es Ihnen, den PC relativ schnell und unkompliziert wieder in den Zustand zu versetzen, in dem er sich zum Zeitpunkt der Imagesicherung befunden hatte.

Sinn eines Systemimages ist es in der Regel nicht, einzelne Dateien wiederherstellen zu können. Vielmehr geht es darum, im Fall eines schwerwiegenden Fehlers wie beispielsweise eines Festplattencrashs möglichst schnell wieder zu einem lauffähigen System zu kommen (nachdem eine neue Festplatte eingebaut wurde). Eine Neuinstallation von Windows und allen Anwendungen sowie das Wiederherstellen der Dokumente würde viel Zeit kosten. Das Zurückspielen des Images hingegen geht relativ flott und läuft fast automatisch.

INFO

Was umfasst das Systemabbild?

Beim Systemabbild wird der gesamte Inhalt der Systempartition - auf der Windows installiert ist - gesichert. Es umfasst also das gesamte Windows-System inklusiver aller Systemeinstellungen und -dateien. Ebenso fallen darunter alle installierten Programme, sofern Sie diese im Standardpfad *C:\Programme* installiert haben. Außerdem werden auch alle gespeicherten Dokumente, Bilder etc. berücksichtigt, sofern Sie diese unter *Eigene Dateien* oder aber anderswo auf der Systempartition abgelegt haben. Sofern ohnehin nur ein Laufwerk auf Ihrem PC eingerichtet ist, wird also immer der gesamte Inhalt gesichert.

Verfügen Sie über weitere Laufwerke, können Sie deren Inhalt ggf. mit in die Sicherung einbeziehen. Weitere Laufwerke, die nicht von der Komplettsicherung berücksichtigt werden, bieten aber auch zusätzliche Möglichkeiten. Bei der Wiederherstellung der Komplettsicherung werden auch die eventuell noch vorhandenen Dokumente durch die ursprünglich gesicherten Dateien ersetzt, selbst wenn diese ältere Versionen beinhalten. Wenn Sie die anderen Laufwerke für regelmäßige Sicherungskopien Ihrer Dokumente verwenden, können Sie nach einer Systemwiederherstellung aus diesen Backups auch die aktuellen Versionen Ihrer Dokumente schnell wieder restaurieren.

Ein Systemabbild anlegen

Ganz wichtig bei einer Komplettsicherung ist es, wann Sie diese anlegen. Während sich Dateisicherungen relativ häufig oder sogar täglich empfehlen, sieht dies bei einer Komplettsicherung anders aus. Zum einen dauert sie weitaus länger, zum anderen benötigt sie deutlich mehr Speicher. Sie kann auch nicht während des laufenden Betriebs im Hintergrund durchgeführt werden. Eine regelmäßige Sicherung nach Zeitplan empfiehlt sich hierfür also nicht und ist auch nicht vorgesehen. Vielmehr sollten Sie zu einem bestimmten Zeitpunkt ganz bewusst eine Komplettsicherung anlegen, auf die Sie dann im Bedarfsfall zurückgreifen können.

INFO

Der richtige Zeitpunkt für ein Systemabbild

Um den passenden Moment für eine Komplettsicherung zu bestimmen, sollten Sie immer davon ausgehen, in welchem Zustand Sie Ihren PC im Falle eines Falles wiederherstellen wollen. Wenn Sie Windows installiert und angepasst haben sowie die benötigte Anwendung installiert haben, wäre z. B. ein guter Zeitpunkt für eine Komplettsicherung. Sie könnten dann diesen „jungfräulichen" Zustand jederzeit wiederherstellen.

Allerdings nimmt man ja doch immer mal wieder Änderungen an der Konfiguration vor, installiert weitere Programme, richtet kleine Helferlein ein etc. Um diese Veränderungen zu berücksichtigen, ist es empfehlenswert, von Zeit zu Zeit eine neue Komplettsicherung anzulegen. Dabei können ja durchaus der Speicherplatz bzw. die Medien der ursprünglichen Komplettsicherung überschrieben werden. Wie häufig Sie die Komplettsicherung erneuern, hängt davon ab, wie viel sich an Ihrem System verändert. Überlegen Sie sich einfach, wie groß der Aufwand wäre, um die Änderungen seit der letzten Komplettsicherung noch einmal vorzunehmen. Wird er zu groß, legen Sie eine neue Sicherung an.

1 Wählen Sie in der Systemsteuerung unter *System und Sicherheit* die Aufgabe *Sicherung des Computers erstellen.*

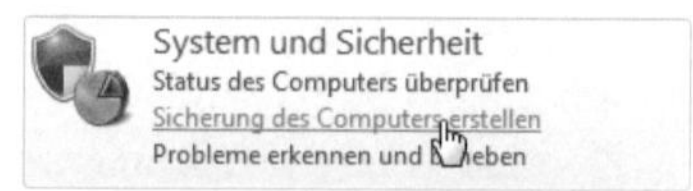

2 Klicken Sie dann rechts in der Navigationsleiste auf *Systemabbild erstellen.*

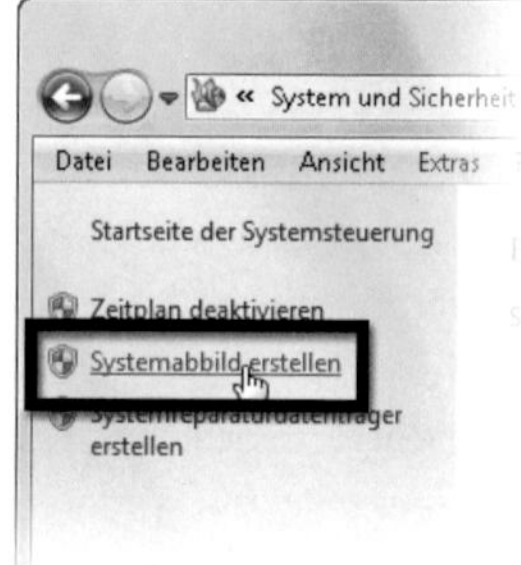

3 Der Assistent sucht dann nach Sicherungsgeräten, die sich für ein Systemabbild eignen. Dies sind aufgrund des Platzbedarfs insbesondere beschreibbare DVD-Medien. Aber auch Netzlaufwerke auf einem anderen PC oder einem Speichergerät im Netzwerk sind möglich. Das Speichern des Systemabbildes auf eine Festplatte hingegen ist nur erlaubt, wenn neben der Systempartition weitere Laufwerke vorhanden sind. Abhängig von diesen Faktoren zeigt der Assistent Ihnen dann die möglichen Optionen an. Wählen Sie das gewünschte Gerät für die Sicherung aus. Entscheiden Sie sich für DVD, sind keine weiteren Schritt nötig. Nur wenn Sie mehrere DVD-Brenner an Ihren PC angeschlossen haben sollten, wählen Sie ggf. einen davon aus. Auch bei der Sicherung auf eine Festplatte müssen Sie noch das Laufwerk auswählen, auf das die Sicherungsdaten geschrieben werden sollen.

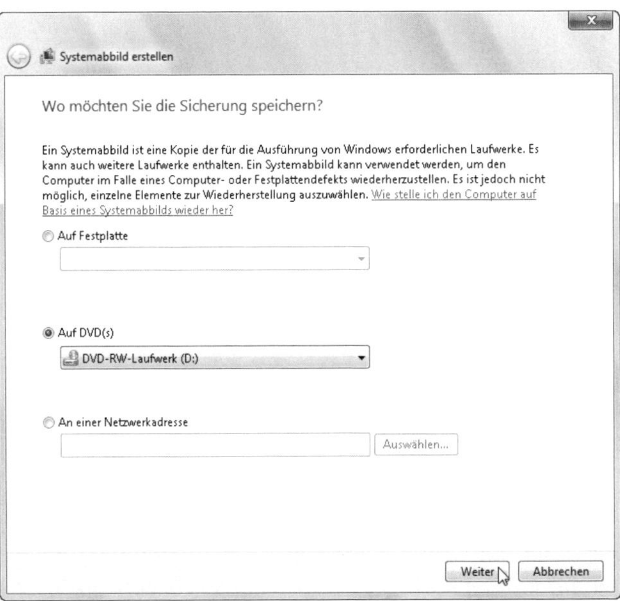

4 Haben Sie neben der Systempartition weitere Laufwerke in Ihrem PC, können Sie diese miteinbeziehen. Allerdings steigt der Speicherplatzbedarf der Sicherung dadurch ggf. stark an. Bedenken Sie außerdem, dass alle gesicherten Laufwerke beim Wiederherstellen nur komplett wiederhergestellt werden können. Dabei werden eventuell noch vorhandene neuere Versionen der Dateien ggf. durch die ältere Fassung vom Zeitpunkt der Sicherung überschrieben.

5 Der Assistent fasst dann noch mal die Details der Sicherung zusammen (was soll gesichert werden und wohin). Hierbei gibt er auch den Speicherplatzbedarf an, je nach gewähltem Sicherungsgerät in GByte oder in Anzahl an DVDs.

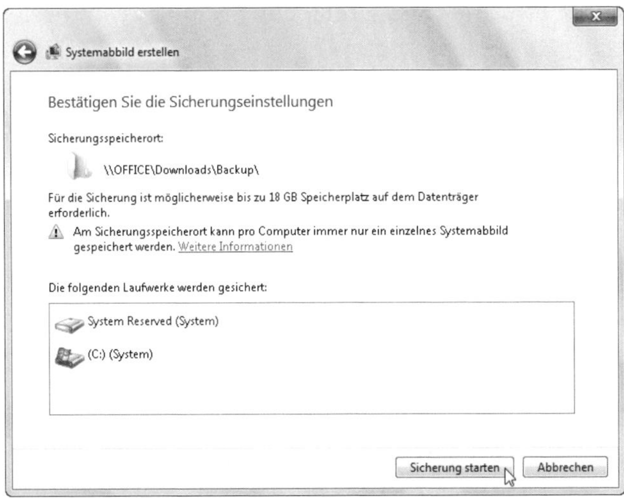

6 Klicken Sie dann unten auf die Schaltfläche *Sicherung starten*, um das Erstellen des Systemabbilds zu starten. Nun brauchen Sie nur etwas Geduld, bis das Systemabbild erstellt wurde. Bei einer Sicherung auf DVD werden Sie zwischendurch zum Einlegen der Datenträger aufgefordert.

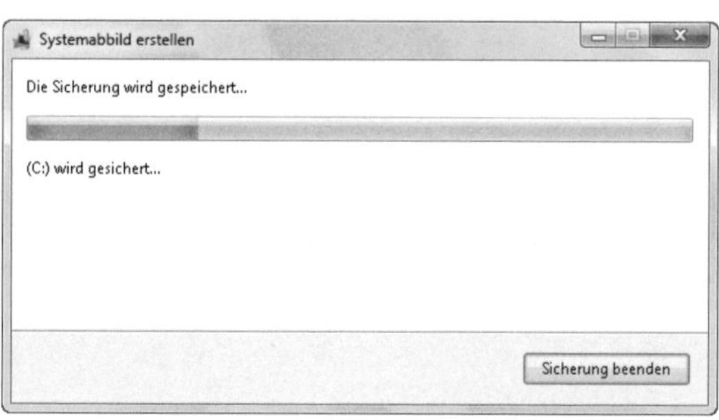

7 Anschließend bietet Ihnen der Assistent an, gleich noch einen Systemreparaturdatenträger zu erstellen. Dies ist aber nur nötig, wenn Sie keine Windows 7-Installations-DVD zur Verfügung haben. Das Erstellen eines solchen Datenträgers wird in Kapitel 41 ausführlicher beschrieben.

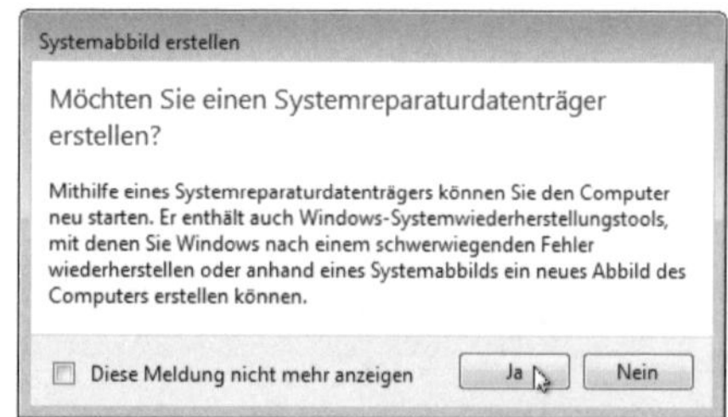

Eine Systemsicherung wieder einspielen

Sollte im Falle eines Falles Ihr Windows-System z. B. aufgrund eines Hardwaredefekts nicht mehr lauffähig sein, können Sie auf das zuvor erstellte Systemabbild zurückgreifen. Selbstverständlich sollte das Problem bzw. seine Ursache zunächst behoben werden, also z. B. eine neue, intakte Festplatte eingebaut werden. Eine erneute Installation des Betriebssystems auf diesem Laufwerk ist nicht notwendig. Sie können stattdessen direkt das gesicherte Systemimage zurückspielen. Einzige Voraussetzung: Diese Festplatte muss groß genug sein, also am besten so groß wie die alte oder größer. Mindestens aber muss sie so viel Speicherplatz bieten, wie auf der alten zum Zeitpunkt der Imageerstellung belegt war. Andernfalls ist nicht genug Platz vorhanden, um das Systemimage wiederherzustellen.

Systemimage mit der Wiederherstellungsumgebung einspielen

Das Wiederherstellen einer Komplettsicherung kann nicht im laufenden Windows erfolgen. Schließlich wird dabei die gesamte Systempartition überschrieben, womit dem laufenden System sozusagen der Boden unter den Füßen weggezogen würde. Stattdessen gibt es eine spezielle Wiederherstellungsumgebung, die direkt beim Systemstart aktiviert werden kann. Wenn der Hersteller Ihres PCs diese Starthilfe gleich mit auf die Festplatte installiert hat, können Sie sie einfach abrufen:

1 Fahren Sie Windows herunter und starten Sie Ihren PC neu.

2 Drücken Sie direkt beim Start von Windows (nachdem die Startmeldungen des BIOS auf dem Bildschirm angezeigt wurden) die Taste F8. Im Zweifelsfall drücken Sie diese Taste einfach die gesamte Zeit nach dem Start des Rechners, bis der Bildschirm *Erweiterte Startoptionen* angezeigt wird. Eventuell gibt der PC wegen der vielen Tastendrücke ein Piepen von sich, aber ansonsten ist das unbedenklich.

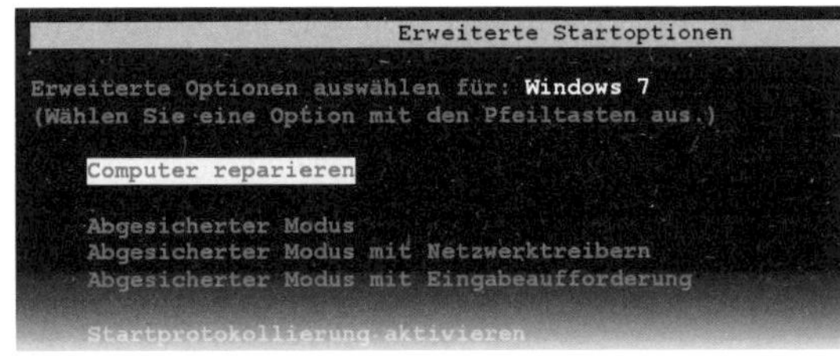

3 Wählen Sie im Menü ganz oben den Punkt *Computer reparieren* aus.

4 Warten Sie dann, bis die Systemwiederherstellungsoptionen geöffnet werden. Wählen Sie hier zunächst die passende Tastaturbelegung aus.

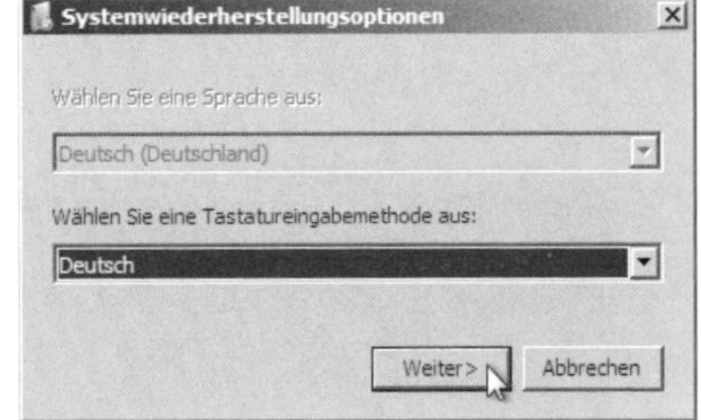

5 Geben Sie dann Benutzername und Kennwort an. Verwenden Sie hierbei genau die Daten, mit denen Sie sich auch regulär bei Ihrem Windows anmelden würden. Allerdings muss es sich dabei um ein Benutzerkonto mit Administratorrechten handeln!

6 Wählen Sie bei den Systemwiederherstellungsoptionen dann den Punkt *Systemabbild-Wiederherstellung* aus. Der weitere Ablauf erfolgt dann genauso, wie es ab Schritt 5 im nachfolgenden Abschnitt beschrieben wird.

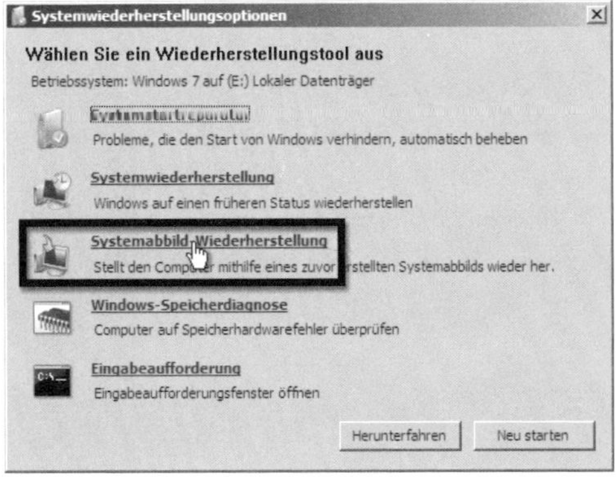

Die Systemwiederherstellung mit der Installations-DVD durchführen

Das Wiederherstellen einer Komplettsicherung kann nicht im laufenden Windows erfolgen. Schließlich wird dabei die gesamte Systempartition überschrieben, womit dem laufenden System sozusagen der Boden unter den Füßen weggezogen würde. Stattdessen gibt es eine spezielle Wiederherstellungsumgebung, die Sie über die Windows-Installations-DVD abrufen können.

1 Beenden Sie Windows und starten Sie Ihren PC neu. Legen Sie dabei die Windows-Installations-DVD ein und sorgen Sie dafür, dass der Rechner von dieser DVD startet. Je nach Rechner müssen Sie dazu die Bootreihenfolge im BIOS verändern oder aber einfach während des Startvorgangs eine Taste drücken.

2 Beim Start von der DVD wird zunächst wie bei einer Neuinstallation ein Fenster zur Sprachauswahl angezeigt. Übernehmen Sie die meist korrekten Standardeinstellungen oder passen Sie diese ggf. an. Klicken Sie dann unten rechts auf *Weiter*.

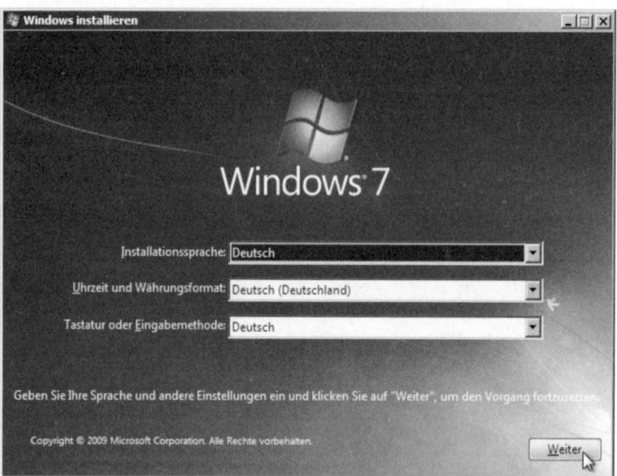

3 Wichtig: Anstelle von *Jetzt installieren* klicken Sie im nächsten Schritt unten links auf *Computerreparaturoptionen*.

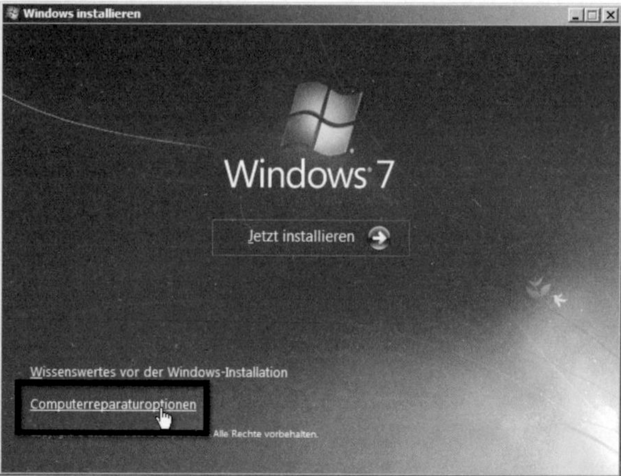

4 Die Systemwiederherstellung sucht nun zunächst automatisch nach vorhandenen Windows-Installationen. Anschließend zeigt sie diese in einer Liste an. Wählen Sie hier ganz unten die Option *Stellen Sie den Computer mithilfe eines zuvor erstellten Systemabbilds wieder her* und klicken Sie dann auf *Weiter*.

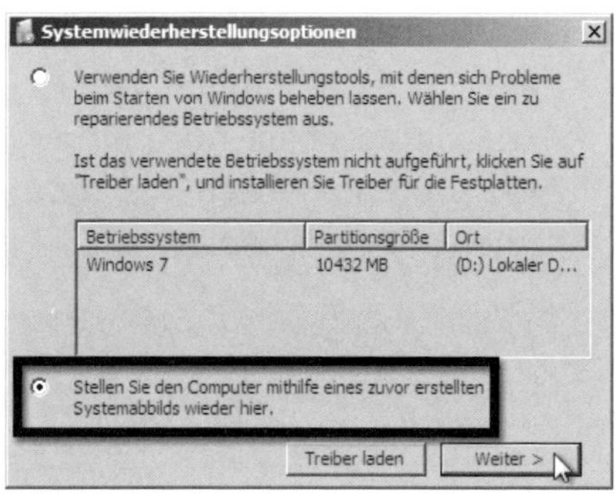

5 Der Assistent sucht dann nach Komplettsicherungen, die für diese Installation vorhanden sind, und bietet Ihnen automatisch an, die neuste davon wiederherzustellen. Sollten Sie auf einen älteren Stand zurückgreifen wollen, klicken Sie unten auf *Systemabbild auswählen*.

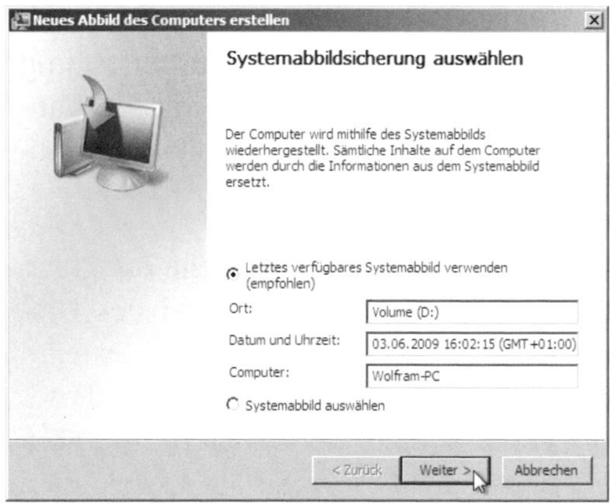

6 Anschließend können Sie mit der gleichnamigen Option den Datenträger formatieren und neu partitionieren lassen. Dies ist wichtig, wenn Sie für das Wiederherstellen des Systems eine neue Festplatte eingebaut haben, die noch nicht formatiert ist. Aber auch wenn Sie seit dem Erstellen der Komplettsicherung die Partitionierung des Systems verändert haben, sollten Sie diese Option wählen, andernfalls kann es beim Wiederherstellen Probleme geben. Haben Sie an den Laufwerken gar nichts verändert, können Sie auf die Option verzichten und die Wiederherstellung so etwas beschleunigen.

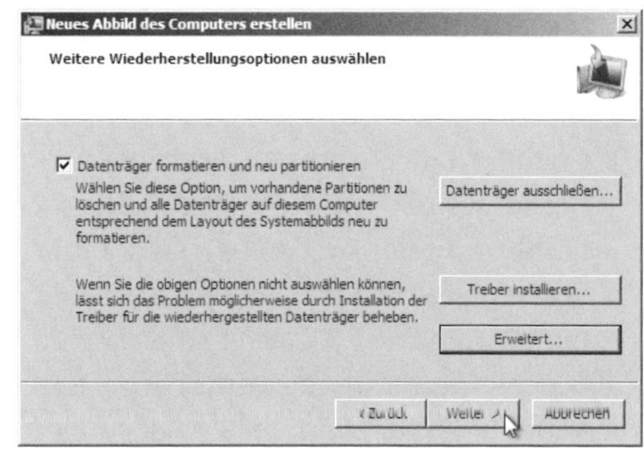

7 Im anschließenden Schritt können Sie die gewählten Wiederherstellungsdaten noch einmal überprüfen. Klicken Sie dann unten auf *Fertig stellen*.

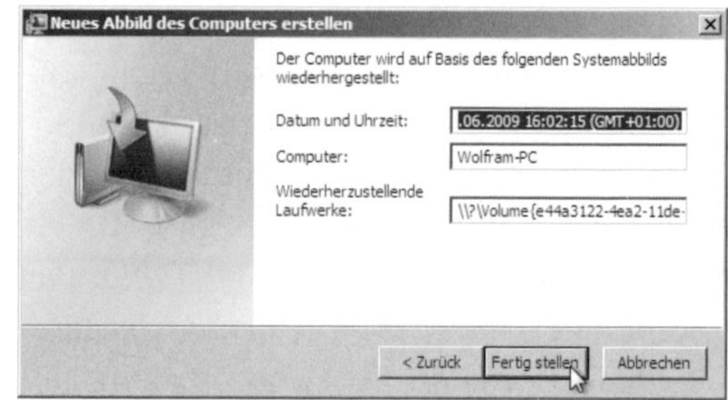

8 Nun folgen noch einmal ein Hinweis und eine Rückfrage, ob Sie auch wirklich die Systemwiederherstellung durchführen und dabei die vorhandenen Daten löschen wollen. Bestätigen Sie mit *Ja*.

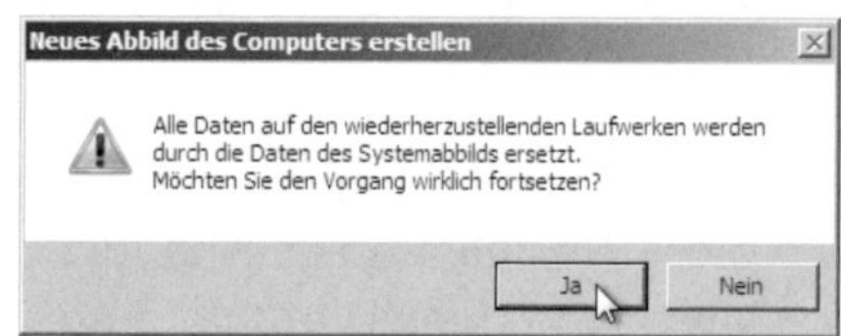

9 Nun wird das Systemimage endgültig wiederhergestellt. Aufgrund des Umfangs der dabei bewegten Dateien (mindestens einige GByte) wird dieser Vorgang eine Weile dauern. Sie können den PC solange aber ruhig sich selbst überlassen. Weitere Benutzereingaben sind bis zum Ende der Wiederherstellung nicht notwendig. Nur bei einer Wiederherstellung von DVD-Medien ist zwischendurch Scheibenwechseln angesagt.

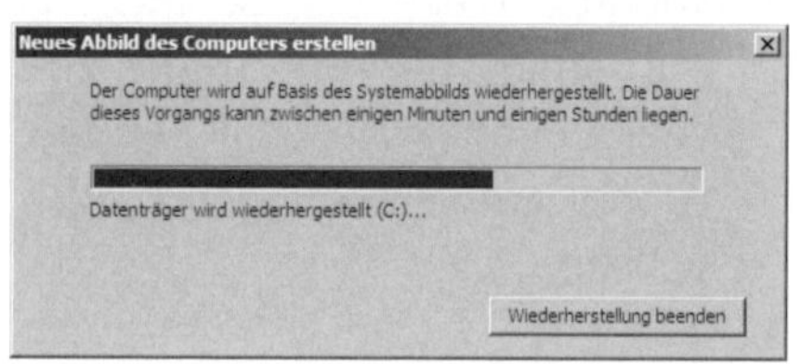

10 Nachdem das System vollständig wiederhergestellt wurde, ist ein Neustart fällig, den der Assistent nach einer Wartepause selbst veranlasst. Mit einem Klick auf *Jetzt neu starten* können Sie den Vorgang verkürzen. Denken Sie daran, eventuelle Änderungen in den Booteinstellungen des BIOS an dieser Stelle rückgängig zu machen, sodass der PC wieder von der Festplatte bootet. Anschließend startet die wiederhergestellte Windows-Installation ganz normal.

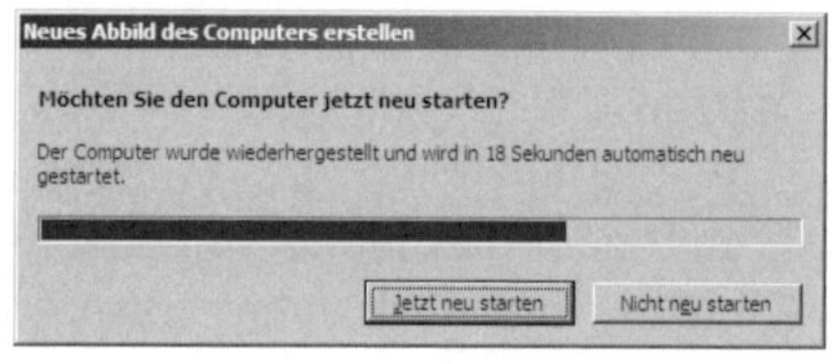

14.3 Cloud-Backup: Onlinespeicher im Internet als Sicherungsmedium nutzen

Die „Cloud", die riesige schwer definierbare Datenwolke im Internet wird allgemein als der nächste große Entwicklungsschritt angesehen. So abstrakt diese Idee auch scheint, tatsächlich kann jeder heute schon davon profitieren. Wenn Sie z. B. für Ihre E-Mail-Kommunikation ein webbasiertes Postfach benutzen, machen Sie sich diese Cloud zunutze. Ihre Nachrichten werden nicht mehr lokal auf Ihrem PC gespeichert, sondern nur noch auf dem Server Ihres E-Mail-Betreibers. Sie können jederzeit, von jedem Ort aus und mit beliebigen Geräten (PC, Mobilgerät, internetfähiges TV-Gerät etc.) darauf zugreifen.

Auch beim Speichern von Daten kann Ihnen die Cloud wertvolle Dienste leisten. Das Auslagern wichtiger Dokumente bringt den Vorteil, dass Sie eine zusätzliche Kopie „außer Haus" haben. Diese ist selbst bei einer echten Katastrophe wie etwa einem Brand ungefährdet, der neben dem PC womöglich auch die Sicherungsmedien wie USB-Laufwerke oder selbst gebrannte CDs/DVDs in Mitleidenschaft ziehen würde. Positiver Nebeneffekt: Auf eine solche Kopie in der Datenwolke können Sie auch von unterwegs jederzeit zugreifen, falls Sie mal Unterlagen vergessen haben oder überraschend benötigen.

HINWEIS

Datenschutz beim Onlinespeicher

Die Anbieter von Onlinespeicherplatz wie Google Docs oder Windows Live SkyDrive sorgen in der Regel mit automatischen Backups etc. für die Sicherheit der ihnen anvertrauten Daten. Um einen wichtigen Aspekt allerdings müssen Sie sich selbst kümmern, nämlich den inhaltlichen Schutz Ihrer Daten. Sensible, sehr persönliche Daten sollten am besten nur verschlüsselt übermittelt werden. Schließlich geben Sie diese Daten beim Hochladen in die Obhut anderer und können niemals sicher sein, was diese damit anstellen.

Gladinet für den komfortablen Zugriff auf Onlinespeicher

Die Anbieter von Onlinespeicher wie Windows Live SkyDrive oder Google Docs bieten in der Regel eine Weboberfläche, mit der Sie auf Ihren persönlichen Speicherbereich zugreifen und Dateien hin und her transferieren können. Für die gelegentliche Nutzung ist das akzeptabel, aber wenn Sie diese Funktionen regelmäßig nutzen möchten, empfiehlt sich das Verwenden einer speziellen Software, die den Onlinespeicher direkt als Laufwerk in den Windows-Explorer integriert. Gladinet Cloud Desktop ist ein solches Programm. Es ist in einer kostenlosen Version verfügbar, die für den privaten Gebrauch durchaus ausreicht. Der besondere Vorteil dieser Software liegt darin, dass sie nicht nur ein oder zwei Anbieter von Onlinespeicher unterstützt, sondern eine große Auswahl. Sie können mit diesem Programm also gleich mehrere Onlinespeicher parallel nutzen oder problemlos von einem Anbieter zum anderen wechseln.

Gladinet einrichten

Sie können unter *www.gladinet.com* die kostenlose Gladinet Starter Edition herunterladen. Die Installation wird wie üblich von einem Assistenten erledigt. Beim ersten Start muss das Programm dann konfiguriert und der Onlinespeicher eingerichtet werden.

1 Wählen Sie im ersten Schritt die Option *I want to use free starter edition*, um die kostenlose Version zu verwenden. Bei Bedarf können Sie später immer noch auf eine kostenpflichtige Version mit erweiterten Funktionen wechseln.

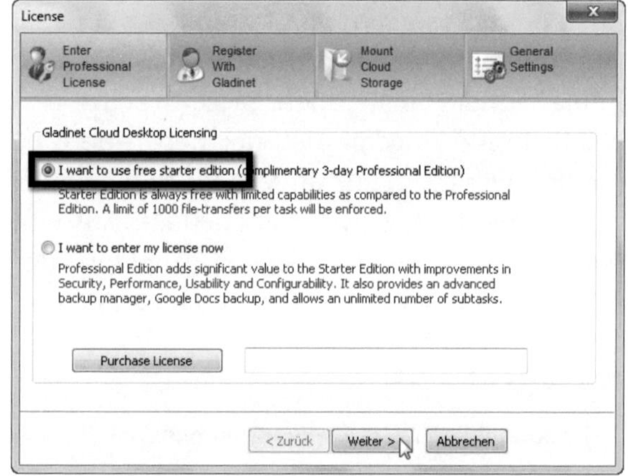

2 Den zweiten Schritt der Registrierung können Sie mit *Weiter* überspringen.

3 Nun geht es an das Einrichten des Onlinespeichers. Klicken Sie unten rechts auf *Add My Cloud Storage Account*.

4 Wählen Sie im anschließenden Dialog zunächst bei *Storage Provider* den Anbieter des Onlinespeichers aus.

5 Anschließend können Sie im Feld darunter einen Namen angeben, unter dem dieser Onlinespeicher später im Windows-Explorer wiederzufinden ist. Sie können aber auch einfach den Vorschlag des Programms übernehmen. Klicken Sie dann unten rechts auf *Weiter*.

6 Nun geht es um Ihren Benutzernamen und das dazugehörige Passwort, mit dem sich das Programm für Sie beim Onlinespeicher anmeldet. Verwenden Sie hier genau die Kontodaten, die Sie auch bei einer Anmeldung via Webbrowser eingeben würden. Windows Live z. B. erwartet hier die Adresse Ihres E-Mail-Postfachs.

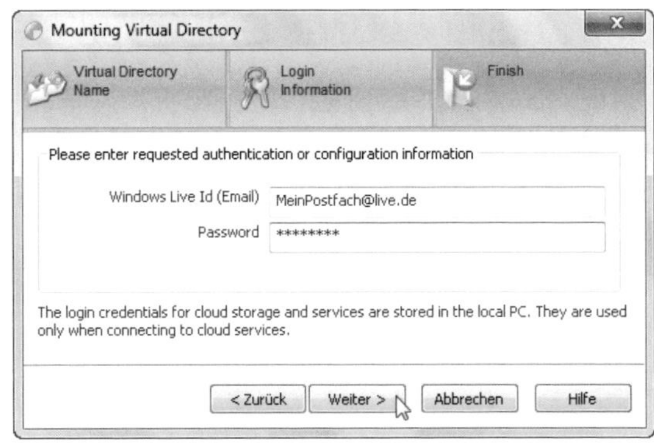

7 Anschließend prüft Gladinet den Zugang mit den angegebenen Daten und stellt die Verbindung zum Onlinespeicher her. Anschließend können Sie mit einem erneuten Klick auf *Add My Cloud Storage Account* weitere Konten für Onlinespeicher hinzufügen. Dies können Sie aber auch später jederzeit komfortabel nachholen.

8 Alternativ gelangen Sie mit *Weiter* zu den allgemeinen Optionen von Gladinet. Interessant ist hier vor allem ganz oben die Möglichkeit, einen bestimmten Laufwerkbuchstaben für die Einbindung in das lokale Dateisystem festzulegen. Ebenso können Sie den Namen dieses virtuellen Laufwerks ändern.

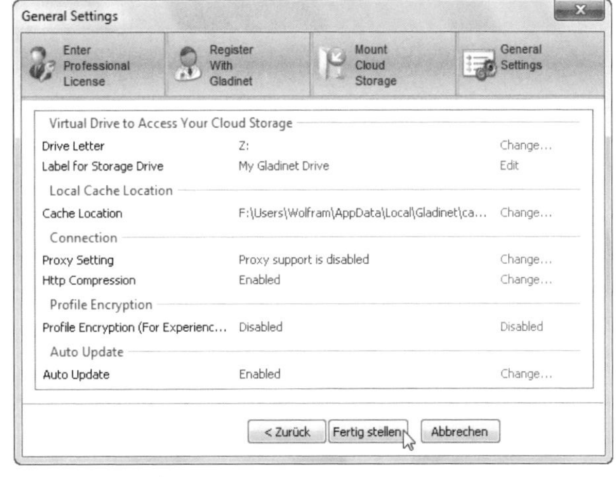

9 Klicken Sie schließlich unten auf *Fertig stellen*, um die Einrichtung von Gladinet abzuschließen.

Der Zugriff auf den Onlinespeicher

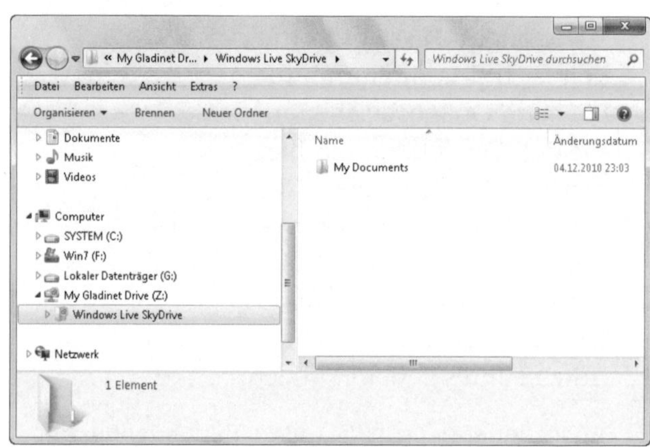

Dank Gladinet können Sie auf Ihren Onlinespeicher sehr komfortabel und fast genauso wie auf lokale Laufwerke zugreifen. Hierzu fügt das Programm einen virtuellen Ordner in das Dateisystem ein, den Sie z. B. mit dem Windows-Explorer nutzen können. Aber auch in den Dialogen *Öffnen* oder *Speichern unter* von Anwendungen steht dieses Laufwerk zur Verfügung.

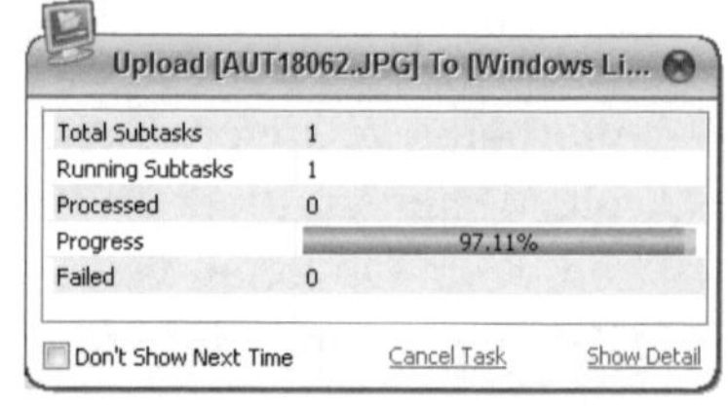

Der Transfer von Dateien kann also auf den gewohnten Wegen durchgeführt werden und selbst das Hin- und Herziehen von Dokumenten per Drag & Drop ist uneingeschränkt möglich. Nur die eigentliche Dateioperation dauert etwas länger als gewohnt, da die Verbindung via Internet deutlich langsamer als z. B. die Anbindung einer lokalen Festplatte oder eines USB-Sticks ist. Gladinet blendet währenddessen standardmäßig einen kleinen Statusdialog ein. Dieser zeigt den Fortschritt an, bietet aber auch die Möglichkeit, den Vorgang abzubrechen (*Cancel Task*). Sollten Sie auf diese Anzeige verzichten wollen, aktivieren Sie beim nächsten Mal die Option *Don't Show Next Time*.

TIPP

Weitere Onlinespeicher einbinden

Wollen Sie später weitere Onlinespeicher hinzufügen, können Sie dies z. B. auch über den Windows-Explorer erledigen. Wählen Sie dazu das virtuelle Gladinet-Laufwerk aus. Es enthält neben den bereits vorhandenen Speicherkonten einen „Unterordner" *Click to mount*. Damit starten Sie den vorangehend beschriebenen Assistenten zum Einrichten von Onlinespeicher. Jeder weitere Onlinespeicher wird als eigenes Unterverzeichnis des virtuellen Gladinet-Laufwerks eingefügt.

15. CDs, DVDs und Blu-ray Discs für Datensicherungen und Präsentationen

Windows bringt verschiedene Möglichkeiten mit, CDs, DVDs und sogar **B**lu-ray **D**iscs (BD) zu brennen. Diese Funktionen sind direkt in verschiedene Komponenten wie den Windows Media Player, das Media Center oder den DVD Maker integriert. Aber auch der Explorer kann Dateien und Ordner direkt auf Silberscheiben brennen, z. B. um wichtige Dokumente zu archivieren oder größere Datenmengen zu anderen PCs mitnehmen zu können.

Welche Medien und Geschwindigkeiten dabei zum Einsatz kommen können, hängt von der vorhandenen Brennerhardware ab. Windows erkennt den eingebauten bzw. angeschlossenen Brenner und bindet ihn automatisch ein. Dabei bietet es zwei verschiedene Brennverfahren an, die sich in Handhabung und Einsatzbereichen grundlegend unterscheiden.

INFO

Windows 7 und Blu-ray Discs (BD)

Windows 7 unterstützt von Hause aus den Einsatz von Blu-ray Discs. Das bedeutet, dass Blu-ray-Laufwerke von Windows 7 erkannt und eingebunden werden. Außerdem können Blu-ray Discs durch die Brennfunktionen von Windows 7 z. B. direkt aus dem Windows-Explorer mit Daten beschrieben werden. Auch der Lesezugriff auf Daten, die auf Blu-ray Discs gespeichert sind, ist möglich.

Allerdings fehlen sowohl dem Windows Media Player als auch dem Windows Media Center die notwendigen Codecs, um Blu-ray-Video direkt abzuspielen. Hierfür müssen entsprechende Plug-ins nachgerüstet werden. Diese werden von Fremdanbietern bzw. den Herstellern der Blu-ray-Laufwerke angeboten.

15.1 Rohlinge optimal für das Schreiben von Daten formatieren

Die Voraussetzung für das Erstellen von Datenträgern im Windows-Explorer ist das Einlegen eines Rohlings in das Brennerlaufwerk. Anschließend muss dieser formatiert werden, wobei Windows zwei verschiedene Brennmethoden zur Verfügung stellt, die jeweils Vor- und Nachteile haben. Erst wenn dieser Schritt erledigt ist, können Sie Dateien und Ordner auf dem Datenträger sichern.

1 Legen Sie einen leeren Rohling in das Brennerlaufwerk ein.

2 Die automatische Wiedergabe von Windows erkennt den eingelegten Rohling nach kurzer Wartezeit und zeigt einen Dialog an, in dem Sie einen Vorgang für den Datenträger auswählen können.

3 Wählen Sie hier die Alternative *Dateien auf Datenträger brennen*. Soll dieser Vorgang beim Einlegen eines leeren Rohlings jedes Mal gewählt werden, aktivieren Sie zunächst oben die Option *Immer für leere DVDs durchführen*.

4 Geben Sie im anschließenden Dialog oben einen beliebigen Titel für den Datenträger ein.

5 Wählen Sie dann die Methode aus, mit dem der Datenträger erstellt werden soll. Beide Varianten werden im nachfolgenden Abschnitt ausführlicher vorgestellt. Wenn Sie nun auf *Weiter* klicken, wird der Datenträger formatiert und fertig vorbereitet.

6 Bei der Variante *Wie ein USB-Flashlaufwerk* kann dies einige Zeit in Anspruch nehmen. Scheiben nach der Methode *Mit einem CD/DVD-Player* stehen hingegen sofort zur Verfügung (mehr dazu im nachfolgenden Abschnitt).

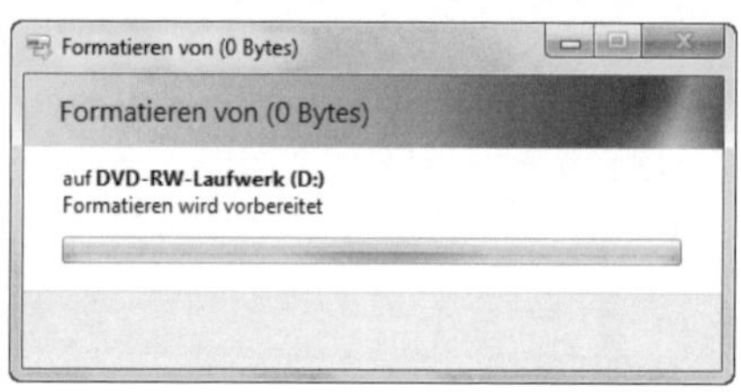

Das UDF-Format ist flexibel einsetzbar

Für das von Windows empfohlene Livedateisystem (*Wie ein USB-Flashlaufwerk*) wird das **U**niversal **D**isc **F**ormat (UDF) verwendet. Es ist wesentlich leistungsfähiger als das klassische ISO-Format und kann dadurch größere Dateien und Datenmengen sichern. Außerdem fallen viele der Beschränkungen des ISO-Formats weg.

Einer der größten Vorteile ist das Packetwriting. Hierbei muss der Datenträger nicht wie beim ISO-Format immer in einem Rutsch beschrieben werden, sondern Sie können nach und nach immer wieder Dateien auf den Datenträger kopieren, sie dort ggf. auch wieder löschen etc. Der Rohling ist dadurch genauso flexibel einsetzbar wie z. B. ein USB-Stick oder eine Medienspeicherkarte. Er kann auch ohne Weiteres zwischendurch immer wieder entnommen und später wieder eingelegt und weiterbeschrieben werden. Allerdings bringt UDF auch Nachteile mit sich:

- Der Datenträger muss vor der Verwendung aufwendig formatiert werden. Das erledigt Windows zwar automatisch, aber es dauert eine ganze Weile, bis der Rohling zum Schreiben vorbereitet ist.
- CDs und DVDs im UDF-Format können nur mit Einschränkungen in anderen Geräten verwendet werden. Andere PCs mit dem gleichen Betriebssystem sind in der Regel kein Problem. Soll die Scheibe aber in einem PC mit einem älteren Betriebssystem oder einem klassischen DVD-Spieler verwendet werden, kommt das UDF-Format nicht infrage. In solchen Fällen müssen Sie das ISO-Format verwenden.

Das ISO-Format bringt Kompatibilität mit älteren Systemen und klassischen Abspielgeräten

Alternativ zum UDF-Format unterstützt auch Windows 7 weiterhin das Brennen von Datenträgern im Mastered-Format (*Mit einem CD/DVD-Player*). Dieses Format bietet die größtmögliche Kompatibilität, da die Datenträger praktisch von jedem System eingelesen werden können, das ein CD- bzw. DVD-Laufwerk unterstützt. Auch klassische DVD-Abspielgeräte können mit solchen Datenträgern etwas anfangen, sofern sie mit Daten-CDs umgehen können, um z. B. Bilder oder MP3-Dateien abzuspielen. Mit dieser Wahl können Sie also nicht viel falsch machen, aber auch sie hat Nachteile:

- Die Dateien und Ordner für den Datenträger müssen zunächst auf der Festplatte zwischengespeichert und dann in einem Rutsch gebrannt werden. Das organisiert Windows zwar unauffällig im Hintergrund, aber der Speicherplatz wird trotzdem belegt, bis der Datenträger endgültig gebrannt wurde.
- Wenn Sie den Datenträger zwischenzeitlich entfernen wollen, ohne die Daten gebrannt zu haben, wird Windows nervös. Es muss dann überredet werden, die zwischengespeicherten Daten trotzdem beizubehalten.

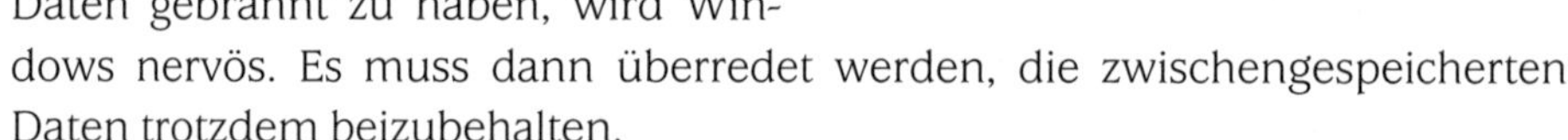

- Damit der Datenträger auf anderen PCs oder CD-/DVD-Abspielern verwendet werden kann, muss er jeweils finalisiert werden.

15.2 Dateien und Ordner per Drag & Drop auf die Datenscheibe schaffen

Haben Sie einen Rohling in den Brenner eingelegt und für die Aufnahme formatiert, können Sie damit beginnen, die Dateien und Ordner auszuwählen, die Sie auf diesem Datenträger sichern wollen. Die Vorgehensweise unterscheidet sich dabei zunächst kaum, egal ob Sie sich für das UDF- oder ISO-Format entschieden haben.

Dateien und Ordner für das Brennen auswählen

Um Dateien auf den Datenträger zu schreiben, stehen Ihnen verschiedene Möglichkeiten zur Verfügung:

- Sie können die gewünschten Dateien im Windows-Explorer markieren und die *Brennen*-Schaltfläche in der Symbolleiste verwenden.
- Wählen Sie im Kontextmenü einer oder mehrerer ausgewählter Dateien den Befehl *Senden an/DVD-Laufwerk* o. Ä. (der genaue Wortlaut des Eintrags hängt vom eingebauten Laufwerk und eingelegten Rohling ab).

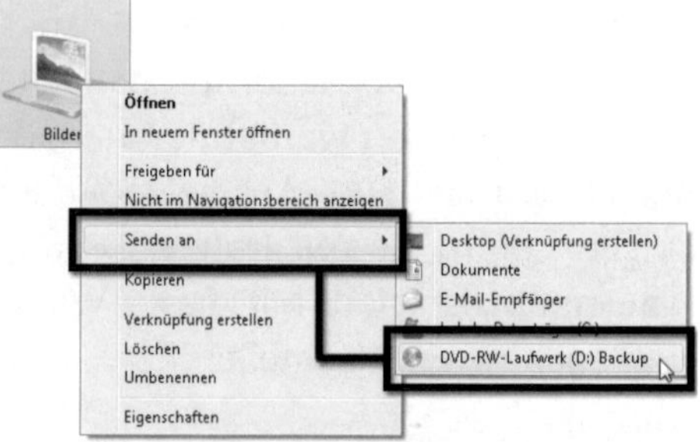

- Ziehen Sie die markierten Dateien und Ordner per Drag & Drop von ihrem Speicherplatz auf das Symbol des Brennerlaufwerks im Windows-Explorer. Alternativ können Sie auch Funktionen zum Kopieren und Einfügen verwenden. Auch das Verschieben bzw. Ausschneiden und Einfügen von Dateien funktioniert. Allerdings sollten Sie dabei besondere Umsicht walten lassen, da das Verschieben einer Datei auf das Brennerlaufwerk eben (insbesondere im Fall von ISO-Datenträgern) noch nicht bedeutet, dass die Datei auch tatsächlich schon physikalisch auf den Datenträger geschrieben wurde.
- Ebenso können Sie den üblichen *Speichern-* bzw. *Speichern unter-*Dialog von Anwendungen verwenden, um Dokumente direkt auf einem Datenträger zu speichern. Wählen Sie dazu einfach das Brennerlaufwerk als Ziel für die Speicherung aus.

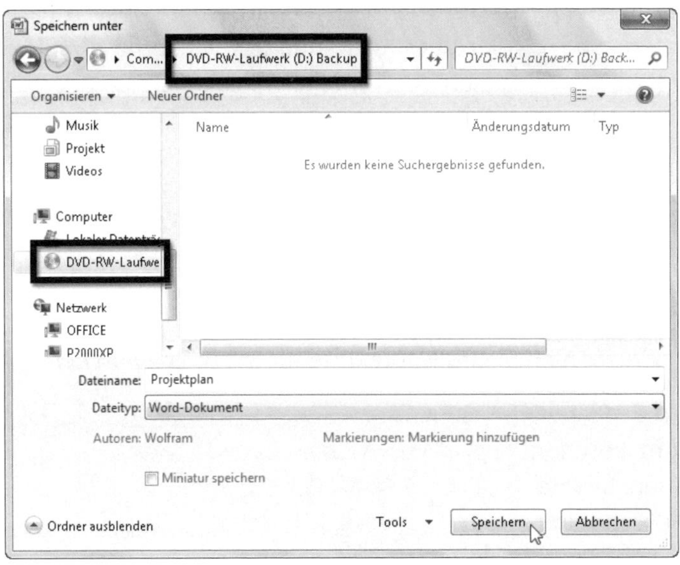

Dateien mit dem Livedateisystem auf UDF-Medien brennen

Wenn Sie den Datenträger als UDF formatiert haben, erfolgt das Übertragen der Dateien unmittelbar. Da dies länger dauert als das Schreiben z. B. auf eine Festplatte, kann es zu einer kurzen Wartepause kommen. Ein Fortschrittsdialog zeigt an, wie weit der Schreibvorgang ist.

Anschließend befinden sich die Dateien oder Ordner bereits physikalisch auf dem Datenträger und können von dort wieder eingelesen oder auch gelöscht werden. Sie können den UDF-Datenträger jederzeit entnehmen und später wieder einlegen. Ebenso können Sie ihn in einen anderen PC einlegen und dort auf die gespeicherten Daten zugreifen. Eine abschließende Aufbereitung des Datenträgers für die Verwendung auf anderen Geräten ist nicht erforderlich.

Dateien von UDF-Datenträgern entfernen

Einer der Vorteile von UDF im Vergleich zum ISO-Format ist die Möglichkeit, einmal gebrannte Dateien wieder vom Datenträger löschen zu können. Ebenso können Sie eine bereits vorhandene Datei auf dem Datenträger durch eine neuere Version derselben ersetzen. Dies funktioniert sowohl bei einmal beschreibbaren (CD-R bzw. DVD+/-R) als auch bei wiederbeschreibbaren (CD-RW bzw. DVD+/-RW) Datenträgern. Allerdings wird nur bei wiederbeschreibbaren Medien der Speicherplatz beim Löschen auch wieder freigegeben. So oder so unterscheidet sich das Löschen von Dateien auf einem solchen Datenträger kaum von der sonstigen Vorgehensweise:

1 Öffnen Sie das Brennerlaufwerk mit dem eingelegten Datenträger. Sie sehen im Windows-Explorer dann den derzeitigen Inhalt des Rohlings.

2 Markieren Sie die Datei(en), die Sie entfernen wollen.

3 Drücken Sie [Entf] oder wählen Sie im Kontextmenü den Befehl *Löschen*.

4 Bestätigen Sie die Sicherheitsrückfrage zum Löschen der Datei. Beachten Sie dabei, dass es bei Löschoperationen auf UDF-Datenträgern keinen Papierkorb gibt. Die Dateien werden also grundsätzlich unwiderruflich gelöscht.

5 Das eigentliche Entfernen der Dateien dauert wie auch beim Schreiben etwas länger als üblich und wird durch einen Fortschrittsdialog dokumentiert.

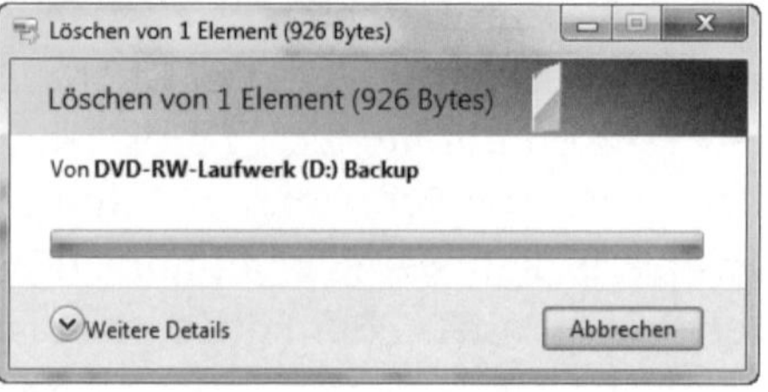

Dateien auf ISO-Datenträger brennen

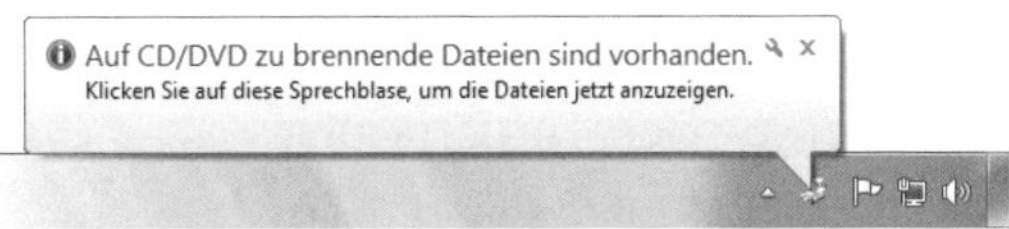

Bei einem ISO-Datenträger ist der Ablauf etwas anders. Hier brennt Windows die Dateien nicht unmittelbar auf den Rohling, sondern speichert sie zunächst in einem temporären Ordner auf der Festplatte zwischen. Deshalb läuft das Kopieren, Verschieben und Speichern von Dateien auch sehr flott ab. Allerdings bleibt der Datenträger eben auch die ganze Zeit noch leer. Anstelle eines Fortschrittsdialogs bekommen Sie jeweils einen Hinweis im Infobereich angezeigt, wenn neue Dateien im temporären Speicher für den Brenner landen. Um die Daten endgültig auf die Silberscheibe zu bekommen, müssen Sie den Brenn-Assistenten bemühen. Der überträgt dann alle Dateien aus dem Zwischenspeicher auf den Datenträger. Das sollten Sie allerdings erst machen, wenn Sie wirklich alle gewünschten Dateien und Ordner auf das Brennerlaufwerk kopiert haben.

1. Öffnen Sie das Brennerlaufwerk im Windows-Explorer. Sie sehen hier alle die Dateien und Ordner, die sich zurzeit im Zwischenspeicher für den Datenträger befinden und somit auf das Medium gebrannt werden würden. Sie sehen allerdings nicht den tatsächlichen Inhalt des Datenträgers, da dieser zu diesem Zeitpunkt noch völlig leer ist.

2. Klicken Sie oben in der Symbolleiste auf die Schaltfläche *Auf Datenträger brennen*. Damit starten Sie den Brenn-Assistenten.

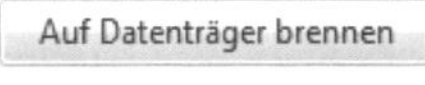

3. Hier können Sie im ersten Schritt einen Datenträgertitel eingeben und die Aufnahmegeschwindigkeit einstellen. Achten Sie darauf, dass die Geschwindigkeit zum verwendeten Rohling passt und diesen nicht überfordert. Klicken Sie dann unten auf *Weiter*.

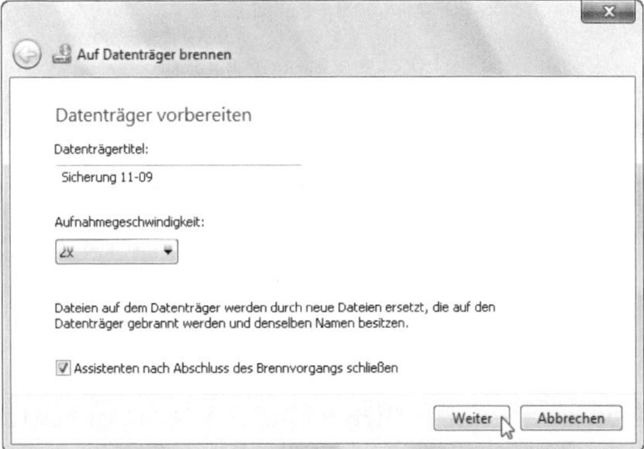

4. Der Assistent bereitet den Datenträger dann für den Schreibvorgang vor, überträgt die Dateien und finalisiert das Medium anschließend, sodass es auch von anderen Laufwerken gelesen werden kann.

Dieser Vorgang entspricht dem normalen Brennen einer kompletten CD und kann je nach Umfang der zu brennenden Dateien einige Zeit dauern. Der Assistent gibt die noch verbleibende Zeit jeweils an.

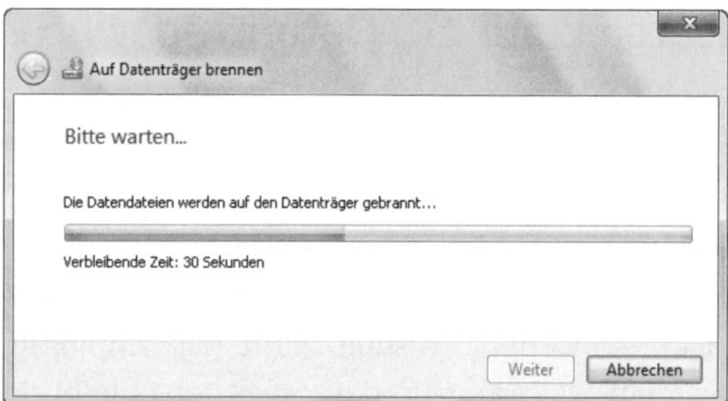

5 Anschließend bietet der Assistent Ihnen ggf. an, einen anderen Datenträger mit denselben Dateien zu erstellen. Das ist praktisch, wenn Sie gleich mehrere Kopien der Sicherung anfertigen wollen. Ansonsten schließen Sie den Assistenten einfach mit *Fertig stellen*.

TIPP

Das Auswählen der Dateien auf mehrere Sitzungen verteilen

Bei einem UDF-Datenträger ist es kein Problem, die zu brennenden Dateien und Ordner nach und nach, ggf. auch im Laufe von Tagen oder Wochen, auf die Silberscheibe zu brennen. Aber auch bei einem ISO-Datenträger müssen Sie nicht alles in einem Rutsch erledigen. Sammeln Sie ggf. die Daten ruhig auch über einen längeren Zeitraum im temporären Verzeichnis, bis sich das Brennen lohnt. Sie können zwischendurch auch ohne Weiteres andere CDs, DVDs etc. einlegen, um z. B. Musik zu hören oder Filme zu schauen. Windows bekommt das mit und reagiert entsprechend. Sie können dann den Datenträger später wieder einlegen und das Sammeln fortsetzen. Falls Sie die gesammelten Dateien irgendwann doch nicht mehr brennen wollen, können Sie den temporären Speicher auch einfach löschen.

Datenträger löschen

Wenn Sie die Dateien auf einem Datenträger nicht mehr benötigen, können Sie den Inhalt löschen. Dies ist nicht dasselbe wie das Löschen aller gespeicherten Dateien. Hierbei würde das grundlegende Format des Datenträgers erhalten bleiben. Beim Löschen des Datenträgers hingegen werden sämtliche enthaltenen Daten einschließlich des Formats entfernt. Dies ist z. B. unerlässlich, wenn Sie den Datenträger von UDF auf ISO oder umgekehrt umformatieren oder ihn für einen ganz anderen Zweck einsetzen wollen, z. B. um eine Musik-CD oder eine Video-DVD zu brennen. Wichtig: Das Löschen eines Datenträgers ist grundsätzlich nur bei wiederbeschreibbaren RW-Medien möglich.

1 Legen Sie den zu löschenden Datenträger ein und öffnen Sie den Arbeitsplatz bzw. *Computer* im Windows-Explorer.

2 Wählen Sie hier das Brennerlaufwerk aus und klicken Sie in der Symbolleiste auf die Schaltfläche *Datenträger löschen*. Alternativ finden Sie den gleichnamigen Befehl auch im Kontextmenü des Datenträgerlaufwerks.

3 Damit starten Sie den – für diesen Zweck etwas überdimensionierten – Brenn-Assistenten. Klicken Sie hier einfach unten auf *Weiter*.

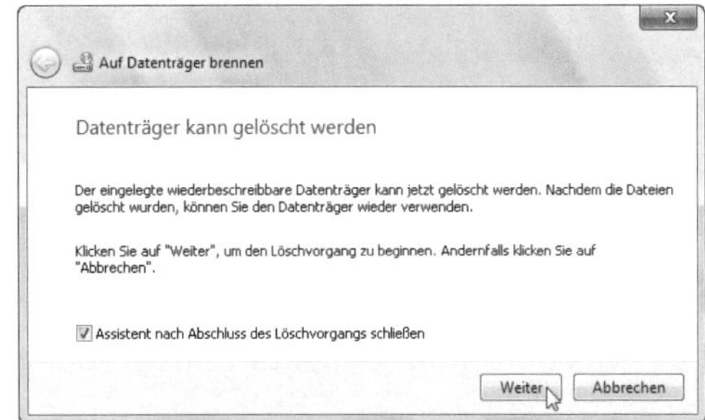

4 Nun müssen Sie nur noch kurz Geduld haben und den Assistenten seine Arbeit erledigen lassen. Klicken Sie anschließend ggf. unten auf *Fertig stellen*, um den Assistenten zu schließen. Der Datenträger ist nun wieder „jungfräulich" und kann einer erneuten Verwendung zugeführt werden.

TIPP

Nicht vom Cache täuschen lassen

Nach dem Löschen eines Datenträgers kann es vorkommen, dass Windows den Inhalt weiterhin anzeigt, als wenn nichts gelöscht worden wäre. Dies liegt am Cache, den Windows verwendet, um nicht jedes Mal auf den – relativ langsamen – Datenträger zugreifen zu müssen. Leider merkt der nicht immer gleich, wenn der Datenträger gelöscht wurde. Der Spuk lässt sich leicht beenden. Lassen Sie den Datenträger auswerfen und legen Sie ihn anschließend wieder ein. Dann aktualisiert Windows den Cache und bekommt mit, dass es sich um einen völlig leeren Datenträger handelt.

SPEZIAL Wichtige Dokumente zuverlässig auf CD/DVD oder Blu-ray archivieren

CDs, DVDs oder bei entsprechenden Datenmengen auch BDs eignen sich hervorragend als externe Speichermedien für wichtige Dokumente. Sie lassen sich getrennt vom PC an einem sicheren Ort aufbewahren, an dem sie selbst bei größeren Katastrophen wie Diebstählen, Feuer oder Überschwemmungen noch zur Wiederherstellung verwendet werden können, auch wenn der ursprüngliche PC nicht mehr zur Verfügung steht. Mit modernen Brennlaufwerken ist es auch nur eine Sache von wenigen Minuten, eine solche Silberscheibe zu erstellen. Der größere Aufwand ist es oftmals, alle relevanten Dateien für eine Sicherung zusammenzutragen. Genau hierbei aber helfen Ihnen die Such- und Filterfunktionen von Windows. Sie wollen alle paar Tage alle Dokumente sichern, die aber an unterschiedlichen Stellen auf der Festplatte gespeichert sind? Mit der praktischen Dateisuche stellen Sie die Dokumente in Sekunden zusammen und brennen sie auf eine Sicherungsscheibe. Und da Sie die Zusammenstellung als virtuellen Ordner speichern können, geht es beim nächsten Mal sogar noch schneller!

1 Legen Sie eine leere CD oder DVD ein und wählen Sie das ISO-Format (*Mit einem CD/DVD-Player*), um maximale Kompatibilität für Ihre Sicherungsdaten zu erreichen.

2 Klicken Sie nun auf *Start* und tippen Sie im Eingabefeld des Startmenüs einen * ein. Klicken Sie dann darüber auf *Weitere Ergebnisse anzeigen*.

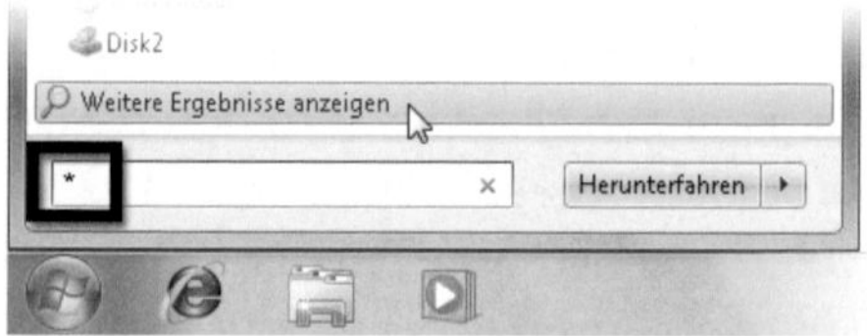

3 Damit erhalten Sie eine Liste aller Dateien auf Ihrem PC. Wichtige Einschränkung: Es werden nur die Dateien aufgeführt, die von der Dateisuche berücksichtigt werden. Also alles, was Sie unter *Dokumente* und in Bibliotheken ablegen. Wie Sie ggf. weitere Ordner und Laufwerke in die Dateisuche mit einbeziehen, ist auf S. 225 beschrieben.

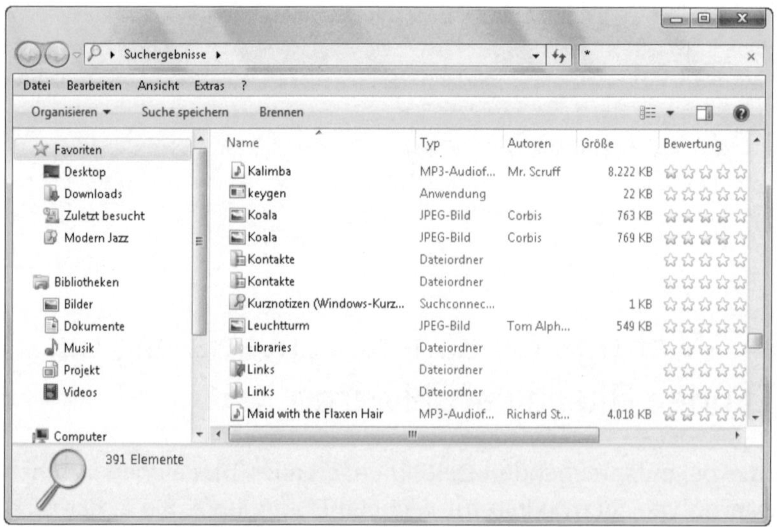

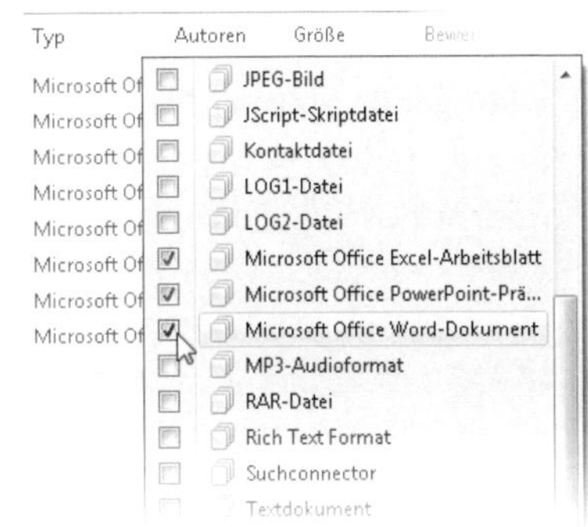

4 Nun können Sie die Filterfunktionen des Windows-Explorer nutzen, um das Suchergebnis auf die Arten von Dokumenten zu beschränken, die Sie sichern möchten. Suchen Sie dazu in der Detailansicht die Spaltenüberschrift *Typ* und klicken Sie rechts neben der Überschrift auf das Pfeilsymbol.

5 Setzen Sie im Menü z. B. Häkchen bei den Einträgen für Microsoft Office-Dokumente. Damit filtern Sie die angezeigten Dateien auf diese Dateitypen. Der Windows-Explorer zeigt dann alle Office-Dokumente auf Ihrem PC an.

6 Um diese Suche in Zukunft jederzeit wieder abrufen zu können, klicken Sie jetzt in der Symbolleiste auf *Suche speichern*. Verwenden Sie als Bezeichnung z. B. *Office-Dokumente*. Sie können die Suche dann jederzeit unter diesem Namen bei den Favoriten im Navigationsbereich abrufen.

7 Für die Sicherung der so ermittelten Dateien brauchen Sie nur noch auf die *Brennen*-Schaltfläche in der Symbolleiste zu klicken.

8 Windows kopiert die Dateien dann sofort in den temporären Ordner zum Brennen. Dieser wird auch direkt in einem zusätzlichen Fenster angezeigt. Hier brauchen Sie nur noch in der Symbolleiste die Schaltfläche *Auf Datenträger brennen* anzuklicken. Damit starten Sie den Brenn-Assistenten, der den Brennvorgang erledigt.

Ab der nächsten Sicherung müssen Sie dann nur noch im Navigationsbereich oben die *Favoriten* öffnen und dort die gespeicherte Suche abrufen. Klicken Sie dann auf *Brennen* und *Auf Datenträger brennen*, und die Sicherung wird erledigt.

15.3 ISO-Images mit Bordmitteln auf CD/DVD brennen

ISO-Images sind Dateien, die das Abbild einer CD oder DVD beinhalten. Mit einem speziellen Programm können Sie den Inhalt der ISO-Datei auf einen Rohling brennen und so das Abbild wieder im Original herstellen. Bislang war dazu zusätzliche Software nötig. Windows 7 bringt nun ein eigenes, einfaches Tool mit, um ISO-Dateien auf CD bzw. DVD zu brennen.

INFO

Was genau ist eine ISO-Datei?

In einer ISO-Datei befindet sich der gesamte Inhalt einer CD bzw. DVD. Ob auf der Silberscheibe Musik, Videos oder einfach nur Daten enthalten sind, spielt dabei keine Rolle. ISO-Dateien bieten die Möglichkeit, die Inhalte von CDs und DVDs auf der Festplatte eines PCs zu speichern oder auch via Internet zu verbreiten. Genau das hat Microsoft beispielsweise mit den Vorabversionen von Windows 7 gemacht. Anstatt Millionen von DVDs herzustellen und zu verschicken, wurde die Software als ISO-Abbild der Installations-DVD zum Download angeboten. Die eigentliche DVD kann sich dann jeder Benutzer selbst brennen. Das geht wesentlich schneller und spart Microsoft viel Geld.

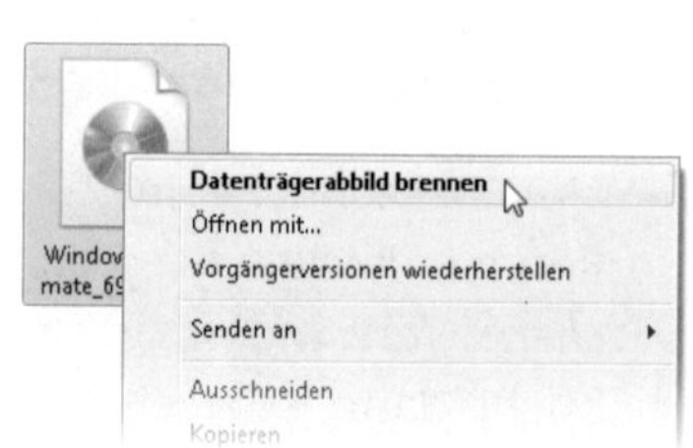

1 Um eine vorliegende ISO-Datei zu brennen, klicken Sie mit der rechten Maustaste auf das Symbol dieser Datei.

2 Wählen Sie im Kontextmenü den Befehl *Datenträgerabbild brennen*. Alternativ finden Sie in der Symbolleiste des Windows-Explorer eine gleichnamige Schaltfläche.

3 Damit öffnen Sie das Dienstprogramm zum Brennen von ISO-Datenträgerabbildern. Hier ist bei *CD/DVD-Brenner* standardmäßig bereits Ihr Brennerlaufwerk eingestellt. Sollten mehrere vorhanden sein, wählen Sie ggf. das gewünschte aus.

4 Soll das Programm die CD/DVD nach dem Brennvorgang auf eventuelle Fehler hin untersuchen, schalten Sie die Option *Datenträger nach dem Brennen überprüfen* ein. Dadurch verlängert sich der gesamte Vorgang allerdings deutlich.

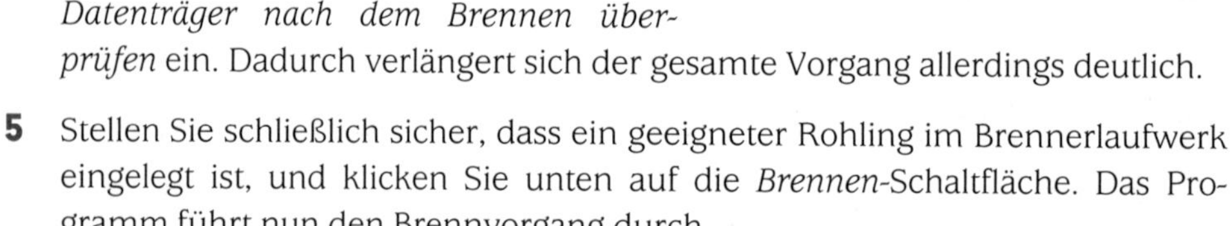

5 Stellen Sie schließlich sicher, dass ein geeigneter Rohling im Brennerlaufwerk eingelegt ist, und klicken Sie unten auf die *Brennen*-Schaltfläche. Das Programm führt nun den Brennvorgang durch.

Teil III

Multimedia – digitale Medien erstellen und genießen

16. Digitalfotos und Bilder sammeln, organisieren und optimieren

Digitalfotos gehören heute praktisch zum Alltag. Fast jeder hat ein Handy mit Kamerafunktion in der Tasche und auch leistungsfähige Digitalkameras sind immer kleiner und günstiger geworden. Da ist ein Schnappschuss schnell gemacht. Um in der Fülle der Bilder den Überblick zu behalten, ist eine Software hilfreich, die das Erfassen und Verwalten der Bildersammlung genauso zum Kinderspiel macht. Windows bietet dafür einige grundlegende Funktionen direkt im Windows-Explorer an.

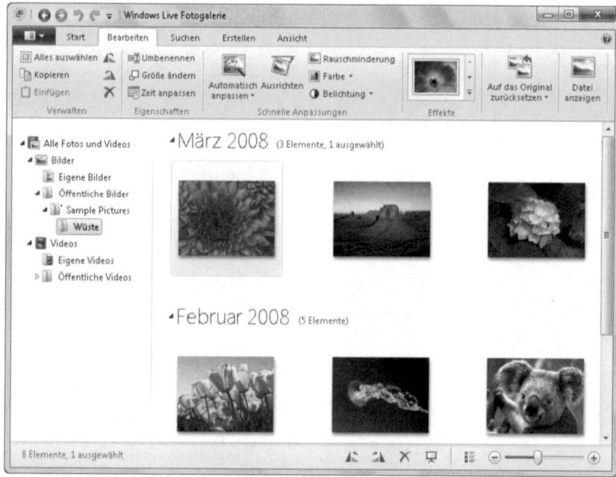

Komfortabler wird es aber, wenn Sie sich zusätzlich das Programm Windows Live Fotogalerie herunterladen und installieren (siehe Kapitel 8). Damit können Sie Bilder von Digitalkameras, Scannern und anderen Quellen erfassen, archivieren und mit Schlagwörtern versehen. Filter und Suchfunktionen helfen Ihnen, bestimmte Bilder jederzeit schnell wiederzufinden.

Auch einfache Bearbeitungsmöglichkeiten wie das Rotieren und Beschneiden von Bildern, das Korrigieren von Helligkeit und Kontrast oder das Wegretuschieren der lästigen roten Augen stehen zur Auswahl und ersparen in vielen Fällen den Griff zu komplexeren Bildbearbeitungsprogrammen. Schließlich bietet die Fotogalerie vielfältige Möglichkeiten, Bilder weiterzuverwerten und dauerhaft aufzubewahren, wie das Archivieren auf CD, das Erstellen von Bildpräsentationen oder das Übermitteln an einen Fotodienstleister zum Erstellen echter Fotoabzüge.

16.1 Bilder von Digitalkamera und Scanner importieren

Wenn sich Ihre Digitalkamera per USB mit dem PC verbinden lässt, können Sie die Bilder mittels eines Assistenten bequem auf den PC übertragen und gleich in der Fotogalerie erfassen lassen.

1 Verbinden Sie hierzu die Digitalkamera mit dem PC. Windows erkennt die Kamera automatisch und fragt nach, was Sie mit diesem Gerät durchführen wollen. Wählen Sie *Bilder und Videos importieren mit Windows*.

2 Alternativ können Sie auch bei angeschlossener Kamera direkt in der Fotogalerie die Menüfunktion *Datei/Von Kamera oder Scanner importieren* aufrufen. Damit starten Sie den Assistenten *Fotos und Videos importieren*. Wählen Sie im ersten Schritt die Kamera aus und klicken Sie dann unten auf *Importieren*.

3 Der Assistent durchsucht die Kamera dann nach neuen Bildern und Videos. Wählen Sie dann die Option *Alle neuen Elemente jetzt importieren*. Außerdem können Sie die Bilder mit einem Stichwort markieren. Dieses wird in den erweiterten Dateieigenschaften des Bildes gespeichert und dient später der effizienten Bildverwaltung. Außerdem fließt es in den Dateinamen ein, den der Assistent automatisch wählt. Mit einem Klick auf *Weitere Optionen* können Sie an dieser

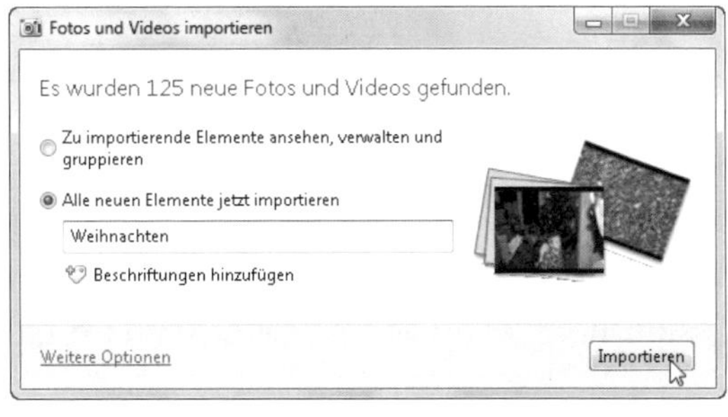

Stelle weitere Importeinstellungen vornehmen, auf die wir im anschließenden Abschnitt ausführlicher eingehen.

4 Anschließend startet der eigentliche Transfer. Je nach Umfang und Geschwindigkeit der Verbindung kann das einige Sekunden bis Minuten dauern. Die Fortschrittsanzeige stellt jeweils dar, welches Bild gerade übertragen wird und wie lange der Vorgang noch dauern wird. Falls Sie die Bilder nach dem Import direkt vom Speicherchip der Kamera löschen wollen, setzen Sie vor dem Abschluss des Vorgangs ein Häkchen bei *Nach dem Importieren löschen*.

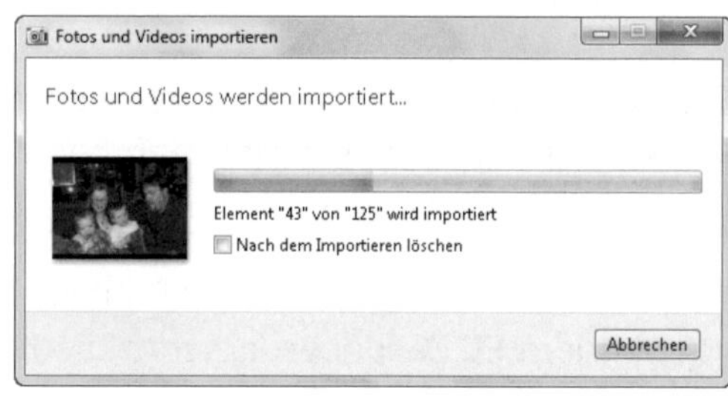

5 Anschließend finden Sie die importierten Bilder direkt in der Fotogalerie vor. Wählen Sie dazu z. B. die Kategorie *Zuletzt importiert* oder rufen Sie bei den Ordnern das Verzeichnis auf, in dem die neuen Bilder gespeichert wurden.

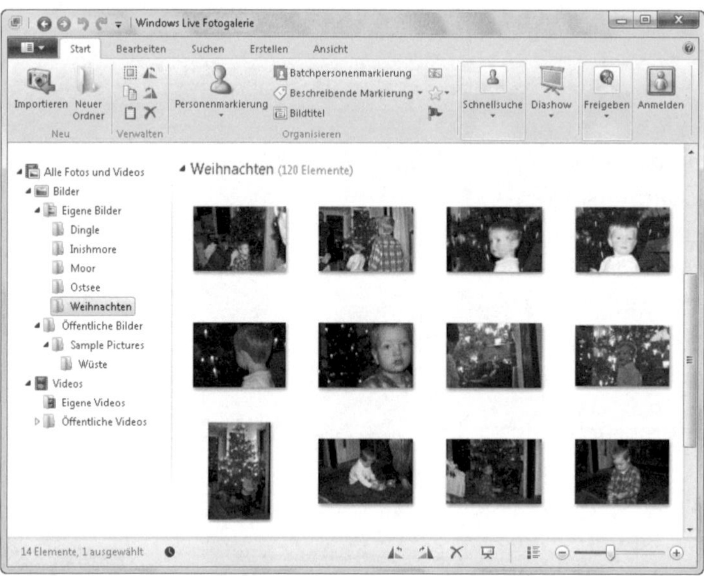

Das Importieren von der Kamera im Detail steuern

Der Import-Assistent verwendet eine Reihe von Standardeinstellungen für den Speicherort und das automatische Benennen der einzulesenden Bilder. Diese Voreinstellungen sind nicht verkehrt, aber Sie können auch andere Optionen wählen, wenn Ihnen z. B. das Schema der automatischen Namensvergabe nicht passt.

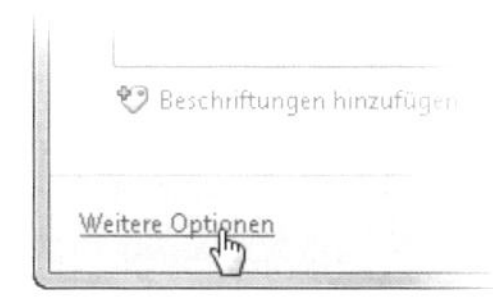

1 Um die Importoptionen zu verändern, klicken Sie im ersten Schritt des Import-Assistenten unten links auf *Weitere Optionen*. Alternativ können Sie auch in der Windows-Fotogalerie mit *Datei/Optionen* die Einstellungen öffnen und dort in die Rubrik *Importieren* wechseln.

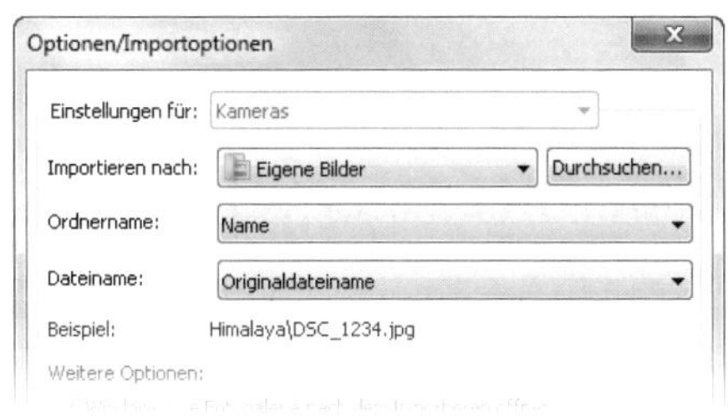

2 Hier können Sie bei *Importieren nach* einen alternativen Ordner wählen, in den die Bilder übertragen werden sollen. Das bietet sich z. B. an, wenn Sie für Ihre Bilddateien ein separates Laufwerk verwenden. Wenn Sie die Windows-Fotogalerie zum Verwalten der Bilder einsetzen wollen, sollten Sie aber darauf achten, dass Sie einen Ordner verwenden, der von der Fotogalerie erfasst wird (siehe S. 283).

3 Die Auswahlfelder *Ordnername* und *Dateiname* steuern die automatische Benennung von Bildern. Hier finden Sie jeweils verschiedene Varianten und Kombinationen von Angaben, aus denen Ordnername und Dateiname gebildet werden können. Sollen die Dateien nicht umbenannt werden, können Sie z. B. für den Dateinamen *Ursprünglicher Dateiname* wählen. Dann wird der von der Kamera vergebene Name für die Bilddatei beibehalten.

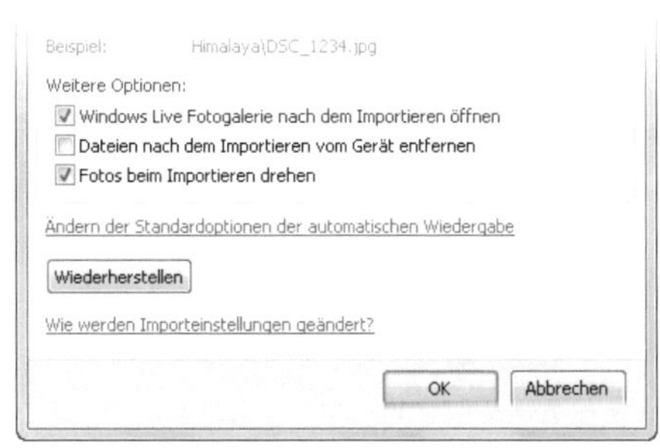

4 Bei *Weitere Optionen* sind die mittleren beiden am wichtigsten. *Dateien nach dem Importieren vom Gerät entfernen* gibt den Speicherplatz der Bilder auf der Kamera praktischerweise immer gleich automatisch frei. *Fotos beim Importieren drehen* ist ebenfalls sehr nützlich, da Windows Aufnahmen im Hochformat dann immer gleich automatisch richtig positioniert. Das funktioniert allerdings nur, wenn die Digitalkamera diese Funktion unterstützt.

TIPP

RAW-Codecs für Digitalbilder verwenden

Üblicherweise erstellen Digitalkameras ihre Bilder direkt im JPEG-Format und optimieren sie bereits. Bessere Modelle können aber auch die ungefilterten und unkomprimierten Rohdaten der Bilder ausgeben. Wer selbst aus seinen Aufnahmen das Beste herausholen möchte, sollte mit diesem RAW-Format arbeiten. Voraussetzung dafür ist eine Fotosoftware, die mit RAW-Daten umgehen kann. Zum Betrachten reichen aber die Windows-Bordmittel aus, wenn Sie einen RAW-Codec installiert haben. Leider gibt es nicht den RAW-Codec, weil jeder Kamerahersteller hier sein eigenes Süppchen kocht. Sie können sich aber auf der Website Ihres Kameraherstellers den passenden Codec für Ihr Modell herunterladen. Wenn der installiert ist, kann Windows auch mit den RAW-Aufnahmen Ihrer Kamera umgehen.

Bilder mit einem Scanner einlesen

Vielleicht liegen einzelne Bilder, die Sie verwenden wollen, nicht immer schon als digitale Dateien vor, sondern auf Papier, so z. B. ausbelichtete Fotos, Zeitungsausschnitte, Dokumente oder sonstige Unterlagen. In solchen Fällen können Sie zu einem Scanner greifen, mit dem sich solche Papiervorlagen in digitale Bilder umwandeln lassen. Windows und die Live Fotogalerie unterstützen diese Vorgehensweise mit einer integrierten Scannerfunktion, mit der Sie Bilder einlesen und direkt in Ihre Bildsammlung übernehmen können.

1 Rufen Sie in der Windows-Fotogalerie die Menüfunktion *Importieren* auf.

2 Wählen Sie im Importdialog den Scanner aus. Meist wird ohnehin nur dieses Gerät angezeigt, aber wenn Sie z. B. mehrere Scanner oder zeitgleich eine Digitalkamera angeschlossen haben, werden diese ebenfalls aufgelistet.

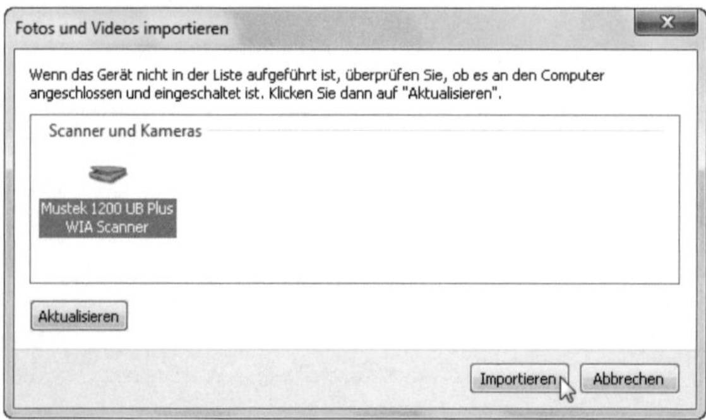

3 Gegebenenfalls nach einer kurzen Wartezeit wird der Scandialog angezeigt. Wählen Sie hier zunächst auf der linken Seite oben ein passendes Profil für die Papiervorlage aus, also z. B. *Foto* für ausbelichtete Bilder. Dadurch kann sich das Programm darauf einstellen und bessere Scanergebnisse erzielen.

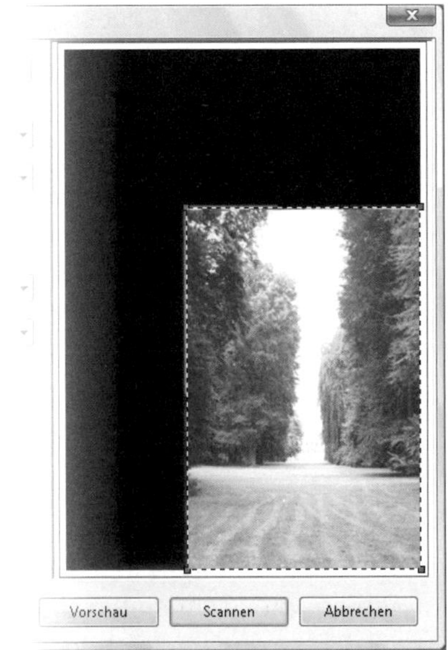

4 Anschließend sollten Sie zunächst einen Vorschauscan durchführen. Der liest das Bild zunächst relativ schnell in einer groben Voransicht ein. Diese erlaubt es Ihnen, den genauen Scanbereich festzulegen sowie eventuelle Optimierungen bezüglich von Bildhelligkeit und -kontrast vorzunehmen. Klicken Sie dazu unten auf die Schaltfläche *Vorschau* und haben Sie etwas Geduld.

5 Anschließend zeigt das Programm den gesamten Scanbereich im Vorschaufenster an. Die Qualität der Vorschau ist nicht besonders gut, da sie vor allem schnell sein soll. Der endgütige Scan wird wesentlich besser aussehen! Wenn Sie nur einen Teil der Vorlage einlesen wollen, können Sie den Scanbereich jetzt manuell anpassen. Ziehen Sie dazu mit der Maus an den vier Ecken des Bereichs, bis es passt.

6 Auf der linken Seite können Sie nun die weiteren Scanparameter festlegen:

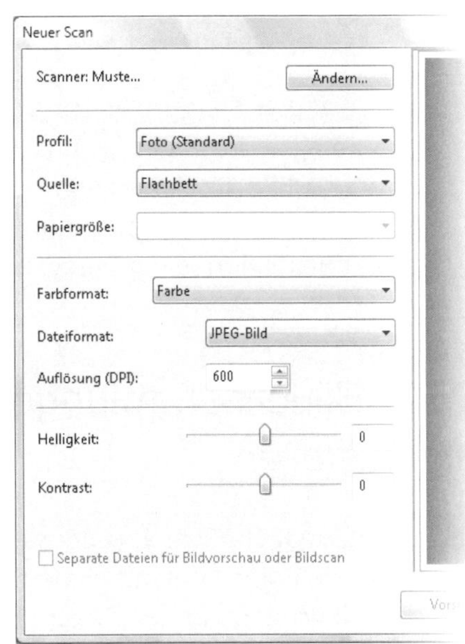

- Wählen Sie das Farbformat. Für farbige Vorlagen ist die Wahl klar. Um z. B. Schriftstücke einzulesen, eignen sich *Graustufe* bzw. *Schwarz und Weiß* besser.
- Bei *Dateiformat* geben Sie an, mit welchem Dateityp das Bild gespeichert werden soll. Neben dem gängigen *JPEG-Bild* stehen hier auch *Bitmap*, *PNG* sowie *TIFF* zur Auswahl.
- Ganz wichtig für die Bildqualität ist das Eingabefeld *Auflösung (DPI)*. Der optimale Wert hängt hierbei vom Verwendungszweck ab. Für großformatige Scans, die Sie in guter Qualität ausdrucken oder dauerhaft aufbewahren wollen, sollten Sie aber nicht weniger als 600 dpi wählen. Bilder für die Verwendung in Webseiten hingegen kommen auch mit 150 dpi aus.

- Sollte das Vorschauergebnis schon auf den ersten Blick zu dunkel ausfallen, können Sie mit den Parametern *Helligkeit* und *Kontrast* den Scanvorgang beeinflussen.

TIPP

Bildoptimierungen besser verschieben

Halten Sie sich beim Scannen nicht zu lange mit Optimierungsversuchen auf. Denken Sie daran, dass Sie nur eine grobe Vorschau des Bildes sehen. Solange diese nicht erheblich zu dunkel oder (eher selten) zu hell ist, brauchen Sie an *Helligkeit* und *Kontrast* nicht viel zu drehen. Das können Sie genauso gut später noch am fertig eingescannten Bild erledigen, wobei Sie eine viel bessere Kontrolle über das Ergebnis haben.

7 Haben Sie alle Einstellungen so weit getroffen, können Sie das eigentliche Einlesen des Bildes in der endgültigen Qualität beginnen. Klicken Sie dazu unten auf die *Scannen*-Schaltfläche. Nun beginnt der Scanner mit dem Einlesen und Übertragen des Bildes, was je nach Geschwindigkeit des Geräts einige Sekunden dauern kann.

8 Anschließend können Sie wie beim Importieren von einer Digitalkamera direkt eine Beschriftung angeben, mit der dieses Bild in der Fotogalerie markiert wird.

9 Nun gelangen Sie zurück zur Windows-Fotogalerie, in der Sie das eingescannte Bild in der Kategorie *Zuletzt importiert* am schnellsten wiederfinden. Sollten noch Optimierungsschritte erforderlich sein, können Sie die Korrekturfunktionen der Fotogalerie dafür verwenden.

16.2 Bildersammlungen intelligent und effizient organisieren

Hier und da mal ein Schnappschuss und auf Reisen die Kamera stets dabei – da kommt schnell eine umfangreiche Bildersammlung zustande. Um darin immer alles schnell wiederzufinden, bedarf es einer guten Organisation. Eine der Hauptaufgaben der Windows-Fotogalerie besteht deshalb darin, Bilder aus verschiedenen Quellen zu erfassen und zu verwalten. Eigenschaften wie Bildernamen und Aufnahmedatum werden dabei automatisch berücksichtigt. Sie können aber auch mithilfe von individuellen Markierungen Ihre Bilder z. B. thematisch katalogisieren und so ein strukturiertes Bildarchiv aufbauen, in dem Sie Ihre Fotos langfristig aufbewahren und bei Bedarf immer wieder schnell finden können.

INFO

Lästige Rückfrage beim Start der Windows Live Fotogalerie?

Standardmäßig meldet sich die Windows Live Fotogalerie bei jedem Start mit einer lästigen Rückfrage wegen der Dateitypen. Damit möchte das Programm erreichen, als Standardanwendung für die gängigen Bildtypen eingestellt zu werden. Das können Sie mit *Ja* machen oder aber es mit *Nein* bei der standardgemäßen Bild- und Faxanzeige von Windows oder ggf. einem anderen installierten Bildbetrachter belassen. In jedem Fall sollten Sie zuvor die Option *Für diese Dateitypen nicht erneut anzeigen* wählen, um diesen Dialog auf Dauer loszuwerden.

Bilder und Videos in die Fotogalerie importieren

Die Windows-Fotogalerie erfasst automatisch alle vorhandenen und neu hinzukommenden Bilder, wenn Sie diese bei Ihren eigenen Dateien im Ordner *Bilder* bzw. *Videos* speichern. Zusätzlich werden außerdem die öffentlichen Ordner für Bilder und Videos überwacht. Wenn Sie in einen dieser Ordner also neue Dateien importieren, werden diese automatisch auch in die Windows-Fotogalerie aufgenommen. Wenn Sie Bilder in anderen Ordnern oder z. B. auf einem anderen Laufwerk gespeichert haben, können Sie aber auch diese Daten von der Fotogalerie überwachen lassen. Dazu müssen Sie die entsprechenden Ordner der Galerie hinzufügen.

1 Starten Sie die Fotogalerie mit *Start/Alle Programme/Windows Live/Windows Live Fotogalerie*.

2 Um Bilder von Ihrer Festplatte zu importieren, wählen Sie im Stamm-Menü den Befehl *Ordner hinzufügen*.

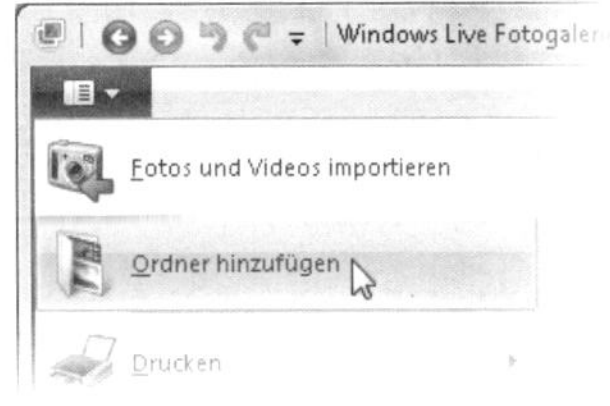

3 Sie sehen dann eine Übersicht der bereits überwachten Ordner. Klicken Sie hier rechts auf die Schaltfläche *Hinzufügen*, um einen weiteren einzufügen.

4 Geben Sie im anschließenden Ordnerauswahldialog das Verzeichnis an, in dem sich die zu erfassenden Bilder befinden. Klicken Sie dann unten auf *Ordner aufnehmen*.

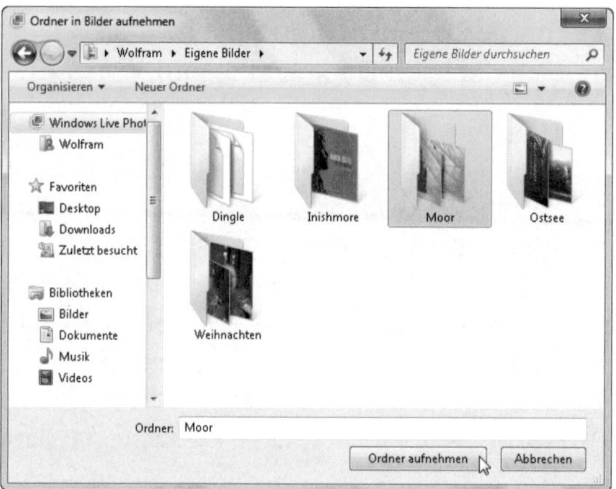

5 Das Programm analysiert nun den vorgegebenen Ordner und erfasst die darin enthaltenen Dateien. Dies geschieht im Hintergrund, sodass Sie also parallel schon mit der Windows-Fotogalerie weiterarbeiten können. Allerdings reagiert das Programm in dieser Phase eventuell etwas träger und die neuen Bilder stehen erst nach und nach zur Verfügung.

6 Anschließend finden Sie die neu hinzugekommenen Bilder in der Galerie vor. Suchen Sie dazu in der Navigationsleiste am linken Rand die Kategorie *Alle Fotos und Videos*. Der hinzugefügte Ordner ist hier als Eintrag aufgeführt. Wählen Sie ihn aus, dann werden die darin enthaltenen Bilder in der Galerie angezeigt.

Mithilfe der verschiedenen Kategorien durch die Bildersammlung navigieren

Die Navigationsleiste am linken Rand der Windows-Fotogalerie ist eine Möglichkeit, in dem Gesamtbestand an Bildern und Videos eine bestimmte Gruppe von Bildern ausfindig zu machen. Sie zeichnet die Ordnerstruktur nach, in der die Bilder abgelegt sind, und lässt sich ähnlich wie der Windows-Explorer nutzen.

Zusätzlich kann die Anzeige der Bilder rechts nach verschiedenen Kriterien strukturiert werden, z. B. nach Datum, Markierung oder Bewertung. Wechseln Sie hierzu in das *Ansicht*-Menü. Hier können Sie ganz links im Bereich *Liste anordnen* auswählen, welches Kriterium Sie zum Sortieren verwenden möchten.

Mit der Windows-Suche auch Bilder schnell und gezielt finden

Wenn es um das gezielte Auffinden eines bestimmten Bildes oder einer sehr kleinen Auswahl von Bildern geht, helfen die Kategorien im Navigationsbereich nicht immer weiter. Für solche Fälle bietet die Fotogalerie Ihnen zusätzlich eine Suchfunktion, mit der Sie die gesamte erfasste Bildersammlung durchsuchen können. Diese Funktion basiert auf der Windows-Dateisuche und funktioniert dementsprechend ganz ähnlich wie die Suchen im Windows-Explorer. Als Suchbegriff können Sie alle textbasierten Eigenschaften der Dateien verwenden, also nicht nur den Dateinamen, sondern z. B. auch Titel, Markierungen, Kommentare, Urheber etc.

TIPP

Navigationsbereich und Suche sind kombiniert

Die Bildsuche der Fotogalerie bezieht sich immer auf die links gewählte Kategorie. Es werden also stets nur die Bilder und Videos in den dort ausgewählten Bereichen durchsucht. Um eine Suche im gesamten Bestand durchzuführen, sollten Sie deshalb links immer erst ganz oben die Kategorie *Alle Fotos und Videos* auswählen, bevor Sie den Suchbegriff eingeben.

1 Klicken Sie im *Suchen*-Menü ganz rechts auf die Schaltfläche *Textsuche*.

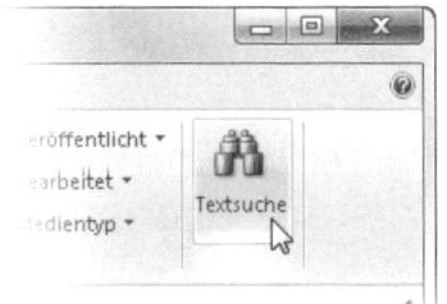

2 Hiermit blenden Sie einen zusätzlichen Suchbereich ein, in dem Sie den gewünschten Begriff eintippen. Bereits nach dem ersten Buchstaben beginnt die Suchfunktion, die angezeigten Bilder zu reduzieren. Sie entfernt alle Einträge, die diesen Buchstaben nicht in irgendeiner ihrer textbasierten Dateieigenschaften enthalten.

3 Dieser Vorgang setzt sich mit jedem weiteren Buchstaben fort, sodass die Bildauswahl immer weiter eingeschränkt wird.

4 Sie müssen den Suchbegriff nicht unbedingt komplett ausschreiben. Ist Ihnen die verbleibende Auswahl an Bildern klein genug oder wird ohnehin nur noch ein Bild angezeigt, belassen Sie es einfach dabei.

5 Um die Suchauswahl wieder aufzuheben, klicken Sie rechts im Suchfeld auf das kleine *x*.

Organisieren Sie Ihre Bilder mit Markierungen

Eine zusätzliche Möglichkeit, Ihrer Bildersammlung eine individuelle Struktur zu verleihen, sind Markierungen, die Sie einzelnen oder mehreren Bildern zuordnen können. Dabei kann ein Bild beliebig viele solcher Schlüsselwörter erhalten. Später können Sie nach verwendeten Markierungen suchen und die Fotogalerie stellt Ihnen alle Bilder zusammen, die diese enthalten. Jedes Bild in der Fotogalerie können Sie auf einfache Weise mit einem oder mehreren Stichwörtern versehen.

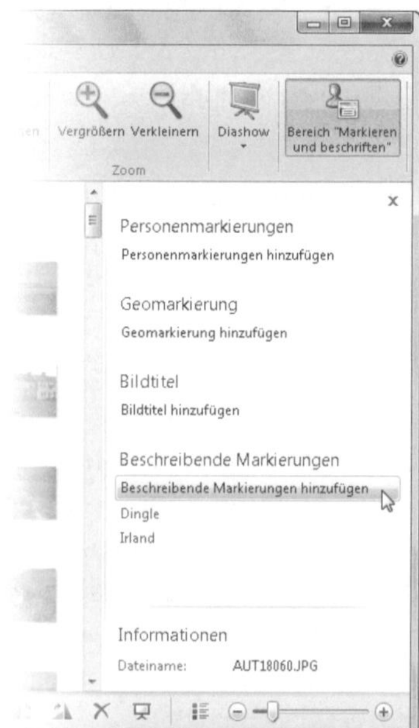

1 Dazu sollten Sie im Ansichtsmenü den *Bereich „Markierung und beschriften"* einblenden. Er zeigt am rechten Fensterrand jeweils ausführlichere Informationen zum ausgewählten Bild an.

2 Wann immer Sie ein Bild oder auch mehrere Bilder in der Galerie markiert haben, finden Sie am rechten Fensterrand im Infobereich die Schaltfläche zum Hinzufügen von Markierungen.

Wenn Sie einfach darauf klicken, wird an dieser Stelle ein Eingabefeld eingeblendet.

3 Hier können Sie nun Markierungen eingeben, die dieses Bild beschreiben bzw. kategorisieren. Ein bestimmtes Schema müssen Sie dabei nicht befolgen. Wählen Sie einfach solche Begriffe, die Ihnen naheliegend und logisch erscheinen.

4 Zusätzlich zum Eingabefeld öffnet sich eine Auswahl, die die bereits verwendeten Markierungen enthält. Dies hilft bei der konsequenten Anwendung des eigenen Schemas und verhindert z. B. Verwirrung durch verschiedene Schreibweisen der Schlüsselbegriffe.

5 Haben Sie das gewünschte Schlüsselwort eingetippt oder ausgewählt, drücken Sie einfach [Enter].

6 Die Beschriftung wird dann im Vorschaubereich direkt darunter angegeben. Hier finden Sie immer alle Schlüsselwörter, die Sie dem ausgewählten Bild bislang zugewiesen haben. Sind gerade mehrere Bilder ausgewählt, sehen Sie alle vorkommenden Beschriftungen sowie in Klammern die Anzahl der Bilder mit der jeweiligen Beschriftung.

TIPP

Beschriftungen direkt beim Importieren festlegen

Der Import-Assistent für Bilder (siehe S. 277) gibt Ihnen die Möglichkeit, Bilder direkt beim Einlesen und Speichern von einer Digitalkamera mit Beschriftungen zu versehen. Auf diese Weise können Sie Bilder von Anfang an mit speziellen Schlüsselwörtern z. B. zum Thema oder zum Ort der Aufnahme markieren. Selbstverständlich können Sie diese Beschriftungen anschließend in der Windows-Fotogalerie bei einzelnen Bildern noch beliebig durch weitere Begriffe ergänzen.

Bilder zu einem Thema anhand der Markierung schnell finden

Haben Sie (einige oder alle) Bilder mit Beschriftungen versehen, können Sie diese Information nutzen, um diese Bilder schnell zu finden.

1 Wählen Sie zunächst links im Navigationsbereich den Ordner aus, in dem Sie nach Markierungen suchen möchten. Um alle Elemente zu berücksichtigen, klicken Sie einfach ganz oben auf *Alle Fotos und Videos*.

2 Drücken Sie dann Strg+A, um alle Elemente auszuwählen.

3 Blenden Sie dann wiederum den *Bereich „Markieren und beschriften“* ein. Hier werden alle Schlüsselwörter angezeigt, die in den derzeit ausgewählten Dateien als Markierung angegeben sind.

4 Wenn Sie auf eines dieser Stichwörter klicken, zeigt die Fotogalerie nur noch die Bilder an, die mit dieser Markierung versehen sind.

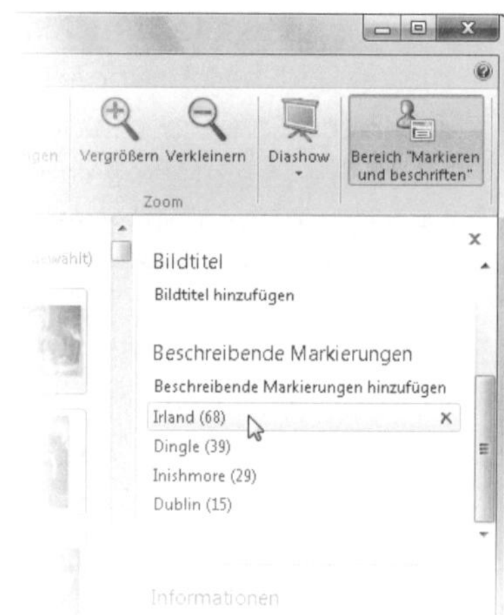

TIPP

Markierungen als Stichwörter im Dateisystem

Die Schlüsselwörter, die Sie in der Fotogalerie als Markierungen Bildern zuordnen, werden nicht nur innerhalb dieser Anwendung genutzt. Windows speichert sie zugleich in den erweiterten Dateieigenschaften als Stichwörter. Dadurch werden sie auch im Windows-Explorer angezeigt und können im Rahmen der Dateisuche als Suchkriterien verwendet werden. Es gilt aber auch der Umkehrschluss: Schlüsselwörter, die Sie z. B. im Windows-Explorer für eine Bilddatei hinterlegen, werden automatisch auch von der Fotogalerie verwendet, sofern dieses Bild darin erfasst ist.

16.3 Kleine Bildfehler mit Bordmitteln schnell korrigieren

Die Fotogalerie beschränkt sich nicht nur auf das bloße Verwalten Ihrer Bilder. Sie kann auch behilflich sein, wenn ein Bild mal nicht ganz perfekt gelungen ist oder falls Sie z. B. aus einem großen Bild nur einen kleineren Ausschnitt verwenden möchten. Hierfür gibt es eine kleine Auswahl an oft benötigten Korrekturwerkzeugen, die Sie auf jedes Bild anwenden können. Spezielle Grafikprogramme können das vielleicht noch etwas besser, aber für viele einfache Fälle dürften die eingebauten Funktionen der Fotogalerie schon ausreichen.

Farbstiche entfernen oder Helligkeit und Kontrast optimieren

Die meisten Digitalkameras bemühen sich, durch automatische Einstellungen ein optimales Ergebnis zu erreichen. Das klappt mal mehr und mal weniger. Gerade in schwierigen Situationen und bei wenig Licht sind die Automatiken aber oft überfordert und produzieren unter- oder überbelichtete Bilder oder deutliche Farbstiche. Kein Grund zum Ärgern, denn oftmals lassen sich solche Aufnahmen noch retten. Die Fotogalerie bietet ein praktisches Tool, mit dem Sie komfortabel probieren können, wie sich Korrekturen an den verschiedenen Parametern auswirken. Nur wenn Sie mit dem Ergebnis zufrieden sind, übernehmen Sie die Änderungen dauerhaft.

1 Um ein Bild zu korrigieren, wählen Sie es in der Galerie mit einem Doppelklick zum Bearbeiten aus.

2 Das Bild wird dann groß angezeigt und oben in der Symbolleiste können Sie mit der Feinabstimmung rechts Schieberegler für Belichtung und Farbe einblenden. Diese erlauben beliebiges Experimentieren, bis Sie ein befriedigendes Ergebnis erzielt haben.

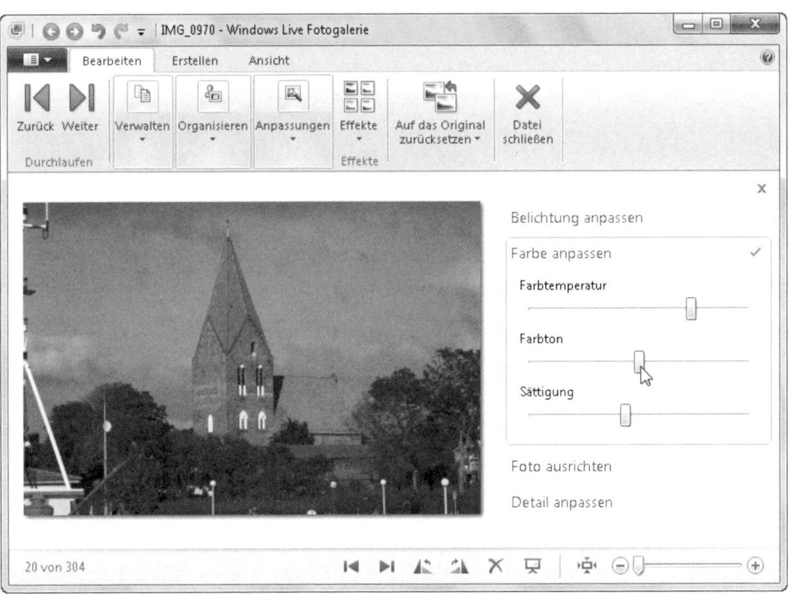

TIPP

Automatische Optimierung

Bevor Sie Hand an einzelne Bildparameter legen, können Sie auch der automatischen Optimierung durch die Fotogalerie eine Chance geben. Klicken Sie dazu oben in der Symbolleiste auf *Automatisch anpassen*. Kleinere Probleme behebt diese Funktion oft ganz passabel und ggf. können Sie das Ergebnis noch manuell nachbessern. Bei sehr starken Fehlbelichtungen greift die Optimierungsfunktion aber manchmal selbst kräftig daneben. In solchen Fällen können Sie die Auswirkung aber sofort mit der Schaltfläche ganz unten rückgängig machen.

3 Mit den Schiebereglern können Sie beliebig experimentieren. Das Ergebnis sehen Sie jeweils sofort bzw. mit minimaler Verzögerung auf dem Bildschirm. Wichtig ist aber noch oben rechts die Schaltfläche *Auf das Original zurücksetzen*. Damit nehmen Sie jeweils Änderungen am Bild zurück oder stellen den Originalzustand wieder her.

4 Wenn Sie mit den Änderungen an einem Bild zufrieden sind, klicken Sie oben rechts auf die Schaltfläche *Datei schließen*.

TIPP

Änderungen auch später noch zurücknehmen

Für alle Bilder, die Sie mit der Fotogalerie korrigieren, merkt sich das Programm die Originalversion. Sie können also jederzeit – unabhängig davon, wie oft Sie das Bild in der Zwischenzeit bearbeitet haben – zur ursprünglichen Version zurückkehren. Öffnen Sie es dazu wie vorangehend beschrieben zum Korrigieren und klicken Sie diesmal als Erstes auf die Schaltfläche *Auf das Original zurücksetzen.* Sie stellt das Ursprungsbild wieder her.

Bilder rotieren und ausschneiden

Nicht immer erkennen Digitalkameras zuverlässig, ob eine Aufnahme im Quer- oder im Hochformat gemacht wird. Dann werden die Bilder auf dem Bildschirm quer angezeigt. Mit der Fotogalerie können Sie solche Fehler schnell beheben.

1 Wählen Sie das Bild aus, das Sie korrigieren wollen.

2 Klicken Sie unten in der Steuerleiste je nachdem auf das Symbol zum Drehen gegen oder im Uhrzeigersinn.

3 Alternativ können Sie auch die Tastenkombinationen Strg+, bzw. Strg+. verwenden.

TIPP

„Schiefe" Bilder begradigen

Wenn die Kamera im Eifer des Gefechts mal nicht ganz gerade ausgerichtet war, kann man das hinterher am Monitor leider meist recht deutlich sehen. Unter *Foto ausrichten* finden Sie eine Korrekturmöglichkeit. Hier können Sie Ihre Bilder einfach per Schieberegler begradigen. Die dabei notwendigen Beschneidungen an der Bildgröße nimmt das Programm automatisch vor.

Einen Bildausschnitt erstellen

Beim Betrachten der Fotos am PC ergibt es sich häufig, dass der Bildausschnitt bei einer Aufnahme nicht optimal gewählt ist. Vielleicht ist der Aufnahmewinkel zu groß gewählt, sodass das eigentliche Objekt gar nicht richtig zur Geltung kommt. Oder an den Bildrändern lassen sich störende Elemente erkennen, die den Gesamteindruck schmälern. In solchen Fällen bietet die Fotogalerie eine Reparaturfunktion, mit der Sie einen kleineren Ausschnitt eines Bildes erstellen können.

1 Wählen Sie hierzu bei den *Anpassungen* die Funktion *Zuschneiden*.

2 Im Bildbereich wird daraufhin ein Rechteck eingeblendet, das den auszuschneidenden Teil des Bildes festlegt. Sie können die Ecken und Kanten dieser Fläche beliebig mit der Maus ergreifen und nach innen oder außen ziehen, um die Größe des Bildausschnitts festzulegen.

3 Wenn Sie den Mauszeiger auf das Innere der Fläche bewegen, verwandelt er sich in ein Pfeilkreuz. Nun können Sie mit gedrückter linker Maustaste die gesamte Auswahl in alle Richtungen bewegen.

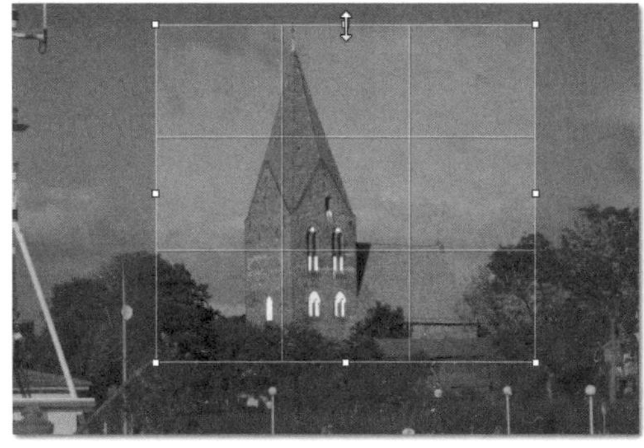

4 Wollen Sie das Bild für einen bestimmten Zweck zurechtschneiden, finden Sie rechts im Auswahlfeld *Proportion* eine Reihe von festen Größenverhältnissen, z. B. für den Ausdruck in DIN A4 oder für das Entwickeln von Bildern in gängigen Fotogrößen wie 9 x 13.

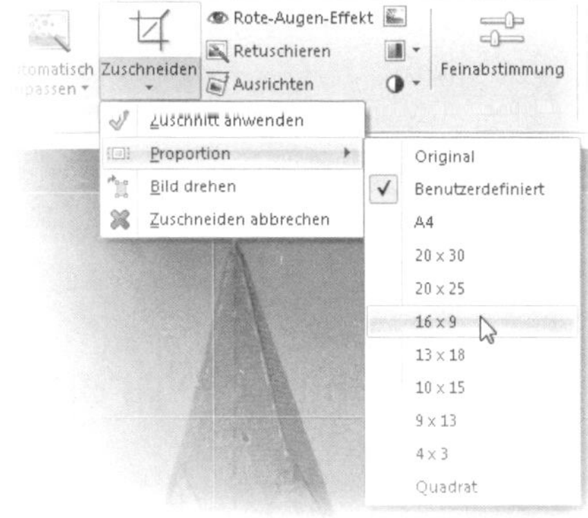

5 Haben Sie den gewünschten Bildausschnitt gewählt, legen Sie ihn rechts mit *Übernehmen* endgültig fest.

Auch diese Bearbeitung ist nicht unbedingt dauerhaft, sondern kann mit der Wiederherstellen-Funktion später wieder zurückgenommen werden, um das Ursprungsbild wieder zu erhalten.

Die lästigen roten Augen nachträglich entfernen

Ein häufiges Problem bei Fotos von Gesichtern sind die unvermeidlichen roten Augen, die bei ungünstigen Lichtverhältnissen entstehen können. Zwar bieten die meisten Kameras inzwischen extra Funktionen, um dies zu vermeiden. In der Praxis funktionieren diese aber gerade bei spontanen Schnappschüssen nicht. Mit dem Reparaturwerkzeug der Fotogalerie haben Sie solche kleinen Schönheitsfehler aber ruck, zuck wegretuschiert.

1 Wählen Sie im *Anpassungen*-Menü die Funktion *Rote-Augen-Effekt*.

2 Nun brauchen Sie nur noch mit dem Mauszeiger den Bereich zu markieren, in dem sich das rote Auge befindet. Klicken Sie dazu mit der linken Maustaste z. B. an die obere rechte Ecke des Bereichs. Ziehen Sie die Maus dann an die entgegengesetzte Ecke (also in dem Fall unten links) und lassen Sie die Maustaste dort los.

3 Das Programm reduziert dann die roten Farbanteile in dem ausgewählten Bereich. Dadurch wird er zwar etwas dunkler, aber dafür verschwinden die roten Augen. Sollte es mit einer Behandlung noch nicht ausreichen, wiederholen Sie den Vorgang notfalls noch ein- bis zweimal.

16.4 Bilder erfolgreich am PC und anderswo präsentieren

Eine umfangreiche Bildersammlung soll nicht nur Selbstzweck sein, sondern die Möglichkeit bieten, die Bilder auch angemessen zu betrachten bzw. auch anderen zu präsentieren. Hierzu bietet die Fotogalerie eine leistungsfähige Diashow, die Bilder nicht nur einfach hintereinander anzeigt, sondern sehr attraktiv präsentieren kann. Ebenso stellt die Fotogalerie Ihnen verschiedene Funktionen zur Verfügung, mit denen Sie Ihre Bilder in digitaler Form oder auf Papier dauerhaft bewahren können.

Bilder als professionelle Diashow präsentieren

Für Diashows greift die Fotogalerie auf die Diashow-Funktion von Windows zurück. Diese ermöglicht das Präsentieren von Bildersammlungen mit interessanten Effekten wie Überblendungen und virtuelle Zooms und Schwenks über die dargestellten Bilder. Die Diashow kann sowohl für Bildersammlungen in der Fotogalerie als auch für Ordner aus dem Windows-Explorer heraus gestartet werden.

1 Im Windows-Explorer finden Sie bei Ordnern mit Bildern darin in der Symbolleiste ganz rechts die Schaltfläche *Diashow*, mit der Sie jederzeit eine Diashow der in diesem Ordner befindlichen Bilder starten können.

2 Wenn Sie eines der Bilder in der Bild- und Faxvorschau betrachten, können Sie hier auch auf das große Diashow-Element unten in der Mitte klicken, um denselben Effekt zu erreichen.

3 In der Windows-Fotogalerie finden Sie unten das gleiche Element, um die ausgewählten Bilder in der Vorschau anzuzeigen und als Diashow abspielen zu lassen.

4 Auf alle drei Arten spielt Windows anschließend die Diashow im Vollbildmodus auf dem Bildschirm ab.

5 Um die Diashow zu beenden, drücken Sie Esc. Alternativ können Sie im Kontrollmodul der Diashow auf *Diashow beenden* klicken.

Die Wiedergabe der Diashow steuern

Während die Diashow bei Windows XP nur eine einfache Abfolge von Bildern in fester Reihenfolge und Geschwindigkeit war, handelt es sich bei der Windows 7-Diashow schon beinahe um ein professionelles Präsentationswerkzeug. Sie können für die Darstellung verschiedene visuelle Stile auswählen und die Geschwindigkeit und Reihenfolge der Bilder nach Ihrem Geschmack beeinflussen. Hierfür gibt es ein einfaches Steuerelement. Es wird automatisch eingeblendet, wenn Sie während einer laufenden Diashow die Maus bewegen.

- Mit dem zentralen runden Symbol halten Sie die Diashow jederzeit an und setzen sie später fort.

TIPP

Per Mausklick zum nächsten Bild

Wollen Sie einfach nur das nächste Bild in der Diashow abrufen, müssen Sie nicht auf das Steuerelement zurückgreifen. Klicken Sie einfach mit der linken Maustaste irgendwo auf das aktuelle Bild, und die Diashow springt ein Bild weiter.

- Die beiden Symbole links und rechts davon springen jeweils ein Bild zurück oder vor, falls Sie mal nicht auf den automatischen Bildwechsel warten wollen.
- Mit der *Designs*-Schaltfläche wählen Sie den visuellen Stil, den die Diashow verwenden soll.
- Das Zahnrad-Symbol auf der rechten Seite öffnet ein kleines Menü, in dem Sie den Ablauf der Diashow steuern können. Oben lässt sich die Geschwindigkeit in drei Stufen einstellen. Sie beeinflusst, wie lange die einzelnen Bilder zu sehen sind. Mit *Unsortiert* wählen Sie den Zufallsmodus für die Wiedergabe, während *Schleife* die Endloswiedergabe bis zum manuellen Beenden aktiviert.

- Mit der Schaltfläche *Beenden* ganz rechts im Steuerelement brechen Sie die Diashow ab. Dies geht ggf. auch schneller mit [Esc].

Die verschiedenen Varianten der Diashow

Wie bereits angesprochen, kommt die neue Diashow in verschiedenen Varianten daher. Den Wechsel zu einer der Varianten können Sie jeweils während einer Diashow vornehmen. Die einmal gewählte Variante bleibt gespeichert und wird so lange standardmäßig verwendet, bis Sie eine andere Wahl treffen. Die Steuerung erfolgt über das Steuerelement der Diashow. Dieses wird automatisch eingeblendet, wenn Sie den Mauszeiger bewegen. Hier können Sie im Auswahlmenü *Designs* die verschiedenen Stile anwählen. Da der Wechsel jeweils sofort erfolgt, können Sie die verschiedenen Stile auf diese Weise bequem ausprobieren. Deshalb folgt hier nur eine kurze Beschreibung:

- *Klassisch*: Diese Einstellung entspricht der einfachen Diashow von Windows XP, d. h., die Bilder werden einfach mit harten Übergängen nacheinander auf dem Bildschirm angezeigt.
- *Ausblenden*: Im Prinzip ähnlich wie *Klassisch*, aber als Übergangseffekt wird sanft von einem ins andere Bild überblendet.
- *Schwenken und Zoomen*: Aus der Diashow wird ein kleiner Film, in dem die Bilder nicht einfach komplett auf dem Bildschirm angezeigt werden. Stattdessen schwenkt eine virtuelle Kamera über das Bild oder zoomt auf einen Teilausschnitt. Die Diashow wird dadurch belebt und mit Musikuntermalung entsteht fast schon ein Video. Die Schwenk- und Zoomeffekte sind allerdings fast schon zu dezent, um wirklich zu überzeugen.
- *Schwarzweiß*: Die Bilder werden nur in Schwarz-Weiß angezeigt. Dazwischen wird wie bei *Ausblenden* überblendet.
- *Sepia*: ähnlich wie *Schwarzweiß*, nur dass anstelle von echtem Schwarz-Weiß ein Sepia-Farbton verwendet wird, wie man ihn von alten bzw. leicht ausgeblichenen Schwarz-Weiß-Fotografien kennt.
- *Album*: Die Diashow wird in ein virtuelles Fotoalbum verpackt, das mal ein Bild pro Seite enthält, mal aber auch zwei sich überlappende Bilder auf einmal – eine lockerere Präsentationsform, wenn es mehr auf Stimmung als auf Details ankommt.
- *Collage*: eine Variante von *Album*, bei der jeweils mehrere Bilder – wie bei einer Collage – schief und schräg auf den Bildschirm „geworfen“ werden. Da die Bilder jeweils nacheinander hinzugefügt werden, geht keines der Bilder im Durcheinander unter. Auch diese Variante ist eher für lockere Präsentationen geeignet.
- *Bild*: Die Bilder nehmen nicht den gesamten Bildschirm ein, sondern werden von einem grafischen Rahmen umgeben. Zwischen den Bildern wird sanft überblendet.
- *Glas*: Dieser Stil nimmt das transparente Aero-Thema wieder auf. Es werden jeweils mehrere Bilder auf dem Bildschirm angezeigt, von denen aber immer nur eines richtig zu sehen ist. Die anderen sind nur als transparente Schemen sichtbar, bis sie an der Reihe sind, eingeblendet zu werden.
- *Rotieren*: Der Übergang zwischen den Bildern wird mit einem Rotationseffekt gestaltet, bei dem sich das alte Bild aus dem Bildschirm heraus- und gleichzeitig das neue hineindreht.
- *Stapeln*: Die Bilder werden der Reihe nach übereinandergestapelt, sodass darunter immer noch Teile der letzten Bilder zu erkennen sind.

- *Reisen*: Dieses Design ist das aufwendigste und kombiniert mehrere der anderen Stile zu einer ansehnlichen Präsentation. Aufgrund des Safari-Motivs eignet es sich vor allem für klassische Urlaubsbilder.

TIPP

Diashow als Bildschirmschoner

Sie können die Windows-Diashow auch als Bildschirmschoner einsetzen. Dann wird der Monitor Ihres PCs in Ruhepausen nicht mit irgendwelchem grafischen Schnickschnack verziert, sondern stattdessen werden z. B. die Bilder vom letzten Urlaub angezeigt. Dabei stehen genau die gleichen Funktionen wie bei einer manuellen Diashow zur Auswahl. Wie Sie einen solchen Diashow-Bildschirmschoner einstellen, ist in Kapitel 6 beschrieben.

Drucken Sie ausgewählte Bilder auf Papier aus

Wenn Sie über einen geeigneten Drucker verfügen, können Sie Ihre Bilder direkt selbst zu Papier bringen. Ein spezieller Druck-Assistent unterstützt Sie dabei und erlaubt verschiedene praktische Druckvarianten.

1 Wählen Sie in der Fotogalerie die Bilder aus, die Sie ausdrucken möchten, und wählen Sie dann in der Symbolleiste *Drucken/Abzüge*.

2 Damit öffnen Sie den Druck-Assistenten für Bilder, der standardmäßig jedes Bild einzeln auf einer DIN-A4-Seite ausgibt. Sie haben aber die Wahl, den Druckauftrag durch eine Reihe von Optionen zu variieren.

3 Wählen Sie zunächst oben den Drucker, die gewünschte Papiergröße und die Qualität. Passen Sie diese Einstellungen den Fähigkeiten Ihres Druckers an.

4 Auf der rechten Seite finden Sie eine Spalte mit Druckvarianten, bei denen Sie z. B. auf einer Seite gleich zwei, vier oder neun Bilder entsprechend verkleinert unterbringen können. Sehr hilfreich kann auch ganz unten die Variante *Kontaktabzug* sein, die Ihnen eine kompakte Miniübersicht über die Bilder z. B. für Referenzzwecke ausdruckt.

5 Sollen die Bilder gleich mehrmals ausgegeben werden, stellen Sie die gewünschte Anzahl bei *Kopien pro Bild* ein.

6 Klicken Sie dann unten rechts auf *Drucken*, um den eigentlichen Druckvorgang zu starten.

Bilder per E-Mail verschicken

Bilder per E-Mail zu verschicken ist keine große Kunst. Sie müssen sie dazu einfach nur als Datei an eine E-Mail-Nachricht anhängen. Der Weg über die Windows-Fotogalerie bietet aber mehr Komfort und vorteilhafte Zusatzfunktionen. So können Sie hierüber nicht nur bequem mehrere Bilder auf einmal verschicken, sondern das Programm reduziert auf Wunsch auch automatisch die Größe der Bilder, damit der Transport via Internet nicht zu aufwendig wird.

1 Markieren Sie in der Fotogalerie die Bilder, die Sie per E-Mail versenden möchten, und wählen Sie dann in der Symbolleiste *E-Mail*.

2 Wählen Sie im anschließenden Dialog die Bildgröße aus, die die Bilder für den Versand erhalten sollen. (Die Originaldateien bleiben davon unberührt.)

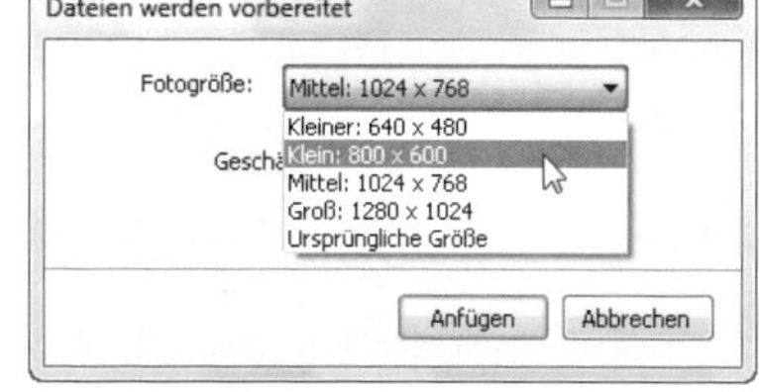

3 Das Programm erstellt dann die Bilddateien für den Versand und öffnet automatisch ein E-Mail-Formular, in dem diese Dateien bereits angehängt sind. Sie brauchen nur die Nachricht selbst einzugeben und die E-Mail abzuschicken.

Bilder auf eine Daten-CD brennen

Mit *Brennen/CD brennen* kopieren Sie die markierten Bilddateien auf einen CD- bzw. DVD-Rohling. Die Funktion unterstützt sowohl das Livedateisystem UDF als auch das Mastered-ISO-Format. Die Vorgehensweise ist dabei im Prinzip genau die gleiche wie beim Kopieren beliebiger anderer Dateien auf CD/DVD. Die Schritte dazu sind in Kapitel 15 ausführlich beschrieben.

Bilder als Diashow auf eine Video-DVD brennen

Um eine Diashow nicht nur auf einem anderen PC, sondern z. B. auch auf einfachen DVD-Spielern wiedergeben zu können, darf sie nicht aus Einzelbildern bestehen, sondern muss als Video realisiert werden. Windows bringt zum Erstellen von Video-DVDs den DVD Maker mit. Diesen können Sie direkt aus der Windows-Fotogalerie heraus ansprechen.

Markieren Sie dazu die gewünschten Bilder und wählen Sie dann in der Symbolleiste *Brennen/DVD brennen*.

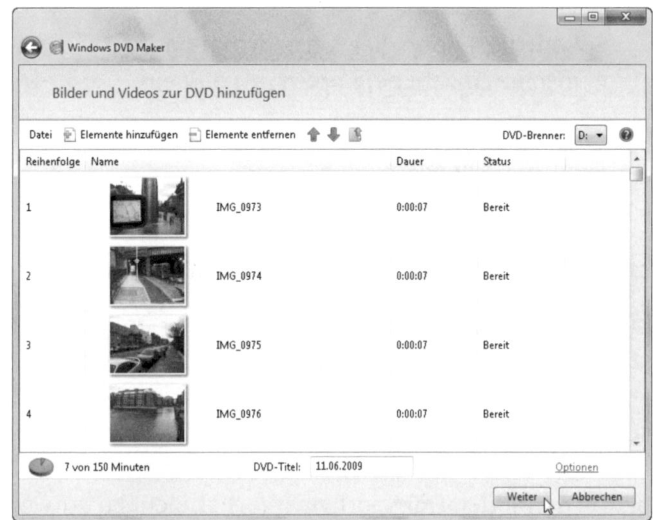

Damit startet der DVD Maker und importiert automatisch die ausgewählten Bilder. Anschließend können Sie die Videoshow mit Musik unterlegen, ein DVD-Startmenü dafür erstellen und die Videoshow auf eine Silberscheibe bannen. Die Funktionen des DVD Maker werden in Kapitel 20 ausführlicher beschrieben.

Aus einer Bilderfolge eine Videopräsentation erstellen

Schließlich stellt Ihnen die Windows-Fotogalerie mit der Schaltfläche *Film* im *Erstellen*-Menü eine weitere praktische Möglichkeit zur Verfügung, Bilder zu präsentieren. Dahinter verbirgt sich eine Abkürzung zum Windows Live Movie Maker, mit dem Sie eigene Videos erstellen, bearbeiten und veröffentlichen können.

Die Fotogalerie importiert die ausgewählten Bilder dabei direkt in ein Movie Maker-Projekt, sodass Sie sofort anfangen können. Der Windows Live Movie Maker analysiert das vorhandene Bildmaterial und erstellt daraus automatisch einen Film. Diesen können Sie so übernehmen oder mit den Funktionen des Movie Maker weiterbearbeiten, um kurze, attraktive Präsentationen auch aus unbewegten Bildern zu machen.

1 Ziehen Sie die Bilder in der gewünschten Reihenfolge in das Storyboard.

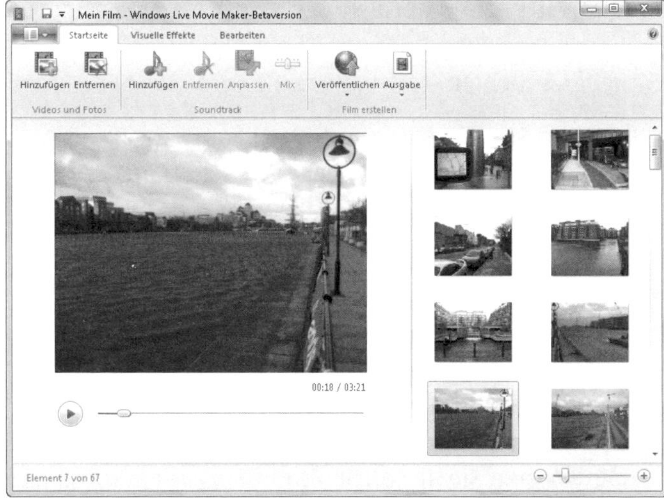

2 Wählen Sie Effekte aus, die Sie auf die Übergänge zwischen zwei Bildern ziehen, um eine interessante Überblendung zu erreichen.

3 Importieren Sie eine Musikdatei und unterlegen Sie diese als Hintergrundmusik.

4 Unter *Film erstellen* finden Sie dann die Möglichkeit, einen fertigen Film als Videodatei auf Ihrem PC zu speichern, um diese jederzeit lokal abzuspielen oder als Präsentation im Internet zu veröffentlichen.

16.5 Bilder ins Internet hochladen und Freunden zugänglich machen

Zahlreiche Onlinedienste machen es inzwischen leicht, Bilder mit Freunden, Verwandten oder Kollegen zu teilen. Dazu veröffentlichen Sie Ihre Bilder im Internet und schicken anderen den Link dazu z. B. per E-Mail zu. Die können die Bilder dann ansehen, herunterladen, ausdrucken etc. Selbstverständlich behalten Sie dabei die Kontrolle, wer was sehen darf. Die Windows Live Fotogalerie unterstützt verschiedene populäre Onlineplattformen. Dadurch können Sie Ihre Bilder direkt aus der Fotogalerie heraus auswählen und veröffentlichen. Im Folgenden zeigen wir die Vorgehensweise am Beispiel des SkyDrive-Dienstes, den Sie mit Ihrer Anmeldung für Windows Live kostenlos in Anspruch nehmen können. Andere Dienste wie z. B. Flickr oder Facebook unterscheiden sich im Detail, funktionieren aber im Prinzip genauso.

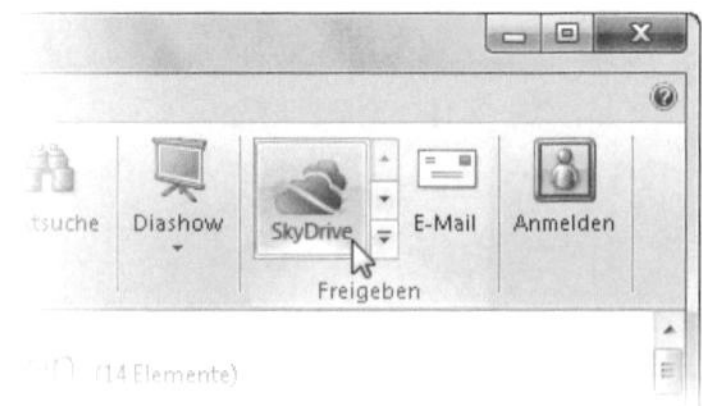

1 Wählen Sie zunächst in der Windows Live Fotogalerie die Bilder aus, die Sie veröffentlichen möchten.

2 Klicken Sie dann im Startmenü im Bereich *Freigeben* auf das SkyDrive-Logo. Alternativ finden Sie diese Funktion etwas ausführlicher im *Erstellen*-Menü unter *Veröffentlichen*.

3 Sollten Sie beim gewählten Dienst nicht ohnehin schon eingeloggt sein, müssen Sie dies vor dem Veröffentlichen nachholen. Geben Sie dazu Ihren Benutzernamen und das dazugehörende Kennwort an und klicken Sie auf *Anmelden*. Mit den Optionen *Kennwort und ID speichern* sowie *Automatisch anmelden* können Sie diesen Schritt in Zukunft automatisieren.

4 Geben Sie nun einen Namen für das zu veröffentlichende Album an und legen Sie fest, wer darauf zugreifen darf:

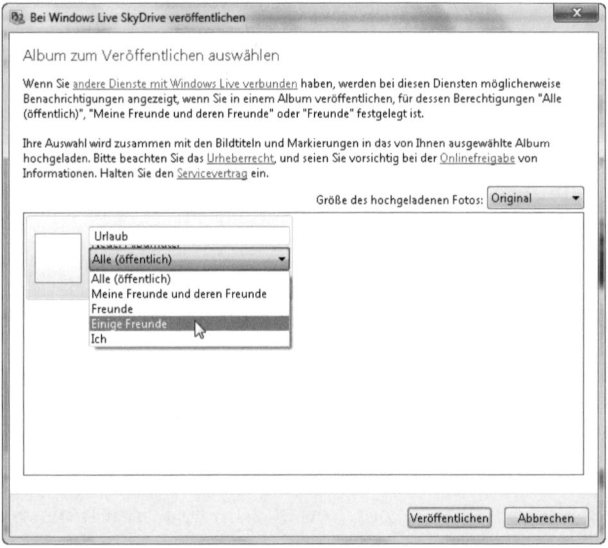

- ***Alle (öffentlich)*** – Alle Benutzer dieser Onlineplattform können Ihre Bilder per Suche finden und betrachten.
- ***Meine Freunde und deren Freunde*** – Alle Benutzer, die Sie als Ihre Freunde festgelegt haben, dürfen auf das Album zugreifen. Außerdem darf jeder Benutzer, der von einem Ihrer Freunde wiederum als sein Freund definiert ist, die Bilder ansehen.
- ***Freunde*** – Nur die Personen, die Sie als Freund definiert haben, können die Bilder betrachten.

- ***Einige Freunde*** – Nur diejenigen Ihrer Freunde, die Sie ausdrücklich dafür auswählen, können die Bilder ansehen.
- ***Ich*** – Nur Sie selbst und niemand sonst darf das Album betrachten.

5 Klicken Sie dann unten auf *Veröffentlichen*. Die Fotogalerie überträgt die Bilder daraufhin an den Onlinedienst und nimmt die Veröffentlichung gemäß Ihren Vorgaben vor.

6 Anschließend erhalten Sie eine kurze Erfolgsmeldung. Hier können Sie sich das veröffentlichte Album direkt *Online anzeigen* lassen. Oder Sie beenden den Assistenten einfach mit *Schließen*.

17. Audio- und Videogenuss mit dem Windows Media Player

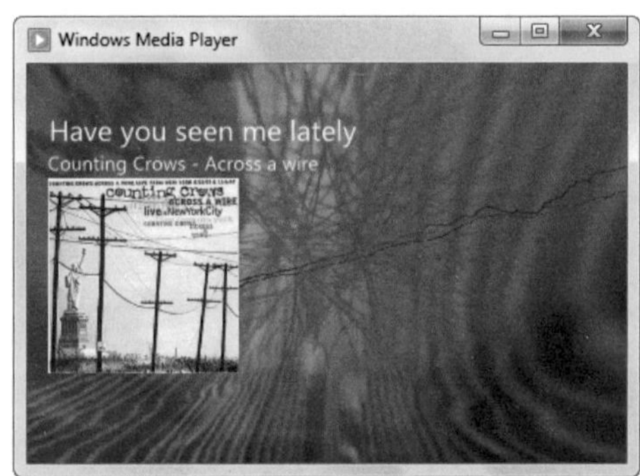

Alle Jahre wieder kommt mit einem neuen Windows auch ein neuer Windows Media Player. Allerdings auch hin und wieder mal zwischendurch, sodass der bei Window 7 beiliegende mittlerweile die Versionsnummer 12 trägt. Das multimediale Herzstück von Windows spielt nicht nur Audio- und Videoclips ab, sondern kann den PC auch zur Abspielstation für Audio-CDs, DVDs, Blu-ray und Internetradio machen.

Außerdem erfasst und verwaltet er Ihre auf dem PC gespeicherte Audio- und Videosammlung und transferiert diese nach Ihren Vorgaben auf Ihren mobilen MP3-Player. Selbst Musik-CDs kann der Media Player nach Ihren Vorgaben zusammenstellen und brennen – entweder als konventionelle Audio-CDs oder als platzsparende MP3-CDs. Der neue Windows Media Player 12 bringt eine leicht überarbeitete Oberfläche mit. Sie passt sich besser in das gesamte Design und Konzept von Windows 7 ein und bringt vor allem die Bibliotheksfunktionen besser zur Geltung. Dafür gibt es insbesondere im Bereich der vernetzten Medienwiedergaben einige spannende neue Funktionen.

INFO

Windows Media Player 12 – das Formatwunder

Eine der wichtigsten Neuerungen beim Windows Media Player 12 bzw. bei der Medienwiedergabe von Windows 7 insgesamt findet praktisch unsichtbar statt. Bislang verfolgte Microsoft bei der Audio- und vor allem Videowiedergabe einen eher restriktiven Kurs und unterstützte von Hause aus nur relativ wenige, klassische Wiedergabeformate. Per Codecs ließen sich zwar andere Formate nachrüsten, aber das erforderte einigen Aufwand vom Benutzer und war nicht immer unproblematisch. Windows 7 bringt nun aber schon bei der Installation eine wesentlich breitere Formatunterstützung mit. Zu den Highlights gehören H.264, Apples AAC, DivX oder Xvid. Beim Zugriff auf die Medienbibliotheken anderer PCs via Netzwerk unterstützt der Windows Media Player nun neben der eigenen Software auch das populäre iTunes von Apple.

17.1 Schneller Überblick: die wichtigsten Änderungen bei der Bedienoberfläche

Die Oberfläche des Windows Media Player hat sich im Vergleich zum Vorgänger – mal wieder – verändert. Dabei handelt es sich aber streng genommen nur um Kosmetik, da die zugrunde liegenden Funktionen beibehalten wurden. Die grundlegenden Funktionsbereiche des neuen Windows Media Player beschränken sich auf:

- *Wiedergeben*, wo die gesamte Organisation von Wiedergabelisten erledigt wird,
- *Brennen* zum Erstellen von Audio-CDs und anderen Datenträgern sowie
- *Synchronisieren* zum Transferieren von Musik auf portable Abspielgeräte.

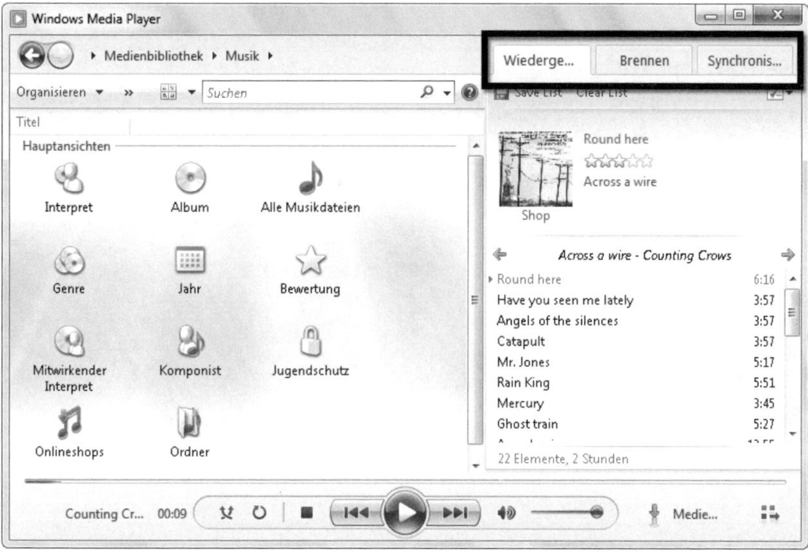

Die bislang vorhandenen weiteren Kategorien sind an anderer Stelle integriert worden:

- Die Medienbibliothek ist im neuen Design ständig sichtbar und braucht deshalb nicht mehr extra angewählt zu werden.
- Für die Funktion *Von Medium kopieren* ist ebenfalls keine eigene Ansicht mehr vorhanden. Die entsprechenden Einstellungen werden beim Einlegen einer Audio-CD automatisch mit angezeigt.
- Für den Media Guide findet sich nun eine Schaltfläche links unten im Windows Media Player.

17.2 Musik und Videos – so spielt der Media Player praktisch alles ab

Zu den Kernaufgaben des Windows Media Player gehört sicherlich das Abspielen von Musik- und Videodateien. Das erledigt er auch nach wie vor klaglos. Da Microsoft bei den verschiedenen Windows Media Player-Versionen im Laufe der Zeit ständig an den Bedienelementen herumbastelt, hier schnell die wesentlichen Funktionen zum besseren Überblick.

TIPP

Alle Bedienelemente nur bei Mindestbreite

Eine kleine neue Falle lauert für Benutzer, die den Windows Media Player gern in einem möglichst kleinen Fenster darstellen: Die Bedienelemente der neuen Oberfläche werden abhängig vom verfügbaren Platz dynamisch eingeblendet. Wenn Sie das Fenster des Windows Media Player also nicht auf eine bestimmte Mindestbreite vergrößern, stehen Ihnen nicht alle Funktionen zur Verfügung. Am einfachsten erkennen Sie dies an der Lautstärkeregelung: Wird diese nicht als Regler, sondern nur als kleiner Pfeil angezeigt, ist das Fenster zu klein für alle Bedienelemente.

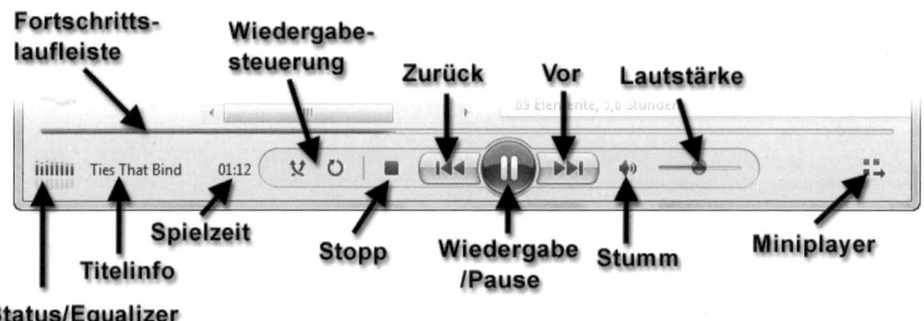

Die Steuerelemente des Windows Media Player wurden mal wieder gründlich überarbeitet.

Der Designmodus macht auch was fürs Auge her

Neben dem normalen Fenster des Windows Media Player gibt es noch weitere Darstellungsmöglichkeiten, mit denen der Player kompakter und platzsparender auf den Bildschirm gebracht werden kann. Sie eignen sich für die Wiedergabe von kleinen Videoclips und vor allem für das Abspielen von Musik.

1 Um vom Standardfenster aus in den Designmodus zu wechseln, wählen Sie im Menü *Ansicht/Design* oder drücken Strg+2.

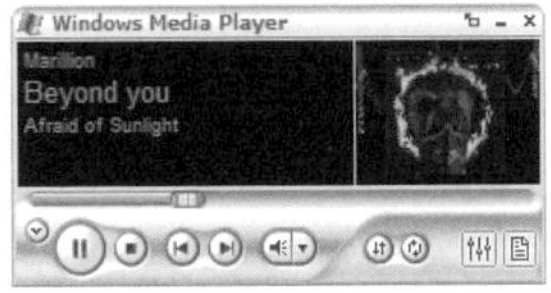

2 Der Windows Media Player wechselt daraufhin in den Designmodus, bei dem Form und Aussehen seiner Oberfläche von einer Vorlage bestimmt werden. Von Hause aus verwendet der Media Player hier eine Standardvorlage. Sie können aber auch eine andere Skin wählen (siehe hierzu auch den nachfolgenden Abschnitt).

3 In diesem Modus sind nur ein kleines Kontrollfeld und der Wiedergabebereich zu sehen. Wenn Sie mehrere Dateien bzw. eine Playlist wiedergeben lassen, können Sie diese aber auch einsehen: Klicken Sie dazu auf den gepunkteten Bereich etwa in der Mitte vom linken Rand des Fensters.

4 Der Windows Media Player blendet dann ein zusätzliches Fenster mit der aktuellen Playlist ein. Hierin können Sie auch bequem direkt zu anderen Songs in der Liste wechseln.

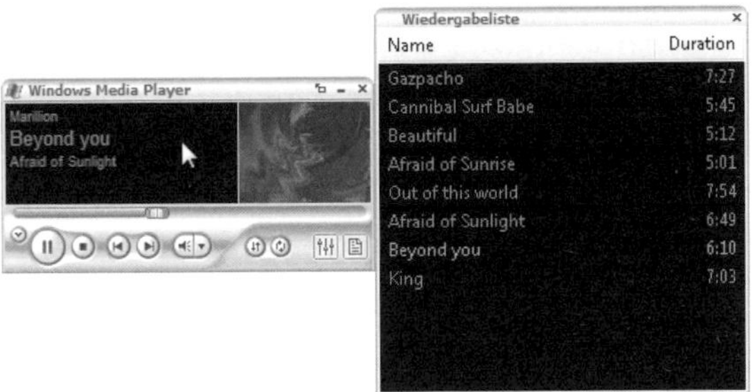

Andere Designs für den Windows Media Player wählen

Das Besondere am Designmodus ist, dass Sie den Windows Media Player darin mit zahlreichen anderen Designs ausstatten können, die ihm ein völlig anderes Aussehen verleihen. Am normalen Fenstermodus ändert das zwar nichts, aber im Designmodus kann der Player so fast beliebige Formen annehmen. Eine große Auswahl alternativer Oberflächen finden Sie im Internet, aus dem Sie die Designs kostenlos herunterladen und dann beliebig verwenden können.

1 Um das Design des Windows Media Player zu verändern, wechseln Sie in den normalen Fenstermodus. Wählen Sie hier im Menü (ggf. mit Alt einblenden) den Befehl *Ansicht/Designauswahl*.

2 Der Player zeigt dann die Designauswahl an. Hier können Sie auf der linken Seite eines der installierten Designs auswählen. Rechts sehen Sie jeweils eine Vorschau darauf.

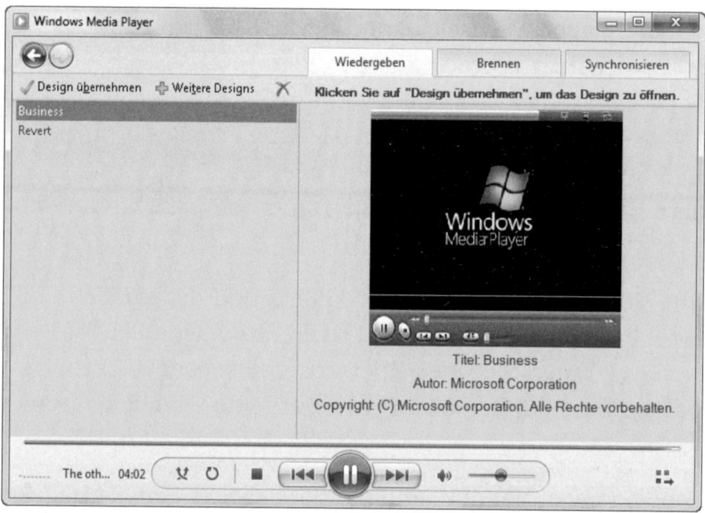

3 Sind Sie mit der Auswahl zufrieden, belassen Sie es einfach bei der Einstellung und wechseln zu einer beliebigen anderen Funktion des Media Player.

4 Die mitgebrachten Designs demonstrieren schon ganz gut die Wandlungsfähigkeit des Windows Media Player. Online haben Sie allerdings eine wesentlich größere Auswahl. Klicken Sie dazu auf das grüne Plussymbol *Weitere Designs*.

Weitere Designs

5 Damit starten Sie den Internet Explorer und öffnen das offizielle Designangebot von Microsoft. Hier warten über 100 völlig unterschiedliche Designs darauf, entdeckt zu werden. Um eines herunterzuladen, klicken Sie einfach auf den dazugehörenden *Download*-Link.

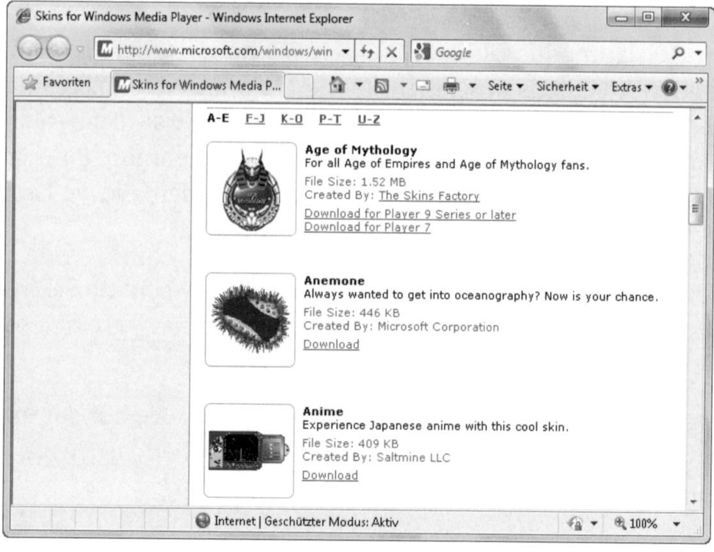

6 Bestätigen Sie dann den speziellen Sicherheitshinweis zum Download von Designs für den Windows Media Player mit *Ja* und warten Sie, bis das Herunterladen abgeschlossen ist.

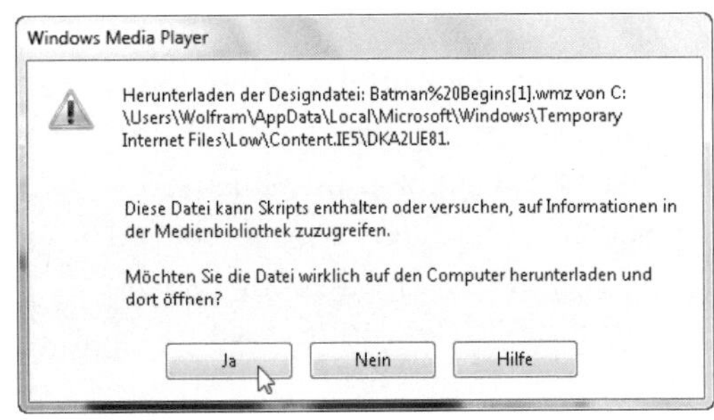

7 Klicken Sie anschließend auf *Jetzt anzeigen*, um das neue Design direkt zu aktivieren.

Auch so kann der Windows Media Player aussehen.

TIPP

Zurück zum Fenstermodus

Angesichts der virtuosen Designs kann es manchmal ganz schön problematisch sein, alle Bedienelemente zu finden. Damit Sie im Zweifelsfall nicht daran scheitern, zum Fenstermodus zurückzukehren, hier noch ein kleiner Tipp: Die Tastenkombination Strg+1 funktioniert unabhängig vom Design immer.

Ein neuer, attraktiver Miniplayer

Hat sich beim eigentlichen Windows Media Player nicht allzu viel getan, so hat sich der Minimodus, bei dem die Media Player-Oberfläche ja im Prinzip einfach nur extrem zusammengeklappt wurde, umso mehr verändert. Genau genommen wurde der Minimodus abgeschafft und stattdessen durch den Miniplayer ersetzt. Dieser ist optisch wesentlich attraktiver und lässt trotz geringer Größe noch das Anzeigen von Informationen und Visualisierungen sowie das Bearbeiten der Wiedergabeliste zu.

1 Um in den Miniplayer zu wechseln, klicken Sie im Windows Media Player-Fenster unten rechts auf das Symbol *Zur aktuellen Wiedergabe wechseln*.

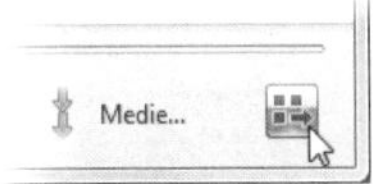

2 Der Windows Media Player wechselt daraufhin in den Miniplayer-Modus. Dieser enthält zunächst nur ganz minimalistisch – soweit vorhanden – Angaben zu Titel, Interpret und Album sowie ggf. ein Bild des Albumcovers.

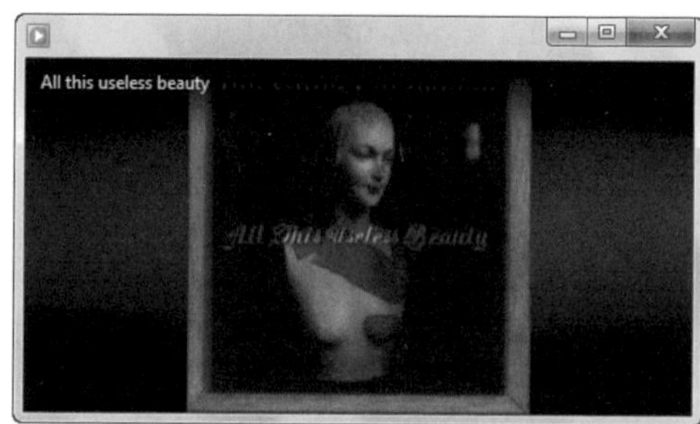

3 Wenn Sie den Mauszeiger auf das Fenster bewegen, werden automatisch weitere Elemente eingefügt. So finden Sie unten die Elemente zur Steuerung der Wiedergabe wie in der großen Version des Windows Media Player.

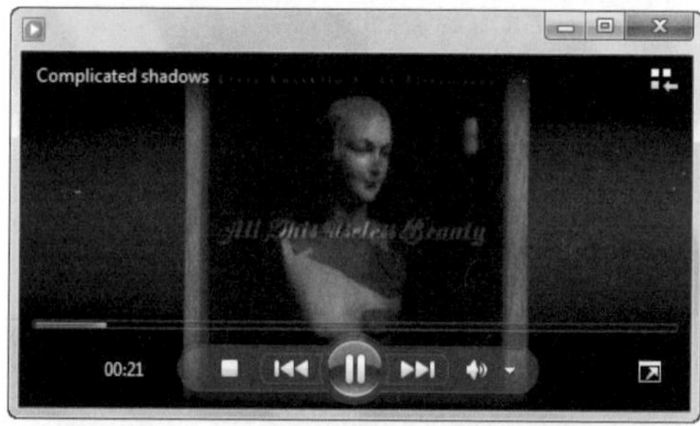

4 Der Miniplayer kann auch die vom großen Windows Media Player bekannten Visualisierungen anzeigen. Klicken Sie dazu mit der rechten Maustaste irgendwo in den Miniplayer. Im so geöffneten Kontextmenü können Sie Visualisierungen einstellen sowie weitere Anzeigeoptionen konfigurieren.

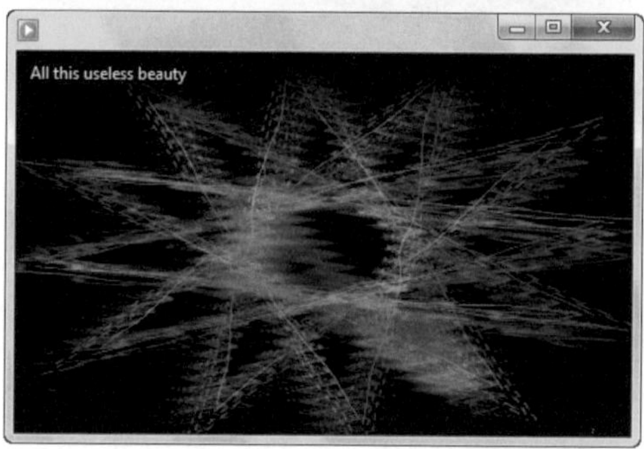

5 Oben rechts im Miniplayer finden Sie das Symbol *Zur Bibliothek wechseln*, mit dem Sie wieder zur großen Version des Windows Media Player zurückkehren. Alternativ können Sie auch auf die Schaltfläche unten rechts klicken, um direkt in den bildschirmfüllenden Vollbildmodus zu wechseln.

TIPP

Die gewünschte Ansicht per Tastendruck

Die drei verschiedenen Ansichten des Windows Media Player – Bibliothek, Designmodus und Miniplayer – lassen sich jederzeit schnell wechseln: Strg+1 bringt Sie zur Bibliothek, Strg+2 wechselt zum Designmodus und Strg+3 ruft den Miniplayer auf.

Den Windows Media Player per Sprungliste bedienen

Wem der Miniplayer immer noch zu groß ist, der kann den Windows Media Player wie gewohnt einfach minimieren. Früher wurde dabei angeboten, eine Symbolleiste in die Taskleiste zu integrieren, um die Wiedergabe dort steuern zu können. Dies ist nun nicht mehr nötig, denn der Windows Media Player profitiert wie kaum ein anderes Programm von der neuen Taskleiste und den Sprunglisten, die Windows 7 einführt.

1 Wenn Sie den Windows Media Player minimieren, verschwindet er komplett im Hintergrund. Nur sein Symbol in der Taskleiste bleibt dann noch zu sehen.

2 Wenn Sie den Mauszeiger darauf bewegen, ohne zu klicken, wird mit kurzer Verzögerung eine Minivorschau des Windows Media Player bzw. des Miniplayers angezeigt. Da diese für das Erkennen von Details zu klein ist, blendet Windows zusätzlich Interpret und Titel der aktuellen Wiedergabe ein.

3 Unterhalb der Minivorschau finden Sie drei Steuerelemente, mit denen Sie die Wiedergabe anhalten bzw. fortsetzen sowie zum nächsten oder vorherigen Stück wechseln können, ohne dazu das Windows Media Player-Fenster erst wieder anzeigen zu müssen.

4 Wenn Sie den Mauszeiger kurz auf der Minivorschau verharren lassen, zeigt Windows eine Vorschau des Fensters in realer Größe an. Hier können Sie dann auch die Details der aktuellen Wiedergabe erkennen. Bewegen Sie den Mauszeiger weg, blendet Windows die Vorschau sofort wieder aus.

5 Schließlich kann Ihnen noch die Sprungliste gute Dienste beim Steuern des Windows Media Player leisten. Klicken Sie dazu mit der rechten Maustaste auf das Symbol in der Taskleiste.

6 In der Sprungliste können Sie auf häufig genutzte Wiedergabelisten bzw. Alben direkt zugreifen, Favoriten abrufen oder aber einfach die gesamte Musiksammlung zufallsgesteuert abspielen.

17.3 Videos und DVDs am PC abspielen

Videos abzuspielen ist für den Windows Media Player eine leichte Übung. Dies gilt sowohl für Videoclips in beliebigen Formaten als auch für Video-DVDs. Während der Wiedergabe stehen Ihnen dieselben Schaltflächen und Steuerungselemente zur Verfügung, wie sie auch bei der Audiowiedergabe gelten. Die Wiedergabe des Videobildes erfolgt innerhalb des Windows Media Player-Fensters:

1 Um das Video möglichst großflächig anzuzeigen, sollten Sie das Windows Media Player-Fenster maximieren.

2 Sollte das Video trotz maximaler Größe des Windows Media Player-Fensters nur klein angezeigt werden, hat es nur eine geringe Auflösung. Dies ist z. B. bei Videos aus dem Internet häufiger der Fall. Dann können Sie eine Vergrößerungsfunktion des Windows Media Player verwenden, indem Sie im Menü die Funktion *Ansicht/Videogröße/200%* wählen. Alternativ erreichen Sie das auch mit einem Klick der rechten Maustaste irgendwo auf das Video und dann im kontextabhängigen Menü mit der Funktion *Videogröße/200%* oder mit dem Tastenkürzel [Alt]+[3].

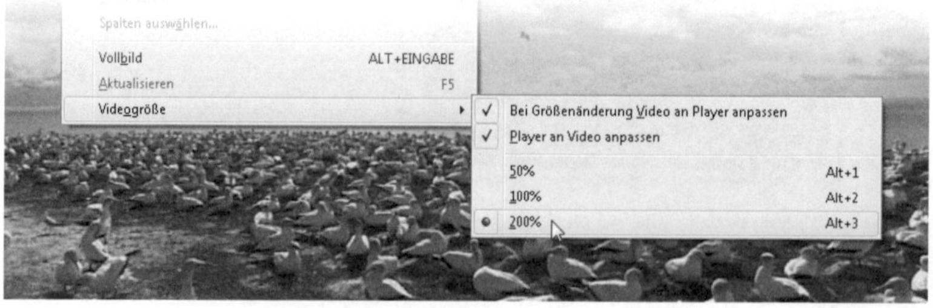

3 Um ein längeres Video oder einen ganzen Film in Ruhe zu betrachten, können Sie auch ganz auf die Bedienelemente des Windows Media Player ver-

zichten und stattdessen den Vollbildmodus wählen. In diesem wird nur das eigentliche Videobild so groß wie möglich auf dem Monitor angezeigt. Wählen Sie dazu die Menüfunktion *Ansicht/Vollbild* oder drücken Sie [Alt]+[Enter]. Mit der gleichen Tastenkombination oder mit [Esc] gelangen Sie zur normalen Ansicht des Windows Media Player zurück.

TIPP

Erste Hilfe: Video wird beim Abspielen nicht angezeigt

Dieses Phänomen tritt auf, wenn es Probleme zwischen dem Windows Media Player und dem Treiber der Grafikkarte gibt. Versuchen Sie, eine aktuellere Version der Treibersoftware vom Hersteller Ihrer Grafikkarte zu beziehen. Ist dies nicht möglich oder bringt nichts, können Sie die Hardwarebeschleunigungsfunktionen des Windows Media Player reduzieren, bis die Probleme behoben sind. Öffnen Sie dazu mit *Extras/Optionen* die Einstellungen des Windows Media Player und wechseln Sie dort zur Registerkarte *Leistung*. Ziehen Sie nun den Schieberegler im Bereich *Videobeschleunigung* schrittweise nach links, bis die Wiedergabeprobleme behoben sind.

Komfortabler DVD-Genuss am PC-Bildschirm

Ein DVD-Laufwerk gehört heute praktisch zur Standardausstattung eines PCs. Damit haben Sie auch schon alles für den Video-DVD-Genuss, denn als Abspielsoftware steht der Windows Media Player bereit. Er stellt den Zugriff auf eine DVD einschließlich der interaktiven Elemente wie z. B. Menüs zur Kapitelauswahl etc. zur Verfügung. Und sogar für das leidige Thema Ländercode kennt er eine Lösung.

Um die Wiedergabe einer DVD zu starten, legen Sie diese einfach in das entsprechende Laufwerk Ihres PCs. Wenn die Autoplay-Funktion aktiviert ist, startet Windows automatisch den Windows Media Player und damit die Wiedergabe der DVD. Andernfalls starten Sie den Windows Media Player manuell und doppelklicken dann links in der Medienbibliothek auf den Eintrag, der nun für die eingelegte DVD aufgeführt wird. Der Windows Media Player beginnt dann mit der Wiedergabe dieses Datenträgers.

1 Die interaktiven Menüs einer DVD können Sie im Windows Media Player direkt und einfach mit der Maus bedienen. Anstatt wie bei einem „richtigen" DVD-Player mühsam mit den Pfeiltasten der Fernbedienung herumzufummeln, klicken Sie also einfach z. B. direkt auf das Kapitel, das Sie sich ansehen möchten.

2 Zu den Vorzügen der meisten DVDs gehört es, dass Sie während der Wiedergabe eine von mehreren Tonspuren wählen können. So kann man einen Film sowohl in der deutschen Fassung als auch im Original hören. Häufig gibt es für Filmfans auch spezielle Tonspuren mit Audiokommentaren von beteiligten Schauspielern und Regisseuren. Um die Tonspur während der Wiedergabe zu wechseln, öffnen Sie mit *Wiedergabe/Audio- und Sprachversionen* ein Untermenü, in dem alle vorhandenen Tonspuren aufgeführt sind.

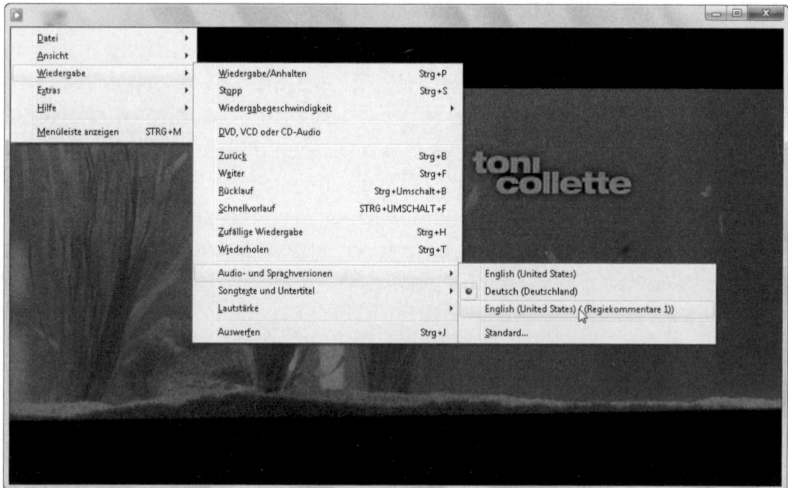

3 Ein weiteres Merkmal von DVDs sind Untertitel, die man bei Bedarf einblenden kann. Wenn ein Film z. B. keine deutsche Tonspur hat, können Sie ihn im Original sehen und zusätzlich deutsche Untertitel lesen. Die Auswahl erfolgt ganz ähnlich wie bei den Tonspuren. Öffnen Sie das Untermenü mit *Wiedergabe/Songtexte und Untertitel*, dann sehen Sie alle Untertitel, die für den Film verfügbar sind.

4 Während des Abspielens stehen Ihnen auch bei einer DVD die üblichen Wiedergabefunktionen des Windows Media Player zur Verfügung. Sie können also die Wiedergabe beliebig unterbrechen, die Lautstärke verändern, die Abspielgeschwindigkeit beschleunigen oder zum nächsten Kapitelanfang vorspringen.

5 Wenn Sie die Wiedergabe stoppen und später fortsetzen, beginnt sie wieder am Anfang des Films. Sie können aber auch jederzeit zum Menü der DVD zurückkehren. Klicken Sie dazu unten in der Steuerleiste auf den kleinen Pfeil rechts neben *DVD* und wählen Sie im DVD-Menü den Befehl *Hauptmenü*.

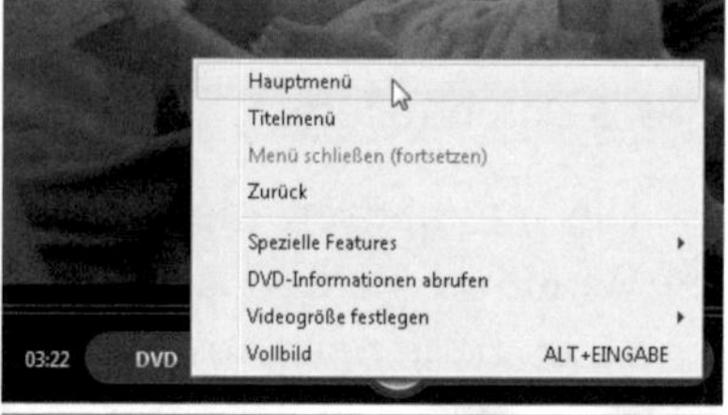

Den DVD-Ländercode für exotische DVDs anpassen

Jede DVD und jeder DVD-Spieler (bzw. jedes DVD-Laufwerk) sind für einen bestimmten Ländercode eingestellt. DVD und Laufwerk müssen denselben Code haben, damit die DVD wiedergegeben werden kann. So soll verhindert werden, dass z. B. amerikanische Original-DVDs illegal nach Europa exportiert werden. Wenn Sie eine amerikanische Original-DVD einlegen, weigert das DVD-Laufwerk sich in der Regel, diese abzuspielen. Allerdings erlauben es die meisten DVD-Laufwerke, den Ländercode zumindest einige Male zu wechseln. So können Sie vorübergehend den amerikanischen Ländercode einstellen und dann später zum europäischen Code zurückkehren. Aber Vorsicht: Wenn die Anzahl der Wechsel erschöpft ist, bleibt es bei den meisten Geräten unwiderruflich bei der letzten Einstellung, da diese Angaben fest im Gerät selbst gespeichert sind.

1 Öffnen Sie in der Systemsteuerung das Modul Geräte-Manager.

2 Suchen Sie in der Liste in der Kategorie *DVD/CD-ROM-Laufwerke* den Eintrag für das DVD-Laufwerk und öffnen Sie mit einem Doppelklick darauf dessen Eigenschaften.

3 Wechseln Sie in den Eigenschaften zur Registerkarte *DVD-Region*. Hier sehen Sie ganz unten im Feld *Aktuelle Region*, für welche Region das Laufwerk gerade konfiguriert ist. Vergleichen Sie diese Angabe mit der auf der DVD (die Zahl in dem stilisierten Weltglobus).

4 Um den Ländercode zu ändern, wählen Sie das entsprechende Land aus der Liste aus. Falls Sie unsicher sind, welcher Ländercode wo gilt, sehen Sie im Feld *Neue Region* jeweils den Code, zu dem das oben ausgewählte Land gehört.

5 Haben Sie das richtige Land gewählt, klicken Sie auf *OK* und bestätigen die Sicherheitsrückfrage erneut mit *OK*.

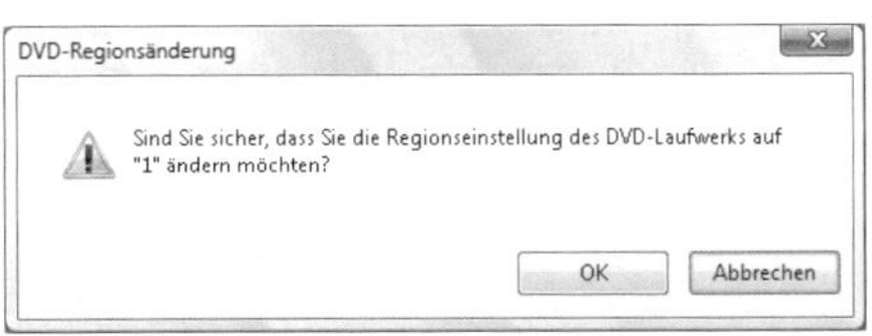

17.4 Die komplette Mediensammlung in der Medienbibliothek erfassen

Der Windows Media Player dient nicht nur zum Abspielen von Audio und Video. Er kann auch alle solche Dateien in seiner Medienbibliothek sammeln und verwalten. Sie ist über die gleichnamige Schaltfläche in der Symbolleiste des Windows Media Player-Fensters zugänglich. Dadurch behalten Sie den Überblick über alle Mediendateien, die sich auf Ihrem PC befinden. Dank der zentralen Verwaltung durch die Medienbibliothek spielt es keine Rolle, wo sich die einzelnen Dateien genau befinden. Sie können jederzeit über Eigenschaften wie Titel, Urheber oder Genre darauf zugreifen.

Erfassen Sie Ihre vorhandenen Mediendateien in der Bibliothek

Sind bereits Mediendateien auf Ihrem PC vorhanden, muss der Windows Media Player diese zunächst erfassen. Dazu überwacht der Player standardmäßig automatisch die Musik- und Videodateien in Ihrem persönlichen Bereich, sodass sich Ihre Medienbibliothek von ganz allein füllt. Sie können aber steuern, welche Ordner der Windows Media Player genau berücksichtigen soll. So können Sie auch Verzeichnisse auf anderen Laufwerken in die Medienbibliothek integrieren oder z. B. einzelne Ordner Ihres persönlichen Bereichs ausdrücklich von der Überwachung ausnehmen.

1 Wählen Sie in der Menüleiste den Befehl *Datei/Bibliothek verwalten/Musik*, um z. B. weitere Musikordner zu berücksichtigen.

2 Damit öffnen Sie die Einstellungen für die automatische Ordnerüberwachung, in der Sie festlegen, wo der Windows Media Player nach Multimediadateien suchen soll. Standardmäßig sind hier die Ordner *Eigene Musik* sowie *Öffentliche Musik* gewählt.

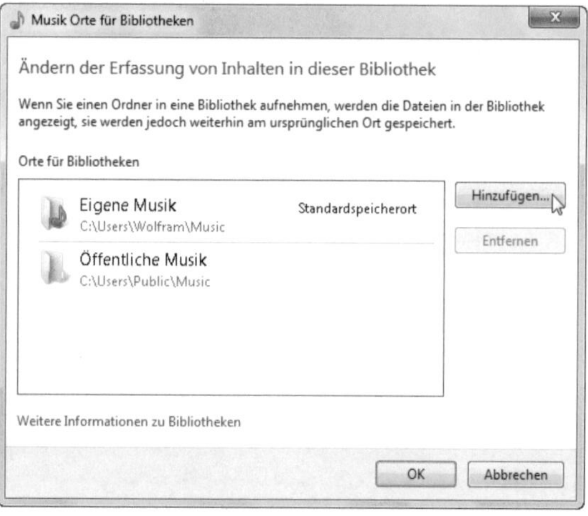

3 Um einen zusätzlichen Ordner etwa auf einem anderen Laufwerk in die Musikbibliothek aufzunehmen, klicken Sie rechts auf die Schaltfläche *Hinzufügen*.

4 Wählen Sie im anschließenden Dialog einfach den Ordner aus, der weitere Musikdateien enthält, und fügen Sie ihn mit *Ordner aufnehmen* in die Musikbibliothek ein.

So finden Sie in Ihrer Medienbibliothek alles schnell wieder

Da der Windows Media Player seine Medienbibliothek automatisch erfasst und aufbaut, können Sie diese von Anfang an verwenden, um Mediendateien schnell aufzufinden und abzuspielen. Dazu reicht es, wenn Sie ein wesentliches Merkmal der gesuchten Datei(en) wie beispielsweise den Titel, den Urheber oder das Genre kennen.

1 Um in die Medienbibliothek zu gelangen, klicken Sie in der Symbolleiste des Windows Media Player auf die *Medienbibliothek*-Schaltfläche.

2 Der Windows Media Player zeigt dann die verschiedenen Kategorien der Bibliothek an. Von hier aus können Sie sich bis zum gesuchten Musik- oder Videoclip „durchklicken".

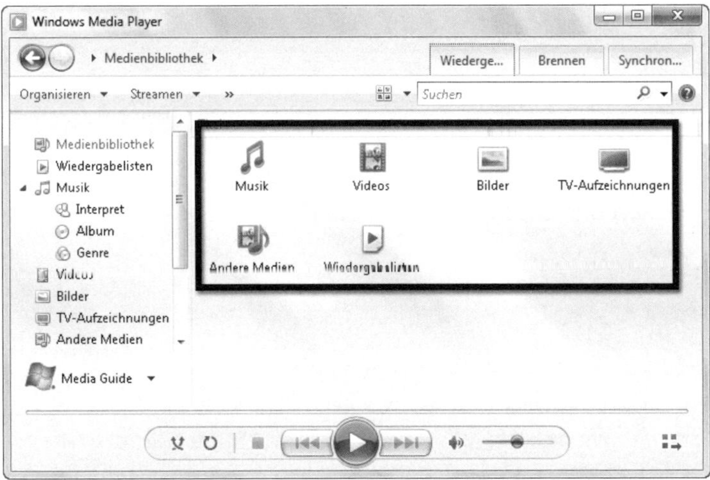

3 Alternativ erfolgt der Zugriff über die gleichnamigen Einträge links im Navigationsbereich.

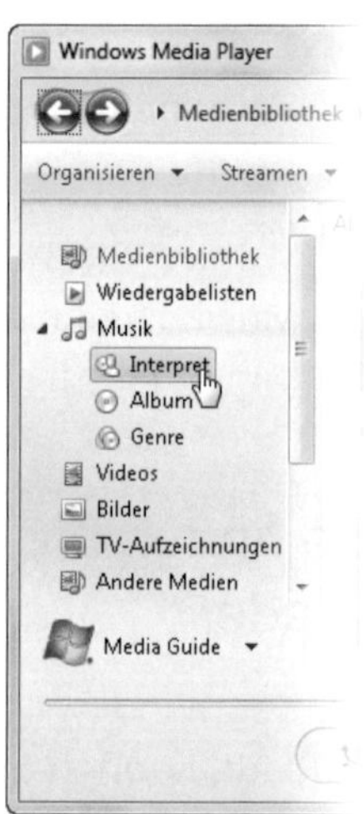

Hier finden Sie Filter für verschiedene Eigenschaften, nach denen Sie den Inhalt der Bibliothek filtern können. Wenn Sie eine davon per Mausklick auswählen, werden rechts die Clips entsprechend dieser Eigenschaft angezeigt.

4 Einen alternativen Zugang stellt das Suchfeld oben rechts dar: Genau wie beim Windows-Explorer können Sie damit den aktuell angezeigten Inhalt der Medienbibliothek filtern, sodass nur die Einträge angezeigt werden, die den angegebenen Begriff beinhalten. Um also z. B. einen bestimmten Musiktitel schnell zu lokalisieren, tippen Sie hier einfach seinen Namen ein und der Windows Media Player zeigt alle Songs an, die zu der Vorgabe passen.

5 Wenn Sie den gesuchten Medienclip gefunden haben, müssen Sie ihn lediglich doppelt anklicken oder markieren und auf das große Wiedergabe-Symbol unten klicken.

TIPP

Den Lieblingssong auch ohne Bibliothek schnell finden

Um mal eben einen bestimmten Musiktitel abzuspielen, müssen Sie nicht immer erst in die Medienbibliothek des Windows Media Player wechseln. Tippen Sie den Titel des Songs einfach direkt im Startmenü in das Eingabefeld ein. Die Windows-Dateisuche erfasst auch alle Mediendateien, sofern sie an den üblichen Stellen gespeichert sind. Wenn der Songtitel in den Dateieigenschaften angegeben ist oder dem Dateinamen entspricht, werden Sie die entsprechende Musikdatei als Suchergebnis im Startmenü angezeigt bekommen und können sie von dort direkt abspielen.

Erstellen Sie eigene Wiedergabelisten nach Wunsch

Die Medienbibliothek bietet verschiedene Möglichkeiten, die Wiedergabe Ihrer Musiksammlung zu gestalten. Sie können einzelne Songs, ganze Alben oder alles von einem bestimmten Künstler abspielen. Oder aber Sie lassen einfach alle Songs eines bestimmten Genres wiedergeben. Sie können sich aber auch ganz eigene Wiedergabelisten für verschiedene Zwecke, Orte oder Stimmungen individuell zusammenstellen. War das früher ein etwas umständlicher Vorgang mit einem eigenen Editor, hat Microsoft diese Funktion nun wesentlich intuitiver und einfacher gemacht und komplett in die Oberfläche des Windows Media Player integriert.

1 Stellen Sie sicher, dass am rechten Rand des Player-Fensters der Listenbereich angezeigt wird. Ist dies nicht der Fall, blenden Sie ihn mit *Organisieren/ Layout/Liste anzeigen* ein.

2 Suchen Sie nun in der Medienbibliothek die gewünschten Titel heraus und ziehen Sie diese einfach nach rechts in den Listenbereich. Dabei können Sie die Titel einzeln oder auch gleich mehrere auf einmal einfügen. Wiederholen Sie dies beliebig oft, bis alle gewünschten Titel im Listenbereich enthalten sind. Selbstverständlich können Sie dabei Titel von beliebig vielen Interpreten und Alben mischen.

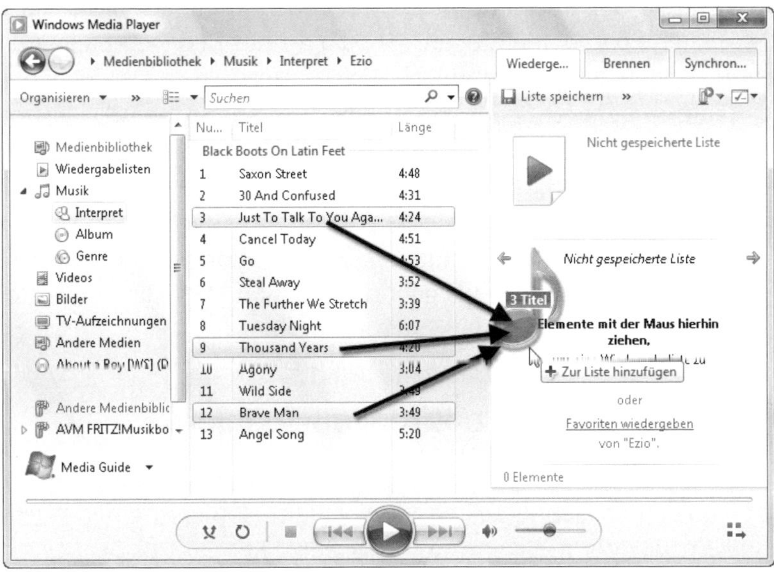

3 Als Alternative können Sie die Dateisammlung auch außerhalb des Windows Media Player z. B. im Windows-Explorer zusammenstellen und von dort an den Media Player schicken. Wählen Sie dazu im Kontextmenü der ausgewählten Dateien *Zur Windows Media Player-Wiedergabeliste hinzufügen*.

4 Die Aufstellung im Listenbereich können Sie beliebig erweitern und bearbeiten. Auch die Reihenfolge der Titel lässt sich verändern. Ergreifen Sie dazu den Titel, dessen Position Sie ändern möchten, mit der linken Maustaste und ziehen Sie ihn mit gehaltener Taste an die gewünschte Stelle.

5 Um die Wiedergabeliste zu speichern, klicken Sie oben über der Liste auf *Liste speichern*. Geben Sie dann im Eingabefeld einen Namen für diese Wiedergabeliste an.

Die so erstellte Liste wird automatisch gespeichert und kann ab sofort in der Medienbibliothek unter *Wiedergabelisten* abgerufen werden. Neben dem Abspielen kann sie auch verwendet werden, um die enthaltenen Titel auf eine CD zu brennen oder mit einem mobilen MP3-Player zu synchronisieren.

17.5 Musik von Audio-CDs auf den PC kopieren

Wenn Sie Musik direkt aus dem Internet herunterladen, können Sie diese ganz einfach in die Medienbibliothek einfügen: Einfach an der richtigen Stelle (*Eigene Musik*) speichern und fertig. Etwas anders sieht es aus, wenn Sie zu den hartnäckigen CD-Käufern gehören oder noch eine umfangreiche CD-Sammlung haben. Der Windows Media Player macht es leicht, solche Schätze in den PC zu „überspielen". Dabei werden die Musikstücke von CD eingelesen, in ein passendes Format umgewandelt und in die Medienbibliothek eingefügt. So stehen sie nicht nur jederzeit zum Hören zur Verfügung, sondern können auch unkompliziert z. B. via Netzwerk im ganzen Haus gehört, auf einen MP3-Player transferiert oder für eigene CD-Zusammenstellungen genutzt werden.

Klangformat und -qualität optimal auswählen

Da der Windows Media Player verschiedene Formate und Qualitätsstufen beim Speichern der Audiodaten kennt, sollten Sie vor dem Kopieren einer Musik-CD zuerst sicherstellen, dass der geeignete Modus gewählt ist.

1 Öffnen Sie dazu oben in der Menüleiste des Windows Media Player das Menü *Extras* und wählen Sie darin die Funktion *Optionen*.

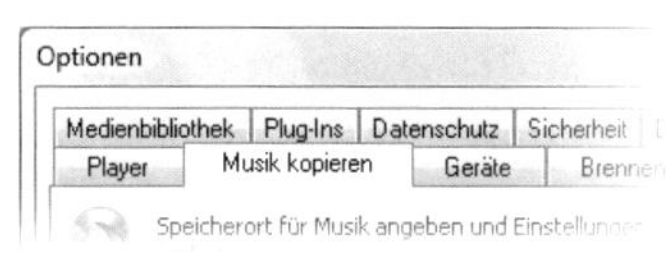

2 Damit öffnen Sie das Optionsmenü mit den Einstellungen des Windows Media Player. Wechseln Sie hier auf die Registerkarte *Musik kopieren*, indem Sie oben in der Leiste mit den Registerbezeichnungen auf den gleichnamigen Eintrag klicken.

3 In dieser Rubrik können Sie oben festlegen, in welche Ordner die kopierten Audiodateien gespeichert werden sollen. Wählen Sie hier am besten ein Verzeichnis in Ihrem persönlichen Bereich, damit der Windows Media Player die neuen Musiktitel gleich automatisch erkennt und in die Medienbibliothek einordnet.

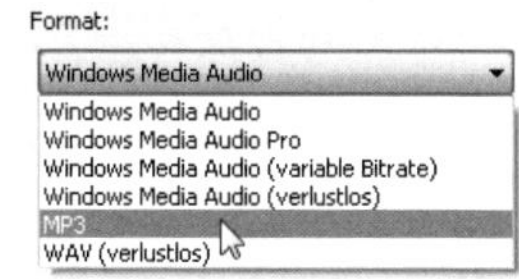

4 In der unteren Hälfte des Fensters legen Sie im Bereich *Einstellungen zum Kopieren von Medium* fest, in welchem Format und mit welcher Qualitätsstufe der Windows Media Player die Kopien der Musikstücke anlegen soll. Öffnen Sie dazu das Auswahlfeld mit der Bezeichnung *Format* und wählen Sie zunächst das gewünschte Format aus (Tipps hierzu finden Sie in der Infobox).

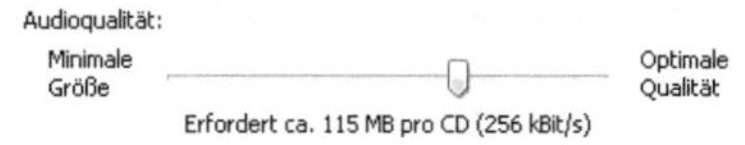

5 Anschließend können Sie bei den meisten Formaten weiter unten bei dem Schieberegler *Audioqualität* noch die Qualität der Kopie genauer einstellen. Die Minimaleinstellung (128 KBit/s) liefert für viele Ohren schon eine ansprechende Qualität. Höhere Einstellungen verbessern diese ggf. noch, führen aber auch zu größeren Dateien. Dies kann z. B. bei der Verwendung eines MP3-Players mit knappem Speicher ein Kriterium sein, um einen sinnvollen Kompromiss zu finden.

6 Schließlich sollten Sie noch die Option *Kopierschutz für Musik* abwählen, falls diese aktiviert ist. Andernfalls können Sie die erstellten Kopien auf anderen PCs oder Abspielgeräten nicht ohne Weiteres wiedergeben.

7 Übernehmen Sie die gewählten Einstellungen mit *OK*.

TIPP

Die richtigen Einstellungen je nach Verwendungszweck

Welche Einstellungen Sie für Format und Qualität wählen, hängt davon ab, was Sie mit den kopierten Daten anfangen wollen. Wenn Sie die Musikstücke nur kurzfristig zum Kopieren einer CD auf dem PC speichern, sollten Sie das Format Windows Media Audio Lossless verwenden. Es erstellt exakte 1:1-Kopien der Musikstücke, die sich gut als Ausgangspunkt für eine neue Audio-CD eignen. Da die Dateien aber sehr groß werden (pro

Audio-CD etwa 600 MByte), eignet sich dieses Format nicht dazu, Audio-CDs längerfristig in der Medienbibliothek des PCs aufzuheben.

In solchen Fällen sollten Sie lieber das Format Windows Media Audio (variable Bitrate) mit einer mittleren Audioqualität (85 bis 145 KBit/s) wählen. Das entspricht für normale Ohren etwa CD-Qualität, benötigt aber nur etwa ein Zehntel an Speicherplatz (etwa 60 MByte pro Audio-CD). Sollte sich das Ergebnis für Ihre Ohren nicht befriedigend anhören, ziehen Sie einfach etwas an der Qualitätsschraube in Richtung *Optimale Qualität*. Andererseits kann man bei weniger musiklastigen Aufnahmen wie z. B. Hörspielen die Qualität auch getrost noch etwas absenken, ohne das Hörvergnügen zu trüben. Wollen Sie die kopierte Musik nicht nur auf Ihrem PC, sondern z. B. auch auf einem mobilen Audioplayer hören, empfiehlt sich das Format MP3, da dieses von praktisch allen Abspielgeräten optimal unterstützt wird. Mit der niedrigsten Bitrate von 128 KBit/s bietet es bereits eine akzeptable Klangqualität. Höhere Bitraten können nur noch geschulte Ohren von einer Original-CD unterscheiden.

Alle oder einzelne Musiktitel von einer Audio-CD einlesen

Eine geeignete Wahl bei Klangformat und -qualität müssen Sie nur einmal treffen. Dann können Sie jederzeit mit diesen Einstellungen Audio-CDs in Ihre Medienbibliothek einfügen.

1 Wenn Sie die Audio-CD einlegen, startet der Windows Media Player standardmäßig mit der Wiedergabe. Um diese CD zu kopieren, wechseln Sie ggf. in den Bibliotheksmodus (Strg+1).

2 Der Windows Media Player zeigt daraufhin eine Übersicht über die auf der Audio-CD enthaltenen Musiktitel an. Wird diese CD zum ersten Mal in diesen PC eingelegt, versucht er ggf., die Daten aus dem Internet zu beschaffen. Dies funktioniert allerdings nur, wenn die Zugriffsoptionen dafür passend gewählt sind (siehe Tipp).

TIPP

Infos zu CDs automatisch aus dem Netz beziehen

Der Windows Media Player kann Informationen zu einer CD wie Name, Interpret, Genre, Veröffentlichungsjahr und Angaben zu den einzelnen Titeln automatisch aus dem Netz beziehen. Dazu identifiziert er die CD anhand eines eindeutigen Codes und ruft aus einer Onlinedatenbank die Informationen zu diesem Code ab. Das klappt aber nur, wenn Sie dem Windows Media Player die Erlaubnis dazu geben. Aktivieren Sie dazu in den Optionen des Players auf der Registerkarte *Datenschutz* die Optionen *Medieninformationen aus dem Internet anzeigen* sowie *Musikdateien durch Abrufen von Medieninfo aus dem Internet aktualisieren.*

3 Sollten zu dieser Musik-CD keine Daten vorliegen, können Sie auch selbst welche eingeben. Markieren Sie dazu einfach den jeweiligen Titel mit einem einfachen Mausklick, sodass er optisch hervorgehoben wird. Klicken Sie dann noch einmal auf die jeweilige Angabe, die Sie eingeben möchten. Das Feld verwandelt sich dann in ein Eingabefeld, in dem Sie einen Text Ihrer Wahl eintippen und mit [Enter] abschließen können.

4 Sollten Sie nur bestimmte Titel einer Musik-CD einlesen wollen, können Sie dies über die Häkchen ganz links in den jeweiligen Einträgen der Titelliste steuern. Standardmäßig sind alle Häkchen gesetzt, also werden alle Titel kopiert. Bei den Stücken, die Sie nicht verwenden wollen, entfernen Sie einfach den Haken. Der Windows Media Player berücksichtigt diese Titel beim Kopieren dann nicht.

5 Haben Sie die Titelliste so weit vorbereitet, können Sie mit dem eigentlichen Übertragen der Audiodaten beginnen. Klicken Sie dazu oben auf *CD kopieren*. Sollte diese Schaltfläche nicht sichtbar sein, wurde sie mangels Platz versteckt. Klicken Sie dann auf den kleinen Doppelpfeil rechts in der Symbolleiste oder blenden Sie den Listenbereich aus, um mehr Platz in der Symbolleiste zu schaffen.

6 Der Windows Media Player beginnt daraufhin, die Stücke von der Titelliste zu kopieren. Dies geht relativ flott, da die Titel nicht in normaler Abspielgeschwindigkeit eingelesen werden, sondern in der höchstmöglichen Geschwindigkeit, die das CD-Laufwerk zum Auslesen von Audio-CDs erlaubt. Sie können den Ablauf an dem kleinen Fortschrittsbalken erkennen, der jeweils beim gerade eingelesenen Titel in der Spalte *Kopierstatus* angezeigt wird.

7 Ist bei allen Titeln als Kopierstatus die Meldung *In Medienbibliothek kopiert* vermerkt, ist der Windows Media Player fertig. Sie haben nun eine digitale Kopie der Audio-CD auf Ihrem PC, die Sie über die Medienbibliothek jederzeit abrufen und abspielen können.

17.6 Eigene Audio- und MP3-Scheiben zusammenstellen

Der Windows Media Player erlaubt es nicht nur, vorhandene Audio-CDs zu kopieren. Sie können auch aus Ihrer Musikbibliothek die besten Stücke heraussuchen und sich daraus eine ganz eigene CD zusammenstellen. Dazu müssen Sie lediglich die Audio-CDs, von denen Sie einen oder mehrere Titel verwenden wollen, auf den Rechner kopieren. Dabei können Sie sich durchaus schon auf die Titel beschränken, die Sie später weiterverwenden wollen, und alle anderen ignorieren. Das spart Zeit und Speicherplatz.

Eine individuelle Musikmischung auf eine Audio-CD brennen

Das Zusammenstellen einer Audio-CD ist ganz ähnlich wie das Erstellen einer eigenen Wiedergabeliste. Sie legen fest, welche Titel in welcher Reihenfolge enthalten sein sollen. Allerdings müssen Sie dabei die Speicherplatzbeschränkung einer Audio-CD beachten. Dann brauchen Sie die CD nur noch vom Brenner fertigstellen zu lassen. So geht es im Detail:

1 Legen Sie einen leeren CD-Rohling in das Brennerlaufwerk ein. Warten Sie, bis sich das Fenster *Automatische Wiedergabe* von Windows meldet. Klicken Sie dann auf *Eine Audio-CD brennen*. Sollte die automatische Wiedergabe nicht funktionieren, starten Sie den Windows Media Player von Hand und klicken oben rechts auf *Brennen*.

2 Im Windows Media Player sehen Sie wie üblich Ihre Medienbibliothek mit dem Navigationsbereich ganz links. Rechts im Listenbereich wird nun die leere CD als Brennliste angezeigt.

3 Ziehen Sie nun genau wie beim Erstellen einer Wiedergabeliste die Musikstücke nach rechts in die Brennliste, die auf der CD enthalten sein sollen. Beachten Sie dabei die Reihenfolge der Stücke, da sie später auf der CD auch in dieser Reihenfolge abgespielt werden. Sie können die Titel entweder gleich in der gewünschten Folge in die Liste übernehmen oder die Abfolge anschließend manuell verändern.

4 Behalten Sie beim Einfügen der Musikstücke oben die verbleibende freie Spielzeit der eingelegten CD im Auge. Sie wird jeweils nach dem Einfügen von Musikstücken aktualisiert und zeigt an, wie viel noch auf den Rohling passt.

5 Haben Sie die gewünschte Abfolge von Titeln ausgewählt, klicken Sie oben auf *Brennen starten*.

6 Der Windows Media Player konvertiert nun die Stücke dieser Wiedergabeliste – soweit notwendig – und schreibt sie dann auf den CD-Rohling. Anschließend wirft er die CD gleich aus.

Platzsparende MP3-CDs und -DVDs zusammenstellen und brennen

Immer mehr CD-Abspielgeräte wie z. B. Autoradios, tragbare CD-Spieler oder DVD-Player können MP3-CDs abspielen. Solche CDs haben gegenüber klassischen Audio-CDs den Vorteil, dass sie bei vergleichbarer Klangqualität zehnmal so viel Speicherplatz bieten. So passen auf eine MP3-CD ca. zehn komplette Musikalben. Auf eine DVD passt schon eine ganze Musiksammlung. Allerdings handelt es sich bei solchen Formaten eben auch nicht um klassische Audio-CDs, sondern technisch gesehen um ganz normale Datenscheiben, die eben einfach nur bestimmte Dateien (eben MP3-Dateien) enthalten. Deshalb lassen sie sich nur von speziellen Abspielgeräten wiedergeben, die Daten-CDs einlesen sowie enthaltene MP3-Dateien erkennen und abspielen können. Mit dem Windows Media Player können Sie beliebige Teile Ihre Musiksammlung auf eine MP3-CD oder -DVD brennen und so auf anderen Abspielgeräten verwenden.

1 Legen Sie einen geeigneten CD- oder DVD-Rohling ein oder wechseln Sie wie beim Erstellen von Audio-CDs zur Registerkarte *Brennen*.

2 Klicken Sie dann oberhalb der Brennliste rechts auf das kleine *Brennoptionen*-Symbol und wählen Sie im so geöffneten Untermenü *Daten-CD oder -DVD*.

3 Der Windows Media Player analysiert dann das eingelegte Medium und zeigt Ihnen oben rechts an, wie viel Speicherplatz darauf zur Verfügung steht. Sie werden sofort feststellen, dass Sie nun weitaus mehr Titel auf eine CD brennen können, von einer DVD ganz zu schweigen.

4 Nun können Sie wie gewohnt Alben, Wiedergabelisten oder auch einzelne Musiktitel aus Ihrer Medienbibliothek nach ganz rechts in die Brennliste herüberziehen.

5 Behalten Sie dabei den vorhandenen Speicherplatz auf dem Medium im Auge. Er darf nicht überschritten werden.

6 Haben Sie alle gewünschten Stücke in die Brennliste aufgenommen, klicken Sie darunter auf die *Brennen starten*-Schaltfläche, um die CD bzw. DVD zu erstellen.

SPEZIAL ▸ Den MP3-Player komfortabel mit Ihrer Lieblingsmusik befüllen

Nicht erst seit dem iPod sind kleine, mobile MP3-Player für viele ein beliebter Begleiter bei Sport, Freizeit, Reisen und anderen Gelegenheiten. Mittlerweile kleiner als eine Zigarettenschachtel sind sie immer dabei und machen den Musikgenuss unabhängig von PC oder Hi-Fi-Anlage möglich. Handelt es sich allerdings um ein Modell mit begrenztem Speicher, muss es regelmäßig neu betankt werden, damit das Musikhören nicht irgendwann langweilig wird.

Der Windows Media Player kann sich mit mobilen MP3-Playern, die eine USB-Schnittstelle zum PC besitzen, verbinden und deren Inhalt bequem und schnell synchronisieren. So benötigen Sie keine zusätzliche Software und können die Vorzüge von Medienbibliothek und Wiedergabelisten nutzen, um Ihren Mobilplayer komfortabel mit stets frischer Musik zu betanken und diesen Vorgang sogar weitestgehend zu automatisieren.

TIPP

Kann ich meinen MP3-Player synchronisieren?

Der Windows Media Player arbeitet mit einer Vielzahl von MP3-Playern reibungslos zusammen. Wenn sich Ihr Gerät als USB-Massenspeicher am PC anmeldet (also als separates Laufwerk im Windows-Explorer geführt wird), gibt es in der Regel keine Probleme. Manche Geräte sind allerdings auf spezielle Treiber angewiesen und lassen sich nur mit einer eigenen Software des Herstellers synchronisieren. Sie können es aber einfach ausprobieren: Verbinden Sie Ihren MP3-Player mit Ihrem PC und schauen Sie dann beim Windows Media Player in der Rubrik *Synchronisieren* nach, ob er dort als Gerät erkannt wird.

1 Um Ihren tragbaren MP3-Player zu betanken, klicken Sie in der Symbolleiste des Windows Media Player auf die Schaltfläche *Synchron*.

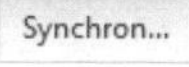

2 Daraufhin wird am rechten Rand des Fensters der portable Player samt Inhalt angezeigt. Sollte hier im oberen Bereich die Meldung *Schließen Sie ein Gerät an* stehen, müssen Sie den Player noch mit Ihrem PC verbinden.

3 Ist das mobile Gerät mit dem Rechner verbunden und vom Windows Media Player erkannt, wird sein Name und die Speicherbelegung im oberen Bereich angezeigt.

4 Darunter finden Sie nun eine Synchronisierungsliste. In diese ziehen Sie – genau wie beim Erstellen einer Wiedergabeliste oder beim Brennen einer CD – die Musikstücke, die Sie auf den Player transferieren möchten. Die Reihenfolge der Stücke ist in diesem Fall weniger wichtig, da die meisten MP3-Player die Abspielreihenfolge nach anderen Kriterien bestimmen.

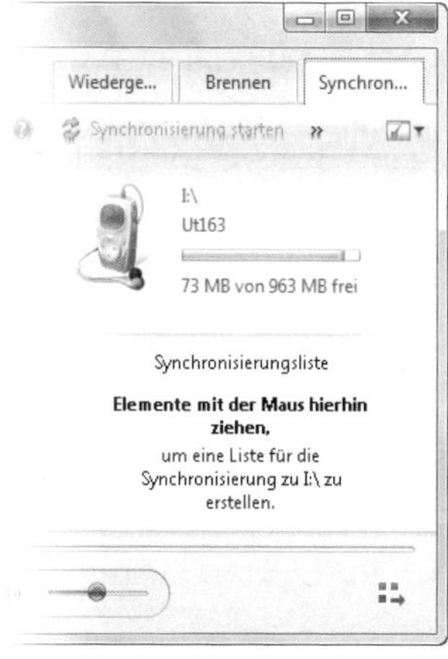

TIPP

Ganze Alben oder Playlisten transferieren

Sie müssen nicht unbedingt jeden Titel einzeln transferieren. Sie können auch ein Album oder eine Wiedergabeliste nach rechts auf die Liste des Mobilplayers ziehen. Der Windows Media Player überträgt dann stattdessen die zu diesem Album bzw. zu dieser Liste gehörenden Titel in der vorgegebenen Reihenfolge auf das Gerät.

5 Durch das Übertragen der Titel in die Liste allein werden noch keine Daten übertragen. Sie können die Liste also beliebig bearbeiten, Titel wieder entfernen und die Reihenfolge verändern. Behalten Sie dabei den Umfang der Titel im Auge, sodass er die Kapazität des Mobilplayers nicht übersteigt.

6 Entspricht die Transferliste Ihren Vorstellungen, klicken Sie auf *Synchronisierung starten*.

7 Der Windows Media Player beginnt dann, die neu ausgewählten Titel der Reihe nach auf das mobile Gerät zu übertragen. In der Statusanzeige können Sie verfolgen, wie weit er damit ist. Steht unten in der Synchronisierungsliste *Die Synchronisierung ist abgeschlossen*, können Sie den MP3-Player wieder vom PC trennen.

MP3-Player vollautomatisch mit neuer Musik bestücken

Der Windows Media Player bietet mit seiner Bibliothek und den Wiedergabelisten sehr flexible Möglichkeiten, mobile Abspielgeräte mit Musik zu betanken. Es geht aber noch komfortabler: Bei einer vollautomatischen Synchronisierung schließen Sie den Player an, warten kurz, bis der Windows Media Player automatisch Ihre Lieblingsmusik darauf übertragen hat und ziehen den Player dann wieder ab – alles von ganz allein. Mit wenigen Einstellungen können Sie einen solchen vollautomatischen Musiktransfer realisieren.

1 Verbinden Sie den Player, den Sie automatisch betanken wollen, mit dem PC.

2 Klicken Sie dann auf der *Synchron...*-Schaltfläche unten auf das kleine Pfeilsymbol und wählen Sie im dadurch geöffneten Menü den Befehl *Synchronisierung einrichten*.

3 Im anschließenden Menü können Sie einen Namen für das Gerät festlegen. Klicken Sie dann auf *Fertig stellen*.

4 Öffnen Sie das Menü anschließend erneut und klicken Sie wiederum auf *Synchronisierung einrichten*.

5 Diesmal öffnen Sie damit ein anderes Menü, in dem Sie zunächst oben links die Option *Gerät automatisch synchronisieren* aktivieren.

6 Nun können Sie links bei *Verfügbare Wiedergabelisten* eine oder mehrere Listen auswählen und mit *Hinzufügen* in die rechte Hälfte (*Zu synchronisierende Wiedergabelisten*) verschieben. Aus diesen Abspiellisten wählt der Media Player dann die Inhalte für den Transfer aus. Die Reihenfolge bestimmt dabei, welche Titel beim Synchronisieren bevorzugt werden.

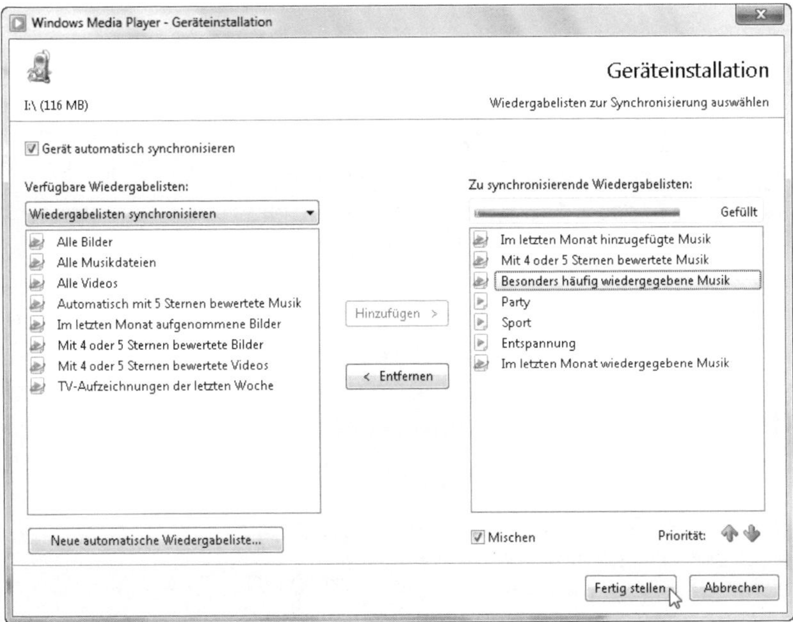

7 Mit der Option *Mischen* sorgen Sie für eine zufällige Verteilung der Titel.

8 Mit einem Klick ganz unten auf *Fertig stellen* starten Sie eine erste Synchronisierung mit den gewählten Vorgaben. In Zukunft wird diese jedes Mal automatisch durchgeführt, wenn der Windows Media Player gestartet ist und Sie

dieses mobile Gerät mit dem PC verbinden. Da für die Auswahl der Titel eine Zufallsfunktion verwendet wird, bekommen Sie immer einen anderen Mix auf den Player.

SPEZIAL Die Musiksammlung vom PC im ganzen Haus und unterwegs hören

Vernetzte Wohnungen und Häuser bzw. Drahtlosnetzwerke via WLAN machen es möglich: Die auf dem PC gespeicherte Musiksammlung kann nicht nur am Rechner selbst oder via MP3-Player abgespielt werden. Auch der wohnzimmertaugliche Mini-PC, das Netbook oder spezielle Medienabspieler mit Netzwerkanschluss können auf die Daten zugreifen und erlauben einen schrankenlosen Musik- und Videogenuss in allen Räumen oder auch im sonnigen Garten. Der Windows Media Player unterstützt Sie dabei optimal. Er kann sowohl seine Medienbibliothek anderen Geräten zur Verfügung stellen als auch seinerseits auf Bibliotheken im Netzwerk zugreifen. Und er erlaubt es sogar, andere Abspielgeräte vom PC aus fernzusteuern. So bestimmen Sie bequem aus dem Sessel, was wo läuft.

Die Medienbibliothek mit anderen Nutzern im Netzwerk teilen

Der Windows Media Player kann seine Medienbibliothek für andere PCs oder Netzwerkabspieler freigeben. Diese können dann auf die Daten zugreifen und sie abspielen. Dabei kann es sich um andere PCs handeln, auf denen ebenfalls der Windows Media Player läuft. Es können aber auch spezielle Wiedergabegeräte sein, die per WLAN oder Ethernet mit dem PC verbunden sind und den UPnP AV-Standard beherrschen. Der ermöglicht es Ihnen, auf die freigegebenen Mediendateien zuzugreifen. Voraussetzung dafür ist allerdings, dass Sie die Medienbibliothek Ihres Windows Media Player für andere PCs freigeben.

1 Um die Funktion zum Mediasharing zu aktivieren, klicken Sie in der Symbolleiste auf die Schaltfläche *Streamen*. Gegebenenfalls müssen Sie den Listenbereich rechts ausblenden, damit diese Schaltfläche in die Symbolleiste passt.

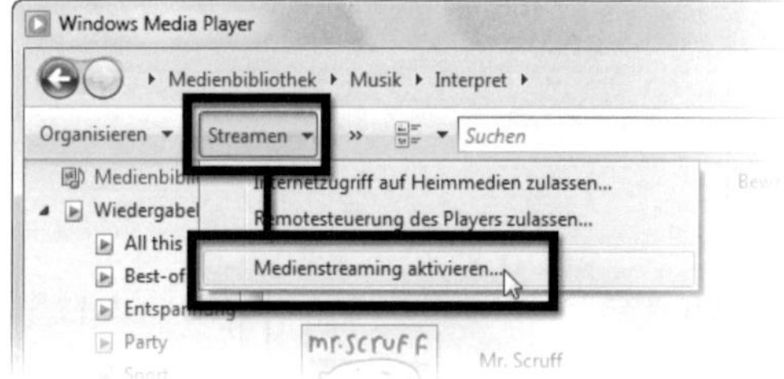

2 Wählen Sie im so geöffneten Untermenü die Funktion *Medienstreaming aktivieren*.

3 Klicken Sie im anschließenden Dialog wiederum auf die gleichnamige Schaltfläche *Medienstreaming aktivieren*.

4 Danach brauchen Sie nur noch unten auf *OK* zu klicken. Damit ist die Medienfreigabe vollzogen und Ihre Bibliothek für andere Geräte zugänglich.

Den Medienzugriff anderer Geräte steuern

Mit der Freigabe geben Sie nicht jegliche Kontrolle über Ihre Medienbibliothek ab. Selbstverständlich können Sie bestimmen, wer Zugriff haben soll und wer nicht. Und auch welche Medien genau bereitgestellt werden sollen, können Sie – in Grenzen – festlegen.

1 Um die Medienfreigabe zu kontrollieren, klicken Sie wiederum auf die *Streamen*-Schaltfläche und wählen im Untermenü den Punkt *Weitere Streamingoptionen*.

2 Hier finden Sie in der Mitte eine Liste der derzeit für den Zugriff infrage kommenden Geräte und können ihn damit steuern. Dabei gibt es verschiedene Ansätze, die Sie mit den beiden Schaltflächen rechts darüber wählen:

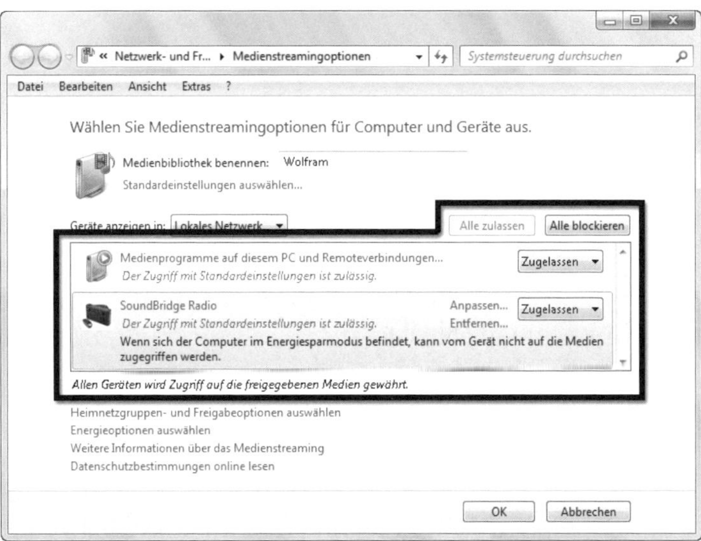

- *Alle zulassen*: Standardmäßig erlaubt der Windows Media Player allen geeigneten Netzwerkgeräten den Zugriff. Sollen einzelne Geräte keinen Zugriff erhalten, können Sie diese in der Liste ausdrücklich blockieren. Diese Variante ist die komfortablere, da Sie nicht jedes neue Gerät einzeln zulassen müssen.

- *Alle blockieren*: Die restriktivere Variante ist es, standardmäßig alle Geräte zu blockieren und nur diejenigen zuzulassen, bei denen das ausdrücklich erwünscht ist. Wählen Sie hierzu in der Liste bei den erwünschten Geräten *Zugelassen*.

3 Welche Mediendateien genau freigegeben werden, können Sie über die Bewertung steuern. Dies kann sowohl pauschal für alle als auch individuell für einzelne Geräte erfolgen. Für die pauschale Einstellung klicken Sie oben auf *Standardeinstellungen auswählen*. Individuelle Einstellungen nehmen Sie jeweils beim Eintrag eines Geräts mit *Anpassen* vor. Der so aufgerufene Dialog ist bei beiden Varianten identisch.

4 Hier können Sie für jeden Empfänger die freigegebenen Mediendateien mit einer bestimmten Anzahl an Bewertungssternen beschränken, um wirklich nur lohnenswerte Medienclips bereitzustellen. Außerdem lässt sich hier ggf. der Jugendschutz aktivieren und einstellen, sodass auch wirklich nur familientaugliche Inhalte im Wohnzimmer ankommen.

5 Klicken Sie abschließend zweimal auf *OK*, um die Einstellungen für das Freigeben Ihrer Mediensammlung zu aktivieren.

Die Musikwiedergabe anderer PCs und Geräte via Netzwerk steuern

Die neue Play to-Funktion erlaubt es, Musik vom PC aus auf angeschlossene Geräte zu übertragen und so deren Wiedergabe zu steuern. Es reicht also, dass ein solches Gerät eingeschaltet ist. Alles andere können Sie bequem vom PC aus per Windows Media Player steuern. So lässt sich der Musikgenuss im Wohnzimmer komfortabel steuern und bei Partys sorgt der per Wiedergabeliste vorprogrammierte PC automatisch für die richtige Untermalung.

Aber auch im kommerziellen Umfeld lässt sich diese Funktion praktisch einsetzen, etwa wenn es um die Musikberieselung in einem Ladengeschäft geht, die auf diese Weise einfach vom Büro aus gesteuert werden kann. Voraussetzung hierfür sind neben Windows 7 mit Windows Media Player 12 Wiedergabegeräte mit Netzwerkanschluss (kabelgebunden oder drahtlos), die den DLNA-Standard unterstützen (**D**igital **L**iving **N**etwork **A**ppliances). Das sind gar nicht so wenige, denn unter anderem gehören die populären Spielekonsolen Xbox 360 und Playstation 3 dazu. Aber auch andere, reine Musikspieler bieten diese Funktion an, u. a. die Soundbridge-Produkte von Roku. Außerdem können andere PCs auf diese Weise genutzt werden, sofern der Windows Media Player 12 oder eine andere DLNA-fähige Software darauf installiert ist.

1 Geben Sie zunächst den Musikabspieler im Windows Media Player für den Zugriff auf Ihre Medienbibliothek frei (siehe dazu den vorangehenden Abschnitt).

2 Ganz wichtig: Greifen Sie nun erst einmal vom Wiedergabegerät aus auf die Medienbibliothek Ihres PCs zu, indem Sie von dort mindestens einen Titel auswählen und anspielen. Dieses dient quasi als Bestätigung, dass der Kontakt zwischen PC und Wiedergabegerät gewünscht wird. Ansonsten ließen sich die Geräte via Netzwerk ungewollt übernehmen und fremdsteuern. Bei einzelnen Produkten gibt es eventuell andere Möglichkeiten, den Fernsteuerungszugriff ausdrücklich zuzulassen.

Diese Prozedur müssen Sie als Vorbereitung nur einmalig durchführen. Danach können Sie jederzeit am PC bestimmen, was auf dem Wiedergabegerät gespielt wird:

1 Wählen Sie in der Musikbibliothek aus, was Sie abspielen möchten, und zwar so, als ob Sie es am PC selbst hören wollten. Sie können ganze Alben oder Wiedergabelisten verwenden oder auch eigene Wiedergabelisten hierfür erstellen.

2 Anstatt die Wiedergabe wie gewohnt direkt zu starten, klicken Sie aber mit der rechten Maustaste auf die gewünschte Musik und wählen im Kontextmenü den Befehl *Wiedergeben in/<Name des Wiedergabegeräts>*.

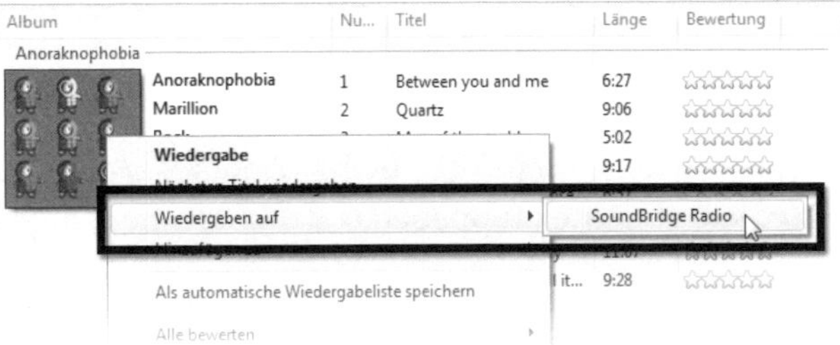

3 Damit startet direkt die Wiedergabe der Musik auf dem Wiedergabegerät. Gleichzeitig wird ein Dialog zum Steuern der Wiedergabe angezeigt. Hier finden Sie nicht nur die Wiedergabeliste, sondern können auch zwischen den Titeln wechseln sowie die Lautstärke steuern.

4 Wenn Sie den Dialog schließen, wird die Wiedergabe auf dem Audiogerät automatisch beendet. Lassen Sie das Fenster also offen bzw. minimieren Sie es für die Dauer der Wiedergabe.

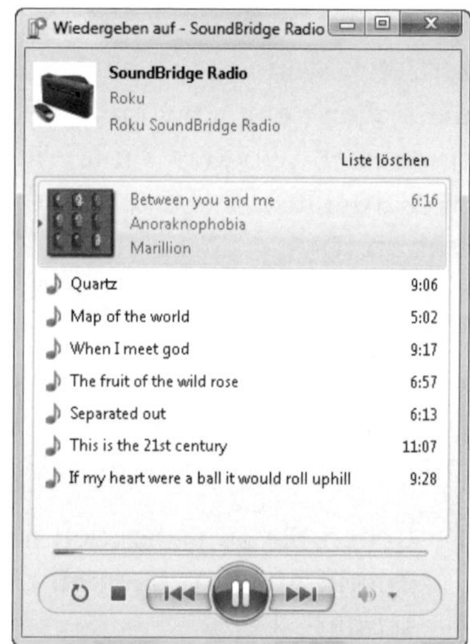

17.7 Via Internet von überall auf die eigene Medienbibliothek zugreifen

Zu den Highlights des neuen Windows Media Player unter Windows 7 gehört zweifellos die Möglichkeit, nicht nur über das lokale Netzwerk auf die Medienbibliothek zugreifen zu können, sondern auch über das Internet. Das eröffnet völlig neue Nutzungsmöglichkeiten. Wozu z. B. einen MP3-Player mit sich herumschleppen, wenn Sie vom PC im Büro aus Ihre Lieblingsmusik abspielen können? Sogar von unterwegs ist ein Zugriff via Smartphone und Mobil-Flatrate denkbar. Damit das klappt, muss allerdings erst mal alles optimal eingerichtet sein.

Eine Online-ID für den sicheren Zugriff via Internet festlegen

Sicherlich wollen Sie Ihre Mediensammlung nicht einfach für das gesamte Internet freigeben, sodass jeder darauf zugreifen kann. Der Zugriff sollte auf Sie selbst und eventuell Familienangehörige und gute Freunde begrenzt sein. Deshalb ist die Internetfreigabe beim Windows Media Player mit einer Online-ID verknüpft. Diese Online-ID wird in jedem Windows Media Player festgelegt. Nehmen wir mal die imaginäre Online-ID ABCD1234. Diese stellen Sie beim Windows Media Player auf Ihrem PC ein, der seine Medienbibliothek freigeben soll.

Beim Windows Media Player auf Ihrem Notebook oder dem PC im Büro stellen Sie dann ebenfalls die Online-ID ABCD1234 ein. Wenn dieser Windows Media

Player startet, sucht er dann automatisch im Internet nach einer Medienbibliothek mit dieser Online-ID und findet Ihren PC zu Hause. Somit stellt die Online-ID zum einen sicher, dass die verschiedenen Windows Media Player in den Weiten des Internets zueinanderfinden. Zum anderen gewährleistet sie, dass nur autorisierte PCs auf die freigegebenen Daten zugreifen können.

1. Um die Online-ID für Ihren Windows Media Player festzulegen, klicken Sie in der Symbolleiste auf die *Streamen*-Schaltfläche und wählen im Untermenü *Internetzugriff auf Heimmedien zulassen.*
2. Finden Sie im anschließenden Dialog den Menüpunkt *Online-ID verknüpfen*, ist noch keine Online-ID festgelegt. Klicken Sie dann hierauf.
3. Dies bringt Sie in die Einstellungen Ihres Benutzerkontos, in denen Sie unten auf *Online-ID-Anbieter hinzufügen* klicken.

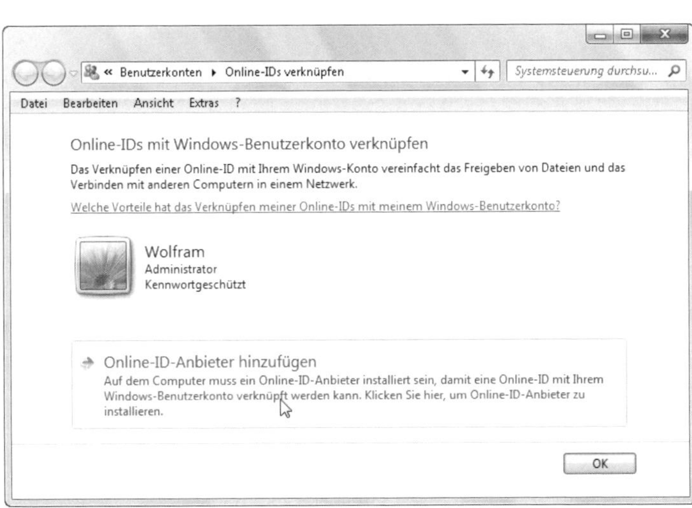

4. Damit öffnen Sie im Webbrowser eine Liste der verfügbaren Online-ID-Anbieter. Microsoft selbst bietet den Onlinedienst Windows Live an. Hier können Sie sich kostenlos anmelden und dann Ihr Windows Live-Benutzerkonto als Online-ID nutzen. Laden Sie dazu den Windows Live ID Sign-in Assistant herunter und installieren Sie ihn.

5 Klicken Sie nun erneut auf *Online-ID verknüpfen*. Sie gelangen erneut in die Benutzerkonteneinstellungen, aber nun ist hier ein Online-ID-Anbieter vorhanden. Klicken Sie in dessen Eintrag auf den Link *Online-ID verknüpfen*.

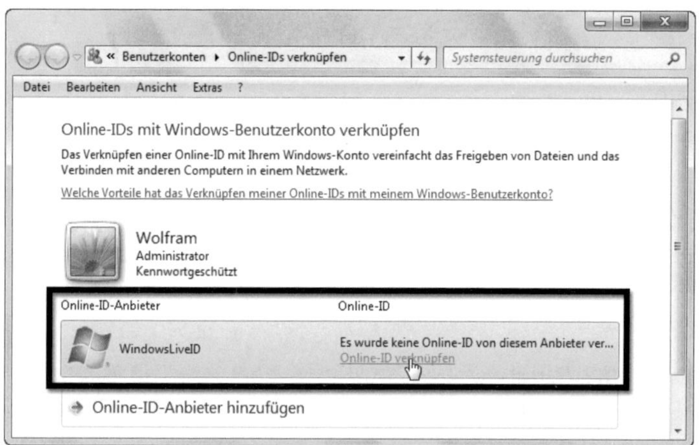

6 Damit öffnen Sie einen Anmeldedialog, in dem Sie Ihren Windows Live-Benutzernamen nebst Kennwort eintragen und auf *Anmelden* klicken. Wenn Sie noch nicht bei Windows Live angemeldet sind, klicken Sie darunter auf *Sie haben noch keine Windows Live ID?* Sie gelangen dann zur Windows Live-Website, auf der Sie sich kostenlos anmelden können.

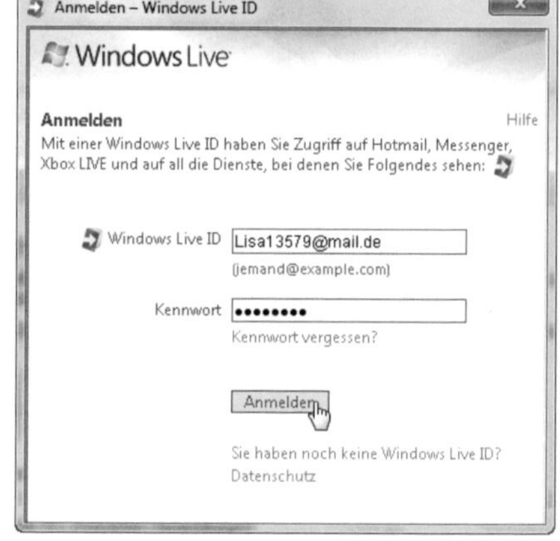

7 Schließen Sie dann die Benutzerkonteneinstellungen mit *OK*.

8 Wenn Sie nun im Windows Media Player erneut *Streamen/Internetzugriff auf Heimmedien zulassen* aufrufen, ist der Menüeintrag zur Online-ID verschwunden. Nun können Sie auf *Internetzugriff auf Heimmedien zulassen* klicken, um Ihre Medienbibliothek für den Zugriff via Internet freizugeben.

9 Bestätigen Sie die Rückfrage der Benutzerkontensteuerung mit *OK*. Anschließend ist die Freigabe zugelassen.

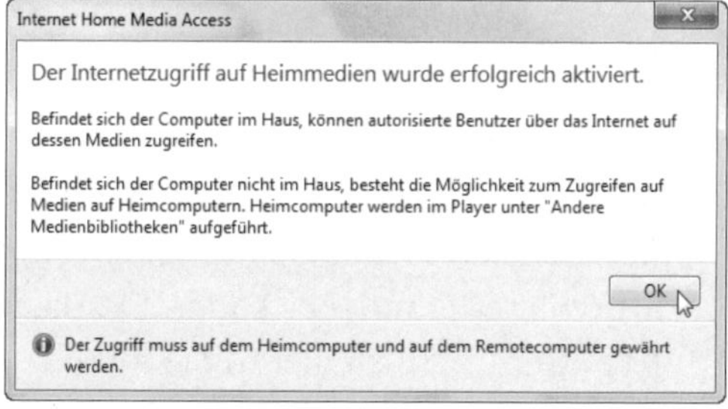

Via Internet auf die freigegebenen Medien zugreifen

Wenn Sie die Medienfreigabe via Internet wie vorangehend beschrieben auf dem PC mit der freizugebenden Medienbibliothek eingerichtet haben, können Sie von anderen PCs aus darauf zugreifen. Wiederholen Sie dazu den oben beschriebenen Vorgang für jeden dieser PCs und verwenden Sie dabei dieselbe Online-ID. Anschließend können Sie auf diesen PCs den Windows Media Player starten und finden dann im Navigationsbereich unten unter *Andere Medienbibliotheken* einen Eintrag für die freigegebene Medienbibliothek.

Eventuell dauert es nach dem Start eine kurze Weile, bis die beiden Windows Media Player sich über das Internet gefunden und synchronisiert haben. Dann können Sie auf diese entfernte Medienbibliothek genauso zugreifen, als wenn Sie direkt am PC zu Hause sitzen würden. Abhängig von der Internetanbindung (beider PCs) wird es aber eventuell nicht ganz so zügig gehen wie gewohnt.

TIPP

Verbindungsprobleme via Portfreigabe lösen

Die für die Internetfreigabe notwendige Kommunikation erfordert die Freigabe bestimmter Ports in der Firewall bzw. in dem Router. Prinzipiell versucht Windows, diese Freigaben selbst einzurichten, was allerdings nur gelingen kann, wenn UPnP aktiviert ist. Wenn der Kontakt zwischen den Windows Media Playern nicht klappt, liegt es im Zweifelsfall daran, dass diese Portfreigaben nicht konfiguriert werden konnten. Rufen Sie bei Problemen *Streamen/Internetzugriff auf Heimmedien zulassen* auf und klicken Sie im anschließenden Dialog auf *Verbindungen diagnostizieren*. Windows analysiert dann die Verbindung und weist auf Probleme hin. Außerdem verrät es Ihnen unter Portweiterleitungsinformationen genau, welche Ports Sie ggf. manuell freigeben müssen, um die Kommunikation zu ermöglichen.

18. Windows Media Center: Musikbox, Heimkino und mehr

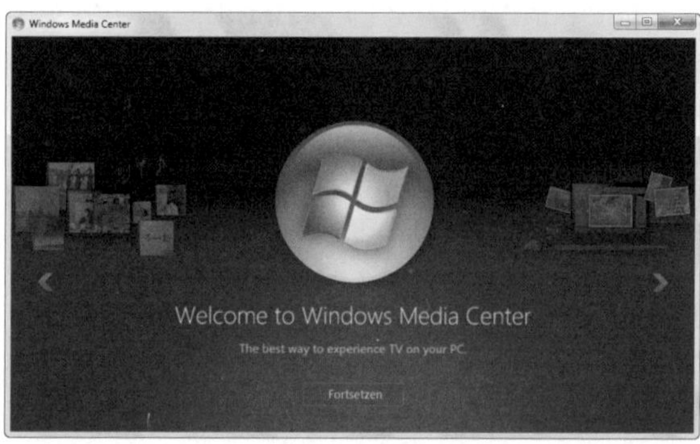

Soll der Computer als zentrales Speicher- und Wiedergabegerät für Bilder, Musik und Filme ins Wohnzimmer Einzug halten, werden andere Ansprüche gestellt als an den klassischen Schreibtisch-PC. So soll die Ausgabe in guter Qualität auf einem Fernseher oder Beamer erfolgen und die Bedienung sollte möglichst ohne Maus und Tastatur auskommen und auch mit einer klassischen Fernbedienung möglich sein. Für diesen Zweck liegt Windows 7 wie schon teilweise Windows XP und Vista das Windows Media Center bei. Es erlaubt das Verwalten und Abspielen von allen Arten von Videos, Bildern und Musik. Einen passenden Empfänger vorausgesetzt, können Sie sich mit dem Media Center außerdem Digital-TV-Sendungen anschauen und aufzeichnen, wobei Komfortfunktionen wie EPG und Timeshift selbstverständlich sind.

18.1 Beim ersten Start schnell zum Erfolg

Bei der ersten Verwendung muss das Media Center einmalig eingerichtet werden. Hierbei können Sie sich zunächst auf das Express-Setup verlassen. Es richtet Ihr Media Center in Sekunden standardmäßig ein, was in den meisten Fällen völlig ausreichend ist. Für das Feintuning z. B. von Bildschirmanzeige und Klangwiedergabe können Sie später noch jederzeit die umfangreichen Einstellungsmenüs bemühen.

1 Der Setup-Assistent startet automatisch, wenn Sie das Media Center zum ersten Mal mit *Start/Alle Programme/Windows Media Center* aufrufen. Klicken Sie zunächst unten auf *Weiter*.

2 Legen Sie dann fest, ob und welches Setup Sie ausführen wollen. Am besten beschränken Sie sich zunächst auf das Express-Setup. Dann erledigt ein Assistent alles Wesentliche ganz allein und Sie können das Media Center anschließend sofort nutzen.

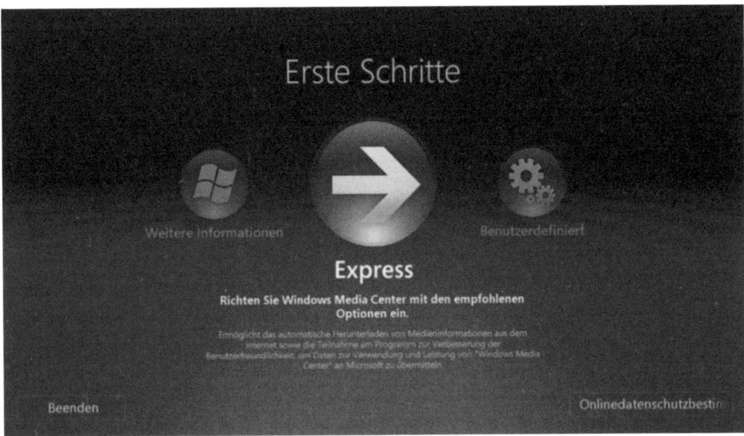

TIPP

Das Media Center-Setup später erneut ausführen

Ist das Media Center einmal richtig gestartet, können Sie die Grundeinstellungen nur noch über die verschiedenen Einstellungsdialoge verteilt ausführen. Sie können den Setup-Assistenten aber auch wieder hervorholen, wenn Ihnen diese kompakte Methode lieber ist. Wählen Sie dazu im Media Center *Aufgaben/Einstellungen/Allgemein/Windows Media Center-Setup/Setup erneut ausführen* aus. Allerdings werden dabei alle bislang vorgenommenen Einstellungen zurückgesetzt.

Per Fernbedienung oder Maus perfekt durch das Media Center navigieren

Das Media Center lässt sich praktisch komplett mit einer Fernbedienung steuern, damit es auch im Wohnzimmer vom Sessel aus bequem nutzbar ist. Am PC können Sie diese Bedienung nachempfinden, wenn Sie sich im Wesentlichen auf die Pfeiltasten, [Enter] und einige wenige zusätzliche Tasten beschränken. Für diese Tasten gibt es auf einer Media Center-tauglichen Fernbedienung jeweilige Entsprechungen:

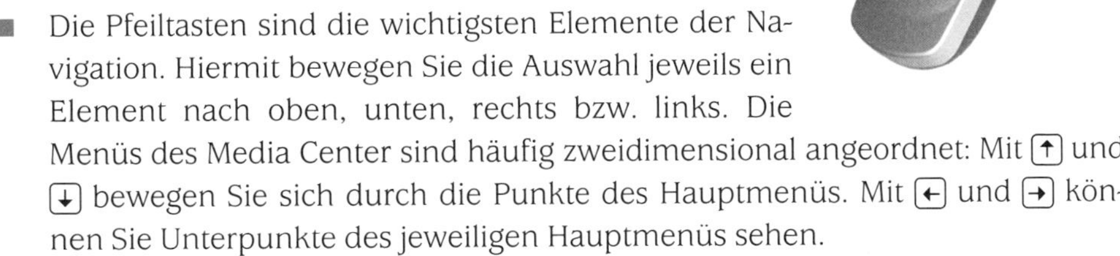

- Die Pfeiltasten sind die wichtigsten Elemente der Navigation. Hiermit bewegen Sie die Auswahl jeweils ein Element nach oben, unten, rechts bzw. links. Die Menüs des Media Center sind häufig zweidimensional angeordnet: Mit [↑] und [↓] bewegen Sie sich durch die Punkte des Hauptmenüs. Mit [←] und [→] können Sie Unterpunkte des jeweiligen Hauptmenüs sehen.

- Die Auswahl eines Menüs oder einer Funktion erfolgt mit [Enter].
- Eine ganz wichtige Funktion hat [Rück]. Es fungiert als Zurück-Taste und bringt Sie jeweils in das vorherige bzw. übergeordnete Menü zurück.
- Vor allem in den Einstellungsmenüs ist die [Leertaste] wichtig: Hiermit können Sie eine ausgewählte Option aktivieren oder deaktivieren.
- Alle anderen Tasten benötigen Sie eigentlich nur, wenn Sie z. B. in der Medienbibliothek den Namen eines Stücks oder Interpreten eingeben wollen. Auf der Tastatur können Sie hierfür die normalen Tasten verwenden. Mit der Fernbedienung wird das schwieriger. Hier müssen Sie ähnlich wie beim SMS-Schreiben mit dem Handy die Buchstaben durch mehrfaches Drücken der Nummerntasten hervorrufen.

Die gesamte Musiksammlung per Zufall abspielen

Ein kleines Beispiel: So benutzen Sie die Fernbedienung bzw. die PC-Tastatur, um das Media Center Ihre gesamte Musiksammlung per Zufall wiedergeben zu lassen:

1. Benutzen Sie im Hauptmenü des Media Center zunächst [↑] bzw. [↓], um den Menüpunkt *Musik* anzusteuern und mit *OK* auszuwählen.

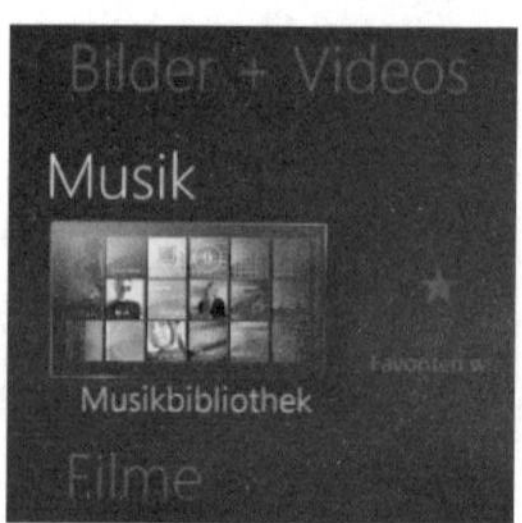

2. Benutzen Sie dann [↑], um im *Musik*-Menü auf den Punkt *Alle wiedergeben* zu wechseln.

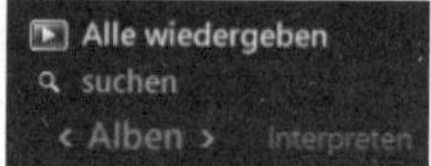

3. Drücken Sie dann einfach *OK*, um die gewählte Funktion aufzurufen.
4. Das Media Center beginnt dann mit der Wiedergabe der kompletten Musiksammlung, wobei die Reihenfolge durch einen Zufallsgenerator bestimmt wird.

Die Wiedergabe mit der Maus steuern

Wenn Sie das Media Center mit einer Fernbedienung steuern, haben Sie darauf reichlich Tasten zum Bedienen der Abspielfunktionen, z. B. für die Lautstärke oder das

Weiterspringen zum nächsten Song. Da die Maus solche Tasten nicht hat, geht es mit ihr nicht ganz so einfach. Deshalb blendet das Media Center automatisch ein Modul zur Wiedergabesteuerung ein, wenn Sie den Mauszeiger auf das Media Center-Fenster bewegen. Damit können Sie alle wesentlichen Funktionen des Players auf die Schnelle bedienen. Das Element wird automatisch ausgeblendet, wenn Sie die Maus eine Weile ruhen lassen oder stattdessen Tasten benutzen.

18.2 Nutzen Sie das Media Center als praktische Jukebox

Das Mediencenter eignet sich nicht nur zum Abspielen, sondern auch zum Verwalten der eigenen Medien. Aber nur dann, wenn es die vorhandenen Mediendateien erfasst hat, lassen sich die vielen Funktionen wie die Bibliothek oder die Suche nach bestimmten Stücken sinnvoll nutzen. Automatisch erfasst das Media Center zunächst nur die Standardmedienordner wie *Eigene Musik*, *Eigene Bilder* etc. Alles, was dort bereits gespeichert ist, werden Sie deshalb auch schon gleich im Media Center angeboten bekommen. Darüber hinaus können Sie aber auch weitere Bereiche mit Mediendateien erfassen und in die Bibliothek integrieren.

Zusätzliche Ordner mit Musikdateien erfassen

Wenn Sie sich nicht an die Microsoft-Konventionen halten und Ihre Lieblingsmusik eben nicht im Ordner *Eigene Musik* speichern, sondern z. B. auf einem anderen Laufwerk, ignoriert das Media Center sie zunächst erst einmal. Sie können dem Programm aber beibringen, bestimmte Ordner in die Suche nach Dateien mit einzubeziehen. Eine interessante Variante hierbei ist, dass das Media Center auch Ordner von anderen PCs per Netzwerk einbeziehen kann. Auch wenn sich die Musiksammlung nicht auf dem Wohnzimmer-PC befindet, können Sie also mit dem Media Center darauf zugreifen.

1. Wählen Sie im Hauptmenü den Punkt *Musik/Musikbibliothek* und öffnen Sie ihn.
2. In der Musikbibliothek drücken Sie auf der Fernbedienung die Info-Taste bzw. klicken mit der rechten Maustaste an eine beliebige Stelle.
3. Im damit geöffneten Untermenü wählen Sie die Funktion *Bibliothek verwalten*.

4 Wählen Sie die Option *Ordner zur Bibliothek hinzufügen*. Die andere Option *Ordner aus der Bibliothek entfernen* können Sie benutzen, um hinzugefügte Musikordner doch wieder aus der automatischen Erfassung zu entlassen.

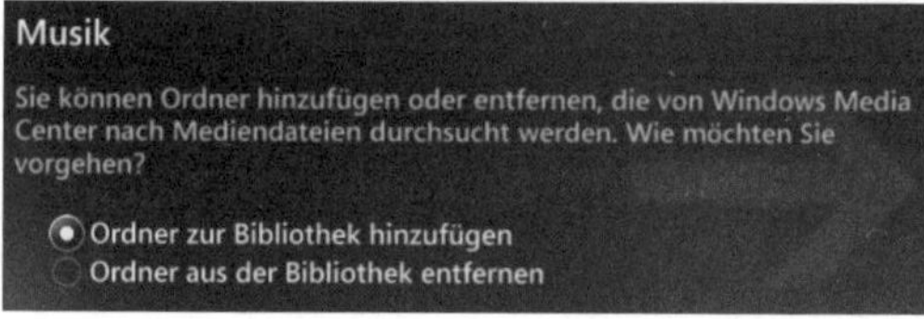

5 Nun können Sie festlegen, ob Sie lokale Ordner auf diesem Computer, freigegebene Ordner von einem anderen PC im Netzwerk oder beides zur Musikbibliothek hinzufügen wollen. Beachten Sie, dass das Erfassen von Ordnern im Netzwerk recht lange dauern kann und dass diese Medien nur zur Verfügung stehen, solange der andere PC eingeschaltet ist und eine Netzwerkverbindung besteht.

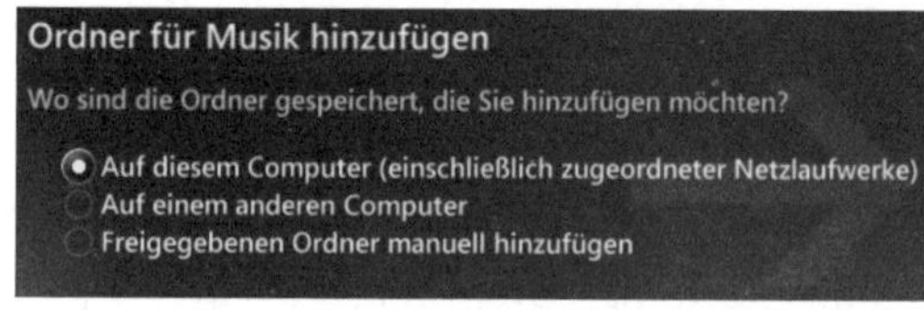

6 Im nächsten Schritt zeigt die Media Center-Oberfläche einen Ordnerauswahldialog an, der für Windows-gewohnte Benutzer etwas gewöhnungsbedürftig ist. Auch hier liegt der Grund darin, dass das Media Center eben nicht nur per Maus, sondern auch per Fernbedienung uneingeschränkt nutzbar sein soll:

- Wechseln Sie mit [↑] und [↓] auf das Laufwerk, auf dem Sie einen Ordner freigeben wollen.
- Klappen Sie den Inhalt des jeweils ausgewählten Ordners mit [Leertaste] auf.
- Haben Sie den gewünschten Ordner lokalisiert, wechseln Sie mit [←] in die linke Spalte der Darstellung.
- Setzen Sie hier mit [Leertaste] ein Häkchen. Damit ist dieser Ordner mitsamt allen Unterordnern und deren Inhalt ausgewählt.

7 Haben Sie den bzw. die gewünschten Ordner ausgewählt, setzen Sie den Vorgang unten mit *Weiter* und dann *Fertig stellen* fort.

In der Musikbibliothek navigieren

Die Musikbibliothek des Media Center gibt Ihnen zahlreiche verschiedene Möglichkeiten, die Musik, nach der Ihnen gerade der Sinn steht, schnell auszuwählen und abzuspielen. So lässt sich der Inhalt Ihrer Musiksammlung nach verschiedenen Kriterien sortieren und darstellen.

1 Wenn Sie die Musikbibliothek öffnen, gelangen Sie zunächst in eine von vielen verschiedenen Sichtweisen. Dabei handelt es sich standardmäßig um die Sicht, die Sie zuletzt benutzt haben, also z. B. die Sortierung nach *Interpreten*, in der alle in Ihrer Sammlung vertretenen Musiker alphabetisch aufgelistet sind.

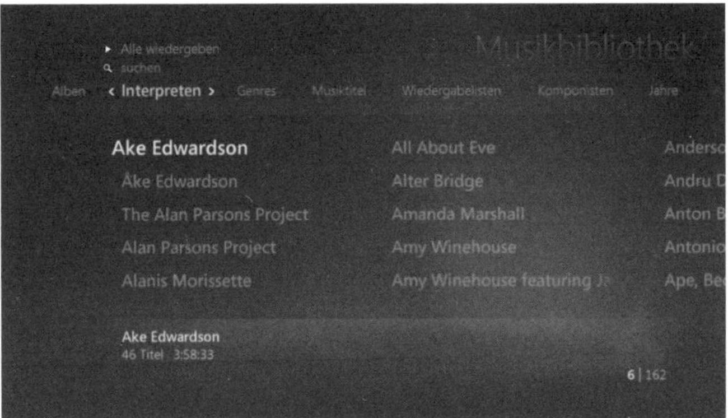

2 Wenn Sie in eine der anderen Sichtweisen wechseln wollen, drücken Sie [↑], um in die Navigationsebene zu gelangen.

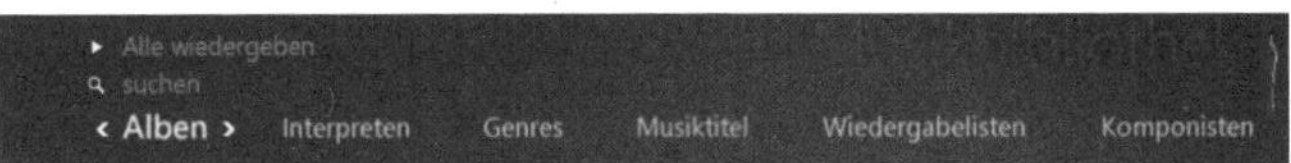

3 Hier können Sie mit [←] und [→] zwischen den verschiedenen Sichten wählen. Wie die Musiksammlung dabei jeweils dargestellt wird, können Sie unten erkennen, allerdings nur schemenhaft.

4 Haben Sie sich für eine Sicht entschieden, drücken Sie [↓] bzw. [Enter], um direkt in diese Auflistung zu gelangen.

5 Hier können Sie in der Regel alle Pfeiltasten benutzen, um sich durch die Darstellung zu bewegen.

6 Navigieren Sie auf diese Weise zu einem bestimmten Album oder Titel und wählen Sie es bzw. ihn mit [Enter] aus.

7 Wählen Sie dann links im Menü ganz oben den Punkt *Album wiedergeben*, um die Wiedergabe zu beginnen.

8 Das Media Center spielt die ausgewählte Musik daraufhin ab. Währenddessen können Sie die Oberfläche weiter benutzen, um z. B. schon den nächsten Musiktitel auszuwählen.

TIPP

Hinzufügen statt direkt abspielen

Das Media Center verwendet zum Organisieren der Wiedergabe eine Warteschlange. Hierin werden alle Titel in der Reihenfolge gespeichert, in der sie abgespielt werden sollen. Ist der aktuelle Titel vorbei, holt sich das Programm den nächsten Titel aus der Warteschlange und spielt diesen ab. Wenn Sie einen Musiktitel oder ein Album zum Abspielen auswählen, wird die Warteschlange jedes Mal zurückgesetzt. Die bisherige Liste wird gelöscht und durch die neue Auswahl ersetzt. Dabei bricht die aktuelle Wiedergabe ab und die neue beginnt. Sie können statt *Album wiedergeben* aber auch *Der aktuellen Wiedergabe hinzufügen* wählen. Dann wird die neue Auswahl ans Ende der Warteschlange angehängt. Die aktuelle Wiedergabe läuft also ungestört weiter und die neu ausgewählten Titel werden erst dann abgespielt, wenn sie an der Reihe sind.

Alle Stücke eines Künstlers oder eines Genres wiedergeben

Bei der Auswahl von Stücken zur Wiedergabe müssen Sie sich nicht immer bis auf die unterste Ebene der Sammlung begeben. Sie können auch schon auf höheren Auswahlebenen wie z. B. einem bestimmten Interpreten oder einem Genre Halt machen und einfach alle Titel abspielen, die hierzu gehören.

1 Wählen Sie wie vorangehend beschrieben den Interpreten, das Genre oder auch einen Komponisten aus.

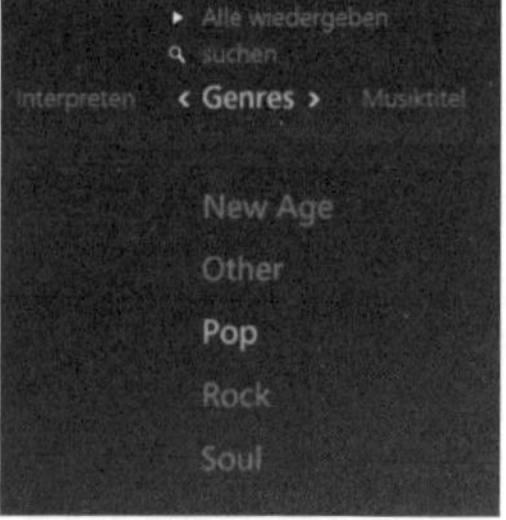

2 Drücken Sie dann die Info-Taste der Fernbedienung bzw. klicken Sie mit der rechten Maustaste auf die Media Center-Oberfläche.

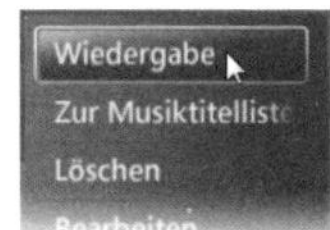

3 Wählen Sie im Menü den Befehl *Wiedergabe* oder – je nach Wunsch – *Zur Musiktitelliste hinzufügen*.

4 Das Media Center fügt dann alle Titel dieses Genres/Interpreten/Komponisten in die Wartenschlange ein und spielt sie ab.

Einzelne Musikstücke, Alben, Künstler schnell direkt auswählen

Bei umfangreichen Musiksammlungen kann es sehr mühsam sein, einen bestimmten Musiktitel auszuwählen. Erst muss man den Interpreten finden, dann das Album, dann den Titel etc. Wenn Sie genau wissen, wie der gewünschte Titel heißt, gibt es eine Alternative, die häufig schneller ist. Die hervorragende Windows-Suche funktioniert auch im Media Center. Mittels eines Suchfeldes können Sie den Namen eines gesuchten Songs, Albums oder Künstlers direkt eingeben und die dazugehörenden Musikstücke so schnell finden.

1 Wählen Sie im Hauptmenü des Media Center den Punkt *Musik/Suchen*.

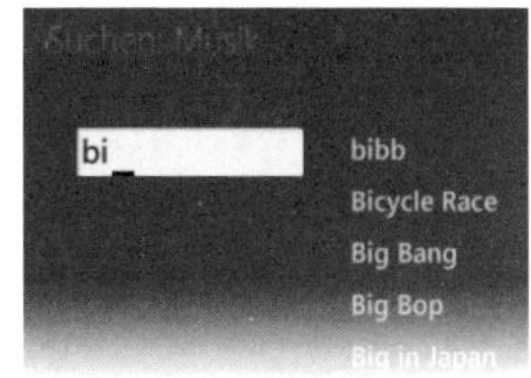

2 Beginnen Sie im anschließenden Dialog, den Namen des gewünschten Musiktitels einzutippen. Am PC verwenden Sie dazu ganz normal die Tastatur. Bei der Fernbedienung ist es etwas umständlicher. Hier benutzen Sie das Nummernfeld ähnlich wie beim SMS-Schreiben auf einem Handy. Um z. B. ein *r* einzugeben, drücken Sie dreimal hintereinander die Taste *7*.

3 Bei jedem Buchstaben, den Sie eintippen, reduziert das Media Center die Titelliste rechts auf die Stücke, die diese Buchstabenkombination im Namen enthalten.

4 Nach drei oder vier Zeichen haben Sie oft schon eine kurze, überschaubare Liste. Sie können auch noch weitertippen, bis nur genau der gesuchte Song rechts steht.

5 Oder aber Sie wechseln mit [→] in die Liste und wählen dort den Titel direkt für die Wiedergabe aus.

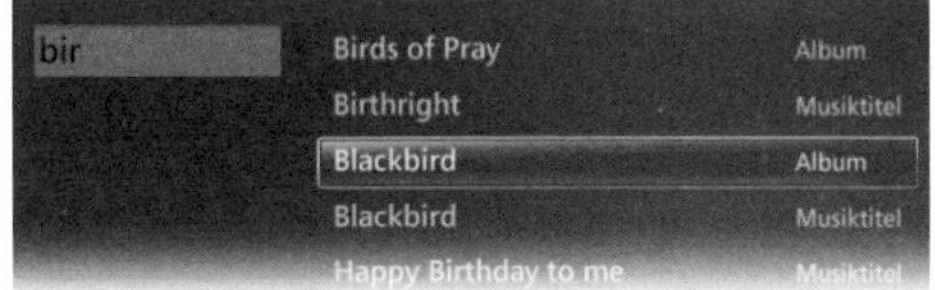

Weitere Möglichkeiten während der laufenden Wiedergabe

Während eine Wiedergabe läuft – und sofern Sie die Media Center-Oberfläche währenddessen nicht für andere Aufgaben nutzen –, wird das Wiedergabemenü angezeigt. Es stellt Ihnen einige zentrale Funktionen zur Steuerung der Wiedergabe zur Verfügung:

- Mit *Musiktitelliste anzeigen* bringen Sie die aktuelle Abspielliste auf den Bildschirm. Sie können sich mit den Pfeiltasten in dieser Liste bewegen und so z. B. Sprünge nach vorn und nach hinten bei der Wiedergabe machen. Außerdem stehen im Untermenü weitere Funktionen wie das Bearbeiten oder Löschen der Liste oder das Erstellen einer CD oder DVD auf Grundlage der Warteschlange zur Auswahl.

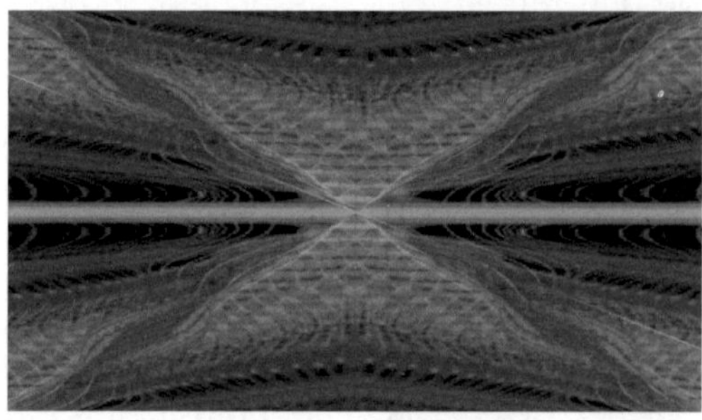

- Unter *Visualisierung* versteht man dynamisch passend zur Musik erzeugte Grafiken, die Sie vielleicht vom Windows Media Player kennen. Mit der gleichnamigen Schaltfläche können Sie auch das Media Center während der Musikwiedergabe damit verschönern. Mit [Rück] gelangen Sie jederzeit wieder zur herkömmlichen Oberfläche zurück.
- Mit dem Menüpunkt *Bilder wiedergeben* holen Sie sich anstelle der statischen Informationen über den gerade wiedergegebenen Titel eine dynamische Diashow auf den Bildschirm. Sie speist sich aus den Bildern, die das Media Center erfasst hat. Dazu gehört standardmäßig zumindest Ihr eigener Bilderordner.
- Mit *Zufällige Wiedergabe* steuern Sie, ob die Titel in ihrer ursprünglichen Reihenfolge oder zufällig abgespielt werden. Sie können auch während der Wiedergabe einer Liste jederzeit zwischen diesen beiden Modi hin und her wechseln, z. B. wenn Sie sich bei einem zufällig abgespielten Titel entscheiden, nun doch lieber das ganze Album mit diesem Titel an einem Stück hören zu wollen.
- Mit dem Menüpunkt *Wiederholen* legen Sie fest, wie sich das Media Center verhält, wenn es das Ende der aktuellen Warteschlange erreicht, also alle enthaltenen Titel durchgespielt hat. Ist *Wiederholen* eingeschaltet, beginnt es dann mit der Wiedergabe von vorn. Andernfalls beendet es die Wiedergabe, bis Sie neue Titel zum Abspielen auswählen.

- Mit einem Klick auf *Musik erwerben* können Sie Ihre Musiksammlung – gegen Geld – erweitern. Das Media Center öffnet dazu eine Website, auf der Sie ganze Alben oder auch einzelne Titel kaufen können. Die Website wird von Microsoft betrieben, verbindet Sie aber für den Kauf mit einer Auswahl von Onlinemusikshops.

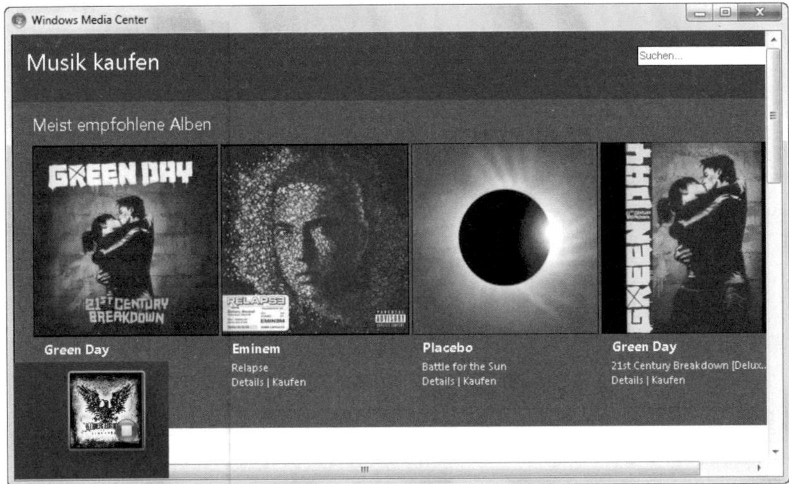

Neue Musik können Sie direkt aus dem Media Center heraus online kaufen und herunterladen.

18.3 Ihre Lieblingsmusik und Internetradio mit dem Media Center hören

Für Musikfans bietet das Media Center jede Menge Funktionen. So können Sie nicht nur die vorhandene Musiksammlung durchforsten und abspielen. Sie können auch Audio-CDs mit der komfortablen Bedienoberfläche wiedergeben und/ oder in Ihre Musiksammlung kopieren. Eigene Wiedergabelisten ermöglichen Ihnen individuellen Musikgenuss ganz nach Lust und Laune. Und schließlich stellt Ihnen das Media Center mit seinen Internetradiofunktionen den Zugriff auf schier endlose Musik- und Informationsquellen aus der ganzen Welt zur Verfügung.

Audio-CDs mit dem Media Center abspielen

Audio-CDs am PC abzuspielen ist kein Problem. Schließlich bietet sich beim Einlegen einer solchen CD automatisch der Windows Media Player dafür an. Aber auch das Media Center kann als CD-Spieler dienen, sodass Sie dessen komfortable Oberfläche hierfür nicht zu verlassen brauchen. Die Funktion dafür ist etwas versteckt, aber wenn Sie sie einmal entdeckt haben, ist sie umso schneller und komfortabler erreichbar.

1 Legen Sie die Audio-CD, die Sie hören möchten, in das Laufwerk Ihres PCs ein.

2 Wählen Sie nun im Media Center *Musik/Musikbibliothek*.

3 Wechseln Sie dort in die Rubrik *Albuminterpreten*.

4 Hier finden Sie nun jeweils die zusätzliche Kategorie *Im Laufwerk*. Sie ist nur zu sehen, wenn im Laufwerk eine Musik-CD eingelegt ist. Konnte das Media Center Informationen und Coverbild zu dieser CD aus dem Internet herunterladen, werden diese Daten automatisch angezeigt.

5 Wählen Sie dieses Symbol aus, wird im nächsten Schritt der Inhalt der Audio-CD angezeigt. Hier können Sie nun mit *Album wiedergeben* die gesamte CD abspielen. Oder aber Sie kopieren die CD gleich dauerhaft in Ihre Medienbibliothek.

Musik-CDs auf den PC kopieren

Wollen Sie eine Audio-CD mehr als nur einmal hören, bietet es sich an, die Stücke dauerhaft Ihrer Medienbibliothek einzuverleiben. Dann können Sie die CD selbst sicher wegschließen und die Musik ist trotzdem immer nur wenige Mausklicks entfernt.

1 Legen Sie die Musik-CD dazu wie vorangegangen beschrieben ein und wählen Sie sie in der Medienbibliothek aus.

2 Wählen Sie dann anstelle von *Album wiedergeben* den Menüpunkt *CD kopieren*.

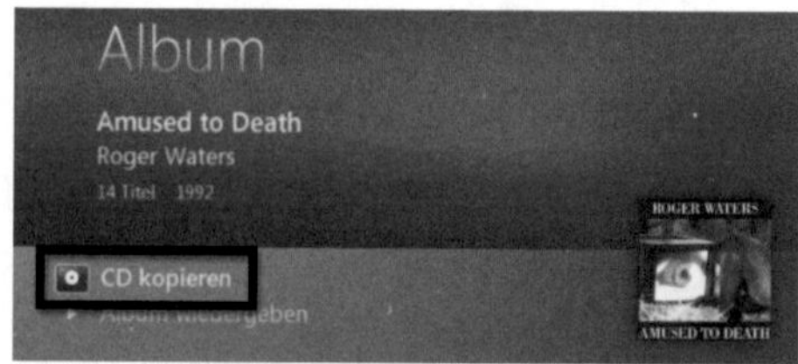

3 Bestätigen Sie dann, dass die CD auf den PC kopiert werden soll.

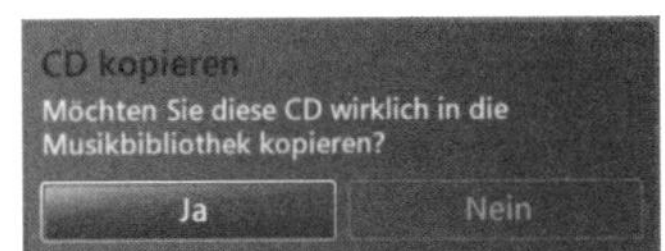

4 Das Media Center liest dann die Stücke von der CD ein. Anschließend sind die eingelesenen Musiktitel bereits in Ihre Medienbibliothek eingefügt, von der aus Sie sie nun jederzeit abrufen und abspielen können.

Wiedergabelisten zusammenstellen und abspielen

In der Regel erkennt das Media Center bei vollständigen Musikalben automatisch die Positionsnummern der einzelnen Titel und kann diese in der richtigen Reihenfolge abspielen. Sie müssen sich aber nicht nur jeweils komplette Alben anhören. Stattdessen können Sie sich eigene Musikmixe erstellen, bei denen Sie Ihre Lieblingsstücke von verschiedenen Alben zusammenstellen oder auch für eine längere Wiedergabedauer einfach mehrere Alben aneinanderhängen. Solche Wiedergabelisten lassen sich mit dem Media Center flott erstellen und werden dann dauerhaft gespeichert, sodass Sie eine einmal angelegte Liste immer wieder verwenden können.

1 Um eine Wiedergabeliste zu erstellen, reihen Sie einmalig alle die Titel, die zu der Liste gehören sollen, in die aktuelle Wiedergabewarteschlange ein. Am besten halten Sie dabei die Reihenfolge ein, die auch in der Liste herrschen soll, aber das lässt sich später ggf. noch verändern.

2 Navigieren Sie also zunächst durch die Musikbibliothek zum ersten Titel. Wenn Sie dann *Musiktitel wiedergeben* wählen, wird das Stück in die Warteschlange gesetzt und abgespielt. Verwenden Sie stattdessen *Der aktuellen Wiedergabe hinzufügen*, erfolgt keine Wiedergabe.

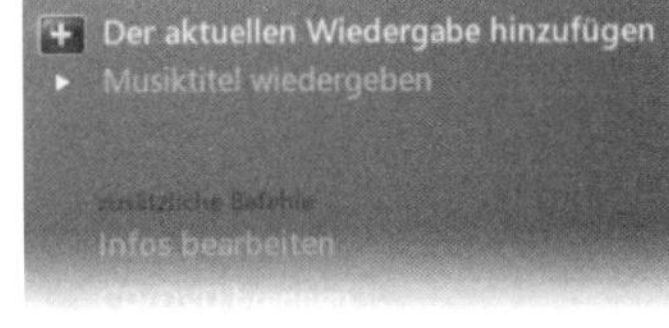

3 Wiederholen Sie diesen Vorgang für alle Titel, die Teil der Wiedergabeliste werden sollen. Bei weiteren Titeln sollten Sie allerdings stets *Der aktuellen Wiedergabe hinzufügen* wählen, um die bereits ausgewählten Titel beizubehalten. Das Stück wird dann jeweils ans Ende der aktuellen Warteschlange angefügt.

4 Haben Sie alle gewünschten Titel in die Warteschlange eingereiht, wechseln Sie im Hauptmenü des Media Center in die Rubrik *Aktuelle Wiedergabe*.

5 Wählen Sie hier im Menü links *Musiktitelliste anzeigen*, um Zugriff auf die von Ihnen zusammengestellte Warteliste zu erhalten.

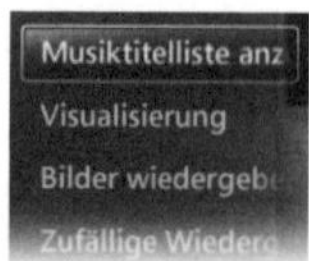

6 Wird die Warteschlange angezeigt, können Sie sie mit *Liste bearbeiten* noch nachträglich verändern. In dieser Ansicht finden Sie rechts hinter jedem Eintrag kleine Symbole, mit denen Sie die Reihenfolge der Titel verändern oder einzelne Stücke doch wieder aus der Liste entfernen können.

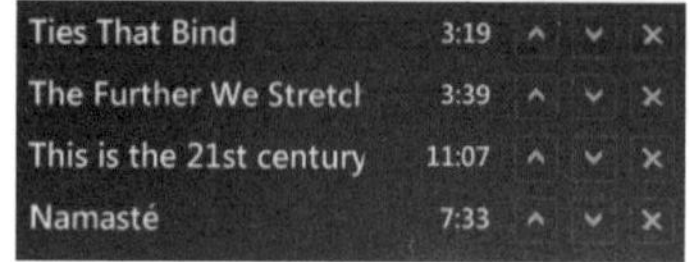

7 Hat die Warteschlange endgültig die von Ihnen gewünschte Form, können Sie sie als Wiedergabeliste dauerhaft abspeichern. Wählen Sie hierzu den Menüpunkt *Als Liste speichern*.

8 Geben Sie anschließend einen beliebigen Namen für diese Wiedergabeliste ein und verwenden Sie dann *Speichern*.

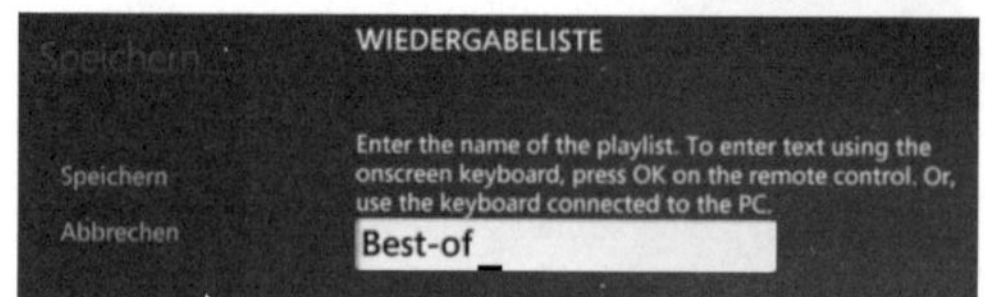

Auf diese Weise können Sie sich beliebig viele Wiedergabelisten für alle Zwecke, Stimmungen und Gelegenheiten zusammenstellen. Selbstverständlich kann jeder Titel Ihrer Musiksammlung auch in mehreren Wiedergabelisten vorkommen. Um auf Ihre gespeicherten Wiedergabelisten zuzugreifen, verwenden Sie wiederum die Musikbibliothek. Hier können Sie mit der oberen Menüleiste die Rubrik *Wiedergabelisten* ansteuern. Darin sind alle Wiedergabelisten erfasst, sowohl die von Ihnen selbst zusammengestellten als auch ggf. automatisch erzeugte Wiedergabelisten einzelner Alben.

Internetradiosender für jeden Geschmack finden und abrufen

Wenn Ihnen Ihre persönliche Musiksammlung nicht immer reicht, steht Ihnen eine noch weitaus größere Musikauswahl zur Verfügung. Per Internetradio können Sie aus Zigtausenden von virtuellen Radiosendern aus der ganzen Welt auswählen. Teilweise bieten ganz reguläre Radiokanäle ihre Sendungen parallel auch im Internet an. Fast noch interessanter sind aber die zahllosen Sparten- und Spezialsender, die sich mit ihrem Programm auf bestimmte Musikstile, -epochen oder Themen konzentrieren. Da findet sich zu praktisch jeder Gelegenheit oder Stimmung etwas Interessantes.

Internetradio für das Media Center einrichten

Überraschenderweise bietet das Media Center von Hause aus keine Unterstützung für Internetradio an. Allerdings können Sie direkt aus dem Media Center heraus ein Plug-in installieren, das diese nachrüstet, sodass sich auch der Genuss von Internetradio nahtlos in die Media Center-Oberfläche einfügt.

1 Wählen Sie im Hauptmenü des Media Center *Extras/Galerie*.

2 Wählen Sie dort das Modul *MoreRadio*. Dadurch starten Sie das Herunterladen und Installieren des Internetradio-Plug-ins.

3 Bestätigen Sie den Willkommensgruß des Installations-Assistenten und das Fortsetzen der Installation mit *Weiter*.

4 Wählen Sie dann zunächst die gewünschte Sprache aus bzw. übernehmen Sie die Voreinstellung und klicken Sie wiederum auf *Weiter*.

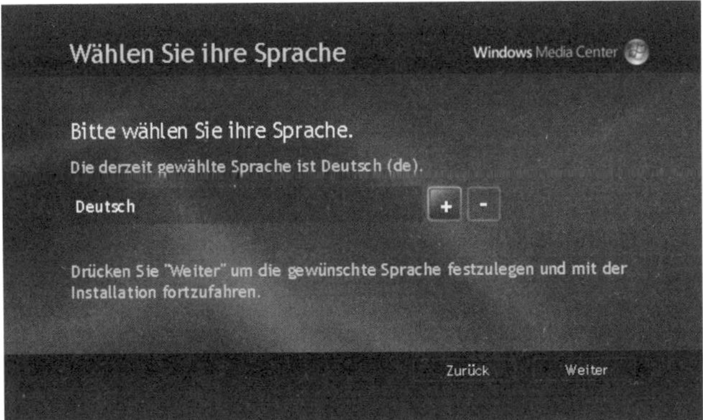

5 Nun erfolgt die eigentliche Installation des Plug-ins. Bestätigen Sie hierzu ggf. die Sicherheitsrückfrage der Benutzerkontensteuerung mit *Zulassen*. Gegebenenfalls erfolgt diese Rückfrage mehrfach für verschiedene Komponenten.

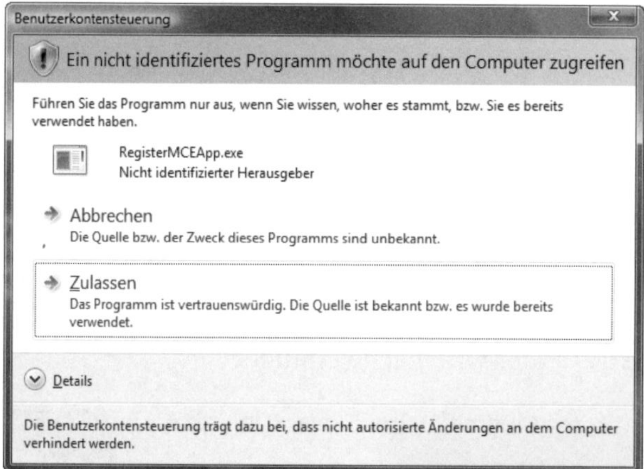

6 Bestätigen Sie anschließend, dass Sie das Radio-Modul als Plug-in ins Media Center integrieren möchten, indem Sie ein Häkchen bei *JA, ich möchte More Radio in das Media Center integrieren* setzen. Wählen Sie dann unten rechts *Fertigstellen*.

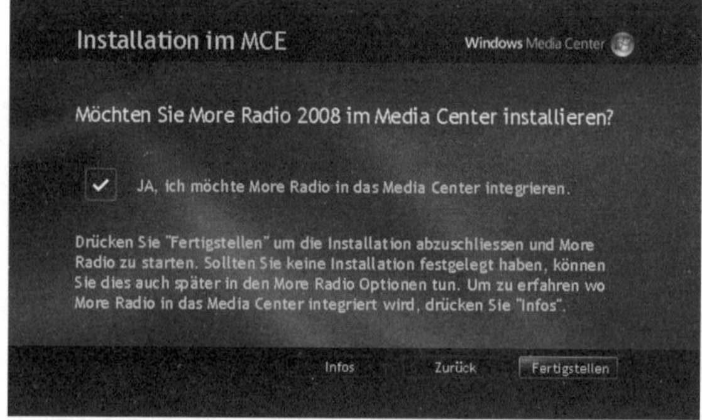

7 Anschließend startet das Internetradio-Plug-in im Media Center gleich zum ersten Mal.

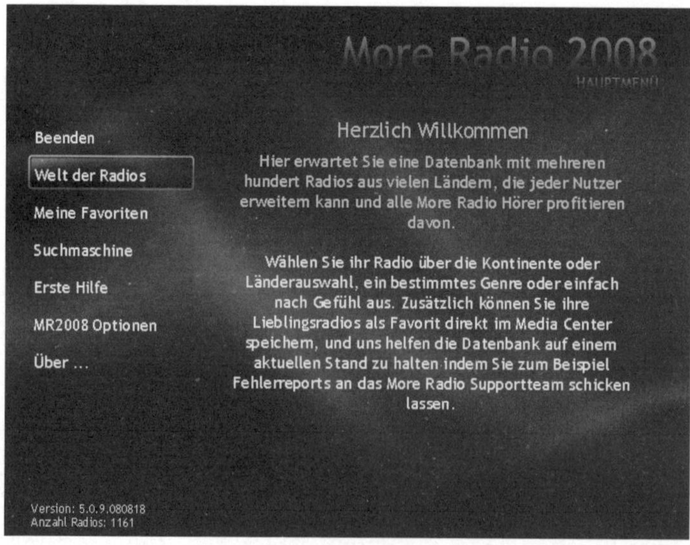

Ihre Lieblingssender gezielt suchen und als Favoriten speichern

Wenn Ihr Lieblingsradiosender sein Signal digital ins Internet einspeist, können Sie ihn in Zukunft ganz ohne Radiogerät per Media Center hören. Dazu brauchen Sie nur einmal den dazugehörenden Radiostream zu finden und als Favorit zu speichern. Diesen können Sie dann später jederzeit schnell abrufen und sich so in das aktuelle Radioprogramm einklinken.

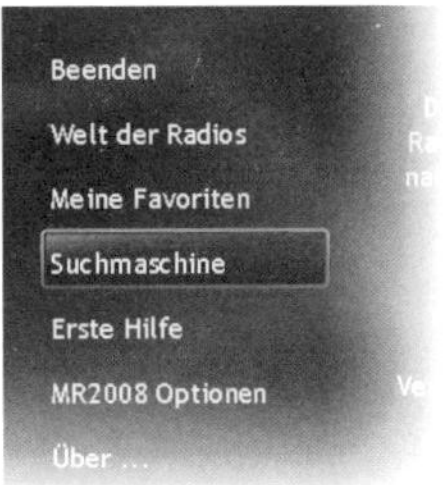

1 Starten Sie das Plug-in im Media Center und wählen Sie dann links im Hauptmenü *Suchmaschine*.

2 Geben Sie im anschließenden Dialog den Namen des gewünschten Senders oder zumindest einen eindeutigen Teil davon ein. Klicken Sie dann auf *Suche starten*, um nach Radiosendern mit dem angegebenen Namen zu suchen.

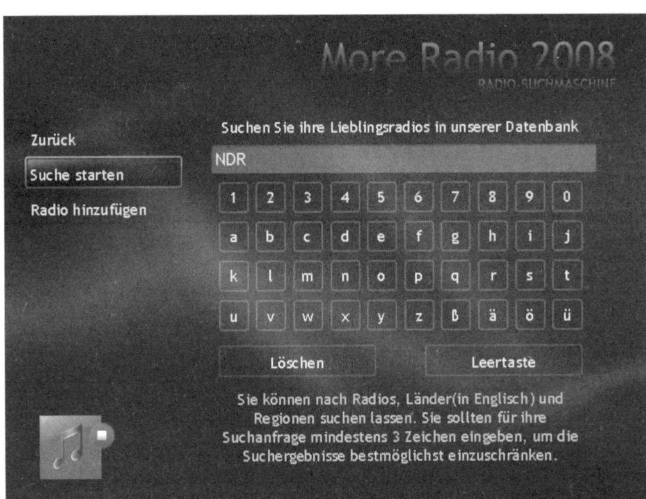

3 Nach kurzer Wartezeit präsentiert Ihnen das Programm die gefundenen Radiosender. Zu jedem der Einträge finden Sie unten jeweils genauere Informationen zu Genre und Standort vor.

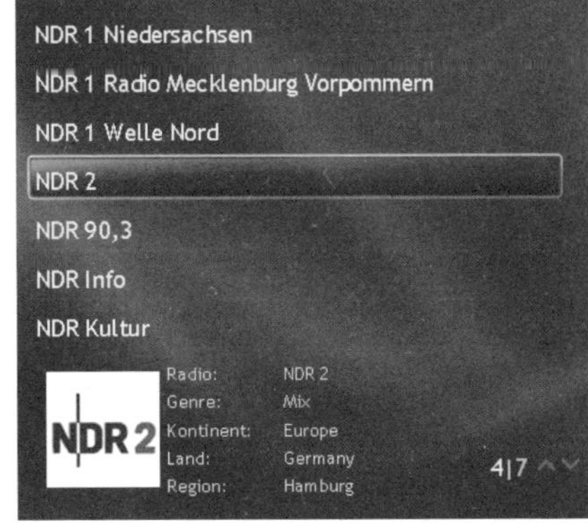

4 Um einen der Sender abzuspielen, wählen Sie seinen Eintrag aus und nutzen dann im Menü links die Funktion *Wiedergabe*. Das Media Center spielt dann den aktuellen Radiostream von diesem Sender ab.

5 Handelt es sich um den gesuchten Sender und wollen Sie diesen dauerhaft als Favorit speichern, rufen Sie im Menü links die Funktion *Zu Favoriten* auf. Bestätigen Sie die Rückfrage des Programms, ob ein Favorit hinzugefügt werden soll, mit *Verknüpfung hinzufügen*.

Um auf einen so gespeicherten Internetradiosender zugreifen zu können, brauchen Sie in Zukunft dann auch nicht mehr extra das Plug-in zu starten. Sie finden alle gespeicherten Radiosender im Hauptmenü des Media Center unter *Musik/Radio/Quellen* vor und können sie dort direkt auswählen.

18.4 Das Media Center als private 24-Stunden-Videothek

Neben Musik beherrscht das Media Center auch alle gängigen Spielarten von Videos. Videodateien auf Ihrem PC können Sie über die Medienbibliothek abrufen und wiedergeben. Auch als DVD-Abspieler eignet sie sich. Ist eine Video-DVD eingelegt, können Sie diese betrachten und alle Funktionen wie Menüs, Audiospuren etc. nutzen. Schließlich bietet das Media Center sogar eine einfache Brennfunktion, mit der Sie z. B. Ihre Urlaubsbilder schnell und bequem auf eine Video-DVD übertragen können.

DVDs mit dem Media Center komfortabel abspielen

Wenn Sie eine Video-DVD in den PC einlegen, bietet dieser Ihnen automatisch an, sie mit dem Media Center wiederzugeben.

Alternativ können Sie auch im Hauptmenü des Media Center *Filme/DVD wiedergeben* wählen. Damit startet die Wiedergabe der DVD, genauso als ob Sie diese in einen klassischen DVD-Player eingelegt hätten. Je nach eingelegter DVD wird also automatisch der Film abgespielt oder zunächst ein Auswahlmenü angezeigt, in dem Sie z. B. zwischen verschiedenen Filmen oder Kapiteln wählen können.

Während die Wiedergabe läuft, stehen Ihnen die üblichen Bedienmöglichkeiten zur Verfügung (wie das Ändern der Lautstärke oder das Vorwärtsspringen zum nächsten Kapitel). Funktionen wie die Rückkehr zum Titelmenü oder das Auswerfen der DVD können Sie neben der Fernbedienung auch per Maus abrufen. Klicken Sie dazu mit der rechten Maustaste irgendwo auf die Wiedergabefläche. Im *Steuerungen*-Menü finden Sie z. B. die Einträge *Hauptmenü* und *Auswerfen*. Mit *Zoom* können Sie außerdem die Bilddarstellung an Ihren Monitor anpassen, etwa wenn Sie ein Breitbilddisplay verwenden. Verschiedene Tonspuren oder Untertitel einer DVD wählen Sie hingegen unter *Sprache* bzw. *Untertitel* aus.

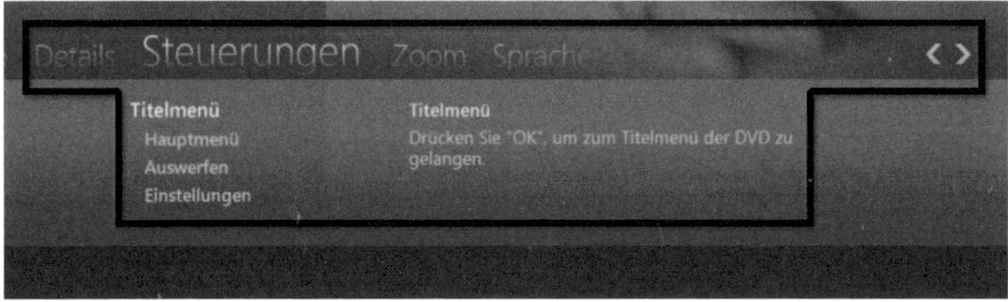

Um bei der DVD-Wiedergabe nicht ständig Sprache und Untertitel anpassen zu müssen, können Sie ihre bevorzugten Einstellungen auch dauerhaft festlegen:

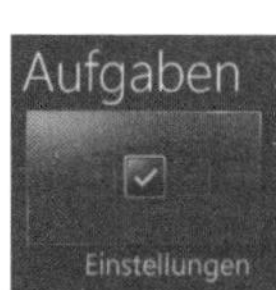

1. Wechseln Sie dazu im Hauptmenü des Media Center mit *Aufgaben/Einstellungen* in die Optionen.
2. Öffnen Sie dort die *DVD*-Einstellungen.

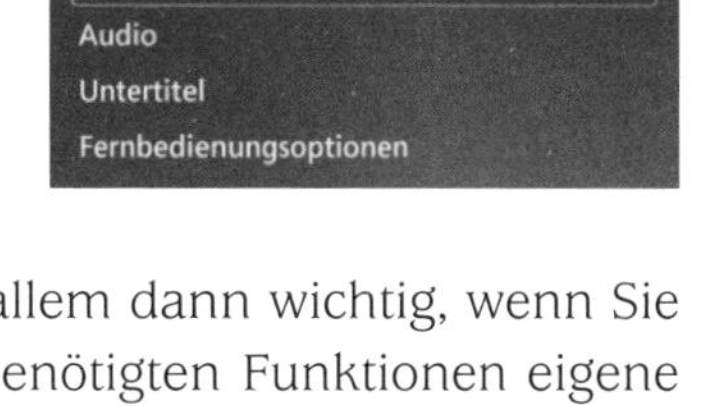

3. Hier können Sie mit *Sprache* die bevorzugte Audiospur festlegen und bei *Untertitel* bestimmen, ob und welche Untertitel angezeigt werden sollen.
4. Mit *Fernbedienungsoptionen* können Sie einstellen, welche Funktionen bestimmte Tasten Ihrer Fernbedienung haben sollen. Dies ist vor allem dann wichtig, wenn Sie eine Fernbedienung nutzen, die nicht für alle benötigten Funktionen eigene Tasten mitbringt. Dann können Sie die Tasten zum Überspringen und für den Kanalwechsel bei Bedarf mit anderen Funktionen belegen, z. B. mit dem Verändern der Kameraperspektive.

Videos mit dem Media Center verwalten und wiedergeben

Genau wie das Media Center die Audiodateien auf Ihrem PC erfassen und verwalten kann, geht es auch mit Videodateien um. Standardmäßig erfasst es alle Videos, die in *Eigene Videos* gespeichert sind. Wenn Sie die Medienbibliothek um andere Ordner erweitern, in denen Videodateien gespeichert sind, berücksichtigt das Media Center auch diese.

1 Um Videodateien mit dem Media Center abzuspielen, wählen Sie im Hauptmenü *Bilder + Videos/Videobibliothek*.

2 Hier können Sie ähnlich wie bei den Audiodateien durch die Videobibliothek blättern. Dazu werden die erfassten Videos anhand des Speicherordners und des Aufzeichnungsdatums sortiert.

3 Haben Sie das gewünschte Video gefunden, wählen Sie es einfach aus, um die Wiedergabe zu starten.

4 Im Anschluss kehren Sie mit *Fertig* in die Videobibliothek zurück.

Videos direkt aus dem Media Center auf eine Video-DVD brennen

Wenn Sie mit dem Media Center Ihre private Videosammlung z. B. mit Urlaubsfilmen verwalten, können Sie auch ganz schnell eine Video-DVD von diesen Aufnahmen zusammenstellen und brennen.

1 Legen Sie dazu einen geeigneten Rohling ins Brennerlaufwerk ein und wählen Sie im Hauptmenü *Aufgaben* und *CD/DVD brennen*.

2 Sollten mehrere Brenn-Plug-ins installiert sein, können Sie im nächsten Schritt ggf. auswählen, welches Plug-in verwendet werden soll. Was hier genau zur Auswahl steht, hängt davon ab, ob zusätzliche Brennsoftware auf Ihrem PC installiert ist. So bringt z. B. die Brennsoftware Nero ein eigenes Plug-in für das Media Center mit.

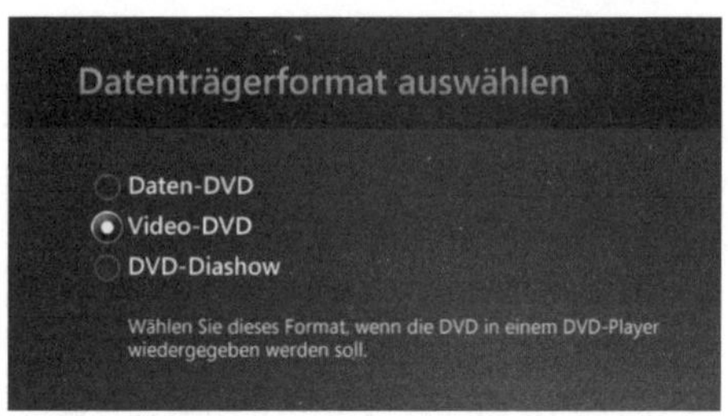

3 Wählen Sie anschließend die Option *Video-DVD* und klicken Sie unten auf *Weiter*.

4 Nun können Sie noch eine beliebige Bezeichnung für die DVD vergeben.

5 Dann geben Sie an, wo Sie nach Inhalten für die Video-DVD suchen wollen. Sie können dazu Ihre TV-Aufzeichnungen oder die Videobibliothek durchsuchen.

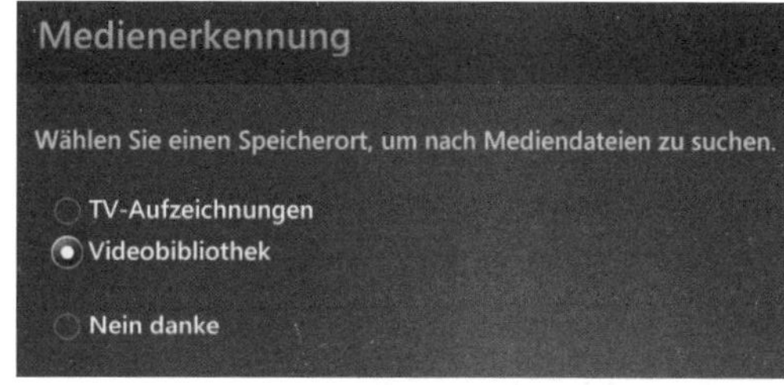

6 So gelangen Sie in die Bibliothek. Hier können Sie nun diejenigen Videos auswählen, die auf die DVD gebrannt werden sollen. Die ausgewählten Elemente werden mit einem Häkchen versehen, eine erneute Auswahl entfernt das Häkchen wieder.

7 Behalten Sie beim Auswählen die Zusammenfassung unten links im Auge. Sie zeigt an, wie viele Elemente bereits enthalten sind und wie viel Spielzeit diese benötigen. Sollte die Kapazität der DVD überschritten werden, meldet sich das Media Center aber auch mit einer ausdrücklichen Warnung.

8 Haben Sie alle Videos für die DVD angegeben, wählen Sie unten *Weiter* aus. Sie erhalten dann noch einmal eine Übersicht über die Videos, in der Sie die Reihenfolge der einzelnen Clips noch nachträglich verändern können.

9 Klicken Sie dann unten auf *DVD brennen* und bestätigen Sie die Sicherheitsrückfrage mit *Ja*, um die DVD zu erstellen.

SPEZIAL Komfortables digitales Fernsehen mit dem Media Center

Wenn Ihr PC über einen TV-Tuner verfügt, können Sie Ihr Media Center zum Pantoffelkino ausbauen. Unabhängig von der mitgelieferten Software des TV-Tuners kann das Media Center die meisten Empfangsgeräte einbinden und bietet seinerseits alle Funktionen, um Fernsehen zu schauen und aufzuzeichnen.

INFO

DVB in allen Spielarten

Bislang unterstützte das Windows Media Center für den deutschsprachigen Raum in erster Linie digitale terrestrische DVB-T-Sender. Der Empfang von anderen digitalen Varianten war zwar möglich, aber nur mit Tricks und über Umwege. Das Media Center von Windows 7 unterstützt nun offiziell auch den digitalen Satellitenempfang DVB-S sowie digitales Kabel-TV DVB-C. DVB-T-Hardware, die mit dem Windows Media Center klaglos zusammenarbeitet, sollte in der Regel auch unter Windows 7 im Media Center funktionieren. Bei den anderen Empfangsarten sind ggf. neue Treiber erforderlich. Am besten informieren Sie sich auf der Website des jeweiligen Herstellers. Einen Versuch ist es allemal wert.

Den TV-Empfang vorbereiten

Solange Sie Ihren TV-Empfänger noch nicht eingerichtet haben, finden Sie unter *TV* den Menüpunkt *Live-TV-Setup*. Hiermit konfigurieren Sie die TV-Hardware, führen eine Sendersuche durch und richten alles für den komfortablen TV-Genuss am PC ein.

TV-Empfang und Senderliste einrichten

Wie vom Media Center gewohnt, steht Ihnen für das Einrichten des TV-Empfangs ein eigener Assistent zur Verfügung, der die notwendigen Schritte erledigt.

1 Überprüfen Sie im ersten Schritt die voreingestellte Region und bestätigen Sie die Auswahl. Sollten Sie woanders wohnen, müssen Sie die entsprechende Region angeben. Andernfalls kann die nachfolgende Einrichtung der Sender nicht erfolgreich verlaufen.

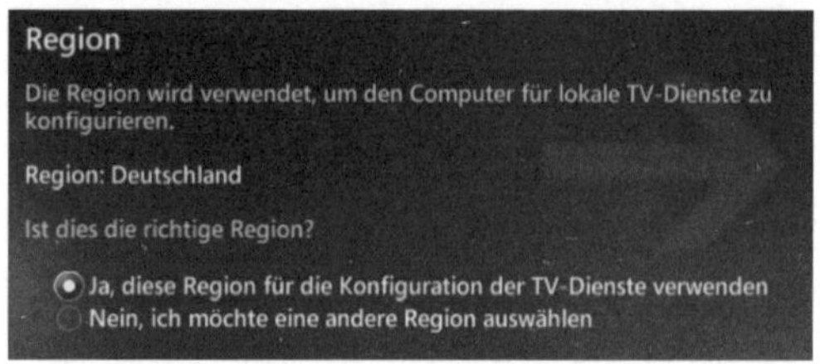

2 Geben Sie dann die Postleitzahl des Ortes an, an dem sich der PC befindet. Bei einem mobilen Gerät verwenden Sie am besten die PLZ des Ortes, an dem Sie das Media Center überwiegend nutzen werden. Diese Information hilft dem Assistenten, möglichst genaue Senderlisten passend für Ihre Region zu ermitteln. Die Informationen dazu werden anschließend automatisch heruntergeladen.

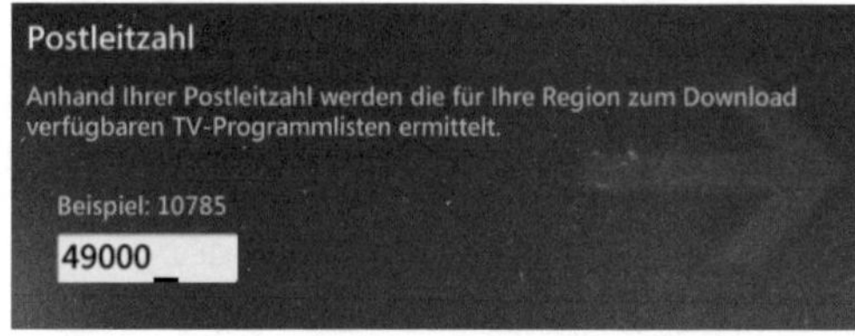

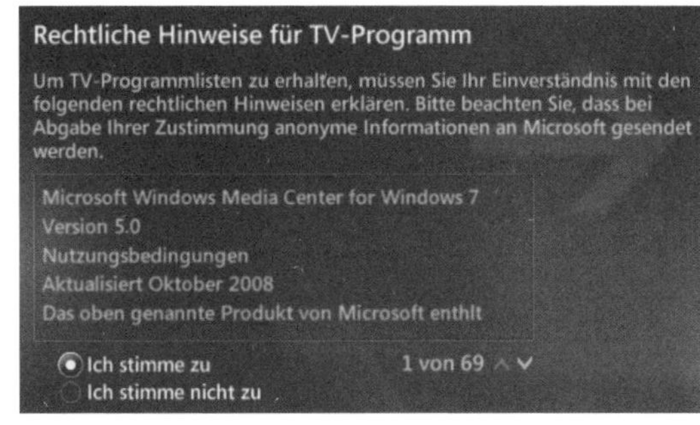

3 Nun geht es an die etwas heikle Frage des Datenschutzes für das TV-Programm. Obwohl die Sender selbst Informationen über ihre Programme per EPG übermitteln, besteht Microsoft beim Media Center auf seinem eigenen Programmführer, der per Onlinedownload verteilt wird. Als „Gegenleistung" für diesen Service erhebt Microsoft bei Ihnen automatisch Daten über die Nutzung dieses Dienstes. Sind Sie damit nicht einverstanden, wählen Sie *Ich stimme nicht zu*. Sie können die Programminformationen allerdings dann nicht nutzen.

4 Wenn Sie die Informationen von Microsoft zum TV-Programm nutzen wollen, wählen Sie *Ich stimme zu* und akzeptieren anschließend auch die Nutzungsbedingungen.

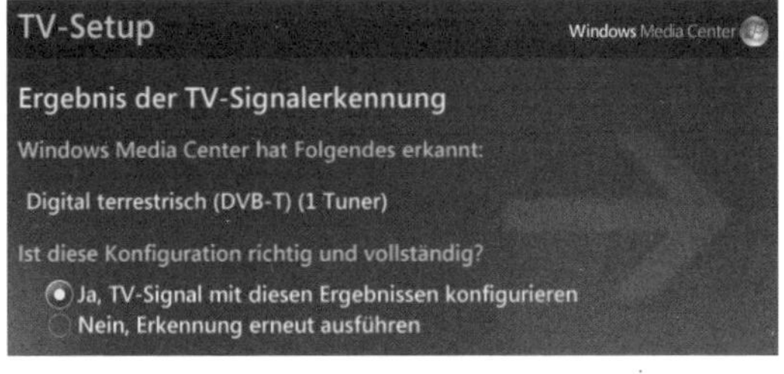

5 Das Media Center sucht nun nach vorhandener TV-Hardware. Dies kann ein Weilchen dauern. Dann schlägt es Ihnen vor, welche Hardware verwendet werden soll. Übernehmen Sie den Vorschlag mit *Ja, TV-Signal mit diesen Ergebnissen konfigurieren*.

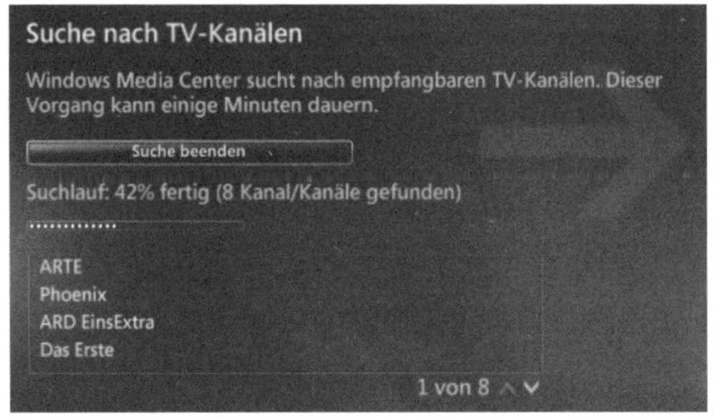

6 Der Assistent beginnt dann mit dem Sendersuchlauf, der in der Regel einige Minuten dauert. Sie können aber auf dem Bildschirm mitverfolgen, wie weit die Suche vorangeschritten ist und wie viele Sender bereits gefunden wurden. Lassen Sie die Suche bis zum Ende durchlaufen, um möglichst alle Sender zu finden. Klicken Sie erst dann auf *Weiter*.

7 Damit ist das Einrichten des TV-Empfangs erledigt und Sie landen mit *Fertig stellen* automatisch wieder im Hauptmenü des Media Center.

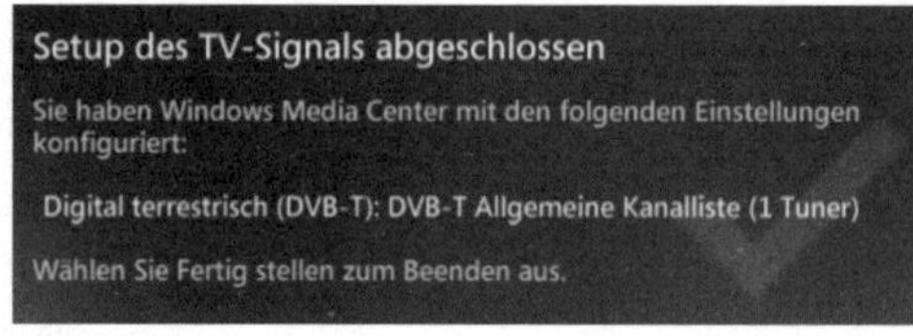

Die Kanalliste bereinigen

Bei der automatischen Programmsuche werden teilweise zu viele Programme gefunden, z. B. solche, die Sie gar nicht interessieren, oder etwa die zahlreichen regionalen Varianten der dritten Programme. Deshalb lohnt es sich, nach der Sendersuche einmal in die Senderliste zu schauen und solche Kandidaten gleich auszusortieren.

1 Wählen Sie dazu im Hauptmenü des Media Center *TV/TV-Programm*.

2 Öffnen Sie dann während der TV-Wiedergabe das Menü und wählen Sie *Einstellungen/TV/TV-Programm/Kanäle bearbeiten*.

3 Damit holen Sie eine Liste sämtlicher gefundenen Kanäle auf den Bildschirm. Gehen Sie diese Liste durch und entfernen Sie bei allen Kanälen das Häkchen, die Sie nicht verwenden wollen.

4 Klicken Sie dann oben links auf *Speichern*, um die neue, bereinigte Senderliste zu übernehmen.

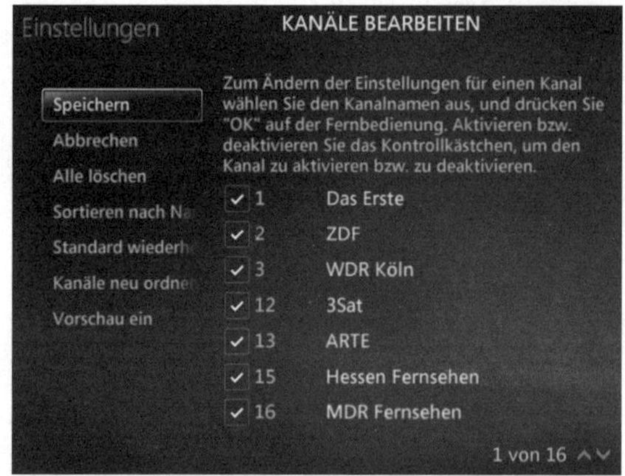

Die Reihenfolge der TV-Kanäle optimieren

Jeder hat seine eigenen Vorlieben, was die Reihenfolge der Fernsehkanäle auf der Fernbedienung angeht. Schließlich hat man sich über Jahre daran gewöhnt und kann so schnell und zielsicher zappen. Das Media Center verwendet standardmäßig die Reihenfolge, in der es die Kanäle bei der Sendersuche gefunden hat. Sie können diese Abfolge aber beliebig ändern, um sie Ihren Gewohnheiten anzupassen.

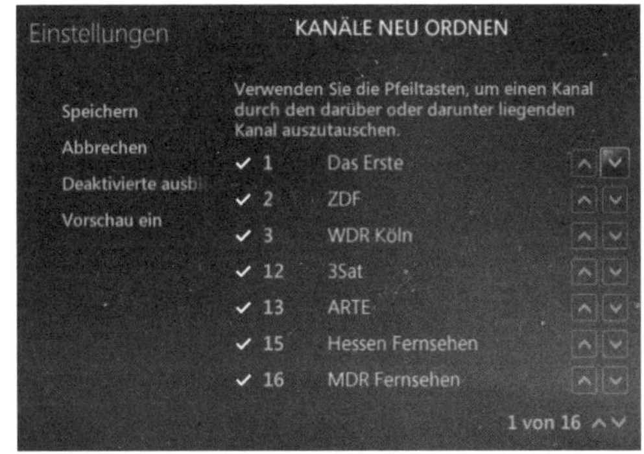

1. Öffnen Sie dafür wie vorangehend beschrieben das Menü *Kanäle bearbeiten* und klicken Sie hier im Menü links auf *Kanäle neu ordnen*.
2. Sie erhalten dann wiederum eine Liste der Sender. Hinter jedem Eintrag finden Sie rechts zwei kleine Symbole, eines mit Pfeil nach oben und eines mit Pfeil nach unten.
3. Mit diesen Symbolen können Sie die Position jedes Senders in der Liste nach oben bzw. nach unten verschieben und so die gewünschte Reihenfolge herstellen.
4. Haben Sie die gewünschte Abfolge eingestellt, klicken Sie links oben auf *Speichern*.

18.5 TV-Sendungen live und zeitversetzt anschauen

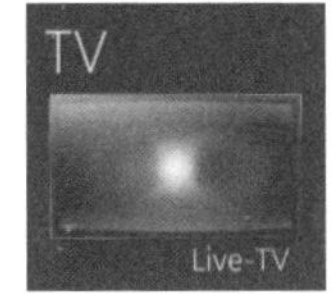

Haben Sie TV-Empfang und Senderlisten eingerichtet, können Sie das Media Center wie einen Fernseher benutzen. Rufen Sie dazu im Hauptmenü den Punkt *TV/Live-TV* auf. Ebenso können Sie auch die entsprechende Taste auf Ihrer Media Center-Fernbedienung drücken. Das Media Center zeigt dann sofort das laufende Programm des gewählten TV-Senders an. Gewählt ist dabei der Sender, den Sie zuletzt gesehen haben. Beim ersten Mal schaltet das Media Center einfach auf den Sender, der ganz oben in der Liste steht.

Informationen zum laufenden Programm abrufen

Wollen Sie wissen, was da gerade auf dem Bildschirm läuft, können Sie auf die Programmdaten zurückgreifen.

Drücken Sie dazu einfach [↑] oder [↓] bzw. die Info-Taste der Fernbedienung. Das Media Center blendet dann ein Feld mit Informationen zum laufenden Programm ein. Wollen Sie wissen, was als Nächstes läuft, drücken Sie einmal [→]. So rufen Sie Informationen zur nachfolgenden Sendung ab. Ein weiterer Druck auf die Taste springt zur nächsten Sendung etc.

Sie können auch erfahren, was auf anderen Kanälen gerade läuft. Drücken Sie dazu, während die Programminformationen angezeigt werden, erneut [↑] oder [↓]. Dann werden die Programminformationen vom vorherigen bzw. nächsten Sender in der Kanalliste angezeigt. Das funktioniert sogar ohne Umschalten; erst wenn Sie eine angezeigte Sendung mit [Enter] bestätigen, wechselt das Media Center auf diesen Kanal.

Ausführlichere Programminformationen erhalten Sie über das Menü und den Punkt *Programmdetails*. Hier werden neben dem Titel meist auch eine kurze Inhaltsangabe sowie die Darsteller und weitere Informationen wie Länge und Datum der Erstaustrahlung angegeben.

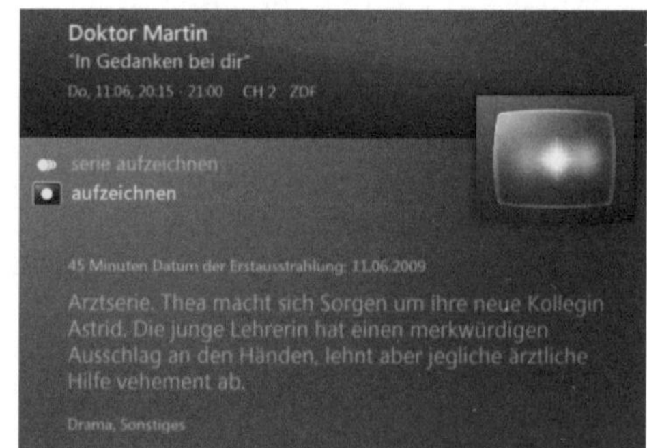

Von Sender zu Sender zappen

Für das Umschalten zwischen den Sendern haben Sie eine ganze Reihe von Möglichkeiten:

- Naheliegend sind sicherlich die Tasten auf der Fernbedienung zum Kanalwechsel. Per Tastatur können Sie mit [Bild↑] und [Bild↓] genauso zappen. Für die Bedienung per Maus werden ebenfalls Schaltflächen für den Kanalwechsel in der virtuellen Fernbedienung angezeigt.
- Direkt anwählen können Sie Sender über ihre Kanalnummer. Das funktioniert mit der Fernbedienung ebenso wie mit den Zahlen der Tastatur.
- Wer nicht gern zappt, sondern mehr die Übersicht mag, kann über das Hauptmenü unter *TV/TV-Programm* die Programmlisten abrufen. Hier finden Sie eine zeitliche Übersicht über alle Programme und Sendungen. Wenn Sie einen der Sender links auswählen, können Sie sich ausführlicher über dessen Programme informieren. Wählen Sie eine der Sendungen aus, zeigt das Media Center dessen ausführliche Inhaltsbeschreibung an.

Timeshift: TV-Sendungen zeitversetzt anschauen

Eine Komfortfunktion darf beim modernen Digital-TV nicht fehlen: das komfortable zeitversetzte Anschauen von TV-Sendungen. Bei dieser auch als Timeshift bezeichneten Methode können Sie die Wiedergabe einer laufenden Livesendung jederzeit anhalten, um z. B. einen Telefonanruf anzunehmen oder Knabbernachschub aus der Küche zu holen. Das Media Center zeichnet die Live-TV-Sendung dann einfach auf. Wenn Sie weiterschauen wollen, setzen Sie die Wiedergabe fort.

Das Media Center zeigt Ihnen dann die Aufzeichnung, setzt aber gleichzeitig die Aufnahme der laufenden Sendung fort. Sie können die Sendung also komplett bis zum Ende sehen, nur dass Sie der Livesendung dabei um die Zeit der gemachten Pause hinterherhinken. Praktischer Nebeneffekt: Durch das Vorspulen z. B. bei Werbeblöcken können Sie kürzere Pausen auch wieder aufholen und sind dann automatisch wieder „live" dabei.

1 Die Timeshift-Funktion des Media Center ist denkbar einfach umgesetzt: Wenn Sie die laufende Live-TV-Sendung anhalten wollen, drücken Sie einfach die Pause-Taste (z. B. auf der echten oder der virtuellen Fernbedienung).

2 Das TV-Bild hält dann an und das Media Center zeichnet den weiteren Verlauf der Sendung auf.

3 Wollen Sie später weiterschauen, wählen Sie erneut die Pause-Taste, um die Unterbrechung zu beenden.

4 Das Media Center setzt die Wiedergabe der Sendung an der Stelle fort, an der Sie zuvor pausiert hatten.

Der Fortschrittsbalken zeigt Ihnen in diesem Fall an, wie weit Sie der Liveausstrahlung hinterherhinken.

5 Um die Timeshift-Funktion zu beenden, können Sie jederzeit die Stopp-Taste benutzen. Sie springen dann direkt wieder in die Liveausstrahlung der Sendung.

18.6 Das Media Center als digitalen Videorekorder nutzen

Neben dem reinen Schauen eignet sich das Media Center auch als digitaler Videorekorder, denn es kann Sendungen auch aufnehmen und in Ihrem Filmarchiv speichern. Dies gilt nicht nur für den laufenden Betrieb. Sie können auch Aufnahmen im Voraus programmieren, die dann – bei laufendem PC – automatisch und minutengenau ausgeführt werden.

Laufende Sendungen für das Archiv aufzeichnen

Die einfachste Variante ist es, eine laufende Sendung aufzuzeichnen:

1 Wählen Sie während der laufenden Sendung die Aufnahme-Taste (z. B. auf der echten oder der virtuellen Fernbedienung).

2 Liegen zu der Sendung Programminformationen vor, ist die Sache damit schon erledigt. Das Media Center nimmt die Sendung anhand der Informationen komplett auf und speichert sie in Ihrem Archiv.

3 Sollten keine Informationen vorliegen, kommen Sie zunächst ins Aufnahmemenü, in dem Sie die Dauer der Aufzeichnung manuell festlegen. Klicken Sie dann oben links auf *Aufzeichnen*.

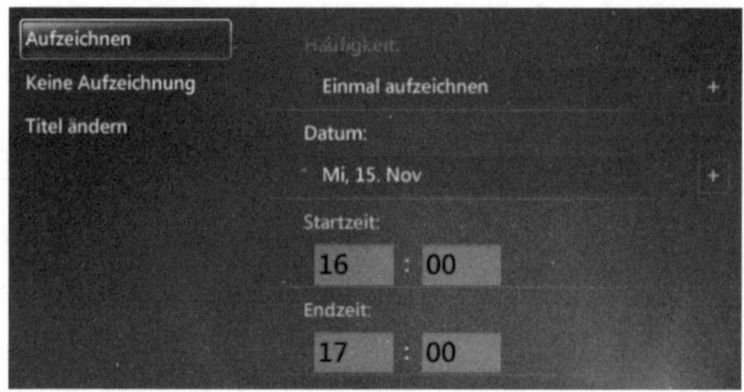

Aufnahmen in der TV-Programmliste programmieren

Für die längerfristige Planung Ihrer Aufnahmen stehen die Programmlisten zur Verfügung. Diese können Sie wie eine elektronische Fernsehzeitschrift benutzen und ausgewählte Sendungen als Einzelaufnahmen oder Serien programmieren.

1 Wählen Sie im Hauptmenü des Media Center *TV/TV-Programm*. Hier finden Sie die Übersicht über Sender und Sendungen.

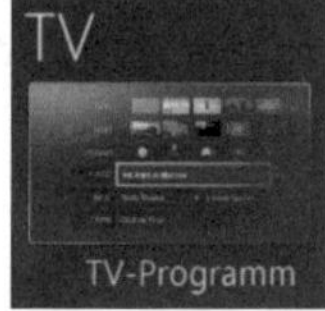

2 Wählen Sie die Sendung aus, die Sie aufzeichnen wollen.

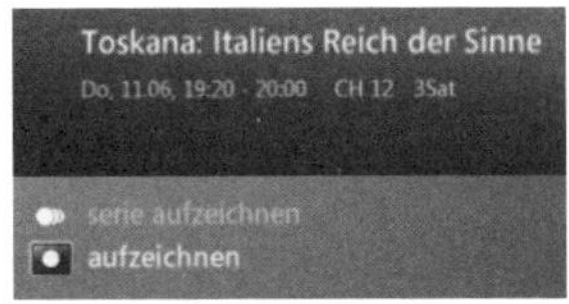

3 Es werden dann ausführlichere Informationen zu dieser Sendung angezeigt. Wählen Sie hier oben links *aufzeichnen*, um die Sendung mit den gespeicherten Programmdaten für Anfangs- und Endzeit aufzunehmen.

4 Programmierte Sendungen werden in der Programmübersicht mit einem roten Aufnahme-Symbol gekennzeichnet. Wollen Sie die Aufnahme doch noch abbrechen, öffnen Sie erneut die Programmdetails und klicken diesmal auf *nicht aufzeichnen*.

Serienaufnahmen programmieren

Selbstverständlich können Sie nicht nur einzelne Sendungen, sondern z. B. auch Ihre Lieblingsserie programmieren. Im einfachsten Fall gehen Sie dazu vor wie bei einer anderen Aufnahme auch, nur dass Sie im Aufnahmemenü anstelle von *aufzeichnen* eben *serie aufzeichnen* wählen. Das Media Center erstellt dann automatisch eine Serienprogrammierung, basierend auf der gewählten Sendung. Allerdings können Sie anschließend im *Aktionen*-Menü mit *Info zur Serie/Serieneinstellungen* etwas mehr Einfluss auf die genaue Aufnahmengestaltung nehmen, was bei manchen Serien, die z. B. mehrmals täglich oder auf verschiedenen Sendern ausgestrahlt werden, durchaus notwendig ist.

19. Eigene Videofilme erstellen und gestalten

Der digitale Camcorder gehört für viele heute bei Reisen und anderen Erlebnissen ganz selbstverständlich ins Handgepäck. Am PC lassen sich die Aufnahmen dann schnell einlesen, sichten und optimieren, um eine ansehnliche Erinnerung daraus zu machen. Ein eigenes Programm zur Videobearbeitung bringt Windows 7 im Gegensatz zu den Vorgängern leider nicht mehr mit.

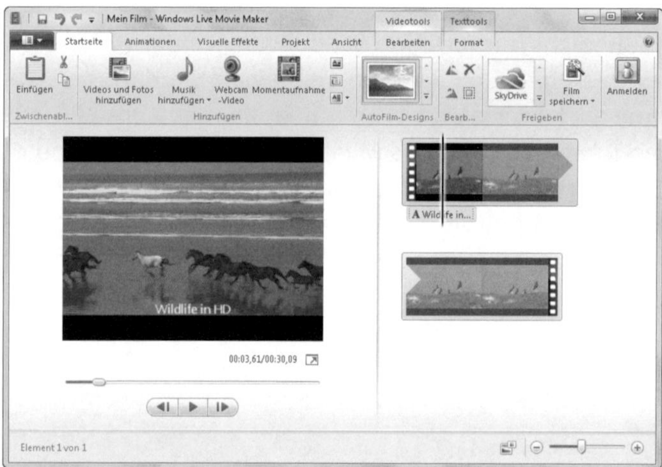

Aber mit dem Windows Live-Paket kann der Windows Live Movie Maker nachgerüstet werden. Er erlaubt das Importieren, Bearbeiten und Veröffentlichen von Videoaufnahmen einschließlich Nachvertonung, Titeln und Effekten. Mit diesem Programm können Sie aufgenommene Szenen in einer beliebigen Reihenfolge montieren, die Szenenübergänge dazwischen gestalten, Titel einblenden und den Film mit Musik unterlegen. Außerdem verfügt das Programm über eine Reihe von Videofiltern, mit denen Sie Schwächen des Ausgangsmaterials ausgleichen oder spezielle Effekte wie z. B. eine künstliche Alterung der Aufnahmen erreichen können.

19.1 Ganz schnell: so wird Ihr Urlaubsfilm in einer Stunde fertig

Wenn Sie gerade aus dem Urlaub zurückkommen, wollen Sie Ihre Impressionen und Erlebnisse schnell mit Verwandten und Freunden teilen. Zum aufwendigen

Bearbeiten und Nachvertonen der Aufnahmen haben Sie auf die Schnelle aber weder Zeit noch Lust. Mit dem Windows Live Movie Maker können Sie aus Ihrer Sammlung von Urlaubsszenen in einer Stunde einen ansprechenden Film samt Musikuntermalung machen. Den brennen Sie auf eine DVD oder machen auch gleich mehrere Kopien, mit denen Sie Bekannte und Kollegen neidisch auf Ihren Urlaub (und Ihre Videoschnittkünste) machen können. Mit diesem Schnellkurs lassen sich die Fähigkeiten des Movie Maker schnell erkunden. Anschließend gehen wir auf die verschiedenen Funktionen ausführlicher ein.

1 Schließen Sie die Digicam an den PC an und überspielen Sie den oder die Videoclips auf den PC. Verwenden Sie hierfür ggf. die beigelegte Software des Camcorder-Herstellers.

2 Starten Sie den Windows Live Movie Maker und lesen Sie unter *Videos und Fotos hinzufügen* die Videoclips sowie ggf. Bilddateien ein. Musikstücke zur Klanguntermalung können Sie mit *Musik hinzufügen* auswählen.

3 Anschließend finden Sie das gesamte importierte Material rechts in einer Sammlung wieder, die zugleich den Ablauf des fertigen Films festlegt. Nun haben Sie die Chance, einzelne Clips auszusortieren und vor allem die Reihenfolge der Clips und Bilder zu verändern. Dies geht einfach, indem Sie eines der Elemente erfassen und mit gedrückter linker Maustaste an die gewünschte Position im Film ziehen.

4 Klicken Sie dann in der Rubrik *Startseite* etwa mittig auf die Schaltfläche bei *AutoFilm-Designs* und wählen Sie dort eine Vorlage aus. Die standardmäßig gewählte, ganz linke Vorlage bedeutet, dass kein Autofilm erzeugt wird.)

5 Sollten Sie dem Projekt noch keine Musikdateien hinzugefügt haben, weist die AutoFilm-Funktion Sie darauf hin. Mit *Ja* können Sie dies nun noch nachholen. Mit *Nein* verzichten Sie darauf, erhalten dadurch aber einen „Stummfilm".

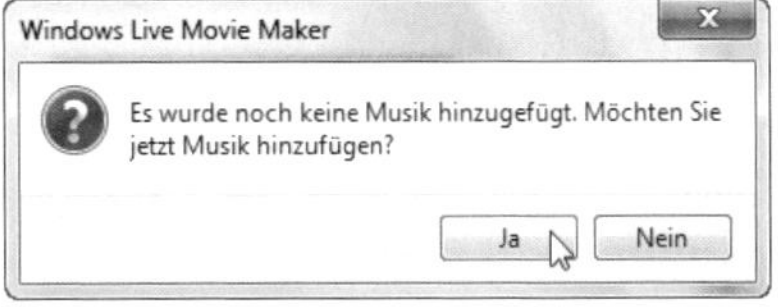

6 Der Assistent analysiert dann die vorhandenen Clips und versieht sie automatisch mit abwechslungsreichen Übergängen und Effekten. Titel und Hintergrundmusik – soweit vorhanden – werden auch gleich hinzugefügt.

7 Wollen Sie Anfang und Abspann mit einem eigenen Titel versehen, suchen Sie die entsprechenden Stellen in der Übersicht und doppelklicken auf den vorhandenen Text (standardmäßig *Mein Film* und *Ende*).

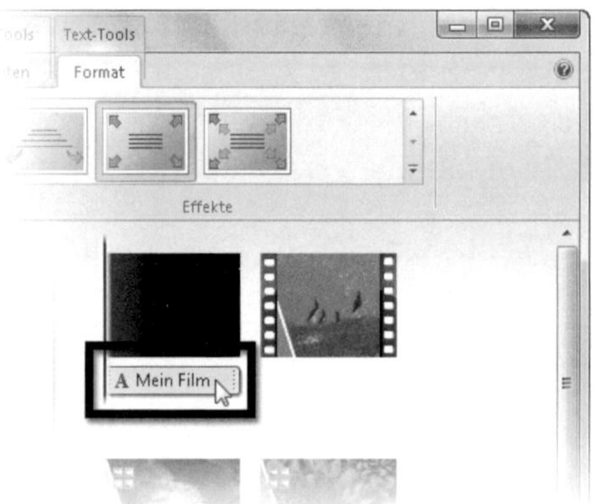

8 Sie können den Text dann im Vorschaubereich beliebig bearbeiten.

9 Wählen Sie dann in der Rubrik *Startseite* ganz rechts im Bereich *Freigeben* eine der Ausgabemöglichkeiten, z. B. das Brennen auf eine DVD oder das Hochladen zur Videoplattform YouTube.

19.2 Mediendateien in den Movie Maker importieren

Der Windows Live Movie Maker kann vorhandene Videos, Bilder und Audiodateien verarbeiten. Zu Beginn eines Projekts sollten Sie jeweils die Dateien importieren, die Sie verwenden wollen. Dabei geht es in erster Linie darum, diese Elemente zu sammeln. Der Movie Maker übernimmt zwar zunächst die Importreihenfolge auch als Szenenabfolge für den Film, aber das können Sie anschließend noch beliebig verändern.

1 Starten Sie den Movie Maker mit *Start/Alle Programme/Windows Live/Windows Live Movie Maker*.

2 Rufen Sie in der Rubrik *Startseite* die Funktion *Videos und Fotos hinzufügen* auf. Damit öffnen Sie einen Auswahldialog für alle Arten von Video- und Bilddateien.

3 Geben Sie im Auswahldialog die Dateien an, die Sie im Film verwenden wollen. Sie können mehrere Dateien auf einmal einfügen. Sie können den Dialog auch beliebig oft bemühen, um Dateien aus verschiedenen Ordnern zu importieren.

4 Alle importierten Mediendateien werden rechts im Movie Maker angezeigt. Hier stehen Ihnen eine Miniaturansicht mit Vorschau auf den Inhalt und eine Detailansicht mit allen Angaben zur Verfügung. Mit Letzterer können Sie die Mediensammlung auch sortieren.

19.3 Filme und Videosequenzen schneiden und gestalten

Mit dem Windows Live Movie Maker können Sie Ihre Videos beliebig montieren, d. h., Sie können sich von der ursprünglichen chronologischen Reihenfolge, in der die Aufnahmen erstellt bzw. importiert wurden, lösen und die Szenen auch nach ganz anderen Kriterien zusammenstellen.

1 Die Videoclips, die Sie zuvor von einer digitalen Quelle überspielt oder von der Festplatte importiert haben, finden Sie in Ihrer Sammlung rechts im Windows Live Movie Maker-Fenster vor.

2 Die hier vorhandenen Clips und Bilder gehören automatisch zum Film und die Reihenfolge der Elemente (von links nach rechts und dann von oben nach unten) gibt den Ablauf des Films vor.

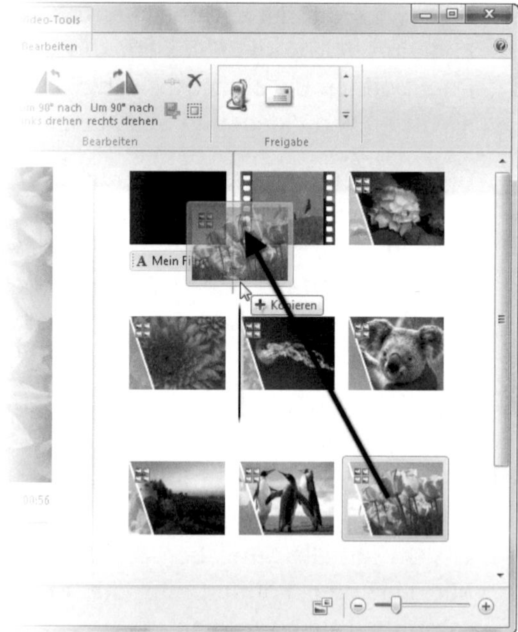

3 Um den Ablauf des Films zu verändern, also z. B. einen anderen Clip an den Anfang zu stellen, ergreifen Sie dieses Element mit gedrückter linker Maustaste und ziehen es einfach an die gewünschte Position. Die anderen Clips werden dann automatisch entsprechend versetzt.

4 Um Elemente nachträglich doch wieder zu entfernen, wählen Sie diese einfach per Mausklick aus und drücken dann [Entf] oder wählen im Kontextmenü der rechten Maustaste *Entfernen*. Die markierten Elemente werden dann ohne Rückfrage entfernt. Wohlgemerkt bezieht sich das Löschen nur auf dieses Videoprojekt. Die zugrunde liegenden Dateien bleiben unbeeinträchtigt.

5 Um sich einen Eindruck von dem montierten Film zu verschaffen, können Sie ihn mit einem Klick auf *Wiedergabe* jederzeit abspielen.

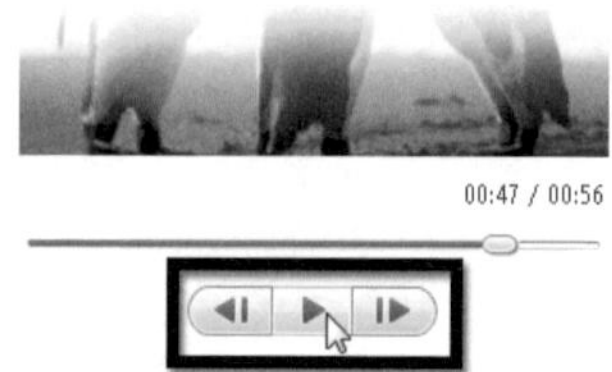

TIPP

Wichtige Tasten für Filmtüftler

Ausdauernde Hobbyregisseure sollten sich ein paar Tasten für die schnelle Bedienung des Movie Maker merken: Die [Leertaste] startet die Wiedergabe des aktuellen Projekts bzw. setzt sie an der aktuellen Position fort. Ein erneutes Drücken der [Leertaste] hält sie wieder an. Mit [Pos1] springen Sie jederzeit an den Anfang des Films zurück. Mit [Pos1] und dann der [Leertaste] starten Sie die Wiedergabe also schnell von Beginn an. Mit den Pfeiltasten können Sie die verschiedenen Elemente des Videos durchlaufen. Die Wiedergabeposition springt dabei immer mit.

Lange Videoclips auf den interessanten Teil kürzen

Häufig ist eine komplette Sequenz für die Verwendung im Film nicht optimal, weil sie zu lang geraten ist oder weil sich am Anfang oder am Ende Dinge befinden, die man nicht zeigen will. In solchen Fällen können Sie einen Clip auf den Bereich kürzen, den Sie genau zeigen wollen.

1 Verwenden Sie den Vorschaumonitor, um die Position im Clip anzusteuern, ab der die Wiedergabe beginnen soll. Alternativ können Sie auch die Wiedergabemarke in der Übersicht rechts verwenden. Diese lässt sich allerdings etwas weniger präzise steuern.

2 Wählen Sie dann im *Bearbeiten*-Menü die Funktion *Startpunkt festlegen* bzw. *Endpunkt festlegen*, um den Beginn oder das Ende des wiederzugebenden Bereichs zu definieren.

3 Der Movie Maker schneidet dann nicht wirklich Teile des Videos weg, sondern berücksichtigt beim Abspielen bzw. Erstellen des fertigen Films einfach nur den Teil eines Clips, der zwischen Anfangs- und Endschnittmarke liegt.

Werbung aus TV-Aufnahmen herausschneiden

Auf ähnliche Weise können Sie den Movie Maker auch dazu benutzen, aus einem aufgenommenen TV-Film die unerwünschte Werbung herauszuschneiden. Die grundlegende Vorgehensweise dabei: Sie erstellen ein neues Projekt im Movie Maker und importieren den aufgenommenen Film dort hinein. Dann markieren und entfernen Sie sämtliche Werbepausen. Anschließend erstellen Sie aus dem Projekt eine neue Videodatei, die dann den Film ohne kommerzielle Einlagen enthält.

1 Legen Sie mit *Neues Projekt* im Movie-Maker-Menü ein neues, leeres Projekt an und importieren Sie den Film. Sollte er aus mehreren Teilen bestehen, können Sie diese auch alle importieren und bei der Gelegenheit eine einzige Datei daraus machen.

2 Verwenden Sie nun den Schieber unter dem Vorschaubild rechts, um den Beginn der ersten Werbepause im Film zu finden. Suchen Sie dabei möglichst das letzte Bild des Films vor Beginn der Werbung.

3 Benutzen Sie im *Bearbeiten*-Menü das *Teilen*-Werkzeug. Der Movie Maker macht aus dem Film dann zwei Hälften, die genau an dieser Stelle getrennt sind.

4 Fahren Sie mit dem Schieberegler fort und suchen Sie das Ende der Werbung bzw. den Wiederbeginn des Films am Anschluss. Sollte ein Teil des Films nach der Werbung wiederholt werden, wie das ja so üblich ist, lassen Sie diesen gleich mit verschwinden.

5 Rufen Sie dann erneut die *Teilen*-Funktion auf. Der Movie Maker nimmt erneut eine Teilung vor, sodass Sie nun den langen Anfang des Films, den kurzen Teil mit der Werbung und anschließend den langen Rest des Films im Storyboard vorfinden.

6 Die mittlere kurze Szene können Sie nun einfach entfernen, indem Sie sie markieren und [Entf] drücken bzw. mit der rechten Maustaste darauf klicken und *Entfernen* wählen.

Wiederholen Sie die Schritte 2 bis 5, bis alle Werbeszenen aus dem Film entfernt sind. Anschließend erstellen Sie aus dem Projekt einen Film, der nur den Film ohne Werbung enthält.

Szenenwechsel in Filmen interessant gestalten

Die Übergänge zwischen zwei Szenen gestaltet der Windows Live Movie Maker standardmäßig abrupt, d. h., es wird einfach vom letzten Bild der vorherigen auf das erste Bild der nächsten Szene gewechselt. Sie können Ihren Film aber auch mit verschiedenen Videoübergängen versehen. Das bietet sich insbesondere an, wenn mit einem Schnitt auch ein thematischer Wechsel beim Bildinhalt ansteht.

1 Zeigen Sie die Auswahl der Videoübergänge an, indem Sie das *Animationen*-Menü öffnen.

2 Die Videoübergänge bestehen aus einer Reihe von Möglichkeiten, eine Szene optisch in die nächste übergehen zu lassen. Um die Wirkung der verschiedenen Übergänge zu sehen, bewegen Sie einfach den Mauszeiger darauf. Im Wiedergabebereich wird dann eine Vorschau angezeigt.

3 Wollen Sie einen der Videoübergänge zwischen zwei Szenen verwenden, wählen Sie in der Clip-Zusammenstellung den zweiten Clip aus und klicken dann die gewünschte Übergangsanimation an..

4 Sollte ein Übergang doch nicht so wie geplant wirken, können Sie ihn wieder entfernen, indem Sie stattdessen *Kein Übergang* wählen.

TIPP

Übergänge für Puristen

Allzu viele und spektakuläre Übergänge machen einen Film eher hektisch als attraktiv. Viele Filmemacher verzichten deshalb ganz auf solche Effekte und beschränken sich auf glatte Schnitte oder hin und wieder eine weiche Blende. Glatte Schnitte macht der Windows Live Movie Maker standardmäßig, wenn Sie keinen Übergangseffekt auswählen. Die weiche Blende finden Sie in der Liste bei den *Auflösen*-Animationen unter der Bezeichnung *Verblassen.*

Professionelle Titel und Nachspann einfügen

Ohne einen Titel ist ein Film nicht komplett. Mit dem Movie Maker können Sie aber nicht nur einen Schriftzug am Anfang Ihres Videos einblenden. Das Programm erlaubt Ihnen vielmehr, neben einem Titel mit Animationseffekten auch Untertitel und einen richtigen Abspann zu erstellen.

1 Um Ihrem Film einen Titel voranzustellen, platzieren Sie die Bearbeitungsmarke z. B. mit [Pos1] ganz an den Beginn. Klicken Sie dann in der Rubrik *Startseite* links neben *AutoFilm* oben auf *Titel hinzufügen.*

2 Der Movie Maker fügt daraufhin einen schwarzen Clip mit dem Text *Mein Film* zu Beginn des Films ein. Diesen können Sie beliebig bearbeiten.

3 Gleichzeitig wechselt das Menü oben in die *Text-Tools.* Hier stehen Ihnen Formatierungen zum Gestalten der Schrift zur Verfügung. Ebenso können Sie die Dauer der Texteinblendung verändern (Standardmäßig sind es vier Sekunden).

4 Standardmäßig verwendet der Windows Live Movie Maker ganz einfache Effekte und Animationen für die Titel. Rechts in den *Text-Tools* können Sie aber ein Menü öffnen, in dem Ihnen eine Auswahl unterschiedlicher Animationen zur Verfügung steht, mit denen sich viele unterschiedliche Effekte erreichen lassen, wie man sie aus Film und Fernsehen kennt.

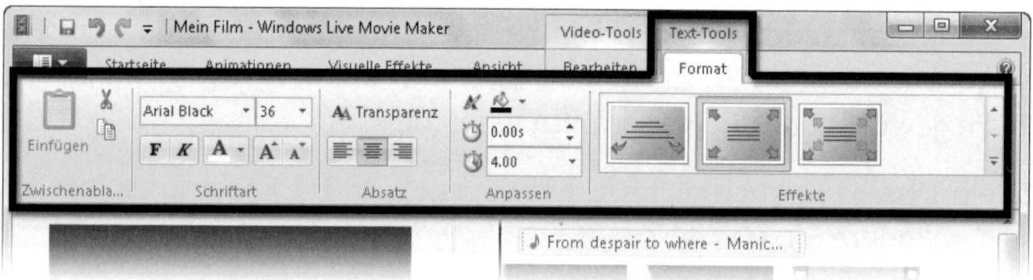

Einen Abspann fügen Sie auf die gleiche Weise ein. Geben Sie hier z. B. mehrere Beteiligte einfach mit mehreren Zeilen an (einfach mit Enter trennen). Dieser Text kann dann z. B. wie bei einem „richtigen“ Abspann von unten nach oben über den Bildschirm laufen (das Format dafür trägt die etwas merkwürdige Bezeichnung *Blättern*).

19.4 Den fertigen Film erstellen und veröffentlichen

Haben Sie Ihren Film mit dem Movie Maker fertig gestaltet, können Sie ihn als Datei speichern oder aber auch gleich bei einer Online-Videoplattform wie YouTube veröffentlichen. Dazu stellt das Programm eine ganze Reihe von Formaten zur Verfügung. Welches davon Sie wählen, hängt ganz davon ab, wie Sie den Film weiterverwenden wollen. Die entstehende Datei können Sie dann am PC beliebig wiedergeben, archivieren oder auch in anderen Programmen weiterbearbeiten.

1 Wenn Sie Ihr Filmprojekt im Movie Maker abgeschlossen haben, klicken Sie im Movie-Maker-Menü auf *Film speichern* und wählen das gewünschte Format aus. So können Sie den Film z. B. direkt auf eine DVD brennen oder in einer bestimmten Qualität als Datei auf dem PC speichern.

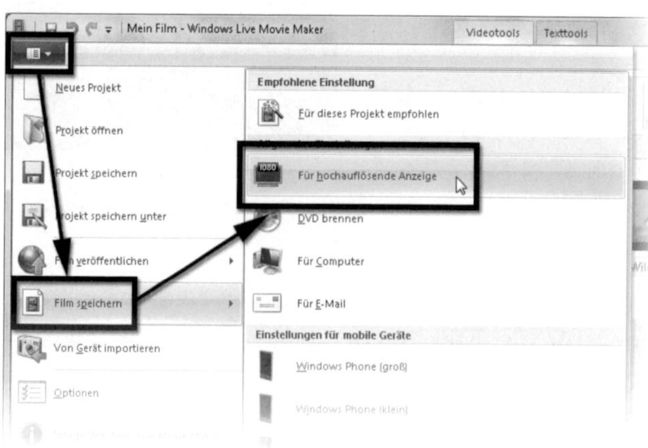

2 Geben Sie dann einen Dateinamen an und wählen Sie einen Ordner aus, in dem die Videodatei gespeichert werden soll.

3 Damit sind auch schon alle Einstellungen erledigt. Der Assistent beginnt nun damit, die Daten zu speichern. Da hierzu je nach vorhandenem Material einiger Umrechnungsaufwand zu betreiben ist, kann dieser Vorgang abhängig von der Länge des Films einige Zeit in Anspruch nehmen. Eine Fortschrittsanzeige nebst Abschätzung der Restzeit hält Sie solange auf dem Laufenden.

4 Anschließend finden Sie den Film als Video in der ausgewählten Datei vor. Sollten Sie die Option *DVD brennen* gewählt haben, startet der Movie Maker automatisch den DVD Maker (siehe nachfolgendes Kapitel) und öffnet darin die Videodatei, sodass Sie die DVD anschließend mit wenigen Mausklicks erstellen können.

INFO

Videos direkt bei YouTube & Co. veröffentlichen

Als Alternative zum Speichern als Datei auf der Festplatte bietet Ihnen der Windows Live Movie Maker die Möglichkeit, den fertigen Film direkt zu einer Videoplattform im Internet hochzuladen. Von Haus aus unterstützt der Movie Maker einige beliebte Plattformen wie YouTube, Facebook, Flickr oder SkyDrive. Weitere Anbieter können per Plug-in nachgerüstet werden. Wählen Sie hierzu im Movie Maker-Menü *Film veröffentlichen* und dann die gewünschte Plattform. Mit *Plug-In hinzufügen* öffnen Sie eine Webseite, von der Sie Erweiterungen herunterladen können. Für das Hochladen Ihrer Filme melden Sie sich mit Ihren Benutzerdaten bei der jeweiligen Onlineplattform an. Je nach Plattform können weitere Angaben zum Film wie etwa Titel, Schlagwörter, Beschreibungen und Bewertungen eingetragen und der Film dann hochgeladen werden.

20. Bilder, Videos und Musik professionell auf DVD präsentieren

Mit dem Windows DVD Maker bringt Windows ein Programm zum Erstellen, Gestalten und Brennen von DVDs mit. Der DVD Maker kann sich zwar nicht unbedingt mit den Produkten einschlägiger Spezialanbieter messen, reicht für viele einfache Projekte aber durchaus. Dafür lässt er sich recht einfach und ohne besondere Vorkenntnisse bedienen und verspricht dank Assistenten und Vorlagen schnelle Erfolge. So können Sie aus eigenen Ausgangsmaterialien mit wenigen Mausklicks Präsentationen oder auch regelrechte Video-DVDs erstellen.

20.1 Alle benötigten Mediendateien in den DVD Maker importieren

Der DVD Maker kann Bilder, Videos und Audiodateien für die Gestaltung einer DVD importieren. Formate und Größen spielen dabei keine wesentliche Rolle. Solange die jeweiligen Mediendateien unter Windows wiedergegeben werden können (z. B. mit dem Windows Media Player oder der Bildvorschau), kann auch das DVD-Programm etwas damit anfangen. Es rechnet die Mediendaten dann passend für die Verwendung auf einer DVD um. Als ersten Schritt sollten Sie jeweils alle Medien importieren, die auf die DVD geschrieben werden sollen.

1 Legen Sie einen leeren DVD-Rohling in den DVD-Brenner und starten Sie dann das Programm mit *Start/Alle Programme/Windows DVD Maker*.

2 Klicken Sie im Programm oben links auf die Schaltfläche *Elemente hinzufügen*.

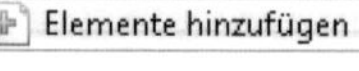

3 Wählen Sie im anschließenden Dialog die Bild- und Videodateien aus, die auf die DVD gebrannt werden sollen. Musikdateien können als Hintergrundmusik beim Darstellen der Bilder in einer Präsentation verwendet werden.

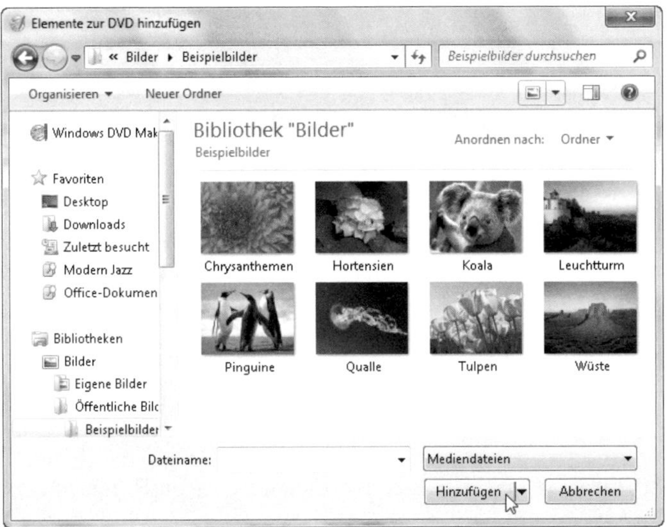

TIPP

Alle Dateien auswählen

Auch innerhalb des Öffnen-Dialogs können Sie die Tastenkombination [Strg]+[A] benutzen, um alle Dateien innerhalb des geöffneten Ordners auszuwählen.

4 Wenn Sie auf *Hinzufügen* klicken, importiert das Programm alle ausgewählten Dateien. Dabei erfolgt auch bereits eine erste Analyse des Inhalts, sodass diese Phase eventuell ein wenig dauern kann.

5 Diesen Importvorgang können Sie beliebig oft wiederholen, um Bilder und Videos aus verschiedenen Laufwerken und Ordnern zu importieren. Achten Sie nach jedem Import auf die Anzeige unten links im DVD-Programm. Sie zeigt Ihnen jeweils an, wie viel Speicherplatz des Rohlings durch die momentan vorhandenen Dateien belegt wird.

50 von 150 Minuten

Das DVD-Programm kombiniert die importierten Medieninhalte zu einer lockeren Präsentation. Die Reihenfolge der verschiedenen Elemente wird dabei durch die Liste der Elemente im Hauptprogramm bestimmt. Standardmäßig werden die Medienclips also in der Reihenfolge abgespielt, in der Sie sie importiert haben. Sie können diese Abfolge aber beliebig verändern.

1 Um die Position eines Elements in der Liste zu verändern, markieren Sie es zunächst mit einem einfachen Mausklick.

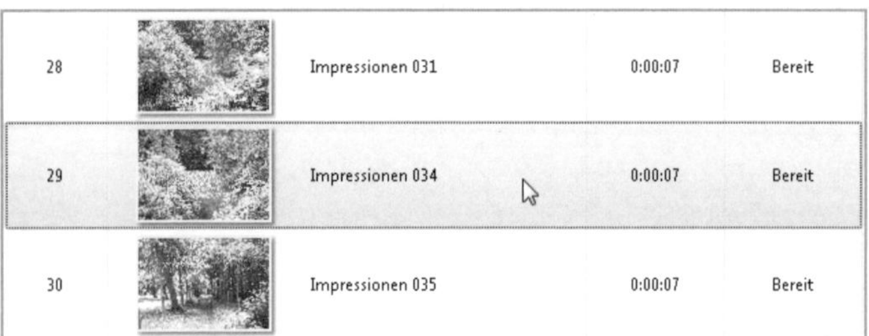

2 Daraufhin werden in der Symbolleiste oberhalb der Liste die Symbole *Nach oben* bzw. *Nach unten* angezeigt.

3 Ein Klick auf eines dieser Symbole verschiebt das Element jeweils um eine Position nach oben bzw. unten und ordnet die benachbarten Elemente entsprechend neu an.

4 Auf diese Weise können Sie jedes einzelne Element Ihrer Präsentation an exakt die gewünschte Position bringen.

Das optimale Wiedergabeformat für die DVD wählen

Um DVDs für die verschiedensten Einsatzgebiete erstellen zu können, lässt sich das Programm durch einige Optionen konfigurieren. So können Sie die DVD an die vorgesehenen Abspielgeräte anpassen. Diese Einstellung sollte grundsätzlich vor dem Brennen überprüft bzw. vorgenommen werden.

1 Klicken Sie im Hauptfenster unten rechts auf den kleinen blauen Link *Optionen*.

2 Im anschließenden Menü können Sie zunächst auswählen, wie die DVD wiedergegeben werden soll. *Mit DVD-Menü beginnen* ist die übliche Variante. Wenn die DVD aber z. B. zu Präsentations- oder Werbezwecken permanent laufen soll, empfiehlt sich die Option *Video in einer Endlosschleife wiedergeben*. Dann startet die Wiedergabe nach dem Einlegen bzw. Einschalten des Wiedergabegeräts automatisch und wiederholt sich so lange, bis das Gerät wieder ausgeschaltet wird.

3 Das richtige DVD-Seitenverhältnis ist vom Wiedergabegerät abhängig. Mit der Option *4:3* sind Sie auf der sicheren Seite, da alle Geräte damit gut klarkommen. Wenn die Wiedergabe aber ohnehin nur auf einem 16:9-Bildschirm oder auf einem PC erfolgen soll, können Sie auch die entsprechende Option wählen. Das Bildmaterial wird dann entsprechend aufbereitet.

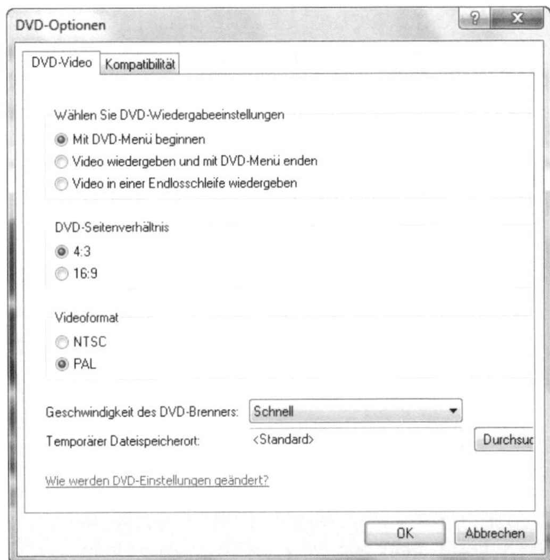

4 Die dritte Einstellung ist in der Praxis weniger wichtig. Ob Sie für die Wiedergabe die amerikanische NTSC- oder die europäische PAL-Norm verwenden, spielt bei den meisten Wiedergabegeräten keine Rolle, da diese heutzutage beides unterstützen.

20.2 Den Ablauf der DVD-Präsentation im Detail gestalten

Haben Sie die Mediendaten für Ihr Projekt importiert und die Grundeinstellungen für die zu erstellende DVD festgelegt, können Sie mit *Weiter* die attraktive Gestaltung der DVD-Inhalte beginnen. Hierzu können Sie für Bilderpräsentationen ansprechende Effekte einfügen oder für Video-DVDs eine professionelle Navigationsoberfläche gestalten.

Diashows mit professionellen Effekten aufpeppen

So eine simple Diashow mit Aneinanderreihungen der Bilder ist ja nur begrenzt aufregend. Die Bilder-Diashow von Windows zeigt, dass es auch anders geht. Ganz so spektakuläre Effekte bringt das DVD-Programm leider nicht zustande. Mit den richtigen Einstellungen lässt sich aber auch schon eine ganz hübsche Optik erzielen. Leider sind diese standardmäßig nicht aktiviert, sodass Sie hier etwas nachhelfen sollten.

1 Klicken Sie oben auf die Schaltfläche *Diashow*.

2 Unterhalb der Musikliste können Sie zunächst wählen, wie lange jedes Bild angezeigt werden soll, falls Sie diese Länge nicht ohnehin automatisch mit der Musik abstimmen.

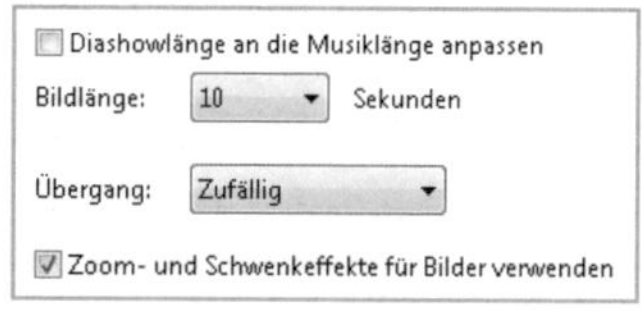

3 Mit dem Auswahlfeld *Übergang* steuern Sie die Übergangseffekte zwischen den Bildern. Mögen Sie es klassisch, sind Sie mit dem Standardeffekt *Überblenden* gut bedient. Daneben gibt es einige weitere Varianten. Richtig peppig wird es aber mit der Einstellung *Zufällig*. Dann wählt das Programm bei jedem Bildwechsel zufällig einen der Übergangseffekte aus.

4 Für lebendige Diashows unbedingt empfehlenswert ist die Option *Zoom- und Schwenkeffekte für Bilder verwenden*. Damit führt das Programm virtuelle Kamerafahrten über die Bilder durch, was den Ablauf interessanter macht und fast schon wie ein Video wirkt.

5 Übernehmen Sie die gewählten Einstellungen mit *Diashow ändern*.

Die DVD-Oberfläche nach Belieben gestalten

Das Programm versieht jede DVD automatisch mit einer Bedienoberfläche. Diese erlaubt es Ihnen nicht nur, die Wiedergabe der Präsentation zu starten, sondern mithilfe der Szenenanwahl auch direkt zu bestimmten Abschnitten zu springen. Wenn Sie es bei den Standardwerten belassen, erhalten Sie eine hübsche und funktionale Oberfläche. Sie können diese aber auch durch verschiedene Einstellungen Ihrem Geschmack oder dem Inhalt der Präsentation anpassen.

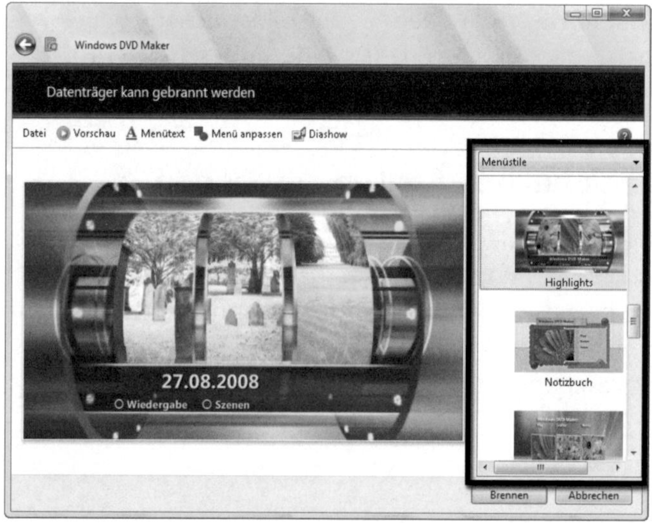

1 Eine wesentliche Entscheidung können Sie direkt im Hauptfenster treffen. Hier listet die Spalte *Menüstile* am rechten Fensterrand eine ganze Auswahl an Designs für die Oberflächengestaltung auf. Mit einem einfachen Mausklick auf eines der Symbole wählen Sie dieses Design aus. Die Wirkung zeigt sich – ggf. mit kurzer Verzögerung – im Vorschaubereich.

2 Mit der Schaltfläche *Menütext* öffnen Sie einen Dialog, in dem Sie die Beschriftungen der einzelnen Menüpunkte der DVD-Oberfläche – wie etwa *Wiedergabe* oder *Szenen* – ändern und gestalten können. Dazu wählen Sie die bevorzugte Schriftart und geben an, welche Beschriftung die verschiedenen Schaltflächen haben sollen.

3 Besonders wichtig ist der Datenträgertitel, da er z. B. auch im Startmenü der DVD als Titel angezeigt wird.

4 Klicken Sie unten auf *Text ändern*, um die neuen Einstellungen zu speichern.

5 Die Schaltfläche *Menü anpassen* öffnet einen Dialog mit weiteren Gestaltungsmöglichkeiten. So können Sie hier ein Vordergrundvideo und ein Hintergrundvideo für die DVD-Oberfläche angeben. Bei *Menüvertonung* können Sie außerdem eine Musikdatei auswählen, die abgespielt wird, während das DVD-Menü angezeigt wird. Schließlich können Sie bei *Szenen-Schaltflächenstile* das Aussehen der Schaltflächen bestimmen.

6 Klicken Sie unten auf *Stil ändern*, um die Änderungen dauerhaft zu übernehmen.

7 Sobald Sie eine Einstellung ändern, berechnet das Programm die Auswirkungen sofort und zeigt sie in den kleinen Vorschaufenstern an. Mit einem Klick auf die *Vorschau*-Schaltfläche oben links können Sie sich außerdem jederzeit im Großen vom Ergebnis Ihrer Bearbeitungsschritte überzeugen.

Die fertige Präsentation auf eine DVD brennen

Brennen

Haben Sie Inhalt und die äußere Form der DVD-Präsentation nach Ihren Vorstellungen gestaltet, kann es ans Brennen der DVD gehen. Klicken Sie dazu unten rechts auf die *Brennen*-Schaltfläche. Das Programm muss zunächst die Audio- und Videodaten aufbereiten, was meist den größten Teil der Zeit in Anspruch nehmen dürfte. Anschließend werden die Daten auf den DVD-Rohling gebrannt. Dabei kommt grundsätzlich das ISO-Imageformat zum Einsatz. Es entsteht also immer eine standardkonforme Video-DVD, die Sie auf beliebigen Abspielgeräten wiedergeben können, solange diese DVD-R/RWs unterstützen.

Teil IV

Sicherheit – Daten und Anwender schützen

21. Den Sicherheitsstatus im Wartungscenter immer im Blick

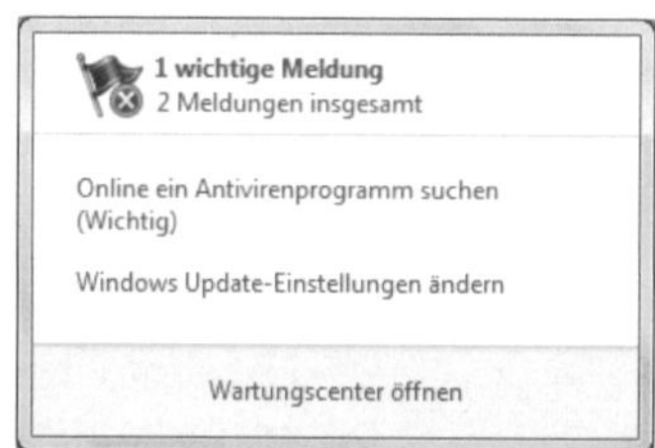

Vista war ein großer Schritt in Richtung mehr Sicherheit. Viele Anwender waren damit aber unzufrieden und fühlten sich durch die Schutzmaßnahmen genervt und gegängelt. Für Windows 7 hat Microsoft deshalb daran gearbeitet, die Sicherheitsfunktionen bei gleicher Effektivität komfortabler und für die Anwender weniger störend zu machen.

Das Ergebnis ist ein dezentes Symbol im Infobereich, das sich nur bei schwerwiegenden Problemen zu Wort meldet und dann eine Abkürzung zum neuen Wartungscenter bietet, dem Nachfolger des Sicherheitscenters, das nun noch weitere sicherheitsrelevante Funktionen des PCs überwacht.

21.1 Das Sicherheitssymbol im Infobereich

Mit Windows 7 soll die Sicherheit nicht weniger, aber für den Benutzer weniger sichtbar und lästig werden. Da erscheint es auf den ersten Blick als Widerspruch, dass sich nun im Infobereich der Taskleiste ein neues Symbol für den Sicherheitsstatus befindet. Tatsächlich aber trägt dieses dazu bei, die Informationen über den Sicherheitsstatus besser zu kanalisieren. Während das Sicherheitscenter von Vista standardmäßig bei jeder Kleinigkeit eine Warnmeldung absetzte, hält sich das Wartungscenter von Windows 7 wohltuend zurück.

Weniger wichtige Hinweise, etwa dass der Windows Defender mal wieder einen Scan machen sollte, werden dem Benutzer nicht direkt aufgezwungen, sind aber über das Symbol schnell abrufbar. Bei kritischen Situationen wie z. B. Problemen mit dem Antivirenprogramm oder dem Ausfall der Firewall gibt es aber trotzdem einen deutlichen Hinweis. So sind Sie jederzeit über den Sicherheitsstatus im Bilde.

1 Üblicherweise besteht das Symbol einfach nur aus einem Fähnchen ohne weitere Ergänzungen. Das bedeutet: Das System ist sicher und es sind keine unmittelbaren Maßnahmen erforderlich.

2 Trotzdem können Warnungen vorliegen, z. B. dass der Windows Defender einen neuen Scan machen sollte oder dass die Definitionsdateien des Antivirenprogramms nicht mehr auf dem neusten Stand sind. Auf solche eher sekundären Probleme werden Sie nun nicht mehr ständig ausdrücklich hingewiesen. Sie können sie aber leicht erfahren, wenn Sie einfach mit der linken Maustaste auf das Symbol klicken.

3 Damit öffnen Sie einen kleinen Einblick in das Wartungscenter. Werden hier keine Warnungen angezeigt, ist mit Ihrem PC alles in bester Ordnung.

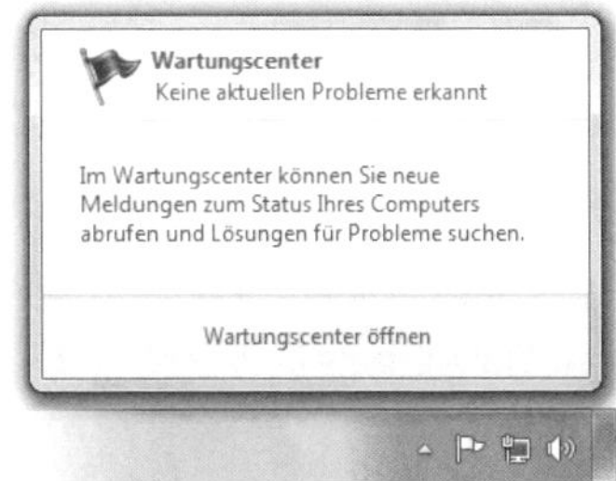

4 Liegen Meldungen vor, finden Sie diese im Fenster. Teilweise sind sie als Links ausgeführt, die Sie direkt zu den entsprechenden Einstellungen oder Funktionen führen, mit denen das Problem behoben werden kann. Solange es keine wichtigen Meldungen sind, erfordern sie aber nicht unbedingt ein sofortiges Eingreifen.

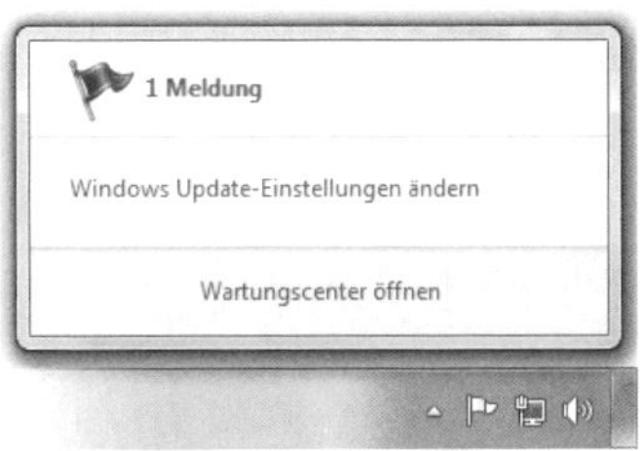

Die richtige Reaktion auf kritische Sicherheitshinweise

Neben eher harmlosen Dingen wie einem verpassten Update von Virensignaturen gibt es deutlich kritischere Situationen. Etwa dann, wenn Firewall oder Antivirenprogramm plötzlich deaktiviert sind und den PC schutzlos zurücklassen. In solchen Fällen gibt es wichtige Sicherheitshinweise, bei denen sich das Symbol anders verhält:

1 Zunächst einmal erfolgt beim ersten Auftreten der kritischen Situation wie bislang auch ein Ballonhinweis im Infobereich. Dieser wird aber nach kurzer Zeit automatisch ausgeblendet.

2 Was aber bleibt, ist ein kleiner roter Kreis mit einem x, um den das Fähnchen-Symbol im Infobereich ergänzt wird. Dieses Symbol bedeutet: Es liegt ein kritisches Sicherheitsproblem vor, das dringend gelöst werden sollte.

3 Wenn Sie nun mit der linken Maustaste einfach auf das Symbol im Infobereich klicken, wird eine Übersicht über die kritischen (und sonstigen) Meldungen angezeigt. Teilweise enthält diese auch direkt die Lösung (wie z. B. die Firewall einzuschalten). In anderen Fällen führt ein Klick auf den Eintrag Sie in ein entsprechendes Menü oder auch auf eine Webseite.

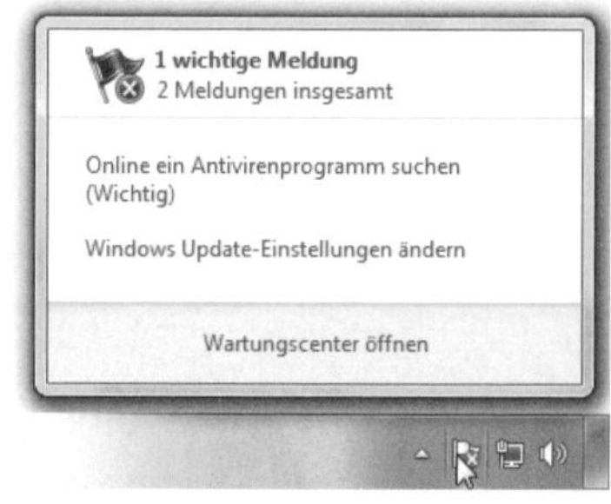

4 In jedem Fall können Sie mit einem Klick auf *Wartungscenter öffnen* ins das Wartungscenter wechseln. Hier finden Sie ausführlichere Informationen und zusätzlich Funktionen und Einstellungen. Das Wartungscenter wird in Kapitel 21.2 ausführlicher vorgestellt.

Die lästige Warnung wegen fehlender Antivirensoftware loswerden

Direkt nach der Installation wird das Symbol im Infobereich zumindest einen kritischen Hinweis haben, nämlich auf das Fehlen eines Antivirenprogramms. Ein solches bringt auch Windows 7 nicht von Hause aus mit. Kommerzielle Produkte gibt es in diesem Bereich genug. Aber auch kostenlose Freewarelösungen wie z. B. Avira AntiVir (*www.freeav.de*) sind nicht zu verachten. Antivirenprogramme, die für Windows Vista geeignet sind, sollten auch mit Windows 7 zusammenarbeiten können. Die eindeutig sinnvollste Lösung ist es also, die Warnmeldung durch das zügige Installieren eines entsprechenden Antivirenprogramms zu beseitigen. Wenn Sie diese an sich sinnvolle Warnmeldung aber nervt, können Sie diese spezielle Warnung auch vorübergehend unterdrücken.

1 Beschwert sich der Infobereich mit einem entsprechenden Hinweis, öffnen Sie mit einem Klick auf *Wartungscenter öffnen* das Wartungscenter.

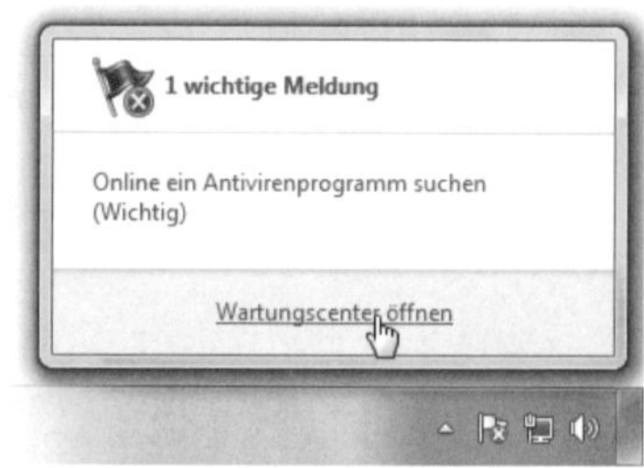

2 Im Wartungscenter finden Sie dann im Bereich *Sicherheit* schon eine unübersehbare Meldung vor, dass Windows keine Antivirensoftware auf Ihrem PC finden konnte.

3 Klicken Sie unterhalb dieser Meldung auf *Meldungen zu Virenschutz deaktivieren*. Damit deaktivieren Sie sämtliche Sicherheitshinweise des Wartungscenters in Bezug auf Antivirensoftware. Auch die kritische Meldung über das Fehlen selbiger verschwindet somit vom Bildschirm.

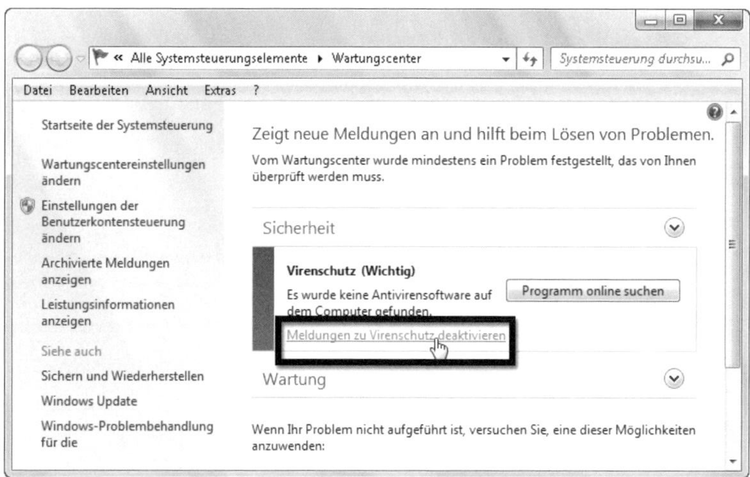

4 Das eigentliche Problem ist damit selbstverständlich nicht gelöst. Vor allem aber sollten Sie daran denken, nach dem Installieren geeigneter Software die Meldungen wieder zu aktivieren. Andernfalls werden Sie auch nicht informiert, wenn die Signaturen des Antivirenprogramms veraltet sind oder dies womöglich deaktiviert wurde.

21.2 Wartungscenter statt Sicherheitscenter: alle sicherheitsrelevanten Fakten auf einen Blick

Wartungscenter

Windows 7 bringt mit dem Wartungscenter den Nachfolger des von Windows XP (ab SP2) und Vista bekannten Sicherheitscenters mit. Es kann als Modul in der Systemsteuerung aufgerufen werden. In der aufgabenbasierten Ansicht finden Sie es unter *System und Sicherheit*. Aber auch über das Sicherheitssymbol im Infobereich können Sie das Wartungscenter jederzeit öffnen.

Wird es erst mal auf dem Bildschirm angezeigt, dürfte Ihnen auffallen, dass es sich wesentlich übersichtlicher als das klassische Sicherheitscenter präsentiert. Zumindest gilt das, wenn keine nennenswerten Sicherheitsprobleme vorliegen. Auch hier zeigt sich die Sicherheitsphilosophie von Windows 7, den Benutzer nur dann zu behelligen, wenn tatsächlich Handlungsbedarf besteht.

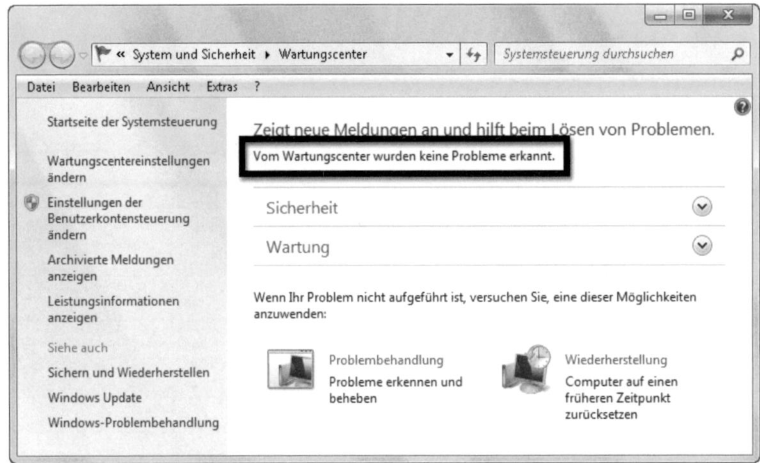

Ohne konkrete Probleme präsentiert sich das Wartungscenter aufgeräumt und übersichtlich.

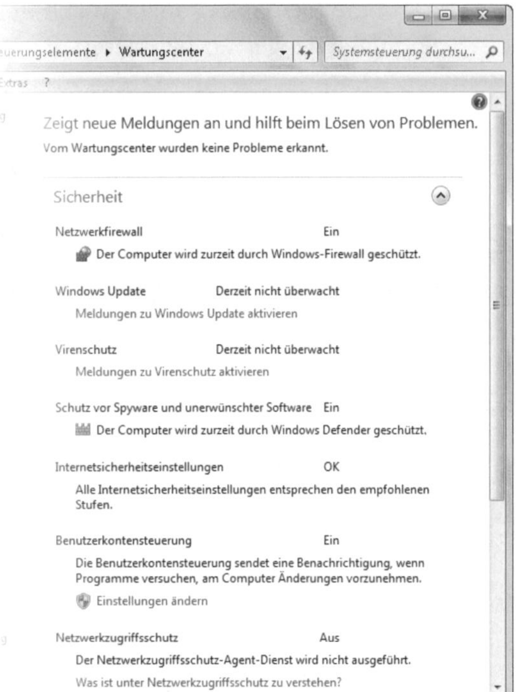

Die Informationen des Wartungscenters unterteilen sich in die Bereiche *Sicherheit* und *Wartung*. Jeder dieser Bereiche kann mit einem einfachen Mausklick auf das kleine Pfeilsymbol rechts ausgeklappt werden, um den Status und die Einstellungen im Einzelnen zu begutachten sowie ggf. zu ändern.

In der Kategorie *Sicherheit* finden Sie eine Übersicht über alle sicherheitsrelevanten Komponenten von Windows 7:

- ***Netzwerkfirewall*** – Hier können Sie den Status der Windows-Firewall ablesen.
- ***Windows Update*** – Dieser Eintrag verrät Ihnen, wie die Windows Update-Funktion zurzeit konfiguriert ist.
- ***Virenschutz*** – zeigt an, ob ein Antivirenprogramm installiert und funktionstüchtig ist.
- ***Schutz vor Spyware und unerwünschter Software*** – überwacht die Funktionsfähigkeit des Windows Defender.

- ***Internetsicherheitseinstellungen*** – verrät, ob die Einstellungen der Internetsicherheit dem empfohlenen Standard entsprechen oder ein Risiko darstellen.
- ***Benutzerkontensteuerung*** – zeigt an, wie die Benutzerkontensteuerung derzeit konfiguriert ist, und umfasst einen Link zu dieser Einstellung.
- ***Netzwerkzugriffsschutz*** – Dieses Feature ist nur für den Einsatz von PCs in großen Firmennetzwerken interessant. Deshalb macht es nichts, wenn das Wartungscenter vermeldet, dass dieser Agent nicht gestartet ist.

Der Bereich *Wartung* umfasst einige Funktionen, die nicht unmittelbar mit der Sicherheit des Systems zu tun haben, die aber für die „Gesundheit" des PCs trotzdem sehr wichtig sind:

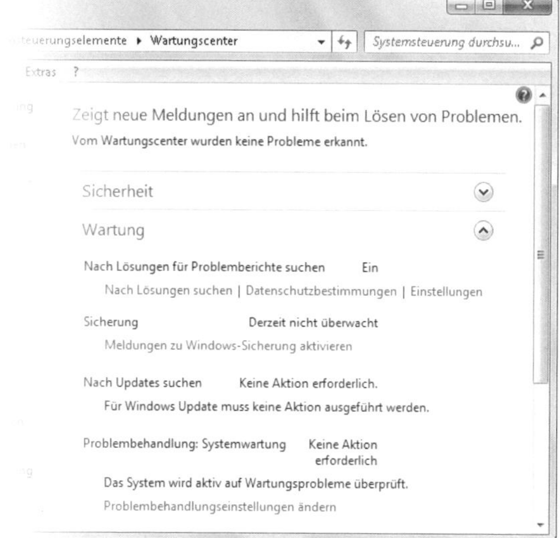

- ***Nach Lösungen für Problemberichte suchen*** – Hier sehen Sie, ob Ihr Windows nach Onlinelösungen für Probleme sucht, bzw. können schauen, ob Lösungen für berichtete Probleme vorhanden sind.
- ***Sicherung*** – Hier können Sie ablesen, wann das letzte Backup Ihres PCs durchgeführt wurde.
- ***Nach Updates suchen*** – Dieser Punkt verrät, ob das Windows Update auf dem neusten Stand ist oder ob Ihrerseits irgendwelche Maßnahmen ergriffen werden müssen, um z. B. das Herunterladen und Installieren von vorliegenden Updates zu erlauben.
- ***Problembehandlung: Systemwartung*** – Windows 7 kann sich selbstständig auf Wartungsprobleme hin kontrollieren und ggf. Maßnahmen vorschlagen. Sehen Sie hier nach, ob diese Funktion aktiviert ist und ob derzeit irgendwelche Eingriffe Ihrerseits erforderlich sind.

So zeigt das Wartungscenter Probleme eindeutig auf

Solange nichts vorliegt, gibt sich das Wartungscenter eher zugeknöpft. Liegen aber Sicherheitsprobleme vor, passt es sich dynamisch an und zeigt genau, wo der Hase im Pfeffer liegt. Und es liefert – soweit möglich – auch gleich konkrete Hinweise und Hilfestellungen, wie das Problem gelöst werden kann. Ähnlich wie das Sicherheitscenter verwendet das Wartungscenter dabei einen Farbcode: Kritische Sicherheitsprobleme werden rot markiert und sollten unmittelbar gelöst werden. Nicht unmittelbar bedrohliche Angelegenheiten werden gelb hervorgehoben. Sie sollten zwar auch nicht zum Dauerzustand werden, lassen sich aber notfalls ein wenig aufschieben.

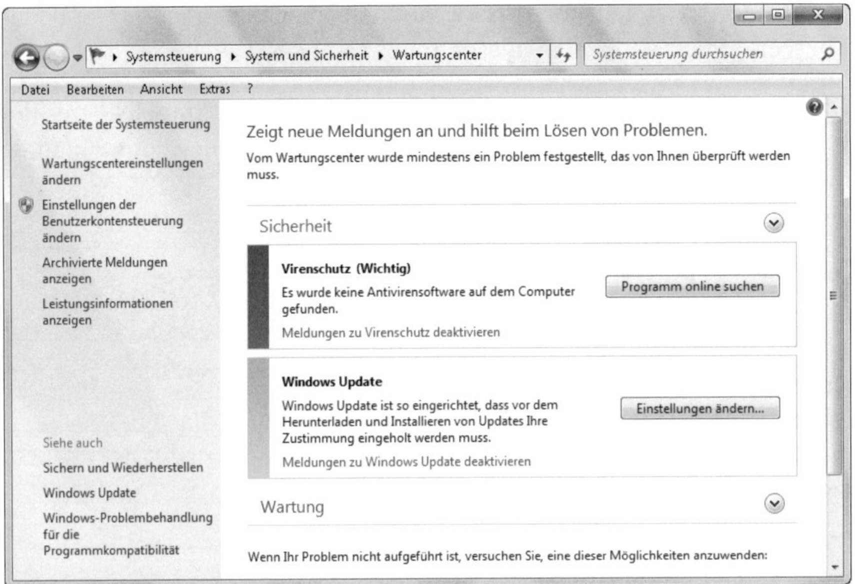

- Zu jedem kritischen oder weniger kritischen Eintrag finden Sie in der Regel eine Schaltfläche, die Sie zu einem Lösungsvorschlag führt. Handelt es sich um eine fehlerhafte, unsichere Konfiguration, rufen Sie damit die entsprechenden Einstellungen auf. Handelt es sich z. B. um ein fehlendes Antivirenprogramm, kann das Wartungscenter zumindest eine Webseite anbieten, über die Sie ein solches Produkt beziehen können.
- Außerdem bietet das Wartungscenter bei jeder Art von Problem die Möglichkeit, weitere Meldungen hierzu zu unterdrücken. Das schafft das Problem zwar nicht aus der Welt, erspart einem aber zumindest den ständigen Hinweis darauf.
- Schließlich finden Sie ganz unten bei *Wenn Ihr Problem nicht aufgeführt ist, versuchen Sie, eine dieser Möglichkeiten anzuwenden* weitere allgemeine Möglichkeiten zum Problemlösen. So kann Windows per Problembehandlung manches Problem selbst erkennen und beheben. Oder aber Sie setzen den PC per Systemwiederherstellung in einen früheren Zustand zurück, als das akute Problem noch nicht auftrat.

Die Warnhinweise des Wartungscenter nach Bedarf steuern

Standardmäßig meldet das Wartungscenter Hinweis zu allen Arten von Problemen, die sich dann fallweise unterdrücken lassen. Sie können aber auch von vornherein festlegen, dass bestimmte Arten von Meldungen gar nicht erst angezeigt werden.

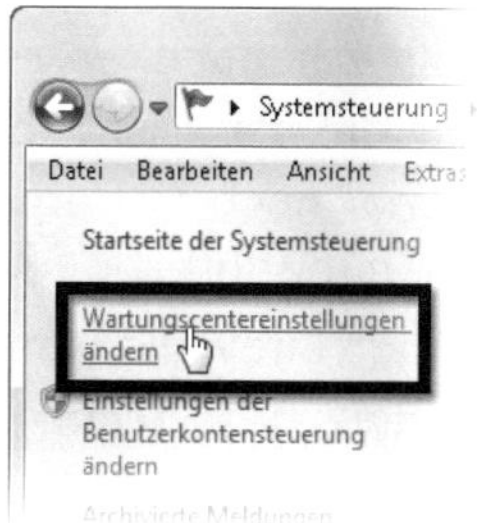

1 Klicken Sie dazu im Wartungscenter oben links auf *Wartungscentereinstellungen ändern.*

2 Im anschließenden Menü können Sie genau festlegen, zu welchen Bereichen überhaupt Sicherheits- bzw. Wartungsmeldungen angezeigt werden sollen. Entfernen Sie einfach die Häkchen bei den Themen, zu denen Sie keine Meldungen sehen wollen. Die Einstellung bezieht sich sowohl auf Ballonmeldungen als auch auf das Sicherheitssymbol im Infobereich sowie auf die Übersicht im Wartungscenter selbst.

3 Übernehmen Sie die veränderten Einstellungen dann mit *OK*.

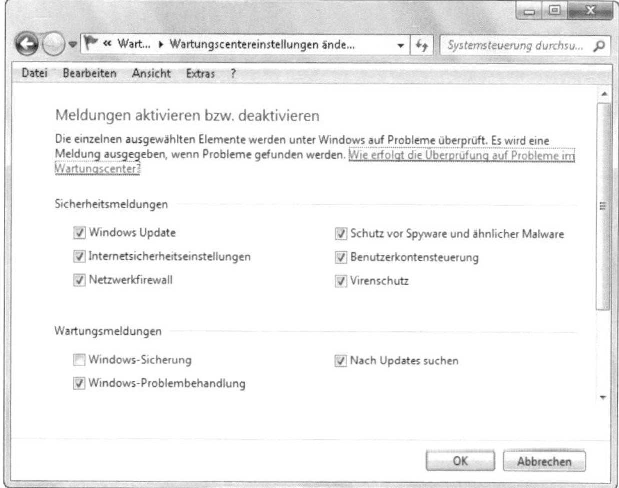

HINWEIS

Gilt auch für Meldungen bei kritischen Problemen!

Wenn Sie Hinweise für einen Bereich deaktivieren, gilt dies für jede Art von Meldung in diesem Bereich. Auch für die Sicherheit kritische Situationen wie das Fehlen des Virenschutzes oder das Deaktivieren der Windows-Firewall werden dann nicht mehr vom System gemeldet. Deshalb sollte das Unterdrücken von Sicherheitsmeldungen nicht zu großzügig gehandhabt werden.

22. Schützen Sie sich gegen Angriffe aus dem Netz

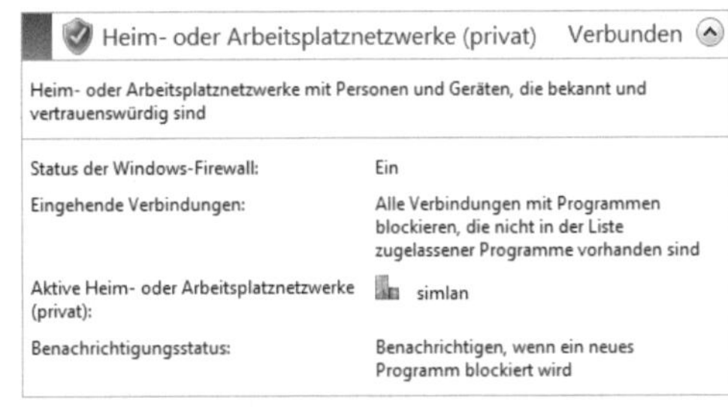

Bereits mit Vista hatte Microsoft seine ins Betriebssystem integrierte Firewall erheblich erweitert. Allerdings war die klassische Windows-Firewall immer noch fast unverändert enthalten. Bei Windows 7 ist die Integration beider Firewalls weitergegangen. Sie wirken nun nicht mehr wie zwei nebeneinander her agierende Systeme, sondern ergänzen sich gegenseitig. Geblieben ist für den Benutzer allerdings die Möglichkeit, sich mit der etwas simpleren, unflexibleren klassischen Firewall zu begnügen oder eben die vollen Einstellungsmöglichkeiten der komplexeren erweiterten Firewall zu nutzen.

HINWEIS

Klassische Firewall vs. erweiterte Firewall

Dass in Windows nun quasi zwei Firewalls vorhanden sind, führt unweigerlich zu der Frage, welche der beiden man benutzen soll. Eine Antwort darauf ist glücklicherweise gar nicht nötig, denn ein Entweder-oder gibt es hier nicht. Beide Firewalls lassen sich gleichzeitig einsetzen und können sich sinnvoll ergänzen. Wem die bisherige XP-Firewall ausreichte, der braucht sich gar nicht umzustellen. Er ignoriert die erweiterte Firewall einfach, die standardmäßig ohnehin nicht aktiviert ist. An Einstellungen und Funktionen ändert sich dann gar nichts. Wer mehr Einfluss auf die Sicherheitskonfiguration seines PCs nehmen will, kann die erweiterte zusätzlich zur klassischen Firewall aktivieren und einsetzen. Auch hier ändert sich an der Funktion des PCs erst einmal nichts. Aber durch das Hinzufügen von Filterregeln lässt sich die Konfiguration nach und nach verfeinern und sicherer machen. Prinzipiell lässt sich das Verhältnis der beiden Firewalls auf einen einfachen Nenner bringen:

- Die klassische Firewall filtert eingehenden Datenverkehr und verhindert dadurch Angriffe von außerhalb. Sie blockiert standardmäßig alle Verbindungen und lässt nur solche durch, die vom PC aus angefordert wurden oder für die Ausnahmeregeln definiert wurden.
- Die erweiterte Firewall kann darüber hinaus auch ausgehenden Datenverkehr filtern und blockieren und so unerwünschte Aktivitäten innerhalb des PCs unterbinden. Sie lässt standardmäßig allerdings alle Verbindungen zu und blockiert nur solche, für die das in den Einstellungen ausdrücklich festgelegt wurde.

22.1 Die klassische Windows-Firewall für zuverlässigen Basisschutz

Angesichts der Gefahren im Internet ist eine Firewall eine unerlässliche Maßnahme. Sie filtert unerwünschte und potenziell gefährliche Pakete und Anfragen aus dem Datenstrom heraus und verhindert so, dass sie auf den PC gelangen. So werden die Zugänge des PCs vor unerwünschten Gästen geschützt und auch bösartige Angriffe wie Portscans und Denial-of-Service-Attacken abgewehrt. Windows bringt hierfür einen Basisschutz in Form seiner klassischen Windows-Firewall mit. Sie ist nicht ganz so flexibel einstellbar wie die erweiterte Firewall, dafür aber übersichtlicher und einfacher zu nutzen.

Die Windows-Firewall sicher konfigurieren

Die Windows-Firewall kann für jegliche Arten von Internetverbindung verwendet werden. Dabei spielt es keine Rolle, ob es sich dabei um eine Einwählverbindung mit Modem, ISDN oder DSL-Adapter oder um eine Netzwerkverbindung über ein lokales Netzwerk handelt. Dabei können die Firewall-Einstellungen auf die jeweilige Rechner- und Zugangskonfiguration und das persönliche Sicherheitsbedürfnis abgestimmt werden.

1 Um die Windows-Firewall einzustellen, öffnen Sie zunächst das gleichnamige Modul der Systemsteuerung.

2 Im anschließenden Menü können Sie nun den aktuellen Status von Netzwerk und Firewall sowie die Grundkonfiguration der Firewall einsehen.

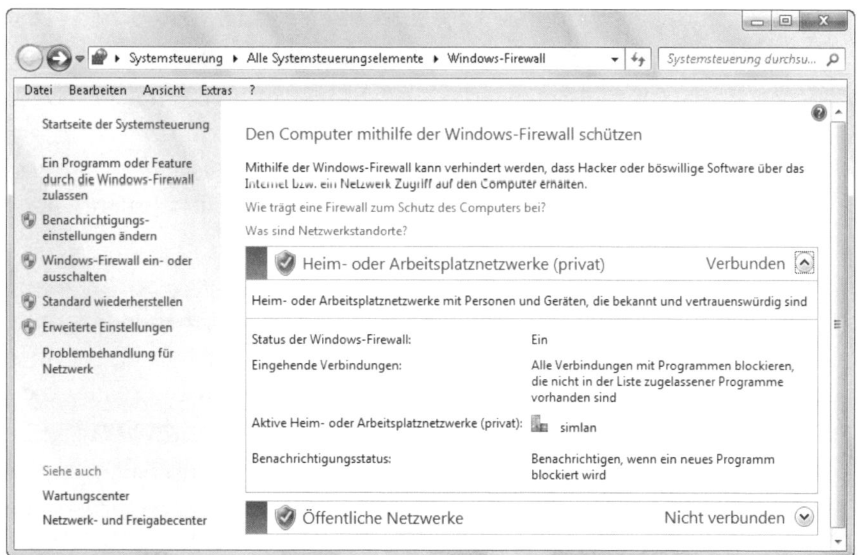

Windows unterscheidet dabei eher sichere geschlossene *Heim- oder Arbeitsplatznetzwerke (privat)* und *Öffentliche Netzwerke* wie z. B. WLAN-Hotspots.

3 Um die Konfiguration der Firewall zu verändern, klicken Sie links auf *Windows-Firewall ein- oder ausschalten*. So öffnen Sie die eigentlichen Firewall-Einstellungen. Auch hier ist alles zweigeteilt und alle Einstellungen können separat für geschlossene und öffentliche Netze vorgenommen werden:

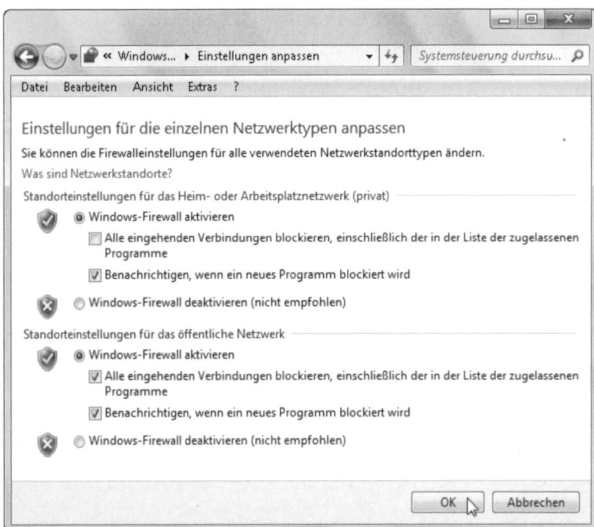

- Standardmäßig ist die Schutzfunktion mit *Windows-Firewall aktivieren* eingeschaltet und läuft mit Basisregeln, die die üblichen Internetanwendungen zulassen. Nicht angeforderte Datenpakete von anderen Rechnern werden dabei verworfen, wenn diese nicht ausdrücklich als Ausnahmen definiert sind. Somit sind Sie vor Portscans, Trojanern etc. schon recht gut geschützt.
- Insbesondere für mobile PCs, die hin und wieder an öffentlichen Netzwerken wie z. B. WLANs betrieben werden, ist die Option *Alle eingehenden Verbindungen blockieren, einschließlich der in der Liste der zugelassenen Programme* gedacht. Sie ignoriert auch definierte Ausnahmenregeln und bietet so noch mehr Schutz.
- Die Option *Benachrichtigen, wenn ein neues Programm blockiert wird* setzt Sie davon in Kenntnis, wenn die Firewall aktiv ins Geschehen eingreift. Das kann sinnvoll sein, da ansonsten Anwendungen mit Internetzugriff nicht funktionieren und Sie nicht erfahren, warum dies so ist. Sollten die Meldungen der Firewall nervig sein, können Sie sie aber so unterdrücken.
- Die Firewall mit *Windows-Firewall deaktivieren* auszuschalten empfiehlt sich nur, wenn Sie stattdessen andere, mindestens ebenbürtige Schutzmaßnahmen ergreifen.

4 Wenn Sie die geänderte Einstellung mit *OK* übernehmen, wird die Firewall-Funktion entsprechend Ihrer Auswahl eingestellt. Dies ist ohne Neustart möglich, sodass Sie den Modus auch während des Betriebs jederzeit schnell wechseln können.

Schalten Sie Ihren Onlineprogrammen den Internetzugang frei

Die Windows-Firewall überwacht nicht nur den von außen ankommenden Datenverkehr, sondern achtet auch auf Programme, die vom PC aus Daten ins Internet übertragen wollen. Schließlich könnte es sich dabei ja um Trojaner oder andere schwarze Schafe handeln. Nimmt ein Programm Kontakt mit dem Internet auf, vergleicht die Windows-Firewall dieses mit ihrer internen Liste und wird aktiv, wenn das Programm dort nicht verzeichnet oder gar gesperrt ist. Das kann freilich auch passieren, wenn Sie selbst eine Internetanwendung zum ersten Mal starten. Dann müssen Sie Windows beibringen, dieses Programm zu akzeptieren.

HINWEIS

Nachricht beim Blockieren von Programmen

Damit das interaktive Freischalten von Anwendungen für den Internetzugriff gelingen kann, muss in den Einstellungen der Windows-Firewall die Option *Benachrichtigen, wenn ein neues Programm blockiert wird* eingeschaltet sein (siehe vorangegangenen Abschnitt).

1 Wenn ein Programm auf das Internet zugreifen möchte, das die Windows-Firewall bislang nicht in der internen Liste verzeichnet hat, blockiert sie dessen Zugriff auf das Internet zunächst. Sie erhalten dazu ein Hinweisfenster.

2 Haben Sie dieses Programm selbst aufgerufen und wollen es online benutzen, können Sie zunächst wählen, ob der Zugriff nur in geschlossenen privaten Netzwerken oder auch an öffentlichen Hotspots erlaubt sein soll.

3 Klicken Sie dann unten auf *Zugriff zulassen*.

4 Wurde das Programm versehentlich gestartet, handelt es sich um ein Programm, das gar keine Internetfunktionen haben sollte, oder haben Sie vielleicht gar kein Programm gestartet, dann klicken Sie unten rechts auf die Schaltfläche *Abbrechen*. Damit wird dieses Programm auf die rote Liste gesetzt.

Die Zugangserlaubnis für ein Internetprogramm zurückziehen

Wenn Sie ein Internetprogramm auf Rückfrage für den Zugriff aufs Internet zugelassen haben, fragt Windows nicht mehr nach, sondern startet das Programm immer sofort. Das liegt daran, dass die Windows-Firewall alle Programme, denen Sie den Zugriff einmal erlaubt haben, in einer Liste speichert, um wiederholte Nachfragen zu vermeiden. Sie können ein Programm aber wieder aus dieser Liste streichen.

1 Öffnen Sie in der Systemsteuerung das Modul Windows-Firewall und klicken Sie dort links oben auf *Ein Programm oder Feature durch die Windows-Firewall zulassen*.

2 Suchen Sie in der Liste der Programme einen Eintrag mit dem Namen des Programms. Wählen Sie diesen aus und klicken Sie dann ganz unten rechts auf die Schaltfläche *Entfernen*.

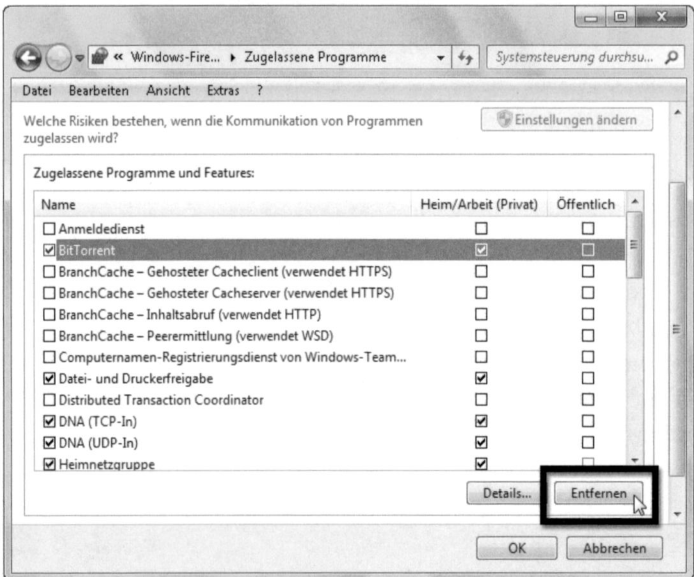

3 Bestätigen Sie die Sicherheitsrückfrage mit *Ja* und übernehmen Sie die Änderung schließlich mit *OK*. Beim nächsten Start dieser Anwendung fragt die Windows-Firewall wieder nach und Sie können das Programm nun z. B. für den Internetzugang sperren.

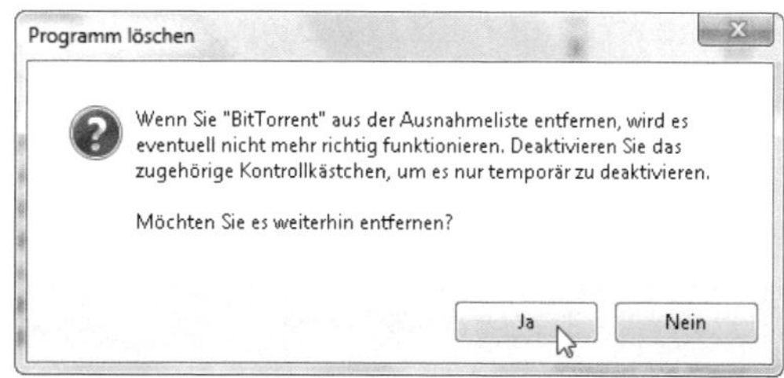

INFO

Internetanwendungen via Netzwerkports freischalten

Bei Windows XP und Vista war es noch möglich, in der klassischen Windows-Firewall nicht nur Programme, sondern auch bestimmte Netzwerkports z. B. für VoIP-Internettelefonie, P2P-Tauschbörsen oder Instant Messaging freizugeben, die dann von beliebigen Anwendungen genutzt werden konnten. Bei Windows 7 arbeitet die klassische Firewall allerdings komplett anwendungsorientiert. Freigaben können also immer nur für ein konkretes Programm ausgestellt werden. Portfreigaben sind nach wie vor möglich, müssen aber über die erweiterte Firewall vorgenommen werden (siehe im Folgenden).

22.2 Die erweiterte Firewall für flexiblen Schutz aktivieren

Während die Optionen für die klassische Windows-Firewall wie schon bei früheren Windows-Versionen ein eigenes Symbol in der Systemsteuerung haben und z. B. auch vom Sicherheitscenter aus bequem zugänglich sind, hat Microsoft die Konfiguration der erweiterten Firewall ein wenig versteckt. Offenbar soll verhindert werden, dass Benutzer „zufällig" darüber stolpern, denn diese Optionen erfordern schon etwas mehr Kenntnisse als bei der klassischen Variante. Vor allem aber sind die Konfigurationsmöglichkeiten wohl etwas zu umfangreich und komplex, um sie mal eben so als Systemsteuerungsmodul zu präsentieren.

1 In den Einstellungen der klassischen Firewall finden Sie bei Windows 7 links einen Link *Erweiterte Einstellungen*. Alternativ öffnen Sie die Systemsteuerung und hierin im Bereich *System und Sicherheit* das Modul *Verwaltung*.

2 Hierin finden Sie das Symbol *Windows-Firewall mit erweiterter Sicherheit*. Mit einem Doppelklick darauf starten Sie die Managementkonsole und öffnen darin direkt die Einstellungen für die erweiterte Firewall.

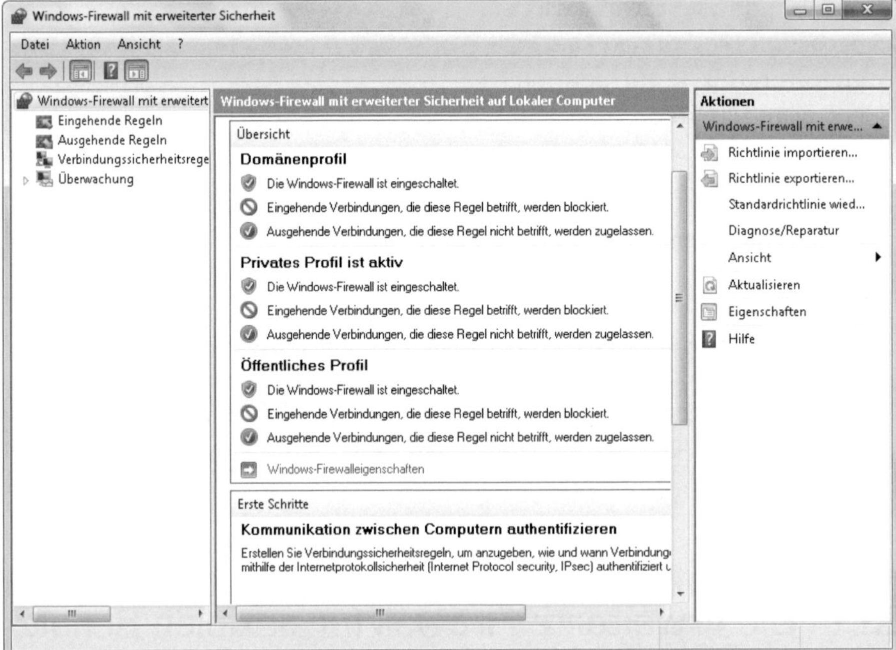

3 Im mittleren Hauptbereich der Managementkonsole sehen Sie in der Übersicht die aktuellen Statusinformationen zur erweiterten Windows-Firewall. Achten Sie hierbei vor allem auf die Angaben zu dem Profil, bei dem *ist aktiv* vermerkt ist. Hier können Sie sehen, ob die Firewall derzeit aktiviert ist und wie sie mit eingehenden und ausgehenden Verbindungen standardmäßig umgeht.

TIPP

Welches Profil ist das richtige?

Die erweiterte Windows-Firewall kann mit Einstellungen für verschiedene Szenarien versehen werden. Wenn Ihr PC mit einem Firmennetzwerk verbunden ist, das von einem Domänen-Controller koordiniert wird, sind die Einstellungen unter *Domänenprofil* entscheidend. Für den klassischen Heim-PC, der allein steht oder nur mit einem kleinen lokalen Netzwerk verbunden ist, gelten die Einstellungen unter *Privates Profil*. Wenn Sie mit Ihrem PC an einem öffentlichen Netz teilnehmen, z. B. per WLAN in einem Internetcafé, werden die Einstellungen bei *Öffentliches Profil* verwendet.

Die Optionen selbst unterscheiden sich nicht. Sie können aber verschiedene Einstellungen wählen, wenn der PC sich z. B. im Firmennetzwerk anders verhalten soll als zu Hause. Die Unterscheidung zwischen privat und öffentlich entspricht der in Kapitel 29 vorgestellten Einstufung jeder Netzwerkverbindung.

4 Weitere Informationen zur Firewall erhalten Sie über die Navigationsleiste ganz links. Dem Eintrag der Windows-Firewall ist ein Symbol vorangestellt. Genau wie in einer Ordnerleiste können Sie den Eintrag mit einem Klick darauf aufklappen und so weitere Unterbereiche zum Vorschein bringen, etwa die Listen mit den vordefinierten Ausnahmen für eingehende und ausgehende Datenverbindungen oder die Einstellungen zum Überwachen der Firewall.

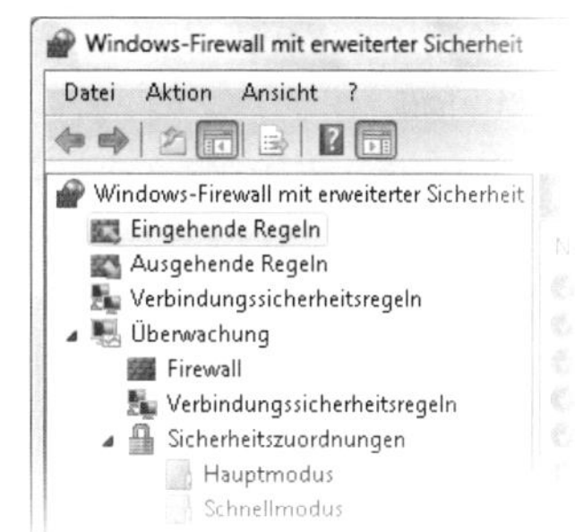

5 Ganz rechts im Fenster sehen Sie die Leiste *Aktionen*. Diese ist kontextabhängig und verändert sich jeweils, wenn Sie links einen der Bereiche auswählen. Sie stellt jeweils die Funktionen zur Auswahl, die für die verschiedenen Bereiche relevant sind, wie z. B. das Anlegen neuer Ausnahmen. Außerdem finden Sie immer Funktionen zum Steuern der Ansicht sowie einen *Hilfe*-Link.

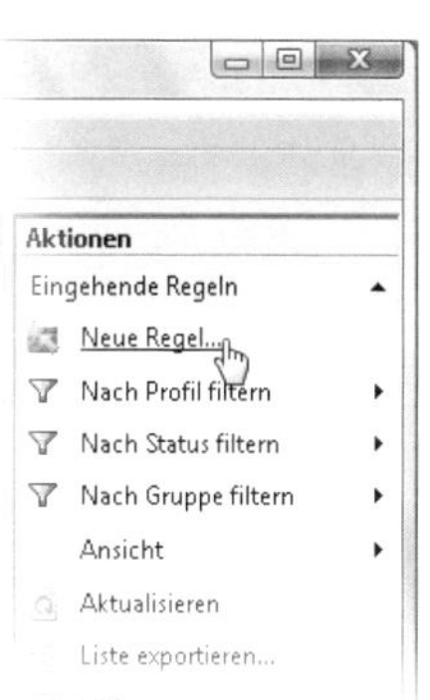

Die erweiterte Firewall aktivieren und konfigurieren

Die erweiterte Firewall ist nach der Installation standardmäßig aktiviert. Die Konfiguration ist aber so gewählt, dass sie tatsächlich keinen nennenswerten Einfluss auf die Netzwerkverbindungen nimmt. Das ist auch in Ordnung so, denn solange zumindest die klassische Firewall ihren Dienst tut, hält sich die potenzielle Gefahr in Grenzen.

Sie können die erweiterte Firewall aber jederzeit zusätzlich zur klassischen verwenden. Allerdings sollten Sie dabei auf eine sinnvolle Konfiguration achten, um die Netzwerkfunktionen Ihres PCs nicht zu beeinträchtigen.

1 Um die erweiterte Firewall einzustellen, klicken Sie in der Managementkonsole im Bereich *Übersicht* ganz unten auf den Link *Windows-Firewall-eigenschaften*.

2 Damit öffnen Sie einen Einstellungsdialog, in dem Sie zunächst die richtige Registerkarte wählen sollten. Ist Ihr PC an ein Firmennetzwerk mit Domänen-Controller angeschlossen, sind Sie bei *Domänenprofil* richtig. Ein Stand-alone-PC oder ein Heim-PC in einem kleinen lokalen Netz hingegen wird auf der Registerkarte *Privates Profil* konfiguriert. Inhaltlich sind sich beide Registerkarten völlig ähnlich, deshalb ist an dieser Stelle etwas Umsicht erforderlich.

3 Um die Firewall zu aktivieren, setzen Sie das Auswahlfeld *Firewallstatus* auf *Ein*.

4 Danach sollten Sie unbedingt die Grundeinstellungen der Firewall überprüfen und ggf. anpassen:

- *Eingehende Verbindungen* legt fest, wie die Firewall mit Verbindungen umgeht, die von außerhalb an den Rechner herangetragen werden. Mit *Blockieren (Standard)* verhindert das Programm alle Verbindungen, die nicht vom PC selbst angefordert wurden und für die keine Ausnahmeregelungen (siehe S. 399) bestehen. Mit *Alle blockieren* unterbinden Sie jegliche Datenpakete von außerhalb. Diese Einstellung verhindert aber unter Umständen Internetdienste wie P2P-Dateitausch, Messaging oder Internettelefonie. Auf keinen Fall empfehlenswert ist hier die Einstellung *Zulassen*, da Ihr PC damit wie das sprichwörtliche Scheunentor offen steht.
- Etwas anders sieht die optimale Einstellung bei *Ausgehende Verbindungen* aus. Hier ist *Zulassen (Standard)* die übliche Einstellung. Sie lässt alle Datenverbindungen zu, die vom PC selbst aus nach draußen abgehen. Nur wenn für bestimmte Programme, Protokolle oder Ports Einschränkungen festgelegt werden, unterbindet die Firewall diese Verbindungen. Mit *Blockieren* würden sämtliche abgehenden Verbindungen unterbunden

und Ihr PC wäre praktisch völlig von der Außenwelt isoliert. Das mag in manchen speziellen Situationen wünschenswert sein, in der Regel aber sicherlich nicht.

5 Klicken Sie anschließend noch im Bereich *Einstellungen* auf die Schaltfläche *Anpassen*.

6 Im anschließenden Dialog können Sie das grundlegende Verhalten der Windows-Firewall mit einigen Optionen steuern.

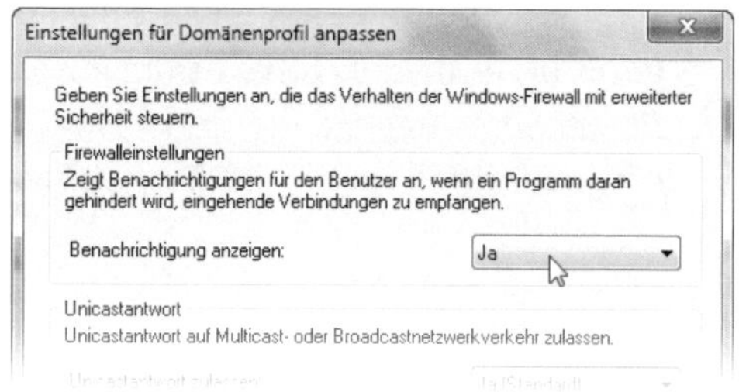

7 Sehr wichtig ist die Option *Benachrichtigung anzeigen* oben im Bereich *Firewalleinstellungen*. Ist sie aktiviert, wird der Benutzer informiert, wenn eine Anwendung auf seinem PC eine Verbindung herstellt, um Daten von außerhalb zu empfangen. Verfügt der Benutzer über Administratorrechte, kann er dann entscheiden, dies zuzulassen oder zu blockieren. Kommt es allerdings sehr häufig zu solchen Rückfragen, kann es hilfreich sein, diese Option zu deaktivieren. Dann gelten die in den Einstellungen festgelegten Standardregeln.

8 Klicken Sie dann zweimal auf *OK*, um die jeweiligen Dialoge zu schließen und die gewählten Einstellungen zu aktivieren.

22.3 Die Firewall für wichtige Dienste wie VoIP, Onlinespiele oder P2P durchlässig machen

Wie die klassische Firewall filtert auch die erweiterte Firewall eingehende Daten aus dem Internet. Dabei lässt sie nur solche Daten passieren, die zuvor von einer Anwendung oder einem Dienst des PCs ausdrücklich angefordert wurden. Beispiel: Wenn der Internet Explorer eine Webseite abruft, schickt er eine Anforderung an den entsprechenden Webserver. Dieser beantwortet sie mit den Daten der Webseite. Diese Antwort wird von der Firewall durchgelassen, da sie sich der Anforderung durch den Internet Explorer direkt zuordnen lässt. Es handelt sich also um erwünschte Daten.

Datenpakete, zu denen sich keine Aufforderung zuordnen lässt, werden hingegen blockiert. Auch hier ein Beispiel: Bei der Internettelefonie per VoIP will Sie jemand erreichen. Dazu schickt sein VoIP-Programm ein entsprechendes Datenpaket an Ihren PC. Dieses wurde allerdings nicht ausdrücklich angefordert (denn Sie wissen ja nicht, dass jemand Sie jetzt gerade erreichen will). Also blockiert die Firewall diese Daten und Sie erfahren nichts von dem Anrufversuch. Daraus folgt nun nicht, dass sich Firewall und VoIP nicht vereinbaren lassen. Sie müssen aber in der Firewall eine Ausnahmeregel definieren, die Datenpakete mit VoIP-Anrufen grundsätzlich durchgehen lässt.

1 Wählen Sie in der Verwaltungskonsole der Firewall ganz links in der Navigationsleiste den Unterbereich *Eingehende Regeln*, in dem Sie Ausnahmeregeln für eingehende Datenverbindungen festlegen können.

2 Wechseln Sie dann auf die ganz rechte Seite des Fensters in den Bereich *Aktionen* und klicken Sie hier ganz oben auf *Neue Regel*. Damit starten Sie einen Assistenten, der Sie komfortabel durch die Schritte zum Definieren einer Firewall-Regel führt.

3 Wählen Sie im ersten Schritt, auf welcher Basis die Regel erstellt werden soll. Der Assistent kann Ausnahmeregeln an einem Programm, einem Port oder an vordefinierten Windows-Diensten festmachen. Alternativ können Sie mit *Benutzerdefiniert* auch eine „leere" Regel erstellen, die sich anschließend ganz detailliert bearbeiten lässt. Das ist aber eher eine Lösung für spezielle Situationen und fortgeschrittene Netzwerkkenntnisse. Um Datenverbindungen für einen bestimmten Internetdienst wie etwa VoIP freizuschalten, verwenden Sie die Option *Port*.

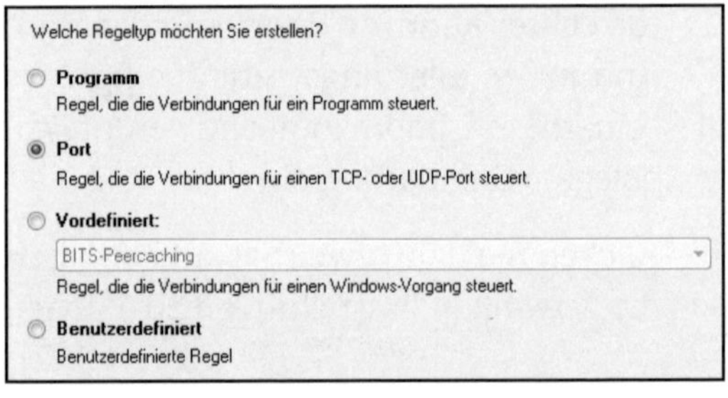

4 Im nächsten Schritt geben Sie an, welche Ports genau freigegeben werden sollen. Wählen Sie dazu zunächst, ob es sich um TCP- oder UDP-Verbindungen handelt. Darunter wählen Sie dann die Option *Bestimmte lokale Ports* und geben den oder die Portnummern an. Mehrere Nummern werden dabei durch Kommas getrennt. Um etwa Anrufe beim VoIP zu erhalten, muss der Port 5060 für UDP-Verbindungen freigeschaltet werden.

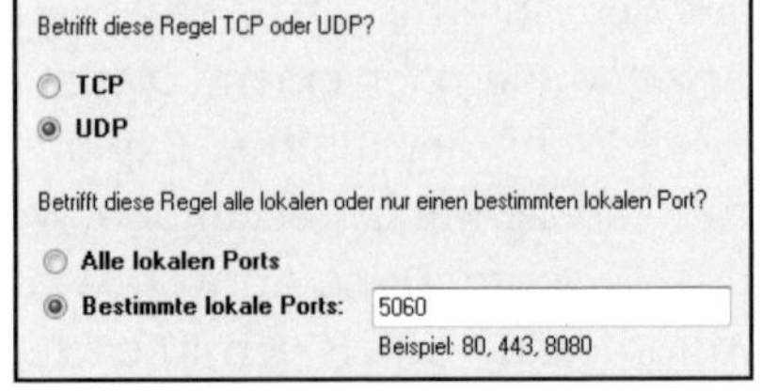

TIPP

Welche Ports müssen freigeschaltet werden?

Jeder Internetdienst verwendet andere Ports. Eine pauschale Aussage, welche Ports freigeschaltet werden müssen, ist deshalb nicht möglich. Lediglich eine Faustregel kann aus Sicherheitsgründen gelten: so viele wie nötig, aber so wenig wie möglich. Welche Ports ein bestimmter Dienst benötigt, erfahren Sie meist in der Hilfe des dazugehörenden Programms oder in den FAQ des Dienstanbieters. Achten Sie dabei nicht nur auf die Portnummern selbst, sondern auch auf die Verbindungsart (TCP oder UDP) und die Richtung der Daten (ein- bzw. ausgehend oder beides).

5 Dann legen Sie fest, was für Verbindungen auf diesem Port zugelassen werden. In den meisten Fällen sollten Sie sich für *Verbindung zulassen* entscheiden. In bestimmten Situationen kann es erforderlich sein, nur sichere, verschlüsselte Verbindungen zuzulassen, z. B. wenn es um Funktionen eines virtuellen privaten Netzwerks (VPN) geht.

Welche Aktion soll durchgeführt werden, wenn eine Verbindung die angegebenen Bedingungen erfüllt?

Verbindung zulassen

...geschützt wurden, als auch andere Verbindungen zulassen.

Verbindung zulassen, wenn sie sicher ist

Nur Verbindungen zulassen, die durch Verwendung von IPsec authentifiziert wurden und deren Integrität mithilfe von IPsec geschützt wurde. Die Verbindungen werden mit den Einstellungen in den IPsec-Eigenschaften und -regeln im Knoten "Verbindungssicherheitsregel" gesichert.

Verschlüsselung ist für Verbindungen erforderlich

Neben Integrität und Authentifizierung ist Datenschutz erforderlich.

Regeln zum Blocken außer Kraft setzen

Diese Option ist nützlich für Tools, die immer verfügbar sein müssen, zum Beispiel Remoteverwaltungstools. Wenn Sie diese Option wählen, müssen Sie zudem einen autorisierten Computer oder eine Computergruppe angeben.

Verbindung blocken

6 Schließlich wählen Sie aus, für welche Bereiche die Regel gelten soll. Dies bezieht sich wieder auf die Unterscheidung zwischen Domänenprofil, privatem und öffentlichem Profil (siehe S. 395 und Kapitel 29).

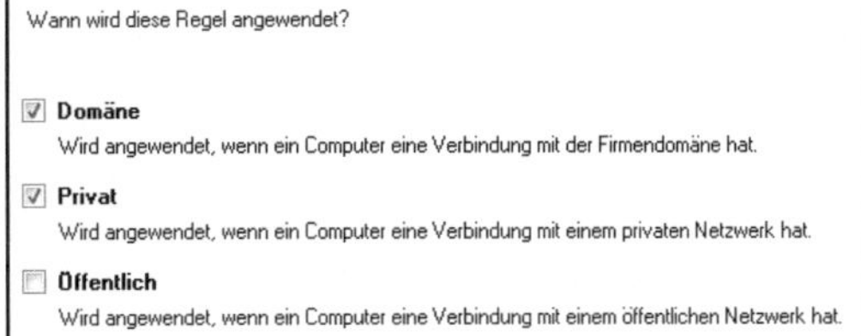

7 Zum Schluss können Sie einen Namen und eine Beschreibung der Regel angeben. Beide dienen nur Ihrer eigenen Orientierung, um die Regel in der womöglich recht langen Liste wiederzufinden und auch nach längerer Zeit noch sofort zu verstehen, wofür diese Regel gedacht war.

Auf diese Weise können Sie Ausnahmeregeln für beliebige Internetdienste wie z. B. VoIP, P2P-Filesharing, Onlinespiele oder Messaging-Dienste definieren, damit Sie diese uneingeschränkt nutzen und Ihren PC trotzdem per Firewall absichern können.

22.4 Unerwünschte Updates und Datenschnüffeleien per Firewall unterbinden

Die erweiterte Firewall erlaubt auch detaillierte Vorgaben für ausgehende Daten. Dadurch lassen sich unerwünschte Anwendungen und Dienste auf dem PC effektiv unterbinden. Das folgende Beispiel zeigt, wie Sie sich das zunutze machen können, um z. B. Updates einer Anwendung bzw. deren „Nach-Hause-Telefonieren" zu verhindern, wenn sich dies nicht anderweitig deaktivieren lässt. Überlegen Sie allerdings jedes Mal genau, ob nicht z. B. die ständige Benachrichtung anstehender Updates doch sinnvoll ist. Schädlinge können mittlerweile fast alle Programmschwächen ausnutzen, um Schaden anzurichten; ständig aktuell gehaltene Software kann davor schützen. Zumindest für die Software von bekannten, vertrauenswürdigen Softwarefirmen sollte man das Internetupdate eher nicht sperren. Aber es gibt ja auch andere Software, die in erster Linie an Informationen über Ihr (Internet-)Verhalten interessiert ist.

Durch eine entsprechende Firewall-Regel wird nicht die Anwendung selbst blockiert, sondern nur deren Internetkonnektivität. Das ist dann also so, als ob das Programm auf einem PC ohne Internetverbindung laufen würde. Der Vorgang ist im Prinzip der gleiche wie bei der vorangehend beschriebenen Filterregel für eingehende Verbindungen. Deshalb beschränken wir uns auf die wesentlichen Einstellungen.

1 Wählen Sie links in der Navigationsleiste die Unterrubrik *Ausgehende Regeln*.

2 Klicken Sie rechts bei *Aktionen* auf *Neue Regel*.

3 Wählen Sie im ersten Schritt des Assistenten die Option *Programm*, um eine Anwendung (bzw. deren Internetfunktionen) zu blockieren.

4 Im nächsten Schritt aktivieren Sie die Option *Dieser Programmpfad* und wählen dann mit *Durchsuchen* die Programmdatei der Anwendung aus.

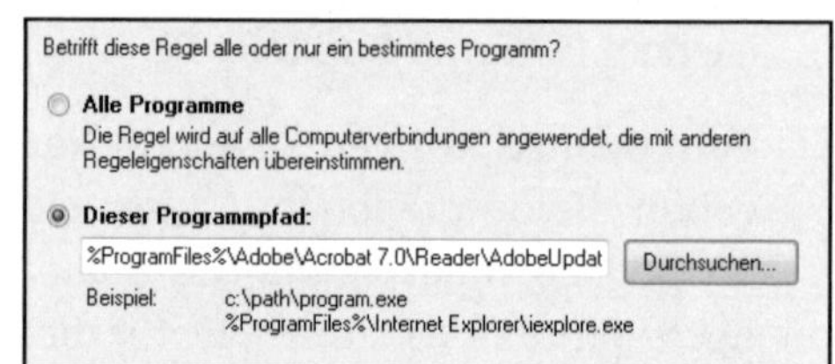

5 Geben Sie dann als Aktion *Verbindung blocken* an, damit alle Verbindungen, die diese Anwendung ins Internet aufbauen möchte, von der Firewall blockiert werden.

6 Wählen Sie schließlich das bzw. die Profile aus, für die die Regel gelten soll, und tragen Sie einen Namen sowie eine Beschreibung für die neue Regel ein.

23. Trojaner und Spyware erkennen und entfernen

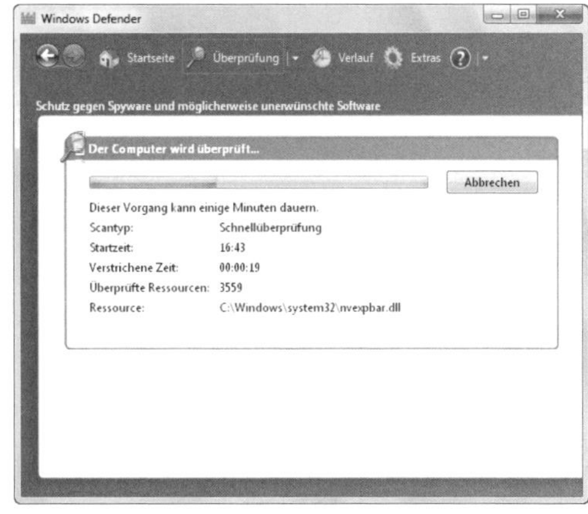

Der Windows Defender war schon bei Vista im Lieferumfang enthalten und kann für Windows XP per Download nachgerüstet werden. Insofern ist er sicherlich keine Neuerung. Trotzdem hat sich auch hier etwas getan, wenn auch nicht unbedingt nur zum Guten. Zum einen wurde die Oberfläche überarbeitet und der Windows 7-Optik angepasst. Zum anderen wurde eine der besten Funktionen des Windows Defender entfernt: Mit dem Software-Explorer konnte man die laufenden Anwendungen und Prozesse analysieren und so verdächtige Software erkennen und vor allem die beim Start automatisch aktivierten Programme gut kontrollieren. Auf diese praktische Funktionalität hat Microsoft nun leider verzichtet.

23.1 Schädlinge auf dem PC ausfindig machen und beseitigen

Am Grundprinzip des Windows Defender hat sich nichts geändert. Er überprüft ähnlich wie Virenscanner die vorhandenen Dateien auf Spuren von bekannten Schädlingen. Allerdings verwendet der Defender dabei eben keine klassischen Vireninformationen, sondern spezielle Signaturen von Spyware und Trojanern. Solche Überprüfungen sollten regelmäßig stattfinden. Andernfalls beschwert sich der Defender und bringt sich via Wartungscenter bzw. Infobereich ins Gedächtnis.

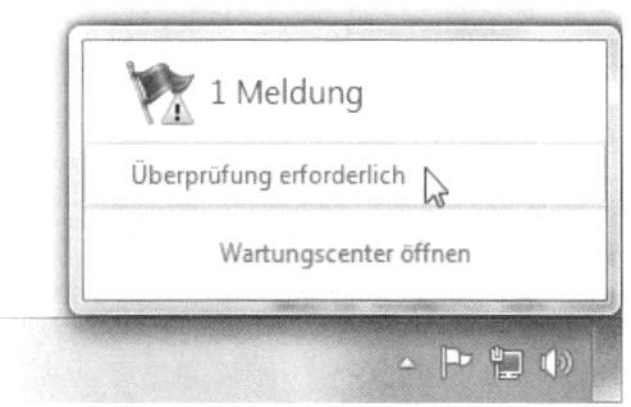

1 Schon gleich nach der Installation von Windows 7 werden Sie im Infobereich und im Wartungscenter regelmäßig einen Hinweis auf eine erforderliche Überprüfung vorfinden. Dies bedeutet, dass der Windows Defender den PC auf Schädlinge hin scannen möchte.

2 Klicken Sie dazu z. B. auf *Überprüfung erforderlich* im Infobereich. Alternativ starten Sie den Windows Defender manuell und in der Symbolleiste *Überprüfung/Schnellüberprüfung*.

3 Der Windows Defender beginnt dann unmittelbar mit den maßgeblichen Ordnern und Dateien. Auch wesentliche Einstellungen in der Registry werden überprüft. Dies kann je nach Ausstattung des PCs einige Zeit in Anspruch nehmen. Sie können das Programm aber minimieren und im Hintergrund weiterarbeiten lassen.

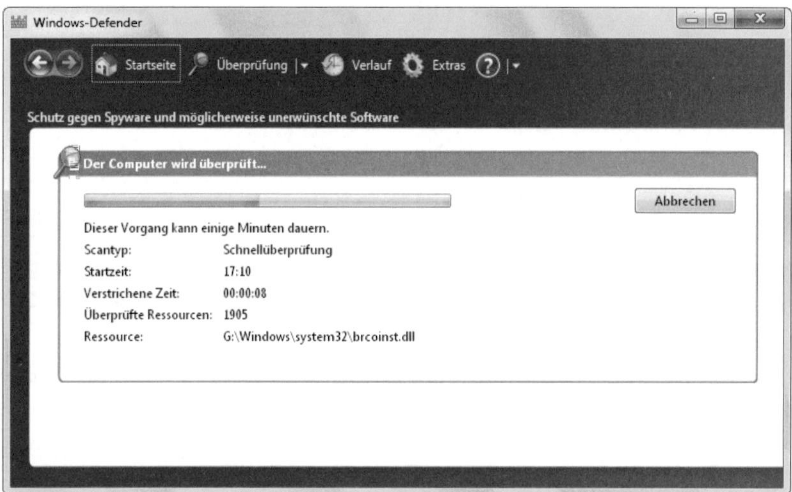

4 Nach dem Ende des Scans informiert Sie der Defender über das Ergebnis. Finden Sie hier die Meldung *Es wurde keine unerwünschte oder schädliche Software ermittelt*, ist alles in bester Ordnung und Sie können beruhigt weiterarbeiten.

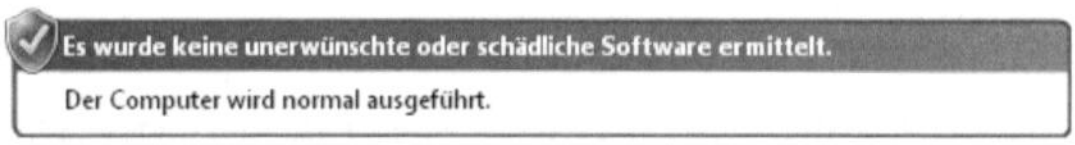

5 Sollte er verdächtige Spuren gefunden haben, bittet er Sie um Überprüfung. Klicken Sie in diesem Fall auf den Link *Gefundene Elemente prüfen*.

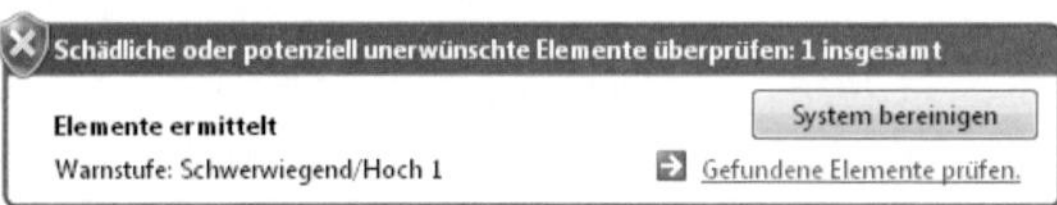

6 Im anschließenden Dialog finden Sie eine Liste mit den als verdächtig erkannten Elementen vor. Zu jedem Eintrag finden Sie neben dem Namen eine Warnstufe und die möglichen Aktionen.

7 Wenn Sie eines der Elemente auswählen, finden Sie unten weitere Erläuterungen sowie Empfehlungen, wie mit diesem Element umzugehen ist.

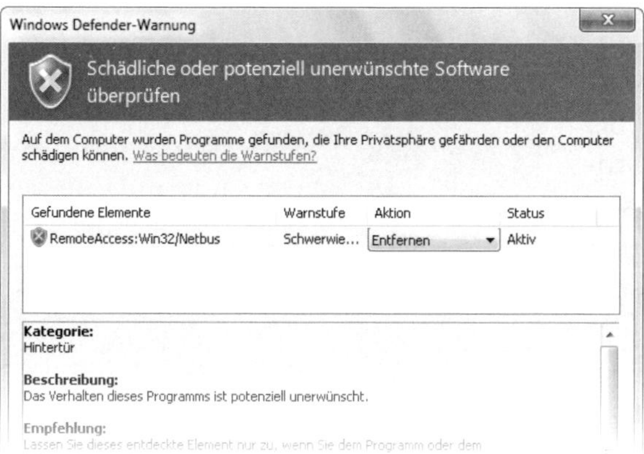

8 Die Spalte *Aktion* besteht aus einem Auswahlfeld. Hier können Sie das Element zulassen, falls es sich um eine erwünschte Software handelt. Andernfalls haben Sie die Möglichkeit, das Element zu entfernen oder zumindest vom Windows Defender in Quarantäne nehmen zu lassen, sodass es keinen Schaden anrichten kann.

9 Legen Sie für alle aufgeführten Elemente die gewünschte Aktion fest und klicken Sie dann unten rechts auf *Aktionen anwenden*.

Einzelne Ordner gezielt überprüfen

Gerade bei einem konkreten Verdacht, dass z. B. ein heruntergeladenes Programm Spyware enthält, ist es nicht immer nötig, gleich den gesamten PC zu überprüfen. Der Windows Defender bietet für solche Fälle eine benutzerdefinierte Überprüfung an, mit der Sie ganz genau den oder die Ordner testen, in denen Sie z. B. die heruntergeladenen Dateien gespeichert haben. Da der Umfang der zu prüfenden Dateien dabei wesentlich kleiner ist, erfahren Sie so sehr schnell, ob Sie die neue Software bedenkenlos installieren können.

1 Starten Sie den Windows Defender und wählen Sie im Untermenü der *Überprüfung*-Schaltfläche den Punkt *Benutzerdefinierte Überprüfung*.

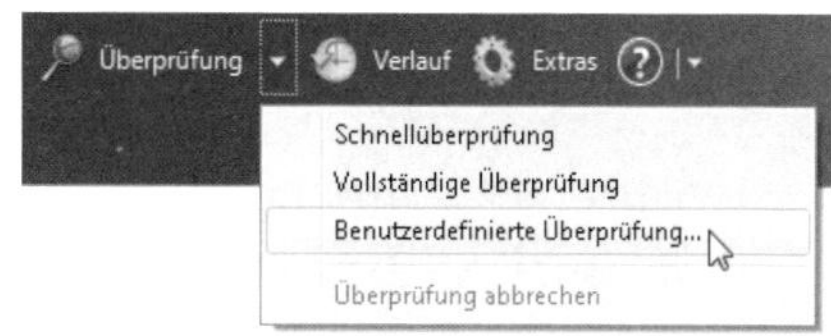

2 Im anschließenden Dialog ist nun bereits die Option *Ausgewählte Laufwerke und Ordner überprüfen* aktiviert. Klicken Sie rechts daneben auf die *Auswählen*-Schaltfläche.

3 Damit öffnen Sie einen Auswahldialog, in dem Sie ähnlich wie im Windows-Explorer die Baumstruktur der vorhandenen Laufwerke immer weiter ausklappen können, bis Sie zu dem gewünschten Ordner gelangen. Bei diesem setzen Sie dann im Kästchen links daneben ein Häkchen. Das Programm markiert die übergeordneten Verzeichnisse automatisch.

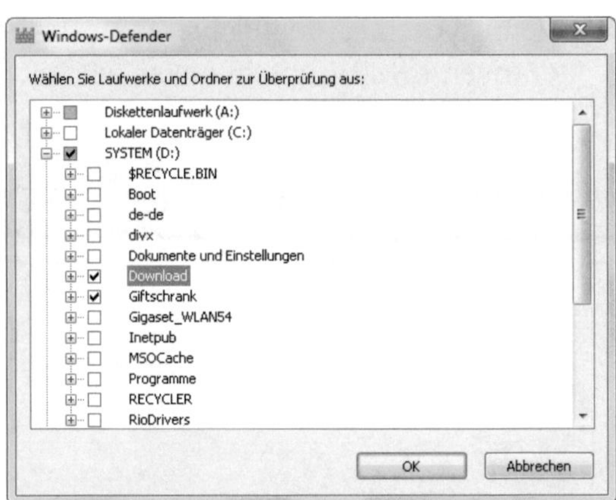

4 Auf diese Weise können Sie ggf. auch mehrere Ordner in einem oder verschiedenen Laufwerken auswählen. Klicken Sie dann auf *OK*, um zurück ins Hauptfenster des Windows Defender zu gelangen.

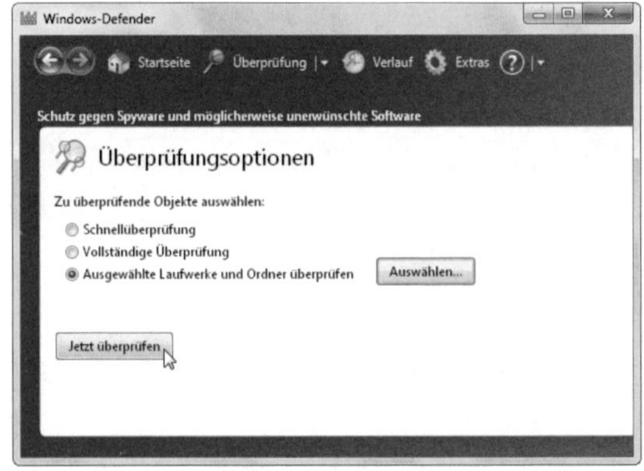

5 Klicken Sie hier auf die Schaltfläche *Jetzt überprüfen*, um die Überprüfung zu starten. Ab hier läuft der Scan genau wie zuvor beschrieben ab, nur dass der Windows Defender sich auf die ausgewählten Ordner beschränkt.

Auf Nummer sicher gehen: den PC automatisch überprüfen lassen

Um ganz auf Nummer sicher zu gehen, können Sie Ihren Rechner (bzw. bestimmte Bereiche) vom Windows Defender in regelmäßigen Abständen ganz automatisch überprüfen lassen. Dazu brauchen Sie nur ähnlich wie beim Task-Manager zu programmieren, wann, wie häufig und wie intensiv die Überprüfung erfolgen soll.

1 Wechseln Sie im Hauptfenster des Windows Defender in die Rubrik *Extras* und öffnen Sie hier unter *Einstellungen* die Kategorie *Optionen*.

2 In den Optionen finden Sie ganz oben den Bereich *Automatische Überprüfung*. Aktivieren Sie hier die Option *Computer automatisch überprüfen*.

3 Bei *Häufigkeit* legen Sie dann fest, ob die Prüfung täglich oder nur wöchentlich an einem bestimmten Wochentag stattfinden soll.

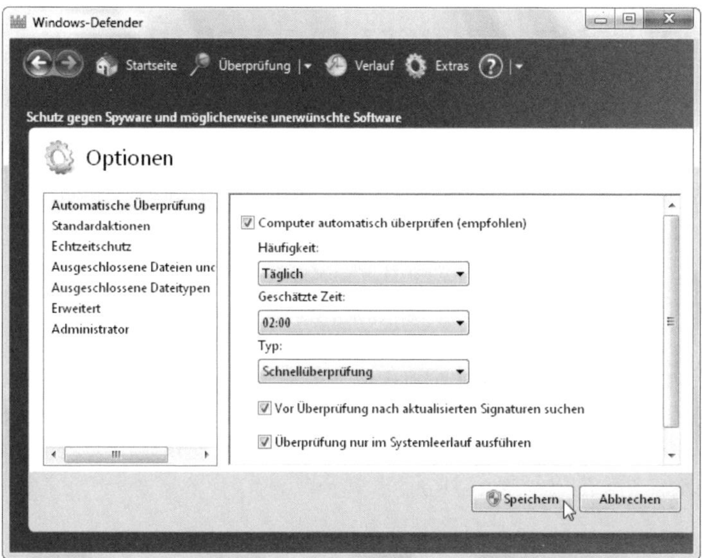

4 Zusätzlich können Sie eine geschätzte Zeit festlegen, zu der Ihr PC in der Regel eingeschaltet ist. Der Scan wird dann zu diesem Zeitpunkt im Hintergrund erledigt.

TIPP

Automatisches Entfernen

Trifft der Windows Defender bei automatisch durchgeführten Scans auf Bedrohungen, vermerkt er diese im Protokoll oder entfernt sie automatisch. Das hängt von der Warnstufe ab, die er solchen Elementen zuweist. Die Standardaktionen für die verschiedenen Warnstufen können Sie ebenfalls in den Optionen unter *Standardaktionen* vorgeben. Soll der Defender nichts unternehmen, sondern verdächtige Dateien nur im Protokoll vermerken, wählen Sie bei den Standardaktionen jeweils *Ignorieren*.

5 Bei *Typ* stellen Sie ein, ob der Windows Defender nur eine Schnellüberprüfung oder gleich eine vollständige Überprüfung durchführen soll.

6 Mit der Option *Vor Überprüfung nach aktualisierten Signaturen suchen* lassen Sie bei der Gelegenheit gleich noch ein Update durchführen.

7 Übernehmen Sie diese Einstellungen unten mit *Speichern*. Sie sind ab sofort gültig und die geplanten Scans werden automatisch durchgeführt, solange der Windows Defender aktiviert ist (was standardmäßig stets der Fall ist).

Die Ergebnisse der letzten automatischen Überprüfung finden Sie jeweils beim Start des Windows Defender auf der Startseite. Weitere Scanergebnisse lassen sich unter *Verlauf* abrufen.

23.2 Mit dem Echtzeitschutz Infektionen vermeiden

Neben den klassischen Scans, die jeweils zu einem bestimmten Zeitpunkt durchgeführt werden, bringt der Windows Defender eine Komponente für den Echtzeitschutz mit. Das ist ein Systemwächter, der permanent im Hintergrund läuft und z. B. Zugriffe auf die Registry kontrolliert. Beziehen diese sich auf Einstellungen, die typischerweise von Spyware manipuliert werden, meldet sich dieser Wächter und macht auf den Änderungsversuch aufmerksam. Sie können dann entscheiden, ob Sie diese Einstellungsänderung zulassen wollen oder nicht. Auch hier liegt ein Vergleich mit den Hintergrundwächtern von Antivirensoftware zu Recht nahe. Aber auch hier gilt wieder: Der Echtzeitschutz konzentriert sich auf Spyware und Trojaner und findet keine klassischen Viren.

So reagiert der Echtzeitschutz auf gefährliche Daten

Der Echtzeitschutz arbeitet ganz ohne Ihr Zutun immer im Hintergrund. Nur wenn eine verdächtige Aktion vorkommt, meldet er sich automatisch und macht darauf aufmerksam:

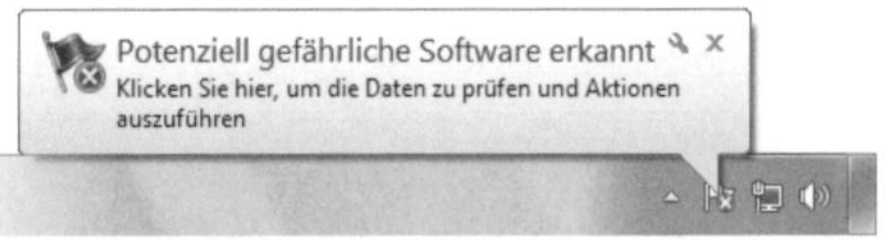

1 In solchen Fällen blendet das Symbol für das Wartungscenter einen Hinweis unten rechts ein. Klicken Sie auf diesen Infoballon, um das Defender-Fenster mit näheren Informationen zu öffnen.

2 Im anschließenden Fenster finden Sie ähnlich wie beim Überprüfen von Dateien eine Liste mit verdächtigen Vorgängen. In der Spalte *Gefundene Elemente* erfahren Sie, um welche Datei oder Anwendung es sich handelt. Die Spalte *Warnstufe* enthält eine Einschätzung, wie groß das Gefahrenpotenzial ist.

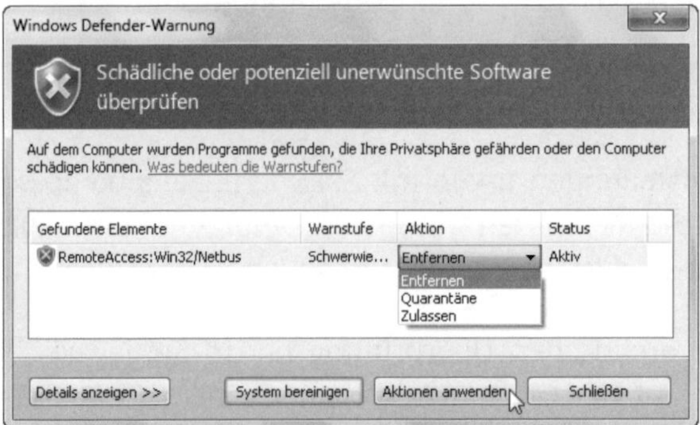

3 Mit *Details anzeigen* erhalten Sie jeweils zum oben ausgewählten Element noch detailliertere Angaben und Empfehlungen, wie Sie mit der Situation umgehen sollten. Hier werden auch – soweit vorhanden – Bewertungen dieses Vorgangs durch die SpyNet-Community (siehe unten) angezeigt.

4 In der Spalte *Aktion* bestimmen Sie, ob Sie diese Datei entfernen, in Quarantäne stecken oder den Zugriff zulassen wollen.

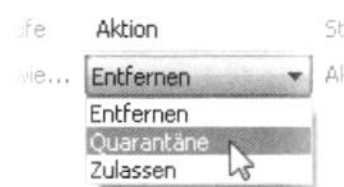

5 Klicken Sie dann unten rechts auf *Aktionen anwenden*, um die gewählte(n) Aktion(en) ausführen zu lassen.

23.3 Informationen und Tipps von der SpyNet-Community

Zu den innovativen Ansätzen des Windows Defender gehört die Integration der SpyNet-Community direkt in das Programm. Die Idee dazu ist von den P2P-Dateitauschbörsen abgeschaut: Alle Teilnehmer der Community stellen ihre eigenen Informationen über Spyware allen anderen zur Verfügung. Im Gegenzug erhalten sie selbst Informationen von den anderen Mitgliedern. In der Praxis sieht das so aus: Wann immer Sie eine Entscheidung treffen, eine bestimmte Software zu blockieren oder zuzulassen, wird diese Information an die Antispyware-Community übermittelt. Dort speichert ein Server alle Daten.

Wenn nun der Windows Defender eine neue Software auf Ihrem Server entdeckt, kann er beim SpyNet-Server Informationen dazu abfragen. So erfahren Sie z. B., ob eine Mehrzahl der Community-Mitglieder dieses Programm blockiert oder zulässt, und können sich danach richten. Außerdem gibt es zu bestimmten Programmen auch offizielle Einschätzungen und Empfehlungen von Microsoft. Solange es Sie nicht stört, dass Daten über Ihren PC an einen Microsoft-Server im Internet übermittelt werden, empfiehlt es sich durchaus, der Community beizutreten und von den teilweise sehr konkreten Erfahrungen und Empfehlungen der anderen Benutzer zu profitieren.

Der SpyNet-Community beitreten

Um am Community-System des Windows Defender teilzunehmen, müssen Sie ihm einmalig beitreten. Sie erhalten dann eine Zugangs-ID und der Windows Defender wird so konfiguriert, dass er die Funktionen der Community in Zukunft automatisch nutzt.

1. Wechseln Sie im Hauptfenster des Windows Defender in die Rubrik *Extras* und öffnen Sie hier *Microsoft SpyNet*.

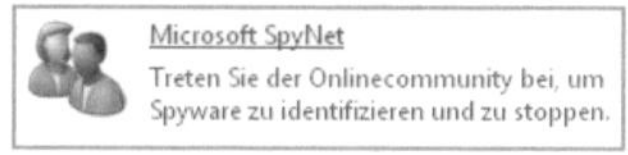

2. Im anschließenden Dialog können Sie die Art der Mitgliedschaft festlegen:

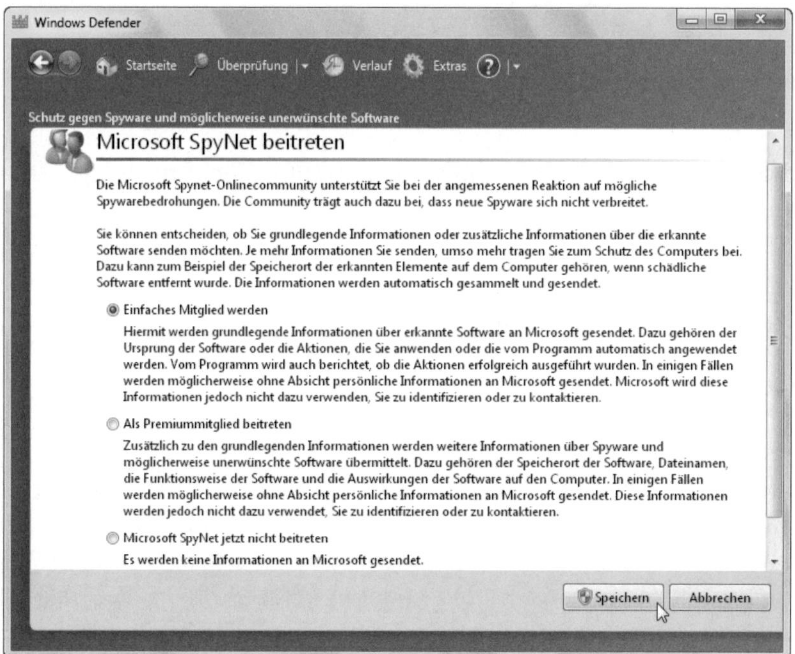

- Als einfaches Mitglied übermittelt der Windows Defender laut Microsoft nur Informationen über gefundene Software und gewählte Aktionen an die Community. Allerdings werden dabei „in einigen Fällen [...] möglicherweise ohne Absicht persönliche Informationen an Microsoft gesendet". Diese will Microsoft aber angeblich nicht verwenden.
- Als Premiummitglied müssen Sie zwar auch kein Geld hinlegen, aber dafür bezahlen Sie mit persönlichen Daten für den zusätzlichen Service, dass Sie auch bei Software, die nicht analysiert wurde, konkrete Empfehlungen erhalten. Ob man das möchte, muss jeder selbst entscheiden.
- Wenn Ihnen die ganze SpyNet-Geschichte suspekt ist, wählen Sie *Microsoft SpyNet jetzt nicht beitreten*, um diese Funktion ganz zu deaktivieren.

3 Wählen Sie die gewünschte Option aus und klicken Sie dann unten auf *Speichern*. Die Einstellungen sind ab sofort aktiv.

TIPP

SpyNet und Datenschutz

Die Beliebtheit von Tools wie AntiSpy lassen erahnen, wie viele Anwender Microsoft in Bezug auf den Datenschutz misstrauen. Die SpyNet-Community klingt wie eine gute Idee, aber man sollte dabei nicht vergessen, dass die Daten letztlich bei Microsoft landen und dort nach Gutdünken verwendet werden können. Microsoft selbst hat auf SpyNet-Präsentationen eindrucksvoll gezeigt, welche Informationen dieses Netzwerk dem Softwarekonzern selbst liefert. So haben die Microsoft-Entwickler dank SpyNet einen sehr präzisen Überblick darüber, wie viele Benutzer welche Software installiert haben - ganz egal, ob es sich dabei um Spyware oder ganz reguläre Anwendungen handelt. Auch wenn die Daten kaum zu personalisieren sind, besteht kein Zweifel, dass die SpyNet-Funktion Microsoft einen großen Informationsgewinn bringt.

Empfehlungen von der Community

Sind Sie der Antispyware Community als einfaches oder als Premiummitglied beigetreten, brauchen Sie nichts weiter zu veranlassen. Der Windows Defender übermittelt die Daten der auf Ihrem PC gefundenen Verdächtigen sowie Ihre Aktionen automatisch an die Community. Umgekehrt ruft er automatisch verfügbare Informationen ab, um Ihnen Entscheidungen zu erleichtern. Diese Informationen werden automatisch in die Detailinformationen zu verdächtigen Elementen eingefügt.

23.4 Den Windows Defender deaktivieren

Möglicherweise trauen Sie Microsoft beim Kampf gegen Spyware nicht so recht über den Weg und/oder bevorzugen eine der Alternativen im Bereich der Antispywareprogramme. In diesem Fall können und sollten Sie den Windows Defender deaktivieren. So vermeiden Sie Doppel- und Fehlalarme und werden überdies das dann nutzlose Defender-Symbol im Infobereich los.

1 Wechseln Sie im Hauptfenster des Windows Defender in die Rubrik *Extras* und öffnen Sie hier die Optionen.

2 In den Einstellungen finden Sie ganz unten den Bereich *Administrator*.

3 Schalten Sie hier die Option *Dieses Programm verwenden* aus.

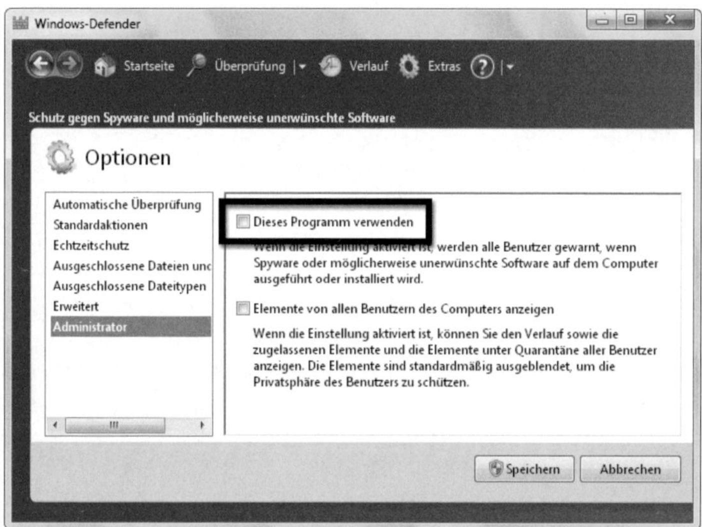

4 Klicken Sie dann unten auf *Speichern* und geben Sie – als Nichtadministrator – anschließend Ihre Zustimmung zum Ausführen des Konfigurationsprogramms.

5 Da der Windows Defender vom Wartungscenter überwacht wird, meldet sich dieses gleich im Anschluss mit dem Hinweis, dass die Sicherheit Ihres Computers möglicherweise gefährdet sei.

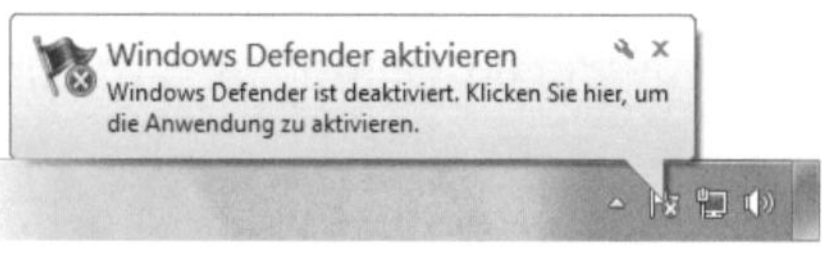

6 Damit diese Warnung nun nicht ständig angezeigt wird, öffnen Sie das Wartungscenter. Klicken Sie hier bei *Schutz vor Spyware und unerwünschter Software* auf den Link *Meldungen zu Schutz vor Spyware and ähnlicher Malware deaktivieren*.

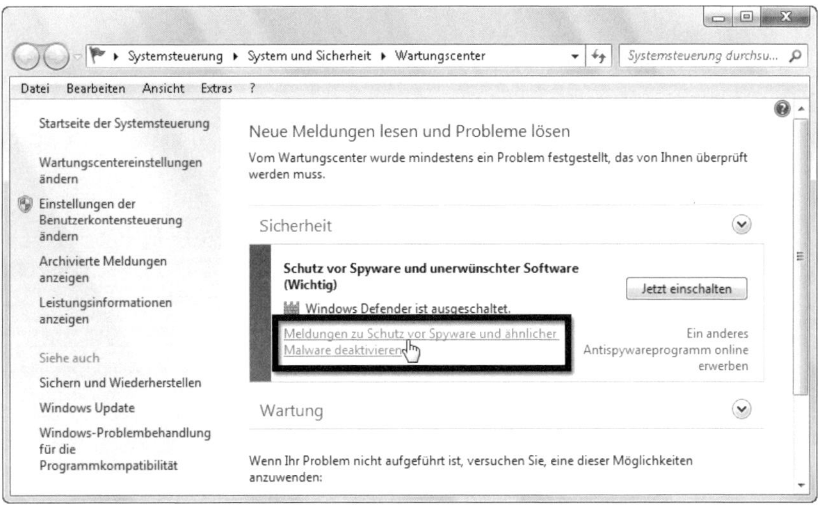

7 Damit lassen Sie den Spywareschutz nicht mehr durch das Sicherheitscenter überwachen und ab sofort unterbleibt der Warnhinweis auf den deaktivierten Windows Defender.

23.5 Basisvirenschutz mit den kostenlosen Microsoft Security Essentials

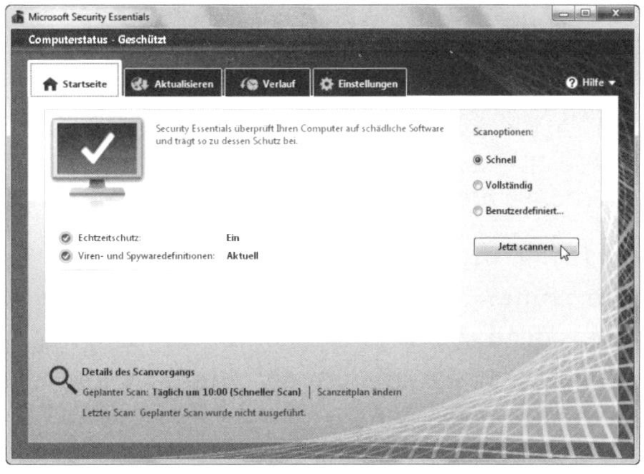

Dass Windows ohne Virenschutz ausgeliefert wird, kritisieren Sicherheitsexperten schon seit Langem. Schließlich sind Microsoft-Betriebssysteme nicht zuletzt dank ihrer weiten Verbreitung beliebte Opfer von Virenangriffen. Allerdings kann Microsoft wohl allein aus wettbewerbsrechtlichen Gründen den zahlreichen kommerziellen Anbietern von Antivirenlösungen keine Konkurrenz machen. Deshalb kommt auch Windows 7 wieder ohne Antivirensoftware. Allerdings stellt Microsoft mit den kostenlosen Microsoft Security Essentials zumindest einen Basisvirenschutz für seine Anwender bereit. Es handelt sich dabei um einen Echtzeitschutz gegen Viren, Spyware und andere potenziell schädliche Software.

INFO

Wie „gut“ ist die kostenlose Lösung?

AV-Test.org, eine anerkannte, unabhängige Firma, die regelmäßig die Tests von Antivirensoftware z. B. für Fachzeitschriften durchführt, hat Microsoft Security Essentials der üblichen Testsuite unterworfen, mit der auch andere kostenlose und kostenpflichtige Sicherheitsprodukte regelmäßig bewertet werden. Das Ergebnis: Mit einer Erkennungsrate von 98,4 % bei Malware (Viren, Trojaner & Co.) würde das Programm in einem Vergleichstest die Note sehr gut erreichen. Diese Suite simuliert 545.000 unterschiedliche Arten von Schadsoftware. Bei einem Anti-Spywaretest mit 14.222 verschiedenen Proben konnte Microsoft Security Essentials immerhin 90,9 % erkennen, was auch ein gutes Ergebnis ist. Laut AV-Test ist Microsoft Security Essentials damit in seinen Basisfunktionen kommerziellen Antivirenprodukten durchaus ebenbürtig. Allerdings bietet es eben auch „nur“ diese Basisfunktionen, während kommerzielle Programme in der Regel noch weitergehende Schutz- und Komfortfunktionen mitbringen. Außerdem sollte bei Microsoft Security Essentials das Problem mit den automatischen Updates beachtet werden, das am Ende dieses Abschnitts angesprochen wird.

Microsoft Security Essentials installieren und einrichten

Microsoft Security Essentials kann unter *http://www.microsoft.com/security_essentials/* kostenlos heruntergeladen und installiert werden. Achten Sie bei der Auswahl des Downloads auf die richtige Sprache und die richtige Version. Für Windows 7 gibt es eine 32- und eine 64-Bit-Variante, die zur eingesetzten Windows-Version passen muss. Während der Installation erfolgt eine Überprüfung, ob das Windows „genuine“ ist, also regulär lizenziert. Windows-Raubkopien kommen also nicht in den Genuss der neuen Software. In den Lizenzbestimmungen räumt Microsoft sich das Recht ein, Nutzungsdaten vom PC des Anwenders zu erfassen und auszuwerten. Wer damit nicht einverstanden ist, der kann auf eine alternative Freewarelösung wie z. B. Avira AntiVir zurückgreifen.

Nach der Installation erfolgt zunächst eine Aktualisierung und eine schnelle Überprüfung des Systems. Später sorgt dann Windows Update dafür, dass die Virensignaturen stets aktuell bleiben. Das alles läuft vollautomatisch ab, sodass Sie sich nicht darum kümmern müssen. Einmal aktiviert, ruht der Schutz des PCs auf mehreren Säulen:

- Das System wird regelmäßig mit einem Scan überprüft. Die Zeitplanung dafür lässt sich individuell anpassen.
- Der Echtzeitschutz durchsucht laufend Dateiaktionen, ausgeführte Programme und Netzwerkaktivitäten nach Spuren von Viren.
- Überdies finden Sie im Kontextmenü für Dateien und Ordner einen Menüeintrag, mit dem Sie verdächtige Dateien jederzeit nach Bedarf überprüfen können.

Da das Programm beim Spywareschutz auch die Funktionalität des Windows Defender abdeckt, wird dieser bei der Installation automatisch deaktiviert.

Den Zeitpunkt für geplante Überprüfungen festlegen

Standardmäßig führt Microsoft Security Essentials einmal pro Woche eine schnelle Überprüfung Ihres PCs durch. Das ist eigentlich ein bisschen zu wenig. Konkret hängt es auch immer davon ab, wie häufig und intensiv Sie Ihren PC nutzen. Meine Empfehlung wäre, eine schnelle Überprüfung pro (Arbeits-)Tag durchzuführen und zusätzlich einmal wöchentlich eine vollständige Überprüfung. Leider lässt sich der Zeitplaner von Microsoft Security Essentials nicht so flexibel einstellen. Deshalb lassen Sie am besten die tägliche schnelle Überprüfung erledigen und führen die vollständige Überprüfung regelmäßig selbst durch.

1. Wechseln Sie im Programm Microsoft Security Essentials in die Rubrik *Einstellungen*.
2. Stellen Sie sicher, dass hier ganz oben die Option *Geplanten Scan für meinen Computer ausführen* aktiviert ist.
3. Darunter können Sie *Tag*, *Uhrzeit* sowie die *Scanart* festlegen. Für eine tägliche Überprüfung wählen Sie bei *Tag* ganz oben die Einstellung *Täglich*.
4. Die Option *Vor dem geplanten Scanvorgang nach neuen Viren- und Spyware-Definitionen suchen* sollte eingeschaltet sein, damit die Virensignaturen immer auf einem möglichst aktuellen Stand sind.

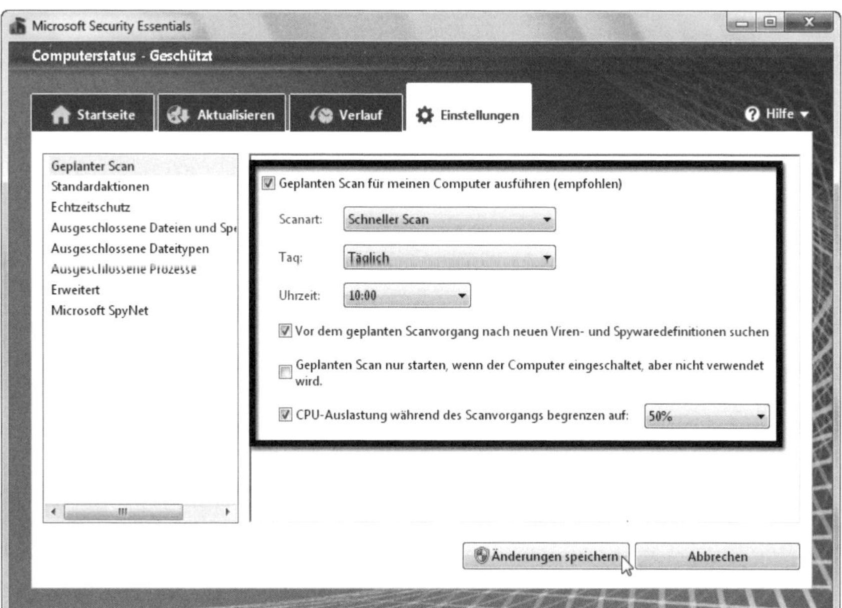

5 Die Option *Geplanten Scan nur starten, wenn der Computer eingeschaltet, aber nicht verwendet wird* ist etwas problematisch. Sie soll dafür sorgen, dass Microsoft Security Essentials Sie nicht bei wichtigen Tätigkeiten ausbremst. Aber sie hat auch ihre Schattenseiten. Wenn der PC praktisch immer genutzt und ansonsten aus Effizienzgründen immer gleich ausgeschaltet oder z. B. in den Stand-by-Modus geschickt wird, kommt Microsoft Security Essentials so unter Umständen nie oder zumindest viel zu selten zum Zuge. Deshalb sollten Sie diese Option nur eingeschaltet lassen, wenn Ihr PC regelmäßig „Arbeitspausen“ hat, in denen er Zeit für die Aktualisierung und Überprüfung findet. Ansonsten bietet die Option *CPU-Auslastung während des Scanvorgangs begrenzen auf X%* die Möglichkeit, die Überprüfungen ressourcenschonend durchzuführen, sodass sie Ihre eigene Tätigkeit nicht stören.

6 Übernehmen Sie die Einstellungen mit *Änderungen speichern*.

Microsoft Security Essentials im alltäglichen Einsatz

Prinzipiell ist Microsoft Security Essentials so entworfen, dass es komplett unsichtbar im Hintergrund seine Basisschutzfunktion erfüllt. Einmal installiert, läuft es vollautomatisch und meldet sich nur, wenn etwas Auffälliges gefunden wurde. Vertrauen ist gut, aber Kontrolle ist besser – Sie können mit Microsoft Security Essentials auch selbst die Kontrolle in die Hand nehmen und für mehr Sicherheit sorgen.

Manuelle Überprüfungen nach Bedarf durchführen

Neben den automatischen Überprüfungen nach Zeitplan lassen sich auch jederzeit manuelle Überprüfungen durchführen. So können Sie z. B. ergänzend zu den regelmäßigen schnellen Überprüfungen hin und wieder auch mal eine gründliche, vollständige Überprüfung durchführen. Oder Sie begrenzen eine Überprüfung auf einen bestimmten Ordner oder ein einzelnes Laufwerk.

1 Die manuellen Überprüfungen führen Sie direkt in der Rubrik *Startseite* aus. Hier finden Sie oben rechts eine Auswahl für die Art der Überprüfung, z. B. *Vollständig*.

2 Wählen Sie die gewünschte Variante aus und klicken Sie dann darunter auf *Jetzt scannen*.

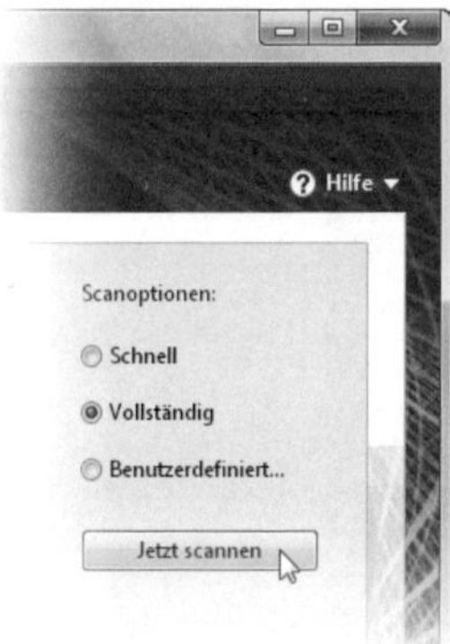

3 Microsoft Security Essentials beginnt dann mit der Überprüfung der Dateien. Je nach Umfang kann das vor allem bei einer vollständigen Prüfung einige Zeit dauern. Sie können das Programm aber solange minimieren und weiterarbeiten.

4 Solange nichts Ungewöhnliches gefunden wird, wechselt Microsoft Security Essentials nach Abschluss der Überprüfung wieder zur Startseite. Hier finden Sie nun eine kleine Statistik und Bestätigung.

Die Überprüfung auf bestimmte Laufwerke oder Ordner beschränken

Sie können auch gezielt einzelne Ordner oder Laufwerke überprüfen. So lässt sich z. B. eine DVD oder ein USB-Stick ungewisser Herkunft schnell kontrollieren, bevor Sie auf die Daten zugreifen. Wählen Sie dazu die Option *Benutzerdefiniert*. Nach dem Klick auf *Jetzt Scannen* können Sie dann in einem zusätzlichen Dialog die zu überprüfenden Bereiche auswählen. Setzen Sie dazu die Häkchen vor den entsprechenden Ordnern bzw. Laufwerken. Klicken Sie dann auf *OK*, um die Überprüfung dieser Bereiche zu starten.

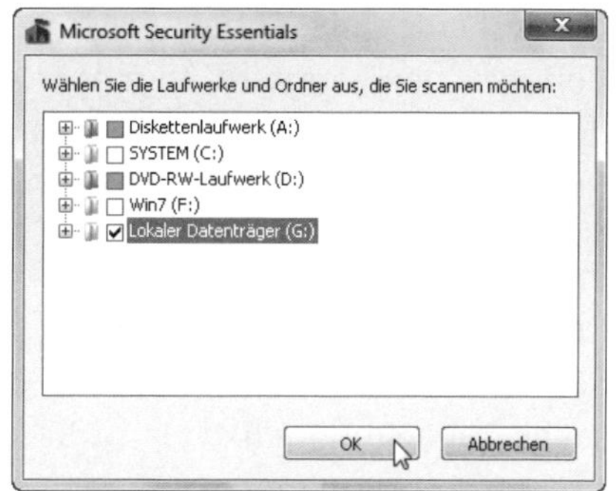

Auf einen Alarm richtig reagieren

Im Fall des Falles meldet das Programm dem Anwender, wenn verdächtige Programme entdeckt wurden. Dann bleibt Ihnen die Wahl:

- Sie können die Dateien entfernen,
- in Quarantäne verschieben oder
- die Meldung ignorieren und den Zugriff zulassen.

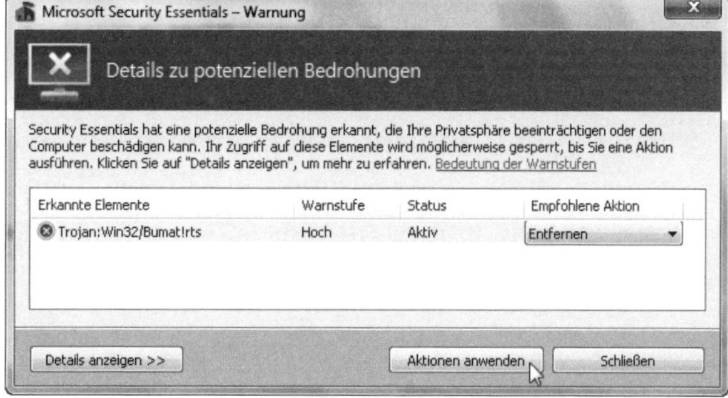

In den Einstellungen des Programms lassen sich auch Standardaktionen festlegen, sodass z. B. verdächtige Dateien automatisch in Quarantäne verschoben werden. In der Rubrik *Verlauf* der Microsoft Security Essentials können Sie solche Vorgänge dann später nachverfolgen.

Vorsicht: Schwächen beim automatischen Update!

Erfahrungsgemäß hat Microsoft Security Essentials ein kleines Problem beim automatischen Aktualisieren der Virensignaturen. So kann es bis zu einer Woche dauern, bis Microsoft Security Essentials über die neusten Signaturen verfügt, selbst wenn Microsoft diese schon längst online bereitgestellt hat. Wie lange es genau dauert, hängt davon ab, wie oft und wie lange der PC im Schnitt eingeschaltet ist. Aber selbst bei PCs, die täglich mehrere Stunden benutzt werden, kann das Problem auftauchen. Bei Rechnern, die nur alle paar Tage eingeschaltet werden, ist die Wahrscheinlichkeit aber höher. Offenbar wartet die Updatefunktion auf eine Gelegenheit, wenn der PC im Leerlauf ist und nicht anderweitig vom Benutzer benötigt wird. In manchen Szenarien kommt das Update dadurch wohl deutlich zu selten zum Zug. Es ist zu hoffen, dass Microsoft hier bald nachbessert und dem Update eine höhere Priorität einräumt.

Problematisch ist dabei nicht nur das zögerliche Update selbst. Leider wiegt das Programm den Anwender auch gern in falscher Sicherheit. So weist Microsoft Security Essentials auf veraltete Updates ohnehin erst hin, wenn diese älter als sechs Tage sind. Selbst dann kann es aber nach dem Systemstart bis zu einer halben Stunde dauern, bis der Anwender gewarnt wird und ggf. ein manuelles Update durchführt.

Vorsichts- und Gegenmaßnahmen

Völlig nutzlos wird Microsoft Security Essentials durch diese Schwäche nicht gleich. Allerdings sollten Sie die Situation ein wenig im Auge behalten und sicherstellen, dass Ihr PC regelmäßig aktuelle Virensignaturen erhält. Wenn Ihr PC beinahe täglich läuft und dabei auch mal ein Leerlauf von zehn Minuten und mehr eintritt, sollten die automatischen Updates häufig genug durchgeführt werden. Ansonsten helfen Sie regelmäßig manuell nach.

1 In der Rubrik *Aktualisieren* können Sie jederzeit ablesen, von wann die aktuell verwendeten Signaturdaten stammen. Liegt dieser Termin schon ein paar Tage zurück, gibt es oftmals schon ein neues Update der Signaturen, das bislang nicht automatisch geladen wurde.

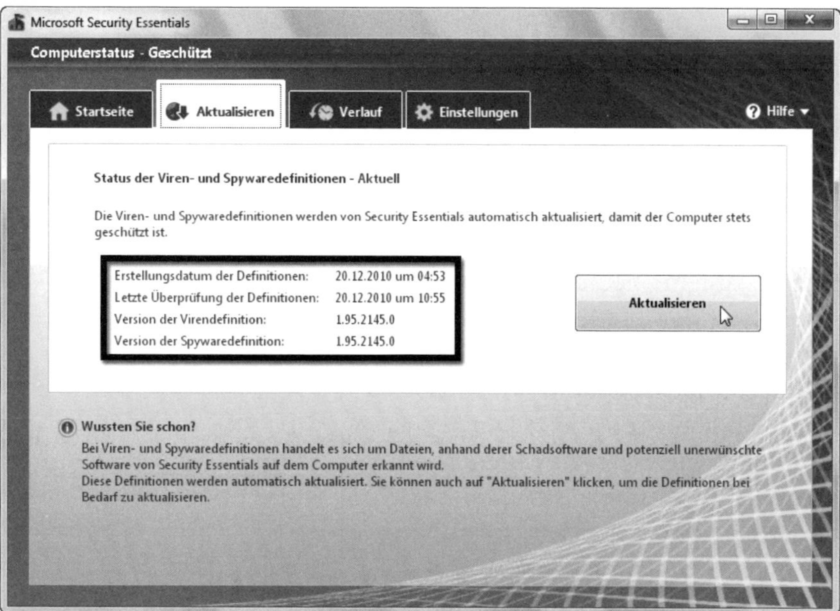

2 Mit einem Klick auf die Schaltfläche *Aktualisieren* können Sie jederzeit manuell den Download der neusten Signaturen veranlassen.

TIPP

Automatisches Update erzwingen

Wenn es bei Ihrem PC ständig Probleme mit dem automatischen Update gibt, können Sie mithilfe der Aufgabenplanung von Windows nachhelfen. In Kapitel 32.3 wird – in einem anderen Zusammenhang – beschrieben, wie Sie eine eigene Aufgabe erstellen und ausführen lassen können. Verfahren Sie nach dieser Methode und erstellen Sie eine Aufgabe, die z. B. bei jedem Systemstart oder noch besser alle paar Stunden durchgeführt wird. Diese sollte die Befehlszeile *%ProgramFiles%\Microsoft Security Essentials\MpCmdRun.exe -SignatureUpdate* aufrufen. Dadurch erzwingen Sie ein Signaturupdate mithilfe des mitgelieferten Kommandozeilentools von Microsoft Security Essentials.

24. Sicherheitslücken per automatischem Update schließen

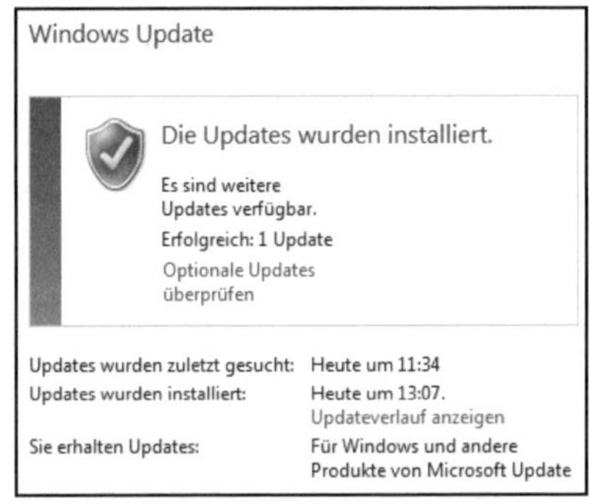

Ohne Online-Updates wäre die Sicherheit eines Betriebssystems heute praktisch nicht mehr zu gewährleisten. Ständig werden neue Sicherheitslücken oder auch andere Fehler entdeckt und erfordern das Einspielen von Aktualisierungen. Bei Windows ist die Updatefunktion fest in das Betriebssystem integriert und arbeit standardmäßig vollautomatisch. Wer wissen will, was Microsoft ihm mindestens einmal pro Monat so auf die Festplatte schaufelt, kann aber auch selbst die Kontrolle darüber erhalten.

24.1 Ganz bequem: Windows vollautomatisch auf dem neusten Stand halten

Die einfachste Variante beim Update ist noch immer der vollautomatische Ablauf: Windows nimmt hierzu regelmäßig von allein Kontakt zum Updateserver auf und lädt vorliegende Patches ggf. im Hintergrund herunter, wobei es dafür sorgt, dass die Internetverbindung dadurch nicht allzu merklich belastet wird. Anschließend werden die Updates installiert. Einzelne Komponenten und Dienste werden dabei notfalls ganz automatisch beendet und neu gestartet. Nur wenn ein Neustart notwendig sein sollte, setzt Windows den Anwender davon in Kenntnis. Dies soll laut Microsoft in Zukunft aber die absolute Ausnahme sein.

Alles in allem bekommt der Benutzer also kaum etwas von Updates mit und sein System ist immer auf dem Stand, auf dem Microsoft es haben will. Auch für diese komfortabelste Version lohnt sich aber ein Blick in die Einstellungen, in denen Sie z. B. den Zeitpunkt für das Herunterladen von Updates auf eine Zeit legen können, in der der PC üblicherweise eingeschaltet, aber meist nicht gerade mit wichtigen Aufgaben beschäftigt ist.

1 Öffnen Sie mit *Start/Systemsteuerung* die Systemeinstellungen und öffnen Sie hier das Modul *Windows Update*.

2 Im anschließenden Dialog erhalten Sie zunächst einen Überblick über den aktuellen Status des Windows Update. Hier sollte oben die Meldung *Windows ist auf dem neuesten Stand* stehen.

3 Klicken Sie dann in der Navigationsspalte links auf den Link *Einstellungen ändern*.

4 Wählen Sie in den Einstellungen unter *Wichtige Updates* die Option *Updates automatisch installieren*, wenn Windows sich komplett automatisch um Aktualisierungen kümmern soll.

5 Zusätzlich können Sie einen Installationszeitpunkt für neue Updates vorgeben. Hierfür bietet sich ein Zeitpunkt an, zu dem Ihr PC typischerweise eingeschaltet ist, aber nicht unbedingt intensiv genutzt wird, also z. B. die Mittagspause o. Ä.

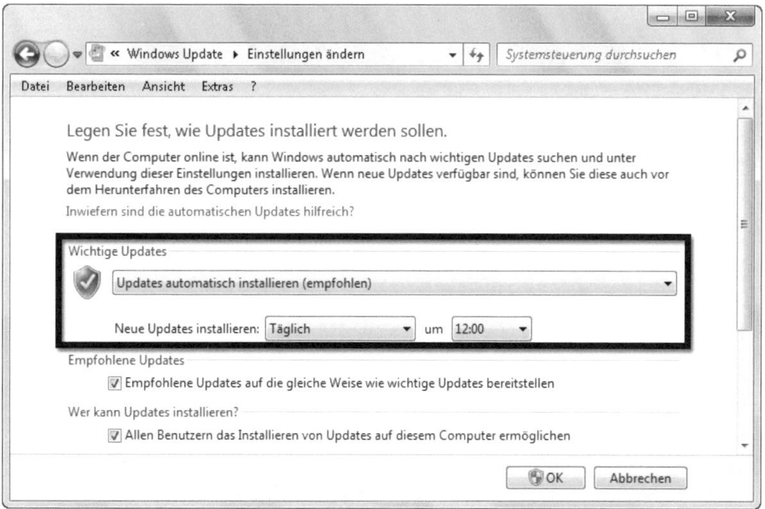

6 Klicken Sie dann unten auf *OK*.

24.2 Mehr Kontrolle: Updates überwachen und selbst installieren

Wer gern möglichst viel Kontrolle über die Vorgänge auf seinem PC hat, der ist mit der vollautomatischen Lösung möglicherweise nicht zufrieden. Schließlich bekommt man so nicht mit, wie viele und welche Updates Microsoft bereitstellt, und kann sich z. B. auch nicht bewusst gegen eine bestimmte Aktualisierung entscheiden. Für solche Benutzer empfiehlt sich eine alternative Lösung, die zwar etwas mehr Aufwand und Eigenverantwortung erfordert, dafür aber auch die Kontrolle über den Updatevorgang ermöglicht.

Öffnen Sie hierzu wie vorangehend beschrieben die Einstellungen des Windows Update und wählen Sie dort die Option *Nach Updates suchen, aber Zeitpunkt zum Herunterladen und Installieren manuell festlegen*. Dann läuft nur noch die eigentliche Suche nach Aktualisierungen automatisch. Sind welche vorhanden, informiert Windows Sie und lässt Sie entscheiden, wie es damit weitergehen soll.

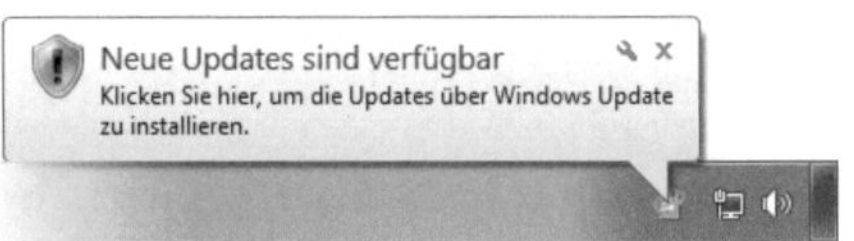

1 In diesem Modus überprüft Windows nach jedem Systemstart (bzw. in regelmäßigen Zeitabständen), ob neue Updates auf den Microsoft-Servern vorliegen. Wenn das der Fall ist, informiert es Sie mit einem Hinweis. Klicken Sie auf diesen Hinweis, um ausführlichere Informationen abzurufen.

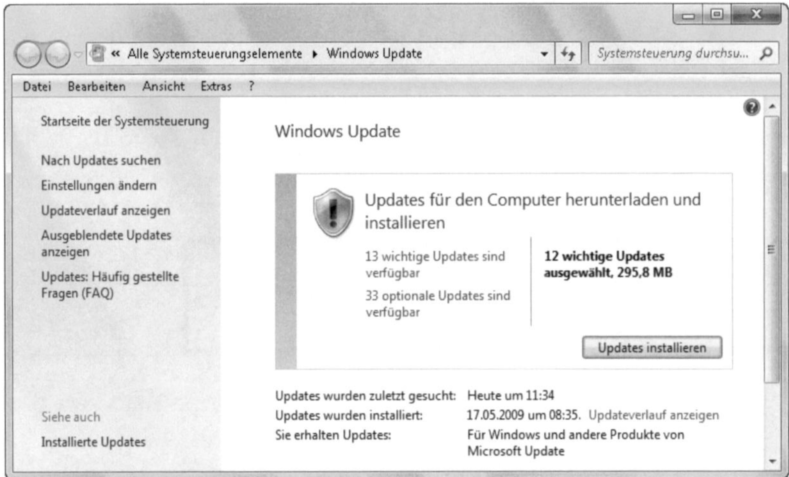

2 Windows zeigt Ihnen dann an, wie viele Updates verfügbar sind und wie groß der Umfang der herunterzuladenden Daten ist. Um Genaueres zu den einzelnen Updates zu erfahren, klicken Sie jeweils auf den Link *x wichtige Updates sind verfügbar* bzw. *x optionale Updates sind verfügbar*. Wollen Sie ohnehin alle Aktualisierungen installieren, klicken Sie auf die Schaltfläche *Updates installieren*.

3 Damit rufen Sie eine Liste der Aktualisierungen auf. Ganz rechts sehen Sie jeweils zum ausgewählten Update eine kurze Erläuterung. Hier können Sie durch Entfernen bzw. Setzen von Häkchen auch bestimmen, welche der Updates Sie durchführen wollen und welche eventuell nicht. Klicken Sie dann unten rechts neben der Zusammenfassung auf die Schaltfläche *OK*.

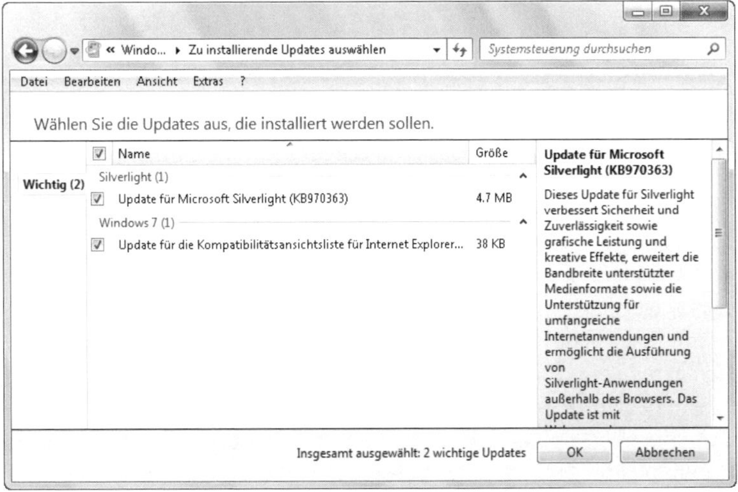

TIPP

Ausführliche Informationen zu Updates

Microsoft versieht Updates in der Regel mit einer Referenznummer, die auf die Wissensdatenbank (Knowledge Base) der Firma verweist. Diese Referenznummer besteht aus dem Kürzel KB und einigen Ziffern, also z. B. KB123456. Wenn Sie mit einer beliebigen Suchmaschine nach dieser Referenznummer suchen, finden Sie meist sehr schnell den entsprechenden Artikel aus der Microsoft-Wissensdatenbank sowie ggf. weitere Informationsquellen zu dem Update bzw. dem zugrunde liegenden Problem.

4 Zurück in der Updateübersicht werden in der rechten Hälfte nun nur noch die ausgewählten Updates aufgeführt. Klicken Sie direkt darunter auf *Updates installieren*, um den Vorgang zu starten.

5 Windows beginnt nun mit dem Download der ausgewählten Updates. Den Fortschritt können Sie anhand des grünen Balkens verfolgen. Allerdings verabschiedet sich das Fenster an dieser Stelle standardmäßig in den Hintergrund und ist nur noch als Symbol im Infobereich zu sehen. Dort können Sie es getrost seine Arbeit erledigen lassen. Oder aber Sie holen es mit einem Doppelklick wieder hervor.

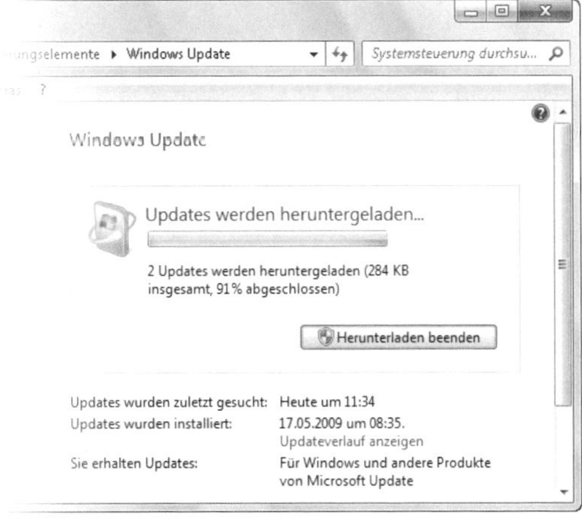

HINWEIS

Die Downloaddauer bei Updates

Der Download von Windows-Updates ist nicht unbedingt mit einem „normalen" Dateidownload zu vergleichen. Microsoft hat sehr darauf geachtet, dass durch das Herunterladen der Updates die Arbeit mit dem PC nicht beeinträchtigt wird. Das gilt insbesondere für die Netzwerk- bzw. Internetverbindung. Wird diese zeitgleich von anderen Anwendungen benutzt, fährt Windows den Anteil der Updatedownloads am Datenverkehr auf ein Minimum zurück. Dadurch kann es passieren, dass der Download der Aktualisierungen sogar tagelang dauert, wenn Sie z. B. ein Filesharing-Programm oder eine intensiv genutzte Serveranwendung rund um die Uhr laufen lassen. Benutzen Sie den Internetanschluss hingegen gerade gar nicht, ist der Download meist innerhalb einiger Sekunden bis weniger Minuten erledigt. Im Allgemeinen brauchen Sie sich deswegen aber auch keine Gedanken zu machen. Lediglich bei aktuellen sicherheitskritischen Updates ist es sinnvoll, andere Aktivitäten vorübergehend einzustellen, um den Download möglichst schnell durchzuführen.

6 Der Download der ausgewählten Updates erfolgt im Hintergrund ganz automatisch. Windows meldet sich erst wieder, wenn alle benötigten Daten heruntergeladen sind. Dann wird wiederum ein Hinweis angezeigt. Klicken Sie darauf, um die Installation zu beginnen.

7 Windows installiert dann die heruntergeladenen Updates, Patches und Ergänzungen. Auch das geschieht standardmäßig unbeaufsichtigt im Hintergrund. Mit einem Doppelklick auf das Symbol im Infobereich können Sie aber wiederum das Statusfenster in den Vordergrund holen und den Ablauf verfolgen.

8 Ist alles erledigt, sehen Sie im Statusfenster die Meldung *Die Updates wurden installiert.* Ihre Windows-Installation ist nun auf dem neusten Stand mit der größtmöglichen Sicherheit.

Installierte Updates überprüfen

Wenn das Installieren von Updates automatisch im Hintergrund erfolgt, kann man nie sicher sein, welche Aktualisierungen bereits vorgenommen wurden und welche noch nicht. Ob ein bestimmtes Update bereits auf Ihrem PC eingespielt wurde, können Sie aber schnell herausbekommen.

1 Öffnen Sie in der Systemsteuerung das Modul Windows Update.

2 Im Hauptfenster des Windows Update finden Sie in der Navigationsleiste am linken Rand die Verknüpfung *Updateverlauf anzeigen*.

3 Damit öffnen Sie den Updateverlauf, der eine Liste aller durchgeführten Updates umfasst. Neben Name und Installationsdatum gibt die Spalte *Status* an, ob diese Aktualisierung erfolgreich installiert werden konnte.

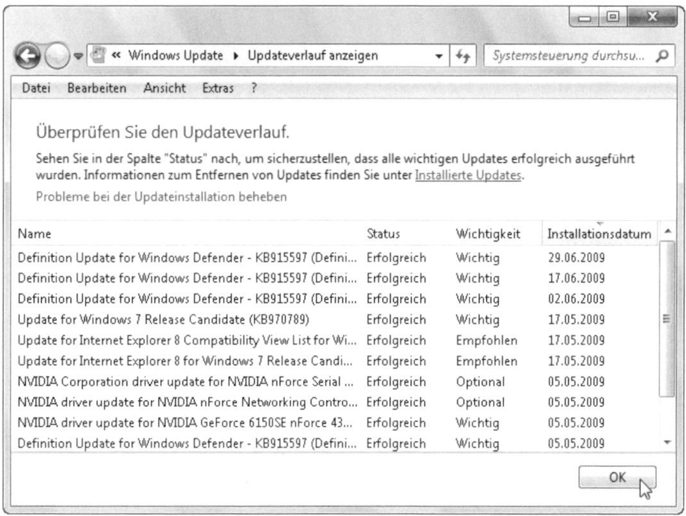

Sollte bei einem Update keine erfolgreiche Installation gemeldet werden, prüfen Sie zunächst, ob diese Aktualisierung vielleicht zu einem späteren Zeitpunkt bereits erfolgreich nachgeholt werden konnte. Andernfalls sollten Sie einen erneuten Versuch starten, dieses Update zu installieren.

24.3 Updates bei Problemen mittels Rollback rückgängig machen

Sollten durch ein Update wider Erwarten Probleme auftreten oder eine wichtige Anwendung nun nicht mehr wie gewünscht funktionieren, können Sie Updates auch rückgängig machen. Die Änderungen durch das Update werden dann rückgängig gemacht und die vorherigen Versionen der entsprechenden Dateien wiederhergestellt. Dies sollte allerdings eine Ausnahme für wirklich problematische Situationen bleiben. Prinzipiell sind gerade wichtige Updates für die Sicherheit Ihres PCs unerlässlich. Außerdem kann das Deinstallieren einzelner Updates wiederum neue Probleme verursachen. Deshalb ist es bei manchen Updates auch von vornherein ausgeschlossen.

1 Öffnen Sie Windows Update und klicken Sie unten links auf den Link *Installierte Updates*.

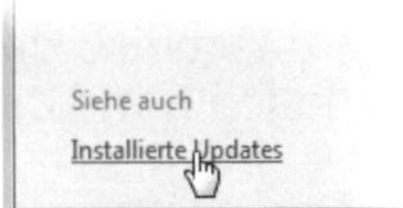

2 Damit öffnen Sie eine Liste der installierten Updates. Diese können Sie z. B. anhand der Spalte *Installiert am* sortieren lassen, um die zuletzt installierten Updates ganz oben zu finden.

3 Wählen Sie das fragliche Update aus und klicken Sie dann in der Symbolleiste auf *Deinstallieren*.

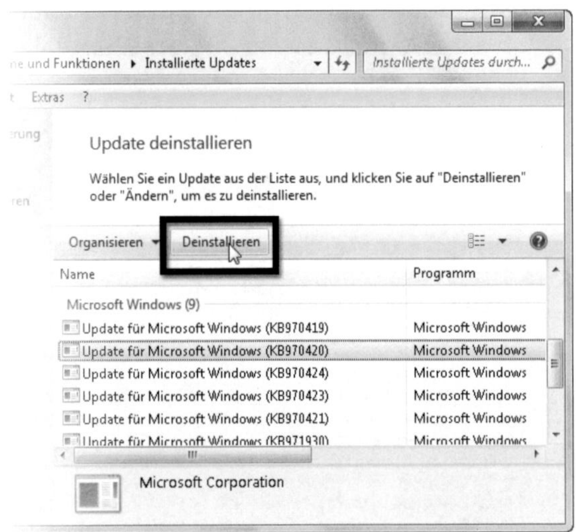

INFO

Deinstallieren nicht möglich?

Bei manchen Updates wird keine *Deinstallieren*-Schaltfläche angezeigt, wenn Sie den Eintrag auswählen. Solche Updates können nicht deinstalliert werden. Dies hat in der Regel technische Gründe, etwa weil bestimmte Komponenten dann nicht mehr funktionieren würden. Bei weiter zurückliegenden Updates kann es auch daran liegen, dass die Deinstallationsinformationen inzwischen gelöscht wurden, um den Speicherplatz freizugeben. Auch in solchen Fällen ist kein Deinstallieren mehr möglich.

25. Nutzen Sie die Benutzerkontensteuerung sicher und komfortabel

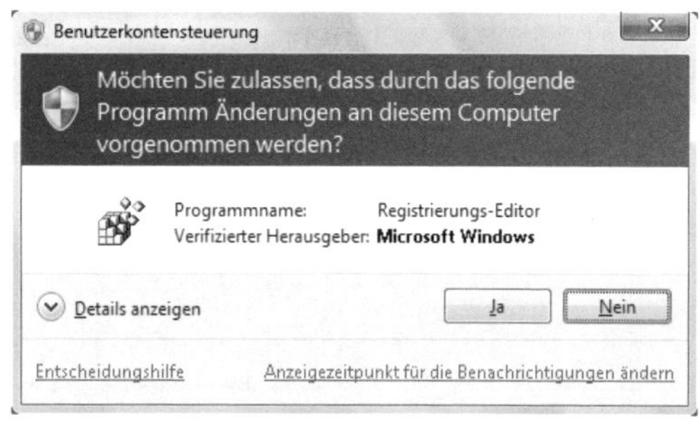

Eine der meistkritisierten Neuerungen bei Windows Vista war und ist die Benutzerkontensteuerung. Im Prinzip eine gute Sache, nervt sie die Benutzer einfach durch zu viele Hinweise und Bitten um Bestätigung. Das führt im ungünstigsten Fall dazu, dass Benutzer sie deaktivieren und ihren PC damit auf das Sicherheitsniveau von Windows XP oder früher zurückstellen.

Für Windows 7 hat Microsoft diese Funktion deshalb stark verbessert. So kann der Benutzer nun selbst wählen, in welchen Situationen Hinweise und Rückfragen erfolgen sollen. In der Standardeinstellung akzeptiert das System z. B. sämtliche Aktionen des Benutzers, ohne zu murren. Nur wenn andere Programme etwas installieren oder an die Systemeinstellungen heran wollen, gibt es eine Rückmeldung.

25.1 So schützt die Benutzerkontensteuerung PC und Daten

Die entscheidende Neuerung bei der Benutzerkontensteuerung von Windows 7 ist für den Anwender die Möglichkeit, selbst einzustellen, wie diese Schutzfunktion in bestimmten Situationen reagieren soll. So lassen sich allzu häufige, unnötige Rückfragen vermeiden und ein Kompromiss aus Sicherheit und Komfort finden.

1 Öffnen Sie in der Systemsteuerung das Modul *Wartungscenter*. In der aufgabenorientierten Ansicht finden Sie es unter *System und Sicherheit*.

2 Klicken Sie hier links im Aufgabenbereich auf den Link *Einstellungen der Benutzerkontensteuerung ändern.*

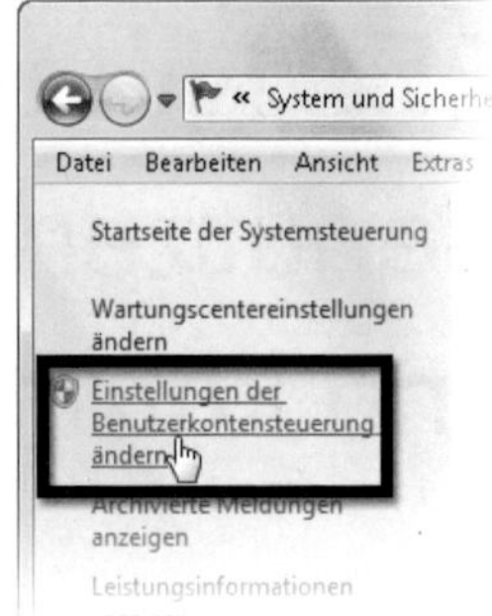

3 Im anschließenden Menü können Sie über den Schieberegler festlegen, wie die Benutzerkontensteuerung in welchen Situationen reagieren soll.

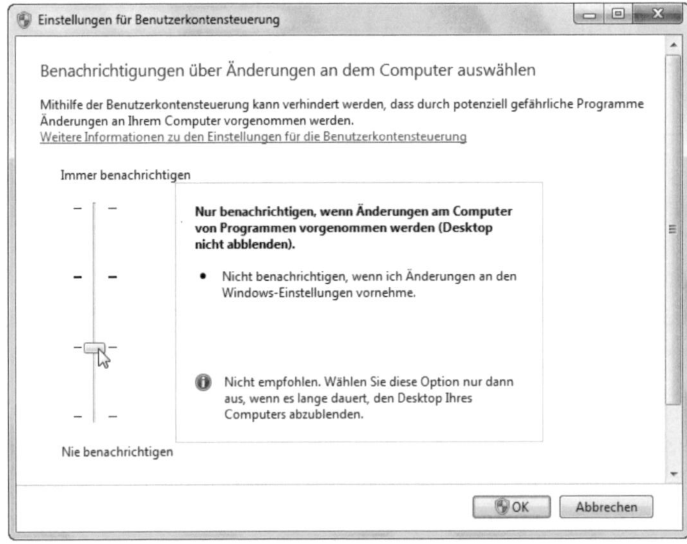

- *In folgenden Situationen nie benachrichtigen* – Das ist komfortabel, aber riskant, denn so können kritische Dinge hinter dem Rücken des Benutzers ablaufen. Dadurch wird die an sich ja sinnvolle Benutzerkontensteuerung quasi deaktiviert. Deshalb ist diese Einstellung nicht zu empfehlen.
- *Nur benachrichtigen, wenn Änderungen an meinem Computer von Programmen vorgenommen werden (Desktop nicht abblenden)* – Diese Einstellung reduziert die Rückmeldungen auf ein absolut erträgliches Maß und bietet trotzdem Sicherheit. Und sie verzichtet auf den irritierenden Wechsel zum „sicheren Desktop" während der Rückmeldung. Für erfahrene Benutzer ist dies empfehlenswert.
- *Standard – nur benachrichtigen, wenn Änderungen an meinem Computer von Programmen vorgenommen werden* – Diese Standardeinstellung ist mit der vorherigen fast identisch, allerdings erfolgt dabei jeweils ein Umschalten auf den „sicheren Desktop". Die Warnungen können so keinesfalls übersehen werden und müssen unbedingt beantwortet bzw. bestätigt

werden, bevor es weitergeht. Das verhindert, dass böswillige Programme die Benutzerkontensteuerung manipulieren können, erhöht dafür aber wieder den Nervfaktor. Für unerfahrene Benutzer ist es aber vielleicht keine schlechte Wahl, da Situationen mit Sicherheitsrückfrage so eindeutiger sind.

- *In folgenden Situationen immer benachrichtigen* – Damit wären wir dann wieder so in etwa auf frühem Vista-Niveau – wohl nur für Übervorsichtige oder für ganz besonders brenzlige Situationen zu empfehlen (wenn überhaupt).

25.2 Passen Sie die Benutzerkontensteuerung an Ihre Bedürfnissen an

Durch die vorangehende Einstellung lässt sich das Verhalten der Benutzerkontensteuerung nun zumindest grob an die eigenen Kenntnisse und das individuelle Sicherheitsbedürfnis anpassen. Zusätzlich bieten Gruppenrichtlinien die Möglichkeit, die verschiedenen Aspekte dieser Schutzfunktion noch feiner zu bestimmen und so auch sehr individuelle Probleme mit der Benutzerkontensteuerung zu lösen.

1 Öffnen Sie in der Systemsteuerung das Modul Verwaltung und dort den Bereich *Lokale Sicherheitsrichtlinie*.

2 Wählen Sie dort links in der Navigationsspalte die Kategorie *Sicherheitseinstellungen/Lokale Richtlinien/Sicherheitsoptionen*.

3 Ganz oben in der rechten Liste wird dann eine Reihe von Einstellungen zu diesem Bereich aufgeführt, die mit *Benutzerkontensteuerung* beginnen. Die Bedeutung und Funktion der einzelnen Abschnitte werden im Folgenden erläutert.

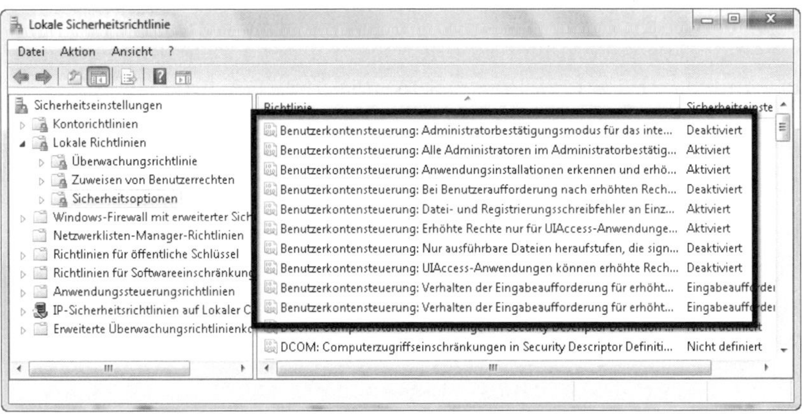

Administratorbenutzer von Rückfragen verschonen

Eine Möglichkeit der Anpassung besteht darin, die Benutzer der Administratorgruppe von den ständigen Warnhinweisen und Bestätigungen zu verschonen. Dies lässt sich über die Einstellung *Verhalten der Eingabeaufforderung für erhöhte Rechte für Administratoren* erreichen. Sie kann auf verschiedene Werte gesetzt werden:

- **Keine Aufforderung:** Mit der Einstellung *Erhöhte Rechte ohne Eingabeaufforderung* unterdrücken Sie die Sicherheitshinweise vollständig. In diesem Fall gelten die Rückfragen allerdings automatisch als bestätigt. Eine Anwendung, die höhere Rechte einfordert, bekommt diese also automatisch und ohne Rückfrage zugeteilt. Dies entspricht fast dem Zustand bei Windows XP und sollte mit entsprechender Vorsicht verwendet werden.
- **Eingabeaufforderung zu Anmeldeinformationen:** Dies ist die sicherste Wahl für diese Option. Wenn eine Anwendung höhere Rechte einfordert, muss der Administratorbenutzer dies nicht nur per *Fortsetzen* bestätigen, sondern mit seinem Kennwort autorisieren. Diese Variante kann in Situationen sinnvoll sein, in denen die Gefahr besteht, dass jemand unberechtigt Zugriff auf einen PC hat, auf dem der Administrator angemeldet ist. Selbst dann können ohne Kenntnis von dessen Passwort keine Manipulationen am System erfolgen. Sie können wählen, ob für die Aufforderung auf den sicheren Desktop umgeschaltet werden soll oder nicht.
- **Eingabaufforderung zur Zustimmung:** Dies ist die Standardeinstellung für diese Option. Das Erteilen höherer Rechte muss der Administratorbenutzer per Klick auf *Fortsetzen* bestätigen. Auch hier kann bei Bedarf das Umschalten auf den sicheren Desktop gewählt werden.

Aus Administratorbenutzern echte Systemadministratoren machen

Zum Sicherheitskonzept von Windows 7 gehört, dass selbst Benutzer der Administratorgruppe nur als Standardbenutzer arbeiten, solange keine höheren Rechte erforderlich sind. Dieses Verhalten können Sie mit der Einstellung *Alle Administratoren im Administratorbestätigungsmodus ausführen* steuern.

- *Aktiviert* entspricht der Standardeinstellung, d. h., die Administratoren arbeiten als Standardbenutzer. Wichtig: Diese Wahl ist die sicherere!
- Manche Situationen können es erfordern, diese neue Funktion mit *Deaktiviert* abzuschalten. Dann arbeiten alle Benutzer mit einem Administratorkonto genau wie der lokale Systemadministrator selbst mit völlig uneingeschränkten Rechten und ohne jede Rückfrage.

Das Deaktivieren dieser Einstellung ist prinzipiell nicht zu empfehlen, denn es setzt das Sicherheitskonzept von Windows praktisch schachmatt. Wenn Sie allerdings massive Probleme mit älteren Anwendungen haben, die mit der Benutzerkontensteuerung überhaupt nicht zurechtkommen, kann diese Variante sinnvoll sein. Da alles, was Sie dann tun, mit vollen Administratorrechten erfolgt, gilt dies auch für die Problemprogramme, die dann störungsfrei laufen sollten. Eine dauerhafte Lösung sollte das aus Sicherheitsgründen aber nicht sein.

Keine Rückfragen für Standardbenutzer

Auch für die Standardbenutzer lässt sich das Verhalten der Benutzerkontensteuerung einstellen. Mit der Einstellung *Eingabeaufforderung für erhöhte Rechte für Standardbenutzer* regeln Sie, was passieren soll, wenn eine Anwendung bei einem Standardbenutzer höhere Rechte einfordert:

- *Eingabeaufforderung zu Anmeldeinformationen*: Dies ist die Standardeinstellung für diese Option. Dann wird wie beschrieben ein Hinweisdialog eingeblendet, in dem ein Administratorkennwort eingegeben werden muss, um den Vorgang zu autorisieren. Es gibt dabei eine Variante mit und eine ohne sicheren Desktop.
- *Keine Aufforderung*: Wollen Sie solche Rückfragen bei Standardbenutzern vermeiden, wählen Sie stattdessen die Einstellung *Anforderung für erhöhte Rechte automatisch ablehnen*. Die Benutzerkontensteuerung verzichtet dann auf den Hinweis. Allerdings gibt es einen wichtigen Unterschied zur gleichen Option für Administratorbenutzer: Dem Programm werden die höheren Rechte in diesem Fall stillschweigend verweigert! Ist die Anwendung tatsächlich auf Administratorrechte angewiesen, wird sie also nicht korrekt funktionieren können. Diese Option bietet sich für unerfahrene Standardbenutzer an, die keinesfalls irgendwelche Änderungen an der Systemkonfiguration vornehmen sollen und die durch die Rückfragen der Benutzerkontensteuerung nur unnötig verwirrt würden.

Softwareinstallationen automatisch mit höheren Rechten versehen

Bei der Installation von Software sind fast immer Administratorrechte erforderlich, sei es, um Einträge in der Registry vorzunehmen, oder sei es, weil Dateien ins *Programme*-Verzeichnis kopiert werden müssen. Windows ist (meistens) in der Lage, Installationsprogramme anhand einer Heuristikfunktion automatisch zu erkennen und sie dementsprechend mit höheren Rechten auszuführen. Auch dann ist allerdings eine Bestätigung bzw. Autorisierung durch den Benutzer erforderlich.

Mit der Einstellung *Anwendungsinstallationen erkennen und erhöhte Rechte anfordern* steuern Sie die heuristische Erkennung von Installationsprogrammen. Standardmäßig ist diese Funktion aktiviert, was auch sinnvoll ist. Deaktivieren sollte man sie nur, wenn Anwendungen dadurch Probleme verursachen, z. B. weil die Heuristikfunktion nicht präzise genug arbeitet.

Das Umschalten auf den sicheren Desktop bei Rückfragen vermeiden

Wann immer Windows eine Rückfrage wegen eines sicherheitsrelevanten Vorgangs anzeigt, schaltet es dazu auf den sogenannten sicheren Desktop um. Dabei wird die gesamte Benutzeroberfläche ausgeblendet und nur das Rückfragefenster angezeigt. Das geschieht, um auszuschließen, dass die Benutzerkontensteuerung umgangen werden kann, indem z. B. ein Programm den Mausklick auf die *Fortsetzen*-Schaltfläche ausführt. Das Rückfragefenster kann nur von einem menschlichen Benutzer bedient werden. Wenn Sie das Umschalten aber stört oder falls Ihre Grafikkarte mit dem Wechsel Probleme haben sollte, können Sie den sicheren Desktop vermeiden. Das Rückfragefenster wird dann einfach auf dem normalen Desktop angezeigt und alle anderen Programmfenster sind währenddessen ebenfalls zugänglich. Bearbeiten Sie dazu den Wert *Bei Benutzeraufforderung nach erhöhten Rechten zum sicheren Desktop wechseln*. Standardmäßig ist der sichere Desktop aktiviert.

26. Mit verschiedenen Benutzern an einem PC arbeiten

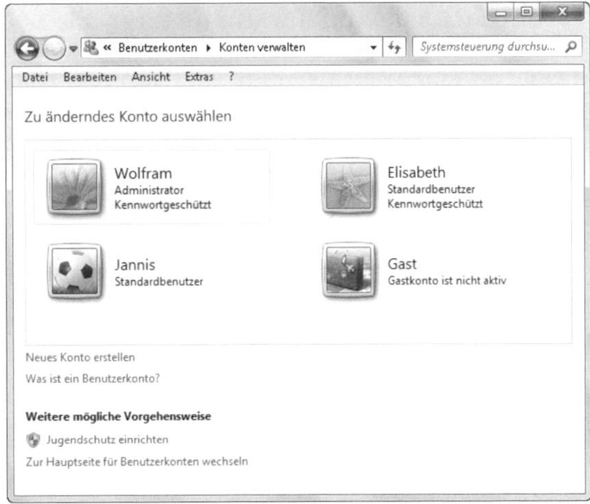

Bei der Installation von Windows richten Sie automatisch ein Benutzerkonto ein. Dieses wird standardmäßig als Administratorbenutzer angelegt. Wenn Sie der einzige Nutzer Ihres PCs sind, können Sie es dabei belassen. Aufgrund des Schutzes durch die Benutzerkontensteuerung ist es z. B. nicht notwendig, wie bei Windows XP zusätzlich ein eingeschränktes Konto für die tägliche gefahrlose Arbeit am PC einzurichten. Trotzdem können Sie selbstverständlich zusätzliche Benutzerkonten anlegen, um z. B. weiteren Personen das Arbeiten am PC zu ermöglichen. So arbeitet jeder in seiner eigenen Umgebung und kann vor allem seine eigenen Dokumente verwenden, die vor dem Zugriff der anderen geschützt sind.

26.1 Zusätzliche Konten für weitere Benutzer anlegen

Soll ein PC von mehreren Personen genutzt werden, bietet es sich an, für jeden Benutzer auch ein eigenes Konto einzurichten. Sicherlich ist das gerade in einer Familie nicht unbedingt notwendig, aber es hat viele Vorteile. So kann sich jeder seine eigene Arbeitsumgebung einrichten, z. B. was die Desktopgestaltung angeht. Außerdem erhält jeder Benutzer automatisch seinen eigenen Bereich für Dateien, sodass nichts durcheinandergeht. Auch wenn jeder sein eigenes E-Mail-Konto nutzen will, geht das so am einfachsten.

1 Klicken Sie in der Systemsteuerung im Bereich *Benutzerkonten und Jugendschutz* auf *Benutzerkonten hinzufügen/entfernen.*

2 Da diese Einstellungen nur Administratorbenutzern zugänglich sind, müssen Sie den Zugriff darauf autorisieren.

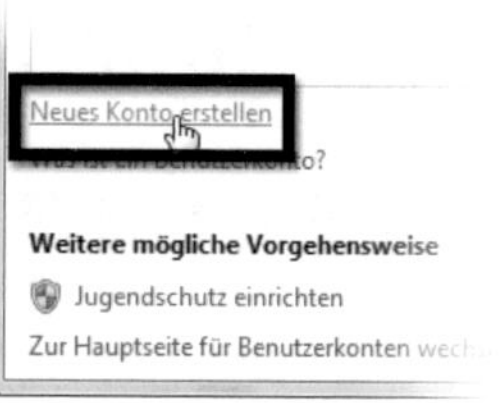

3 Klicken Sie dann unterhalb der Kontenliste auf den Link *Neues Konto erstellen*.

4 Geben Sie den Benutzernamen für das neue Konto an.

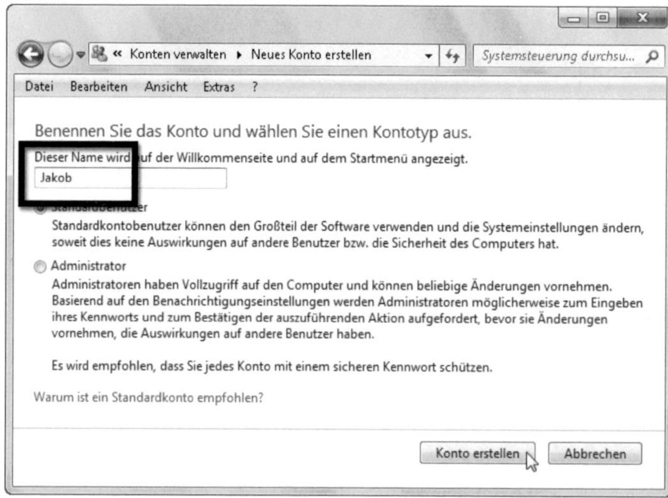

5 Wählen Sie außerdem, ob es sich bei dem Konto um einen einfachen Standardbenutzer mit eingeschränkten Rechten oder um einen Administrator mit vollen Berechtigungen handeln soll.

6 Klicken Sie dann unten auf die Schaltfläche *Konto erstellen*.

7 Anschließend gelangen Sie zurück in die Kontenübersicht, in der das neue Benutzerkonto schon direkt aufgeführt wird.

Das neue Konto gleich mit einem Kennwort versehen

Neu angelegte Benutzerkonten sind zunächst nicht mit einem Kennwort versehen, was sicherheitstechnisch nicht optimal ist. Deshalb sollten Sie gleich im Anschluss an das Erstellen des Kontos ein Passwort dafür festlegen.

1 Klicken Sie dazu in der Kontenübersicht auf das gerade erstellte Benutzerkonto und wählen Sie im anschließenden Dialog *Kennwort erstellen*.

2 Tippen Sie dann das neue Kennwort zweimal ein, um Vertipper auszuschließen.

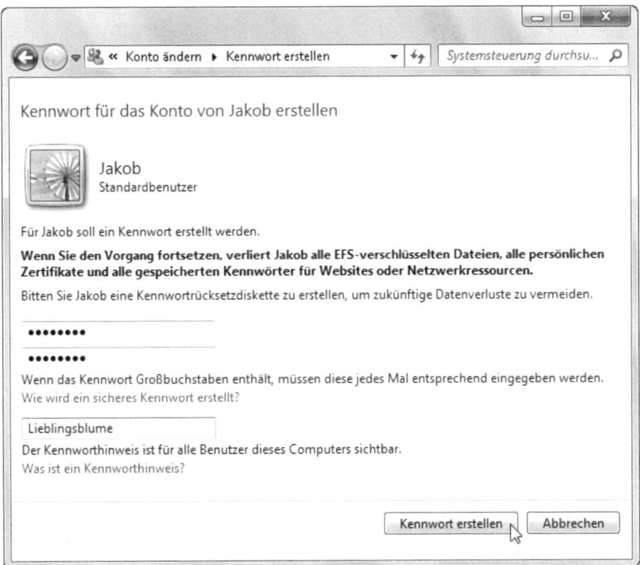

3 Zusätzlich können Sie einen Kennworthinweis hinterlegen, der als Gedankenstütze dienen soll. Allerdings ist dieser Hinweis für alle anderen Benutzer auch sichtbar, sodass er nicht zu offensichtlich sein sollte.

4 Klicken Sie dann unten auf *Kennwort erstellen*.

Auf diese Weise können Sie das Kennwort eines Benutzers später auch jederzeit ändern. Allerdings heißt der Link dafür dann eben *Kennwort ändern*.

TIPP

Regelmäßige Kennwortwechsel

Generell wird auch Sicherheitsgründen ein regelmäßiger Wechsel des Kennworts empfohlen. Dies gilt prinzipiell auch für Windows. Beachten Sie dabei aber, dass EFS-verschlüsselte Dateien, persönliche Zertifikate sowie gespeicherte Kennwörter für Websites und Netzwerkressourcen an das Windows-Benutzerkennwort gebunden sind. Bei einem Wechsel des Kennworts gehen solche Daten verloren.

Benutzerkonten mit persönlichen Symbolen und Bildern versehen

Jedem Benutzerkonto ist ein Symbol bzw. Minibild zugeordnet. Dieses wird z. B. auf dem Anmeldebildschirm angezeigt, aber auch ganz oben im Startmenü des jeweiligen Benutzers. Standardmäßig vergibt Windows für jedes Benutzerkonto automatisch ein Bild aus einer kleinen Sammlung. Sie können den Benutzerkonten aber auch eigene Bilder zuweisen. So können Sie Ihren PC individuell personalisieren, indem jedem Benutzerkonto z. B. das Gesicht des jeweiligen Benutzers zugeordnet ist. Voraussetzung dafür ist nur entsprechendes Bildmaterial, das sich z. B. mit einer Digitalkamera notfalls schnell selbst erstellen lässt.

1. Öffnen Sie in der Systemsteuerung den Bereich *Benutzerkonten und Jugendschutz* und darin die Benutzerkonten.
2. Um das Bild für Ihr eigenes Konto zu bestimmen, klicken Sie auf *Eigenes Bild ändern.*
3. Wollen Sie das Bild eines anderen Benutzers verändern, öffnen Sie zunächst mit *Anderes Konto verwalten* die Kontenliste. Wählen Sie dessen Konto aus und klicken Sie dann auf *Bild ändern.*
4. Im anschließenden Dialog sehen Sie die Bildersammlung, die Windows als Kontosymbole reserviert hat. Sollten Sie eines dieser Bilder verwenden wollen, markieren Sie es einfach und klicken dann unten auf *Bild ändern.*
5. Um ein ganz eigenes Bild zu verwenden, klicken Sie unterhalb der Bilderübersicht auf den Link *Nach weiteren Bildern suchen.* Nun können Sie in einem üblichen Dateiauswahldialog die gewünschte Bilddatei auswählen.
6. Mit dem Klick auf *Öffnen* im Dateiauswahldialog wird das gewählte Bild automatisch als Kontobild für dieses Benutzerkonto verwendet.

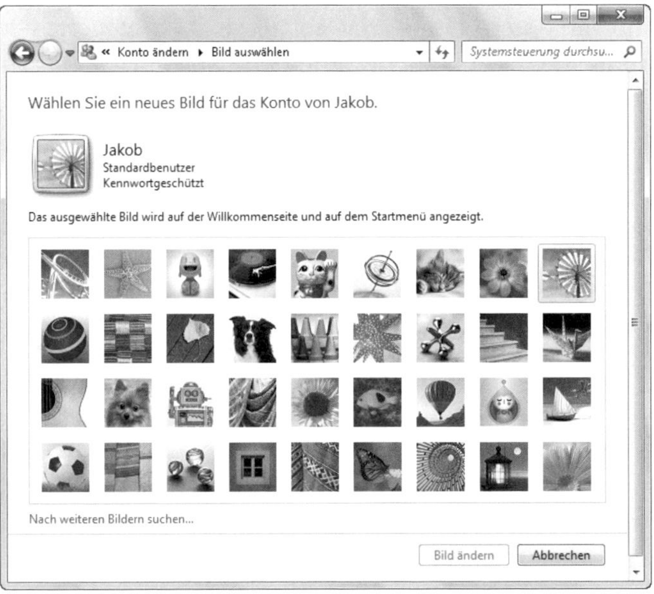

TIPP

Welche Bilder eignen sich?

Obwohl die Kontobilder sehr speziell eingesetzt werden, gibt es keine besonderen Anforderungen an die Bildvorlagen. Sie sollten als BMP-, GIF-, JPG- oder PNG-Datei vorliegen. Um die Größe brauchen Sie sich dabei keine Sorgen zu machen, selbst wenn das vorliegende Bild viel zu groß sein sollte. Windows skaliert das Bildmaterial automatisch auf die benötigte Größe. Nur die ungefähren Proportionen sollten passen, damit das Bild beim Skalieren nicht zu sehr gezerrt oder gestaucht wird.

Kontoname und Kontotyp nachträglich verändern

Praktisch alle Einstellungen eines Benutzerkontos können jederzeit angepasst werden. Bei Kennwort und Kontobild ist das naheliegend, aber selbst so elementare Eckdaten wie den Benutzernamen oder den Kontotyp (Administrator oder Standardbenutzer) können Sie verändern, wenn die Umstände dies erfordern. Windows nimmt dann automatisch alle Änderungen vor, damit das Benutzerkonto auch mit den neuen Einstellungen wieder reibungslos funktioniert.

1 Öffnen Sie in der Systemsteuerung den Bereich *Benutzerkonten und Jugendschutz* und darin die Benutzerkonten.

2 Klicken Sie dort auf *Anderes Konto verwalten*, um die Übersicht über die Benutzerkonten aufzurufen.

3 Hier sehen Sie alle Benutzerkonten, die derzeit auf diesem PC eingerichtet sind. Wählen Sie das Konto, dessen Daten Sie verändern wollen, aus, indem Sie es einfach anklicken.

4 Im anschließenden Menü finden Sie ganz oben den Punkt *Kontonamen ändern.*

5 Damit öffnen Sie einen Dialog, in dem Sie einfach den neuen Namen für diesen Benutzer eingeben können. Mit der Schaltfläche *Namen ändern* veranlassen Sie die Änderung, und Windows führt automatisch alle Maßnahmen durch, die dazu erforderlich sind.

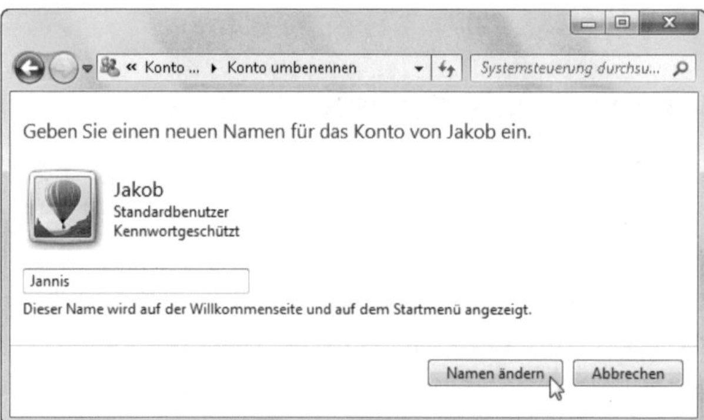

6 Zurück im Kontomenü können Sie mit dem Menüpunkt *Kontotyp ändern* diesem Benutzerkonto ein anderes Berechtigungsschema zuweisen.

7 Wählen Sie dazu im anschließenden Dialog den jeweils anderen Kontotyp aus und klicken Sie dann unten auf *Kontotyp ändern*. Windows verändert dann automatisch alle Zugriffsrechte dieses Kontotyps entsprechend.

26.2 Schutzmaßnahmen gegen vergessene Benutzerkennwörter

Leider geht mit Passwörtern immer das Risiko einher, sie zu vergessen. Das macht den Einsatz riskant, insbesondere wenn es keinen Nachschlüssel und keine Hintertür in das System gibt. Vor allem aber verleitet es Benutzer dazu, möglichst einfache und naheliegende Passwörter zu verwenden, die sich eben nicht so leicht vergessen lassen.

Um diesen beiden Problemen zu begegnen, bringt Windows einen Schutzmechanismus mit, der das Ausschließen aus dem System wegen eines vergessenen Passworts verhindert. Hierzu kann jeder Benutzer eine Kennwortrücksetzdiskette erstellen. Auf der wird das Kennwort sozusagen gespeichert. An einem sicheren Ort aufbewahrt, dient diese Diskette als Notfallmaßnahme für den Fall eines Falles. Dies empfiehlt sich insbesondere, wenn es nur einen Administratorbenutzer im System gibt. Während Standardbenutzer einfach einen Administrator um ein neues Passwort bitten können, hat der nämlich keine so einfache Rückversicherung.

HINWEIS

USB-Stick anstatt Diskette

Lassen Sie sich vom Namen dieser Funktion nicht irritieren. Es heißt zwar wie in früheren Windows-Versionen immer noch Kennwortrücksetzdiskette, aber Windows 7 legt das nicht so eng aus. Sie können ebenso einen USB-Stick oder ähnliche Wechselspeichermedien verwenden, um die Informationen zum Zurücksetzen des Kennworts zu speichern. Gut eignet sich dafür z. B. ein älterer USB-Stick oder eine Speicherkarte mit geringer Kapazität, die deshalb z. B. in der Digitalkamera ohnehin nicht mehr verwendet werden kann. Es werden nur wenige KByte Speicherplatz benötigt und ein anderweitig nicht mehr genutztes Speichermedium können Sie getrost an einem sicheren Ort verwahren.

Eine Kennwortrücksetzdiskette erstellen

Wann immer Sie ein Benutzerkonto eingerichtet haben und dieses sein endgültiges Kennwort zugeteilt bekommen hat, sollten Sie eine Kennwortrücksetzdiskette erstellen bzw. den Benutzer des Kontos dazu anhalten. Beachten Sie dabei: Diese Maßnahme bezieht sich stets auf den aktuell angemeldeten Benutzer. Selbst ein Administrator kann also keine Kennwortrücksetzdiskette für andere Benutzer erstellen. Das muss dieser Benutzer selbst erledigen, bzw. ein Administrator kann sich mit den Zugangsdaten dieses Benutzers anmelden und das machen.

1 Öffnen Sie in der Systemsteuerung den Bereich *Benutzerkonten und Jugendschutz* und darin die Benutzerkonten.

2 Klicken Sie dort in der Aufgabenliste am linken Rand auf *Kennwortrücksetzdiskette erstellen*.

3 Damit starten Sie einen Assistenten, der Sie durch die erforderlichen Schritte führt.

4 Wählen Sie – soweit erforderlich – das Diskettenlaufwerk aus und legen Sie eine leere Diskette ein. Alternativ wählen Sie das Laufwerk des Wechselspeichermediums aus, auf dem die Informationen abgelegt werden sollen.

5 Tippen Sie dann Ihr aktuelles Benutzerkennwort ein und klicken Sie unten auf *Weiter*. Dies soll den Missbrauch dieser Funktion durch Unbefugte verhindern.

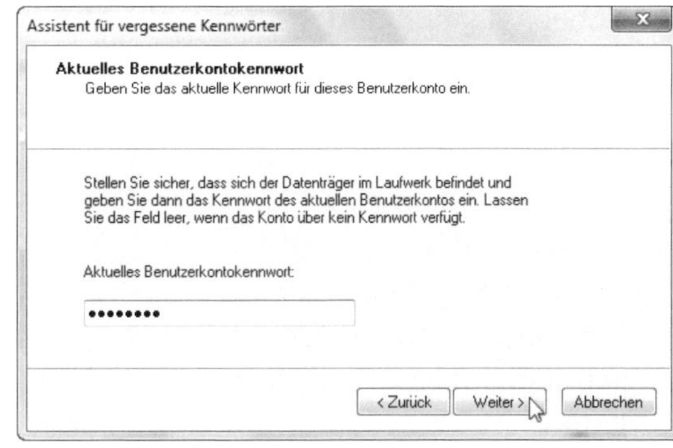

6 Der Assistent sichert dann die Rücksetzinformationen auf der Diskette. Verwahren Sie diesen Datenträger an einem geschützten Ort, an dem er vor Beschädigungen und dem Zugriff Unberechtigter sicher ist.

Das Kennwort mithilfe einer Diskette zurücksetzen

Sollten Sie Ihr Passwort tatsächlich vergessen haben, können Sie auf die Diskette zurückgreifen und sich so wieder Zugang zu Ihrem Benutzerkonto verschaffen:

1 Starten Sie Windows und wählen Sie auf dem Anmeldebildschirm wie üblich Ihren Benutzernamen aus.

2 Tippen Sie dann als Passwort einen beliebigen Text ein.

3 Windows beschwert sich verständlicherweise über das falsche Passwort. Klicken Sie auf *OK*, um diesen Hinweis zu bestätigen.

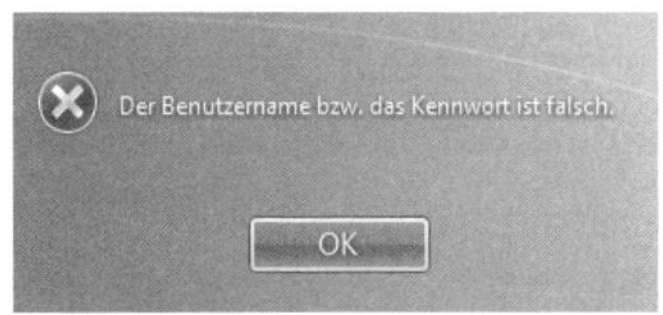

4 Zurück im Anmeldefenster finden Sie nun neben der erneuten Eingabe des Kennworts weitere Informationen. Zum einen zeigt Windows den Kennworthinweis an, der beim Anlegen Ihres Kontos hinterlegt worden ist. Zum anderen können Sie das Kennwort nun mit der vorbereiteten Diskette zurücksetzen.

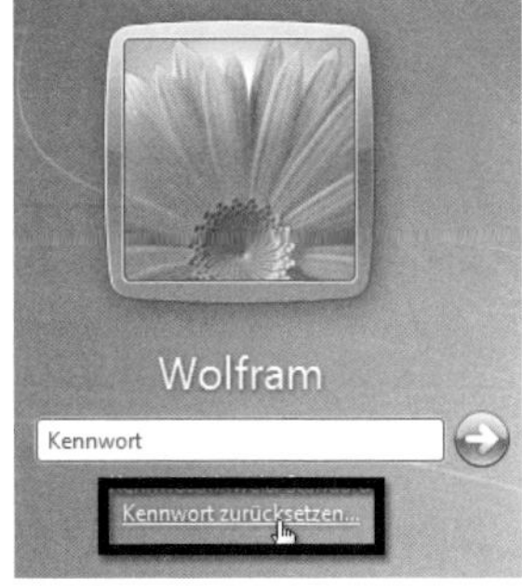

5 Legen Sie dazu die Diskette ein und klicken Sie auf *Kennwort zurücksetzen*.

6 Damit starten Sie wiederum einen Assistenten, dem Sie ggf. zunächst das Laufwerk mit der Rücksetzdiskette angeben.

7 Geben Sie nun ein neues Kennwort (wie immer zweimal) sowie einen neuen Kennworthinweis an. Der Assistent überprüft dann die Diskette und ändert die Kontodaten entsprechend. Das neue Kennwort gilt ab sofort für dieses Benutzerkonto.

26.3 Dokumente mit anderen Benutzern eines PCs teilen

Bei Windows hat jeder Benutzer zunächst mal nur auf die Dateien, Ordner und Dokumente Zugriff, die er selbst angelegt hat. Damit ein Benutzer auf Dokumente eines anderen zugreifen kann, muss er dafür ausdrücklich die Zugriffsrechte erhalten. Es gibt aber eine Möglichkeit, ohne große Umstände Dateien mit den anderen Benutzern desselben PCs auszutauschen. Hierzu kennt Windows öffentliche Ordner. Diese sind allen Benutzern zugänglich, die sich auf dem PC mit einem Benutzernamen und einem Kennwort anmelden (also z. B. nicht einem Gast-Benutzer). Sie und jeder andere Benutzer können diesen Ordner öffnen und nutzen. Alle Dateien, die Sie in diesem Ordner ablegen, sind automatisch für alle anderen Benutzer einseh- und veränderbar.

1 Um den öffentlichen Ordner zu lokalisieren, öffnen Sie am besten mit *Start/<Ihr Benutzername>* Ihre persönlichen Dateien im Explorer.

2 Dann finden Sie links im Navigationsbereich die Bibliothek für Bilder, Dokumente, Musik und Videos. Jeder dieser Ordner lässt sich aufklappen und enthält zwei Unterordner: *Eigene ...* und *Öffentliche ...*

3 Alle Dateien, die Sie in *Öffentliche* ...-Ordner speichern, kopieren, verschieben etc., sind für alle anderen Benutzer dieses PCs einsehbar.

27. Dokumente und Laufwerke durch Verschlüsseln schützen

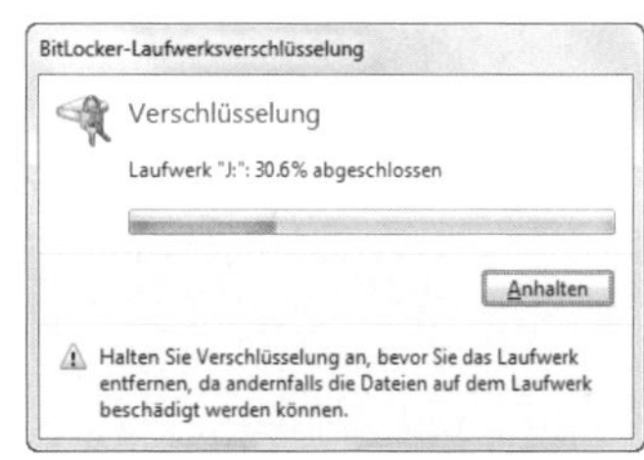

Sensible persönliche Dokumente oder Geschäftsunterlagen sollten besonders geschützt werden. Dabei geht es nicht nur darum, dass sie von anderen Benutzern des gleichen PCs eingesehen oder von Hackern ausgeschnüffelt werden könnten. Was wäre, wenn das Notebook/Netbook unterwegs abhanden kommt oder der PC bei einem Einbruch entwendet wird? Dann ist nicht nur die Hardware futsch, sondern vertrauliche Informationen gelangen womöglich in falsche Hände, was häufig die schlimmere Folge ist. Windows bringt als Schutz davor verschiedene Möglichkeiten mit, Dokumente vor unbefugten Augen und Zugriffen zu schützen:

Mit der Verschlüsselung auf Ebene des Dateisystems können einzelne Dokumente oder auch ganze Ordner geschützt werden.

Mit BitLocker lässt sich das gesamte Festplattenlaufwerk schützen, sodass Windows als solches nur startet, wenn es mit der entsprechenden Berechtigung autorisiert ist.

BitLocker To Go erweitert diesen Schutz auf die beliebten USB-Sticks und Speicherkarten. Auf diese kann dann nur noch zugreifen, wer das richtige Passwort kennt. So können auf diese bequeme und flexible Weise auch vertrauliche Daten weitergegeben werden.

27.1 Dateien durch Verschlüsselung vor fremden Augen schützen

Zu den Funktionen des von Windows verwendeten NTFS gehört das Verschlüsseln einzelner Dateien oder auch ganzer Ordner samt Inhalt. Jeder Anwender kann so sensible Dokumente verschlüsseln, sodass nur er ihren Inhalt sehen und weiterbearbeiten kann. Selbst Administratoren können sich nicht ohne Weiteres Zugang zu solchen Dateien verschaffen. Wichtig ist dabei aber der Umgang mit dem als Zugangsschlüssel verwendeten Zertifikat. Sollte dieses verloren gehen, sind auch die verschlüsselten Daten ein für alle Mal verloren.

Dateien und Ordner per EFS verschlüsseln

Das Verschlüsseln von Dateien und Ordnern ist sozusagen der leichteste Teil. Dazu bedarf es lediglich einer kleinen Einstellung in den Dateieigenschaften.

1 Wählen Sie den oder die Dateien bzw. Ordner im Explorer aus, die Sie verschlüsseln möchten.

2 Klicken Sie mit der rechten Maustaste auf die Auswahl und wählen Sie im Kontextmenü ganz unten *Eigenschaften*.

3 Klicken Sie in den Eigenschaften auf der Registerkarte *Allgemein* unten rechts auf die Schaltfläche *Erweitert*.

4 Aktivieren Sie im anschließenden Dialog *Erweiterte Attribute* ganz unten die Option *Inhalt verschlüsseln, um Daten zu schützen*. Klicken Sie dann unten auf *OK*.

5 Zurück in den Eigenschaften der Datei klicken Sie erneut unten auf *OK*.

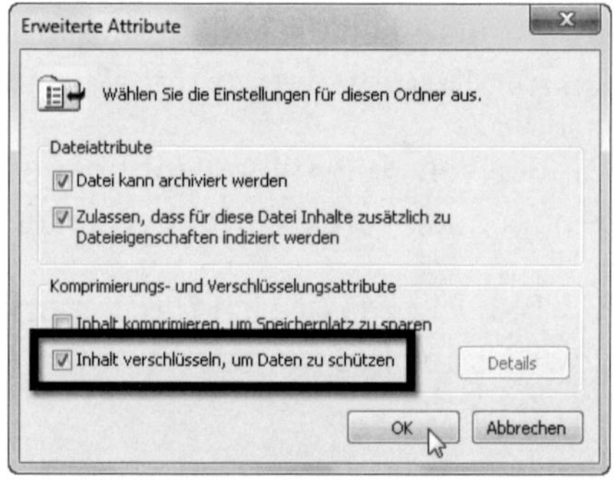

6 Windows zeigt dann eine Verschlüsselungswarnung an. Hier können Sie festlegen, ob Sie wirklich nur diese eine Datei oder auch den gesamten übergeordneten Ordner verschlüsseln möchten. Mit der Option *Immer nur die Datei verschlüsseln* können Sie solche Rückfragen für die Zukunft vermeiden.

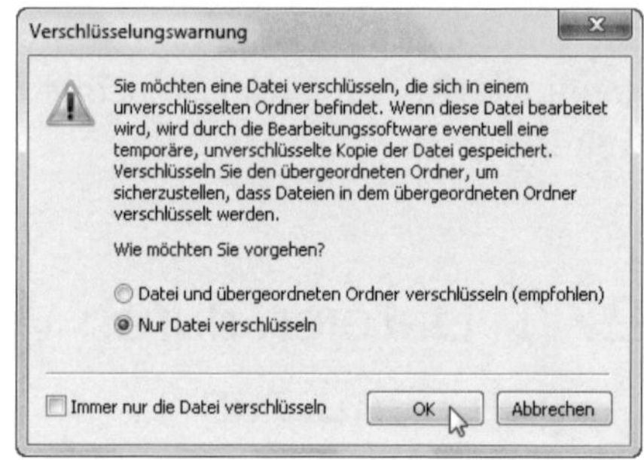

Damit ist das Verschlüsseln auch schon erledigt. Am Zugriff auf die Dateien und Ordner ändert sich dadurch nichts. Das gilt allerdings nur für Sie selbst. Andere Benutzer können so verschlüsselte Dateien nun nicht mehr öffnen, selbst wenn sie entsprechende Zugriffsberechtigungen dafür haben. Um die Verschlüsselung einer Datei später wieder aufzuheben, wiederholen Sie den Vorgang einfach und entfernen diesmal das Häkchen der Verschlüsselungsoption.

INFO

Grün ist die Farbe der Verschlüsselung

Wundern Sie sich nicht, wenn der Name einer verschlüsselten Datei auf einmal grün im Windows-Explorer aufgeführt wird. Damit signalisiert der Explorer eben diesen Verschlüsselungsstatus der Datei. So lässt sich auf den ersten Blick erkennen, welche Dateien verschlüsselt sind. Das ist wichtig, denn verschlüsselte Dateien lassen sich nicht ohne Weiteres weitergeben, z. B. per USB-Stick, DVD oder E-Mail. Sie können zwar auf einen anderen PC übertragen werden, lassen sich dort aber mangels Verschlüsselungszertifikat nicht öffnen.

Wichtig: EFS-Zertifikate sichern, um Datenverluste zu vermeiden

Windows verwendet für die Verschlüsselung ein Zertifikat, das an Ihr Benutzerkonto gebunden ist. Wenn Sie eine verschlüsselte Datei öffnen möchten, wird dieses Zertifikat abgefragt und der Inhalt damit entschlüsselt. Da nur Ihr Benutzerkonto über ein solches Zertifikat verfügt, können auch nur Sie die Datei öffnen. Allerdings ist damit ein Risiko verbunden.

Sollte Ihr Benutzerkonto z. B. durch einen Hardwaredefekt und einer damit verbundenen Windows-Neuinstallation verloren gehen, ist auch kein Zugriff auf verschlüsselte Dateien mehr möglich. Zwar können Sie nach der Neuinstallation ein Benutzerkonto mit demselben Namen und Kennwort erneut anlegen, aber es ist eben nicht dasselbe Konto und verfügt nicht über das erforderliche Zertifikat.

Deshalb empfiehlt es sich, das Zertifikat auf einem externen Speicher zu sichern, um es in solchen Fällen einspielen zu können und um den Zugriff auf verschlüsselte Dokumente wieder zu ermöglichen.

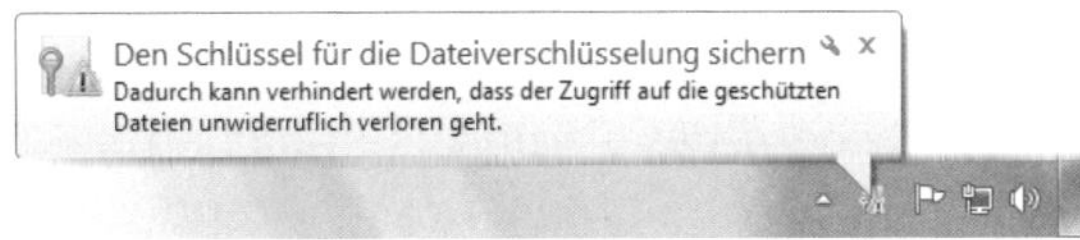

1 Wenn Sie erstmals eine Datei oder einen Ordner verschlüsseln, wird Ihr persönliches Zertifikat automatisch erstellt und Windows bietet Ihnen an, dieses zu sichern. Klicken Sie dazu auf den Hinweisballon.

2 Wählen Sie im anschließenden Dialog ganz oben die Option *Jetzt sichern*. Damit starten Sie einen Assistenten, der Sie durch die notwendigen Schritte führt.

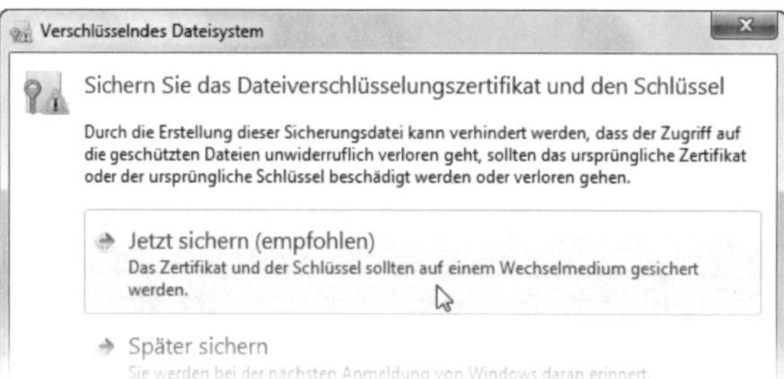

3 Klicken Sie im Assistenten zweimal auf *Weiter* und geben Sie dann ein Kennwort ein, mit dem das Zertifikat geschützt werden soll. Selbstverständlich dürfen Sie dieses Kennwort keinesfalls vergessen, da Sie es im Falle eines Falles benötigen, um das Zertifikat wieder einzuspielen.

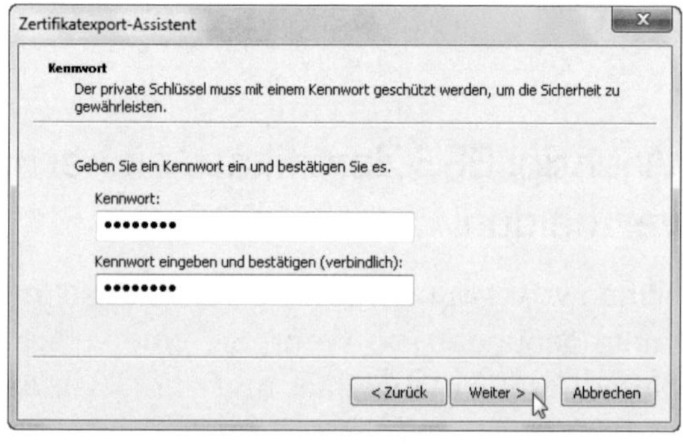

4 Wählen Sie dann Laufwerk, Pfad und Dateiname aus, unter denen Sie das Zertifikat speichern wollen. Hier bietet sich insbesondere ein externes Speichermedium wie ein USB-Stick an. Auch das Brennen auf eine CD ist empfehlenswert. Das Speichern auf dem PC selbst bietet nur geringen Schutz, da die Datei z. B. bei einem Hardwaredefekt eventuell ebenfalls beschädigt wird.

5 Schließlich fasst der Assistent nochmals alle Einstellungen zusammen. Klicken Sie hier auf *Fertig stellen*, um die Sicherungsdatei mit dem Zertifikat zu erstellen.

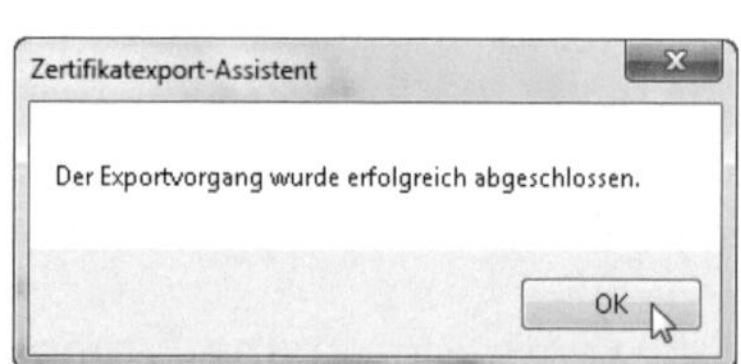

Dieses Sichern des Zertifikats brauchen Sie nur einmalig nach dem ersten Verschlüsseln vorzunehmen. Anschließend verwendet Windows automatisch immer wieder dasselbe Zertifikat, von dem Sie nun ja bereits eine Sicherung haben.

TIPP

Zertifikate auch später noch sichern

Sollten Sie den Zeitpunkt zum Sichern Ihres Zertifikats verpasst haben, können Sie dies auch später noch nachholen. Klicken Sie einfach auf Ihr Benutzer-Symbol ganz oben rechts im Startmenü. Das bringt Sie in die Einstellungen Ihres Benutzerkontos. Klicken Sie hier links im Aufgabenbereich auf *Dateiverschlüsselungszertifikate verwalten*. Hier können Sie unter anderem das Zertifikat sichern.

Gesicherte Zertifikate wiederherstellen

Sollten Sie in die Verlegenheit kommen, nicht mehr auf verschlüsselte Dokumente zugreifen zu können, ist eine zuvor erstellte Sicherungskopie Ihres Zertifikats Ihre Rettung. Diese können Sie mit einem Assistenten einspielen und sich so wieder Zugang verschaffen.

1. Verbinden Sie das Speichermedium, auf dem Sie die Sicherungskopie abgelegt haben, mit Ihrem PC. Lokalisieren Sie darauf die Datei mit dem Zertifikat und öffnen Sie sie per Doppelklick.

Zertifikat

2. Damit starten Sie einen Assistenten, der Ihnen nach einem Klick auf *Weiter* zunächst die ausgewählte Datei anzeigt.

3. Mit einem erneuten Klick auf *Weiter* gelangen Sie zur Kennworteingabe. Tippen Sie hier das beim Sichern festgelegte Passwort ein und klicken Sie wiederum auf *Weiter*.

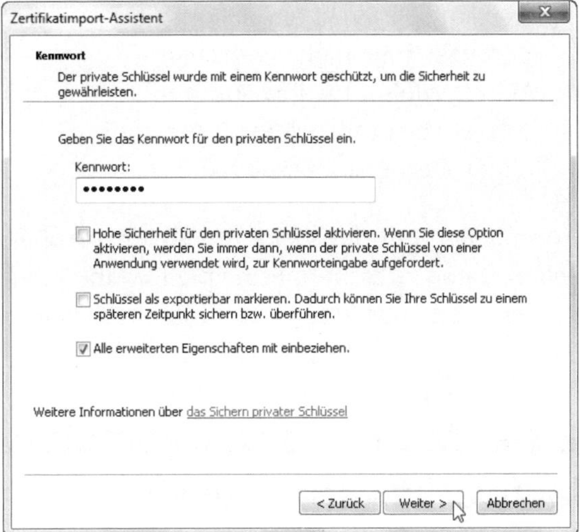

4. Belassen Sie es im nächsten Schritt bei der Einstellung *Zertifikatspeicher automatisch auswählen* und gehen Sie mit *Weiter* zum letzten Schritt.

5. Klicken Sie hier auf *Fertig stellen*, um das Zertifikat zu importieren. Anschließend sollte der Zugriff auf die geschützten Dokumente dauerhaft wieder möglich sein.

Weiteren Benutzern den Zugriff auf verschlüsselte Laufwerke ermöglichen

Ein verschlüsseltes Dokument ist normalerweise einem bestimmten Benutzer zugeordnet und kann nur von diesem verwendet werden. Windows kann Dokumente aber auch mehrfach verschlüsseln, sodass sie mehr als einem Benutzer zur Verfügung stehen, aber trotzdem vor den Augen aller anderen geschützt sind. Voraussetzung ist allerdings, dass die weiteren Benutzer auch die Zugriffsberechtigungen für die Dateien haben und dass für sie ein Schlüsselzertifikat vorhanden ist, sie also auf dem PC bereits mindestens einmal eine Datei verschlüsselt haben.

1 Der Besitzer einer Datei, der diese ursprünglich für sich selbst verschlüsselt hat, kann weitere Benutzer hinzufügen. Klicken Sie dazu wiederum in den allgemeinen Eigenschaften des Objekts auf *Erweitert*.

2 Klicken Sie dann rechts neben der Option *Inhalt verschlüsseln, um Daten zu schützen* auf die Schaltfläche *Details*.

3 Hier sehen Sie oben, für welche Benutzer die Datei bislang verschlüsselt wurde. Mit einem Klick darunter auf *Hinzufügen* können Sie hier weitere Benutzer hinzufügen.

4 Wählen Sie hier den Benutzer aus, für den die Datei bzw. der Ordner zusätzlich verschlüsselt werden soll. Wird ein bestimmter Benutzer hier nicht angezeigt, ist kein Zertifikat für ihn vorhanden, weil er vermutlich selbst noch nie eine Datei verschlüsselt hat.

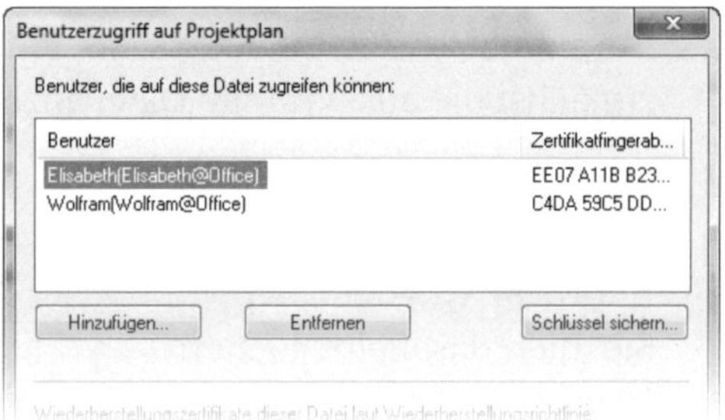

Anschließend dürfen beide Benutzer unabhängig voneinander auf die verschlüsselten Daten zugreifen. Prinzipiell können Sie auf diese Weise beliebig vielen Benutzern den Zugriff auf verschlüsselte Dateien erlauben.

27.2 Mit BitLocker komplette Festplattenlaufwerke verschlüsseln

Mit der BitLocker-Laufwerkverschlüsselung lassen sich komplette Laufwerke so verschlüsseln, dass sie nur durch berechtigte Benutzer verwendet werden können. Das ist insbesondere für mobile Computer wie Notebooks und Netbooks sinnvoll, denn so bleiben die Daten auch im Fall eines Verlusts oder Diebstahls sicher und vertraulich. Selbstverständlich können aber auch Benutzer von Desktop-PCs mit entsprechendem Sicherheitsbedürfnis diese Funktion nutzen. So lässt sich sicherstellen, dass vertrauliche Daten z. B. nur nach dem Einstecken eines bestimmten USB-Sticks zugänglich sind.

Standardmäßig ist BitLocker an einen im System vorhandenen TPM-Kryptochip geknüpft. Da sich solche TPM-Hardware bislang aber kaum durchgesetzt hat, können Sie anstelle eines fest verdrahteten Kryptochips auch einen handelsüblichen USB-Stick als Autorisierung für den Zugriff verwenden. Die BitLocker-Technologie ist allerdings nur in den Windows-Editionen Enterprise und Ultimate verfügbar.

INFO

Verschlüsselung mit Vorsicht genießen

Bevor Sie Ihr Windows-Laufwerk und wichtige Daten per BitLocker verschlüsseln, sollten Sie sich über eventuelle Nebenwirkungen im Klaren sein. Die Verschlüsselung ist sehr sicher, und laut Microsoft soll es auch keine Hintertüren darin geben, durch die sie leicht ausgehebelt werden kann. Ob dem wirklich so ist, wird sich noch zeigen. Vorläufig muss davon ausgegangen werden, dass ein verschlüsseltes Laufwerk ohne den passenden Schlüssel nicht wieder entschlüsselt werden kann. Wenn Sie den Schlüssel z. B. auf einem USB-Stick speichern, darf dieser also keinesfalls verloren gehen. Auch ein Defekt wäre das Aus für den Datenzugriff. Von wichtigen Daten sollten Sie deshalb vor der Verschlüsselung unbedingt Sicherheitskopien machen und diese an einem sicheren Ort hinterlegen. Nutzen Sie außerdem die Möglichkeiten, Sicherheitskopien des Schlüssels anzulegen und mit einem Ersatz-Stick zu arbeiten (siehe nachfolgenden Abschnitt).

So schützt BitLocker Ihre Daten

Im Gegensatz zur EFS-Dateiverschlüsselung verschlüsselt BitLocker immer gleich komplette Laufwerke. Es werden also nicht nur einzelne Ordner oder Dokumente geschützt, sondern das komplette Laufwerk einschließlich installierter Anwendungen und dem Betriebssystem selbst. Als Schlüssel kann ein eingebauter TPM-Chip dienen, der zusätzlich durch eine PIN-Eingabe bei jedem Start abgesichert ist. Alternativ startet Windows nur beim Vorhandensein eines bestimmten USB-Sticks. Dadurch ergeben sich verschiedene Sicherheitsstufen:

- Schutz durch einen TPM-Chip ohne PIN
  Diese Variante ist die komfortabelste, da Sie beim Rechnerstart keine weiteren Schritte zu unternehmen brauchen. Allerdings ist der Schutz eingeschränkt, da es eben reicht, Zugriff zum Rechner zu haben, um das System zu starten. Diese Variante schützt z. B. davor, dass die Festplatte aus einem PC entfernt, in einen anderen eingebaut und die Daten dort ausgelesen werden. Wird allerdings der komplette Rechner entwendet (z. B. bei einem Notebook), bietet diese Variante keinen Schutz.
- Schutz durch einen TPM-Chip mit PIN
  Durch das Eingeben einer PIN bei jedem Einschalten des PCs wird der Rechner effektiv vor Datendiebstahl gesichert. Wer die PIN nicht kennt, kann zwar in den Besitz des Geräts gelangen, er kann aber nicht Windows starten und auf die enthaltenen Daten zugreifen.
- Schutz durch einen USB-Schlüssel
  Bei dieser Variante startet Windows nur, wenn ein bestimmter USB-Stick beim Start angeschlossen ist. Auch das schützt effektiv vor Datendiebstahl, aller-

dings nur wenn der USB-Stick getrennt vom PC aufbewahrt wird. Liegt er z. B. mit in der Notebook-Tasche, stellt er für einen kompetenten Dieb kein Hindernis dar.

BitLocker mit USB-Stick anstatt TPM-Chip

Standardmäßig erfordert BitLocker das Vorhandensein eines TPM-Chips in der PC-Hardware. Allerdings ist dies auch heute noch keine Selbstverständlichkeit. Deshalb können Sie über die Gruppenrichtlinien einstellen, dass BitLocker auch mit einem USB-Stick anstelle des TPM-Chips zusammenarbeiten soll. Dies ist weniger sicher, da ein USB-Stick gestohlen werden, anderweitig abhanden kommen oder einfach kaputtgehen kann. In allen diesen Fällen wäre kein Zugang zum System und den gespeicherten Daten mehr möglich.

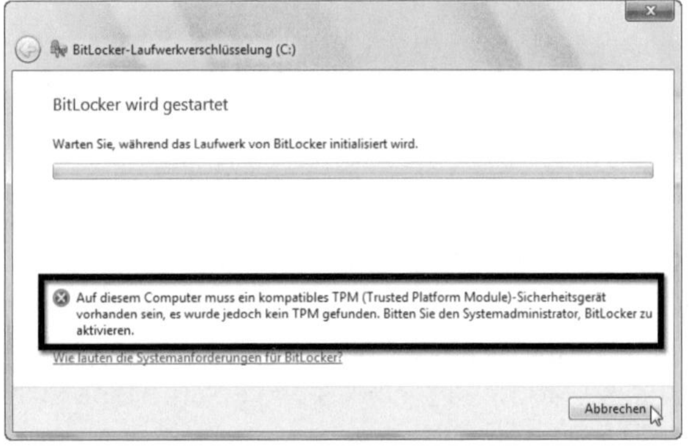

1 Wenn Sie BitLocker starten und keinen TPM-Chip in Ihrem PC installiert haben, beschwert sich das Programm direkt und verweigert die weitere Arbeit.

2 Öffnen Sie in diesem Fall das Startmenü und tippen Sie im Suchfeld *gpedit.msc* gefolgt von [Enter] ein.

3 Damit starten Sie den Gruppenrichtlinieneditor, in dem Sie mit der Navigationsleiste links die Kategorie *Computerkonfiguration/Administrative Vorlagen/Windows-Komponenten/BitLocker-Laufwerkverschlüsselung/Betriebssystemlaufwerke* auswählen.

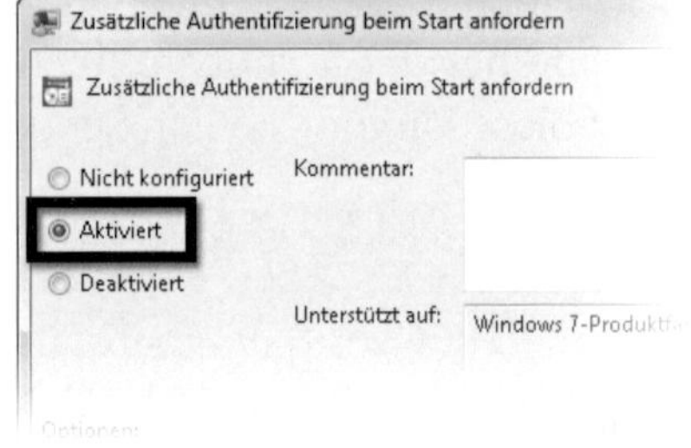

4 Rechts werden nun die Einstellungen für diesen Bereich angezeigt. Lokalisieren Sie hier die Option *Zusätzliche Authentifizierung beim Start anfordern* und doppelklicken Sie darauf.

5 Wählen Sie im Einstellungsdialog oben die Option *Aktiviert* und klicken Sie unten auf *OK*.

6 Schließen Sie den Gruppenrichtlinieneditor. Wenn Sie BitLocker nun erneut starten, sollte der Warnhinweis bezüglich des fehlenden TPM-Chips verschwunden sein. Eventuell müssen Sie Windows zwischenzeitlich einmal neu starten.

Ein Laufwerk mit BitLocker verschlüsseln

Um ein Laufwerk mit BitLocker zu sichern, muss es einmalig komplett verschlüsselt werden. Bei allen weiteren Zugriffen erledigt Windows die Ver- und Entschlüsselung dann im Hintergrund in Echtzeit. Die initiale Verschlüsselung kann hingegen je nach Umfang und Füllstand des Laufwerks bis zu einigen Stunden dauern. Der PC kann in dieser Zeit aber weiter genutzt werden, wenn auch eventuell mit einigen Einschränkungen hinsichtlich der Performance. Sie können die Verschlüsselung notfalls aber auch unterbrechen und später damit fortfahren. Ebenso können Sie Windows herunterfahren und den PC ausschalten. Die Verschlüsselung wird dann beim nächsten Start automatisch fortgesetzt.

1 Rufen Sie in der Systemsteuerung das Modul *BitLocker-Laufwerkverschlüsselung* auf.

2 Im folgenden Dialog sehen Sie zunächst eine Übersicht über die Laufwerke. Diejenigen, die mit einem Link *BitLocker aktivieren* versehen sind, können mit BitLocker verschlüsselt werden. Alle anderen kommen dafür nicht in Betracht, z. B. weil es sich dabei um FAT32-Laufwerke handelt. Wählen Sie also das Systemlaufwerk Ihrer Windows-Installation aus und klicken Sie in diesem Feld auf *BitLocker aktivieren*. Damit starten Sie einen Assistenten, der Sie durch die weiteren Schritte führt.

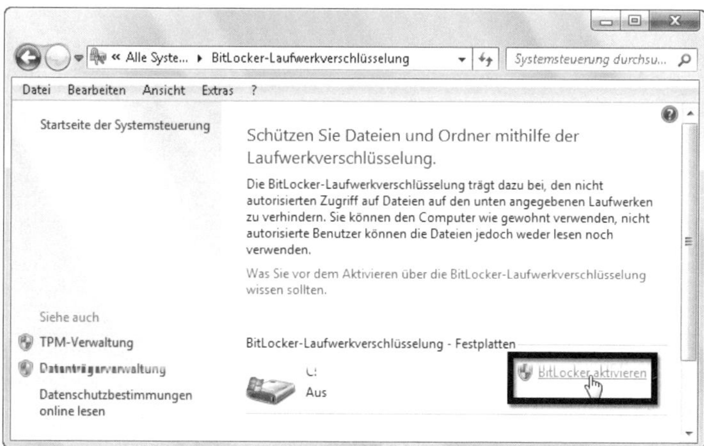

3 Wählen Sie nun aus, ob Sie einen TPM-Chip oder einen USB-Stick als Schlüssel für BitLocker verwenden möchten. Ist kein TPM-Chip eingebaut, steht allerdings ohnehin nur die USB-Variante *Bei jedem Start Systemstartschlüssel anfordern* zur Auswahl. Haben Sie einen TPM-Chip, können Sie sich zwischen der Verwendung ohne PIN (*BitLocker ohne zusätzliche Schlüssel verwenden*) und mit PIN (*Bei jedem Start PIN anfordern*) entscheiden.

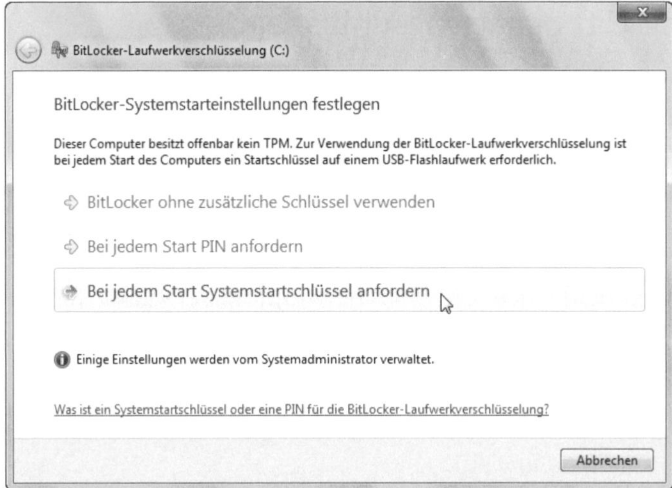

4 Bei Verwendung eines USB-Sticks wählen Sie im nächsten Schritt das Wechsellaufwerk aus, das Sie für diesen Zweck benutzen möchten. Am besten stecken Sie hierzu nur den einen USB-Stick ein, der verwendet werden soll, um Verwechslungen zu vermeiden.

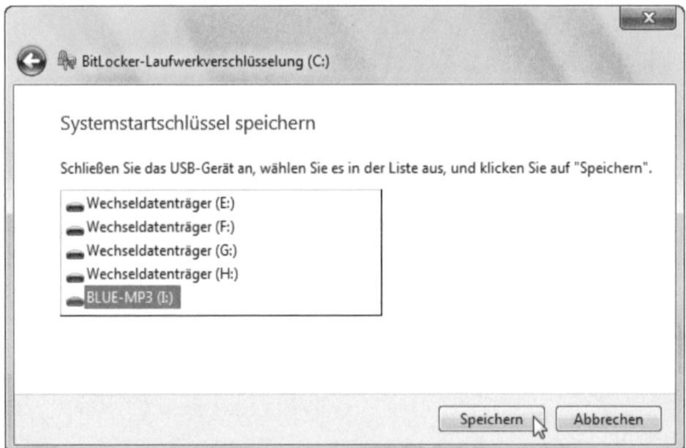

5 Der Assistent ermittelt dann einen Wiederherstellungsschlüssel. Mit diesem Schlüssel können Sie den Zugang zu Ihren Daten retten, falls BitLocker Sie am Zugriff hindern sollte (z. B. weil der USB-Stick mit dem Zugangscode defekt oder verloren gegangen ist). Sie können sich den Schlüssel anzeigen lassen und notieren. Alternativ können Sie ihn auch ausdrucken oder in einer Datei speichern. Diese Speicherung darf allerdings keinesfalls auf dem zu verschlüsselnden Laufwerk erfolgen, da Sie hierauf ja im Zweifelsfall keinen Zugriff haben. Nutzen Sie stattdessen eine Diskette oder einen weiteren USB-Stick. Am besten verwenden Sie mehrere oder auch alle Möglichkeiten gleichzeitig und verwahren die so entstandenen Kopien des Schlüssels an einem sicheren Ort.

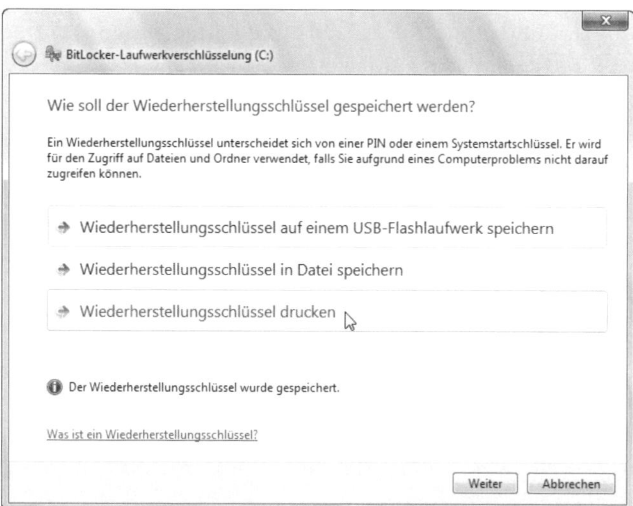

6 Nun kann das eigentliche Verschlüsseln des Laufwerks beginnen. Klicken Sie dazu unten auf die *Weiter*-Schaltfläche. Sollte ein Neustart erforderlich sein, führen Sie ihn durch.

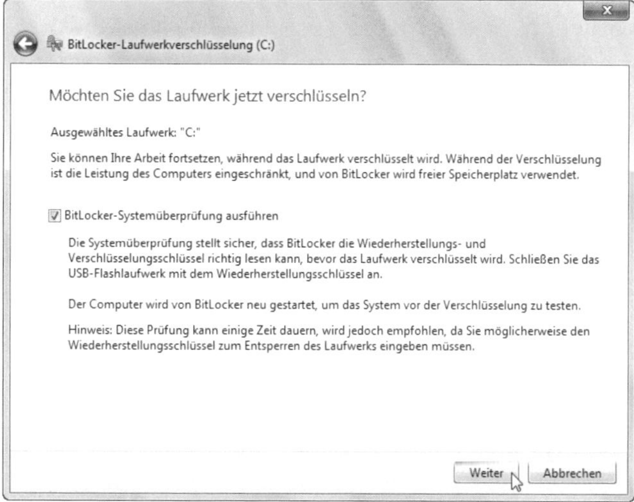

Den PC während des Verschlüsselungsvorgangs nutzen

Die Verschlüsselung eines ganzen Laufwerks kann einige Stunden in Anspruch nehmen. Während der Verschlüsselung des Laufwerks können Sie den PC uneingeschränkt weiterverwenden, allerdings wirkt sich die laufende Verschlüsselung schon spürbar auf die Performance aus. Wenn Sie können, sollten Sie den Rechner deshalb in dieser Zeit also einfach sich selbst überlassen, dann geht es am schnellsten. Sie können den PC übrigens auch ausschalten. Die Verschlüsselungsfunktion bemerkt dies und richtet sich danach. Beim nächsten Start setzt sie ihre Tätigkeit also automatisch fort, bis die Verschlüsselung vollständig ist.

1 Solange die Verschlüsselung des Laufwerks läuft, finden Sie unten rechts im Infobereich ein Symbol dafür vor.

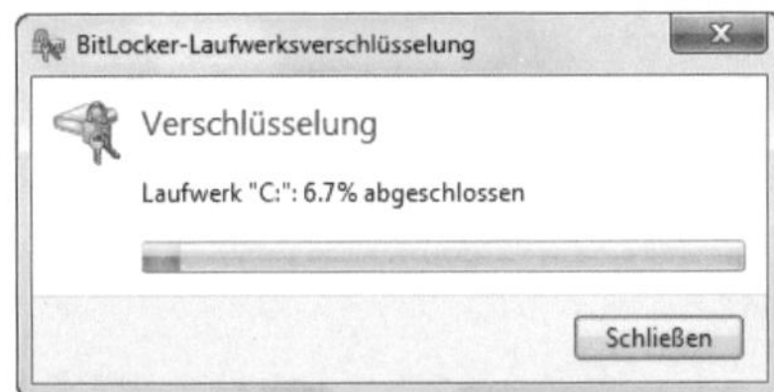

2 Mit einem Doppelklick darauf öffnen Sie einen Dialog mit den Statusinformationen zum Verschlüsselungsvorgang.

3 Hier können Sie ablesen, wie weit die Verschlüsselung bereits fortgeschritten ist.

4 Ist die Verschlüsselung vollständig, wird das Symbol automatisch aus dem Infobereich ausgeblendet.

Windows von einem verschlüsselten Laufwerk starten

Im Prinzip können Sie mit Windows von einem verschlüsselten Laufwerk ganz genauso wie sonst auch arbeiten. Das Betriebssystem erledigt das Ver- und Entschlüsseln unmerklich im Hintergrund in Echtzeit. Nur der Start unterscheidet sich, da vor dem Zugriff auf das Laufwerk jeweils überprüft werden muss, ob er berechtigt ist. Dafür ist die Start-PIN vorgesehen. Haben Sie diese vor dem Verschlüsseln des Laufwerks auf einem USB-Stick gespeichert, muss dieser Stick eingestöpselt werden. Verfügt Ihr PC über einen TPM-Chip, müssen Sie je nach Einstellung eine PIN eingeben oder es wird einfach nur das Vorhandensein des Chips überprüft.

1 Wenn der USB-Stick mit der Start-PIN während des Einschaltens eingesteckt ist, läuft der Startvorgang ganz wie gewohnt ab. Am besten stecken Sie den Stick also schon vor dem Einschalten ein bzw. lassen ihn so lange im PC, wie keine Gefahr eines unberechtigten Zugriffs besteht.

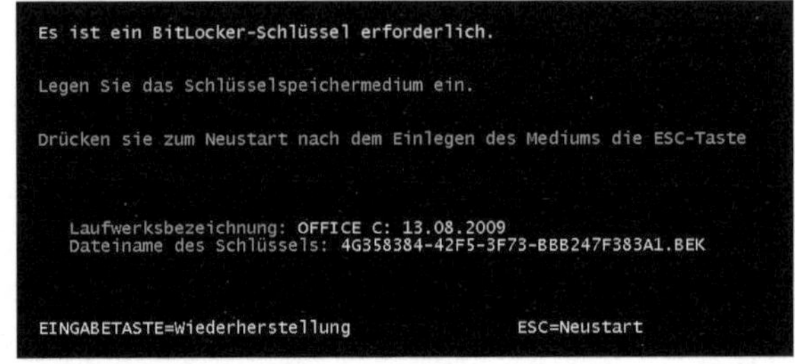

2 Sollte das System beim Start keine korrekte PIN auf einem USB-Stick vorfinden, beschwert es sich mit einer dementsprechenden Meldung. Sollten Sie den Stick nur vergessen haben, stecken Sie ihn jetzt ein und drücken Sie dann Esc, um den Rechner neu zu starten.

3 Sollte der USB-Stick nicht zur Hand sein oder nicht mehr funktionieren, kommt jetzt der große Auftritt des Wiederherstellungsschlüssels, den Sie während des Einrichtens der Verschlüsselung aufgeschrieben, ausgedruckt oder anderweitig hinterlegt haben, sodass er jetzt greifbar ist. Drücken Sie [Enter], um ihn einzugeben.

4 Geben Sie nun die acht Zahlenblöcke Ihres Wiederherstellungsschlüssels ein. Microsoft hat sich dafür ein recht kompliziertes System ausgedacht, bei dem die Funktionstasten [F1] bis [F9] für die Ziffern 1 bis 9 sowie 0 stehen. Mit den Pfeiltasten können Sie die Einfügemarke positionieren. Der Hintergrund ist, dass zu diesem Zeitpunkt im Bootvorgang noch keinerlei länderspezifische Tastaturtreiber geladen sind. Deshalb beschränkt sich die Eingabe auf solche Zeichen, die in allen Ländern gleich aussehen und funktionieren.

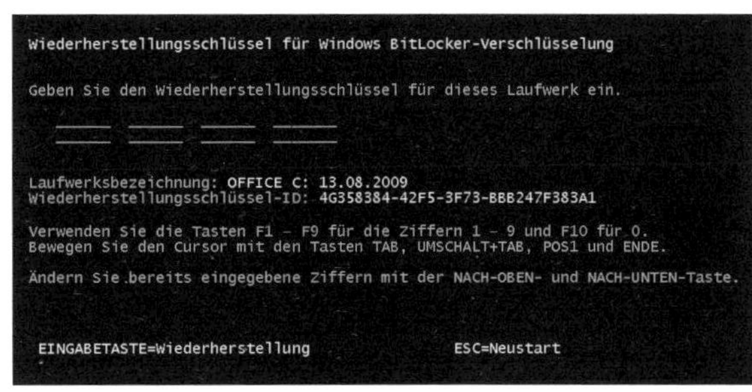

TIPP

Zahlen einfach direkt eingeben

Da das Eingeben von Ziffern per Funktionstaste ja doch etwas gewöhnungsbedürftig ist, können Sie es sich leichter machen. Auch wenn Microsoft es nicht dokumentiert hat, können Sie die Ziffern ebenso über die regulären Tasten oder über den numerischen Tastenblock Ihrer Tastatur eingeben.

5 Mit Eingabe der letzten Ziffer wird der Startvorgang automatisch fortgesetzt – vorausgesetzt, der Schlüssel war korrekt. Alternativ können Sie auch [Enter] drücken, wenn alles fertig eingegeben ist.

Die Verschlüsselung eines Laufwerks wieder aufheben

Selbstverständlich können Sie die Verschlüsselung eines Laufwerks auch wieder rückgängig machen, um dieses ohne USB-Stick, Start-PIN und sonstige Umstände nutzen zu können.

1 Öffnen Sie dazu erneut das Modul BitLocker-Laufwerkverschlüsselung in der Systemsteuerung.

2 Hier können Sie verschlüsselte Laufwerke in der Übersicht leicht an den zusätzlichen Funktionen erkennen: Mit *BitLocker verwalten* können Sie weitere

Kopien des Systemstartschlüssels und des Wiederherstellungsschlüssels erstellen.

3 Mit einem Klick auf *BitLocker deaktivieren* entfernen Sie die Verschlüsselung von diesem Laufwerk.

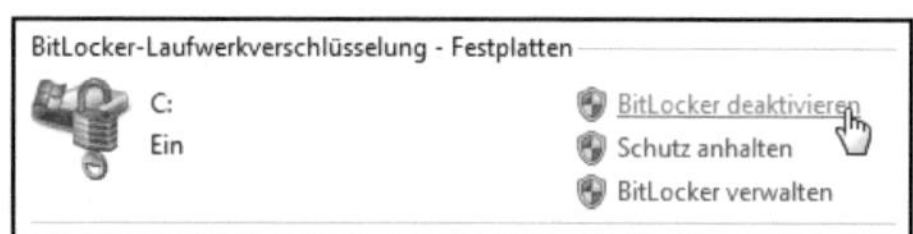

4 Bestätigen Sie dann das Zurücknehmen der Laufwerkverschlüsselung, indem Sie auf die *Laufwerk entschlüsseln*-Schaltfläche klicken. Die komplette Entschlüsselung dauert erneut etwa so lange wie das ursprüngliche Verschlüsseln. Sie können aber auch diesmal den PC zwischendurch abschalten und das Entschlüsseln ein anderes Mal fortsetzen lassen. Aber erst wenn die Verschlüsselung vollständig entfernt ist, können Sie Windows wieder ohne Systemstartschlüssel starten.

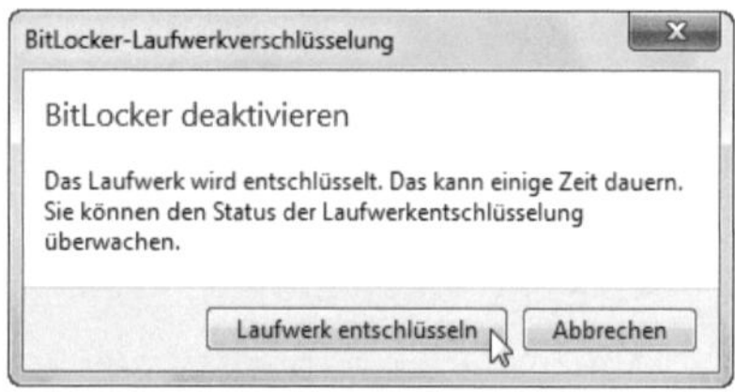

INFO

BitLocker-Schutz anhalten

Den BitLocker-Schutz vorübergehend anzuhalten, empfiehlt sich, wenn Sie z. B. ein BIOS-Update vornehmen oder die Startdateien des PCs reparieren wollen oder müssen. BitLocker ist dann vorübergehend deaktiviert, damit Sie auf die erforderlichen Dateien zugreifen können. Anschließend können Sie den Schutz wieder reaktivieren. Diese Variante ist in den genannten Fällen einfacher und schneller, als die Verschlüsselung erst vollständig zu entfernen, um sie später erneut durchzuführen.

SPEZIAL Mobile Daten auf USB-Sticks und Speicherkarten verschlüsseln

Während BitLocker unter Windows Vista nur Festplattenlaufwerke schützen konnte, hat Microsoft diese Funktion bei Windows 7 zusätzlich auch auf Wechselspeichermedien wie USB-Sticks und Speicherkarten erweitert. Auch diese lassen sich verschlüsseln, sodass der Zugriff nur nach dem Eingeben des dazugehörenden Passworts erlaubt wird. Dabei ist es nicht notwendig, auf „fremden" PCs spezielle Software zu installieren. Zumindest für andere Windows-PCs bringen die verschlüsselten Mobilspeicher alles Notwendige selbst mit.

Wechselmedien durch Verschlüsselung schützen

Um ein Speichermedium zu schützen, müssen Sie es einmalig verschlüsseln. Dabei spielt es keine Rolle, ob zu diesem Zeitpunkt bereits Daten auf dem Speicher sind. Diese werden mitverschlüsselt und stehen anschließend geschützt zur Verfügung.

1 Schließen Sie zunächst das Speichermedium, das Sie mit BitLocker schützen möchten, an den PC an.

2 Öffnen Sie dann in der Systemsteuerung das Modul *BitLocker-Laufwerkverschlüsselung*.

BitLocker-Laufwerkverschl...

3 Hier werden in der Liste unter *BitLocker-Laufwerkverschlüsselung – BitLocker To Go* alle Wechselspeichermedien wie USB-Sticks oder Speicherkarten angezeigt, die gerade mit dem PC verbunden sind. Wählen Sie das Gerät aus, das Sie verschlüsseln möchten, und klicken Sie dort rechts auf *BitLocker aktivieren*. Warten Sie dann kurz, während BitLocker das Speichermedium initialisiert.

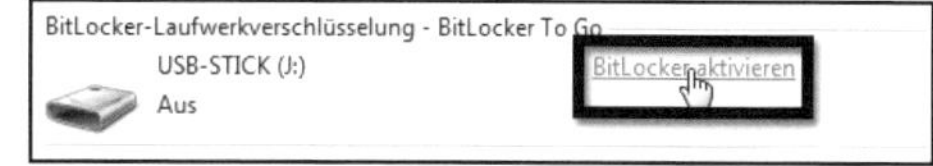

4 Wählen Sie nun, wie das Laufwerk vor der Verwendung jeweils entschlüsselt werden soll. Steht Ihnen eine Smartcard nebst einem entsprechenden Lesegerät zur Verfügung, dann ist dies die komfortabelste Methode. Das Speichermedium kann dann an anderen PCs ohne diese Smartcard allerdings nicht genutzt werden. Mit *Kennwort zum Entsperren des Laufwerks verwenden* sind Sie deshalb flexibler. Tippen Sie es wie üblich zweimal ein, um Tippfehler auszuschließen. Das Kennwort muss mindestens acht Zeichen umfassen, sonst wird es nicht akzeptiert.

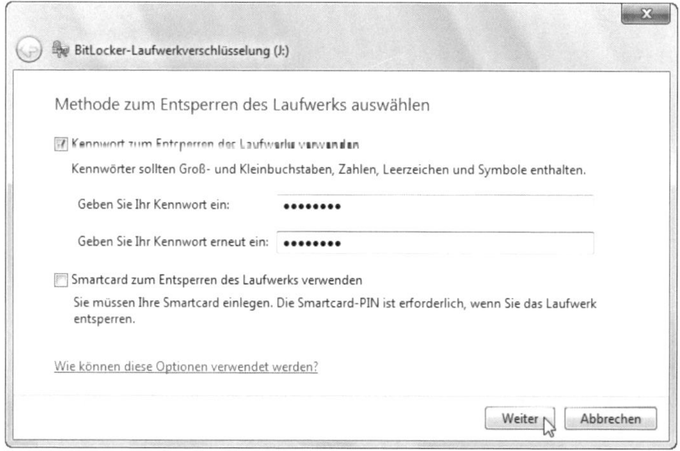

5 Anschließend bietet BitLocker Ihnen an, einen Wiederherstellungsschlüssel auszudrucken oder in einer Datei zu speichern. Mit diesem können Sie Zugang zu den verschlüsselten Daten erlangen, falls Sie das gewählte Kennwort vergessen sollten. Bewahren Sie den Wiederherstellungsschlüssel so oder so an einem sicheren Ort auf – allerdings keinesfalls auf dem verschlüsselten Speichermedium selbst, denn dort nutzt es Ihnen gar nichts. Erst wenn Sie eine der beiden Varianten genutzt haben, können Sie unten auf *Weiter* klicken.

6 Klicken Sie im nächsten Schritt unten rechts auf *Verschlüsselung starten*. BitLocker verschlüsselt das Laufwerk dann, was je nach Größe des Speichers ein wenig dauern kann. Sie sollten das Speichermedium während dieses Vorgangs nicht entfernen. Sollte es unbedingt erforderlich sein, können Sie den Vorgang anhalten, dann den Speicher entfernen und das Ganze später fortsetzen.

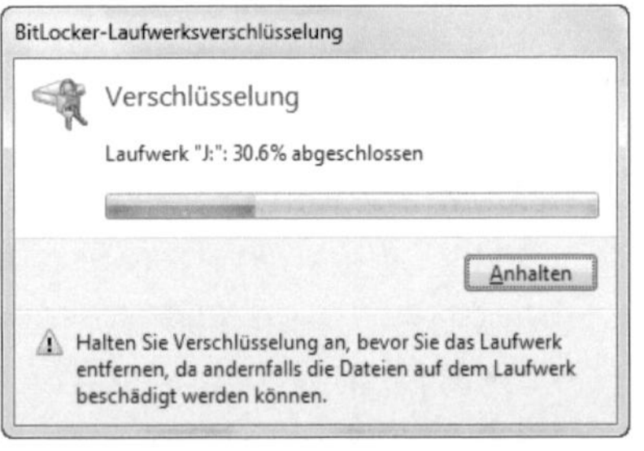

7 Ist das Verschlüsseln vollständig durchgeführt, erhalten Sie eine Erfolgsmeldung. Sie können das Speichermedium nun sicher nutzen.

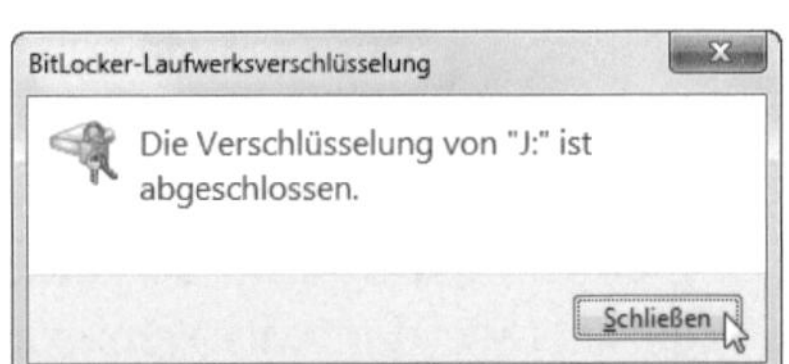

BitLocker-geschützte Speichermedien benutzen

Ein mit BitLocker genutztes Speichermedium können Sie prinzipiell wie sonst auch verwenden. Einziger Unterschied: Jedes Mal, wenn Sie das Speichermedium mit dem PC verbinden, müssen Sie nun das Kennwort eingeben (oder die entsprechende Smartcard muss vorliegen). In der Praxis blendet Windows 7 beim Einstecken des Speichermediums automatisch die Passwortabfrage ein. Haben Sie Ihr Passwort korrekt eingegeben, können Sie das Speichermedium und die darauf gespeicherten Daten nun wie gewohnt benutzen.

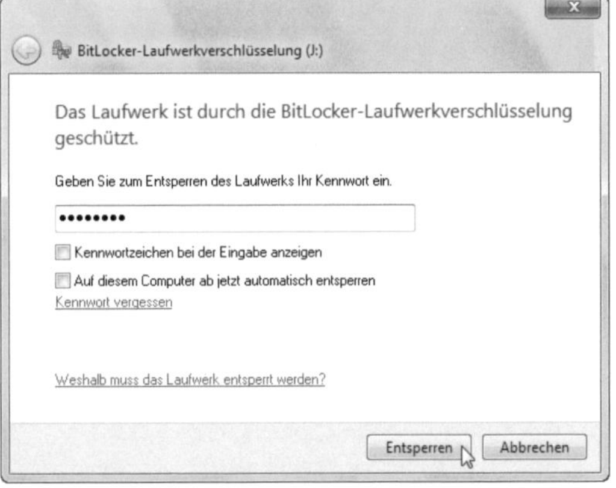

TIPP

Passwort vergessen?

Sollten Sie das Kennwort für ein BitLocker-geschütztes Speichermedium einmal vergessen haben, können Sie nur über den Wiederherstellungsschlüssel an Ihre Daten kommen. Klicken Sie in diesem Fall im Kennwort-Fenster auf den Link *Kennwort vergessen*. Dann können Sie den Wiederherstellungsschlüssel eingeben und so Zugriff auf die Daten erhalten.

BitLocker To Go auf anderen Windows-Systemen

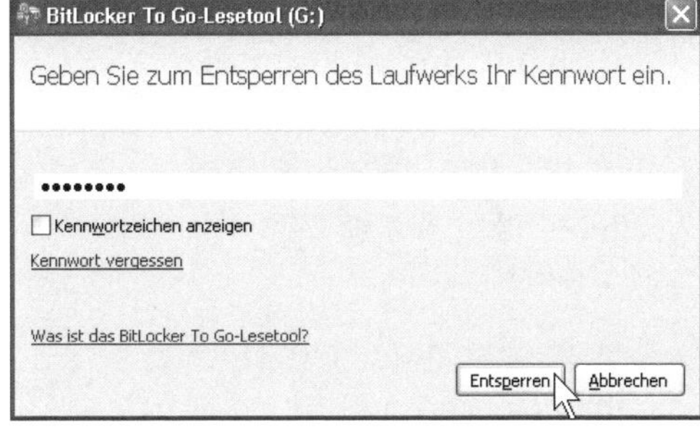

Mit BitLocker To Go geschützte Speichermedien lassen sich nicht nur auf Ihrem Windows 7-PC einsetzen, sondern selbstverständlich auf jedem anderen auch. Selbst PCs mit Windows XP und Vista kommen mit solchen geschützten Speichermedien klar. Dafür wird auf dem Speicher eine kleine Anwendung installiert, die beim Einstecken automatisch gestartet wird und das Kennwort abfragt. Ist dieses richtig eingegeben, gelingt auch hier der Zugriff.

Einzige Einschränkung: Der verschlüsselte Speicher-Stick wird nicht wie sonst üblich in das Dateisystem eingebunden, sondern kann nur über das automatisch gestartete BitLocker To Go-Lesetool genutzt werden. Sie können die dort angezeigten Dateien und Ordner aber über die Zwischenablage in das reguläre Dateisystem übernehmen. Ziehen Sie die Objekte aus dem BitLocker-Programm dazu mit der Maus auf den Desktop oder in einen Ordner auf dem lokalen PC. Erst dann können Sie die Dateien betrachten und bearbeiten.

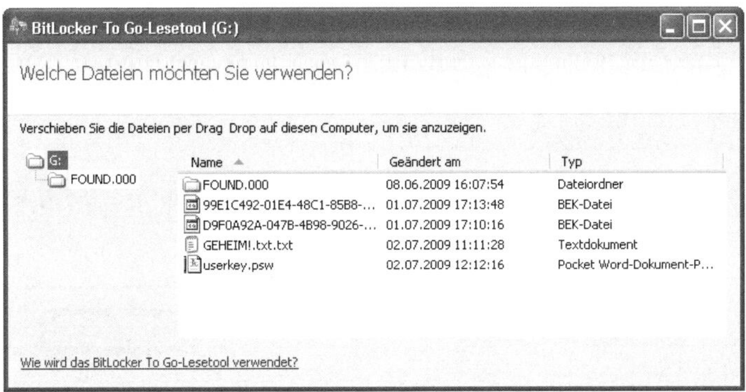

Speicher-Sticks beim Einstecken automatisch entschlüsseln

Wenn Sie ein Speichermedium regelmäßig z. B. an Ihrem eigenen PC benutzen, ist das ständige Eingeben des Kennworts vielleicht zu nervig. In solchen Fällen können Sie festlegen, dass der Speicher-Stick beim Einstecken in diesem PC automatisch angemeldet wird, ohne dass Sie aktiv werden müssen. So viel Komfort wird aber mit weniger Sicherheit erkauft. Das System prüft schließlich nicht, wer den Speicher-Stick einsteckt. Er kann also auch von Dritten verwendet werden, die Zugang zu Ihrem PC haben.

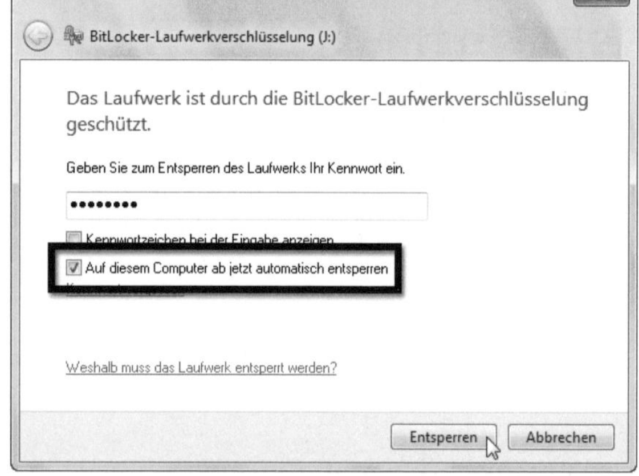

1 Um ein Speichermedium in Zukunft automatisch anmelden zu lassen, tippen Sie bei der nächsten Anmeldung noch einmal Ihr Kennwort ein.

2 Setzen Sie dann ein Häkchen bei der Option *Auf diesem Computer ab jetzt automatisch entsperren*.

3 Klicken Sie dann unten auf *Entsperren*. In Zukunft wird dieses Speichermedium auf diesem PC automatisch entsperrt. Bei anderen PCs muss aber nach wie vor das Kennwort eingegeben werden.

Den BitLocker-Schutz von Speichermedien wieder entfernen

Sollten Sie den BitLocker-Schutz nicht mehr benötigen, können Sie ihn jederzeit wieder entfernen. Dabei brauchen Sie sich auch keine Sorgen über die auf dem Speicher abgelegten Daten zu machen. Diese werden mit entschlüsselt und stehen anschließend wieder unverschlüsselt zur Verfügung.

1 Schließen Sie das Speichermedium an den PC an und öffnen Sie in der Systemsteuerung das Modul BitLocker-Laufwerkverschlüsselung.

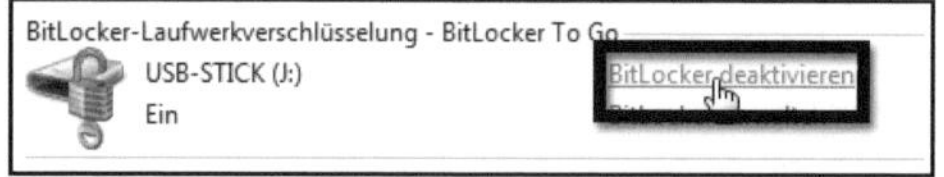

2 Wählen Sie in der Liste unter *BitLocker-Laufwerkverschlüsselung – BitLocker To Go* das Laufwerk aus und klicken Sie rechts auf *BitLocker deaktivieren*.

3 Bestätigen Sie den Vorgang im anschließenden Dialog mit einem Klick auf *Laufwerk entschlüsseln*.

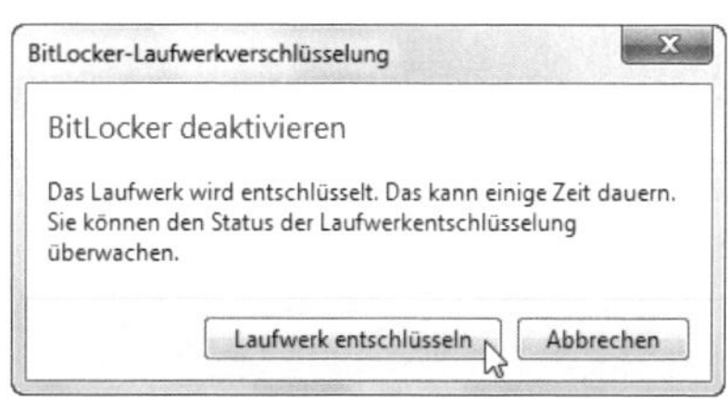

4 Windows entfernt dann die BitLocker-Verschlüsselung von dem Laufwerk. Dies kann je nach Größe des Speichers ein wenig dauern. Sie sollten das Speichermedium während dieses Vorgangs nicht entfernen. Sollte es unbedingt erforderlich sein, können Sie den Vorgang anhalten, dann den Speicher entfernen und das Ganze später fortsetzen.

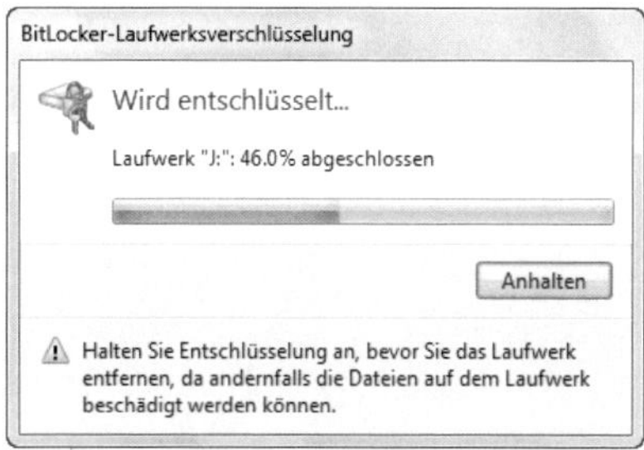

5 Ist das Entfernen der Verschlüsselung abgeschlossen, erhalten Sie eine Erfolgsmeldung. Sie können das Speichermedium nun wieder ganz regulär verwenden.

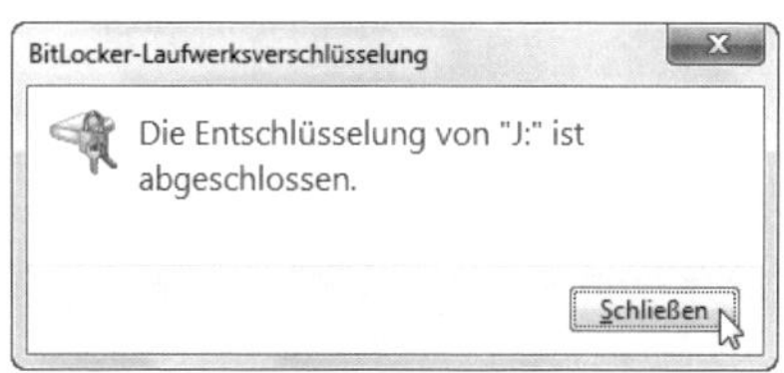

Teil V

Netzwerk und Internet

28. Ein Netzwerk als Heimnetzgruppe in Sekunden einrichten

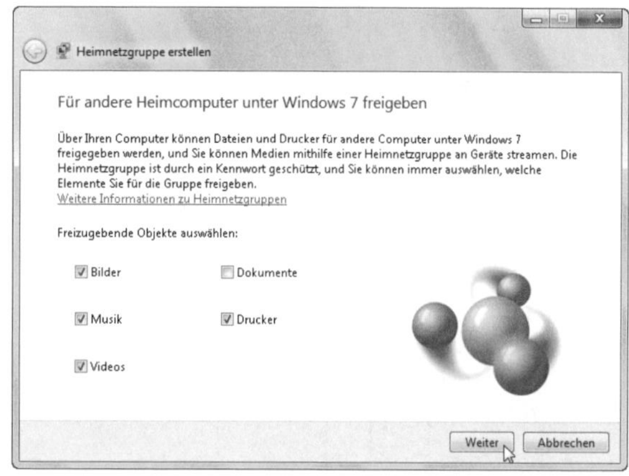

Das Vernetzen mehrerer (oder auch vieler) PCs ist für Windows schon lange kein Problem mehr. Allerdings erfordert das Einrichten eines Netzwerks einige grundlegende Kenntnisse. Ganz ohne Dinge wie Gruppennamen, Domains oder Netzwerkprotokolle ließ sich das kaum bewerkstelligen. Windows 7 aber will das Einrichten eines einfachen Netzwerks von zwei oder mehr PCs so schnell und unkompliziert wie möglich machen. Erreicht wird dies durch eine neue Funktion namens Heimnetzgruppe, die nach dem Motto „Benutzen Sie Ihr Netzwerk, wir erledigen den Rest" arbeitet. Diese Netzwerkvariante lässt sich buchstäblich mit zwei Mausklicks einrichten. Über ein Kennwort können andere PCs dem Netzwerk beitreten und so ganz einfach Dateien und Drucker miteinander teilen.

HINWEIS

Heimnetzgruppe nur für Heimnetzwerke!

Das Einrichten eines Heimnetzgruppe-Netzwerks bzw. das Beitreten zu einem solchen Netzwerk funktioniert nur, wenn das aktive Netzwerk als Heimnetzwerk konfiguriert ist. Diese Einstellung können Sie im Netzwerk- und Freigabecenter unter *Aktive Netzwerke anzeigen* einsehen und verändern. Mehr zum Netzwerk- und Freigabecenter finden Sie ab S. 475.

SPEZIAL Schnell und unkompliziert zum eigenen Heimnetzwerk

Das Einrichten einer Heimnetzgruppe geht so schnell und einfach, wie Sie vermutlich noch nie ein Netzwerk eingerichtet haben. Im Prinzip erledigt Windows die gesamte Arbeit für Sie. Sie können höchstens (müssen aber nicht) festlegen, welche Ressourcen Sie in diesem Netzwerk mit anderen teilen wollen. Anschließend steht das Netzwerk sofort zur Verfügung und andere PCs können als Teilnehmer beitreten. Einziger Wermutstropfen: Diese praktische Technik funktioniert nur bei Windows 7-PCs. Wollen Sie ein Netzwerk gemeinsam mit XP- und/ oder Vista-Rechnern aufziehen, müssen Sie auf die bewährten Netzwerkvarianten zurückgreifen, die auch bei Windows 7 noch genauso dabei sind.

INFO

Netzwerkhardware

Die Heimnetzgruppe-Funktionen beziehen sich ausschließlich auf die softwareseitige Konfiguration des Netzwerks. Sie setzen voraus, dass die notwendige Netzwerkhardware vorhanden und korrekt angeschlossen ist. Das ist heutzutage aber auch kein großes Problem. Praktisch alle jüngeren PCs verfügen von Hause aus über einen Netzwerkanschluss. Sie benötigen also nur die Netzwerkkabel. Sollen mehr als zwei PCs miteinander verbunden werden, ist außerdem ein zentraler Verteiler, z. B. ein Netzwerk-Switch, erforderlich. Auch hier brauchen die Kabel aber nur angeschlossen zu werden. Eine Konfiguration ist nicht notwendig. Windows erkennt vorhandene Netzwerkhardware in der Regel automatisch und bringt die Treiber für gängige Komponenten bereits mit.

1 Öffnen Sie in der Systemsteuerung das Modul *Heimnetzgruppe*.

2 Damit gelangen Sie zu den Einstellungen für Heimnetzgruppen. Hier sollte bislang die Meldung *Derzeit ist keine Heimnetzgruppe im Netzwerk vorhanden* stehen. Andernfalls ist bereits eine Heimnetzgruppe vorhanden, der Sie beitreten können (siehe S. 468).

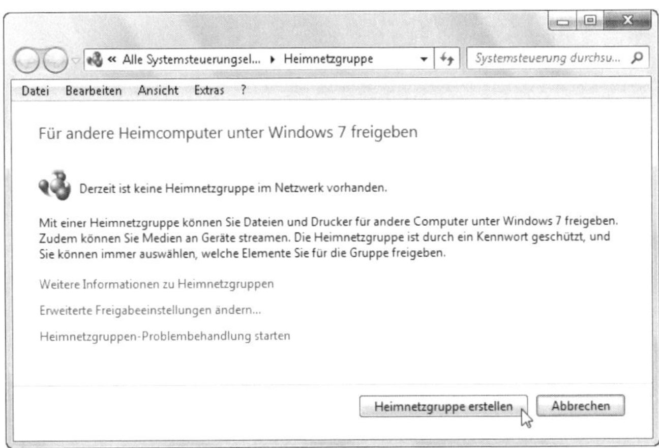

3 Um eine Heimnetzgruppe einzurichten, klicken Sie unten auf die *Heimnetzgruppe erstellen*-Schaltfläche.

4 Im nächsten Schritt können Sie zunächst wählen, welche Arten von Daten und Geräten Sie in der Heimnetzgruppe mit anderen teilen möchten. Standardmäßig werden Bilder, Musik und Videos sowie vorhandene Drucker freigegeben. Zusätzlich können Sie Ihre Dokumente bereitstellen. Diese Einstellungen lassen sich aber auch später noch beliebig verändern.

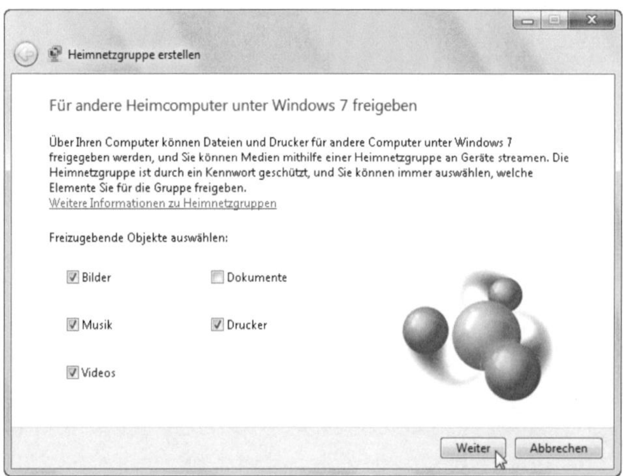

5 Klicken Sie unten auf die *Weiter*-Schaltfläche, um die Heimnetzgruppe einzurichten. Windows unternimmt dann alle notwendigen Schritte. Dies dauert nur wenige Sekunden.

6 Anschließend teilt Windows Ihnen ein Kennwort mit. Dieses kann auf anderen PCs eingegeben werden, um sie ebenso ohne komplexe Einstellungen dieser Heimnetzgruppe anzuschließen. Sie können dieses Passwort wie empfohlen niederschreiben, müssen es aber nicht. Es kann auch später noch jederzeit an diesem PC abgefragt werden.

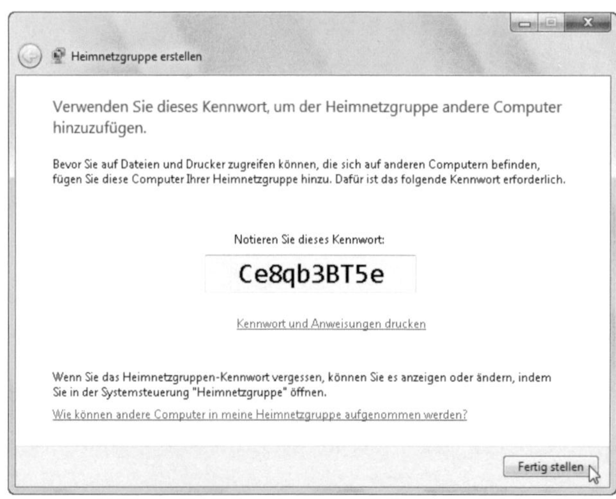

7 Klicken Sie dann unten rechts auf *Fertig stellen*. Das war auch schon alles. Die Heimnetzgruppe ist sofort einsatzbereit. Windows bietet Ihnen an, die Einstellungen für die Heimnetzgruppe gleich noch einmal zu überprüfen und ggf. zu ändern. Was es damit auf sich hat, lesen Sie im Folgenden.

INFO

Das Heimnetzgruppen-Kennwort

Das Kennwort beim Einrichten einer Heimnetzgruppe dient der Sicherheit. Schließlich soll ja nicht jeder unkontrollierten Zugang zu Ihrem Netzwerk haben. Auf anderen PCs, die der Heimnetzgruppe beitreten wollen, muss exakt dieses Kennwort eingegeben werden. Dann stellt Windows die Verbindung zwischen den PCs automatisch her. Das Kennwort muss allerdings nur ein einziges Mal zum Anschluss an die Heimnetzgruppe eingegeben werden. Deshalb macht es auch nichts, dass es zufällig ausgewählt und deshalb recht kryptisch ist.

Das Kennwort einer Heimnetzgruppe in Erfahrung bringen

Das Kennwort der Heimnetzgruppe legt Windows beim Einrichten des Netzwerks automatisch fest und zeigt es dann auch an. Wenn Sie es bei dieser Gelegenheit nicht notiert haben, ist das aber nicht tragisch. Sie können das Kennwort auch später noch auf jedem PC in Erfahrung bringen, der bereits Mitglied dieser Heimnetzgruppe ist (also zumindest auf dem Rechner, auf dem Sie die Heimnetzgruppe ursprünglich eingerichtet haben).

1 Öffnen Sie in der Systemsteuerung das Modul Heimnetzgruppe.

2 Wenn Ihr PC bereits zu einer Heimnetzgruppe gehört, finden Sie in diesem Menü recht weit unten den Punkt *Kennwort für die Heimnetzgruppe anzeigen oder drucken*.

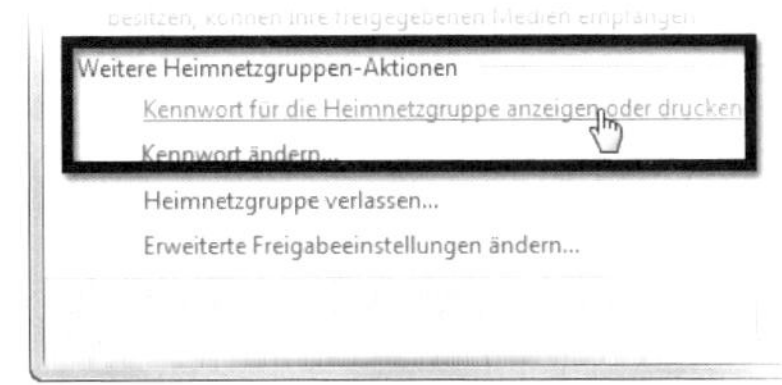

3 Nach einem Klick darauf zeigt Windows Ihnen das derzeit gültige Kennwort für die Heimnetzgruppe an.

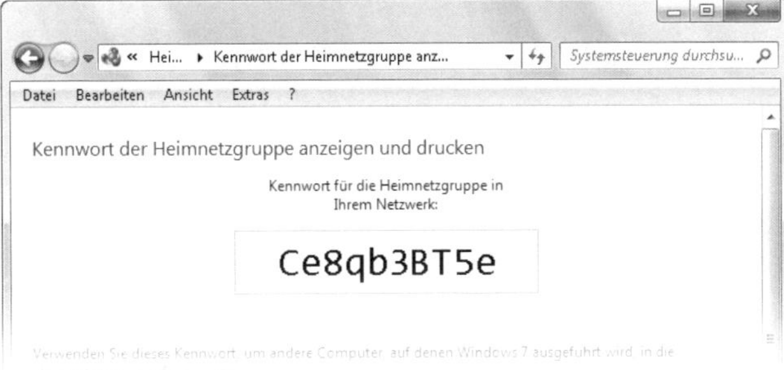

HINWEIS

Das Heimnetzgruppen-Kennwort ändern

Windows bietet Ihnen in diesem Menü auch an, das Kennwort für die Heimnetzgruppe zu ändern. Das ist nicht unbedingt nötig, mag aus Vorsichtsgründen aber von Zeit zu Zeit sinnvoll sein. Vor allem können Sie so statt des automatisch generierten kryptischen Passworts ein etwas besser merkbares Kennwort wählen. Allerdings ist dabei eines zu beachten: Das Kennwort muss immer auf allen PCs geändert werden, damit diese wieder Kontakt zur Heimnetzgruppe aufnehmen können. Andererseits bietet sich so eine Möglichkeit, einen PC bzw. Benutzer wieder loszuwerden, der sich der Heimnetzgruppe bereits angeschlossen hat. Wenn einfach alle anderen Mitglieder das Heimnetzgruppen-Kennwort ändern und es diesem nicht mitteilen, ist er effektiv aus der Gruppe ausgeschlossen.

Weitere PCs einer Heimnetzgruppe hinzufügen

Wenn in einem Netzwerk eine Heimnetzgruppe eingerichtet ist, können Sie dieser beliebig weitere PCs hinzufügen. Allerdings müssen folgende Voraussetzungen erfüllt sein:

- Auf den PCs muss Windows 7 laufen, ältere Windows-Versionen werden nicht unterstützt.
- Für das aktive Netzwerk muss die Einstellung *Heimnetzwerk* gewählt sein (siehe S. 478).
- Das Kennwort für die Heimnetzgruppe muss bekannt sein.
- Mindestens ein anderer PC, der der Heimnetzgruppe bereits angehört, muss eingeschaltet sein.

Ist dies gegeben, kann der PC jederzeit der Heimnetzgruppe beitreten:

1. Öffnen Sie in der Systemsteuerung das Modul Heimnetzgruppe.
2. Ist im Netzwerk bereits eine Heimnetzgruppe vorhanden, bietet Windows Ihnen hier an, dieser Gruppe beizutreten. Klicken Sie dazu unten auf *Jetzt beitreten*.
3. Tippen Sie im anschließenden Schritt das Kennwort der Heimnetzgruppe ein und klicken Sie erneut auf *Jetzt beitreten*. Der PC ist nun dieser Heimnetzgruppe angeschlossen.

Eine Heimnetzgruppe wieder verlassen

Jeder PC, der Mitglied einer Heimnetzgruppe geworden ist, kann diese selbstverständlich wieder verlassen.

1 Öffnen Sie in der Systemsteuerung das Modul Heimnetzgruppe.

2 Klicken Sie im anschließenden Menü fast ganz unten auf den Link *Heimnetzgruppe verlassen*.

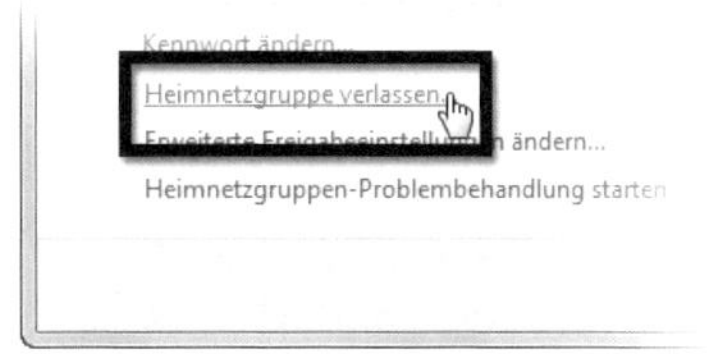

3 Bestätigen Sie das Verlassen der Heimnetzgruppe im nächsten Schritt mit einem Klick auf *Heimnetzgruppe verlassen*.

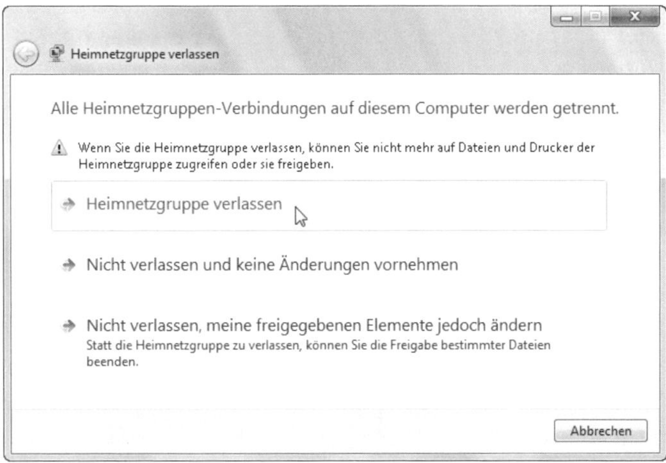

4 Windows benötigt dann nur wenige Sekunden, um alle Einstellungen entsprechend zu ändern. Anschließend hat Ihr PC keinen Zugriff mehr auf die Heimnetzgruppe. Andererseits können die anderen Rechner aber auch nicht mehr auf die Daten Ihres PCs zugreifen.

28.1 Dateien, Ordner und Bibliotheken in einer Heimnetzgruppe gemeinsam nutzen

Mit dem Einrichten einer Heimnetzgruppe teilen sich die angeschlossenen PCs automatisch eine Reihe von Daten wie z. B. Bilder, Musik und Videos. Auch an die PCs angeschlossene Drucker werden automatisch allen Teilnehmern zur Verfügung gestellt. Für die meisten Anwendungsbereiche sind Sie also allein mit dem Herstellen der Heimnetzgruppen-Verbindung schon bestens gerüstet. Trotzdem können Sie (müssen aber nicht) genauer bestimmen, welche Daten anderen zur Verfügung gestellt werden sollen. So können Sie die Freigaben erweitern. Sie können aber z. B. auch bestimmte Bereiche Ihrer Mediensammlung von der Freigabe ausnehmen, wenn Sie diese für sich allein behalten möchten.

HINWEIS

Heimnetzgruppen und Bibliotheken

Die Datenfreigabe in einer Heimnetzgruppe ist eng mit den ebenfalls mit Windows 7 eingeführten Bibliotheken verzahnt. Deshalb ist es für das Verständnis der folgenden Seiten hilfreich, wenn Sie mit diesem Konzept bereits vertraut sind. Es wurde in Kapitel 13 detailliert vorgestellt.

1 Öffnen Sie in der Systemsteuerung das Modul Heimnetzgruppe.

2 Wenn Ihr PC zu einer Heimnetzgruppe gehört, finden Sie im anschließenden Menü oben unter *Bibliotheken und Drucker freigeben* eine Übersicht über die zurzeit freigegebenen Daten.

3 Hier können Sie einfach per Häkchen bestimmen, welche Arten von Dateien freigegeben werden sollen. Die Einträge *Bilder*, *Musik* und *Videos* beziehen sich dabei jeweils auf die gleichnamigen Bibliotheken und umfassen dementsprechend standardmäßig die Inhalte z. B. der Ordner *Meine Musik* und *Öffentliche Musik*. Haben Sie diese Bibliotheken um weitere Ordner ergänzt, sind diese auch eingeschlossen.

4 *Dokumente* bezieht sich dementsprechend auf die Dokumente-Bibliothek, die standardmäßig die Ordner *Meine Dokumente* und *Öffentliche Dokumente* sowie ggf. weitere hinzugefügte Ordner umfasst. Geben Sie diese Bibliothek frei, erlauben Sie also anderen Benutzern den Zugriff auf Ihre persönlichen Dokumente.

5 Das Häkchen bei *Drucker* entscheidet darüber, ob lokal angeschlossene Drucker für die PCs der Heimnetzgruppe freigegeben werden, sodass jeder Benutzer von jedem PC aus auf jedem Gerät ausdrucken kann.

Diese Einstellungen bestimmen, welche Daten Sie auf Ihrem PC für andere Teilnehmer der Heimnetzgruppe bereitstellen. Prüfen Sie also gut, ob und welche

Medien und Dokumente Sie mit anderen teilen möchten. Umgekehrt heißt es nicht, dass Sie automatisch auf diese Arten von Dateien auf anderen PCs zugreifen können. Jeder Teilnehmer einer Heimnetzgruppe entscheidet für sich, welche Daten er den anderen Mitgliedern zur Verfügung stellt und welche nicht.

Eigene Bibliotheken für andere Benutzer bereitstellen

Standardmäßig unterstützt eine Heimnetzgruppe die ohnehin vorhandenen Bibliotheken für Bilder, Musik, Videos und Dokumente. Sie können aber auch weitere, selbst erstellte Bibliotheken für die Teilnehmer der Heimnetzgruppe freigeben. So lassen sich Dateien erfassen, die nicht unbedingt in die klassischen Kategorien hineinpassen.

TIPP

Eine Bibliothek speziell für die Freigabe im Netzwerk anlegen

Wenn Sie nur sehr selektiv ganz bestimmte Dateien für die Heimnetzgruppe freigeben möchten, bietet sich dafür eine eigene Bibliothek an. Entfernen Sie in diesem Fall die Häkchen bei allen Standardbibliotheken und erstellen Sie stattdessen eine Bibliothek mit genau den Ordnern, die Sie teilen möchten. Geben Sie dann nur diese Bibliothek, wie im Folgenden beschrieben, frei. So haben Sie die volle Kontrolle über die Dateien Ihres PCs, die für andere zugänglich sind. Wie Sie eigene Bibliotheken erstellen und deren Inhalt festlegen, wurde in Kapitel 13 beschrieben.

1 Starten Sie den Windows-Explorer über sein Symbol in der Taskleiste.

2 Standardmäßig zeigt er dann eine Übersicht über die vorhandenen Bibliotheken an. Alternativ finden Sie die Liste links im Navigationsbereich. Neben den Standardbibliotheken finden Sie hier auch solche, die Sie zuvor selbst erstellt haben.

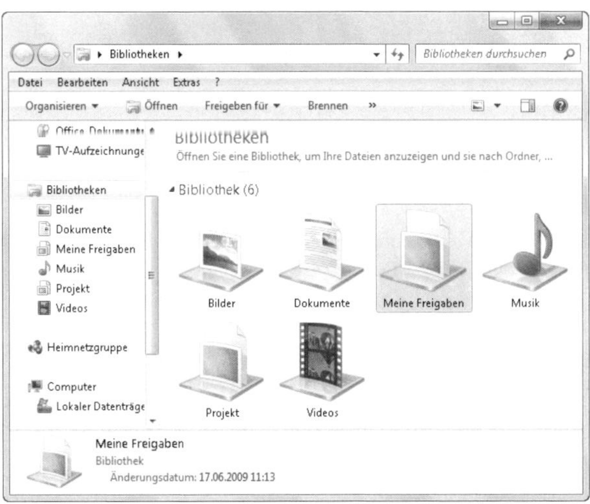

3 Klicken Sie hier mit der rechten Maustaste auf die freizugebende Bibliothek und wählen Sie im Kontextmenü den Befehl *Freigeben für/Heimnetzgruppe*. Dabei haben Sie die Wahl, ob die anderen Heimnetzgruppen-Mitglieder die Dateien in dieser Bibliothek nur lesen oder auch schreiben, also verändern dürfen.

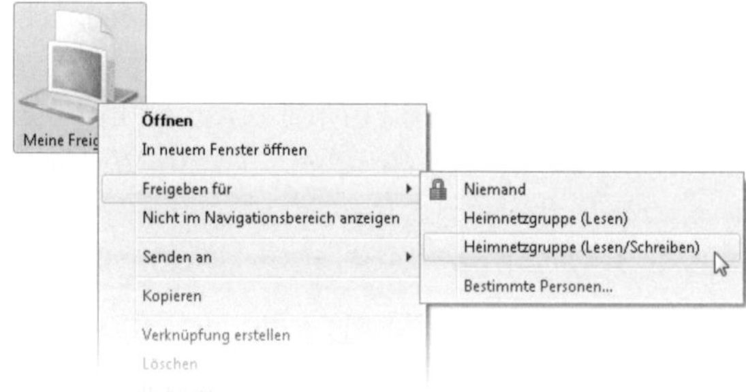

Damit ist diese Bibliothek für die Heimnetzgruppe freigegeben. Wollen Sie die Freigabe wieder aufheben, wiederholen Sie die Schritte, wählen diesmal aber den Befehl *Freigeben für/Niemand*.

Einzelne Dateien und Ordner in der Heimnetzgruppe freigeben oder schützen

Unabhängig von den Bibliotheken können Sie auch, wie von früheren Windows-Versionen her gewohnt, einzelne Ordner oder Dateien freigeben. Und Sie können einzelne Ordner und Dateien ausdrücklich von der Freigabe ausnehmen. Diese werden dann vor fremden Zugriffen geschützt, selbst wenn sie zu einer Bibliothek gehören sollten, die in einer Heimnetzgruppe freigegeben ist.

1 Markieren Sie den oder die Ordner bzw. Dokumente im Windows-Explorer.

2 Klicken Sie mit der rechten Maustaste auf die Auswahl und wählen Sie im Kontextmenü den Befehl *Freigeben für*.

3 Im Untermenü können Sie dann die Freigabeoptionen für diese(n) Ordner bzw. Dateien wählen:

- ***Niemand***: Die Objekte werden nicht freigegeben und sind für andere Benutzer nicht einsehbar.

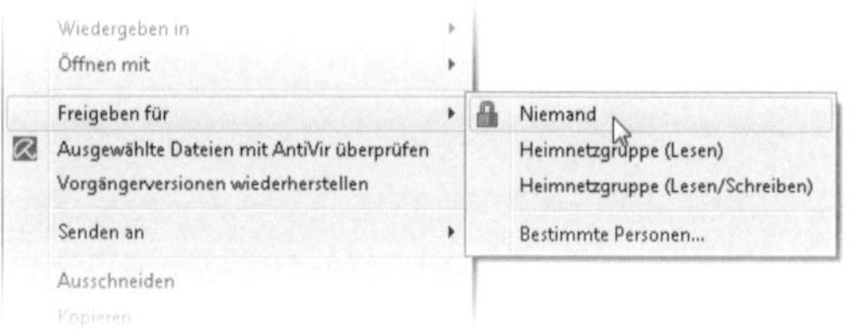

- ***Heimnetzgruppe (Lesen)***: Die Objekte werden für die Teilnehmer der Heimnetzgruppe zum Lesen bzw. Betrachten, Anhören etc. freigegeben, können aber nicht verändert werden.
- ***Heimnetzgruppe (Lesen/Schreiben)***: Die Objekte können von Teilnehmern der Heimnetzgruppe sowohl betrachtet als auch bearbeitet werden.

- ***Bestimmte Personen***: Hiermit öffnen Sie ein Menü, in dem Sie die Objekte nicht pauschal für alle Teilnehmer, sondern nur für ganz bestimmte Benutzer freigeben. Welche Art von Zugriff hierbei erlaubt ist, lässt sich dabei auch genau festlegen.

Welche Dateien sind in der Heimnetzgruppe freigegeben?

Mit den verschiedenen Freigaben für Bibliotheken, Dateien und Ordner, die sich auch noch widersprechen können, könnte es eventuell schon mal etwas unübersichtlich werden. Es gibt aber eine recht schnelle Möglichkeit, um festzustellen, ob ein Objekt für die Heimnetzgruppe freigegeben ist oder nicht:

1. Klicken Sie mit der rechten Maustaste auf die Datei oder den Ordner.
2. Wählen Sie im Kontextmenü den Befehl *Eigenschaften*.
3. Wechseln Sie in den Eigenschaften zur Registerkarte *Sicherheit*.
4. Betrachten Sie hier die Liste *Gruppen- oder Benutzernamen*. Befindet sich darin der Eintrag *HomeUsers*, ist das Objekt für die Heimnetzgruppe freigegeben.
5. Wenn Sie den Eintrag anklicken, sehen Sie in der Liste darunter, welche Berechtigungen die Heimnetzgruppen-Teilnehmer für dieses Objekt genau haben.

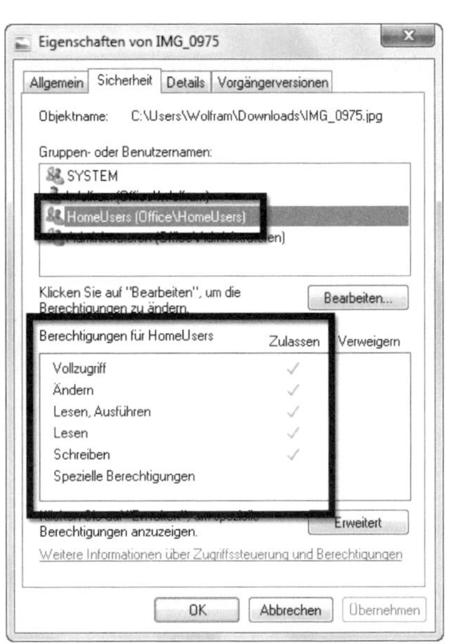

28.2 Nicht-PCs in die Heimnetzgruppe einbinden

Neben anderen Windows 7-PCs können noch weitere Geräte von einer Heimnetzgruppe profitieren. Dabei handelt es sich um Abspielgeräte für Medienstreams gemäß dem UPnP AV-Protokoll, also z. B. Medienabspieler mit Netzwerkanschluss, die Musik und/oder Videos von einem Server im Netzwerk wiedergeben können. Solche Geräte können auf die in einer Heimnetzgruppe freigegebenen Audio- und Videodaten zugreifen. Dazu müssen sie allerdings einmalig freigeschaltet werden.

1 Stellen Sie sicher, dass der Streaming Client physikalisch mit dem Netzwerk verbunden und eingeschaltet ist.

2 Öffnen Sie in der Systemsteuerung das Modul Heimnetzgruppe.

3 Setzen Sie im anschließenden Menü im Bereich *Medien für Geräte freigeben* ein Häkchen bei *Eigene Bilder, Musik und Videos an alle Geräte im eigenen Heimnetzwerk streamen*.

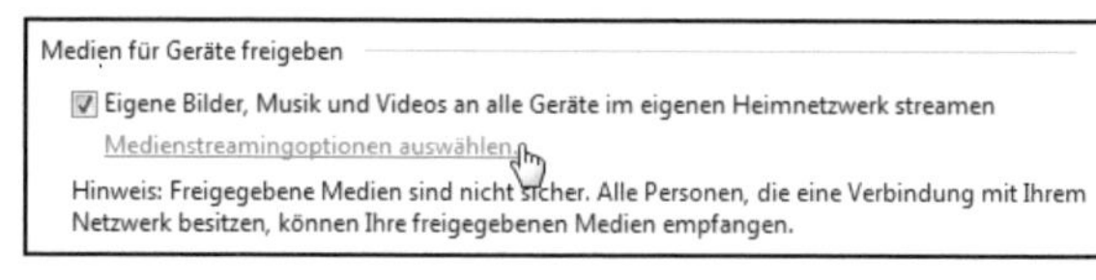

4 Klicken Sie dann darunter auf den Link *Medienstreamingoptionen auswählen*.

5 Im anschließenden Menü sehen Sie eine Liste der vorhandenen Netzwerkclients, mit denen die Heimnetzgruppe kommunizieren kann (der Eintrag *Medienprogramme auf diesem PC und Remoteverbindungen* bezieht sich auf den PC selbst). Mit dem kleinen Auswahlfeld ganz rechts können Sie den Zugriff auf die freigegebenen Medien durch dieses Gerät steuern.

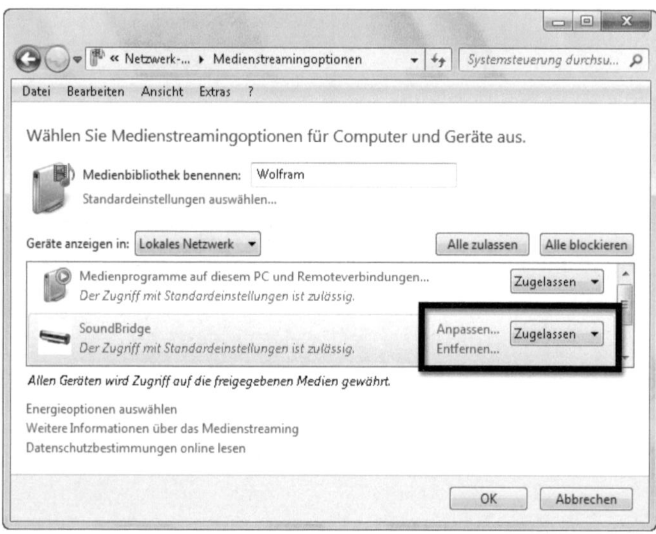

29. Netzwerk und Internetzugang klassisch einrichten und steuern

Die vorangehend vorgestellte Heimnetzgruppe ist lediglich eine neue, einfache Variante für die Vernetzung mehrerer Windows 7-PCs. Aber auch die herkömmlichen Netzwerk- und Freigabefunktionen sind bei Windows 7 noch an Bord. Und sie sind sogar unumgänglich, da Heimnetzgruppen nur mit Windows 7-PCs hergestellt werden können. Geht es hingegen um ein gemischtes Netzwerk zusammen mit älteren PCs, müssen Sie sogar auf die klassischen Netzwerkfreigaben zurückgreifen.

29.1 So finden Sie sich im neuen Netzwerk- und Freigabecenter zurecht

Schon Windows Vista hatte für das Verwalten von Netzwerk und Internetzugang eine neue, zentrale Oberfläche mitgebracht. Windows 7 verändert und optimiert die Einstellungen noch einmal. Auch hier sorgt aber das Netzwerk- und Freigabecenter mit einem praktischen Symbol im Infobereich als zentrale Anlaufstelle für alles, was mit Netzverbindungen zu tun hat.

1 Sie erreichen das Netzwerk- und Freigabecenter z. B. über die Systemsteuerung im Bereich *Netzwerk und Internet*. Häufig gibt es aber auch eine Abkürzung an Stellen, an denen der Weg ins Netzwerk- und Freigabecenter naheliegend ist. Außerdem zeigt Windows standardmäßig ein Symbol für den Netzwerkstatus im Infobereich an. Klicken Sie mit der linken Maustaste darauf, wird ein kleines Fenster mit den wichtigsten Informationen und Funktionen zu dieser Verbindung eingeblendet. Hier finden Sie ganz unten den Link *Netzwerk- und Freigabecenter öffnen*.

2 Im Netzwerk- und Freigabecenter finden Sie in der rechten Hälfte oben eine Netzwerkübersicht. Diese zeigt grob den Aufbau und die Funktionsweise Ihrer Netzwerkkonfiguration an. Dies kann auch als Statusanzeige verstanden werden: Sind die Verbindungen zwischen den Knoten durchgehend und grün, ist alles in Ordnung. Finden Sie hingegen an einer oder mehreren Teilstellen rote Kreuze vor, weist das auf eine Störung hin.

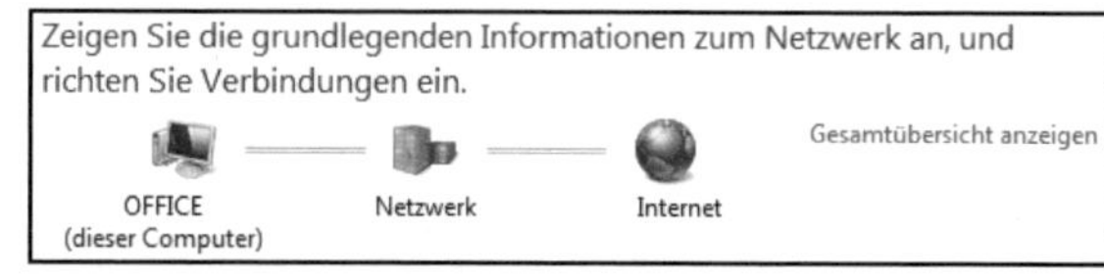

3 Direkt darunter sehen Sie die Informationen über Ihr lokales Netzwerk. Wichtig ist hier z. B. der Typ des Netzwerks (also z. B. *Arbeitsplatznetzwerk*). Bei *Zugriffstyp* sehen Sie, ob Sie auf lokale Ressourcen und/oder das Internet zugreifen können. *Verbindungen* gibt die physikalische Komponente an, die dieses Netzwerk benutzt, also z. B. eine LAN-Verbindung oder einen WLAN-Adapter.

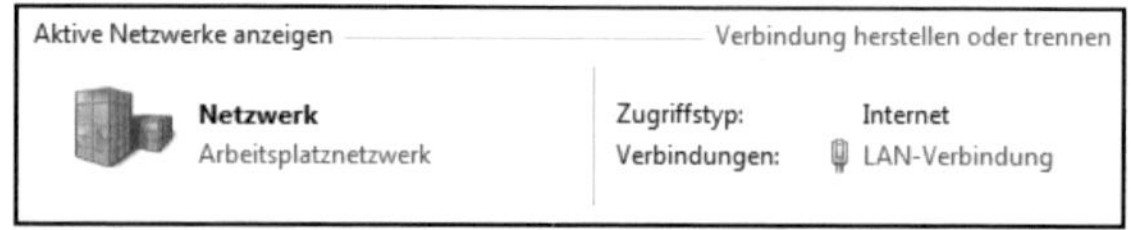

4 Im Bereich *Netzwerkeinstellungen ändern* finden Sie die wichtigsten Aufgabenbereiche rund um Netzwerk und Datenfreigabe.

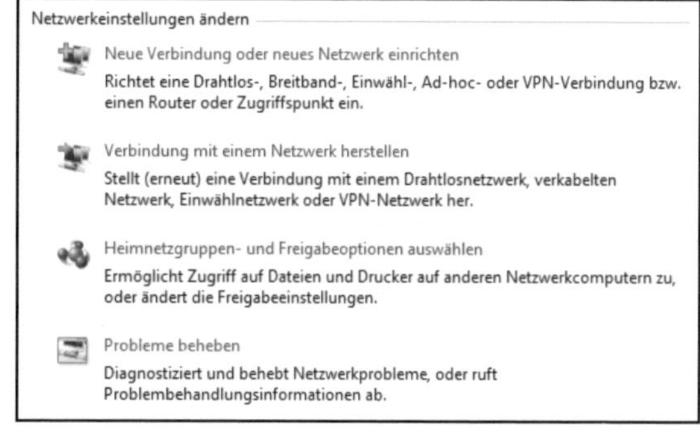

5 In der Navigationsleiste am linken Rand des Netzwerk- und Freigabecenters finden Sie Verknüpfungen zu den wichtigsten weiteren Netzwerkeinstellungen.

6 Ein Klick darauf öffnet den entsprechenden Konfigurationsdialog oder Assistenten. So öffnen Sie etwa mit *Adaptereinstellungen ändern* eine Liste der hardwaremäßig vorhandenen Netzwerkverbindungen, also die eingebauten bzw. angeschlossenen Ethernet- oder WLAN-Adapter.

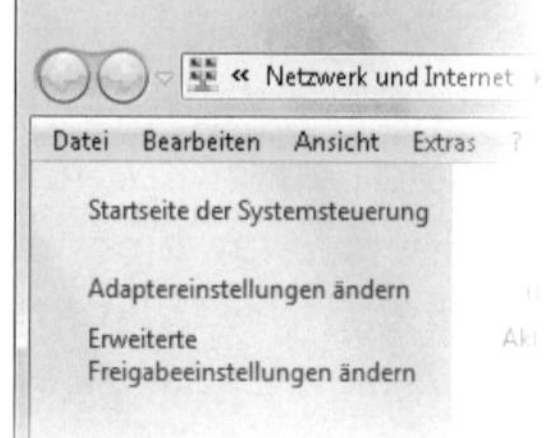

7 Wird der neue Dialog nicht in einem neuen Fenster angezeigt, sondern verdrängt das Netzwerk- und Freigabecenter vom Bildschirm, können Sie nach erledigter Aufgabe immer oben links auf die *Zurück*-Schaltfläche klicken, um direkt ins Netzwerk- und Freigabecenter zurückzukehren.

29.2 Den PC mit dem lokalen Netzwerk verbinden

Ein lokales Netzwerk entsteht, wenn mehr als zwei Netzwerkkomponenten per Kabel (oder auch drahtlos) miteinander verbunden sind. Die meisten PCs mit Internetzugang benutzen inzwischen zumindest ein kleines lokales Netzwerk: Wenn der Internetzugang über einen Router mit DSL-Modem hergestellt wird, an den der PC per LAN oder WLAN angeschlossen ist, so ist dies bereits ein lokales Netzwerk. Während bei früheren Versionen der Kontakt zum lokalen Netzwerk zu den größten Hürden beim Einrichten zählte, macht Windows 7 es seinen Benutzern in den meisten Fällen sehr leicht. Verwenden Sie etwa einen DSL-Router mit DHCP, passiert schon bei der Installation alles vollautomatisch und Sie haben meist ohne weitere Schritte Kontakt zum lokalen Netzwerk und zum Internet. Aber auch das manuelle Herstellen der Verbindung ist nicht viel schwieriger.

TIPP

So gelangen Sie direkt zur Übersicht über Ihre Netzwerkverbindungen

Windows 7 versteckt die Netzwerkverbindungen ein wenig, da sie im Gegensatz zu z. B. Windows XP nicht mehr direkt in der Systemsteuerung abgerufen werden können. Es gibt aber eine einfache Abkürzung, die Sie mit einem kurzen getippten Befehl ganz schnell zur Übersicht bringt:

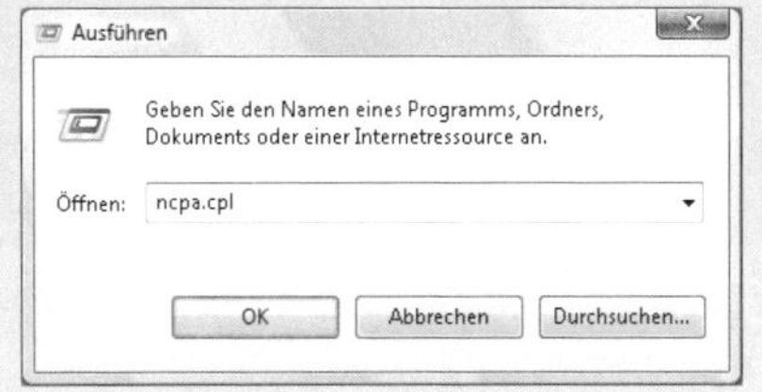

Geben Sie im Suchfeld des Startmenüs oder im *Ausführen*-Dialog den Befehl *ncpa.cpl* ein und drücken Sie [Enter]. Die Suchfunktion von Windows öffnet dann direkt die Netzwerkverbindungen.

Alles vollautomatisch mit DHCP

Wenn Sie einen DSL-Router benutzen und dieser über eine DHCP-Funktion verfügt (was bei den meisten der Fall ist), sollten Sie diese auch benutzen. Das **D**ynamic **H**ost **C**onfiguration **P**rotocol sorgt dafür, dass eine zentrale Instanz in einem Netzwerk (in diesem Fall der DSL-Router) allen angeschlossenen Geräten automatisch eine eindeutige Netzwerkadresse zuteilt und sie mit allen Informationen versieht, die für den Netzwerkzugang erforderlich sind.

Beim Router müssen Sie dazu in der Regel nur ein Häkchen an der passenden Stelle der Webkonfiguration setzen. Dies erspart Ihnen aber das manuelle Konfigurieren sämtlicher anderen angeschlossenen PCs und sonstiger Geräte. Außerdem müssen Änderungen z. B. in Bezug auf den Internetanbieter auch immer nur beim Router vorgenommen werden. Die geänderten Einstellungen werden dann per DHCP automatisch an alle angeschlossenen Teile des Netzwerks weiterübermittelt. Wenn Sie nicht darauf angewiesen sind, dass z. B. ein bestimmter PC immer dieselbe numerische Netzwerkadresse erhält, spricht absolut nichts gegen DHCP. Und selbst diese Anforderung lässt sich bei vielen Routern realisieren.

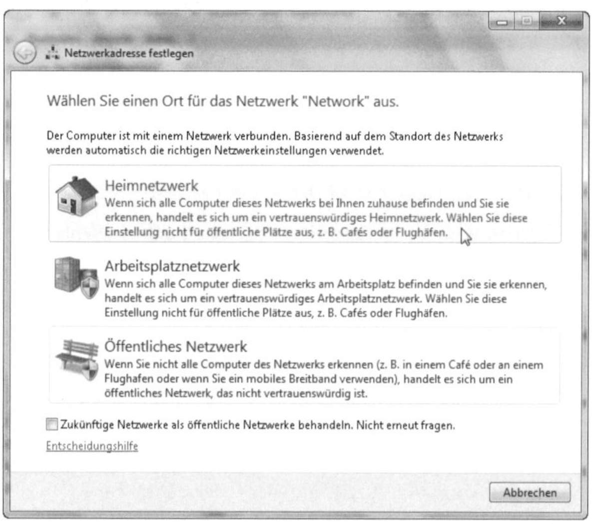

Windows arbeitet in einem Netzwerk mit DHCP problemlos „out of the box“. Beim ersten Start nach der Installation wird das vorhandene Netzwerk automatisch erkannt und eingerichtet. Sie müssen lediglich auf Nachfrage festlegen, ob Sie das Netzwerk zu Hause bzw. am Arbeitsplatz oder aber an einem öffentlichen Ort verwenden. Letzteres bezieht sich z. B. auf öffentliche WLAN-Hotspots und ähnliche Situationen, in denen Sie ein Netz gemeinsam mit fremden Personen nutzen, vor denen Sie sich schützen wollen. Dementsprechend passt Windows die Sicherheitseinstellungen für das Netzwerk automatisch an.

Den Zugang zum lokalen Netzwerk manuell herstellen

Wenn Ihr lokales Netzwerk keinen DHCP-Server bereitstellt, können Sie den Zugang zum Netzwerk selbstverständlich auch manuell herstellen. Dafür benötigen Sie vor allem zwei Informationen:

- eine IP-Adresse, die in Ihrem lokalen Netzwerk gültig ist, aber noch von keinem anderen Gerät verwendet wird, sowie
- die Subnetzmaske, die in Ihrem Netzwerk verwendet wird (in der Regel 255.255.255.0).

Wenn der Internetzugang über das lokale Netzwerk erfolgen soll, sind außerdem weitere Angaben unerlässlich:

- die IP-Adresse des Gateways, über das der Kontakt zum Internet hergestellt wird (z. B. der Router), und
- die Adresse von mindestens einem, besser zwei DNS-Servern. Die DNS-Server werden von Ihrem Internetprovider betrieben und können ggf. dort erfragt werden.

Mit diesen Daten gerüstet, können Sie die Netzwerkverbindung konfigurieren:

1 Ohne einen DHCP-Server kann Windows in seinen Standardeinstellungen keine Verbindung zum lokalen Netzwerk herstellen. In diesem Fall sehen Sie im Infobereich der Startleiste ein Netzwerksymbol mit einem Warnzeichen. Im Netzwerk- und Freigabecenter wird in solchen Situationen die Meldung *Es ist momentan keine Netzverbindung vorhanden* angezeigt. Sie bedeutet, dass zwar die physikalische Verbindung besteht (also alle Kabel richtig eingesteckt sind), aber mangels korrekter Konfiguration keine logische Verbindung hergestellt werden kann.

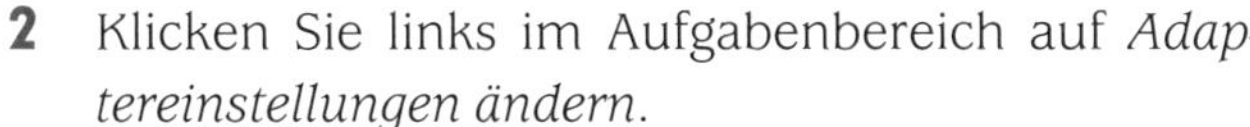

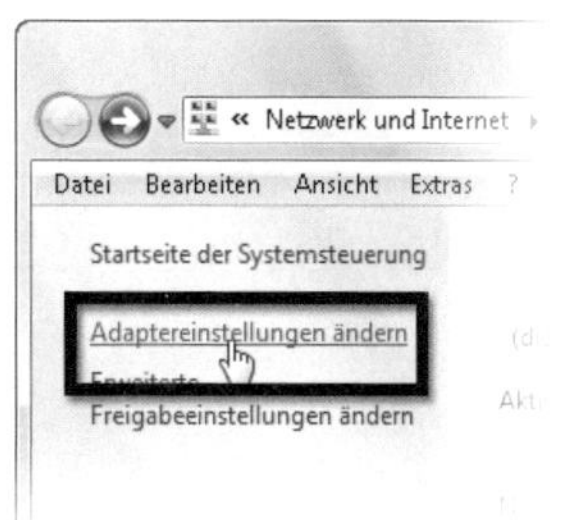

2 Klicken Sie links im Aufgabenbereich auf *Adaptereinstellungen ändern*.

3 Damit gelangen Sie in die Übersicht über die Netzwerkverbindungen, in der Sie die Verbindung mit einem Doppelklick öffnen.

4 Wählen Sie anschließend in den Eigenschaften der Verbindung *Internetprotokoll Version 4 (TCP/IPv4)* aus und klicken Sie unten links erneut auf *Eigenschaften*.

5 Wählen Sie im anschließenden Dialog oben die Option *Folgende IP-Adresse verwenden* und geben Sie die Daten Ihres Netzwerks an:

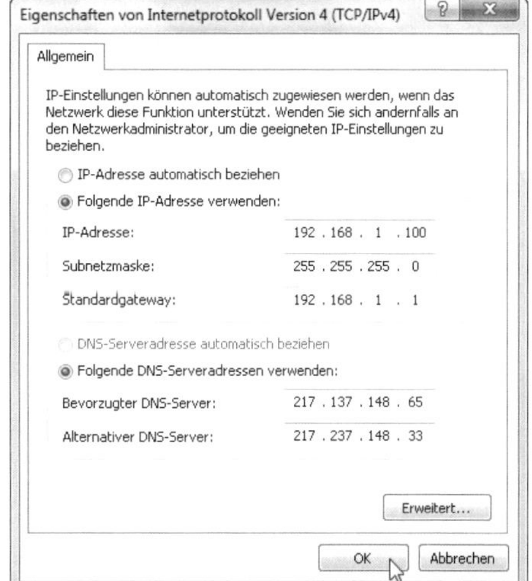

- Bei *IP-Adresse* tragen Sie die IP-Nummer ein, die dieser PC verwenden soll. Sie muss zu den anderen IP-Nummern in Ihrem Netzwerk passen, darf aber von keinem anderen verwendet werden. In der Regel bedeutet das: Die ersten drei Teile der Nummer (z. B. 192.178.1) sollten bei allen Adressen identisch sein und der letzte Teil muss sich bei allen unterscheiden.
- Die Subnetzmaske lautet in privaten Netzwerken in der Regel 255.255.255.0. Wichtig hierbei: Diese Angabe muss bei allen angeschlossenen Geräten identisch sein, sonst klappt die Kommunikation nicht.

- Bei *Standardgateway* geben Sie ggf. die IP-Nummer des PCs oder Netzwerkgeräts an, das die Verbindung zum Internet herstellt, also z. B. ein Router.

6 Wählen Sie für den Internetzugang außerdem die Option *Folgende DNS-Serveradressen verwenden* und tragen Sie in den Feldern darunter mindestens einen DNS-Server Ihres Internetanbieters ein.

7 Klicken Sie anschließend zweimal auf *OK* und einmal auf *Schließen*. Sie gelangen zurück ins Netzwerk- und Freigabecenter, in dem sich der Status des Netzwerks ggf. nach einer kurzen Wartepause aktualisiert.

29.3 Mit dem Netzwerk-Assistenten eine Verbindung zum Internet herstellen

Das Netzwerk- und Freigabecenter stellt einen komfortablen Assistenten zur Verfügung, mit dem sich praktisch alle Arten von Netzwerkverbindungen schnell und unkompliziert einrichten lassen. Sie müssen dafür nur die jeweils benötigten Daten wie Benutzernamen, Passwörter u. Ä. bereithalten, da der Assistent diese abfragt. Das folgende Beispiel zeigt, wie Sie Windows für den Zugang per DSL-Modem konfigurieren.

HINWEIS

Zugangskonfiguration im Router

Wenn Sie für den Zugang zum Internet einen Router mit eingebautem Modem verwenden, erfolgt die Konfiguration des Zugangs in diesem Router bzw. ist im Zweifelsfall schon erfolgt, wenn Sie den Router zuvor schon erfolgreich eingesetzt haben. In diesem Fall reicht es aus, wenn Sie beim Windows-PC den Zugang zum lokalen Netzwerk erfolgreich einstellen. Das geht am besten per DHCP (siehe S. 477). Ansonsten müssen Sie beim manuellen Konfigurieren darauf achten, die Adresse des DSL-Routers als Gateway anzugeben. Die nachfolgenden Schritte sind bei dieser Konfiguration dann gar nicht erforderlich.

1 Wählen Sie im Netzwerk- und Freigabecenter unter *Adaptereinstellungen ändern* den Punkt *Neue Verbindung oder neues Netzwerk einrichten*.

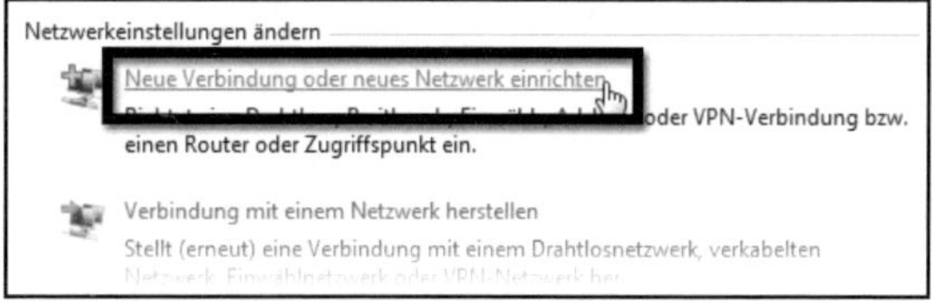

2 Damit starten Sie den Assistenten, in dem Sie in der Liste den Punkt *Verbindung mit dem Internet herstellen* wählen und unten auf *Weiter* klicken. Wollen Sie eine ISDN- oder analoge Modemverbindung einrichten, können Sie an dieser Stelle auch schon *Einwählverbindung einrichten* auswählen.

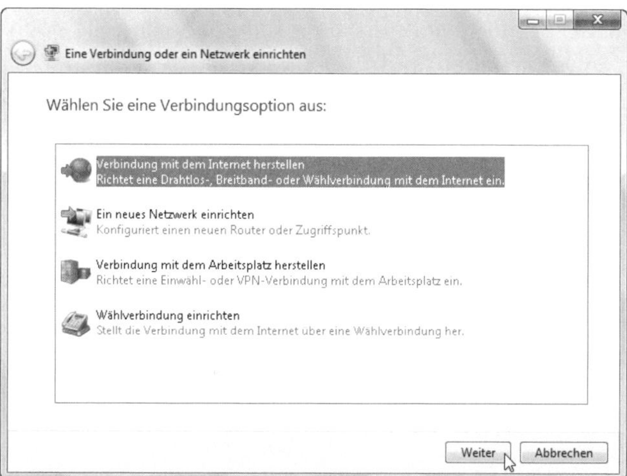

3 Wählen Sie dann aus, auf welche technische Weise die Verbindung erfolgen soll. Der Assistent stellt Ihnen dabei die Optionen zur Auswahl, zu denen er die passende Hardware erkannt hat. Für einen direkten Breitbandzugang z. B. per DSL-Modem wählen Sie die Option *Breitband (PPPoE)*.

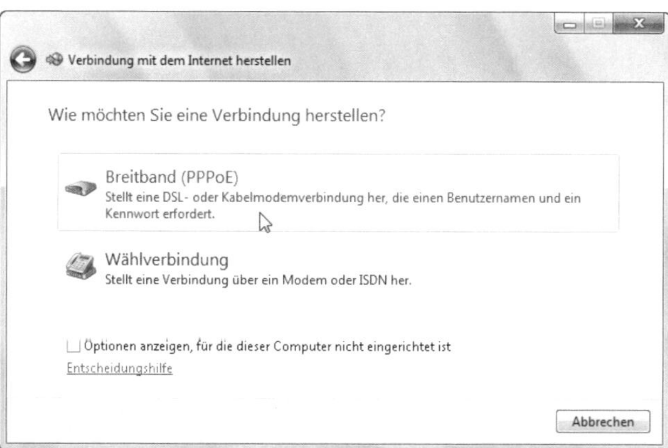

TIPP

Der Hardwareerkennung nachhelfen

Der Assistent analysiert automatisch die vorhandene Kommunikationshardware und bietet Ihnen standardmäßig nur die Geräte an, die er für geeignet hält. Meist liegt er damit auch nicht falsch. Falls Sie aber doch eine Alternative vermissen sollten (z. B. den Zugang per Modem/ISDN), aktivieren Sie einfach ganz unten die Option *Optionen anzeigen, für die dieser Computer nicht eingerichtet ist.* Der Assistent zeigt dann alle Optionen an, egal ob er sie für geeignet hält oder nicht.

4 Geben Sie im nächsten Schritt dann die Benutzerinformationen für Ihren Internetzugang ein, die Sie vom Provider erhalten haben. Sollten Sie noch keinen Internetprovider gewählt haben, hilft auf die Schnelle der Link *Es gibt keinen Internetdienstanbieter* weiter. Er gibt Ihnen Informationen und Tipps zu diesem Thema.

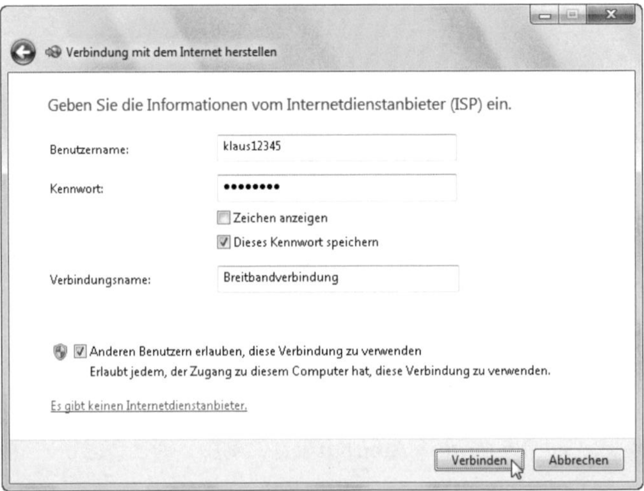

5 Klicken Sie dann unten rechts auf die Schaltfläche *Verbinden*, um die Verbindung aufzubauen und zu testen. Sollte alles geklappt haben, sehen Sie anschließend den Internet Explorer mit der voreingestellten Startseite als Bestätigung.

6 Klappt alles, erhalten Sie die Meldung *Die Verbindung kann jetzt verwendet werden.* In Zukunft können Sie diese Verbindung jederzeit manuell oder automatisch bei Bedarf herstellen.

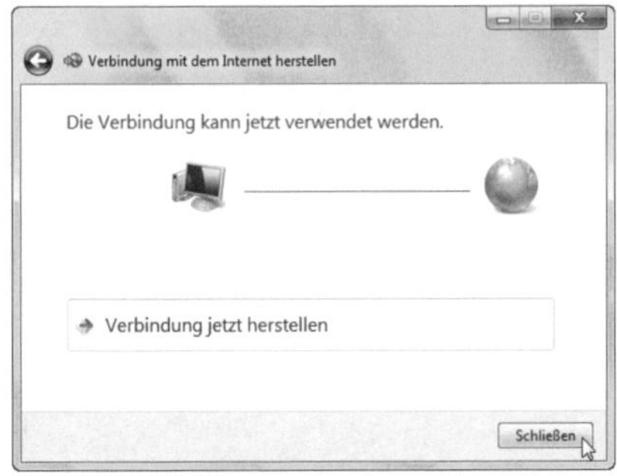

7 Falls der Verbindungsaufbau nicht auf Anhieb zustande kommt, lässt der Assistent Sie nicht im Stich. Er bietet dann weitere Hilfestellungen wie eine Wiederholung des Verbindungstests oder eine Problemdiagnose zur Auswahl an.

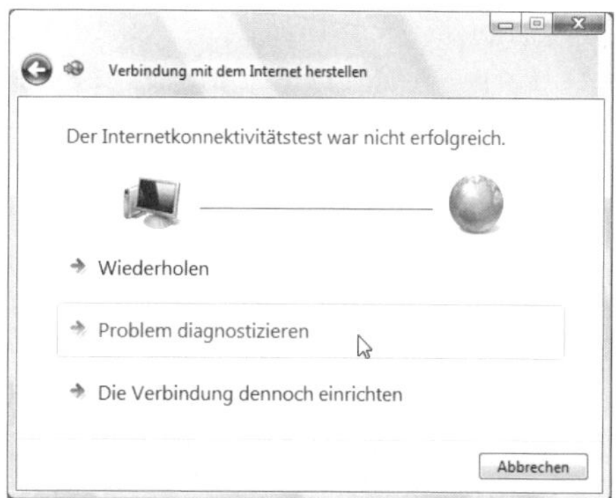

29.4 Per WLAN drahtlose Verbindungen aufbauen

Drahtlose Netzwerke per WLAN ermöglichen den Verzicht auf aufwendige und/ oder störende Verkabelung zwischen den Geräten und sind nicht zuletzt deshalb schnell und einfach eingerichtet. Windows unterstützt Sie dabei nach Kräften. So können Sie mit Ihrem PC den Kontakt nicht nur zu einem WLAN-Netz herstellen, sondern bei Bedarf auch zu verschiedenen, wechselnden Netzen.

Gerade für Notebook-Benutzer, die regelmäßig in verschiedenen Umgebungen arbeiten (z. B. zu Hause, Firma, Internetcafé), ist das ideal. Windows speichert die Verbindungsdaten verschiedener Netze, erkennt deren Vorhandensein automatisch und stellt sich entsprechend darauf ein. Mit einem Windows-PC können Sie aber auch selbst Zentrum eines WLAN-Netzwerks z. B. zu Hause werden und anderen Geräten Ressourcen wie den Internetzugang drahtlos bereitstellen.

Stellen Sie den Zugang zu einem geschützten WLAN-Netzwerk her

Ist Ihr PC mit einem WLAN-Adapter ausgerüstet, erkennt Windows vorhandene Drahtlosnetzwerke automatisch und kann sich auch sofort damit verbinden. Allerdings ist der direkte Zugang zu WLAN-Netzen meist nicht ohne Weiteres möglich oder sollte es zumindest nicht sein. Verschlüsselte Funkverbindungen sorgen dafür, dass sich nur berechtigte Benutzer mit dem Netzwerk verbinden dürfen. Deshalb muss der Zugang zu einem geschützten WLAN einmalig konfiguriert werden. Voraussetzung dafür ist, dass Sie das Kennwort für den Drahtloszugang kennen.

1 Erkennt Windows das Vorhandensein eines Drahtlosnetzwerks, versucht es, automatisch eine Verbindung damit herzustellen. Sie erkennen das an der Statusanzeige des Infobereichs. Hier wird nun das WLAN-Symbol angezeigt bzw. wechselt sich mit dem Symbol für herkömmliche kabelgebundene Netzwerkverbindungen ab.

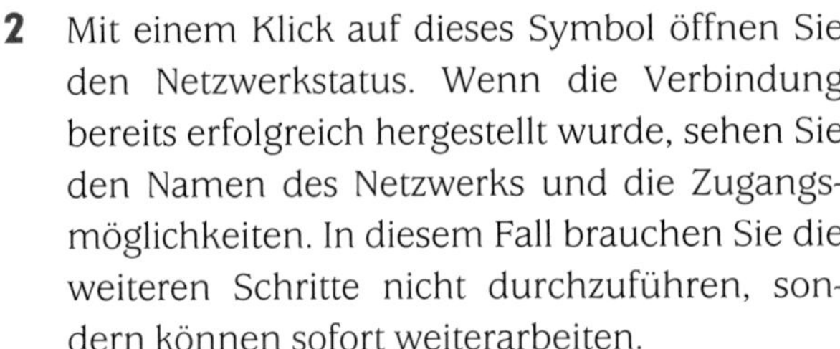

2 Mit einem Klick auf dieses Symbol öffnen Sie den Netzwerkstatus. Wenn die Verbindung bereits erfolgreich hergestellt wurde, sehen Sie den Namen des Netzwerks und die Zugangsmöglichkeiten. In diesem Fall brauchen Sie die weiteren Schritte nicht durchzuführen, sondern können sofort weiterarbeiten.

3 Steht im Netzwerkstatus die Meldung *Es sind Verbindungen verfügbar*, hat der Zugang noch nicht geklappt. Dies liegt in den meisten Fällen an den Sicherheitseinstellungen des WLAN, insbesondere der Verschlüsselung. Klicken Sie in diesem Fall die gewünschte Verbindung an und dann auf die nun eingeblendete Schaltfläche *Verbinden*.

4 Bei neuen Netzwerken bezieht Windows nun Informationen z. B. über die erforderlichen Sicherheitseinstellungen.

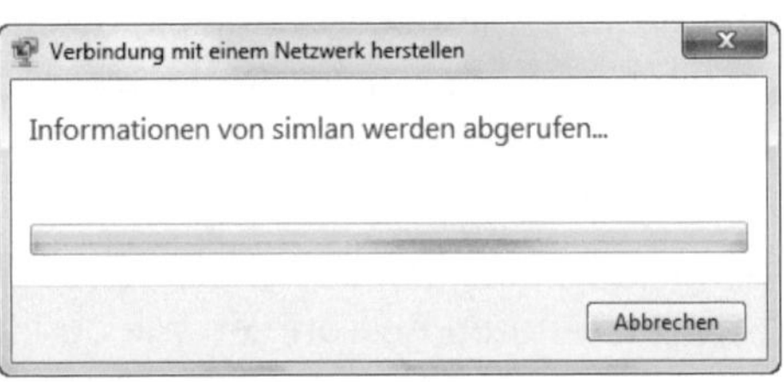

5 Handelt es sich um ein verschlüsseltes WLAN, fragt der Assistent nach dem Sicherheitsschlüssel für die Verschlüsselung. Sie können ihn sowohl in normaler Schreibweise als auch mit hexadezimalen Zahlen angeben. Tippen Sie einfach das Kennwort ein, und Windows erkennt automatisch, um welche Art es sich handelt.

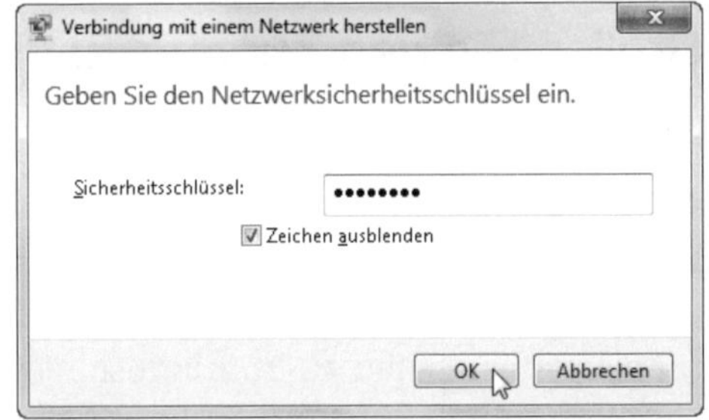

6 Der Assistent versucht nun, mit den gewählten Parametern eine Verbindung zum WLAN-Funknetzwerk aufzubauen. Ob dies gelingt, hängt nicht nur vom korrekten Kennwort ab, sondern auch von anderen Faktoren wie der Reichweite des Netzes, dem verwendeten Funkstandard sowie eventuellen weiteren Sicherheitsmaßnahmen wie z. B. Zugangssperren anhand von Hardwareadressen (MAC-Adresse).

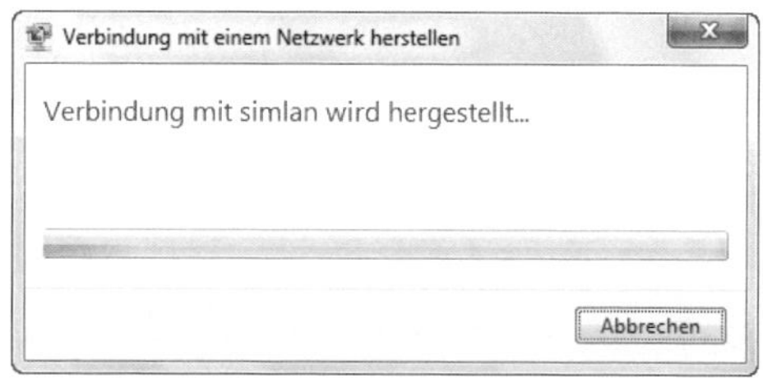

7 Konnte die Verbindung erfolgreich hergestellt werden, wird das Empfangssymbol in der Taskleiste ohne Einschränkung angezeigt. Wenn Sie darauf klicken, sehen Sie im Statusfenster beim WLAN die Meldung *Verbunden*.

Kontakt zu einem WLAN ohne Kennung aufnehmen

Wenn ein vorhandenes WLAN nicht in der Empfangsliste angezeigt wird, kann das rein technische Ursachen haben, wenn etwa die Entfernung zwischen Sender und Empfänger zu groß ist. Dies lässt sich dann nur durch räumliche Veränderungen oder durch Optimieren der Sende- und Empfangsleistung der beiden Komponenten ändern. Das Problem kann aber auch in der Konfiguration des Drahtlosnetzwerks liegen. Wenn dieses so eingestellt ist, dass es seine Sendekennung SSID standardmäßig versteckt, antwortet es nicht auf die Kontaktversuche eines anderen PCs. In solchen Fällen müssen Sie dem kontaktsuchenden PC die SSID des WLAN fest vorgeben. Wenn er sie kennt, kann er Kontakt zum WLAN aufnehmen und erhält dann auch eine Antwort.

1 Öffnen Sie das Netzwerk- und Freigabecenter und klicken Sie dort links im Aufgabenbereich auf *Drahtlosnetzwerke verwalten*. (Dieser Punkt wird nur angezeigt, wenn WLAN-Hardware vorhanden ist.)

2 Klicken Sie dort in der Symbolleiste ganz links auf *Hinzufügen*.

3 Wählen Sie dann im ersten Schritt die Variante *Ein Netzwerkprofil manuell erstellen* aus.

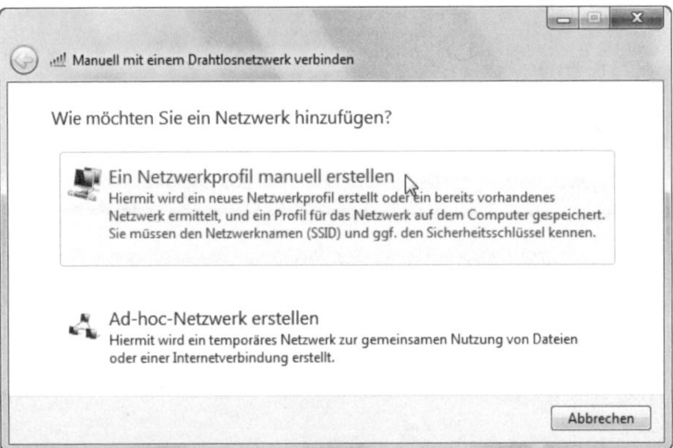

4 Geben Sie im nächsten Schritt die Daten für den WLAN-Zugang so an, wie Sie sie vom Betreiber erhalten haben.

5 Aktivieren Sie dann ganz unten die Option *Verbinden, selbst wenn das Netzwerk keine Kennung aussendet.*

6 Klicken Sie dann unten auf *Weiter*, um die Verbindung hinzuzufügen.

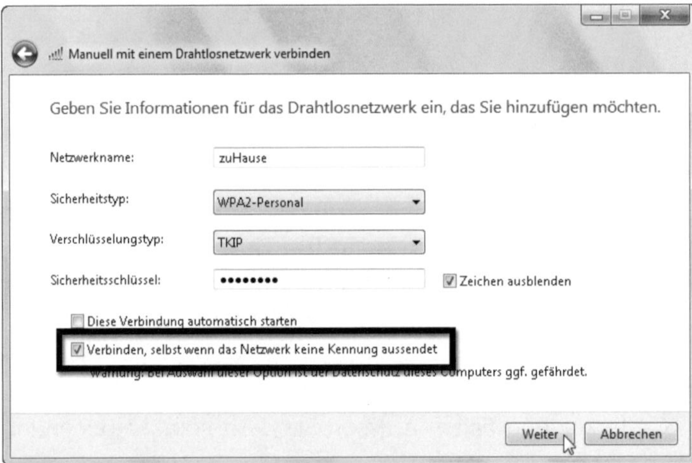

Die WLAN-Einstellungen für verschiedene Standorte schnell und bequem wechseln

Wenn Sie nicht nur mit einem (Drahtlos-)Netzwerk arbeiten, sondern regelmäßig verschiedene Netzwerke nutzen, kommt Windows Ihnen entgegen. So können Sie auf die beschriebene Weise die Zugangsdaten beliebig vieler Drahtlosnetzwerke hinterlegen. Windows erkennt automatisch, wenn eines der Netzwerke in Reichweite ist, und verbindet sich mit diesem bzw. gibt Ihnen ggf. die Möglichkeit, die Verbindung manuell herzustellen.

Problematisch könnte es nur werden, wenn Sie sich in der Reichweite mehrerer Drahtlosnetze befinden. Das kann z. B. der Fall sein, wenn Sie zu Hause nicht nur Ihr eigenes WLAN finden, sondern auch das vom Nachbarn oder das öffentliche Netzwerk eines Internetcafés in der Nähe. Auch in solchen Fällen bietet Windows eine praktische Lösung: Über die Netzwerkliste können Sie eine Priorität festlegen, welches Netzwerk im Zweifelsfall den Vorrang erhalten soll, wenn mehrere Zugänge infrage kommen.

1 Klicken Sie im Netzwerk- und Freigabecenter in der Navigationsleiste links auf *Drahtlosnetzwerke verwalten*.

2 Damit öffnen Sie eine Liste aller Drahtlosnetzwerke, für die Sie Zugangsdaten gespeichert haben.

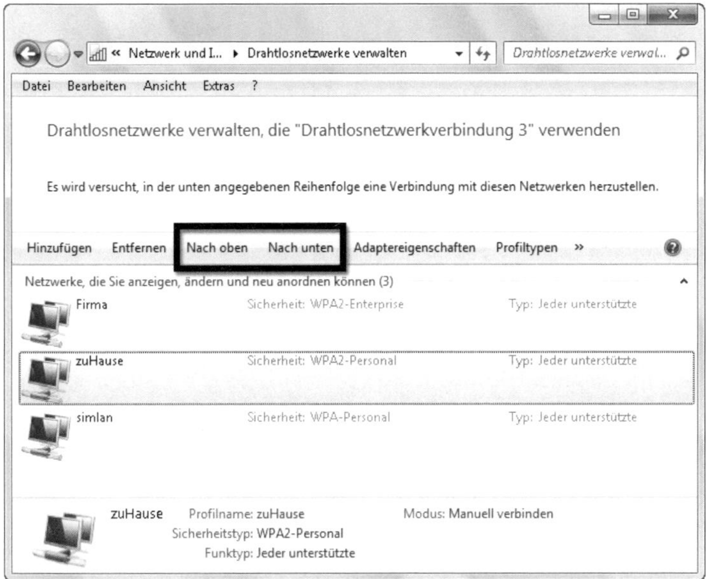

TIPP

Netzwerke entfernen

Die Netzwerkliste gibt Ihnen auch die Möglichkeit, einmal eingerichtete Netzwerkzugänge wieder zu löschen. Wählen Sie dazu einen der Einträge aus und drücken Sie auf [Entf]. Alternativ können Sie auch im Kontextmenü des Eintrags den Befehl *Netzwerk entfernen* aufrufen.

3 Um die Reihenfolge der Netzwerke zu verändern, ergreifen Sie eines der Symbole mit der linken Maustaste und ziehen es nach oben oder nach unten an die gewünschte Position. Wenn Sie die Maustaste loslassen, wird es dort

eingefügt und alle anderen Einträge in der Liste werden entsprechend umgeordnet. Wenn Sie es nicht so mit der Mausakrobatik haben, können Sie auch mit der rechten Maustaste auf einen Eintrag klicken und im Kontextmenü *Nach oben* bzw. *Nach unten* wählen, bis die gewünschte Position erreicht ist.

TIPP

Die wesentlichen Einträge optimieren

Sie müssen mit dieser Liste nicht unbedingt die komplette Reihenfolge der Netzwerke durchstrukturieren. Wesentlich sind die Fälle, in denen Konflikte möglich sind, also solche Netzwerke, die in einer engen räumlichen Nähe liegen. Hier müssen Sie nur darauf achten, dass das bevorzugte Netzwerk in der Liste über dem Netzwerk steht, zu dem normalerweise keine Verbindung erfolgen soll. Ob diese beiden Einträge ganz oben oder ganz unten in der Liste stehen, spielt keine Rolle. Wenn Windows mehr als ein Drahtlosnetzwerk in der Umgebung erkennt, verbindet es sich mit dem, das am höchsten in der Liste geführt wird.

4 Im Kontextmenü jedes Netzwerks ist außerdem der Befehl *Eigenschaften* verfügbar. Hiermit können Sie die Konfiguration des Zugangs nachträglich verändern, z. B. wenn sich die Verschlüsselung dieses WLAN geändert hat.

5 Auf der Registerkarte *Verbindung* finden Sie die Informationen zu diesem Drahtlosnetzwerk sowie Optionen, die die automatische Verbindung mit diesem Netzwerk regeln. Interessant ist hierbei vor allem die Option *Mit einem verfügbaren bevorzugten Netzwerk verbinden*. Sie sorgt dafür, dass die Verbindung mit dem gewählten Netzwerk abgebrochen wird, wenn ein anderes WLAN, das eine höhere Position in der Netzwerkliste hat, in Reichweite kommt. Das kann dann wichtig sein, wenn Sie z. B. mit einem Notebook in Bewegung sind oder wenn das bevorzugte Netzwerk aufgrund technischer Probleme vorübergehend ausgefallen ist. Diese Option kann deshalb sowohl hilfreich als auch problematisch sein, z. B. als leicht zu übersehende Fehlerquelle („Warum bricht die Verbindung mit dem WLAN plötzlich ab?“).

6 Auf der Registerkarte *Sicherheit* finden Sie Einstellungsmöglichkeiten zur Verschlüsselung. Hier können Sie Korrekturen vornehmen, falls sich die WLAN-Konfiguration geändert hat.

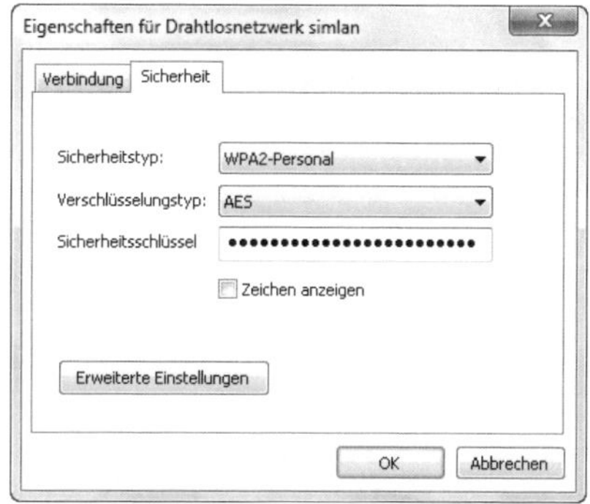

An öffentlichen Hotspots automatisch mit höchster Sicherheit surfen

An vielen Stellen stehen inzwischen schon öffentliche Hotspots bereit, bei denen Sie z. B. im Internetcafé oder Hotel einen drahtlosen Internetzugang verwenden können. Solche öffentlichen Hotspots sind allerdings nicht ungefährlich in Bezug auf sicherheitsrelevante Einstellungen wie z. B. Dateifreigaben. Windows erlaubt es, solche Onlinezugänge mit einem speziellen Profil zu versehen, das den PC automatisch besonders absichert und solche Sicherheitslücken schließt.

1 Öffnen Sie das Netzwerk- und Freigabecenter und klicken Sie bei *Aktive Netzwerke anzeigen* auf den Link unter dem WLAN-Netzwerk.

2 Hier finden Sie, wie auf S. 478 beschrieben, die verschiedenen Typen von Netzwerkstandorten. Mit der Einstellung *Öffentliches Netzwerk* können Sie Ihren PC gefahrlos im öffentlichen Raum benutzen, also z. B. in Internetcafés, an WLAN-Hotspots etc.

3 Windows erhöht dazu den Firewall-Schutz und deaktiviert Funktionen wie die Netzwerkfreigabe von Dateien und Ordnern, die für Ihre Privatsphäre problematisch sein könnten. Diese Einstellung bleibt für dieses Netzwerk gespeichert und wird jeweils automatisch wieder aktiviert, wenn Sie dieses Netzwerk verwenden.

TIPP

Alle neuen Netzwerke standardmäßig absichern

Mit der Option *Zukünftige Netzwerke als öffentliche Netzwerke behandeln. Nicht erneut fragen* machen Sie Sicherheit noch komfortabler. Windows stuft dann alle neu eingerichteten Netzwerke ohne weitere Schritte als öffentliche ein und fährt die Sicherheit entsprechend hoch. Nur wenn Sie dann doch mal wieder ein neues vertrauenswürdiges Netzwerk nutzen möchten, müssen Sie dessen Standorttyp dann einmalig korrigieren.

Mehr Akku-Laufzeit bei WLAN-Verbindungen mit mobilen PCs

WLAN und tragbare PCs wie Notebooks und Tablet-PCs gehen oft Hand in Hand. Bei mobilen PCs spielt die Akku-Laufzeit eine wesentliche Rolle und hier kann es bei der Verwendung von WLANs Probleme geben. Windows betreibt Drahtlosadapter standardmäßig immer mit maximaler Sendeleistung, um möglichst große Reichweiten und problemlose Verbindungen zu gewährleisten. Die hohe Sendeleistung aber zieht den Akku spürbar schneller leer. Das ist ärgerlich, denn in vielen Fällen wäre das gar nicht nötig und die WLAN-Verbindung würde mit geringerem Stromverbrauch genauso gut zustande kommen. Deshalb sollten Sie unbedingt probieren, diese Standardeinstellung zu ändern:

1 Öffnen Sie in der Systemsteuerung die Energieoptionen und wählen Sie dort den Energiesparplan, der beim mobilen Einsatz üblicherweise verwendet wird (z. B. *Energiesparmodus*).

2 Klicken Sie bei diesem Eintrag auf *Energiesparplaneinstellungen ändern* und anschließend auf *Erweiterte Energieeinstellungen ändern.*

3 Suchen Sie in der Liste der Einstellungen die Option *Drahtlosadaptereinstellungen/Energiesparmodus* und wählen Sie hier einen Energiesparmodus aus.

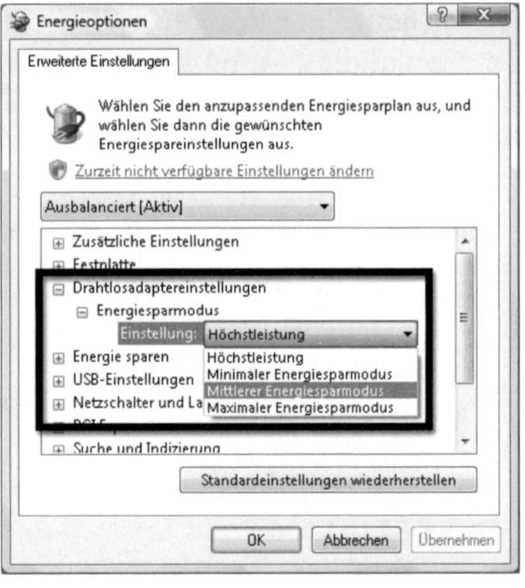

Am meisten Strom sparen Sie mit *Maximaler Energiesparmodus*, aber probieren Sie am besten, ob die WLAN-Verbindung damit immer noch uneingeschränkt genutzt werden kann. Ansonsten testen Sie die anderen Einstellungen.

Wechselnde Netzwerke per Infobereichsymbol wählen

Das Netzwerksymbol im Infobereich und das dazugehörende kleine Infofenster wurden bereits mit Windows Vista eingeführt. Windows 7 wertet diesen Bereich aber nochmals auf, denn neben der einen Information und dem Zugang zum Netzwerk- und Freigabecenter besteht nun auch die Möglichkeit, direkt zwischen mehreren vorhandenen Netzwerken zu wechseln. Dies dürfte gerade im Zusammenspiel mit WLAN-Verbindungen interessant sein, die sich so schnell und einfach herstellen lassen. Und so geht es:

1. Klicken Sie mit der linken Maustaste auf das Netzwerksymbol im Infobereich.
2. Im Infofenster wird ganz oben bei *Momentan verbunden mit* angezeigt, zu welchem Netzwerk derzeit eine Verbindung besteht.
3. Sollten weitere Netzwerke erreichbar sein, werden diese darunter aufgelistet.
4. Um zu einer anderen Verbindung zu wechseln, klicken Sie auf deren Eintrag in der Liste.
5. Hier können Sie nun auf *Verbinden* klicken, um zu dieser Verbindung zu wechseln.

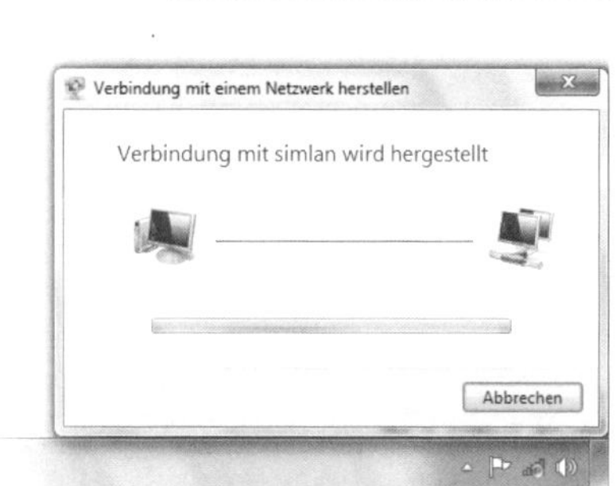

6. Windows 7 beendet dann die bislang aktive Verbindung und stellt an deren Stelle die ausgewählte Verbindung her.

Eine Ad-hoc-Verbindung zu einem anderen Gerät herstellen

Wenn keine WLAN-Basisstation vorhanden ist, können Sie mit Windows eine Ad-hoc-Verbindung zu einem anderen Gerät herstellen. Voraussetzung dafür ist lediglich, dass dieses ebenfalls mit einem WLAN-Anschluss ausgerüstet und für Ad-hoc-Verbindungen geeignet ist.

1 Klicken Sie im Netzwerk- und Freigabecenter im Aufgabenbereich links auf *Drahtlosnetzwerke verwalten* und dann im anschließenden Dialog auf die *Hinzufügen*-Schaltfläche.

2 Wählen Sie im ersten Schritt des Assistenten den Punkt *Ad-hoc-Netzwerk erstellen*.

3 Bestätigen Sie den Hinweis mit *Weiter* und legen Sie dann im Konfigurationsdialog einen Netzwerknamen für Ihr WLAN fest. Unter diesem wird das Netz für andere Clients erreichbar sein. Wählen Sie am besten einen einfachen, nicht zu langen Namen aus.

4 Wählen Sie dann den Sicherheitstyp aus. Auf keinen Fall sollten Sie ein offenes Netzwerk einrichten, das auf jegliche Verschlüsselung verzichtet. Dann könnte sich jeder WLAN-Client in der Umgebung mit Ihrem Netzwerk verbinden und dieses ggf. missbrauchen. Wählen Sie stattdessen eine Verschlüsselungsoption und geben Sie darunter ein Kennwort als Sicherheitsschlüssel an.

5 Wollen Sie dieses Drahtlosnetzwerk nicht nur einmalig verwenden, sollten Sie mit der Option *Dieses Netzwerk speichern* dafür sorgen, dass das Netzwerkprofil aufbewahrt wird und bei Bedarf schnell wieder abgerufen werden kann. Klicken Sie dann unten auf *Weiter*.

6 Der Assistent richtet dann das Ad-hoc-Netzwerk ein. Anschließend können Sie es sofort benutzen. Andere Teilnehmer benötigen dazu den Namen und den Netzwerksicherheitsschlüssel.

7 Die Internetverbindung Ihres PCs wird dann für die anderen Teilnehmer des Netzwerks freigegeben.

8 Wählen Sie schließlich noch den Netzwerktyp aus, um die Sicherheitsoptionen für dieses Netzwerk passend zu konfigurieren (siehe S. 477).

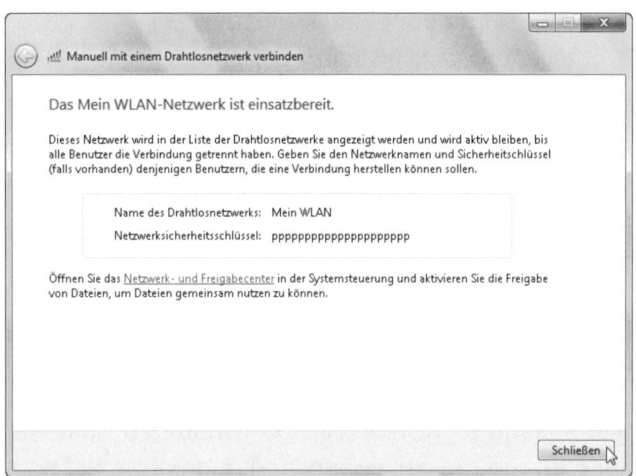

30. Mit dem Internet Explorer 9 noch sicherer und komfortabler surfen

Mit der Version 9 des Internet Explorer ist Microsoft endgültig wieder auf der Höhe der Zeit angelangt bzw. hat sich mit einigen innovativen Funktionen sogar direkt an die Spitze gesetzt. Gerade dem wachsenden Bedürfnis nach Sicherheit und Privatsphäre beim Surfen trägt der neue Internet Explorer Rechnung. Aber auch andere Funktionen wie Schnellinfos und WebSlices oder der neue SmartScreen-Filter zum Schutz vor Phishingangriffen machen den Browser zu einem attraktiven Surfpaket.

TIPP

Internet Explorer 8

Sollten Sie noch den Internet Explorer 8 verwenden, finden Sie Informationen zur optimalen Nutzung als Download zum Buch (*www.databecker.de/buch-dl*).

SPEZIAL Mit dem Internet Explorer ganz anonym und sicher surfen

Sicherheit und Datenschutz sind beim Internet Explorer sehr wichtige Themen. Hierzu gibt es gleich mehrere Funktionen und Schutzmechanismen, die dem Surfer Schutz und bei Bedarf Anonymität gewährleisten.

Mit dem InPrivate-Modus vorübergehend ganz sicher surfen

Zu den Datenschutzfunktionen beim Internet Explorer 9 gehört das InPrivate-Surfen. In diesem Modus verzichtet der Internet Explorer auf das Speichern aller Arten von Daten, mit denen Ihre Aktivitäten verfolgt werden können. Selbst

Cookies werden nur für diese eine Surfsitzung aufbewahrt, um z. B. Onlineshopping zu ermöglichen, und anschließend sofort wieder gelöscht. Der InPrivate-Modus eignet sich deshalb hervorragend, wenn Sie z. B. vorübergehend an einem fremden PC surfen wollen oder wenn Sie Aktivitäten am eigenen PC vor anderen Mitbenutzern geheimhalten möchten.

1 Um den InPrivate-Modus zu nutzen, öffnen Sie eine neue leere Registerkarte und klicken dort unten rechts auf *InPrivate-Browsen*. Alternativ klicken Sie auf das *Extras*-Symbol in der Symbolleiste und wählen im Untermenü den Befehl *Sicherheit/InPrivate-Browsen* oder drücken Strg+Umschalt+P.

2 Der Internet Explorer öffnet dann ein neues Fenster mit dem Schriftzug *InPrivate ist aktiviert*. Hier finden Sie noch mal einige Hinweise zu diesem Modus.

3 Wichtig ist dabei vor allem auch das Adressfeld. Es ist nun mit dem unübersehbaren Hinweis *InPrivate* versehen. Solange diese Markierung sichtbar ist, befinden Sie sich weiterhin im Datenschutzmodus.

4 Sie können nun wie gewohnt surfen, shoppen und sonstigen Onlineaktivitäten nachgehen.

5 Um den InPrivate-Modus wieder zu beenden, schließen Sie einfach dieses Browserfenster.

Sie können herkömmliche Browserfenster und ein InPrivate-Fenster beliebig parallel nutzen. Der Internet Explorer kann beides sauber trennen und surft in der InPrivate-Sitzung trotzdem mit vollem Datenschutz. Nur Sie selbst sollten darauf achten, in welchem der Fenster Sie ggf. vertrauliche Daten eingeben.

Mit dem IE9 unsichtbare Onlineschnüffler ausbremsen

Im InPrivate-Modus steht Ihnen zusätzlich noch die InPrivate-Blockierung zur Verfügung. Sie richtet sich gegen Methoden, das Verhalten von Surfern ganz ohne Cookies zu erfassen, wie es etwa von Werbefirmen eingesetzt wird. Ein Beispiel: Firma X lässt auf den Webseiten von A, B und C jeweils ein kleines, unsichtbares Bildchen einbauen. Wenn Sie nun die Webseiten von A, B und C aufrufen, kann die Firma X dies verfolgen, weil Sie beim Abrufen der Seiten zwangsläufig auch das versteckte Bild von X mit abrufen. Da Ihr PC die ganze Zeit dieselbe Internetadresse verwendet, kann die Firma so ein Profil von Ihnen erstellen. Davor schützt Sie auch der InPrivate-Modus nicht, aber die zusätzliche InPrivate-Filterung erkennt, wenn bestimmte Elemente immer wieder in Webseiten versteckt sind, und kann diese dann automatisch blocken.

TIPP

InPrivate-Browsen und InPrivate-Filterung

Die InPrivate-Filterung ist nur aktiv, wenn Sie den InPrivate-Modus aktiviert haben. Beim normalen Surfen wird also nichts blockiert. Allerdings sammelt der Internet Explorer im InPrivate-Modus ja grundsätzlich keinerlei Daten. Deshalb kann er in diesem Modus auch nicht registrieren, ob bestimmte verdächtige Elemente regelmäßig vorkommen. Diese Datensammlung für die InPrivate-Filterung erfolgt deshalb nur beim Surfen im normalen Modus. Sie müssen also regelmäßig ohne speziellen Datenschutz surfen, um im InPrivate-Modus optimal geschützt zu sein.

1 Wenn Sie in eine InPrivate-Surfsitzung gewechselt haben, können Sie auch die InPrivate-Filterung aktivieren. Wählen Sie dazu die Menüfunktion *Sicherheit/InPrivate-Filterung* oder die Tastenkombination [Strg]+[Umschalt]+[F].

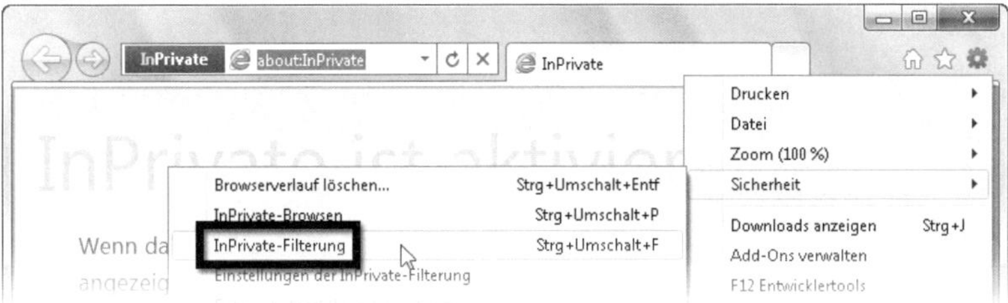

2 Wählen Sie nun aus, wie der InPrivate-Filter arbeiten soll. Mit *Blockieren* verwenden Sie einen Automatikmodus, der grundsätzlich alle verdächtigen Webseitenelemente blockiert. Alternativ können Sie selbst auswählen, welche Anbieter Informationen erhalten.

3 Damit ist die InPrivate-Filterung aktiviert und eingerichtet. Ab sofort können Sie sie jederzeit über das Menü direkt ein- und ausschalten.

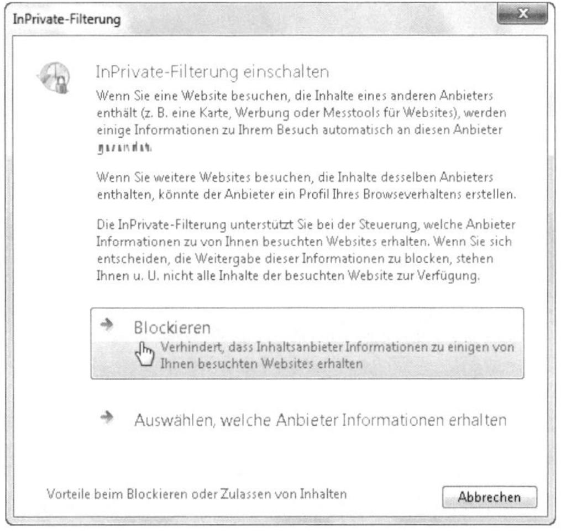

Die Einstellungen des InPrivate-Filters nachträglich verändern

Eventuell funktioniert die InPrivate-Filterung nicht optimal und schießt manchmal über das Ziel hinaus, sodass Sie bestimmte Webangebote nicht nutzen können. In solchen Fällen können Sie nachträglich vom automatischen in den interaktiven Modus wechseln oder bestimmte Websites vom Filter verschonen.

1 Mit einem Klick auf das *Extras*-Symbol in der Symbolleiste und im dadurch geöffneten Untermenü *Sicherheit/Einstellungen der InPrivate-Filterung* gelangen Sie in die Einstellungen für die Schnüfflerblockade.

2 Hier können Sie sich zwischen *Automatisch blocken* und *Zu blockenden oder zuzulassenden Inhalt auswählen* entscheiden. Im Automatikmodus benutzt die Blockierung Regeln, nach denen sie selbst entscheidet, welche Elemente blockiert werden.

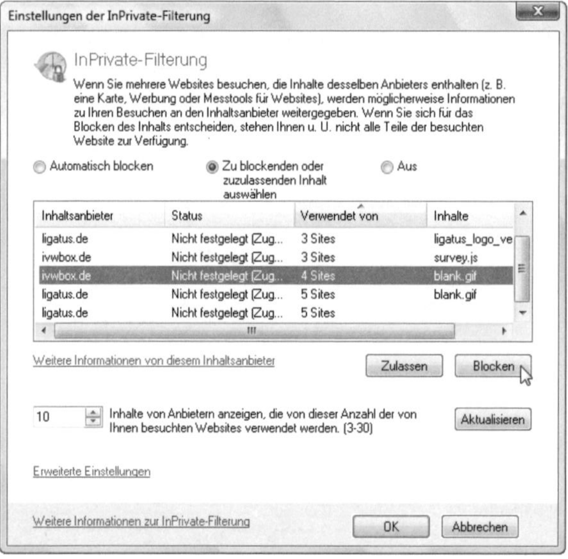

3 Wenn Sie den manuellen Modus wählen, wird darunter die Liste der Elemente aktiviert, die der Internet Explorer bislang als potenzielle Datenschnüffler erkannt hat. Sie können die Einträge einzeln auswählen und mit den Schaltflächen *Zulassen* bzw. *Blocken* selbst entscheiden, was davon zulässig sein soll.

4 Wollen Sie auf das Blocken ganz verzichten, wählen Sie ganz rechts die Option *Aus*.

5 Klicken Sie dann unten auf *OK*, um die Einstellung zu übernehmen. Da die InPrivate-Filterung nur beim Surfen im InPrivate-Modus aktiv wird, ändert sich beim normalen Websurfen nichts.

TIPP

Woher kommen die Elemente für das manuelle Blocken?

Der Internet Explorer registriert beim normalen Surfen (nicht im InPrivate-Modus), ob identische Elemente wie z. B. unsichtbare Minibilder in verschiedenen, voneinander unabhängigen Webseiten enthalten sind. Kommt ein solches Element in zehn verschiedenen Webseiten vor, setzt er es auf die Liste der verdächtigen Elemente. Im Automatikmodus werden sie dadurch automatisch blockiert. Im manuellen Modus können Sie selbst entscheiden, wie damit umgegangen werden soll.

Durch automatische Updates bleibt die Schnüfflerblockade stets aktuell

Da das manuelle Beurteilen von Datenschnüfflern ein aufwendiges Unterfangen ist, werden sich die meisten Anwender vermutlich auf den Automatikmodus der InPrivate-Filterung verlassen. Es gibt aber noch eine Alternative, nämlich das Abonnieren eines InPrivate-Filterungs-Feeds. Ähnlich wie ein Nachrichten-Feed enthält dieser Feed stets aktuelle Informationen über Elemente und Adressen, die blockiert werden sollten. Solche Feeds können von jedem erstellt und angeboten werden. Deshalb dürfte es wohl vor allem vonseiten der Daten- und Verbraucherschützer, aber auch engagierter Privatpersonen entsprechende Angebote geben. Wenn Sie ein solches Angebot abonnieren, hält sich der Internet Explorer ständig automatisch auf dem neusten Stand, und Sie brauchen sich um die InPrivate-Blockierung nicht mehr selbst zu kümmern. Achten Sie nur darauf, dass Ihr Abonnement aus einer vertrauenswürdigen Quelle stammt, da sich mit dieser Technologie auch allerhand Unfug anrichten lässt.

1 Haben Sie ein für Ihre Interessen passendes InPrivate-Blockierungsabo im Netz gefunden, klicken Sie einfach auf den dazugehörigen Link

2 Der Internet Explorer erkennt automatisch, worum es sich dabei handelt, und bietet Ihnen an, diesen Feed für Ihre InPrivate-Blockierung zu abonnieren. Klicken Sie dazu unten auf die gleichnamige Schaltfläche.

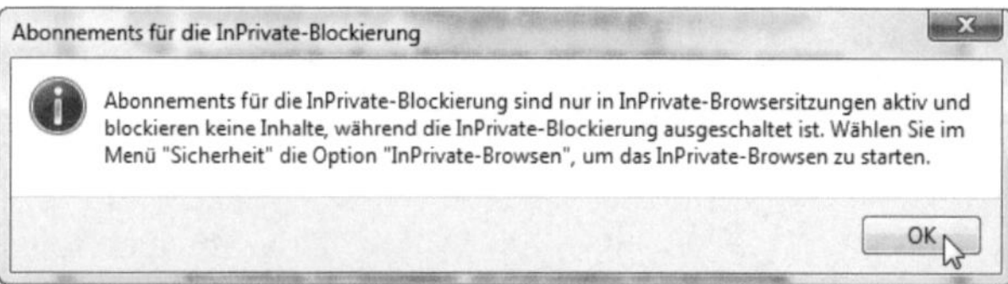

3 Anschließend erfolgt noch einmal der Hinweis, dass die InPrivate-Blockierung nur im InPrivate-Surfmodus aktiv ist.

Auf diese Weise können Sie beliebig viele Abonnements für den InPrivate-Filter aufnehmen, die sich alle gegenseitig ergänzen. In der Add-on-Verwaltung können Sie alle Abonnements und Regeln einsehen und ggf. auch wieder entfernen.

1 Wählen Sie dazu im *Extras*-Menü den Punkt *Add-Ons verwalten*.

2 Wechseln Sie dort links bei *Add-On-Typen* in die Kategorie *InPrivate-Abonnements*.

3 Dann werden rechts die InPrivate-Feeds aufgelistet, die Sie zurzeit abonniert haben. Um einen zu entfernen, wählen Sie ihn mit der Maus aus.

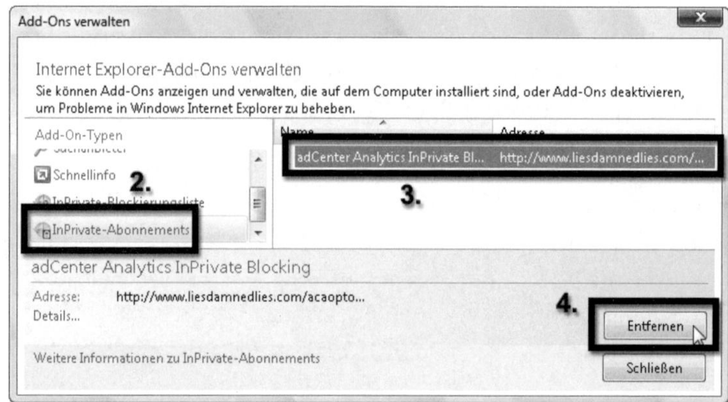

4 Klicken Sie dann unten rechts auf *Entfernen* und anschließend darunter auf *Schließen*.

Mit dem SmartScreen-Filter Onlinebetrügereien vermeiden

Zu den größten Bedrohungen für Websurfer gehört das Phishing, das Abfischen vertraulicher Informationen und Zugangsdaten. Seit dem Internet Explorer 7 bietet Microsoft deshalb einen Phishingfilter an. Für den Internet Explorer 9 wurde diese Technologie noch weiter entwickelt und findet sich dort als SmartScreen-Filter wieder. In der Standardeinstellung prüft der Internet Explorer dabei alle Webadressen, die Sie öffnen bzw. anklicken.

TIPP

So funktioniert Phishing

Die Bezeichnung Phishing geht auf Phreaking zurück, ein Kunstwort aus Phone und Freak, das als Name für frühe Hacker-Techniken im Telefonnetz verwendet wurde, wie z. B. sich in fremde Verbindungen einzuklinken oder auf Kosten der Telefongesellschaft zu telefonieren. Beim Phishing geht es allerdings darum, Benutzer durch geschickt gemachte E-Mails und Webseiten dazu zu bringen, vertrauliche Daten zu verraten.

Dazu schickt man z. B. eine offiziell wirkende E-Mail mit einer gefälschten Absenderadresse, die von einer Bank, einer Kreditkartengesellschaft oder einem großen Internetauktionshaus zu kommen scheint. Diese E-Mail fordert dazu auf, z. B. aus Sicherheitsgründen eine bestimmte Webseite aufzusuchen und dort bestimmte Daten anzugeben.

Der Link ist gleich beigefügt und führt direkt zur Website des Phishinggauners. Diese ist ebenfalls täuschend echt nachgemacht, sodass der Betrug nur auffällt, wenn man genau hinsieht und sich z. B. die Adresse der Webseite anschaut. Hier werden Log-in und Passwort oder beim Onlinebanking gleich die TANs abgefragt. Dem Kunden wird vorgetäuscht, die Transaktion sei erledigt oder es wäre ein Fehler aufgetreten und er solle es später erneut versuchen. Inzwischen verwenden die Identitätsdiebe die gewonnenen Daten, um z. B. auf Kosten des geprellten Kunden einzukaufen oder Geld von seinem Konto in die eigene Tasche zu transferieren.

So schützt der SmartScreen-Filter Sie automatisch

In der Standardeinstellung prüft der Internet Explorer dabei alle Webadressen, die Sie öffnen bzw. anklicken.

1 Wann immer Sie eine Adresse eingeben, einen Link anklicken oder sonst wie eine Webseite im Internet Explorer öffnen, gleicht der SmartScreen-Filter die Adresse mit seiner internen Liste ab. Ist sie darin nicht enthalten, übermittelt er die URL dieser Webseite an einen Server bei Microsoft und lässt sie dort überprüfen. Sie selbst bemerken davon zunächst nichts.

2 Ist die Überprüfung abgeschlossen und die Webseite nicht verdächtig, passiert gar nichts. Die Webseite wird angezeigt und Sie können unbesorgt weitersurfen.

3 Sollte die Adresse vermerkt sein oder der Internet Explorer aus anderen Gründen stutzig werden, verweigert er zunächst das Anzeigen der Webseite. Stattdessen gibt er einen Warnhinweis aus. Gleichzeitig wird die Adresse im

Adressfeld rot unterlegt. Hier können Sie schnell sehen, ob wirklich die Seite angesteuert wird, die Sie öffnen wollten.

4 Sollten Sie sicher sein, dass der SmartScreen-Filter falschliegt, können Sie die Seite mit *Ignorieren und fortsetzen* trotzdem anzeigen und benutzen. Schlagen Sie die Warnungen des Internet Explorer aber besser nicht voreilig in den Wind.

5 Hat man Sie tatsächlich ungewollt auf eine unerwünschte Seite gelotst, besteht kein Grund zur Panik. Der Internet Explorer hat diese Seite noch gar nicht geöffnet. Klicken Sie ggf. auf *Stattdessen zu meiner Startseite wechseln*, um schnell das Weite zu suchen und sich in sichere Gefilde zu begeben.

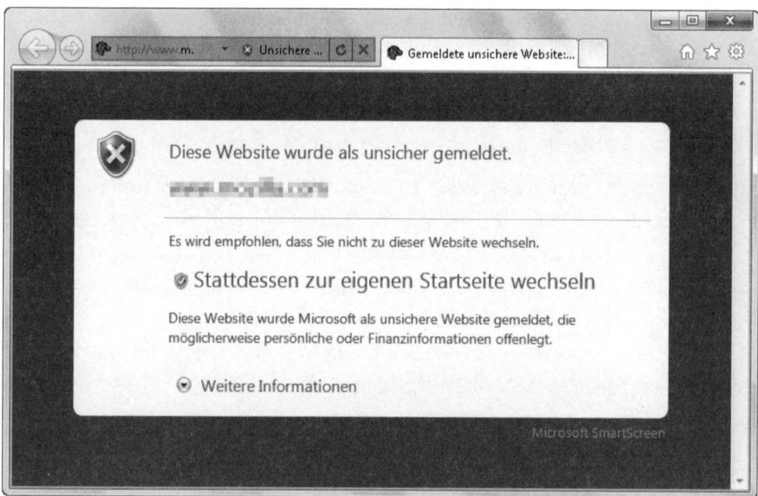

INFO

Keine völlige Sicherheit, mehr Datenverkehr

Eines sollte beim Einsatz des SmartScreen-Filters nicht vergessen werden: Er bietet keine völlige Sicherheit vor Gaunern. Das Aufsetzen und wieder Verschwindenlassen einer Phishingsite dauert nur wenige Minuten. Wie beim Rennen zwischen Hase und Igel laufen Phishingfilter trotz aller Bemühungen immer ein Stück hinterher und können niemals schnell genug sein. Trotzdem sind sie besser als gar kein Schutz. Ein anderer Aspekt, der nicht übersehen werden sollte: Der ständige Abgleich des Filters mit den Microsoft-Servern kostet Zeit und Datenvolumen. Wer nicht gerade mit DSL-Flatrate surft, sollte den deshalb manuellen Check nur im Bedarfsfall in Betracht ziehen.

Zweifelhafte Webseiten bei Bedarf manuell überprüfen

Die automatische Überprüfung durch den SmartScreen-Filter ist die komfortabelste Variante, hat aber auch ihre Nachteile. So ist es nicht jedem recht, wenn

Microsoft Daten über die besuchten Websites sammelt. Außerdem entsteht durch die Onlineabfragen des Phishingfilters zusätzlicher Datenverkehr. Deshalb empfiehlt es sich, den Phishingfilter nur bei Bedarf manuell einzusetzen. In diesem Modus können Sie die aktuell angezeigte Webseite jederzeit mit zwei Mausklicks überprüfen lassen, z. B. bevor Sie sich mit Benutzername und Passwort anmelden oder anderweitig persönliche Daten in einem Webformular angeben.

1 Klicken Sie auf das *Extras*-Symbol in der Symbolleiste und wählen Sie im Menü den Befehl *Sicherheit/SmartScreen-Filter ausschalten*.

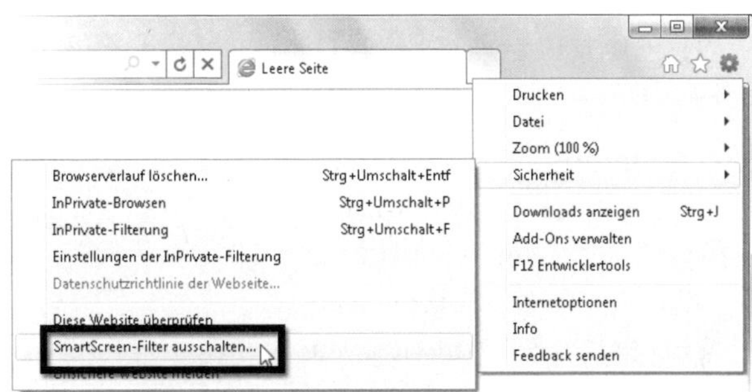

2 Kontrollieren Sie im anschließenden Dialog, dass die Option *SmartScreen-Filter ausschalten* ausgewählt ist. Klicken Sie dann unten auf *OK*.

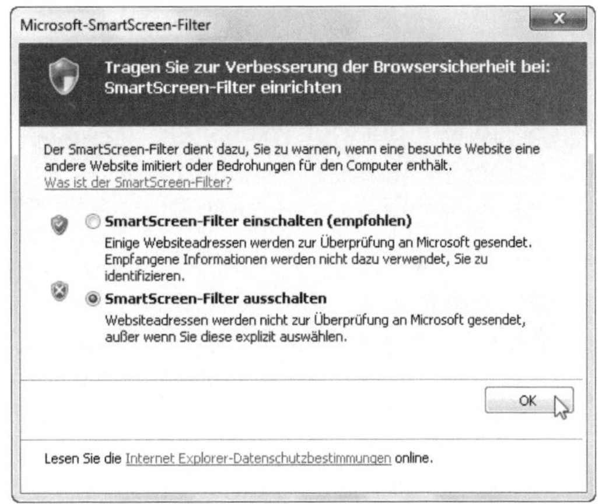

Auf diese Weise können Sie den SmartScreen-Filter jederzeit schnell ein- und ausschalten. Auch wenn die automatische Überprüfung deaktiviert ist, können Sie jederzeit bei Bedarf eine manuelle Überprüfung der aktuell im Internet-Explorer-Fenster angezeigten Website vornehmen.

1 Öffnen Sie die Webseite, die Sie überprüfen möchten, im Browser. Warten Sie am besten, bis die Seite komplett geladen wurde.

2 Klicken Sie dann mit der Maus auf das *Extras*-Symbol ganz rechts und wählen Sie im Menü den Befehl *Sicherheit/Diese Website überprüfen*. Alternativ finden Sie diese Befehle auch in der klassischen Menüleiste unter *Extras/SmartScreen-Filter*.

3 Der Internet Explorer weist dann zunächst darauf hin, dass bei diesem Vorgang Daten an Microsoft übertragen werden. Um sich diesen Hinweis in Zukunft zu ersparen, setzen Sie ein Häkchen bei der Option *Diese Meldung nicht mehr anzeigen*. Klicken Sie dann auf *OK*.

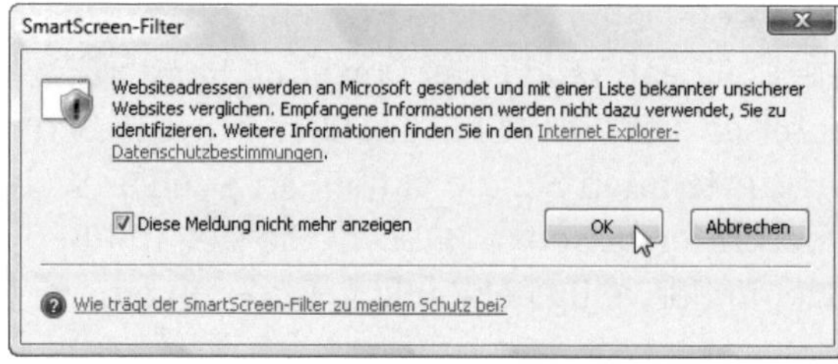

4 Der Internet Explorer übermittelt dann die Adresse der geöffneten Website an den Microsoft-Server. Dieser gleicht sie mit den Daten der Liste bekannter Phishingadressen ab. Dieser Vorgang dauert meist nur wenige Sekunden.

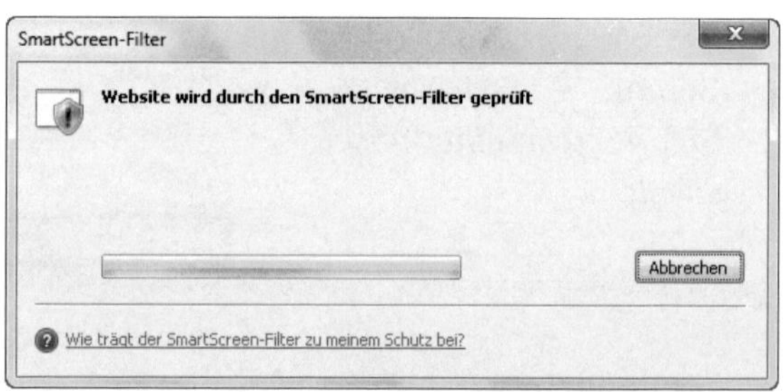

5 Bestehen bei der Website keine Bedenken, erhalten Sie die Meldung *Der SmartScreen-Filter hat diese Website überprüft und keine Bedrohung gemeldet*. In dem Fall können Sie unbesorgt weitersurfen.

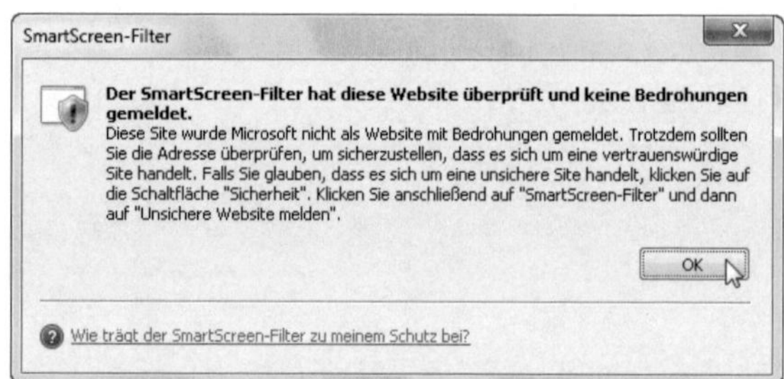

6 Sollte bei der Website ein Phishingverdacht bestehen oder es sich sogar definitiv um eine Phishingfalle handeln, wird die Seite nicht geladen, und Sie erhalten wie bei der automatischen Überprüfung die Warnmeldung.

TIPP

Im Falle eines Falles

Wenn Sie auf der beanstandeten Seite ohnehin noch keine Daten eingegeben haben, ist auch kein Schaden entstanden. Belassen Sie es dabei und verlassen Sie die Website so schnell wie möglich. Haben Sie bereits Daten eingegeben, können Sie zumindest gezielte Gegenmaßnahmen ergreifen: Überlegen Sie, welche Daten in die Hände der Gauner gefallen sind, und werden Sie sofort aktiv. Passwörter und PINs können geändert werden, TAN-Listen lassen sich sperren und notfalls kann ein Onlinekonto oder ein sonstiger Benutzerzugang deaktiviert werden, ehe Schaden entsteht.

Den SmartScreen-Filter abhängig von der Sicherheitszone aktivieren

In Verbindung mit dem Konzept der Sicherheitszonen und -stufen des Internet Explorer können Sie die Verwendung des SmartScreen-Filters von der jeweiligen Sicherheitszone abhängig machen, zu der eine Website gehört. So können Sie z. B. die automatische Überprüfung nur für eingeschränkte Sites aktivieren oder aber für die Zone der vertrauenswürdigen Webangebote darauf verzichten. Der Internet Explorer sorgt dann automatisch dafür, dass die Einstellung des Filters immer der jeweils gültigen Internetzone angepasst wird.

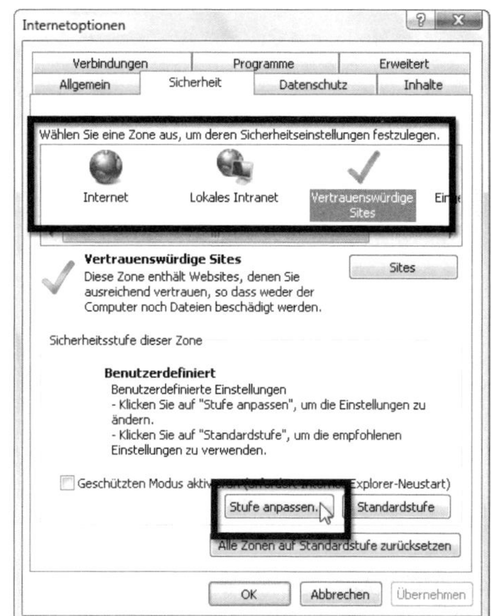

1. Öffnen Sie in den Internetoptionen die Registerkarte *Sicherheit* und wählen Sie hier ganz oben die Sicherheitszone aus, für die Sie den Phishingfilter ausdrücklich ein- oder ausschalten wollen.
2. Klicken Sie dann unten im Bereich *Sicherheitsstufe dieser Zone* auf die Schaltfläche *Stufe anpassen*.
3. Im anschließenden Dialog suchen Sie in der sehr langen Liste von Einstellungen die Kategorie *Verschiedenes* und darin den Eintrag *SmartScreen-Filter verwenden*.

4. Stellen Sie diesen auf *Deaktivieren*, um den Filter für alle Websites der gewählten Sicherheitszone komplett abzuschalten. Mit *Aktivieren* hingegen wird der Filter aktiviert, wobei diese Option von der manuellen Einstellung über das SmartScreen-Filter-Menü überstimmt werden kann.

5. Klicken Sie dann zweimal auf *OK*, um die Einstellungsänderung zu aktivieren.

ActiveX und Browser-Add-ons überwachen und sicher einstellen

Mit der neuen Add-on-Verwaltung bietet der Internet Explorer 8 eine komfortablere Möglichkeit, die im Browser installierten Plug-ins vollständig zu kontrollieren und so z. B. unerwünschte Komponenten zu deaktivieren und nur die wirklich erforderlichen bzw. gewollten Ergänzungen beizubehalten.

1 Öffnen Sie die Plug-in-Steuerung im Internet Explorer mit *Extras/Add-Ons verwalten*.

2 Wählen Sie links oben bei *Add-On-Typen* die Option *Symbolleisten und Erweiterungen*, um Plug-ins und ActiveX-Elemente angezeigt zu bekommen.

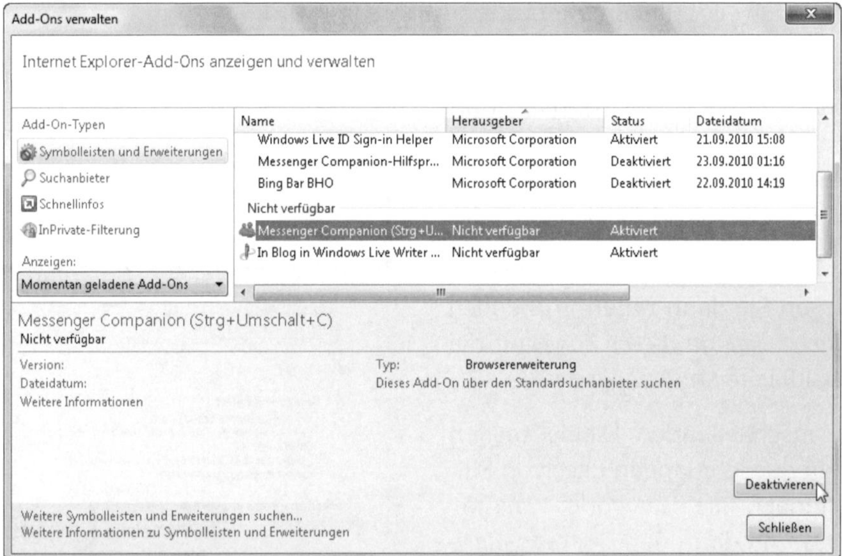

3 Sie sehen dann rechts eine Liste aller installierten Add-ons mit Name, Herausgeber und Typ. Diese Angaben sollten reichen, um die einzelnen Einträge sicher zu identifizieren.

4 Um eines der Plug-ins abzuschalten, markieren Sie es in der Liste und klicken dann auf *Deaktivieren*.

5 Steuern Sie auf diese Weise den Status aller Komponenten und übernehmen Sie die Einstellungen dann mit *Schließen* dauerhaft.

30.1 Die vereinfachte Oberfläche des IE9

Besonders auffällig beim Internet Explorer 9 ist die überarbeitete Oberfläche. Sie wurde deutlich entschlackt und verschlankt. Nur noch wenige Bedienelemente sollen den Anwender ablenken. Zugleich wird so dem eigentlichen Inhalt – also den angezeigten Webseiten – der maximale Platz auf dem Bildschirm eingeräumt.

Im Wesentlichen wurde dies durch Layout-Optimierungen und zwei einschneidende Veränderungen erreicht:

- Statt der getrennten Bereiche für Adressen und Suchbegriffe gibt es jetzt nur noch ein Eingabefeld. In dieser „Wunderleiste" können Sie sowohl Webadressen als auch Suchbegriffe eingeben. Das ist etwas gewöhnungsbedürftig, aber der Internet Explorer erkennt recht zuverlässig, was gemeint ist, und reagiert entsprechend.
- Anstelle der Symbolleiste mit verschiedenen Funktionen gibt es jetzt nur noch drei unscheinbare Schaltflächen oben rechts für die Startseite, das Einblenden der Favoriten und das *Extras*-Menü, das alle wesentlichen Funktionen und Einstellungen beherbergt. Weitere Funktionen finden sich in der klassischen Menüleiste, die nur noch kurzfristig mit [Alt] eingeblendet werden kann.

Nur noch ein Feld für Suchen & Adressen

Adress- und Suchfeld wurden beim Internet Explorer 9 zusammengelegt. Dieser Eingabebereich dient nun nicht mehr nur zum Eingeben und Anzeigen von Webadressen. Im Prinzip können Sie von hier aus ganz schnell auf alle Elemente wie Lesezeichen, Verlauf und Feeds zugreifen. Mit der richtigen Eingabe finden Sie so jede Webseite ruck, zuck wieder.

1 Platzieren Sie die Einfügemarke mit einem einfachen linken Mausklick in das Feld.

2. Beginnen Sie nun, die Adresse bzw. den Namen einer Webseite oder einen Suchbegriff einzutippen.

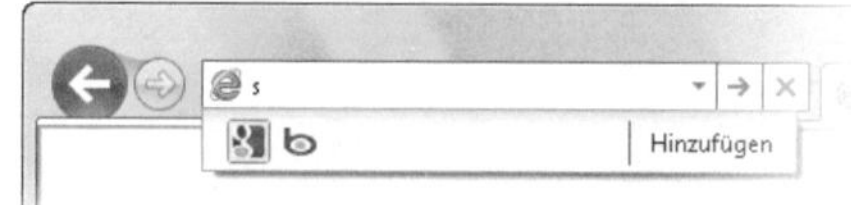

3. Ab dem zweiten Zeichen zeigt der Browser eine Liste der infrage kommenden Webseiten an. Er bedient sich dazu der Daten aus dem Verlauf, den Favoriten, den Feeds und Suchmaschinen.
4. Mit jedem weiteren Buchstaben schränken Sie die Liste jeweils weiter ein.
5. Wenn die von Ihnen gewünschte Seite auf dem Bildschirm angezeigt wird, können Sie direkt darauf klicken, um sie anzuzeigen. Alternativ können Sie die Pfeiltasten und Enter benutzen, wenn Sie bei der Tatstatur bleiben möchten.
6. Sie können auch so lange weitertippen, bis nur noch genau eine Möglichkeit zur Auswahl angezeigt wird, die Sie dann auswählen.

Wie Sie die verschiedenen Arten von Suchmöglichkeiten gezielt nutzen, beschreiben die nachfolgenden kurzen Abschnitte.

TIPP

Schnelle Orientierung in den Vorschlägen

Bei den Vorschlägen, die der Internet Explorer Ihnen zum jeweils eingetippten Text im Adressfeld macht, färbt er jeweils die Buchstaben, die mit Ihrer Eingabe übereinstimmen, blau ein. So können Sie auf den ersten Blick erkennen, wo in einer vorgeschlagenen Webseite der Begriff vorkommt und ob diese Seite wirklich der gewünschten entspricht.

Webadressen eingeben

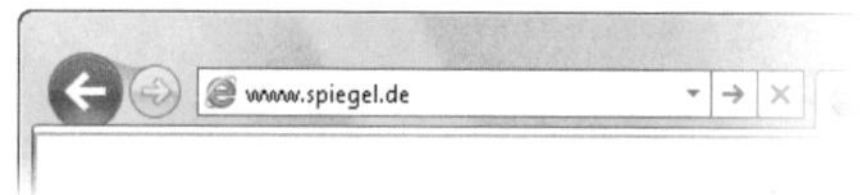

Wie gewohnt können Sie im Eingabefeld Webadressen eintippen. Wenn Ihre Eingabe mit www... beginnt, erkennt der Internet Explorer dies automatisch als Webadresse. Protokollbezeichner wie *http://* können Sie dabei weglassen. Sie brauchen sich dabei auch nicht von der Vorschlagsliste des Internet Explorer ablenken zu lassen. Tippen Sie einfach die komplette Adresse ein und drücken Sie Enter.

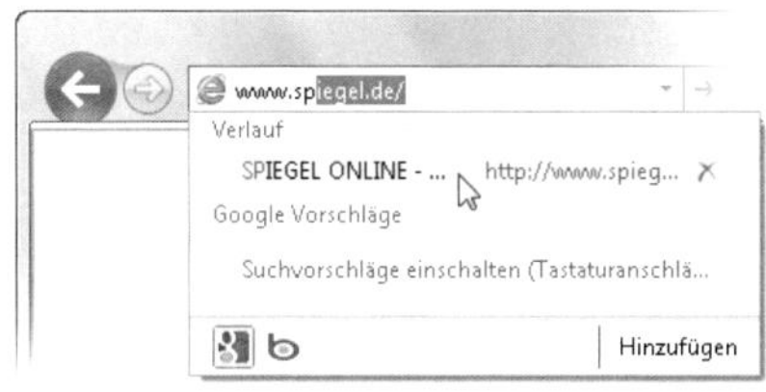

Sie können sich die Hilfestellung des Browsers aber auch beim Eintippen von Adressen zunutze machen. Wenn der Internet Explorer die Adresse bereits von einem früheren Besuch kennt, wird er Sie ihnen in seiner Liste vorschlagen. Sie brauchen also nur so viel einzutippen, bis Sie die gewünschte Adresse in der Vorschlagsliste sehen. Dann wählen Sie sie dort direkt per Maus oder Tastatur aus.

Webseiten aus Favoriten und Verlauf abrufen

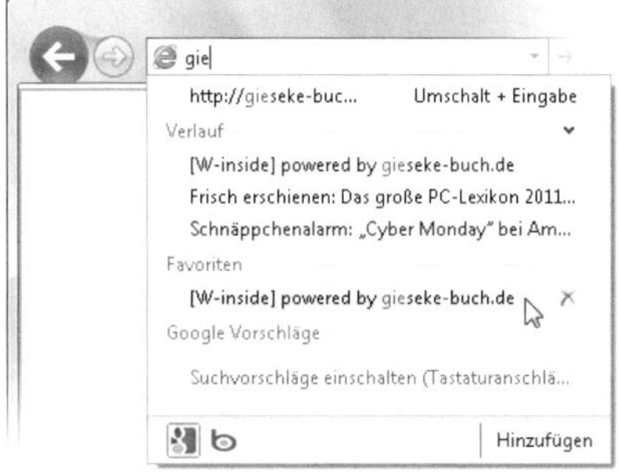

Wenn Sie genau wissen, dass eine Webseite als Favorit gespeichert ist oder sich von einem kürzlichen Besuch noch in den Verlaufsdaten befindet, können Sie diese noch gezielter abrufen. Sie brauchen keine Adresse zu kennen, sondern lediglich einen eindeutigen Teil der Adresse oder der Titels, also z. B. den Namen des Webangebots. Tippen Sie diesen ein, schlägt der Internet Explorer alle Webseiten vor, die diesen Begriff als Teil ihrer Adresse oder ihres Titels verwenden.

HINWEIS

Keine Volltextsuche

Im Verlauf des Internet Explorer sind nur die Webadresse und der Titel der besuchten Webseiten gespeichert, nicht aber deren Inhalt. Eine Volltextsuche über den Inhalt ist also nicht möglich. Wählen Sie also einen Teil der Adresse oder des Seitentitels aus, um eine Webseite auf diese Weise schnell wiederzufinden.

Suchanfragen durchführen

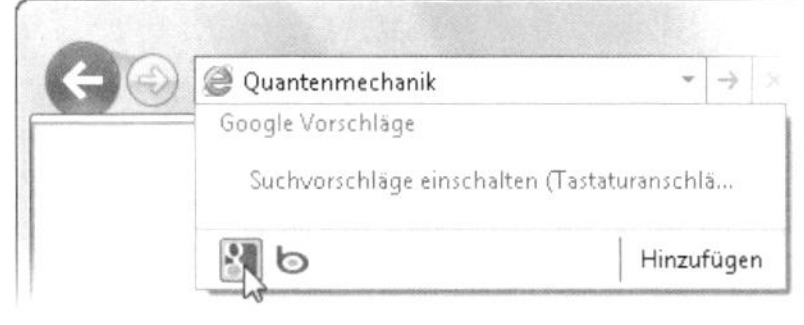

Um das Eingabefeld für eine klassische Suche zu benutzen, verwenden Sie es so, wie Sie beim Internet Explorer 8 das Suchfeld genutzt hätten. Tippen Sie also einfach den Suchbegriff ein. Unterhalb der Auswahlliste finden Sie Symbole für die eingerichteten Suchfunktionen wie z. B. Bing und Google. Klicken Sie auf das entsprechende Symbol, um den eingetippten Begriff bei diesem Suchdienst zu recherchieren. Mit einem Klick auf *Suchvorschläge einschalten* zeigt Ihnen der Internet

Explorer während der Eingabe bereits Vorschläge zu diesem Suchbegriff. So können Sie den Suchbegriff bequem vervollständigen und Zeit sparen.

Tippfehler und verräterische Adressen aus den Adressfeld-Vorschlägen entfernen

Die automatischen Vorschläge beim Eintippen einer Webseite können auch ihre Schattenseiten haben. Wenn Sie sich z. B. einmal versehentlich vertippt haben, wird dieser Tippfehler immer wieder in der Auswahl angezeigt. Oder aber Sie haben eine Adresse besucht, die Sie vertraulich behandeln möchten. Auch diese kann bei ähnlichen Namen als Vorschlag im Adressfeld angezeigt werden. Zum Glück gibt es ein Hilfsmittel gegen solche nervigen Nebeneffekte.

Wenn ein solcher unerwünschter Vorschlag angezeigt wird, bewegen Sie den Mauszeiger darauf. Ganz rechts neben dem Eintrag wird dann ein *X*-Symbol angezeigt. Mit einem Klick darauf wird dieser Eintrag aus dem Verlauf gelöscht und belästigt Sie nicht wieder.

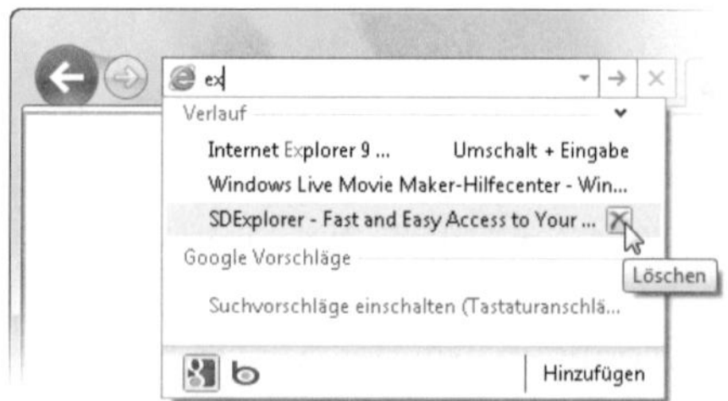

Weitere Suchfunktionen in das Suchfeld integrieren

Das Eingabefeld des Internet Explorer bietet eine praktische Abkürzung zu Suchdiensten im Internet. Allerdings ist hier standardmäßig nur die Microsoft-eigene Bing-Suchmaschine zur Auswahl vorhanden. Das Suchfeld lässt sich aber über eine spezielle Webseite um weitere Suchdienste erweitern.

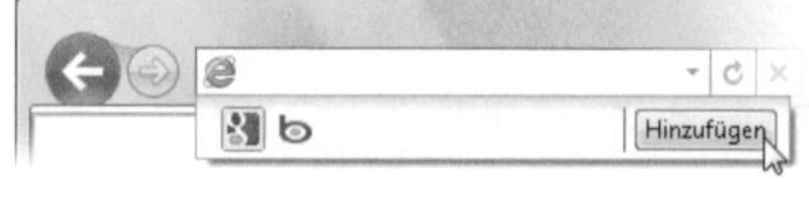

Klicken Sie dazu in der Auswahlliste unten rechts auf die *Hinzufügen*-Schaltfläche. Der Internet Explorer öffnet dann in einem neuen Register eine Webseite mit einer Übersicht von Suchdiensten. Hier finden Sie z. B. auch Suchfunktionen für Angebote wie Google, Wikipedia oder Amazon. Klicken Sie beim jeweiligen Eintrag auf *Dem Internet Explorer hinzufügen* und bestätigen Sie den Vorgang mit *Hinzufügen*. Gleichzeitig können Sie festlegen, ob dieser Dienst als Standardsucher verwendet werden soll und ob er bei der Eingabe Suchvorschläge in die Auswahlliste einblenden darf.

Ab sofort finden Sie diesen Suchdienst im Menü des Suchfelds und können ihn so jederzeit direkt nutzen. Selbstverständlich können Sie ihn auch zum Standardsuchdienst für alle Websuchen machen.

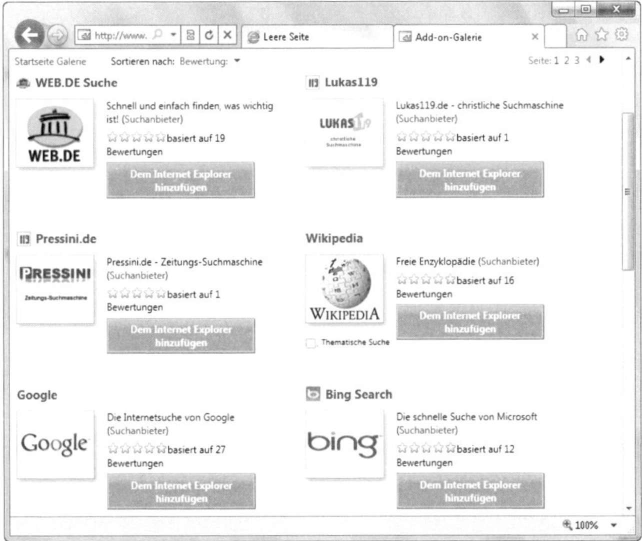

Download-Manager mit SmartScreen-Filter

Weitere wichtige Änderungen haben beim Dateidownload mit dem Internet Explorer stattgefunden. So verfügt der Internet Explorer erstmals über einen echten Download-Manager, der mehrere Downloads gleichzeitig verwalten und durchführen kann. Er erlaubt es z. B. auch, längere Downloads zwischenzeitlich anzuhalten und zu einem späteren Zeitpunkt fortzusetzen. Und eine ganz wichtige Neuerung gibt es „unter der Haube": Alle Downloads werden vom SmartScreen-Filter auf schädliche Inhalte überprüft. Dadurch sinkt die Wahrscheinlichkeit, sich versehentlich Viren, Trojaner oder Rootkits „einzufangen", erheblich.

1 Beim Starten eines Downloads hat sich allerdings nichts verändert. Klicken Sie einfach auf den Link zu der Datei, die Sie herunterladen möchten.

2 Dadurch wird automatisch der Download-Manager aktiviert. Er meldet sich mit einer Mitteilung am unteren Rand des Internet Explorer und fragt, ob die Datei gespeichert oder direkt ausgeführt werden soll.

3 Mit dem Klick auf die entsprechende Schaltfläche beginnt direkt der Download. Sie können die Mitteilung eingeblendet lassen oder einfach mit dem kleinen *X*-Symbol oben rechts schließen. Der Download läuft dann im Hintergrund weiter.

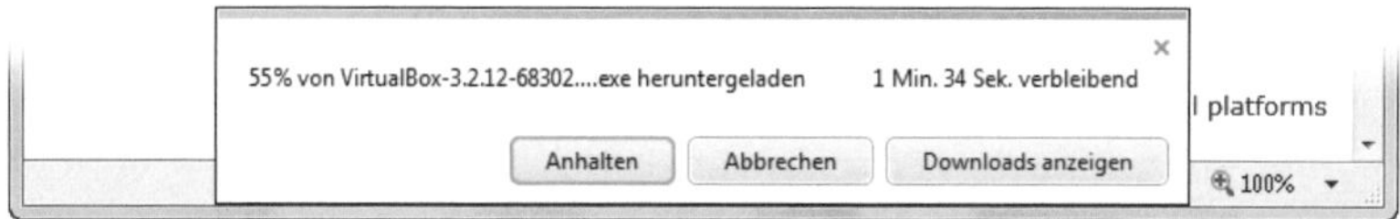

4 Nach Abschluss der Übertragung erfolgt wiederum eine Mitteilung. Nun können Sie die heruntergeladene Datei *Ausführen*, den Ordner öffnen, in dem sie gespeichert wurde, oder eine Liste aller Downloads anzeigen.

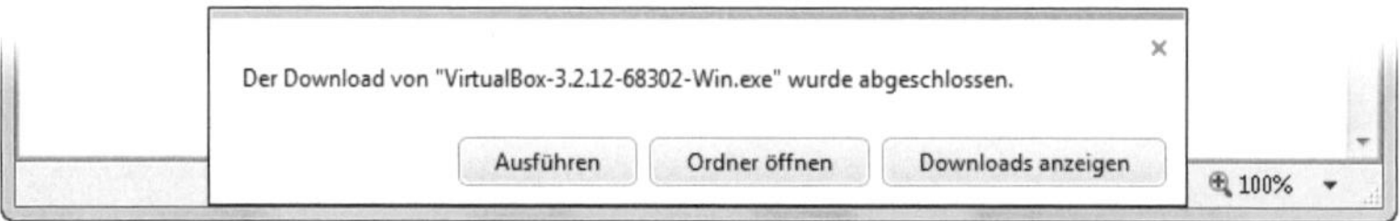

Unabhängig von einem aktuellen Download können Sie den Download-Manager jederzeit über das *Extras*-Menü aufrufen. Hier finden Sie die aktuellen sowie eine Liste der zurückliegenden Downloads und können so jederzeit auf die heruntergeladenen Dateien zugreifen. Mit *Liste löschen* entfernen Sie alle aktuellen Einträge.

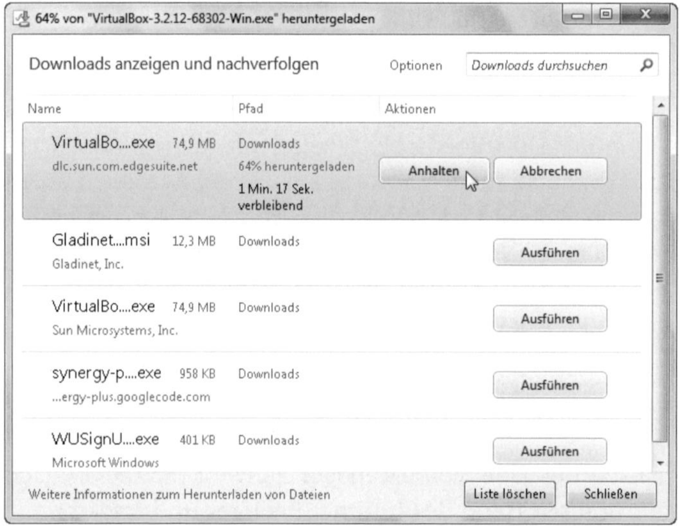

Die nützlichsten Tastenkombinationen für den Internet Explorer

Tastenkombination	Funktion
F11	Zwischen Vollbild und Standardansicht des Browserfensters wechseln
Alt+Pos1	Zur Startseite wechseln
Alt+→	Zur nächsten Seite wechseln
Alt+← oder Rück	Zur vorherigen Seite wechseln

Tastenkombination	Funktion
Pos1	Zum Dokumentanfang wechseln
Ende	Zum Dokumentende wechseln
Strg+F	Text auf der aktuellen Seite suchen
F5	Die aktuelle Webseite aktualisieren
Esc	Den Download einer Seite abbrechen
Strg+O	Eine neue Website oder Seite öffnen
Strg+N	Ein neues Fenster öffnen
Strg+S	Die aktuelle Seite speichern
Strg+P	Die aktuelle Seite oder den aktiven Frame drucken
Strg+I	Favoriten öffnen
Strg+H	Verlauf öffnen
Strg+J	Feeds öffnen
Strg+Mausklick	Öffnen von Links in einer neuen Registerkarte im Hintergrund
Strg+Umschalt+Mausklick	Öffnen von Links in einer neuen Registerkarte im Vordergrund
Strg+T	Öffnen einer neuen Registerkarte im Vordergrund
Strg+Tab oder Strg+Umschalt+Tab	Umschalten zwischen Registerkarten
Strg+W	Die aktuelle Registerkarte schließen (oder das aktuelle Fenster, wenn das Browsen mit Registerkarten deaktiviert ist)
Alt+Enter	Öffnen einer neuen Registerkarte im Vordergrund aus der Adressleiste heraus
Strg+n (wobei n eine Zahl zwischen 1 und 8 ist)	Direkter Wechsel zu einer bestimmten Registerkarte
Strg+9	Wechseln zur vorherigen Registerkarte
Strg+Alt+F4	Schließen der anderen Registerkarten
Strg+Q	Schnelle Registerkarten (Miniaturansicht) ein- und ausschalten
Strg++	Zoomfaktor erhöhen (+ 10 %)
Strg+-	Zoomfaktor verringern (– 10 %)
Strg+0	Zoom auf 100 %
Strg+E	Zum Suchfeld wechseln
Alt+Enter	Die Suchabfrage auf einer neuen Registerkarte öffnen
Alt+P	Druckoptionen festlegen und Seite drucken
Alt+D	Text in der Adressleiste markieren
F4	Eine Liste mit bereits eingegebenen Adressen anzeigen
Strg+←	Den Cursor in der Adressleiste nach links bis zur nächsten logischen Unterbrechung in der Adresse (Punkt oder Schrägstrich) verschieben

Tastenkombination	Funktion
Strg+→	Den Cursor in der Adressleiste nach rechts bis zur nächsten logischen Unterbrechung in der Adresse (Punkt oder Schrägstrich) verschieben
Strg+Enter	www. am Anfang und .com am Ende des auf der Adressleiste eingegebenen Textes hinzufügen
Strg+D	Die aktuelle Seite Ihren Favoriten hinzufügen

30.2 Noch mehr Flexibilität mit Registerkarten

Der Internet Explorer 9 kann mehrere Webseiten gleichzeitig in einem Browserfenster anzeigen. Dabei wird jede Seite in einer eigenen Registerkarte geöffnet, was etwa einer Rubrik bei mehrseitigen Einstellungsmenüs entspricht. Auf dem Bildschirm zu sehen ist immer nur der Inhalt einer Registerkarte, aber mit kleinen Reitern oder einer Tastenkombination kann man jederzeit schnell zwischen den verschiedenen Webseiten hin und her wechseln. Außerdem bietet der Internet Explorer die Möglichkeit, eine komplette Registerkarten-Kombination als Favorit zu speichern. So kann man z. B. alle wichtigen Lieblingsseiten auf einen Schlag laden und sie sich dann in Ruhe Seite für Seite anschauen. Und mit den Schnellregisterkarten gibt es eine praktische visuelle Übersicht aller geöffneten Webseiten, falls Sie zwischen den vielen Registern mal die Orientierung verlieren sollten.

Neue Webseiten in einem eigenen Register öffnen

Um einen Link in der aktuell angezeigten Webseite in einer separaten Registerkarte zu öffnen, gibt es drei Möglichkeiten:

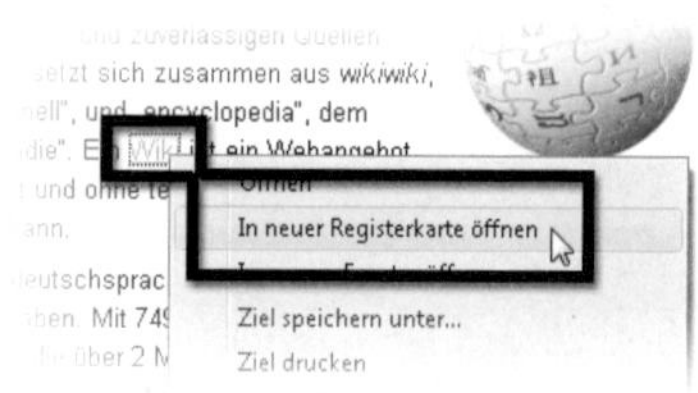

- Halten Sie die Strg-Taste gedrückt, während Sie einen Link anklicken.
- Klicken Sie den Link mit der mittleren Maustaste an, soweit Ihre Maus über eine mittlere Taste verfügt und diese vom Maustreiber unterstützt wird.
- Klicken Sie in der angezeigten Webseite mit der rechten Maustaste auf einen beliebigen Link und wählen Sie im Kontextmenü den Befehl *In neuer Registerkarte öffnen*.

Alle drei Varianten führen zum gleichen Ergebnis: Die bisherige Webseite bleibt vorhanden und der Internet Explorer öffnet den Link stattdessen in einer neuen Registerkarte. Da dies standardmäßig im Hintergrund erfolgt, sehen Sie auf dem

Bildschirm davon zunächst nicht viel. In der Symbolleiste wird aber nun neben dem (optisch hervorgehobenen) Register der aktuellen Seite ein zusätzliches Register mit dem Titel des angeklickten Dokuments angezeigt.

Wichtig: Wenn Sie mit Registerkarten surfen, beziehen sich alle Aktionen, wie z. B. das Aufrufen eines Favoriten oder das Aktualisieren der Webseite, immer nur auf die aktuell geöffnete Registerkarte und die darin angezeigte Webseite.

TIPP

Registerkarten machen das Suchen im Netz viel leichter

Die Registerkarten können sich insbesondere beim Suchen nach Informationen im Web als sehr nützlich erweisen. Beim normalen Ablauf erhalten Sie von der Suchmaschine die Ergebnisseite, klicken dort auf die Links, müssen dann wieder zur Ergebnisseite zurück etc. Mit Registerkarten belassen Sie die Ergebnisseite immer in ihrem eigenen Register. Um die gefundenen Links zu betrachten, öffnen Sie diese jeweils in einer neuen Registerkarte. Ist die Seite nicht interessant, schließen Sie sie wieder. Wollen Sie eine Seite (vorläufig) nicht aus den Augen verlieren, kehren Sie direkt wieder in das Register mit den Suchergebnissen zurück und setzen Ihre Recherche von dort aus fort.

Direkt zum neuen Register wechseln

Standardmäßig öffnet der Internet Explorer neue Webseitenregister im Hintergrund und verbleibt auf der bisher angezeigten Webseite. Sie müssen also erst manuell in die neue Registerkarte wechseln, um die aufgerufene Seite zu betrachten. Wenn Ihnen das zu umständlich ist, können Sie diese Verhaltensweise aber umstellen, sodass der Internet Explorer beim Anklicken eines Links diesen als Register öffnet und dann auch automatisch dorthin wechselt und die neue Webseite anzeigt.

1 Öffnen Sie hierzu die Internetoptionen in der Rubrik *Allgemein* und klicken Sie unten im Bereich *Registerkarten* auf die Schaltfläche *Einstellungen*.

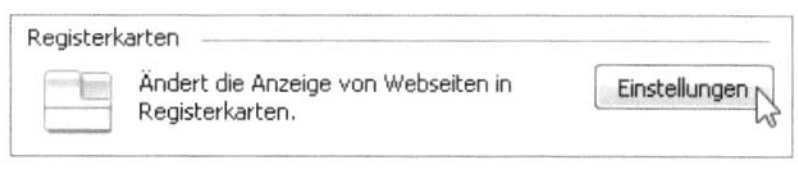

2 Aktivieren Sie in den Registereinstellungen die Option *Immer zu neuen Registerkarten wechseln*, wenn diese erstellt werden.

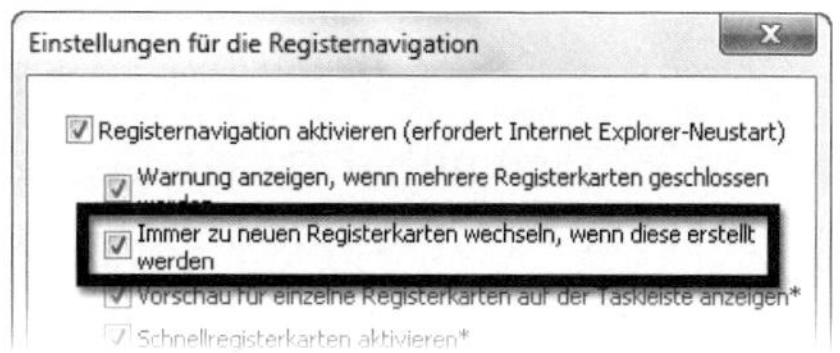

3 Übernehmen Sie die Einstellung mit *OK*. Ab sofort wechselt der Internet Explorer beim Öffnen eines Registers automatisch zu diesem und zeigt die darin geladene Webseite an.

Eine leere Registerkarte anlegen

Eine andere Möglichkeit zum Öffnen eines Webseitenregisters bietet sich an, wenn Sie nicht einen Link in einer vorhandenen Webseite anklicken, sondern unabhängig von dieser Webseite eine weitere Seite öffnen wollen, z. B. einen der Favoriten oder durch direktes Eingeben einer Adresse. Für solche Fälle können Sie eine leere Registerkarte anlegen, in die Sie dann auf beliebige Art eine Webseite laden können.

1 Um eine leere Registerkarte anzulegen, klicken Sie in der Symbolleiste rechts neben den Registerkarten auf die Schaltfläche *Neue Registerkarte*. Die ist im Normalzustand inhaltslos grau und zeigt erst dann ihr Symbol an, wenn sich der Mauszeiger direkt darüber befindet.

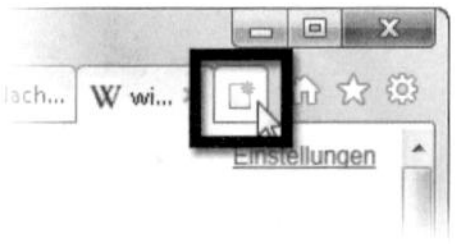

2 Alternativ können Sie auch die Tastenkombination [Strg]+[T] oder die Menüfunktion *Datei/Neue Registerkarte* benutzen.

3 Der Internet Explorer legt dann eine neue Registerkarte an und zeigt darin Ihre beliebtesten Sites an. Zusätzlich können Sie zuvor geschlossene Registerkarten hier wieder öffnen oder zum InPrivate-Surfen wechseln.

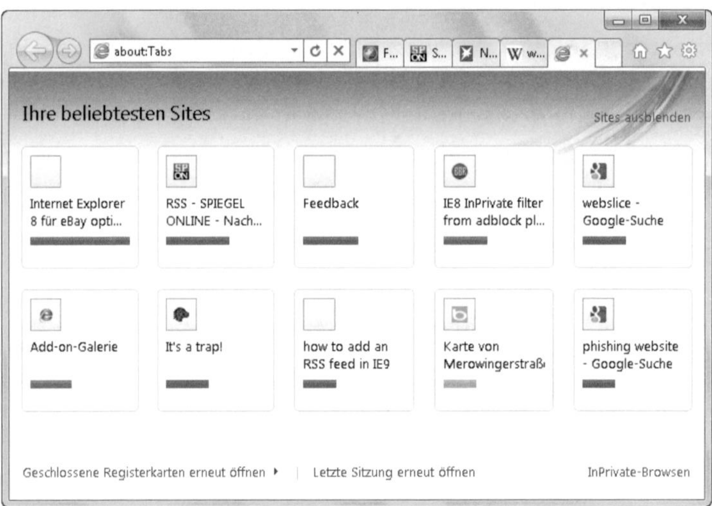

4 Sie können nun dieses Register ganz regulär benutzen, um z. B. eine Webseite aus der Favoritensammlung zu laden oder von Hand eine Webadresse oben im Adressfeld einzugeben.

TIPP

Alle Registerkarten gleichzeitig aktualisieren

Eine in einem Register geöffnete Webseite können Sie wie gewohnt z. B. mit [F5] aktualisieren. Sie können aber auch alle derzeit geöffneten Webseiten gleichzeitig auf den neusten Stand bringen, z. B. wenn Sie nach einer Pause an Ihren Arbeitsplatz zurückkehren und sicher sein wollen, dass alle Webseiten noch aktuell sind. Klicken Sie dazu mit der rechten Maustaste auf einen beliebigen Registerkartenreiter und wählen Sie im Kontextmenü *Alle aktualisieren.* Der Internet Explorer erneuert dann alle gerade geladenen Webseiten, was je nach Anzahl und Umfang allerdings einige Sekunden dauern kann.

Angeklickte Links automatisch in einem neuen Register anzeigen

Standardmäßig legt der Internet Explorer nur dann neue Register an, wenn Sie einen Link wie vorangehend beschrieben speziell aufrufen. Sie können den Browser aber auch so einstellen, dass er mehr oder weniger automatisch arbeitet. Dann werden Links, die normalerweise im gleichen Fenster wie die Ausgangsseite dargestellt würden, auch weiterhin so gehandhabt. Alle Links aber, die in einem neuem Browserfenster geöffnet werden müssten, verfrachtet der Internet Explorer dann automatisch in eine eigene Registerkarte.

1 Öffnen Sie die Internetoptionen in der Rubrik *Allgemein*.

2 Klicken Sie hier unten im Bereich *Registerkarten* auf die Schaltfläche *Einstellungen*.

3 Wählen Sie in den anschließenden Einstellungen unter *Beim Auftreten von Popups* die Option *Internet Explorer entscheiden lassen, wie Popups geöffnet werden sollen*.

Beim Auftreten von Popups:
- Internet Explorer entscheiden lassen, wie Popups geöffnet werden sollen
- Popups immer in neuem Fenster öffnen
- Popups immer in neuer Registerkarte öffnen

4 Übernehmen Sie die Einstellung mit *OK*. Ab sofort öffnet der Internet Explorer Webseiten anstatt in neuen Programmfenstern in einem eigenen Tab.

Zwischen den geöffneten Webseiten komfortabel hin und her wechseln

Zum Wechseln zwischen den in Registerkarten gleichzeitig geöffneten Webseiten bietet sich die Symbolleiste an, in der die Reiter für die verschiedenen Register nebeneinander angezeigt werden. Solange die Anzahl nicht zu groß und der verfügbare Platz in der Symbolleiste nicht zu klein wird, können Sie dort jedes Register am Titel der Webseite erkennen und direkt anklicken. Weitere Alternativen, die sich besonders ab einer höheren Zahl von Registerkarten anbieten:

- Der kurze Dienstweg: Mit Strg+Tab schalten Sie die einzelnen Register der Reihe nach durch, ähnlich wie beim Umschalten zwischen Anwendungen mit Alt+Tab.
- Eine Alternative mit etwas mehr Übersicht: Unter Vista und Windows 7 können Sie das Symbol des Internet Explorer 9 in der Taskleiste nutzen. Hier wird eine Echtzeitvorschau für jedes derzeit geöffnete Register angezeigt.

- Eine weitere Möglichkeit zum Wechsel zwischen geöffneten Registern bietet die Schnelle-Registerkarten-Funktion, die auf Seite 518 ausführlicher beschrieben wird.

Nicht mehr benötigte Registerkarten schließen

Auch beim Schließen der Register gibt es verschiedene Varianten, zwischen denen Sie je nach Situation und Bedarf wählen können:

- Ganz rechts im Reiter der aktuell angezeigten Registerkarte finden Sie ein kleines *X*-Symbol. Ein Klick darauf schließt jeweils die aktuell geöffnete Registerkarte.

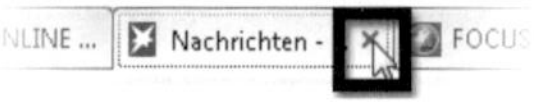

- Die gleiche Wirkung erzielen Sie, wenn Sie mit der rechten Maustaste auf einen der Registerkartenreiter klicken und im Kontextmenü den Befehl *Registerkarte schließen* auswählen. Der wesentliche Unterschied: Auf diese Weise können Sie auch ein Register schließen, dessen Inhalt gerade nicht angezeigt wird.
- Im Kontextmenü findet sich außerdem noch eine Variante, die ebenfalls sehr praktisch sein kann: Mit *Andere Registerkarten schließen* machen Sie alle Register zu, bis auf jenes, auf dessen Reiter Sie gerade mit der rechten Maustaste geklickt hatten, um das Kontextmenü zu öffnen. So werden Sie eine kunterbunte Sammlung von Registerkarten schnell wieder los und können sich auf eine bestimmte Webseite konzentrieren.

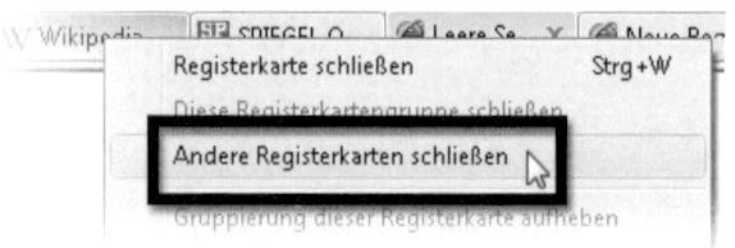

Register aus dem Browser lösen und als eigene Fenster nutzen

Zum parallelen Surfen auf mehreren Webseiten sind die Register eine feine Sache. Bei zu vielen gleichzeitig geöffneten Seiten kann es aber auch unübersichtlich werden. Dann wäre es manchmal praktischer, einzelne wichtige Webseiten eben doch als ganz eigenständiges Fenster zu haben, in das man z. B. mit [Alt]+[Tab] jederzeit schnell wechseln kann. Tatsächlich ist dies auch nachträglich noch sehr leicht möglich.

1 Klicken Sie den Registerreiter des gewünschten Registers an und halten Sie die linke Maustaste gedrückt.

2 Ziehen Sie den Reiter nun mit gedrückter Maustaste aus der Registerleiste heraus. Dafür reicht schon eine Bewegung von wenigen Zentimetern. Sie können das Register aber auch gleich an die bevorzugte Position des Bildschirms ziehen.

3 Das Register wird dabei automatisch aus dem Browserfenster „losgelöst“ und lässt sich beliebig platzieren. Lassen Sie die Maustaste dann los, wird an dieser Stelle ein zusätzliches Internet-Explorer-Fenster erstellt, das dieses eine Register enthält.

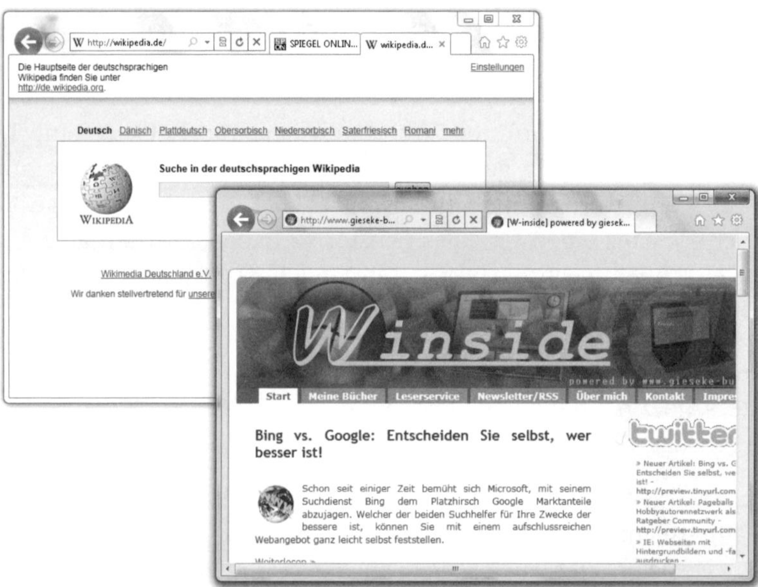

Auch der umgekehrte Weg funktioniert, also Register aus einem Internet-Explorer-Fenster in ein anderes, bereits vorhandenes zu ziehen. Auch hierzu ergreifen Sie den Reiter des Registers und ziehen ihn mit gedrückter linker Maustaste in das andere Internet-Explorer-Fenster und dort genau auf die Registerleiste. Haben Sie die richtige Stelle getroffen, wird der Registerreiter automatisch in die Registerleiste des anderen Fensters integriert. Nun können Sie die Maustaste loslassen und das Register wird Teil dieses Internet-Explorer-Fensters. Sollte es das einzige bzw. letzte Register des anderen Browserfensters gewesen sein, wird dieses automatisch geschlossen.

Schnelle Registerkarten: alle offenen Webseiten in einer Übersicht anzeigen

Die Schnellregisterkarten bieten eine visuelle Übersicht aller derzeit in Registern geöffneten Webseiten. Das macht optisch einiges her und demonstriert die Fähigkeiten des Internet Explorer eindrucksvoll. Die Option bietet aber auch praktischen Nutzen, solange nicht zu viele Registerkarten die einzelnen Ansichten zu klein machen, um noch etwas darauf erkennen zu können.

1 Wann immer Sie mehr als eine Webseite geöffnet haben, also Register verwenden, können Sie die Menüfunktion *Ansicht/Schnellregisterkarten* oder die Tastenkombination [Strg]+[Q] verwenden.

2 Der Browser stellt dann jede Seite als verkleinerte Ansicht der tatsächlichen Webseite dar. Je nach Anzahl der Webseiten skaliert der Browser die Darstel-

lung automatisch passend, sodass alle Registerkarten immer möglichst optimal dargestellt werden.

3 Um eine der Webseiten auszuwählen, klicken Sie auf deren Miniaturansicht.

4 Der Internet Explorer wechselt dann in das entsprechende Register und stellt dieses wieder in der üblichen Ansicht dar.

TIPP

Die Registerkarten aufräumen

Die Schnellregisterkarten eignen sich auch gut, um nach einer längeren Surfsitzung bei den Registerkarten aufzuräumen. Bei jeder Voransicht finden Sie oben rechts ein kleines *X*-Symbol, mit dem Sie die dazugehörige Registerkarte schließen können. So lassen sich nicht mehr benötigte Register schnell erkennen und entfernen.

Zusammengehörende Webseiten gruppiert der IE9 automatisch

Ist Ihnen vielleicht schon aufgefallen, dass der Internet Explorer die Reiter der Registerkarten teilweise automatisch mit verschiedenen Farbtönen einfärbt? Dies geschieht nicht zufällig, sondern soll die Zusammengehörigkeit von Registern deutlich machen. Solche Gruppierungen entstehen, wenn Sie auf einer Webseite einen Link in einem neuen Register öffnen lassen. Der Internet Explorer fasst dann die ursprüngliche Webseite und das neue Register zu einer Gruppe zusammen und versieht diese mit einer gemeinsamen Farbmarkierung. Dies ist vor allem ein Service für den Anwender, der so schneller die Zusammenhänge zwischen mehreren geöffneten Registern erkennen kann. Außerdem werden neue Register einer Gruppe in der Registerleiste jeweils rechts ans Ende der Registerreiter dieser Gruppe angefügt und nicht wie sonst ganz rechts ans Ende aller Reiter.

Außerdem sind im Falle von Gruppierungen zusätzliche Befehle im Kontextmenü der Registerreiter aktiv:

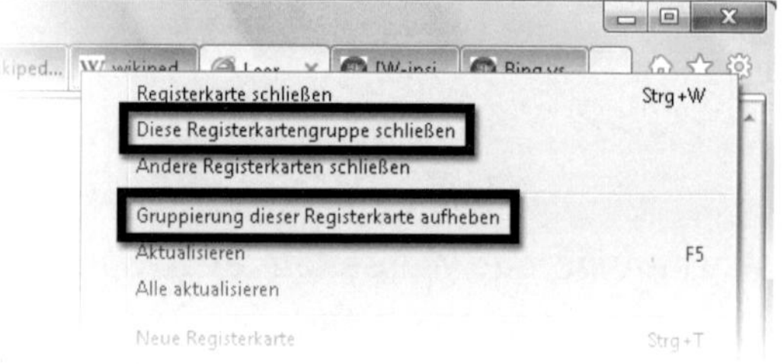

- So können Sie mit *Diese Registerkartengruppe schließen* alle Register einer Gruppe (=Farbe) auf einmal schließen.
- Und mit *Gruppierung für diese Registerkarte aufheben* entfernen Sie eine Registerkarte aus der Gruppe. Sie wird dann wieder als eigenständiges Register ohne Einfärbung dargestellt.

Die Reihenfolge der Registerkarten individuell anpassen

Die Reiter in der Registerleiste platziert der Internet Explorer automatisch nach einfachen Regeln. Neue Register werden jeweils ganz rechts ans Ende der Reiterliste angehängt. Wird ein neues Register innerhalb einer Registerkartengruppe geöffnet, wird es ganz rechts an das Ende dieser Registerkartengruppe angehängt, damit die Gruppe in sich geschlossen bleibt. An diese Reihenfolge sind Sie aber nicht gebunden, sondern können Ihre Register ganz beliebig gestalten. Insbesondere wenn es um dauerhafte Registerkombinationen gehen, die Sie vielleicht als Registerfavoriten speichern möchten, können Sie so z. B. die besonders häufig genutzten Reiter ganz nach links platzieren und die seltener gebrauchten ans rechte Ende.

1. Ergreifen Sie dazu einfach einen Registerreiter mit der linken Maustaste und halten Sie diese gedrückt.

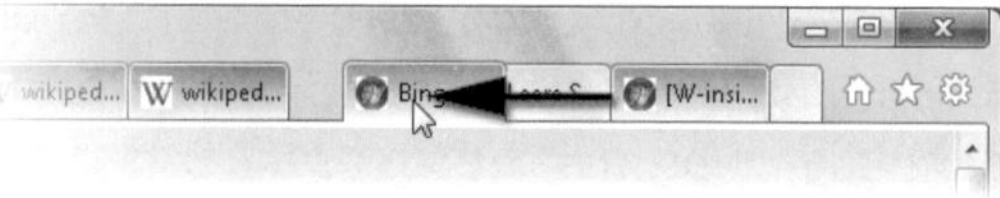

2. Ziehen Sie den Reiter mit der Maus an die gewünschte Position in der Registerleiste und lassen Sie die Maustaste dann los.

Ein kleiner Hinweis: Sie können auf diese Weise auch die Reiteranordnung innerhalb einer Registerkartengruppe verändern. Wenn Sie einen Reiter allerdings ganz aus seiner Gruppe herausziehen, wird dieses Register automatisch aus dieser Gruppe entfernt und als eigenständiges Register weitergeführt.

Versehentlich geschlossene Register schnell zurückholen

Sollten Sie einmal ein Register versehentlich geschlossen haben, das Sie eigentlich noch nutzen wollten, bietet der Internet Explorer eine einfache Möglichkeit, dieses schnell wieder zurückzuholen:

1 Klicken Sie auf das Symbol für eine neue Registerkarte bzw. drücken Sie [Strg]+[T].

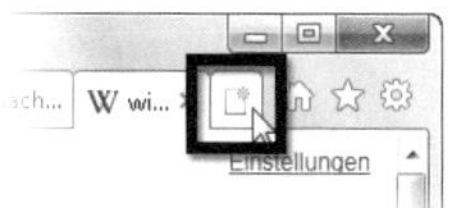

2 In der Übersicht Ihrer beliebtesten Sites finden Sie nun ganz unten links den Link *Geschlossene Registerkarten erneut öffnen*. Klicken Sie darauf.

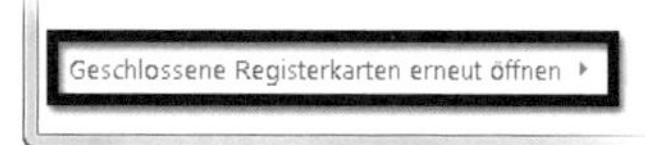

3 Damit öffnen Sie eine Liste der zuletzt geschlossenen Register. Wollen Sie eines davon wieder öffnen, reicht ein einfacher Klick auf den entsprechenden Eintrag.

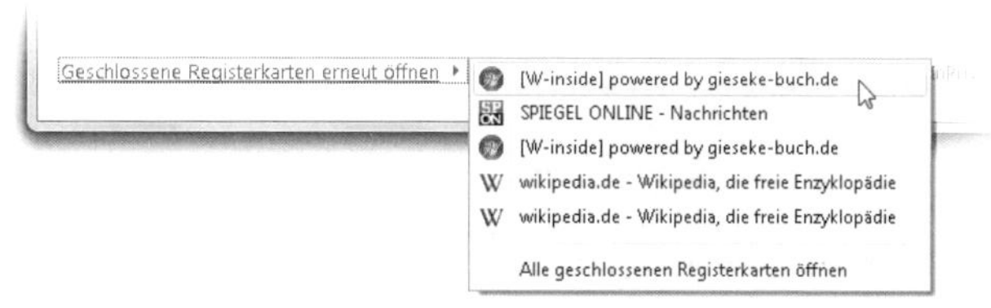

Alle Lieblingsseiten als einen Registerfavoriten speichern und jederzeit abrufen

Besonders praktisch an den Registerkarten ist, dass man eine komplette Konfiguration als Favorit speichern kann. Wenn Sie z. B. jeden Tag immer wieder bestimmte Webseiten permanent im Internet Explorer geöffnet haben, können Sie einen Favoriten anlegen, der genau diese Sammlung von Webseiten in Registerkarten enthält. Beim nächsten Start des Internet Explorer brauchen Sie dann nur diesen Favoriten abzurufen, und der Internet Explorer lädt Ihnen alle Ihre benötigten Webseiten wieder in einzelne Register.

1 Um eine Registerkonfiguration als Favoriten zu speichern, öffnen Sie zunächst alle Webseiten, die darin enthalten sein sollen, in eigenen Registerkarten.

Stellen Sie also genau die Arbeitsumgebung im Internet Explorer her, die Sie speichern wollen.

2 Klicken Sie dann links auf das Favoriten-Symbol, um die Favoriten-Explorerleiste einzublenden.

3 Öffnen Sie dann in der Symbolleiste ganz oben das Auswahlfeld und wählen Sie dort die Option *Aktuelle Registerkarten zu Favoriten hinzufügen*.

4 Der Browser will dann wie üblich einen Namen für den Favoriten haben, und Sie können wählen, ob er in einem bestimmten Unterordner erstellt werden soll.

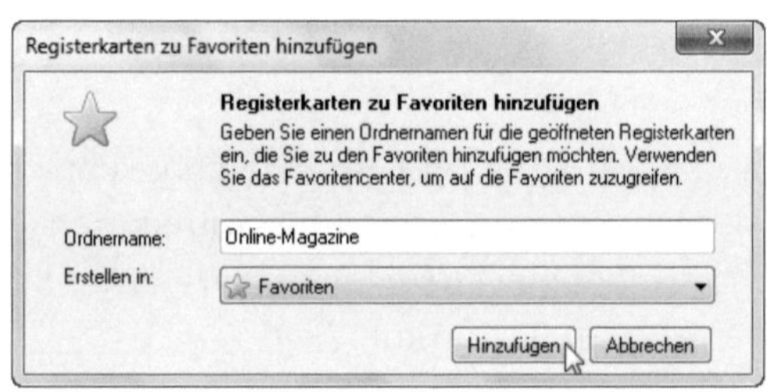

5 Klicken Sie schließlich unten auf *Hinzufügen*, um den Favoriten zu erstellen.

Gespeicherte Registerkonfigurationen abrufen

Als Favoriten gespeicherte Registerkombinationen können Sie wie übliche Favoriten auch über das Favoriten-Menü abrufen.

1 Klicken Sie auf das Favoriten-Symbol ganz links.

2 Damit blenden Sie die Leiste für Favoriten am linken Fensterrand des Internet Explorer ein. Unterordner (bzw. gespeicherte Registerkombinationen) sind hier mit einem speziellen Ordnersymbol gekennzeichnet.

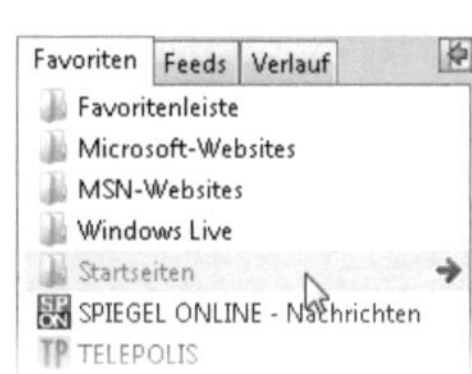

3 Um die Favoriten einzublenden, die innerhalb eines Ordners gespeichert sind, klicken Sie auf den Eintrag des Ordners. Der Browser zeigt dann die enthaltenen Seiten darunter an.

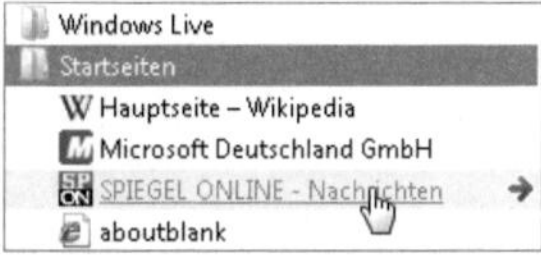

Um eine der Seiten einzeln aufzurufen, klicken Sie wie gewohnt einfach auf deren Eintrag.

4 Wollen Sie alle Seiten eines Favoriten-Ordners gleichzeitig in Registerkarten öffnen, bewegen Sie den Mauszeiger über dem Eintrag des Ordners nach rechts zu der separaten Pfeilschaltfläche und klicken Sie auf diese.

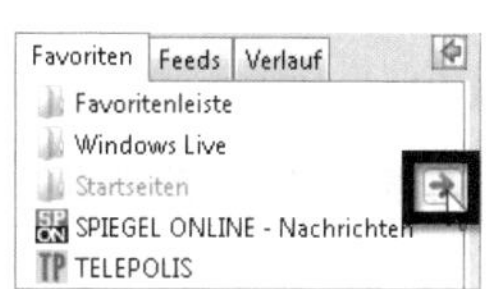

5 Der Internet Explorer öffnet dann alle Webadressen, die in diesem Ordner gespeichert sind, jeweils in einem separaten Register.

Den IE9 stets mit Ihren Lieblingsregistern starten lassen

Als Startseite bezeichnet man eine Webseite, die der Webbrowser bei jedem Start automatisch öffnet und anzeigt. Da der Internet Explorer dank der Registerkarten mehrere Webseiten gleichzeitig anzeigen kann, können Sie nun auch mehrere Startseiten gleichzeitig verwenden. So holen Sie sich beim Browserstart gleich alle Ihre Lieblingswebseiten auf den Bildschirm.

1 Wenn eine Webseite zu Ihrem Startregister gehören soll, öffnen Sie sie einmalig im Internet Explorer.

2 Klicken Sie dann in der Symbolleiste beim Startseitensymbol auf den kleinen Pfeil rechts und wählen Sie im damit geöffneten Menü den Befehl *Startseite hinzufügen oder ändern*.

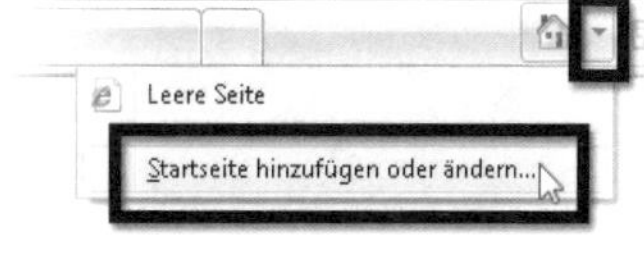

3 Wählen Sie im anschließenden Dialog die Option *Diese Webseite zu Startseiten-Registerkarten hinzufügen* und klicken Sie unten auf *Ja*.

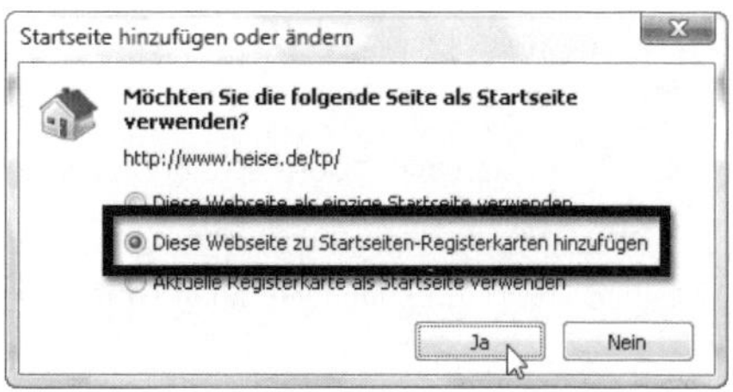

Auf diese Weise können Sie nach und nach Ihre Lieblingswebseiten zum Startregister hinzufügen. Der Internet Explorer öffnet alle so ausgewählten Register bei jedem Start automatisch.

Das komplette Startregister in einem Schritt erstellen

Wenn Sie genau wissen, welche Webseiten Sie im Startregister Ihres Browsers haben möchten, können Sie diese auch in einem Aufwasch festlegen. Öffnen Sie dazu alle diese Seiten in eigenen Registerkarten und richten Sie das Register so ein, wie Sie es bei jedem Start haben möchten. Gehen Sie dann wie vorangehend beschrieben vor, wählen Sie im Startseitendialog dieses Mal aber die Option *Aktuelle Registerkarte als Startseite verwenden*. Der Internet Explorer macht dann die aktuell verwendeten Registerkarten zum neuen Startregister. Eventuell zuvor schon vorhandene Startregister gehen dabei verloren. Sie können Ihr Startregister auf diese Weise aber jederzeit schnell in der gewünschten Form einrichten.

1 Öffnen Sie dazu in den Internetoptionen die Rubrik *Allgemein*.

2 Klicken Sie dort im Bereich *Registerkarten* auf die Schaltfläche *Einstellungen*.

3 Entfernen Sie im anschließenden Menü das Häkchen bei der Option *Registerbrowsen aktivieren*.

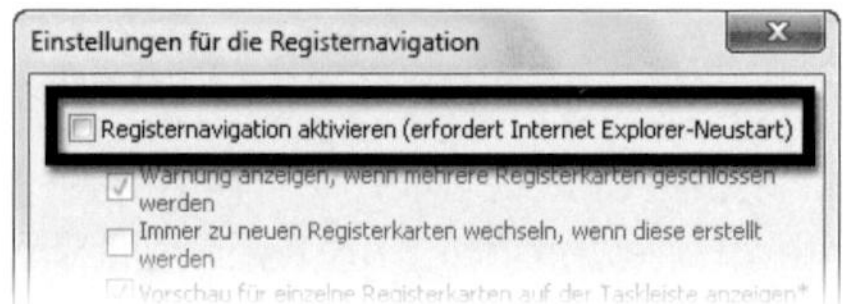

4 Nun müssen Sie den Internet Explorer nur einmal neu starten, und anschließend begegnen Ihnen ganz bestimmt keine Register mehr.

Tastenkürzel und Maustricks für Registerkarten

Um die Bedienung der neuen Registerkarten möglichst schnell zu machen, haben die Entwickler des Internet Explorer eine ganze Reihe von Tastenkürzeln und Maustricks eingebaut, mit denen sich die Funktionen schneller als über Menüs abrufen lassen. Die nachfolgende Tabelle zeigt alle relevanten Abkürzungen.

Funktion	Tastenkürzel
Links in einer neuen Registerkarte im Hintergrund öffnen	Strg + linke Maustaste
Links in einer neuen Registerkarte im Vordergrund öffnen	Strg+Umschalt + linke Maustaste
Eine neue, leere Registerkarte im Vordergrund öffnen	Strg+T
Adresse im Adressfeld in einer neuen Registerkarte öffnen	Alt+Enter
Suchergebnisse aus dem Suchfeld in einer neuen Registerkarte anzeigen	Alt+Enter
Schnelle Registerkarten öffnen	Strg+Q
Zwischen Registerkarten hin und her wechseln	Strg+Tab bzw. Strg+Umschalt+Tab
Direkt zu einer bestimmten Registerkarte wechseln	Strg+n wobei n eine Zahl zwischen 1–8 ist, die für die gewünschte Registerkarte steht

Funktion	Tastenkürzel
Zurück zur zuletzt angezeigten Registerkarte	Strg+9
Die aktuell angezeigte Registerkarte schließen	Strg+W
Alle Registerkarten auf einmal schließen	Alt+F4
Alle Registerkarten außer der gerade angezeigten schließen	Strg+Alt+F4
Zusätzliche Mausfunktionen	
Link auf einer Registerkarte im Hintergrund öffnen	Link mit der mittleren Maustaste anklicken
Eine neue, leere Registerkarte öffnen	Das leere Feld rechts neben der letzten Registerkarte doppelt anklicken
Eine Registerkarte schließen	Mit der mittleren Maustaste auf den Reiter dieser Registerkarte klicken

30.3 Websites als Anwendungen auf dem Desktop

Zu den innovativsten neuen Funktionen des Internet Explorer 9 gehört das Anheften von Websites an die Taskleiste oder das Startmenü. Dies ermöglicht Ihnen nicht nur den schnellen Zugang zu besonders häufig genutzten Webangeboten. Auf diesem Wege stehen auch Zusatzfunktionen für diese Webseiten zur Verfügung, die das regelmäßige Nutzen noch einfacher und praktischer machen.

Heften Sie oft genutzte Websites an Startmenü oder Taskleiste an

Um eine Website anzuheften, öffnen Sie diese zunächst ganz herkömmlich im Webbrowser. Achten Sie darauf, dass am besten genau die Seite des Webangebots dargestellt wird, mit der Sie üblicherweise starten möchten, also z. B. die Anmeldeseite, eine Forumsübersicht o. Ä.

Websites an der Taskleiste anheften

1 Klicken Sie im Adressfeld auf das Symbol der Website und halten Sie die Maustaste gedrückt.

2 Ziehen Sie das Symbol nun mit der Maus nach unten auf die Taskleiste, bis dort *Anheften an Taskleiste* angezeigt wird.

3 Lassen Sie die Maustaste nun los. In der Taskleiste wird ein Symbol für diese Website eingefügt. Dieses bleibt auch erhalten, wenn Sie das Internet-Explorer-Fenster mit der Website schließen.

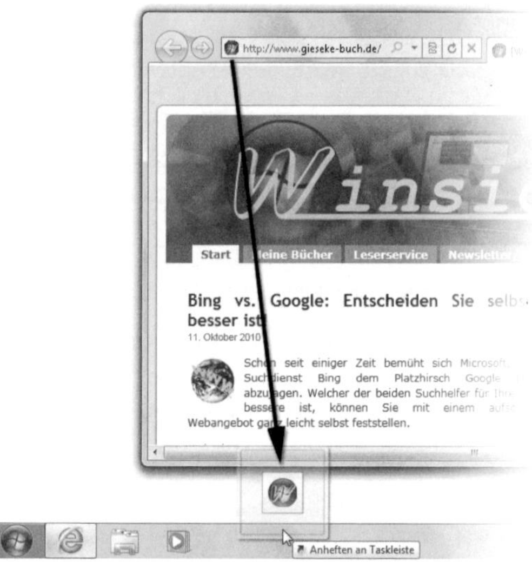

Websites ans Startmenü anheften

Anstelle der Taskleiste können Sie Websites auch im Startmenü platzieren. Lassen Sie auch hier zunächst die gewünschte Webseite anzeigen und ergreifen Sie deren Symbol im Adressfeld. Ziehen Sie dieses Symbol dann mit gehaltener linker Maustaste unten links auf das Windows-Symbol in der Startleiste und lassen Sie es dort fallen.

Websites wie Anwendungen vom Desktop aus nutzen

Haben Sie eine Website an die Taskleiste oder das Startmenü angeheftet, können Sie dieses Angebot jederzeit öffnen, ohne zuvor extra den Internet Explorer starten zu müssen. Dies erfolgt automatisch.

- Bei Websites in der Taskleiste klicken Sie einfach mit der linken Maustaste auf das Symbol.
- Für Websites im Startmenü öffnen Sie zunächst das Startmenü mit einem Klick auf das Windows-Symbol unten links oder mit [Win] und klicken dann einfach auf den Eintrag dieser Website oben im Startmenü.

In beiden Fällen wird der Internet Explorer gestartet und die Website darin geöffnet. Dies gilt übrigens auch, wenn bereits ein Internet-Explorer-Fenster geöffnet ist. Angeheftete Websites werden stets in einem eigenen Fenster gestartet. Das liegt auch daran, dass sich das Browserfenster in diesem Fall in einigen Details vom „normalen" Internet Explorer unterscheidet:

- Ganz oben links finden Sie das Symbol der Website wieder (sofern sie ein eigenes Symbol verwendet, andernfalls wird ein allgemeines genutzt). Dieses ist das hervorstechendste Merkmal von Webanwendungen. Es dient aber nicht nur als Verzierung oder als Orientierung: Sie können es jederzeit anklicken und gelangen so zur Startseite der Webanwendung zurück.
- Die beiden Schaltflächen für Zurück und Vorwärts sind mit einer individuellen Farbe der Website versehen. Dies ist ein rein visueller Effekt, der die Orientierung erleichtern soll.
- Da Webanwendungen eine eigene „Startseite" haben, die über das individuelle Symbol ganz links erreicht werden kann, entfällt das Startseitensymbol auf der rechten Seite. Hier finden Sie nur die gewohnten Schaltflächen für Favoriten und Extras wieder.

Von diesen kleinen, aber feinen Unterschieden abgesehen können Sie Webanwendungen wie herkömmliche Browserfenster nutzen und darin auch Webseiten von ganz anderen Webangeboten öffnen.

Angeheftete Websites mit eigenen Sprunglisten nutzen

Eine weitere Besonderheit von Webanwendungen sind individuelle Sprunglisten. Diese setzen allerdings voraus, dass die Betreiber eines Webangebots ihre Seiten dafür vorbereiten. Dabei können sie eigene Aktionen definieren, die dann in der Sprungliste ihrer Webanwendung angezeigt werden. Dabei kann es sich z. B. um Abkürzungen zu bestimmten wichtigen Bereichen des Webangebots handeln. So können die Anwender über das Symbol nicht nur eine allgemeine Startseite, sondern ganz nach Bedarf gleich bestimmte Seiten des Angebots aufrufen. Als Anwender können Sie dies leider nicht beeinflussen. Sie können nur nachschauen, ob ein Anbieter solche Aktionen hinterlegt hat, und diese ggf. nutzen.

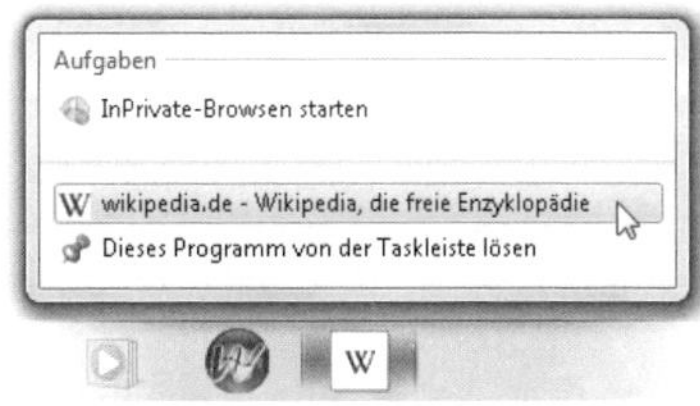

- Sind für eine Website keine Aktionen festgelegt, können Sie diese trotzdem als Webanwendung benutzen. Wenn Sie das Symbol in der Taskleiste mit der rechten Maustaste anklicken, erhalten Sie dann die Standardsprungliste mit den üblichen Menüpunkten.

- Sind für ein Webangebot spezielle Aktionen definiert, finden Sie in der Sprungliste einen zusätzlichen Aufgabenbereich mit entsprechenden Einträgen. Ein Klick darauf öffnet anstelle der Startseite direkt den entsprechenden Bereich der Website.

- Auch bei Websites im Startmenü können Sie solche Zusatzfunktionen nutzen. Hier gibt es zwar keine Sprungliste. Aber wenn spezielle Aktionen für eine angeheftete Website vorhanden sind, finden Sie zu diesem Eintrag ein Untermenü, in dem Sie diese Aufgaben abrufen können.

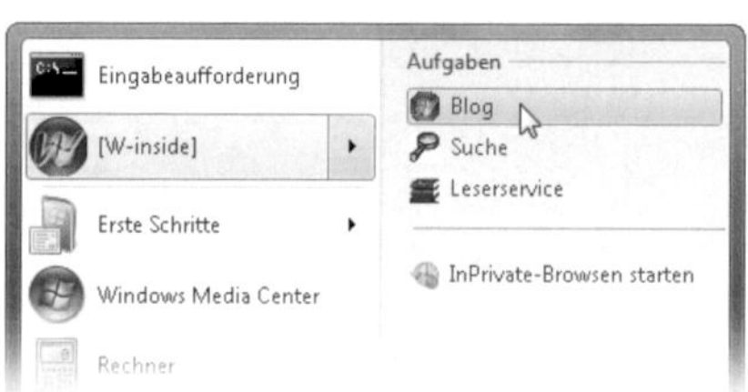

Funktionen von Webseiten direkt in der Minivorschau bedienen

Noch eine weitere Funktion eröffnet neue Perspektiven für den Einsatz von Webanwendungen: Ähnlich wie bei den Sprunglisten können Webanbieter ihre Seite so präparieren, dass in der Minivorschau der Taskleiste kleine Bedienelemente angezeigt werden. Eine naheliegende Anwendung dafür sind z. B. Websites für die Musikwiedergabe. Die können Schaltflächen für Wiedergabe, Pause, nächstes Stück etc. in die Minivorschau integrieren. Dann kann der Anwender die Wiedergabe direkt über die Minivorschau steuern, ohne immer das eigentliche Browserfenster auf den Bildschirm holen zu müssen. Sicherlich werden findigen Webgestaltern auch noch andere Aktivitäten einfallen, die damit möglich sind.

Auch diese Funktion hängt aber eben vom Anbieter einer Website ab und lässt sich nicht vom Besucher beeinflussen. Sie können nur darauf achten, welche Websites Ihnen entsprechende Steuerelemente zur Verfügung stellen, und so die Bedienung so angenehm und einfach wie möglich machen.

30.4 Webinformationen mit Schnellinfos und WebSlices bequem nutzen

Ein Schwerpunkt beim Internet Explorer 9 liegt darauf, Informationen und Nachrichten jederzeit schnell, komfortabel sowie möglichst automatisch auf dem Bildschirm anzuzeigen. Dabei stehen Ihnen neben klassischen Webfeeds die WebSlices zur Verfügung, kleine Informationshäppchen, die der Internet Explorer direkt in der Favoritenleiste anzeigt – selbstverständlich jederzeit aktuell. Ebenfalls praktische Hilfsmittel sind Schnellinfos, die ähnlich wie einfache Plug-ins die Funktionalität des Browsers erweitern. Sie helfen dabei, gefundene Informationen möglichst schnell und effektiv weiterzuverarbeiten. So können Sie z. B. mit einer Schnellinfo-Funktion eine Adresse auf einer Webseite markieren und sich dann direkt die Route zu diesem Ziel berechnen und anzeigen lassen.

Schnellinfos erweitern den IE9 um praktische Funktionen

Der Internet Explorer 9 bringt von Haus aus schon einige Schnellinfo-Funktionen mit. Weitere können Sie ganz nach Bedarf hinzufügen. Microsoft bietet hierfür ein Verzeichnis mit Schnellinfos, aus dem Sie sich die für Sie interessanten Funktionen heraussuchen können.

1 Klicken Sie mit der rechten Maustaste auf einer beliebigen Webseite (oder in einem leeren Browserfenster). Wählen Sie im so geöffneten Kontextmenü *Alle Schnellinfos/Weitere Schnellinfos suchen.*

2 Der Internet Explorer öffnen dann eine Webseite von Microsoft, die ein Verzeichnis von Schnellinfos enthält, die von Microsoft selbst stammen bzw. deren „Segen" haben. Dies sollte also zumindest für eine gewisse Sicherheit und Qualität bürgen.

3 Mit einem Klick auf einen der Einträge rufen Sie ausführlichere Informationen ab. Mit *Dem Internet Explorer hinzufügen* können Sie diese Funktion in Ihren Internet Explorer übernehmen.

4 Bestätigen Sie dann die Rückfrage des Browsers mit einem Klick auf *Hinzufügen*. Wenn Sie diese Schnellinfo häufiger benutzen möchten, können Sie sie außerdem mit *Diesen Anbieter als Standardanbieter für diese Schnellinfokategorie festlegen* ganz oben in der Liste der Schnellinfos platzieren.

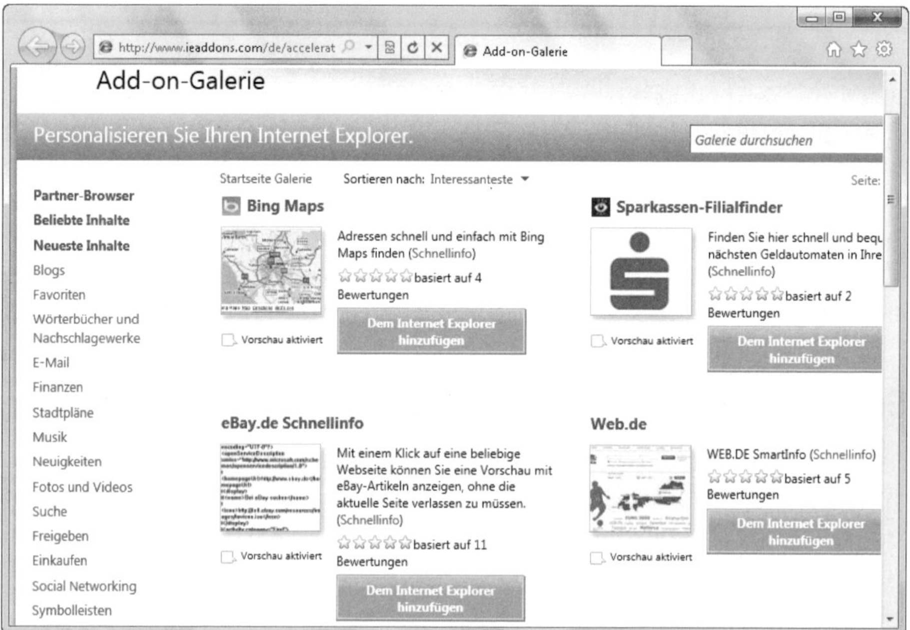

5 Anschließend wird die gewählte Schnellinfo hinzugefügt. Dieser Vorgang ist ganz schnell und unkompliziert. Es wird dabei nicht wirklich ein ausgewachsenes Programm installiert, sondern lediglich eine winzige Datei übertragen und gespeichert.

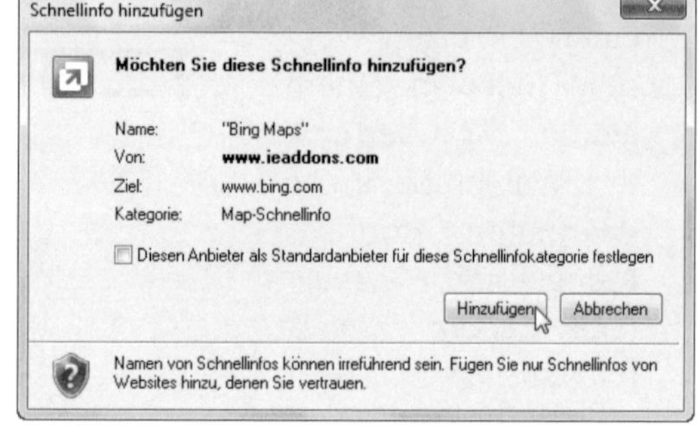

Die Auswahl an Schnellinfos vergrößern

Für deutschsprachige Anwender ist die Anzahl der Schnellinfos bei Microsoft noch recht überschaubar. Es gibt aber einen einfachen Trick, die Auswahl zu vergrößern: Ganz oben rechts auf der Seite finden Sie die Spracheinstellung, die standardmäßig auf Deutschland (Deutsch) eingestellt ist. Wenn Sie diese auf United States (English) ändern, werden Ihnen die Schnellinfos für englischsprachige Benutzer angezeigt. Diese sind wesentlich umfangreicher und viele davon lassen sich auch mit schmalen Englischkenntnissen durchaus nutzbringend verwenden.

Fügen Sie weitere Schnellinfos aus dem Internet hinzu

Nicht nur Microsoft selbst bietet Schnellinfos an. Prinzipiell kann jeder solche kleinen Funktionserweiterungen für den Webbrowser erstellen und zum Download anbieten. Im Laufe der Zeit werden deshalb wohl immer mehr Schnellinfos entstehen, auf die Sie beim Surfen auf irgendwelchen Webseiten stoßen werden. Ist etwas Interessantes dabei, können Sie diese Schnellinfos auch dort mit wenigen Mausklicks installieren.

TIPP

Vorsicht vor obskuren Angeboten!

Wie bei allen Browsererweiterungen sollte man auch bei Schnellinfos etwas Vorsicht walten lassen und möglichst zuverlässige Quellen nutzen. Schnellinfos sind zwar keine „echten" Programme, sondern nur kleine Skripte, aber vermutlich wird früher oder später jemand eine Idee haben, wie sich auch diese Funktion für schlechte Zwecke missbrauchen lässt.

1 Eine einheitliche Vorgabe für das Anbieten von Schnellinfos gibt es nicht. Ein Link zu einer Schnellinfo kann deshalb beliebige Formen haben, z. B. in Form einer Grafik oder eines einfachen Textes. Achten Sie dabei neben der deutschen Bezeichnung Schnellinfo auch auf den englischen Namen Accelerator für diese Funktion.

2 Wenn Sie auf einen Link zu einer Schnellinfo klicken, erkennt der Internet Explorer dies automatisch und bietet Ihnen an, diese Schnellinfo zu installieren. Bestätigen Sie das mit einem Klick auf *Hinzufügen*.

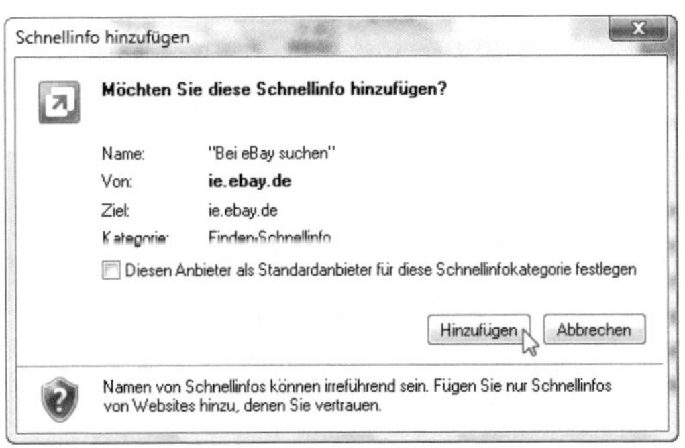

3 Anschließend können Sie die neue Schnellinfo-Funktion direkt austesten.

Schnellübersetzung: von Englisch nach Deutsch direkt im Webbrowser

Eine sehr praktische Schnellinfo bringt der Internet Explorer schon von Haus aus mit. Wer öfter mal auf englischen Webseiten unterwegs ist, wird vielleicht eine kleine, praktische Übersetzungshilfe schätzen. Entsprechende Angebote gibt es im Netz, aber sie erfordern immer einige Handgriffe, die das Lesen unterbrechen. Mit der Schnellinfo für den Bing-Übersetzungsdienst integrieren Sie einen Dolmetscher direkt in die Webseite.

1 Wenn Sie in einem englischen Text ein Wort oder eine Passage nicht genau verstehen, markieren Sie die fragliche Stelle einfach mit der Maus.

2 Wenn Sie die Maus loslassen, ergänzt der Internet Explorer wiederum automatisch das Schnellinfo-Symbol.

3 Klicken Sie mit der linken Maustaste darauf, um das Schnellinfo-Menü zu öffnen.

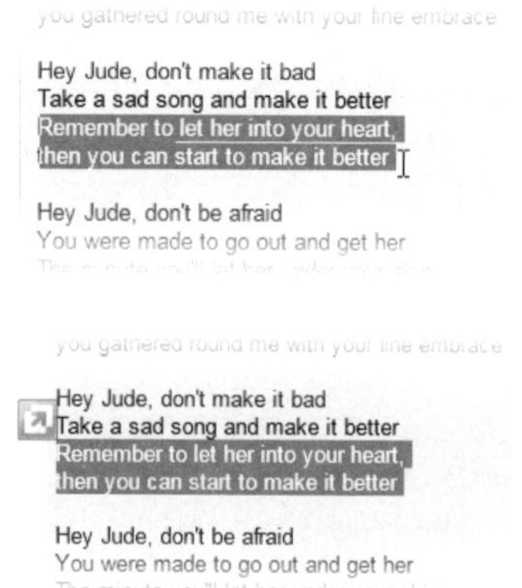

4 Lokalisieren Sie hier den Eintrag *Mit Bing übersetzen* und lassen Sie die Maus einfach über diesem Eintrag schweben, ohne ihn anzuklicken. Der Internet Explorer öffnet dann ein kleines zusätzliches Fenster, in dem Sie die Übersetzung des Textes finden.

5 Alternativ können Sie den Menüpunkt anklicken, um die Übersetzung in einer eigenen Webseite anzuzeigen. Hier finden Sie dann auch weiterführende Informationen und Funktionen, die der Bing-Übersetzungsdienst zur Verfügung stellt. So können Sie sich z. B. auch gleich die gesamte Webseite übersetzen lassen.

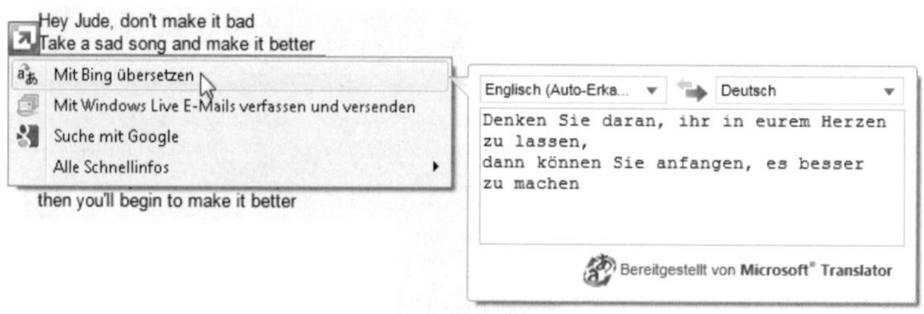

6 Um anschließend weiterzulesen, klicken Sie einfach an einer beliebigen Stelle in das Dokument hinein.

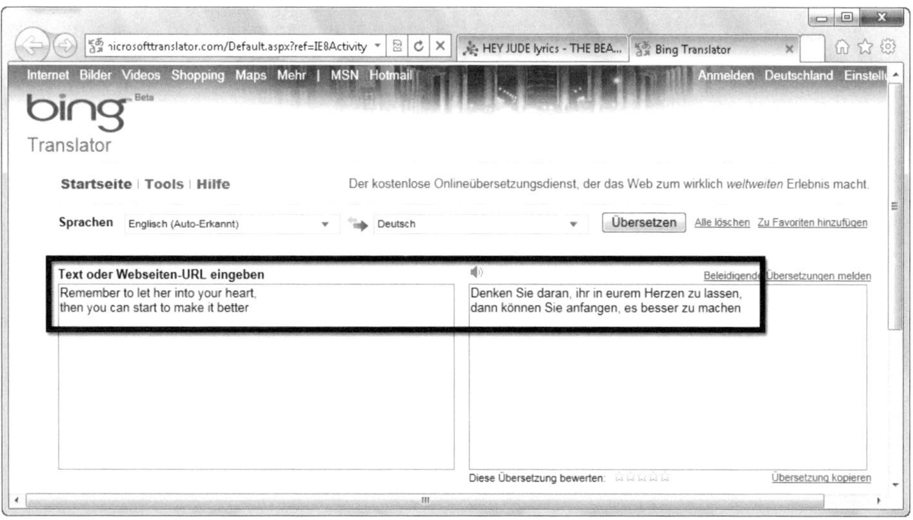

Adressen aus dem Web sofort auf einer Karte finden und Route planen

Ein weiteres gutes Beispiel für sinnvolle Schnellinfos sind Adressdaten. Im Internet gibt es verschiedene Anbieter von Karten- und Routenplanerdiensten. Hier muss man eine gesuchte Adresse aber immer erst eintippen oder mühsam per Einfügen & Kopieren übertragen. Mit einer passenden Schnellinfo sparen Sie sich den Aufwand und finden den gewünschten Ort sofort.

1 Wenn Sie auf einer Webseite eine Adresse finden, die Sie lokalisieren möchten, markieren Sie sie möglichst vollständig mit der Maus.

2 Lassen Sie die Maus dann los, damit das Schnellinfo-Symbol angezeigt wird.

3 Wählen Sie im Schnellinfo-Menü die *Bing Maps*-Schnellinfo aus und lassen Sie den Mauszeiger einfach darüber schweben. Die Vorschaufunktion blendet dann direkt eine Kartenansicht in die Webseite ein.

4 Wenn Sie auf den Menüeintrag klicken, zeigt der Internet Explorer in einer neuen Webseite eine ausführliche Darstellung der Karte an. Hier stehen Ihnen auch noch weitere Funktionen zur Verfügung.

Nutzlose Schnellinfos problemlos wieder loswerden

Wenn Sie fleißig Schnellinfos installieren, wird das Menü dafür irgendwann immer länger und unübersichtlicher. Sie können aber jederzeit ein wenig aufräumen und nicht mehr benutzte Funktionen wieder verbannen.

1 Öffnen Sie mit *Extras/Add-Ons verwalten* die Add-on-Verwaltung.

2 Wählen Sie hier links oben im Bereich *Add-On-Typen* die Kategorie *Schnellinfos*.

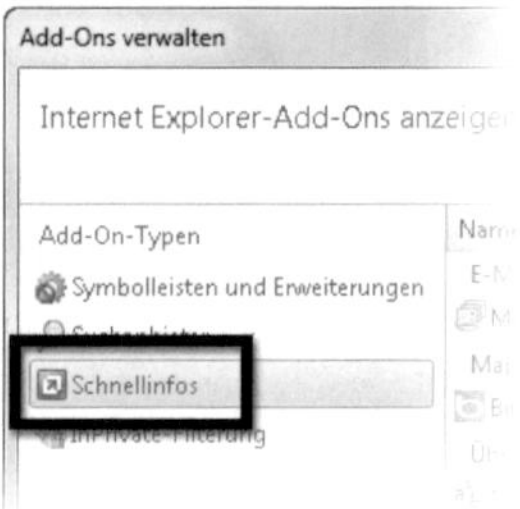

3 Rechts werden nun alle installierten Schnellinfos sortiert nach den Rubriken aufgeführt. Markieren Sie hier die Schnellinfo mit einem Mausklick, die Sie entfernen möchten.

4 Klicken Sie dann unten rechts auf die Schaltfläche *Entfernen*.

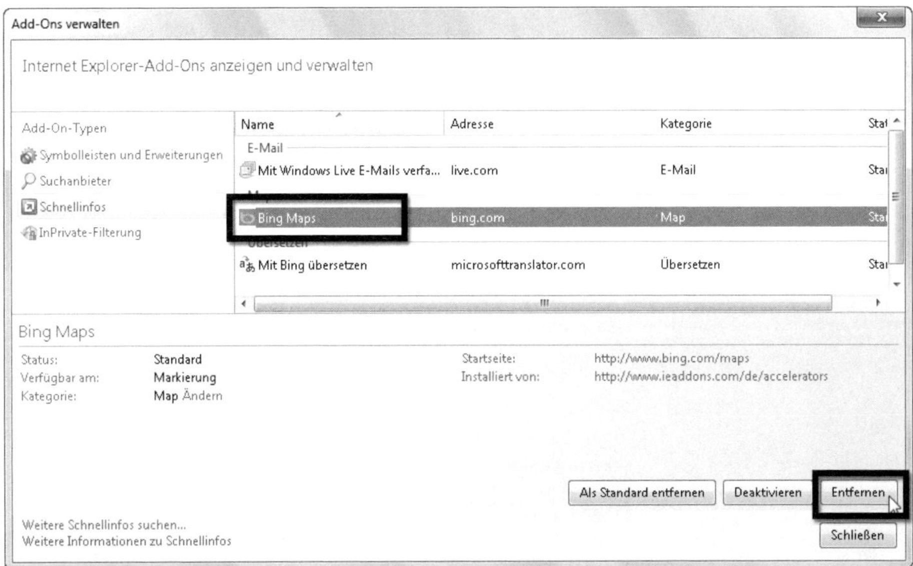

5 Bestätigen Sie die anschließende Sicherheitsrückfrage mit einem Klick auf die Schaltfläche *Ja*.

6 Auf diese Weise können Sie alle nicht mehr benötigten Schnellinfos entfernen. Benutzen Sie dann unten rechts die Schaltfläche *Schließen*, um die Add-on-Verwaltung zu verlassen.

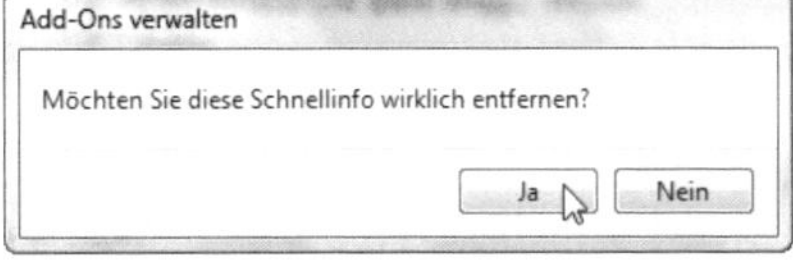

Die wichtigsten Schnellinfos direkt im Schnellinfo-Menü verankern

Alle Schnellinfos gehören jeweils zu einem bestimmten Anwendungsbereich, z. B. Karten, Übersetzungen, Produktvergleiche, Suchen etc. Für jeden dieser Bereiche können Sie jeweils einen Standardanbieter festlegen. Dieser wird direkt im Schnellinfo-Menü aufgeführt, sodass Sie nicht extra in das Untermenü *Alle Schnellinfos* wechseln und ihn dort suchen müssen. Wenn Sie häufig genutzte Schnellinfos als Standardanbieter festlegen, sparen Sie also Zeit und Mühe. Bereits beim Installieren einer Schnellinfo können Sie bestimmen, ob diese Standardanbieter für ihren Bereich sein soll. Aber auch später können Sie den Standard noch beliebig verändern.

1 Öffnen Sie mit *Extras/Add-Ons verwalten* die Add-on-Verwaltung und wählen Sie links oben im Bereich *Add-On-Typen* die Kategorie *Schnellinfos*.

2 Suchen Sie dann rechts den Bereich, für den Sie die Standardeinstellung verändern möchten, und markieren Sie darin den Eintrag, der zum neuen Standard werden soll.

3 Klicken Sie dann unten auf die Schaltfläche *Als Standard*. Die ausgewählte Schnellinfo wird damit zur neuen Standardfunktion für diesen Bereich.

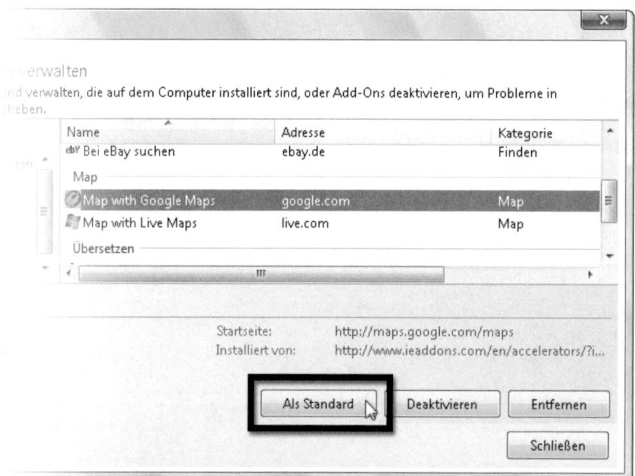

4 Eine eventuell zuvor als Standard eingestellte Schnellinfo verliert diesen Status, da es immer nur eine Standardfunktion geben kann. Diese Schnellinfo bleibt aber erhalten und kann über *Alle Schnellinfos* auch weiterhin abgerufen werden.

Mit Feeds und WebSlices immer auf dem neusten Stand

Viele Websites mit regelmäßig aktualisierten Inhalten wie Nachrichtenportalen, Zeitungen und Zeitschriften oder auch Blogs und Foren stellen ihre Informationen zusätzlich als Webfeed zur Verfügung: Ein solcher Webfeed enthält die Überschriften und kurze Zusammenfassungen der aktuellsten Meldungen und Artikel. So hilft er dabei, auf dem Laufenden zu bleiben bzw. sich jederzeit einen schnellen Überblick zu verschaffen. Wenn eine Webseite einen solchen Feed anbietet, erkennen Sie dies am Feed-Symbol in der Symbolleiste.

TIPP

Feeds & WebSlices mit der Befehlsleiste

Wenn Sie mit Feeds und WebSlices hantieren möchten, sollten Sie zumindest vorübergehend die Befehlsleiste des IE9 einblenden. Diese macht es einfacher, Feed-Elemente in Webseiten zu erkennen und zu abonnieren.

1 Das Feed-Symbol ist in der Befehlsleiste immer zu sehen, aber üblicherweise ist es grau unterlegt und deaktiviert.

2 Wenn Sie eine Webseite besuchen, auf der ein Webfeed angeboten wird, bemerkt der Internet Explorer dies automatisch. Das Feed-Symbol erhält dann einen roten Hintergrund. Mehr lässt sich der Internet Explorer leider nicht anmerken, sodass man etwas aufmerksam sein muss.

3 Enthält die angezeigte Webseite WebSlices, bekommt das Feed-Symbol eine grüne Farbe.

4 Mit einem Klick auf das Feed-Symbol, das nun zugleich eine Schaltfläche ist, zeigt der Browser den Inhalt des Webfeeds in seinem Browserfenster an.

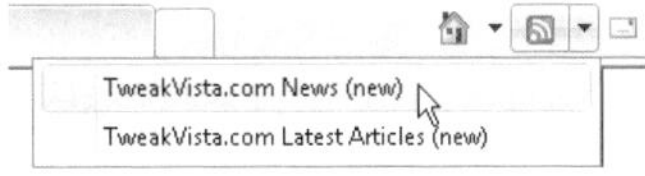

5 Beachten Sie auch die kleine Schaltfläche mit dem Pfeilsymbol rechts neben dem Feed-Symbol. Sie ist nur schwer erkennbar, gehört aber zur Webfeed-Funktion dazu. Mit einem Klick darauf öffnen Sie ein Menü, das alle Feeds aufführt, die auf der Seite verfügbar sind. Das ist praktisch, wenn eine Webseite mehr als einen Webfeed anbietet.

Nachrichten, Börsenkurse oder Ihre Lieblingsblogs sofort im Blick

WebSlices sind im Vergleich zu Favoriten oder Feeds nur kleine Informationshäppchen, die sich dafür schnell und unkompliziert abrufen lassen. Beispiel Wetterbericht: Wozu erst umständlich die Webseite eines Wetterdienstes aufrufen und dort die eigene Stadt suchen oder auswählen?

Mit einem passenden WebSlice sehen Sie sich die Wettervorhersage für Ihren Wohnort mit einem Klick in die Favoritenleiste an. Voraussetzung ist allerdings, dass die Webanbieter entsprechende WebSlices in ihrem Angebot einrichten, die Sie abonnieren können.

1 Wenn eine Webseite WebSlices enthält, verwandelt sich das Feed-Symbol in der Symbolleiste in ein grünes WebSlice-Symbol.

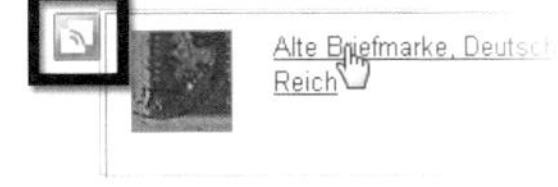

2 Das gleiche Symbol wird teilweise auch angezeigt, wenn Sie den Mauszeiger auf das Objekt in der Webseite bewegen, zu dem Sie ein WebSlice abonnieren können.

3 Um ein WebSlice-Abonnement zu erstellen, klicken Sie auf dieses Symbol oder auf die Schaltfläche *Dem Internet Explorer hinzufügen*.

4 Der Internet Explorer zeigt dann einen Dialog an, in dem die Details dieses WebSlices angezeigt werden. Klicken Sie auf die Schaltfläche *Zu Favoritenleiste hinzufügen*, um diese Informationen zu abonnieren.

Abonnierte WebSlices werden in die Favoritenleiste aufgenommen. Eventuell muss diese erst noch eingeblendet werden, bevor Sie dieses Feature vollständig nutzen können.

1 Klicken Sie hierzu mit der rechten Maustaste rechts neben den Registerreitern auf die frei Fläche und aktivieren Sie im Kontextmenü die Favoritenleiste.

2 Diese Symbolleiste enthält alle Favoriten, die Sie für die Favoritenleiste vorgesehen haben. WebSlices gehören automatisch dazu. Auch das gerade abonnierte WebSlice sollte nun hier aufgeführt werden.

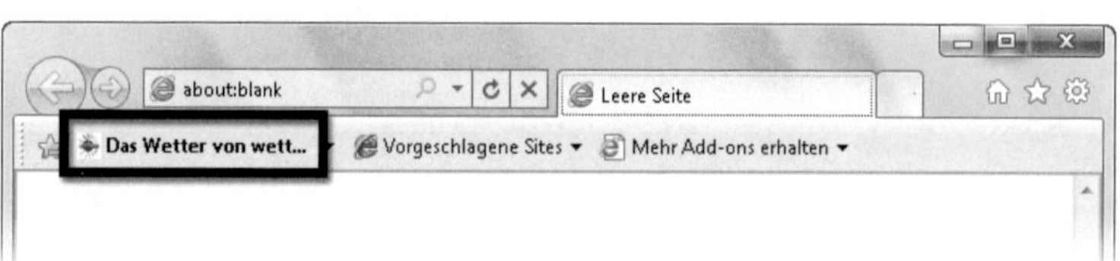

3 Mit einem Klick auf die jeweilige Schaltfläche lassen Sie den Inhalt der WebSlices anzeigen. Er wird dabei automatisch aktualisiert, sodass Sie immer die neuste Version der entsprechenden Inhalte zu sehen bekommen.

4 WebSlices selbst sind kleine Browserfenster und können Links auf weiterführende Informationen enthalten. Diese werden dann wiederum in einem neuen Browserfenster angezeigt, wenn Sie darauf klicken.

5 Wenn Sie irgendwo anders im Browser oder in einem anderen Fenster klicken, werden angezeigte WebSlices automatisch geschlossen.

Stets aktuell: WebSlices automatisch nach Zeitplan aktualisieren

Abonnierte WebSlices werden automatisch in dem Moment aktualisiert, in dem Sie sie abrufen und betrachten. Sie sehen dort also immer den neusten Stand dieser Informationen. Sie können die WebSlices aber auch als Alarm nutzen, wenn bei einem Informationsangebot neue Daten vorliegen. Dazu aktualisiert der Internet Explorer die WebSlices genau wie Feeds oder abonnierte Favoriten nach einem Zeitplan im Hintergrund. Gibt es etwas Neues, können Sie sich auf verschiedene Weise davon in Kenntnis setzen lassen.

1 Klicken Sie in der Favoritenleiste mit der rechten Maustaste auf die fraglichen WebSlices und wählen Sie im Kontextmenü ganz unten *Eigenschaften*. Alternativ klicken Sie in der Feed-Anzeige rechts auf *Feedeigenschaften anzeigen*.

2 Im anschließenden Dialog können Sie im Bereich *Aktualisierungszeitplan* festlegen, ob und wie regelmäßig der Inhalt des WebSlices aktualisiert werden soll. Mit der Option *Benutzerdefinierten Zeitplan verwenden* bestimmen Sie für diesen WebSlice einen individuellen Plan.

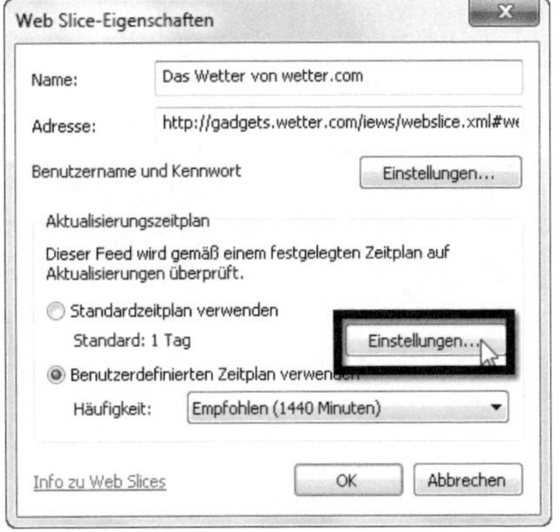

3 Alternativ verwenden Sie den *Standardzeitplan*. Dieser sieht eine Aktualisierung einmal pro Tag vor, kann aber über die Schaltfläche *Einstellungen* angepasst werden.

4 Für den standardmäßigen Zeitplan haben Sie noch etwas flexiblere Zeitintervalle zwischen 15 Minuten und einer Woche.

5 Außerdem können Sie hier das Verhalten des Internet Explorer in Bezug auf WebSlices noch genauer konfigurieren, so z. B. das Wiedergeben von Sounds, wenn bei einem WebSlice aktualisierte Inhalte gefunden wurde. Beachten Sie bitte, dass sich Änderungen in diesem Menü auf alle WebSlices auswirken, die den Standardzeitplan verwenden.

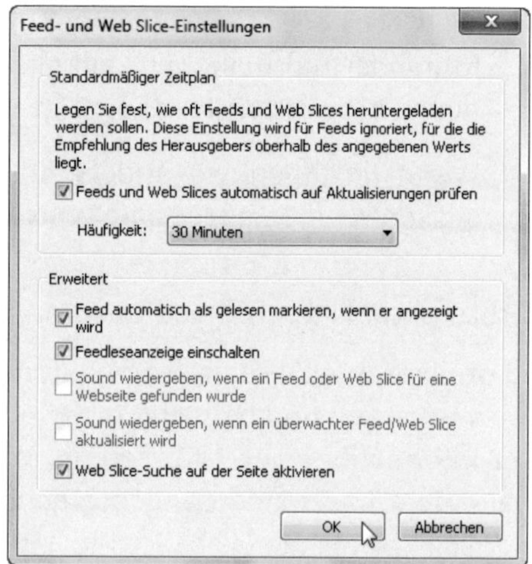

Der Internet Explorer aktualisiert alle WebSlices gemäß den vorgenommenen Einstellungen. Abgesehen von ggf. konfigurierten Soundbenachrichtigungen können Sie auf den ersten Blick erkennen, wenn es in der Favoritenleiste Neuigkeiten gibt. Die Schaltflächen der entsprechenden Feeds werden dann fett gedruckt.

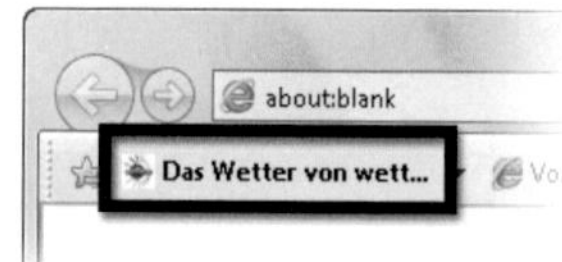

TIPP

WebSlices nicht aktualisieren

Wenn Sie bei einem WebSlice ausdrücklich auf das automatische Aktualisieren verzichten und diesen nur jeweils beim Abrufen auf den neusten Stand bringen lassen möchten, wählen Sie in den Einstellungen einen benutzerdefinierten Zeitplan und stellen dann im Auswahlfeld ganz unten *Niemals* ein.

Blogs und Nachrichten direkt im Browser komfortabel lesen

Ein Webfeed ist im Grunde genommen nicht viel anders als eine sehr einfach strukturierte HTML-Datei. Der Internet Explorer motzt diese allerdings ordentlich auf und stellt verschiedene Funktionen bereit, mit denen man sich sehr schnell in den teilweise umfangreichen Feeds orientieren kann.

1 Wenn Sie einen Webfeed wie oben beschrieben abrufen, wird er im Browserfenster angezeigt. Der Internet Explorer listet die einzelnen Einträge dabei standardmäßig in der Reihenfolge auf, in der sie in der Feed-Datei enthalten sind.

2 Zu jedem Feed finden Sie eine Überschrift, die zugleich ein Link auf den eigentlichen Beitrag ist. Stellt der Feed neben den Überschriften weitere Informationen wie z. B. eine Kurzzusammenfassung bereit, zeigt der Internet Explorer diese ebenfalls an.

3 In der rechten Fensterhälfte oben stellt der Browser darüber hinaus zusätzliche Funktionen bereit.

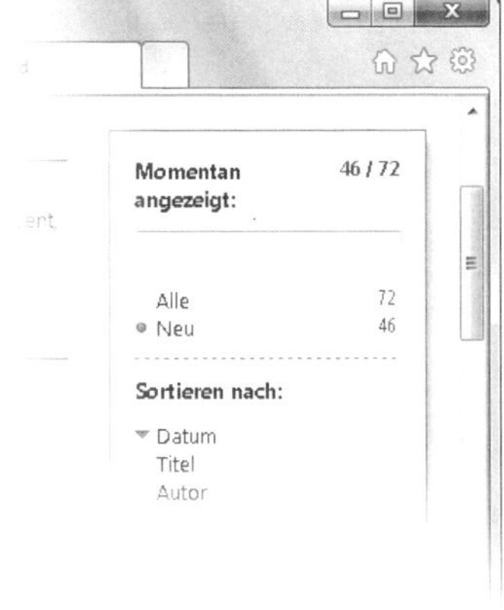

Mit dem Textfeld ganz oben können Sie den Webfeed nach bestimmten Begriffen durchsuchen. Sobald Sie ein oder mehrere Zeichen eingeben, entfernt der Internet Explorer alle Einträge aus der Feed-Liste, die diese Zeichenkombination nicht enthalten. Tippen Sie ein ganzes Wort ein, haben Sie anschließend nur noch solche Einträge auf dem Bildschirm, die dieses Wort enthalten.

Mit *Alle* können Sie den gesamten Feed wieder anzeigen lassen, nachdem Sie die Liste mit einem Suchbegriff eingeschränkt haben. *Neu* zeigt nur beim letzten Update neu hinzugekommene Meldungen für diesen Webfeed an und blendet die älteren archivierten Nachrichten aus.

Unter *Sortieren nach* finden Sie die Möglichkeit, die Einträge in der Feed-Liste alphabetisch (Titel), nach Datum oder nach Autor zu sortieren. Ein erneuter Klick auf denselben Link kehrt die Sortierung genau um. Nach zweimaligem Klick auf *Datum* steht also der älteste Eintrag des Feeds ganz oben.

Webfeeds als Favoriten speichern und jederzeit schnell abrufen

Webfeeds sind vor allem dann interessant, wenn man sie regelmäßig lesen will, um sich über ein Thema auf dem Laufenden zu halten. Deshalb bietet der Internet Explorer die Möglichkeit, einen Webfeed als Favoriten zu speichern. In der Favoritenleiste ist dafür eine eigene Rubrik vorgesehen, sodass sich die Feeds getrennt von den sonstigen Favoriten abrufen lassen. Durch die Trennung bleibt die Übersichtlichkeit erhalten.

1 Um einen Webfeed als Favoriten zu speichern, öffnen Sie ihn im Browserfenster des Internet Explorer. Gemeint ist dabei die Feed-Übersicht selbst und nicht die Webseite, die den Link zum Feed enthält.

2 Hier finden Sie jeweils oben links ein gelb hinterlegtes Hinweiskästchen, in dem Sie ganz unten auf den Befehl *Feed abonnieren* klicken.

3 Der Internet Explorer zeigt dann einen speziellen Dialog für Feeds an und schlägt als Namen die Bezeichnung des Webfeeds vor.

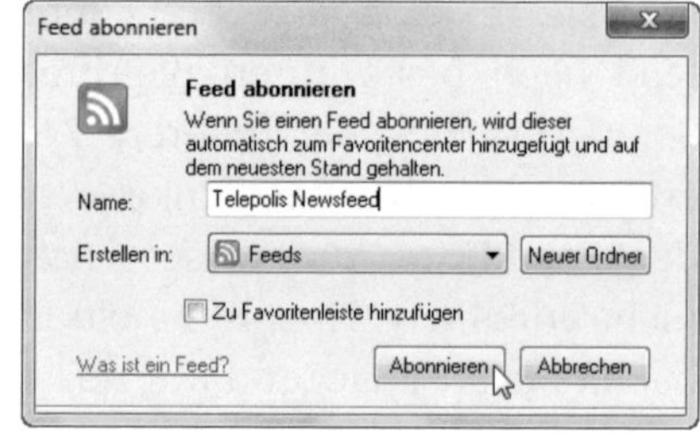

4 Standardmäßig werden Nachrichtenquellen in einem eigenen Ordner *Feeds* abgelegt. Sie können aber auch einen anderen Ordner wählen bzw. mit *Neuer Ordner* einen neuen Unterordner anlegen.

5 Soll dieser Webfeed zusätzlich schnell über die Favoritenleiste abzurufen sein, setzen Sie ein Häkchen bei *Zu Favoritenleiste hinzufügen*.

6 Klicken Sie dann unten auf *Abonnieren*, um den Feed als Favoriten zu speichern.

Die gespeicherten Webfeeds sind in die Favoritenverwaltung integriert und können dementsprechend wie andere Favoriten auch abgerufen werden.

1 Klicken Sie in der Symbolleiste ganz links auf das Sternsymbol, um die Favoritenleiste einzublenden.

2 Klicken Sie in der Favoritenleiste oben rechts auf die Schaltfläche *Feeds*, um die Liste der gespeicherten Feeds anzuzeigen.

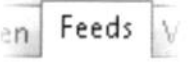

3 Hier finden Sie für jeden abonnierten Webfeed einen Eintrag. Klicken Sie diesen einfach an, um den Feed anzuzeigen.

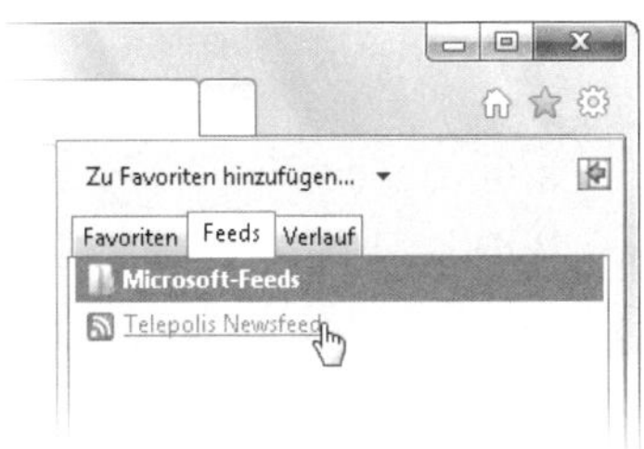

4 Der Internet Explorer ruft dann die gerade aktuelle Fassung der Feed-Datei aus dem Internet ab und stellt sie im Browserfenster dar. Wenn Sie einen Feed auf diese Weise abrufen, erhalten Sie also garantiert immer den neusten Stand.

Automatische Benachrichtigung bei wichtigen Neuigkeiten

Neben dem einfachen Speichern der Feed-Adresse bietet der Internet Explorer noch einige weitere Funktionen, mit denen sich das Abrufen und Speichern der Feed-Meldungen weitestgehend automatisieren lässt. So kann der Browser z. B. automatisch in einem einstellbaren Zeitintervall nach Updates zu einem Feed suchen und Sie darüber informieren. Ob und wie regelmäßig er das tun soll, können Sie in den Eigenschaften jedes einzelnen Feeds individuell festlegen.

1 Öffnen Sie wie vorangehend beschrieben die *Feeds*-Rubrik in der Favoritenleiste.

2 Klicken Sie mit der rechten Maustaste auf den Eintrag des Feeds, dessen Einstellungen Sie verändern wollen, und wählen Sie im Kontextmenü den Befehl *Eigenschaften*.

3 Im anschließenden Menü können Sie ganz oben den Namen ändern, unter dem der Feed in der Favoritenliste angezeigt werden soll.

4 Im Bereich *Aktualisierungszeitplan* legen Sie fest, wie oft der Internet Explorer nach neuen Informationen in diesem Feed suchen soll. Wollen Sie den Feed immer nur manuell aktualisieren, klicken Sie auf *Einstellungen* und deaktivieren im anschließenden Menü die Option *Feeds automatisch auf Aktualisierungen hin prüfen*.

5 Die Option *Dateianlagen automatisch herunterladen* sorgt dafür, dass der Browser Dateianhänge, die mit einem abonnierten Feed verbreitet werden, automatisch herunterlädt. So liegen sie schon fertig vor, wenn Sie die dazugehörige Meldung lesen.

6 Mit den Optionen im Bereich *Archivieren* bestimmen Sie, ob und wie lange Sie die Meldungen eines Feeds aufbewahren möchten. Sollen grundsätzlich alle Beiträge archiviert werden, wählen Sie die Option *Maximale Anzahl Elemente (2500) behalten*. Der Internet Explorer beginnt dann erst bei Erreichen der Höchstzahl an Meldungen, die ältesten automatisch zu löschen, um Platz für neuere zu schaffen. Bei den meisten Feeds reicht es wohl, jeweils immer die letzten Beiträge aufzubewahren. Wählen Sie dazu die Option *Nur die neuesten Elemente behalten* und geben Sie im Auswahlfeld darunter die *Anzahl der Elemente* an.

7 Klicken Sie anschließend unten auf *OK*, um die Einstellungen zu übernehmen.

Wenn Sie für einen oder mehrere Feeds eine automatische Aktualisierung eingestellt haben, können Sie in der Nachrichtenquellen-Liste in der Favoritenleiste auf einen Blick erkennen, ob und wo neue Informationen vorliegen: Feeds, bei denen der Internet Explorer seit dem letzten manuellen Abruf neue Daten festgestellt hat, werden fett gedruckt.

Auch zugangsgeschützte Feeds und WebSlices abonnieren und automatisch abrufen

Nicht alle Webfeeds sind der Öffentlichkeit frei zugänglich. Firmeninterne Nachrichtenkanäle etwa sind ebenso wie kommerzielle Informationsdienste durch Benutzername und Kennwort geschützt. Beim Internet Explorer 8 können Sie aber auch solche Quellen im automatischen Abonnement beziehen, indem Sie Benutzername und Kennwort für den Abruf hinterlegen.

1 Öffnen Sie wie vorangehend beschrieben die *Feeds*-Rubrik in der Favoritenleiste, klicken Sie mit der rechten Maustaste auf den Eintrag des geschützten Feeds und wählen Sie im Kontextmenü den Befehl *Eigenschaften*.

2 Legen Sie im anschließenden Menü die Details für den automatischen Abruf fest und klicken Sie dann oben bei *Benutzername und Kennwort* auf die Schaltfläche *Einstellungen*.

3 Geben Sie im anschließenden Dialog *Benutzername* und *Kennwort* für den Zugang zu diesem Webfeed ein. Der Internet Explorer verwendet diese Zugangsdaten dann, um die Informationen des Feeds automatisch abzurufen.

Alle WebSlices auf einer Webseite schnell überblicken

Falls auf einer Webseite gleich mehrere WebSlices angeboten werden, kann es etwas mühsam sein, alle zu erkennen und den richtigen herauszufinden. In solchen Fällen können Sie eine Hilfe benutzen:

1 Klicken Sie auf das WebSlice-Symbol in der Symbolleiste, aber nicht direkt auf das Symbol selbst, sondern auf den kleinen Pfeil rechts daneben.

2 Der Internet Explorer öffnet dann ein Auswahlmenü, das alle WebSlices aufführt, die in der gerade angezeigten Webseite enthalten sind.

3 Lokalisieren Sie in der Liste den gewünschten WebSlice und klicken Sie ihn einfach an, um ihn zu abonnieren.

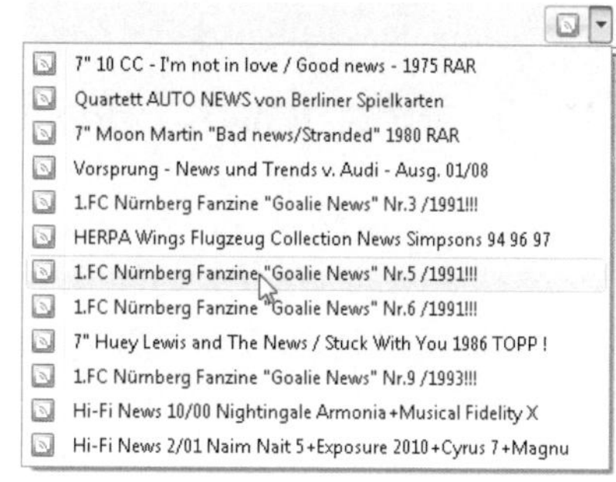

31. Schnelle und sichere Kommunikation mit Windows Live Mail

Ein Windows ohne eine mitgelieferte E-Mail-Anwendung? Das hat es seit der Einführung von Outlook Express nicht mehr gegeben. Bei Vista wurde das Mailprogramm zwar schon in Windows Mail umbenannt und dezent verändert. Windows 7 kommt nun ganz ohne E-Mail-Programm aus. Auch hier gilt aber, Windows Mail heißt jetzt Windows Live Mail und kommt nachträglich, aber kostenlos mit den Windows Live Essentials auf Ihren PC.

31.1 Windows Live Mail installieren und einrichten

Wenn die Windows Live Essentials nicht ohnehin auf Ihrem PC installiert sind, können Sie dies jederzeit nachholen. Die Vorgehensweise ist in Kapitel 8 ausführlich beschrieben. Ist Windows Live Mail bereits installiert, können Sie jederzeit damit loslegen und ein E-Mail-Konto einrichten.

1 Starten Sie Windows Live Mail mit *Start/Alle Programme/Windows Live/Windows Live Mail.*

2 Beim ersten Start erkennt Live Mail, dass noch kein Konto eingerichtet ist, und startet deshalb automatisch einen Assistenten, mit dem Sie das in wenigen Schritten nachholen können. Sollten Sie den Assistenten „verpasst" haben, können Sie ihn jederzeit erneut starten. Klicken Sie dazu im *Konten*-Menü ganz links auf die Schaltfläche *E-Mail.*

TIPP

E-Mail-Konten und -Postfächer übernehmen

In Kapitel 39 ist beschrieben, wie Sie unter anderem Ihre E-Mail-Kontodaten oder auch komplette Postfächer von einer früheren Windows-Version oder auch von einem anderen PC importieren und unter Windows 7 weiterverwenden können. In diesem Fall brechen Sie den Assistenten beim ersten Start von Windows 7 ab und folgen den Anweisungen aus Kapitel 39.

3 Geben Sie im ersten Schritt oben die E-Mail-Adresse Ihres Kontos ein. Darunter können Sie außerdem das Kennwort für den Abruf festlegen. Die Option *Dieses Kennwort speichern* sorgt dafür, dass Sie das Passwort nicht bei jedem Abruf erneut eintippen müssen.

4 Bei *Anzeigename für Ihre gesendeten Nachrichten* geben Sie Ihren „echten" Namen oder ggf. auch einen Spitznamen o. Ä. ein. Beachten Sie dabei, dass Ihre Nachrichten mit diesem Namen verschickt werden. Je nach Verwendungszweck des E-Mail-Kontos sollte der Name also im Zweifelsfall lieber etwas seriöser ausfallen. Auch wenn die Freunde einen als „Kampftrinker99" kennen und mögen, kommt das z. B. bei einer Bewerbungs-E-Mail nicht so gut an.

5 Klicken Sie dann unten auf *Weiter*.

6 Im zweiten Schritt des Assistenten müssen die Adressen der Postfachserver eingegeben werden. Dies ist der Posteingangsserver, bei dem die eingegangenen Nachrichten abgerufen werden. Wählen Sie auf, ob es sich um einen POP3- oder einen IMAP-Server handelt oder der Abruf per HTTP erfolgen soll. Auch diese Details entnehmen Sie den Zugangsdaten Ihres Postfachbetreibers. Geben Sie außerdem die Adresse des Servers sowie ggf. die weiteren Verbindungsdetails an.

7 Unten sind schließlich die Daten des Postausgangsservers gefragt, der die von Ihnen verfassten Nachrichten entgegennimmt und zum Absender auf den Weg schickt. Auch hier muss zumindest die Adresse angegeben werden. Die weiteren Einstellungen wählen Sie gemäß den Vorgaben des Postfachbetreibers.

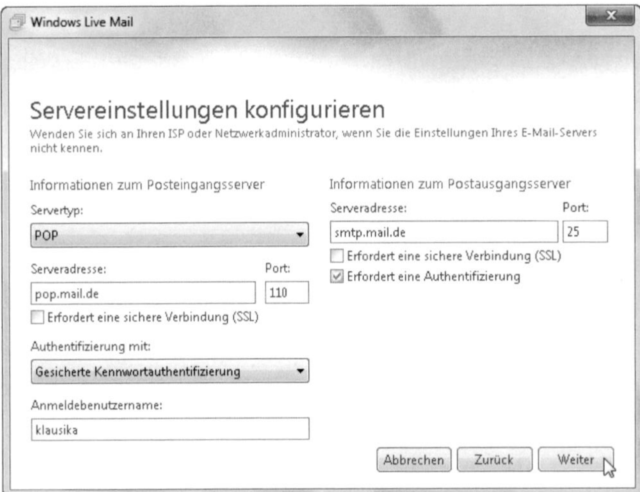

8 Klicken Sie dann auf *Fertig stellen*, um den Vorgang abzuschließen.

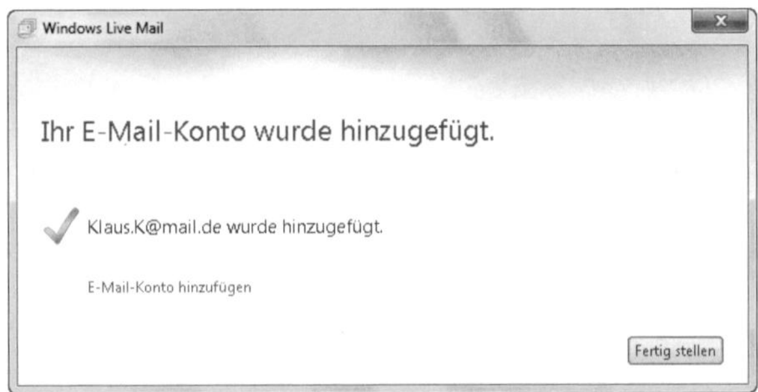

Direkt im Anschluss können Sie Ihre Nachrichten direkt zum ersten Mal mit *Synchronisieren* abrufen.

31.2 XP-Umsteiger: Windows Live Mail wie Outlook Express/Windows Mail nutzen

Standardmäßig sieht Windows Live Mail etwas anders aus als die bekannten Vorgänger. Das liegt aber nur an der etwas anderen Aufteilung der Arbeitsfläche. Diese besteht aus drei Spalten anstatt wie bislang aus einer Ordner-Spalte und daneben übereinanderliegend Nachrichtenliste und Nachrichtenvorschau. Sie können aber schnell zum vertrauten Layout zurückkehren.

1 Wechseln Sie in das *Ansicht*-Menü.

2 Klicken Sie hier ganz rechts auf die Schaltfläche *Layout* und dann auf das Symbol *Lesebereich*.

3 Im Untermenü finden Sie verschiedene Optionen zum Gestalten des Lesebereichs vor. Wählen Sie hier *Unten in der Nachrichtenliste*, um dem klassischen vertikalen Layout möglichst nahezukommen.

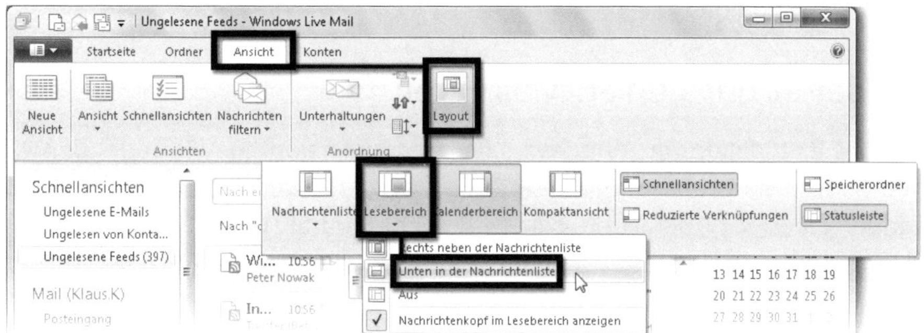

4 Wenn Sie die Kalenderfunktion von Windows Live Mail nicht nutzen, können Sie die Kalenderübersicht rechts mit *Kalenderbereich* ausblenden.

Damit präsentiert sich Live Mail auch in der von Outlook Express und Windows Mail bekannten Form.

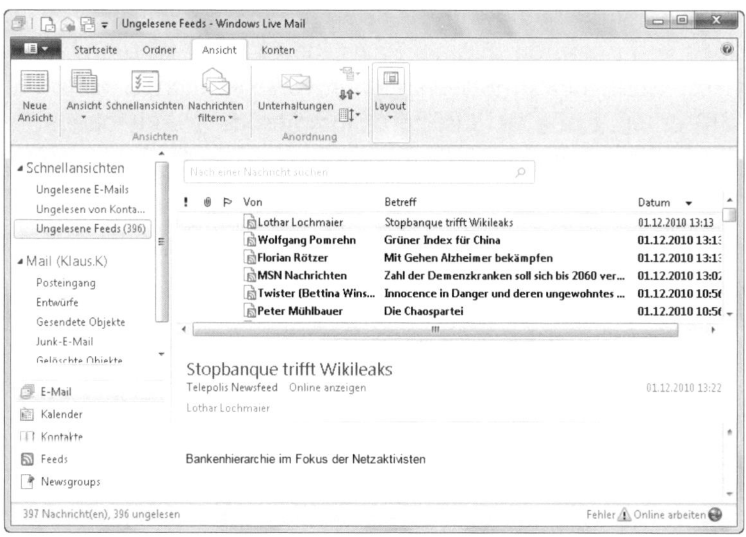

31.3 Mit dem Junk-E-Mail-Filter Werbespam vermeiden

Windows Live Mail bringt einen Junk-E-Mail-Filter mit, der Sie vor den inzwischen leider allgegenwärtigen Spam-E-Mails schützen soll. Nun kann ein Filter nicht verhindern, dass Sie Spamnachrichten erhalten. Aber er kann solche Mails beim Empfang von Nachrichten automatisch erkennen und in einen speziellen Ordner umleiten, in dem Sie sie gar nicht erst zu Gesicht bekommen (sofern Sie das nicht ausdrücklich wollen).

So arbeitet der Junk-E-Mail-Filter

Der Junk-E-Mail-Filter von Windows Live Mail analysiert alle eintreffenden Nachrichten, bevor sie in den Eingangsordner eingestellt werden. Basierend auf dem Absender einer Nachricht und dem Nachrichteninhalt nimmt er für jede Nachricht eine Bewertung vor, mit welcher Wahrscheinlichkeit es sich dabei um Spam handelt. Überschreitet diese Wahrscheinlichkeit einen bestimmten Schwellenwert, behandelt er solche Nachrichten als Junk-E-Mail. Solche E-Mails werden nicht in den Eingangsordner eingestellt, sondern in einen speziellen Ordner namens *Junk-E-Mail* verschoben.

Die ausgefilterten Junk-E-Mails kontrollieren

Der Junk-E-Mail-Filter ist nicht absolut zuverlässig, und das wäre auch zu viel verlangt. Es wird Ihnen bestimmt irgendwann passieren, dass Sie eine E-Mail in Ihrem Eingangsordner vorfinden, die Sie als Spam bezeichnen würden. Noch schlimmer aber ist es, wenn der Junk-E-Mail-Filter versehentlich erwünschte Nachrichten als Spam erkennt und herausfiltert. Aus diesem Grund sollten Sie regelmäßig einen Blick in den Ordner *Junk-E-Mail* werfen und die Mails kontrollieren, die sich dort gesammelt haben.

1 Lassen Sie sich in Windows Live Mail den Inhalt des Ordners *Junk-E-Mail* anzeigen.

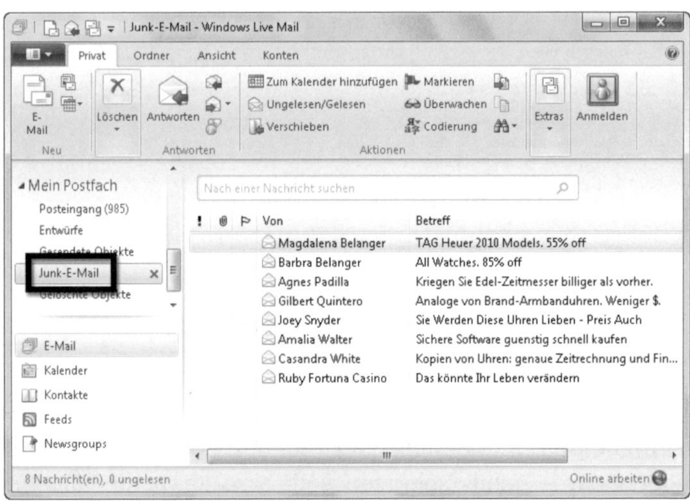

2 Gehen Sie die Liste der Nachrichten durch und kontrollieren Sie, ob sich darunter nicht vielleicht eine erwünschte E-Mail befindet.

3 Sollten Sie eine solche Mail finden, markieren Sie sie und klicken im *Privat*-Menü auf die Schaltfläche *Dies ist keine Junk-E-Mail*. (Diese Schaltfläche ist nur zu sehen, wenn das Fenster groß genug ist. Andernfalls finden Sie die Funktion im Untermenü der *Löschen*-Schaltfläche.) Alternativ öffnen Sie mit der rechten Maustaste das Kontextmenü der Nachricht und rufen dort die Menüfunktion *Junk-E-Mail/Junk-E-Mail-Markierung aufheben* auf. Die Nachricht wird dann nicht mehr als Spam behandelt und automatisch in den Posteingangsordner verschoben.

4 Haben Sie alle Nachrichten kontrolliert und befinden sich darunter wirklich nur noch Spammails, markieren Sie am besten den gesamten Ordner mit [Strg]+[A] und löschen die Nachrichten dann. Auf diese Weise wird der Spamordner geleert und Sie müssen beim nächsten Nachsehen nicht noch einmal dieselben E-Mails kontrollieren. Sie können hierfür auch das *Löschen*-Symbol verwenden, das sich oben im *Privat*-Menü findet.

TIPP

E-Mails endgültig löschen

Durch das Löschen werden die Junk-E-Mails zunächst nur in den Ordner *Gelöschte Objekte* verschoben und nicht wirklich gelöscht. Um das nachzuholen, rufen Sie die Kontextmenüfunktion *Ordner "Gelöschte Elemente" leeren* auf. Alternativ können Sie den Papierkorb auch jeweils beim Beenden von Windows Live Mail leeren lassen. Öffnen Sie dazu die Einstellungen und wechseln Sie dort in die Rubrik *Erweitert*. Klicken Sie hier unten rechts auf *Wartung*. Aktivieren Sie im anschließenden Menü ganz oben die Option *Ordner "Gelöschte Elemente" beim Beenden leeren*. So sparen Sie automatisch Speicherplatz.

Optimaler Spamschutz durch Feintuning der Filterfunktion

Der Junk-E-Mail-Filter von Windows Live Mail lässt sich durch verschiedene Einstellungen und Maßnahmen optimieren. So können Sie z. B. die Adressen von persönlichen Kommunikationspartnern in einer Liste hinterlegen, um deren Einstufung als Spamabsender grundsätzlich zu verhindern. Umgekehrt können Sie aber auch typische Absender von Werberamsch auf eine rote Liste setzen und dem Junk-E-Mail-Filter damit auf die Sprünge helfen.

Noch immer zu viel Werbemüll? Stellen Sie den Spamfilter scharf

Standardmäßig arbeitet der Junk-E-Mail-Filter in der niedrigsten Wirkungsstufe, um möglichst keine erwünschten E-Mails fälschlich als Spam einzuordnen. Wenn Ihnen dabei immer noch zu viel Werbemails durchkommen, können Sie den Filter auch schärfer einstellen, wodurch allerdings das Risiko falscher Einstufungen von erwünschten E-Mails steigt.

1 Öffnen Sie im Stamm-Menü mit *Optionen/Sicherheitsoptionen* die Einstellungen des Spamfilters auf der Registerkarte *Optionen*.

2 Hier können Sie einen von mehreren Graden der Effektivität einstellen:

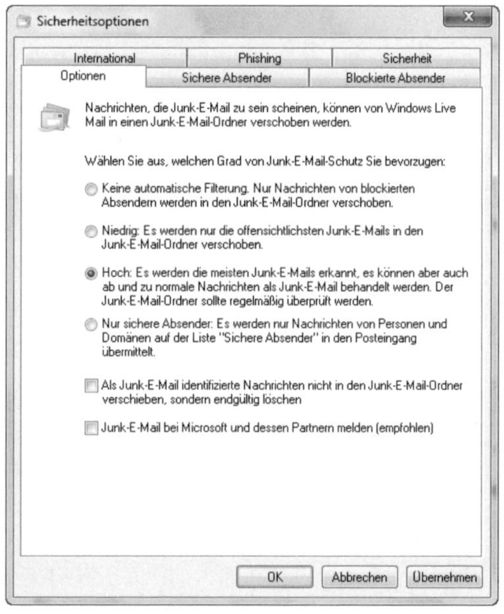

- *Keine automatische Filterung*: Hiermit deaktivieren Sie den Junk-E-Mail-Filter fast komplett. Er filtert dann nur noch Nachrichten aus, wenn sie von Absendern stammen, die unter *Blockierte Absender* eingetragen sind.
- *Niedrig*: Dies ist die Standardeinstellung, bei der alle eintreffenden Nachrichten untersucht werden. Allerdings muss die Prüfung eine relativ hohe Wahrscheinlichkeit von Spam ergeben, damit eine E-Mail als Junk-E-Mail eingestuft wird. Alle zusätzlichen Informationen wie blockierte Absender, Domänen und Sprachen werden berücksichtigt.
- *Hoch*: Mit dieser Stufe können Sie den Junk-E-Mail-Filter schärfer schalten. Es reicht dann eine niedrigere Spamwahrscheinlichkeit für das Einstufen als Junk-E-Mail aus. Sie werden hiermit also in der Regel eine größere Zahl von Werbemails zuverlässig herausfiltern können. Allerdings steigt auch die Wahrscheinlichkeit von falschen Einstufungen zulässiger Mails. Auch hier werden die Informationen über sichere und blockierte Absender unabhängig davon berücksichtigt.
- *Nur sichere Absender*: In dieser ultimativen Filtereinstellung werden nur Nachrichten in den Eingangsordner eingestellt, die von Absendern von der sicheren Liste stammen, also nur von solchen Kommunikationspartnern,

die Sie ausdrücklich als zulässig eingestuft haben. Alle anderen Nachrichten werden grundsätzlich als Junk-E-Mails herausgefiltert. Spammails werden Sie mit dieser Einstellung wohl kaum noch bekommen. Allerdings können Ihnen auch erwünschte Mails leicht durch die Lappen gehen, wenn z. B. einer der Kommunikationspartner seine E-Mail-Adresse ändert oder wenn Sie es versäumen, eine neue Adresse rechtzeitig in die sichere Liste aufzunehmen.

3 Wählen Sie den gewünschten Filtergrad des Junk-E-Mail-Filters aus und klicken Sie unten auf *OK*. Die Einstellung gilt ab sofort.

So landen Freunde und Kollegen garantiert nicht im Spamordner

Eine sichere Liste hilft Ihnen dabei, fälschliche Einstufungen bei E-Mails von bekannten Kommunikationspartnern zuverlässig zu vermeiden. Kommt eine E-Mail von einer der Adressen auf dieser Liste an, betrachtet der Junk-E-Mail-Filter sie unabhängig vom Inhalt grundsätzlich nicht als Spam. Besonders praktisch: Die in Ihren Kontakten vermerkten E-Mail-Adressen können Sie automatisch auf die sichere Liste setzen lassen.

1 Öffnen Sie im Stamm-Menü mit *Optionen/Sicherheitsoptionen* die Einstellungen des Spamfilters und wechseln Sie auf die Registerkarte *Sichere Absender*.

2 Hier finden Sie eine Liste von E-Mail-Adressen, die als sichere Absender betrachtet werden. Mit *Hinzufügen* können Sie weitere Adressen eingeben.

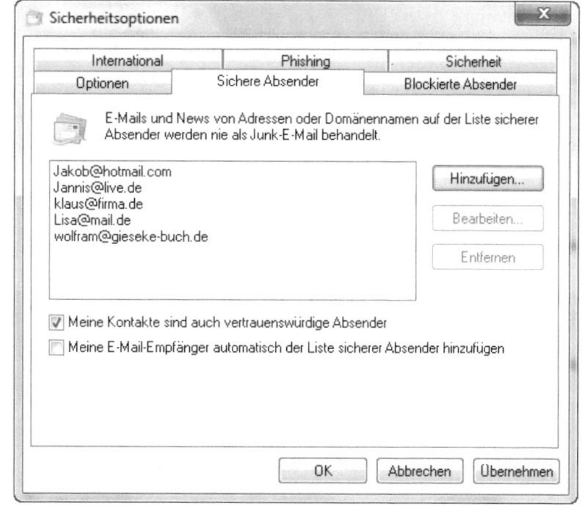

3 Wichtig sind auch die Optionen am unteren Fensterrand: Mit *Meine Kontakte sind auch vertrauenswürdige Absender* sorgen Sie dafür, dass alle in den Windows-Kontakten vermerkte E-Mail-Adressen automatisch als sichere Absender gelten, von denen kein Spam kommen kann.

4 Mit der Option *Meine E-Mail-Empfänger automatisch der Liste sicherer Absender hinzufügen* nehmen Sie alle E-Mail-Adressen, an die Sie Nachrichten adressieren, ebenfalls automatisch in die Liste der sicheren Absender auf. Dies gilt dann allerdings auch, wenn Sie z. B. auf eine erhaltene E-Mail antworten.

Bestimmte Absender als Spamversender blockieren

So wie es eine sichere Liste gibt, deren Adressen grundsätzlich nicht als Spamversender betrachtet werden, gibt es auch das Gegenteil: Eine rote Sperrliste bezeichnet Absender, deren Nachrichten immer als Spam eingestuft werden sollen, unabhängig vom konkreten Inhalt.

1 Öffnen Sie im Stamm-Menü mit *Optionen/Sicherheitsoptionen* die Einstellungen des Spamfilters und wechseln Sie auf die Registerkarte *Blockierte Absender*.

2 Hier finden Sie ähnlich wie bei den sicheren Absendern eine Liste vor, die Sie mit Adressen füllen können. Da dieses manuelle Eintragen aber nicht besonders praktisch ist, gibt es noch eine Alternative.

3 Wenn Sie in einem Mailordner eine Spamnachricht vorfinden, z. B. weil sie dem Junk-E-Mail-Filter durch die Lappen gegangen ist, markieren Sie diese Nachricht. Sie können auch gleich mehrere solcher E-Mails auswählen.

4 Klicken Sie dann mit der rechten Maustaste auf die Auswahl und wählen Sie im Kontextmenü *Junk-E-Mail/Absender zur Liste blockierter Absender hinzufügen*. Die Absenderadresse wird dann automatisch in die Sperrliste eingetragen.

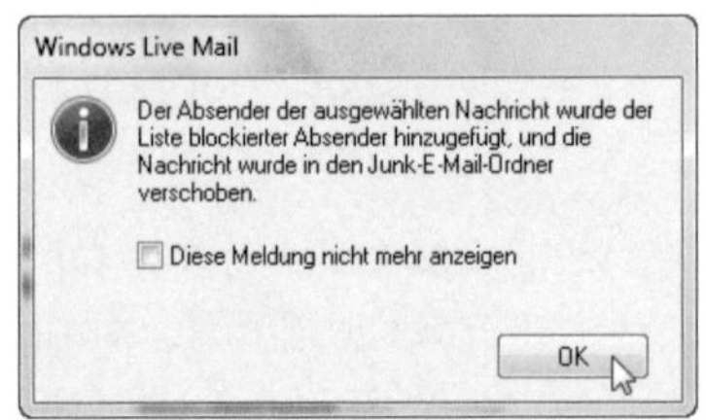

5 Alternativ können Sie auch *Domäne des Absenders zur Liste blockierter Absender hinzufügen* verwenden. Dann blockieren Sie nicht nur die Adresse (z. B. *kurt@spam-versand.de*), sondern alle Absender von dieser Domäne (also z. B. alles mit *...@spam-versand.de*). Allerdings sollten Sie damit etwas vorsichtig sein, da Spamversender teilweise auch gefälschte Absenderadressen von großen Firmen oder E-Mail-Providern verwenden. Mit einer Domänensperrung erhalten Sie dann plötzlich z. B. überhaupt keine E-Mails von *...@gmx.de* mehr – egal ob Spam oder nicht.

Nachrichten aus bestimmten Ländern grundsätzlich als Spam behandeln

Spamversender sind sehr kreativ, wenn es um vermeintliche Absenderadressen geht, um Sperrlisten aus dem Weg zu gehen. Dies lässt sich aber auch gegen sie verwenden. Wenn Sie nicht gerade persönliche Bekannte in – sagen wir mal – Tadschikistan haben, ist wohl nicht davon auszugehen, dass Sie E-Mails aus diesem Land erwarten. Ähnliches gilt für die Sprache: Wenn Sie kein Vietnamesisch lesen können, dürften E-Mails in dieser Sprache wohl kaum interessant für Sie sein. Der Junk-E-Mail-Filter bietet Ihnen die Möglichkeit, Nachrichten aufgrund solcher Eigenschaften grundsätzlich herauszufiltern. Falsche Einschätzungen sind dabei kaum zu erwarten, denn selbst wenn eine vietnamesische E-Mail kein Spam ist, hilft Ihnen das mangels Sprachkenntnissen schließlich kaum weiter, oder?

1 Öffnen Sie im Stamm-Menü mit *Optionen/Sicherheitsoptionen* die Einstellungen des Spamfilters und wechseln Sie auf die Registerkarte *International.*

2 Klicken Sie hier auf *Liste blockierter Domänen auf oberster Ebene.*

3 Im anschließenden Menü können Sie auswählen, aus welchen Ländern Sie nicht ernsthaft mit E-Mails rechnen. Am einfachsten klicken Sie zunächst rechts auf *Alle auswählen.* Dann brauchen Sie nur die Häkchen bei den Ländern zu entfernen, aus denen Ihre E-Mail-Kommunikationspartner stammen. Schließen Sie den Dialog dann mit *OK.*

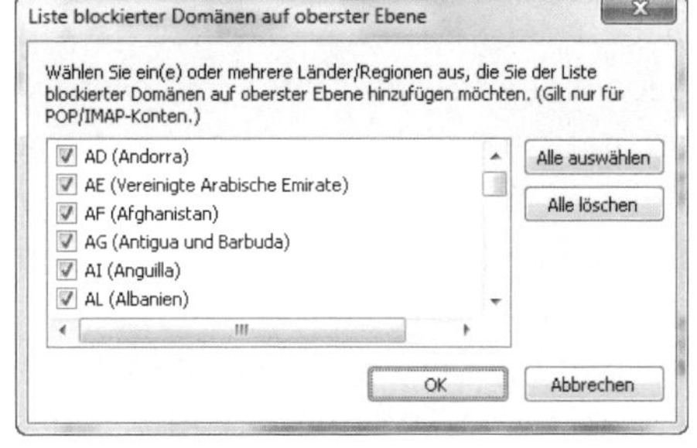

4 Mit *Liste blockierter Codierungen* öffnen Sie ein ähnliches Menü für die Spracheinstellungen. Jede E-Mail wird mit einem bestimmten Sprachschema erstellt, das von dem PC abhängt, auf dem sie geschrieben wird. Ist darauf z. B. ein arabisches Windows installiert, bekommt die E-Mail ein arabisches Sprachschema. Wenn Sie ohnehin kein Arabisch beherrschen, können Sie solche Mails aber sowieso nicht lesen. Deshalb können Sie E-Mails mit einem solchen Sprachschema auch getrost als Junk-E-Mail blockieren.

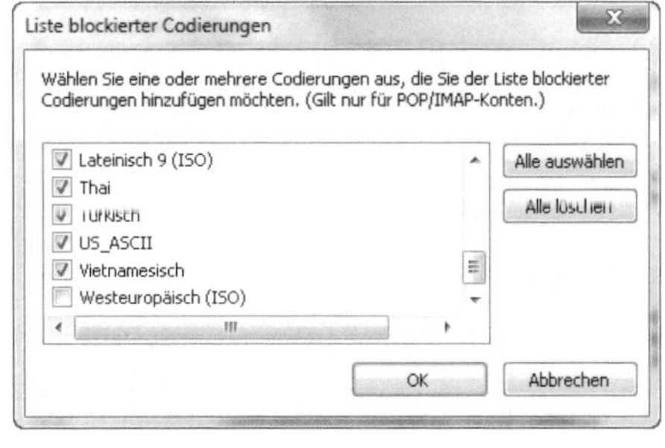

HINWEIS

Was sollte nicht blockiert werden?

Aus welchen Ländern Sie E-Mails bekommen, wissen Sie selbst am besten. Spielt sich das meiste auf Deutsch ab, sollten Sie zumindest *AT* (Österreich), *CH* (Schweiz) und *DE* (Deutschland) nicht ankreuzen. Ansonsten überlegen Sie, in welchen Ländern Sie Bekannte, Freunde, Verwandte, Geschäftspartner etc. haben. Auch international verwenden viele E-Mail-Adressen *.com*, *.net* oder *.org*, die von dieser Länderliste ohnehin nicht berücksichtigt werden. Die Gefahr, jemanden unverdienterweise auszuschließen, ist also relativ gering. Bei den Kodierungen sollten Sie zumindest *Westeuropäisch*, *Lateinisch 9* und *US_ASCII* zulassen. Wenn Sie auch mit Bekannten z. B. in Griechenland kommunizieren, empfiehlt es sich aber, auch deren Sprachschema zuzulassen.

31.4 Gefährliche Phishingmails automatisch erkennen und aussortieren

Neben dem Junk-E-Mail-Filter bzw. parallel zu diesem bringt Windows Live Mail auch einen Phishingfilter mit. Diesem Thema widmet sich der Internet Explorer ja recht ausführlich. Aber Phishing spielt gerade bei E-Mail eben auch eine große Rolle. So werden regelmäßig gefälschte E-Mails versendet, die angeblich von einer Bank stammen, in denen man einen großen Gewinn gemacht hat oder die eine tolle Geschäftsmöglichkeit enthalten. Tatsächlich geht es nur darum, Besucher auf ebenfalls gefälschte Webseiten zu locken und sie zum Preisgeben vertraulicher Angaben wie Kreditkarten oder Bankdaten zu verleiten.

Solche E-Mails lassen sich allerdings mit denselben Mitteln wie Spamnachrichten erkennen. Deswegen beschäftigt sich der Junk-E-Mail-Filter von Windows Live Mail nicht nur mit Werbemüll, sondern auch mit Phishingbotschaften. Diese werden genauso beim Empfang automatisch erkannt und in den Junk-E-Mail-Ordner transferiert. Das Ganze passiert automatisch und ohne Ihr Zutun. Sie können den Phishingschutz allerdings über einige wenige Optionen konfigurieren.

1 Öffnen Sie im Stamm-Menü mit *Optionen/Sicherheitsoptionen* die Einstellungen des Spamfilters und wechseln Sie auf die Registerkarte *Phishing*.

2 Mit der Option *Posteingang vor Nachrichten mit potenziellen Phishinglinks schützen* schalten Sie den Phishingfilter generell ein oder aus. Der Junk-E-Mail-Filter ist davon aber nicht betroffen. Er läuft ggf. unabhängig weiter, sortiert dann aber eben nur noch Spam aus.

3 Die Option *Phishing-E-Mail in den Junk-E-Mail-Ordner verschieben* sorgt dafür, dass die als Phishingmails erkannten Nachrichten automatisch im Junk-E-Mail-Ordner landen.

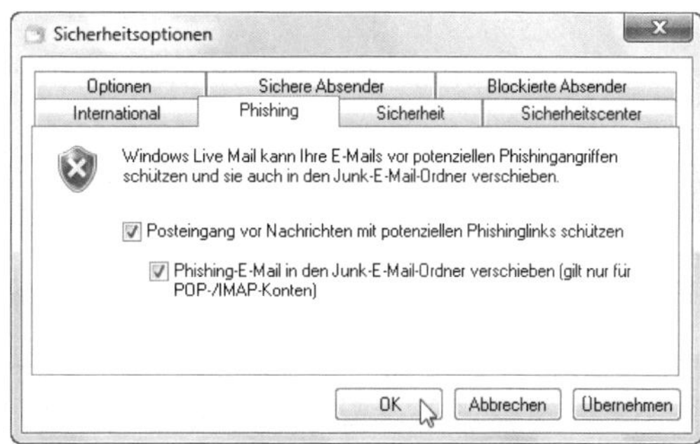

31.5 Dank Windows-Suche E-Mail-Nachrichten schnell wiederfinden

Windows Live Mail greift für das Verwalten der E-Mail-Nachrichten auf die Windows-Suche zurück. Dementsprechend können Sie sich durch Suchen und Filtern auch in umfangreichen Postfächern orientieren und schnell genau die Mails finden, die Sie gerade benötigen.

Mit Schnellansichten die wichtigen Nachrichten rasch im Blick

Wer seine E-Mails sammelt und/oder stets gut gefüllte Nachrichtenordner hat, wird sich über eine der neuen Funktionen möglicherweise besonders freuen: Windows Live Mail liefert mit den Schnellansichten ein Werkzeug, mit dem Sie sich jederzeit schnell auf die wirklich wichtigen Nachrichten konzentrieren können. Sie können diese Ansichten über den gleichnamigen Abschnitt ganz oben im Ordnerbereich auswählen.

- Die Ansicht *Ungelesene E-Mails* lässt alle bereits gelesenen Nachrichten verschwinden, also alle Nachrichten, die Sie für mindestens einige Sekunden geöffnet hatten. (Die genaue Dauer, ab wann eine Nachricht als gelesen gilt, können Sie mit *Extras/Optionen* auf der Registerkarte *Lesen* ganz oben einstellen.)
- Mit *Ungelesen von Kontakten* zeigen Sie alle Nachrichten an, die Sie von Personen erhalten haben, deren E-Mail-Adresse in Ihren Kontakten gespeichert ist. So finden Sie schnell die persönlichen Nachrichten, und allgemeinere Dinge wie Newsletter oder Werbung bleiben außen vor.

- *Ungelesene Feeds* bezieht sich auf die Fähigkeit von Windows Live Mail, neben E-Mail auch die von Ihnen abonnierten Webfeeds anzuzeigen.

Neben den standardmäßig angebotenen Schnellansichten gibt es weitere Ansichten, die Sie nach Bedarf auswählen und in die Liste aufnehmen können.

1 Bewegen Sie dazu den Mauszeiger auf den rechten Rand des Schriftzugs *Schnellansichten*.

2 Dort wird dann ein Werkzeug-Symbol eingeblendet, das Sie anklicken, um die Einstellungen zu öffnen.

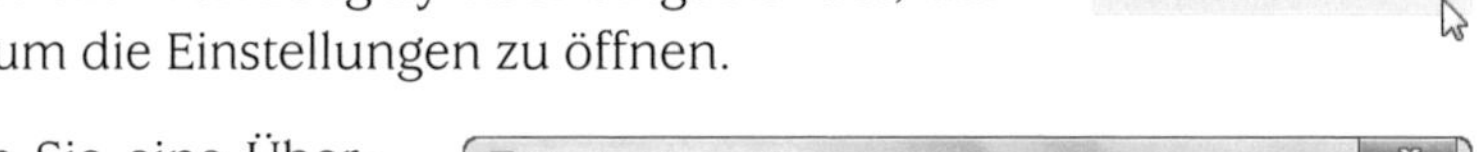

3 Damit erhalten Sie eine Übersicht über weitere verfügbare Schnellansichten. Wollen Sie eine davon nutzen, aktivieren Sie sie mit einem Häkchen.

4 Wenn Sie auf *OK* klicken, werden die ausgewählten Ansichten zusätzlich im Ordnerbereich angezeigt.

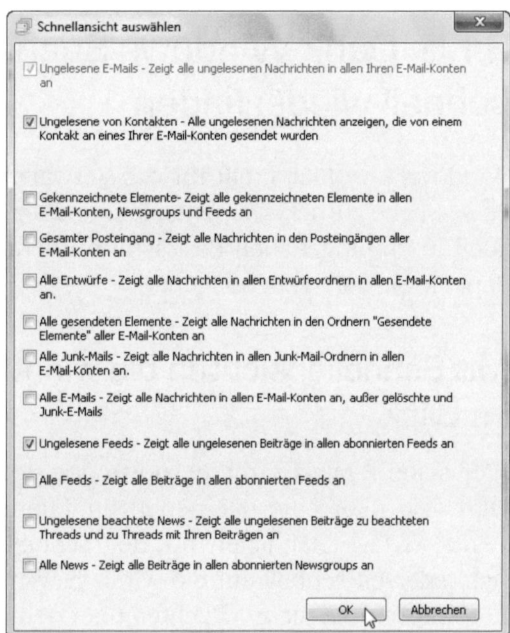

Bestimmte E-Mail-Nachrichten schnell und bequem finden

So wie viele Windows-Programme hat Windows Live Mail ein eigenes Suchfeld spendiert bekommen, das Sie im Programmfenster mittig unterhalb der Symbolleiste finden. Wenn Sie sich mit der Suchfunktion z. B. im Windows-Explorer bereits vertraut gemacht haben, wird Ihnen der Umgang mit der Suche in Windows Live Mail leichtfallen. Betrachten Sie den gerade angezeigten Mailordner als Dateiordner und die einzelnen E-Mails als Dateien (tatsächlich sieht es für Windows intern genauso aus). Wenn Sie nun einen Suchbegriff in das Suchfeld eintippen, durchsucht Windows Live Mail ähnlich wie der Windows-Explorer alle E-Mails im aktuellen Ordner nach diesem Begriff.

Dabei berücksichtigt es sowohl den Betreff als auch die Adressinformationen und den eigentlichen Inhalt der Nachrichten, soweit er aus Text besteht. Sie können mit dem Suchfeld also sowohl nach Absendernamen bzw. -adressen als auch nach Schlüsselwörtern in den Betreffzeilen oder im eigentlichen Text suchen. Tippen Sie Ihren Suchbegriff einfach ein und Windows Live Mail reduziert die angezeigten Nachrichten automatisch auf die E-Mails, in denen der Begriff irgendwo auftaucht. Um eine Suche wieder zu löschen und alle Nachrichten im Ordner wieder anzeigen zu lassen, drücken Sie im Suchfeld [Esc] oder klicken dort ganz rechts auf das kleine *x*-Symbol.

31.6 Webfeeds in Live Mail lesen

Als wesentliche Neuerung gegenüber den inoffiziellen Vorgängern integriert Live Mail das Lesen von Webfeeds. Das geht im Prinzip auch mit dem Internet Explorer ganz ähnlich. Nur werden die Beiträge von Windows Live Mail eben in einer E-Mail-artigen Darstellung angezeigt. Die Feeds werden aus den Feedfavoriten des Internet Explorer übernommen, und mit *Online anzeigen* starten Sie dann doch wieder den Internet Explorer zum Betrachten der ausführlichen Meldung.

32. Ordner und Dateien für das gemeinsame Nutzen im Netzwerk freigeben

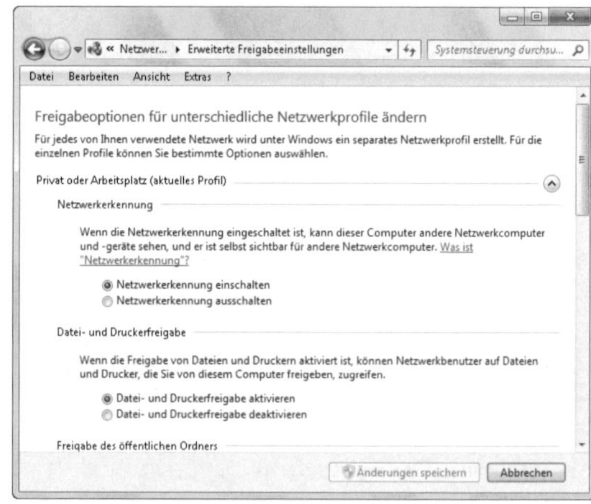

Ist Ihr Windows-PC mit anderen (Windows-)PCs verbunden, können Sie mit diesen Ihre Dateien und andere Ressourcen wie z. B. Drucker teilen. Hierzu geben Sie bestimmte Ordner für den Zugriff aus dem Netzwerk frei, sodass andere Netzteilnehmer den Inhalt genauso wie lokale Ordner auf der eigenen Festplatte lesen sowie ggf. auch verändern können. Auch Ihren lokalen Drucker können Sie auf diese Weise für andere Benutzer freigeben, sodass diese ihre Dokumente damit ausdrucken können. Umgekehrt können auch Sie von freigegebenen Ressourcen der anderen PCs profitieren, indem Sie z. B. Zugriff auf deren Dateien erhalten. Die grundlegenden Freigabeeinstellungen finden sich bei Windows gemeinsam mit den Netzwerkfunktionen im Netzwerk- und Freigabecenter.

32.1 Die Dateifreigabe aktivieren

Standardmäßig sind die Funktionen zur Freigabe von Ressourcen im Netzwerk größtenteils deaktiviert. Dies dient der Sicherheit, damit nicht andere Benutzer Zugriff auf Ihre Daten haben, ohne dass Sie dies wissen. Das Freigabekonzept beruht deshalb darauf, dass Sie die Funktionen einmalig aktivieren müssen, bevor Sie sie nutzen können. Durch mehrere Einstellungsmöglichkeiten lassen sich die verschiedenen Funktionen und Stufen der Freigabe flexibel auswählen.

Netzwerkerkennung und Dateifreigabe aktivieren

Grundvoraussetzung für ein reibungsloses Funktionieren der Freigabefunktionen ist die automatische Netzwerkerkennung. Dadurch kommunizieren die beteiligten PCs miteinander und Ihr Windows-System kann z. B. erfahren, welche Ressourcen im Netzwerk freigegeben sind.

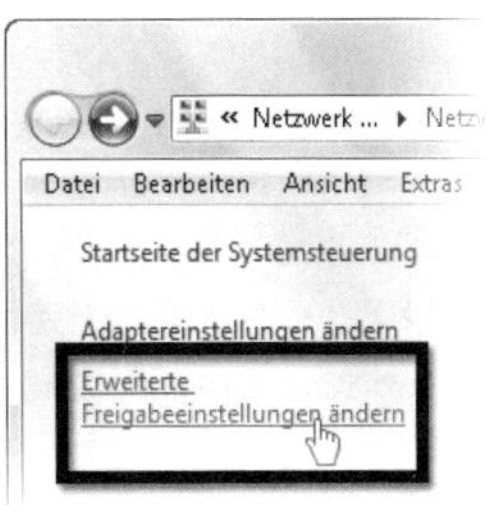

1 Öffnen Sie das Netzwerk- und Freigabecenter und klicken Sie links im Navigationsbereich auf *Erweiterte Freigabeeinstellungen ändern*.

2 Damit öffnen Sie den Einstellungsbereich für diese Funktion. Wählen Sie hier die Option *Netzwerkerkennung einschalten*.

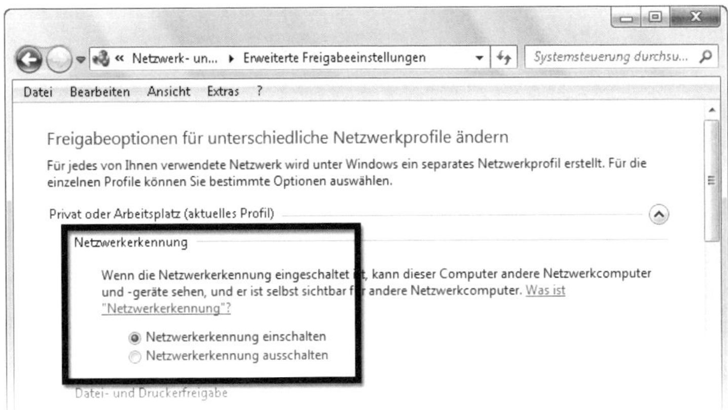

3 Um das Freigeben von Dateien auf Ihrem PC zu ermöglichen, müssen Sie nun bei *Datei- und Druckerfreigabe* die Option *Datei- und Druckerfreigabe aktivieren* wählen. Damit erlauben Sie den Benutzern anderer PCs im Netzwerk zunächst einmal grundsätzlich, auf Dateien Ihres PCs zuzugreifen. Konkrete Freigaben sind damit aber noch nicht erteilt, darauf gehen wir im Folgenden ein.

4 Übernehmen Sie die veränderten Einstellungen mit *OK*.

Einer Arbeitsgruppe beitreten

Arbeitsgruppen legen fest, welche PCs in einem physikalischen Netz logisch zusammengehören. Sie beschleunigen die Netzwerkerkennung und erleichtern den Zugriff auf freigegebene Dateien. Bei einem klassischen lokalen Netzwerk zu Hause oder in einer kleinen Firma sollten alle PCs zur selben Arbeitsgruppe gehören.

1 Um einer Arbeitsgruppe beizutreten, öffnen Sie in der Systemsteuerung das Modul System. Hier sehen Sie unter *Einstellungen für Computernamen, Domäne und Arbeitsgruppe*, welcher Arbeitsgruppe Ihr PC derzeit angehört.

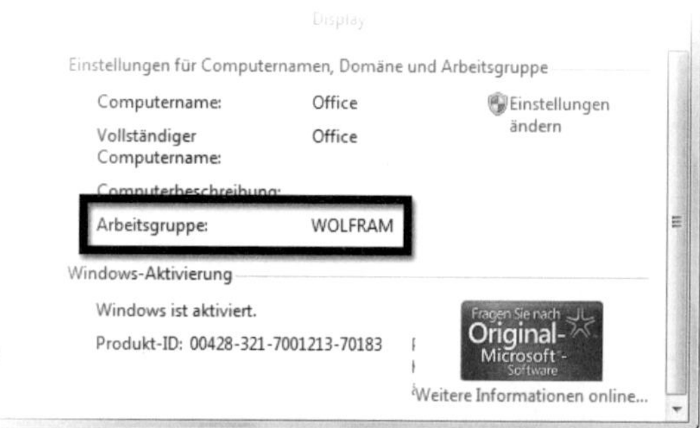

2 Um einer anderen Arbeitsgruppe beizutreten, klicken Sie auf *Einstellungen ändern* und im anschließenden Dialog auf *Ändern*.

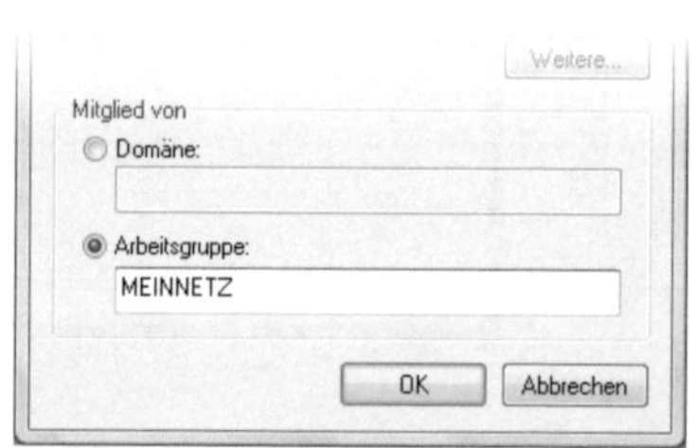

3 Nun können Sie im Menü *Ändern des Computernamens bzw. der Domäne* ganz unten im Bereich *Mitglied von* die Option *Arbeitsgruppe* wählen und den Namen Ihrer Arbeitsgruppe eingeben.

4 Windows versetzt Ihren PC dann sofort in die neue Arbeitsgruppe. Klappt das reibungslos, werden Sie anschließend angemessen begrüßt.

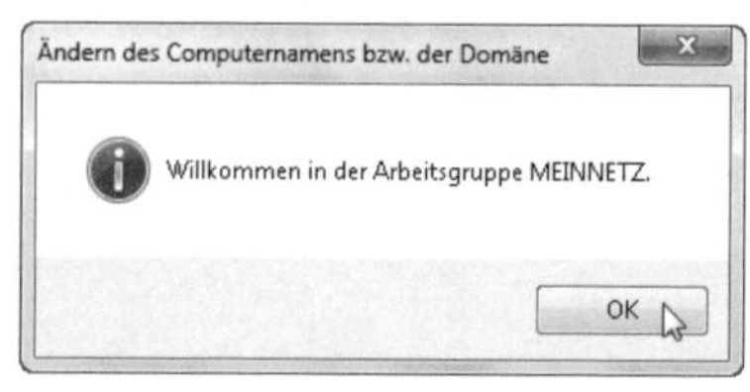

5 Eines hat sich aber auch seit Windows 3.11 nicht geändert: Der Wechsel der Arbeitsgruppe verlangt auch bei Windows 7 immer noch einen Neustart des Computers.

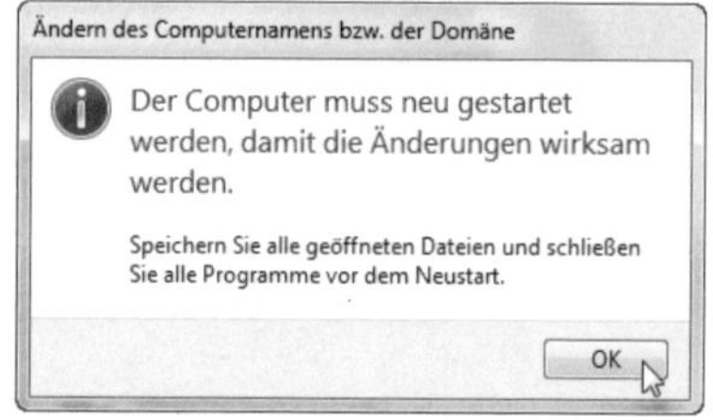

TIPP

Netzwerkarbeitsgruppen

Arbeitsgruppen für die Windows-Dateifreigaben entstehen einfach dadurch, dass alle PCs, die an einer Arbeitsgruppe beteiligt sein sollen, in ihren Netzwerkeinstellungen denselben Arbeitsgruppennamen verwenden. Dabei spielt es keine Rolle, ob alle PCs Windows 7 oder auch ältere Windows-Versionen benutzen. Ein Arbeitsgruppenname kann seit Windows 3.11 immer angegeben werden. Geben Sie also einfach nur allen Ihren PCs die gleiche Arbeitsgruppe mit. Der Vorteil ist ein beschleunigter Zugriff auf die Ressourcen. Außerdem ist das Hantieren mit Netzwerkfreigaben einfacher, wenn nicht jeder PC in seiner eigenen Arbeitsgruppe ist.

32.2 Dateien und Ordner im Netzwerk freigeben

Ist die Freigabe grundsätzlich aktiviert, können Sie Ordner auf Ihrem PC für den Zugriff aus dem Netzwerk freigeben. Windows unterscheidet dabei zwei Varianten:

- Bei der Freigabe der öffentlichen Ordner geben Sie die öffentlichen Ordner Ihres PCs und deren gesamten Inhalt pauschal für alle Benutzer aus dem lokalen Netzwerk frei. Diese Variante ist einfach umzusetzen, lässt Ihnen aber keine Kontrolle darüber, wer auf Ihre Daten wie zugreifen darf.
- Alternativ können Sie ausgewählte Ordner ganz gezielt für bestimmte Benutzer freigeben. Dabei haben Sie eine sehr flexible Kontrolle von berechtigten Benutzern und Zugriffsrechten.

Freigabe auf die simple Art: der öffentliche Ordner

Windows bringt schon von Hause aus einen öffentlichen Ordner für z. B. Bilder, Musik und Videos mit, auf den alle Benutzer des PCs Zugriff haben. Die Netzwerkfreigabe gibt Ihnen die Möglichkeit, diesen Ordner auch allen Teilnehmern des lokalen Netzwerks zugänglich zu machen. Das Freigeben von Dateien und Ordnern besteht dann darin, diese in den öffentlichen Ordner zu kopieren bzw. zu verschieben. Viel einfacher geht es kaum. Allerdings hat diese simple Methode auch ihre Nachteile:

- Sie können den öffentlichen Ordner nur pauschal freigeben oder pauschal sperren. Eine Kontrolle darüber, welche Benutzer Zugriff darauf haben, ist nicht möglich. Zumindest aber können Sie für Teilnehmer des lokalen Netzwerks die Art des Zugriffs beschränken, also z. B. einen reinen Lesezugriff ohne das Recht zum Verändern oder Löschen.

- Bei sehr großen oder sehr vielen Dateien kann es zeitraubend und umständlich sein, diese in den öffentlichen Ordner zu übertragen. Wenn Sie dafür Kopien verwenden und die Originaldateien in ihrem Ursprungsordner belassen, verschwenden Sie außerdem viel Speicherplatz.

INFO

Die öffentlichen Ordner

Windows 7 verfügt über eine ganze Reihe von öffentlichen Ordnern. Am besten verschaffen Sie sich einen Überblick, bevor Sie diese Art der Freigabe wählen. Öffnen Sie dazu im Windows-Explorer den Ordner *C:\Benutzer\Public*.

Über das Netzwerk- und Freigabecenter können Sie festlegen, ob der öffentliche Ordner freigegeben werden soll und welchen Zugriff die Benutzer darauf haben sollen.

1 Klicken Sie dazu im Netzwerk- und Freigabecenter wiederum auf *Erweiterte Freigabeeinstellungen ändern*.

2 Lokalisieren Sie dann in den Einstellungen den Bereich *Freigabe des öffentlichen Ordners*.

3 Wählen Sie hier die Option *Freigabe einschalten, sodass jeder Benutzer mit Netzwerkzugriff in Dateien in den Ordnern "Öffentlich" lesen und schreiben kann*.

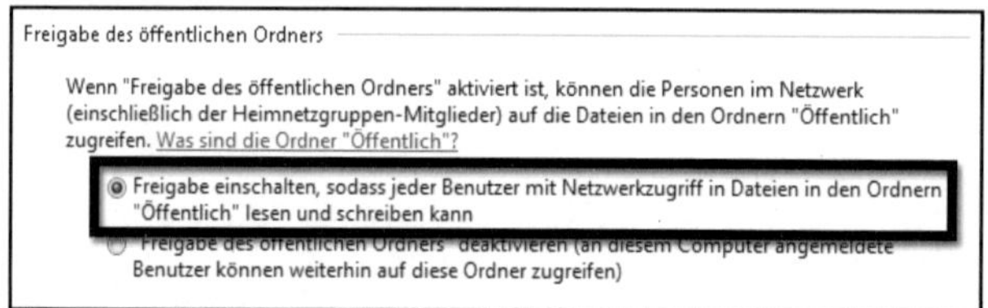

4 Übernehmen Sie die neue Einstellung mit *Änderungen speichern*.

Einzelne Ordner für ausgewählte Benutzer gezielt freigeben

Die Alternative zum pauschalen Freigeben des öffentlichen Ordners ist das gezielte Freigeben einzelner Ordner. Diese können sich an beliebiger Stelle des Dateisystems befinden. Sie müssen nur selbst die Zugriffsrechte dafür haben.

1 Um einen Ordner freizugeben, wählen Sie ihn im Windows-Explorer aus und klicken dann oben in der Symbolleiste auf die *Freigeben für*-Schaltfläche. Im so geöffneten Untermenü wählen Sie ganz unten *Bestimmte Personen*.

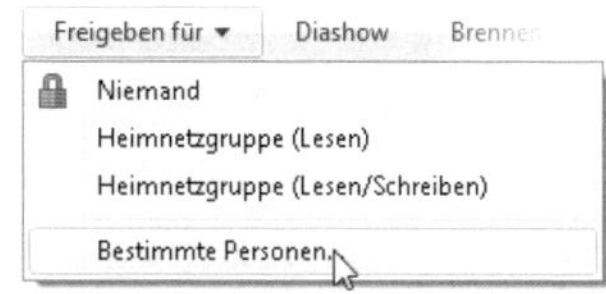

2 Damit öffnen Sie den Dateifreigabedialog, in dem Sie entscheiden können, wer welche Zugriffsrechte für diesen Ordner haben soll. Hier sind zunächst nur Sie selbst als Besitzer eingetragen. Wenn Sie den Ordner so freigeben, haben Sie selbst von einem anderen PC aus Zugriff darauf, aber sonst niemand.

3 Um einem anderen Benutzer den Zugriff zu erlauben, wählen Sie ihn oben aus. Hier sind nur die Benutzer aufgeführt, die auf diesem PC selbst eingerichtet sind. Sie können mit dieser Freigabe dann sowohl an diesem PC als auch an anderen PCs im lokalen Netzwerk auf den Ordner zugreifen. Mit der Einstellung *Jeder* erfassen Sie gleich alle lokalen Benutzer dieses PCs. Übernehmen Sie den gewählten Benutzer mit *Hinzufügen* in die Liste darunter.

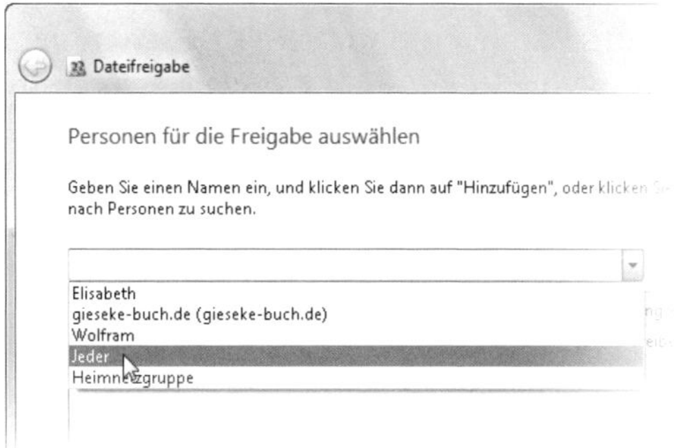

4 Haben Sie einen Benutzer in die Liste eingeordnet, können Sie noch festlegen, welche Zugriffsrechte er auf diesen Ordner haben soll. Klicken Sie dazu rechts in der Spalte *Berechtigungsebene* auf den aktuellen Status. Damit öffnen Sie ein Auswahlfeld, in dem Sie diesen Status verändern können:

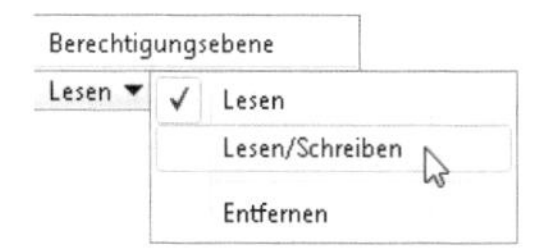

- Mit *Lesen* kann ein Benutzer die Dateien im Ordner nur öffnen und lesen, aber keine Veränderungen speichern.
- Mit *Lesen/Schreiben* darf ein Benutzer Dokumente bearbeiten und seine Änderungen speichern.
- Mit *Entfernen* löschen Sie einen Benutzer wieder aus der Liste der Zugriffsberechtigten.

5 Haben Sie die Einstellungen vorgenommen, klicken Sie unten auf die *Freigabe*-Schaltfläche, um die Freigabedaten zu aktualisieren.

Diese Art der Freigabe ist standardmäßig nur für Benutzer möglich, die ein Benutzerkonto mit Kennwort auf diesem PC eingerichtet haben. Sie können aber nicht nur auf diesem PC darauf zugreifen: Wenn sie sich mit demselben Kontonamen und Kennwort auf einem anderen PC im lokalen Netzwerk anmelden, erhalten sie ebenfalls Zugang auf die freigegebenen Ordner.

Dateien auch für Benutzer ohne Konto und Kennwort freigeben

Die vorangehend beschriebene Freigabevariante lässt sich nur für Benutzer vornehmen, die ein Konto auf diesem PC haben. Benutzer anderer PCs, die dort ihr eigenes Benutzerkonto haben, können darauf nicht zugreifen. Dies lässt sich aber ändern. Sie können die Freigaben auch für Netzwerkteilnehmer unabhängig von deren Kontodaten vornehmen. Dies geht allerdings mit einem erhöhten Sicherheitsrisiko einher.

1 Öffnen Sie das Netzwerk- und Freigabecenter und klicken Sie dort wiederum links im Arbeitsbereich auf *Erweiterte Freigabeeinstellungen ändern*.

2 Suchen Sie hier den Bereich *Kennwortgeschütztes Freigeben*.

3 Wählen Sie die Option *Kennwortgeschütztes Freigeben ausschalten* und klicken Sie unten auf *Änderungen speichern*.

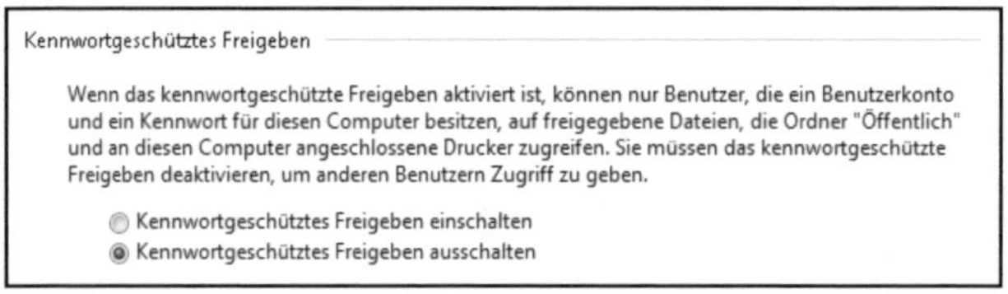

Kennwortgeschütztes Freigeben

Wenn das kennwortgeschützte Freigeben aktiviert ist, können nur Benutzer, die ein Benutzerkonto und ein Kennwort für diesen Computer besitzen, auf freigegebene Dateien, die Ordner "Öffentlich" und an diesen Computer angeschlossene Drucker zugreifen. Sie müssen das kennwortgeschützte Freigeben deaktivieren, um anderen Benutzern Zugriff zu geben.

- Kennwortgeschütztes Freigeben einschalten
- Kennwortgeschütztes Freigeben ausschalten

4 Wenn Sie nun wieder in die Freigabeeinstellungen eines Ordners zurückkehren, finden Sie zusätzlich den Benutzer Gast vor. Fügen Sie diesen in die Liste der Befugten ein, können alle Teilnehmer im lokalen Netzwerk auch ohne passendes Benutzerkonto auf diesen Ordner zugreifen. Dies gilt auch, wenn sich Benutzer an diesem PC als Gast anmelden (siehe Kapitel 26).

TIPP

Freigaben für Gäste sind riskant!

Wenn Sie auf die Kontrolle der Freigaben per Benutzerkonto und Kennwort verzichten, gehen Sie ein erhöhtes Risiko ein. Jeder Teilnehmer, der sich irgendwie Zugang zu Ihrem Netzwerk verschafft (z. B. durch ein unsicher konfiguriertes WLAN), hat dann Zugriff auf sämtliche freigegebenen Daten. Sie sollten deshalb sicherstellen, dass diese Daten nicht vertraulich und z. B. auch nicht urheberrechtlich geschützt sind.

XP-Umsteiger: Dateien und Ordner mit der „klassischen" Methode freigeben

Falls Sie sich mit den neuen Freigabevarianten von Windows 7 nicht anfreunden können, steht Ihnen weiterhin die bereits von Windows XP bekannte Funktion zur Freigabe zur Verfügung.

1 Öffnen Sie dazu die Eigenschaften des freizugebenden Ordners, z. B. indem Sie mit der rechten Maustaste darauf klicken und im Kontextmenü *Eigenschaften* wählen.

2 Öffnen Sie im Menü die Registerkarte *Freigabe*.

3 Klicken Sie dort auf die Schaltfläche *Erweiterte Freigabe*.

4 Das damit geöffnete Menü entspricht genau der Freigabefunktion von Windows XP.

32.3 Problemloser Zugriff auf freigegebene Netzwerkordner

Sind Ordner einmal für den Zugriff aus dem lokalen Netzwerk freigegeben, können Sie jederzeit darauf zugreifen – sofern Benutzerkonto bzw. sonstige Zugangsberechtigungen passen. Dabei gibt es zwei Möglichkeiten: Sie greifen über das Netzwerk jeweils bei Bedarf auf einzelne Ordner zu oder Sie binden häufig genutzte Ordner als Netzlaufwerke in den Windows-Explorer ein, sodass Sie jederzeit flott darauf zugreifen können.

Netzwerkordner bei Bedarf öffnen

Das zentrale Schlüsselwort für den Zugriff auf freigegebene Ordner ist naheliegenderweise das Netzwerk. Sie finden es z. B. direkt im Startmenü, aber auch im Adressfeld des Windows-Explorer (direkt unterhalb des Desktops) sowie z. B. in jedem Dateiauswahldialog. Im Netzwerk werden alle PCs angezeigt, mit denen Ihr Rechner gerade verbunden ist. Für jeden einzelnen PC können Sie dort die freigegebenen Ordner auflisten und abrufen. Um Dateien aus dem Netz öffnen und bearbeiten zu können, müssen Sie diese also nicht erst extra auf Ihren PC übertragen, sondern können sie einfach über das Netzwerk aufrufen. Im folgenden Beispiel verwenden wir das *Öffnen*-Menü des Texteditors WordPad. Er verwendet das gleiche Menü wie die meisten anderen Windows-Anwendungen.

1 Rufen Sie das Dateimenü mit *Datei/Öffnen* oder mit einem Klick auf das *Öffnen*-Symbol in der Symbolleiste auf.

2 Wählen Sie hier in der Ordnerleiste am linken Fensterrand unten *Netzwerk* aus. Sie erhalten daraufhin eine Auflistung der verfügbaren Netzwerkressourcen (und zwar genauso, als ob Sie die Netzwerkumgebung direkt aufgerufen hätten).

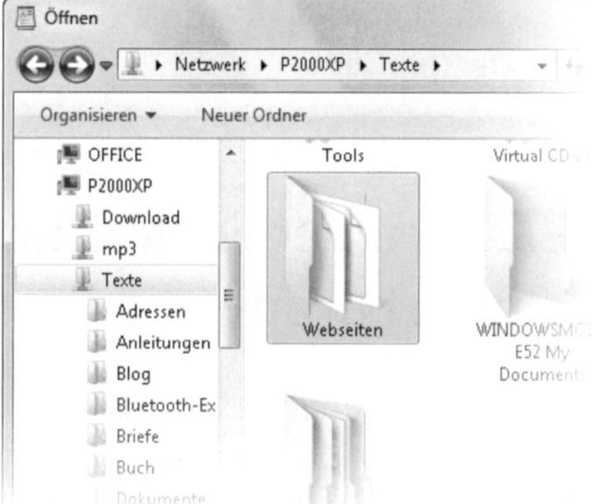

3 Wählen Sie hier mit einem Doppelklick die Ressource aus, auf die Sie zugreifen wollen. Sie wird genau wie ein herkömmlicher Ordner geöffnet und der Inhalt wird angezeigt. Nun können Sie eine der enthaltenen Dateien öffnen oder ggf. auch in weitere Unterordner der Ressource wechseln.

Beim Speichern können Sie auch wieder genauso vorgehen, als ob es sich um eine Datei auf dem lokalen PC handeln würde. Haben Sie die Datei aus dem Netzwerk geöffnet, reicht ein einfaches *Datei/Speichern* bzw. ein Klick auf das *Speichern*-Symbol in der Symbolleiste aus, um den veränderten Inhalt der Datei zu speichern. Wollen Sie eine neu angelegte Datei in einem Netzordner ablegen, rufen Sie im *Speichern unter*-Dialog wiederum das Netzwerk auf und suchen dort einen geeigneten Speicherplatz.

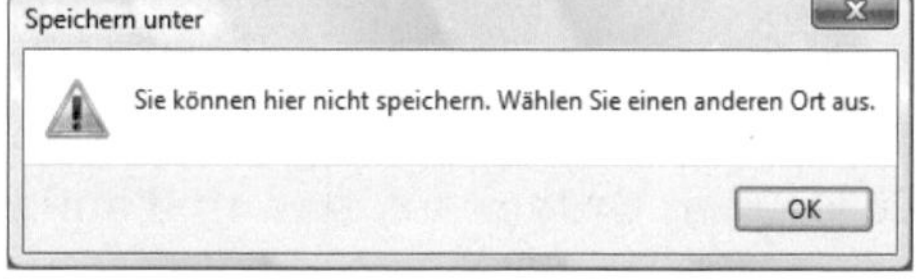

Einzige Einschränkung beim Speichern von Dateien: Wenn der gewählte Ordner beim Freigeben nur für das Lesen, nicht aber für das Schreiben von Daten vorgesehen wurde, erhalten Sie beim Schreibversuch eine Fehlermeldung. In diesem Fall müssen Sie eine andere Ressource suchen, die das Verändern und Speichern von Dateien zulässt, oder Sie lassen die Freigabeeinstellungen entsprechend ändern.

Dauerhafter Zugriff auf freigegebene Ordner als Netzlaufwerk

Die oben beschriebene Methode ist sehr flexibel, kann aber auch umständlich sein. Wenn im Netzwerk viele Ressourcen freigegeben sind oder wenn Sie nur einen bestimmten Teil der freigegebenen Daten in einem weit verzweigten Unterordner benötigen, ist das Auffinden des entsprechenden Ordners unter Umständen recht aufwendig. Wird er nur gelegentlich benötigt, mag das noch akzeptabel sein. Wenn Sie aber einen bestimmten Netzwerkordner regelmäßig benötigen, kann das auf Dauer schon nerven. Für solche Fälle bietet Windows die Möglichkeit, einzelne Netzwerkressourcen dauerhaft zugänglich zu machen. Diese erhalten dann einen der noch freien Laufwerkbuchstaben und sind somit direkt über den Arbeitsplatz zugänglich. Das verkürzt die Wege zu den benötigten Dokumenten.

1 Um eine solche dauerhafte Zuordnung vorzunehmen, blenden Sie im Windows-Explorer (z. B. mit [Alt]) die Menüzeile ein und rufen dort die Menüfunktion *Extras/Netzlaufwerk zuordnen* auf.

2 Dadurch öffnen Sie den Dialog *Netzwerklaufwerk verbinden*. Hier wählen Sie zunächst aus, welchen Laufwerkbuchstaben diese Netzwerkressource bekommen soll. Im Auswahlfeld *Laufwerk* finden Sie eine Liste aller verfügbaren Laufwerkbuchstaben vor, die nicht zu einem physikalisch vorhandenen oder einem anderen Netzlaufwerk gehören.

3 Im Feld *Ordner* geben Sie den Netzwerkordner ein, auf den Sie über diesen Laufwerkbuchstaben zugreifen wollen. Dabei müssen Sie eine bestimmte Schreibweise beachten: Sie beginnt stets mit einem \\, gefolgt vom Namen des Rechners, auf dem sich die Ressource befindet, gefolgt von einem \ und schließlich der Ressource selbst. Wenn Sie z. B. den Ordner *Daten* auf dem Rechner *OLAF* einbinden wollen, müssen Sie ihn als Ordner *\\OLAF\Daten* angeben.

4 Einfacher geht es, wenn Sie auf die *Durchsuchen*-Schaltfläche klicken. Dann können Sie den gewünschten Ordner in einem komfortablen Auswahldialog angeben, der alle verfügbaren freigegebenen Ordner anzeigt.

TIPP

Mit anderem Benutzernamen anmelden

Sollte die gewünschte Ressource nicht für Ihr Benutzerkonto freigegeben sein, können Sie für den Zugriff auch die Kontodaten eines anderen Benutzers wählen. Aktivieren Sie dazu die Option *Verbindung mit anderen Anmeldeinformationen herstellen* und geben Sie auf Nachfrage die erforderlichen Daten an.

5 Wenn Sie dann unten auf *Fertig stellen* klicken, erstellt Windows die Netzwerkverbindung und verknüpft sie mit dem angegebenen Laufwerkbuchstaben. Anschließend finden Sie die Verknüpfung im Arbeitsplatz in der Liste der Laufwerke vor und können wie auf jedes andere Laufwerk darauf zugreifen.

Die Besonderheit bei einem so eingerichteten Netzwerklaufwerk ist, dass Windows diese Verknüpfung bei jedem Start automatisch wiederherstellt (es sei denn, Sie haben beim Verbinden des Laufwerks die Option *Verbindung bei Anmeldung wiederherstellen* deaktiviert). Wann immer Sie Ihren PC einschalten und Windows starten lassen, finden Sie das einmal eingerichtete Laufwerk also immer sofort wieder vor. Einschränkungen: Das funktioniert nur, wenn das Netzwerk intakt ist und der PC, auf dem sich die verbundene Ressource befindet, ebenfalls eingeschaltet ist.

Verbundene Netzlaufwerke trennen

Selbstverständlich können Sie eine einmal hergestellte Verbindung trotz des dauerhaften Charakters auch wieder auflösen.

1 Starten Sie dazu wiederum den Windows-Explorer und wählen Sie dort im klassischen Menü die Funktion *Extras/Netzlaufwerk trennen*.

2 Windows zeigt Ihnen daraufhin eine Übersicht über alle gerade verbundenen Netzlaufwerke an. Markieren Sie hier das Laufwerk, das Sie trennen wollen, und klicken Sie dann unten auf die *OK*-Schaltfläche.

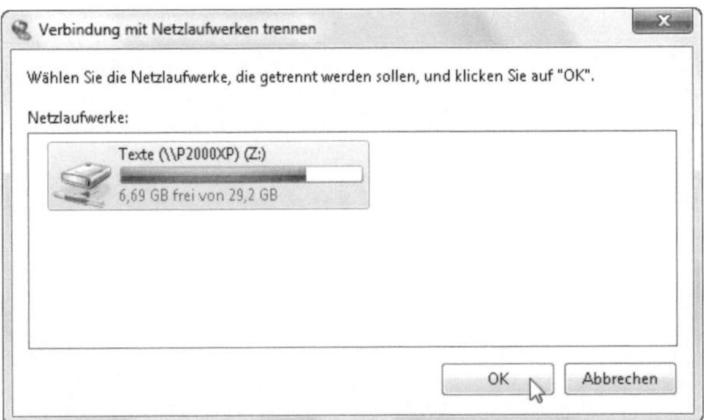

3 Sollten zum Zeitpunkt der Trennung auf diesem Netzlaufwerk noch Ordner oder Dateien geöffnet sein, kann es unter Umständen zu Datenverlusten kommen. Windows warnt Sie deshalb in diesem Fall. Prüfen Sie dann, ob alle infrage kommenden Dateien ordnungsgemäß gesichert sind, und bestätigen Sie den Hinweis mit einem Klick auf *Ja*.

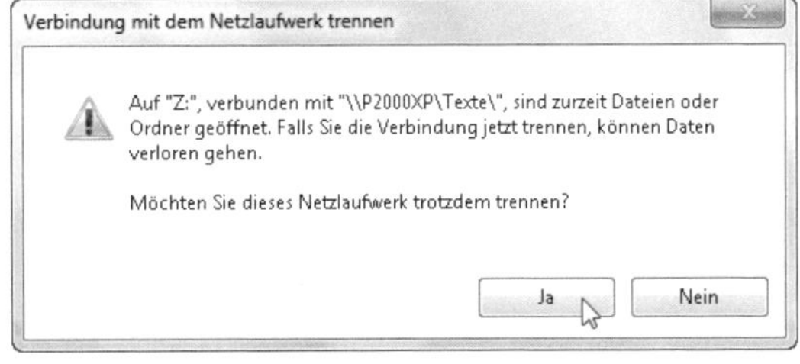

4 Daraufhin nimmt Windows die Trennung des Netzlaufwerks vor. Diese ist dauerhaft und gilt also auch über den nächsten Neustart hinaus.

Teil VI

Hardware & Software: installieren, nutzen und Probleme lösen

33. Software installieren und Kompatibilitätsprobleme lösen

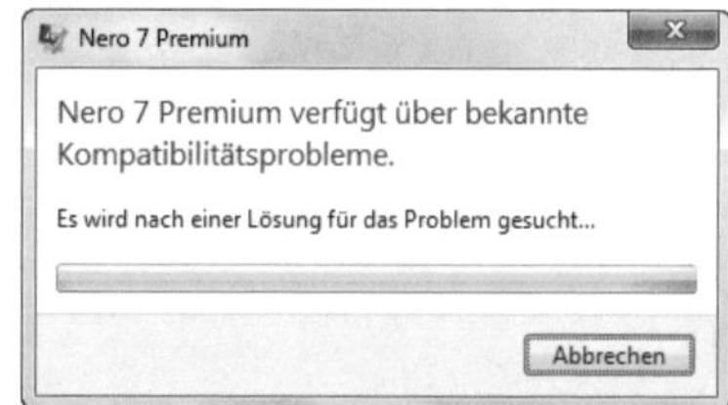

Eines der wichtigsten Anliegen der meisten Benutzer dürfte es sein, bereits vorhandene Software uneingeschränkt weiterverwenden zu können. Das ist bei einem neuen Betriebssystem immer ein kritischer Punkt, denn schnell hat sich etwas Wesentliches geändert, mit dem die eine oder andere Anwendung plötzlich nicht mehr zurechtkommt.

Beim Wechseln von Vista zu Windows 7 sind selten große Probleme zu erwarten, aber wer von Windows XP direkt auf Windows 7 umsteigt, könnte auf die eine oder andere Schwierigkeit treffen. Von großen Softwarehäusern sind umgehend Patches und angepasste Versionen zu erwarten, aber bei kleinen Entwicklern und Freewaretools kann die Wartezeit etwas länger dauern oder ganz vergebens sein. Trotzdem müssen Sie auf Ihre Lieblingstools noch lange nicht verzichten. Auch für Windows 7 gibt es einige Tricks, um störrische Anwendungen trotzdem zum Laufen zu bringen.

33.1 Ältere, proprietäre Software und Windows 7 ausführen

Wenn eine Anwendung unter früheren Windows-Versionen problemlos lief und erst unter Windows 7 Schwierigkeiten macht, hat sie offenbar ein Problem mit den Neuerungen, die hier eingeführt wurden. In solchen Fällen hat es sich bewährt, dem Programm vorzumachen, dass es noch immer unter dem alten Betriebssystem läuft, bzw. wesentliche hinzugekommene Funktionen des neuen Betriebssystems für dieses Programm zu deaktivieren. Auch Windows 7 bietet hierzu Möglichkeiten wie den Kompatibilitätsmodus an.

TIPP

Installation bricht wegen falscher Version des Betriebssystems ab?

Ein klassisches Problem beim Umstieg sind Setup-Assistenten, die das vorhandene Betriebssystem überprüfen. Sie stammen noch aus Vista-Zeiten oder früher, können mit Windows 7 nichts anfangen und verweigern schlicht die Installation. Dabei würde die

Anwendung meist ohne Probleme laufen. In solchen Fällen hat es sich bewährt, das Setup wie im Folgenden beschrieben im Kompatibilitätsmodus z. B. für Windows XP durchzuführen. Das stellt den Assistenten zufrieden und die Anwendung funktioniert anschließend reibungslos.

Lassen Sie Programme wie unter Windows XP laufen

Wenn eine Anwendung z. B. unter Windows XP ohne Probleme lief und jetzt unter Windows 7 Zicken macht, lassen Sie sie einfach wie unter Windows XP laufen. Windows 7 kann sie dazu in einem speziellen Kompatibilitätsmodus laufen lassen, der dem Programm vorgaukelt, dass es unter Windows XP ausgeführt wird. Damit sollten sich theoretisch sämtliche Kompatibilitätsprobleme beheben lassen. Windows 7 kann sich übrigens nicht nur als Windows XP verkleiden. Die Rückwärtskompatibilität reicht über mehrere Vorgängerversionen zurück bis Windows 95.

1. Lokalisieren Sie die Programmdatei der Anwendung in ihrem Installationsverzeichnis. Alternativ können Sie auch die Verknüpfung zu dieser Datei im Startmenü verwenden.
2. Klicken Sie mit der rechten Maustaste darauf und wählen Sie im Kontextmenü ganz unten den Punkt *Eigenschaften*.
3. Wechseln Sie in den Eigenschaften auf die Registerkarte *Kompatibilität*.
4. Aktivieren Sie im Bereich *Kompatibilitätsmodus* die Option *Programm im Kompatibilitätsmodus ausführen für*.

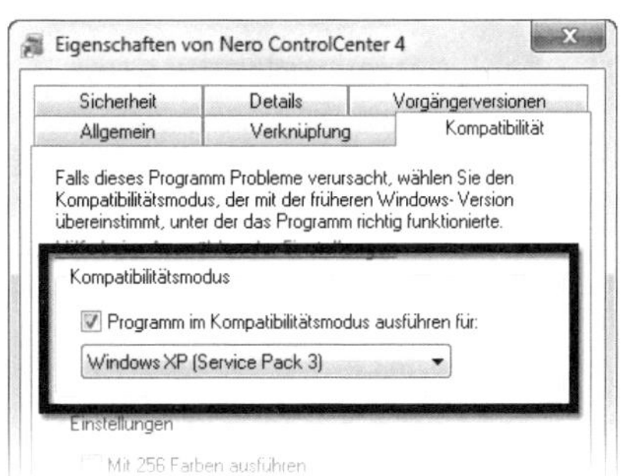

5. Öffnen Sie dann das Auswahlfeld und wählen Sie hier das Betriebssystem, unter dem Sie das Programm zuvor problemlos verwenden konnten, also z. B. *Windows XP (Service Pack 2)*.
6. Klicken Sie dann unten auf *OK*, um den Kompatibilitätsmodus für dieses Programm zu speichern.
7. Ab dem nächsten Start des Programms wird die Software im Kompatibilitätsmodus ausgeführt. Dieser Modus bezieht sich jeweils nur auf diese eine Anwendung. Alle anderen Programme laufen parallel dazu ganz normal weiter.

TIPP

Im Zweifelsfall den Assistenten fragen

Wenn Sie bei einer problematischen Anwendung nicht sicher sind oder die gewählten Einstellungen auch keinen vollen Erfolg bringen, können Sie sich von einem Assistenten helfen lassen. Öffnen Sie dazu in der Systemsteuerung die Problembehandlung und wählen Sie dort *Programme/Programmkompatibilität*. Damit starten Sie einen Assistenten, mit dem Sie das betroffene Programm auswählen und dann die vorliegende Problematik beschreiben können. Der Assistent hilft Ihnen, verschiedene Konfigurationen zu testen und so die optimalen Kompatibilitätseinstellungen zu finden.

Probleme durch die Aero-Oberfläche vermeiden

Vor allem der Aero-Desktop könnte manchen älteren Anwendungen und Spielen Probleme bereiten. Immerhin hat Microsoft hier wirklich Grundlegendes geändert. Die Aero-Optik ist trotz ihrer Effekte abwärtskompatibel. Programme, die unter Windows XP gut liefen, sollten also auch bei Windows 7 keine Probleme mit der Darstellung haben. Die Betonung liegt dabei auf „sollten", denn das gilt nur, wenn die Entwickler sauber gearbeitet und sich an die Richtlinien und Vorgaben von Microsoft gehalten haben.

Programme, die um jeden Preis eine eigene Oberflächengestaltung und Bedienlogik durchsetzen wollen, können durchaus in Konflikt mit Aero kommen. Für solche Fälle bleibt aber die Möglichkeit, den Aero-Desktop für diese Programme zu deaktivieren und zum einfachen Basisdesktop zurückzukehren.

1 Lokalisieren Sie auch hierfür wiederum die Programmdatei der Anwendung in ihrem Installationsverzeichnis bzw. die Verknüpfung zu dieser Datei im Startmenü und wählen Sie im Kontextmenü den Punkt *Eigenschaften*.

2 Wechseln Sie auf die Registerkarte *Kompatibilität*.

3 Schalten Sie hier etwa in der Mitte im Bereich *Einstellungen* die Option *Desktopgestaltung deaktivieren* ein.

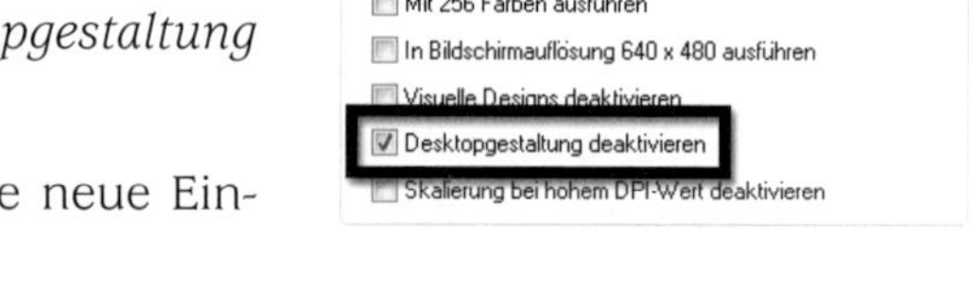

4 Klicken Sie unten auf *OK*, um die neue Einstellung zu speichern.

5 Wenn Sie das Programm beim nächsten Mal starten, wird das Farbschema automatisch auf Windows 7-Basis geändert. Ein Infoballon weist Sie auf die Veränderung hin, die aber auch so nicht zu übersehen ist.

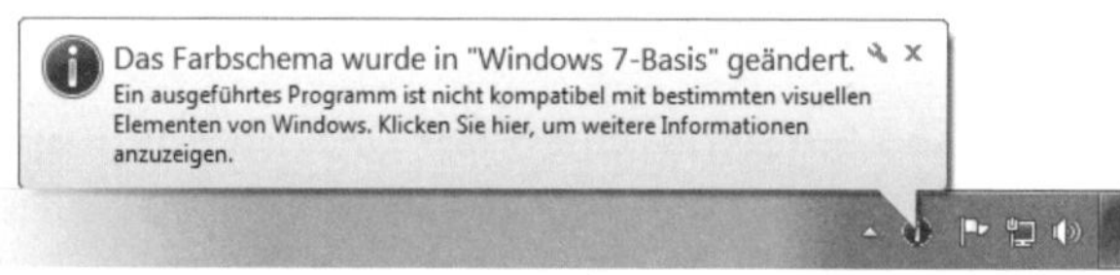

6 Wenn Sie das Programm wieder beenden, schaltet Windows kommentarlos wieder auf den gewohnten Aero-Desktop zurück.

Programme von der roten Liste trotzdem ausführen

Eine der Hürden beim Nutzen von Anwendungen, die nicht unmittelbar für Windows 7 (weiter-)entwickelt wurden, ist Microsoft selbst. Damit eventuelle Fehler und Abstürze nicht dem Betriebssystem angekreidet werden können, erkennt Windows Anwendungen mit Kompatibilitätsproblemen automatisch und blockiert deren Ausführung. In solchen Fällen gibt es drei Möglichkeiten:

- Sie können online nach einer Lösung für das Problem suchen.
- Setzen Sie sich mit dem Hersteller der Software in Verbindung, um ein Update zu erhalten.
- Führen Sie das Programm – soweit möglich – trotz der Kompatibilitätsprobleme aus.

1 Wenn Sie eine Anwendung starten, die Windows als problematisch in Bezug auf die Kompatibilität erkennt, blockiert das Betriebssystem die Ausführung und meldet sich stattdessen mit einem Hinweisfenster. Dieser Dialog gibt Ihnen ausführliche Informationen zu Programm und Hersteller.

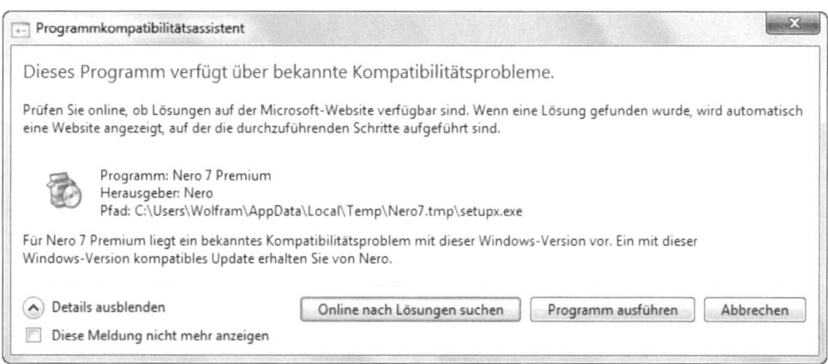

2 Die naheliegendste Möglichkeit in einem solchen Fall ist eine Onlineabfrage. Möglicherweise ist das Problem bereits bekannt (Sie sind ja vermutlich nicht der einzige Benutzer dieser Software). Vielleicht stellt Microsoft sogar schon eine Lösung dafür bereit. Klicken Sie dazu auf die Schaltfläche *Online nach Lösungen suchen*.

3 Windows übermittelt daraufhin die Informationen über das problematische Programm via Internet an eine Datenbank von Microsoft. Dort sind diverse Programme mit Kompatibilitätsproblemen und ggf. Lösungen dazu verzeichnet.

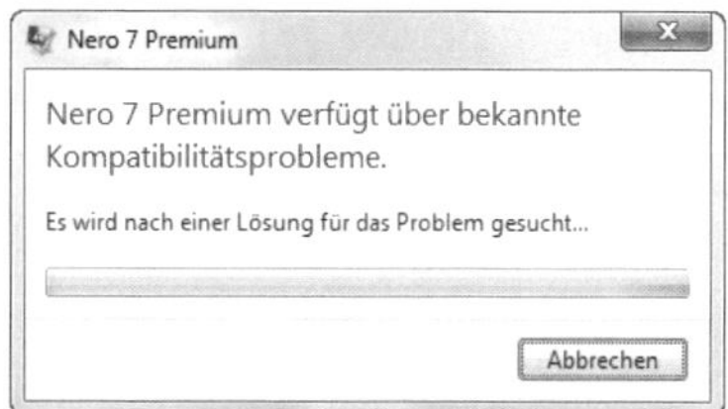

4 Liegt für Ihr Programm eine Lösung vor, werden Sie darüber informiert und ggf. auf eine weiterführende Webseite verwiesen.

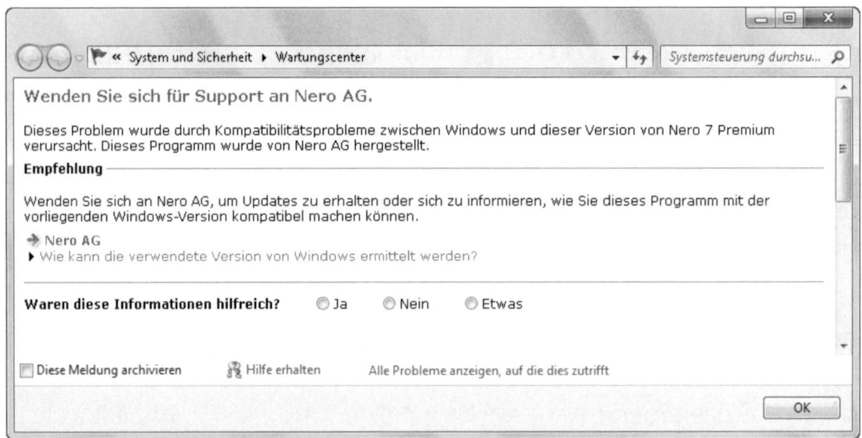

5 Wenn es keine Lösung für das Problem gibt, kann der Assistent Sie nur davon unterrichten. Allerdings wird das Problem in diesem Fall zumindest bei Ihren Problemberichten verzeichnet und Sie werden automatisch in Kenntnis gesetzt, wenn es in Zukunft eine Lösung geben sollte.

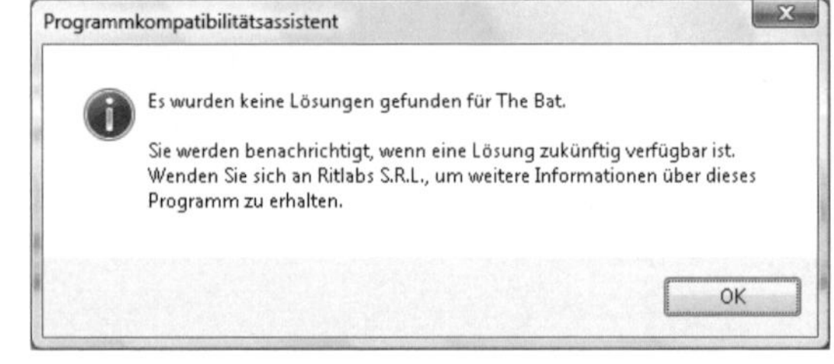

Selbst wenn Microsoft keine Lösung für ein Kompatibilitätsproblem bietet, sollten Sie auf alle Fälle auch auf der Homepage des Softwareherstellers nachschauen. Insbesondere bei weniger verbreiteten Programmen von kleineren Entwicklern und bei nicht kommerzieller Software ist hier ohnehin eher mit Lösungen zu rechnen.

Ein Programm trotz Kompatibilitätsproblemen ausführen

Dass sich Windows über ein Kompatibilitätsproblem beschwert, muss nicht zwangsläufig heißen, dass Sie die Anwendung gar nicht nutzen können. Immerhin kann Windows sich auch irren bzw. das Problem kann sich auf eine bestimmte, sehr spezielle Funktion beschränken, die die Nutzung für Sie nicht wirklich einschränkt. Es lohnt sich also durchaus, es auf einen Versuch ankommen zu lassen. Allerdings sollten Sie von wichtigen Daten und Dokumenten dieser Anwendung zuvor Sicherheitskopien erstellen, um Datenverluste zu vermeiden.

1 Wenn Windows sich über Kompatibilitätsprobleme beschwert und ein Programm nicht ausführen will, klicken Sie auf die Schaltfläche *Programm ausführen*. Die Anwendung wird dann trotz Bedenken ganz normal ausgeführt.

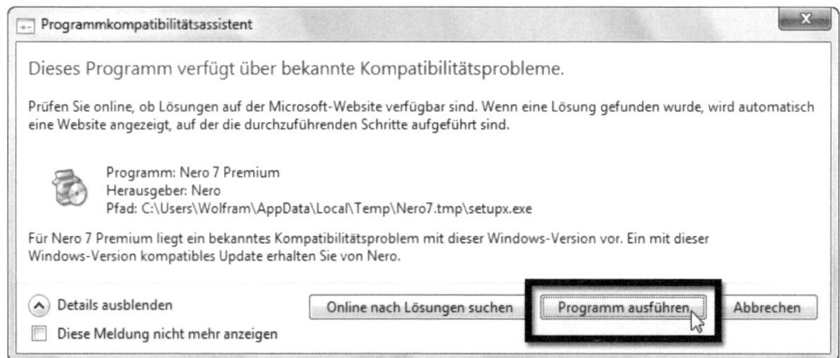

2 Testen Sie nun, ob die Anwendung nicht doch ordnungsgemäß funktioniert.

3 Da der Warnhinweis trotzdem jedes Mal angezeigt wird, sollten Sie spätestens beim nächsten Start die Option *Diese Meldung nicht mehr anzeigen* wählen, bevor Sie den Hinweis mit *Programm ausführen* ignorieren. Dann wird das Programm immer auch ohne Beschwerdehinweis gestartet.

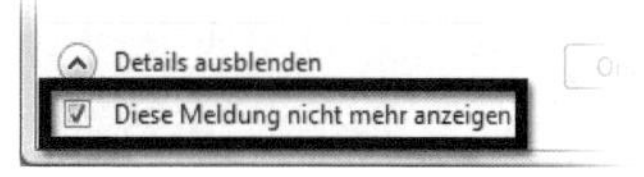

Auch wenn das Programm anscheinend problemlos arbeitet, sollten Sie trotzdem sobald wie möglich zu einer aktualisierten Version wechseln. Ganz ohne Grund wird die Kompatibilitätswarnung wohl meist nicht sein, sodass mittel- und langfristig immer noch Probleme auftreten könnten.

Problemlösungen für schwierige Software

Auch wenn Windows sich nicht bezüglich der Kompatibilität eines Programms beschwert, heißt das noch lange nicht, dass alles ohne Probleme ablaufen wird. Im schlimmsten Fall führt die Ausführung einer nicht kompatiblen Software ganz einfach zu einem Absturz. Üblicherweise ist davon in der Regel nur diese eine Anwendung und nicht gleich das ganze Betriebssystem betroffen. Solche Probleme zu lösen, ist sehr schwierig. Sofern die Störung durch fehlende Zugriffsrechte bei der neuen Benutzerkontensteuerung hervorgerufen wird, sollten Sie die Hinweise ab S. 581 beachten. Ansonsten bleibt Ihnen die Funktion der Problemberichte. Eventuell ist das Problem nebst einer Lösung bereits bei Microsoft bekannt.

1 Wenn eine Anwendung nicht mehr ordnungsgemäß arbeitet, reagiert sie nicht mehr auf die Kommunikation mit dem Betriebssystem. Daran erkennt Windows in den meisten Fällen automatisch, wenn ein Programm abgestürzt ist, und weist darauf hin. Gleichzeitig sammelt das System die relevanten Daten und verzeichnet das Problem in seinen Protokollen.

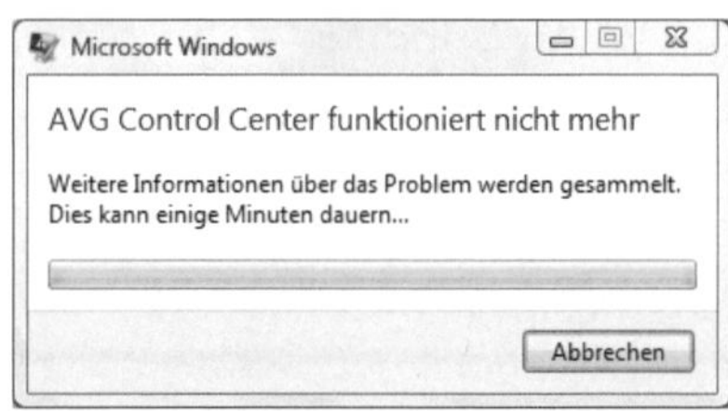

2 Windows bietet Ihnen dann an, einen Problembericht zu diesem Vorfall zu erstellen und an Microsoft zu senden.

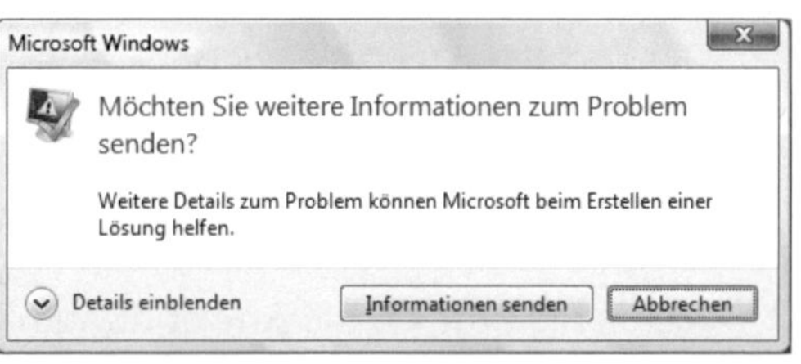

3 Sollten Sie skeptisch sein, welche Informationen bei dieser Gelegenheit an Microsoft übermittelt werden, klicken Sie unten links auf *Details einblenden*. Windows zeigt Ihnen dann ganz genau an, welche Dateien mit Ihrer Zustimmung übermittelt werden würden. Den Inhalt dieser Dokumente können Sie zuvor notfalls eigenhändig kontrollieren. Klicken Sie dann auf *Informationen senden*.

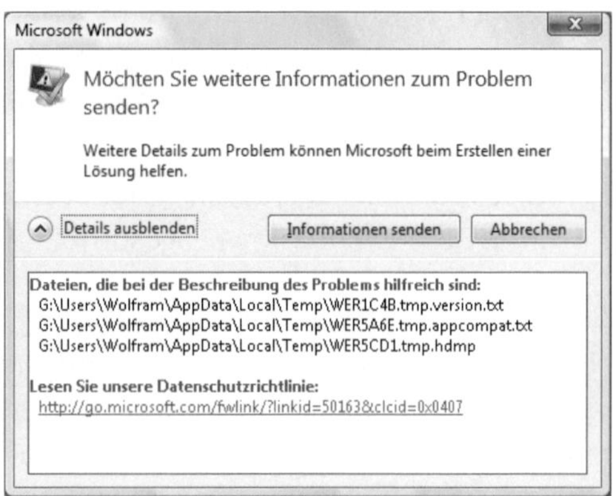

4 Windows bittet nun um die Erlaubnis, solche Problemberichte bei Programmabstürzen in Zukunft automatisch erstellen und übermitteln zu dürfen. Diese Entscheidung bleibt ganz Ihnen überlassen. Sollte Ihnen diese Informationsflut unbehaglich sein, wählen Sie *Nein, jedes Mal nachfragen*. Dann können Sie bei jedem (hoffentlich eher seltenen) Programmabsturz aufs Neue entscheiden, ob die Daten dazu an Microsoft übermittelt werden sollen.

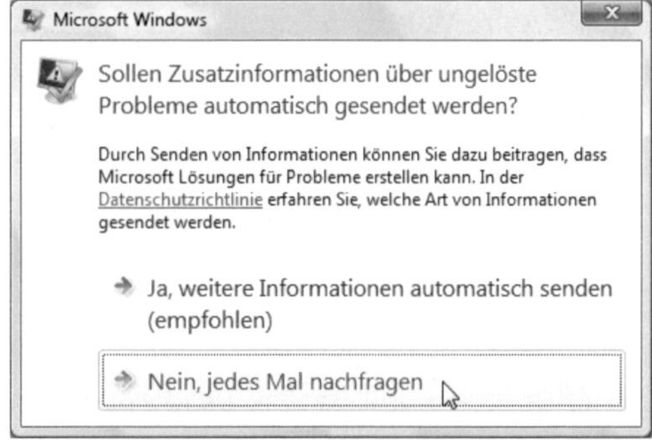

5 Bestätigen Sie dann das automatische Beenden der hängenden Anwendung mit *Programm schließen*.

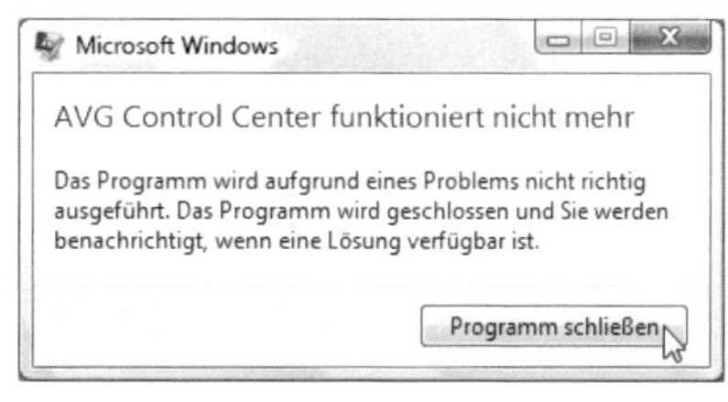

6 Anschließend übermittelt Windows die Daten dieses Störfalls an Microsoft. Gleichzeitig vermerkt es das Problem bei Ihren Problemberichten. Sollte eine Lösung dafür vorliegen, werden Sie automatisch benachrichtigt.

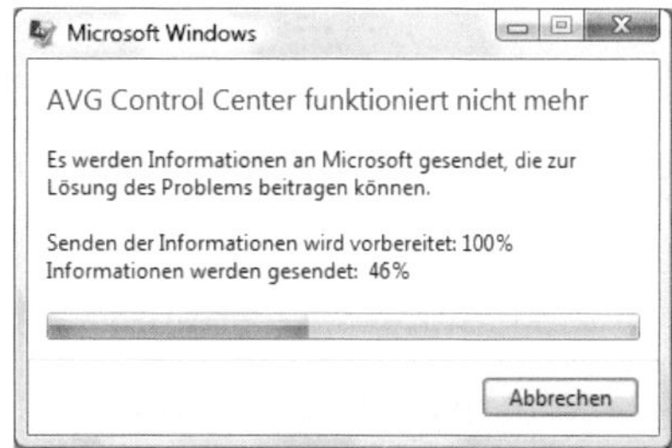

33.2 Kompatibilitätsprobleme durch die Benutzerkontensteuerung lösen

Ein ganz großer Knackpunkt für viele Anwendungen aus Windows XP-Zeiten oder gar davor dürfte die Benutzerkontensteuerung von Windows 7 sein. Dies entbehrt nicht ganz einer gewissen Ironie, denn gerade diese Anwendungen waren die Ursache dafür, dass Microsoft die Benutzerkontensteuerung eingeführt hat. Nun leiden diese Programme (und vor allem ihre Benutzer) unter den Konsequenzen.

TIPP

Der Hunger nach Zugriffsrechten von Anwendungen

Auch Windows XP hatte schon ein sinnvolles Benutzerkonzept mit eingeschränkten Benutzern. Allerdings hielten sich viele Programme nicht daran. Sie bestanden darauf, in die Registry zu schreiben und Daten in Systemverzeichnissen abzulegen oder zu verändern. Da eingeschränkte Benutzer dies nicht dürfen, funktionierten die Programme nicht für solche Anwender. Die Folge: Die meisten XP-Benutzer meldeten sich gewohnheitsmäßig als Administratoren an, um solchen Problemen aus dem Weg zu gehen. Dadurch aber gefährdeten sie die Sicherheit des Systems, da jeder Trojaner, Virus oder sonstiger Schädling nun ebenfalls gleich Administratorrechte hatte, wenn er einmal auf den PC gelangt war.

War das notwendig? Eigentlich nicht, denn praktisch jede Anwendung lässt sich so gestalten, dass sie mit eingeschränkten Rechten auskommt. Allerdings waren die Entwickler zu faul, diesen – manchmal sicherlich etwas aufwendigeren – Weg zu gehen. Da Microsoft die Softwareentwickler aber auch nicht dazu zwingen wollte und konnte, überlegten sich die Windows-Entwickler ab Vista eben die Benutzerkontensteuerung. Damit wird das Problem im Grunde genommen auf die Benutzer abgewälzt. Anwendungen dürfen sich nach wie vor Administratorrechte genehmigen und der Benutzer muss nun jedes Mal entscheiden, ob er dies zulassen will oder nicht.

So laufen auch ältere Anwendungen problemlos und sicher unter Windows 7

Die Benutzerkontensteuerung von Windows 7 kann sich auf verschiedene Weise auf Programme auswirken:

- Beim Start eines Programms müssen Sie dessen Ausführung mit Administratorrechten jedes Mal autorisieren. Dies tritt bei Programmen auf, die bereits für Vista und Windows 7 „optimiert" wurden bzw. die schon unter Windows XP nur durch Administratorbenutzer ausgeführt werden konnten. Bei solchen Anwendungen sind die Entwickler den Weg des geringsten Widerstands gegangen und vermeiden Probleme durch mangelnde Zugriffsrechte dadurch, dass sie das Programm grundsätzlich nur mit Administratorrechten ausführen lassen. Hier bleibt nur die Möglichkeit, den Hersteller der Software zu drängen, eine angepasste Version der Software herauszubringen, die keine ständige Autorisierung erfordert.
- Programme ohne Berücksichtigung der Benutzerkontensteuerung starten zwar zunächst ordnungsgemäß, liefern dann aber bei bestimmten Funktionen oder Situationen eine Fehlermeldung oder stürzen gar ab. Dies kann passieren, wenn sich ein Programm mit Standardbenutzerrechten ausführen lässt, dann aber Aktionen durchführen will, die nur mit Administratorrechten zulässig sind. Auch hier wäre die beste Lösung, vom Entwickler eine angepasste Version einzufordern, die ohne Fehler läuft. Allerdings gibt es je nach konkreter Fehlersituation Möglichkeiten, das Problem zu umgehen. Spätestens das Ausführen als Administrator sollte die Anwendung korrekt ablaufen lassen.
- Eine weitere Möglichkeit ist es, dass Programme zwar ohne Fehlermeldung und Absturz laufen, ihre Aufgaben aber trotzdem nicht ordnungsgemäß erledigen. So kann es z. B. passieren, dass sich eine Anwendung bei jedem Start wieder wie beim ersten Start verhält und Sie immer wieder Konfigurationsdaten eingeben müssen. Oder die beim letzten Mal gemachten Änderungen sind nach einem Neustart wieder verschwunden. Dieses Verhalten wird durch die Virtualisierungsfunktion der Benutzerkontensteuerung ausgelöst.

Anwendungen mit Rechtehunger als Administrator starten

Wenn eine Anwendung sich nur als Administrator ausführen lässt, bleibt Ihnen in der Regel nichts anderes übrig, als dem zu folgen – auch wenn dies dem Sicherheitskonzept von Windows eigentlich zuwiderläuft und nicht wirklich notwendig wäre, wenn die Entwickler des Programms sauber arbeiten würden. Fordert die Anwendung beim Start ohnehin Administratorrechte an, klicken Sie im entsprechenden Hinweisfenster einfach auf *Fortsetzen* bzw. geben ein Administratorkennwort an. Sollte eine Anwendung nicht von sich aus erhöhte Rechte anfordern, aber ohne sie nicht richtig arbeiten, können Sie dieses Programm manuell mit Administratorrechten starten.

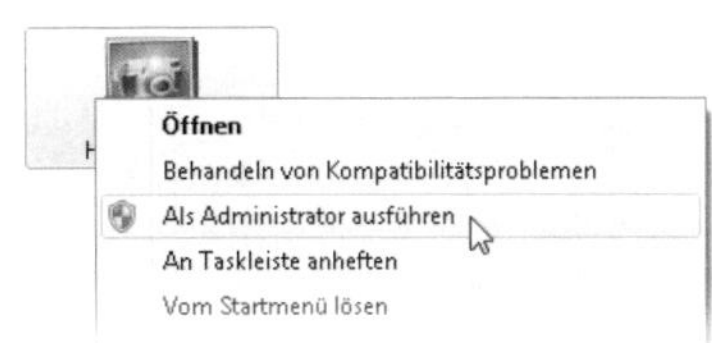

1 Starten Sie die Anwendung dazu nicht direkt, sondern klicken Sie zunächst mit der rechten Maustaste auf deren Symbol bzw. Eintrag im Startmenü.

2 Wählen Sie dann im Kontextmenü den Befehl *Als Administrator ausführen*.

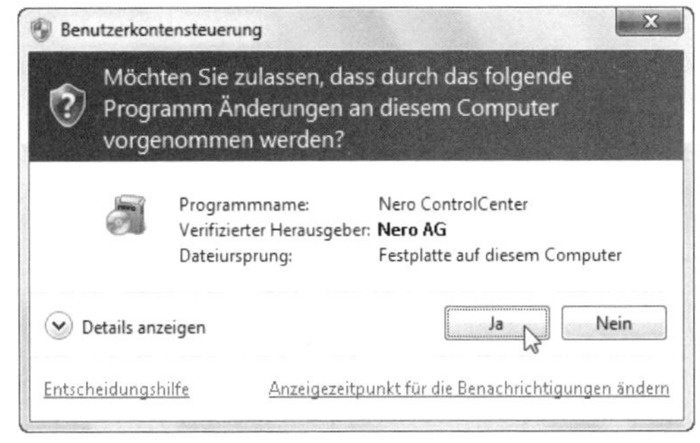

3 Bestätigen Sie im anschließenden Dialog die Erlaubnis, das Programm im Administratorkontext auszuführen.

4 Die Anwendung arbeitet nun mit den Zugriffsrechten des Administrators, wodurch es keinerlei Probleme in Bezug auf die Benutzerkontensteuerung geben sollte. Treten sonstige Kompatibilitätsprobleme auf, beachten Sie auch die Hinweise ab S. 574.

Problematische Anwendungen automatisch mit Admin-Rechten ausführen

Wenn eine Anwendung bei jedem Start Administratorrechte benötigt, ist der Umweg über das Kontextmenü auf Dauer etwas umständlich. In solchen Fällen können Sie in den Eigenschaften der Programmdatei bzw. der Verknüpfung zum Programm festlegen, dass diese Anwendung immer als Administrator ausgeführt werden soll. Dann können Sie das Programm in Zukunft ganz normal starten. Die notwendige Autorisierung für die Erhöhung der Zugriffsrechte lässt sich so allerdings auch nicht vermeiden.

1 Klicken Sie mit der rechten Maustaste auf das Symbol der Programmdatei bzw. auf die Verknüpfung der Anwendung im Startmenü und wählen Sie dort ganz unten *Eigenschaften*.

2 Wechseln Sie zur Registerkarte *Kompatibilität*.

3 Sofern Sie als Standardbenutzer angemeldet sind, klicken Sie in diesem Menü ganz unten auf *Einstellungen für alle Benutzer anzeigen* und autorisieren diesen Vorgang anschließend mit einem Administratorkennwort. Nur dann ist die entscheidende Option für Sie zugänglich.

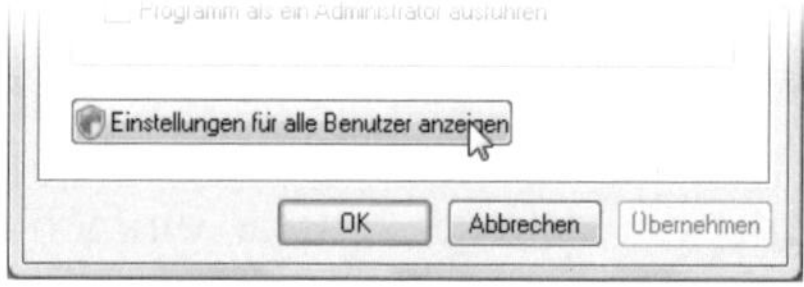

4 Schalten Sie ganz unten im Bereich *Berechtigungsstufe* die Option *Programm als Administrator ausführen* ein.

5 Übernehmen Sie die veränderte Kompatibilitätseinstellung mit *OK*.

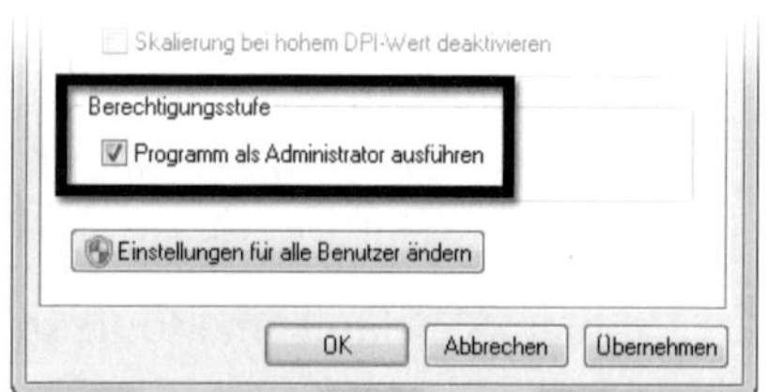

Leider erlaubt auch diese Einstellung keine vollautomatische Gewährung der Administratorrechte. Sie können die Anwendung also anschließend wie gewohnt durch einen direkten Klick oder Doppelklick starten. Allerdings müssen Sie den höheren Rechtestatus trotzdem jedes Mal in einem Hinweisfenster autorisieren. Wie Sie das für häufig genutzte Anwendungen vermeiden können, verrät der nachfolgende Abschnitt.

33.3 Tricksen Sie Windows aus: Anwendungen ohne Rückfrage als Administrator starten

Selbst wenn Sie in den Eigenschaften einer Anwendung festlegen, dass diese mit Administratorrechten ausgeführt werden soll, meldet sich die Benutzerkontensteuerung immer noch bei jedem Start des Programms mit einem Hinweis. Das kann bei regelmäßig genutzten Aufgaben schon recht nervig sein.

Aber das ist noch lange kein Grund, die Benutzerkontensteuerung zu deaktivieren und damit große Sicherheitsrisiken einzugehen. Mit einem kleinen Trick können Sie beliebige Anwendungen wirklich ohne Rückfrage mit Administratorrechten ausstatten.

INFO

So funktioniert der Trick

Um Ihnen einen kleinen Überblick vor der etwas längeren Schritt-für-Schritt-Anleitung zu geben: Der Trick macht sich die Aufgabenplanung von Windows zunutze. Es wird eine Aufgabe erstellt, die das gewünschte Programm startet. Dabei lässt sich festlegen, dass das Programm mit Administratorrechten laufen soll. Da Aufgaben auch komplett ohne Interaktion mit dem Anwender im Hintergrund ablaufen dürfen, erfolgt in diesem Fall keine Rückfrage. Nun muss nur noch eine Verknüpfung im Startmenü hinterlegt werden, mit der sich diese Aufgabe per Mausklick aktivieren lässt. Und schon ist der Programmaufruf ohne Rückfrage oder Hinweis der Benutzerkontensteuerung fertig.

Teil 1: Eine Anwendung mit erhöhten Rechten per Aufgabenplanung ausführen

Der erste Schritt besteht darin, mit der Windows-Aufgabenplanung eine Aufgabe zu erstellen, die die gewünschte Anwendung ausführt und ihr dabei automatisch erhöhte Rechte zuweist.

1. Starten Sie in der Systemsteuerung das Modul Verwaltung und dort die Aufgabenplanung.
2. Klicken Sie in der Aufgabenplanung rechts unter *Aktionen* auf *Einfache Aufgabe erstellen.*
3. Damit starten Sie einen Assistenten, der Sie durch die erforderlichen Arbeitsschritte führt. Geben Sie im ersten Dialog eine Bezeichnung für die Aufgabe an. Eine Beschreibung können Sie für Ihre eigene Orientierung noch hinzufügen. Klicken Sie dann unten rechts auf *Weiter.*

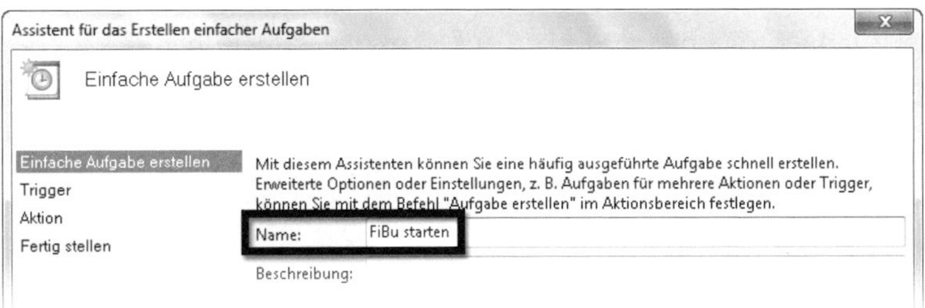

4. Wählen Sie im nächsten Schritt bei der Frage *Wann soll die Aufgabe gestartet werden?* die Option *Einmal.* So stellen Sie sicher, dass die Aufgabenplanung diese Aufgabe nicht tatsächlich regelmäßig automatisch ausführt.

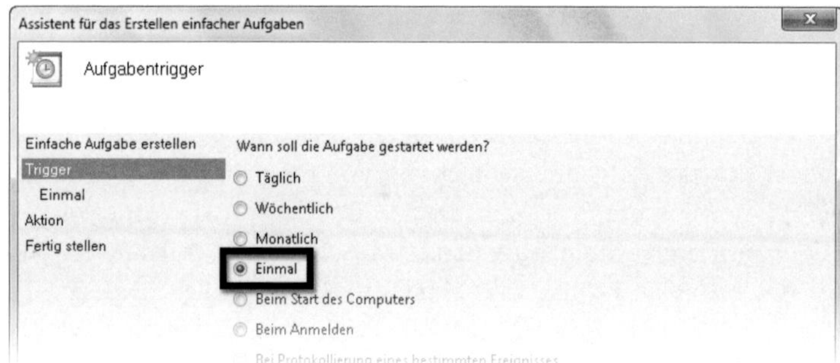

5 Übernehmen Sie im nächsten Schritt einfach das Datum und die aktuelle Uhrzeit als Ausführungszeitpunkt. Dadurch erreichen Sie, dass die Aufgabenplanung diese Aufgabe niemals automatisch ausführt.

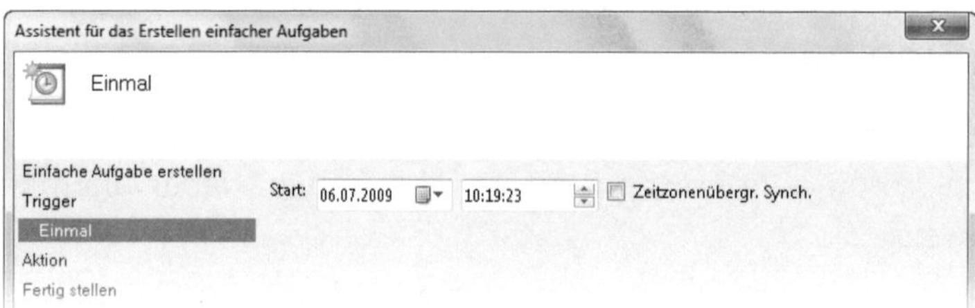

6 Wählen Sie dann bei *Aktion* die Option *Programm starten* aus.

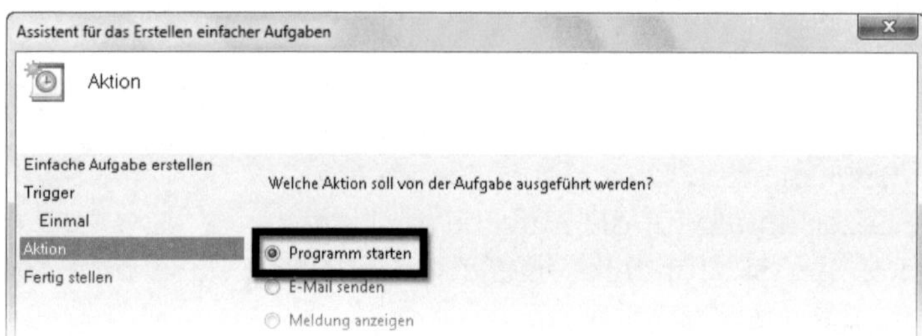

7 Klicken Sie im nachfolgenden Schritt auf *Durchsuchen*, um die Programmdatei der gewünschten Anwendung festzulegen. Sie finden sie in der Regel in einem entsprechend benannten Ordner unter *C:\Programme*.

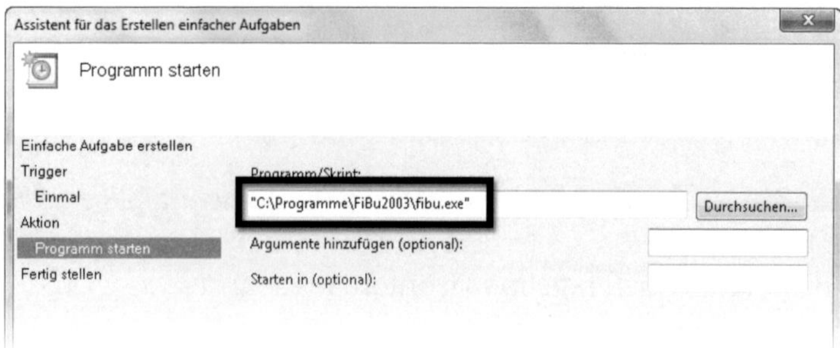

Sollten für das Ausführen der Programmdatei weitere Parameter erforderlich sein, fügen Sie diese bei *Argumente hinzufügen* ein.

TIPP

Programmdatei ermitteln

Falls Sie sich wegen der Programmdatei nicht sicher sind, gibt es eine gute Möglichkeit, diese Information zuverlässig zu ermitteln. Lokalisieren Sie die Anwendung im Startmenü so, als ob Sie sie ausführen wollten. Klicken Sie dann aber mit der rechten Maustaste auf den Eintrag und wählen Sie im Kontextmenü ganz unten *Eigenschaften*. Im anschließenden Dialog finden Sie im Feld *Ziel* die gewünschte Pfadangabe. Sie können diese auch Kopieren (Strg+C) und in der Aufgabenplanung direkt in das Feld *Programm/Skript* einfügen (Strg+V).

8 In der abschließenden Zusammenfassung aktivieren Sie die Option *Beim Klicken auf "Fertig stellen", die Eigenschaften für diese Aufgabe öffnen*, bevor Sie unten auf *Fertig stellen* klicken.

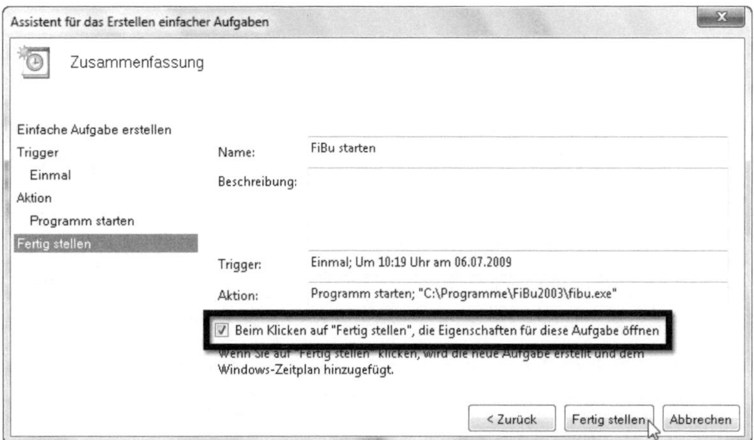

9 Aktivieren Sie in den Eigenschaften der Aufgabe auf der Registerkarte *Allgemein* dann unten links die Option *Mit höchsten Privilegien ausführen* und klicken Sie unten auf *OK*. Damit ist die Aufgabe erstellt und passend konfiguriert.

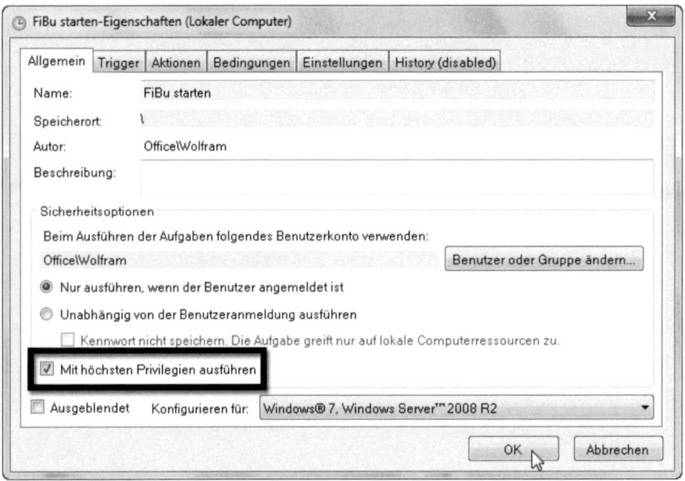

Teil 2: Eine Verknüpfung mit der Aufgabe im Startmenü anlegen

Nach dem Erstellen der Aufgabe können Sie diese jederzeit über die Aufgabenverwaltung aufrufen, was aber relativ umständlich ist. Deshalb gilt es nun noch, eine Verknüpfung im Startmenü anzulegen, mit der Sie die Aufgabe jederzeit per Mausklick direkt aktivieren können, sodass dadurch wiederum die gewünschte Anwendung mit erhöhten Rechten gestartet wird.

1 Öffnen Sie das Startmenü und klicken Sie mit der rechten Maustaste auf *Alle Programme*. Wählen Sie im Kontextmenü *Öffnen* bzw. klicken Sie, wenn Sie die Verknüpfung gleich für alle Benutzer des PCs erstellen möchten, auf *Öffnen - Alle Benutzer*.

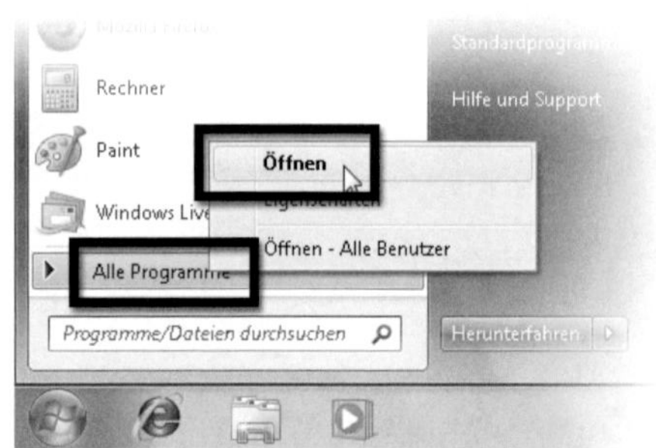

2 Dadurch öffnen Sie das Verzeichnis des Startmenüs im Windows-Explorer. Klicken Sie hier erneut mit der rechten Maustaste und wählen Sie dann im Kontextmenü *Neu/Verknüpfung*.

3 Im dadurch gestarteten Assistenten für Verknüpfungen tippen Sie bei *Geben Sie den Speicherort des Elements ein* Folgendes ein: *C:\Windows\System32\schtasks.exe /run /TN <Aufgabenname>*. Ersetzen Sie dabei *<Aufgabenname>* durch die Bezeichnung, die Sie für die zuvor erstellte Aufgabe vergeben haben. Wichtig: Wenn der Aufgabenname Leerzeichen enthält, müssen Sie

den Namen in Anführungszeichen setzen, damit der Aufruf später funktioniert.

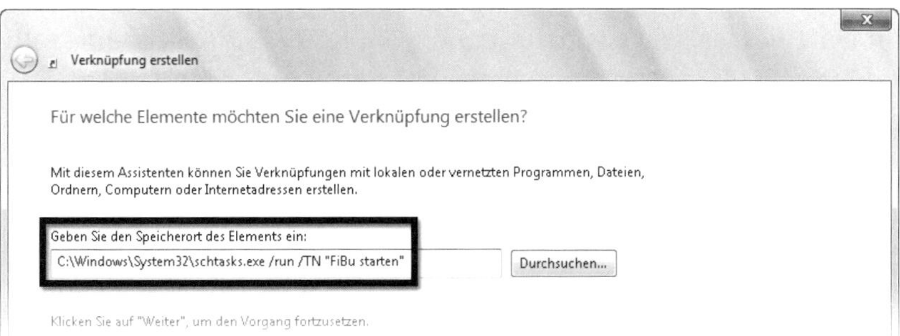

4 Legen Sie dann wiederum für diese Verknüpfung einen prägnanten Namen fest, unter dem Sie diese dann anschließend im Startmenü wiederfinden.

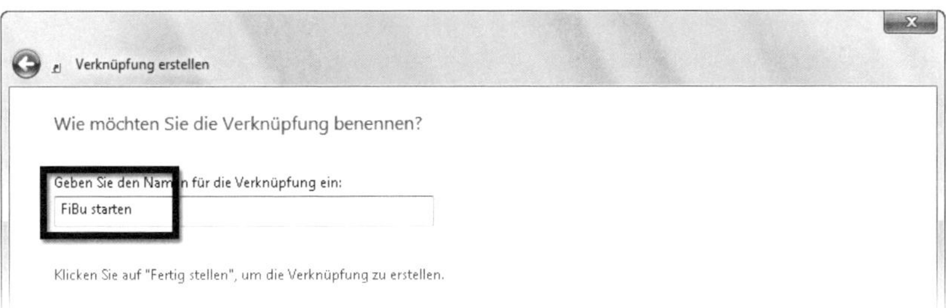

5 Klicken Sie dann unten auf *Fertig stellen*.

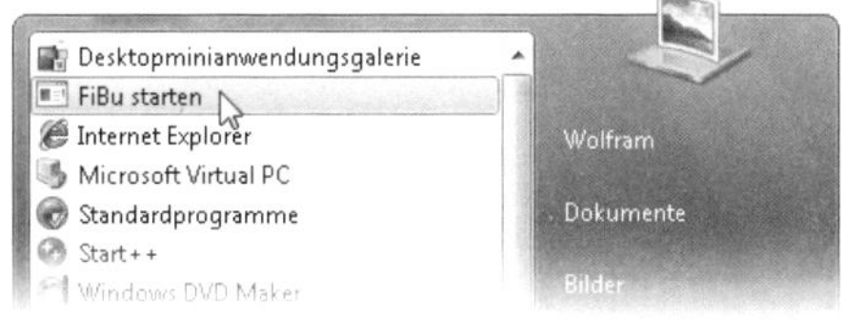

Wenn Sie anschließend das Startmenü aufrufen, finden Sie nun die neue Verknüpfung vor. Damit können Sie die gewünschte Anwendung per einfachem Mausklick starten, wobei sie durch die Aufgabenplanung mit erhöhten Rechten ausgestattet wird. Sie können den Eintrag der Verknüpfung im Startmenü auch so wie alle anderen Einträge an die Taskleiste bzw. an das Startmenü heften oder an eine andere Stelle im Startmenü verschieben.

33.4 Mithilfe eines virtuellen Systems fast beliebige Software ausführen

Wenn eine Software partout nicht laufen will, heißt die ultimative Lösung Virtualisierung. Hierzu erstellen Sie unter Windows 7 eine virtuelle Umgebung, in der die

Software genau in dem System laufen kann, in dem sie korrekt arbeitet. Handelt es sich also um ein Programm, das unter Windows XP klaglos seinen Dienst verrichtete, erstellen Sie ein virtuelles Windows XP-System und lassen die Anwendung darin laufen. Alles, was Sie dafür benötigen, ist die Virtualisierungssoftware Virtual Windows XP, die Microsoft kostenlos zur Verfügung stellt.

TIPP

Wann macht der XP-Modus Sinn?

Der virtuelle XP-Modus unter Windows 7 stellt rein technisch ein leicht abgespecktes Windows XP mit SP3 in einer virtuellen Maschine dar. Allerdings hat Microsoft einige Besonderheiten eingebaut, die Sie beachten sollten.

Zuerst die guten Nachrichten:

1. Wenn Sie Anwendungsverknüpfungen in der virtuellen Maschine anlegen, werden diese auch im Startmenü von Windows 7 angezeigt und können direkt von dort aus aufgerufen werden.
2. Die virtuelle Maschine beinhaltet bereits die Lizenz für Windows XP. Ansonsten müssten Sie eine eigene Lizenz für jedes Windows in einer virtuellen Maschine erwerben.

Es gibt allerdings auch einige Stolpersteine zu beachten:

3. Der virtuelle XP-Modus verlangt einen Prozessor, der hardwareseitig Intel-VT oder AMD-V unterstützt. Das sollte bei allen halbwegs modernen Rechnern der Fall sein.
4. Die Installation läuft ausschließlich unter den Windows-Versionen Professional, Ultimate und Enterprise. Die Home-Varianten verweigern die Installation. Laut Microsoft ist der XP-Modus ausschließlich für Unternehmen gedacht, die alte, oft selbst erstellte Anwendungen zum Laufen bringen müssen.
5. Die Grafikbeschleunigung im 3-D-Modus funktioniert nicht. Deshalb ist der Modus auch für ältere XP-Spiele-Kracher ungeeignet.

Installieren von Virtual Windows XP

Virtual Windows XP ist ein Softwarepaket aus zwei Komponenten, die Sie beide herunterladen und installieren müssen. Die Downloadseite für beides finden Sie unter *http://www.microsoft.com/windows/virtual-pc/download.aspx*.

1 Laden Sie hier zunächst Virtual PC herunter und installieren Sie dieses Programm. Es bildet die Hardware eines PCs in Software nach und erschafft sozusagen einen PC im PC, auf dem ein eigenes Betriebssystem und Anwendungen laufen können. Anschließend ist ein Neustart erforderlich.

2 Danach installieren Sie den Windows XP-Modus. Dabei handelt es sich um ein eigenständiges Windows XP-Image, das von Virtual PC ausgeführt werden kann.

3 Anschließend starten Sie mit *Start/Alle Programme/Windows Virtual PC/ Virtual Windows XP* das Einrichten Ihres virtuellen Windows XP-Systems.

4 Stimmen Sie zunächst den Lizenzbedingungen zu und geben Sie dann ein Kennwort an, das den Zugang zum XP-System sichert (eben wie ein richtiges Betriebssystem). Die Option *Anmeldeinformationen speichern* sorgt dafür, dass Sie dieses Kennwort in Zukunft nicht jedes Mal wieder angeben müssen.

Virtual Windows XP-Setup
Geben Sie das Kennwort für Virtual Windows XP an.
Benutzername: User
Kennwort: ••••••••
Kennwort bestätigen: ••••••••
Anmeldeinformationen speichern (empfohlen)
Weitere Informationen zu gespeicherten Anmeldeinformationen
Weiter Abbrechen

5 Auch ein virtuelles Windows sollte ggf. durch regelmäßige Updates geschützt werden. Wählen Sie dazu im nächsten Schritt *Den Schutz des Computers durch Aktivieren von "Automatische Updates" verbessern*.

6 Nun wird das virtuelle Windows XP für die erste Verwendung eingerichtet. Dies beansprucht einige Zeit. Die Fortschrittsanzeige verrät Ihnen, wann es so weit ist.

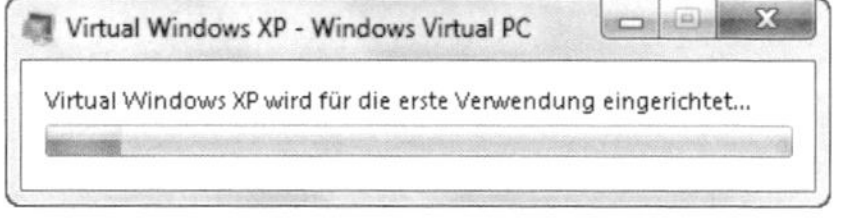

7 Anschließend wird das virtuelle Windows XP zum ersten Mal gestartet. Wenn Sie das Fenster in den Vollbildmodus maximieren, nimmt das virtuelle System den kompletten Bildschirm ein und von Windows 7 selbst ist nichts mehr zu sehen. Nur eine kleine Leiste am oberen Bildschirmrand verrät noch, dass es sich um ein virtuelles System handelt und nicht um ein „echtes" Windows XP.

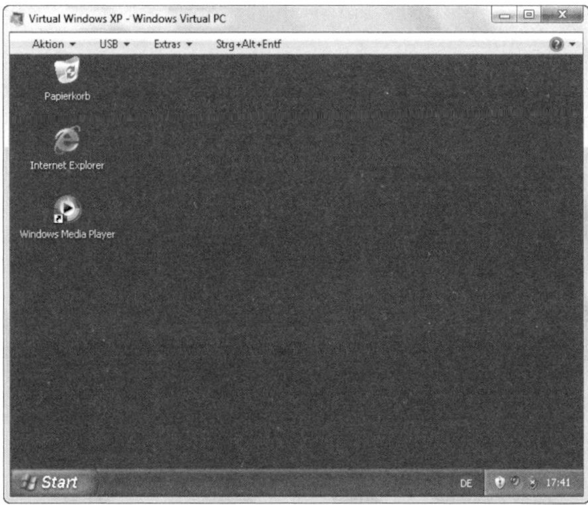

Installieren Sie Anwendungen im virtuellen Windows XP

Mit der Installation von Virtual Windows XP haben Sie die Voraussetzungen dafür geschaffen, problematische Anwendungen wie unter Windows XP laufen zu lassen. Nun können Sie solche Anwendungen in dieser Umgebung installieren und ausführen. Wichtig dabei ist, dass Sie die fraglichen Anwendungen nicht wie gewohnt unter Windows 7 installieren, sondern in der eingerichteten virtuellen Umgebung. Starten Sie dazu zunächst das virtuell installierte Windows XP. Dies gilt aber nur für die Installation der Anwendung. Später zum Ausführen ist ein Starten der virtuellen Umgebung nicht mehr erforderlich. Das ist gerade der Vorteil von Virtual Windows XP.

1 Starten Sie Virtual Windows XP mit *Start/Alle Programme/Virtual Windows XP*.

2 Dieser Vorgang wird ein wenig dauern, was völlig normal ist.

3 Sollte Virtual Windows XP sich zwischenzeitlich beschweren, dass geöffnete virtuelle Anwendungen gefunden wurden, dann klicken Sie auf *Virtuellen Desktop öffnen*.

4 Nach kurzer Wartezeit steht Ihnen dann das virtuelle XP-System zur Verfügung. Nun können Sie in diesem System die problematische Anwendung installieren. Dazu besteht wie gewohnt Zugriff auf vorhandene CD/DVD-Laufwerke, um etwa eine Installations-DVD einzulegen. Befindet sich das Setup-Programm auf einem Festplattenlaufwerk, finden Sie dieses im Arbeitsplatz unter *Andere* als Netzlaufwerk wieder.

5 Nachdem Sie die Installation abgeschlossen haben, sollten Sie die Anwendung einmalig in der virtuellen Umgebung starten und ggf. Grundeinstellungen vornehmen.

6 Beenden Sie dann das virtuelle Windows XP, indem Sie sein Fenster unter Windows 7 einfach schließen.

Starten Sie virtuelle XP-Anwendungen unter Windows 7

Alle Anwendungen, die Sie in der virtuellen XP-Umgebung eingerichtet haben, können Sie jederzeit unter Windows 7 ausführen. Sie werden dann automatisch in der virtuellen Umgebung ausgeführt. Dies erkennen Sie daran, dass die Fenster der Anwendung das typische XP-Aussehen haben.

TIPP

Virtuelle Anwendungen beliebig im Startmenü platzieren

Installierte virtuelle Anwendungen werden automatisch an der beschriebenen Stelle im Startmenü eingefügt. Wenn Ihnen der Aufruf dort zu tief verschachtelt ist, können Sie den Eintrag aber auch an eine beliebige andere Stelle des Startmenüs verschieben oder eine Verknüpfung darauf erstellen. Sie erkennen solche Programmeinträge immer noch gut an der Ergänzung *(Virtual Windows XP)*.

1 Um eine im virtuellen XP installierte Anwendung zu starten, wählen Sie im Startmenü *Start/Alle Programme/Windows Virtual PC/Virtual Windows XP Anwendungen*. Dieser Ordner enthält alle Anwendungen, die Sie virtuell installiert haben.

2 Wenn Sie eine dieser Anwendungen aufrufen, wird automatisch die virtuelle XP-Umgebung aktiviert.

3 Allerdings wird in diesem Fall nicht das komplette virtuelle XP gestartet, sondern eben nur die Anwendung, die sie angefordert haben.

4 Diese wird in einem Fenster mit den typischen XP-Elementen angezeigt. Selbstverständlich können Sie das Fenster aber auch maximieren und im Vollbild betreiben, sofern die Anwendung dies zulässt.

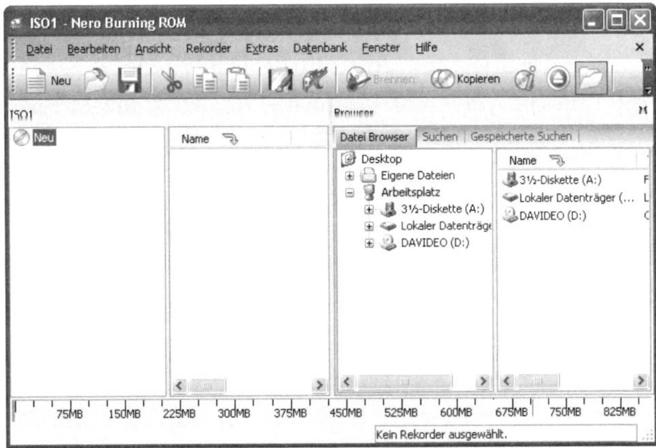

5 Wenn Sie die Arbeit beendet haben, schließen Sie einfach die Anwendung bzw. das Fenster. Dann wird die virtuelle XP-Umgebung automatisch ebenfalls beendet.

Daten zwischen Windows 7 und dem virtuellen XP-System austauschen

Das virtuelle XP-System ist ein komplett eigenes System, das innerhalb von Windows 7 läuft. Deshalb ist der Datenaustausch nicht ganz so einfach möglich. Sie können nicht wie gewohnt einfach Dokumente aus ihren persönlichen Ordnern öffnen und bearbeiten. Ganz ohne Datenaustausch sind die allermeisten Anwendungen jedoch wenig sinnvoll. Deshalb gibt es verschiedene Methoden, Informationen zwischen dem „realen" Windows 7-System und der virtuellen XP-Anwendung hin und her zu bewegen.

Kleine Datenmengen per Zwischenablage austauschen

Geht es um kleine Datenmengen oder einzelne Texte, Zahlen oder Bilder, ist häufig die Windows-Zwischenablage die schnellste Lösung. Die Zwischenablage des realen Windows 7-Systems und des virtuellen Windows XP-Systems sind miteinander verknüpft. Was Sie also bei dem einen System kopieren oder ausschneiden, das können Sie anschließend im anderen System einfügen und umgekehrt.

Zugriff auf die Windows 7-Laufwerke über virtuelle Netzwerkordner

Auch mit dem virtuellen XP-System haben Sie Zugriff auf Dokumente, die auf der Festplatte oder auch auf einem angeschlossenen Wechselspeichermedium (USB-Stick, Speicherkarte etc.) gespeichert sind. Allerdings können solche Laufwerke nicht wie gewohnt angesprochen werden. Stattdessen stehen sie als virtuelle Netzwerkordner zur Verfügung. Das virtuelle XP-System stellt automatisch jedes unter Windows 7 vorhandene Laufwerk als einen solchen virtuellen Netzwerkordner zur Verfügung.

1 Klicken Sie im Öffnen- oder Speichern-Dialog der Anwendung im virtuellen XP-System auf *Arbeitsplatz*.

2 Hier finden Sie neben den lokalen (und damit ebenfalls virtuellen) Laufwerken weitere Laufwerke mit einer Bezeichnung in der Form *<Buchstabe> auf <PC-Name>*, wobei *<PC-Name>* die Bezeichnung des realen Windows 7-Systems ist. Hinter dem Ordner *D auf MeinRechner* verbirgt sich also z. B. das Laufwerk C:\ des Windows 7-Systems.

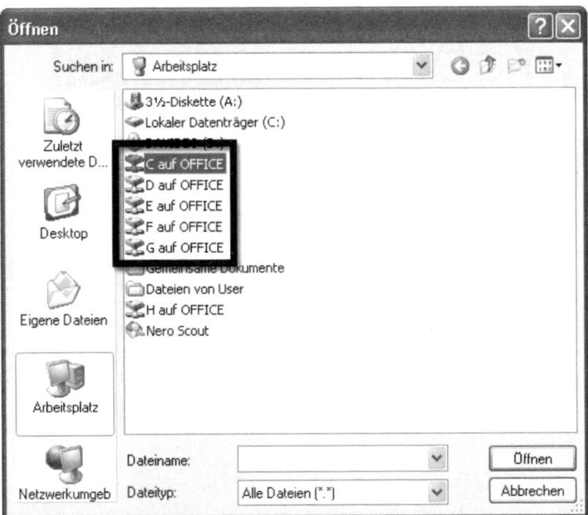

3 Leider werden die Laufwerkbuchstaben einfach der Reihe nach vergeben. Welches Laufwerk sich hinter welchem Namen verbirgt, müssen Sie also durch Probieren herausfinden. In der Regel finden Sie aber mit dem ersten Eintrag dieser Art das Systemverzeichnis des Windows 7-Systems (also in der Regel C:\).

4 Über diese virtuellen Netzlaufwerke können Sie auf die unter Windows 7 gespeicherten Dokumente zugreifen. Dabei müssen Sie sich allerdings an den Ordnerstrukturen von Windows 7 orientieren. Ihre eigenen Dokumente finden Sie z. B. auf dem Systemlaufwerk unter *Users\<Ihr Benutzername>\Dokumente*.

34. Hardwareprobleme schnell und zuverlässig lösen

Auch Windows 7 wird Sie eventuell nicht immer von Hardwareproblemen verschonen. Zwar bringt es für viele gängige Hardwarekomponenten bereits passende Treiber mit oder liefert diese ggf. per Online-Update nach. Trotzdem kann es gerade bei älteren oder exotischen Hardwarekomponenten zu Problemen kommen. Hier dürften häufig keine aktuellen Treiber mehr zu bekommen sein. Oftmals besteht in solchen Fällen aber die Möglichkeit, mit den vorhandenen XP-Hardwaretreibern weiterzuarbeiten.

34.1 Den Status der Hardware im Geräte-Manager überprüfen

Wie schon seine Vorgänger verfügt Windows 7 über einen speziellen Geräte-Manager, der für den Umgang mit Hardwarekomponenten und den dazugehörenden Treibern zuständig ist. Mit ihm lässt sich die vorhandene Hardware kontrollieren und einstellen. Bei Problemen ist der Geräte-Manager deshalb stets die erste Anlaufstelle.

1 Um den Geräte-Manager zu verwenden, rufen Sie zunächst mit *Start/Systemsteuerung* die Systemeinstellungen auf und wählen dort die Kategorie *System und Wartung*.

2 Klicken Sie hier auf *Geräte-Manager*, um dieses Werkzeug zu öffnen. Da es sich hierbei (wie bei praktisch allen hardwarebezogenen Angelegenheiten) um eine sicherheitsrelevante Aktion handelt, müssen Sie den Vorgang als Administrator bestätigen.

Geräte-Manager

3 Im Geräte-Manager finden Sie eine ganze Reihe von Rubriken, in die die vorhandenen Hardwarekomponenten eingeteilt sind. Die Darstellung ist dabei ähnlich wie die von Ordnern und Dateien im Windows-Explorer. Wenn Sie auf das Plussymbol vor einer der Rubriken klicken, blättern Sie diese auf und erhalten Zugriff auf die dazugehörenden Komponenten.

4 Um ein einzelnes Gerät näher unter die Lupe zu nehmen, führen Sie einen Doppelklick auf den entsprechenden Eintrag im Geräte-Manager aus. Dieser öffnet dann die Eigenschaften für das Gerät. Dort finden Sie alle Informationen und Funktionen, die zu diesem Gerät und ggf. zu seinen Treibern verfügbar sind. Der genaue Inhalt der Eigenschaften hängt von der Art des jeweiligen Geräts ab.

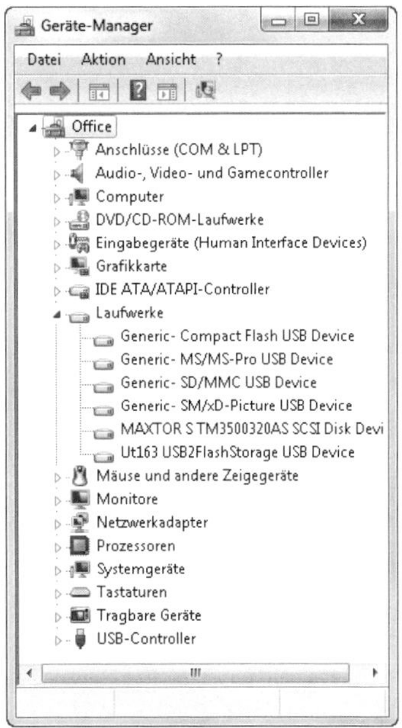

5 Meist erkennt Windows von allein, dass ein bestimmtes Gerät nicht ordnungsgemäß arbeitet. Dann blendet der Geräte-Manager dieses beim Öffnen automatisch ein und versieht sein Symbol mit einer farbigen Markierung. So kommen Sie den Verursachern von Hardwareproblemen schnell auf die Schliche.

Wenn der Geräte-Manager ein Hardwareproblem anzeigt, hat dies in den seltensten Fällen tatsächlich mit einem Defekt an einer Komponente zu tun, eher schon mit einer Kabelverbindung, die sich gelöst hat, oder ähnlichen Verbindungsproblemen. Auch Probleme mit der Ressourcenverteilung sind dank Plug & Play eher selten geworden. In den allermeisten Fällen aber liegt das Problem an der Treibersoftware für das Gerät, die entweder ganz fehlt oder nicht ordnungsgemäß funktioniert.

Wenn der Geräte-Manager nicht alle Komponenten anzeigt

Der Geräte-Manager versteckt einige Komponenten, die den Benutzer seiner Meinung nach nichts angehen, weil es sich dabei z. B. um logische Komponenten des Betriebssystems handelt.

Solche Komponenten können Sie aber trotzdem einsehen, wenn Sie im Geräte-Manager mit *Ansicht/Ausgeblendete Geräte anzeigen* die entsprechende Option aktivieren. Leider „vergisst" der Geräte-Manager diese Einstellung beim Beenden jedes Mal, sodass Sie sie bei Bedarf immer wieder einschalten müssen.

Selbst jetzt verbirgt der Geräte-Manager aber immer noch Komponenten, für die zwar Treiber installiert sind, die aber momentan nicht an den PC angeschlossen bzw. eingeschaltet sind. Dazu gehören z. B. mobile Geräte wie USB-Sticks, Digitalkameras etc., aber auch sämtliche festen Hardwarekomponenten (Festplatten, Grafikkarten, CD-Laufwerke etc.), die irgendwann einmal in den PC eingebaut und unter Windows eingerichtet waren. Um auch auf diese Komponenten zugreifen und z. B. deren Treiber entfernen zu können, gehen Sie wie folgt vor:

1. Öffnen Sie in der Systemsteuerung das Modul System und klicken Sie dort links in der Navigationsleiste auf *Erweiterte Systemeinstellungen*.
2. Klicken Sie im anschließenden Menü auf der Registerkarte *Erweitert* ganz unten auf die Schaltfläche *Umgebungsvariablen*.
3. Im dadurch geöffneten Menü klicken Sie wiederum unten im Bereich *Systemvariablen* auf die Schaltfläche *Neu*, um eine neue Systemvariable anzulegen.
4. Geben Sie im nachfolgenden Dialog bei *Name der Variablen* die Bezeichnung *devmgr_show_nonpresent_devices* und bei *Wert der Variablen 1* an.

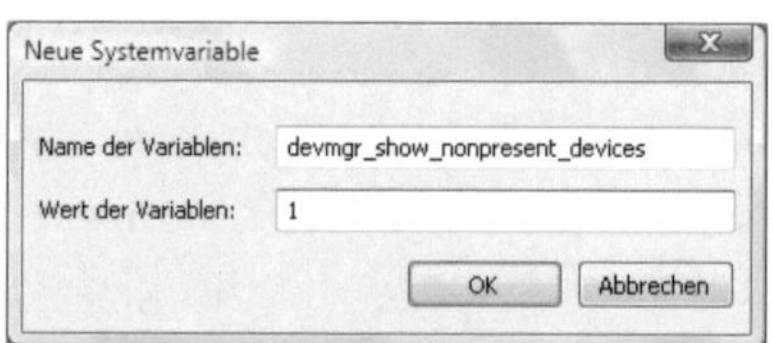

5. Klicken Sie dann dreimal auf *OK*, um die neue Variable zu übernehmen. Nun müssen Sie den Geräte-Manager ggf. beenden, neu starten und mit *Ansicht/ Ausgeblendete Geräte anzeigen* die erweiterte Anzeige aktivieren. Dann werden auch die derzeit nicht verbundenen Hardwarekomponenten angezeigt.

34.2 Hardwareprobleme beheben

Wenn Windows bemerkt, dass es mit einer Hardwarekomponente Probleme gibt, deaktiviert es dieses Gerät in der Regel automatisch. Das bedeutet, dass der Treiber für dieses Gerät beim Systemstart nicht mehr geladen wird und die Komponente auch sonst ignoriert wird. So wird sichergestellt, dass das System trotz des Hardwareproblems weiterarbeiten kann. Um die kaltgestellte Komponente wieder in Betrieb zu nehmen, müssen Sie aber selbst aktiv werden.

Ressourcenkonflikt bei Hardwarekomponenten auflösen

Konflikte um IRQs und andere Ressourcen sind zum Glück sehr selten geworden. Zum einen kümmert sich Windows 7 wie schon seine Vorgänger sehr effizient um die reibungslose Verteilung der vorhandenen Ressourcen. Zum anderen sind viele Hardwarekomponenten heutzutage nicht mehr auf eine exklusive Ressourcenzuteilung angewiesen. Gerade bei älterer Hardware kann es aber immer noch zu Problemen kommen, die ein manuelles Eingreifen erfordern. Dies ist zum Glück auch unter Windows 7 noch möglich.

1 Starten Sie den Geräte-Manager und wählen Sie die Hardwarekomponente aus, die durch den Ressourcenkonflikt lahmgelegt ist. Sie ist mit einem Warnsymbol deutlich markiert.

2 Öffnen Sie die Eigenschaften dieser Ressource mit einem Doppelklick. Auf der Registerkarte *Allgemein* können Sie zunächst den Gerätestatus ablesen. Hier findet sich meist schon ein deutlicher Hinweis darauf, welche Art von Ressourcenkonflikt vorliegt.

3 Wechseln Sie dann zur Registerkarte *Ressourcen*. Hier sollten Sie zunächst ganz unten den Bereich *Gerätekonflikt* beachten. Liegt ein Ressourcenkonflikt vor, wird hier ganz genau beschrieben, um welche Ressource es sich handelt und welches andere Gerät davon betroffen ist.

4 Wenn dieser Konflikt durch die automatische Ressourcenverteilung verursacht wurde, sollten Sie zunächst die Option *Automatisch konfigurieren* ausschalten.

5 Wählen Sie dann im Bereich *Ressourceneinstellungen* die Ressource aus, die den Konflikt verursacht, und klicken Sie auf die Schaltfläche *Einstellung ändern*.

6 Damit öffnen Sie ein zusätzliches Menü, in dem Sie diese Ressourceneinstellung bearbeiten können. Ändern Sie dazu den Wert der Ressource so lange, bis im Bereich *Konfliktinformationen* die Meldung *Es liegen keine Gerätekonflikte vor* angezeigt wird.

7 Übernehmen Sie den neuen Wert dann mit zweimal *OK* und starten Sie den PC neu, damit die geänderten Einstellungen für die Hardwarekomponenten in Kraft treten können.

Problematische Hardwarekomponenten vorübergehend deaktivieren

Der Geräte-Manager bietet die Möglichkeit, einzelne Hardwarekomponenten vorübergehend zu deaktivieren oder auch ganz aus der Konfiguration zu entfernen. Ein Ausbau des Geräts ist dann nicht erforderlich. Die dazugehörenden Treiber werden dann beim Start nicht mehr geladen und die Komponenten belegen auch keine Ressourcen mehr. So lassen sich Treiberprobleme und Ressourcenkonflikte lösen, wenn eine Komponente ohnehin nicht gebraucht wird

1 Um einzelne Geräte zu de- oder zu aktivieren, öffnen Sie den Geräte-Manager wie oben beschrieben und suchen den Eintrag dieses Geräts.

2 Klicken Sie mit der rechten Maustaste auf den Eintrag. Im kontextabhängigen Menü finden Sie die Funktion *Deaktivieren*. Damit beenden Sie die Verwendung dieses Geräts vorübergehend.

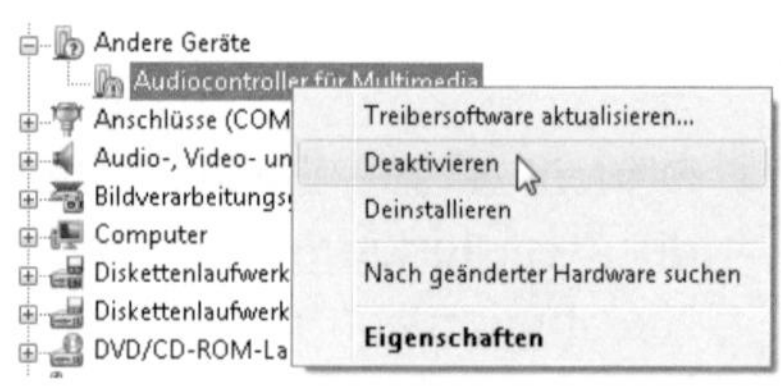

3 Bestätigen Sie den folgenden Sicherheitshinweis mit *Ja*.

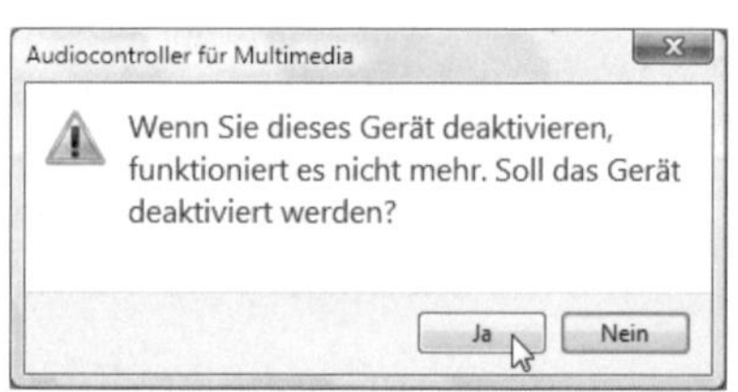

4 Im kontextabhängigen Menü finden Sie nun statt des *Deaktivieren*-Befehls die Funktion *Aktivieren*, mit der Sie die Komponente wieder in den Betrieb einbinden können.

5 Außerdem finden Sie im kontextabhängigen Menü die Funktion *Deinstallieren*. Im Gegensatz zu *Deaktivieren* schalten Sie eine Komponente damit nicht einfach nur ab, sondern entfernen sie ganz aus der Systemkonfiguration. In der Praxis bedeutet dies, dass der Softwaretreiber dafür entfernt wird und das Gerät komplett aus dem Geräte-Manager verschwindet. Auch hier müssen Sie den Sicherheitshinweis bestätigen, bevor die Aktion ausgeführt wird.

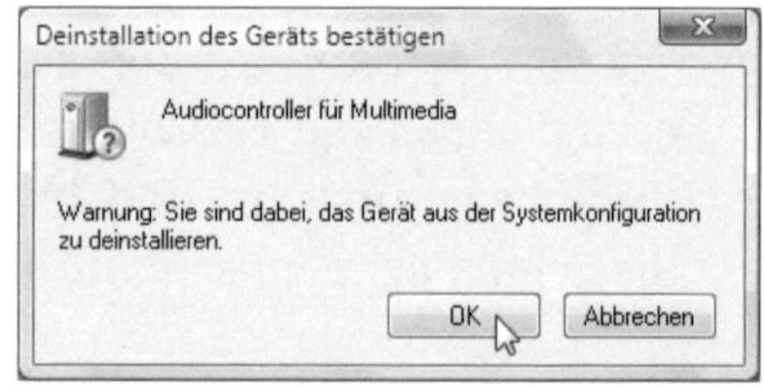

TIPP

Deinstallierte Geräte

Eine deinstallierte Hardwarekomponente befindet sich natürlich physikalisch immer noch im Rechner, auch wenn Sie sie in der Gerätesteuerung deaktiviert haben. Windows merkt sich deinstallierte Geräte intern. So wird verhindert, dass der Hardware-Assistent bei jedem Neustart deinstallierte Geräte als neue Komponenten erkennt und einbinden will. Um eine deinstallierte, aber nicht ausgebaute Komponente später wieder einzubinden, müssen Sie den Hardware-Assistenten wie vorangehend beschrieben manuell starten. Dann werden alle vorhandenen, nicht installierten Komponenten ermittelt und zur Installation angeboten.

Das Deaktivieren von Hardwarekomponenten sollte stets nur eine Not- und Übergangslösung sein, z. B. bis neue Treibersoftware verfügbar ist, mit der sich die eventuell vorhandenen Probleme oder Konflikte lösen lassen. Auch wenn Sie mehrere Betriebssysteme parallel auf einem PC betreiben, kann diese Maßnahme sinnvoll sein, wenn Sie eine Komponente z. B. unter Windows 7 gar nicht verwenden wollen oder können. Mit einem älteren Betriebssystem kann sie dann trotzdem normal verwendet werden. Ansonsten sollten Sie eine Hardwarekomponente, die dauerhaft nicht genutzt werden kann, besser ganz ausbauen.

34.3 Aktuelle Treiber für Problemkomponenten beschaffen und installieren

Windows 7 bringt bereits Treiber für viele gängige Hardwarekomponenten mit, um den Benutzern unnötige Komplikationen bei der Installation zu ersparen. Für kritische Komponenten wie Mainboard, Grafikkarten oder IDE-Controller werden notfalls generische Treiber installiert, die eine Grundfunktionalität sichern. Für die volle Funktionsvielfalt und maximale Leistung empfiehlt es sich aber, bei nächster Gelegenheit produktspezifische Treiber nachzurüsten. Für viele Hardwarekomponenten stellt Microsoft auch Treibersoftware per Online-Update zur Verfügung. Diese Geräte können dann – eine funktionierende Onlineverbindung vorausgesetzt – auch recht problemlos in Betrieb genommen werden.

Renommierte Hardwarehersteller dürften außerdem früher oder später neue Treiberversionen für die Verwendung ihrer Produkte unter Windows 7 bereitstellen. Hier hilft es, regelmäßig die Supportseiten zu besuchen und auch ruhig mal aktuellere Treiber per E-Mail oder Kontaktformular einzufordern. Das kann die Entwicklung nur beschleunigen. Bis dahin können Sie in den meisten Fällen die Treibersoftware von Vista oder ggf. Windows XP weiterverwenden. Windows 7 beschwert sich dann zwar über unzertifizierte Treiber, kann die Hardware damit aber fast immer uneingeschränkt nutzen.

TIPP

Baugleiche Klonmodelle unter falscher Flagge

Weitaus häufiger, als man denkt, sind Hardwareprodukte unter der Verpackung und dem Gehäuse miteinander baugleich. Oftmals kaufen Firmen einfach die komplette Technologie von anderen Unternehmen ein bzw. lassen ihre Produkte gleich von denen herstellen. Dabei wird nur z. B. das Gehäuse modifiziert oder sogar einfach nur ein anderes Typenschild aufgeklebt. Was das für den Benutzer bedeutet: Aufgrund der Baugleichheit können Sie für eine Hardwarekomponente teilweise die Treiber einer ganz anderen Firma verwenden.

Das ist ein großer Vorteil, wenn sich der nominelle Hersteller Zeit mit neuen Treibern lässt oder das Produkt vielleicht schon gar nicht mehr unterstützt (was gerade bei solchen Klonprodukten leider häufig vorkommt). Sie müssen dazu allerdings herausfinden, ob und zu welchen Produkten Ihre Hardware eventuell baugleich ist. Dabei helfen Google sowie einschlägige Hardware-Onlineforen und Treibersammlungen.

Hardwaretreiber installieren

Windows 7 automatisiert das Erkennen und Einbinden von Hardwarekomponenten weitestgehend. Außer dem Anschließen bzw. Einbauen der Hardware läuft alles Weitere automatisch bzw. von Assistenten begleitet ab. Bei der Installation bzw. beim ersten Start danach prüft Windows ohnehin die gesamte vorhandene Hardware gründlich. Hier ist ein Eingreifen des Benutzers in der Regel nicht nötig. Allerdings wird auch nicht notwendigerweise alle Hardware korrekt erkannt und eingebunden. Ein prüfender Blick in den Geräte-Manager ist deshalb immer empfehlenswert (siehe S. 596). Auch später wird neue Hardware entweder beim Einstecken (USB-Geräte) oder spätestens beim nächsten Windows-Start erkannt. Im Idealfall, wenn nämlich Windows bereits einen passenden Treiber mitbringt bzw. sich diesen per Online-Update besorgen kann, läuft alles komplett ohne Ihr Zutun:

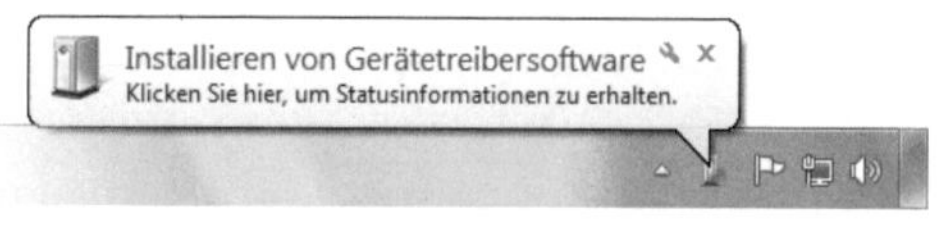

1 Windows hat das Vorhandensein einer neuen Hardware festgestellt. Es identifiziert das Produkt und sucht zunächst in seiner eigenen Treiberbibliothek nach passender Software. Wird es dort nicht fündig, versucht es via Windows Update passende Treibersoftware zu beschaffen. Dieser Onlinezugriff kann ggf. zu Verzögerungen führen.

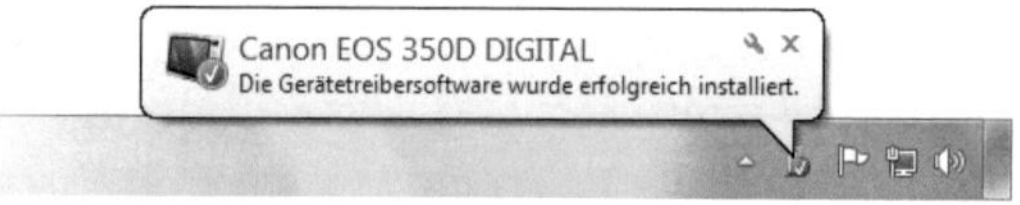

2 Die auf die eine oder andere Art beschaffte Treibersoftware wird dann umgehend installiert. Neustarts sind bei Win-

dows 7 aus solchen Anlässen nur noch sehr selten nötig. Selbst Grafikkartentreiber z. B. können nun im laufenden Betrieb ausgetauscht werden, was noch bei Vista nicht möglich war.

3 Sie werden über diese Vorgänge nur durch eine kleine Meldung auf dem Laufenden gehalten. Wenn Sie sich voll und ganz auf Windows verlassen, können Sie auch diese mit einem Klick auf das kleine *x* schließen.

4 Wollen Sie es hingegen genauer wissen, klicken Sie irgendwo in die Meldung hinein, um den Ablauf der Installation ausführlicher verfolgen zu können.

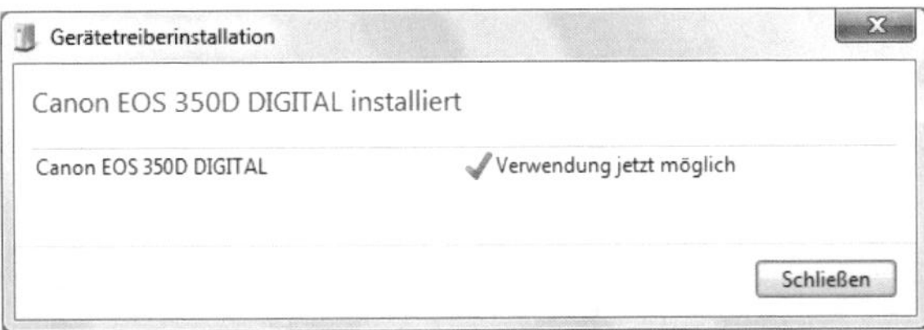

Treibersoftware manuell installieren

Nicht immer wird die automatische Installation glatt durchlaufen. In solchen Fällen zeigt sich Windows 7 leider weniger kooperativ als seine Vorgänger. Wenn es selbst keine Treiber beschaffen kann, lässt es die Installation des Geräts einfach scheitern. Frühere Versionen suchten in solchen Fällen automatisch auch noch auf einem ggf. eingelegten Datenträger oder gaben dem Benutzer die Möglichkeit, die zu verwendende Treibersoftware selbst zu lokalisieren. Nun aber bleibt in solchen Fällen nur der Weg in den Geräte-Manager (siehe S. 596), um den Treiber manuell einzuspielen.

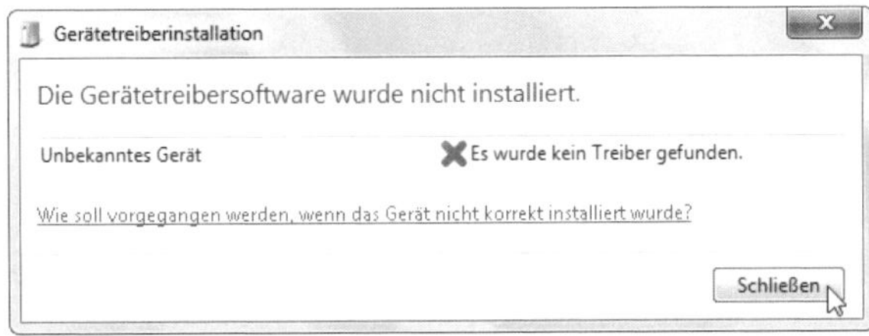

1 Klicken Sie im Geräte-Manager mit der rechten Maustaste auf den Eintrag der nicht funktionierenden Komponente und wählen Sie im Kontextmenü *Treibersoftware aktualisieren.*

2 Wählen Sie im anschließenden Dialog *Auf dem Computer nach Treibersoftware suchen.*

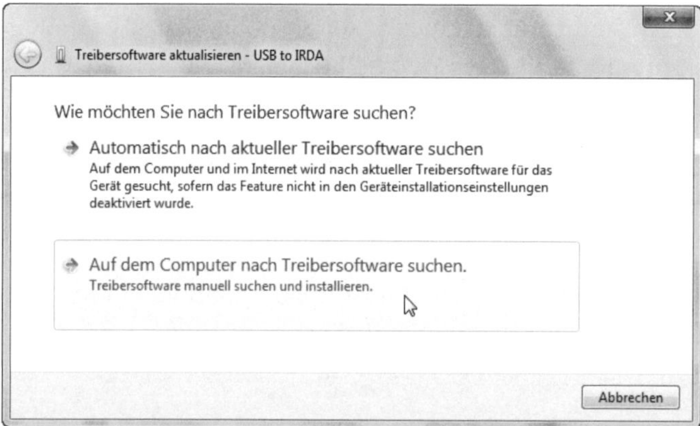

3 Geben Sie im anschließenden Dialog den Ordner bzw. das Laufwerk an, auf dem sich die Installationsdateien befinden. Der Assistent kann bei der Suche auch Unterordner einbeziehen. Liegt Ihnen z. B. eine Installations-CD vor, geben Sie deren Laufwerk als Ordner an. Klicken Sie dann unten rechts auf *Weiter*.

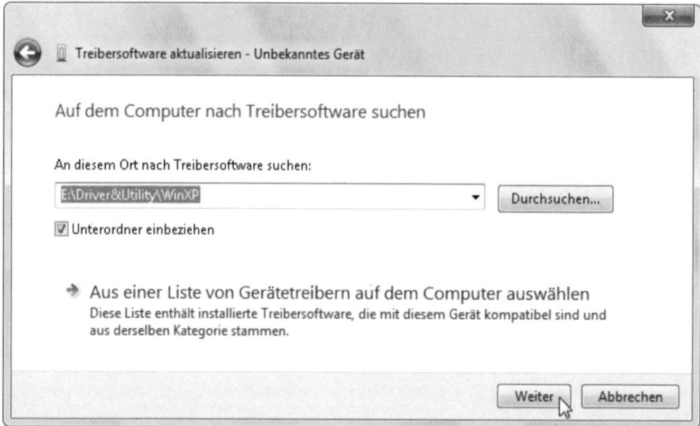

4 Der Assistent durchsucht dann die gesamte CD und findet die infrage kommende Installationssoftware automatisch. Sollte dies nicht gelingen, geben Sie den Pfad zu den korrekten Treiberdateien möglichst exakt an.

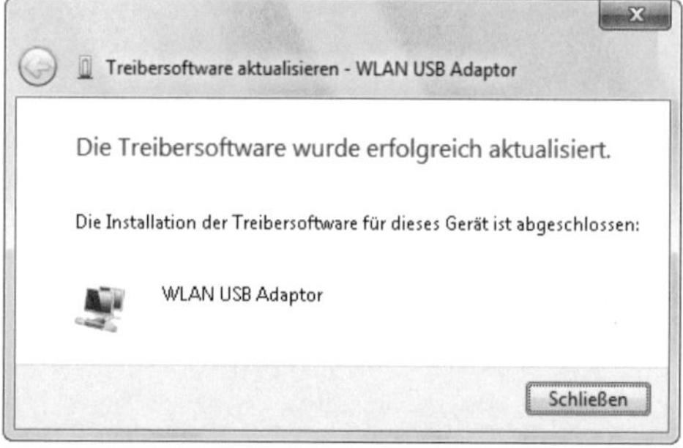

5 Der Rest der Installation läuft dann wieder vollautomatisch ab, bis Sie das Gerät dann sofort verwenden können.

TIPP

Installationsdateien werden nicht gefunden?

Die automatische Treiberinstallation basiert auf sogenannten INF-Dateien, die alle für die Installation benötigten Informationen für den Hardware-Assistenten beinhalten. Die Gerätetreiber müssen also mit einer solchen Datei ausgestattet sein. Manche Hersteller gehen einen anderen Weg und installieren die Treiber lieber selbst, z. B. gemeinsam mit zusätzlicher Anwendungssoftware für das Produkt. In diesem Fall können Sie den Hardware-Assistenten nicht benutzen, sondern müssen den Setup-Assistenten des Hardwareherstellers bemühen.

Hardwaretreiber aus dem riesigen Onlinefundus von Windows 7 herunterladen

Windows 7 bringt bereits Treiber für Tausende von gängigen Hardwarekomponenten mit. Handelt es sich um eines dieser Geräte, wird es automatisch erkannt und der passende Treiber installiert. Aber auch wenn für ein Gerät kein Treiber vorliegt, müssen Sie nicht unbedingt selbst auf die Suche gehen. Microsoft stellt für Windows 7 einen riesigen Onlinefundus an Hardwaretreibern zur Verfügung, der zudem ständig erweitert und aktualisiert wird. Mit etwas Glück ist hier der richtige Treiber dabei.

1 Wählen Sie hierzu beim Treiber-Aktualisieren die Variante *Automatisch nach aktueller Treibersoftware suchen*.

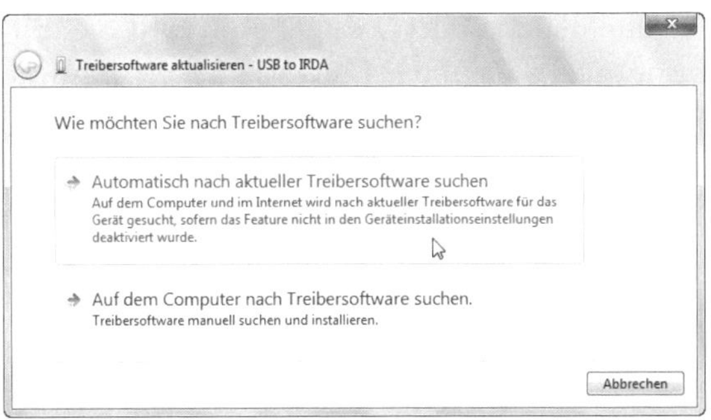

2 Der Assistent schaut dann per Windows Update nach, ob für diese Hardware ein Treiber verfügbar ist. Wenn ja, wird dieser automatisch heruntergeladen und installiert.

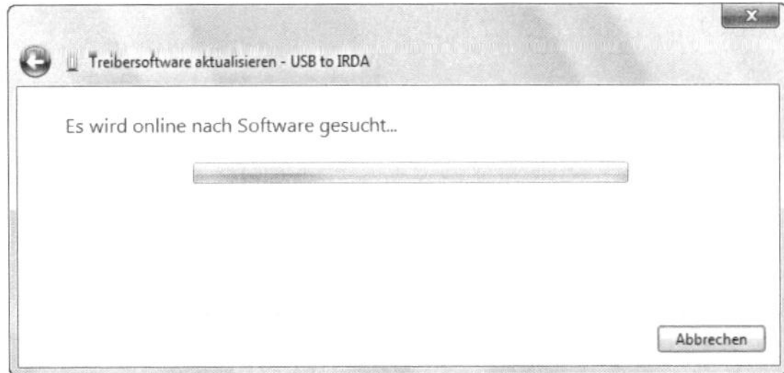

3 Anschließend können Sie das Gerät in der Regel sofort uneingeschränkt nutzen.

4 Sollte der Assistent keinen passenden Treiber beschaffen können, ist eine Installation auf diesem Weg leider nicht möglich. In diesem Fall müssen Sie auf andere Quellen wie z. B. die Website des Herstellers der fraglichen Hardware zurückgreifen.

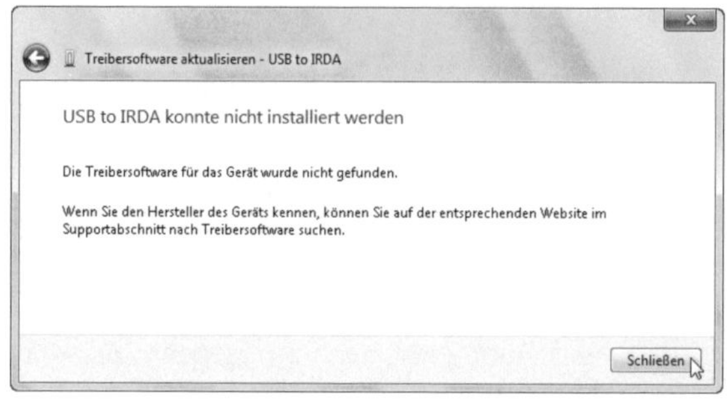

34.4 XP-Umsteiger: XP-Treiber unter Windows 7 weiterverwenden

Für viele Hardwarekomponenten können Sie die Treibersoftware von Windows XP auch unter Windows 7 weiterverwenden. Das bietet sich an, wenn der Hersteller noch keine Treiber bereitgestellt hat oder wenn damit womöglich auch nicht mehr zu rechnen ist. Wenn Sie allerdings versuchen, einen Treiber zu installieren, der nicht speziell für Vista oder Windows 7 zertifiziert wurde, wird der Geräte-Manager sich beschweren und Sie auf mögliche Risiken bei der Verwendung dieses Treibers hinweisen. Trotzdem können Sie den Treiber installieren. Risiken und Nebenwirkungen sind dabei allerdings nicht ausgeschlossen. Insbesondere wenn Sie die verschiedenen Stromsparmodi von Windows 7 nutzen wollen, kann es durch nicht zertifizierte Treiber zu Störungen kommen bzw. bestimmte Modi lassen sich dann gar nicht nutzen.

Die Vorgehensweise zum Verwenden von XP-Treibern unter Windows 7 unterscheidet sich dabei nicht wesentlich vom Installieren von Treibersoftware, die ausdrücklich für Windows 7 entwickelt und zertifiziert wurde. Sie müssen allerdings damit rechnen, während der Installation mit einem Sicherheitshinweis konfrontiert zu werden. Klicken Sie hier auf *Diese Treibersoftware trotzdem installieren*, um den Treiber einzurichten.

INFO

Treiber für Scanner und Digitalkameras funktionieren nicht in allen Programmen

Wenn Ihr Scanner oder Ihre Digitalkamera nach der erfolgreichen Treiberinstallation zwar in unabhängigen Grafikprogrammen funktioniert, für die Windows-eigenen Programme aber scheinbar nicht existiert, liegt dies an der Art des Treibers. Gerade ältere Treiber für Windows XP verwenden häufig noch den TWAIN-Standard. Microsoft aber setzt bei seinen Programmen voll auf den neuen WIA-Standard. Deshalb wollen die Microsoft-eigenen Programme von TWAIN-Treibern nichts mehr wissen. Sie können versuchen, vom Hersteller Ihres Scanners oder Ihrer Digitalkamera einen aktuellen WIA-Treiber für das Gerät zu bekommen. Ansonsten müssen Sie sich auf Alternativprogramme beschränken, die auch TWAIN-Treiber akzeptieren.

Der neue Treiber zickt? Durch Rollback schnell zurück zu funktionierender Hardware

Wenn Sie feststellen, dass die Installation eines Treibers nicht den gewünschten Erfolg gebracht oder womöglich zu neuen Problemen geführt hat, können Sie zum vorher verwendeten Treiber zurückkehren. Bei jeder Treiberinstallation legt Windows eine Sicherungskopie des vorherigen Treibers an, die jederzeit reaktiviert werden kann.

1 Öffnen Sie dazu wiederum wie oben beschrieben die Eigenschaften des betroffenen Geräts im Geräte-Manager und wechseln Sie dort auf die Registerkarte *Treiber*.

2 Hier finden Sie die Schaltfläche *Vorheriger Treiber*, mit der Sie zum vorher verwendeten Treiber zurückkehren können.

3 Der Geräte-Manager stellt daraufhin den alten Treiber wieder her.

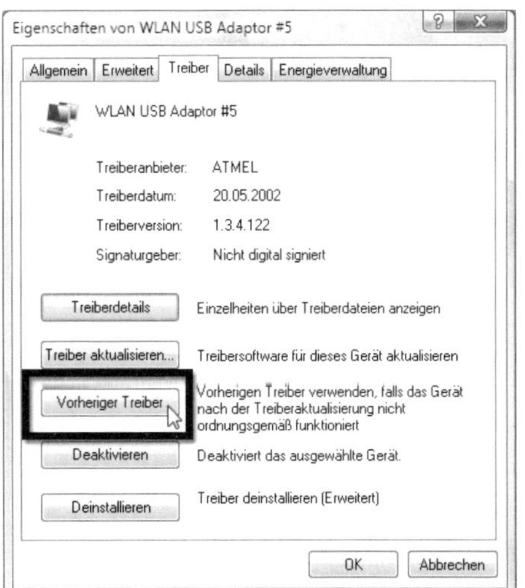

34.5 Hardware drahtlos per Bluetooth einbinden

Drahtlose Verbindungen per Bluetooth werden von immer mehr Geräten verwendet. Dies gilt nicht nur für Handys und PDAs, die so mit einem PC synchronisiert werden können. Auch Headsets, Tastaturen oder GPS-Empfänger verwenden den Kurzstrecken-Drahtlosfunk inzwischen praktisch als Standard. Dies klappt in der Regel auch reibungslos, wenn die Verbindung einmal richtig eingerichtet wurde.

1 Um die Verbindung zu einem Bluetooth-Gerät herzustellen, benutzen Sie das Bluetooth-Symbol im Infobereich der Startleiste. Mit einem Doppelklick öffnet es direkt den Bereich *Bluetooth-Geräte* des Systemsteuerungsmoduls Geräte und Drucker.

HINWEIS

Kein Bluetooth-Symbol trotz vorhandener Hardware?

Ihr PC verfügt über Bluetooth-Hardware, die laut Geräte-Manager korrekt installiert ist, aber es findet sich kein Bluetooth-Symbol im Infobereich? Eventuell ist es einfach nur ausgeblendet, weil es lange Zeit nicht mehr (oder überhaupt noch nie) genutzt wurde. Klicken Sie auf das kleine Pfeilsymbol ganz links im Infobereich. Das damit geöffnete Zusatzfeld enthält die ausgeblendeten Symbole. Hier sollte sich das typische Bluetooth-Logo befinden. Durch die Benutzung wird es automatisch in den regulären Infobereich verschoben und ist vorläufig wieder dauerhaft sichtbar. Alternativ können Sie in den Eigenschaften des Infobereichs festlegen, dass dieses Symbol immer zu sehen sein soll.

2 Klicken Sie hier in der Symbolleiste auf *Gerät hinzufügen*.

TIPP

Bluetooth-Geräte müssen sichtbar sein

Um ein Gerät via Bluetooth mit dem PC zu verbinden, muss dessen Bluetooth-Funktion eingeschaltet und der Bluetooth-Modus auf sichtbar geschaltet sein. Bei speziellen Bluetooth-Geräten wie Headsets oder Tastaturen ist das in der Regel standardmäßig der Fall. Anders sieht es bei PDAs bzw. Smartphones aus. Hier muss der Bluetooth-Betrieb meist ausdrücklich aktiviert werden. Für das initiale Herstellen der Verbindung ist es außerdem unerlässlich, dass der Bluetooth-Empfänger des Mobilgeräts auf sichtbar geschaltet ist. Beides können Sie z. B. bei Geräten mit Windows Mobile unter *Start/Einstellungen/Verbindungen/Bluetooth* konfigurieren.

3 Warten Sie nun eine Weile, während Windows nach verfügbaren Geräten in der Umgebung sucht. Wählen Sie dann das Symbol für Ihr Gerät aus und klicken Sie unten erneut auf *Weiter*.

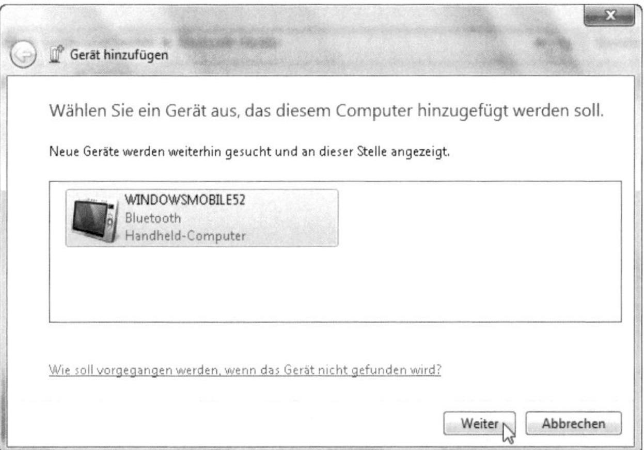

4 Windows stellt nun eine Verbindung zu dem Gerät her. Dabei muss eine Autorisierung erfolgen, damit nicht einfach jeder einen Kontakt zu Ihrem Bluetooth-Gerät herstellen kann. Bei PDAs und Smartphones können Sie meist am Mobilgerät den Code eingeben, der von Windows am Bildschirm angezeigt wird.

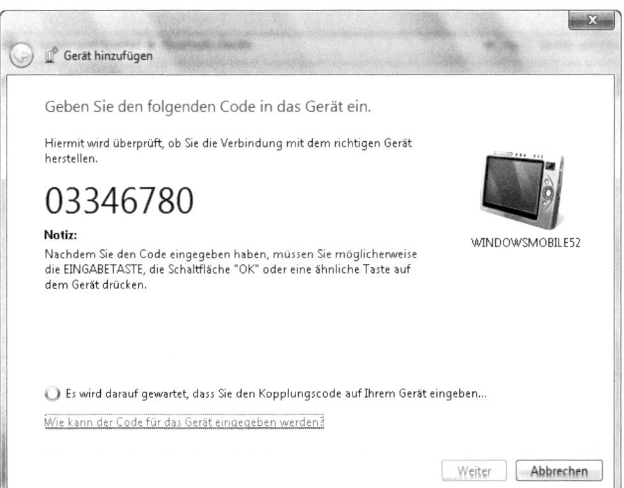

HINWEIS

Der Sicherheitscode bei Geräten ohne Eingabemöglichkeit

Bei Geräten ohne Eingabemöglichkeit wie Headsets oder GPS-Empfängern müssen Sie den umgekehrten Weg gehen und den Sicherheitscode des Geräts am PC eingeben. Der Sicherheitscode ist in der Regel vom Hersteller festgelegt und den beiliegenden Unterlagen zu entnehmen. In vielen Fällen lautet er schlicht und ergreifend *0000*. Wählen Sie dazu im Auswahlmenü *Kopplungscode des Gerätes eingeben.* Im nächsten Schritt können Sie den Sicherheitscode des Geräts dann eingeben und die Verbindung herstellen.

5 Anschließend wird das Gerät in der Übersicht über die Bluetooth-Geräte bei *Geräte und Drucker* aufgeführt und kann benutzt werden.

Die gewünschten Dienste der Bluetooth-Geräte steuern

Bluetooth-Geräte können prinzipiell verschiedene Dienste parallel anbieten. Bei einfachen Geräten wie Tastaturen, Mäusen oder Headsets sind es meist nur ein oder zwei. Bei PDAs und Smartphones aber kann die Auswahl etwas größer sein. Diese können als Modem dienen, Daten mit dem PC austauschen, Audiodaten an den PC übertragen, sich per ActiveSync synchronisieren lassen etc. Im Zweifelsfall aktivieren Sie lieber zu viel als zu wenig Dienste. Dass sie angeboten werden, heißt ja nicht, dass Sie sie auch nutzen müssen.

1 Öffnen Sie dazu mit einem Doppelklick auf das Bluetooth-Gerät die Eigenschaften.

2 Wechseln Sie dort zur Registerkarte *Dienste.*

3 Windows fragt dann beim Bluetooth-Gerät ab, welche Dienste es zur Verfügung stellt, und listet diese auf.

4 Sie können nun per Häkchen entscheiden, welche dieser Dienste verwendet werden sollen und welche nicht. Diese Entscheidung können Sie auch später noch jederzeit revidieren, wenn sich Ihr Nutzungsverhalten ändern sollte.

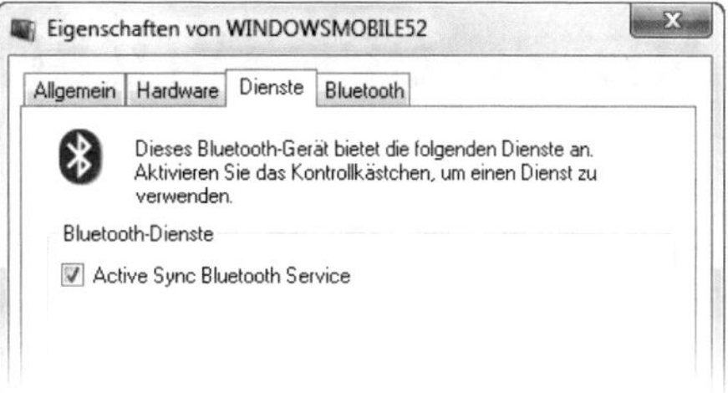

35. Drucker lokal oder im Netzwerk einbinden und steuern

Für produktives Arbeiten mit dem PC darf in den meisten Fällen ein Drucker nicht fehlen. Schließlich sollen erstellte Dokumente oftmals auch zu Papier gebracht werden. Auch bei Windows 7 muss der Drucker aber zunächst eingerichtet werden. Dabei können sowohl lokal angeschlossene Geräte als auch Netzwerkdrucker genutzt werden. Für die Verwaltung stellt Windows einen Druck-Manager zur Verfügung, mit dem Sie Ihre Druckaufträge erstaunlich flexibel verwalten können.

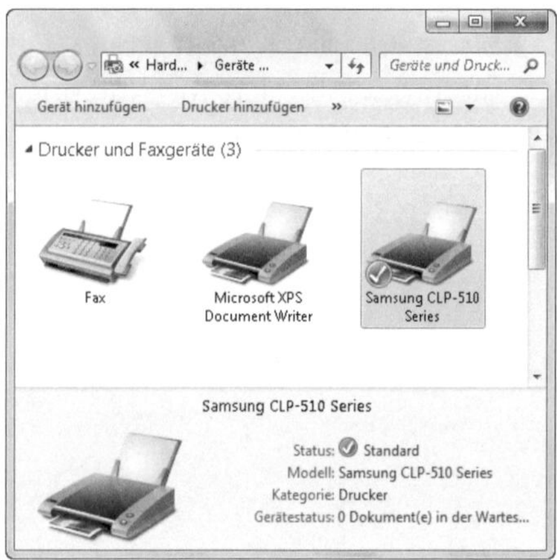

35.1 Drucker anschließen und im System einrichten

Für das Anschließen eines Druckers an den PC steht heute eine Vielzahl von Optionen zur Auswahl. Neben USB- und Netzwerkanschluss sind auch Drahtlosverbindungen z. B. per Bluetooth möglich. Auch die gute alte parallele Druckerschnittstelle wird teilweise noch aus Gründen der Abwärtskompatibilität eingebaut. Windows unterstützt alle diese Anschlussmöglichkeiten. Ist der Drucker per USB-Kabel angeschlossen, wird er in der Regel auch automatisch erkannt und eingerichtet. Bei einer anderen Anschlussart richten Sie den Drucker über die Druckverwaltung ein.

1 Rufen Sie mit *Start/Geräte und Drucker* die Verwaltung für angeschlossene Geräte auf. Sollte sie nicht direkt im Startmenü aufgeführt sein, finden Sie sie auch in der Systemsteuerung als eigenständiges Modul.

2 Klicken Sie hier in der Symbolleiste auf die Schaltfläche *Drucker hinzufügen*. Damit starten Sie den Druckerinstallations-Assistenten.

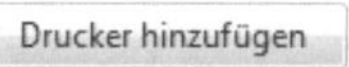

3 Wählen Sie im ersten Schritt die Option *Einen lokalen Drucker hinzufügen*. (Das Installieren eines Netzwerkdruckers ist auf S. 615 ausführlicher beschrieben.)

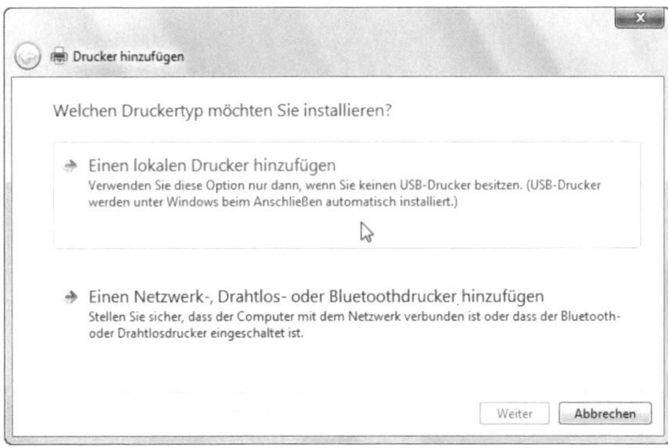

4 Wählen Sie dann den Anschluss aus, über den der Drucker mit Ihrem PC verbunden ist. Für einen Drucker am Parallelport z. B. dürfte es sich dabei in der Regel um den Anschluss LPT1 handeln.

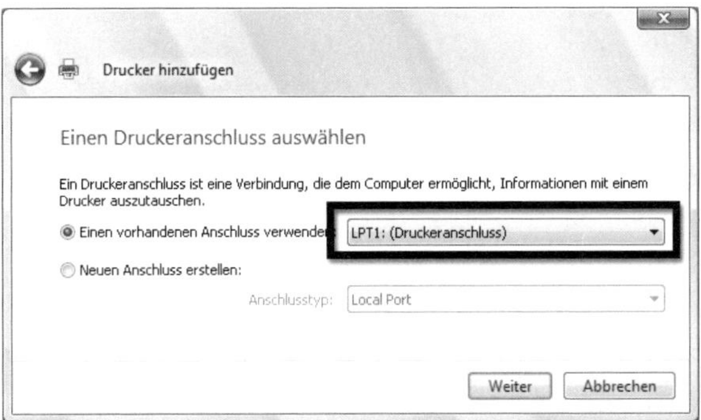

5 Mit *Weiter* gelangen Sie zur Modellauswahl. Markieren Sie hier zunächst in der linken Fensterhälfte den Hersteller des Druckers. Daraufhin wird rechts die Liste der Drucker dieses Herstellers angezeigt, für die Windows eigene Treiber anbieten kann.

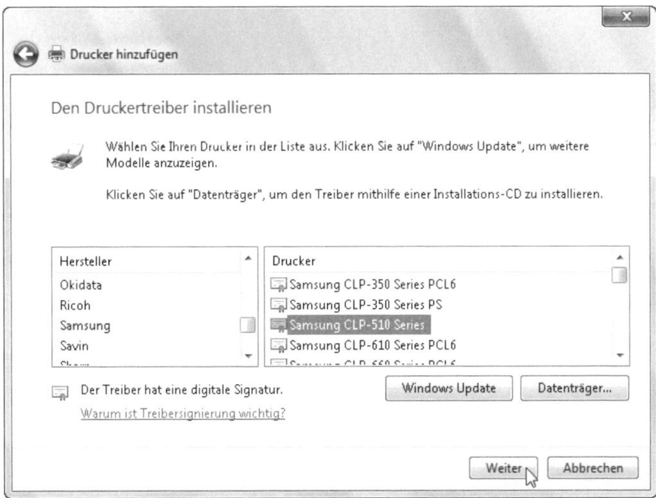

TIPP

Kein passender Treiber dabei?

Nicht für alle Druckermodelle bringt Windows von Hause aus einen passenden Treiber mit. Wenn für Ihr Gerät oder auch dessen Hersteller keine Einträge in den Listen stehen, klicken Sie erst mal auf die Schaltfläche *Windows Update*. Dann holt sich Windows erst einmal online weitere Druckertreiber vom Microsoft-Server. Anschließend dürften die Listen schon wesentlich umfangreicher sein. Vielleicht ist Ihr Gerät jetzt auch dabei. Wenn nicht, sollten Sie auf der Website des Druckerherstellers nachsehen, ob dieser einen aktuellen Windows-Treiber für das Gerät zur Verfügung stellt. Laden Sie diesen herunter und importieren Sie die Dateien mit einem Klick auf die Schaltfläche *Datenträger*.

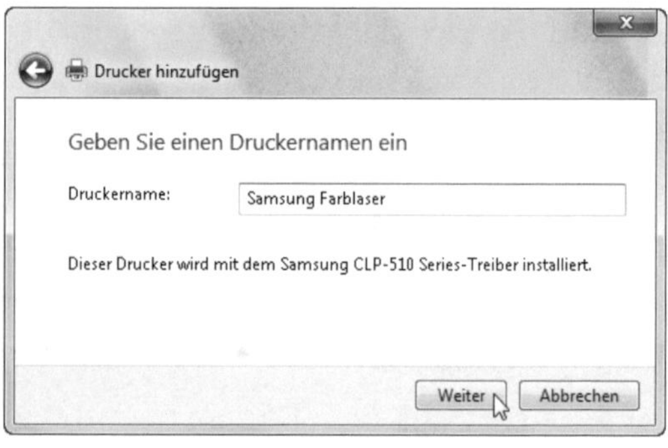

6 Anschließend geben Sie einen Druckernamen für diesen Drucker an. Das ist eine beliebige Bezeichnung, mit der Sie den Drucker z. B. in Auswahldialogen erkennen und anwählen können. Sie ist vor allem wichtig, wenn Sie mehrere Drucker verwenden, zwischen denen Sie unterscheiden müssen. Verwenden Sie z. B. die genaue Gerätebezeichnung oder eine andere eindeutige Benennung (vielleicht *Laserdrucker* oder *Tintenstrahler*).

7 Geben Sie dann noch an, ob Sie diesen Drucker für das Netzwerk freigeben wollen, sodass er auch von anderen PCs im lokalen Netz aus genutzt werden kann. Mehr dazu erfahren Sie im nachfolgenden Abschnitt.

8 Nun wird die Treibersoftware für den Drucker installiert. Danach können Sie noch angeben, ob Sie diesen Drucker als Standarddrucker festlegen wollen.

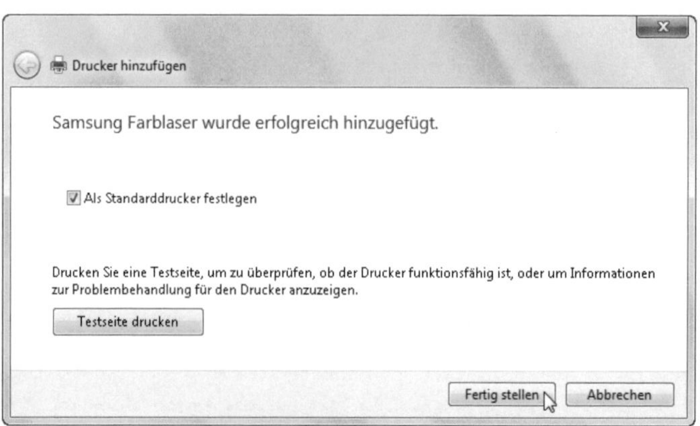

Er wird dann in allen Druckdialogen automatisch als zu verwendender Drucker eingetragen. Außerdem wird immer der Standarddrucker benutzt, wenn Sie Schnelldruckfunktionen ohne Dialog verwenden, also z. B. das *Drucken*-Symbol in den Symbolleisten von Anwendungen.

9 Abschließend können Sie noch eine Testseite drucken, um die Funktion des Druckers zu überprüfen. Beenden Sie den Assistenten danach mit *Fertig stellen*.

Den so installierten Drucker können Sie anschließend sofort nutzen. Sie finden ihn in der Druckerverwaltung der Systemsteuerung, aber auch in den Drucken-Dialogen der Anwendungen, in denen Sie den Drucker als Ausgabegerät für Ihre Dokumente wählen können.

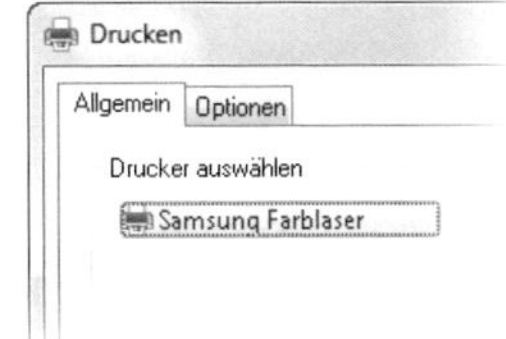

35.2 Drucker via Netzwerk an mehreren PCs nutzen

Wenn Ihr PC Teil eines lokalen Netzwerks ist, ergeben sich auch für das Drucken ganz neue Möglichkeiten. So können Sie anstelle eines direkt an den Rechner angeschlossenen Druckers auch einen Netzwerkdrucker verwenden, der z. B. auch in einem anderen Raum stehen kann. Oder aber Sie geben den lokalen Drucker ihrerseits frei, sodass er auch von anderen PCs aus mit Druckaufträgen beschickt werden kann. Bei beiden Varianten entfällt die Notwendigkeit, jeden PC mit einem eigenen Drucker zu versehen.

Einen Netzwerkdrucker am lokalen PC einrichten

Wenn sich in Ihrem lokalen Netzwerk ein Drucker befindet, der für die Benutzung von anderen PCs aus freigegeben ist, können Sie diesen im Druck-Manager Ihres PCs anmelden und einrichten. Sie können den Netzwerkdrucker dann genauso wie einen lokal angeschlossenen Drucker nutzen und als Ausgabegerät im Drucken-Dialog Ihrer Anwendungen auswählen.

1 Rufen Sie mit *Start/Geräte und Drucker* die Verwaltung für angeschlossene Geräte auf und klicken Sie hier in der Symbolleiste auf die Schaltfläche *Drucker hinzufügen*.

2 Im ersten Schritt des Druckerinstallations-Assistenten entscheiden Sie sich für die Option *Einen Netzwerk-, Drahtlos- oder Bluetoothdrucker hinzufügen*.

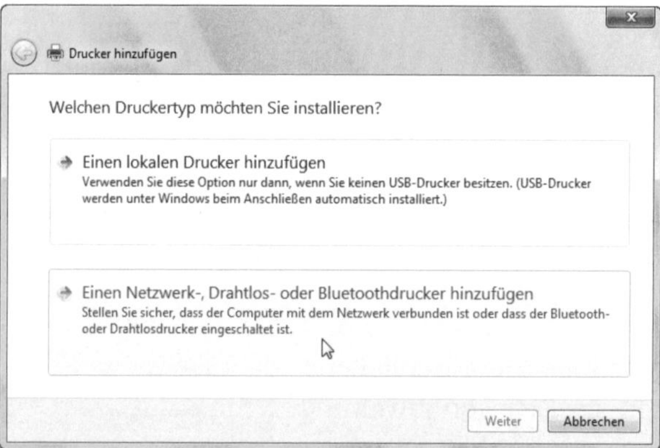

3 Im nächsten Schritt sucht der Assistent nach Druckern, die im Netzwerk verfügbar sind, und führt diese in einer Liste auf. Wählen Sie dort den gewünschten Drucker aus und klicken Sie unten auf *Weiter*.

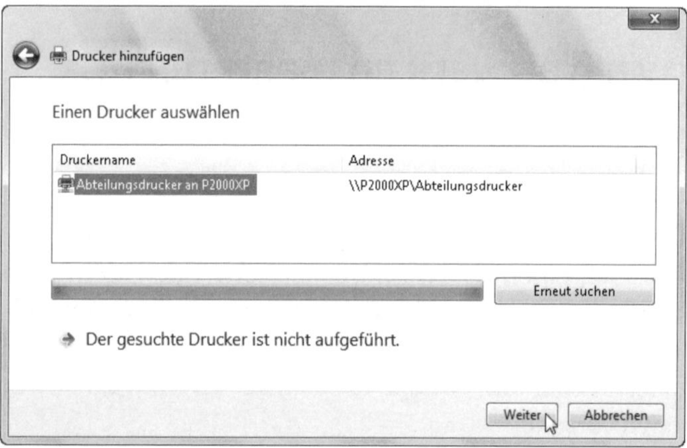

HINWEIS

Drucker und PCs müssen eingeschaltet sein

Der Assistent kann den Drucker nur dann finden, wenn er zu diesem Zeitpunkt eingeschaltet und erreichbar ist. Handelt es sich um ein Gerät, das als lokaler Drucker an einen PC angeschlossen ist und von diesem für das Netzwerk freigegeben wird, muss auch der PC eingeschaltet sein, damit die Druckerfreigabe gefunden und eingerichtet werden kann.

4 Sollte der Drucker nicht automatisch gefunden werden, klicken Sie auf *Der gesuchte Drucker ist nicht aufgeführt*. Sie können dann im nächsten Schritt mit *Durchsuchen* einen Auswahldialog öffnen, in dem Sie den Drucker mithilfe des Windows-Explorer aussuchen und festlegen.

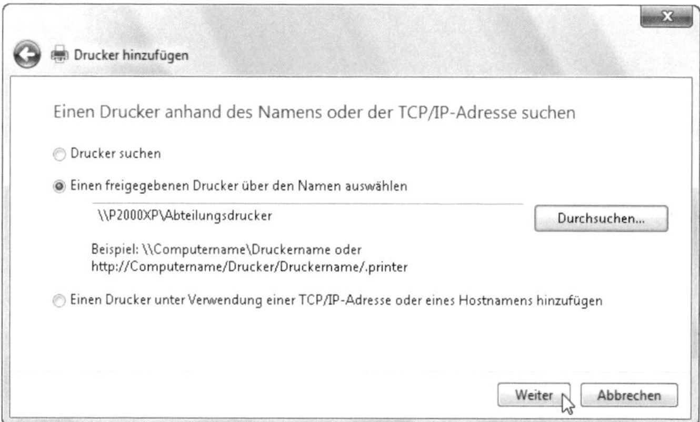

5 Der Assistent versucht, den benötigten Druckertreiber direkt vom Netzwerkdrucker zu beziehen. Da es prinzipiell ein Risiko ist, auf diese Weise Software von einem anderen PC zu importieren, fragt Windows zuvor nach. Bestätigen Sie den Vorgang mit *Treiber installieren*. Sollte via Netzwerk kein passender Treiber angeboten werden, können Sie auch einen entsprechenden Treiber für dieses Druckermodell lokal auf Ihrem PC installieren.

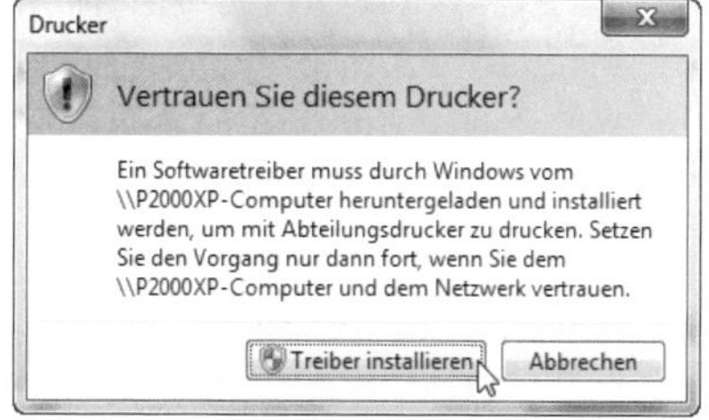

6 Wählen Sie dazu genau wie beim Einrichten eines lokalen Druckers Hersteller und Modell aus. Oder aber klicken Sie auf *Datenträger*, um den Treiber z. B. von einer CD/DVD zu installieren.

Ist der Netzwerkdrucker einmal als lokaler Drucker eingebunden, können Sie ihn wie jeden direkt an Ihrem PC angeschlossenen Drucker in beliebigen Windows-Anwendungen auswählen und nutzen. Voraussetzung ist allerdings immer, dass der Drucker und ggf. der freigebende PC zu diesem Zeitpunkt eingeschaltet sind.

Den eigenen Drucker im Netzwerk freigeben

Ähnlich wie Laufwerke und Ordner muss auch ein Drucker ausdrücklich für die Verwendung im Netzwerk freigegeben sein, damit andere Teilnehmer ihn in Anspruch nehmen können. Sie können aber grundsätzlich jeden lokal installierten Drucker ohne Weiteres für die Nutzung durch das Netzwerk freigeben.

1 Wählen Sie in *Geräte und Drucker* den Drucker aus, den Sie für andere Benutzer im Netzwerk freigeben möchten.

2 Klicken Sie mit der rechten Maustaste auf das Symbol dieses Druckers und wählen Sie im Kontextmenü die Funktion *Druckereigenschaften*.

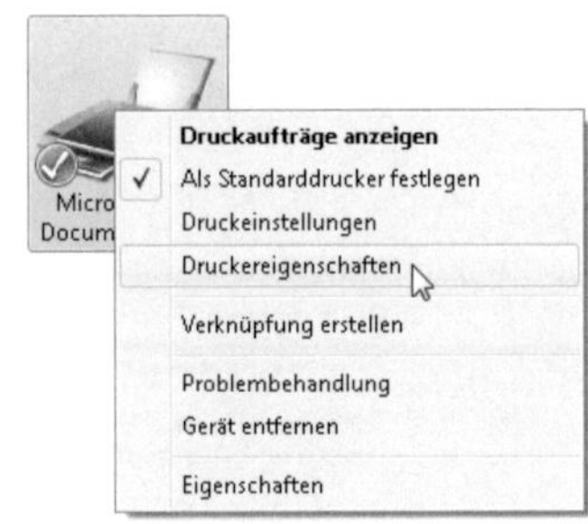

3 Wechseln Sie in den so geöffneten Druckereigenschaften zur Registerkarte *Freigabe*.

4 Schalten Sie hier die Option *Drucker freigeben* ein. Dann können Sie im Eingabefeld darunter einen Freigabenamen für den Drucker angeben. Dieser wird in der Netzwerkumgebung aller PCs in diesem Netz angezeigt und sollte möglichst so gewählt sein, dass alle Teilnehmer sofort wissen, um welchen Drucker es sich dabei handelt.

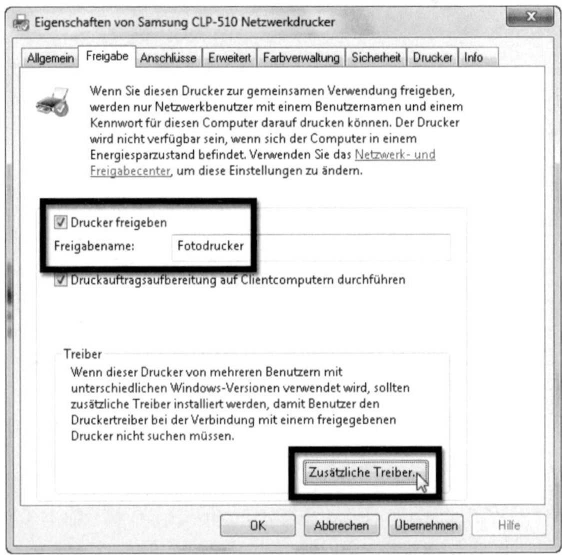

5 Wenn in Ihrem Netzwerk auch PCs mit anderen Hardware- oder Softwareplattformen arbeiten und auch diese den Drucker nutzen sollen, sollten Sie außerdem zusätzliche Treiber für diese Betriebssysteme installieren. Klicken Sie dazu auf die entsprechende Schaltfläche.

6 Im anschließenden Menü wählen Sie die Plattformen aus, für die zusätzliche Druckertreiber installiert werden sollen. Achten Sie dabei auch auf die korrekte Umgebung für das jeweilige System. Für PCs liegen Sie normalerweise mit *x86* für 32 Bit und *x64* für 64 Bit richtig. Klicken Sie dann auf *OK*.

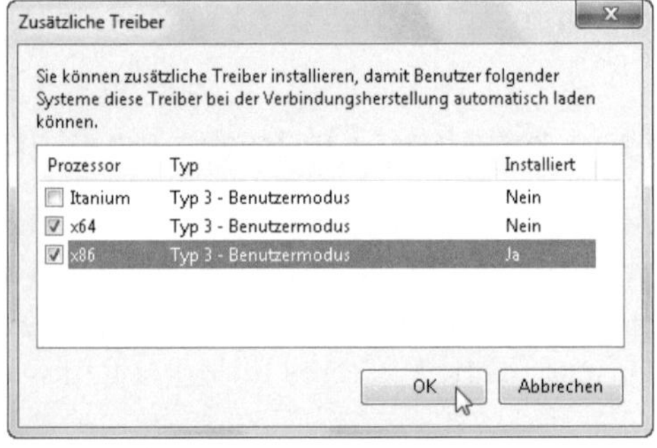

7 Anschließend geben Sie den Pfad für die entsprechenden Druckertreiber an, die sich in der Regel auf der mit dem Drucker gelieferten CD-ROM befinden.

8 Zurück in den Freigabeeigenschaften vollenden Sie die Freigabe mit einem Klick auf die *OK*-Schaltfläche.

Damit ist die Freigabe Ihres Druckers für das Netzwerk abgeschlossen. Dieser Netzdrucker wird künftig in den Netzwerkumgebungen und den Druckeroptionen aller PCs aufgeführt werden, die derselben Arbeitsgruppe angehören. Alle Benutzer eines solchen Rechners können bequem per Mausklick Dokumente auf Ihrem PC ausdrucken.

Netzwerkdrucker direkt per TCP/IP einbinden

Ein freigegebener Drucker ist meist an einen PC angeschlossen und über diesen mit dem Netzwerk verbunden. Es gibt aber noch eine andere Variante, bei der ein Drucker selbst über eine Netzwerkschnittstelle verfügt. Bis vor Kurzem war das nur in teuren Druckern für den Firmeneinsatz üblich oder eine Netzwerkschnittstelle war nur für einen teuren Aufpreis erhältlich. Mittlerweile hält dieses Feature aber bei immer mehr Druckern Einzug.

Der Vorteil ist, dass der Drucker nicht mehr an einen PC angeschlossen sein muss, sondern direkt mit dem Netzwerk verbunden ist. Somit ist der Drucker nicht mehr davon abhängig, dass der PC auch eingeschaltet ist. Das spart Energie und erlaubt den Zugriff rund um die Uhr. Das Einrichten eines solchen Druckers unterscheidet sich allerdings ein wenig von der eines lokalen Druckers. Voraussetzung dafür ist, dass der Drucker selbst korrekt eingerichtet ist und Sie die wesentlichen Parameter wie z. B. die TCP/IP-Adresse bzw. den Hostnamen des Geräts kennen.

1 Rufen Sie mit *Start/Geräte und Drucker* die Verwaltung für angeschlossene Geräte auf und klicken Sie hier in der Symbolleiste auf die Schaltfläche *Drucker hinzufügen*.

2 Im anschließenden Dialog wählen Sie die untere Option *Einen Netzwerk-, Drahtlos- oder Bluetoothdrucker hinzufügen*.

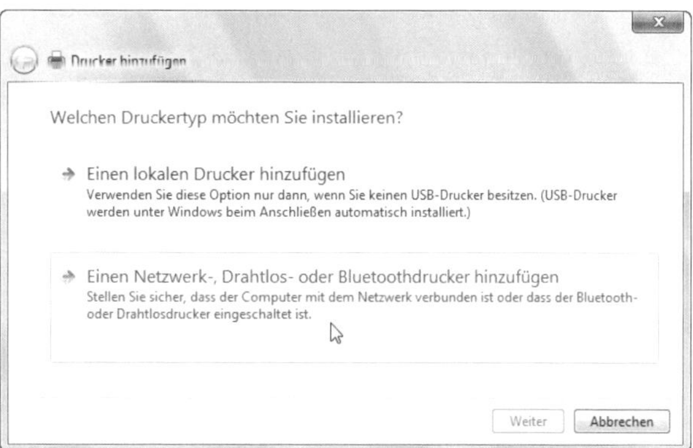

3 Windows versucht nun, den einzurichtenden Drucker automatisch zu ermitteln. Das gelingt bei einem echten Netzwerkdrucker allerdings in der Regel nicht. Klicken Sie deshalb ruhig unten auf *Der gesuchte Drucker ist nicht aufgeführt.*

4 Wählen Sie im nächsten Schritt dann die unterste Option *Einen Drucker unter Verwendung einer TCP/IP-Adresse oder eines Hostnamens hinzufügen* und klicken Sie auf *Weiter*.

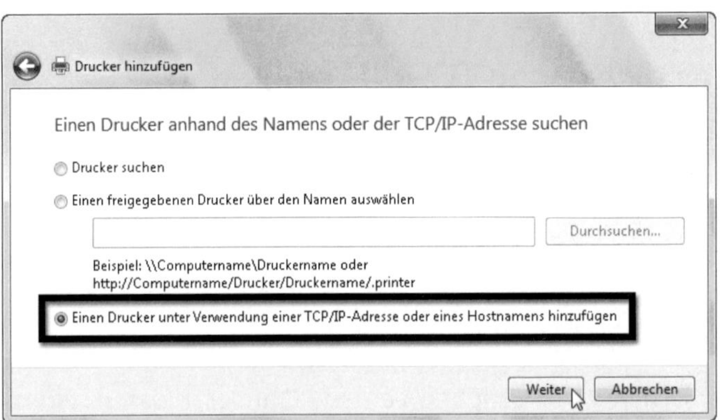

5 Wählen Sie im nachfolgenden Dialog bei *Gerätetyp* die Einstellung *TCP/IP-Gerät*. Geben Sie im Feld darunter den Hostnamen oder die IP-Adresse an.

6 Der Anschlussname wird automatisch abgeleitet, Sie können ihn aber auch durch eine andere Bezeichnung ersetzen. Schalten Sie die Option *Den Drucker abfragen und den zu verwendenden Treiber automatisch auswählen* ein, um die weitere Installation möglichst automatisiert zu vollenden.

7 Wenn Windows den Drucker nicht automatisch erkennen und die Treiber nicht installieren kann, müssen Sie noch mal ran. Probieren Sie zunächst die Einstellung *Standard* und wählen Sie in der Liste den Druckerhersteller bzw. das Gerät selbst aus. Sollten die passenden Angaben nicht aufgeführt sein, ändern Sie die Option stattdessen auf *Benutzerdefiniert* und geben Sie die Details selbst an. Entnehmen Sie diese der Installationsanleitung bzw. Dokumentation des Druckers.

8 Sollte auch so kein Druckertreiber ermittelt werden können, müssen Sie ihn selbst auswählen. Für viele gängige Modelle bringt Windows bereits Treiber mit oder kann sie per *Windows Update*-Schaltfläche besorgen. In der Regel gehört zum Drucker aber auch eine Installations-CD oder Sie können aktuelle Treiber auf der Website des Herstellers herunterladen. Wählen Sie in diesem Fall die Schaltfläche *Datenträger*, um den Speicherort des Druckertreibers anzugeben.

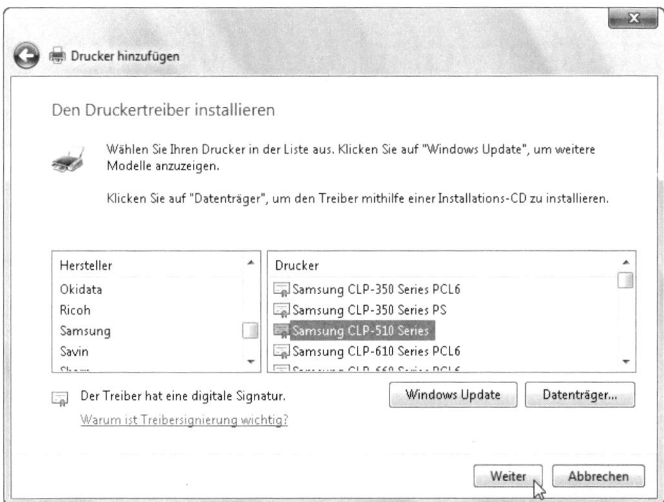

9 Schließlich können Sie einen Namen für den Drucker angeben und entscheiden, ob Sie diesen Drucker als Standarddrucker festlegen möchten. Drucken Sie danach am besten gleich eine Testseite aus, um die korrekte Installation zu überprüfen.

36. Festplatten und Laufwerke verwalten und optimieren

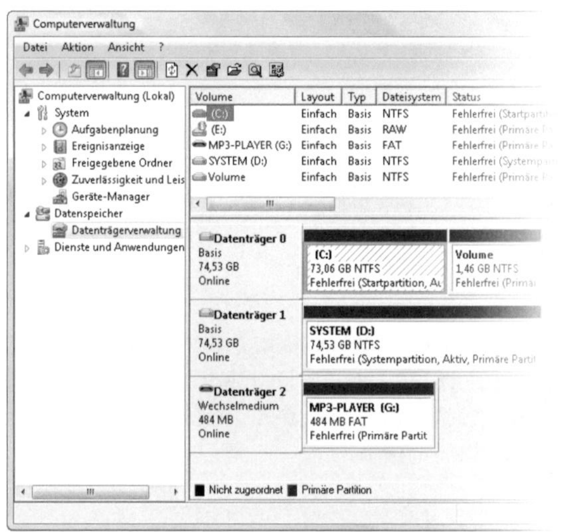

Laufwerken kommt als zuverlässige Datenspeicher eine besondere Bedeutung für die Sicherheit Ihrer Daten zu. Defekte in diesem Bereich wirken sich häufig fatal aus. Nicht nur erfordert ein finaler Festplattencrash eine Neuinstallation von Betriebssystem und Anwendungen – ohne vorausschauend angelegte Sicherungen sind womöglich wertvolle Dokumente verloren. Deshalb sollten Sie den Laufwerken – Festplatten wie auch Wechselspeicherlaufwerken (also USB-Sticks, Speicherkarten & Co.) – hin und wieder etwas Pflege und Aufmerksamkeit widmen. Windows unterstützt Sie dabei mit praktischen Tools.

36.1 Alle Datenträger mit optimaler Leistung betreiben

Auch bei Windows 7 gehört ein wenig Wartung und Systempflege zu den unerlässlichen Aufgaben, um Problemen und Datenverlusten vorzubeugen. Dabei verdienen besonders die Festplatten Aufmerksamkeit, die angesichts der Datenmengen bei Betriebssystem, Anwendungssoftware und Mediendateien häufig Schwerstarbeit verrichten müssen.

Windows stellt hierzu die von früheren Windows-Versionen bereits bekannten Tools in überarbeiteter Form zur Verfügung. So können Sie mit der Datenträgerbereinigung Dateileichen aufspüren und Speicherplatz freigeben. Das Programm zur Fehlerüberprüfung testet Ihre Festplatte(n) auf Fehler und beugt so Datenverlusten vor. Mit der Defragmentierung räumen Sie auf den Laufwerken auf und erhöhen so die Leistungsfähigkeit Ihres Systems.

Verschwendeten Speicherplatz durch Datenträgerbereinigung freigeben

Sowohl das Betriebssystem als auch Anwendungsprogramme haben die unschöne Angewohnheit, den vorhandenen Plattenplatz mit temporären Dateien, Cachedaten und Dateileichen zu füllen. Eigentlich sollten solche überflüssigen Platzverschwender automatisch wieder verschwinden, aber die Anwendungen sind hier nicht sehr zuverlässig. Daran wird sich auch mit Windows 7 nichts ändern. Wenn man all diese Dateien regelmäßig entfernt, kann man eine ganze Menge Speicher sparen. Dieses Aufräumen muss nicht mal mühsame Handarbeit sein. Die Datenträgerbereinigung durchsucht Laufwerke und Ordner selbstständig und macht Vorschläge, welche Dateien überflüssig sind und entfernt werden können.

1 Um die Datenträgerbereinigung zu starten, öffnen Sie im Windows-Explorer das Laufwerk, das bereinigt werden soll.

2 Klicken Sie mit der rechten Maustaste auf den Eintrag des aufzuräumenden Laufwerks und wählen Sie im Kontextmenü *Eigenschaften*.

3 Im *Eigenschaften*-Menü des Laufwerks finden Sie auf der Registerkarte *Allgemein* neben einigen statistischen Angaben zur Belegung des Laufwerks die Schaltfläche *Bereinigen*, mit der Sie die Datenträgerbereinigung für dieses Laufwerk starten.

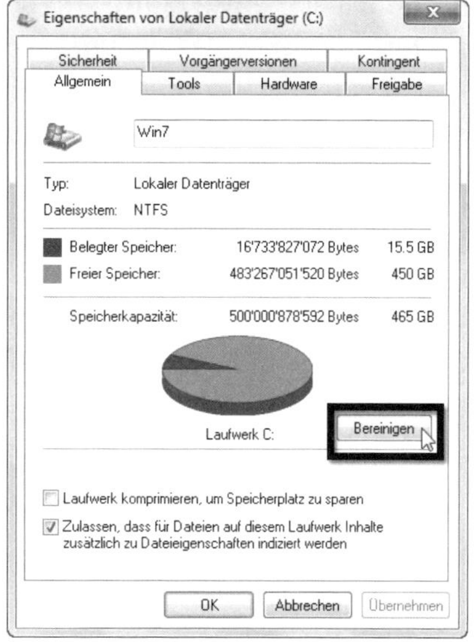

4 Die Datenträgerbereinigung überprüft nun das ausgewählte Laufwerk und ermittelt alle Dateien, die bereinigt werden können. Dazu verwendet sie verschiedene Strategien. So überprüft sie z. B. den Ordner für temporäre Dateien und sucht dort nach Dateien, die z. B. aufgrund eines Programm- oder Systemabsturzes nicht ordnungsgemäß entfernt wurden und nun unnötig Platz belegen. Ebenso schaut das Programm im Ordner für temporäre Internetdateien nach. Wenn Sie viel surfen, kann sich hier auch ganz schnell einiges an Daten ansammeln, die nicht unbedingt erhalten bleiben müssen.

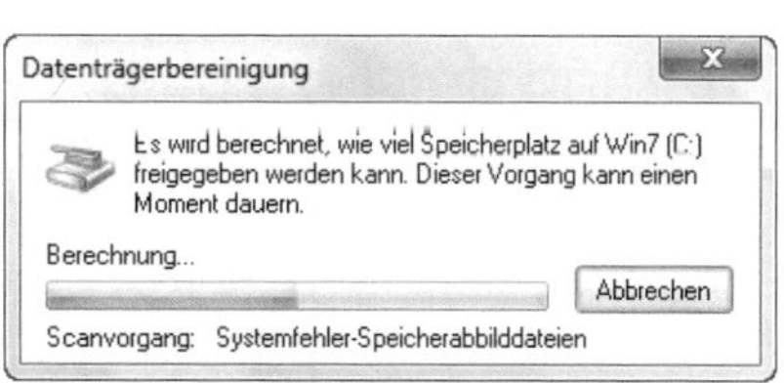

5 Hat die Datenträgerbereinigung ihre Überprüfung abgeschlossen, präsentiert sie die Ergebnisse in einer Zusammenfassung. Dabei finden Sie ganz oben eine Angabe, wie viel Speicherplatz auf dem Laufwerk maximal freigegeben werden kann.

6 Im Feld *Zu löschende Dateien* sind die Dateiarten aufgeführt, die die Datenträgerbereinigung auf dem Laufwerk gefunden hat. Markieren Sie hier die Dateitypen, die entfernt werden sollen. Wollen Sie z. B. die temporären Internetdateien noch zum Offlinebetrachten aufheben, deaktivieren Sie den entsprechenden Eintrag. Zu jeder Kategorie von Dateien erhalten Sie in der unteren Fensterhälfte jeweils eine kurze Beschreibung.

7 Wenn Sie sich nicht sicher sind, ob Sie die Dateien in einer der Kategorien bedenkenlos löschen dürfen, können Sie bei einigen Dateitypen unten im Bereich *Beschreibung* auf die Schaltfläche *Dateien anzeigen* klicken. Damit öffnen Sie ein Explorer-Fenster, in dem die einzelnen Dateien aufgeführt werden. Hier können Sie überprüfen, um was für Dateien es sich genau handelt.

8 Haben Sie die zu löschenden Dateien bestimmt, klicken Sie ganz unten auf *OK*. Bestätigen Sie die anschließende Sicherheitsabfrage, um die Bereinigungsaktion durchzuführen.

Zustand der Festplatte mit der Datenträgerprüfung kontrollieren

Festplatten gehören zu den kostbarsten Komponenten eines PCs. Das bezieht sich nicht unbedingt auf den Preis, denn der ist in den letzten Jahren ständig gefallen. Aber die Festplatten speichern die Anwendungen und Dokumente dauerhaft. Und Festplatten sind nun einmal Maschinen, bei denen es durchaus zu Fehlfunktionen kommen kann. Leider können solche Fehler schlimme Folgen haben, weil neben dem Betriebssystem alle Ihre Anwendungen und Daten auf der Festplatte gespeichert sind. Hinzu kommt noch, dass Festplattencrashs in der Regel irreparabel sind und die Daten sich in einem solchen Fall nur von Spezialisten für teures Geld und meist auch nur unvollständig retten lassen.

Eine gute Möglichkeit zur Vorsorge ist die regelmäßige Fehlerüberprüfung (aus früheren Windows-Versionen als Scandisk bekannt). Dabei werden Probleme erkannt und beseitigt, die immer wieder mal durch Abstürze oder Fehler des Betriebssystems oder einzelner Anwendungen entstehen können. Gleichzeitig entdeckt das Programm fehlerhafte Datenblöcke auf der Festplatte und markiert sie als unbrauchbar, damit sie nicht mehr genutzt werden und womöglich zu Datenverlusten führen können.

TIPP

Das bedeuten fehlerhafte Blöcke

Festplatten organisieren Daten in Blöcken. Durch Abnutzungserscheinungen können einzelne Blöcke beschädigt werden, sodass sie die Daten nicht mehr zuverlässig speichern. Werden bei der Fehlerüberprüfung solche defekten Blöcke entdeckt, markiert Windows sie in der Verwaltungstabelle der Festplatte als defekt. Solche Blöcke werden in Zukunft nicht mehr verwendet, um das Risiko eines Datenverlustes auszuschließen.

Früher waren defekte Blöcke zwar nicht unbedingt ungewöhnlich. Inzwischen aber haben moderne Festplatten eine so hohe Qualität erreicht, dass Blockfehler sehr selten sind. Insbesondere dann, wenn eine bislang zuverlässige Festplatte plötzlich regelmäßig neue fehlerhafte Blöcke produziert, ist dies ein dringendes Alarmzeichen. Oft kündigen sich so Plattencrashs an, bei denen alle Daten verloren gehen. In solchen Fällen ist ein rechtzeitiger Austausch der Festplatte unbedingt empfehlenswert.

1. Um eine Festplatte einer Fehlerüberprüfung zu unterziehen, öffnen Sie den Arbeitsplatz im Windows-Explorer und markieren hier das zu überprüfende Laufwerk.

2. Öffnen Sie dort mit *Datei/Eigenschaften* die Eigenschaften des Laufwerks und wechseln Sie hier auf die Registerkarte *Tools*.
3. Klicken Sie dort im Bereich *Fehlerüberprüfung* auf die Schaltfläche *Jetzt prüfen*, um den Test der Festplatte zu veranlassen.

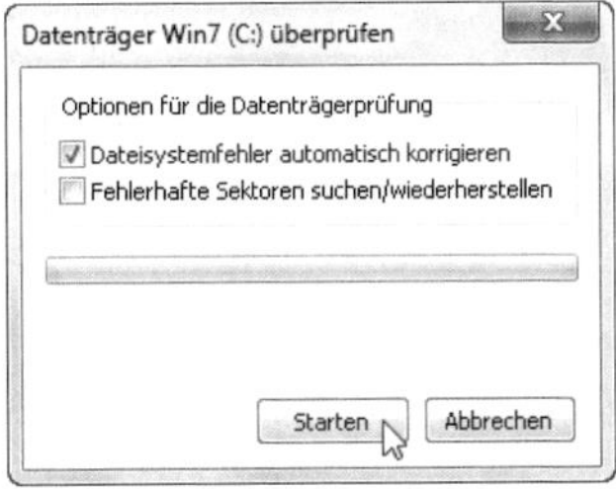

4. Im anschließenden Menü können Sie die Option *Dateisystemfehler automatisch korrigieren* einschalten, damit gefundene Fehler gleich berichtigt werden. Eine solche Berichtigung ist aber nicht immer möglich, wenn gleichzeitig Dateien auf diesem Laufwerk geöffnet sind. Dieses Problem tritt insbesondere auf, wenn Sie

das Windows-Systemlaufwerk prüfen wollen. In diesem Fall macht Windows Sie darauf aufmerksam und bietet an, die Überprüfung automatisch beim nächsten Systemstart durchzuführen.

5 Die Option *Fehlerhafte Sektoren suchen/wiederherstellen* führt eine gründlichere Prüfung durch. Ist die Option abgeschaltet, wird nur die logische Verwaltung der Laufwerke geprüft, also Verzeichnisstrukturen, Zuordnungstabellen, Dateieinträge etc. Mit aktivierter Option wird die Festplatte hingegen physikalisch auf defekte Blöcke untersucht. Das dauert besonders bei den heute üblichen Festplatten mit vielen GByte erheblich länger, sollte aber trotzdem von Zeit zu Zeit durchgeführt werden.

6 Starten Sie den Prüfvorgang dann mit einem Klick auf *Starten*. Den Fortschritt bei der Überprüfung können Sie in der Statusanzeige mitverfolgen.

7 Nach Abschluss der Tests erhalten Sie die Meldung *Das Gerät bzw. der Datenträger wurde erfolgreich überprüft*. Mit *Details einblenden* unten links lassen Sie sich ein ausführlicheres Protokoll anzeigen. Dieses verrät auch Genaueres, falls es bei der Überprüfung zu Fehlern gekommen sein sollte.

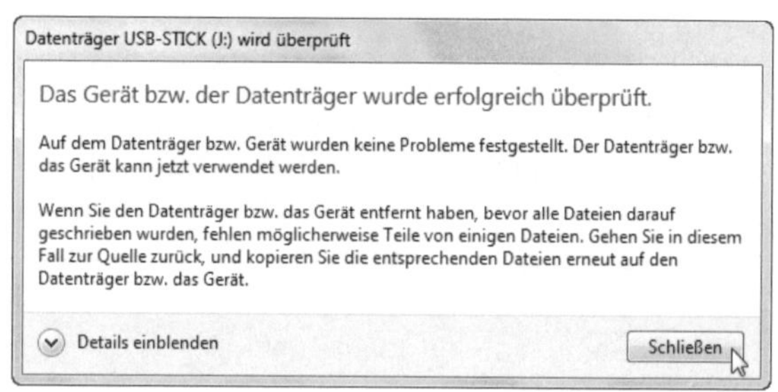

Durch Defragmentieren den Datenspeicher optimieren

Ein sehr unangenehmer Effekt besonders bei Festplatten, die schon recht voll sind, ist die Fragmentierung der gespeicherten Daten. Besonders wenn Sie z. B. beim Brennen von DVDs häufiger mit sehr großen Dateien arbeiten müssen, kann das den Zugriff spürbar verlangsamen und das Risiko von Datenverlusten erhöhen. Deshalb bringt Windows ein Programm zum Defragmentieren von Laufwerken mit, das die Inhalte der Festplatte reorganisiert, sodass der Zugriff auf die Dateien wieder mit gewohnter Geschwindigkeit vor sich gehen kann.

TIPP

Was sind fragmentierte Dateien?

Die Speicherkapazität einer Festplatte ist in viele kleine Blöcke aufgeteilt. Um eine Datei zu speichern, zerlegt das Betriebssystem sie in viele Teile, die der Größe dieser Blöcke entsprechen, und verteilt sie auf freie Datenblöcke. Normalerweise wird eine Datei in aufeinanderfolgende Blöcke gespeichert. Wenn die Festplatte schon sehr voll ist, ist dies manchmal nicht möglich, weil es nicht genügend aufeinanderfolgende Blöcke gibt. Dann sucht das Betriebssystem beliebige freie Blöcke heraus und belegt sie mit den Daten. Da solche Dateien auf verschiedene, nicht zusammenhängende Blöcke verteilt sind, bezeichnet man sie als fragmentiert.

Die Fragmentierung wirkt sich leider negativ auf die Zugriffszeit der gespeicherten Dateien aus. Da die Schreib-/Leseköpfe der Festplatte die Daten aus verschiedenen Bereichen zusammensuchen müssen, dauert jeder Zugriff entsprechend länger. Das Defragmentierungsprogramm organisiert die Dateistruktur eines Laufwerks neu, sodass fragmentierte Dateien möglichst wieder in aufeinanderfolgenden Datenblöcken zusammengefasst werden.

1 Um ein Laufwerk zu optimieren, öffnen Sie seine Eigenschaften mit *Datei/Eigenschaften* oder mit *Eigenschaften* im Kontextmenü der rechten Maustaste.

2 Wechseln Sie in den Laufwerkeigenschaften auf die Registerkarte *Tools*. Hier finden Sie den Bereich *Defragmentierung*. Klicken Sie auf die Schaltfläche *Jetzt defragmentieren*, um die Optimierung durchzuführen.

3 Damit öffnen Sie das Programm für die Defragmentierung. Dieses bietet Ihnen zunächst an, das Defragmentieren automatisch nach einem bestimmten Zeitplan auszuführen. Das bietet sich besonders an, wenn der PC regelmäßig längere Zeit eingeschaltet ist, ohne dass Sie ihn benutzen. Dann nutzt Windows solche Phasen, um automatisch eine Defragmentierung durchzuführen.

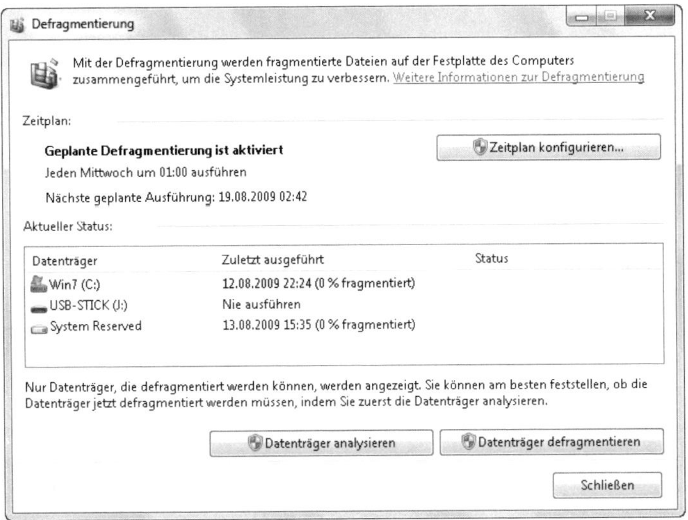

4 Sie können die Defragmentierung aber auch sofort erledigen, wenn dies aus gegebenem Anlass erforderlich ist. Wählen Sie dazu das zu bereinigende Laufwerk aus und klicken Sie unten rechts auf *Datenträger defragmentieren*.

TIPP

Erst analysieren, dann defragmentieren

Wenn Sie auf die Schaltfläche *Datenträger analysieren* klicken, untersucht das Programm zunächst die Festplatten und stellt den Grad der Fragmentierung fest. Gerade bei einem neuen System ist meist noch gar nicht viel passiert. Dann steht hinter den Laufwerken die Anmerkung *(0% wurde fragmentiert)*. Also ist auch kein Defragmentieren erforderlich. Erst wenn dieser Prozentsatz steigt, lässt sich durch das Defragmentieren auch ein Leistungsgewinn erzielen.

5 Das Programm beginnt dann mit der Defragmentierung der Festplatte. Diese wird im Hintergrund ausgeführt. Sie können das Programmfenster in der Zwischenzeit schließen. Die Defragmentierung läuft trotzdem weiter. Durch einen erneuten Aufruf des Programms kehren Sie später an diese Stelle zurück und informieren sich über den Status und das Ergebnis. Mit *Defragmentierung beenden* können Sie den Vorgang auch jederzeit beenden. Das Laufwerk verbleibt dann in dem – nun immerhin etwas weniger – fragmentierten Zustand.

Eine komplette Optimierung kann je nach Größe des Laufwerks mehrere Stunden dauern. Immerhin muss das Programm jeden einzelnen Datenblock von der Festplatte einlesen, eine geeignete neue Position dafür finden und ihn dort wieder auf die Platte schreiben. Dabei gilt es noch, zusammengehörende Blöcke auch möglichst zusammenhängend unterzubringen.

TIPP

Vorsicht während des Defragmentierens!

Beim Defragmentieren bringt das Optimierungsprogramm die Daten auf Ihrer Festplatte zunächst kräftig durcheinander, damit sie anschließend umso geordneter sein können. In dieser Umordnungsphase ist Ihr PC sehr empfindlich. Ein Absturz könnte jetzt zu Datenverlusten führen. Deshalb sollten Sie dem Defragmentierungsprogramm am besten den PC allein überlassen und nicht nebenbei mit anderen Anwendungen weiterarbeiten. Da das Defragmentieren den PC zusätzlich belastet, ist das parallele Arbeiten ohnehin nur mit halber Kraft möglich.

Die automatische Defragmentierung auf einzelne Laufwerke beschränken

Die automatische Defragmentierung sorgt dafür, dass Laufwerke automatisch im Hintergrund bereinigt werden, wenn dies erforderlich ist. Dabei können Sie nicht nur Häufigkeit und Zeitpunkt festlegen, sondern auch, welche Laufwerke überhaupt defragmentiert werden sollen. Das ist z. B. sinnvoll, wenn Sie mehrere Laufwerke in Ihrem PC haben, von denen eines aber nur wenig (z. B. zu Sicherungszwecken) genutzt wird. Da wäre eine Defragmentierung überflüssig bzw. würde diese Festplatte unnötig in Betrieb halten, wenn sie eigentlich geschont und energiesparend abgeschaltet werden könnte.

1 Zu diesem Zweck klicken Sie im Dialog für die Defragmentierung auf die Schaltfläche *Zeitplan konfigurieren*.

2 Im anschließenden Dialog können Sie die Häufigkeit sowie den Zeitpunkt für das Defragmentieren einstellen. Wählen Sie dafür möglichst einen Zeitpunkt, an dem der PC in der Regel eingeschaltet ist, aber nicht unbedingt für dringende Aufgaben benötigt wird.

3 Mit der Schaltfläche *Datenträger auswählen* öffnen Sie ein weiteres Menü, in dem Sie genau festlegen können, welche Laufwerke vom Zeitplan berücksichtigt werden sollen.

4 Die Option *(Alle Datenträger auswählen)* dient nur der Vereinfachung. Hiermit können Sie bei einer längeren Liste von Laufwerken ganz einfach für alle die Defragmentierung aktivieren.

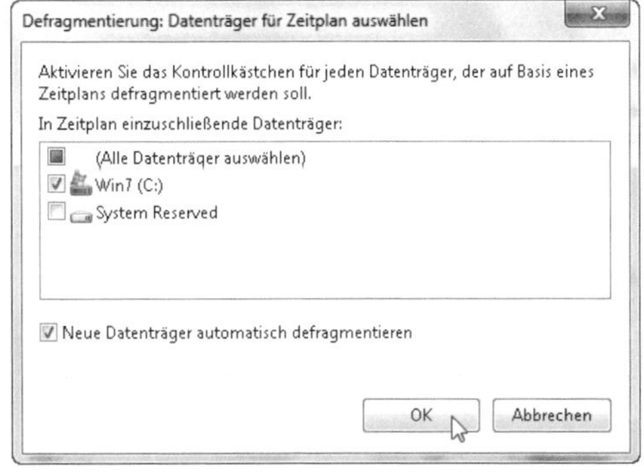

5 Interessant ist auch ganz unten die Option *Neue Datenträger automatisch defragmentieren*. Sie sorgt dafür, dass neu hinzukommende Laufwerke automatisch mit für das Defragmentieren ausgewählt werden. Deaktivieren Sie diese Option, dann unterbleibt das und Sie können/müssen diese Funktion für neue Laufwerke bei Bedarf jeweils manuell aktivieren.

6 Klicken Sie dann zweimal auf *OK*, um die neuen Einstellungen für das Defragmentieren zu übernehmen.

36.2 USB-Sticks, Speicherkarten & Co. sicher und einfach nutzen

Neben Festplattenlaufwerken haben Wechselmedien inzwischen eine fast größere Bedeutung. Verstand man darunter früher in erster Linie CDs/DVDs, so ist die Bandbreite heute viel größer und USB-Sticks, MP3-Player oder Speicherkarten für Digitalkameras und Camcorder sind für viele Anwender selbstverständliche Hilfsmittel geworden. Gerade bei der Vielzahl von verschiedenen Produkten und Anwendungen ist ein gutes Management wichtig, um Datenverluste zu vermeiden und stets die maximale Kapazität und Geschwindigkeit nutzen zu können.

USB-Sticks und Speicherkarten korrekt formatieren

Während Festplatten in der Regel nur einmal bei der Installation formatiert werden, kann dies bei Wechselspeichermedien wie USB-Sticks und Speicherkarten häufiger notwendig sein. Generell empfiehlt es sich, solche Geräte bei der ersten Inbetriebnahme einmal neu zu formatieren. Sollten später Probleme auftauchen, weil Dateien nicht mehr lesbar sind oder umgekehrt nicht mehr benötigte Dateien nicht gelöscht werden können, formatieren Sie den Wechselspeicher einfach einmal neu. Danach sollten die Probleme behoben sein und der Speicher Ihnen wieder im vollen Umfang zur Verfügung stehen.

INFO

Gerät wird nicht als Wechselmedium angezeigt?

USB-Sticks, Speicherkarten und auch die meisten MP3-Player sollten von Windows ohne Weiteres als Wechselmedien erkannt und angezeigt werden. Eventuell ist ein spezieller Treiber erforderlich, der beim ersten Anstecken des Geräts an den PC einmalig installiert werden muss. Wird ein Gerät trotz funktionierenden Treibers nicht im Explorer angezeigt, handelt es sich dabei nicht um ein klassisches Wechselmedium. In diesem Fall sind Sie für den Zugriff auf spezielle Software des Geräteherstellers angewiesen. Eine Funktion zum Formatieren des Datenträgers finden Sie dann in der Regel in dieser Software oder im Gerät selbst.

1 Verbinden Sie den Wechselspeicher mit dem PC und zeigen Sie den Arbeitsplatz im Explorer an. Hier sollte das Wechsellaufwerk nun aufgeführt werden. Vergewissern Sie sich, dass der Speicher keine wichtigen Daten mehr enthält, denn beim Formatieren wird er komplett gelöscht.

2 Klicken Sie mit der rechten Maustaste auf den Eintrag des Wechselmediums und wählen Sie im Kontextmenü den Befehl *Formatieren*.

INFO

Das richtige Dateisystem

Welches das richtige Dateisystem ist, lässt sich leider so pauschal nicht sagen. Für USB-Sticks, Speicherkarten und MP3-Player kommen in erster Linie FAT (Standard) und FAT32 infrage. Wichtig ist dabei, dass die Geräte, in die die Speichermedien eingesetzt werden sollen (Digitalkameras, MP3-Player, Handy etc.), das gewählte Dateisystem unterstützen. Schauen Sie deshalb im Zweifelsfall in der Dokumentation Ihrer Geräte nach. Ansonsten orientieren Sie sich an dem vorhandenen Dateisystem, das Sie ggf. über die Eigenschaften des Wechselspeichers abfragen können. Sonst können Sie aber nicht viel falsch machen. Sollte ein Speichermedium das falsche Dateisystem haben und nicht zu verwenden sein, wiederholen Sie die Formatierung einfach mit der richtigen Einstellung.

3 Im anschließenden Dialog legen Sie die Parameter für das Formatieren fest. Hier ist vor allem die Einstellung *Dateisystem* wichtig. Bei den anderen Angaben können Sie in der Regel die Voreinstellungen beibehalten.

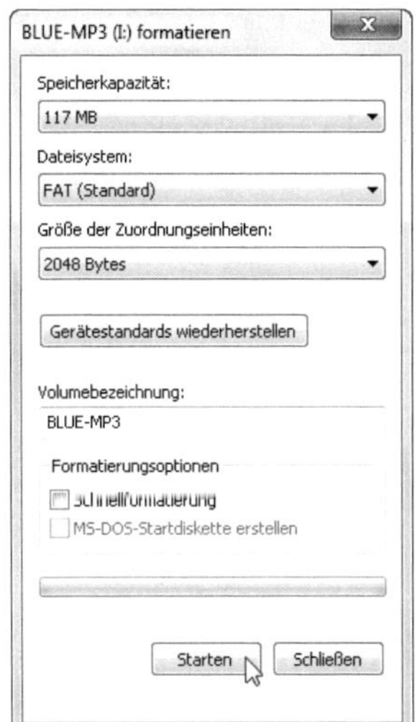

4 Im Feld *Volumebezeichnung* können Sie dem Datenträger einen Namen geben, unter dem er im Explorer aufgeführt wird. Das kann gerade beim Hantieren mit verschiedenen Speichermedien den Überblick erleichtern.

5 Auf die Formatierungsoption *Schnellformatierung* sollten Sie verzichten, insbesondere wenn Sie mit der Formatierung Probleme lösen wollen. Der Geschwindigkeitsgewinn ist bei Wechselspeichermedien nicht besonders groß und einer gründlichen Formatierung ist allemal der Vorzug zu geben.

6 Klicken Sie dann unten auf die *Starten*-Schaltfläche, um das Formatieren zu beginnen, und bestätigen Sie die Warnung, dass alle Daten auf dem Datenträger gelöscht werden.

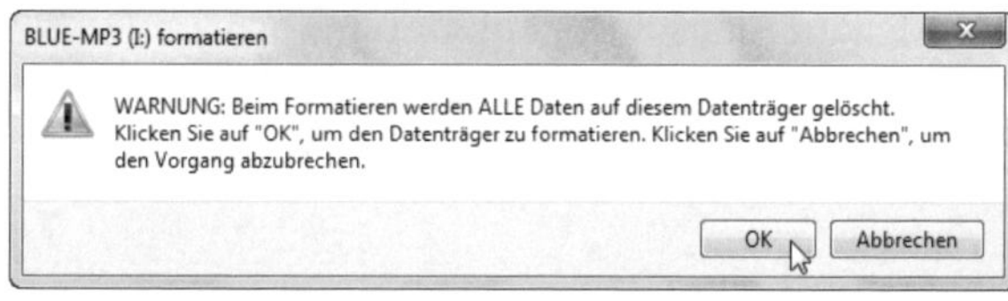

7 Windows formatiert nun den Wechselspeicher, was Sie an dem grünen Fortschrittsbalken verfolgen können.

8 Schließlich erhalten Sie die Erfolgsmeldung *Formatieren abgeschlossen*. Klicken Sie auf *OK* und zurück im Formatieren-Dialog auf *Schließen*. Der frisch formatierte Speicher steht Ihnen zur Verfügung.

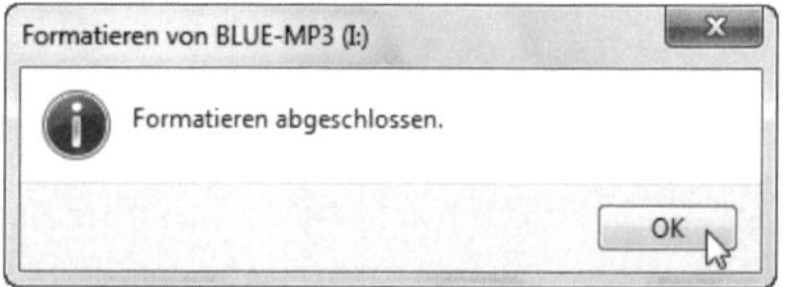

Automatische Wiedergabe – so läuft beim Einstecken alles automatisch ab

Schon Windows XP hatte das Autoplay eingeführt – also automatische Aktion beim Einlegen bzw. Anschließen von Datenträgern wie CDs, USB-Sticks oder Digitalkameras. Windows 7 führt diese Funktion weiter fort, indem es noch mehr Arten von externen Datenträgern erkennt und unterscheiden kann. Für jede Art Medium bzw. für verschiedene Arten von Inhalten wie Bilder, Videos oder Musikdateien können Sie nun eigene Autoplay-Aktionen festlegen.

1 Eine Möglichkeit besteht darin, die Autoplay-Aktionen nach und nach interaktiv festzulegen: Wann immer Sie einen Datenträger einlegen bzw. anschließen, analysiert Windows dessen Inhalt und stellt Ihnen passende Optionen zur Auswahl.

2 Wollen Sie diese Aktion jedes Mal für diese Art von Daten ausführen lassen, setzen Sie ein Kreuz ganz oben bei *Immer für ... durchführen*.

3 Wählen Sie erst dann darunter aus, welche Aktion Sie ausführen wollen. Windows führt diese dann durch und merkt sie sich gleichzeitig. Wenn Sie das nächste Mal einen Datenträger mit derselben Art von Daten anschließen, wird diese Aktion automatisch wieder ausgeführt.

TIPP

Was ist aus dem Unterdrücken von Autoplay per [Umschalt] geworden?

Das Unterdrücken des Autoplay durch Drücken von [Umschalt] während des Einlegens bzw. Anschließens geht bei Windows 7 leider nicht mehr. Hier bleibt nur noch die Auswahl, Autoplay komplett zu deaktivieren oder für einzelne Medienarten *Keine Aktion durchführen* dauerhaft einzustellen (siehe im Folgenden).

Standardaktionen für alle Medientypen systematisch festlegen

Alternativ zur Salamitaktik können Sie auch für alle von Windows unterschiedenen Speichermedien und Medientypen von vornherein Standardaktionen festlegen, die dann wie von Zauberhand ausgeführt werden.

Automatische Wiedergabe

1 Öffnen Sie dazu über die Systemsteuerung den Bereich *Programme* und dort unter *Standardprogramme* den Punkt *Standardeinstellungen für Medien und Geräte ändern*. Alternativ finden Sie dieses Menü in der klassischen Systemsteuerung unter *Automatische Wiedergabe*.

2 In diesem Menü bestimmen Sie ganz oben, ob Windows überhaupt die Automatische Wiedergabe für alle Medien und Geräte verwenden soll – also das Autoplay.

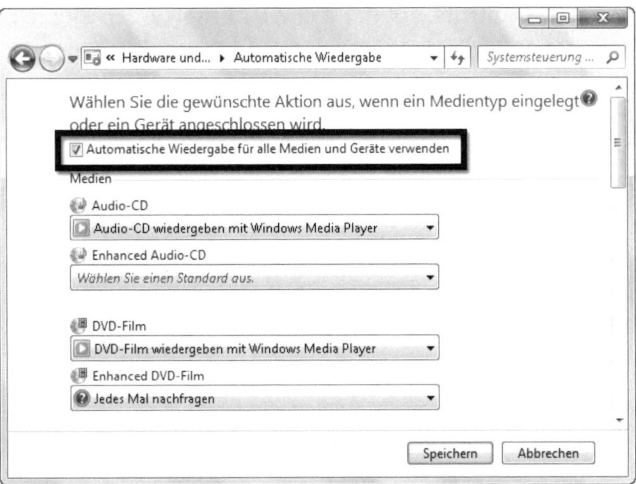

3 Darunter finden Sie eine längliche Liste der Gerätearten und Medientypen, die Windows unterscheidet. Zu jedem Eintrag gehört ein Auswahlfeld, in dem Sie eine Standardaktion auswählen können.

4 Die genaue Auswahl an Aktionen hängt vom jeweiligen Medientyp ab. Außerdem spielt es auch eine Rolle, welche Software ggf. installiert ist, die mit den verschiedenen Medientypen umgehen kann. Wählen Sie also jeweils die gewünschte Aktion aus.

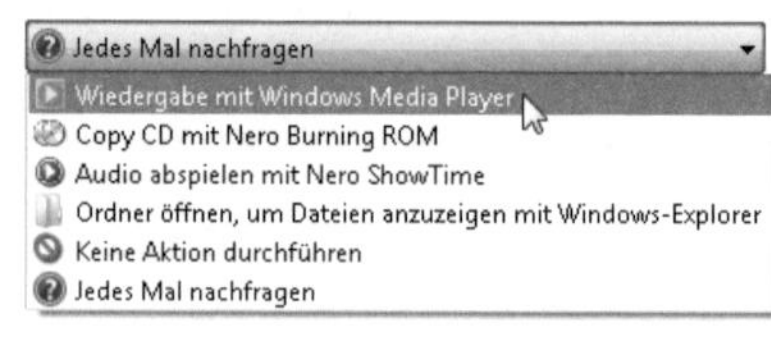

5 Einige Optionen stehen bei (fast) allen Einträgen unabhängig vom Medientyp zur Auswahl:

- *Ordner öffnen, um Dateien anzuzeigen mit Windows-Explorer*: Windows startet den Windows-Explorer und zeigt den Inhalt des Datenträgers an.
- *Keine Aktion durchführen*: Windows ignoriert das Einlegen bzw. Anschließen solcher Datenträger völlig.
- *Jedes Mal nachfragen*: Der interaktive Modus bleibt für diesen Medientyp erhalten und Windows zeigt jedes Mal den Auswahldialog an.

6 Haben Sie alle Ihre Auswahlen getroffen, klicken Sie ganz unten auf *Speichern*, um die Einstellungen auch dauerhaft festzulegen.

Datenverluste beim Entfernen von Wechselmedien vermeiden

Wechselspeichermedien wie USB-Sticks oder die Speicherkarte aus der Digitalkamera lassen sich dank USB jederzeit bequem mit dem PC verbinden, um z. B. Digitalfotos einzulesen oder wichtige Dokumente extern zu sichern. Allerdings kann man ein USB-Gerät eben auch jederzeit wieder abziehen.

Deshalb muss sichergestellt sein, dass eventuelle Schreiboperationen auf das Medium beendet sind. Eine automatische Kontrolle durch Windows ist (anders als z. B. bei CD-ROM-Laufwerken) nicht möglich, wenn die Entnahme jederzeit durch Trennen der USB-Verbindung durch den Benutzer erfolgen kann. Allerdings gibt es eine Methode, wie Sie sicher sein können, dass alle Schreiboperationen abgeschlossen sind:

1 Im Infobereich bzw. im erweiterten Infobereich finden Sie ein spezielles Symbol für angeschlossene USB-Geräte vor.

2 Wollen Sie ein Speichermedium entfernen, klicken Sie auf dieses Symbol im Infobereich. Damit öffnen Sie ein Menü mit einer Übersicht über die angeschlossenen Geräte.

3 Wählen Sie hier das Gerät aus, das Sie entfernen wollen, und klicken Sie dann auf den Befehl *...auswerfen*.

4 Windows beendet dann von sich aus die Verbindung zum Speichermedium, wobei automatisch eventuell noch ausstehende Schreiboperationen beendet werden. So können keine Daten verloren gehen oder beschädigt werden.

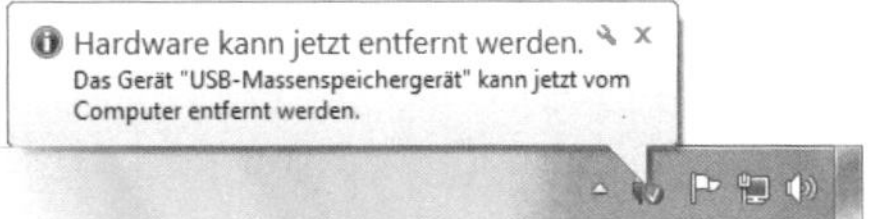

5 Wenn Sie die Meldung *Das Gerät "..." kann jetzt vom Computer entfernt werden* sehen, können Sie z. B. den USB-Stick gefahrlos aus dem PC herausziehen.

37. Energiesparen auch bei optimaler Leistung

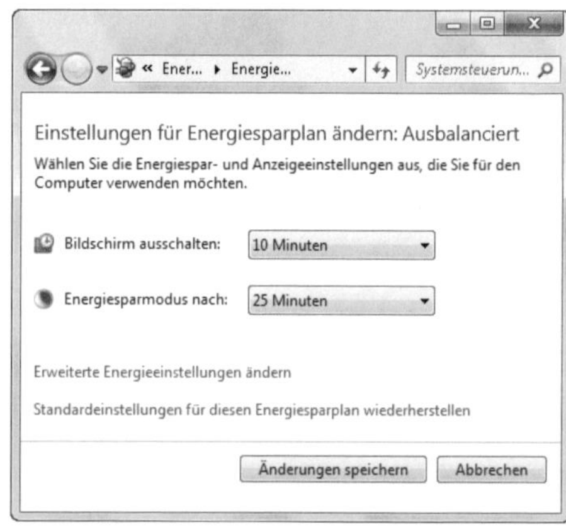

PCs gehören mit zu den größten Stromfressern, insbesondere wenn sie täglich viele Stunden oder gar rund um die Uhr laufen. Deshalb sind energiesparende Einstellungen nicht nur für Notebook-Besitzer interessant, die sich eine möglichst lange Akku-Laufzeit sichern wollen. Auch bei klassischen PCs können sich sparsame Einstellungen bezahlt machen. Windows kommt Ihnen dabei mit seinen vielseitigen und flexiblen Energiesparoptionen entgegen. So können Sie verschiedene Energiesparpläne einrichten, die für verschiedene Anwendungssituationen jeweils die optimalen Einstellungen enthalten. Beim Wechsel von einem Schema zum anderen werden automatisch alle Einstellungen entsprechend angepasst. Aber auch innerhalb der einzelnen Sparpläne haben Sie detaillierte Kontrolle darüber, welche Komponente sich wie verhält.

37.1 Der richtige Mix aus Leistung und Sparsamkeit

Die Energieoptionen von Windows beruhen auf verschiedenen Energiesparplänen. Ein Plan umfasst jeweils eine Vielzahl von Einstellungen. Diese Optionen bestimmen z. B., ob und wann die Festplatte in den Schlafmodus wechseln soll, nach wie vielen Minuten der Inaktivität der Monitor abgeschaltet wird und wann der gesamte PC abgeschaltet bzw. in den Energiesparmodus versetzt werden soll. Falls das erst mal zu kompliziert klingt, kein Grund zur Sorge. Sie können die Energiesparpläne genauso einfach wie bei Windows XP nutzen und die neuen, zusätzliche nMöglichkeiten notfalls einfach ignorieren.

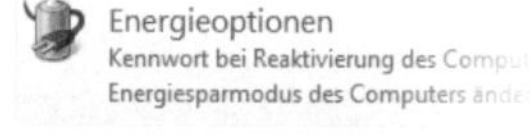

1 Öffnen Sie in der Systemsteuerung den Bereich *System und Sicherheit*. Darin finden Sie die *Energieoptionen*.

2 Damit gelangen Sie direkt in die Verwaltung der Energieoptionen. Hier können Sie einen der vorgefertigten Energiesparpläne auswählen. Für ein normales Desktopsystem eignet sich z. B. die *Ausbalanciert*-Konfiguration. Sie entspricht auch in etwa der Standardeinstellung für die Energieoptionen bei Windows XP.

3 Aktivieren Sie zum Auswählen einfach den entsprechenden Eintrag in der Liste.

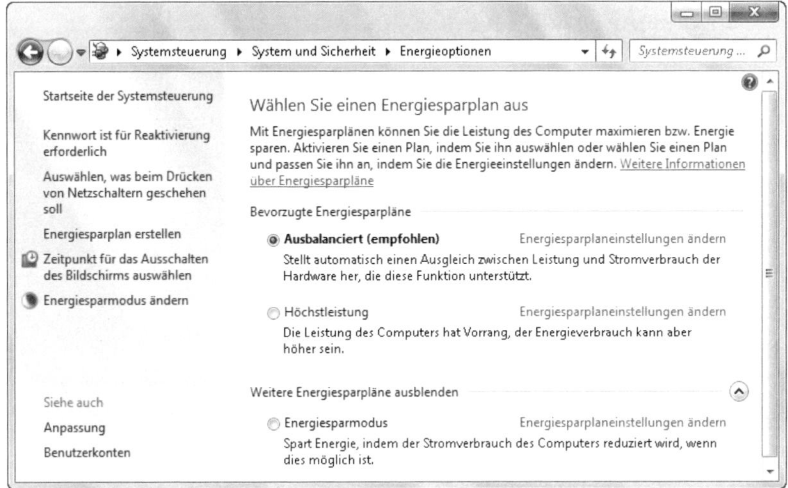

4 Wollen Sie sich über die genauen Auswirkungen eines Energiesparplans informieren, klicken Sie neben seinem Namen auf *Energiesparplaneinstellungen ändern*.

5 Sie sehen dann zunächst die beiden wesentlichen Einstellungen, nämlich ob und nach welcher Zeit Windows den Bildschirm ausschaltet und wann der PC in den Energiesparmodus geschickt wird.

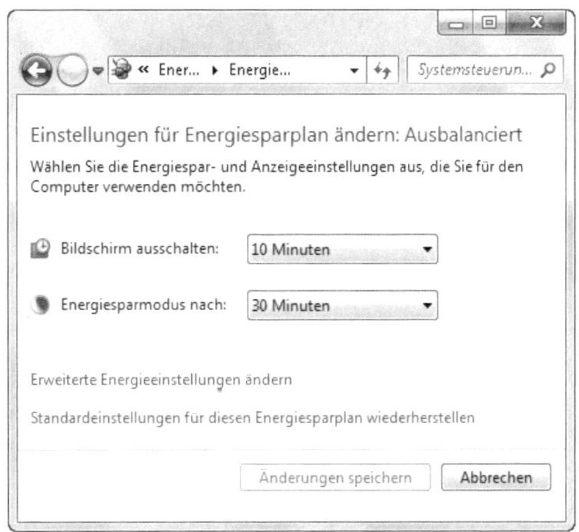

INFO

Welches ist der richtige Energiesparplan?

Der Energiesparplan *Ausbalanciert* ist standardmäßig aktiv und dürfte für die meisten Benutzer auch die sinnvollste Wahl sein. Verwenden Sie ein Notebook oder lassen Sie Ihren PC immer wieder für längere Zeit ungenutzt, während er eingeschaltet ist, können

Sie mit *Energiesparmodus* mehr Strom sparen. Der Rechner schaltet dann mehr Komponenten schneller ab und geht auch selbst relativ schnell in den Energiesparmodus über. Sind Sie jederzeit auf sofortige Verfügbarkeit angewiesen und spielt der Stromverbrauch keine Rolle, dann wählen Sie *Höchstleistung*. Dann werden praktisch alle Stromsparfunktionen deaktiviert. Nur der Monitor schaltet sich nach einiger Zeit der Inaktivität aus, was die Verfügbarkeit des PCs selbst aber nicht beeinträchtigt.

6 Wollen Sie es noch genauer wissen, klicken Sie in diesem Dialog unten auf *Erweiterte Energieeinstellungen ändern*.

7 Im anschließenden Menü sehen Sie eine detaillierte Aufstellung der Optionen für diesen Energiesparplan.

8 Die Einstellungen der einzelnen Pläne können Sie in diesen Dialogen nicht nur betrachten, sondern auch ändern. Um dies nicht zu tun, klicken Sie einfach jeweils unten auf *Abbrechen*. Sie gelangen dann zurück in die Grundeinstellungen der Energieoptionen.

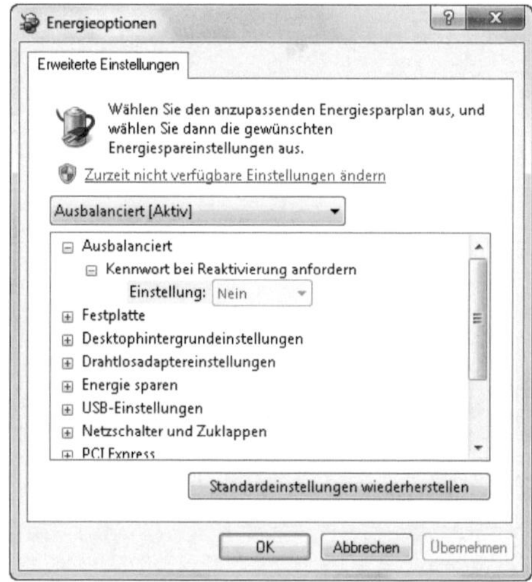

Neben den vorgefertigten Standardplänen können Sie auch ganz eigene Energiesparpläne erstellen und konfigurieren. Dabei steht Ihnen die gesamte Palette der Energieoptionen zur Verfügung, sodass Sie ein ganz individuelles Profil anlegen können, das exakt Ihren Bedürfnissen entspricht.

1 Klicken Sie in den Energieoptionen links in der Navigationsspalte auf *Energiesparplan erstellen*.

2 Wählen Sie dann einen der vorgefertigten Pläne als Grundlage aus. Nehmen Sie dazu am besten den, dessen Profil am ehesten dem entspricht, was Sie für Ihren eigenen Energiesparplan vorhaben. So können Sie auf dessen Einstellungen aufbauen und müssen nicht alle Optionen bis in die letzten Details festlegen.

3 Legen Sie außerdem unten bei *Energiesparplanname* eine Bezeichnung für dieses Profil fest. Sie dient nur Ihrer eigenen Orientierung beim Auswählen der Pläne. Mit *Weiter* gelangen Sie zum nächsten Schritt.

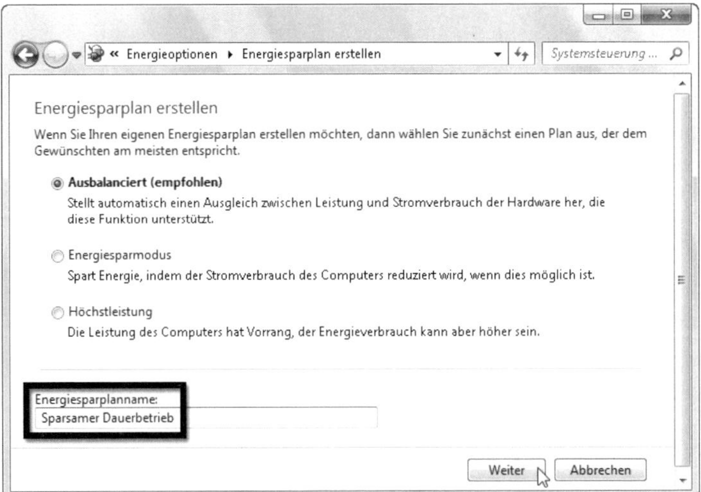

4 Geben Sie hier die beiden Basiseinstellungen für Ihren Energiesparplan an, nämlich die Zeiten, nach denen Windows den Bildschirm ausschalten bzw. in den Energiesparmodus wechseln soll. Soll eine dieser Funktionen gar nicht genutzt werden, stellen Sie statt einer Zeitangabe *Niemals* ein.

5 Klicken Sie dann unten auf *Erstellen*. So gelangen Sie zurück in das Hauptmenü der Energieoptionen, in dem Ihr eigener Sparplan jetzt aufgeführt und aktiviert ist.

6 Um Feineinstellungen an Ihrem Plan vorzunehmen, klicken Sie darunter auf *Energiesparplaneinstellungen ändern* und anschließend auf *Erweiterte Energieeinstellungen ändern*. So gelangen Sie in das Menü mit den detaillierten Optionen.

INFO

Akku-Einstellungen für tragbare PCs

Wenn Sie einen tragbaren PC mit Akku wie z. B. ein Notebook verwenden, kommt den Energieoptionen eine besondere Bedeutung zu und Windows wird dem auch gerecht. In diesem Fall können Sie für die meisten Optionen zwei Einstellungen vornehmen. Eine bezieht sich auf den angeschlossenen Zustand, wenn der PC fest mit einer Stromversorgung verbunden ist. Die andere gilt, wenn der Rechner von seinem Akku mit Strom versorgt wird. Da Windows diesen Zustand automatisch erkennt, schaltet es jeweils sofort auf die dafür vorgesehenen Einstellungen um. Zusätzlich finden Sie bei Notebooks in den erweiterten Energieeinstellungen die Rubrik *Akku*. Hier können Sie Warnungen bei niedrigem Ladestand konfigurieren und z. B. festlegen, bei welchem Ladestand Windows sich automatisch herunterfahren soll, um Datenverluste zu vermeiden.

Einen Energiesparplan löschen

Wenn Sie einen zuvor erstellten Energiesparplan nicht mehr benötigen, können Sie ihn entfernen, um die Energieoptionen nicht zu unübersichtlich werden zu lassen. Allerdings ist die Vorgehensweise dazu nicht unbedingt offensichtlich:

1. Ganz wichtig: Aktivieren Sie zunächst einen Energiesparplan, und zwar unbedingt einen anderen als den, den Sie entfernen wollen.

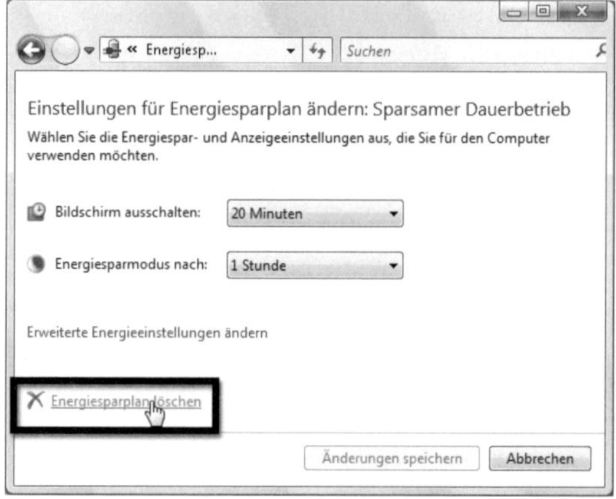

2. Klicken Sie dann bei dem zu löschenden Plan auf *Energiesparplaneinstellungen ändern*.
3. Hier klicken Sie unten links auf den Link *Energiesparplan löschen*.
4. Bestätigen Sie die Sicherheitsrückfrage, ob Sie diesen Plan tatsächlich löschen möchten.
5. Zurück im Hauptmenü der Energieoptionen ist dieser Energiesparplan aus der Liste verschwunden. Aktivieren Sie ggf. den Plan, der jetzt in Kraft treten soll.

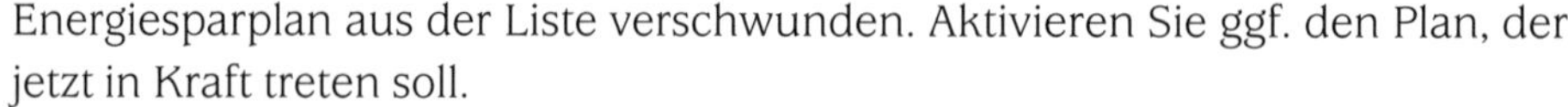

37.2 Durch individuelle Energiesparpläne optimal Energie sparen

Neben den Grundeinstellungen können Sie für jeden Energiesparplan eine Vielzahl von Details festlegen, die das genaue Verhalten des PCs in verschiedenen Situationen festlegen. Das beginnt damit, was beim Drücken des Ein-/Ausschalters am Gehäuse geschehen soll, und geht bis hin zu der Art und Weise, wie der Bildschirm in den Stand-by-Modus versetzt werden soll. Im Folgenden zeigen wir Ihnen die sinnvollsten und nützlichsten dieser Einstellungen.

Passwortabfrage nach dem Aufwachen des PCs deaktivieren

Wie auch schon bei früheren Windows-Versionen hat Windows 7 die Angewohnheit, beim Wiederaufwachen des PCs aus einem Ruhezustand das Passwort des Benutzers zu verlangen. Dies ist eine Sicherheitsmaßnahme, da der berechtigte Benutzer den PC während der Ruhezeit verlassen haben könnte und nun eine ganz andere Person den Rechner wieder aufweckt. Wenn der PC gut geschützt zu Hause steht, wo ohnehin keine unberechtigten Personen Zugriff darauf haben, ist diese Schutzmaßnahme aber eher überflüssig. In solchen Fällen können Sie die Passwortabfrage beim Aufwachen deaktivieren.

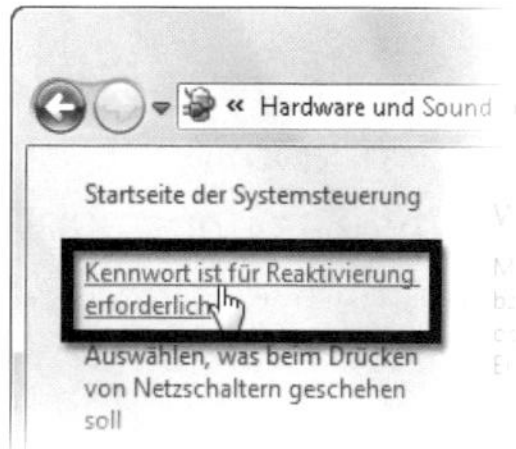

1. Öffnen Sie die Energieoptionen und klicken Sie oben in der Navigationsleiste am rechten Rand auf *Kennwort ist für Reaktivierung erforderlich*.
2. Klicken Sie im anschließenden Menü zunächst oben auf *Einige Einstellungen sind momentan nicht verfügbar*.
3. Autorisieren Sie dann den Zugang zu diesen Einstellungen mit *Fortsetzen* bzw. durch Eingeben eines Administratorpassworts.

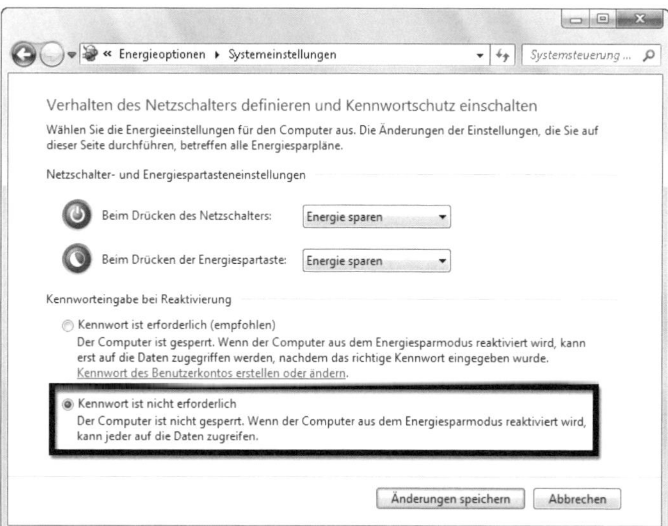

4. Nun können Sie unten im Bereich *Kennworteingabe bei Reaktivierung* die Option *Kennwort ist nicht erforderlich* wählen.
5. Klicken Sie dann ganz unten auf *Änderungen speichern*. Ab sofort können Sie den PC nach dem Aufwecken ohne Eingabe eines Kennworts sofort wieder benutzen.

Komfortables Energiemanagement: Belegen Sie die Schalter am PC nach Wunsch

PCs haben einen Ein-/Ausschalter, inzwischen häufig auch noch einen speziellen Energiesparknopf am Gehäuse oder auf der Tastatur. Die Energieoptionen geben Ihnen die Möglichkeit, die Wirkung dieser Schalter zu beeinflussen. So können Sie z. B. wählen, ob der Energiesparknopf den PC in den Stand-by-Modus für schnelles Wiedererwachen oder in den Ruhezustand für maximales Stromsparen schicken soll.

1 Öffnen Sie die Energieplaneinstellungen des aktiven Energiesparplans und rufen Sie dort wiederum die erweiterten Energiespareinstellungen auf.

2 Öffnen Sie in den erweiterten Energieoptionen die Rubrik *Netzschalter und Zuklappen* und darin die Unterkategorie *Standardaktion für Beenden*.

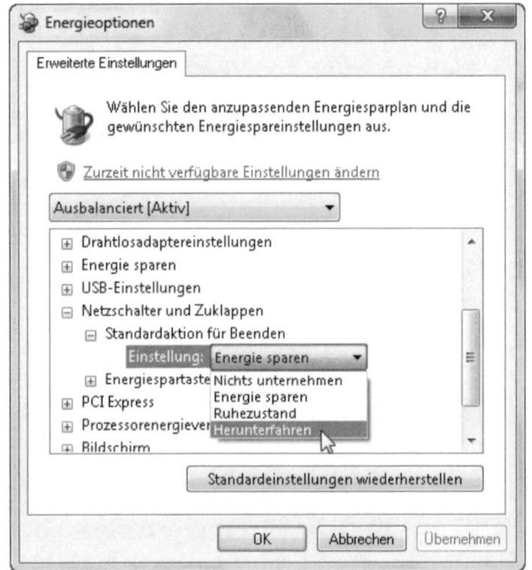

3 Wenn Sie dort auf *Einstellung* klicken, erhalten Sie ein Auswahlmenü. Darin können Sie wählen, was beim Drücken des Netzschalters geschehen soll.

4 In der Rubrik *Energiespartastenaktion* können Sie hingegen die Auswahl zwischen *Ruhezustand* und *Energie sparen* treffen, wobei Letzteres dem Stand-by-Modus entspricht. Bestimmte Geräte wie z. B. Notebooks bieten ggf. weitere Rubriken wie etwa das Zuklappen des Deckels, mit denen eine bestimmte Aktion verknüpft werden kann.

5 Klicken Sie dann unten auf *OK*, um diese Einstellung zu ändern. Ab sofort bewirkt ein Druck auf den entsprechenden Schalter die voreingestellte Aktion.

Wichtig: Wenn Sie abwechselnd verschiedene Energiesparpläne verwenden, müssen Sie diese Einstellung in jedem einzelnen Energieprofil vornehmen.

Teil VII

Windows 7 installieren und Performance steigern

38. Windows 7 ganz nach Bedarf installieren und einrichten

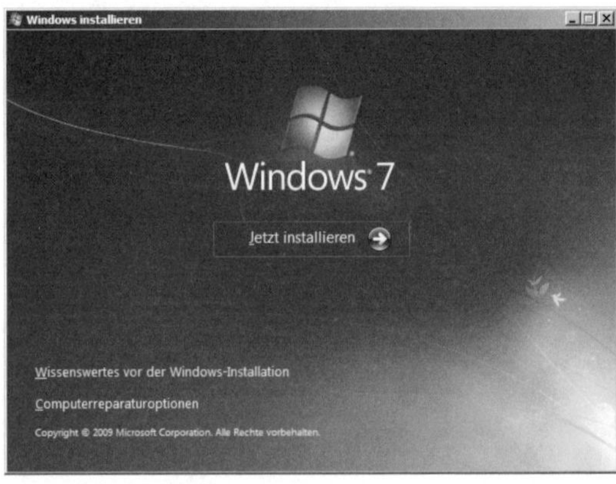

Bei der Installation von Windows 7 gibt es verschiedene Varianten. Die unkomplizierteste ist es, Windows auf einem komplett leeren PC einzurichten, auf dem noch kein Betriebssystem vorhanden war bzw. auf dem kein anderes Betriebssystem mehr vorhanden ist. Dabei gibt es nur wenig zu tun und zu beachten. Vorsichtige Tester wünschen sich vielleicht die Möglichkeit, Windows 7 zunächst nur probeweise parallel zu einer bereits vorhandenen Windows-Version zu installieren. Hierbei müssen ein paar Feinheiten beachtet werden, damit anschließend altes und neuen Betriebssystem friedlich koexistieren können.

38.1 32 Bit vs. 64 Bit: Wann lohnt sich eine x64-Edition von Windows 7?

Von fast allen Windows-7-Editionen gibt es neben der klassischen 32-Bit-Version auch eine 64-Bit-Variante. Diese hat eine andere technologische Grundlage, sieht auf der Oberfläche aber genauso aus und fühlt sich genauso an wie die 32-Bit-Version. Da immer mehr PCs heutzutage auch mit 64-Bit-Hardware ausgestattet sind, drängt sich die Frage auf, ob man nicht auch ein 64-Bit-Windows installieren sollte. Dabei geraten vor allem drei Themen in den Blickpunkt, die immer wieder als Vorteile von 64-Bit-Systemen angeführt werden.

TIPP

32 Bit vs. 64 Bit: die Unterschiede

Die 64-Bit-Architektur ist eine Weiterentwicklung der 32-Bit-Architektur, die – einfach gesagt – mit doppelt so großen Datenwörtern arbeitet. Wo ein 32-Bit-System pro Takt eben 32 Bit verarbeitet, berechnet ein 64-Bit-System doppelt so viel. Anders gesagt, ein 64-Bit-PC benötigt für die gleiche Datenmenge die halbe Zeit. Das ist etwas vereinfacht dargestellt, aber tatsächlich können 64-Bit-Systeme eine deutlich höhere Performance an den Tag legen, wenn sie mit spezieller 64-Bit-Software betrieben werden. Ein Nebeneffekt ist das Knacken einer wichtigen Speichergrenze: 32-Bit-Systeme können maximal 4 GByte Arbeitsspeicher adressieren. 64-Bit-Systeme hingegen können theoretisch 16 Exabyte Speicher verwenden, auch wenn die Obergrenze in der Praxis bislang eher bei einem TByte (=1.000 GByte) liegt. Ebenfalls wichtig: Die 64-Bit-Architektur ist abwärtskompatibel und kann weiterhin 32-Bit-Software ausführen. Umgekehrt ist dies nicht möglich.

Mehr Performance?

Ein 64-Bit-System kann eine höhere Leistung erbringen, wenn es mit spezieller 64-Bit-Software betrieben wird. Dazu gehört nicht nur eine 64-Bit-Variante von Windows, sondern auch 64-Bit-Anwendungssoftware. Nur wenn Sie solche Software unbedingt einsetzen wollen, ist ein 64-Bit-System sinnvoll. Auf einem solchen System kann auch herkömmliche 32-Bit-Software laufen, aber sie wird nicht schneller abgearbeitet, eventuell kann sie sogar geringfügig langsamer laufen.

Mehr Speicher?

Wenn Sie Anwendungen nutzen wollen, die 4 GByte und mehr Arbeitsspeicher benötigen, ist ein 64-Bit-System praktisch die einzige Möglichkeit, dieses zu erreichen. Es gibt allerdings nur wenige, sehr spezielle Anwendungen, für die dies zutrifft. Typische PC-Software aus dem Office-Bereich oder auch PC-Spiele sind für 32-Bit-Systeme konzipiert und kommen mit dem dort verfügbaren Arbeitsspeicher locker aus. Da 64-Bit-Software im Vergleich einen höheren Speicherbedarf hat, relativiert sich der Vorteil bei der Speicherkapazität auch teilweise wieder.

TIPP

Wie viel Speicher ist bei 64 Bit wirklich drin?

Von der theoretisch möglichen Speichermenge bleibt in der Praxis meist nicht viel übrig. Das macht aber auch nichts, denn solche Unmengen an Datenspeicher brauchen (heutzutage) hochstens Großrechenanlagen. In der Praxis sieht es so aus: Von Windows Starter und Home Basic gibt es keine 64-Bit-Versionen. Home Premium kann maximal 16 GByte Arbeitsspeicher adressieren. Die anderen Windows-7-Editionen erlauben jeweils bis zu 192 GByte RAM. Allerdings ist das Betriebssystem oftmals nicht der limitierende Faktor, denn die meisten Mainboards gerade aus dem Budget-Segment nehmen solche Speichermengen ohnehin nicht auf.

Mehr Stabilität?

64-Bit-Systeme gelten als wesentlich stabiler als ihre 32-Bit-Pendants. Dieser Vorteil wird allerdings durch starke Restriktionen erkauft. So akzeptieren die 64-Bit-

Windows-Editionen nur Hardwaretreiber mir einer speziellen digitalen Signatur. Da längst nicht für alle Geräte solche signierten Treiber zur Verfügung stehen, lässt sich nicht jedes Produkt, das unter 32 Bit problemlos eingesetzt werden kann, auch unter 64 Bit nutzen. Vor dem Umstieg auf ein 64-Bit-System sollte deshalb unbedingt die Verfügbarkeit geeigneter Treiber geklärt werden. Leider beschränkt sich das Problem nicht nur auf klassische Hardwaretreiber, sondern betrifft auch systemnahe Software wie z. B. Antivirenprogramme.

Fazit

Mit geeigneter Hardware und einer 64-Bit-Windows-Edition können Sie ohne Weiteres auf 64 Bit umsteigen. Sie sollten dabei aber die Problematik bei den Gerätetreibern im Auge behalten. Ein 64-Bit-Windows 7 sieht genauso aus, wie ein 32-Bit-Windows 7, sodass keine Umstellung bei der Benutzung notwendig ist. 32-Bit-Programme können bis auf wenige Ausnahmen weiterhin genutzt werden. Profitieren werden Sie von 64 Bit aber nur, wenn Sie spezielle 64-Bit-Software einsetzen, die für diese Architektur optimiert wurde.

HINWEIS

32 Bit und/oder 64 Bit kaufen

Es gibt verschiedene Möglichkeiten, Windows 7 zu erwerben. Das sollten Sie bei Ihren Überlegungen mit berücksichtigen. Erwerben Sie eine Vollversion, ist das kein Problem. Diese enthält einen Datenträger für 32 Bit und einen für 64 Bit. Sie können sich also sofort oder auch später noch für den Umstieg auf 64 Bit entscheiden. Bei den reinen Upgrade-Versionen handelt es sich in der Regel nur um 32-Bit-Versionen. Wenn Sie auf 64 Bit setzen, kommen diese preisgünstigen Varianten also leider nicht infrage. Eine meist ähnlich günstige Option sind OEM- bzw. Systembuilder-Versionen. Hier müssen Sie sich entscheiden (und beim Kauf gut aufpassen), denn die gibt es entweder mit 32-Bit- oder mit 64-Bit-Datenträger. Kaufen Sie also unbedingt die entsprechende Variante. Sollten Sie später noch umsteigen wollen, müssten Sie dann eine weitere Lizenz nebst passendem Datenträger erwerben. Allerdings sind zwei OEM-Versionen meist immer noch günstiger als eine Vollversion.

38.2 Ohne Komplikationen zum schnellen und stabilen System: Neuinstallation auf einem PC

Der Königsweg zu einem schnellen, schlanken und stabilen Windows 7 ist die Neuinstallation auf einem „leeren“ PC, der bislang noch kein Betriebssystem beinhaltet. Und auch wenn auf Ihrem „alten“ Rechner schon Windows XP oder Vista installiert ist, ist das kein Hinderungsgrund. Sie können während der Installation von Windows 7 die vorhandenen Festplattenpartitionen löschen und für das neue System nutzen. Allerdings gehen die enthaltenen Daten dabei verloren. Alle wichtigen Dokumente sollten deshalb zuvor auf einem externen Medium wie einer DVD oder USB-Sticks sicher gespeichert sein.

Direkt von der Installations-DVD booten

Eine Hürde bei einem „leeren" PC ist das Starten der Installation. Hierzu müssen Sie den PC direkt von der Installations-DVD booten, da ja noch kein Betriebssystem auf dem PC vorhanden ist.

TIPP

Bootreihenfolge im BIOS verändern

Um direkt von der Installations-DVD starten zu können, müssen Sie ggf. die Bootreihenfolge im BIOS Ihres PCs verändern. Manche PCs erlauben es, über ein Bootmenü direkt das DVD-Laufwerk auszuwählen. Bei anderen müssen Sie vorübergehend das DVD-Laufwerk als erstes Bootlaufwerk auswählen. Denken Sie in diesem Fall daran, die Änderung nach der Installation wieder rückgängig zu machen.

1. Schalten Sie den PC an und legen Sie die Installations-DVD ein. Sorgen Sie über das BIOS dafür, dass der PC vom DVD-Laufwerk bootet (siehe Infokasten).
2. Booten Sie den PC ggf. (von der DVD) neu und warten Sie ab, bis das Minibetriebssystem geladen ist.
3. Wählen Sie dann die passenden Ländereinstellungen für Ihren PC. Diese legen die Sprache für die Installation selbst, aber auch für das zu installierende Windows fest.

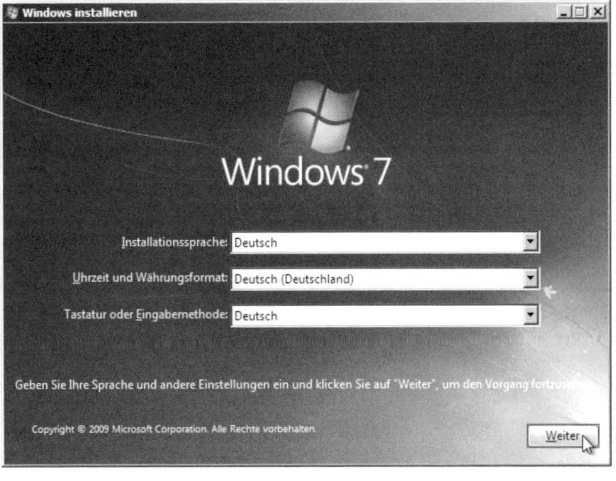

4. Anschließend sehen Sie den Startbildschirm des Installations-Assistenten. Klicken Sie hier auf *Jetzt installieren*, um die eigentliche Installation zu beginnen.

Die Neuinstallation von einem vorhandenen Windows aus starten

Wenn auf dem PC bereits ein lauffähiges Windows vorhanden ist, können Sie sich das Booten von der Installations-DVD sparen und die Installation stattdessen direkt von der DVD starten. Wichtige Einschränkung: Die 64-Bit-Version von Windows 7 können Sie auf diese Weise nur starten, wenn auch das vorhandene Betriebssystem ein 64-Bit-Windows ist. Andernfalls weichen Sie einfach wieder auf die vorangehend beschriebene Variante des Bootens von der Installations-DVD aus.

1 Legen Sie bei laufendem Windows XP oder Vista die Installations-DVD von Windows 7 ein. Dank Autoplay sollte das Installationsprogramm automatisch starten. Andernfalls rufen Sie im Stammverzeichnis der DVD *setup.exe* auf.

2 Warten Sie nun, bis das Installationsprogramm startet, und klicken Sie dort im Startfenster auf *Jetzt installieren*.

TIPP

Installieren eines DVD-Image

Falls Ihnen die Installation nicht auf DVD, sondern als Imagedatei vorliegt, gibt es zwei Möglichkeiten, die Installation durchzuführen: Zum einen können Sie die Imagedatei mit gängigen Brennprogrammen auf einen DVD-Rohling brennen und dann ganz normal verwenden. Sie können die Imagedatei zum anderen mittels eines Tools für virtuelle CD/DVD-Laufwerke, wie z. B. VirtualCD, als virtuelles DVD-Laufwerk in Ihr Dateisystem einhängen. Für Windows sieht das dann so aus, als ob eine echte DVD in einem echten Laufwerk liegt. Dies funktioniert auch für die Windows-Installation. Eine solche Image-Installation funktioniert aber nur, wenn auf dem PC bereits eine lauffähige Windows-Version vorhanden ist.

Installation Teil 1: Vorbereitung der Installation

Um die recht umfangreiche Installation etwas übersichtlicher zu halten, haben wir sie in zwei Abschnitte unterteilt. Hier geht es zunächst um das Starten des Setups und alle Vorbereitungen zur Installation.

1 Bestätigen Sie zunächst die Lizenzvereinbarung mit *Ich akzeptiere die Lizenzbedingungen* und *Weiter*.

2 Nun geht es daran, die Installationsart auszuwählen. Entscheiden Sie sich hier für die untere Option *Benutzerdefiniert (erweitert)*, um eine Neuinstallation durchzuführen.

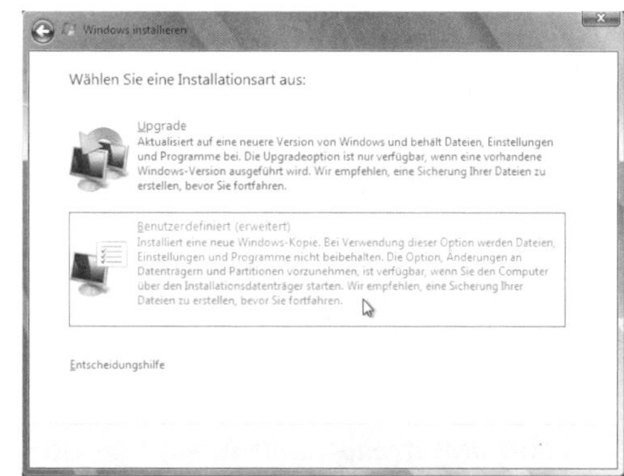

3 Wählen Sie dann im nächsten Schritt eine Partition für die Installation aus. Bei einem „leeren" PC ohne Betriebssystem dürfte ohnehin nur *Nicht zugewiesener Speicherplatz auf Datenträger* angezeigt werden. In diesem Fall können Sie einfach unten auf *Weiter* klicken, um Windows 7 den gesamten verfügbaren Speicherplatz zur Verfügung zu stellen. Sind mehrere Laufwerke vorhanden oder bereits Partitionen eingerichtet, finden Sie auf S. 665 Hinweise, wie Sie dann optimal vorgehen.

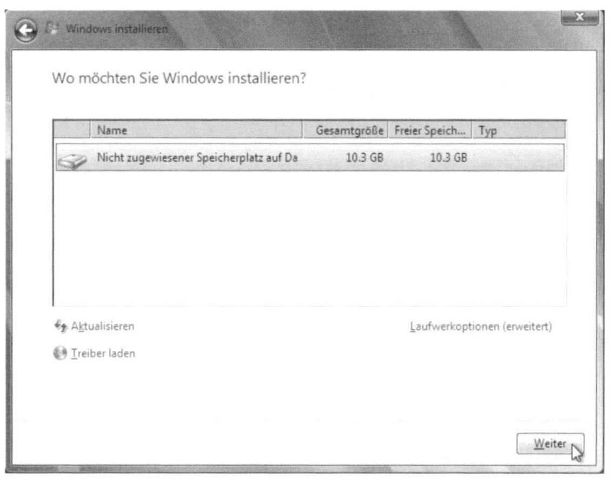

4 Damit ist der Installationsteil mit Benutzerinteraktion erst einmal erledigt. Der Assistent beginnt nun, Dateien zu kopieren, auszupacken und zu installieren. Währenddessen wird der PC mindestens einmal neu gestartet. Das alles können Sie aber ganz entspannt verfolgen bzw. sich in dieser Zeit mit anderen Dingen beschäftigen.

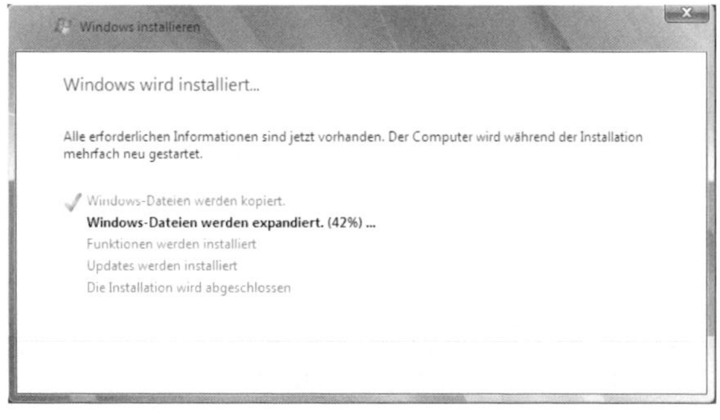

Installation Teil 2: Grundeinstellungen und erster Start

Der zweite Teil beginnt, wenn alle Dateien kopiert und installiert sind und Windows zum ersten Mal neu startet. Hier geht es nun darum, einige Grundeinstellungen vorzunehmen, mit denen die Installation des neuen Betriebssystems dann abgeschlossen werden kann.

1 Nach dem Neustart möchte Windows zunächst einen Benutzernamen von Ihnen wissen. Für diesen wird automatisch ein Benutzerkonto mit Administratorrechten angelegt. Den Namen können Sie frei wählen. Selbstverständlich können Sie nach Abschluss der Installation noch weitere Benutzer anlegen.

Einen Namen für den Computer schlägt Windows automatisch vor. Sie können aber auch einen ganz anderen verwenden. Achten Sie nur darauf, dass dieser Name noch von keinem anderen PC im Netzwerk verwendet wird.

2 Geben Sie im nächsten Schritt zu dem Benutzernamen ein Kennwort ein. Dieses muss zweimal eingetippt werden, um Tippfehler zu vermeiden. Außerdem will Windows einen Hinweis zum Kennwort wissen. Sollten Sie Ihr Kennwort mal vergessen, fragt Windows nach diesem Hinweis und schaltet Ihnen bei korrekter Antwort den Zugang auch so frei.

3 Dann folgt die Abfrage des Windows-Product Key. Sie können dieses Feld aber auch zunächst freilassen und den Schlüssel später erst nachtragen, wenn die Installation erfolgreich war.

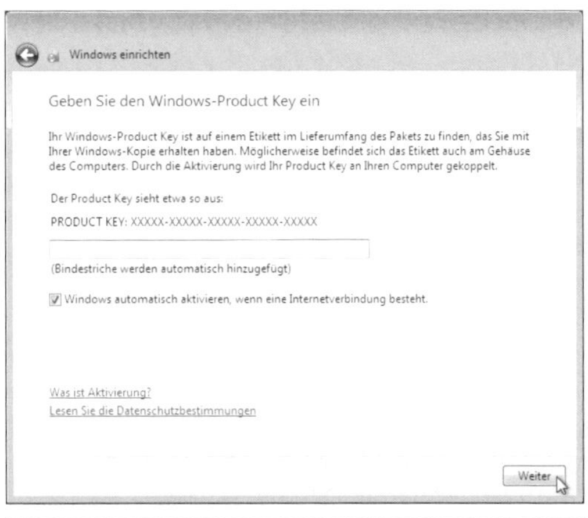

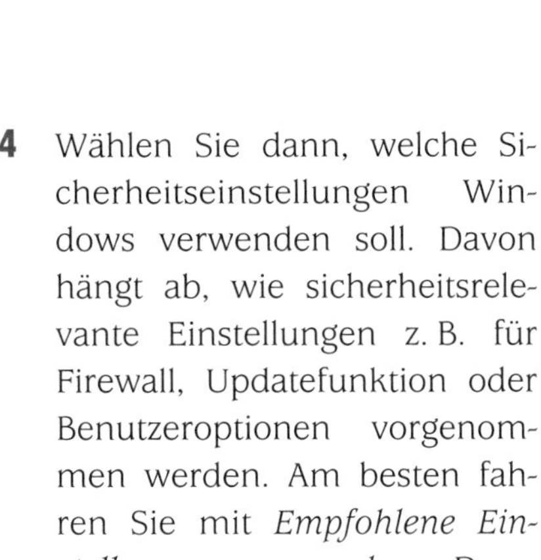

4 Wählen Sie dann, welche Sicherheitseinstellungen Windows verwenden soll. Davon hängt ab, wie sicherheitsrelevante Einstellungen z. B. für Firewall, Updatefunktion oder Benutzeroptionen vorgenommen werden. Am besten fahren Sie mit *Empfohlene Einstellungen verwenden*. Dann werden die verschiedenen Optionen zunächst eher auf der sicheren Seite konfiguriert. Selbstverständlich können Sie alle diese Einstellungen später individuell anpassen. Zunächst aber haben Sie einen zuverlässigen Basisschutz.

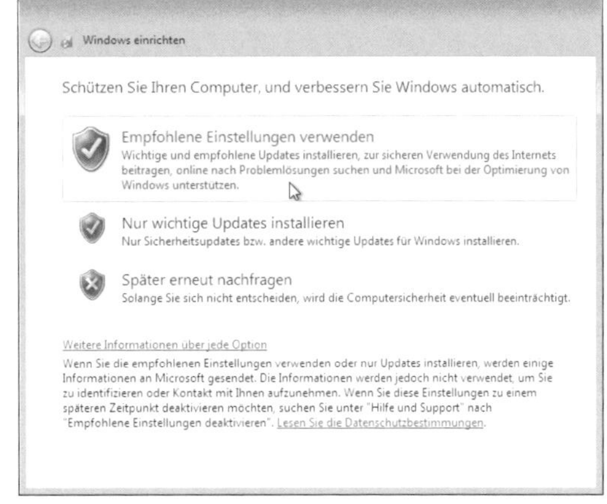

5 Überprüfen Sie dann die Zeit- und Datumseinstellungen und korrigieren Sie diese ggf.

6 Ist Ihr PC mit einem Netzwerk verbunden, erkennt Windows dies automatisch und richtet den Zugang zum Netzwerk ein. In diesem Fall müssen Sie angeben, wo sich Ihr PC bzw. das Netz befinden. Abhängig davon werden die Sicherheitseinstellungen für den Netzwerkzugang konfiguriert. Wählen Sie z. B. *Öffentliches Netzwerk*, werden die Funktionen zur Frei-

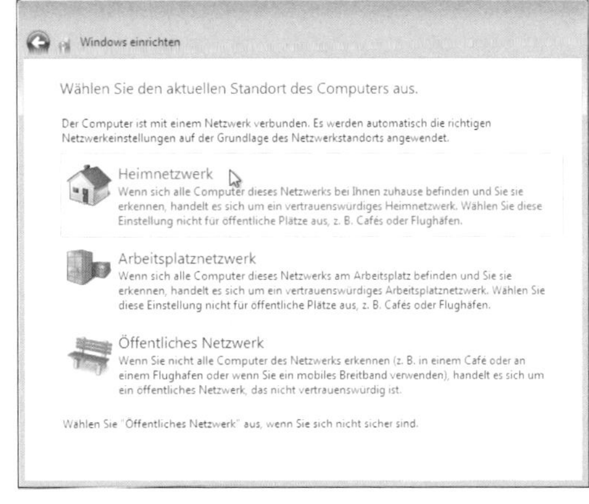

gabe von Dateien Ihres PCs deaktiviert und dieser für andere Teilnehmer des öffentlichen Zugangs praktisch unsichtbar gemacht. Weitere Informationen zu diesem Thema finden Sie in Kapitel 29.

Damit sind die Grundeinstellungen erledigt und es erfolgt ein Neustart. Bei diesem wird zum ersten Mal das neue Windows-System gestartet und ist anschließend für Sie verfügbar. Die wichtigsten Schritte, mit denen Sie das System unmittelbar nach dem ersten Start kontrollieren und individuell anpassen können, beschreiben wir für alle Installationsvarianten ab S. 670.

Neuinstallation einer Upgrade-Version auch ohne vorhandenes Windows

Upgrade-Versionen von Windows 7 lassen sich eigentlich nur auf PCs installieren, auf denen bereits eine frühere Windows-Version installiert ist. Wenn Windows 7 auf einem komplett neuen (und bislang Windows-freien) PC installiert werden soll oder wenn das frühere Windows z. B. nach einem Hardwaredefekt nicht mehr vorhanden ist, wird die Installation schwierig. Genauer gesagt lässt sich Windows zwar installieren, anschließend aber nicht aktivieren. Bei Vista gab es einen einfachen, aber aufwendigen Trick: Man installierte Vista einmal und installierte es dann einfach erneut. Dabei wurde die erste Installation bei der zweiten als „frühere Windows-Version" erkannt und das Aktivieren der Upgrade-Version war anschließend möglich. Dies dürfte auch bei Windows 7 immer noch so funktionieren. Allerdings kostet diese doppelte Installation eben einige Zeit. Mit einem Trick können Sie sich die zweite Installation und somit eine Menge Zeit sparen.

INFO

Nur bei vorhandener „Alt-Lizenz" legal

Der beschriebene Trick ist von Microsoft so vorgesehen und technisch gesehen unproblematisch. Allerdings berechtigt er nicht dazu, einfach den Mehrpreis für eine Vollversion einzusparen und sich stattdessen bei der preisgünstigeren Upgrade-Version zu bedienen. Die Lizenzbedingungen der Upgrade-Version besagen ganz klar, dass sie nur eingesetzt werden darf, wenn eine Lizenz für eine vorherige Windows XP- oder Vista-Version vorhanden ist. Andernfalls verstoßen Sie gegen die Nutzungsbedingungen Ihrer Upgrade-Version und diese Vorgehensweise wäre illegal.

1 Installieren Sie zunächst Windows 7 ganz normal auf dem leeren PC, ohne den Lizenzschlüssel einzugeben. Wählen Sie dabei aber schon die für Ihre Lizenz passende Edition aus.

2 Stellen Sie dann sicher, dass keine Windows-Updates vorliegen, die einen Neustart erfordern. Wenn dies der Fall ist, sehen Sie ein kleines Symbol neben der *Herunterfahren*-Schaltfläche im Startmenü. In dem Fall starten Sie Windows so lange neu, bis alle diese Updates „abgearbeitet" sind.

3 Öffnen Sie nun mit *regedit.exe* den Registry-Editor und navigieren Sie zum Schlüssel *HKLM/Software/Microsoft/Windows/CurrentVersion/Setup/OOBE*. Ändern Sie hier den Wert bei *MediaBootInstall* von *1* auf *0*. Schließen Sie den Registry-Editor.

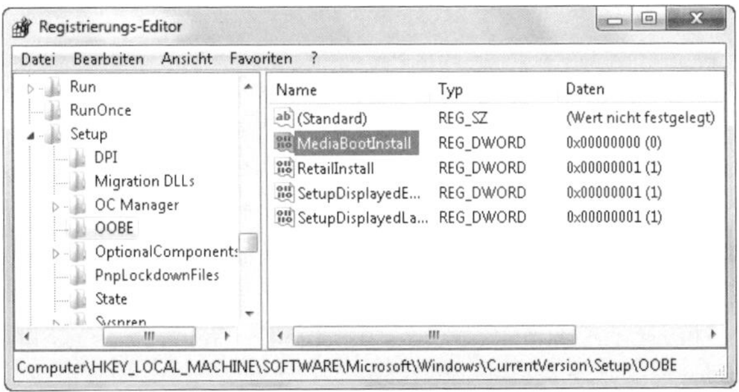

4 Öffnen Sie nun eine Eingabeaufforderung mit Administratorrechten (rechte Maustaste auf den Eintrag und dann *Als Administrator ausführen*).

5 Geben Sie hier den Befehl *slmgr /rearm* ein und warten Sie, bis Windows die erfolgreiche Bearbeitung meldet.

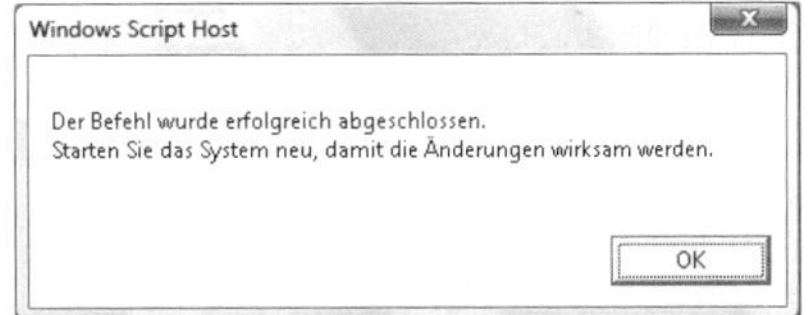

6 Schließen Sie die Eingabeaufforderung und starten Sie Windows 7 neu.

7 Rufen Sie *Windows aktivieren* auf, geben Sie Ihren Lizenzschlüssel ein und führen Sie die Aktivierung durch.

Die Aktivierung sollte nun anstandslos vorgenommen werden, und damit haben Sie auch mit einer Upgrade-Version mit nur einem kleinen Umweg eine Neuinstallation auf einem leeren PC hinbekommen.

38.3 Komfortabel umsteigen: Upgrade-Installation von einem vorhandenen Vista-System

Wenn Ihr vorhandener PC mit Windows Vista und aktuellem Service Pack ausgestattet ist und die Hardwareanforderungen von Windows 7 erfüllt, dürfte der einfachste Weg von Vista zu Windows 7 eine Upgrade-Installation sein. Bei Microsoft heißt das offiziell Inplace-Upgrade. Dabei wird die vorhandene Vista-Installation vollständig durch das neue Windows 7-System ersetzt. Wichtig ist zu beachten: Ein offizielles Inplace-Upgrade funktioniert nur aus einem laufenden Vista heraus. Bootet man von der Windows 7-DVD, wird nur die Neuinstallation angeboten. Auf diese Weise werden die meisten Daten, Einstellungen und Programme gleich bei der Installation mit ins neue Windows übernommen und Sie müssen sich keine Gedanken über Dinge wie Partitionen und Bootmanager machen. Nach erfolgreicher Installation startet beim Einschalten des PCs anstelle von Vista eben einfach Windows 7.

INFO

Upgrade – Pro und Kontra

Ein simples Upgrade vom vorhandenen Vista- auf ein neues Windows 7-System und hinterher ist alles wieder wie vorher, nur besser? Das hört sich verführerisch an. Allerdings sollten Sie auch das „Kleingedruckte“ lesen, das Sie deshalb hier mal in normaler Schriftgröße finden: Idealerweise klappt das Upgrade reibungslos und Sie haben hinterher wirklich ein Windows 7, in dem Sie alle Daten und Einstellungen aus Ihrem Vista sofort wieder vorfinden. In der Praxis klappt das aber längst nicht immer. Vielmehr kommt es gar nicht so selten vor, dass beim Upgrade eben nicht alles perfekt umgestellt werden kann. Dann lassen sich manche Programme hinterher nicht mehr nutzen und müssen mühsam deinstalliert und erneut installiert werden, damit sie wieder laufen.

Schlimmstenfalls handeln Sie sich mit dem Upgrade regelmäßige und hartnäckige Fehlermeldungen ein, die nur mühsam zu beseitigen sind. Eventuell bleibt dann am Ende doch nur eine Neuinstallation. Der Upgrade-Prozess dauert länger als eine saubere Neuinstallation, unter ungünstigen Umständen deutlich länger. Deshalb sollten Sie sorgsam abwägen, ob die Vorteile eines Upgrades die Risiken für Sie aufwiegen. Ansonsten empfehle ich Ihnen, die Gelegenheit für einen sauberen Neuanfang zu nutzen, mit Windows 7 frisch zu starten und dort nur die Dinge neu zu installieren, die Sie auch wirklich benötigen.

Die Upgrade-Möglichkeiten bei Vista

Leider hat Microsoft die Upgrade-Installation auf bestimmte Szenarien beschränkt. Das heißt nicht, dass Sie z. B. von Windows Vista Business nicht zu Windows 7 Home Premium wechseln können. Aber es geht eben nicht per praktischer Upgrade-Installation, sondern nur durch eine komplette Neuinstallation. Dabei müssen Sie selbst dafür sorgen, dass Ihre Einstellungen, Dateien und Programme vom alten Windows zu Windows 7 gelangen. Die schlechte Nachricht für alle Windows XP-Benutzer gleich vorneweg: Windows XP-Installationen lassen sich grundsätzlich nicht per Upgrade in Windows 7 umwandeln. Hier hilft nur eine Neuinstallation. Für die wichtigsten Vista-Editionen gibt es allerdings Upgrade-Möglichkeiten:

Vorhande Vista-Edition ...	... kann per Upgrade umgewandelt werden zu
Windows Vista Home Premium	Windows 7 Home Premium
Windows Vista Business	Windows 7 Professional
Windows Vista Ultimate	Windows 7 Ultimate

Weitere Einschränkungen, die beim Upgrade beachtet werden müssen:

- Das Upgrade darf nur innerhalb einer Sprachversion erfolgen, also z. B. ein deutschsprachiges Windows Vista Home Premium zu einem deutschsprachigen Windows 7 Home Premium. Eine Upgrade-Installation beispielsweise eines englischen Windows Vista Business zu einem deutschsprachigen Windows 7 Professional ist nicht möglich.
- Auch die „Computersprache“ muss übereinstimmen. Ein Windows Vista-32-Bit-System kann nicht per Upgrade zu einem Windows 7-64-Bit-System werden.

Der Installations-Assistent von Windows 7 überprüft während der Installation, ob die Voraussetzungen für ein Upgrade vorliegen, und verweigert dieses andernfalls. Im Zweifelsfall können Sie es also auf einen Versuch ankommen lassen.

Upgrade-Szenarien für Experten

Die Regeln für Upgrades von Vista zu Windows 7 sind recht streng: Einige wenige Konstellationen sind zulässig und alle anderen werden ignoriert. Dabei gibt es eine ganze Reihe von Szenarien, die für Anwender interessant sind, auch wenn Microsoft sie nicht zulässt. Übrigens: Auch wenn hier immer von Vista und Windows 7 die Rede ist, ist dieser Abschnitt gerade für Windows XP-Umsteiger besonders interessant. Von Windows XP aus ist generell keine Upgrade-Installation möglich. Wer das bedauert, der sollte sich den im Folgenden beschriebenen Migrationsprozess ebenfalls genau ansehen, denn näher wird man mit Windows XP nicht an ein Upgrade zu Windows 7 herankommen. Bedenken Sie aber, dass Microsoft bei Problemen mit diesen Szenarien sicherlich keinen Support leisten wird.

„Downgrade“ von einer höherwertigen Vista- auf eine kleinere Windows 7-Edition

Ein Szenario dürfte vor allem für die – nicht wenigen – Benutzer der Vista Ultimate Edition interessant sein, die von Ultimate und dessen „Extras“ enttäuscht sind und sich bei Windows 7 z. B. auf die normale Home Premium Edition beschränken möchten. Das geht natürlich und Sie können dafür auch eine der günstigeren Upgrade-Ausgaben erwerben. Aber beim Versuch, eine Upgrade-Installation durchzuführen, könnte es eine unangenehme Überraschung geben. Microsoft erlaubt ein Upgrade nämlich nur zu einer gleichwertigen oder höherwertigen Version. Ein Upgrade von Vista Home Premium zu Windows 7 Home Premium, Professional oder Ultimate wäre also problemlos möglich. Ein umgekehrtes Upgrade von Vista Ultimate zu Windows 7 Professional oder Home Premium hingegen ist es nicht. Hier wäre nur ein Upgrade von Vista Ultimate zu Windows 7 Ultimate zulässig. Und „zulässig" ist in diesem Fall mehr als eine juristische Floskel, denn der Setup-Assistent lässt unzulässige Upgrades einfach nicht zu.

Da dieser einfache Upgrade-Weg versperrt ist, bleibt nur ein kleiner Umweg über einen Migrationsprozess, der letztlich zum gleichen Weg führt:

1. Den Anfang sollte wie immer eine gründliche, am besten vollständige Sicherung des alten Systems machen. So können Sie notfalls zum Ausgangszustand zurückkehren, falls es unterwegs Probleme gibt.
2. Benutzen Sie nun Windows Easy Transfer, um die Daten Ihres Benutzerkontos und ggf. weiterer Konten vom alten System auf externen Datenträgern (DVDs, USB-Stick, USB-Laufwerk, Netzlaufwerk) zu sichern. Der Einsatz von Windows Easy Transfer wird in Kapitel 39 ausführlich beschrieben.
3. Starten Sie den PC mit dem „alten" Vista-System und legen Sie dann die Installations-DVD von Windows 7 ein.
4. Wenn Sie im Schritt *Wählen Sie eine Installationsart aus* die Variante *Upgrade* wählen und der Assistent dies mit einer Fehlermeldung verweigert, ist dieser Upgrade-Pfad nicht zulässig. Wählen Sie stattdessen *Benutzerdefiniert*.

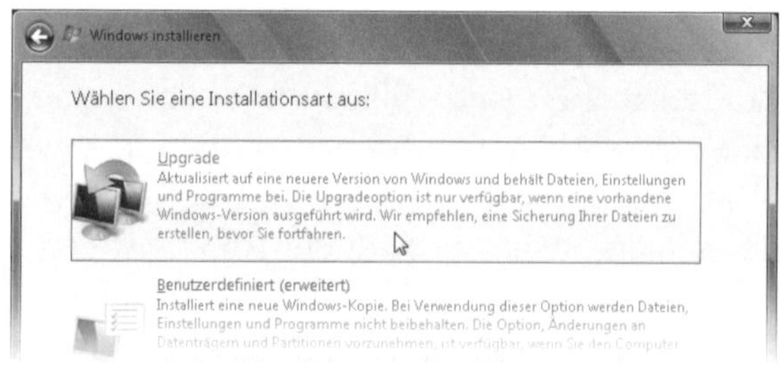

5. Wählen Sie dann als Ziellaufwerk die Partition aus, auf der das alte Windows installiert ist. Dann wird das alte System während der Installation durch das neue Windows 7 ersetzt.
6. Nach erfolgter Installation führen Sie die in Schritt 2 erstellte Windows Easy Transfer-Datei im neuen Windows aus. Dadurch startet dessen Easy Transfer-Assistent und richtet die Benutzerkonten, Daten und Einstellungen wieder her.
7. Nun müssen Sie unter dem neuen Windows nur noch die Anwendungen installieren, die Sie vom alten System weiterverwenden möchten. Anschließend haben Sie mit etwas mehr Aufwand dasselbe Ergebnis wie bei einer regulären Upgrade-Installation erreicht.

Wechsel von 32 zu 64 Bit beim Upgrade

Die klare Aussage von Microsoft zu diesem Thema lautet: Upgrades nur vom 32-Bit-Vista zu Windows 7 32 Bit bzw. 64-Bit-Vista zu Windows 7 64 Bit. Ein Upgrade von einer 32-Bit- zu einer 64-Bit-Variante ist nicht vorgesehen. Leider kann ich auch keinen Trick aus dem Hut zaubern, mit dem sich diese Beschränkung umgehen lässt.

In einem 64-Bit-System sollten konsequenterweise auch 64-Bit-Treiber und – soweit vorhanden – 64-Bit-Anwendungen installiert werden. Im 32-Bit-Vista ist aber eben nur 32-Bit-Software vorhanden. Würde die beim Upgrade übernommen, hätten Sie am Ende ein 64-Bit-Windows 7 voll mit 32-Bit-Software, was wenig sinnvoll wäre. Ein „echtes" Upgrade ist bei diesem Szenario also nicht möglich. Aber Sie können von 32 Bit zu 64 Bit (und notfalls auch andersherum) migrieren. Mit der richtigen Strategie kommen Sie zumindest sehr dicht an ein Upgrade heran. Hier die erforderlichen Schritte:

TIPP

64-Bit-Treiber für die Hardware

Wichtig für den Umstieg von 32 auf 64 Bit ist die Treiberunterstützung für die vorhandene Hardware. Denn auf einem 64-Bit-Windows sollten aus Gründen der Sicherheit und Stabilität nur 64-Bit-Treiber installiert werden. Informieren Sie sich deshalb unbedingt vor dem Umstieg, ob für die verwendete Hardware 64-Bit-Treiber bereitstehen, und laden Sie diese am besten schon herunter.

1. Den Anfang sollte auch hier wieder eine gründliche, am besten vollständige Sicherung des alten Systems machen. So können Sie notfalls zum Ausgangszustand zurückkehren, falls es unterwegs Probleme gibt.

2. Nutzen Sie nun Windows Easy Transfer, um die Daten Ihres Benutzerkontos und ggf. weiterer Konten vom alten System auf externen Datenträgern (DVDs, USB-Stick, USB-Laufwerk, Netzlaufwerk) zu sichern. Der Einsatz von Windows Easy Transfer wird in Kapitel 39 ausführlich beschrieben.

   migwiz.exe

3. Booten Sie den PC direkt von der Windows 7-Upgrade-DVD. Achten Sie darauf, den 64-Bit-Datenträger zu verwenden. Ein Start der Installation unter dem alten Windows ist nicht möglich, weil sich das 64-Bit-Setup weigert, in einer 32-Bit-Umgebung ausgeführt zu werden.

4. Wählen Sie die Installationsart *Benutzerdefiniert* aus und geben Sie dann das Laufwerk als Ziel an, auf dem die alte Windows-Version installiert ist. So ersetzen Sie das alte Windows durch das neue. Ignorieren Sie dabei die Warnung zum Überschreiben des alten Systems.

Sie können selbstverständlich auch ein anderes Laufwerk auswählen und die neue 64-Bit-Version zunächst parallel zur alten 32-Bit-Version installieren.

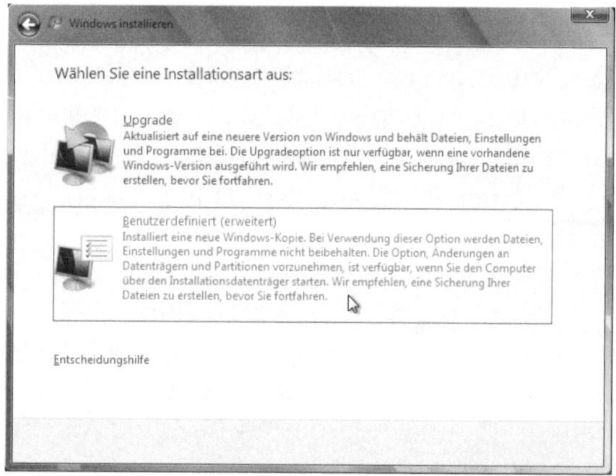

TIPP

Der Ordner windows.old

Wenn Sie das neue Windows auf dem Laufwerk des alten Windows installieren, ersetzt das neue das alte, das dann nicht mehr lauffähig ist. Die Daten des alten Windows werden in einem Ordner *windows.old* auf diesem Laufwerk archiviert. Das ist auch gut, denn so stehen die Daten für den Notfall noch eine Weile zur Verfügung (Sie können in dem Ordner einfach navigieren und werden sich dort schnell zurechtfinden). Hat die Umstellung geklappt und Sie können auf das Archiv verzichten, können Sie den Ordner z. B. mit der Datenträgerbereinigung endgültig löschen. Das empfiehlt sich auf Dauer auch, denn er belegt einige GByte.

5 Während und direkt im Anschluss an die Installation erkennt Windows die vorhandene Hardware und installiert dafür – soweit vorhanden – 64-Bit-Treiber. Kann Windows Update diese nicht automatisch beschaffen, helfen Sie ggf. manuell nach.

6 Nach erfolgter Installation führen Sie die in Schritt 2 erstellte Windows Easy Transfer-Datei im neuen Windows aus. Dadurch startet dessen Easy Transfer-Assistent und richtet die Benutzerkonten, Daten und Einstellungen wieder her.

7 Nun müssen Sie unter dem neuen Windows nur noch die Anwendungen einrichten, die Sie vom alten System weiterverwenden möchten. Wählen Sie dabei aber, wo immer möglich, die 64-Bit-Varianten der Software aus. Nur so können Sie die 64-Bit-Vorteile auch wirklich nutzen. 32-Bit-Software wird aber auch problemlos unter 64 Bit ausgeführt. Sie bringt allerdings keine Vorteile bzw. kann unter Umständen sogar geringfügig langsamer als in einem nativen 32-Bit-System laufen.

Wechsel der Sprache beim Upgrade

Zum Glück dürfte dieses Szenario sehr selten eintreten: Sie möchten z. B. von einem englischsprachigen Vista auf ein deutschsprachiges Windows 7 wechseln. Da gibt es nur eine schlechte Nachricht und keine wirklich gute, denn dies lässt sich keinesfalls bewerkstelligen. Selbst wenn ein Upgrade nach den Regeln von Microsoft prinzipiell möglich wäre, scheitert es an der Sprachenregel. Upgrades können nur innerhalb einer Sprache erfolgen. Leider ist auch keine Migration mittels Easy Transfer möglich. Auch dieses Werkzeug unterstützt nur Migrationen innerhalb einer Sprache. Einzige (kostspielige) Möglichkeit: Sie entscheiden sich für eine Windows 7 Ultimate Edition. Die gibt es zwar gar nicht als Upgrade-Version, aber Upgrade-Installationen sind damit trotzdem möglich. Allerdings benötigen Sie ein Windows 7 Ultimate in der Sprache, die Ihr vorhandenes Vista spricht, also im Beispiel Englisch. Damit führen Sie ein Upgrade zu einem englischen Windows 7 Ultimate durch. Anschließend erlaubt es Ihnen die Ultimate-Edition, via Windows Update ein vollständiges Deutsch-Sprachpaket (MUI) herunterzuladen und zu installieren, mit dem Sie Windows 7 komplett eindeutschen können. So kommen Sie, wenn Sie keine Kosten und Mühen scheuen, doch noch ans Ziel.

Windows 7-Upgrade: Installation von einem bestehenden Windows Vista aus

Wenn Ihr vorhandener PC eine Upgrade-Installation möglich macht und Sie sich dafür entschieden haben, ist dies die bequemste Möglichkeit, möglichst viele Daten vom „alten" Vista nach Windows 7 zu übernehmen, um dort so schnell wie möglich voll weiterarbeiten zu können. Die folgende Anleitung führt Sie durch die notwendigen Schritte bei der Installation.

1 Legen Sie bei laufendem Vista die Windows 7-Installations-DVD ein. Dank Autoplay sollte das Installationsprogramm automatisch starten. Andernfalls rufen Sie im Stammverzeichnis der DVD *setup.exe* auf.

2 Klicken Sie im Startfenster des Installationsprogramms einfach auf *Jetzt installieren*.

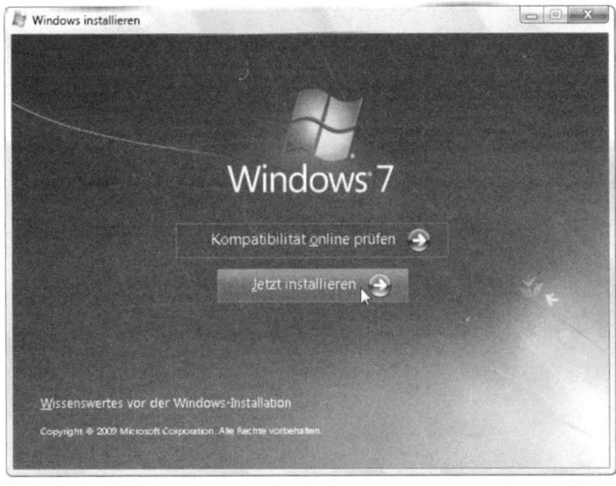

3 Im ersten Schritt bietet Ihnen der Installations-Assistent an, zunächst die neusten Updates aus dem Internet herunterzuladen und zu installieren. Sollten Sie Ihr System länger nicht aktualisiert haben, ist das ohnehin empfehlenswert. Wenn Sie sowieso auf Windows 7 upgraden wollen, können Sie sich den Umstand aber auch sparen und mit *Die neuesten Updates nicht für die Installation herunterladen* direkt fortfahren.

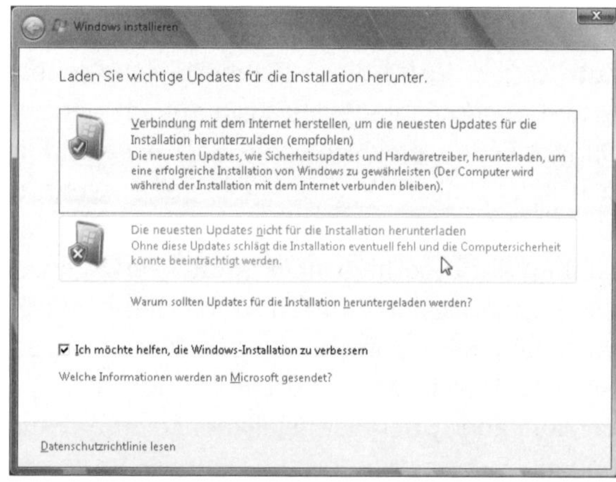

4 Bestätigen Sie die Lizenzvereinbarung mit *Ich akzeptiere die Lizenzbedingungen* und *Weiter*.

5 Nun geht es daran, die Installationsart auszuwählen. Entscheiden Sie sich hier für die obere Option *Upgrade*, um Ihr vorhandenes Windows Vista in ein Windows 7-System umzuwandeln.

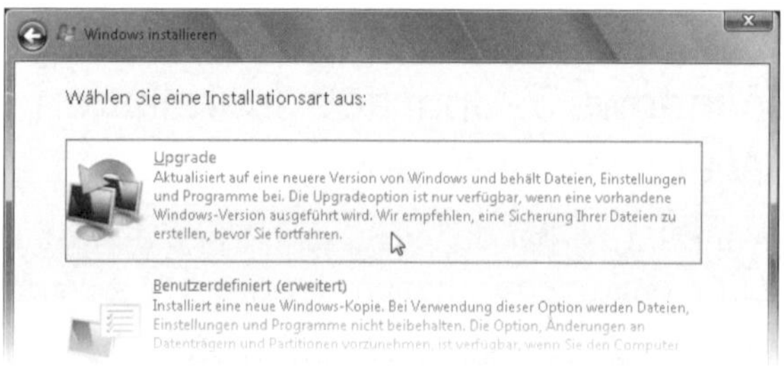

6 Der Installations-Assistent nimmt nun eine Kompatibilitätsüberprüfung vor, um eventuelle Probleme bei der Upgrade-Installation zu erkennen. Hierzu erhalten Sie nach kurzer Wartezeit einen Kompatibilitätsbericht. Dieser enthält Hinweise und Maßnahmen, die Sie vor oder nach der Installation beachten müssen.

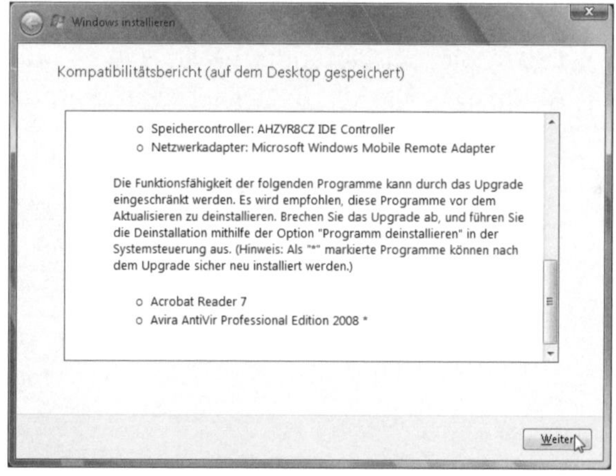

INFO

Kompatibilitätsbericht mit echten Problemen

In den meisten Fällen wird der Kompatibilitätsbericht nur Hinweise enthalten, was nach erfolgreicher Installation ggf. noch unternommen werden muss, um z. B. zusätzliche Treiber zu installieren. Es kann aber auch sein, dass der Installations-Assistent echte Hindernisse erkennt, die ausgeräumt werden müssen. So kann es z. B. passieren, dass vorhandene Software vor der Installation unter Windows 7 entfernt werden muss, da sie sonst das Upgrade verhindert. In diesem Fall bricht die Upgrade-Installation mit dem Kompatibilitätsbericht vorerst ab. Folgen Sie den Anweisungen im Bericht, um die notwendigen Schritte zu erledigen. Anschließend starten Sie die Installation wie beschrieben neu.

7 Damit ist der Installationsteil mit Benutzerinteraktion erst einmal erledigt. Der Assistent beginnt nun, Dateien zu kopieren, auszupacken und zu installieren.

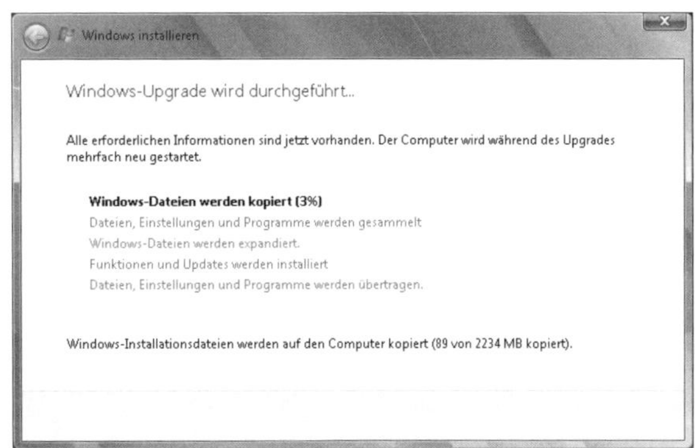

38.4 XP-Umsteiger: Windows 7 parallel zu älteren Windows-Versionen installieren

Wenn auf Ihrem PC bereits eine Windows-Version vorhanden ist und Sie Windows 7 zunächst testen möchten, bevor Sie endgültig umsteigen, können Sie es parallel zum vorhandenen Betriebssystem installieren. Dann existieren beide Windows-Versionen nebeneinander auf Ihrer Festplatte und Sie können bei jedem Einschalten des PCs entscheiden, welches Windows Sie verwenden möchten.

So funktioniert die Parallelinstallation

Wichtigste Voraussetzung für eine Parallelinstallation ist eine freie Partition auf (einer) Ihrer Festplatte(n). Diese muss groß genug für Windows 7 sein, sollte also wenigstens über 20 GByte, besser 40 GByte freien Speicherplatz verfügen. „Freie" Partition heißt übrigens nicht, dass die Partition leer sein muss. Eventuell darauf befindliche Daten werden bei der Installation nicht überschrieben. Allerdings muss es sich dabei um eine NTFS-Partition handeln. Außerdem darf es sich nicht um die Partition handeln, auf der das vorhandene System installiert ist. Sonst würden bei der Installation Daten überschrieben werden und das alte System wäre nicht mehr lauffähig.

1 Starten Sie den PC mit dem vorhandenen Betriebssystem und legen Sie bei laufendem Windows XP oder Vista die Windows 7-Installations-DVD ein. Dank Autoplay sollte das Installationsprogramm automatisch starten. Andernfalls rufen Sie im Stammverzeichnis der DVD *setup.exe* auf.

2 Klicken Sie im Startfenster des Installationsprogramms einfach auf *Jetzt installieren*.

3 Besteht eine Onlineverbindung, bietet Ihnen der Installations-Assistent an, zunächst die neusten Updates aus dem Internet herunterzuladen und zu installieren. Sollten Sie Ihr System länger nicht aktualisiert haben, ist das ohnehin empfehlenswert. Ansonsten können Sie sich den Umstand aber auch sparen und mit *Die neuesten Updates nicht für die Installation herunterladen* direkt fortfahren.

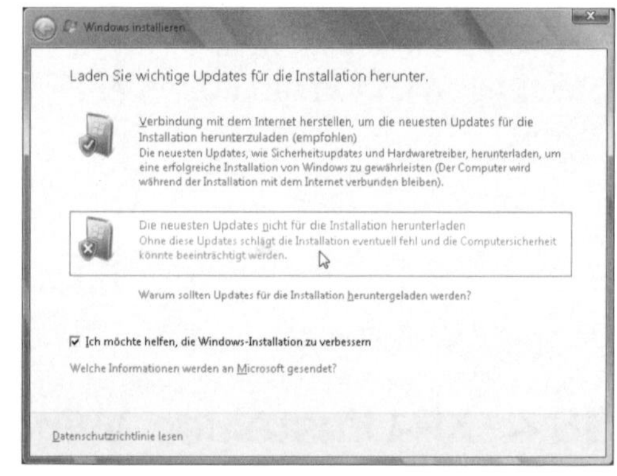

4 Bestätigen Sie die Lizenzvereinbarung mit *Ich akzeptiere die Lizenzbedingungen* und *Weiter*.

5 Nun geht es daran, die Installationsart auszuwählen. Entscheiden Sie sich hier für die untere Option *Benutzerdefiniert (erweitert)*, um Windows 7 parallel zu Ihrem vorhandenen Windows-System zu installieren.

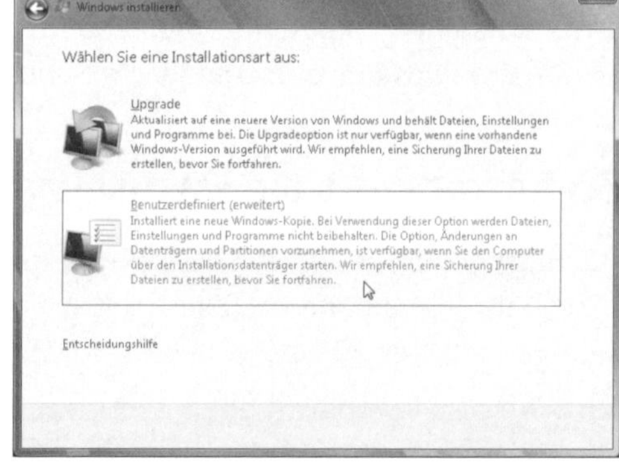

6 Wählen Sie dann im nächsten Schritt eine Partition für die Installation von Windows 7 aus. Diese muss über ausreichenden freien Speicherplatz verfügen und darf keinesfalls die Partition sein, auf der Ihr bisheriges Windows-Betriebssystem installiert ist.

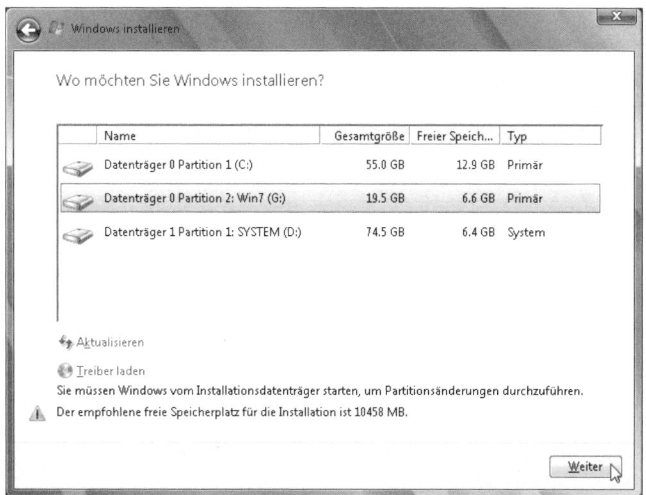

7 Sollte sich auf der gewählten Partition bereits eine Windows-Installation befinden, erkennt der Installations-Assistent dies und warnt Sie. Stellen Sie in diesem Fall sicher, dass es sich dabei tatsächlich nicht um die Windows-Installation handelt, die Sie eigentlich beibehalten wollten. Andernfalls klicken Sie auf *Abbrechen* und wählen eine andere Partition aus.

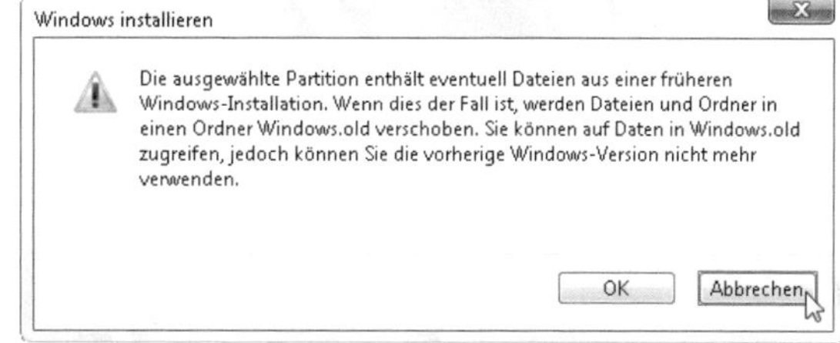

8 Damit ist der Installationsteil mit Benutzerinteraktion erledigt. Der Assistent beginnt nun, Dateien zu kopieren, auszupacken und zu installieren. Anschließend geht es ganz normal wie ab S. 650 beschrieben weiter.

Windows 7, Vista oder XP – so starten Sie das System Ihrer Wahl

Haben Sie Windows 7 parallel zu einem vorhandenen Windows installiert, übernimmt das neue System den PC zunächst einmal. Beim Einschalten oder Neustarten wird also standardmäßig Windows 7 gestartet. Sie können aber trotzdem jederzeit die vorhandene Windows XP-Installation nutzen:

1 Hierzu ist allerdings ein wenig Aufmerksamkeit beim Einschalten (oder Neustarten) des PCs erforderlich. Nach dem Ablauf der Selbsttests wird der Windows-Start-Manager aktiv. Er ermöglicht Ihnen für einige Sekunden die Auswahl des zu startenden Betriebssystems. Falls Sie in dieser Phase nichts unternehmen, wird automatisch Windows 7 hochgefahren.

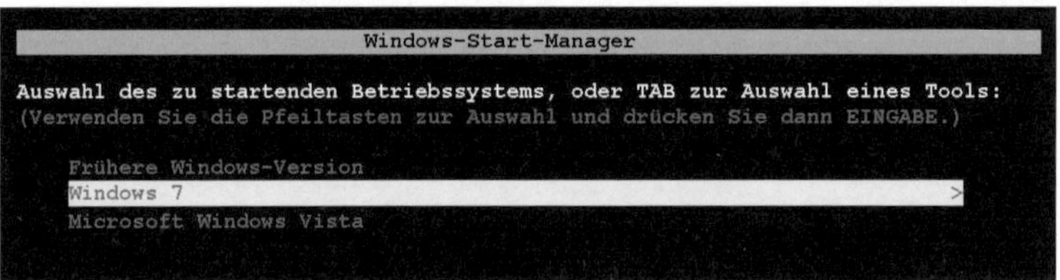

2 Wenn das Startmenü angezeigt wird, verwenden Sie die Pfeiltasten, um z. B. die Startoption *Microsoft Windows Vista* auszuwählen.

3 Haben Sie Windows XP oder eine noch ältere Windows-Version auf dem PC installiert, finden Sie zusätzlich den Menüpunkt *Frühere Windows-Version* vor.

4 Mit [F8] können Sie die erweiterten Startoptionen aufrufen, z. B. um Windows im abgesicherten Modus auszuführen.

5 Drücken Sie schließlich [Enter], um das ausgewählte Betriebssystem zu starten.

So startet das häufiger genutzte Betriebssystem standardmäßig

Wenn Sie bei einer Parallelinstallation üblicherweise Ihr „altes“ Windows und nur hin und wieder Windows 7 verwenden wollen, ist die Auswahl im Startmenü auf Dauer etwas umständlich. Sie können aber das Verhalten des Windows-Bootmanagers umkehren, sodass er standardmäßig Ihre vorhandene Installation hochfährt und Windows 7 nur auf ausdrücklichen Wunsch startet.

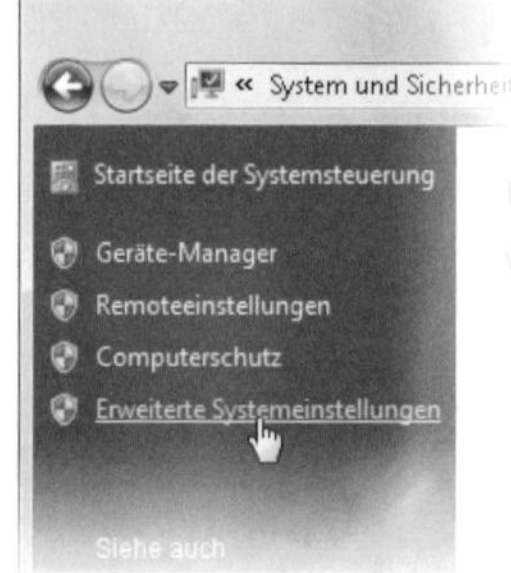

1 Öffnen Sie unter Windows 7 in der Systemsteuerung das Modul System und Sicherheit und wählen Sie darin *System*.

2 Klicken Sie nun am linken Rand auf *Erweiterte Systemeinstellungen*.

3 Autorisieren Sie den Zugriff auf die Systemeinstellungen als Administrator.

4 Klicken Sie im anschließenden Menü unten im Bereich *Starten und Wiederherstellen* auf die *Einstellungen*-Schaltfläche.

5 Im dadurch geöffneten Dialog können Sie oben im Bereich *Systemstart* festlegen, welches der installierten Systeme als Standardbetriebssystem gestartet werden soll. Soll ein vorhandenes Vista standardmäßig starten, wählen Sie den Eintrag *Microsoft Windows Vista*. Für eine vorhandene Windows XP-Installation wählen Sie die Option *Frühere Windows-Version*.

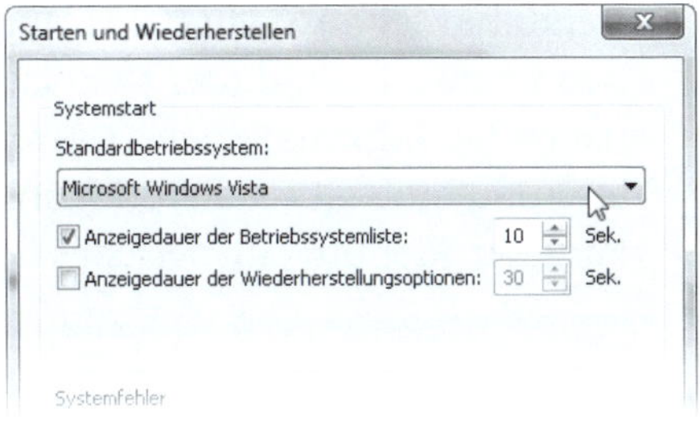

6 Sollte Ihnen die Anzeigedauer der Betriebssystemliste beim Start zu kurz oder zu lang sein, können Sie den Zeitraum nach Bedarf verlängern oder verkürzen.

7 Klicken Sie anschließend zweimal auf *OK*, um die geänderten Einstellungen zu übernehmen. Sie gelten ab dem nächsten Start bzw. Neustart Ihres PCs.

Keine freie Partition? – Vorhandene Laufwerke mit Bordmitteln neu aufteilen

Sie möchten Windows 7 parallel zu einem vorhandenen Windows installieren, haben aber keine Partition dafür frei? Sofern auf einer vorhandenen Partition genügend freier Speicherplatz vorhanden ist (ca. 20 GByte), lässt sich dieses Problem lösen. Windows Vista kann den freien Speicherplatz einer Partition in eine eigene Partition umwandeln. Windows XP verfügt leider nicht über solche Bordmittel. Wenn es allerdings darum geht, mehrere kleine Partitionen zu einer ausreichend großen für Windows 7 zusammenzulegen, kann der Installations-Assistent von Windows 7 weiterhelfen.

Unter Windows Vista eine neue, freie Partition erstellen

Wenn Sie in Ihrem PC nur eine große Partition mit ausreichend freiem Speicherplatz zur Verfügung haben, können Sie unter Vista einen Teil dieses freien Speicherplatzes in eine eigene Partition auslagern und auf dieser Windows 7 installieren. Nutzen Sie hierfür die Datenträgerverwaltung, mit der Sie Festplatten und sonstige Datenträger verwalten können.

1 Starten Sie in der Systemsteuerung das Modul Verwaltung und darin das Untermodul *Computerverwaltung*.

2 Wählen Sie hier in der linken Spalte die Kategorie *Datenträgerverwaltung*.

3 Daraufhin sehen Sie in der rechten Fensterhälfte die an den PC angeschlossenen Laufwerke und (bei Festplatten) deren Partitionen. Zu jeder Partition erhalten Sie Informationen zu Größe und verwendetem Dateisystem. Die Hintergrundfarbe gibt außerdem an, ob es sich um eine primäre oder erweiterte Partition oder um ein logisches Laufwerk handelt.

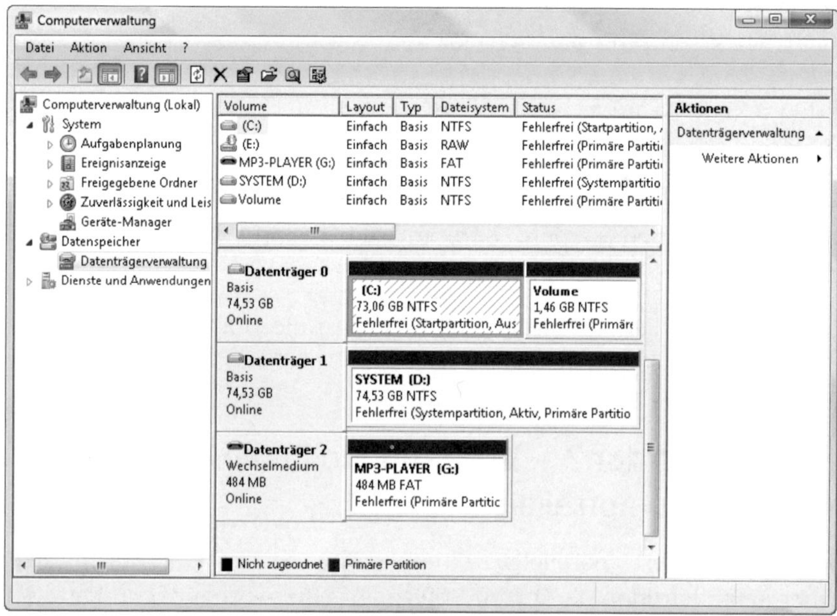

4 Um eine der Partitionen zu bearbeiten, wählen Sie sie mit einem einfachen Mausklick aus. Sie können dann mit der rechten Maustaste oder mit *Aktion/Alle Aufgaben* die Funktionen abrufen, die für diese Partition zur Auswahl stehen, z. B. die Partition als aktiv markieren oder formatieren.

HINWEIS

Vorsicht bei Änderungen an Partitionen

Die Datenträgerverwaltung ist ein mächtiges Werkzeug. Deshalb ist beim Verwenden der Funktionen große Vorsicht erforderlich, denn eine falsche Aktion auf der falschen Partition kann deren gesamten Inhalt löschen. Einen gewissen Schutz bietet die Tatsache, dass zumindest Änderungen an der gerade aktiven Systempartition nur sehr eingeschränkt möglich sind. Für andere Laufwerke gilt das aber nicht unbedingt. Gehen Sie deshalb sehr umsichtig mit diesem Werkzeug um und sichern Sie wichtige Daten ggf. vorher auf ein externes Medium.

Laufwerke nachträglich verkleinern

Mit der Datenträgerverwaltung können Sie ein vorhandenes Laufwerk nachträglich verkleinern. Ein Teil des zu diesem Laufwerk gehörenden Speicherplatzes wird dadurch freigegeben und kann als separates Laufwerk formatiert oder wiederum einem anderen Laufwerk zugeschlagen werden. So können Sie z. B. ungenutzten Speicherplatz auf einer Partition für andere Zwecke einsetzen. Das Verkleinern eines Laufwerks erfolgt dabei ohne Datenverlust. Was bereits auf dem Laufwerk gespeichert ist, bleibt also erhalten. Allerdings können Sie das Laufwerk deshalb auch maximal um die Menge des freien Speicherplatzes verringern.

1 Um ein Laufwerk zu verkleinern, wählen Sie es in der Datenträgerverwaltung aus und rufen dann den Menübefehl *Aktion/Alle Aufgaben/Volume verkleinern* auf.

2 Die Datenträgerverwaltung ermittelt dann, wie viel Speicherplatz von diesem Laufwerk maximal abgezwackt werden kann, und verwendet diesen Wert als Voreinstellung. Beachten Sie, dass das verbleibende Laufwerk dann allerdings praktisch voll wäre. Reduzieren Sie den Wert bei *Zu verkleinernder Speicherplatz in MB* also ggf. auf eine sinnvolle Größe.

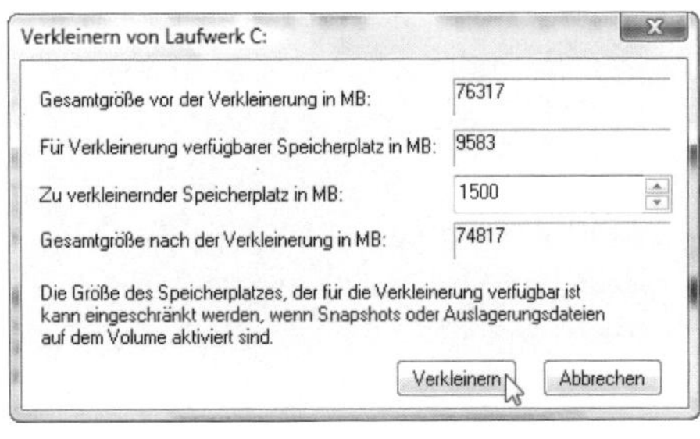

3 Klicken Sie dann unten auf die Schaltfläche *Verkleinern*.

4 Lassen Sie die Datenträgerverwaltung dann am besten in Ruhe arbeiten, bis die Verkleinerung abgeschlossen ist. Dort, wo bislang ein großes Laufwerk war, werden anschließend zwei kleinere angezeigt.

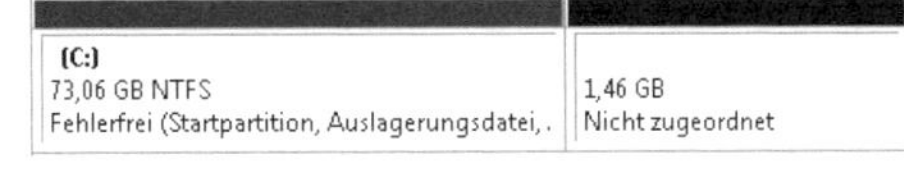

Das neue Laufwerk trägt zunächst die Bemerkung *Nicht zugeordnet*. Das bedeutet, dass es sich um unformatierten Speicher handelt, der in dieser Form nicht genutzt werden kann. Der Setup-Assistent von Windows kann diesen Speicherplatz aber später für die Windows-Installation nutzbar machen.

Laufwerke nachträglich um Speicherkapazität erweitern

Im Gegenteil zum Verkleinern und Aufteilen von Laufwerken können Sie vorhandene Laufwerke auch vergrößern. Wenn eine vorhandene Partition für eine Windows-Installation zu klein ist, können Sie sie also nachträglich vergrößern. Voraussetzung dafür ist allerdings, dass auf demselben Datenträger, der das volle Volume beherbergt, noch freier, nicht zugeordneter Speicher vorhanden ist. Diesen können Sie notfalls aus einer anderen Partition entnehmen (siehe vorangegangenen Abschnitt).

1 Wählen Sie hierbei einen Datenträger aus, der das vorhandene, volle Laufwerk sowie frei verfügbaren Speicherplatz umfasst. Markieren Sie das bestehende Laufwerk und rufen Sie den Menübefehl *Aktion/Alle Aufgaben/Volume erweitern* auf.

2 Starten Sie den Assistenten mit *Weiter*. Im zweiten Schritt schlägt er Ihnen vor, den gesamten verfügbaren ungenutzten Speicherplatz auf dem Datenträger dem vorhandenen Laufwerk zuzuschlagen. Sollten Sie nur einen Teil des Speichers hierfür verwenden wollen, können Sie diesen Wert unten bei *Speicherplatz in MB* verringern.

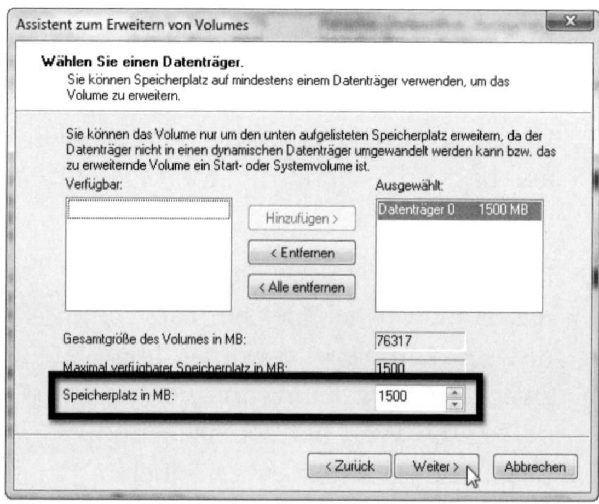

3 Überprüfen Sie dann die Zusammenfassung des Assistenten und starten Sie den Vorgang mit *Fertig stellen*.

Mit dem Installations-Assistenten eine Partition für Windows 7 freimachen

Wenn Ihr PC über mehrere Laufwerke und Partitionen verfügt, aber keine davon genügend Speicherplatz für Windows aufweist, können Sie mit dem Installations-Assistenten Abhilfe schaffen. Dieser ist in der Lage, mehrere kleinere Partitionen auf einer Festplatte zu einer größeren zusammenzulegen. Allerdings ist ein Datenverlust auf den aufgelösten Partitionen in diesem Fall unvermeidlich. Führen Sie diese Schritte also nur durch, wenn sich auf den Partitionen keine schützenswerten Daten mehr befinden.

TIPP

Partitionen nur beim Booten von Installations-DVD bearbeiten

Die Funktionen zum Verändern von Partitionen stehen nur zur Verfügung, wenn Sie den PC bei einer Neuinstallation von der Installations-DVD booten (siehe S. 647). Starten Sie die Installation von einem vorhandenen Betriebssystem aus, sind diese Funktionen deaktiviert, da sie das laufende System gefährden könnten.

1 Klicken Sie unten rechts auf *Laufwerkoptionen (erweitert)*, um die Funktionen zum Bearbeiten der Partitionen einzublenden.

2 Suchen Sie in der Übersicht einen Datenträger, der insgesamt genügend Speicherplatz für die Windows 7-Installation bietet. Dieser kann auf mehrere Partitionen verteilt sein. Entscheidend ist die einheitliche Bezeichnung der Partitionen (z. B. *Datenträger 0 Partition x*).

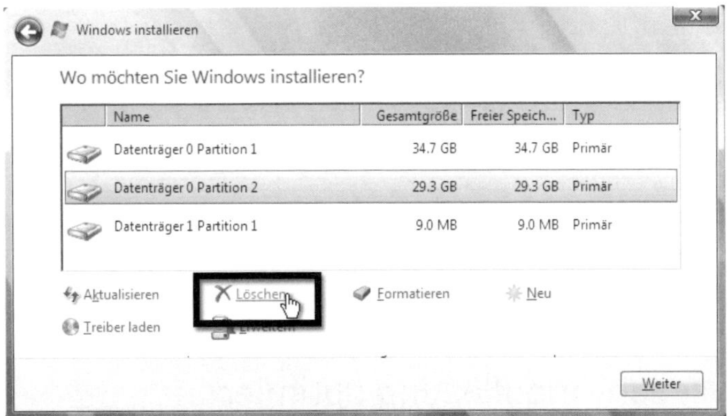

3 Wählen Sie eine der Partitionen aus und entfernen Sie diese mit *Löschen*. Achtung: Die auf der Partition gespeicherten Daten gehen dabei verloren!

4 Markieren Sie dann die andere Partition desselben Datenträgers und wählen Sie unten *Erweitern*. Geben Sie an, wie viel vom nun frei verfügbaren Speicherplatz des Datenträgers zu dieser Partition hinzugefügt werden soll. Maximal können Sie so den Speicherplatz dieser Partition und den der gelöschten addieren. Bestätigen Sie die Sicherheitsrückfrage.

Erweitern

5 Der Installations-Assistent fügt nun den freien Speicherplatz der ausgewählten Partition hinzu. Im Ergebnis machen Sie so also aus zwei kleineren Partitionen eine große. Sie können dies beliebig fortsetzen und so z. B. auch drei kleinere Partitionen zu einer zusammenlegen. Allerdings funktioniert dies eben nur innerhalb eines Datenträgers. Partitionen auf verschiedenen Festplatten können nicht zu einer Partition zusammengelegt werden.

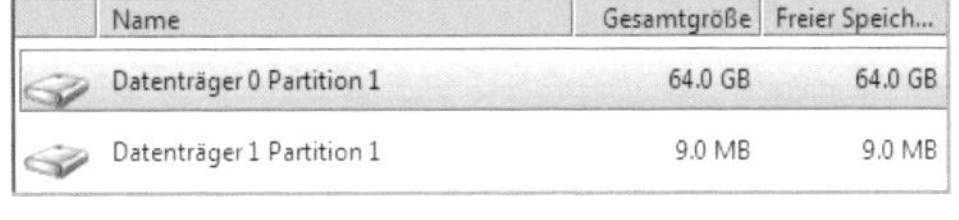

Name	Gesamtgröße	Freier Speich...
Datenträger 0 Partition 1	64.0 GB	64.0 GB
Datenträger 1 Partition 1	9.0 MB	9.0 MB

38.5 Die Installation geschafft: der erste Start

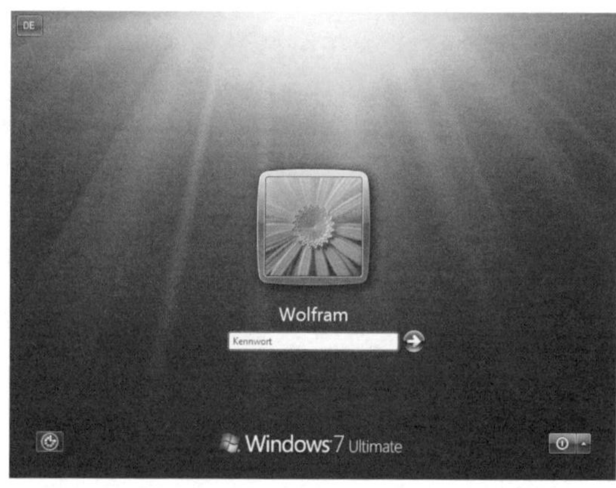

Nach der Installation startet Windows 7 zum ersten Mal ganz regulär. Da es bislang nur den bei der Installation angelegten Benutzer gibt, wird dieser automatisch ausgewählt und sein Kennwort abgefragt, sofern dies erforderlich ist. Nach dessen Eingabe startet der Windows 7-Desktop. Sie können nun ohne Weiteres loslegen. Wie bei Vista gibt es auch hier einen Assistenten für die ersten Schritte, den Sie aber nur auf Wunsch zu Gesicht bekommen.

Alles im Bild? Bildschirmauflösung optimieren

Bei der Installation versucht Windows 7 automatisch, die vorhandene Grafikhardware und den angeschlossenen Monitor zu erkennen und die Bildschirmauflösung entsprechend einzustellen. Allerdings ist das Ergebnis nicht immer optimal. Am besten überprüfen und passen Sie die Einstellungen gleich nach der Installation an:

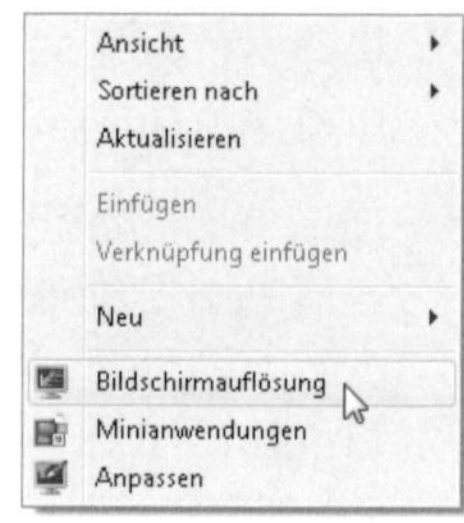

1 Klicken Sie mit der rechten Maustaste auf eine freie Stelle des Desktops und wählen Sie im Kontextmenü den Befehl *Bildschirmauflösung*.

2 Damit gelangen Sie direkt in das Menü für die Bildschirmeinstellungen. Hier können Sie im Auswahlfeld *Auflösung* mit einem Schieberegler exakt die Auflösung Ihrer Wahl einstellen.

3 Sollten mehrere Bildschirme angeschlossen sein, lässt sich auch gleich der Multimonitorbetrieb konfigurieren. Die Vorgehensweise hierfür unterscheidet sich nicht nennenswert von Windows XP und Vista.

4 Sollten weitere Einstellungen wie etwa die Bildwiederholfrequenz nicht auf Anhieb passen, öffnen Sie mit einem Klick auf *Erweiterte Einstellungen* die bereits bekannten weiterführenden Menüs für Grafikkarte, Monitor, Farbverwaltung etc.

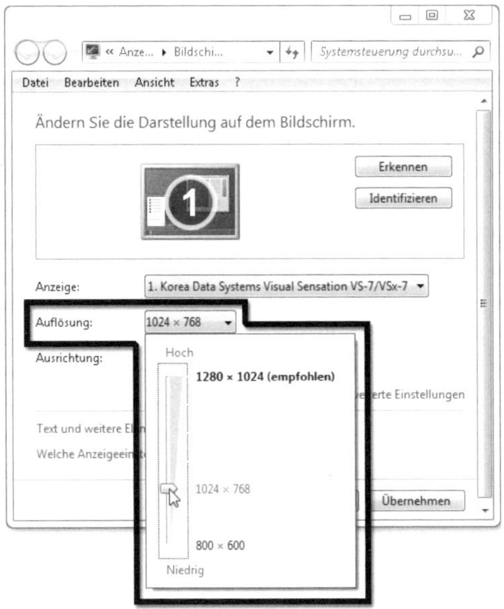

Erste Schritte: gleich die wichtigsten Einstellungen checken und optimieren

Während sich bei Vista nach der Installation gleich ein Begrüßungscenter aufdrängte, hält Windows 7 sich angenehm zurück. Auch hier gibt es einen Assistenten für die ersten Schritte, den Sie aber nur bei Bedarf mit *Start/Erste Schritte* aufrufen können. Er beinhaltet eine Reihe von Funktionen, Informationen und Angeboten, die Ihnen den Einstieg in Windows 7 so einfach und angenehm wie möglich machen sollen. So können Sie sich über die Neuheiten bei Windows 7 ebenso informieren lassen wie über Windows-Grundlagen. Auch die wichtigsten Einstellungen wie das Anpassen der Oberfläche oder das Verbinden mit einem Netzwerk können von hier aus direkt erledigt werden.

- *Neues in Windows 7 online abrufen* – Hiermit können Sie sich mithilfe des Webbrowsers einen Überblick über die neuen Funktionen von Windows 7 verschaffen.

- *Dateien und Einstellungen von einem anderen Computer übertragen* – Mit Windows Easy Transfer können Sie Daten, Einstellungen und Dateien von Ihrem bisherigen Windows (z. B. Windows Vista) auf Ihr neues Windows-System übertragen. Auch zwischen zwei Windows 7-Systemen ist ein Datenaustausch möglich.

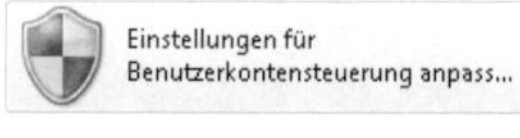

- *Wählen Sie aus, wann Sie über Änderungen an Ihrem Computer benachrichtigt werden möchten* – Im Gegensatz zu Vista können Sie bei Windows 7 bestimmen, wie häufig die Benutzerkontensteuerung sich mit Rückfragen bei Ihnen melden darf.

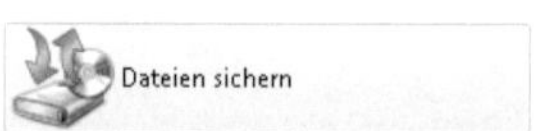

- *Dateien sichern* – Windows 7 bringt eine Komplettlösung zum Sichern und ggf. Wiederherstellen von Dokumenten mit, mit der sich Datenverluste durch Fehler von Computer oder Benutzer vermeiden lassen.

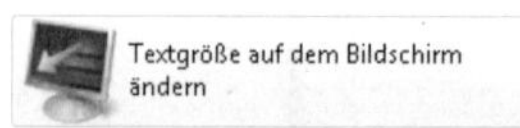

- *Textgröße auf dem Bildschirm ändern* – Windows 7 bringt einen Assistenten mit, mit dem Sie die Lesbarkeit von Texten und Symbolen auf Ihrem Bildschirm optimieren können.

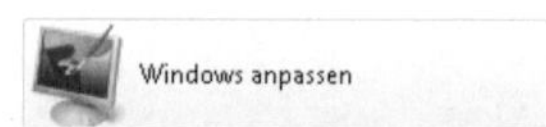

- *Windows anpassen* – Dieser Menüpunkt verschafft Ihnen Zugang zum gleichnamigen Bereich der Systemsteuerung. Dort finden Sie alle Einstellungen zur Bedienoberfläche Ihres Windows (wie Auflösung, Hintergrund, Bildschirmschoner, Farben etc.).

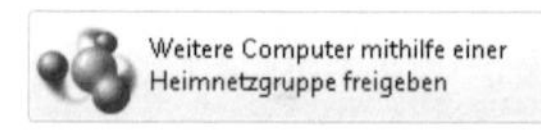

- *Geben Sie weitere Computer Ihres Netzwerks mithilfe einer Heimnetzgruppe frei* – Windows 7 bietet die Möglichkeit, mit wenigen Mausklicks ein einfaches Netzwerk zum gemeinsamen Nutzen von Daten und Druckern zu erstellen. Mehr hierzu finden Sie in Kapitel 28.

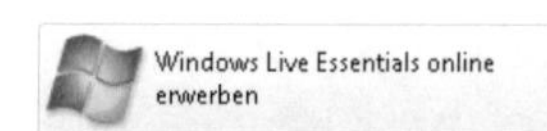

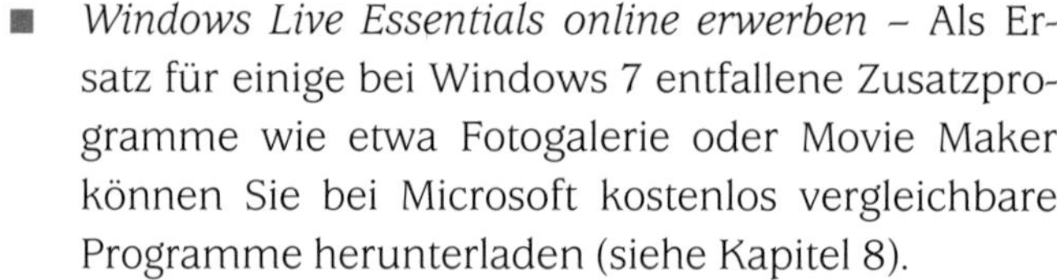

- *Windows Live Essentials online erwerben* – Als Ersatz für einige bei Windows 7 entfallene Zusatzprogramme wie etwa Fotogalerie oder Movie Maker können Sie bei Microsoft kostenlos vergleichbare Programme herunterladen (siehe Kapitel 8).

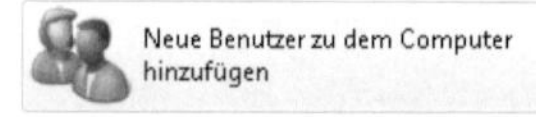

- *Dem Computer neue Benutzer hinzufügen* – Bei der Installation wurde ein erster Benutzer angelegt, dessen Benutzerkonto Sie jetzt verwenden. Soll der PC von mehreren Personen unabhängig verwendet werden, können Sie hier weitere Konten anlegen. Wenn auch Kinder und Jugendliche den PC zum Spielen und Surfen nutzen sollen, lässt sich hier auch der Jugendschutz für diese Konten einrichten. Mehr Informationen finden Sie in Kapitel 26.

Schnelle Bestandsaufnahme: Läuft alles rund bei Ihrem Windows?

Direkt nach erfolgreicher Installation bzw. nach der Inbetriebnahme eines neuen Windows-PCs empfiehlt sich eine kurze Bestandsaufnahme: Laufen die wesentlichen Funktionen richtig und sind insbesondere die sicherheitsrelevanten Einstellungen korrekt gewählt? So verschaffen Sie sich einen schnellen Überblick und erkennen rechtzeitig potenzielle Probleme, die Ihnen früher oder später Schwierigkeiten bereiten könnten.

Alles richtig erkannt? – Schneller Hardwarecheck mit dem Geräte-Manager

Auch Windows 7 bringt einen speziellen Geräte-Manager mit, der die vorhandenen Hardwarekomponenten und deren Treiber verwaltet. Er erlaubt einen schnellen Einblick in die Hardwarekonfiguration und lässt Sie auf einen Blick erkennen, ob es mit irgendwelchen Komponenten Probleme gibt.

1 Öffnen Sie mit *Start/Systemsteuerung* die Systemeinstellungen und rufen Sie dort die Kategorie *System und Sicherheit* auf.

2 Darin finden Sie unter dem Stichpunkt *System* den Eintrag *Geräte-Manager*. Da der Zugriff auf die Hardwareeinstellungen eine sicherheitsrelevante Aktion ist, müssen Sie den Vorgang als Administrator zulassen.

3 Der Geräte-Manager unterteilt die vorhandenen Hardwarekomponenten in verschiedene Rubriken, die ähnlich wie Ordner und Dateien im Windows-Explorer dargestellt werden. Mit einem Klick auf das Plussymbol einer der Rubriken öffnen Sie diese und zeigen die darin enthaltenen Komponenten an.

4 Wollen Sie ein einzelnes Gerät unter die Lupe nehmen, doppelklicken Sie darauf. Der Geräte-Manager zeigt dann die Eigenschaften dieses Geräts an. Diese verraten Ihnen alle Informationen zu diesem Gerät und zu seinen Treibern.

5 In der Regel erkennt Windows automatisch, wenn ein bestimmtes Gerät nicht ordnungsgemäß arbeitet. Dann öffnet der Geräte-Manager die entsprechende Rubrik beim Öffnen automatisch und markiert das fragliche Gerät mit einem farbigen Symbol. So können Sie schnell erkennen, ob und mit welcher Komponente Probleme vorliegen.

Die meiste Hardware wird von Windows bei der Installation automatisch erkannt und die notwendigen Treiber – soweit vorhanden – eingebunden. Gegebenenfalls beschafft Windows die erforderlichen Treiber per Windows Update. Idealerweise sollten also keine Warnhinweise im Geräte-Manager angezeigt werden. Falls doch, lesen Sie in Kapitel 34, wie Sie Hardwareproblemen auf die Schliche kommen können und wie sich fast alle Hardwarekomponenten auch unter Windows problemlos nutzen lassen.

Schotten dicht? – Den Sicherheitsstatus des PCs kontrollieren

Sicherheit spielt für Windows eine ganz große Rolle. Und das ist auch richtig so, denn die meisten Windows-PCs dürften mehr oder weniger ständig mit dem Internet verbunden und so entsprechenden Gefahren ausgesetzt sein. Wichtig ist dabei, dass die verschiedenen Schutzfunktionen auch eingeschaltet und aktiviert sind. Mit einem Blick ins neue „Wartungscenter“ können Sie sich davon schnell überzeugen.

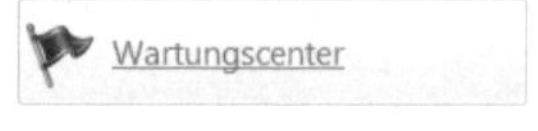

Das Wartungscenter öffnen Sie in der Systemsteuerung mit dem gleichnamigen Symbol. In der aufgabenbasierten Ansicht der Systemsteuerung finden Sie es bei *Sicherheit* unter *Computersicherheitsstatus überprüfen*.

Direkt nach der Installation dürfte es mindestens eine rote Warnung in Bezug auf den Virenschutz geben. Windows bringt hierfür nämlich keine eigene Komponente mit, sondern erwartet, dass der Benutzer selbst ein Antivirenprogramm beschafft und installiert. Dieses wird dann allerdings automatisch erkannt und überwacht, sodass die Sicherheitswarnung dann verschwindet.

Neben verschiedenen kommerziellen Produkten sind z. B. die Avira AntiVir Personal Edition, avast! Home Edition oder AVG free empfehlenswert. Sie können für den privaten Einsatz kostenlos genutzt werden (*www.freeav.de*, *www.avast.de*, *free.avg.com*). Welche Funktionen das Wartungscenter noch bietet und wie es Ihnen hilft, die sicherheitsrelevanten Einstellungen Ihres PCs ggf. automatisch zu korrigieren, lesen Sie in Kapitel 21.

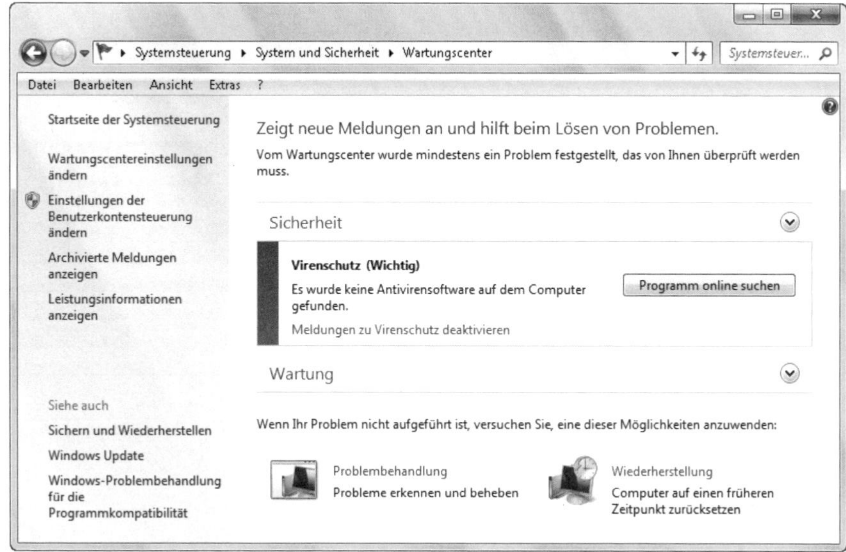

Alles aktuell? – Wichtige Sicherheitsupdates gleich einspielen

Ein wichtiges Element der Sicherheitsstrategie von Windows sind regelmäßige Updates. Auf diesem Weg werden zwar Fehlerkorrekturen und Optimierungen für alle Bereiche des Betriebssystems verteilt, aber die Sicherheitsupdates stehen dabei eindeutig im Fokus.

Wenn Schwachstellen bekannt werden, behebt Microsoft diese (mehr oder weniger) schnell und stellt entsprechende Aktualisierungen bereit, die Windows automatisch herunterlädt und installiert.

Allerdings kann das automatische Update einige Zeit dauern, da Windows dem Datenverkehr hierfür keine besondere Priorität einräumt. Durch andere Downloads, Surfen oder Onlinevideos können sich wichtige Updates deshalb verzögern. Nach der Installation ist es deshalb sinnvoll, ganz bewusst ein Update durchzuführen. Eventuell liegen dann schon Updates vor, die gerade auch für die Sicherheit relevant sind.

Windows Update

1 Um sich über Updates zu informieren, rufen Sie in der Systemsteuerung das Modul *Windows Update* auf. In der aufgabenorientierten Ansicht der Systemsteuerung erreichen Sie dieses Menü unter *System und Sicherheit/ Windows Update*.

2 Klicken Sie im anschließenden Fenster oben links auf *Nach Updates suchen*.

3 Windows ruft dann bei Microsoft Informationen über aktuelle Updates ab und zeigt anschließend an, ob neue Updates für Ihr System verfügbar sind. Ist dies der Fall, klicken Sie auf die Schaltfläche *Updates installieren* und bestätigen die Rückfrage der Benutzerkontensteuerung mit einem Klick auf *Fortsetzen*.

4 Windows 7 lädt dann diese Updates herunter und installiert sie. Bei einigen Aktualisierungen ist anschließend ein Neustart des Systems erforderlich. Darauf weist Windows 7 Sie aber ggf. deutlich hin. Andernfalls können Sie nach erfolgreicher Aktualisierung einfach weiterarbeiten.

Diese manuelle Variante der Aktualisierung müssen Sie nun nicht mehr ständig durchführen. Standardmäßig erledigt Windows 7 die Updateaufgaben vollautomatisch.

Gute Verbindung? – Den Zugang zu Internet und Netzwerk prüfen

Für die meisten Windows-PCs dürfte ein Internetzugang selbstverständlich sein. Die gute Nachricht dabei: Gängige Netzwerkkonstellationen wie eine Internetverbindung per DSL-Router oder -Modem kann Windows bei der Installation häufig automatisch erkennen und sich entsprechend einrichten. In solchen Fällen haben Sie also schon beim ersten Start einen funktionsfähigen Internetzugang und können direkt loslegen. Der einfachste Test dafür ist es, im Internet Explorer eine Webseite Ihrer Wahl zu öffnen. Wird diese angezeigt, klappt es offenbar mit dem Internet.

Wollen Sie es etwas genauer wissen, können Sie sich bei Windows schnell über den Status der Netzwerkverbindungen informieren.

1 Zu diesem Zweck eignet sich am besten das Netzwerksymbol im Infobereich rechts unten in der Startleiste. Dieses verrät schon durch sein Aussehen den Netzwerkstatus. Besteht es einfach aus einem Monitor mit einem Stecker, funktioniert die Netzwerkverbindung.

2 Sollte dieses Symbol hingegen mit einem gelben Warnzeichen oder einem roten Kreuz versehen sein, liegt etwas im Argen und Sie sollten genauer hinsehen.

3 Ausführlichere Informationen erhalten Sie, wenn Sie mit der linken Maustaste auf das Symbol klicken und im dadurch geöffneten Minifenster das Netzwerk- und Freigabecenter öffnen.

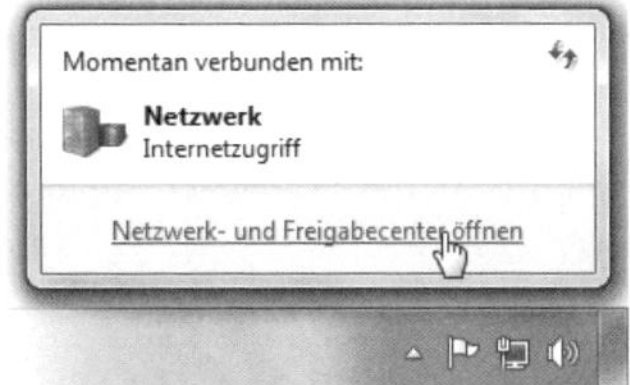

4 Im Netzwerk- und Freigabecenter sehen Sie ganz oben eine grafische Übersicht über die Netzwerkverbindung Ihres PCs. Üblicherweise sollte dieser über das Netzwerk mit dem Internet verbunden sein. Ist eine der Verbindungen gestört, wird sie mit einem kleinen Kreuz markiert.

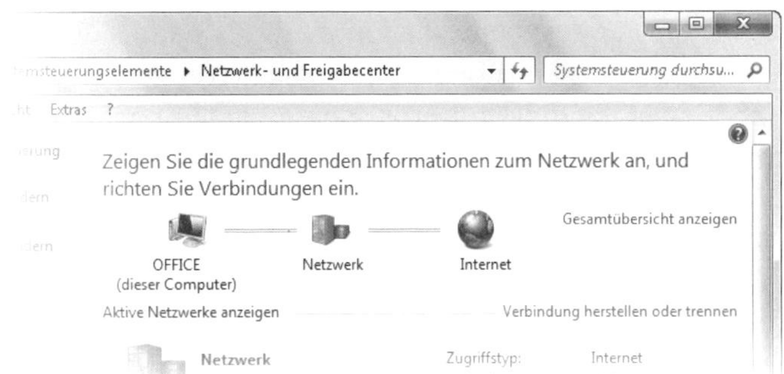

5 Wenn Ihr Netzwerk mehr als einen PC umfasst, könnte der Link *Gesamtübersicht anzeigen* für Sie von Interesse sein. Er zeigt eine ausführlichere Netzwerkübersicht an. Diese berücksichtigt die anderen angeschlossenen Rechner und zerlegt auch das Netzwerk ggf. detaillierter in einzelne Komponenten.

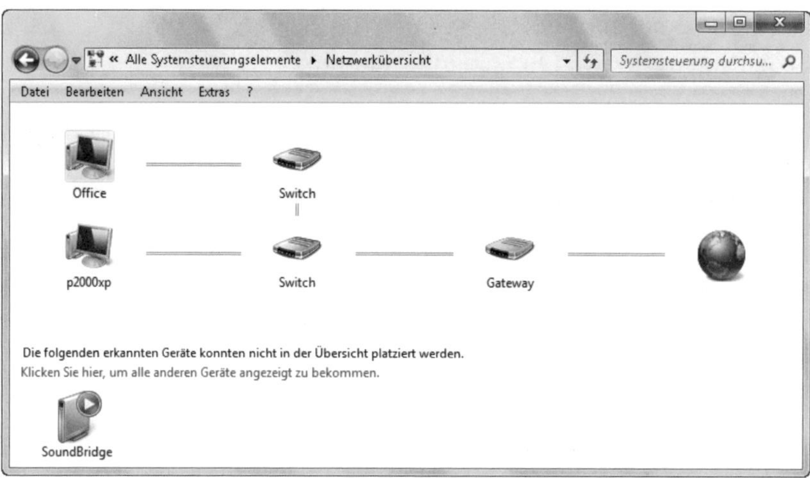

Die Netzwerkübersicht stellt Ihr komplettes Heimnetzwerk anschaulich dar.

38.6 Fehlende Funktionen des Betriebssystems ganz einfach nachrüsten

Windows 7 wird bereits „ab Werk" mit einer Vielzahl von Komponenten, Funktionen und Diensten eingerichtet. Deshalb wird es Sie vielleicht überraschen, aber Ihr Windows kann noch mehr. Zugegebenermaßen sind das dann Funktionen, die nicht unbedingt jeder jeden Tag benötigt. Aber wenn Sie gerade zu denjenigen zählen, ist es schön, dass sich diese Komponenten leicht nachrüsten lassen. Auch andersherum wird ein Schuh daraus: Funktionen und Dienste, die Sie ohnehin aller Voraussicht nach niemals benötigen werden, können Sie auch deaktivieren und Ihre Windows-Installation so bestenfalls etwas schlanker und schneller machen.

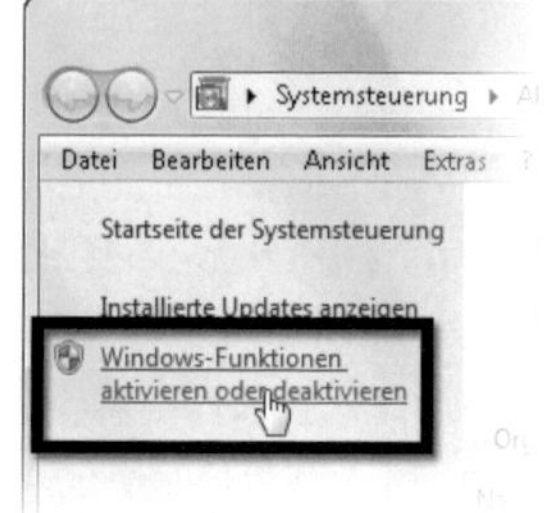

1. Öffnen Sie in der Systemsteuerung das Modul Programme und Funktionen und klicken Sie dort links im Navigationsbereich auf *Windows-Features aktivieren oder deaktivieren.*

2. Warten Sie dann kurz, bis sich das Menü *Windows-Features* mit Inhalt gefüllt hat. Windows überprüft dazu, welche der Optionen bereits installiert sind.

3 Nun können Sie die Liste durchgehen und schauen, welche Zusatzkomponenten nützlich sein könnten. So ist bei Windows 7 beispielsweise im Gegensatz etwa zu Windows XP kein Telnet-Client installiert. Wenn Sie also in der Eingabeaufforderung *telnet* eingeben, erhalten Sie eine Fehlermeldung. Windows 7 verfügt aber durchaus über einen Telnet-Client, nur wird er eben standardmäßig nicht installiert. Um das nachzuholen, setzen Sie bei *Telnet-Client* ein Häkchen.

4 Haben Sie Ihre Auswahl an nachträglich zu installierenden bzw. zu deinstallierenden Funktionen getroffen, klicken Sie unten auf *OK*.

5 Windows nimmt dann die Änderungen an seiner Konfiguration vor. Je nach Umfang kann dies bis zu mehreren Minuten dauern.

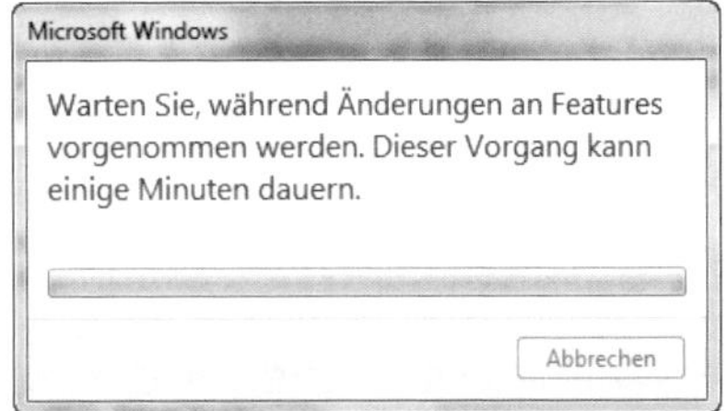

38.7 Mehr Leistung und Stabilität: Service Pack 1 (SP1) installieren

Ab dem Frühjahr 2011 bietet Microsoft das Service Pack 1 – kurz SP1 – für Windows 7 an. Es gilt für alle Editionen und enthält im Wesentlichen sämtliche bis dato erschienenen Aktualisierungen und Patches. Eine Installation dieses kostenlosen Service Packs ist unbedingt zu empfehlen. Es lässt sich direkt über das Internet herunterladen. Sollte Ihnen kein DSL-Anschluss oder Vergleichbares zur Verfügung stehen, finden Sie das SP1 ggf. auch auf den Service-CDs/-DVDs von Fachzeitschriften oder Sie können eine DVD direkt bei Microsoft anfordern.

SP1 vom Windows Update automatisch herunterladen lassen

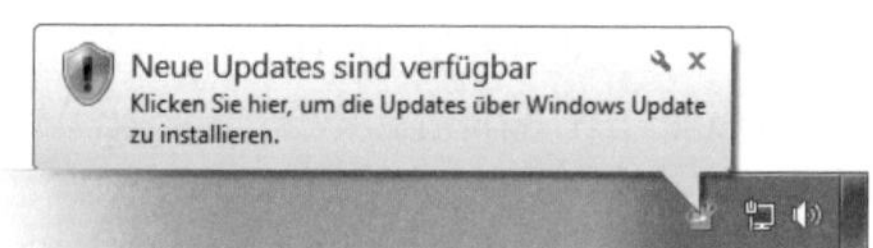

Die einfachste Methode ist es, das SP1 einfach per Windows Update vollautomatisch herunterladen und installieren zu lassen. Der Vorteil: Sie brauchen nichts weiter zu tun. Windows 7 erkennt per Windows Update, dass das SP1 zum Download angeboten wird, und lädt es herunter. Dieser Download kann allerdings deutlich länger dauern, da das SP1 wesentlich umfangreicher ist als übliche Updates. Der Nachteil: Eben wegen dieses Umfangs und weil ggf. zuvor noch andere, kleinere Updates heruntergeladen und installiert werden müssen, kann sich das Ganze ein wenig hinziehen. Und damit sind bis zu mehrere Tage gemeint. Sie verlieren bei diesem Verfahren also ein wenig die Kontrolle über das Update und müssen einfach abwarten, bis Windows den vollständigen Download meldet und Sie zur Installation auffordert. Diese läuft im Unterschied zum Herunterladen nicht automatisch im Hintergrund, sondern muss von Ihnen aktiv begleitet werden (siehe Seite 681).

Schneller und zuverlässiger: den SP1-Download manuell beschleunigen

Wenn Sie sich nicht auf den langwierigen automatischen Download verlassen wollen, können Sie den Vorgang mit einem manuellen Update kontrollieren und deutlich beschleunigen. Auch hierfür wird das Windows Update verwendet, aber Sie selbst bestimmen, wann heruntergeladen und installiert wird:

1 Rufen Sie in der Systemsteuerung das Modul Windows Update auf. In der aufgabenorientierten Ansicht der Systemsteuerung erreichen Sie dieses Menü unter *Sicherheit/Nach Updates suchen*.

2 Klicken Sie im anschließenden Fenster links oben auf *Nach Updates suchen*.

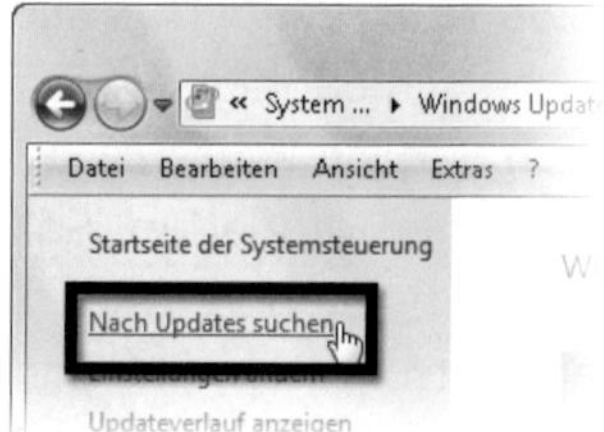

3 Windows ruft dann bei Microsoft Informationen über aktuelle Updates ab und zeigt anschließend an, ob neue Updates für Ihr System verfügbar sind. Ist das Service Pack 1 verfügbar, sollte Windows Update Ihnen diesen Download als wichtiges Update anbieten.

Sie erkennen es sofort an seiner Größe von über 50 MByte, die für Updates sonst eher unüblich ist. Gewissheit können Sie sich mit einem Klick auf den Eintrag verschaffen.

4 Damit öffnen Sie ein Fenster, in dem die zu installierenden Updates detailliert aufgeführt sind. Hier sollte nun das Service Pack 1 zu finden sein. Stellen Sie sicher, dass es per Häkchen ausgewählt ist, und klicken Sie dann unten auf *OK*.

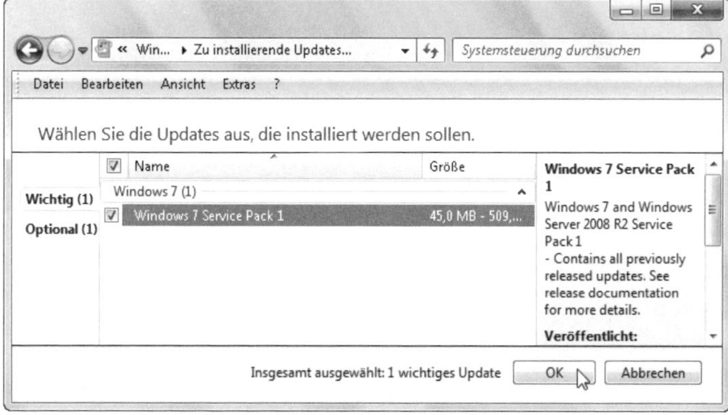

5 Der eigentliche Download dauert auch bei dieser Variante einige Zeit. Windows Update bestimmt den genauen Umfang des Downloads, da dieser zwischen den verschiedenen Editionen schwankt und auch davon abhängt, welche sonstigen Aktualisierungen bereits vorhanden sind. Für die Home-Editionen dürfte der Umfang im Bereich zwischen 50 und 100 MByte liegen.

6 Nach dem Ende des Downloads startet Windows Update automatisch das Installationsprogramm (siehe nachfolgenden Abschnitt).

Das Service Pack installieren

Wenn Sie das SP1 selbst heruntergeladen haben, führen Sie das erhaltene Programm einfach aus. Es enthält einen Setup-Assistenten, der Sie durch alle Schritte führt. Haben Sie das SP1 per Windows Update bezogen, wird das Setup-Programm automatisch innerhalb der Update-Oberfläche ausgeführt. Hier ist nur ein wenig Geduld erforderlich.

INFO

Kein Service Pack 1 als Update zu sehen?

Wenn das Windows Update Ihnen kein Service Pack 1 zum Download anbietet, liegt dies in der Regel daran, dass zuvor andere, kleinere Updates durchgeführt werden müssen, bevor Sie das SP1 herunterladen und installieren können. In diesem Fall werden Ihnen anstelle des SP1 also andere Updates vom Typ Wichtig angeboten. Führen Sie diese zunächst aus, ggf. müssen Sie den PC anschließend neu starten. Wiederholen Sie dann den beschriebenen Vorgang. Unter ungünstigsten Umständen müssen Sie erst mehrere kleinere Updates erledigen, bevor Ihnen das SP1 angeboten wird.

1 Zunächst erstellt Windows automatisch einen Wiederherstellungspunkt. Sollte es Probleme bei der Installation geben, können Sie so jederzeit zum vorherigen Status zurückkehren.

2 Dann beginnt die eigentliche Installation, die einige Zeit in Anspruch nehmen kann. Der Fortschrittsbalken hält sie auf dem Laufenden. Sie können den Update-Dialog aber auch schließen und so lange ganz normal weiterarbeiten.

3 Irgendwann ist auch die längste aller Installationen vorbei. Nun muss allerdings noch einmal der Rechner neu gestartet werden, damit die zahlreichen Veränderungen am System auch gleich wirksam werden können. Speichern Sie dazu eventuell noch geöffnete Dokumente und klicken Sie dann auf die Schaltfläche *Jetzt neu starten*.

Hat die Installation problemlos geklappt?

Nach dem Neustart ist die Installation des SP1 abgeschlossen. Sie können sich leicht selbst davon überzeugen: Öffnen Sie in der Systemsteuerung das Modul *System*. Hier finden Sie ganz oben im Bereich *Windows-Editionen* die Versionsangaben zu Ihrem Windows-7-System. Unter dem Copyright-Vermerk sollte sich nun die Angabe *Service Pack 1* befinden.

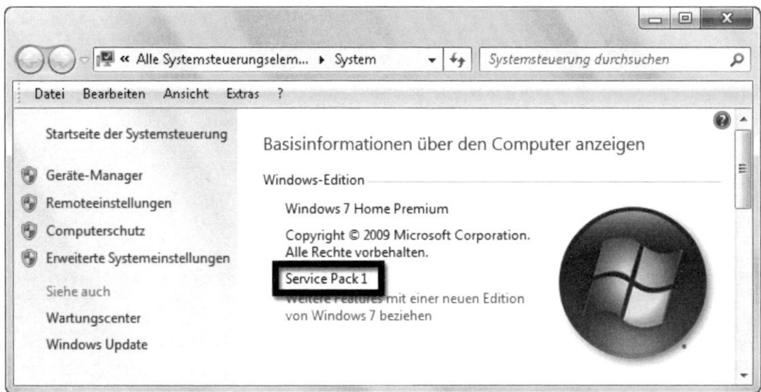

Im Falle eines Falles: SP1 deinstallieren

Das Service Pack 1 wird von Microsoft nicht zuletzt mit einer öffentlichen Betaversion umfangreich getestet, sodass im Allgemeinen keine Schwierigkeiten zu erwarten sind. Sollten Sie nach der Installation des SP1 aber dennoch auf Probleme stoßen, bleibt Ihnen allemal die Möglichkeit, das Update zu deinstallieren und wieder zum vorherigen Status zurückzukehren.

1 Öffnen Sie in der Systemsteuerung das Modul *Programme und Funktionen*. In der aufgabenbasierten Ansicht finden Sie diese Funktion unter *Programme/Programm deinstallieren*.

2 Klicken Sie im anschließenden Fenster oben links auf *Installierte Updates anzeigen*, um die installierten Windows-Updates aufgeführt zu bekommen.

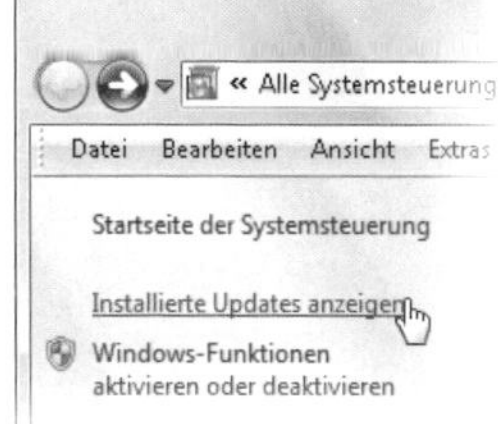

3 Nach kurzer Wartezeit präsentiert Ihnen das Programm eine längere Liste von Updates und Hotfixes. Suchen Sie darin den Eintrag *Service Pack für Microsoft Windows* und wählen Sie diesen aus.

4 Klicken Sie dann oberhalb in der Symbolleiste auf *Deinstallieren*.

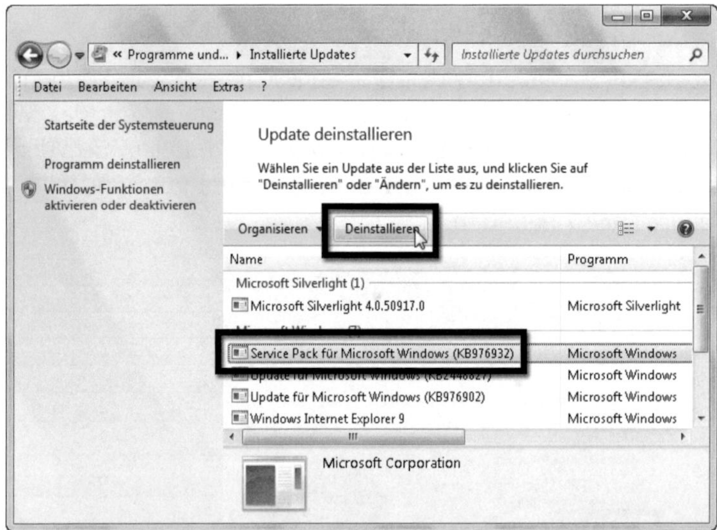

5 Beantworten Sie dann die Sicherheitsrückfrage, ob Sie dieses Update wirklich deinstallieren möchten, mit *Ja*.

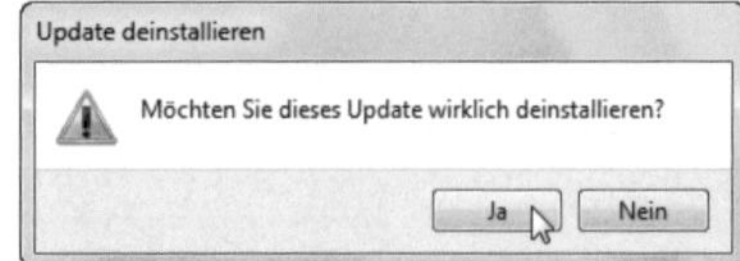

6 Anschließend entfernt Windows das Service Pack von Ihrem PC und stellt den vorherigen Zustand wieder her. Zum Abschluss der Deinstallation müssen Sie einen Neustart durchführen.

39. Schneller Umzug von XP/Vista nach Windows 7

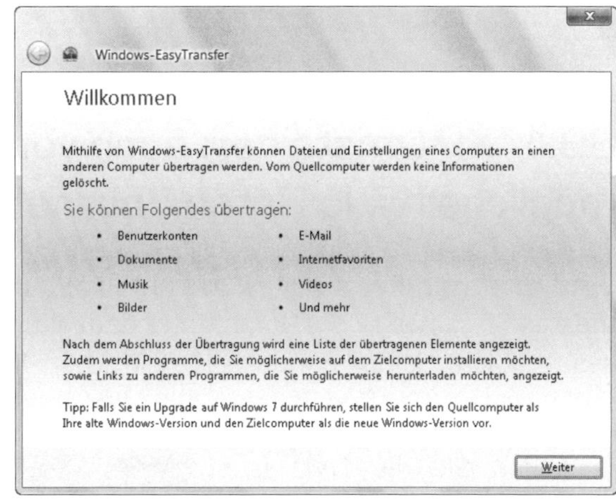

Der Wechsel von einem Betriebssystem zum anderen ist immer mit viel Umständen verbunden. Es dauert lange, bis alles wieder so eingestellt und eingerichtet ist, wie man es gewohnt war. Damit Sie auf Ihrem PC schnell wieder Ihre gewohnte Arbeitsumgebung herstellen können, zeigen wir Ihnen hier, wie Sie Ihre mühsam erarbeiteten Einstellungen und Daten wie z. B. E-Mail-Postfächer, Konteneinstellungen, Internetfavoriten und Kontaktadressen schnell von Windows XP oder Vista nach Windows 7 übertragen.

SPEZIAL Vorhandene Dateien und Einstellungen nach Windows 7 hinüberretten

Zum Lieferumfang von Windows gehört das Programm Windows Easy Transfer. Es ermöglicht Ihnen, Daten, Dokumente und Einstellungen von einer vorhandenen Windows-Installation in Ihr neues Windows 7 zu übernehmen. Dieser Datentransfer ist jederzeit möglich. Sie können damit also

- Daten jederzeit zwischen zwei gleichzeitig (auch auf dem gleichen PC) vorhandenen Windows-Installationen austauschen,
- Daten zwischen zwei verschiedenen PCs mit der gleichen oder verschiedenen Windows-Versionen austauschen oder auch
- die Daten Ihres „alten“ Windows damit sichern, dieses dann durch Windows 7 ersetzen und die Daten anschließend unter Windows 7 wieder einspielen.

Wenn Sie unter Windows 7 am liebsten alles gleich wieder so hätten wie beim alten Windows, bietet Ihnen das Easy Transfer-Programm die Möglichkeit, Ihr komplettes Benutzerkonto mit allen Daten, Einstellungen und Dateien zu transferieren. Es erlaubt aber auch, ganz selektiv nur bestimmte Einstellungen oder Dokumente für den Transfer auszuwählen. So übernehmen Sie nur die wirklich notwendigen Daten und belasten das neue System nicht gleich wieder mit unnötigem Ballast.

39.1 XP-Umsteiger: auch von Windows XP möglichst viele Daten übernehmen

Um Daten von Ihrem Benutzerkonto in Windows XP oder Vista zu übertragen, müssen Sie zunächst die Daten unter dem alten System einsammeln. Das ist auch kein Problem, da das Windows Easy Transfer-Programm auch unter Windows XP und Vista läuft. Sie finden es auf Ihrer Windows 7-Installations-DVD.

1 Legen Sie die DVD in einen PC mit DVD-Laufwerk ein und öffnen Sie im Windows-Explorer den Ordner dieses Laufwerks und darin den Ordner *support*.

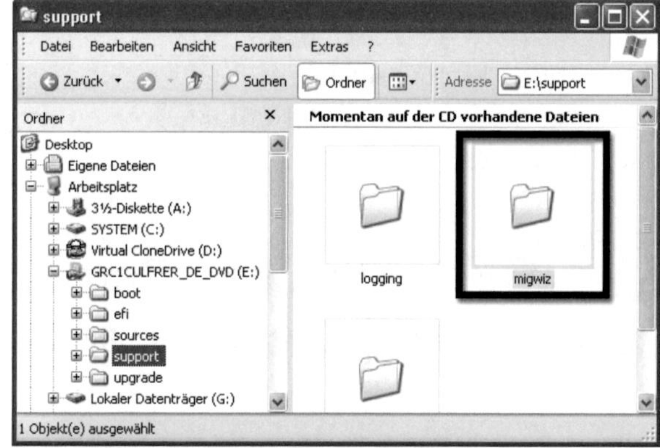

2 Hier finden Sie den Ordner *migwiz*, der den Windows Easy Transfer-Assistenten enthält.

3 Starten Sie darin per Doppelklick die Datei *migwiz.exe*, um das Windows Easy Transfer-Programm auszuführen.

TIPP

Easy Transfer ohne DVD nutzen

Wenn Sie die Installations-DVD auf dem alten Windows-Rechner nicht nutzen können, etwa weil der nur über ein CD-Laufwerk verfügt oder Sie das DVD-Laufwerk in den neuen PC eingebaut haben, können Sie Easy Transfer auch ohne die Installations-DVD benutzen. Kopieren Sie dazu den kompletten Ordner *migwiz* zunächst von der DVD und speichern Sie ihn z. B. auf einem USB-Laufwerk oder brennen Sie ihn auf eine CD. Sie können ihn aber auch via Netzwerk auf den älteren PC kopieren. Auf dem alten PC öffnen Sie den dorthin kopierten Ordner und starten darin per Doppelklick die Datei *migwiz.exe*. Sie enthält das Windows Easy Transfer-Programm. Allerdings sind auch alle anderen Dateien im *migwiz*-Ordner für den ordnungsgemäßen Programmablauf erforderlich, sodass der Inhalt dieses Verzeichnisses stets vollständig und intakt bleiben muss.

39.2 Komplette Benutzerkonten zu Windows 7 transferieren

Mit dem Easy Transfer-Programm wählen Sie auf dem Ausgangs-PC zunächst aus, welche Daten Sie von Ihrem „alten" Windows übernehmen wollen. Diese werden dann zusammengetragen und verpackt und je nach Wunsch auf ein externes Speichermedium kopiert oder z. B. auch direkt via Netzwerk auf den Ziel-PC übertragen.

1 Nach dem Start des Windows Easy Transfer-Programms klicken Sie zunächst die Begrüßung mit *Weiter* weg.

2 Wählen Sie dann aus, wie die Daten von Windows zu Windows transferiert werden sollen. Dies geht z. B. auch via Netzwerk oder mittels eines speziellen Easy Transfer-Kabels. Beides kommt aber nur infrage, wenn es sich wirklich um zwei verschiedene PCs handelt, die miteinander verbunden werden können. Die praktischste Variante dürfte in den meisten Fällen wohl *Eine externe Festplatte oder ein USB-Flashlaufwerk* sein, da Sie hier von solchen Voraussetzungen unabhängig sind. Sie erhalten dann einfach eine Datei, die Sie beliebig auf das Zielsystem transferieren können.

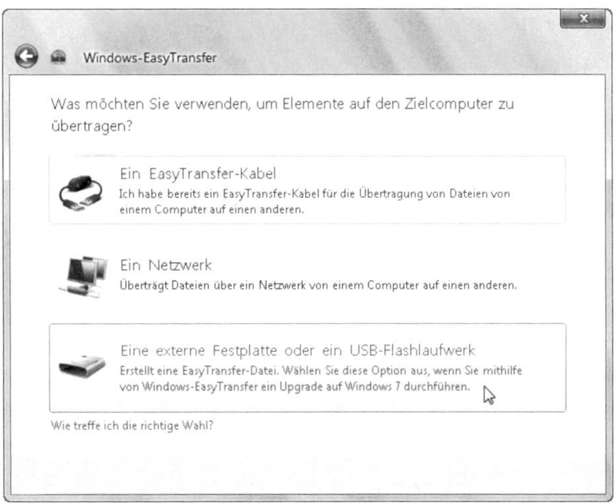

3 Im nächsten Schritt haben Sie nur die Option *Dies ist der Quellcomputer.*

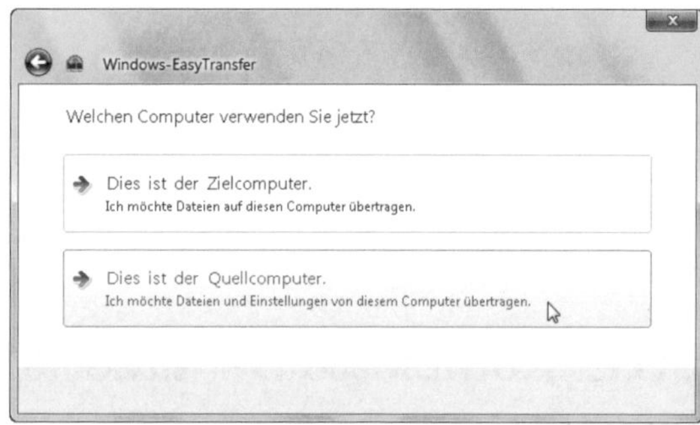

4 Easy Transfer analysiert nun, welche Informationen vom alten Computer transferiert werden können. Hierzu zeigt es die verschiedenen Benutzerkonten einschließlich der gemeinsam genutzten Daten an. Zu jedem Konto sehen Sie eine Angabe, wie umfangreich die dazugehörenden Daten sind. Um nur ein Konto zu transferieren, entfernen Sie einfach die Häkchen bei allen anderen. Klicken Sie dann unten rechts auf *Weiter*.

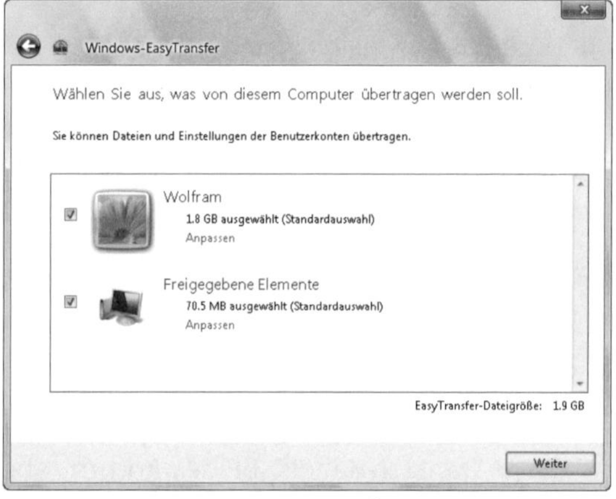

5 Sie können aber nicht nur die Benutzerkonten selbst auswählen, sondern auch die Art der zu übertragenden Daten. Klicken Sie dazu beim fraglichen Konto auf *Anpassen*. So öffnen Sie ein Untermenü, mit dem Sie die verschiedenen Kategorien von Daten an- und abwählen können. Klicken Sie anschließend oben rechts auf das *x*-Symbol, um zur Hauptauswahl zurückzugelangen.

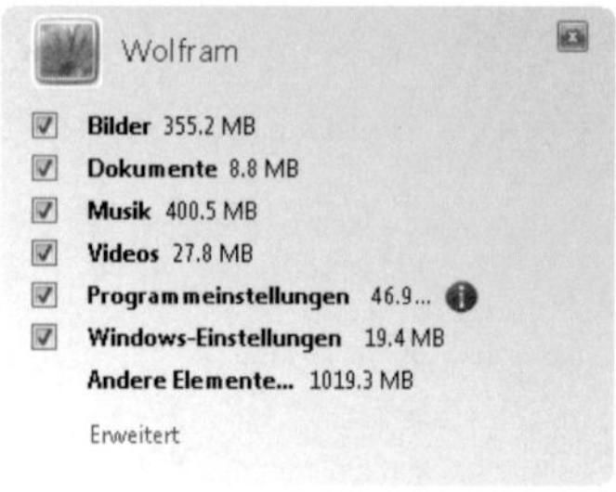

TIPP

Den Umfang der übertragenen Daten im Blick behalten

Wenn Sie auswählen, welche Konten und Daten genau übertragen werden sollen, können Sie den Umfang der Daten gut im Blick behalten. Ganz unten rechts oberhalb der *Weiter*-Schaltfläche gibt das Programm stets eine Abschätzung der Datenmenge an. Achten Sie darauf, dass die Menge des vorgesehenen Speichermediums nicht überschritten wird. Bei kleineren USB-Sticks beispielsweise kann das recht schnell der Fall sein.

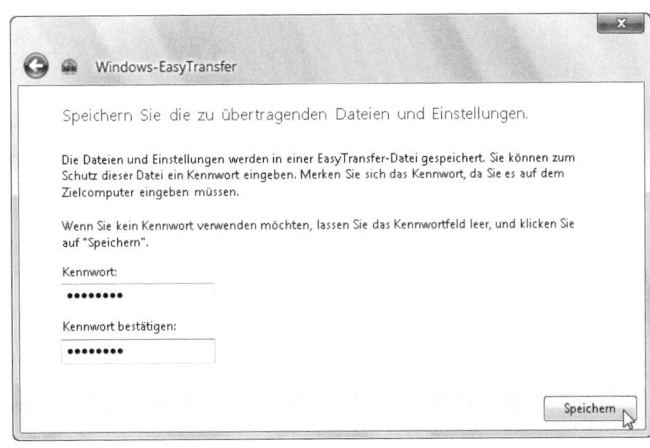

6 Geben Sie im nächsten Schritt ein Kennwort ein, mit dem die Transferdaten vor Missbrauch geschützt werden. Es wird vor dem Einspielen der Daten ins Zielsystem abgefragt. Erscheint Ihnen das übertrieben, lassen Sie diese Felder einfach leer. Klicken Sie in beiden Fällen anschließend unten rechts auf *Speichern*.

7 Geben Sie nun an, an welchem Speicherplatz die Transferdatei erstellt werden soll. Dies kann z. B. direkt auf einem USB-Stick erfolgen. Sie können die Datei aber auch erst auf der Festplatte speichern und dann auf beliebige Weise auf das Zielsystem übertragen. Anschließend erstellt das Programm die Transferdatei auf dem gewählten Speichermedium.

39.3 Einzelne Laufwerke, Ordner und Dateien komfortabel auf Ihr neues System übertragen

Von Hause aus soll Windows Easy Transfer dazu dienen, Benutzerdaten bzw. komplette Benutzerkonten zu migrieren. Es ist allerdings sehr flexibel gestaltet, um auf alle Situationen gut vorbereitet zu sein. So lässt sich der genaue Umfang der zu übertragenden Daten ganz individuell festlegen. Das geht so weit, dass Sie Easy Transfer auch dazu „missbrauchen" können, überhaupt keine Benutzerdaten, sondern ganz beliebige Inhalte von Laufwerken und Ordnern zu übertragen. Das geht zwar im Prinzip auch von Hand. Aber Easy Transfer sammelt alles zuverlässig ein und stellt die Datenstrukturen auf dem Zielsystem automatisch wieder passend her.

1 Starten Sie Windows Easy Transfer wie beschrieben auf dem alten System und gehen Sie zur Auswahl der Benutzerkonten. Entfernen Sie hier die Kästchen bei sämtlichen Benutzerkonten und ganz unten beim Eintrag *Freigegebene Elemente*.

2 Klicken Sie dann beim Eintrag *Freigegebene Elemente* auf *Anpassen*.

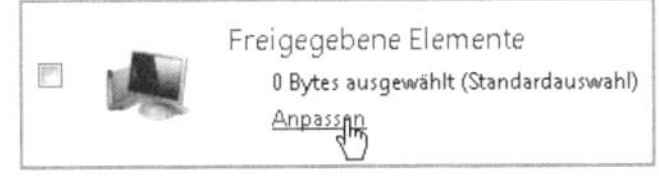

3 Klicken Sie im so geöffneten Untermenü ganz unten auf *Erweitert*.

4 Im anschließenden Dialog können Sie exakt die Ordner und Dateien auswählen, die Sie zum neuen System transferieren möchten. Das Auswählen erfolgt durch das Setzen von Häkchen. Wenn Sie einen Ordner auswählen, wird dabei automatisch sein gesamter Inhalt mitsamt aller Unterordner und deren Inhalt mit ausgewählt. Haben Sie Ihre Auswahl beendet, klicken Sie unten auf *Speichern*.

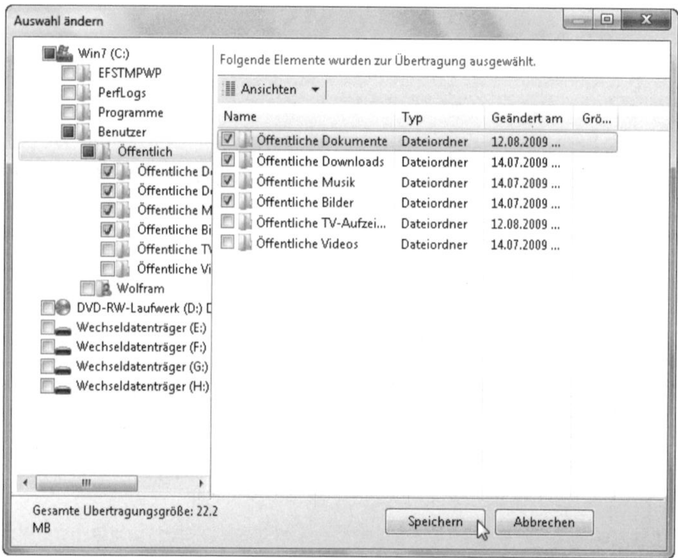

5 Ab hier geht es mit Easy Transfer wieder wie vorangehend beschrieben weiter.

39.4 Die Transferdaten unter Windows 7 einspielen

Damit ist der aufwendigere Teil des Transfers erledigt. Nun bleibt es nur noch übrig, zum neuen Windows 7-System zu wechseln und die Daten dort wiederherzustellen.

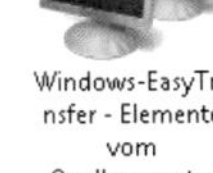

1. Starten Sie Windows 7 und legen Sie den Datenträger dort ein bzw. stellen Sie die Verbindung dazu her.
2. Auf dem Datenträger finden Sie eine Imagedatei vor, die Sie per Doppelklick starten können.
3. Damit aktivieren Sie erneut Easy Transfer. Geben Sie – sofern erforderlich – das Kennwort ein, mit dem die Transferdaten gesichert sind.

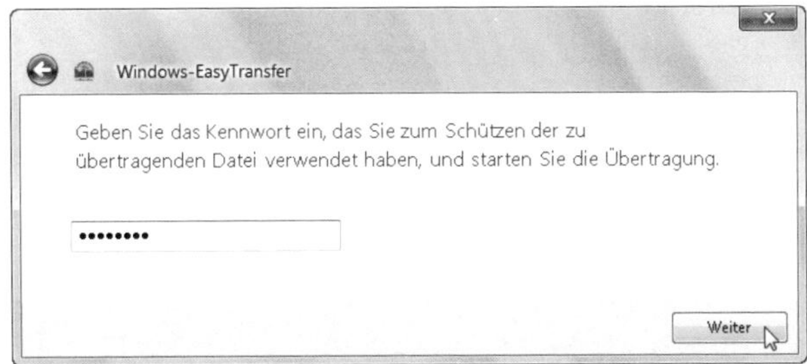

4. Easy Transfer präsentiert Ihnen dann eine Zusammenfassung der Daten, die auf das Zielsystem übertragen werden. Hier können Sie nochmals eine Auswahl treffen und ggf. einzelne Konten oder Bereiche deaktivieren.

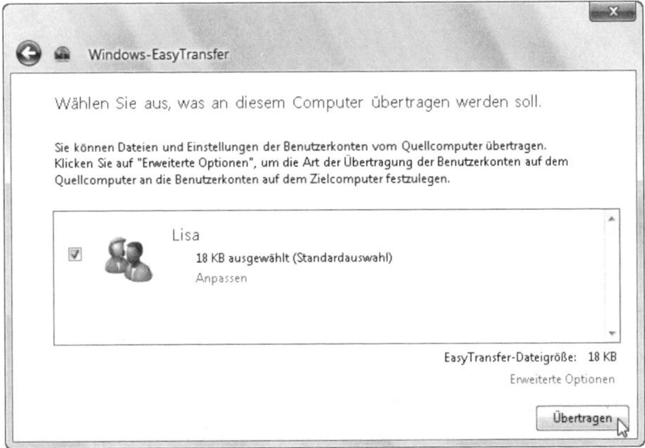

5. Wichtig: Sollen Benutzerkonten übertragen werden, bei denen sich die Benutzernamen auf dem alten und dem neuen System unterscheiden, klicken Sie unten rechts auf *Erweiterte Optionen*. Dann können Sie eine Zuordnung vornehmen, welche Benutzerdaten bei welchem Benutzer auf dem neuen System landen sollen.

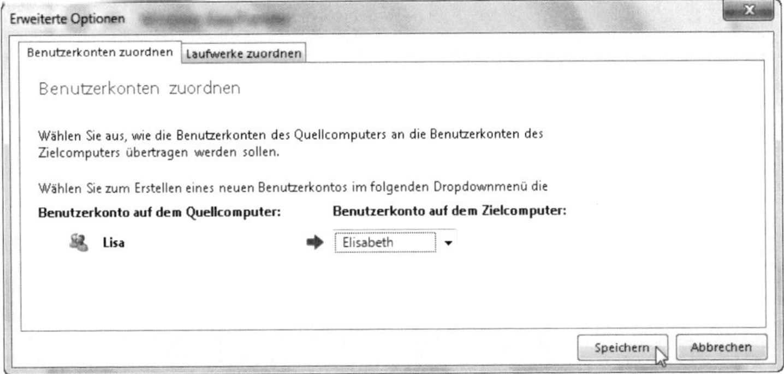

6 Klicken Sie dann unten rechts auf *Übertragen*, um den Transfer durchzuführen. Warten Sie den Vorgang ab. Der Assistent bietet Ihnen dann noch weitere Hilfen an, z. B. eine Liste der übertragenen Elemente oder eine Liste von Programmen, die Sie benötigen, um die übertragenen Elemente auf dem neuen PC auch nutzen zu können.

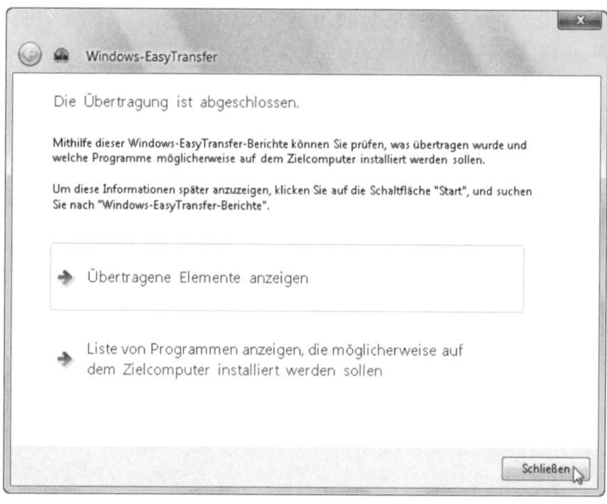

7 Abschließend müssen Sie sich ab- und neu anmelden, um die Änderungen durch die transferierten Einstellungen wirksam werden zu lassen.

39.5 Einzelne Einstellungen und Daten ganz einfach mit Bordmitteln übernehmen

Easy Transfer ist ein schönes Werkzeug, aber manchmal auch die sprichwörtliche Kanone, mit der man auf Spatzen schießt. Wenn es darum geht, ganz gezielt bestimmte Einstellungen und Daten vom alten System mit umzuziehen, führen Bordmittel oft schneller, einfacher und direkter zum Ziel.

Die Favoriten vom alten Browser mitnehmen

Wenn Sie sich mit dem alten Internet Explorer schon eine umfangreiche Favoritensammlung zugelegt haben, möchten Sie mit den Favoriten beim neuen Internet Explorer vermutlich nicht gern wieder bei null anfangen. Das ist auch nicht nötig, denn Sie können die gespeicherten Favoriten übernehmen. Eine Möglichkeit dazu ist das vorgestellte Easy Transfer-Tool. Wenn es nur um die Favoriten geht, reichen aber auch die Bordmittel des Internet Explorer aus. Speichern Sie zunächst die Favoriten des Internet Explorer in einer Datei:

1 Starten Sie den Internet Explorer unter dem alten Windows und wählen Sie die Menüfunktion *Datei/Importieren und Exportieren*.

2 Klicken Sie auf *Weiter* und wählen Sie dann *Favoriten exportieren*.

3 Wählen Sie dann den zu exportierenden Favoritenordner aus. Um alle gespeicherten Adressen zu exportieren, belassen Sie es einfach ganz oben bei *Favoriten*. Sie können aber auch einzelne Unterordner der Lesezeichen auswählen.

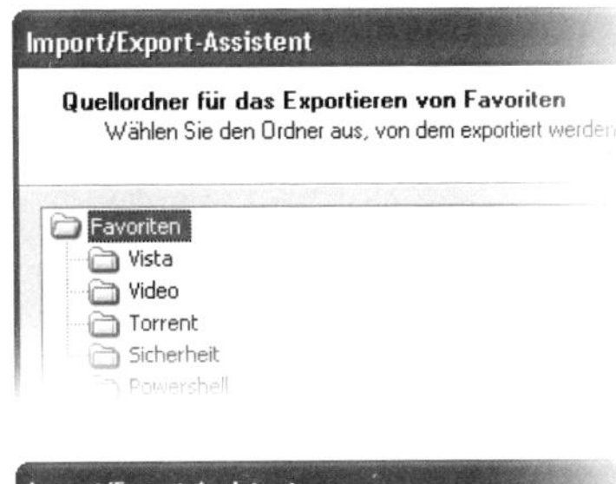

4 Aktivieren Sie im anschließenden Dialog die Option *In Datei oder Adresse exportieren* und geben Sie den Speicherort für die Exportdatei an.

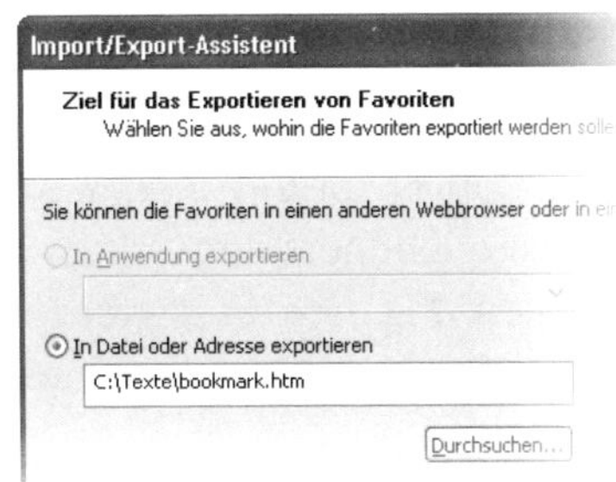

5 Klicken Sie dann unten auf *Weiter* und schließlich auf *Fertig stellen*, um die Exportdatei zu erstellen. Übertragen Sie diese anschließend zum Windows 7-PC, z. B. per USB-Stick oder CD-R oder auf direktem Weg über ein Netzwerk.

Der Internet Explorer kann die mit dem alten Browser erstellte Favoritendatei einlesen und die Lesezeichen seinerseits anlegen. Dazu verwenden Sie wiederum den Assistenten:

1 Blenden Sie im Internet Explorer die Menüzeile ein (z. B. mit [Alt]) und wählen Sie *Datei/Importieren und Exportieren*. Wählen Sie im ersten Schritt *Aus Datei importieren*.

2 Wählen Sie dann aus, dass *Favoriten* importiert werden sollen. Für andere Arten von Browserdaten wählen Sie die entsprechende Option.

3 Geben Sie im Dialog mit *Durchsuchen* die Position der gespeicherten Favoritendatei an.

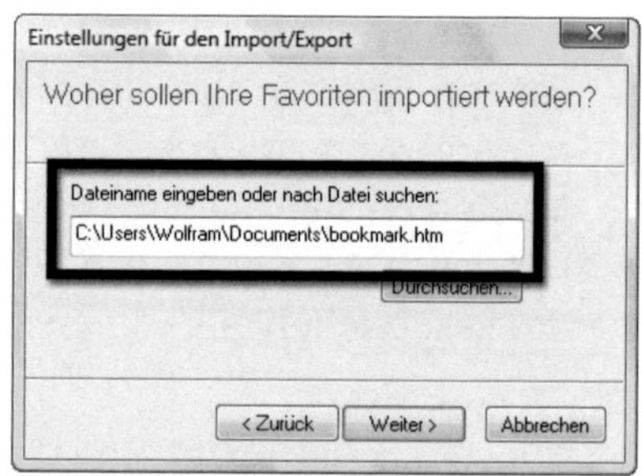

4 Wählen Sie dann, ob die zu importierenden Favoriten in einem bestimmten Lesezeichenordner eingefügt werden sollen. Mit *Favoriten* werden sie einfach mit in den Hauptordner integriert.

5 Klicken Sie unten auf *Importieren* und schließlich auf *Fertig stellen*, um die Übernahme der Favoriten abzuschließen.

Auf die gleiche Weise können Sie auch Cookies und Feeds von der alten in die neue Browserversion retten. Dazu müssen Sie den Vorgang jeweils für diese Datenart wiederholen, da es keine Möglichkeit gibt, alles auf einmal zu erfassen.

Die alte Mailbox bei Windows Live Mail weiterverwenden

Outlook Express bzw. Windows Mail speichert E-Mail-Nachrichten in einem anderen Format als Windows Live Mail. Ein einfaches „Übernehmen" der Maildateien ist deshalb nicht möglich. Sie können die alten Maildaten aber in Windows Live Mail importieren. Dazu müssen Sie zunächst die Mailordner im alten Windows lokalisieren und die darin enthaltenen Dateien auf das neue System übertragen.

Wir zeigen die Vorgehensweise am Beispiel von Outlook Express unter Windows XP; unter Windows Vista und Windows Mail funktioniert es dementsprechend.

1 Starten Sie Outlook Express und rufen Sie die Menüfunktion *Extras/Optionen* auf.

2 Wechseln Sie dort zur Registerkarte *Wartung*.

3 Klicken Sie hier unten rechts auf die Schaltfläche *Speicherordner*.

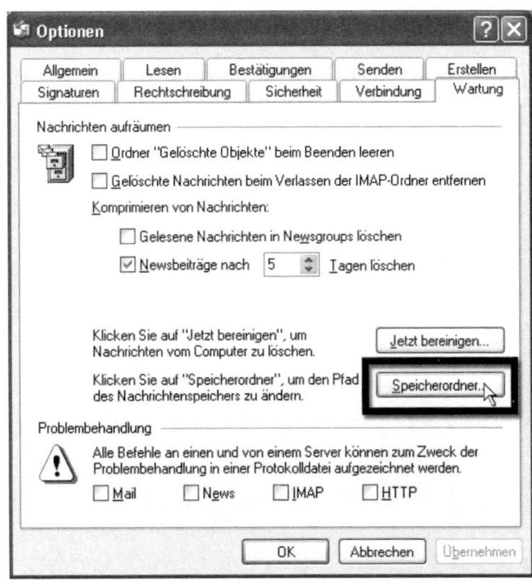

4 Im anschließenden Dialog sehen Sie den exakten Pfad des Ordners, in dem Outlook Express Ihre Mailordner und Nachrichten speichert.

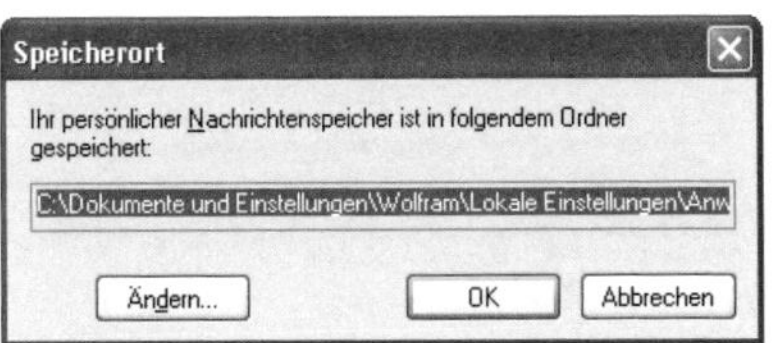

5 Markieren Sie diese Zeile mit der Maus und drücken Sie [Strg]+[C], um den Pfad in der Zwischenablage zu speichern.

6 Brechen Sie dann die Einstellungsdialoge ab und beenden Sie Outlook Express.

7 Öffnen Sie mit *Start/Ausführen* den Ausführen-Dialog und fügen Sie den Pfad aus der Zwischenablage hier mit [Strg]+[V] ein. Klicken Sie dann auf *OK*.

8 Damit öffnen Sie im Windows-Explorer exakt den Ordner mit Ihren Outlook Express-Nachrichten.

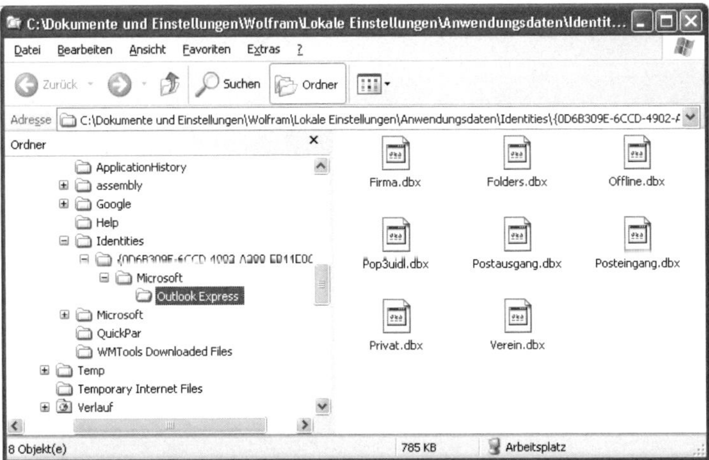

9 Transferieren Sie den Inhalt dieses Ordners auf das neue System, z. B. durch das Sichern der Dateien auf einem USB-Stick oder das Übertragen via Netzwerk. Der Umfang der Dateien hängt davon ab, wie viele Nachrichten Sie unter Outlook Express gespeichert haben.

Gesicherte Mailboxen in Windows Live Mail weiterverwenden

Da Windows Live Mail ein anderes Format zum Speichern von E-Mails verwendet, ist es mit einem einfachen Kopieren der Mailbox-Dateien nicht getan. Allerdings verfügt Windows Mail über eine Importfunktion, die auch Nachrichten im Outlook Express-Format einlesen und in seine eigenen Mailordner einfügen kann.

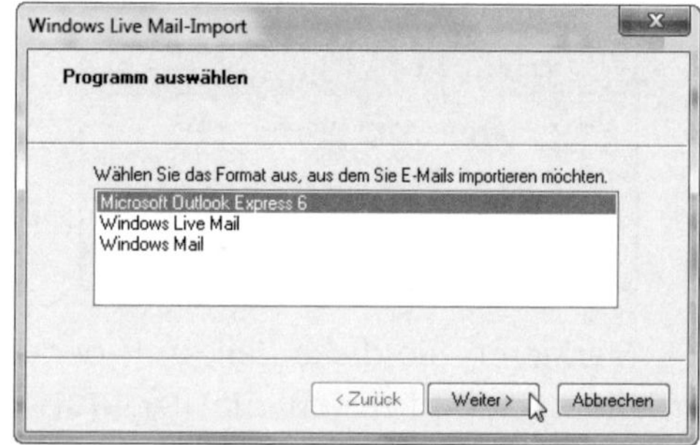

1 Starten Sie Windows Live Mail und rufen Sie die Menüfunktion *Datei/Importieren/Nachrichten* auf.

2 Wählen Sie im ersten Schritt des Importdialogs als Format *Microsoft Outlook Express 6* aus.

3 Klicken Sie dann auf *Durchsuchen* und navigieren Sie im Auswahldialog zu dem gespeicherten Outlook Express-Ordner mit den Mailbox-Dateien. Klicken Sie unten auf *Ordner auswählen*, um den Auswahldialog zu beenden und zum Import-Assistenten zurückzukehren.

4 Im nächsten Schritt zeigt Ihnen der Assistent die Mailordner an, die in den gespeicherten Outlook Express-Daten enthalten sind. Sie können nun wählen, ob Sie alle Ordner oder nur ausgewählte Ordner in Windows Live Mail einfügen wollen. Im letzteren Fall markieren Sie im Auswahlfeld alle Nachrichtenordner, die Sie transferieren wollen. Dies gibt Ihnen die Gelegenheit, womöglich unbenötigte Ordner wie *Entwürfe* oder *Gelöschte Objekte* gleich loszuwerden.

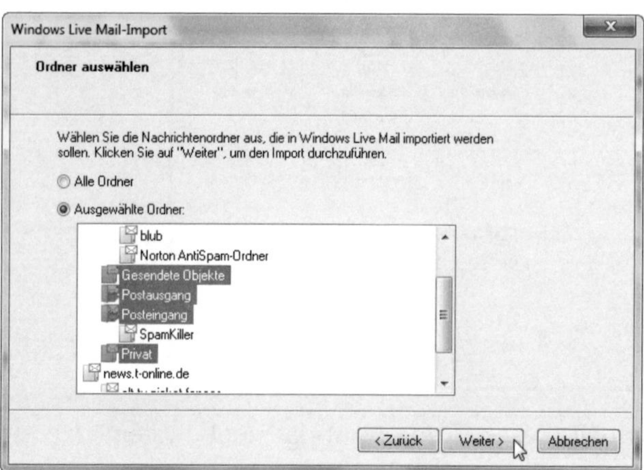

5 Klicken Sie dann unten auf *Weiter*, um den eigentlichen Importvorgang zu beginnen. Dieser kann je nach Umfang der Nachrichtenordner ein wenig dauern. Schließen Sie den Assistenten nach Abschluss mit *Fertig stellen*.

6 Wenn Sie nun Windows Mail starten, finden Sie Ihre alten Outlook Express-Mailordner direkt in der Ordnerliste wieder. Hier sind sie zunächst unter *Importierte Ordner* zusammengefasst. Sie können die Mailboxen nun aber auch an beliebige andere Stellen Ihrer Mailordnerstruktur verschieben und genauso wie die Original-Nachrichtenordner von Windows Live Mail verwenden.

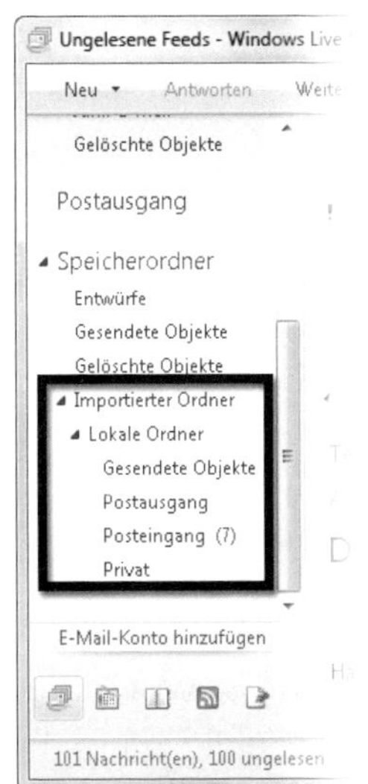

E-Mail-Konteneinstellungen an Windows Live Mail übertragen

Neben den Nachrichten gehören die E-Mail-Konten zu den wichtigsten Aspekten bei der elektronischen Briefpost. Freilich können Sie die Zugangsdaten zu Ihrem Postfach bei Windows Live Mail auch wieder von Hand einrichten. Aber womöglich haben Sie gerade nicht mehr alle Angaben zur Hand. Außerdem ist das Übertragen der Daten komfortabler und weniger fehleranfällig.

1 Öffnen Sie in Outlook Express mit *Extras/Konten* die Konteneinstellungen und wählen Sie hier das E-Mail-Konto aus, das Sie an Windows Mail transferieren wollen.

2 Klicken Sie dann auf die Schaltfläche *Exportieren*.

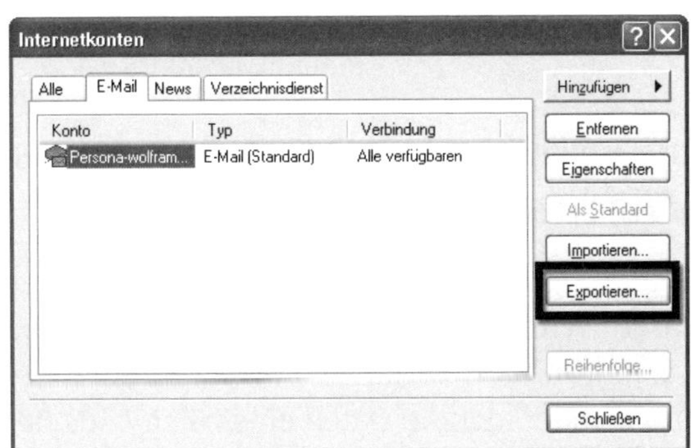

3 Geben Sie einen Namen und einen Speicherort für die Datei mit den Kontoeinstellungen an und speichern Sie diese. Transferieren Sie diese Datei dann auf das Windows 7-System.

4 Starten Sie dort Windows Live Mail und öffnen Sie hier ebenfalls mit *Extras/Konten* die Kontoeinstellungen.

5 Klicken Sie rechts auf die *Importieren*-Schaltfläche.

6 Geben Sie im anschließenden Dialog den Speicherort der Datei mit den Kontoeinstellungen von Outlook Express an und öffnen Sie diese.

7 Direkt im Anschluss finden Sie das importierte Konto in den Kontoeinstellungen von Windows Live Mail vor. Als Bezeichnung wird automatisch der Dateiname der Transferdatei eingesetzt. Sie können das aber schnell ändern, indem Sie die Einstellungen mit einem Doppelklick öffnen und die Bezeichnung auf der Registerkarte *Allgemein* ändern.

Auf diese Weise können Sie alle E-Mail-Konten nach Windows Live Mail übertragen. Leider muss der Vorgang auch bei mehreren E-Mail-Konten für jedes Konto einzeln durchgeführt werden. Sie können aber zunächst mit Outlook Express bzw. Windows Mail alle Konten jeweils in eine eigene Datei speichern und dann alle diese Dateien nacheinander in Windows Live Mail importieren.

TIPP

Newskonten übertragen

Auf die beschriebene Weise können Sie nicht nur E-Mail-Zugangsdaten, sondern auch Newskonten übertragen. Führen Sie die Schritte dazu einfach in der Rubrik *News* der Konteneinstellungen durch.

Importieren Sie Ihr vorhandenes Adressbuch in die Windows-Kontakte

Wenn Sie unter Windows XP oder Vista bereits umfangreiche Kontaktdaten in Ihrem Windows-Adressbuch gesammelt haben, können Sie diese in die Kontaktverwaltung von Windows 7 importieren. Diese verfügt dafür über einen speziellen Importfilter, der die Daten eins zu eins ins neue Format umsetzt. Der erste Schritt für die Adressdatenübernahme ist das Exportieren des Windows XP-Adressbuchs in eine kompakte Datei, die Sie auf das neue System übertragen können.

1 Öffnen Sie unter Windows XP das Windows-Adressbuch, z. B. von Outlook Express aus mit *Extras/Adressbuch*.

2 Rufen Sie im Adressbuch die Funktion *Datei/Exportieren/Adressbuch* auf.

3 Geben Sie hier einen Dateinamen und einen Speicherort für die Adressbuchdatei an und klicken Sie auf *Speichern*.

4 Die Adressbuchdatei wird mit der Endung *.wab* gespeichert. Transferieren Sie diese z. B. per USB-Stick auf Ihr neues System.

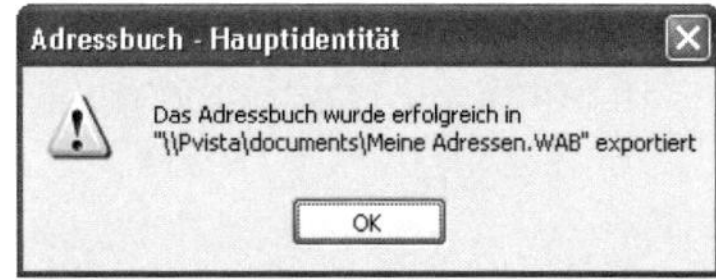

Haben Sie die Adressbuchdatei auf das Zielsystem übertragen, können Sie die Adressen als Windows 7-Kontakte übernehmen:

1 Öffnen Sie die Kontaktverwaltung und klicken Sie oben in der Symbolleiste auf die *Importieren*-Schaltfläche.

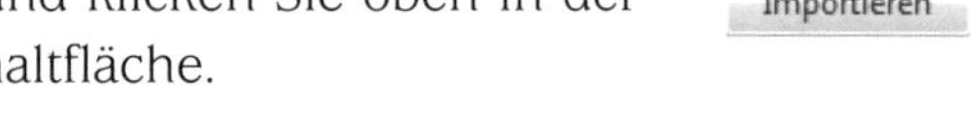

2 Wählen Sie im anschließenden Dialog die Option *Windows-Adressbuchdatei (Outlook Express-Kontakte)* und klicken Sie unten auf die *Importieren*-Schaltfläche.

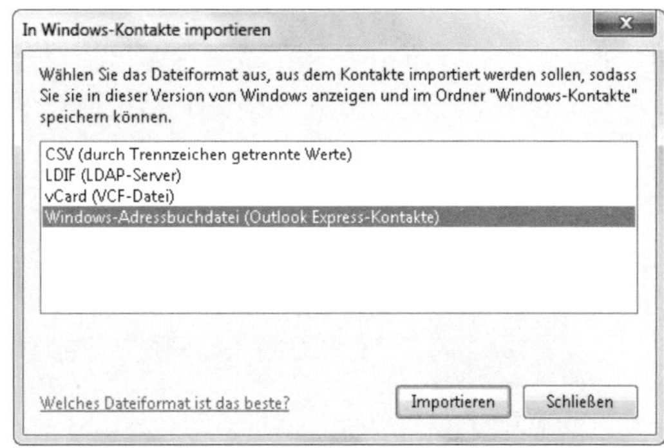

3 Wählen Sie im anschließenden Fenster die Position aus, an der Sie die Adressbuchdatei mit den Windows XP-Adressen gespeichert hatten.

4 Die Daten aus dieser Datei werden dann eingelesen und verarbeitet. Anschließend erhalten Sie eine Erfolgsmeldung. Schließen Sie dann den Kontakte-importieren-Dialog.

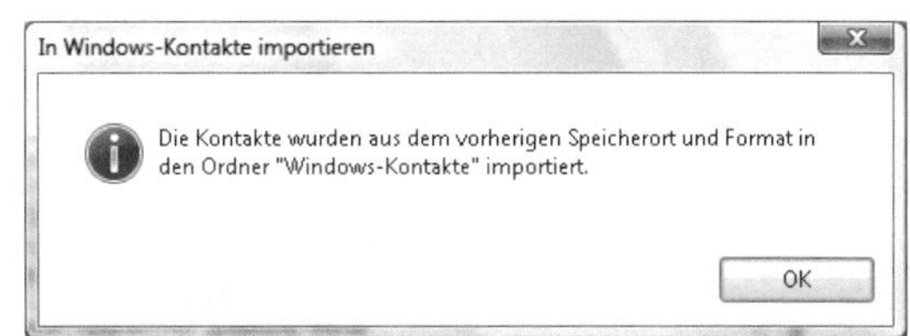

Adressdaten von beliebigen anderen Anwendungen in die Windows 7-Kontakte importieren

Wenn Sie bislang ein anderes Programm zum Adressensammeln verwendet haben, können Sie über dessen Exportfunktion ebenfalls eine Adressdatei erstellen. Windows 7 unterstützt zu diesem Zweck das CSV-Format, in dem die Adressen in einer einfachen Textdatei, durch Kommas getrennt, gespeichert werden. Alternativ bietet sich auch das VCF-Format an, mit dem Sie einzelne Adressen in Form einer virtuellen Visitenkarte speichern und in die Kontakte einfügen können.

1 Klicken Sie auch hierzu in der Kontakte-Symbolleiste auf *Importieren*.

2 Wählen Sie dann das passende Importformat aus, also z. B. CSV, und klicken Sie unten auf *Importieren*.

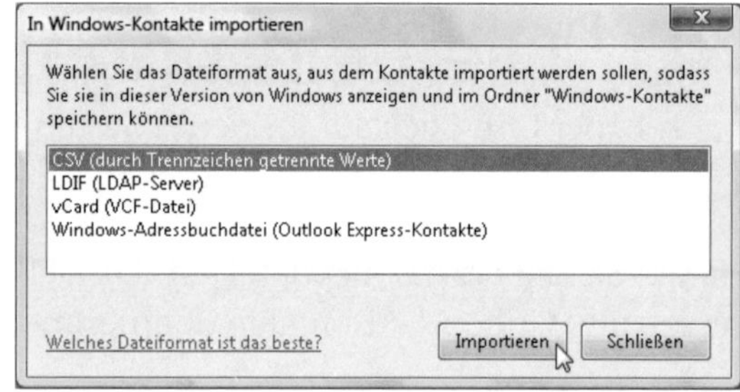

3 Wählen Sie im nächsten Schritt die Textdatei aus, in der die Daten gespeichert sind.

4 Beim CSV-Format können Sie nun zusätzlich genau festlegen, welche der Kontaktdaten übernommen werden sollen. So können Sie Daten, die nicht benutzt werden, von vornherein ausschließen.

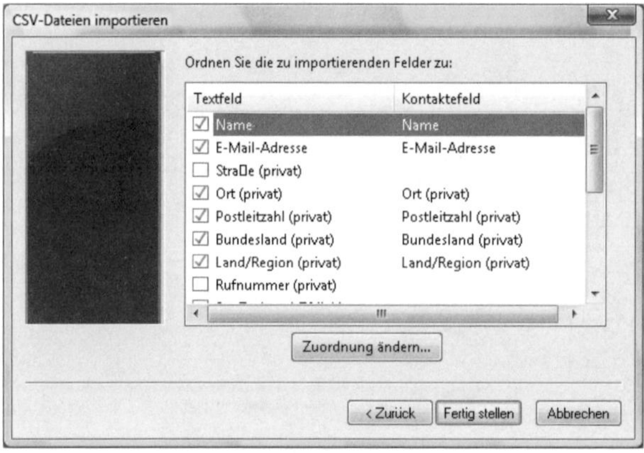

5 Nach der Erfolgsmeldung finden Sie die importierten Adressen in Ihren Windows 7-Kontakten vor.

40. Die Leistung Ihres Windows-Systems analysieren, bewerten und verbessern

Ein PC und sein Betriebssystem können nie schnell genug sein. Dies gilt auch für Windows 7, das zumindest im Vergleich zu Windows XP mal wieder mehr Ansprüche an die Hardwareausstattung stellt. Im Vergleich zu Vista allerdings „skaliert" Windows 7 besser, d. h., es passt sich automatisch an die vorhandene Hardware an und reduziert ggf. Funktionen, um eine zufriedenstellende Performance zu bieten.

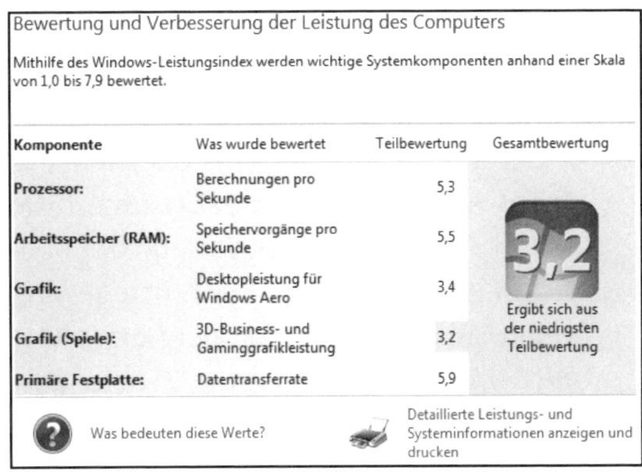

So sollte Windows 7 auch auf PCs und insbesondere auf Notebooks/Netbooks laufen, auf denen Vista sich kaum praktisch nutzen ließ. Aber Sie können auch selbst eingreifen, um die Performance Ihren Ansprüchen anzupassen. Windows bringt verschiedene Funktionen zum Analysieren und Bewerten der Leistung sowie zum Optimieren wichtiger Komponenten mit.

SPEZIAL So läuft Windows 7 auch auf älteren PCs richtig flott

Auf älteren PCs oder auf den beliebten, aber mit etwas schwachbrüstiger Hardware ausgestatteten Netbooks läuft Windows 7 eventuell nur behäbig. Durch das Optimieren der Systemleistung können Sie aber auch hier eine akzeptable Performance erzielen. Das bedeutet, auf den einen oder anderen visuellen Effekt zu verzichten oder auch eher selten genutzte Funktionen zu deaktivieren. Dafür können Sie aber insgesamt flüssiger und komfortabler arbeiten. Mit ein wenig Selbstversuch lässt sich im Zweifelsfall eine gute Balance zwischen Geschwindigkeit und Komfort finden.

Verzichten Sie auf transparente Fensterrahmen

Transparenz gehört sicherlich zu den wesentlichen optischen Merkmalen der neueren Windows-Versionen und macht sich gerade bei Fenstertiteln und -rahmen stark bemerkbar. Allerdings gehört dieses Feature auch zu den rechenintensivsten: Normalerweise kann alles, was von einem Fenster überlagert wird, getrost ignoriert werden, da man es nicht sieht. Durch die transparenten Rahmen aber muss Windows auch den Bildschirminhalt hinter jedem Fenster zumindest teilweise mit berechnen, um den Transparenzeffekt korrekt darstellen zu können. Diese zusätzliche Rechenkapazität können Sie wichtigeren Aufgaben zukommen lassen, wenn Sie auf die transparenten Fenster verzichten.

1 Öffnen Sie in der Systemsteuerung das Modul Anpassung und darin unten die Option *Fensterfarbe*. In der aufgabenbasierten Ansicht der Systemsteuerung finden Sie diese Funktion bei *Darstellung und Anpassung/Anpassung/Fensterglasfarben ändern*.

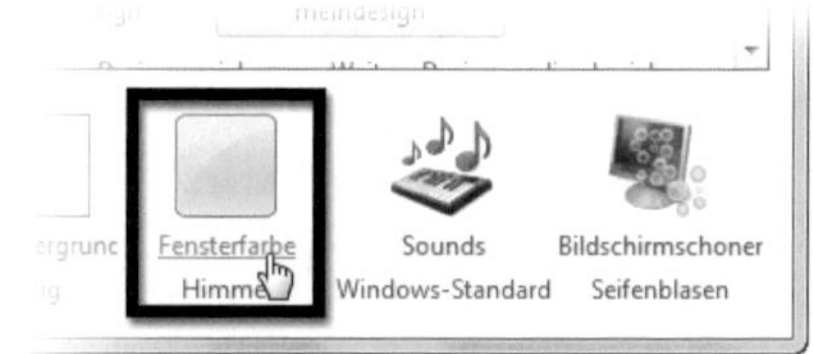

2 Schalten Sie im anschließenden Menü die Option *Transparenz aktivieren* aus und klicken Sie unten auf *OK*.

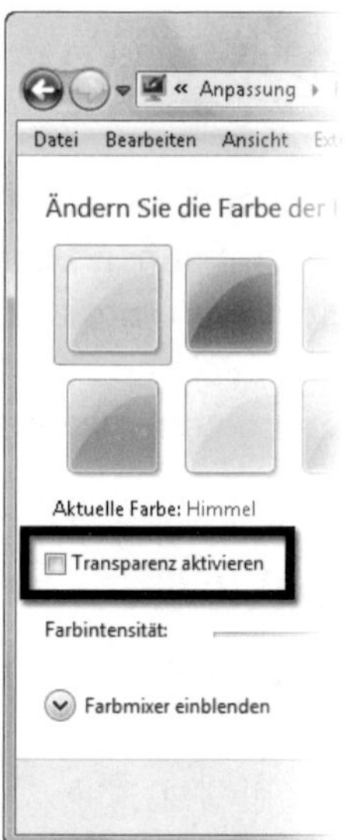

Die Fensterrahmen werden dann mit einem Pseudotransparenzeffekt versehen, der immer noch ganz nett aussieht, aber keine nennenswerte Rechenpower mehr beansprucht.

Sparen Sie Leistung durch das Reduzieren aufwendiger Grafikeffekte

Sollten Sie nicht ganz auf die optischen Schmankerl der Windows-Oberfläche verzichten wollen, lassen sich auch einzelne Effekte reduzieren. Dies empfiehlt sich, wenn bestimmte Effekte nur schwerfällig ablaufen und die Arbeit behindern oder wenn der PCs insgesamt zu schwachbrüstig für das Darstellen aller Effekte ist.

System

1 Öffnen Sie in der Systemsteuerung den Bereich *System und Sicherheit* und wählen Sie darin das Modul *System* aus. In der klassischen Ansicht der Systemsteuerung finden Sie dieses Element direkt.

2 Klicken Sie im System-Modul links im Aufgabenbereich oben auf *Erweiterte Systemeinstellungen*.

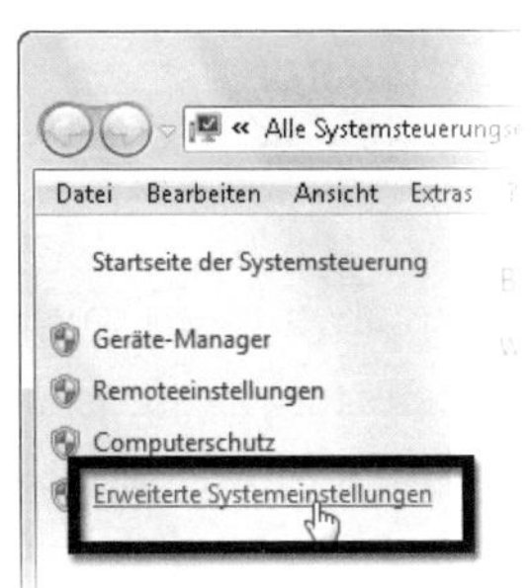

3 Klicken Sie im so geöffneten Menü auf der Registerkarte *Erweitert* oben im Bereich *Leistung* auf die Schaltfläche *Einstellungen*.

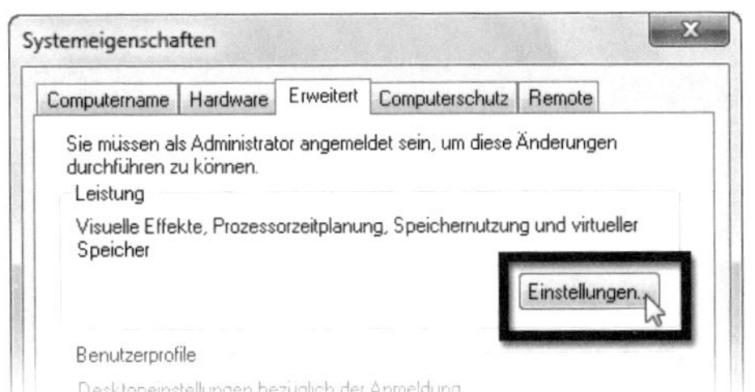

4 Damit öffnen Sie das Menü für die Leistungsoptionen. Hier können Sie auf der Registerkarte *Visuelle Effekte* im oberen Bereich z. B. pauschal *Für optimale Leistung anpassen* auswählen. Damit schalten Sie sämtliche in der Liste aufgeführten visuellen Effekte ab.

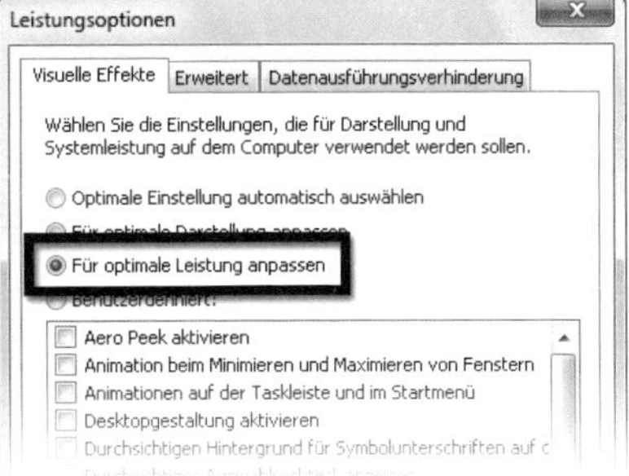

5 Alternativ gehen Sie die Liste aller Optionen durch und suchen sich gezielt diejenigen aus, auf die Sie verzichten können. Die Bezeichnungen sind meist selbsterklärend. Auch hier helfen ein paar Selbstversuche festzustellen, welche Funktionen nun einen spürbaren Unterschied in der Leistung bewirken.

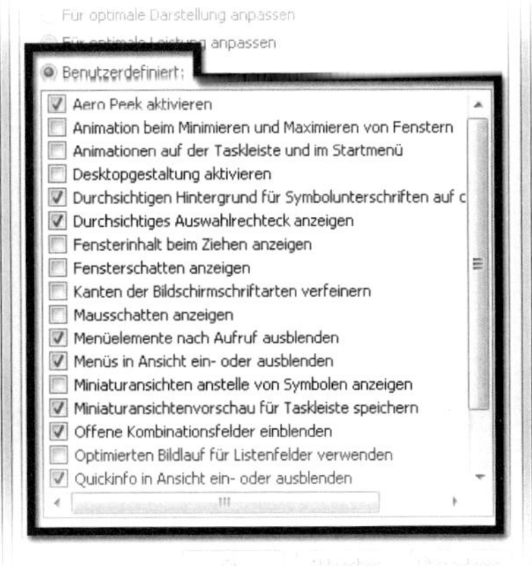

Mehr Performance mit dem einfachen Basisdesign

Einigermaßen aktuelle PCs mit einer durchschnittlichen Grafikkarte bzw. zeitgemäßer Onboard-Grafik sollten mit dem Aero-Desktop keine Probleme haben. Bei älteren Systemen speckt Windows die Oberfläche automatisch ab. Sie können aber auch bewusst auf Aero verzichten und zur klassischen Windows-Oberfläche zurückkehren, die ohne rechenintensive Effekte auskommt.

1 Rufen Sie in der Systemsteuerung das Modul *Anpassung* auf.

2 Hier finden Sie eine Übersicht über die mit Windows ausgelieferten Designs. In der Rubrik *Basisdesigns und Designs mit hohem Kontrast* ist zuvorderst das *Windows 7-Basis*-Design aufgeführt. Es ähnelt dem Standarddesign auf den ersten Blick, verzichtet aber auf aufwendige Effekte wie z. B. Transparenz. Klicken Sie einfach auf den Eintrag, um dieses Design probeweise zu aktivieren.

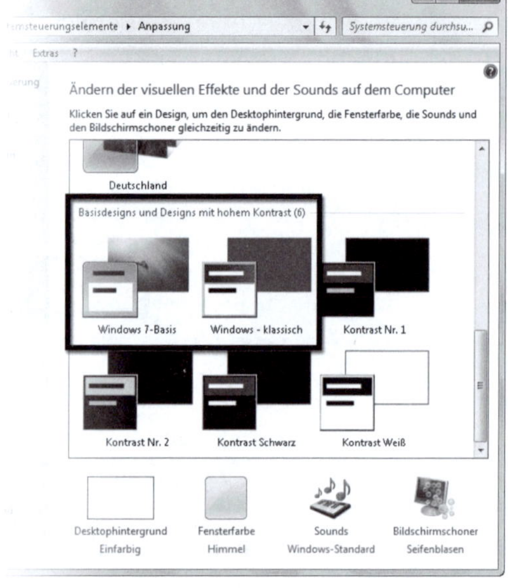

3 Alternativ finden Sie direkt daneben das Design *Windows - klassisch* für Retrofans. Es versetzt Sie allerdings noch in die Prä-XP-Ära zurück und sieht mehr nach Windows ME/2000 aus. Auch dieses Design können Sie durch einfaches Anklicken aktivieren.

4 Wollen Sie das gewählte Design beibehalten, können Sie das Fenster einfach wieder schließen. Ansonsten kehren Sie mit dem Design *Windows 7* in der Kategorie *Aero-Designs* zum Standarddesign zurück. Hatten Sie bereits Änderungen am Standarddesign vorgenommen (z. B. ein anderes Hintergrundbild gewählt), finden Sie Ihr Design stattdessen ganz oben bei *Eigene Designs* unter *Nicht gespeichertes Design* oder ggf. unter dem Namen, mit dem Sie es zuvor gespeichert hatten.

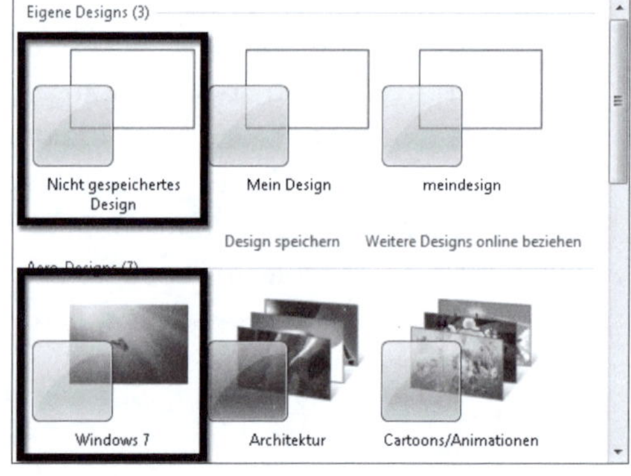

Mehr freien Speicher durch Verzicht auf unnötige Windows-Komponenten

Alle Editionen von Windows 7 bringen eine Vielzahl von Komponenten und Diensten mit, die nicht unbedingt für jeden Benutzer erforderlich sind. Sie alle kosten aber Speicherplatz sowie teilweise auch Startzeit und Performance. Es kann deshalb nicht schaden, die Liste einmal durchzugehen und unnötige Systemkomponenten zu deinstallieren.

Programme und Funktionen

1 Öffnen Sie in der Systemsteuerung das Modul *Programme und Funktionen*. In der aufgabenorientierten Ansicht finden Sie diese Funktion unter *Programme/Programme und Funktionen*.

2 Wählen Sie im anschließenden Menü am linken Rand *Windows-Features aktivieren oder deaktivieren*. Warten Sie dann, bis sich das Menü gefüllt hat. Windows überprüft dazu, welche der Optionen bereits installiert sind. Diese werden in der Liste jeweils mit einem Häkchen versehen.

3 Nun können Sie die Liste durchgehen und schauen, welche der installierten Zusatzkomponenten Sie nicht benötigen. Entfernen Sie bei dem entsprechenden Listeneintrag das Häkchen.

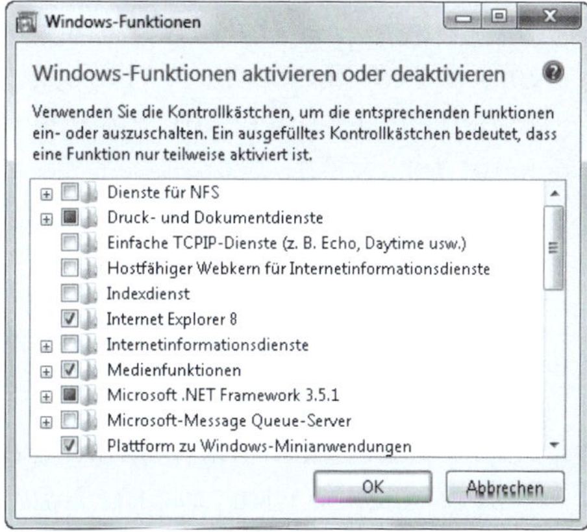

HINWEIS

Welche Komponenten sind verzichtbar?

Die meisten privaten Windows-Nutzer können bei *Druck- und Dokumentdienste* auf einen Internetdruckclient verzichten. Tablet-PC-Komponenten etwa sind nur erforderlich, wenn Sie einen PC mit Handschriftenerkennung verwenden. Die Remoteunterschiedskomprimierung ist nur notwendig, wenn Sie Funktionen wie die Remoteunterstützung nutzen möchten. Wenn Sie auf die mit Windows ausgelieferten Spielchen verzichten können, entfernen Sie das Häkchen bei *Spiele*. Auch das Windows Media Center ist recht überflüssig, wenn Sie seine Funktionen nie in Anspruch nehmen (unter *Media Features*). Sie können alle diese Entscheidungen jederzeit rückgängig machen, indem Sie das entsprechende Häkchen einfach wieder eintragen.

4 Haben Sie Ihre Auswahl an zu deinstallierenden Komponenten getroffen, klicken Sie unten auf *OK*. Windows nimmt dann die Änderungen an seiner Konfiguration vor. Je nach Umfang kann dies einige Minuten dauern.

Die Dateianzeige im Windows-Explorer spürbar beschleunigen

Windows zeigt bei jeder sich bietenden Gelegenheit eine Miniaturansicht von Dateien. Das ist auch keine schlechte Sache, kann aber das Arbeiten ausbremsen. Wer schon mal auf schwachbrüstigen Rechnern umfangreichere Bildordner oder Verzeichnisse mit großen Videodateien geöffnet hat, kennt die Zwangspausen, die man bis zum Anzeigen aller Miniaturansichten ertragen muss. Neben dem Wechsel der Ansicht zu einer ohne Miniaturansichten (z. B. Details, Liste oder kleine Symbole) können Sie die zeitraubende Miniaturansicht auch ganz deaktivieren.

1 Starten Sie den Windows-Explorer und rufen Sie *Organisieren/Ordner- und Suchoptionen* auf. Wechseln Sie in den Einstellungen auf die Registerkarte *Ansicht*.

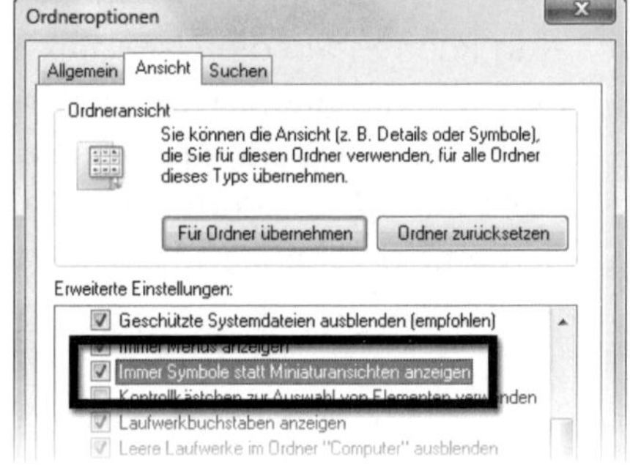

2 Suchen Sie hier in der Liste der Einstellungen etwa in der Mitte die Option *Immer Symbole statt Miniaturansichten anzeigen* und aktivieren Sie diese.

3 Klicken Sie unten auf *OK*, um die Einstellung zu aktivieren. Windows zeigt nun in allen Ansichten grundsätzlich nur ein Symbol gemäß dem Dateityp und verzichtet auf die Minivorschau.

40.1 Die Leistungsfähigkeit Ihres PCs messen

Zu den innovativsten neuen Featuren von Windows gehören die Funktionen zum Überwachen und Optimieren der Leistung, die für Windows 7 konsequent weiterentwickelt wurden. So kann Windows die vorhandene Hardwareausstattung bewerten und Hinweise geben, inwieweit sich Änderungen bei einzelnen Komponenten auswirken würden. Kern dieser Performanceanalyse ist die Leistungsbewertung der vorhandenen Hardware. Hierzu werden automatisch verschiedene Benchmarktests durchgeführt, die z. B. die Rechenkapazität des Prozessors, die Zugriffsgeschwindigkeit des Arbeitsspeichers, die Leistung der Grafikkarte oder die Datentransferrate der Festplatte(n) messen.

Aufgrund der so ermittelten Werte wird das System benotet. Dies ermöglicht die Einschätzung des eigenen Systems im Vergleich mit anderen. Außerdem schwebt Microsoft vor, dass Software in Zukunft anstatt mit einer „empfohlenen Hardwareausstattung" mit einer solchen Note daherkommt. Das soll es den Käufern erleichtern, geeignete Software für ihre Systemausstattung zu finden. Vor allem aber verrät die Leistungsbewertung, wo die Schwachstellen des Systems liegen und inwiefern die Gesamtleistung durch einzelne Hardware-Updates gesteigert werden kann.

Leistungsinformationen und -tools

1 Die Informationen und Funktionen zur Leistungsbewertung finden Sie im Systemsteuerungsmodul *Leistungsinformationen und -tools*. In der aufgabenbasierten Ansicht der Systemsteuerung finden Sie dieses Element unter *System und Sicherheit/System*.

2 Im anschließenden Fenster sehen Sie die derzeitige Bewertung der Hardwareausstattung Ihres PCs. Achten Sie darauf, ob diese aktuell ist. Gleich nach der Installation führt Windows eine erste Leistungsbewertung durch. Sollte diese abgebrochen werden oder sich die Hardwareausstattung anschließend geändert haben, müssen die Tests für die Bewertung erneut ausgeführt werden.

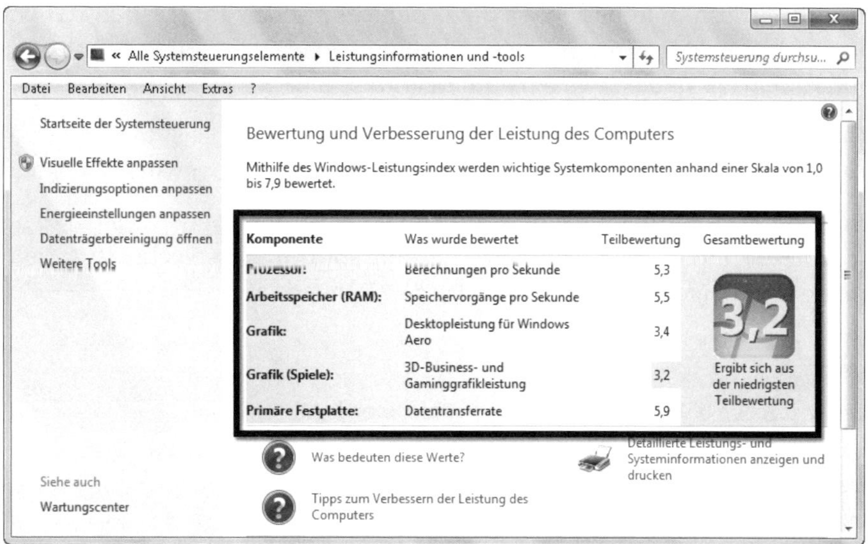

3 Wenn die Leistungsbewertung nicht aktuell ist, weist Windows Sie darauf hin. Klicken Sie in diesem Fall unten auf *Bewertung erneut ausführen*. Dies können

Sie auch tun, wenn Sie die ermittelten Werte überprüfen wollen oder wenn bei der automatischen Ermittlung der Werte eine Beeinträchtigung auftrat.

4 Bestätigen Sie die Rückfrage der Benutzerkontensteuerung für das Windows-Systembewertungstool mit einem Klick auf *Fortsetzen*.

5 Windows führt nun automatisch die erforderlichen Bewertungstests durch. Lassen Sie den PC in dieser Phase einfach ungestört vor sich hin werkeln, um die Messwerte nicht zu verfälschen.

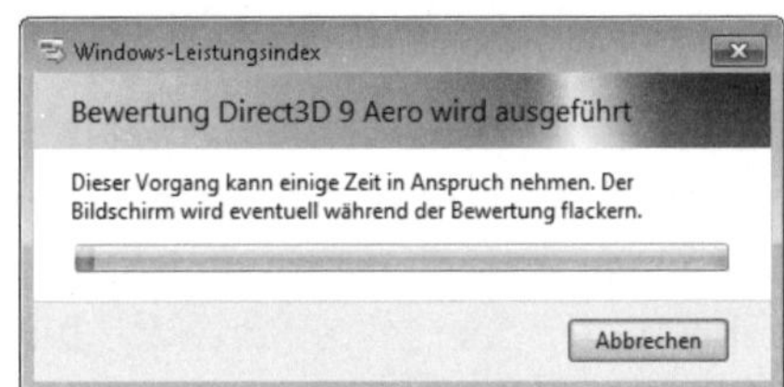

Wie ist die Leistungsbewertung genau zu verstehen?

Die Leistung Ihres PCs wird von Windows mit einer Gesamtnote bewertet, die sich aus verschiedenen Einzelnoten für die verschiedenen Komponenten zusammensetzt:

- **Prozessor** – gibt die Rechenleistung des eingebauten Prozessors an, wobei hier selbstverständlich auch leistungssteigernde Elemente wie interne Cachespeicher berücksichtigt werden.
- **Arbeitsspeicher (RAM)** – bewertet den verbauten Arbeitsspeicher, wobei die Zugriffsgeschwindigkeit auf den RAM-Speicher wesentlich ist, aber auch die Speicherkapazität eine Rolle spielt.
- **Grafik** – Diese Note bezieht sich auf die technischen Fähigkeiten der Grafikkarte, den Aero-Desktop mit allen Effekten darzustellen. Die tatsächliche Leistungsfähigkeit spielt dabei eine untergeordnete Rolle.
- **Grafik (Spiele)** – Hierbei geht es dann absolut um die Leistungsfähigkeit der Grafikkarte, wie sie insbesondere von 3-D-Spielen benötigt wird.
- **Primäre Festplatte** – Entscheidend für die Performance der Festplatte ist die Datentransferrate, also wie schnell Daten vom Arbeitsspeicher auf die Festplatte und umgekehrt übertragen werden können.

INFO

Welche Noten können überhaupt erreicht werden?

Derzeit vergibt die Leistungsbewertung Noten zwischen 1 und 7,9 (bei Vista war die höchstmögliche Note eine 5,9). Dabei ist es umgekehrt zu den klassischen Schulnoten: Eine 1 ist die schlechteste Note und bedeutet im Klartext „unbrauchbar“. Die 7,9 ist die beste Note und bedeutet „optimale Ausstattung“. Um der rasanten Entwicklung bei der Hardware zu entsprechen, wird Microsoft die Noten in Zukunft weiter nach oben ausweiten. Für neue Prozessoren und Grafikkarten, die in Zukunft auf den Markt kommen, werden also höhere Noten vergeben werden, z. B. 8,5 oder 9. An der Bewertung der jetzigen Komponenten wird nichts verändert. Da bedeutet, wenn Sie jetzt eine 4,0-Note erzielen, wird Ihr System dies auch in fünf Jahren noch tun, sofern Sie in der Zwischenzeit nichts aufrüsten. Dies sorgt für eine dauerhafte Vergleichbarkeit der Messwerte z. B. in Bezug auf die Einsetzbarkeit bestimmter Software.

Jeder dieser Teilbereiche wird für sich bewertet und mit einer Note versehen. Die Gesamtnote gibt allerdings nicht den Durchschnitt der Einzelnoten an, wie man meinen könnte. Vielmehr vertritt Windows hier die Theorie, dass ein System immer nur so leistungsfähig wie sein schwächstes Element ist. Das ist auch kein schlechter Ansatz, denn was nutzt ein super aufgemotzter PC, in dem eine fünf Jahre alte Grafikkarte werkelt, die kein Aero-Desktop erlaubt und mit der an 3-D-Spiele gar nicht zu denken ist?

Die Gesamtnote entspricht also immer der schlechtesten Einzelnote. Dies bedeutet allerdings auch, dass das Ergebnis immer etwas individuell zu interpretieren ist. Wenn Sie z. B. mit Ihrem PC vor allem produktiv arbeiten und surfen, ganz sicher aber keine 3-D-Ballerspiele machen wollen, werden Sie auf eine teure Grafikkarte verzichten. Dementsprechend wird die Bewertung für *Grafik (Spiele)* schwach ausfallen und die Gesamtnote in den Keller ziehen. Daran sollten Sie sich dann einfach nicht stören, wenn die Bewertung aller anderen Komponenten im grünen Bereich liegt. Die folgende Tabelle gibt einen Überblick über die konkrete Bedeutung der Gesamtbewertung:

Gesamtnote	Bedeutung
1 bis 2	■ ausreichende Leistung für allgemeine Aufgaben wie Büroanwendungen, Internet, E-Mail ■ keine Aero-Oberfläche und keine oder nur sehr eingeschränkte Multimediafähigkeiten
ab 3	■ ausreichende Leistung für Aero und die meisten Windows-Features, allerdings eventuell mit Einschränkungen ■ mögliche Beschränkungen bei der Bildschirmauflösung und beim Multimonitorbetrieb ■ Multimedia einschließlich Digital-TV sind möglich, in der Regel aber kein HDTV
4 und mehr	■ ausreichende Leistung für sämtliche Windows-Feature ohne Einschränkungen ■ grafikintensive Anwendungen, Multiplayer- und 3-D-Spiele, Aufzeichnung und Wiedergabe von HDTV möglich

Konsequenzen aus der Leistungsbewertung ziehen

Zunächst einmal sollten Sie die Noten für Ihre Hardware nicht überbewerten. Entscheidend ist, ob Sie Ihre Aufgaben mit Ihrem PC auf angenehme Art bewältigen können, und zwar ohne lästige Wartepausen oder andere Unannehmlichkeiten. Solange das der Fall ist, können Sie die Noten Noten sein lassen. Wenn Sie allerdings mit der Performance Ihres PCs nicht zufrieden sind, kann die Leistungsbewertung wertvolle Hinweise geben. Sie verrät Ihnen nämlich, wo die Schwachpunkte Ihrer Hardware liegen. Etwas vereinfacht gesagt: Die Komponente mit der schlechtesten Bewertung bremst den PC am meisten aus. Hat Ihr System in einem der Bereiche eine deutlich schlechtere Note als in den anderen, dann würde eine bessere Ausstattung in diesem Bereich die größte Leistungssteigerung bringen. Freilich keine Regel ohne Ausnahme: In Bezug auf 3-D-Spiele etwa werden immer Grafikkarte, Prozessor und Arbeitsspeicher entscheidend sein. Ob die Festplatte nun etwas älter und langsamer ist, spielt dafür hingegen keine große Rolle. Aus der Sicht verschiedener Anwendungsszenarien lässt sich die Bewertung wie folgt differenzieren:

- Office und Internet: Wenn Sie Ihren PC ausschließlich für Office-Anwendungen wie etwa Textverarbeitung oder aber Internetaufgaben wie E-Mail und Websurfen verwenden, sind die Werte für Prozessor und Arbeitsspeicher entscheidend für eine zufriedenstellende Leistung. Auch mit Werten ab 2 für Grafik und Festplatte sollte die Gesamtperformance des PCs dann zufriedenstellend sein.
- 3-D-Spiele und grafikintensive Anwendungen (z. B. Videoschnitt): Hierfür sind hohe Werte bei Arbeitsspeicher, Grafik sowie Grafik (Spiele) erforderlich. Die Noten für Prozessor und Festplatten sollten allerdings auch wenigstens bei 3 liegen.
- Media Center bzw. vergleichbare Multimediaanwendungen: Damit in diesem Bereich echter Spaß aufkommt und z. B. auch HDTV und -Video möglich sind, sollten die Noten für Prozessor, Grafik und Festplatte möglichst hoch sein. In den Bereichen Arbeitsspeicher und Grafik (Spiele) dürfte es mit Noten ab 3 keine Probleme geben.

40.2 Nutzen Sie die individuellen Tipps von Windows 7 zur Leistungssteigerung

Ähnlich wie auch schon Vista kann Windows 7 selbst die Leistungsfähigkeit Ihres Systems sehr genau analysieren und Ihnen Tipps geben, welche Maßnahmen bei Ihrem System zu einer Steigerung der Performance führen würden. So können Sie schnell Fehlkonfigurationen auf die Spur kommen. Und wenn Windows nichts zu meckern hat, dürfte das System in einem guten Zustand sein und Sie können sich zumindest zweifelhafte Optimierungstools aus dem Netz sparen.

1 Öffnen Sie das Modul *Leistungsinformationen und -tools* in der Systemsteuerung.

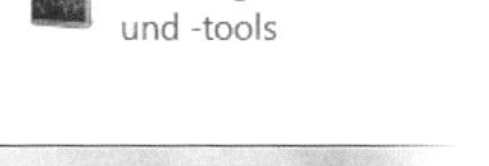

2 Im anschließenden Fenster finden Sie die aktuelle Bewertung Ihres Systems vor. Spannender ist diesmal aber links der Punkt *Weitere Tools*.

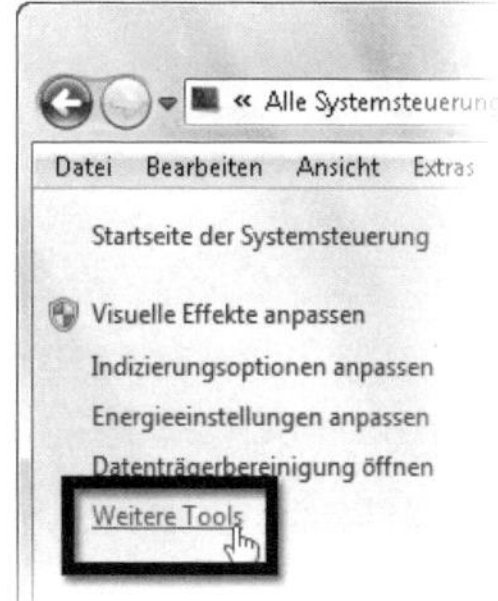

3 Dieser öffnet eine Liste mit Tools, in der Sie ganz oben in der Kategorie *Leistungsprobleme* z. B. einen Eintrag finden wie: *Die Leistung kann durch Anpassen visueller Einstellungen verbessert werden. Details anzeigen*.

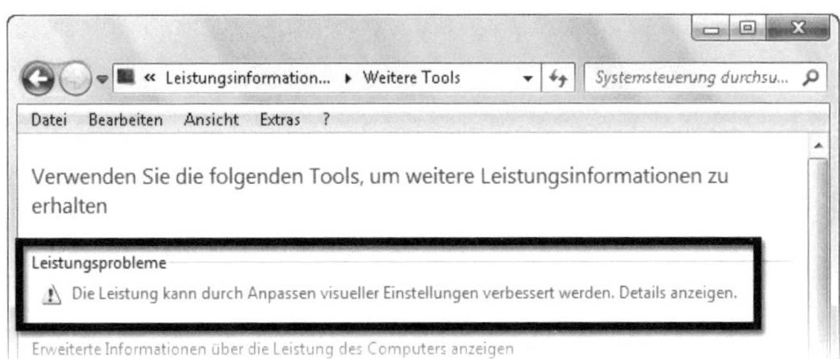

4 Mit einem Klick darauf rufen Sie ein Hinweisfenster ab, das Ihnen Tipps zu Maßnahmen gibt, mit denen Sie die Leistungsfähigkeit Ihres PCs unter Windows verbessern können. Die wesentlichen infrage kommenden Maßnahmen stellen wir Ihnen auf den folgenden Seiten vor.

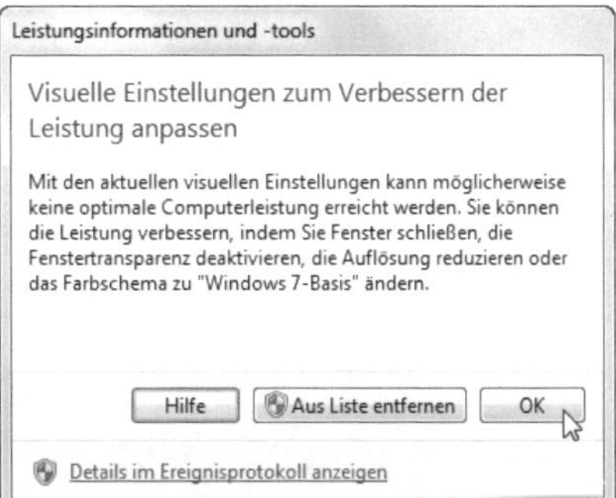

40.3 Prefetch & ReadyBoost: die Windows-Performance mittels USB-Stick optimieren

Schon länger versucht Microsoft, das Arbeiten unter Windows schneller zu machen. Sicherlich lässt sich durch bessere (und teurere) Hardwarekomponenten immer noch eine Geschwindigkeitssteigerung erreichen. Sehr viel Potenzial steckt aber auch im Optimieren von Prozessen, insbesondere weil das auf allen PCs etwas bringt und dabei vergleichsweise billig ist. Eine solche Optimierungsmaßnahme steckte bereits z. B. in Windows XP, das Prefetching, mit dem insbesondere der Windows-Start verbessert werden sollte.

INFO

So beschleunigt Prefetching den PC

Beim Prefetching beobachtet das Betriebssystem das Verhalten des PCs und seines Benutzers beim Start. Ruft der immer (bzw. meistens) erst mal dieselben Programme auf, z. B. sein E-Mail-Programm und den Browser, dann lässt sich daraus eine Regel ableiten. Dementsprechend lädt Windows die dafür benötigten Programmmodule schon in den Arbeitsspeicher, bevor der Benutzer überhaupt auf das Symbol der Anwendung geklickt hat. Logische Folge: Da ein Teil der Arbeit bereits getan ist, startet das Programm für den Anwender schneller. Darüber hinaus kann das Betriebssystem auch die Anordnung der Programmdaten auf der Festplatte optimieren, sodass sie in möglichst wenigen und schnellen Leseaktionen abgerufen werden können.

Für Windows 7 hat Microsoft diesen Mechanismus nochmals verfeinert und erweitert und dieser Komponente den griffigen Namen Superfetch gegeben. Superfetch verfolgt mehrere Strategien:

- Zum einen kontrolliert es nicht nur den Systemstart, sondern ist die ganze Zeit aktiv, um Muster in der Auslastung des PCs zu erkennen und darauf zu reagieren. Es beobachtet z. B. auch, wenn die Daten einer Anwendung aus dem Arbeitsspeicher in die Auslagerungsdatei auf der Festplatte verschoben werden müssen. Das passiert, wenn der Benutzer eine weitere Anwendung startet und der Arbeitsspeicher nicht mehr für beide ausreicht. Sowie der Benutzer die zweite Anwendung wieder schließt, transferiert Superfetch die ausgelagerten Daten sofort wieder zurück in den Arbeitsspeicher, selbst wenn der Benutzer noch gar nicht zu dieser Anwendung zurückgekehrt ist. Tut er es dann, ist die Anwendung ohne langwierige Festplattenzugriffe sofort präsent.
- Zum anderen erweitert Superfetch die Speicherverwaltung von Windows auf Festspeichermedien wie USB-Sticks und Speicherkarten. Die Idee dabei ist folgende: Arbeitsspeicher ist zwar nicht mehr wirklich teuer, aber eine Nachrüstung ist angesichts der verschiedenen Standards und Parameter relativ kompliziert. USB-Sticks und Speicherkarten sind heutzutage schon weitverbreitet und müssen einfach nur eingesteckt werden. Sie stellen also eine simple Alternative zur Speichererweiterung dar. Selbstverständlich ist der Zugriff auf einen USB-Stick wesentlich langsamer als bei echtem Arbeitsspeicher. Aber die Zugriffszeit ist zumindest bei guten USB-2.0-Sticks niedriger als bei der Auslagerungsdatei auf einer Festplatte, da keine mechanischen Teile benötigt werden. Auch in Bezug auf den Stromverbrauch sind Festspeichermedien deutlich günstiger.

Beschleunigen Sie Windows mit einem simplen USB-Stick

Die ReadyBoost-Funktion kann neben klassischen USB-Sticks auch andere flashbasierte Speichermedien wie etwa Speicherkarten aus Digitalkameras (CF-Karten, SD-Karten) verwenden. Allerdings muss die Hardware gewisse Anforderungen erfüllen, damit sich tatsächlich eine Beschleunigung erzielen lässt:

- Sowohl PC als auch Speichermedium müssen das schnelle USB 2.0 verwenden.
- Die Speicherkapazität muss mindestens 256 MByte betragen (4 GByte ist die Obergrenze). Optimalerweise entspricht sie ungefähr dem eingebauten Arbeitsspeicher.
- Die Transferrate muss mindestens 2,5 MBit/Sek. für 4-KByte-Dateien und mindestens 1,75 MBit/Sek. für 512-KByte-Dateien betragen.

Windows überprüft diese Anforderungen der Funktion automatisch und bietet sie nur für solche Geräte an, die sie erfüllen. Sie können aber auch selbst testen, um schon vorab zu sehen, wie gut Ihr USB-Stick geeignet ist bzw. wie knapp ein Gerät am Test scheitert:

1. Öffnen Sie im Startmenü *Start/Alle Programme/Zubehör* und klicken Sie dort mit der rechten Maustaste auf den Eintrag *Eingabeaufforderung*.
2. Wählen Sie dann im Kontextmenü recht weit oben den Eintrag *Als Administrator ausführen*. Bestätigen Sie die anschließende Sicherheitsrückfrage mit einem Klick auf *Fortsetzen*. Sie haben nun eine Eingabeaufforderung mit Administratorrechten.
3. Geben Sie hier den Befehl *winsat.exe disk -read -ran -ransize 4096 -drive X* ein, wobei das *X* ganz am Ende für den Laufwerkbuchstaben des zu testenden USB-Sticks steht. Führen Sie den Befehl mit [Enter] aus.

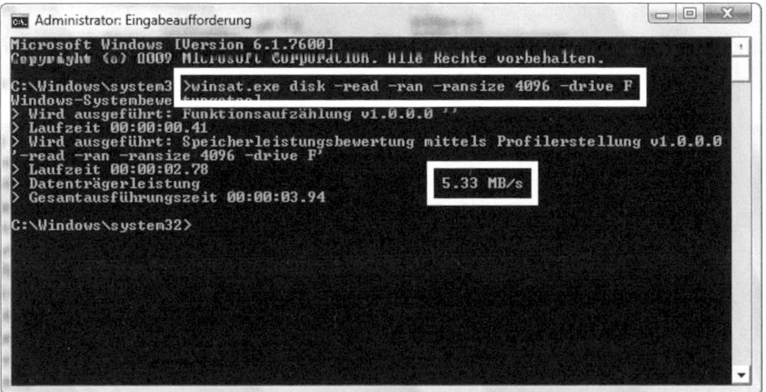

4 Warten Sie kurz auf das Ergebnis des Tests. Entscheidend ist hierbei die Datenträgerleistung. Sie muss bei mindestens 2,5 MByte/Sek. liegen. Je weiter sie darüber liegt, desto besser.

5 Auf ähnliche Weise können Sie auch das zweite Kriterium überprüfen. Geben Sie dazu dieselbe Befehlszeile ein, diesmal aber mit der anderen Datengröße: *winsat.exe disk -read -ran -ransize 131072 -drive X.*

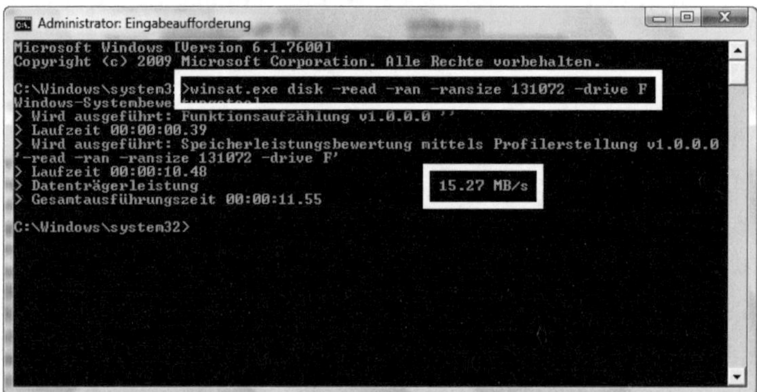

6 Dieser Test dauert ein wenig länger. Die gemessene Datenträgerleistung muss danach mindestens 1,4 MByte/Sek. betragen.

Den Arbeitsspeicher per USB-Stick erweitern

Wenn Sie einen USB-Stick „übrig“ haben, können Sie also den Arbeitsspeicher von Windows damit erweitern und so die Performance Ihres PCs im Idealfall steigern. Allerdings sollte der Speicher-Stick leer sein, damit Windows die volle Kapazität nutzen kann.

1 Stecken Sie den USB-Stick einfach in einen freien USB-Port ein. Soll der Stick tatsächlich langfristig dort bleiben, verwenden Sie am besten einen der Anschlüsse an der Rückseite des PC-Gehäuses. So bleiben die Frontanschlüsse frei für andere Zwecke. Der direkte Anschluss ist einem zwischengeschalteten USB-Hub in jedem Fall vorzuziehen. Solche Hubs können den Datendurchsatz verringern und so den Performancegewinn schmälern.

2 Windows erkennt automatisch, wenn ein USB-Stick angeschlossen wurde, und zeigt mit kurzer Verzögerung den *Automatische Wiedergabe*-Dialog an. Hier finden Sie nun bei geeigneten Geräten als zusätzliche Option *System beschleunigen*.

3 Windows öffnet daraufhin die Eigenschaften dieses Festspeichermediums auf der Registerkarte *ReadyBoost*.

4 Hier können Sie mit der Option oben zunächst festlegen, dass Windows dieses Gerät verwenden soll, um das System zu beschleunigen.

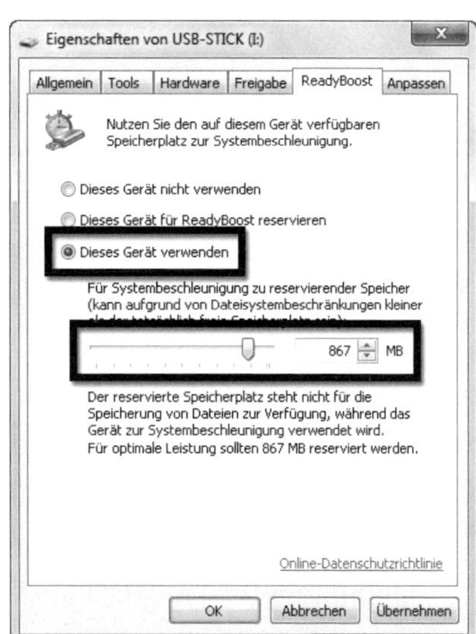

5 Mit dem Schieberegler darunter stellen Sie ein, wie viel von der Kapazität des Speicherchips Windows für sich abzweigen darf. Dieser Teil steht für das Speichern von Dateien dann allerdings nicht zur Verfügung.

6 Am besten ist es, den Vorschlag von Windows zu übernehmen. Dieser läuft meist darauf hinaus, ca. 90 % der verfügbaren Kapazität zu verwenden. Wollen Sie die gesamte Speicherkapazität für ReadyBoost bereitstellen, können Sie auch einfach die Option *Dieses Gerät für ReadyBoost reservieren* anwählen.

7 Klicken Sie dann auf *OK*, um die Einstellungen zu übernehmen und die Speichererweiterung abzuschließen.

INFO

Umgang mit dem USB-Speicher

Im ersten Augenblick ist die Vorstellung, einen USB-Stick als Speichererweiterung einzusetzen, sicherlich gewöhnungsbedürftig. Schließlich ist der ja genauso schnell rausgezogen wie reingesteckt, und was passiert dann mit den Daten? Das ist aber kein Problem, denn Sie können den USB-Stick jederzeit wieder entfernen. Windows bemerkt dies und greift in diesem Fall wieder auf die reguläre Auslagerungsdatei auf der Festplatte zurück, die für solche Fälle als Backup dient. Stecken Sie den USB-Stick später wieder ein, wird er sofort automatisch wieder in das Speichermanagement eingebunden. Auch wenn Sie den USB-Stick in der Zwischenzeit für andere Zwecke eingesetzt haben und sich nun z. B. noch Dateien darauf befinden, spielt das keine Rolle. Windows ermittelt automatisch, wie viel Platz noch ist, und passt seinen Anteil entsprechend an.

ReadyBoost für den USB-Stick deaktivieren

Wie oben beschrieben zeigt sich Windows sehr flexibel, wenn Sie einen USB-Stick erst einmal für die Verwendung als virtuelle Speichererweiterung freigegeben haben. Rausziehen und Wiederreinstecken bringt nichts und auch das Aufspielen von Dateien hindert Windows nicht an der weiteren Nutzung. Es ist also gar nicht so leicht, diese Funktion wieder zu entfernen. Gehen Sie dazu so vor:

1 Während der USB-Stick eingesteckt ist, öffnen Sie den Arbeitsplatz Ihres Windows-PCs.

2 Klicken Sie hier mit der rechten Maustaste auf das Symbol des USB-Sticks und wählen Sie im Kontextmenü den Eintrag *Eigenschaften*.

3 Wechseln Sie in den Eigenschaften zur Registerkarte *ReadyBoost*.

4 Wählen Sie hier ganz oben die Option *Dieses Gerät nicht verwenden* aus.

5 Alle weiteren Einstellungen im Dialog können Sie vernachlässigen. Klicken Sie einfach unten auf *OK*. Ab sofort ist Ihr USB-Stick vom Speicherdienst freigestellt.

TIPP

Probleme mit ReadyBoost und weiteren USB-Sticks

Wenn Sie einen USB-Stick für ReadyBoost verwenden und daneben weitere USB-Sticks zum Datentransfer benutzen, kann es zu Problemen kommen: Wollen Sie einen USB-Stick vor dem physikalischen Entfernen sicherheitshalber abmelden (was absolut zu empfehlen ist), zeigt Windows im Auswahldialog zwei USB-Massenspeichergeräte an. Woher wissen Sie nun, welches davon der ReadyBoost-Stick und welches der Datentresor ist? Eine Möglichkeit besteht, wenn Sie im Dialog die Option *Gerätekomponenten anzeigen* aktivieren. Dann zeigt Windows zusätzlich die Gerätenamen an, was schon eine Entscheidungshilfe sein kann. Auf Nummer sicher gehen Sie, wenn Sie mit der linken Maustaste auf die Infoblase zum Gerät klicken. Dann erfahren Sie zu jedem Massenspeichergerät zusätzlich den zugeordneten Laufwerkbuchstaben. Das sollte eine eindeutige Identifizierung erlauben.

40.4 Verbannen Sie nutzlose Leistungsbremsen aus dem Autostart

Eine der größten Achillesfersen von Betriebssystemen sind Programme und Dienste, die bei jedem Start automatisch aktiviert werden. Sie kosten wertvolle Startzeit und nehmen sich ihren Teil von Arbeitsspeicher und Prozessorkapazität, selbst wenn sie nicht gebraucht werden. Ganz vermeidbar ist dieses Phänomen zwar ohnehin nicht, aber erfahrungsgemäß sammelt sich im Laufe der Zeit einiges in der Autostart-Liste an. Besonders ärgerlich sind hartnäckige Hintergrunddienste, die sich trotz der Deinstallation ihrer Anwendung immer noch jedes Mal wieder mitstarten lassen. Auch aus Gründen der Sicherheit lohnt es sich, hin und wieder einen Blick in die Autostart-Liste des PCs zu werfen.

1 Rufen Sie das Startmenü auf und tippen Sie den Befehl *msconfig* ein. Damit starten Sie das Systemkonfigurationsprogramm von Windows.

2 Wechseln Sie hier auf die Registerkarte *Systemstart*. Dort sind alle Programme aufgeführt, die mittels Registry-Einträgen beim Systemstart aktiviert werden.

3 Überprüfen Sie bei jedem Element Name, Hersteller und den Befehl, mit dem es gestartet wird. Versuchen Sie so herauszubekommen, welchen Zweck die einzelnen Elemente haben.

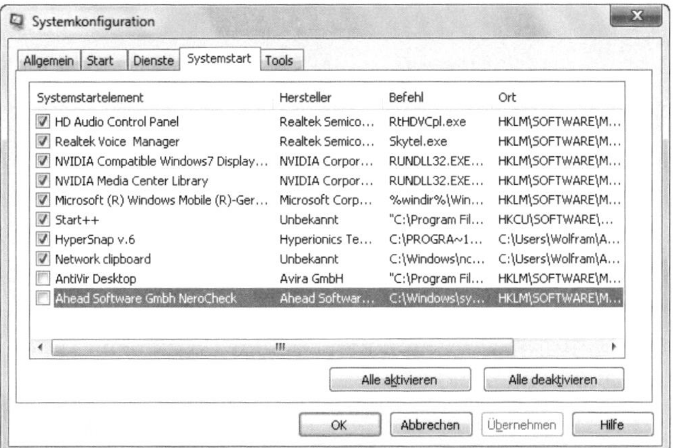

4 Um eines der Elemente zu deaktivieren, entfernen Sie das Häkchen ganz links vor seinem Eintrag und klicken unten auf *OK*.

TIPP

Nicht einfach alles deaktivieren!

Die Mehrzahl der Einträge in der Autostart-Liste hat durchaus ihren Sinn. So werden auch wichtige Windows-Komponenten sowie Treiber für Grafik- und Audiohardware auf diese Weise gestartet. Widerstehen Sie also der Versuchung, einfach alles zu deaktivieren. Wenn Sie aber Elemente finden, die eindeutig unnötig oder zumindest zweifelhaft sind, probieren Sie es mit einer Deaktivierung aus. Sollte anschließend etwas nicht mehr funktionieren, können Sie das Element auf dem gleichen Weg wieder aktivieren.

41. Fehler und Probleme erkennen und beheben

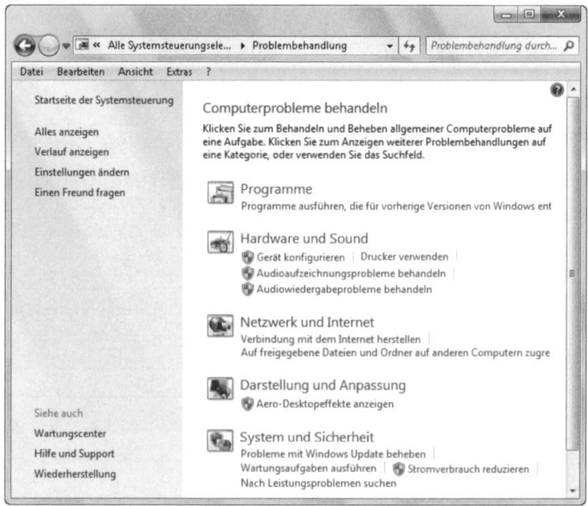

Bei der Systemwartung stellt Windows 7 insbesondere die Unterstützung des Benutzers beim Erkennen und Beheben von Problemen in den Vordergrund. Dazu kann es in noch stärkerem Maß Fehlfunktionen und Fehlkonfigurationen eigenständig erkennen, und zwar im Bedarfsfall auch vollautomatisch. Mit der neuen Problembehandlung kann sich der Benutzer aber auch jederzeit Tipps und Informationen holen. Eine sehr praktische Hilfe kann auch die Problemaufzeichnung sein, mit dem sich Probleme aufzeichnen und so sehr plastisch darstellen lassen. Das könnte so manches Support-Telefonat deutlich verkürzen. Auch die Windows-Starthilfe wurde weiter verbessert. Sie wird nun standardmäßig auf der Festplatte installiert und steht so jederzeit zur Verfügung. Trotzdem bietet Windows 7 die Möglichkeit, eine Systemreparaturdisk zu erstellen, die im Falle eines Falles hilfreich sein kann.

41.1 Fehlkonfigurationen mit der Systemwiederherstellung beheben

Die Systemwiederherstellung gehört zu den Basisfunktionen, mit denen Windows die Integrität des Systems sicherstellt. Dazu werden regelmäßig Sicherungen durch den Computerschutz erstellt. Diese umfassen die Systemkonfiguration sowie wichtige Systemdateien. Die Grundidee dieses Computerschutzes ist es, eine Momentaufnahme des ordnungsgemäß laufenden Systems anzufertigen. Sollte es zu einem späteren Zeitpunkt durch Änderungen an Einstellungen oder Systemdateien Probleme geben, ist eine Rückkehr zu dieser Momentaufnahme möglich.

So lässt sich das System in einen „Vorher"-Zustand versetzen, in dem der Auslöser für die Probleme noch nicht akut war. Somit eignet sich die Systemwiederherstellung auch hervorragend als Rückversicherung für Konfigurationsänderungen oder beim Einspielen neuer Treiberversionen. Sollten diese nicht die gewünschte Änderung bringen, ist eine schnelle Rückkehr zum Status vor den Änderungen möglich.

TIPP

Wann erstellt Windows automatisch Wiederherstellungspunkte?

Auch ohne jeglichen Eingriff des Benutzers erstellt Windows regelmäßig Wiederherstellungspunkte. Dies geschieht z. B. täglich beim ersten Einschalten des PCs. Aber auch vor wichtigen Maßnahmen wie dem Integrieren neuer Hardware bzw. dem Installieren neuer Treiber oder vor dem Installieren von Anwendungssoftware oder Systemupdates erstellt Windows teilweise Wiederherstellungspunkte. So werden nicht nur regelmäßig Sicherungspunkte erstellt, sondern auch ganz gezielt vor potenziell problematischen Aktionen.

Systemwiederherstellungspunkte vor einschneidenden Maßnahmen selbst anlegen

Sie müssen sich nicht darauf verlassen, dass und ob Windows regelmäßig Wiederherstellungspunkte Ihres Systems sichert, sondern können jederzeit auch eigene Wiederherstellungspunkte manuell anlegen. Das empfiehlt sich z. B., bevor Sie neue Hardwarekomponenten einbauen oder zum ersten Mal anschließen bzw. die Treibersoftware dafür installieren. Aber auch vor dem Installieren einer neuen Software oder vor wesentlichen Veränderungen an der Systemkonfiguration kann ein Wiederherstellungspunkt nicht schaden. Gleiches gilt etwa vor manuellen Änderungen in der Windows-Registry. Kurzum, wann immer Sie etwas vorhaben, das die Stabilität Ihres Windows-Systems gefährden könnte, sollten Sie einen Wiederherstellungspunkt anlegen.

1 Öffnen Sie in der Systemsteuerung die Kategorie *System und Sicherheit* und dort das Modul System.

2 Klicken Sie hier in der Navigationsleiste am linken Fensterrand auf *Computerschutz*.

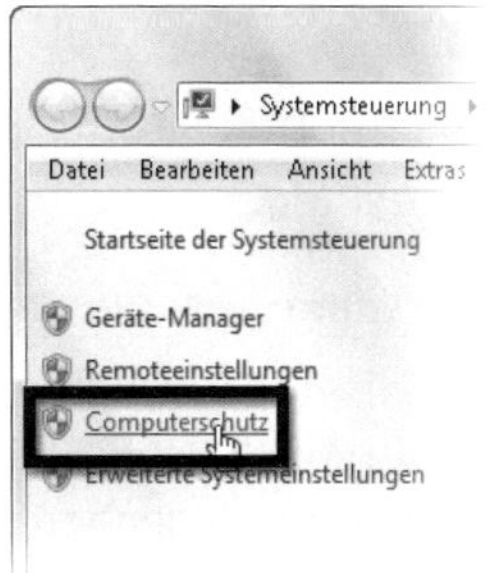

3 Klicken Sie hier unten rechts auf die Schaltfläche *Erstellen*.

4 Geben Sie dann zunächst eine Bezeichnung für den Wiederherstellungspunkt ein. Diese kann beliebig gewählt werden. Am besten beschreiben Sie kurz den Anlass für das Anlegen der Sicherung.

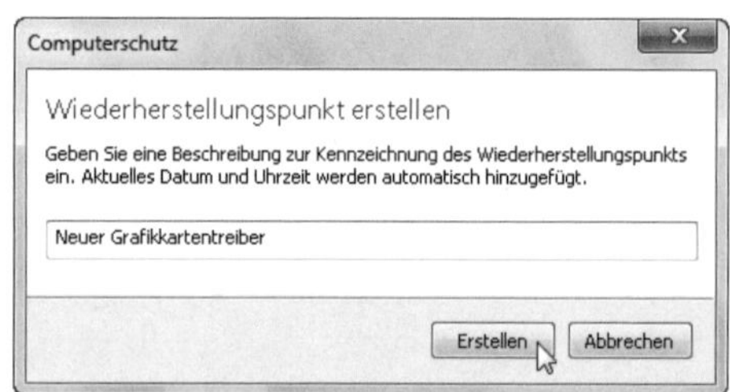

5 Der Assistent sammelt dann die Daten für den Wiederherstellungspunkt ein und sichert ihn. Dies kann ein wenig dauern.

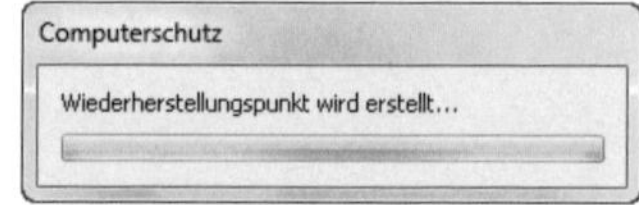

6 Hat alles geklappt und konnte der Wiederherstellungspunkt erfolgreich angelegt werden, erhalten Sie zum Abschluss eine Bestätigungsmeldung. Der Sicherungspunkt ist nun gespeichert und bleibt Ihnen vorläufig erhalten. Allerdings unterliegen auch manuell erstellte Wiederherstellungspunkte der Regel, dass sie ggf. automatisch gelöscht werden, um für neue – manuell oder automatisch erstellte – Wiederherstellungspunkte Platz zu machen.

Das System bei Problemen in einen funktionierenden Zustand zurückversetzen

Wenn Sie nach einer Softwareinstallation oder einer Änderung an der Systemkonfiguration Probleme mit Ihrem System feststellen oder die Änderung vielleicht eine Verschlechterung gebracht hat, ist es Zeit für eine Wiederherstellung des Systems.

1 Öffnen Sie in der Systemsteuerung das Modul *Wiederherstellung*.

2 Klicken Sie hier auf die Schaltfläche *Systemwiederherstellung öffnen*. Damit starten Sie einen Assistenten, der Sie durch die notwendigen Schritte und Auswahlen begleitet. Er schlägt Ihnen standardmäßig den zuletzt erstellten Systemwiederherstellungspunkt vor. Klicken Sie dazu einfach unten rechts auf *Weiter*.

3 Mit der Option *Anderen Wiederherstellungspunkt auswählen* listet der Assistent Ihnen weitere Wiederherstellungspunkte der jüngeren Vergangenheit auf. Wählen Sie hier einen geeigneten aus. Klicken Sie dann unten auf *Weiter*. Sollten Sie noch weiter zurückgehen wollen, aktivieren Sie die Option *Weitere Wiederherstellungspunkte anzeigen* unten links.

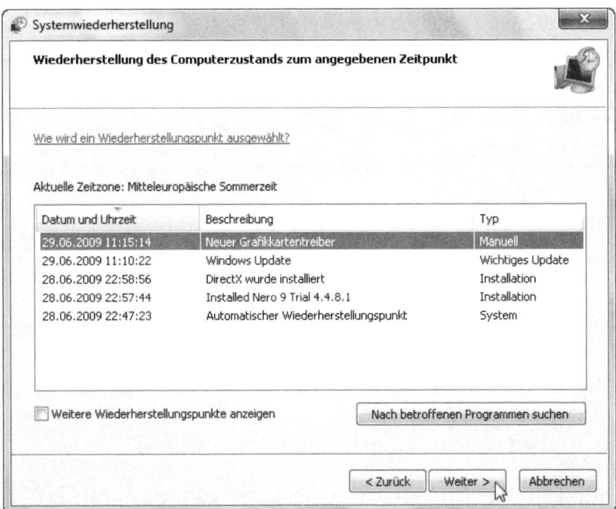

4 Der Assistent zeigt dann eine Zusammenfassung des ausgewählten Wiederherstellungspunkts an und bittet Sie um Bestätigung. Klicken Sie dazu einfach unten auf *Fertig stellen*.

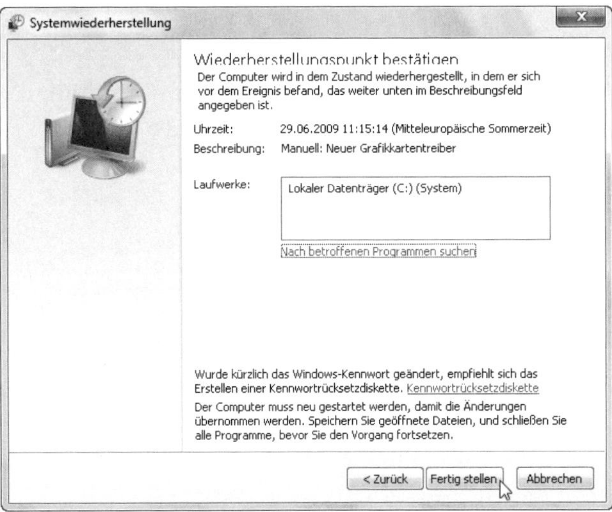

5 Bestätigen Sie auch den anschließenden Warnhinweis bezüglich des folgenden Vorgangs mit *Ja*.

6 Der Assistent bereitet dann die Systemwiederherstellung vor. Dazu kopiert er die erforderlichen Dateien und setzt die veränderten Systemeinstellungen zurück.

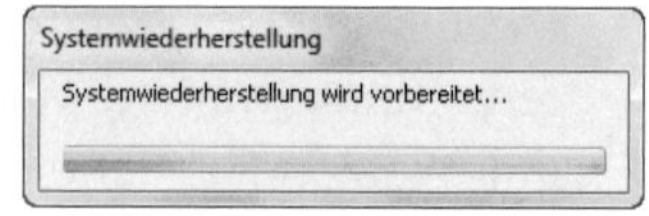

7 Anschließend wird Windows heruntergefahren und für die eigentliche Systemsteuerung wieder neu gestartet. Dies ist erforderlich, damit die Systemeinstellungen und -dateien beim Hochfahren aktualisiert werden können.

8 Nach dem Neustart befindet sich Ihr Windows-System wieder in demselben Zustand wie beim Anlagen des Wiederherstellungspunkts. Dies gilt allerdings nur für die Systemeinstellungen und -dateien. Änderungen an Ihren persönlichen Dateien, die Sie seit dem Anlegen des Sicherungspunkts vorgenommen haben, sind dadurch unbeeinträchtigt.

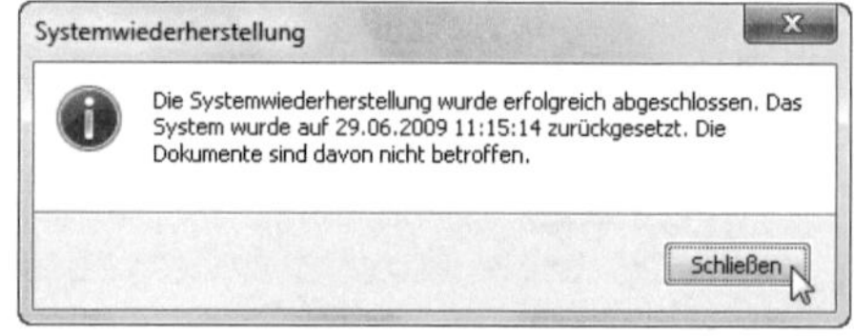

Keine oder zu wenig Wiederherstellungspunkte vorhanden?

Falls die Liste der Wiederherstellungspunkte zu kurz oder gar leer sein sollte, ist nicht genügend Platz auf der entsprechenden Festplatte vorhanden. Windows sichert nur dann Wiederherstellungsinformationen, wenn auf einem Laufwerk mindestens 300 MByte freier Speicher verfügbar sind. Ob dies der Fall ist, können Sie leicht überprüfen:

1 Lassen Sie mit *Start/Computer* die Laufwerkübersicht Ihres PCs anzeigen.

2 Hier sehen Sie zu jedem Laufwerk bzw. jeder Partition die Gesamtkapazität und den bereits belegten sowie den noch freien Speicherplatz.

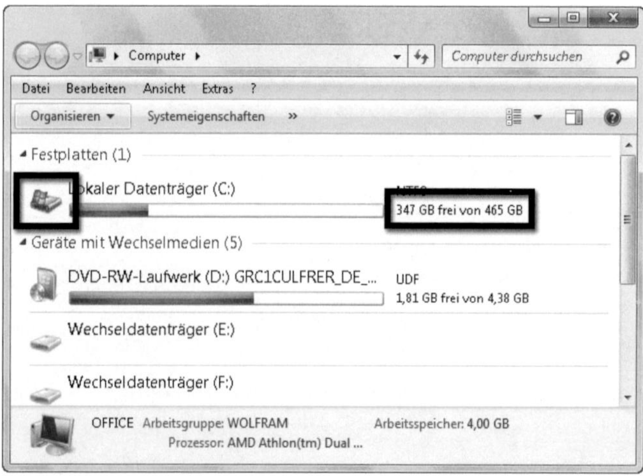

3 Achten Sie besonders auf die Angaben zum Windows-Systemlaufwerk (üblicherweise Laufwerk C:). Sie erkennen es an dem Laufwerksymbol mit Windows-Logo.

INFO

Wie viel Speicherplatz verbraucht die Systemwiederherstellung?

Die Systemwiederherstellung belegt mindestens 300 MByte auf jeder Festplatte, die sie überwacht. Insgesamt belegt sie allerdings höchstens 15 % des gesamten Speicherplatzes eines Laufwerks. Sind diese 15 % erreicht, werden automatisch alte Wiederherstellungspunkte gelöscht, bevor neue erstellt werden.

41.2 Troubleshooting: so hilft Ihnen Windows 7 bei PC-Problemen

Mit einem Augenzwinkern könnte man sagen: Windows 7 ist ein Betriebssystem, das die Probleme lösen kann, die es selbst verursacht. Tatsächlich kann das neue Windows weitaus besser als seine Vorgänger bestehende Probleme erkennen und beheben oder zumindest konkrete Hinweise und Hilfestellungen dazu geben. Hierzu gibt es nun ein eigenes Modul Problembehandlung in der Systemsteuerung. Aber auch an vielen anderen Stellen finden Sie Verweise auf diese Funktion, z. B. bei Fehlermeldungen. So können Sie die entsprechenden Funktionen direkt aufrufen.

1 Wenn es z. B. Probleme beim Aufrufen einer Webseite gibt und Windows feststellt, dass dies offenbar an einem Verbindungsproblem liegt, bietet es direkt im Browser die Schaltfläche *Diagnose von Verbindungsproblemen* an.

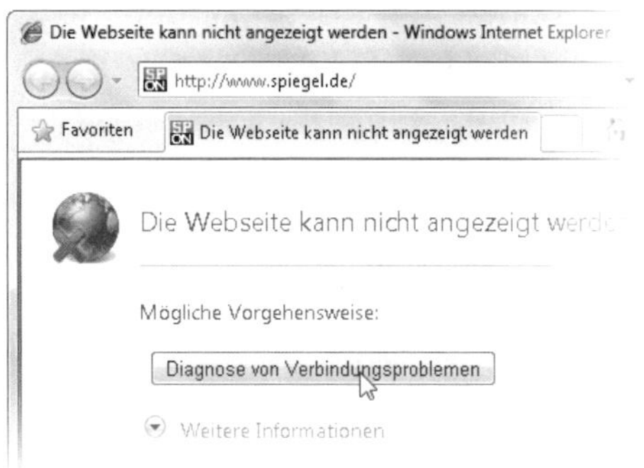

2 Windows analysiert nun die bestehende bzw. gestörte Verbindung und versucht, das Problem zu erkennen.

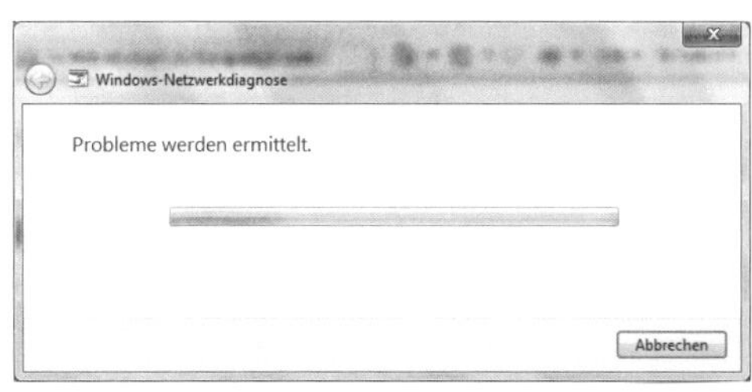

3 Hat es eine Ursache gefunden, die es selbst beheben kann, bietet es Ihnen an, die Reparatur mit Administratorrechten vorzunehmen. Klicken Sie dazu auf *Diese Reparaturen als Administrator ausführen*.

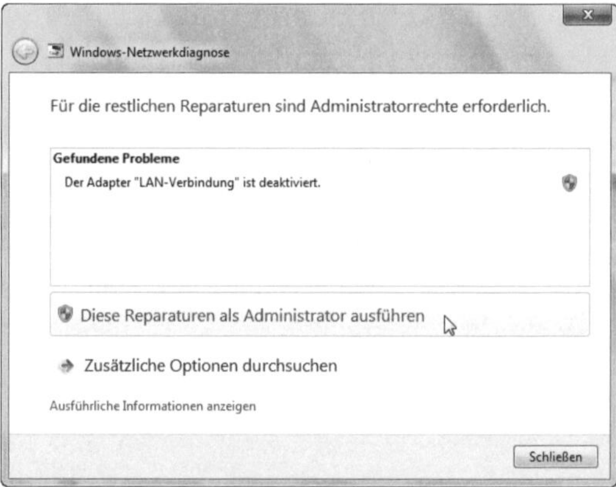

4 Nun führt der Assistent die erforderlichen Schritte durch und meldet anschließend, ob das Problem behoben werden konnte. Beenden Sie den Vorgang dann mit *Problembehandlung schließen*.

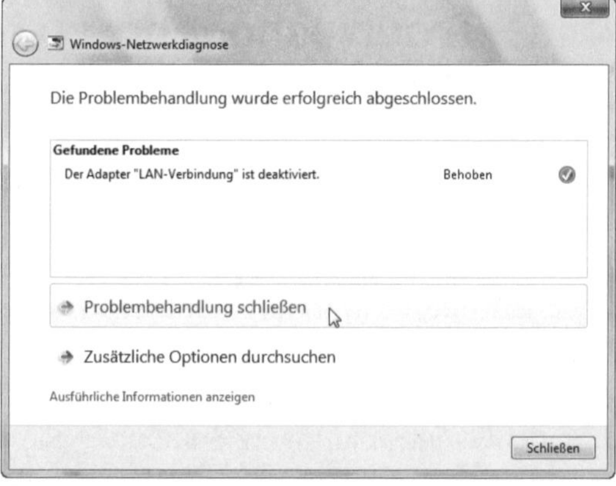

5 Windows kehrt dann zu dem Schritt zurück, der den Fehler zum Vorschein gebracht hat. Bei unserem Beispiel mit dem Problem beim Websurfen würde also nun die ursprünglich angeforderte Webseite im Browser angezeigt werden.

Holen Sie sich selbst Hilfe von der Problembehandlung

Problembehandlung

Sie können die Problembehandlung auch jederzeit selbst anstoßen, auch wenn Windows gerade keine passende Schaltfläche dafür bereitstellt. Öffnen Sie dazu in der Systemsteuerung das gleichnamige Modul.

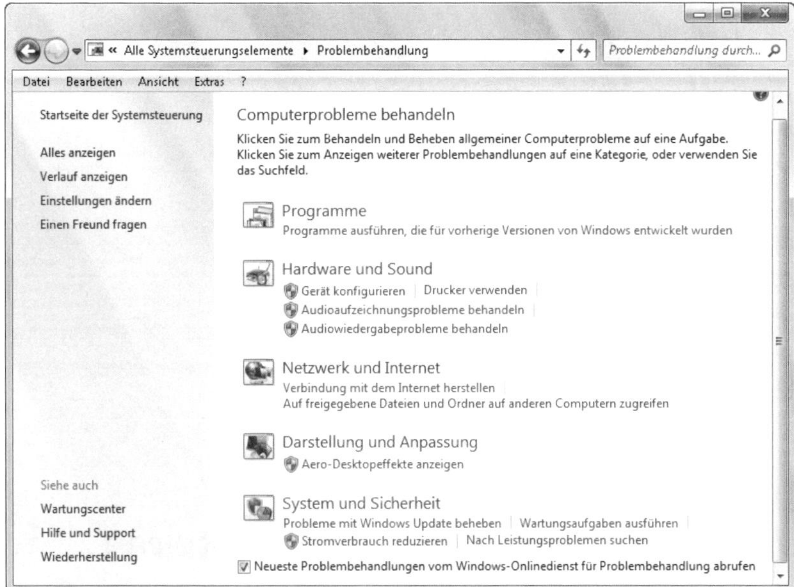

- Achten Sie hier zunächst ganz oben auf eventuelle farblich hervorgehobene Warnmeldungen zu aktuellen Problemen. Diese werden aber nur angezeigt, wenn Windows 7 sie automatisch erkennen konnte. Sie können dann in der Regel auch direkt dort behoben werden.

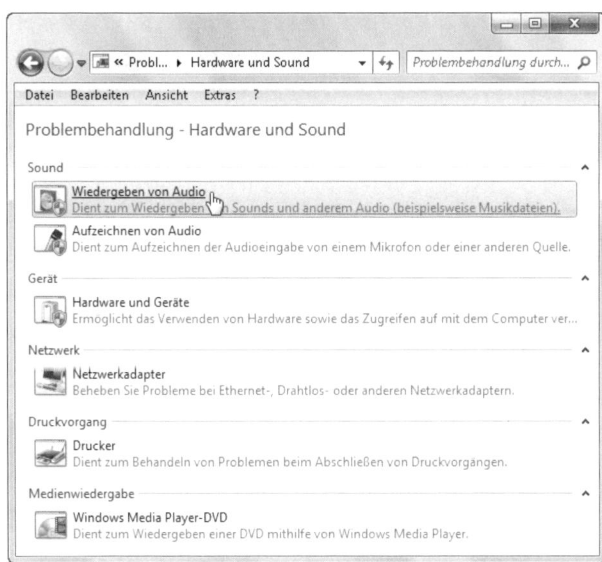

- Erkennt Windows Ihr Problem nicht automatisch, können Sie die angezeigten Aufgabenkategorien nutzen, um Ihr Problem möglichst genau einzukreisen. Jede Kategorie enthält ihrerseits weitere Unterrubriken, die letztlich alle Funktionsbereiche des PCs umfassen.

- Haben Sie einen möglichst passenden Problemlösungs-Assistenten gefunden, rufen Sie ihn einfach per Mausklick auf. Ab dann ist der Ablauf in etwa so wie bei der vorangehend beschriebenen Problemlösung. Allerdings unterscheidet sich jede Lösung immer ein wenig von der anderen.

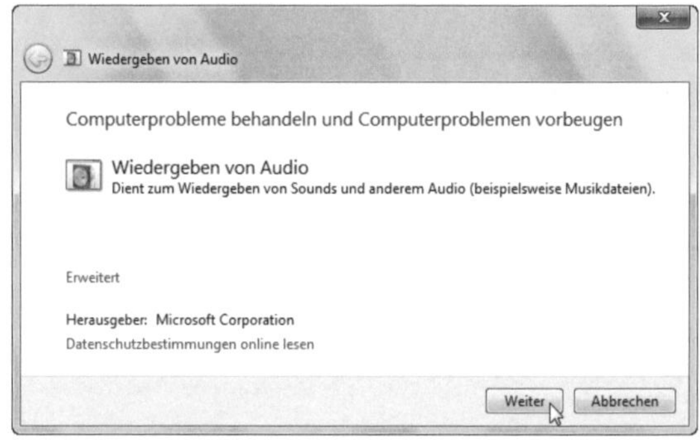

41.3 Problemaufzeichnung: schwierige Fehlersituationen automatisch dokumentieren

Haben Sie schon mal Stunden in der Warteschlange einer Support-Hotline zugebracht, um dann einem zweifelnden oder gar inkompetenten Mitarbeiter umständlich Ihr Problem klarzumachen? Um sich dann anzuhören, dass sich das so nicht nachvollziehen lässt und es bei anderen Kunden keine Probleme gäbe? Nun ist Support ein schwieriges Geschäft und wenn zwei fremde Menschen am Telefon über ein und dasselbe Programm (oder Betriebssystem) reden, müssen sie noch lange nicht immer auf dem gleichen Nenner sein. Windows 7 bringt ein pfiffiges kleines Tool mit, das solche Probleme weitestgehend überflüssig machen könnte.

Die Problemaufzeichnung kann den fraglichen Ablauf am Bildschirm dokumentieren. Dazu erstellt sie von allen Schritten automatisch Bildschirmfotos, die Sie zusätzlich mit Anmerkungen versehen können. Daraus erstellt das Programm schließlich ein Dokument, das alle diese Informationen sowie weitere zusätzliche Angaben zur Systemkonfiguration enthält. Diese Dokumentation sollte jedem Support-Mitarbeiter Ihr Problem absolut klarmachen und alle erforderlichen Daten liefern.

1 Um eine fehlerhafte Situation aufzuzeichnen, tippen Sie im Suchfeld des Startmenüs *psr* ein und drücken dann [Enter]. Damit starten Sie die Problemaufzeichnung.

2 Klicken Sie auf *Aufzeichnung starten*, um den Mitschnitt Ihrer Bedienschritte zu beginnen. Machen Sie das am besten erst kurz vor dem Auftreten des Fehlers, wenn sich dieser exakt reproduzieren lässt, damit die Aufzeichnung nicht zu umfangreich wird.

3 Führen Sie nun einfach exakt die Schritte durch, die zu der problematischen Situation führen.

4 Wollen Sie zusätzliche Anmerkungen machen, klicken Sie jeweils auf die *Kommentar hinzufügen*-Schaltfläche. Sie können dann den Bereich des Bildschirms, auf den sich Ihr Kommentar bezieht, markieren. Den Text tippen Sie in dem dafür eingeblendeten Dialog ein.

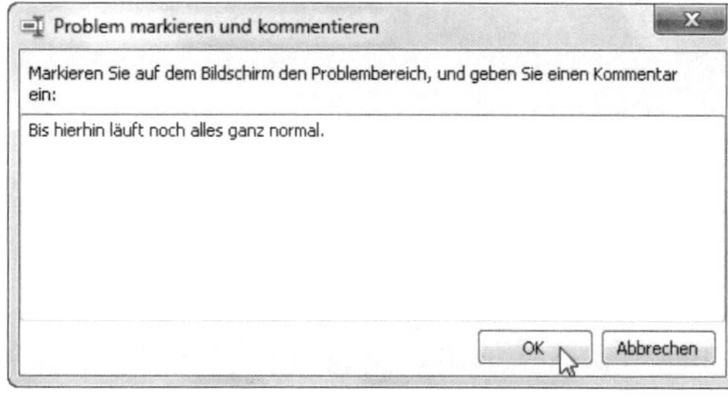

5 Haben Sie alles Notwendige aufgezeichnet, klicken Sie im Fenster der Problemaufzeichnung auf *Aufzeichnung beenden*.

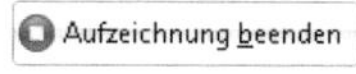

6 Nun geben Sie an, wo und unter welchem Namen der Recorder die Aufzeichnung speichern soll.

Als Ergebnis erhalten Sie ein ZIP-Archiv (um den Datenumfang möglichst gering zu halten). In diesem Archiv befindet sich eine MHTML-Datei, die neben dem HTML-Code auch die erstellten Bildschirmfotos enthält. Der Internet Explorer kann den Inhalt dieser Datei darstellen (ebenso einige andere, aber nicht alle Webbrowser). Ein entsprechender Hinweis kann ratsam sein, wenn Sie diese Datei z. B. an andere weitergeben.

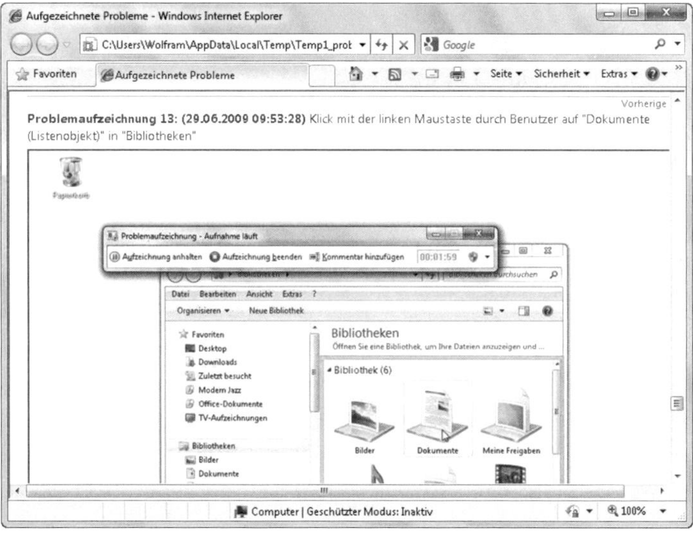

41.4 Windows 7 bei Startproblemen mit der integrierten Reparaturkonsole reanimieren

Wenn sich das installierte Betriebssystem einfach nicht mehr starten lässt, ist das auf den ersten Blick der Super-GAU. System und Anwendungen lassen sich zwar neu installieren und einrichten, aber Dokumente und persönliche Daten sind womöglich verloren, wenn keine externen Sicherungen vorhanden sind. Damit es nicht ganz so schlimm kommen muss, bringt Windows 7 eine Starthilfe mit, die viele Probleme beheben kann.

Die Windows-Starthilfe von der Installations-DVD aktivieren

Selbst wenn Windows gar nicht mehr starten will, können Sie die Starthilfe jederzeit mit der Installations-DVD aktivieren (sollten Sie über keine Installations-DVD verfügen, beachten Sie den nachfolgenden Abschnitt).

1 Legen Sie die Installations-DVD ein und starten Sie den PC neu. Wenn die Startpartition beschädigt ist, sollte er ohnehin von der DVD starten. Andernfalls müssen Sie ggf. mithilfe des BIOS dafür sorgen, dass der Rechner von der DVD bootet.

2 Warten Sie, bis das Fenster mit den Installationseinstellungen angezeigt wird, und klicken Sie dann im Fenster unten rechts auf *Weiter*.

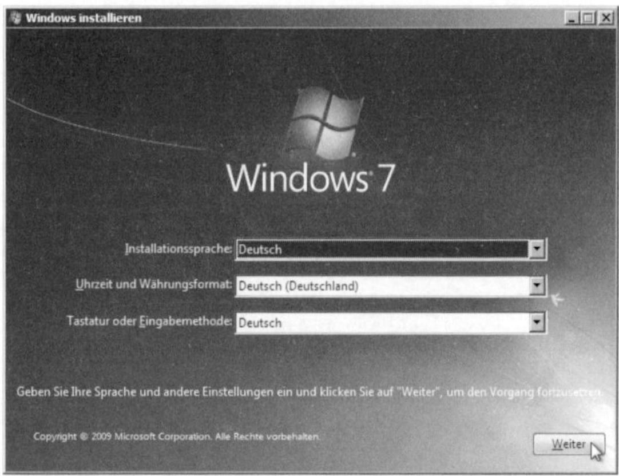

3 Klicken Sie im nächsten Schritt dann anstelle von *Jetzt installieren* unten links auf *Computerreparaturoptionen*.

4 Die Starthilfe ermittelt nun die vorhandenen Windows-Installationen. In der Regel ist es nur eine, die automatisch ausgewählt wird. Ansonsten markieren Sie die Windows 7-Installation, die Sie reparieren wollen.

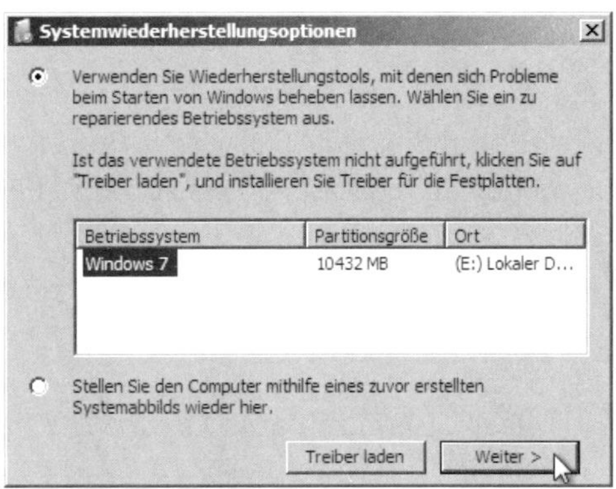

5 Das System führt nun automatisch eine Systemstartreparatur durch, um mögliche Probleme zu ermitteln und ggf. zu beheben, die einen ordnungsgemäßen Systemstart verhindern. Diese Analyse kann durchaus eine Weile dauern.

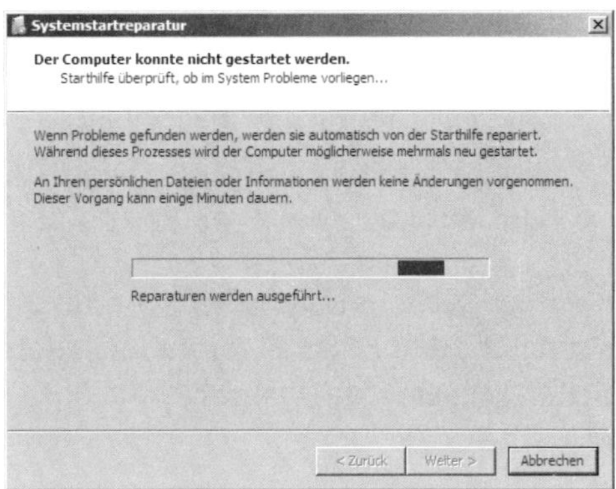

6 Anschließend können Sie mit *Erweiterte Optionen für die Systemwiederherstellung und Support* die weiteren Optionen zur Systemwiederherstellung anzeigen lassen.

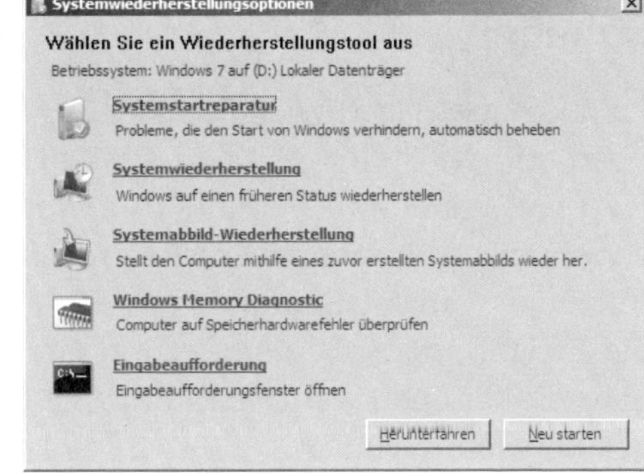

Keine Windows-DVD zur Hand? Vorsorge für Startprobleme treffen

Windows lässt sich nicht mehr starten, ebenso wenig die Starthilfe von der Festplatte und eine Installations-DVD ist nicht griffbereit? Hoffentlich nur ein böser Traum, aber ein wenig Vorbeugen kann nie schaden. Windows 7 bietet die Möglichkeit, eine bootfähige CD oder DVD zu erstellen, die die Windows-Starthilfe enthält.

1 Legen Sie einen Rohling in das Brennerlaufwerk ein – CD oder DVD, was gerade da ist.

2 Öffnen Sie mit *Start/Alle Programme/Wartung/Systemreparaturdatenträger erstellen* den Assistenten zum Erstellen eines Systemreparaturdatenträgers.

3 Wählen Sie hier ggf. das gewünschte Brennerlaufwerk aus, falls mehr als eins infrage kommt.

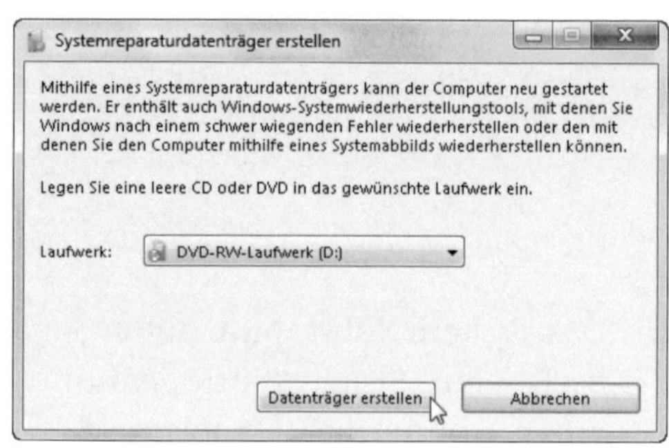

4 Klicken Sie dann auf *Datenträger erstellen*.

5 Damit legt der Assistent auch schon los. Da letztlich gar nicht so sehr viele Daten auf die Scheibe gebrannt werden müssen, dauert das Ganze höchstens wenige Minuten.

Wichtig: Nach erfolgreichem Brennen sollten Sie den Datenträger zumindest einmal für den Ernstfall testen (also den PC davon booten), bevor Sie ihn an einer sicheren Stelle aufbewahren.

Selbstheilung: Startprobleme automatisch erkennen und beheben

Zu den hilfreichsten Wiederherstellungstools gehört die Systemstartreparatur. Sie überprüft die Systempartition auf typische Probleme, die einen reibungslosen Start von Windows 7 verhindern könnten. Dazu gehören z. B. beschädigte oder versehentlich überschriebene Bootsektoren oder aber auch schiefgelaufene „Optimierungen" an den Startoptionen von Windows. Außerdem wertet das Programm die Ereignisprotokolle vom letzten Startversuch aus, um dem Problem auf die Spur zu kommen. Im Detail führt die Systemstartreparatur folgende Tests und ggf. Reparaturen durch:

- Test des Systemdatenträgers,
- Fehlerdiagnose des Datenträgers,
- Test der Datenträgermetadaten,
- Test des Zielbetriebssystems,
- Überprüfen des Volumeninhalts,
- Diagnose des Start-Managers,
- Diagnose des Ereignisprotokolls,

- Erkennen und Ersetzen wichtiger Systemdateien sowie
- Test des Startstatus.

Die Systemstartreparatur wird in der Regel automatisch durchgeführt, wenn Sie die Windows-Starthilfe wie beschrieben aktivieren. Sie können sie aber auch manuell abrufen:

1. Starten Sie wie vorangehend beschrieben die Systemwiederherstellungsoptionen von der Installations-DVD und wählen Sie dann ganz oben das Wiederherstellungstool Systemstartreparatur aus.

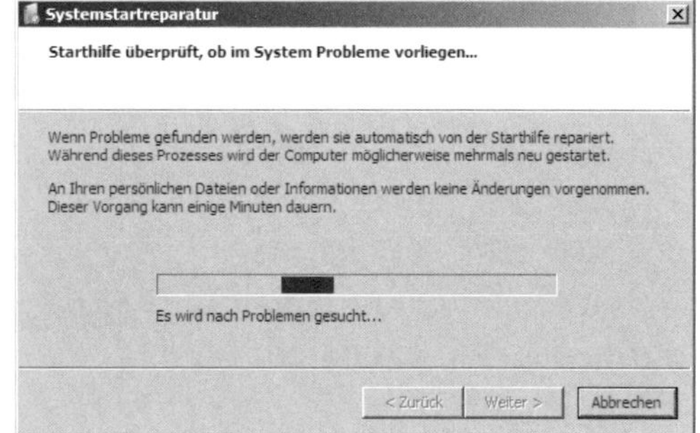

2. Das Programm führt dann seine Tests durch, was eine Weile dauern kann.
3. Anschließend präsentiert es seine Ergebnisse. Optimalerweise sollte hier *Die Starthilfe hat kein Problem erkannt* stehen. Dann sind Startkonfiguration und Systempartition in Ordnung und keine weiteren Maßnahmen erforderlich.

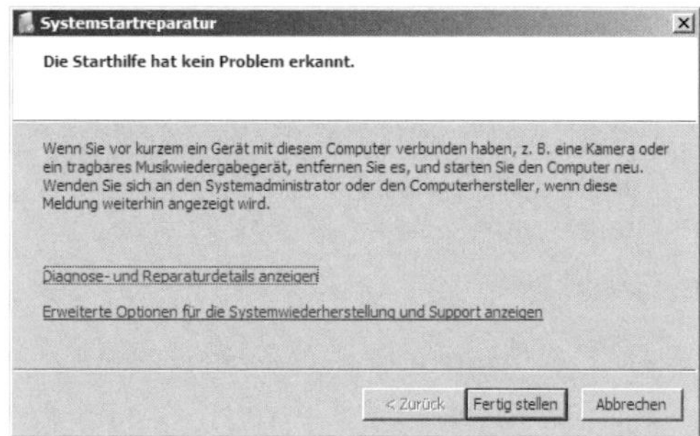

4. Hat der Assistent Probleme erkannt und ggf. automatisch repariert, werden Sie darüber informiert. Meist ist ein Neustart des Systems erforderlich, um die Reparatur abzuschließen. Zuvor sollten Sie sich aber mit *Klicken Sie hier, um Diagnose- und Reparaturdetails anzuzeigen* das Protokoll der Reparatur auf den Bildschirm holen. So erfahren Sie, welches konkrete Problem den Start beeinträchtigt hat.

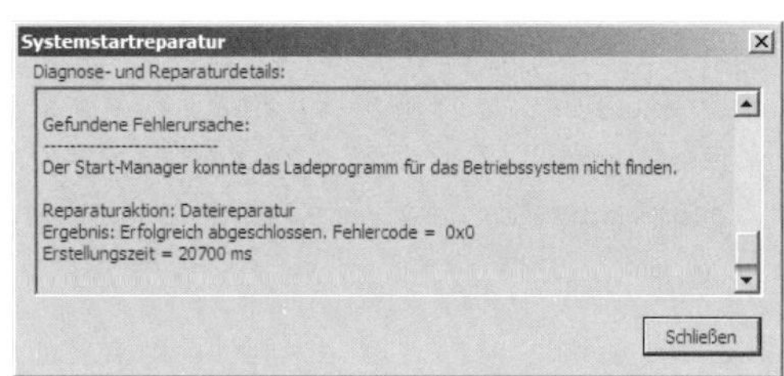

Einen früheren Systemzustand wiederherstellen

Lässt sich das Problem auf eine Einstellungsänderung oder das Installieren einer Software zurückführen, können Sie mithilfe der Systemwiederherstellung zu einem Systemzustand zurückkehren, bei dem das Problem noch nicht auftrat. Wenn das System nicht mehr startet, lässt sich der Wiederherstellungs-Assistent aber auch nicht aktivieren. Deshalb können Sie auch aus der Starthilfe auf die gespeicherten Wiederherstellungspunkte zugreifen.

1 Wählen Sie in den Starthilfeoptionen den gleichnamigen Punkt, um eine Systemwiederherstellung durchzuführen.

2 Die Starthilfe aktiviert dann den Wiederherstellungs-Assistenten (oder zumindest etwas, das optisch sehr ähnlich ist). Klicken Sie auf *Weiter*, um damit fortzufahren.

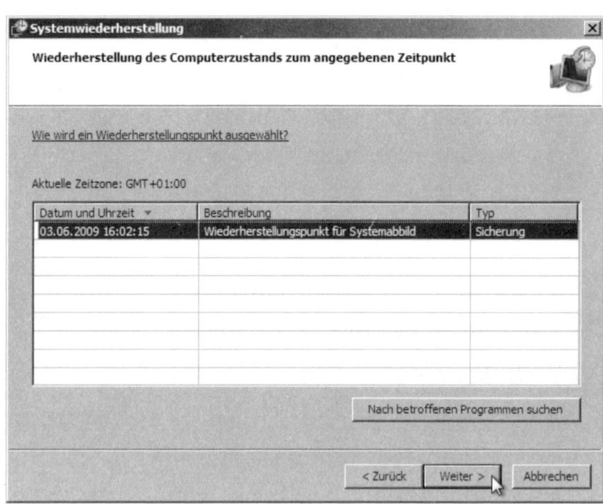

3 Der Assistent präsentiert Ihnen dann eine Liste mit den letzten Wiederherstellungspunkten. Wählen Sie hier einen Zeitpunkt vor dem Auftreten des aktuellen Problems aus.

TIPP

Welche Programme sind betroffen?

Bei der Systemwiederherstellung von Windows 7 gibt es einen praktischen neuen Punkt, den Sie auch bei der Wiederherstellung über die Starthilfe nutzen können. Mit einem Klick auf *Nach betroffenen Programmen suchen* ermittelt der Assistent, welche Anwendungen von einer Wiederherstellung zum ausgewählten Punkt betroffen wären. Er listet dann genau auf, welche installierten Anwendungen nach der Wiederherstellung nicht mehr vorhanden sind und welche bereits deinstallierten Programme wieder da wären.

4 Haben Sie sich für einen Wiederherstellungspunkt entschieden, markieren Sie ihn und klicken auf *Weiter* und dann auf *Fertig stellen*. Der Assistent nimmt die Wiederherstellung vor, anschließend muss der PC neu gestartet werden.

Ein Systemabbild des PCs wiederherstellen

Haben Sie zu einem früheren Zeitpunkt ein komplettes Systemabbild der Windows-Installation erstellt, können Sie dieses nun ggf. einspielen. Beachten Sie dabei aber, dass alle Daten, die Sie seit dem Erstellen des Abbilds erstellt bzw. geändert haben, dadurch verloren gehen. Der PC wird exakt in den Zustand versetzt, in dem Sie das Abbild erstellt haben. Aber das kann je nach Situation immer noch besser sein, als ein völlig funktions- und nutzloses System vor sich zu haben.

1 Wählen Sie hierzu in den erweiterten Startoptionen den Punkt *Systemabbild-Wiederherstellung*.

2 Der Assistent sucht dann nach Systemabbildern auf den angeschlossenen Datenträgern und schlägt Ihnen das zuletzt erstellte Abbild zum Wiederherstellen vor. Mit *Systemabbild auswählen* erhalten Sie ggf. eine Auswahl weiterer, älterer Speicherstände. Klicken Sie dann zweimal auf *Weiter* und schließlich auf *Fertig stellen*.

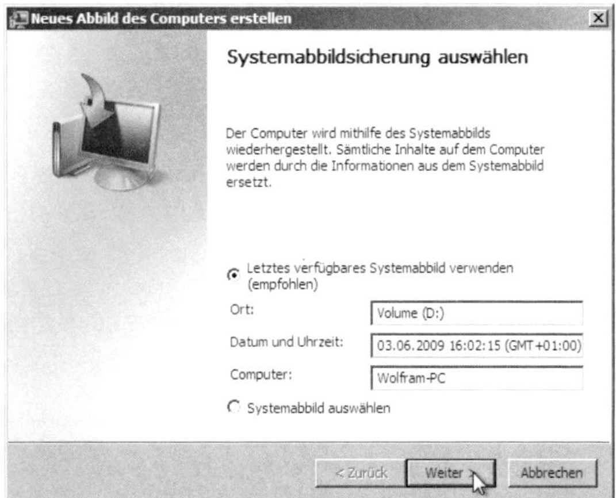

3 Bestätigen Sie dann den Hinweis, dass die vorhandenen Daten durch diejenigen aus dem Systemabbild ersetzt werden und somit ggf. Datenverluste auftreten können.

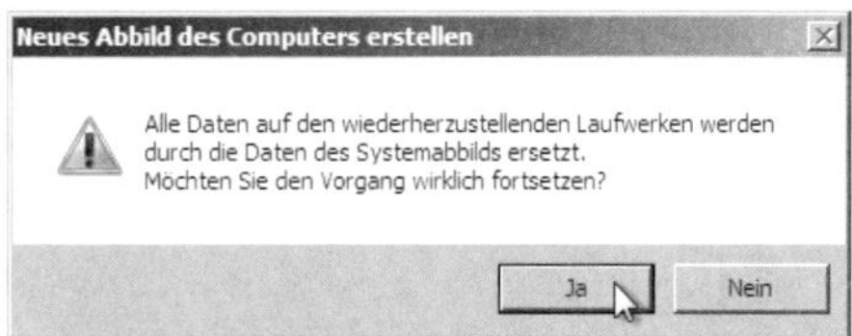

4 Nun beginnt endlich die eigentliche Systemwiederherstellung. Aufgrund des Umfangs der Daten kann dies einige Zeit in Anspruch nehmen.

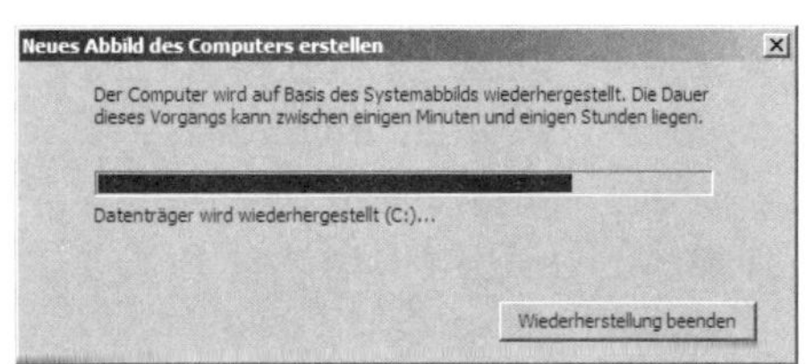

5 Anschließend ist ein Neustart erforderlich. Dieser sollte das System in den Zustand zurückversetzen, in dem das Systemabbild erstellt wurde.

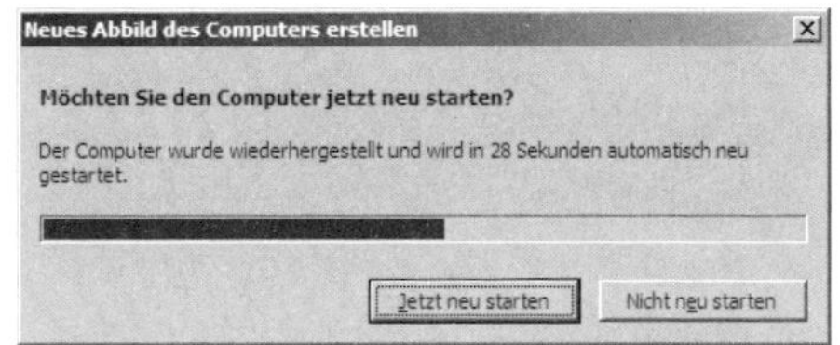

Speicherfehler mit der Windows-Speicherdiagnose ermitteln

Probleme mit der Instabilität von PCs werden gern auf das Betriebssystem, Anwendungen oder Treiber geschoben. Gar nicht selten aber ist ein defekter Hauptspeicher die Ursache. Liegt der Defekt so, dass er nur bei starker Auslastung des Speichers auftritt, macht sich dies nur bei sehr starker Auslastung des PCs bzw. bei sehr speicherintensiven Anwendungen bemerkbar. Solche Fehler wirken sich auf die Produktivität sehr ungünstig aus, werden aber oft als unabdingbar hingenommen. Tatsächlich könnte ein Austausch des Speichers aber das Problem abstellen und zu einer höheren Stabilität auch bei starker Auslastung führen. Windows bringt zu diesem Zweck ein Speicherdiagnosetool mit, das Sie unter anderem aus der Starthilfe heraus starten können. So lassen sich Speicherfehler, die einen Systemstart verhindern, ausschließen bzw. feststellen.

1 Starten Sie die Systemwiederherstellungsoptionen und wählen Sie das Windows-Speicherdiagnosetool aus.

2 Wählen Sie im anschließenden Menü die Funktion *Jetzt neu starten und nach Problemen suchen*, um die Speicherdiagnose sofort durchzuführen.

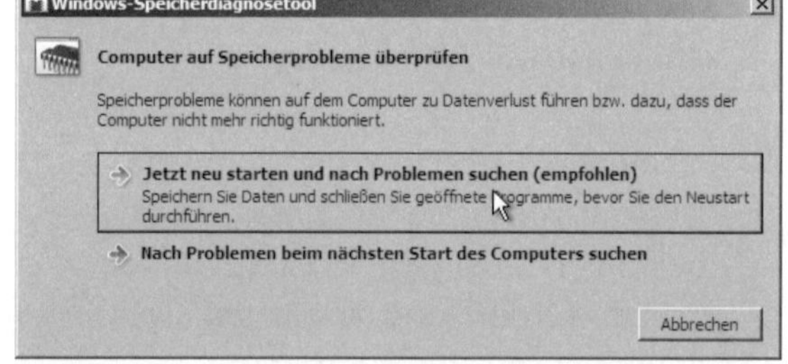

3 Das Programm führt nun einen Neustart des PCs durch. Diesmal sollte allerdings keinesfalls wieder von der Installations-DVD gebootet werden. Ändern Sie ggf. die BIOS-Einstellungen so, dass der Start regulär von der Festplatte erfolgt.

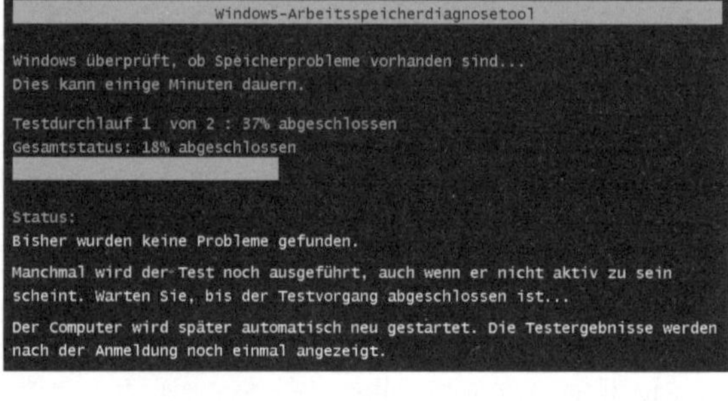

4 Nach dem Bootvorgang startet dann anstelle von Windows das Arbeitsspeicherdiagnosetool und überprüft den eingebauten Arbeitsspeicher. Dazu werden zwei Testdurchläufe abgearbeitet. Abhängig von der Menge des vorhandenen Speichers dauern diese Tests eine ganze Weile. Lassen Sie den PC solange unbedingt unberührt. Auch wenn nichts mehr zu passieren scheint, läuft der Test noch weiter.

5 Nach dem Abschluss des Tests wird der PC wieder neu gestartet. Sollte der Speichertest Probleme aufgezeigt haben, werden Sie nach der Anmeldung darüber informiert.

Direkter Zugriff auf System und Daten per Wiederherstellungskonsole

Sollten die automatischen bzw. assistentengestützten Funktionen der Starthilfe nicht zum Erfolg führen, bleibt noch eine weitere Option. Mit der Eingabeaufforderung erlangen Sie direkten Zugriff auf das Dateisystem. Allerdings eben nicht in einer komfortablen Windows-Umgebung mit Mausnutzung, sondern mittels einer spartanischen Kommandozeile. Diese bietet Ihnen zum einen die Möglichkeit, manuelle Eingriffe an wichtigen System- und Konfigurationsdateien vorzunehmen, um Windows wieder zu reparieren. Zum anderen erlaubt sie es Ihnen, im Falle eines Falles zumindest wichtige Ordner und Dokumente von dem beschädigten System zu retten, bevor Sie z. B. eine Neuinstallation vornehmen oder etwa eine beschädigte Festplatte ersetzen.

So greifen Sie direkt auf die Daten eines bootunfähigen Systems zu

Der unterste Menüpunkt der Systemwiederherstellungsoptionen – die Eingabeaufforderung – gibt Ihnen die größtmögliche Freiheit zur manuellen Korrektur von Fehlern. Sie erhalten damit eine Kommandozeile mit Administratorrechten für den Zugriff auf die Laufwerke des PCs. Damit haben Sie unbegrenzten Zugriff auf Dateien und können beliebige Systemkommandos und Anwendungen ausführen.

Sie können hiermit z. B. Hilfsprogramme wie etwa Antivirenscanner starten oder eine fatale Fehlkonfiguration rückgängig machen. Der Umgang mit der Eingabeaufforderung verlangt einige erweiterte Kenntnisse. Wer die Eingabeaufforderung unter Windows noch nie genutzt hat, sollte bei einem schwerwiegenden Problem vielleicht nicht gerade damit anfangen. Wem diese Befehlskonsole vertraut ist, dem bietet sie aber zahlreiche Möglichkeiten, das System wiederherzustellen oder zumindest wichtige Daten zu retten.

Die wichtigsten Kommandos für Systemcheck und -reparatur

Die Wiederherstellungskonsole stellt eine ganze Sammlung von Befehlen zur Verfügung, die zur Diagnose und Reparatur des Systems eingesetzt werden können. Die nachfolgende Tabelle stellt Ihnen einige der nützlichsten und Erfolg versprechendsten vor. Beachten Sie dabei, dass diese Befehle unter Umgehung der sonst von Windows üblichen Schutzmechanismen ausgeführt werden. Sie können damit also ohne Weiteres auch wichtige Systemdateien verändern oder löschen (was ja teilweise auch beabsichtigt ist). Andererseits können unbedachte Befehle auch leicht zu irreparablen Schäden führen.

Befehl	Funktion
chkdsk	Dieser Befehl überprüft den Datenträger auf Fehler in der Dateistruktur oder in den Datensektoren. Bei mehreren Festplatten kann zusätzlich ein Laufwerkbuchstabe angegeben werden. Standardmäßig meldet *chkdsk* nur erkannte Probleme. Mit den Optionen */f* und */r* repariert *chkdsk* erkannte Fehler sofort automatisch. *chkdsk* kann hilfreich sein, wenn wichtige Systemdateien oder -ordner durch Fehler beschädigt wurden. Findet *chkdsk* eine sehr große Anzahl von Fehlern, weist dies auf ein schwerwiegendes Problem mit der Festplatte hin.
bootrec	Dieses Tool kann die Startkonfiguration von Windows verändern und wiederherstellen. Wenn sich keine Version mehr starten lässt, sollte man damit überprüfen, ob eventuell eine fehlerhafte Konfiguration vorliegt. Ohne Parameter aufgerufen, liefert der Befehl eine Übersicht über die Optionen: ■ *bootrec /FixMBR* erneuert den Master Boot Record der Systempartition ■ *bootrec /FixBoot* erneuert den Startsektor der Systempartition ■ *bootrec /ScanOS* durchsucht die Datenträger nach Windows-Installationen ■ *bootrec /RebuildBcd* erstellt interaktiv einen neuen Bootmanager
diskpart	Mit diesem Programm kann man die Zuordnungen der Festplatte überprüfen. Es arbeitet in einem interaktiven Kommandozeilenmodus. Eine Übersicht über die Befehle erhält man mit *?*. Für Informationszwecke eignet sich der Befehl *list*. Er macht Angaben zu den vorhandenen Festplatten (*disk*), Partitonen (*partition*) und Laufwerken (*volume*). Wenn hier Partitionen oder gar ganze Laufwerke fehlen, sollte man sich zunächst auf die entsprechenden Hardwarekomponenten konzentrieren.
format	Dieser Befehl formatiert einen leeren Datenträger
copy, dir, del, ren, rmdir	Befehle zum Bearbeiten und Löschen von Dateien und Ordnern. Diese „Grundausbildung" sollten Sie möglichst haben, wenn Sie mit der Wiederherstellungskonsole umfangreichere Operationen durchführen wollen.
xcopy	Dies ist ein alternatives Kopierprogramm, das sich besonders zum Kopieren größerer Datenmengen und komplexer Verzeichnisstrukturen eignet; *xcopy /?* verrät die Details.

TIPP

Probleme mit der Funktion chkdsk /r ?

Schon vor der allgemeinen Einführung von Windows 7 kam es zu einigen eifrigen Diskussionen, ob der Befehl vielleicht fehlerhaft arbeite. Scheinbar kam es bei einigen Anwendern, die den Befehl einsetzten, zu Performanceproblemen bis hin zu Systemabstürzen. Wir konnten dieses Verhalten allerdings nicht reproduzieren. Scheinbar belegt der Prozess während der Ausführung einen sehr großen Teil des Hauptspeichers, um möglichst rasch arbeiten zu können. Kommen dann noch veraltete Treiber oder defekte Hardware ins Spiel, können evtl. Probleme auftauchen.

Teil VIII

Notebook, Netbook und Smartphone – Windows 7 mobil unterwegs

42. Windows 7 Starter für Netbooks optimieren

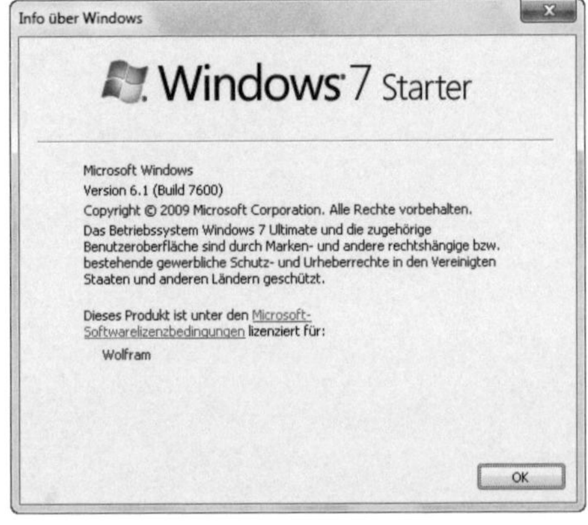

Schon seit Windows XP legt Microsoft von seinem Betriebssystem spezielle Starter-Versionen auf. Das sind im Funktionsumfang abgespeckte Versionen, die sich speziell für weniger leistungsfähige PC-Hardware eignen und im Vergleich zu „richtigen" Windows-Versionen kostengünstiger sind. In der Vergangenheit wurden solche Starter-Versionen in Europa offiziell nicht vertrieben, sondern waren speziellen Märkten etwa in Lateinamerika und Asien vorbehalten. Bei Windows 7 aber wird es die Starter-Version auch hierzulande geben, allerdings nur vorinstalliert auf entsprechender Hardware. Es ist davon auszugehen, dass es die vorwiegende Windows 7-Edition auf den immer beliebter werdenden Netbooks sein wird, da sie preisgünstig ist und alle notwendigen Funktionen für diese Geräteklasse mitbringt.

42.1 Die Einschränkungen der Windows 7 Starter-Edition

Gern wird davon gesprochen, dass es sich bei der Starter-Edition von Windows 7 um eine „verkrüppelte" Ausgabe handelt, die wegen funktionaler Beschränkungen auch auf weniger leistungsfähiger Hardware wie Netbooks oder älteren PCs gut laufen würde. Deshalb sei sie für solche Geräte besonders geeignet. Dies ist aber schlichtweg falsch.

Die Wahrheit über die Starter-Edition

Die Starter-Edition hat exakt den gleichen Kern wie alle Windows 7-Editionen. Sie läuft also auf allen PCs gleich gut oder schnell, bzw. auch auf einem Netbook oder auf einem älteren PC können Sie ebenso gut Windows 7 Home Premium oder Ultimate installieren. Sie werden keinen Leistungsunterschied bemerken. Generell passt sich Windows 7 wesentlich besser an die vorhandene Hardware an und läuft deshalb auch auf relativ schwachbrüstiger Hardware zufriedenstellend – eine entscheidende Verbesserung gegenüber dem Vorgänger Vista.

Der Preis ist heiß!

Der Grund, warum die Starter-Edition für Netbooks besonders geeignet ist, liegt woanders: Es ist die preisgünstigste Windows 7-Edition. Deshalb nutzen die Hersteller im heiß umkämpften Netbook-Markt sie so gern, da sich so der Gesamtpreis für ein Netbook senken lässt. Allerdings hat der niedrigere Preis eben auch seinen Preis. Den allerdings zahlt nicht der Hersteller, sondern der Kunde. Der muss nämlich auf einige Funktionen verzichten, die ihm eine höherpreisige Windows 7-Edition selbstverständlich bieten würde.

Nun soll die Starter-Edition hier keineswegs verdammt werden. Wie gesagt, es ist eine vollwertige Windows 7-Edition, mit der sich gut arbeiten lässt. Sie unterstützt alle die Aufgaben, die mit einem Netbook üblicherweise erledigt werden, und noch einiges mehr. Allerdings gibt es eben funktionelle Einschränkungen. Diese hat Microsoft bewusst vorgenommen und die Starter-Edition somit als Lockangebot konzipiert: So kann den Hardwareherstellern ein kostengünstiges Windows angeboten werden, mit dem sie ihre Preis scharf kalkulieren können. Dadurch gelangt Windows 7 erst mal auf vielen Geräten zu den Anwendern. Wenn die dann merken, dass bestimmte gewünschte Funktionen nicht zur Verfügung stehen, können sie auf eine bessere Windows 7-Edition umsteigen. So kassiert Microsoft noch ein zweites Mal für das Betriebssystem, aber diesmal richtig!

INFO

Netbooks mit Windows 7 Starter-Edition kaufen?

Ist es nun empfehlenswert, ein Netbook mit der Starter-Edition zu kaufen? Das kommt wie immer darauf an. Im Folgenden führen wir die funktionellen Beschränkungen auf, die die Starter-Edition mit sich bringt. Wenn Sie mit denen leben können, kommen Sie auf diese Weise am günstigsten an Windows 7. Ist schon jetzt abzusehen, dass Sie eine der fehlenden Funktionen benötigen, sollten Sie nach einem Netbook Ausschau halten, das auch z. B. optional mit einer höherwertigen Windows 7-Edition angeboten wird. Alternativ können Sie ein Netbook mit Starter-Edition kaufen und später ein Upgrade auf z. B. Windows 7 Home-Premium durchführen. In der Regel wird dies unterm Strich aber teurer, als wenn Sie sofort ein Gerät mit der gewünschten Edition erwerben.

Hardwarebeschränkungen für die Starter-Edition

Üblicherweise gibt es für Software Minimalanforderungen, die die Hardware erfüllen muss, damit die Software ordentlich läuft. Für die Starter-Edition gibt es zusätzlich auch Maximalanforderungen. Das ergibt deshalb einen Sinn, weil diese

Edition nicht frei im Handel erhältlich sein wird, sondern nur mit passender Hardware verkauft werden darf. Mit den Maximalanforderungen bestimmt Microsoft, welche Geräte mit der preisgünstigen Starter-Edition ausgeliefert werden dürfen. Andernfalls würden vermutlich selbst herkömmliche PCs mit der „Billig-Edition" ausgeliefert werden, was nicht im Sinne von Microsoft und letztlich auch nicht im Sinne der Anwender ist. Deshalb darf die Starter-Edition nur mit Hardware ausgeliefert werden, die die folgenden Bedingungen erfüllt:

- Die Bildschirmdiagonale darf 10,2 Zoll (ca. 26 cm) nicht überschreiten.
- Der Arbeitsspeicher darf maximal 1 GByte groß sein.
- Als Festplatte dürfen maximal 250 GByte bei einer klassischen Festplatte oder 64 GByte bei einer **S**olid-**S**tate-**D**isk (SSD) mit Flashspeicher ohne bewegliche Teile verbaut sein.
- Beim Prozessor muss es sich um einen Einzelkern-Prozessor handeln, der eine maximale **T**hermal **D**esign **P**ower (TDP) von 15 Watt hat. Hierbei handelt es sich um die nominelle Verlustleistung des Prozessors, auf deren Grundlage der Kühlbedarf ermittelt wird. Dieser Wert hat für die Software eigentlich keine Relevanz. Microsoft benutzt ihn einfach, weil er ein Indikator für die Leistungsfähigkeit und -klasse eines Systems ist. Eine TDP von 15 Watt erreichen üblicherweise nur Prozessoren, die speziell für den Strom sparenden mobilen Einsatz ausgelegt sind und dementsprechend nur begrenzte Leistung bieten.

Das können Sie mit der Windows 7 Starter-Edition nicht

Die Windows 7 Starter-Edition enthält nicht alle Komponenten der höherwertigen Windows 7-Editionen bzw. bringt einige Einschränkungen mit sich.

INFO

Keine Beschränkung auf drei Anwendungen gleichzeitig

In einigen Windows 7-Vorabversionen enthielt die Starter-Edition eine Beschränkung auf drei Anwendungen, die maximal gleichzeitig ausgeführt werden konnten. Wenn Sie also z. B. bereits den Internet Explorer, Windows Live Mail zum E-Mail-Lesen sowie ein Word-Dokument geöffnet hätten, würde Windows 7 das Starten einer weiteren Anwendung z. B. zum Bildbearbeiten nicht mehr zulassen. Sie hätten dann zunächst eine der geöffneten Anwendungen beenden müssen, bevor Sie eine neue starten können. Von dieser Beschränkung, die in einigen Fällen sicherlich zu Problemen geführt hätte, hat Microsoft dann aber doch abgesehen. Die endgültige Ausgabe der Starter-Edition enthält also keinerlei Beschränkung bei der Anzahl der gleichzeitig auszuführenden Anwendungen.

Keine Aero-Oberfläche

Eine der offensichtlichsten Einschränkungen ist die fehlende Aero Glass-Oberfläche. Stattdessen läuft nur das Basisdesign. Wie das aussieht, können Sie an einem Windows 7-PC testen, indem Sie es unter *Anpassung* einmal probeweise einstellen. Das Basisdesign sieht nicht nur deutlich weniger spektakulär aus, sondern ihm fehlen auch praktische Funktionen wie Aero Peek oder die Echtzeitvorschau in der Taskleiste. Andererseits fehlt dieses Feature wohl nicht ohne Grund. Die grafisch doch recht aufwendige Aero-Oberfläche dürfte auf der schwachbrüstigen Hardware mancher Netbooks wohl relativ zäh laufen, sodass die Arbeit damit keine reine Freude wäre.

Keine individuelle Gestaltung des Desktops

In der Starter-Edition ist es nicht möglich, den Desktop an die persönlichen Vorlieben anzupassen. Das betrifft Dinge wie das Hintergrundbild, das Farbschema oder auch Systemklänge. Einen sinnvollen Grund hierfür gibt es eigentlich nicht. Vermutlich soll das starre Aussehen die Anwender auf Dauer nerven, sodass sie doch in eine höhere Edition investieren.

Kein schneller Benutzerwechsel

Auch bei der Starter-Edition können mehrere Benutzer eingerichtet werden, allerdings kann immer nur einer angemeldet sein. Das schnelle Umschalten zwischen Benutzerkonten, bei denen Anmeldungen im Hintergrund bestehen bleiben, funktioniert also nicht. Stattdessen muss ein Benutzer sich jeweils abmelden, bevor sich ein anderer anmelden kann. In der Praxis dürfte das bei Netbooks aber keine ernst zu nehmende Einschränkung sein.

Keine Unterstützung für mehrere Monitore

Etwas problematischer ist da vielleicht schon die fehlende Multimonitor-Unterstützung. Auch manche Netbooks habe so wie Notebooks einen separaten Videoausgang, an den ein Monitor oder Projektor angeschlossen werden kann. Mit der Starter-Edition wird ein solcher externer Monitor höchstens dasselbe Bild wie das interne Display anzeigen. Ein zweiter unabhängiger Bildschirm oder das Vergrößern des Desktops über beide Displays ist nicht möglich.

Keine Wiedergabe von DVD/Blu-ray

Ebenfalls möglicherweise eine schmerzhafte Einschränkung für den einen oder anderen: Die Starter-Edition kann von Hause aus keine DVDs wiedergeben. An Blu-ray ist wegen der begrenzten Leistungsfähigkeit der Hardware in der Regel ohnehin nicht zu denken. Nun verfügen die wenigsten Netbooks über ein DVD-Laufwerk, aber per USB wäre ein externes Laufwerk schnell angeschlossen. Trotzdem dürfte die Nutzung als mobiler DVD-Player eher die Ausnahme sein. Wer das machen möchte, wird mit der Starter-Edition allerdings nicht glücklich. DVD-Abspielsoftware von anderen Anbietern kann hier allerdings in die Bresche springen.

Kein Windows Media Center

Die Windows 7 Starter-Edition kommt ohne Windows Media Center daher. Dies dürfte kein großes Problem sein, da sich Netbooks ohnehin nicht gerade als Basis für eine umfangreiche Multimediabibliothek eignen. Dafür ist der meist knapp bemessene Speicherplatz zu schnell verbraucht. Andere Funktionen des Windows Media Center wie z. B. die TV-Wiedergabe via DVB lassen sich notfalls über alternative Software realisieren, wenn die Leistungsfähigkeit der Hardware überhaupt dafür ausreicht.

Kein Zugriff auf die Musikbibliothek des heimischen PCs via Internet

Zu den herausragenden neuen Funktionen von Windows 7 gehört die Möglichkeit, via Internet von überall her sicher auf die heimische Medienbibliothek zuzugreifen. Dafür würde sich ein Netbook, das man stets dabeihat, optimal eignen. Warum deshalb Microsoft diese Möglichkeit in der Starter-Edition beschnitten hat, lässt sich nicht nachvollziehen. Vermutlich handelt es sich dabei um eines der Features, wegen denen die Anwender sich doch irgendwann zum Kauf einer höherwertigen Edition entschließen sollen.

Kein XP-Modus für ältere Anwendungen mit Kompatibilitätsproblemen

Mit dem Windows XP-Modus können Anwendungen mit Kompatibilitätsproblemen auch unter Windows 7 genutzt werden, indem sie in einem virtuellen XP-System ausgeführt werden. Dies ist mit der Starter-Edition nicht möglich, Gleiches gilt aber auch für andere Windows 7-Editionen. Der Windows XP-Modus kann nur in den Editionen Professional, Ultimate und Enterprise genutzt werden. Vor allem aber setzt er voraus, dass der vorhandene Prozessor über hardwaremäßige Virtualisierungsfunktionen verfügt (AMD-V bzw. Intel VT). In Netbooks kommen typischerweise spezielle Mobilprozessoren zum Einsatz, die solche Funktionen nicht bieten und deren Leistung mit dem realen System schon genug gefordert ist. Dann noch ein virtuelles System nebenbei zu betreiben, wäre praktisch kaum möglich. Von daher tut diese Einschränkung bei Netbooks nicht wirklich weh.

Keine Unterstützung von Domänen im geschäftlichen Umfeld

Für den durchschnittlichen Privatanwender ebenfalls wenig problematisch ist die fehlende Unterstützung von Domänen. Diese werden ohnehin nur im beruflichen Umfeld eingesetzt, wenn es um die Verwaltung größerer Netzwerke geht. Dies kann aber ein Problem werden, wenn Netbooks beruflich genutzt werden sollen und dabei ein Datenaustausch oder -abgleich mit dem Firmennetzwerk erforderlich ist. Dies dürfte aber die Ausnahme sein, und in solchen Fällen empfiehlt sich dann wirklich das Umsteigen auf eine entsprechende Windows 7-Edition.

42.2 So holen Sie auch mit der Starter-Edition das Beste aus Ihrem Netbook heraus

Als preisgünstigste Windows 7-Variante wird die Starter-Edition auf den meisten Netbooks vorinstalliert sein. Abgesehen von den vorangehend geschilderten Einschränkungen bietet sie dieselbe Leistung wie auch andere Windows 7-Editionen. Das bedeutet, dass sie sich recht gut automatisch an die gegebene Hardware anpasst und so auch mit weniger Arbeitsspeicher und einem langsamen Prozessor meist befriedigend läuft. Falls das doch nicht klappt oder wenn Sie sich mit „befriedigend" eben nicht zufriedengeben wollen, gibt es einige Möglichkeiten, noch etwas mehr Leistung aus Ihrem Netbook herauszukitzeln.

Den vorhandenen Bildschirm optimal nutzen

Netbooks verfügen meist nur über ein relativ kleines Display. Das liegt zum einen an der kompakten Bauform, zum anderen daran, dass ein kleineres Display weniger Strom benötigt. Aber aufgrund des kleinen Displays bieten die Geräte meist auch nur eine geringere Auflösung, als man dies von normalen PC-Bildschirmen gewohnt ist. Das macht das Lesen von Dokumenten und das Websurfen sehr mühsam. Manche Anwendungen lassen sich mit niedrigen Auflösungen auch gar nicht richtig nutzen. Mit dem Tool AsTray Plus (*http://wiki.eeeuser.com/astrayplus*) können Sie Ihr Netbook auf höhere Auflösungen umstellen, als dies vom Hersteller vorgesehen ist.

1 Laden Sie das Tool herunter und entpacken Sie es in einen beliebigen Ordner. Achten Sie darauf, dass sich die Dateien *AsTray.exe* und *DrvPatch.dll* im selben Ordner befinden.

2 Führen Sie das Programm *AsTray.exe* aus. Sie bemerken davon zunächst nur ein Symbol im Infobereich.

3 Öffnen Sie mit *Start/Ausführen* den *Ausführen*-Dialog, geben Sie hier *msconfig* ein und starten Sie dieses Programm mit *OK*.

4 Wechseln Sie im so gestarteten Systemkonfigurationsprogramm auf die Registerkarte *Systemstart*. Suchen Sie hier die Einträge *igfxpers.exe* und *igfxtray.exe* und deaktivieren Sie diese ggf., indem Sie jeweils das Häkchen ganz links entfernen.

5 Starten Sie nun das Gerät einmal neu, um die Änderungen zu übernehmen.

Anschließend können Sie das Programm AsTray Plus jederzeit bei Bedarf starten. Alternativ platzieren Sie eine Verknüpfung darauf unter *Start/Alle Programme/Autostart*, damit es bei jedem Windows-Start automatisch aktiviert wird. Sie finden im Infobereich ein Symbol des Programms vor, über das Sie die Funktionen bedienen können.

1 Klicken Sie mit der Maus auf das Symbol im Infobereich. Damit öffnen Sie ein Menü, in dem Sie ganz oben die derzeit gewählte Bildschirmauflösung und -frequenz erfahren.

2 Im Untermenü *Quick Switch* können Sie die Bildschirmauflösung Ihres Geräts umschalten. Hier finden Sie mehrere infrage kommende Auflösungen. Probieren Sie aus, welche für Ihre Zwecke geeignet ist und lesbare Ergebnisse liefert.

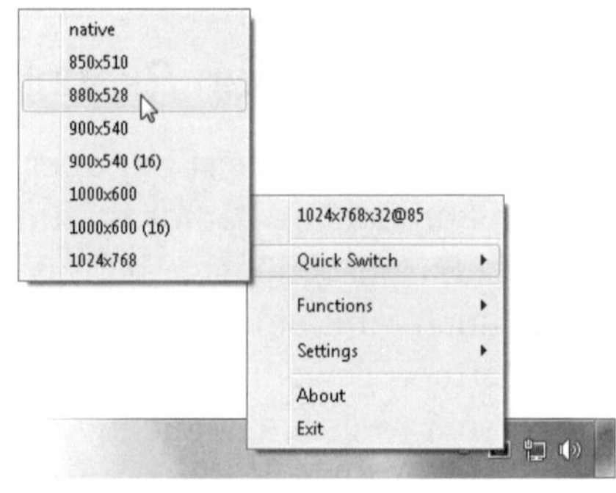

3 Mit *native* kehren Sie jederzeit zur werksseitig voreingestellten Bildschirmauflösung zurück.

4 Im Untermenü *Functions* finden Sie zusätzliche, nützliche Funktionen. So können Sie hier z. B. den Bildschirm ausschalten, um Energie zu sparen.

HINWEIS

Die Grenzen höherer Auflösungen

Das Umschalten in eine höhere Auflösung ist ein Trick, mit dem sich mehr Informationen auf dem begrenzten Bildschirm darstellen lassen. Allerdings wird dadurch nicht die reale Anzahl an Bildpunkten erhöht. Deshalb leidet die Qualität der Darstellung zwangsläufig. Insbesondere kleinere Texte werden nur schlecht lesbar sein. Probieren Sie selbst aus, welche Auflösungen sich bei Ihrem Gerät für welche Zwecke eignen.

Auf nutzlose optische Spielereien zugunsten der Performance verzichten

Aero hin oder her – Windows benutzt für seine Oberfläche einige optische Effekte und Animationen. Da Netbooks zugunsten der Akku-Leistung schwächere Prozessoren einsetzen, kann das die Systemleistung durchaus spürbar beeinträchtigen. Allerdings lassen sich die meisten der rechenintensiven Spielereien bei Bedarf abschalten, sodass die Arbeit flüssig und ohne Wartepausen vorangehen kann.

1 Öffnen Sie in der Systemsteuerung das Modul System und klicken Sie links auf *Erweiterte Systemeinstellungen*.

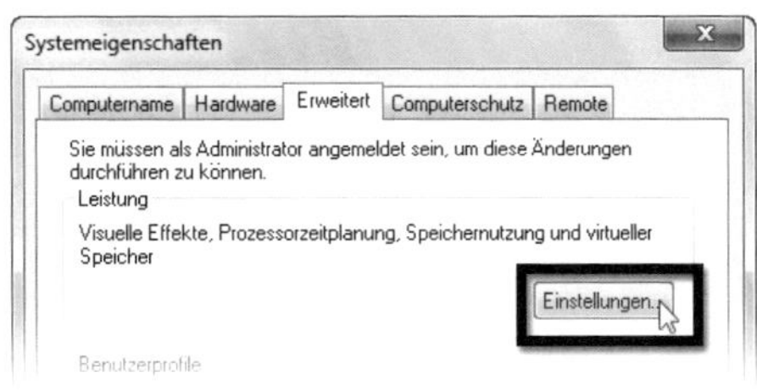

2 Klicken Sie im anschließenden Menü im Bereich *Leistung* auf die Schaltfläche *Einstellungen*.

3 Im anschließenden Dialog finden Sie auf der Registerkarte *Visuelle Effekte* zahlreiche Optionen für verschiedene Spielereien. Standardmäßig ist hier *Optimale Einstellung automatisch auswählen* konfiguriert.

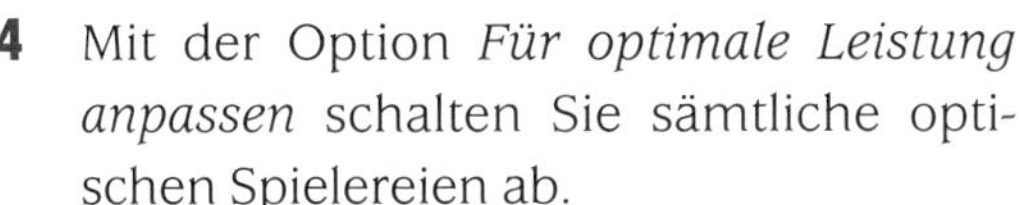

4 Mit der Option *Für optimale Leistung anpassen* schalten Sie sämtliche optischen Spielereien ab.

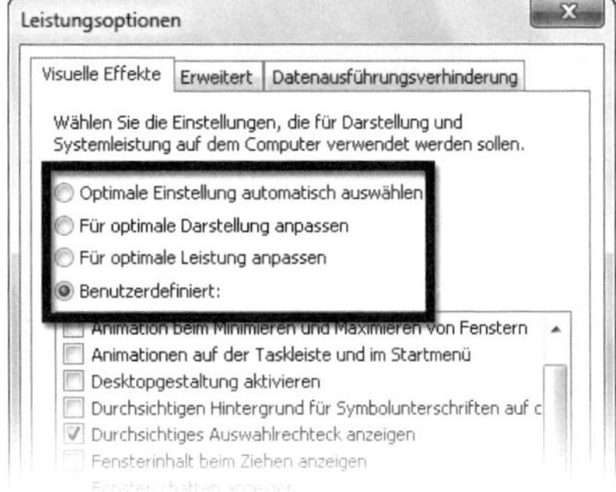

5 Noch besser ist es, *Benutzerdefiniert* zu wählen und jeweils die Optionen, die Ihnen verzichtbar erscheinen, zu deaktivieren. Hierbei können Sie ggf. ein wenig experimentieren, bis Windows mit akzeptabler Geschwindigkeit läuft.

Windows-Dienste und -Funktionen abschalten

Windows verwendet für seine verschiedenen Funktionen eine ganze Reihe von Hintergrundprogrammen, die als Dienste bezeichnet werden. Wie jedes Hintergrundprogramm benötigen sie Speicher- und Prozessorkapazität und verlängern den Windows-Start. Das lässt sich grundsätzlich auch nicht vermeiden, allerdings braucht längst nicht jeder Anwender alle standardmäßig aktivierten Dienste. Diese Vorgehensweise empfiehlt sich nur für Anwender, die genau wissen, was sie tun. Dienste haben fast immer Querverbindungen zu anderen Diensten, die beim einfachen Deaktivieren dann auch nicht mehr korrekt funktionieren.

1 Öffnen Sie in der Systemsteuerung den Bereich *Verwaltung* und darin das Modul Dienste.

2 Damit lässt sich eine Übersicht über alle derzeit registrierten Windows-Dienste anzeigen. Der Tabelle können Sie alle wesentlichen Informationen entnehmen, wobei insbesondere die Spalte *Status* anzeigt, ob der Dienst auch gestartet ist.

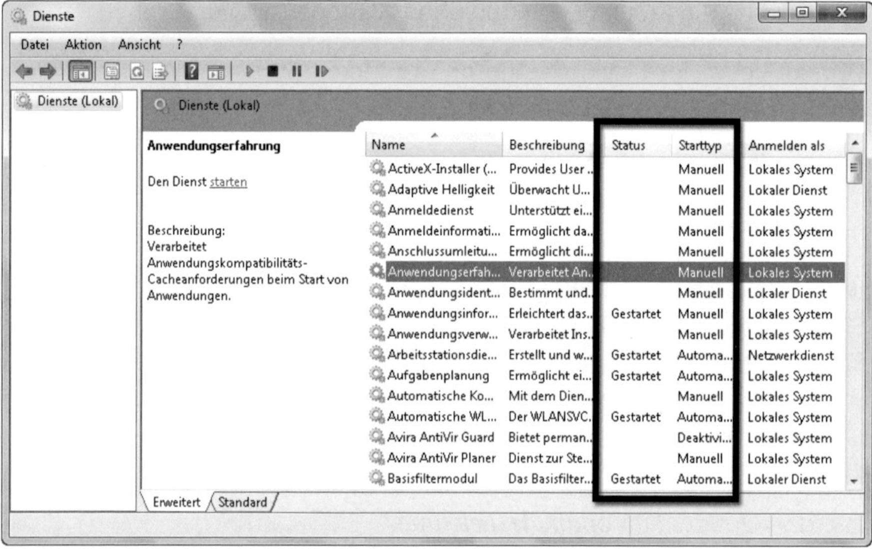

3 Weitere Informationen können Sie abrufen, indem Sie den Eintrag eines Dienstes per Doppelklick öffnen. Hier haben Sie außerdem die Möglichkeit, den Dienst zu beenden und dauerhaft zu deaktivieren.

4 Für die Systemleistung erheblich sind alle Dienste, die in der Spalte *Starttyp* den Wert *Automatisch* eingetragen haben. Sie werden in der Regel beim Start des Betriebssystems automatisch mitaktiviert.

5 Um einen solchen Dienst zu deaktivieren, ändern Sie in seinen Eigenschaften den Wert für *Starttyp* auf *Manuell* bzw. *Deaktiviert*. Damit stellen Sie sicher, dass er beim nächsten Windows-Start nicht wieder automatisch mitgestartet wird.

TIPP

Manuell starten oder ganz deaktivieren?

Beide Einstellungen haben eines gemeinsam: Der betreffende Dienst wird nicht mehr automatisch beim Windows-Start aktiviert. Der Unterschied: Ein deaktivierter Dienst wird völlig abgeschaltet und kann nicht mehr aktiviert werden. Die entsprechende Funktion steht dann auf keinen Fall zur Verfügung. Bei der Einstellung *Manuell* können Sie den Dienst ggf. von Hand starten. Ebenso können andere Windows-Dienste diesen Dienst bei Bedarf aktivieren. Wird die entsprechende Funktion benötigt, kann sie also benutzt werden, auch wenn es eventuell kurz dauert. Für die Leistungsperformance reicht es, den Starttyp der unerwünschten Dienste auf *Manuell* zu setzen. Deaktivieren sollten Sie Dienste nur, wenn Sie bestimmte Funktionen ausdrücklich abschalten oder z. B. stattdessen durch andere Produkte ersetzen möchten.

6 Um den Dienst auch für die aktuelle Sitzung sofort abzuschalten, klicken Sie auf die *Beenden*-Schaltfläche. Gegebenenfalls dauert es kurz, bis der Dienst deaktiviert wurde. Dies können Sie bei *Dienststatus* ablesen.

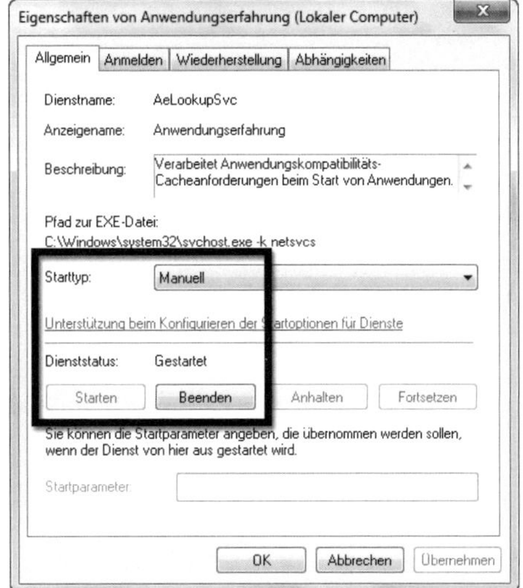

Die Autostart-Einträge überprüfen und bereinigen

Es gibt eine ganze Reihe von Möglichkeiten, Programme beim Start von Windows automatisch aktivieren zu lassen. Allerdings verlängern solche Aktionen die Startzeit und verringern den freien Speicher sowie die Systemperformance. Wenn es wie bei Netbooks darauf ankommt, sollten Sie die Autostarts deshalb im Auge behalten. Windows bringt ein Tool mit, das alle Autostart-Varianten kennt und übersichtlich anzeigen kann. Es bietet auch die Möglichkeit, einzelne Autostarts effektiv zu verhindern:

1 Tippen Sie im Eingabefeld des Startmenüs den Befehl *msconfig* ein.

2 Damit starten Sie das Systemkonfigurationsprogramm, in dem Sie auf die Registerkarte *Systemstart* wechseln.

3 Hier finden Sie eine Liste aller Programme, die beim Windows-Start automatisch ausgeführt werden. Unter *Befehl* ist der genaue Programmaufruf verzeichnet. In der Spalte *Ort* finden Sie die Stelle, an der die Autostart-Anweisung steht, etwa den Registry-Pfad oder *Startup* für den Autostart-Ordner.

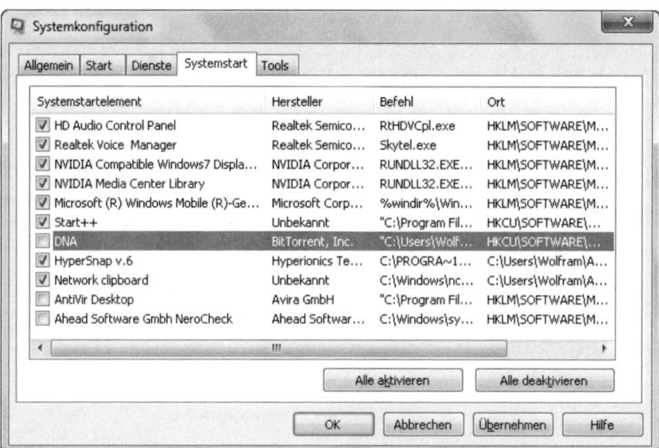

4 Um den Autostart für eines der Programme in Zukunft zu unterbinden, entfernen Sie das Häkchen ganz links vor dessen Eintrag.

5 Übernehmen Sie die Einstellungen mit *OK*. Anschließend muss der PC neu gestartet werden, damit die Änderungen sofort in Kraft treten. Ansonsten dauert es halt bis zum nächsten Systemneustart.

43. Windows 7 mobil auf dem Notebook einsetzen

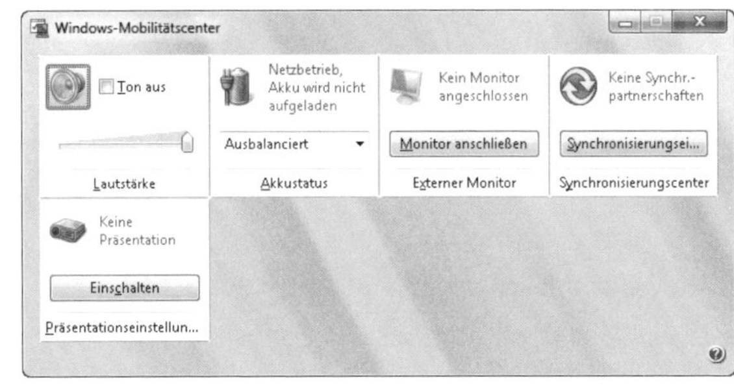

Notebooks sind heutzutage teilweise genauso leistungsfähig wie Desktop-PCs. Trotzdem stellen sie besondere Anforderungen an das Betriebssystem. Dies betrifft insbesondere den Strom sparenden Mobileinsatz abseits von Steckdosen, bei dem es auf jede Minute Laufzeit ankommen kann. Aber auch der Kontakt mit wechselnden Netzwerken, das Abgleichen von Daten mit anderen PCs oder das Durchführen von Präsentationen sind wichtige Aspekte im Aufgabenspektrum eines mobilen PCs. Microsoft hat diesen Anforderungen auf verschiedene Arten Rechnung getragen.

So bringt Windows ein Mobilitätscenter speziell für mobile Rechner mit, das alle notebookrelevanten Einstellungen zentral zusammenfasst. In den verschiedenen Bereichen wurden außerdem zahlreiche Verbesserungen vorgenommen, von denen gerade auch Mobil-PCs profitieren – so z. B. beim automatischen Erkennen und Einbuchen in wechselnde WLANs. Exklusiv für Notebooks bringt Windows auch den Präsentationsmodus mit, mit dem sich der PC mit einem Mausklick optimal für Präsentationen konfigurieren lässt.

43.1 Mit dem Mobilitätscenter alle Mobilfunktionen zentral steuern

Zu den neuen Funktionen von Windows speziell für Notebooks und Netbooks gehört das Mobilitätscenter. Es fasst alle für solche Geräte relevanten Einstellungen in einer übersichtlichen Oberfläche zusammen. So kann man nicht nur den derzeitigen Status verschiedener Einstellungen kontrollieren, sondern z. B. auch grundlegende Einstellungen wie das Wechseln des Energiesparplans oder das Aktivieren und Deaktivieren des WLAN-Adapters schnell und einfach erledigen. Außerdem ermöglicht es den direkten Zugang zu den detaillierten Optionen für diese Bereiche.

INFO

Fehlende Module im Mobilitätscenter?

Das Mobilitätscenter besteht aus verschiedenen Modulen, die je nach Verfügbarkeit automatisch ein- und ausgeblendet werden. Verfügt Ihr Gerät z. B. über die Möglichkeit, die Helligkeit der Hintergrundbeleuchtung zu verändern, dann zeigt das Mobilitätscenter ein Modul an, mit dem Sie dies einstellen können. Ist die Helligkeit bei Ihrem Gerät fest eingestellt, wird dieses Modul gar nicht erst angezeigt. Außerdem können Notebook-Hersteller eigene Module in das Mobilitätscenter integrieren. Aus diesem Grund kann das Mobilitätscenter bei jedem etwas anders aussehen, das ist kein Grund zur Beunruhigung.

Helligkeit

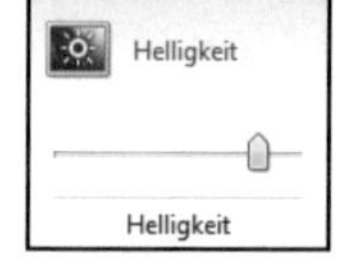

Viele Notebooks und Netbooks bieten die Möglichkeit, die Helligkeit der Hintergrundbeleuchtung zu verändern. Dies ist für das Energiesparen von Bedeutung, denn je geringer die Helligkeit, desto weniger Strom wird verbraucht und desto länger hält der Akku. Vor allem aber lässt sich das Display so an das Umgebungslicht anpassen, sodass stets eine optimale Lesbarkeit gewährleistet ist. Bietet Ihr Notebook diese Möglichkeit, dann zeigt das Mobilitätscenter das Modul Helligkeit an. Hier können Sie über einen Schieberegler die gewünschte Intensität der Beleuchtung einstellen. Wenn Sie auf das Bildschirm-Symbol in diesem Modul klicken, gelangen Sie in die Energiespareinstellungen, in denen Sie detaillierter Einstellungen festlegen können. Dort lässt sich die Helligkeit z. B. getrennt für den mobilen Einsatz und den Betrieb an einer Steckdose bestimmen.

Lautstärke

Die Lautstärke lässt sich in der Regel direkt am Gerät über Tasten(-kombinationen) regeln. Alternativ dazu bietet Ihnen das Mobilitätscenter eine komfortablere Alternative.

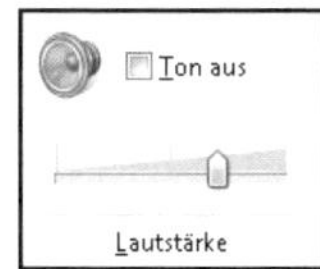

Im Modul Lautstärke können Sie das Klangvolumen per Maus über einen Schieberegler optimieren. Mit der Option *Ton aus* lässt sich die Soundhardware des Geräts außerdem pauschal an- und ausschalten. Ein Klick auf das Lautsprecher-Symbol öffnet die Klangeinstellungen von Windows für detailliertere Optionen.

Akkustatus

Ganz wichtig für den reibungslosen Notebook-Betrieb ist der Status des Akkus, also der aktuelle Ladestand und die verbleibende Restlaufzeit. Für diese Anzeige ist das Modul Akkustatus zuständig. Es gibt den Ladestand an und stellt ihn zugleich optisch mit einem Symbol dar. Wie präzise die Angabe ist, hängt allerdings vom Gerät selbst ab. Teilweise sind nur Prozentangaben in groben Schritten möglich, teilweise wird präzise die verfügbare Restlaufzeit in Stunden und Minuten angegeben (auch wenn es sich dabei nur um eine Schätzung handelt). Mit dem Auswahlfeld darunter können Sie schnell zwischen verschiedenen Energiesparplänen wechseln. Hier werden genau die Pläne angezeigt, die in den Energiesparoptionen festgelegt sind. Standardmäßig sind das also nur *Ausbalanciert*, *Energiesparmodus* und *Höchstleistung*. Wenn Sie aber eigene Energiesparpläne definieren oder der Hersteller Ihres Notebooks zusätzliche Standardpläne installiert hat, werden diese hier auch aufgeführt. Mit einem Klick auf das Akku-Symbol gelangen Sie in die Energieoptionen, in denen Sie die Energiesparpläne im Detail bearbeiten können (siehe S. 755).

TIPP

Anzeige der Restlaufzeit

Wenn im Akku-Modus unter Windows 7 die Restlaufzeit der Net-/Notebooks scheinbar wahllos Daten anzeigt und nicht zu funktionieren scheint, liegt das häufig nicht an Windows, sondern an der Hardware. Einige Net-/Notebooks haben eine ungleichmäßige Leistungsaufnahme, was sich meist auch in relativ starken Laufzeitschwankungen bemerkbar macht. In diesen Fällen greift die Windows-Anzeige leider nicht.

Drahtlosnetzwerk

Ein WLAN-Adapter gehört bei Notebooks und Netbooks heutzutage quasi zur Standardausstattung. Dementsprechend bringt das Mobilitätscenter ein Modul hierfür mit. Es zeigt den Status der WLAN-Verbindung an sowie bei bestehender Verbindung die ungefähre Qualität des Signals. Wichtig aber ist, dass Sie den

WLAN-Adapter mit einem Klick auf die entsprechende Schaltfläche einschalten bzw. ausschalten können. Wann immer keine WLAN-Verbindung benötigt wird, können Sie die Drahtlosverbindung so zuverlässig deaktivieren, um keine unnötigen Sicherheitsrisiken einzugehen. Mit einem Klick auf das Verbindungssymbol gelangen Sie direkt in die WLAN-Einstellungen.

Bildschirmausrichtung

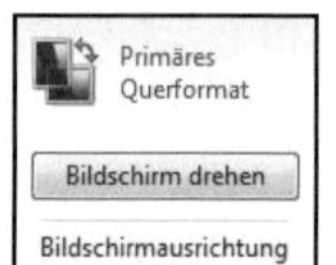

Bei Tablet-PCs und einigen Notebooks besteht die Möglichkeit, den Bildschirminhalt zu drehen, sodass der Inhalt quer oder „auf dem Kopf" dargestellt wird. So lässt sich der Inhalt an die Displayausrichtung anpassen und Inhalte können z. B. längs in voller DIN-A4-Größe angezeigt werden. Klicken Sie hierzu auf die *Bildschirm drehen*-Schaltfläche. Das genaue Verhalten ist vom jeweiligen Gerät abhängig. In der Regel dreht sich der Bildschirminhalt mit jedem Klick um 90 Grad. Gegebenenfalls müssen Sie also einfach mehrmals klicken, um die gewünschte Ausrichtung zu erreichen.

Externer Bildschirm

Die meisten Notebooks bieten die Möglichkeit, zusätzlich zum eingebauten Display einen externen Bildschirm anzuschließen. Dieser kann z. B. genutzt werden, wenn das Notebook am regulären Arbeitsplatz ganz ergonomisch genutzt werden soll. Er kommt aber auch zum Einsatz, wenn mit dem Notebook eine Präsentation auf einem entsprechenden Bildschirm oder aber etwa auf einem Beamer durchgeführt werden soll. Mit der *Monitor anschließen*-Schaltfläche können Sie den zusätzlichen Monitorausgang des Notebooks aktivieren. Windows versucht dann, den dort angeschlossenen Monitor zu erkennen und als zusätzliche Bildschirmausgabe zu verwenden. Mit einem Klick auf das Monitor-Symbol öffnen Sie die Anzeigeeinstellungen, in denen Sie die Anzeige ggf. optimieren können.

Synchronisierungscenter

Wenn das Notebook nur für den Außeneinsatz verwendet wird, die Daten aber auf einem anderen PC oder im Firmennetzwerk gespeichert und weiterverarbeitet werden, ist das Abgleichen der Datenbestände eine wichtige und womöglich komplizierte Aufgabe. Für solche Fälle bringt Windows das Synchronisierungscenter mit, das solche Aufgaben automatisch erledigen kann. Das gleichnamige Modul im Mobilitätscenter bietet eine Abkürzung zu diesem Werkzeug. Es zeigt Ihnen den Status an, also ob Kontakt zu einem Synchrongerät besteht, ob die Daten derzeit synchronisiert sind bzw. ob beim Synchronisieren Probleme aufgetreten sind. Außerdem können Sie mit einem Klick auf die Schaltfläche *Synchronisieren* jederzeit einen Synchronisierungsvorgang starten. Um das Synchronisierungscenter von Windows für weitere Einstellungen und Funktionen zu öffnen, klicken Sie auf das Synchron-Symbol.

Präsentationseinstellungen

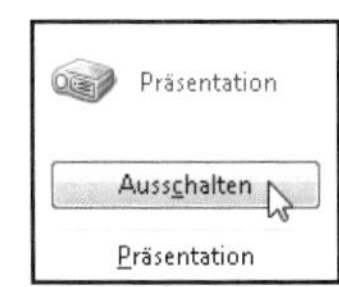

Ebenfalls als besonderen Service für Notebooks bietet Windows einen Präsentationsmodus an. Dieser ist dafür gedacht, peinliche Pannen zu vermeiden. Schließlich will man während einer wichtigen Präsentation nicht, dass sich ständig der Bildschirmschoner einschaltet oder der Kalender sich mit Hinweisen auf private Termine in den Vordergrund drängt. Dank des Präsentationsmodus können Sie solche Störungen mit einem Mausklick auf die entsprechende Schaltfläche ausschalten. Ein späterer erneuter Klick kehrt wieder zu den zuvor gültigen Einstellungen zurück. Beachten Sie dabei, dass im Präsentationsmodus auch verschiedene Stromspareinstellungen deaktiviert sind. Wenn möglich sollten Sie das Notebook währenddessen an einer Steckdose betreiben.

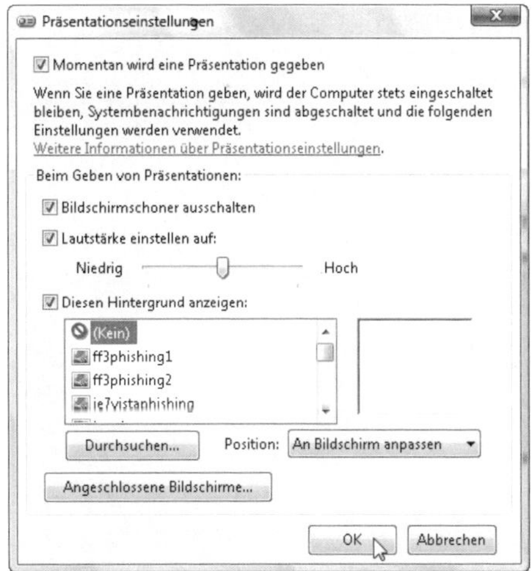

Einige Details des Präsentationsmodus können Sie steuern, wenn Sie auf das Beamer-Symbol in diesem Modul klicken. Damit öffnen Sie die Präsentationseinstellungen. Hier können Sie den Bildschirmschoner ausschalten sowie die Lautstärke einstellen und ein bestimmtes Hintergrundbild z. B. mit dem Logo Ihrer Firma wählen bzw. mit *(Kein)* einfach das aktuelle Hintergrundbild für die Dauer der Präsentation deaktivieren. Alle diese Einstellungen werden dauerhaft gespeichert und jedes Mal wieder aktiviert, wenn Sie den Präsentationsmodus einschalten. Mit *Angeschlossene Bildschirme* können Sie die aktuelle Bildschirmkonfiguration speichern. Windows kann dann den Präsentationsmodus automatisch wieder aktivieren, wenn Sie Ihr Notebook das nächste Mal mit demselben Monitor oder Projektor verbinden.

Module von Drittherstellern im Mobilitätscenter

Neben den Standardmodulen von Windows, die je nach Funktionalität des PCs angezeigt werden, können auch Drittanbieter eigene Module erstellen und in das Mobilitätscenter einbinden. Davon machen z. B. die Hersteller von Marken-Notebooks häufig Gebrauch, die Module entwickeln, um die speziellen Funktionen ihrer Modelle zu steuern. Es gibt aber auch Module von unabhängigen Entwicklern, auch wenn Microsoft dies nicht gern sieht. Denn potenziell ist es ein Sicherheitsrisiko, solche Erweiterungen aus unsicheren Quellen im Internet herunterzuladen. Trotzdem lassen sich auf diesem Weg praktische weitere Funktionen für Ihr Notebook installieren.

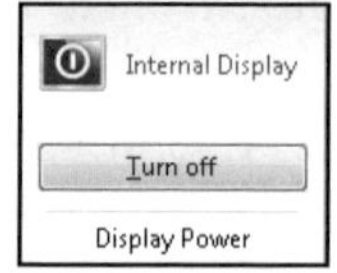

- Mit dem Modul Display Off können Sie das Display Ihres Notebooks jederzeit per Mausklick deaktivieren, um Strom zu sparen, wenn Sie z. B. einfach nur Musik oder Internetradio hören möchten. Klicken Sie dazu einfach auf die Schaltfläche *Turn off*. Sie können es unter *http://www.istartedsomething.com/20071221/extending-mobility-center-tile/* kostenlos herunterladen.

- Eine ähnliche Funktion wie das Modul Drahtlosnetzwerk erfüllt das ebenfalls kostenlose Modul Bluetooth Toggle. Es aktiviert bzw. deaktiviert nach Bedarf die eingebaute Bluetooth-Hardware mit einem Klick auf die *Toggle Bluetooth*-Schaltfläche. Sie finden es unter *http://www.withinwindows.com/2008/03/23/bluetooth-toggle-the-second-non-oem-windows-mobility-center-tile/*.

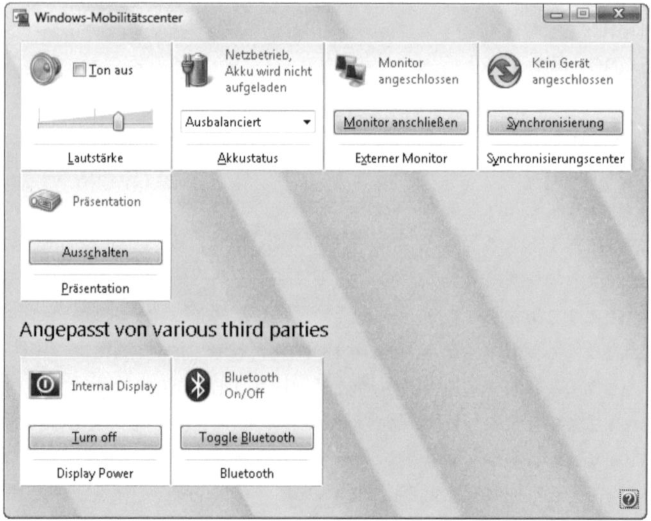

Das Mobilitätscenter kann auch Module von anderen Anbietern aufnehmen.

Das Mobilitätscenter verfügt nicht über eine Verwaltung, welche Module angezeigt werden und welche nicht. Die Standardmodule werden automatisch je nach Fähigkeiten des Geräts zum Einsatz gebracht. Selbst installierte Module von Fremdanbietern können Sie wie sonstige Software über die Systemsteuerung und *Programme und Funktionen* deinstallieren. Sie finden sie in der Regel unten in der Liste mit einem Namen, der mit *Windows Mobility Center...* beginnt.

43.2 Bei Notebook und Netbook möglichst viel Energie sparen

Wenn Sie Ihr Notebook wirklich mobil einsetzen und nicht nur von Steckdose zu Steckdose tragen (wogegen nichts einzuwenden wäre), kommt der Akku-Laufzeit eine besondere Bedeutung zu. Schließlich will man ja möglichst lange ungestört arbeiten können. Während wirklich detaillierte und flexible Stromspareinstellungen in früheren Windows-Versionen nur mit spezieller Zusatzsoftware der Notebook-Hersteller möglich waren, bieten die Energiesparpläne von Windows eine Vielzahl von Einstellungsmöglichkeiten. Durch kleine Änderungen lassen sich da schon mal hier zehn Minuten und dort eine Viertelstunde mehr Laufzeit herausschlagen. Außerdem ist es wichtig, die Warnungen vor leerem Akku optimal zu konfigurieren, damit sie nicht zu früh, aber auch auf gar keinen Fall zu spät erfolgen – genau rechtzeitig eben.

1 Die Energieoptionen von Windows bieten von Hause aus drei Energiesparpläne an. Hiervon eignet sich für den Stromsparwilligen am ehesten die Option *Energiesparmodus*. Aber selbst dieser Modus lässt noch Spielraum für weitere Energiesparmaßnahmen. Wählen Sie ihn dazu aus und klicken Sie dann auf *Energiesparplaneinstellungen ändern*.

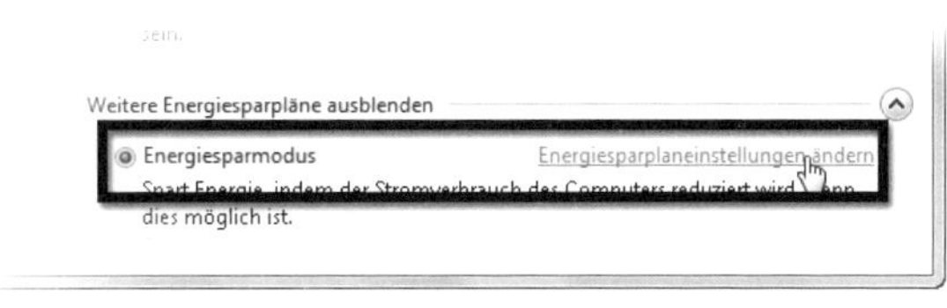

2 Im anschließenden Dialog klicken Sie wiederum auf *Erweiterte Energieeinstellungen ändern*, um die Detaileinstellungen aufzurufen.

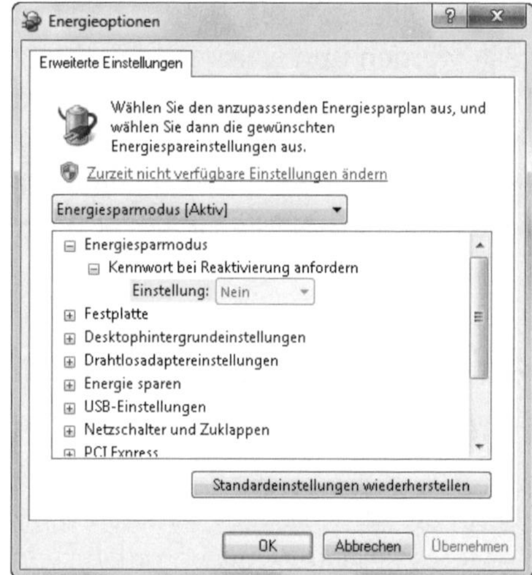

3 Nun erhalten Sie Zugang zur Liste mit den detaillierten Einstellungen dieses Energiesparplans. Darin befindet sich eine Reihe von Einstellungen, mit denen Sie noch mehr Strom sparen und die Akku-Laufzeit so noch weiter verlängern können. Nicht jede Einstellung ist für jedes Gerät und jede Situation hilfreich, aber mit ein wenig Ausprobieren finden Sie den für Sie persönlich optimalen Mix:

- *Festplatte/Festplatte ausschalten nach*: Die Festplatte gehört zu den größten Stromfressern im PC. Deshalb ist es sinnvoll, sie bei längerem Nichtgebrauch in den Strom sparenden Stand-by-Modus zu schicken. Der voreingestellte Wert ist dabei meist ganz passend. Denn zu kurz sollte die Wartezeit auch nicht sein. Zum einen schadet häufiges Ein- und Ausschalten auf Dauer der Laufwerkmechanik. Zum anderen wird beim Anfahren der Festplatte der meiste Strom verbraucht. Hier empfiehlt sich deshalb eine Einstellung, bei der die Festplatte, wenn sie denn in den Stand-by-Modus wechselt, auch möglichst lange darin verbleibt. Ansonsten empfiehlt sich gerade auch in Notebooks der Einsatz von Solid-State-Disks ohne bewegliche Teile. Diese verbrauchen generell eher weniger Strom und das Umschalten zwischen Stand-by- und Normalmodus ist nicht aufwendig.

- *Drahtlosadaptereinstellungen*: Diese Einstellung ist besonders wichtig, denn ein eingebauter WLAN-Adapter kann reichlich Strom fressen, wenn er ständig eingeschaltet ist. Eine einfache Möglichkeit wäre es deshalb, ihn nur dann einzuschalten, wenn er benötigt wird. Viele Notebooks bieten extra dafür einen Schalter oder eine Tastenkombination an. Ansonsten kann man dies auch komfortabel im Mobilitätscenter erledigen. Ist der Adapter aber eingeschaltet, können Sie seinen Verbrauch hier regeln. Dabei sollte auf alle Fälle einer der Energiesparmodi zum Einsatz kommen. Je kleiner die Sendeleistung ist, desto geringer ist der Verbrauch. Allerdings kann eine zu geringe Sendeleistung in ungünstigen Situationen auch zu Verbindungsproblemen oder einer zu geringen Durchsatzrate führen. Das lässt sich aber leicht ausprobieren. Denken Sie nur bei Problemen mit einem neuen WLAN daran, dass es eventuell auch an dieser Einstellung liegen kann.

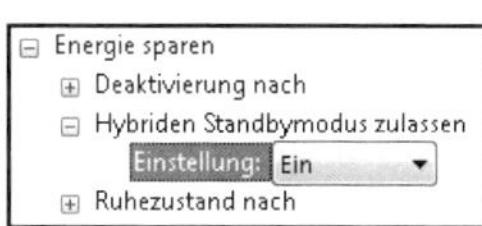

- Unter *Energie sparen* können Sie einstellen, nach welchem Zeitraum die verschiedenen Stromsparzustände eingenommen werden sollen. Besonders interessant ist hier die Option *Hybriden Standbymodus zulassen*. Ist sie aktiviert, verwendet Windows eine Kombination aus Ruhzustand und Stand-by-Modus. Der PC wird in den Stand-by-Modus versetzt, in dem nur noch der Arbeitsspeicher mit Strom versorgt wird. Zuvor wird aber der Inhalt des Arbeitsspeichers wie beim Ruhezustand auf die Festplatte gesichert. Man kann also im Stand-by-Modus den PC einfach ausschalten und er kehrt beim nächsten Start wie aus dem Ruhezustand in den alten Status zurück. Der besondere Nebeneffekt für mobile Rechner: Sollte dem Notebook im Stand-by-Modus der Strom ausgehen, macht das überhaupt nichts. Wird der Akku wieder geladen, stellt Windows den alten Zustand ohne Datenverluste wieder her.

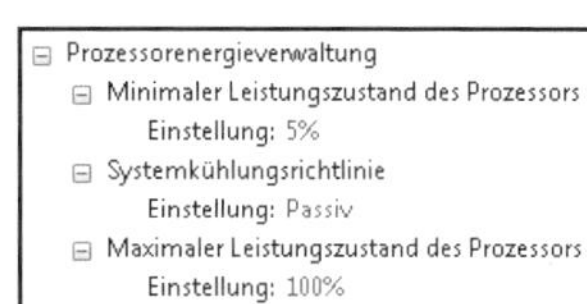

- *Prozessorenergieverwaltung*: Moderne Prozessoren und insbesondere spezielle Modelle für den mobilen Einsatz können ihre Rechenleistung und damit ihren Verbrauch sehr flexibel steuern. Hier können Sie angeben, mit wie viel Prozent seiner maximalen Möglichkeiten Ihr Prozessor im Minimal- und im Maximalfall laufen soll. Insbesondere der maximale Leistungszustand lässt sich teilweise deutlich drosseln, wenn ein moderner Prozessor eingebaut ist, der mit Internet, E-Mail und Textverarbeitung aber kaum ausgelastet wird. Mit dem Aktivieren der Systemkühlungsrichtlinie trimmen Sie Ihren PC auf Rechenleistung, da dann bei steigender Temperatur zunächst die Lüfterdrehzahl erhöht wird, bevor die Prozessorleistung reduziert wird. Ist die Systemkühlungsrichtlinie hingegen passiv, wird zunächst der Prozessor gedrosselt. Das reduziert nicht nur Lärm, sondern spart auch Energie, sodass dies für Notebooks die sinnvollere Wahl ist.

Warnungen bei leerem Akku konfigurieren

Um Datenverluste zu vermeiden, ist es wichtig, den Akku-Ladestand zu überwachen und ggf. rechtzeitig Maßnahmen zu ergreifen. Windows kann Sie dabei unterstützen, in dem es das Notebook z. B. beim Erreichen eines kritischen Akku-Niveaus automatisch herunterfährt und dabei die Daten sichert. Hierbei sind zwei Zustände zu unterscheiden:

- Niedrige Batteriekapazität: Die Akku-Ladung neigt sich allmählich dem Ende entgegen. Sie haben nicht mehr viel Zeit, um so weiterzuarbeiten. Entweder Sie suchen nach einer Steckdose bzw. wechseln ggf. den Akku oder Sie beenden die Arbeit allmählich und sichern Ihre Dokumente.

- Kritische Batteriekapazität: Der Akku ist so gut wie leer und der Rechner kann sich jeden Moment abschalten. Sichern Sie unverzüglich offene Dokumente und fahren Sie den Rechner herunter.

Das Schöne daran: Sie selbst können festlegen, bei welcher Akku-Restladung diese Zustände erreicht werden. So trägt Windows der Tatsache Rechnung, dass jedes Notebook und jeder Akku etwas anders ist und Sie selbst Ihr Gerät am besten einschätzen können. Außerdem kann man so auch flexibel z. B. auf einen im Lauf der Zeit etwas nachlassenden Akku reagieren. Zusätzlich können Sie sich nicht nur bei niedriger Kapazität benachrichtigen lassen, sondern auch automatische Aktionen für niedrige und kritische Kapazität festlegen. So kann Windows sich z. B. beim Erreichen der kritischen Kapazität automatisch in den Ruhezustand versetzen, sodass der momentane Zustand einschließlich eventuell ungesicherter Dokumente auf der Festplatte gespeichert wird und beim nächsten Einschalten wieder zur Verfügung steht. Die Einstellungen hierfür finden Sie ebenfalls in den erweiterten Energieoptionen:

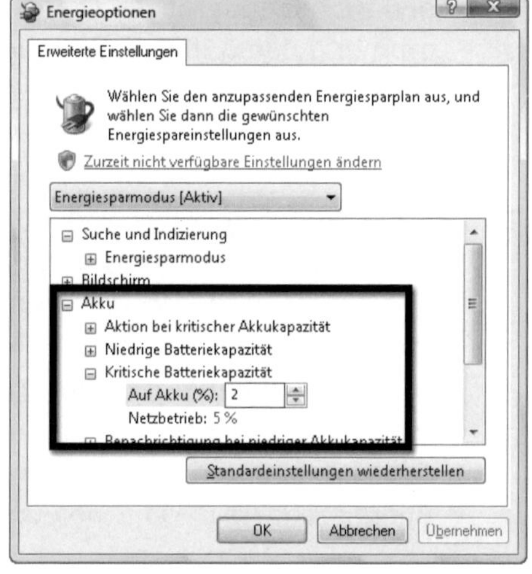

- Mit *Niedrige Batteriekapazität* bzw. *Kritische Batteriekapazität* legen Sie jeweils die Restkapazität des Akkus in Prozent fest, bei der dieser Zustand erreicht sein soll. Hier können Sie sich durch Ihre Erfahrungen mit Ihrem Gerät leiten lassen bzw. sich ggf. allmählich an die optimale Einstellung herantasten.
- Mit der Einstellung *Benachrichtigung bei niedriger Akkukapazität* weisen Sie Windows an, sich beim Erreichen der festgelegten Restladung mit einem Hinweis zu melden.
- Mit den beiden Optionen *Aktion bei kritischer Akkukapazität* bzw. *Aktion bei niedriger Akkukapazität* können Sie Windows automatisch eine bestimmte Aktion ausführen lassen. So empfiehlt es sich z. B., Windows beim Erreichen der kritischen Akku-Restladung automatisch in den Ruhezustand wechseln zu lassen. Dabei wird der aktuelle Zustand des PCs auf der Festplatte gespeichert und das Gerät dann abgeschaltet. Wenn der Akku später wieder geladen ist bzw. das Notebook an einer Steckdose hängt, können Sie es wieder einschalten und Windows kehrt zum alten Zustand zurück. So sind Datenverluste selbst bei geöffneten Dokumenten praktisch ausgeschlossen.

Den Akku überwachen

Verfügt Ihr PC über einen Akku, dann blendet Windows standardmäßig ein Symbol dafür im Infobereich der Startleiste ein. Dieses verrät Ihnen jederzeit den Status des Akkus und der Stromversorgung und erlaubt Ihnen darüber hinaus Zugang zu den wichtigsten Einstellungen. Das Akku-Symbol besteht aus einer stilisierten Batterie, die den Ladezustand angibt, sowie aus ggf. zusätzlichen Symbolen.

TIPP

Kein Akku-Symbol sichtbar?

Ihr Gerät verfügt über einen Akku, aber es ist kein Symbol dafür im Infobereich zu sehen? Klicken Sie in diesem Fall mit der rechten Maustaste auf die Taskleiste und wählen Sie im Kontextmenü ganz unten den Befehl *Eigenschaften*. Wechseln Sie im anschließenden Menü auf die Registerkarte *Infobereich*. Hier finden Sie ganz unten im Bereich *Systemsymbole* die Option *Energie*, die das Anzeigen des Akku-Symbols steuert. Sollte diese Option grau und inaktiv sein, kann Windows den vorhandenen Akku nicht erkennen. In diesem Fall hilft eventuell ein aktuelles Treiberpaket vom Hersteller des Notebooks.

- Wird das Notebook mobil eingesetzt, zeigt die Batterie den ungefähren Ladestand an. Ist sie komplett grün gefüllt, ist der Akku voll. Im weiteren Verlauf wird der grüne Balken dann langsam immer kürzer.
- Erreicht der Akku den festgelegten niedrigen Stand, wird das Symbol zusätzlich mit einem gelben Warndreieck versehen. Nun neigt sich die verbleibende Arbeitszeit dem Ende entgegen.
- Sinkt der Akku-Stand noch weiter bis auf das definierte kritische Niveau ab, wird das gelbe Dreieck durch ein rotes Warnsymbol ersetzt. Nun sollte die Arbeit sofort gesichert und das Notebook abgeschaltet werden. Je nach Einstellung wird Windows auch automatisch aktiv und wechselt z. B. in den Ruhezustand.
- Ist der Mobilrechner mit dem Stromnetz verbunden, wird zusätzlich zur Batterie noch ein stilisierter Stecker angezeigt. In der Regel wird der Akku in diesem Zustand auch geladen.
- Sollte es Probleme beim Ermitteln des Akku-Zustands geben, wird die Batterie grau und ohne Füllstandsanzeige dargestellt. Das muss nicht unbedingt bedeuten, dass der Akku nicht funktioniert, aber zumindest kann Windows nichts Genaueres dazu sagen. Manche Geräte unterstützen das Auslesen des Ladezustands nicht, eventuell liegt auch ein Treiberproblem oder ein Hardwaredefekt vor. Zumindest am Stromnetz sollte sich das Notebook aber trotzdem noch problemlos betreiben lassen.

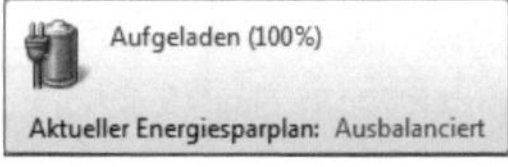

Das Akku-Symbol zeigt Ihnen den Ladezustand nur optisch an. Wenn Sie den Mauszeiger auf das Symbol bewegen und dort verharren lassen, erhalten Sie eine genauere Angabe, wie viel Prozent der Gesamtkapazität noch zur Verfügung steht. Bei manchen Geräten wird hier sogar eine präzise Abschätzung der Restlaufzeit angezeigt. Außerdem erfahren Sie, welcher Energiesparplan gerade aktiv ist.

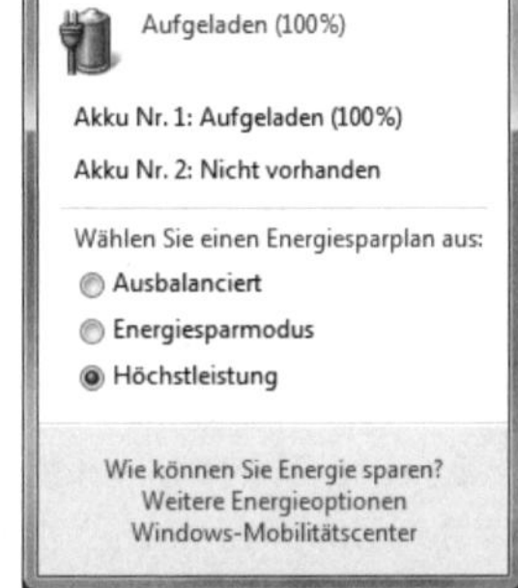

Wenn Sie mit der linken Maustaste auf das Akku-Symbol im Infobereich klicken, wird ein Fenster mit noch genaueren Informationen angezeigt. Hier wird z. B. auch der Ladezustand eines eventuell vorhandenen zweiten Akkus angezeigt. Außerdem können Sie hier schnell zu einem anderen Energiesparplan wechseln.

44. Auch unterwegs jederzeit online

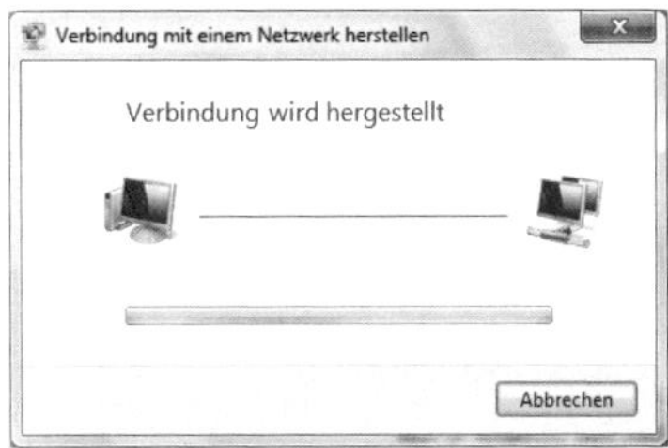

Notebook und Netbook sind mit einem Überall-Internetzugang noch vielseitiger und praktischer nutzbar. Dank der ständig wachsenden Zahl an öffentlichen WLAN-Hotspots lässt sich auch oft ein geeignetes Plätzchen finden. Noch unabhängiger macht Internet via Mobilfunk. UMTS-Netze sind zumindest in Ballungszentren inzwischen flächendeckend verfügbar und ggf. mit einer Flatrate auch erschwinglich. In ländlicheren Gegenden steht meist zumindest eine Beschleuniger-Technologie wie EDGE zur Verfügung. Aber selbst das praktisch überall verfügbare GPRS reicht notfalls zum E-Mail-Versenden und Abrufen einfacher Webseiten. Windows 7 verbindet alle diese Zugangswege zentral im Netzwerk- und Freigabecenter und macht vor allem den Wechseln zwischen verschiedenen Zugängen schnell bzw. ggf. sogar vollautomatisch möglich.

HINWEIS

An öffentlichen Hotspots automatisch mit höchster Sicherheit surfen

An vielen Stellen stehen inzwischen schon öffentliche Hotspots bereit, wo Sie z. B. im Internetcafé oder Hotel einen drahtlosen Internetzugang verwenden können. Besteht diese Möglichkeit, ist sie allemal vorzuziehen, wenn die Gebühren dafür nicht gerade exorbitant sind. WLANs sind in der Regel stabiler und leistungsfähiger als Internetverbindungen via Mobilfunknetz (siehe im Folgenden). Die Verwendung von WLAN-Verbindungen ist ab Seite 483 ausführlich beschrieben. Alles dort Gesagte gilt für stationäre PCs ebenso wie für Notebooks im mobilen Einsatz.

44.1 Überall-Internet per Handy mit GPRS/EDGE/UMTS/HSDPA

Der mobile Internetzugang per WLAN-Hotspot ist die einfachere, schnellere und meist auch kostengünstigere Variante. Leider stehen WLANs aber eben nur an bestimmten Standorten zur Verfügung und haben nur eine begrenzte Reichweite. Selbst in Großstädten gibt es deshalb viele Ecken, an denen kein öffentliches WLAN verfügbar ist. Das sieht beim Internetzugang via Mobilfunknetz ganz anders aus. Hier gibt es allenfalls im „tiefsten Wald“ oder in Bergregionen noch weiße Flecken auf der Versorgungskarte. Ansonsten ist zumindest ein Basiszugang via GPRS möglich, der E-Mail und Websurfen in akzeptabler Geschwindigkeit ermöglicht. Beschleunigungstechniken wie EDGE und HSDPA machen den Zugang sogar richtig flott. In Großstädten und Ballungszentren steht außerdem zunehmend UMTS zur Verfügung, was mit seiner Geschwindigkeit einem DSL-Zugang kaum nachsteht. Die nachfolgende Tabelle führt die verschiedenen Technologien mit ihren theoretischen Übertragungsgeschwindigkeiten „laut Werbung“ sowie den in der Praxis erfahrungsgemäß eher zu erwartenden realen Werten auf.

Zugangstechnologie	Download (theoretisch)	Upload	Download (Praxis)
GSM (CSD)	14,4 Kbit/s	14,4 Kbit/s	annährend erreichbar
GSM HSCSD	115,2 Kbit/s	28,8 Kbit/s	28,8–43,2 Kbit/s
GPRS	171,2 Kbit/s	26,8 Kbit/s	bis zu 53,6 Kbit/s
EDGE	473 Kbit/s	108,8 Kbit/s	bis zu 220 Kbit/s
UMTS	384 Kbit/s	64 Kbit/s	annährend erreichbar
HSPA (HSDPA & HSUPA)	7,2 Mbit/s	1,4 Mbit/s	3,6 Mbit/s

44.2 Die Internetverbindung des Handys nutzen

Die einfachste Variante, mit dem Notebook unterwegs online zu gehen, ist ein Handy bzw. Smartphone, das seinerseits über eine Internetverbindung verfügt. Wenn Sie das Gerät per USB-Kabel oder drahtlos per Bluetooth mit dem Notebook verbinden, kann es seine Internetverbindung für die Nutzung durch das Notebook freigeben.

HINWEIS

Tethering und die Mobilfunkbetreiber

Das Tethering – also das Nutzen der Internetverbindung eines Handys/Smartphones durch ein weiteres Gerät – wird von den Mobilfunkbetreibern nicht gern gesehen. Der Grund dafür liegt darin, dass mit einem ausgewachsenen Notebook wesentlich mehr Daten in kürzerer Zeit abgerufen werden können, als dies mit einem Smartphone typischerweise möglich ist. Deshalb verbieten die Betreiber diese Nutzung teilweise ausdrücklich oder belegen sie mit Zusatzkosten. Dies sollten Sie mit ihrem Anbieter klären, bevor Sie diese Art des Internetzugangs nutzen. Sonst kann es bei der nächsten Abrechnung eine unangenehme Überraschung geben.

1 Stellen Sie die Verbindung zwischen Notebook und Handy via USB oder Bluetooth her.

2 Aktivieren Sie auf dem Handy ggf. die Internetverbindung, sofern diese nicht bei Bedarf automatisch hergestellt wird.

3 Rufen Sie dann auf dem Handy die Funktion für die Internetverbindungsfreigabe (bzw. Tethering) auf. Dies funktioniert bei allen Plattformen etwas anders:

- Bei Windows Mobile verwenden Sie dafür *Start/Programme/Internet-Freigabe*.
- Beim iPhone finden Sie die Funktion unter *Einstellungen/Allgemein/Netzwerk/Internet Tethering*.
- Android-Geräte bieten ab Version 2.2 diese Funktion unter *Einstellungen/Wireless/Mobiles Netzwerk/Mobile Netzwerkfreigabe*. Bei älteren Android-Versionen kann diese Funktionalität über eine zusätzliche Applikation wie PdaNet ermöglicht werden.

4 Nach Aktivieren der Funktion am Handy finden Sie in der Verbindungsübersicht des Notebooks eine neue Verbindung vor. Besteht keine andere, wird sie automatisch für den Kontakt zum Internet verwendet.

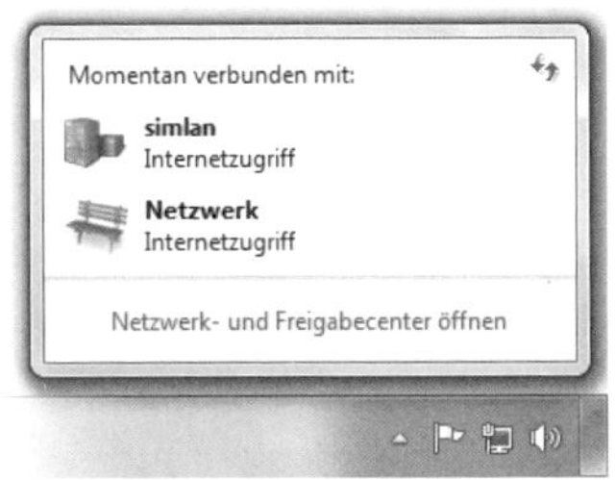

5 Beim ersten Zugriff auf diese Verbindung müssen Sie ggf. noch die Art des Netzwerks auswählen (*Heimnetzwerk*, *Arbeitsplatznetzwerk* oder *Öffentliches Netzwerk*). Aus Sicherheitsgründen empfiehlt sich das öffentliche Netzwerk, da diese Einstellungen maximalen Schutz bieten. Für weitere Verbindungen mit demselben Netz merkt Windows sich diese Einstellung.

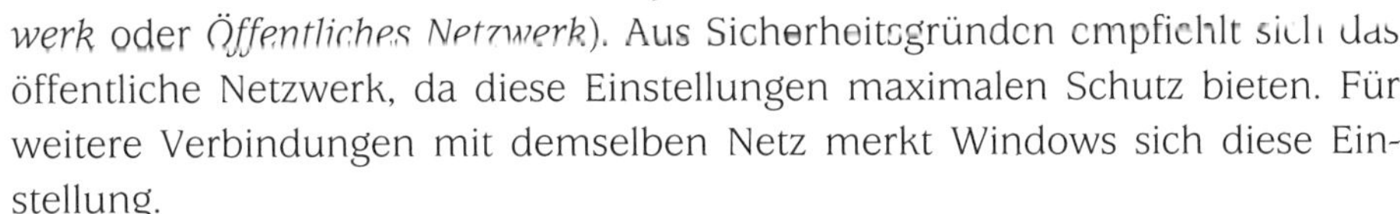

Die Internetverbindung per WLAN nutzen

Eine weitere Variante der Internetverbindungsfreigabe ist das Einrichten eines WLAN-Hotspots durch das Smartphone. Dieses nutzt seine eigene Internetverbindung und leitet den Datenverkehr aus dem WLAN darüber weiter. Das Notebook wiederum kann sich über den WLAN-Hotspot oder eine Ad-hoc-Verbindung mit dem Smartphone mit dem Internet verbinden. Diese Variante ist auf allen Smartphones möglich, die einen WLAN-Hotspot aufbauen können. Allerdings unterstützen die wenigsten Modelle dies von Haus aus. Es gibt aber für alle Plattformen Zusatzanwendungen, mit denen sich dies realisieren lässt. Auch hier gilt aber die Einschränkung, dass Tethering teilweise von den Mobilfunkanbietern ausdrücklich untersagt und unterbunden bzw. mit Zusatzkosten belegt wird.

44.3 Das Handy als Modem für die Interneteinwahl verwenden

Die vorangehend beschriebene Lösung funktioniert leider nur, wenn das Handy bzw. Smartphone mit Windows Mobile ausgestattet ist. Verwenden Sie ein anderes Gerät, das z. B. ein herstellerspezifisches Betriebssystem benutzt, bleibt nur der Weg, dieses in Windows 7 als Modem einzubinden. Auch dies geht entweder drahtgebunden per USB- bzw. Datenkabel oder drahtlos per Bluetooth. Entscheidend dabei ist, dass das Handy Windows ein Modem zur Verfügung stellt. Ob das der Fall ist, können Sie am einfachsten im Geräte-Manager feststellen. Hier sollte es in der Rubrik *Modems* aufgeführt werden. Dafür wird allerdings ein Treiber erforderlich sein. Eventuell kann Windows Update den beim Anschließen des Gerätes automatisch beschaffen. Ist ein Modem in Windows eingerichtet, benötigen Sie nur noch die Zugangsdaten für die Einwahl von Ihrem Provider.

1 Öffnen Sie das *Netzwerk- und Freigabecenter* und klicken Sie hier unter *Netzwerkeinstellungen ändern* auf *Neue Verbindung oder neues Netzwerk einrichten*.

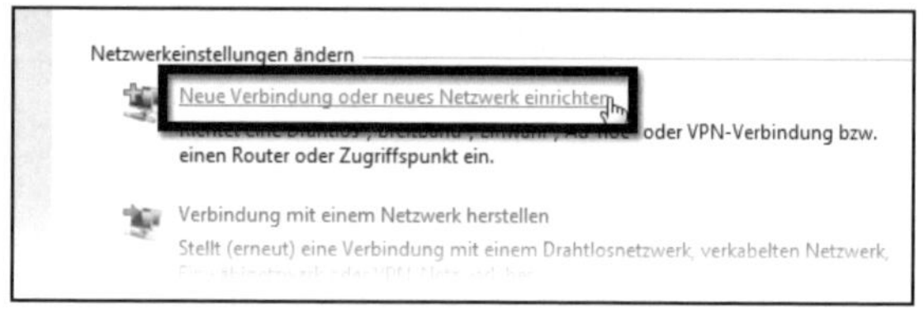

2 Suchen Sie im nächsten Schritt den Punkt *Wählverbindung einrichten* aus.

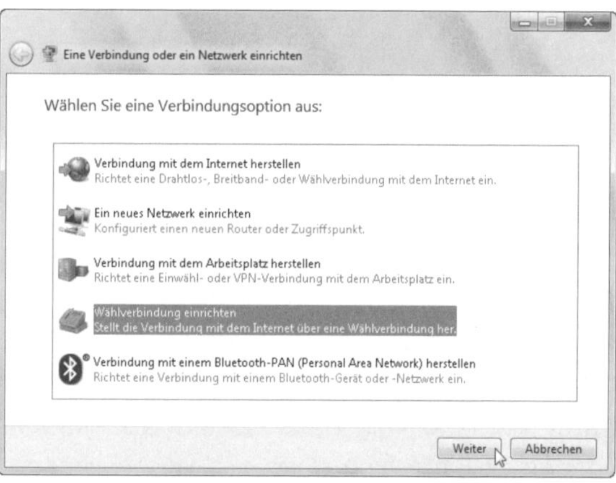

3 Sollte mehr als ein Modem eingerichtet sein, wählen Sie dann das Modem Ihres Handys aus. Ist es ohnehin das einzige, wird es automatisch ausgewählt und dieser Schritt entfällt.

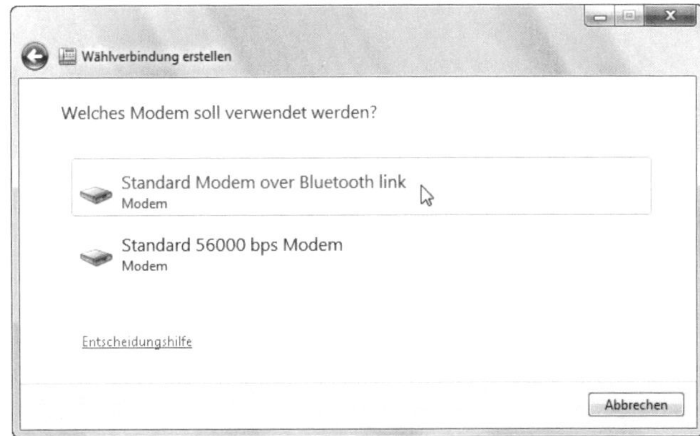

4 Im anschließenden Dialog geben Sie die Zugangsdaten für die Interneteinwahl bei Ihrem Mobilfunkanbieter ein. Die notwendigen Informationen erhalten Sie bei dessen Kundenservice oder auch mit einer Internetrecherche. Da die Benutzerzuordnung und Abrechnung über die SIM-Karte erfolgt, sind meist keine individuellen Zugangsdaten erforderlich, sondern es brauchen nur die allgemeinen Verbindungsparameter des Providers verwendet zu werden.

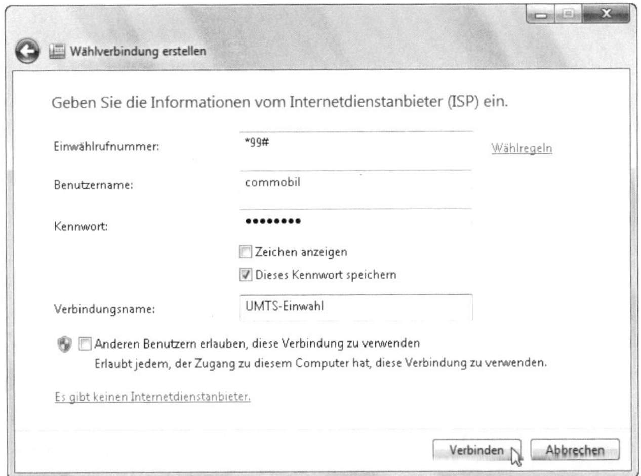

5 Windows versucht dann, die neue Verbindung direkt herzustellen. So können Sie sichergehen, dass die Einwahl mit dieser Konfiguration und den angegebenen Verbindungsdaten auch funktioniert.

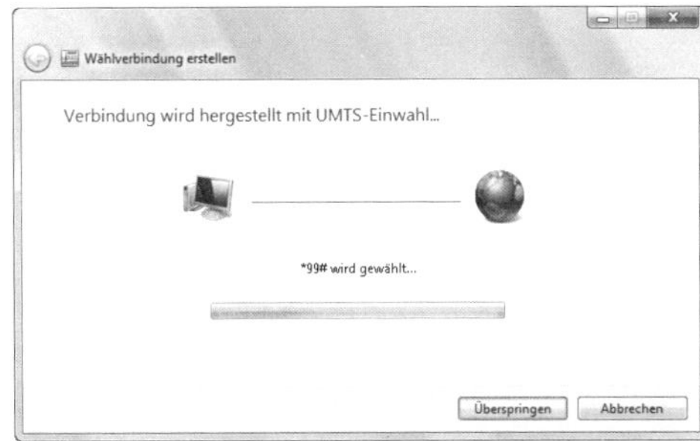

6 Hat alles geklappt, können Sie den Assistenten schließen. In Zukunft finden Sie die eingerichtete Einwählverbindung in der Liste der Netzwerkverbindungen vor, wenn Sie auf das Symbol des Netzwerk- und Freigabecenters im Infobereich klicken.

7 Damit rufen Sie den Einwahldialog auf, wo Sie ggf. noch das Kennwort angeben müssen (abhängig von Ihren Einstellungen wird es ab der ersten erfolgreichen Einwahl automatisch gespeichert und der Vorgang dann automatisiert). Klicken Sie dann unten links auf *Wählen*, um den Einwahlvorgang zu starten.

45. Termine und Kontakte mit iPhone, Android & Windows Phone 7 synchronisieren

Mobilgeräte wie Smartphones können nicht nur als „Verlängerung“ des PCs dienen, sondern sind heutzutage selbst kleine PCs mit zahlreichen Möglichkeiten. Viele Anwender benutzen sie als persönliche Informationsmanager, die ihnen auch unterwegs neuste Nachrichten, Termine und alle benötigten Kontaktdaten bereitstellen. Von weiterführenden Funktionen wie Medienplayer, E-Book-Reader, Digitalkamera oder Mini-Spielkonsole gar nicht zu reden. Ein zentrales Problem ist dabei das Synchronisieren der Daten mit dem PC. Schließlich will man ja z. B. nicht mehrere Adresssammlungen pflegen, bei denen man jede Änderung mehrfach durchführen muss und die trotzdem nie völlig einheitlich sind.

45.1 Kontakte und Termine mit Google in der Cloud sichern

Wer viel unterwegs ist und Kommunikation sowie Kontaktdaten und Termine stets dabeihaben und auch mal schnell bearbeiten möchte, ist mit einem modernen Smartphone gut bedient. Ob iPhone, Android, Windows Phone 7 oder auch noch Windows Mobile – für alle diese Mobilplattformen ist dies das „Brot- und Buttergeschäft“, das sich allemal gut erledigen lässt. Etwa problematischer wird es, wenn die Daten auf PC und Mobilgerät synchron gehalten werden sollen. Manuell kein Problem, aber sehr aufwendig. Optimal ist eine automatisierte Lösung, am besten noch zeitgesteuert und kabellos, sodass man nicht darauf angewiesen ist, das Handy regelmäßig mit dem PC zu verbinden.

E-Mail auf dem Mobilgerät

Das Empfangen von E-Mails auf einem Smartphone ist das kleinste Problem. Alle gängigen Plattformen unterstützen den Nachrichtenabruf von POP-, IMAP- oder Exchange-Konten. Das Synchronisieren z. B. via Exchange ist hierbei dem Abrufen vorzuziehen, da dabei die Nachrichten im Postfach und auf dem Handy synchron gehalten werden. Wenn Sie also eine Nachricht am PC lesen und löschen, wird diese automatisch auch vom Mobilgerät entfernt etc. Auf das Konfigurieren des E-Mail-Abrufs per Mobilgerät gehen wir hier nicht näher ein, da die Geräte hierfür in der Regel komfortable Assistenten anbieten, mit denen die notwendigen Daten (im Wesentlichen Serveradresse, Benutzername und Kennwort) schnell eingegeben sind.

HINWEIS

Onlinesynchronisieren und die Kosten

Viele schrecken vor dem Verwenden der Onlinesynchronisierung zurück, weil sie hohe Kosten für den mobilen Datenabruf befürchten. Das ist nur teilweise begründet. Sicherlich sollten Sie sich genau informieren, welche Kosten bei Ihrem Mobilfunktarif für Datenabrufe entstehen. Es gibt aber inzwischen viele Tarife mit günstigen Datenkosten oder gar eine Mobil-Flatrate (meist in der Übertragungsmenge pro Tag/Monat begrenzt). Gerade beim Übertragen von E-Mails, Terminen und Kontaktdaten fallen auch nur vergleichsweise geringe Übertragungsmengen an. Wenn Sie nicht gerade exzessiv kommunizieren, müssen Sie sich schon anstrengen, um damit auf eine dreistellige MByte-Zahl pro Monat zu kommen. Bei einem günstigen Mobilfunktarif sind die Kosten dafür gering. Im Gegenzug erhalten Sie den Komfort eines Mobilgerätes, das ganz ohne Kabel stets auf dem aktuellen Stand ist.

Termine und Kontakte via Google synchronisieren

Das Synchronisieren von Terminen und Kontakten ist prinzipiell direkt zwischen PC und Mobilgerät möglich. Das funktioniert auch gut, hat aber den Nachteil, dass hierfür eben regelmäßig eine Verbindung zwischen PC und Mobilgerät hergestellt werden muss. Sei es nur via USB, Bluetooth oder WLAN. Eine Alternative ist das Synchronisieren mithilfe der Cloud. Hierfür bieten sich Datendienste wie z. B. Google an. Registriert man dort kostenlos eine Benutzerkonto, kann man neben einem Postfach auch einen Onlinekalender und ein Onlineadressbuch einrichten. Diese lassen sich über jeden beliebigen Webbrowser benutzen. Wo immer Sie sind, können Sie also per Internet ohne spezielle Software auf Termine und Kontakte zugreifen.

Besonders interessant wird es aber, weil sich diese Onlinedatenquellen eben auch synchronisieren lassen. Und zwar einerseits mit Ihrer Software am PC wie z. B. Microsoft Outlook oder Mozilla Lightning und andererseits mit Ihrem Mobilgerät. Die Vorteile:

- Ihre Daten sind jederzeit von überall her verfügbar – notfalls auch ohne PC und/oder Mobilgerät, einfach per Webbrowser.
- Der Datenbestand zwischen PC und Mobilgerät kann automatisch synchronisiert werden, ohne dass ein physikalischer Kontakt zwischen PC und Mobilgerät bestehen muss.

- Sie erhalten eine zusätzliche Datensicherungsinstanz in der Cloud, die auch im Falle von Datenverlusten, Defekten oder Verlust des Mobilgerätes erhalten bleibt.
- Der Wechsel von einem Mobilgerät zu einem anderen ist denkbar einfach: das neue Mobilgerät für das Synchronisieren einrichten, die Synchronisierung durchführen und schon haben Sie wieder Ihren gewohnten Datenbestand.
- Der Google-Dienst ist ein Quasi-Standard, der von vielen Hard- und Softwareprodukten unterstützt wird und als zentraler Datenaustauschknoten zwischen diversen Anwendungen, Diensten und Geräten genutzt werden kann.

Nebenbei: Es gibt durchaus Alternativen zu Google. So bietet auch Microsofts Windows Live vergleichbar Dienste an, die sich ebenfalls mit verschiedenen Programmen und Geräten synchronisieren lassen. Sie haben also die Wahl. Wir stellen hier Google näher vor, weil es am weitesten verbreitet ist und die breiteste Unterstützung erfährt.

Outlook und Google synchronisieren

Wenn Sie am PC mit einer Informationsanwendung wie Microsoft Outlook arbeiten, ist der erste Schritt zum Synchronisieren mit dem Mobilgerät der automatische Abgleich zwischen Ihrer Outlook-Datenbank und dem Google-Dienst. Für zahlende Nutzer der Google-Apps gibt es das komfortable Google Apps Sync, ein Add-on, das sich direkt in Outlook integriert und die Synchronisierung erledigt. Für die Mehrheit der Nutzer kostenloser Google-Dienste geht es leider nicht ganz so einfach. Zum Synchronisieren von Kontakten und Terminen muss jeweils eine kleine Anwendung auf dem PC installiert werden, die den Datenaustausch mit Google bewerkstelligt. Es gibt auch Produkte, die alles in einem Aufwasch erledigen, aber diese sind kostenpflichtig, weshalb wir hier die etwas umständlichere, aber kostenlose Lösung vorstellen.

Termine zwischen Outlook und dem Google-Kalender austauschen

Für das Synchronisieren von Terminen bietet Google selbst ein kostenloses Programm namens Google Calendar Sync an (*http://dl.google.com/googlecalendarsync/GoogleCalendarSync_Installer.exe*). Es unterstützt die Outlook-Versionen 2003, 2007 und 2010. Dieses Programm laden Sie herunter und installieren es. Anschließend brauchen Sie es nur einmalig zu konfigurieren:

- Geben Sie ganz oben die E-Mail-Adresse Ihres Google-Kontos ein, also z. B. *Mein.Name@googlemail.com*.
- Darunter tippen Sie bei *Passwort* das dazugehörige Kennwort ein. So kann sich das Programm automatisch bei Google anmelden, um Daten zu übertragen.

- Wichtig sind dann die Sync Options, die die Art der Synchronisierung festlegen. *2-way* synchronisiert in beide Richtungen. Es werden also Änderungen und neue Termine sowohl von Outlook nach Google übermittelt als auch umgekehrt. Dies ist sinnvoll, wenn Sie Ihre Termine auch mal per Webbrowser oder eben am Mobilgerät bearbeiten möchten.
- Falls Sie ohnehin nur am PC Termine bearbeiten und diese von dort aus einfach nur an Google und dann an das Mobilgerät übermittelt werden sollen, ist die untere Einstellung *1-way: Microsoft Outlook calendar to Google Calendar* sinnvoller. Sie reicht aus und verhindert, dass im Fall von Defekten oder Bedienfehlern Daten versehentlich auch in Outlook gelöscht werden können.
- Bei *Sync every ... minutes* bestimmen Sie schließlich, wie häufig die Synchronisierung durchgeführt wird.

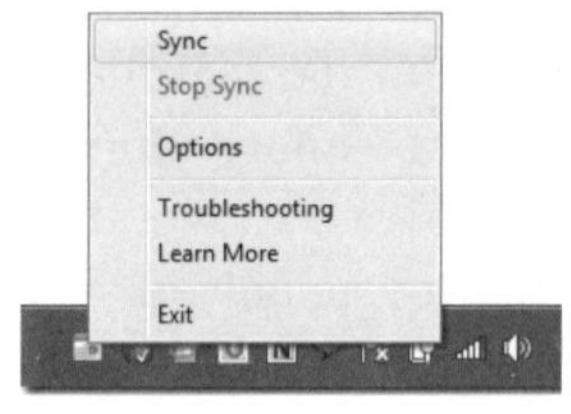

Damit ist das Einrichten auch schon erledigt. Im weiteren Verlauf bemerken Sie von dem Programm nur ein unscheinbares Symbol im Infobereich. Dieses verrät Ihnen den Status der Synchronisierung und weist ggf. auf Probleme hin. Außerdem können Sie die automatische Synchronisierung hier bei Bedarf vorübergehend stoppen und erhalten erneuten Zugriff auf die vorangehend beschriebenen Optionen.

Kontakte zwischen Outlook und dem Google-Kalender austauschen

Auch für das Synchronisieren der Kontakte zwischen Outlook und Google ist ein spezielles Programm erforderlich. Leider bietet Google hier keine Lösung an. Aber es gibt verschiedene Anwendungen unabhängiger Anbieter, darunter auch kostenlose. Wir zeigen hier die Freeware GO Contact Sync (*http://sourceforge.net/projects/gocontactsync/*). Auch hier muss die Software einfach nur installiert und einmalig eingerichtet werden:

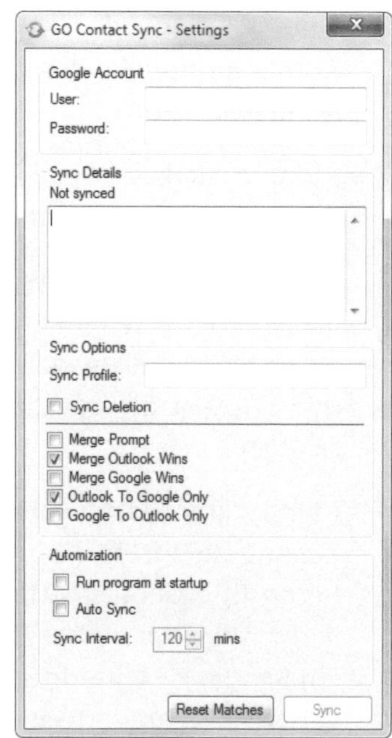

- Oben bei *Google Account* geben Sie Ihren Google-Benutzernamen (bzw. Ihre Google-E-Mail-Adresse) und das dazugehörende Passwort ein.
- Mit den *Merge...*-Optionen legen Sie fest, wie die Synchronisierung verfahren soll, wenn ein Kontakt bei beiden Datenquellen mit verschiedenen Angaben geführt wird. Dann können entweder die Daten von Outlook oder die von Google automatisch übernommen werden oder Sie entscheiden dies jeweils selbst (*Merge Prompt*).
- Wenn Sie Ihre Kontakte grundsätzlich in Outlook pflegen und nur von dort an Ihr Mobilgerät weiterreichen wollen, sollten Sie außerdem die Option *Outlook To Google Only* wählen. Dann erfolgt das Synchronisieren grundsätzlich nur in diese Richtung.
- Im Bereich *Automization* schließlich lassen Sie das Programm mit *Run program at startup* automatisch mit Windows starten und legen mit *Auto sync* ein Zeitintervall fest, in dem die automatische Synchronisierung erfolgen soll.

Mit diesen beiden Tools sind Sie gut gerüstet, um Ihre Daten zwischen Outlook und dem Google-Dienst zu synchronisieren. Der zweite Schritt ist nun das Synchronisieren zwischen Google und Ihrem Mobiltelefon. Dies wird in den nachfolgenden Abschnitten für die gängigen Smartphone-Plattformen beschrieben.

45.2 iPhone mit Google-Webdiensten synchronisieren

Die iPhone-Familie ist wohl das derzeit angesagteste Smartphone auf dem Markt. Selbstverständlich bietet die intuitive Benutzerschnittstelle auch Kalender und Adressbuch. Für das Synchronisieren bietet der Hersteller Apple einen eigenen Dienst namens MobileMe an, der allerdings nicht ganz billig ist. Es geht auch anders und günstiger: Wenn Sie Ihre Daten ohnehin auf einem Google-Konto gespeichert haben bzw. dorthin synchronisieren können (siehe vorangegangener Abschnitt), können Sie Ihr iPhone damit automatisch abgleichen. Hierzu ist keine zusätzliche App erforderlich, sondern Sie müssen die Synchronisierung lediglich in den iPhone-Einstellungen einrichten:

1. Starten Sie auf dem iPhone die *Einstellungen*-App und rufen Sie dort die Option *Mail, Kontakte, Kalender* auf.
2. Auf der nächsten Seite wählen Sie bei *Accounts* den Menüpunkt *Account hinzufügen*.
3. Nun erhalten Sie verschiedene Auswahlmöglichkeiten, bei denen Sie sich aber nicht für das eventuell naheliegende *Google Mail* entscheiden. Tippen Sie stattdessen auf *Microsoft Exchange*.
4. Im nächsten Schritt geben Sie die Daten für den Zugang zu Ihrem Google-Konto ein. Dazu gehören Ihre Google-E-Mail-Adresse und der Server *m.google.com*. Bei *Benutzername* wiederholen Sie die E-Mail-Adresse und tippen das dazugehörige Kennwort ein. Als *Beschreibung* können Sie einen beliebigen Namen angeben. Die *SSL verwenden*-Option sollte aktiviert werden.

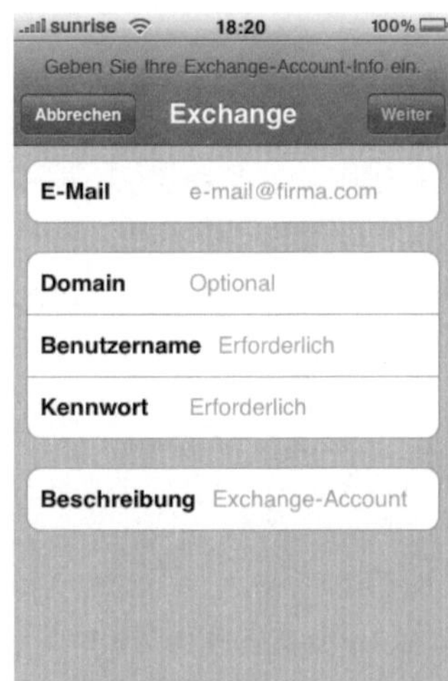

5. Sind alle erforderlichen Daten angegeben, wird oben rechts die *Fertig*-Schaltfläche eingeblendet. Tippen Sie darauf, um das Synchronisierungskonto einzurichten. Das iPhone testet die Synchronisierung direkt mit den Vorgaben. Sollte es Probleme geben, erhalten Sie eine Rückmeldung und können die Zugangsdaten korrigieren.
6. Hat alles geklappt, zeigt das Gerät die Synchronisierungsoptionen an. Hier können Sie zunächst festlegen, was genau synchronisiert werden soll. Aktivieren Sie hier auf alle Fälle *Kontakte* und *Kalender*. Wenn Sie auch die Mailnachrichten auf dem Google-Konto auf das iPhone übertragen möchten, dann wählen Sie auch diese Option.

Damit ist die Einrichtung auch schon abgeschlossen (bitte beachten Sie aber ggf. die zusätzlichen Hinweise in den nachfolgenden Abschnitten). Wenn Sie die Kalender-App Ihres iPhones das nächste Mal starten, wird der Kalender automatisch synchronisiert. Gerade beim ersten Mal könnte das einmalig etwas länger dauern.

Lokaler vs. synchronisierter Kalender

Das iPhone unterscheidet streng zwischen dem lokalen Kalender, den Sie zuvor bereits genutzt haben, und dem synchronisierten Kalender und kann diese beiden Datenquellen auch nicht zusammenbringen. Es heißt also: entweder oder. Wenn Sie in den Synchronisierungseinstellungen den Kalender aktivieren, gibt das Gerät deshalb eine Warnung ab und will wissen, was mit dem lokalen Kalender passieren soll. Dabei gibt es mehrere Möglichkeiten:

- Mit *Auf iPhone behalten* behalten Sie den lokalen Kalender bei. Allerdings bleibt der vom synchronisierten Kalender vollkommen getrennt. In der Regel ist diese Variante nicht besonders sinnvoll, weil Sie dann zwei getrennte Kalender im Auge behalten müssen.
- Wenn Sie den lokalen Kalender ohnehin nicht genutzt haben und auch keine wichtigen Termine darin stehen, tippen Sie auf *Löschen*. Dann wird der lokale Kalender entfernt und Sie arbeiten in Zukunft nur noch mit dem synchronisierten.
- Sind im lokalen Kalender noch wichtige Termine gespeichert, die nicht verloren gehen dürfen, sollten Sie an der Stelle zunächst *Abbrechen*. Leider gibt es keine Möglichkeit, diese Termine automatisch in den synchronisierten Kalender zu übernehmen. Verwenden Sie iTunes, um die Termine zu exportieren und einmalig in Ihren Google-Kalender (bzw. ggf. den dahinterstehenden Outlook-Kalender o. Ä.) zu übernehmen. Richten Sie dann die Kalender-Synchronisierung neu ein und löschen Sie nun den lokalen Kalender.

Mehrere Google-Kalender synchronisieren

Wenn Sie statt eines gleich mehrere Google-Kalender synchronisieren, sind zusätzliche Schritte nötig. Standardmäßig synchronisiert Google nur den Hauptkalender, der einem Konto direkt zugeordnet ist. Um dies zu ändern, ist (zumindest zum Zeitpunkt der Drucklegung noch) die folgende Prozedur erforderlich:

1 Öffnen Sie im Safari-Webbrowser die Adresse *http://m.google.com/sync*.

2 Sofern Sie dies mit einem deutschsprachigen iPhone tun, wundern Sie sich nicht über die anschließende Meldung, dass Google Sync auf Ihrem Gerät angeblich nicht unterstützt würde. Tippen Sie einfach auf den Link *Sprache ändern*.

3 Wählen Sie auf der anschließenden Seite den Link *English (UK)*.

4 Nun gelangen Sie zurück auf die ursprüngliche Webseite im Browser. Dank der geänderten Spracheinstellung gibt es nun aber keine Fehlermeldung mehr, sondern Sie sehen Ihre vorhandenen Google-Kalender und können einstellen, welche davon synchronisiert werden sollen.

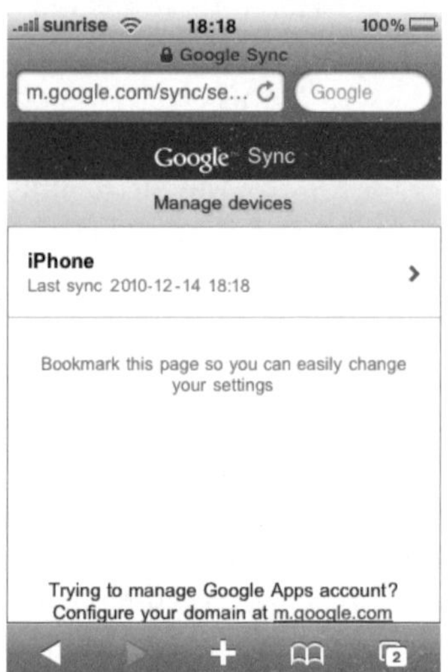

45.3 Mit Android-Smartphones Google-Daten importieren

Das Smartphone-Betriebssystem Android wird im Wesentlichen von Google selbst entwickelt. Demzufolge ist das Synchronisieren solcher Geräte mit den Google-Onlinediensten das geringste Problem. Sie brauchen dem Gerät nur die Daten Ihres Google-Kontos anzugeben. Alles andere läuft automatisch. Trotzdem lassen sich die Details der Synchronisierung bei Bedarf individuell steuern. Es gibt verschiedene Versionen von Android und auch die Geräte selbst unterscheiden sich in Details voneinander. Die nachfolgende Anleitung basiert auf dem gängigen Modell Nexus One und sollte sich mit kleinen Abweichungen auf alle anderen Android-Geräte übertragen lassen.

1 Wenn Sie ein Android-Handy neu in Betrieb nehmen, können Sie Ihr Google-Konto direkt bei der Begrüßung angeben. Tippen Sie dazu Nutzername und Passwort auf der virtuellen Tastatur ein und tippen Sie dann unten rechts auf *Weiter*.

2 Sollten Sie Ihr Android-Handy schon länger benutzen und das Google-Konto erst jetzt einrichten wollen, können Sie jederzeit wieder zu diesen Einstellungen gelangen. Rufen Sie dazu in den *Einstellungen* die *Datensynchronisierung* auf und wählen Sie dort den Punkt *Google*. Damit gelangen Sie wieder zu einem Dialog für das Eingeben der Kontozugangsdaten.

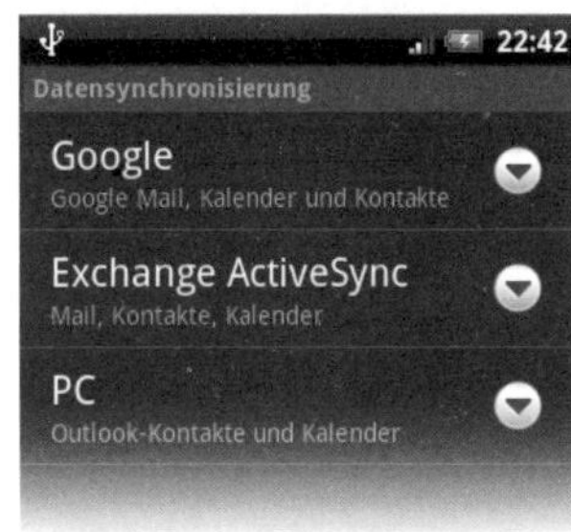

3 Ist das Google-Konto konfiguriert, können Sie in den Einstellungen für die Datensynchronisierung weitere Einstellungen vornehmen:

- Mit *Autom. synchronisieren* aktivieren Sie das regelmäßige automatische Synchronisieren.
- Darunter können Sie für E-Mails (*Gmail*), *Kalender* und *Kontakte* jeweils weitere Detailoptionen einstellen oder direkt eine sofortige Synchronisierung der jeweiligen Daten veranlassen.

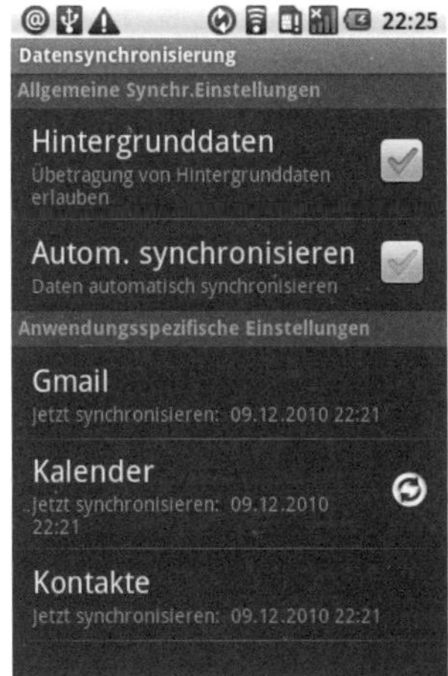

45.4 Windows Phone 7 mit Google-Quellen abgleichen

Microsoft setzt bei seiner Plattform Windows Phone 7 naheliegenderweise vor allem auf die eigene Windows-Live-Plattform. Ein (kostenloses) Benutzerkonto dort ist ohnehin erforderlich, um einige Funktionen sinnvoll nutzen und z. B. zusätzliche Apps vom Marketplace installieren zu können. Windows Live stellt ebenso wie Google auch ein Mail-Konto, einen Kalender und eine Kontaktverwaltung zur Verfügung. Wenn Sie Ihre Windows-Live-Zugangsdaten im Gerät eintragen, werden diese standardmäßig automatisch synchronisiert. Sollten Sie die Google-Dienste bevorzugen, lassen sich aber auch diese mit einem Windows-Phone-7-Gerät synchronisieren:

1 Gehen Sie auf der Startseite nach rechts zur den *Anwendungen* und öffnen Sie dort die *Einstellungen*.

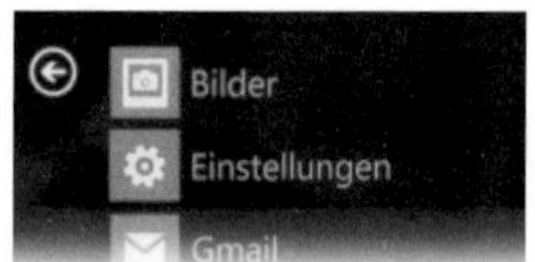

2 Tippen Sie hier auf *E-Mail-Konten & andere*.

3 Wählen Sie im nächsten Schritt bei *Konto hinzufügen* den Punkt *Google*.

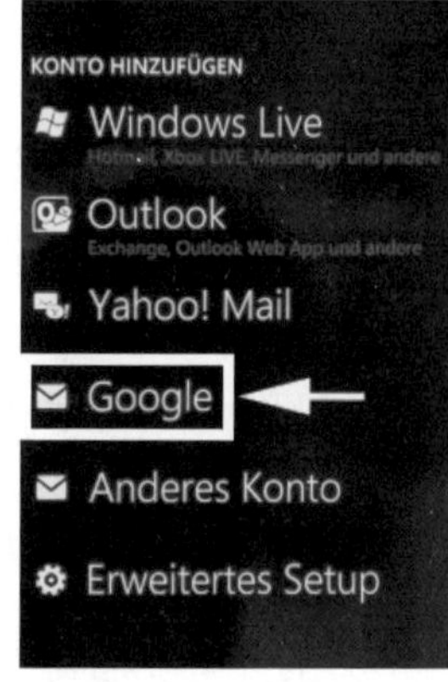

4 Geben Sie im Feld *E-Mail-Adresse* den Benutzernamen bzw. die E-Mail-Adresse für Ihr Google-Konto ein.

5 Tippen Sie im Feld *Kennwort* das dazugehörende Passwort ein.

6 Tippen Sie dann auf *Anmelden*.

Die im Google-Konto gespeicherten Google-Mail-Nachrichten, Termine und Kontakte werden umgehend mit dem Handy abgeglichen und in Zukunft automatisch synchron gehalten. In den erweiterten Optionen einer so eingerichteten Verbindung können Sie näher festlegen, was und wie häufig synchronisiert werden soll:

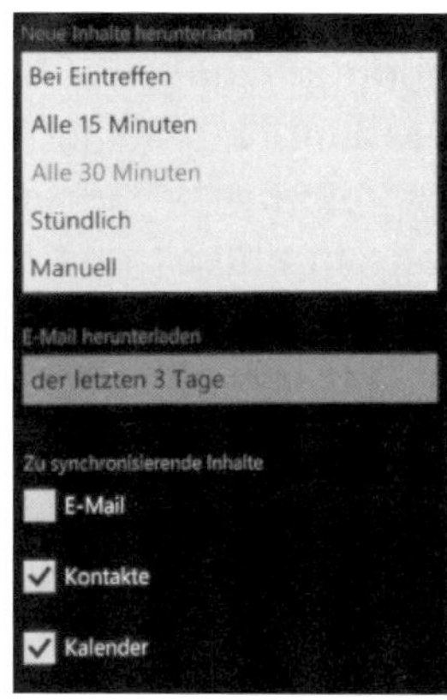

- Die Auswahl bei *Neue Inhalte herunterladen* bestimmt, wie häufig die Synchronisierung durchgeführt werden soll. Mit *Bei Eintreffen* realisieren Sie praktisch einen Push-Dienst: Sobald es neue oder veränderte Inhalte gibt, findet automatisch ein Abgleich statt. Alternativ können Sie ein festes Zeitintervall wählen oder die Synchronisierung jeweils nur manuell vornehmen, um z. B. volle Kontrolle über die entstehenden Übertragungskosten zu haben.
- Unter *Zu synchronisierende Inhalte* legen Sie fest, was genau synchron gehalten werden soll. Wenn Sie z. B. Ihre E-Mail über ein anderes Konto abwickeln, können Sie diesen Punkt für das Google-Konto deaktivieren.

45.5 Termine, Kontakte und Daten mit Windows Mobile synchronisieren

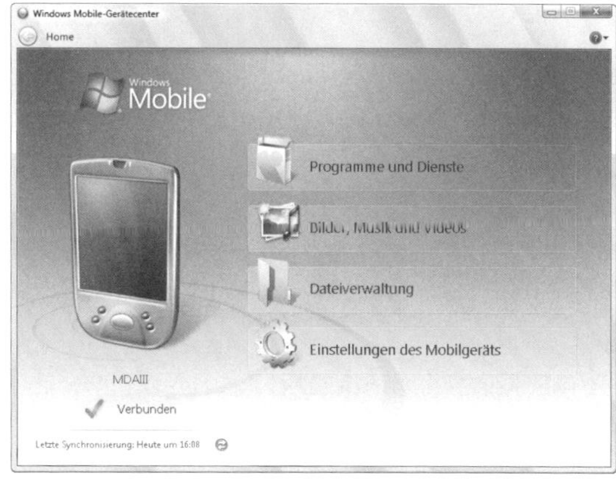

PDAs, Smartphones und Handys mit Organizer-Funktionen sind heutzutage beliebte mobile Begleiter. Wenn es vor allem darum geht, Termine und Adressen jederzeit bei sich zu haben, muss man ja nicht gleich ein ganzes Notebook mit sich herumschleppen. Viele Mobilgeräte erfüllen diese Anforderung mit wesentlich kleinerem Formfaktor.

Besonders praktisch ist die Kombination von PC und mobilem Organizer. Mit Monitor und Tastatur kann man so Terminkalender und Kontakte komfortabel verwalten. Durch automatisches Synchronisieren gelangen die Daten dann auf das mobile Gerät und sind so immer griffbereit. Windows bringt für diesen Zweck das Mobile-Gerätecenter mit, den Nachfolger von ActiveSync.

Synchronisierungspartnerschaften mit mobilen Geräten einrichten

Voraussetzung für das reibungslose Synchronisieren zwischen zwei Geräten ist das Einrichten einer Partnerschaft. Die beiden Parteien müssen sich sozusagen erst einmal kennenlernen. Hierbei werden alle erforderlichen Parameter ausgetauscht und es wird festgelegt, welche Arten von Daten eigentlich synchronisiert werden sollen. Diese Partnerschaft muss nur beim ersten Kontakt der Geräte eingerichtet werden. Das Mobile-Gerätecenter merkt sich die Daten und erkennt das mobile Gerät beim nächsten Mal automatisch wieder.

Wichtig: Der erste Kontakt und das Einrichten der Partnerschaft müssen per Kabel, also z. B. via USB, erfolgen. Drahtlose Synchronisierung z. B. via Bluetooth ist nur möglich, wenn zwischen den Geräten bereits eine Partnerschaft besteht.

INFO

Synchronisieren mit proprietären Standards

Das Mobile-Gerätecenter kann nur mit Geräten zusammenarbeiten, die seinen Kommunikationsstandard unterstützen. Nicht alle Handy-Hersteller tun dies, sondern manche bieten stattdessen eigene Software zum Abgleich von Terminen und Kontaktdaten an.

1 Um eine Partnerschaft herzustellen, verbinden Sie das mobile Gerät per USB mit dem Windows-PC.

2 Daraufhin startet automatisch das Mobile-Gerätecenter und zeigt an, dass es mit einem Gerät verbunden ist. Wollen Sie einfach nur vom PC aus auf den Speicher des Geräts zugreifen, klicken Sie unten auf *Ohne Einrichten des Geräts verbinden*. Sie können dann mit dem Explorer manuell die Ressourcen des Mobilgeräts öffnen. Ein automatisches Synchronisieren ist so aber nicht möglich.

3 Um eine Partnerschaft für das automatische Synchronisieren einzurichten, klicken Sie stattdessen auf *Gerät einrichten*.

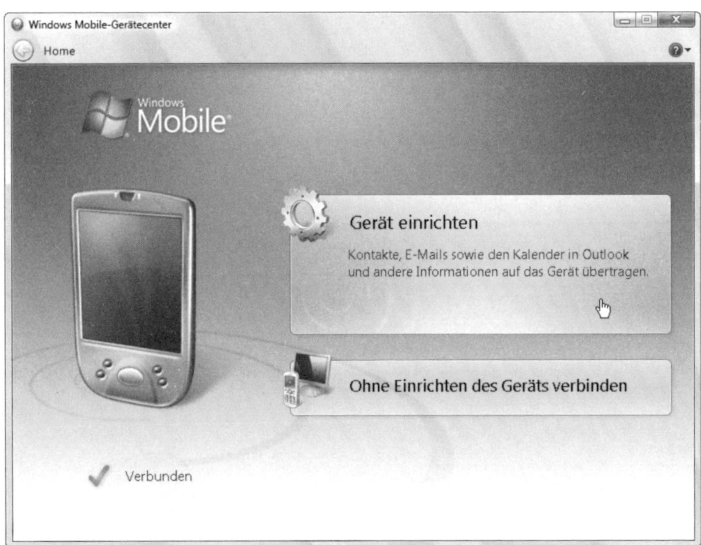

4 Legen Sie dann im ersten Schritt zunächst fest, ob die Partnerschaft exklusiv mit diesem PC bestehen soll oder ob das Mobilgerät noch mit einem anderen PC synchronisiert werden soll. Dies hat Auswirkungen auf das Synchronisieren, da beim Synchronisieren mit mehreren PCs zusätzliche Dinge beachtet werden müssen. In der Regel dürfte aber eine exklusive Partnerschaft mit der Option *Ja, nur mit diesem Computer synchronisieren* ausreichen.

5 Im nächsten Schritt geht es darum, welche Daten automatisch abgeglichen werden sollen. Setzen Sie hier Häkchen bei den Dingen, die Sie verwenden möchten. Je weniger Elemente Sie auswählen, desto schneller werden die Synchronisierungsvorgänge später ablaufen und desto weniger wird der – womöglich knappe – Speicherplatz auf dem Mobilgerät belastet.

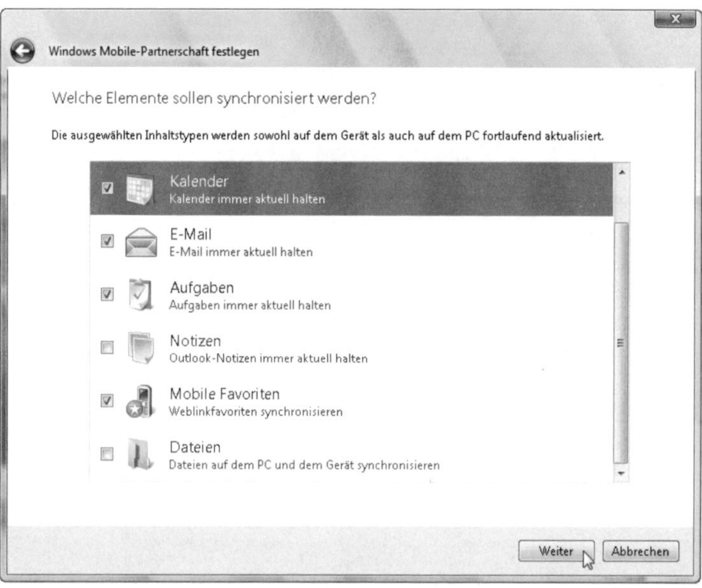

6 Eine besondere Bewandtnis gibt es mit der Einstellung *Dateien*. Sie ermöglicht es, auf einfache Weise beliebige Dateien vom PC auf das Mobilgerät und umgekehrt zu übertragen.

7 Schließlich können Sie einen Gerätenamen angeben. Dieser ist vor allem wichtig, wenn Sie verschiedene Mobilgeräte benutzen und synchronisieren. Verwenden Sie einfach einen aussagekräftigen Namen wie z. B. die Modellbezeichnung des Mobilgeräts. Klicken Sie dann unten auf *Einrichten*, um die Partnerschaft fertigzustellen.

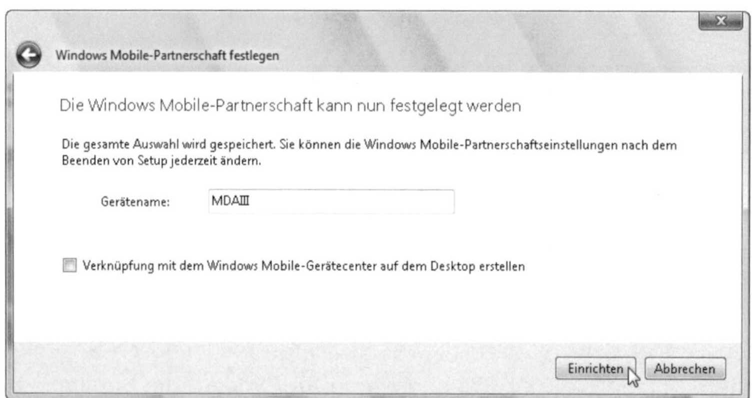

8 Sie gelangen dann zurück ins Mobile-Gerätecenter, in dem nun das Gerät mit dem Vermerk *Verbunden* angezeigt wird. Über die verschiedenen Symbole rechts können Sie auf die Daten und Einstellungen des Mobilgeräts zugreifen.

Da nun eine Partnerschaft zwischen Mobile-Gerätecenter und Mobilgerät besteht, brauchen Sie diese Schritte in Zukunft nicht mehr zu wiederholen. Wann immer Sie das Mobilgerät anschließen, wird es direkt im Mobile-Gerätecenter verbunden und Sie können darauf zugreifen.

Drahtloses ActiveSynch per Bluetooth durchführen

Viele Mobilgeräte verfügen über Bluetooth-Hardware und können sich auch auf diesem Weg mit einem PC verbinden. Voraussetzung ist, dass der PC seinerseits über einen Bluetooth-Anschluss verfügt. Dann können Sie Mobilgerät und Mobile-Gerätecenter so einstellen, dass sie sich auch drahtlos miteinander verbinden können. Der wesentliche Unterschied ist, dass die Bluetooth-Verbindung nicht automatisch hergestellt wird. Starten Sie stattdessen auf dem Mobilgerät das Programm ActiveSync und wählen Sie dort *Menü/Über Bluetooth verbinden*.

HINWEIS

Bluetooth und der Stromverbrauch

Bluetooth-Verbindungen sind ein nicht zu vernachlässigender Stromfresser. Während bei einer Synchronisierung via USB der Akku des Mobilgeräts meist gleichzeitig noch geladen wird, kann das drahtlose Synchronisieren dem Akku einiges an Kraftreserven abverlangen. Außerdem fließen die Daten bei Bluetooth zwar drahtlos, aber auch langsamer als per USB. Kurze Verbindungen für schnelles Synchronisieren von wenigen Kontakten und/oder Terminen fallen da nicht so sehr ins Gewicht. Aber für längere Übertragungen z. B. von Fotos oder Dokumenten empfiehlt sich dann doch eine USB-Verbindung.

Bestand zwischen dem Mobilgerät und dem PC noch nie ein Kontakt via Bluetooth, dann muss dieser zunächst eingerichtet werden. Die Schritte dazu werden automatisch eingeleitet. Der Vorgang des Bluetooth-Pairing ist in Kapitel 33 ausführlicher beschrieben. Anschließend wird die drahtlose Verbindung hergestellt und genau wie beim Anschließen per USB startet automatisch das Mobile-Gerätecenter. Fahren Sie dann so wie vorangehend beschrieben fort. Beim nächsten Kontakt via Bluetooth läuft dann alles schnell und automatisch ab.

SPEZIAL Kontakte, Termine und Bilder mit dem Handy synchronisieren

Zu den Kernaufgaben des Mobile-Gerätecenter gehört das Synchronisieren von Daten wie Kontakten, Terminen, E-Mail-Adressen etc. Diese Aufgaben kann es praktisch automatisch erledigen: Sie stellen den Kontakt mit dem Mobilgerät her, warten, bis die Synchronisierung erfolgt ist, und können die Verbindung auch schon wieder trennen. Die Daten des Mobilgeräts sind jetzt auf dem aktuellen Stand. Allerdings lässt sich dieser Vorgang über verschiedene Optionen noch steuern. So können Sie nachträglich ändern, welche Arten von Daten synchronisiert werden sollen, und bestimmen, wie das Mobile-Gerätecenter mit Konflikten beim Synchronisieren umgehen soll.

Zu synchronisierende Daten im Detail bestimmen

Beim Herstellen der Partnerschaft konnten Sie bereits festlegen, welche Arten von Daten zwischen PC und Mobilgerät ausgetauscht werden sollen. Diese Vorgaben lassen sich nachträglich ändern, falls Sie Ihre Meinung oder sich die Anforderungen ändern sollten.

1 Verbinden Sie dazu das Mobilgerät mit dem PC und bewegen Sie dann im Mobile-Gerätecenter den Mauszeiger auf *Einstellungen des Mobilgeräts*.

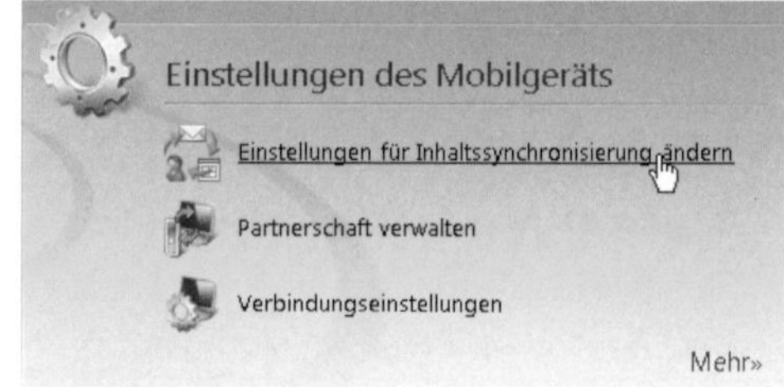

2 Dieser Bereich wird dann vergrößert und Unterpunkte werden angezeigt, wobei Sie auf *Einstellungen für Inhaltssynchronisierung ändern* klicken.

3 Das Mobile-Gerätecenter zeigt dann die derzeit festgelegten Optionen an. Durch das Setzen bzw. Entfernen der dazugehörenden Häkchen können Sie die gewünschten Arten von Informationen zusammenstellen.

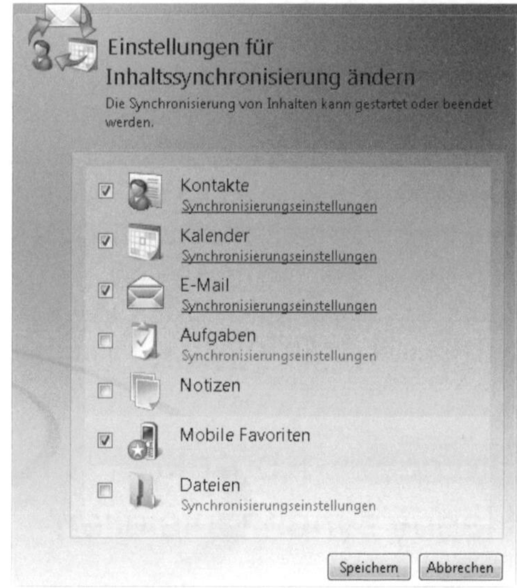

4 Sie können aber noch feinere Einstellungen vornehmen: Bei jeder aktivierten Kategorie wird der Text *Synchronisierungseinstellungen* zu einem Link, mit dem Sie wiederum ein Untermenü öffnen können. Dies erlaubt es Ihnen, detailliert zu bestimmen, was synchronisiert werden soll.

5 So können Sie beim Kalender z. B. den Zeitraum, aus dem Termine übertragen werden sollen, begrenzen, um den Speicher des Mobilgeräts nicht zu überfordern. Auch bei E-Mails lässt sich der Umfang nach Zeit oder Größe begrenzen.

6 Klicken Sie im jeweiligen Menü unten auf *Speichern*, um die gewählten Einstellungen wirksam werden zu lassen. So gelangen Sie schließlich auch wieder zurück ins Hauptmenü des Mobile-Gerätecenter.

Die Synchronisierung jederzeit manuell durchführen

Das Mobile-Gerätecenter führt Synchronisierungen normalerweise automatisch durch, üblicherweise z. B. unmittelbar nachdem ein Mobilgerät mit dem PC verbunden wurde. Haben sich wichtige Daten geändert, während eine Verbindung bereits bestand, können Sie jederzeit eine erneute Synchronisierung durchführen.

- Wenn auf dem Mobilgerät ActiveSync läuft, finden Sie in diesem Programm die Schaltfläche *Synchronisieren*, mit der Sie jederzeit einen Abgleichvorgang einleiten können.
- Im Mobile-Gerätecenter finden Sie unten ein unscheinbares Synchronisierungssymbol. Ein Klick darauf ist eine weitere Möglichkeit, das Synchronisieren zu starten.

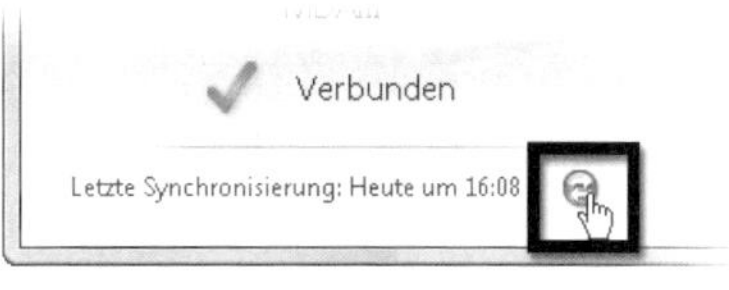

Der Ablauf der Synchronisierung wird im Mobile-Gerätecenter mit einem Fortschrittsbalken bildlich angezeigt. Ist dieser verschwunden und als Statusmeldung steht wieder nur *Verbunden*, ist das Mobilgerät auf dem neusten Stand und die Verbindung kann getrennt werden.

Konflikte beim Synchronisieren automatisch lösen

Normalerweise ist der Ablauf beim Synchronisieren einfach: Die Informationen von PC und Mobilgerät werden miteinander verglichen, und wenn sie sich seit dem letzten Synchronisieren auf einer Seite verändert haben, wird diese Änderung auf die andere Seite übertragen. So sind beide Seiten anschließend auf demselben Stand. Was aber, wenn sich ein Element auf beiden Seiten geändert hat. Etwa wenn Sie eine Notiz auf dem PC ergänzt, auf dem Mobilgerät aber gleich ganz gelöscht haben. Das Mobile-Gerätecenter kann nicht wissen, ob nun überall die Notiz gelöscht oder die erweiterte Version eingespielt werden soll. Für solche Fälle können Sie eine Regel dazu angeben, welche von beiden Seiten – PC oder Mobilgerät – den Vorrang haben soll.

1 Rufen Sie – während das Mobilgerät verbunden ist – im Mobile-Gerätecenter *Einstellungen des Mobilgeräts/Partnerschaft verwalten* auf.

2 Wählen Sie im Auswahlfeld *Bei Konflikten*, welches Gerät Vorrang haben soll. Sollen im Zweifelsfall die Daten auf dem PC verwendet werden, stellen Sie hier *Elemente auf dem Gerät ersetzen* ein. Sind üblicherweise die Daten auf dem Mobilgerät aktueller, werden mit der Einstellung *Elemente auf dem Desktop ersetzen* bei einem Konflikt diese auf den PC übertragen.

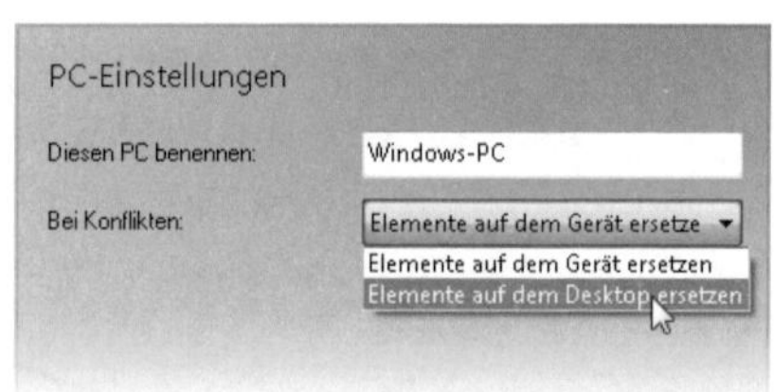

3 Klicken Sie unten auf *Speichern*, um die neue Einstellung wirksam werden zu lassen.

Beliebige Dateien auf ein Mobilgerät übertragen

Das automatische Synchronisieren ist vor allem dafür gedacht, ganz bestimmte, typische Arten von Informationen zwischen PC und Mobilgerät auszutauschen. Es kann allerdings auch für den Austausch beliebiger Dateien genutzt werden. Das Mobile-Gerätecenter bietet Ihnen hierfür als Alternative auch den direkten Zugriff auf den Speicher des Mobilgeräts via Explorer. Außerdem bieten Mobilgeräte mit eingebauter Kamera spezielle Funktionen, um die geknipsten Bilder herunterzuladen und direkt in die Windows-Fotogalerie zu bekommen.

Dateien via Synchronisierung austauschen

Vielleicht haben Sie schon bemerkt, dass zu den Kategorien, die Ihnen für die automatische Synchronisierung angeboten werden, auch der Punkt *Dateien* gehört. Wenn Sie diese Option anwählen, legt das Mobile-Gerätecenter auf dem PC einen speziellen Ordner innerhalb Ihres Dokumente-Ordners an, den Sie am Namen des Mobilgeräts erkennen. Alle Dateien, die Sie in diesem Ordner speichern, werden bei der Synchronisierung berücksichtigt und landen auf dem Mobilgerät im entsprechenden Ordner (z. B. *My Documents*). Auf diese Weise können Sie recht einfach Dateien auf das Mobilgerät bekommen. Auch der umgekehrte Weg funktioniert. Alle Dateien oder auch Ordner, die Sie auf dem Mobilgerät bei Ihren Dokumenten anlegen, werden beim nächsten Synchronisieren in den Ordner auf dem PC übertragen. Selbstverständlich werden auch bestehende Dateien aktualisiert. Wenn Sie eine Datei auf dem Mobilgerät bearbeiten, landet nach dem nächsten Synchronisieren die aktuelle Version auf dem PC.

Weitere Dateien auf dem PC synchronisieren lassen

Neben dem standardmäßig angelegten Ordner können Sie beliebige weitere Dateien auch auf anderen Laufwerken in die automatische Synchronisierung mit einbeziehen und auch deren Inhalt automatisch abgleichen lassen.

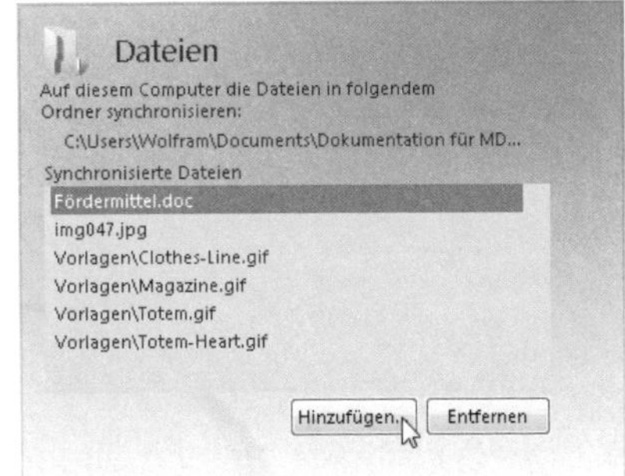

1 Klicken Sie hierzu in den Einstellungen unter *Dateien* auf *Synchronisierungseinstellungen*.

2 Im anschließenden Menü können Sie mit *Hinzufügen* weitere Dateien auf dem PC bestimmen, die beim automatischen Synchronisieren berücksichtigt werden sollen.

3 Genauso können Sie bereits berücksichtigte Dateien mit *Entfernen* vom Synchronisieren ausschließen.

4 Klicken Sie dann auf *Fertig*, um die neuen Einstellungen wirksam werden zu lassen.

Uneingeschränkter Direktzugriff direkt auf den Speicher des Mobilgeräts

Ein anderer Weg, Dateien mit dem Mobilgerät auszutauschen, ist der direkte Zugriff über den Explorer. Er eignet sich, wenn Sie Dateien und Ordner einmalig bzw. nur ab und zu übertragen möchten.

1 Verbinden Sie das Mobilgerät mit dem PC und warten Sie, bis es im Mobile-Gerätecenter als *Verbunden* angezeigt wird.

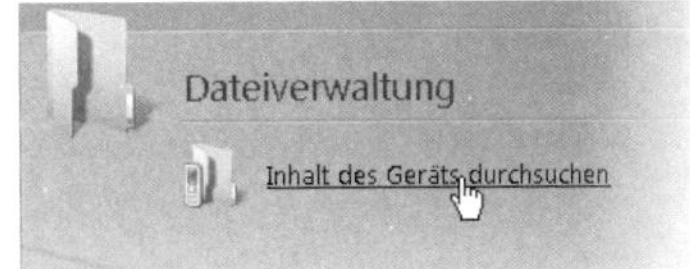

2 Bewegen Sie dann den Mauszeiger auf das Symbol *Dateiverwaltung*. Wenn dieser Bereich erweitert wird, klicken Sie auf *Inhalt des Geräts durchsuchen*.

3 Das Mobile-Gerätecenter startet daraufhin den Explorer und zeigt den Inhalt des Mobilgeräts an. Alternativ können Sie auch jederzeit selbst den Explorer aufrufen. Solange das Mobilgerät mit dem Mobile-Gerätecenter verbunden ist, wird es unterhalb von *Computer* als eigenständiges Laufwerk mit seinem Namen geführt.

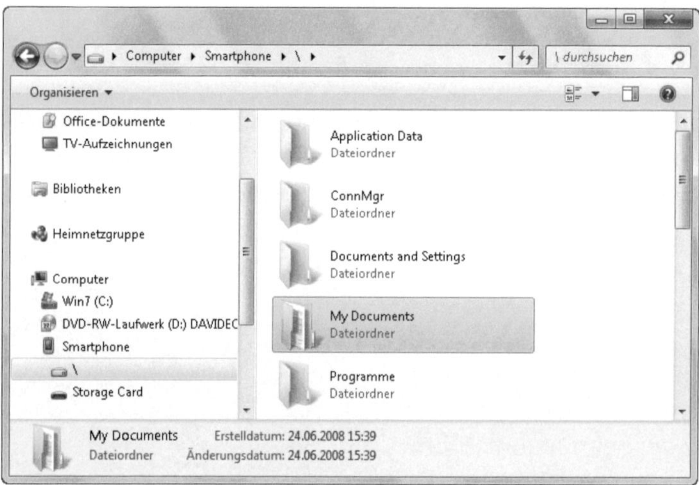

4 Der Zugriff auf die enthaltenen Ordner und Dateien ist nun fast genauso wie bei herkömmlichen Laufwerken möglich. Nur „fast", weil im Hintergrund eben doch das Mobile-Gerätecenter für den Datentransfer sorgt. Da dabei ggf. Daten konvertiert werden müssen, kann manches etwas länger als gewohnt dauern.

Bilder von Kamera-Handys & Co. importieren

Bei Handys, Smartphones und PDAs gehört eine Digitalkamera heute praktisch schon zur Standardausstattung. Wie aber an die Bilder kommen? Manchmal ist es schon schwierig, überhaupt herauszubekommen, wo das Gerät sie eigentlich gespeichert hat. Damit Sie die damit geknipsten Bilder möglichst einfach und schnell vom Gerät herunter und in Ihre Fotogalerie bekommen, kann das Mobile-Gerätecenter den Zugriff darauf erleichtern. Voraussetzung ist, dass das Mobilgerät diesen Zugriff unterstützt.

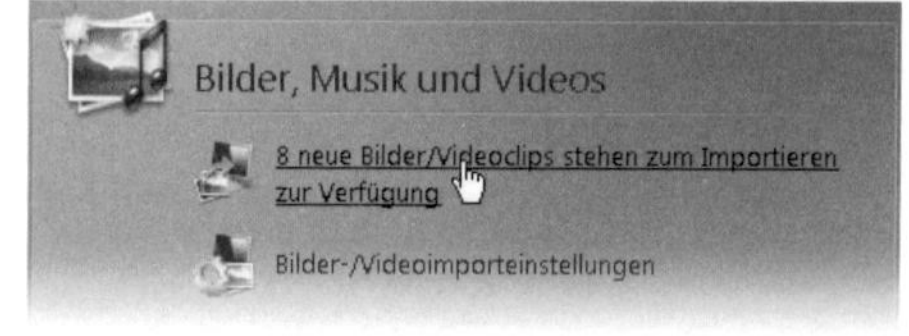

1 Bewegen Sie im Mobile-Gerätecenter den Mauszeiger auf den Bereich *Bilder, Musik und Videos*. Wenn Ihr Mobilgerät diese Zugriffsart unterstützt und Bilder darauf gespeichert sind, finden Sie hier die Meldung *x neue Bilder/Videoclips stehen zum Importieren zur Verfügung*.

2 Klicken Sie darauf, um den Assistenten *Bilder und Videos importieren* von Windows auf den Plan zu rufen. Er analysiert die vorhandenen Daten und bietet Ihnen an, die Bilder direkt in die Fotogalerie zu übernehmen.

3 Mit einem Klick auf den kleinen, unscheinbaren Schriftzug *Importeinstellungen* unten links können Sie einstellen, wie der Import genau erfolgen soll. Hier können Sie auch festlegen, dass die Bilder nach dem Importieren von der Kamera gelöscht werden sollen.

4 Klicken Sie dann unten rechts auf *Importieren*, um das Einlesen zu starten.

Stichwortverzeichnis

A

B

C

D

E

F

G

H

R

S

T

X

Y

Z

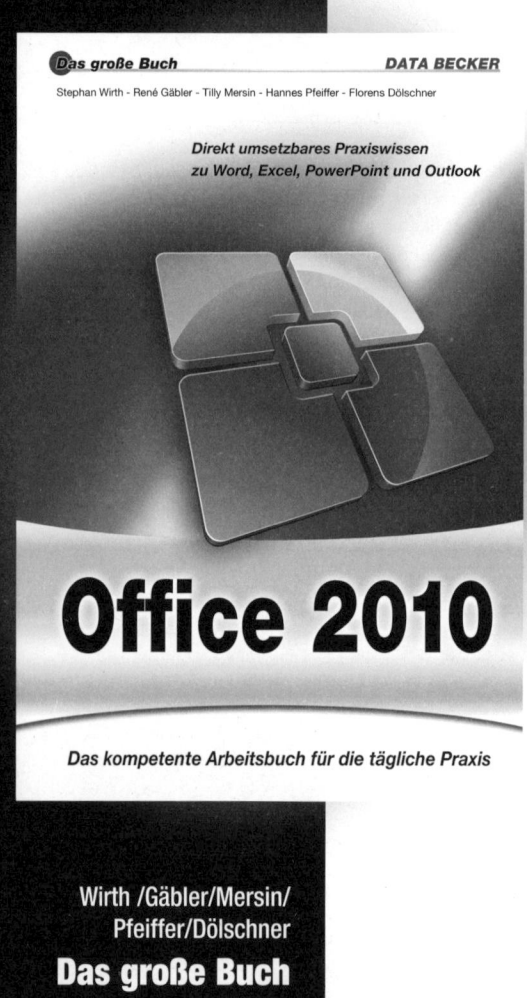